重庆市重要历史文献选编（1978—1987）

重庆市档案局（馆）
中共重庆市委党史研究室 编

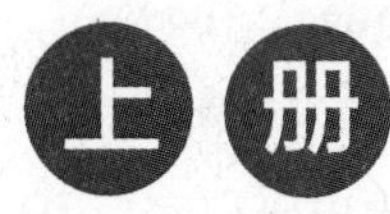

西南師範大學出版社
国家一级出版社 全国百佳图书出版单位

图书在版编目(CIP)数据

重庆市重要历史文献选编：1978—1987 / 重庆市档案局（馆），中共重庆市委党史研究室编. — 重庆：西南师范大学出版社，2018.2
ISBN 978-7-5621-9194-0

Ⅰ. ①重… Ⅱ. ①重… ②中… Ⅲ. ①重庆－地方史－文献－汇编－1978-1987 Ⅳ. ①K297.19

中国版本图书馆CIP数据核字(2018)第025288号

重庆市重要历史文献选编（1978—1987）
CHONGQING SHI ZHONGYAO LISHI WENXIAN XUANBIAN
重庆市档案局（馆） 中共重庆市委党史研究室 编

责任编辑：段小佳 高 勇
装帧设计：王玉菊
排 版：重庆大雅数码印刷有限公司 · 吴秀琴
出版发行：西南师范大学出版社
网址：http://www.xscbs.com
地址：重庆市北碚区天生路1号
市场营销部电话：023-68868624
经 销：全国新华书店
印 刷：重庆紫石东南印务有限公司
幅面尺寸：210mm × 285mm
印 张：81.5
字 数：2302千字
版 次：2018年7月第1版
印 次：2018年7月第1次印刷
书 号：ISBN 978-7-5621-9194-0

定 价：568.00元（上下册）

编辑说明

BIANJI SHUOMIGN

一、新中国成立后，重庆作为长江上游的工商重镇，在全国发展战略中处于重要地位。在党中央的正确领导与巨大关怀下，中共重庆市委、市人民政府不负中央期望，带领全市各族人民取得了革命、建设和改革开放的巨大成就。在此历史进程中，形成了大量珍贵的档案文献资料。这些档案文献，是历史的真实记录，是重庆各族人民团结、奋进的历史见证，是研究重庆发展进步的第一手材料，弥足珍贵。为了加强对重庆社会主义革命、建设和改革开放的研究和宣传，达到存史、资政、育人，服务全市中心工作的目的，中共重庆市委党史研究室、重庆市档案局（馆）联合编辑出版《重庆市重要历史文献选编（1949—2006）》多卷本文献集。

二、本文献集遵循“先易后难”的原则，鉴于直辖后各单位档案尚未移交档案馆的现状，根据现有档案，先编辑出版1978—1997年段档案文献，然后编辑1949—1977年、1997—2006年段档案文献。由于体量较大，各段档案文献根据具体情况可进一步细化分期。

三、新中国成立后的发展与进步，并非一帆风顺，而是经历了艰难与曲折。档案作为历史的真实记录，也带有历史的烙印。为保持档案的原貌，维护历史的真实，本文献集对档案中的一些“时代用语”，均未作改动，需要读者加以理解与辨别。个别明显的错别字作了更改。

四、关于本文献集的一些技术处理，说明如下：

1. 因时间跨度较长，各个时期的发文符号不统一，有用〔〕、[]、【】、<>、() 者，现均统一为〔〕；

2. 本书标题一般尊重原文，但个别不符合出版规定的标题，由编者重新拟定，并用脚注加以说明；为便于阅读，目录中仅列标题、时间及报告人。

3. 所辑档案，凡遇残缺、脱落、污损的字，经考证确认者，加□并在□内填写确认的字；无法确认者，则以□代之；错别字的校勘用〔〕注明之；增补漏字用[]标明之；修正衍文用（）标明，内注明是衍文；改正颠倒字句用（）标明，内注明是颠倒；整段删节者，以<前略>、<中略>、<后略>标明之；段内部分内容删节者，以<……>标明之；文件附件删略者，以<略>标明之。

编者

2018年6月

目录

MULU

上 册

下　册

第三编　领导讲话

941 二、对内对外开放

941 (一)对内开放

第一编

重要会议

一、党代会

中国共产党重庆市第四次代表大会开幕词

丁长河

同志们：

中国共产党重庆市第四次代表大会，现在开幕了。

首先，我提议：

为悼念我们的伟大领袖和导师毛主席，为悼念毛主席的久经考验的亲密战友、我们敬爱的周总理、朱委员长，为悼念近几年逝世的老一辈无产阶级革命家和对党对革命做出重要贡献的其他同志们，全体起立，静默致哀。

同志们！我们这次代表大会，是在英明领袖华主席为首的党中央一举粉碎“四人帮”之后，党的十一大和全国五届人大确定了我国社会主义革命和社会主义建设新时期的路线和总任务；我市取得了抓纲治渝初见成效的胜利，一个安定团结、大干社会主义的新局面已经出现的大好形势下召开的。

我们这次大会的议程是：一、中国共产党重庆市第三届委员会的工作报告；二、选举出席中国共产党四川省第三次代表大会的代表；三、选举中国共产党重庆市第四届委员会。

我们这次大会的指导思想和中心任务是：高举毛主席的伟大旗帜，坚持十一大路线，为实现新时期的总任务而奋斗。我们要遵照毛主席、华主席和党中央关于揭批“四人帮”的一系列重要指示，密切联系实际，认真总结我市两条路线斗争，特别是揭发批判“四人帮”这场伟大政治斗争的经验，进一步动员全市党员和人民群众认真搞好“一批两整顿”，把揭批“四人帮”的伟大斗争进行到底。我们要深入学习党的十一大和五届人大的精神，明确新时期的路线和总任务，认真讨论在建设社会主义现代化强国的斗争中，我市担负的光荣而艰巨的任务，动员全市党员和人民群众为把我市建设成为祖国战略后方的先进工业基地而奋斗。我们要根据毛主席的建党学说和新党章的要求，联系我市党的状况，认真研究加强党的建设问题，动员全党同志把我们党整顿好，建设好，以适应新时期总任务的要求。

同志们！我们党是按民主集中制原则组织起来的。我们的代表大会，是重庆市党的权力机关。圆满完成这次大会的任务，对于带领全市党员和人民高举毛主席的伟大旗帜，紧跟华主席进行新的长征，具有十分重要的意义。为了开好这次大会，我们要恢复和发扬党的群众路线、实事求是的优良传统和作风，恢复和发扬理论联系实际、密切联系群众、批评和自我批评的优良作风，恢复和发扬谦虚谨慎、不骄不躁、艰苦奋斗的优良作风。我们要坚持民主集中制原则，实行在民主基础上的集中和在集中指导下的民主，充分发扬党内民主，发挥全体代表的积极性和创造性，充分反映和表达广大党员和人民群众的心愿，认真讨论，集思广益，共同商量决定全市党和人民的大事。我们要严格遵守党的纪律，维护党的集中统一，加强党的团结。我们要使这次大会造成一个又有集中又看民主，又有纪律又有自由，又有统一意志、又有个人心情舒畅、生动活泼的政治局面，为全市党组织树立榜样。我们完全可以预料，在华主席为首的党中央亲切关怀下，在省委直接领导下，在我们全体代表的共同努力下，我们这次大会一定能够开成一个团结的大会、胜利的大会。

让我们高举毛主席的伟大旗帜，紧跟英明领袖华主席，坚定不移地朝着建设社会主义现代化强国的伟大目标，乘风破浪，奋勇前进！

我们的伟大目标一定要实现！

我们的伟大目标一定能够实现！

中国共产党重庆市第四次代表大会关于工作报告的决议（草案）

中国共产党重庆市第四次代表大会一致通过钱敏同志代表市委所作的工作报告。

大会一致认为，钱敏同志的工作报告，遵循党的十一大路线和第五届全国人民代表大会精神，总结了我市第三次党代表大会以来的工作，总结了我市在第十一次路线斗争中的基本经验，分析了抓纲治渝初见成效的大好形势，提出了我市实现新时期总任务的规划和任务。大会认为工作报告完全符合我市的实际情况，反映了全市广大共产党员和全市人民的共同愿望。这对于团结全党和全市人民，贯彻党的十一大路线，实现新时期的总任务，夺取社会主义革命和社会主义建设的新胜利，都具有重大的意义。

大会要求全市各级党组织和全体党员，遵照毛主席的建党学说，坚持“三要三不要”的基本原则，认真把各级党组织整顿好、建设好，大力恢复和发扬党的光荣传统和优良作风，使各级党组织真正成为领导无产阶级和革命群众对于阶级敌人进行战斗的朝气蓬勃的先锋队组织。要坚决响应华主席“学习、学习、再学习，团结、团结、再团结”的伟大号召，做学习的模范，做团结的模范。

大会号召，全市共产党员、共青团员、革命干部、工人、农民、革命军人、知识分子，高举毛主席的伟大旗帜，更加紧密地团结在英明领袖华主席为首的党中央周围，进行新的长征。要坚决执行党的十一大路线和第五届全国人民代表大会提出的新时期的总任务，贯彻全国科学大会精神，坚持无产阶级专政下的继续革命，把揭批“四人帮”的伟大斗争进行到底。要坚持阶级斗争、生产斗争和科学实验“三大革命”运动一齐抓，认真落实党的各项无产阶级政策，调动一切积极因素，团结一切可以团结的力量，以革命加拼命的精神，努力完成工作报告中提出的各项战斗任务，高速度发展国民经济，为实现我市的三年、八年规划，把重庆建设成为祖国战略后方的先进工业基地，为把我国建设成为农业、工业、国防和科学技术现代化的伟大的社会主义强国而奋斗！

在中国共产党重庆市第四次代表大会上的闭幕词

冀绍凯

同志们：

中国共产党重庆市第四次代表大会，在毛主席革命路线指引下，在省委的领导和关怀下，经过全体代表的共同努力，一致通过了钱敏同志代表中国共产党重庆市第三届委员会所作的工作报告，选举产生了中国共产党重庆市第四届委员会，选举了出席中国共产党四川省第三次代表大会的代表，圆满地完成了预定的任务。

这次代表大会，是在贯彻落实英明领袖华主席抓纲治国战略决策初见成效的大好形势下召开的。大会自始至终高举毛主席的伟大旗帜，坚持党的十一大路线，遵照华主席、党中央的一系列重要指示，认真总结了我市两条路线斗争的经验，特别是总结了同“四人帮”及其资产阶级帮派体系作斗争的经验，讨论了在建设社会主义强国的总任务中，我市担负的光荣而艰巨的任务。到会代表心情舒畅、思想解放、精神饱满、干劲十足，真正开成了一个团结的大会、胜利的大会，开成了一个响应华主席号召，向四个现代化进军的誓师大会。

党的十一大和五届人大规定了全国人民在社会主义革命和社会主义建设新时期的路线和总任务，华主席率领我们开始了新的长征。摆在我们面前的任务是极其艰巨而光荣的。大会以后，各级党组织要宣传这次代表大会的精神，动员全体党员、干部和广大群众，高举毛主席的伟大旗帜，贯彻党的十一大路线，坚持无产阶级专政下的继续革命，为实现新时期的总任务而努力奋斗。

我们一定要遵照华主席关于“学习、学习、再学习”的指示，开展一个新的持久的学习运动。当前，要在全市范围内开展新时期总任务的大宣传、大学习、大动员，做到家喻户晓，深入人心。每个党员特别是领导干部都要刻苦学习马列和毛主席著作，发扬理论联系实际的革命学风，努力做到完整地准确地领会和掌握毛泽东思想体系。同时，要努力学习文化，学习业务，学习现代科学知识，竭力使自己成为既懂政治，又懂业务；既有一定的思想理论水平，又有科学文化知识的又红又专的优秀革命者。

我们一定要坚持无产阶级专政下的继续革命，把揭批“四人帮”的伟大斗争进行到底。要进一步发动群众，紧密联系各条战线的实际，打好揭批“四人帮”的第三战役，搞好“一批两整顿”。要抓住整顿领导班子这个关键，搞好整党整风。整顿好机关、企业和社队。不但要从组织上彻底摧毁“四人帮”的资产阶级帮派体系，而且要以马列主义、毛泽东思想为武器，从理论上进行深入的批判，粉碎“四人帮”的反动思想体系，肃清其流毒。

我们一定要恢复和发扬党的优良传统和作风。坚决同形形色色的资产阶级思想作风作斗争。作风问题不是一般的问题，而是党的建设上的一个重要问题。只有保持和发扬党的优良传统和作风，才能使我们党同人民群众经常保持血肉的联系，充满革命朝气，压倒一切敌人，战胜一切困难。我们要恢复和发扬党的实事求是、群众路线、民主集中制、艰苦奋斗、全心全意为人民服务的优良作风。当前，特别要大力恢复和发扬实事求是和群众路线的优良作风。要深入实际，调查研究，做老实人，说老实话，办老实事，一切从人民利益出发，一刻也不脱离群众，与群众同呼吸、共命运。坚决反对那种说大话，说空话，说假话，爱做表面文章，不讲实际效果，不关心群众疾苦，做官当老爷的歪风，使我们的党员和干部真正成为群众的贴心人，成为带领群众进行“三大革命”斗争的先锋战士。

我们一定要树雄心，立壮志，高速度发展国民经济。要深入开展“工业学大庆、农业学大寨”的群众运动，掀起“比学赶帮超”的社会主义劳动竞赛热潮，大搞技术革新和技术革命，不断提高劳动生产率，全面地提前完成和超额完成国家计划。必须充分认识，社会主义建设的速度问题，不是一个单纯的经济问题，而是一个尖锐的政治问题。我们一定要争时间，抢速度，革命加拼命，苦战八年，把我市建设成为祖国战略后方的先进工业基地。

同志们！毛主席教导我们：“除了开好大会以外，党的各级委员会把自己的领导工作做好，是极为重要的”。当前形势一片大好。在华主席、党中央的领导下，向四个现代化进军的战斗号角吹响了，广大群众的社会主义积极性空前高涨，一个经济建设和文化建设的新高潮已经到来。只要我们全面地正确地贯彻执行毛主席的革命路线，认真落实党的各项政策，调动一切积极因素，团结一切可以团结的力量，发扬“愚公移山，改造中国”的彻底革命精神，脚踏实地地大干苦干，就一定能够把我市的三年和八年发展规划，变为光辉的现实。让我们高举毛主席伟大旗帜，紧密团结在以华主席为首的党中央周围，为建设社会主义现代化强国乘风破浪，奋勇前进！

现在我宣布：市的第四次党代表大会胜利闭幕。

加快改革步伐，为把重庆建设成为长江上游的经济中心而奋斗

——在中国共产党重庆市第五次代表大会上的报告

（1983年7月29日）

王　谦

同志们：

现在，我受中共重庆市第四届委员会的委托，向党的代表大会作工作报告，请审议。

一、拨乱反正、胜利前进的五年

从1978年4月召开第四次党代表大会到现在，已经五年了。上一次党代会，是在党的十一届三中全会前的历史条件下召开的，当时由于我们党还没有来得及全面清理“左”的错误，所以那次党代会通过的报告还保留着“文化大革命”的一些错误观点和政策，在经济建设上提出了一些不切合实际的指标和要求。

党的十一届三中全会从根本上冲破了长期“左”倾错误的束缚，端正了党的指导思想，确立了马克思主义的思想路线、政治路线和组织路线。在中央和省委领导下，全市各级党组织领导人民群众，不断清除“左”的错误影响，拨乱反正，各项工作逐步走上了健康发展的轨道。广大干部和群众心情舒畅，热情高涨，正在为实现党的十二大提出的宏伟目标努力奋战。同全国、全省一样，现在确实是我市解放以来最好的历史时期之一。

过去的五年，是拨乱反正的五年，是胜利前进的五年。主要标志是：

清除“左”的错误影响，在思想路线上进行拨乱反正。全市广大党员、干部和群众积极开展了实践是检验真理的唯一标准的讨论，批判“两个凡是”的错误。各级党组织认真宣传贯彻三中全会以来的路线、方针和政策，冲破教条主义和个人崇拜的长期束缚，清除所谓无产阶级专政下继续革命理论造成的种种恶果。同时，针对社会上一度出现的资产阶级自由化倾向，及时进行了坚持四项基本原则的教育。通过一系列的拨乱反正的工作，党内外的思想认识、精神面貌发生了深刻的变化，党的实事求是的思想路线，越来越深入人心。

平反冤假错案，落实各类人的政策。三中全会以后，市委和各级党委按照中央的指示，平反了“文

化大革命"期间的大批冤假错案。对错划为右派和资本家的人员作了改正。给已经改造成守法劳动者的地主、富农分子和反革命分子、坏分子摘了帽子。宽大释放了在押的原国民党的党政军特人员。逐步解决了一大批建国以来历次政治运动中遗留下来的问题。与此同时,还逐步落实了党的知识分子政策和统一战线政策。通过这些工作,进一步增强了党和人民的团结,提高了党在人民群众中的威望,调动了各方面的积极性。

调整充实各级领导班子,加强和改善党的领导。粉碎"四人帮"后,结合揭批查和落实干部政策,调整充实了各级领导班子。对一批在"文化大革命"中受迫害的老同志的工作作了安排。近两年来,按照干部革命化、年轻化、知识化、专业化的要求,选拔了一批年富力强、具有大中专文化水平的干部到各级领导岗位。特别是今年机构改革中,对市级部委局的领导班子作了调整,使新班子的"四化"程度有较大提高。为了加强和改善党的领导,各级党组织还普遍组织党员学习《关于党内政治生活的若干准则》和新党章,进行党性、党风、党纪教育,检查处理了一批违纪案件,纠正了少数干部存在的不正之风,党风有所好转。

加强社会主义民主和法制建设,巩固和发展了安定团结的政治局面。各区、县的人民代表大会代表实行了直接选举。市和区、县的人大建立了常设机构。恢复和活跃了人民政协的工作,巩固和扩大了爱国统一战线。工矿企业实行了党委领导下的职工代表大会制度。加强了工会、共青团、妇联、科协、文联、社联、侨联、工商联等群众组织的工作,扩大了党内外民主。各级政法机关普遍得到恢复和加强。社会治安方面,贯彻执行综合治理的方针,依法打击严重危害社会治安的犯罪分子,同时进行教育、感化、挽救失足青少年的工作。去年以来,开展了打击经济领域和政治、文化领域中严重犯罪活动的斗争。社会治安有所好转。

把党的工作重点转移到经济建设上来,贯彻执行"调整、改革、整顿、提高"的方针,使我市国民经济逐步走上健康发展的轨道。工业在调整经济结构、扩大企业自主权和企业整顿等方面都做了大量工作,生产稳步增长。1982 年全市工业总产值(不含原永川地区)比 1978 年增长 42.49%,每年递增 9.23%,多数产品的质量有所提高,花色品种有所增加。农村贯彻执行"休养生息"的方针,推行以家庭为主的多种形式的联产承包责任制,把集体所有制的优越性和家庭经营的积极性统一了起来,使农业摆脱了长期徘徊的困境,出现了农、林、牧、副、渔全面持续发展的新景象。1982 年农业总产值(未含原永川地区)比 1978 年增长 49.72%。每年递增 10.62%。商业推行多种经济成分、多种经营方式、多种流通渠道、减少流通环节和城乡通开的流通体制,市场繁荣,购销两旺。外贸出口有了较快的发展。财政、税收、金融、物价、工商管理和物资等部门的工作也有了加强。

加强社会主义精神文明建设,社会风气发生了可喜的变化。广泛开展了文明礼貌月和"五讲四美三热爱"、学雷锋树新风的活动,群众性的治脏、治乱、治差工作取得较好成绩。长期存在的轻视知识和歧视知识分子的错误倾向逐步得到纠正。教育、科学、文化、艺术、新闻、出版、卫生、体育等事业得到了恢复和发展。计划生育工作取得显著成绩。

在发展生产的基础上,人民生活有所改善。三中全会以后,党和政府采取调整职工工资、改进奖励制度、提高农副产品收购价格、广开就业门路等多种措施,使城乡人民的家庭收入普遍有了增加。城市基础设施建设有了加强,建成了长江大桥、嘉陵江载人索道,全市新建住宅 464 万平方米,住宅紧张的状况有所缓和。

五年的成绩是来之不易的。我们之所以能够取得以上成绩,首先是由于三中全会以来党的路线、方针、政策的正确,是全市各级党组织和广大党员、群众在省委领导下艰苦奋斗的结果。

在肯定成绩的同时,必须看到,我们的工作还有不少缺点和问题。从市委来检查,一段时间里,我们贯彻执行三中全会精神的自觉性不够高,思想不够解放,在平反冤假错案、落实干部政策和解决历史遗留问题上,行动迟缓,忸忸怩怩。另一方面,存在着“守摊子”的思想，创业精神不足，看成绩多，看问题少，满足现状。我们的作风不够深入，对重庆的市情缺乏系统的了解和深刻的认识，对新情况、新问题缺乏认真研究，在有些重大问题的决策上，广泛听取意见、充分进行论证不够，致使有些本来应该做好的工作没有做好，本来应该取得更大成绩的没有取得。我市的经济效益比较差，与全国各大城市比较，多数经济技术指标处于中下水平。这些都有待于我们在今后工作中去努力克服和解决。

回顾过去五年的工作，我们深切体会到：

只有坚持马克思主义的思想路线，才能自觉地在政治上同党中央保持一致。三中全会重新确立了马克思主义的思想路线，拨正了社会主义建设的航向。几年来的实践说明，要坚持马克思主义的思想路线，同党中央在政治上保持一致，就必须解放思想，一切从实际出发，善于把中央的方针、政策与重庆的实际情况结合起来，并且尊重干部和群众的首创精神，否则，必将偏离中央指示的精神而产生错误。农村工作中发生的纠正“包产到户”的错误，出租汽车公司干部制度改革试验的被否定，以及若干错案长期得不到及时纠正等等，就是十分深刻的教训。

正确开展两条战线的思想斗争，是坚持执行党的路线的重要保证。在我们革命队伍中出现的错误，就政治思想方面而言，有“左”的，也有右的，因此必须开展两条战线的思想斗争，不能只限于在一条战线上作战。前些年，当我们贯彻三中全会精神，纠正“左”的错误影响的时候，曾经出现过否定党的领导、否定社会主义道路的思潮。我们按照中央和省委的部署，坚持进行四项基本原则的教育，批判了自由化倾向的错误，排除了右的干扰，保证了拨乱反正工作的顺利进行。当前“左”的影响仍然是主要的，必须继续肃清。

坚持以经济建设为中心，必须加强思想政治工作。党的工作重点转移到经济建设以后，我们注意了抓经济工作，注意了按经济规律办事，这是完全正确的。但也一度出现过忽视政治思想工作、削弱甚至取消政治机构的情况。经验证明，实现工作重点转移以后，政治工作只能加强，不能削弱。同时，思想政治工作从内容到方法都要加以改进，把政治工作同经济工作结合起来，把精神鼓励与物质鼓励结合起来，才能适应新时期的需要，充分调动群众的积极性，保证社会主义建设事业的胜利进行。

二、全面开创重庆社会主义现代化建设新局面

党的十二大提出了新的历史时期的总任务：“团结全国各族人民，自力更生，艰苦奋斗，逐步实现工业、农业、国防和科学技术现代化，把我国建设成为高度文明、高度民主的社会主义国家。”并且确定了我国经济建设的战略目标、战略重点、战略步骤和一系列正确方针。我们要遵循十二大的宏伟纲领，贯彻省第四次党代表大会精神，努力把重庆建设成为社会主义现代化的城市。本届党代表大会后的五年间，要认真搞好经济体制综合改革，大力推进社会主义物质文明和精神文明的建设，健全社会主义民主和法制，整顿党的作风和组织，实现财政经济状况、社会风气和党风的根本好转，在全面开创社会主义现代化建设新局面的斗争中取得重大胜利。

第一，加强经济建设。

经济建设是全面开创社会主义现代化建设新局面的首要任务。到本世纪末，我市经济建设的奋斗目标是：在不断提高经济效益的前提下，实现工农业年总产值翻两番，并力争超过。全市工农业总产值由1980年的100亿元增加到2000年的450亿元至500亿元，其中前十年翻一番，每年递增7.2%，后十年翻1.25番至1.5番，每年递增8.5%～9.6%，那时候，我市国民经济的现代化建设将取得重大进展，主要经济技术指标将进入全国先进行列，城乡人民的收入将成倍增长，人民的物质文化生活可以达到小康水平。

实现本世纪末的奋斗目标，现在只有十八年时间了。在步骤上，前八年主要是打基础，后十年实现经济振兴。今后五年主要是打基础，上品种，上质量，上水平，实现经济效益和发展速度的统一。

到1987年,工农业总产值达到170亿元以上,重点行业、重点产品的主要经济技术指标达到全国同行业的先进水平。逐步形成以重庆为中心的工业、农业、交通运输业、科学技术、内外贸易、金融事业等综合发展的开放型的长江上游经济中心和经济网络。为了实现上述目标,必须立足长远,狠抓当前,充分运用有利条件,克服不利因素,继续贯彻执行五届人大四次会议批准的十条经济建设方针,把全部经济工作转移到以提高经济效益为中心的轨道上来。着重抓好以下几项工作:

1. 进一步做好调整工作,保证农业、轻工业和重工业生产相互协调地向前发展。在全国"一盘棋"的方针指导下,从我市的经济地理条件和物质技术基础出发,实事求是地确定重庆的农业、轻工业、重工业和商业的发展方向,建立具有重庆特点的经济结构。

工业是重庆经济的主体。要发挥重点行业、拳头产品的优势,以机械、冶金、化工、轻纺、食品工业为主,轻重工业并举,加强综合性工业基地的建设,走综合利用、深加工、精加工的路子。工业生产要把创名牌、开发新产品放在首位,做到生产一代,改进一代,研制一代,不断实现产品更新和升级换代。坚持在能源和原材料供应、运输条件、投资和贷款分配、外汇使用等方面优先保证轻工业需要的方针,让消费品生产继续以较高的速度发展,以保持和扩展已经出现的较好的市场供应情况。重工业要进一步端正服务方向,更好地为农业、轻工业技术改造和重点建设服务。

农业是重庆经济的基础,实行市领导县以后,农业的地位和作用更加重要了。要把城市和农村两个方面具有的优势结合起来,统一规划安排,促进工农业生产协调发展。要牢固树立农、林、牧、副、渔全面发展,农工商综合经营的指导思想,本着因地制宜、发挥优势、适当集中的原则,在保证粮食生产稳定增长的前提下,加强多种经济作物基地、林业基地和蔬菜、副食品基地的建设,逐步形成具有重庆特点的农业经济结构。要进一步稳定和完善多种形式的联产承包责任制,积极扶持重点户、专业户的发展。要加强农业的技术改造,积极改善农业生产条件,推广先进的农业科学技术,采取多种形式,加强良种、饲料和复合肥料的生产以及产前产后的服务工作,大力发展种植业、养殖业、农副产品加工业,提高粮食和农副产品的商品率,使农业生产和农民收入尽快进入先进行列。

流通是联系生产与消费、城市与农村的纽带,也是形成重庆经济中心的一个重要环节。要以商促工,以商促农,让商业起开拓道路的作用。在保证国营商业占主导地位的前提下,发展多种经济形式和灵活多样的购销方式,开辟多种流通渠道,减少流通环节,及时提供市场信息,促进生产,保障供给,繁荣经济,方便人民生活。大力组织工业品下乡和农副产品进城,认真解决农民买难、卖难问题。要建立工业产品、农副产品的交易中心和批发市场,增加商业设施,发挥商品物资集散地的作用。要加强口岸建设,扩大对外贸易和技术交流。财政、税务、银行、物价等部门,要在扶持生产发展、增加财政收入、提高资金使用效果等方面充分发挥经济杠杆的调节作用。

按照城乡通开的原则,组织城乡结合的工业网络、流通网络、交通网络、科技网络和金融网络,实现工、农、商一体化。

2. 抓好能源、交通建设。这是振兴经济的战略任务。对国家安排在我市的能源、交通、邮电通信等新建和改建项目,要加强领导,提供各种方便条件,保证工程进度和质量,按期竣工投产。能源方面,要抓好煤炭、电力、天然气的开发和综合利用,加快农村小水电和沼气的建设;坚持开发与节约并重、近期把节能放在优先地位的方针,采取有力措施,扭转能源消耗高、浪费大的状况。交通方面,要发挥长江、嘉陵江的优势,采取多种方式发展水运事业,做到干支畅通,江海直达。重点抓好港口码头、铁路电气化建设和货站、客站的新建、改建工程,积极改善公路技术状况,提高装卸机械化水平和运输效率。邮电通信,要积极采用程序控制自动电话和微波通讯设备,搞好长途和市内邮电通信建设。

3. 依靠科学技术进步,加快技术改造步伐。树立依靠科学技术进步振兴经济的指导思想,大胆利用国内外的资金和先进技术,把国外七十年代或八十年代初已经普遍采用的、适合我们需要的先进技术,广泛地加以运用,使我们的生产技术有一个较大的进步。技术进步最终表现在产品上,表现在提高经济效益上,各行各业都要有一个技术进步的规划,把老产品升级换代,新产品开发,技术攻关,技术改造,新技术新设备引进消化、移植,以及国际标准的采用、计量基准的提高等各个环节,要协调配套。当前技术改造要以轻纺行业和拳头产品为重点。机械、电子工业要先行一步,为国民经济各部门提供先进的技术装备。

在技术改造工作中,必须预测改造方向,确定改造目标。要进一步解放思想,对中小项目应更放手一些,鼓励、支持那些有胆识、有魄力、有作为的企业家,放手利用国内外的资金和技术进行技术改造。广泛发动职工提合理化建议,开展群众性的技术革新和攻关活动,形成一个人人关心技术进步的新局面。

科学技术工作要贯彻面向经济建设的方针,以发展应用科学和实用技术为主,制定我市的科学技术发展规划,大力推广新技术、新工艺、新产品、新材料。要建立重庆科学技术开发交流中心,把分散在各个大专院校和科研、生产单位的科研人员与技术力量组织起来,围绕工农业生产建设中的关键问题和重大科技项目,开展协作攻关,抓好科研成果向生产转移的工作。各个企业要依靠科研单位和大专院校来实现技术进步,科研部门、大专院校要经常深入到生产第一线,主动上门服务。

4. 贯彻执行军民结合的方针,军工企业要在保证军品任务的前提下,积极发展民品生产。在国家计划指导下,各军工企业和地方一起,统一制定出军民结合开发新产品的规划,上一批技术先进、对开发西南和发展全国经济有重要意义的产品。要组织好军工企业的先进技术向民用工业的转移,实行技术有偿转让。军工企业应积极帮助地方企业搞好技术改造。

5. 搞好企业的改组、联合,组织专业化协作生产。已经组织起来的公司、总厂,应结合省属企业下放和市带县以后的情况,按照经济合理的原则和企业的内在经济联系,分别不同情况,有计划有步骤地进行调整和完善。要围绕名牌产品、新技术开发和资源的合理利用,把单个分散的“大而全”“小而全”企业和区县属企业,按专业化协作和平等互利的原则组织起来,建立城乡结合的经济网络,实现企业组织和经济组织的合理化。联合可以是紧密的,也可以是松散的,形式要多样化;可按产品组织“一条龙”的联合、协作,也可组织农工商“一条龙”的联合经营,企业与院校、科研部门的联合协作等。优势在哪一头,“龙头”、骨干厂就放在哪一头。凡优势在外地的,重庆的企业应积极参加外地的联合。同时,要逐步把市内各企业(包括军工)的铸锻、热处理、电镀、模具、机修等相同工艺部分,进行调整,合理组织,实行专业化生产;把各单位的计算、计量、测试等生产、科研服务机构以及一些生活服务设施,加以合理组织,实行社会化服务。

在改组、联合中,还要坚决而有秩序地把原有企业的结构调整好。

6. 大力发展区县工业、社队企业和城镇集体所有制经济。这是发展经济的一支重要力量。要继续放宽政策,为发展城乡集体经济创造条件。各有关部门对待集体所有制单位应同国营单位一样,在政治上一视同仁,在经济上平等对待。城镇集体经济,应按照“自愿组合、自负盈亏、民主管理、按劳分配”的原则,加以组织和发展。在生产经营上有困难的,国家应给以适当的扶持。

个体经济是公有制经济的必要补充,要适当发展。在城镇,要动员组织待业青年和有经营能力的人员从事手工业、修理业、运输业、房屋维修业、服务业、商业等生产经营活动。在农村,要发展个体工商业、服务业和运输业等。工商部门要加强对个体工商户的管理,保护合法经营,制止非法活动,引导他们更好地为社会主义建设和人民生活服务。

7. 搞好企业全面整顿,加强管理工作,提高企业素质。客观形势向所有工业企业提出了这样一个尖锐问题：靠老办法，靠现有水平不行了，必须来一个根本转变，在素质上要有一个显著的提高，才有生命力，才有出路。因此，要按照“全面开展，重点帮助，上下结合，同步整顿，分类指导，逐个验收”的办法，用改革的精神做好整顿工作。要搞好领导班子的整顿和建设，建立起坚强有力的领导核心。要切实整顿和加强企业管理工作，进一步完善企业内部的经济责任制，加强基础工作，整顿、健全原始记录、统计、计量、测试、检验、标准、核算等方面的管理制度。建立合理的管理机构，训练专业管理人员，使企业的各项专业管理科学化。在此基础上，推行全面计划管理、全面质量管理和全面经济核算，降低物质消耗，提高产品质量，提高经济效益。要整顿劳动组织和劳动纪律，按定员定额组织生产，改善劳动组织结构，严格控制非生产人员，广开生产门路，把企业富余人员安排好。要有计划地对职工进行全面培训，特别是要抓好青年职工的政治、文化、技术教育工作，努力建设一支“又红又专”的职工队伍。

第二，加强社会主义精神文明建设。

在建设高度的物质文明的同时，努力建设高度的社会主义精神文明，这是建设社会主义的战略方针。全市各级党组织要把建设社会主义精神文明摆在重要地位，大力提高人民的科学文化、思想觉悟和道德水平。要逐步把重庆建设成为一个科学教育发达、文化艺术繁荣、环境清洁优美、社会秩序良好、道德风气高尚的城市，使广大人民群众成为有理想、有道德、有文化、守纪律的劳动者。

1. 大力开展以共产主义思想为核心的社会主义精神文明教育。这一教育，包括：马克思列宁主义、毛泽东思想的教育，革命理想、道德和纪律的教育，为人民服务的献身精神和共产主义劳动态度的教育，主人翁思想和集体主义的教育，革命传统和爱国主义教育。通过教育，使广大党员和群众树立共产主义的远大理想，培养共产主义的道德情操，发展社会主义精神文明的新型社会关系。

开展共产主义思想教育，当前应同学习《邓小平文选》结合起来。《邓小平文选》是我们建设有中国特色的社会主义的建国大纲，制定党的路线、方针、政策的理论基础，是毛泽东思想的继承和发展。学习《邓小平文选》，对于加强全党思想上的统一，对于指导我国当前和今后的社会主义建设事业具有极为重要的意义。要认真组织全体党员、干部，特别是县以上的领导干部进行学习。开展共产主义思想教育，要同实现党在现阶段的总任务结合起来，广泛开展建设有中国特色的社会主义的学习和宣传。开展共产主义思想教育，应同执行党的各项现行政策结合起来。只有加强共产主义思想教育，才能指导和保证社会主义现行政策更好地贯彻执行；只有认真执行社会主义的现行政策，社会主义事业才能不断胜利，并为逐步过渡到共产主义社会准备条件。

“五讲四美三热爱”活动，是学习共产主义思想、培养良好的道德情操、建设社会主义精神文明的一种好形式。要继续深入开展“文明单位”“五好家庭”活动，制定和修订乡规民约、文明公约，认真执行“职工守则”“学生守则”等各行各业的道德规范和职业纪律，采取有力措施，使“五讲四美三热爱”活动经常化、制度化，做出新的成绩，促进社会风气的根本好转。在青少年中，继续深入开展学雷锋、树新风，争做八十年代“新雷锋”以及学习朱伯儒、张海迪等英雄模范人物的活动，并把它与表彰本地区、本单位的先进人物和先进事迹结合起来，有针对性地对青少年进行共产主义思想教育，帮助他们树立正确的世界观和人生观，自觉抵制资产阶级思想及其生活方式的侵袭，在实际斗争中锻炼成为社会主义的一代新人。

党的思想政治工作，是经济工作和其他一切工作的生命线。这是全党的共同任务，一定要放在领先的地位。中共中央批转的《国营企业职工思想政治工作纲要（试行）》，是我国社会主义现代化建设时期加强和改进企业职工思想政治工作的一个很好、很重要的文件，其基本精神、基本原则和基本方法，具有普遍的指导意义。各级党委必须从实际出发，制定贯彻执行这个《纲要》的措施和步骤，切实改进和加强思想政治工作。要健全、充实政治工作机构，加强政治工作队伍建设，改进工作方法，卓有成效地向人民群众进行有战斗力、有说服力、有感染力的政治思想教育。

2. 进一步加强文化建设。教育、科学是国民经济发展的战略重点。我们必须把智力开发和人才培养提到重要议事日程上来，动员各方面的力量，采取多种形式，广开学路，办好各级各类学校。中、小学教育是基础，到1985年，我市农村要普及小学教育，城市和近郊要普及初中教育。要加快中等教育结构改革的步伐，有计划地发展职业技术教育。农村要力争在五年内，使农业中学和职业技术学校的人数占农村中等学校总人数的40%以上。大专院校要适应经济建设发展的需要，采取多层次、多规格、多种形式办学，加速培养建设人才。要积极发展电视大学、函授大学、刊授大学和职工大学。加强师资队伍的建设，努力提高教育质量。同时，还要办好工农业余教育，鼓励和支持职工特别是青年的读书活动，走自学成才的道路。教育是一种周期长、见效慢的建设工作。如果怕花钱，不发展教育、开发人才，建设"四化"就会没有希望。在目前我市财力还比较困难的情况下，宁肯压缩其他方面的一些投资，也要保证教育经费逐年有所增加。要坚持"两条腿走路"的方针，各方面的力量动员起来，不仅国家办学、厂矿企业办学，还要鼓励、扶持集体办学和私人办学。

要十分重视科学技术的发展，使之与整个经济和社会的发展相适应。要进一步落实科技政策，迅速解决科技人才的统一管理和合理使用问题，从各个方面为科技工作的发展创造条件。要调整、充实科研机构，扩大科研队伍，加强薄弱环节。在发展自然科学的同时，必须重视发展社会科学。社会科学部门，要研究我市建设和改革中提出的理论问题和实际问题，为两个文明建设服务。

要大力发展文学艺术、新闻出版、广播电视、图书馆、文化馆、博物馆、革命纪念馆等各种文化事业。文艺工作要坚定不移地贯彻执行为人民服务、为社会主义服务和"百花齐放、百家争鸣"的方针，以提高作品的质量为中心，创作和演出更多反映时代面貌，具有革命内容和其他有教育意义的作品和节目，为广大群众提供丰富多彩的精神食粮，坚决克服商品化倾向。要做好医疗卫生工作，继续贯彻执行预防为主、城乡兼顾、中西医结合的方针，逐步改革医疗制度，改善服务态度，提高医护质量。要做好体育工作，广泛开展群众性体育活动，增强人民体质，提高体育运动技术水平，加强体育道德教育，争取更大的成绩。

计划生育是我国的一项基本国策，是长期的战略任务，它关系到经济发展、民族兴衰的大局。务必高度重视这件大事，加强领导，特别是对农村的计划生育，要做更多的工作。要克服重男轻女的旧思想，严禁溺婴。共产党员、共青团员要带头实行计划生育，继续努力为有效地控制人口增长做出贡献。

3. 进一步做好落实知识分子政策的工作。重视知识，充分发挥知识分子的作用，是加强两个文明建设，实现社会主义现代化的关键。在知识分子工作中，由于"左"的流毒没有肃清，知识分子政策落实不够好，甚至不断发生侮辱、殴打教师的严重事件。我们一定要确立知识分子是工人阶级一部分，知识分子与工人、农民同是社会主义建设的依靠力量的正确观念，在党内外造成一种尊重知识、尊重人才的氛围，进一步落实知识分子政策。信任和正确使用知识分子，努力改善他们的工作条件和生活条件，尤其要注意解决中年知识分子的实际困难，这是当前的工作重点。我们重视有学历的知识分子，还应同样重视那些自学成才、确有专长的人。对那些要求入党、又具备入党条件的优秀知识分子，要及时吸收入党。广大知识分子要加强学习，更新知识，深入实际，深入群众，全心全意为人民服务，在"四化"建设中充分发挥自己的聪明才智。

第三，加强社会主义民主与法制建设。

建设高度的社会主义民主，是我们的一项根本任务和目标。社会主义的物质文明和精神文明建设，都要靠发展社会主义民主来保证。只有把社会主义民主扩大到政治生活、经济生活、文化生活和社会生活的各个方面，发展到基层，才能进一步巩固人民民主专政，保证社会主义现代化建设的顺利进行。

建设高度的社会主义民主，首先要向广大党员，特别是领导干部进行社会主义民主的教育，树立“一切权力属于人民”的思想。进一步健全党的民主集中制，以党的民主生活正常化来带动整个社会民主制度的建设。要按照宪法的规定，加强各级人民代表大会制度，支持市、区、县人民代表大会及其常务委员会行使地方权力机关的职权，保证国家的立法、司法、行政机关、经济和文化组织以及人民团体积极主动地、协调一致地进行工作。各级党政机关要充分尊重和保障人民的民主权利，倾听人民群众的意见，动员和依靠广大人民群众参与各项事业的管理。党政工作人员要自觉地为人民服务，对人民负责，做人民的公仆。

加强基层政权建设和基础工作。在农村，要按照政社分开的原则建立乡政权和村民委员会。在城市，要加强街道办事处和居民委员会的工作。要配齐基层的公安员和司法、民政助理员，整顿、充实治保和调解组织，充分发挥其作用。在各种基层组织中，要建立健全民主制度，发扬社会主义民主。一切基层单位，都要按照规定实行民主管理，发展基层社会生活的群众自治，保证人民群众充分行使当家做主的权利。

发展社会主义民主必须同健全社会主义法制紧密结合起来，使民主制度化、法律化。要认真执行宪法和法律，制定和完善地方法规。广大党员，特别是党的领导干部，要带头学习、遵守宪法和法律，在宪法和法律的范围内活动，真正做到法律面前人人平等。要坚决纠正有法不依、执法不严的现象，采取各种形式加强法制的宣传教育。学校要开设法制课。各单位要把法制教育作为思想政治工作的一个重要内容，使人们逐渐养成遵纪守法、依法办事的习惯。

加强和改进对政法公安工作的领导，抓好政法公安机关的组织、思想、业务建设和改革工作。加强派出所和人民法庭的工作。各单位的保卫机构要加强，不能削弱。要采取多种措施，培训和轮训干部，建设一支有高度的政治素质、业务水平，秉公执法、忠于职守的政法公安队伍。要加强民兵工作，使之在保卫祖国、保卫社会主义现代化建设中做出更大的贡献。

要正确认识和处理新的历史条件下的阶级斗争问题。目前，在这个问题上，一方面仍然存在“左”的流毒，有待清除；另一方面，由于对阶级斗争还在一定范围内存在这一现实有所忽视，对国内外敌对势力的破坏活动认识不足，存在着该管不管、该严不严、打击不力的现象。要坚持执行专门机关与群众路线相结合的方针，善于运用社会主义法制来同各种敌对势力作斗争。要坚决打击反革命分子和其他刑事犯罪分子的破坏活动，继续打击经济领域和其他领域的犯罪活动，抓紧大案要案的处理，坚定不移地把这场斗争进行到底。

进一步整顿社会秩序，加强治安管理。要广泛发动群众，组织各方面的力量，落实“综合治理”措施，实行与生产责任制相联系的治安保卫责任制。继续做好违法青少年的教育、感化、挽救工作。要到群众中去，到青年中去，到成千上万个家庭中去，做思想上的疏导、转化工作，把大量的治安问题消除在萌芽状态，解决在基层。政法公安部门要主动同各单位合作，建立健全治安管理和保卫工作制度，加强思想政治教育，从根本上预防犯罪，减少犯罪，积极治安，争取早日实现我市社会治安秩序的根本好转。

第四，加强城市建设。

城市建设和管理是一项综合性的事业，它属物质文明建设的范畴，又包括精神文明建设的内容，有其自身的发展规律。近几年来，我市城市建设有了很大的发展。但由于城市人口增加过快，各种建设的比例严重失调，城市基础设施欠账太多，住房紧张、供水供电不足、交通拥挤、污染严重的状况尚未改变。我们要适应山城特点，进一步加强城市规划、建设和管理，严格控制城市发展规模，逐步偿还欠账，争取到本世纪末，使我市建设布局科学合理，生产生活和各项建设协调发展，公用设施配套齐全，环境污染得到治理，城市面貌显著改观。

要加强城市基础设施的建设,优先安排城市道路、交通、邮电、供水、供电、环保和民用燃料气化等基础设施的建设,力争市政公用设施和生活服务设施与主体工程的建设配套进行。加快住宅建设的步伐,改善居住条件。住宅建设所需资金,主要依靠各单位自筹,市里要支持那些没有建房资金来源的单位。要抓好住宅的合理分配,优先解决无房户和严重拥挤户的困难。要抓紧治理"三废"和噪声污染,保护生态环境。深入开展全民义务植树,发动群众治山治水,努力提高我市绿化覆盖率。

严格按照城市规划进行建设,切实加强城市管理。总的要求是,"严格控制市区规模,合理发展卫星城,积极建设小城镇"。母城内的人口和用地规模,必须严加控制。旧城区要充分利用原有基础,逐步加以改造。郊区要进行调整和配套。要从政策措施上,鼓励单位、居民向郊区和小城镇迁移,逐步扭转市中心区的拥挤状况。要扩大城市统一开发的规模和比重,开辟投资开发区,为外地区、外单位来我市办厂、设店和合资经营提供良好条件,把国内外的资金、技术和人才吸引进来。要切实加强卫星城镇和县以下小场镇的规划和建设。城市维护和建设的资金要稳定增加,使城市建设和经济建设协调发展。本着"人民城市人民建,人民城市人民管"的精神,发动社会单位集资和依靠群众自己动手的办法,搞好城市建设和管理。要完善城市管理法规和条例,依法治理城市。改革城市管理体制,适当下放权力,加强区和街道管理城市的责任、权力和手段,充实城管队伍,把专业管理与群众管理结合起来,使城市管理制度化、经常化。

三、坚决而有秩序地进行经济体制综合改革

适应我市国民经济和社会发展的要求,必须加快经济体制改革的步伐。党中央、国务院对重庆的经济体制改革非常关心,专门发了中央〔1983〕7号文件和国办发〔1983〕24号文件,确定了改革的方向、原则和主要内容。在国家体改委和省委的领导下,研究制定了各项改革的实施方案。现在,有些方案正在实施,有些方案即将实施,整个改革工作,正在进行。但是,改革仅仅是开始,艰巨的工作还在今后。由于理论准备、思想准备不够,工作跟不上,改革中遇到的问题较多,阻力不小。我们要振奋革命精神,坚持从实际出发,全面而有系统地改,坚决而有秩序地改,有领导有步骤地改,把改革推向前进,引向深入。

胡耀邦同志指出:要搞四个现代化,必须进行一系列的改革,没有改革,就不可能实现四个现代化。改革要贯穿四个现代化的整个过程。这应该成为我党领导"四化"建设的一个极为重要的指导思想。我们的社会主义制度,从整体上讲,较之资本主义制度具有无可比拟的优越性;另一方面,在我们现行的一些具体制度中,又还存在着不少弊端,不利于社会主义优越性的发挥。我们正在进行和将要进行的各项改革,就是要克服妨碍生产力发展的原有体制中的弊端和缺陷,逐步形成适合我国国情的新的经济体制,建设具有中国特色的社会主义。这种改革是一场革命,但它不是要动摇、背离社会主义制度,而是在社会主义自身基础上的自我改进、自我完善。党中央、国务院指出,认真搞好重庆的经济体制综合改革试点,"对于进一步搞活和开发我国西南的经济,探索军工生产和民用生产相结合的新路子,以及如何组织好以大城市为中心的经济区,都具有重要意义"。中央选择重庆这样的城市进行试点,就是要改革经济管理体制,发挥城市的作用,带动周围农村,统一组织生产和流通,逐步形成以大城市为中心的经济区。因此,搞好重庆的改革,不仅对重庆的发展关系极大,而且还关系到为全国的体制改革摸索经验的问题。全党同志,首先是各级领导干部一定要认真学习中央有关指示,从理论和实践的结合上弄清改革的意义、目的和根本原则,端正指导思想,克服各种障碍,勇于探索,当改革的促进派。

根据××同志在全国五届五次人代会议和六届一次人代会议的报告中关于经济体制改革的部署,结合重庆的情况,我们要抓住重点环节,有领导、有步骤地进行改革。根据计划经济为主、市场

调节为辅的原则，改革计划体制，加强对国民经济的有效管理和指导。继续推行利改税，积极准备实行分税种的财政体制，改进和稳定国家与企业之间、中央与地方之间的分配关系，为企业从条条、块块的束缚下解脱出来创造条件。要打破部门间、地区间、城乡间的分割，以重庆为中心，按照社会化大生产的要求，组织生产和流通，继续进行企业的改组联合，逐步实现企业组织结构和管理体制的合理化。改革军工生产和民用生产分割的管理体制，探索军工生产和民用生产相结合的新路子。改革劳动人事制度，在国家计划指导下灵活调节劳动力，促进人才的成长和合理使用。改革工资制度，贯彻按劳分配原则，克服平均主义，使职工收入同社会经济效益、企业经营好坏和个人的劳动贡献密切联系起来。改革和完善市领导县的新体制，把城乡经济组合成为一个有机整体，促进城乡共同繁荣。适应经济体制改革的要求，要继续搞好机构改革，并从各自的特点出发搞好上层建筑各个领域的改革，更好地为两个文明建设服务。

一切改革的总目标，要有利于建设有中国特色的社会主义，有利于国家的兴旺发达，有利于人民的富裕幸福。我们在改革中要注意处理好以下几个问题：

第一，改革要有利于发挥重庆中心城市的作用。城市是人类社会物质文明和精神文明的中心，是条块之间和城乡之间的结合点。为了发挥中心城市的作用，首先是把我们自己能改、能办的事，改好、办好，增强经济实力，充分发挥重庆在交通运输、生产、流通、金融、科技、人才培训等方面作为中心城市的作用，更好地为周围地区服务。

第二，改革要有利于把企业搞活。这是经济体制改革的根本出发点和落脚点。我们的改革，一定要着眼于把企业搞活，把人搞勤奋，使企业有发展生产经营的主动性和在经济上发展横向联系的内在动力。应当逐步实行政企分开。企业是经济实体，是相对独立的商品生产者，有其自身的利益，应有维持简单再生产和进行以内涵为主的扩大再生产的权利和力量。前几年扩大企业自主权以后，有的部门又陆续将企业的权上收了，这是不对的，要还权给企业。市级各委、办、局要充分发挥政府的职能作用和行业管理作用，把应该下放给企业的权利下放给企业，使它们做到责权利相结合，有效地组织经济活动。

市的自主权扩大以后，也要有计划地下放权力，在统一计划和政策的前提下，放手让各区县、各部门独立负责地进行工作，大胆处理问题，充分发挥其积极性。

第三，正确处理好国家、企业、个人三者的利益关系，确保国家得大头、企业得中头、个人得小头。那种把改革单纯看成是权力和利益的分散，从各自的角度出发争权益，“一切向钱看”，是不对的，有害的。我们改革的每一个步骤和措施，必须有利于完成国家计划规定的各项任务，有利于国民经济协调发展，有利于各项经济活动取得较高的社会经济效益，有利于兼顾国家、企业、个人三者的利益。现在国营企业通过利改税确定企业基金留成比例后，由于各方面向企业伸手要钱，社会负担过重，使企业遇到很大困难，这个问题，要引起重视，注意研究解决。

第四，根据经济的联系性，改革要同步配套。为了保证经济工作有秩序地进行，不致因改革产生混乱和脱节，必须研究解决配套改革的问题。如经济调节手段之间的协调问题；微观经济改革与宏观经济改革的协调问题；商业的改革同工农业的改革的协调问题；条条的改革与块块的改革的协调问题；上层建筑的改革与经济体制的改革相协调的问题，等等。任何一项改革，不仅要考虑到自身的合理性，而且要考虑到同其他改革的关联、配合和社会效益；不仅要考虑到近期的效果，而且要考虑到长远的影响。

第五，做好市带县的工作，促进农村经济的发展。适应市带县的要求，在指导思想上牢固树立以农业为基础的思想，克服重城市轻农村、重工业轻农业的现象。市级各部门都要把农村工作纳入重要议事日程，从组织上落实市带县的体制。要认真执行党在农村的各项政策和中央〔1983〕1 号文件的各项规定，改变集中过多、统得过死的状况，进一步放宽政策。市的有关部门应按照城乡打通的原则，统筹规划，使大工业、县营工业、社队企业和为农业产前产后服务的各种企事业，做到合理布局，协调发展。形成一个既有密切联系，又各有侧重的城乡结合的工业网络。城市要为农村提供先进技术和机械装备，为改造传统农业服务，并积极扶持县营工业、社队企业和多种经营的发展，大力提高农业生产的商品率。

要搞好体制改革，必须加强领导，协调处理好同各方面的关系。综合体改，涉及面广，问题复杂，矛盾很多，又无现成经验可循，工作难度很大。为了搞好改革试点，一定要依靠中央和省委的领导，依靠国务院各部委、省的各厅局的支持和帮助，依靠各兄弟地区的支持和帮助。重庆的经济活动，同全省的经济是互相依存、互为条件的，关系极为密切。我们要进一步加强同省的各部门、省内各县市的经济联系和协作，更好地为全省的经济发展服务。从市委、市府起到每个单位，都要加强对改革的领导。要善于学习，勇于探索，从实际出发，研究新情况，解决新问题。对重大的改革，要经过试点，总结经验，逐步推开。对现行不合理而一时又不能改的某些制度和规定，应从实际出发，采取变通办法和灵活措施处理，不要因此影响改革。要加强领导，还必须充实体改工作班子和参谋咨询机构，尊重和支持群众中一切符合改革方向的创造，集思广益，群策群力，把改革推向前进。

四、加强党的建设，实现党风根本好转

加强和改善党的领导，是开创我市社会主义现代化建设新局面的根本保证。必须按照新党章的要求，从我市党组织的实际状况出发，加强党的建设，端正党的作风。努力把各级党组织建设成为领导社会主义现代化事业的坚强核心。

第一，加强党员教育，有计划有步骤地进行整党。十一届三中全会以来，我市党组织为加强党的建设，端正党的作风，做了大量工作，党的状况有了很大改善。但由于十年内乱的流毒没有完全肃清，以及在新情况下剥削阶级腐朽思想的侵蚀，目前我市党内确实存在着思想不纯、作风不纯和组织不纯的问题，党风还没有根本好转。我们要遵照中央的决定，从今年秋冬开始，用三年时间分期分批对党的作风和党的组织进行一次全面整顿。这次整党的目的是把全党的认识牢固地统一到党的十一届三中全会和十二大所确立的马克思主义路线上来。要着眼于教育大多数，不要眼睛只盯着几个有问题的人。整党中要敢于扶正祛邪。整党的重点，要解决政治立场问题，同党中央保持一致；解决以权谋私的问题，端正党风，解决组织不纯的问题，加强党的组织建设。这次整党是自上而下地进行，要把县以上领导机关的党员领导干部的教育，放在十分重要的地位。

整党首先必须从思想上整顿。要结合学习《邓小平文选》和中央的有关文件，向全体党员进行以新党章为主要内容的教育，这是做好整党工作的中心环节。通过教育，使每个党员认清党的性质、地位和作用，懂得执政党的党风问题的极端重要性，明确党的指导思想和奋斗目标，坚定共产主义的信念，全心全意为人民服务，做一个合格的共产党员。

加强党员教育，要坚持理论联系实际，开展批评与自我批评，每个党员都要以新党章为镜子，认真对照检查。要贯彻“惩前毖后，治病救人”“既要弄清思想，又要团结同志”的方针，不搞残酷斗争，无情打击；也不能一团和气，息事宁人。在思想教育的基础上，最后进行党员登记。对经过教育仍然不合格的党员，要做出组织处理。当前要积极做好整党试点工作。

党风问题是关系执政党生死存亡的问题。我们要把端正党风这个重大而紧迫的课题作为加强党的建设、加强和改善党的领导的头等大事来抓。要加强各级纪律检查部门的工作，坚决刹住各种不正之风。当前，特别要注意刹住分房、建房中的歪风；反对和制止改革中的不正之风，制止乱涨生产资料价格和向建设单位乱摊派费用的歪风。坚决同各种违犯党纪的行为作不懈的斗争。

搞好整党，端正党风，要一级抓一级，一级带一

级。要按照新党章关于加强党的建设的三项基本要求，提高党员的政治素质，充分发挥党员的先锋模范作用、党支部的战斗堡垒作用和党委的核心领导作用，实现党风的根本好转。

第二，以改革的精神加速领导班子革命化、年轻化、知识化、专业化建设，努力把“第三梯队”建设好。在机构改革中，必须贯彻干部“四化”方针和精干的原则，对领导班子、干部队伍结构和干部制度进行必要的改革，使各级领导班子在革命化的前提下，有更加合理的年龄结构和文化、专业结构，使之成为能带领群众进行现代化建设的坚强核心。

选拔优秀中青年干部进入各级领导班子，是搞好机构改革的关键。要大胆地把那些德才兼备、经过实际斗争考验的中青年知识分子和有丰富实践经验、较高文化水平的工农干部选拔到各级领导岗位上来。选拔中青年干部要坚持德才兼备标准，严格把好政治关。对那些造反起家的人，帮派思想严重的人，打砸抢分子，反对三中全会以来中央路线的人以及有严重违法乱纪行为的人，一个也不能提拔，已经提拔的，必须坚决从领导岗位上撤下来。

要搞好新老干部的合作交替：在选拔优秀中青年干部进入各级领导班子的同时，将有一批老干部离休退休。这些老同志在过去的革命和建设中，为党和人民的事业做出了重大贡献。现在又以党和人民的事业为重，举贤荐能，支持在资望和经验都不如自己的同志到第一线担负领导工作。他们这种以党的事业为重、顾全大局的高尚风格，是值得我们学习的。要按照中央的有关规定，对退居二、三线的老干部，在政治上充分尊重，在生活上妥善照顾，认真发挥老干部的传帮带作用。进入领导班子的年轻干部，要尊重老同志，虚心向老同志学习，在老同志的帮助下把党交给的任务更好地担当起来。

实现干部队伍的“四化”，是一项长期的战略任务。各级党委要根据专业化的要求和干部的工作实绩，建立和完善对干部的考核、任用、奖惩、升降制度，建立正规的后备干部制度。坚决废除实际存在的干部领导职务终身制，坚持能上能下，按照现代化事业发展的需要，不断充实和调整各级领导班子。干部离休退休，要逐步形成制度。要不断总结改革干部制度和干部管理制度的经验，本着“管少、管活、管好”的精神，做好干部管理工作。

在调整和整顿领导班子的基础上，要认真解决好党政分工的问题。党的领导主要是政治、思想和组织的领导。党委要以主要精力抓党的方针政策的贯彻执行，抓思想建设和组织建设，发挥党员的模范带头作用，而不应当去包办代替行政工作，进一步克服“党政不分、党不管党”的现象。

第三，加强干部的教育培训，提高干部素质。教育训练干部是提高干部素质的一项重要措施。各级党委要把培训干部提到重要议事日程上来。各级党校、各类干部学校，以及有条件的高等院校、中等专业学校、市级党政机关单位，都要按照各自的分工，担负起对干部正规化培训的任务。与此同时，要按照中央的要求，实现在职干部理论教育的正规化，加强对在职干部的教育培训。要结合本地区、本部门的实际，制定好干部训练及在职干部理论教育的规划，加强理论队伍的组织和培养工作。对那些有领导经验而缺少文化知识、年富力强的同志，要下决心让他们脱产学习二三年，补上文化这一课。党政干部要系统学习马克思主义的哲学、政治经济学、科学社会主义、党史和中国近代史，还要学习业务基础知识和文化科学知识；业务管理干部还要着重学习有关专业知识和管理科学。各级党校是培训党政主要领导干部的学校，在整个干部教育工作中处于特殊的重要地位，今后要逐步做到哪一级管的主要领导干部，必须经过哪一级党校的正规培训。

第四，健全党的民主集中制，加强党的团结和统一。民主集中制是党的根本组织原则和组织制度。过去由于“左”的错误和“十年内乱”，民主集中制的原则遭到严重破坏。经过三中全会以后的拨乱反正，党内政治生活有了明显进步。但在许多党组织中，不民主现象和家长制作风仍然存在，分散主义和自由主义现象比较严重，妨碍着党的路线、方针和政策的贯彻执行，必须加以克服。各级党委一定要坚持集体领导、分工负责的原则，重大问题要由集体讨论决定，建立健全党的民主生活制度，党委成员相互间有意见，应当摆在桌面上来，开展批评与自我批评。集体做出决定后，每个领导成员都要按照各自的分工，切实做好自己承担的工作，不能事事都推给集体去讨论。要发扬党内民主，尊重党员的民主权利，发挥党员对党的干部的监督作用，保证在民主基础上的集中统一。

健全党的民主集中制，必须严肃党的纪律。近几年来，各级党的纪律检查部门，在维护党纪、端正党风方面做了大量工作，但也遇到了一些阻力。现在有不少党组织存在着纪律松弛、是非不分、赏罚不明的现象。今后，要按照新党章和《关于党内政治生活的若干准则》的要求，增强党性，端正党风，为维护党纪不懈地进行斗争。

党的团结和统一，是党取得胜利的基本条件。当前，在市地合并、机构改革、新老干部交替的情况下，加强团结，尤为重要。要加强全党的团结，加强新老干部、工农干部同知识分子干部、党与非党干部的团结，加强党和人民群众的团结。一切共产党员和干部，都要做团结的模范。

第五，加强群众工作，密切党同群众的联系。各级党组织和党员要自觉地保持和发扬党的群众路线的优良传统，加强同人民群众的联系。工会、共青团，妇联等群众组织，是党联系群众的纽带。要大力加强工会工作，进一步健全职工代表大会制度，发挥它们在思想教育、企业管理和改善工人生活中的重要作用，使工会真正成为代表工人阶级利益、为工人阶级办事的群众组织。要进一步加强对共青团的领导，支持它按照青年的特点进行工作，充分发挥党的助手和后备军作用，使它真正成为广大青年在实践中学习共产主义的学校。要加强妇女工作，坚决保护妇女和儿童的合法权益，制止和打击残害妇女、儿童的坏现象。要重视培养、选拔妇女干部和青年干部，领导和支持各级群众组织执行自己的任务。

统一战线是我们党的一大法宝。在社会主义现代化建设中，统一战线仍然发挥着十分重要的作用。我们必须坚持党的“长期共存，互相监督”“肝胆相照，荣辱与共”的方针，同各民主党派、无党派民主人士，以及一切爱国人士长期合作，加强人民政协的工作，巩固和发展最广泛的爱国统一战线，为社会主义现代化建设和实现包括台湾在内的祖国统一大业贡献力量。

第六，转变领导作风，改进工作方法。为了开创我市社会主义现代化建设的新局面，适应经济体制综合改革的要求，各级党组织必须切实改进领导作风和工作方法，努力提高工作效率和领导水平。

要解放思想，实事求是。走自己的道路，建设有中国特色的社会主义，这一项崭新的任务要求我们继续解放思想，坚持辩证唯物主义的思想路线，大胆探索，勇于创新。克服那种安于现状、因循守旧、满足于照抄照转上级指示的不良倾向。

要大兴调查研究之风。“没有调查研究就没有发言权。”坚持实事求是，就必须调查研究，对实际情况有周密而系统的了解。各级领导干部今后每年要有 1/4 到 1/3 的时间深入基层，调查研究，下苦功夫弄清楚实际中一两个重大问题，经过分析论证，提出解决办法。以便对工作实行有力的指导。要下决心改变那种长期浮在上面，整天陷在会议里的不良作风。

要坚持走群众路线。群众路线是我们党的一切工作的根本路线。各级领导干部都要牢固树立群众观点，密切联系群众，关心群众疾苦，倾听群众呼声，接受群众监督；在各项工作中，都要坚持从群众中来、到群众中去的工作方法。

要多干实事，提高工作效率。搞“四化”建设，进行体制改革，既要有远见卓识，又要有实干精神。要提倡扎扎实实、艰苦奋斗、苦干实干的工作作风。各级领导机关的一切活动都要注重实效，防止形式主义。开会不讲套话、空话，办事不推诿、拖拉。凡是看准了的问题，就要敢于负责，及时决断，迅速处理。各项工作要有催办、检查制度。做到有布置、有检查、有结果。在工作方法上，要学会抓主要矛盾，分类指导，避免一揽子、一刀切、一般化的领导方法。

同志们！

我们正处在继往开来的重要历史时期。党的十二大提出了全面开创社会主义现代化建设新局面的宏伟纲领。我们这次党代表大会，是在深入贯彻党的十二大精神，开创我市社会主义建设新局面的关键时刻召开的。这届党代表大会后的5年，将是为实现党的战略目标打基础的关键性五年，是实现党风、社会风气和财政经济状况三个根本好转的五年。现在，党中央又交给了我们进行经济体制综合改革试点的光荣任务，广大人民群众也对我们寄予殷切的期望。我们有许多有利的条件，我们有充分的依据和坚强的信心去完成各项任务。但是，在我们前进的道路上还有许多困难和障碍。要求我们继续发扬艰苦奋斗的革命精神，解放思想，勇于实践，埋头苦干，开拓前进。

“毋忘团结奋斗，致力振兴中华。”让我们在马克思列宁主义、毛泽东思想的伟大旗帜下，在党中央和省委的领导下，团结起来，加快改革步伐，为把重庆建设成为长江上游的经济中心而奋斗！

中国共产党重庆市第五次代表大会关于中共重庆市第四届委员会报告的决议

（1983年8月2日通过）

中国共产党重庆市第五次代表大会批准王谦同志代表中共重庆市第四届委员会所作的工作报告。大会认为，我市第四次党代表大会以来，在党中央和省委的领导下，市委和各级党组织认真贯彻执行党的十一届三中全会以来的路线、方针、政策和党的十二大精神，在思想、政治、组织和经济建设、文化建设等各条战线上的工作都取得了较大的进展和成就。大会认为，报告贯穿了十二大精神和改革的思想，提出的全面开创重庆市社会主义现代化建设新局面的战斗任务和一系列政策措施，是符合我市实际情况的，应当作为今后我市党的各项工作的基本依据。

从这次代表大会到下次代表大会的5年间，是为实现20年宏伟目标打基础的关键性五年。全市各级党组织，要在十二大精神的指引下，坚持四项基本原则，进一步解放思想，清除“左”的影响，认真贯彻执行“调整、改革、整顿、提高”的方针，依靠政策和科学，以提高经济效益为中心加强经济建设，搞好企业整顿和技术改造，严格控制基本建设规模，集中力量保证重点建设，全面完成“六五”后3年和“七五”前2年的国家计划；适应经济建设发展的要求，必须加快改革的步伐，坚决而有秩序地搞好经济体制综合改革；以共产主义思想教育为核心，搞好社会主义精神文明建设；进一步加强社会主义民主和法制建设，坚决打击经济领域和其他领域的严重犯罪活动，巩固和发展安定团结的政治局面；切实搞好党的建设，有计划有步骤地全面整顿党的作风和党的组织，努力实现干部队伍的革命化、年轻化、知识化、专业化，改善和加强党的领导，尽快实现我市财政经济状况、社会风气和党风的根本好转。

大会号召，全市各级党的组织和共产党员要团结广大群众继续沿着党的十一届三中全会和十二大指引的道路，认真学习马克思列宁主义、毛泽东思想，学习《邓小平文选》和中央其他领导同志的论著，加深对建设有中国特色的社会主义的认识和理解，努力提高政治理论水平，在政治上同党中央保持一致，同心同德，艰苦奋斗，勇于改革，开拓前进，努力把重庆建设成为长江上游的经济中心，在全面开创社会主义现代化建设新局面的斗争中取得更大胜利！

中国共产党重庆市纪律检查委员会向市第五次党代表大会的工作报告

本届市纪律检查委员会，于1978年4月市委四届一次全会选举产生。原永川地区纪律检查委员会，亦于同年8月成立。此后，各区县、有些市、地级部门和大多数县级以上企事业单位党的纪律检查机构也相继组建了起来。现将我市各级纪委（含永川地区，下同）五年来的主要工作情况、初步体会和今后工作的建议，向市第五次党代表大会报告，请予审查。

一、五年来的主要工作

我市各级纪律检查委员会建立以来，在市委和省纪委的领导下，以党的十一届三中全会路线、方针、政策为指针，紧紧围绕清除"左"的错误影响，拨乱反正，端正党风这个中心任务，主要做了以下几个方面的工作：

1. 监督、保证《准则》的贯彻执行

1980年，党中央制定的《关于党内政治生活的若干准则》，是党章的重要补充，是每个党员必须遵循的法规。我市各级纪委，从中央发出《准则》征询意见稿起，至十一届五中全会正式通过公布后，即与组织、宣传部门密切配合，以《中国共产党章程（修改草案）》和《准则》为主要内容，先后两次普遍轮训党员，进行党性党风党纪教育。许多县级以上党委，还单独集中学习，联系实际，进行对照检查，开展批评与自我批评，有重点地解决领导班子中存在的主要问题。多数单位党组织还根据《准则》精神，在改善和加强党的领导、坚持民主集中制、健全党的民主生活、防止特殊化等方面，有针对性地制定了具体贯彻执行的办法，并纳入领导班子民主生活的内容，定期进行检查。

市纪委和一些区县、市级局、企事业党委纪委，本着一级抓一级的精神，督促所属单位贯彻执行《准则》。市纪委从1980年4月以来，先后两次组织力量，检查了解了42个市级局、区县、大学、大厂党委班子执行《准则》的情况，总结推广了市二轻局、望江机器厂等单位党委贯彻《准则》的经验，宣传表彰了一批党员干部带头执行《准则》的事迹，批评、纠正和通报了一些违反《准则》的问题，同时，草拟并报经市委审查批转了《关于县以上党委成员学习、执行〈准则〉的情况和今后意见的报告》，推动了全市学习、贯彻《准则》的深入进行。

三年多来的实践证明，《准则》已成为端正党风的强有力的武器。它的贯彻执行，对于提高党员特别是党员领导干部的思想政治水平，增强党性，逐步恢复正常的党内政治生活，发扬民主作风，纠正党内的歪风邪气起了重要作用。

2. 维护党的政治纪律，保证党组织和党员在政治上同党中央保持一致

由于"十年内乱"的消极后果还没有肃清，党内的"左"倾思想在一部分同志中间还有严重影响，加之在实行对外开放这一正确政策的情况下，资本主义腐朽思想的腐蚀有所增长，少数党员否定四项基本原则的资产阶级自由化倾向也开始出现。这就为我们各级纪委提出了新的任务，必须把维护政治纪律，促进党组织和党员在政治上同中央保持一致，放在自己工作的首位。为此，1979年和1980年，我们检查纠正了一些单位领导干部抵制落实干部政策的问题，排除了平反冤假错案的阻力，并对有些领导班子存在的派性问题，进行了检查、批评和制止，或建议组织部门作了必要的调整；1981年以来，我们检查了一些党员和干部违背四项基本原则的言行，检查了少数领导干部阻碍中央关于经济上进一步调整、政治上进一步安定的方针贯彻执行的言行，属于思想认识方面的问题，进行了教育和纠正，属于反对党的路线、方针、政策，攻击中央领导同志的问题，进行了严肃处理，以保证党组织和

党员在政治上同中央保持一致。

3. 平反冤假错案，落实党的干部政策

“文化大革命”中和历史上遗留下来的大量冤假错案，严重影响了广大干部和群众的积极性，妨碍安定团结局面的巩固。为了解决这一重大问题，市纪委和各级纪委认真贯彻三中全会拨乱反正的精神，坚持实事求是、有错必纠的方针，从1979开始，以相当大的力量，复查平反了“反右倾”运动、“四清”运动和其他历史老案中的冤假错案。对于反右派运动以及“文化大革命”中的冤假错案，也协同有关部门，进行了复查和改正。在复查过程中，市纪委和许多单位纪委多次召开专门会议，学习文件，提高认识，讨论疑难案件，印发改正案例，介绍工作经验，不断清除“左”的错误影响和解决工作中所遇到的问题，推动了平反冤假错案的工作。〈中略〉。通过平反冤假错案，分清了是非，调动了广大干部和群众的积极性，增进了党的团结，发扬了党的实事求是的风气。

4. 纠正各个时期党内最突出的不正之风

市纪委和许多单位纪委针对我市党风中存在的带倾向性的突出问题，有领导、有计划地进行检查和纠正。〈中略〉市纪委和各级纪委根据中央和省、市委有关通知、通报，及时“敲警钟”“打预防针”，认真进行了教育，并对其中突出、严重的问题进行了检查和处理。上述工作，对于促进党风好转，推动社会主义现代化建设事业的发展，起了积极作用。

5. 打击经济领域中的严重犯罪活动

1982年初，市纪委和各级纪委根据中央关于打击经济领域中严重犯罪活动的紧急通知和决定，为了保卫我们党的共产主义纯洁性，保卫我国社会主义制度和广大人民群众的根本利益，在党委领导下，全力以赴地投入了这场斗争，多次召开会议，检查部署工作，总结交流经验，讨论定案处理政策界限，并深入一些单位调查了解情况，帮助解决难题，促进了这场斗争的不断深入发展。市纪委和许多单位纪委还直接查处了党员和县以上领导干部中的大案要案，对其中严重犯罪分子，〈中略〉。

在各级党委的有力领导和政法、工商行政管理等有关部门的密切配合下，这场斗争已经取得显著成效。〈中略〉。虽然这场斗争任务还远没有完成，但已初步打击了经济领域中的严重犯罪活动，歪风邪气有所收敛，广大党员、干部和群众受到反腐蚀斗争的教育，有利于党的对外开放、对内搞活经济政策的正确执行。

此外，市纪委和一些单位纪委还参与了清查同江青反革命集团有牵连的人和事的工作，对其中应予党纪处分的案件，按照中央有关指示，审慎地进行了处理。

我市各级纪委在开展上述各项工作过程中，还同时进行了纪律检查机构的组织建设和思想建设。全市县以上党委，除少数企、事业单位外，绝大多数建立了纪检机构，配备了专职干部1013人。市纪委和许多单位纪委通过办短期训练班和以会代训等方法，培训了纪律检查干部。虽然目前各级纪委配备干部的数量、质量还与纪委的工作不尽相称，但已恢复和开展了纪律检查机构的经常工作。〈中略〉。

总的来说，各级纪委5年来做了大量工作，对于端正党风，严肃党纪，加强和改善党的领导，提高党的战斗力，保证党的路线、方针、政策的贯彻执行，都起了积极作用，并涌现了一批像江津县、潼南县、北碚区、长安机器厂、重庆钢铁公司那样坚持原则，敢于碰硬，积极慎重处理问题的纪委。但是，我们市纪委的战斗力还不够强，有时在查处涉及某些负责干部的问题上表现有些软弱；在纠正市里一些重大冤假错案中，对某些来自“左”的思想影响，妨碍干部政策落实的问题，虽然有的坚持了正确意见，但还是不够的。在工作中，较多忙于处理日常业务，对全市党风状况缺乏深入的系统的调查研究，对各单位纪委工作具体帮助指导差，基本上还没有摆脱被动应付的局面。这些问题都亟需今后认真加以解决。

二、几点体会

经过五年来的实践，对在新的历史条件下，如何端正党风，维护党纪，使纪律检查工作有所改进有所发展，更好地保证党的路线、方针、政策的贯彻执行，我们有以下几点体会：

1. 维护党的纪律，改善党的领导，必须从抓党风入手

十一届三中全会确定，纪律检查委员会的根本任务是：维护党规党法，切实搞好党风。这是在新的形势下，党中央赋予纪律检查部门的新任务。对此，我们的认识是逐步提高的。开初，有的同志思想跟不上，往往只是停留在办理一些党员违纪案件的工作上。经过不断实践，特别是反复学习陈云同志关于“执政党的党风问题是有关党的生死存亡的问题”这一重要论断后，我们认识到，执政党的党风关系着人心向背，而人心向背关系着党的兴衰成败。党的纪律检查工作，从过去把主要精力用在查处党员违纪案件，转到现在着重抓党风问题上来，这是指导方针上的一个重大发展。事实说明，党内许多违纪现象都与不正之风有直接关联，只有从抓党风入手，才能维护党的纪律，改善党的领导，从根本上保持党的生命力和战斗力。由于指导思想逐步明确，那种单纯办案的观点有所克服，协助党委抓好党风的自觉性也就逐步增强，使纪律检查工作开始提高到一个新的水平。

2. 严肃党的纪律，必须把维护政治纪律放在首位

邓小平同志在1980年12月中央工作会议上明确指出：“各级组织、每个党员，都要按照党章规定，一切行动服从上级组织的决定，尤其是必须同党中央保持政治上的一致。这一点在现在特别重要。谁违反这一点，谁就要受到党的纪律的处分。党的纪律检查工作要把这一点作为当前的重点。”从几年来的实践中，我们认识到，邓小平同志这一论断非常重要，作为纪律检查部门，不仅要维护党的组织纪律，而更重要的、第一位的是要维护政治纪律。维护政治纪律，就要坚决清除“左”的错误思想，反对资产阶级自由化倾向，把“五种人”从领导班子中清理出去，保证党的路线、方针、政策的贯彻执行，坚定地同党中央保持政治上的一致。要做到这一点，就需要我们认真学习和领会党的路线、方针、政策，使自己的思想跟上党中央的步伐，如果我们对中央一些重大方针政策学习不够，领会不深，就会影响我们的视野和洞察力，即使出现了违反政治纪律的问题，也难以及时发觉和坚决反对。因此，只有不断加强学习，提高政治觉悟，才能维护好政治纪律。

3. 执行党的纪律，必须坚持实事求是的根本原则

实事求是精神，是无产阶级世界观的根本点，是共产党人党性的体现，也是纪律检查工作必须遵循的根本原则。通过平反冤假错案，检查处理违犯党纪案件，从正反两方面的经验教训中，我们深刻体会到，只有做到实事求是，才能正确执行党的纪律。而要做到实事求是，就必须不断清除“左”的错误影响，坚持调查研究这个根本方法，广泛听取不同意见，弄清事实真相，尤其要注意听取本人的申辩，保障党员的民主权利，避免造成新的冤假错案。胡耀邦同志曾经指出：“判断对干部的定性和处理是否正确，根本的依据是事实。”对待一切案件，都要尊重客观事实，不以哪一个领导人的意志为转移，这才是彻底的唯物主义。近几年来，我们在执行党的纪律和平反冤假错案工作中，正是由于坚持了实事求是原则，所以取得了较好的效果。

4. 整顿党风，必须立足于开展党内的思想教育

党内各种不正之风和违法乱纪行为的发生，有着复杂的历史和社会原因，它实际上是各种非无产阶级思想侵入党内的反映。而有些党员之所以受到这种影响，又往往同他们共产主义觉悟不高是分不开的。因此，必须把加强党员的党性党风党纪教育，提高共产主义觉悟，增强无产阶级党性，作为整顿党风的立足点。如果只注意解决具体问题，而忽视党内思想教育，就不可能从根本上解决问题。几年来，我们不仅会同组织、宣传等部门，以新党章、《准则》为主要内容，在党内进行党规党法教育，而

且在工作中，把检查纠正不正之风和查处党员违纪案件的过程，变成教育党员、干部的过程，尤其是通过总结一些有代表性的重大典型案件的经验教训，表彰一些党员党性强、作风好的先进事迹，进行了生动、具体的教育，更好地扶正祛邪，促进党风不断好转。

5. 端正党风，严肃党纪，必须加强党委领导

端正党风，严肃党纪，是加强执政党建设的头等大事。只有党委加强领导，才能动员全党力量，坚决反对各种不正之风，维护党的纪律。几年来的实践证明，我市多数单位党风好转得较快，主要是党委加强领导，把这一工作列入了党委重要议事日程，认真讨论研究，进行检查督促，支持同不正之风和违法乱纪行为作斗争，使工作不断向前发展。相反，有少数单位党委对党风问题不够重视，强调工作忙，没有时间抓，或认为只是纪律检查部门的事情，党委可以不管，或在不正之风和违法乱纪行为面前，不敢碰硬，软弱无力，那里的党风就好转得慢，甚至没有任何起色。

要搞好党风，严肃党纪，党委的重视和支持固然重要，而纪律检查部门也必须充分发挥主动性和积极性，争取党委和上级纪委的领导，在自己职责范围内，果断而又慎重地检查处理问题，这才能不断开创纪律检查工作的新局面。

三、今后工作建议

过去几年间，经过许多党组织和广大党员、群众的努力，我市党风有了明显好转，但是也必须清醒地看到，党内还存在思想不纯、作风不纯和组织不纯的问题，党风还没有根本好转。鉴于这种情况，遵照党的十二大精神和中央、省委、市委的指示，我市各级纪委当前的中心任务，是要在党委统一领导下，认真整顿党的作风和组织，严肃党的纪律，坚决同党内各种不正之风和违法乱纪行为作斗争，争取五年内实现党风的根本好转。为此，现对今后一个时期的纪律检查工作，提出以下几点建议：

1. 贯彻落实十二大精神，保证党组织和党员在政治上同中央保持一致

十二大通过的全面开创社会主义现代化建设新局面的正确纲领和一系列方针政策，是我们党今后各项工作的基本依据。我市各级纪委要把坚持四项基本原则，监督贯彻十二大通过的党的纲领和路线、方针、政策，保证全党在政治上同中央保持一致，放在自己工作的首位。对那些从“左”的或右的方面反对四项基本原则，特别是那种至今仍坚持“左”的思想观点，诋毁、攻击十二大路线、方针、政策的严重违反政治纪律的言行，必须及时检查，严肃处理。

当前，我市正在进行的经济体制综合改革，是党中央、国务院在各项改革中的一项重大决策，更应强调在改革的指导思想和重大方针政策上同中央保持一致。我们各级纪委要加强这方面的检查，对一切沿着社会主义方向进行的改革，要积极保护和支持；对一切阻碍改革的言行，要坚决反对和制止；对少数利用改革之机，搞不正之风和违法乱纪的人，要认真检查处理，以促进各项改革和经济建设的顺利进行。

2. 协同有关部门，认真做好整党工作

十二大决定从今年下半年开始，用三年时间分期分批对党的作风和党的组织进行一次全面整顿。这是我们党的一件头等大事，是实现党风根本好转的重大措施。我市各级纪委要按照中央和省、市委的部署，积极参加这项工作，认真搞好整党。

当前，要按照中央四号、五号文件精神，在抓好各级领导干部对照检查的同时，配合组织、宣传部门，对党员进行以新党章为主要内容的党性党风党纪教育，并积极参加整党试点，了解情况，研究问题，总结经验，为全面整党作好准备。

在整党中，要协同组织部门，搞好整顿党的组织和整顿领导班子的工作，坚决把“五种人”从领导班子中清除出去，并做好对犯错误党员的组织处理工作。

3．严肃党纪，坚决同党内各种不正之风和违法乱纪行为作斗争，实现党风的根本好转，必须严肃党的纪律

如果党纪不严，有法不依，违法不究，党风就很难实现根本好转。我们各级纪委要经常了解掌握各级党组织和党员贯彻执行党章和《准则》的情况，坚决纠正各种不正之风，严肃处理违法乱纪案件。对那些危害最大、群众最不满意的不正之风，如利用职权，为自己或子女、亲友在住房、户口、工作调动、升学、提干、晋级上谋取私利；违反规定，动用公款，请客送礼，游山玩水，挥霍浪费国家资财；巧立名目，滥发奖金、补贴；对工作极端不负责任，对群众的疾苦漠不关心，能解决的问题不解决，应该由自己主办的事情不办理，以及压制民主，打击报复等，要在一段时间内有领导、有步骤地进行检查纠正和处理，以促进党风不断好转。

要把检查纠正不正之风的重点放在领导机关和领导干部上，采取一级抓一级的办法，逐级为群众做出表率。在同不正之风和违法乱纪行为作斗争中，一定要严肃党纪，实行在纪律和法律面前人人平等的原则，坚决反对姑息迁就、纵容包庇的行为。

4．继续打击严重经济犯罪活动，把这场斗争进行到底

打击经济领域中严重犯罪活动，既是一项长期的斗争任务，又是社会主义现阶段中的一个重要战役。当前斗争正处于关键时刻，我们各级党委和纪委要继续加强领导，坚决克服有些地方已经出现的松劲、厌倦、收摊子情绪，把这场斗争抓紧抓好。一要对市、区、县机关和一些大型企业开展这场斗争的情况一个一个的进行检查，发现问题后，立即组织力量，进一步调查处理；二要对已经揭露尚未处理的案件，要以大案要案为重点，集中力量，迅速查处，并从中选择典型案例，深入进行反腐蚀教育；三要针对斗争中暴露出的问题，建立与健全规章制度，堵塞漏洞，巩固斗争成果。

5．加强对纪律检查工作的领导，进一步提高纪律检查队伍的战斗力

在新的历史时期，要实现党风的根本好转，保证社会主义现代化建设任务的顺利完成，党的纪律检查工作只能加强，不能削弱。为了加强纪委的工作，要认真实行同级党委和上级纪委的双重领导。党委要大力支持纪委的工作，把纪检工作列入党委的重要议事日程，经常进行检查督促和帮助指导。纪委要经常向同级党委和上级纪委反映情况，请示报告工作，主动争取党委和上级纪委的领导。

各级纪委要对同级党委及其成员实行党章规定范围内的监督，发现有违犯党纪国法的行为，经同级党委或上级党委、上级纪委同意后，按照党的原则进行检查处理。

要认真加强纪委自身的组织建设、思想建设和作风建设。当前，我市各级纪委的机构设置、人员编制和干部素质都很不适应形势和任务的需要。为了改变这种状况，在县级以上单位中，凡是应建而未建立纪律检查机构的，必须尽快建立；已经建立的，应按照中纪委〔1983〕3号文件的精神，尽快充实加强纪律检查干部力量。从现在开始，各级纪委必须认真学习《邓小平文选》。《邓小平文选》是我们建设具有中国特色的社会主义，整顿党风，加强执政党建设的纲领性文献。我们要在反复学习、深刻领会其思想内容的基础上，联系实际，总结经验教训，把思想牢固地统一到十一届三中全会和十二大所确立的马克思主义路线上来。今年秋冬即将开展全面整党，我们各级纪委首先要搞好自身的整顿和建设，提高自己的思想水平和战斗能力，为整顿党风、严肃党纪做出新的贡献。

在党的十二大精神的指引下，我们伟大社会主义事业正在蓬蓬勃勃地向前发展。党和群众对我们寄予很大希望。各级纪委一定要在党委和上级纪委的领导下，团结全党同志，紧紧依靠广大群众，为争取党风根本好转，把党建设成为领导社会主义现代化事业的坚强核心而努力奋斗！

二、两会

（一）政府工作报告

团结起来，抓纲治渝，为实现新时期的总任务而奋斗！

——在四川省重庆市第八届人民代表大会第一次会议上的工作报告

（1978年5月11日）

钱　敏

各位代表！

四川省重庆市第八届人民代表大会第一次会议胜利开幕了。

这次大会是在全国五届人大和四川省五届人大之后，在中国共产党重庆市第四次代表大会之后召开的。这是全市人民政治生活中的又一件大事。大会的主要任务是：动员全市人民高举毛主席的伟大旗帜，坚持党的十一大路线，贯彻全国五届人大精神，团结起来，抓纲治渝，为把我市建设成为祖国战略后方的先进工业基地，为实现新时期的总任务而奋斗。

现在，我代表市革命委员会，向大会作工作报告。

（一）抓纲治渝初见成效的胜利

四川省重庆市革命委员会〈中略〉，在伟大领袖毛主席为首的党中央的亲切关怀下，于1968年6月成立。从市革命委员会成立到现在快十年了。十年来，在毛主席、华主席、党中央的英明领导下，我们党又取得了粉碎林彪反党集团和王、张、江、姚“四人帮”反党集团的伟大胜利。我市人民经受了党的第十次和第十一次重大路线斗争的严峻考验，在斗争中夺得了一个又一个的胜利。

最近召开的中共重庆市第四次代表大会，对我市人民同林彪、特别是同“四人帮”的斗争，做了全面的总结。这里我想着重回顾一下我们同“四人帮”及其在重庆的资产阶级帮派体系围绕着政权问题而展开的激烈斗争。

马克思列宁主义、毛泽东思想教导我们，革命的根本问题是政权问题。世界上一切革命斗争都是为着夺取政权，巩固政权。我们同“四人帮”的斗争，一直是围绕着坚持毛主席的无产阶级革命路线还是实行“四人帮”的反革命修正主义路线，是坚持无产阶级专政还是实行资产阶级的法西斯专政，是把我们的国家建设成为繁荣昌盛的社会主义现代化强国还是重新沦为半殖民地半封建的国家这个中心问题而开展的。全国四届人大的筹备和召开，是我们党同“四人帮”斗争的一个重要回合。“四人帮”阴谋利用四届人大的召开由他们来“组阁”，妄图趁机篡夺国家的最高权力。特别是在四届人大召开的前夕，他们利用“批林批孔”的机会，搞突然袭击，大搞“三箭齐发”“放火烧荒”，大造篡党夺权的反革命舆论，把矛头指向毛主席为首的党中央，疯狂反对敬爱的周总理和叶副主席，妄图打倒从中央到地方的一大批领导干部。

〈上略〉。市革命委员会的主要领导和多数同志坚决抵制了他们的胡作非为，挫败了他们的罪恶阴谋。在市委的直接领导下，认真贯彻毛主席、党中央关于“批林批孔”的一系列重要指示，坚决执行党的方针政策，并在中央和省委的直接关怀、支持下，适时而恰当地处理了反动的“民办十大宣传队”，以及重庆机床厂少数人抢枪武斗等重大事件，将“批林批孔”办公室置于各级党委的领导之下，排除了种种干扰破坏，领导全市人民坚决走中央召开的重点企业汇报会议的路子，讲路线、讲大局、讲党性、讲团结、讲纪律，把“批林批孔”运动引上了正确的轨道。

1975 年 1 月，四届人大的胜利召开，是对“四人帮”篡党夺权罪恶活动的一个沉重打击。但是，“四人帮”并没有停止阴谋活动。他们疯狂反对毛主席关于学习无产阶级专政理论、促进安定团结、把国民经济搞上去的重要指示，拼命鼓吹“经验主义是当前主要危险”的反革命谬论，继续大搞分裂活动，大搞阴谋诡计，把矛头指向周总理，诬陷邓小平同志，妄图打倒一大批党政军领导干部。〈中略〉。这一年，由于全市人民坚决贯彻执行毛主席的三项重要指示和中央一系列重要文件，广泛深入学习无产阶级专政理论，进行党的基本路线教育，开始进行各方面的整顿，批判资本主义，批判资产阶级派性，打击了“四人帮”及其帮派体系的反动气焰，各项工作取得了显著成绩，国民经济出现了喜人局面，工业总产值比 1974 年猛增 38％以上，扭转了连续三年下降的趋势。

1976 年，我们的伟大领袖和导师毛主席与世长辞了，我们敬爱的周总理和朱委员长也与世长辞了，加之唐山等地发生强烈地震，自然灾害严重，我们党和国家遇到了极大困难。万恶的“四人帮”利用这种困难，猖狂地反扑过来，抛出了所谓“老干部是民主派，民主派就是走资派”的反革命政治纲领，加快了篡党夺权的步伐。他们把黑手进一步伸向四川、重庆。〈……〉。

以英明领袖华主席为首的党中央，在我们党和国家万分危急的紧要关头，继承毛主席遗志，代表全国各族人民的共同愿望和根本利益，于 1976 年 10 月 6 日一举粉碎“四人帮”，挽救了革命，挽救了党，挖掉了国无宁日、蜀无宁日、渝无宁日的总祸根。重庆市 600 万军民与全国、全省军民一道，热烈欢呼我们党取得了第十一次重大路线斗争的决定性胜利。

粉碎“四人帮”已有一年半的时间了。一年多来，我们坚决贯彻华主席为首的党中央抓纲治国的战略决策，开展了揭批“四人帮”的伟大斗争。在斗争中，我们紧密联系重庆实际，狠抓了“两个环节、一个关键”（两个环节，一是粉碎资产阶级帮派体系，二是打击阶级敌人的破坏活动、打击资本主义势力的猖狂进攻；一个关键是认真整顿领导班子），有力地推动了各项工作的迅猛发展，取得了抓纲治渝初见成效的重大胜利，各条战线都发生了巨大的变化。

一年多来，我们揭发批判了“四人帮”及其在我市的帮派头子和骨干的反革命罪行和谬论，被他们搞乱了的路线是非基本上得到了澄清，毛主席的革命路线和党中央的方针政策在各方面都能够顺利地贯彻执行了。按照华主席、党中央的部署，我们已经打了揭批“四人帮”的两个战役，正在进行第三个战役，深入揭批“四人帮”反革命修正主义路线的极右实质及其反动的理论基础，粉碎他们的反动思想体系。广大干部和群众砸烂了“四人帮”的“钢铁工厂”“帽子工厂”，打碎了精神枷锁，思想大解放，觉悟大提高，精神振奋，斗志昂扬，大干社会主义的积极性空前高涨。党的干部政策、知识分子政策、老工人政策、统战政策和其他各项政策，以及统筹兼顾、全面安排的方针正在逐步落实。党的实事求是、群众路线等优良传统和作风正在恢复和发扬。我们的党群关系、干群关系、军政关系、军民关系、上下级关系都更加亲密。革命统一战线得到了进一步的发展和壮大，全市到处呈现出一派团结、战斗的热烈气氛。一个又有集中又有民主，又有纪律又有自由，又有统一意志又有个人心情舒畅、生动活泼的政治局面开始出现。

一年多来，我们抓清查工作，摧毁了“四人帮”在我市的资产阶级帮派体系，夺回了被他们篡夺的那部分权力，我们的党组织和政权组织更加纯洁、更加坚强、更加团结，无产阶级专政更加巩固。清查同“四人帮”篡党夺权阴谋活动有牵连的人和事的情况表明，“四人帮”及其帮派体系对我市各级革命委员会的破坏是极其严重的。他们千方百计地把那些叛徒、特务、新生资产阶级分子、打砸抢者、流氓阿飞塞进革委会，形成一股帮派势力。经过一年多的揭批和清查，我们已经基本上把钻进各级领导班子的帮派头子和骨干清查出来，进行了批判斗争。〈……〉。多数帮派骨干的问题已经查清核实，正在对他们做转化工作，进行定案处理。把资产阶级帮派势力从各级革命委员会中清除出去，对于促进安定团结，巩固无产阶级专政，起到了极其重要的作用。

一年多来，我们大张旗鼓地开展了打击阶级敌人的破坏活动，打击资本主义势力的猖狂进攻的“双打”运动，狠狠打击了“四人帮”的社会基础。遵照省委和省革委的统一部署，我们在“双打”斗争中，实行全党动员、城乡结合、内外结合、上下结合，充分发动和依靠群众，先后进行了五次集中行动，狠狠打击了一批罪犯，使敌焰下降，民气大伸。那些长期横行社会、鱼肉人民的“南霸天”“北霸天”打倒了，那些压在人民头上的石头搬掉了，那些紧紧束缚生产力发展的绳索砍断了，广大人民群众扬眉吐气，拍手称快，社会秩序大为安定，治安状况显著好转。与此同时，加强了政法、民兵、人防等项工作，整顿和加强了城市管理，城市面貌焕然一新。

一年多来，我们把广大干部和群众越来越高涨的政治热情及时引导到大干社会主义上来，推动“工业学大庆、农业学大寨”和财贸“双学”的群众运动蓬勃发展，迅速扭转了“四人帮”破坏造成的国民经济长期停滞不前，甚至下降倒退的局面，走上了稳步上升、健康发展的轨道，出现了新的跃进形势。去年市郊农业获得丰收，粮食总产量比上年增长11.1%；蔬菜生产供应情况好转，基本上解决了多年来未能解决的城市人民吃菜问题。工业生产稳步上升，去年提前58天完成全年国家计划，工业总产值比1976年增长38.4%，比历史最高水平增长15%。基本建设进度加快，工程质量提高，去年完成投资额比1976增加14.4%。全市人民盼望已久的重庆长江大桥，已于去年11月动工兴建，工程进度快、质量好，有六个桥墩可在今年上半年完成。城市公用事业，特别是为广大人民群众关心的客运交通状况有很大改善。交通运输部门提前超额完成了去年的运输计划。全市财政收入提前超额完成国家计划，比1976年增长59%。商业购销两旺，库存增加，市场繁荣，物价稳定，服务质量显著提高。去年商业部门提前1个月完成全年购销计划，购进总值比上年增长44.9%，为历史上购进额最大、增长幅度最高的一年；销售额比上年增加13.4%。在发展生产的基础上，全市有60%的职工增加了工资，多数社员增加了收入，城乡储蓄存款上升，人民生活有所改善。今年以来，我市国民经济各条战线新的捷报又不断传来。特别令人高兴的是，工业、交通运输和基本建设战线在供电不足、材料缺乏的困难条件下，打破历年年初生产水平低的“常规”，实现了首季“开门红”。一季度工业总产值比去年同期增长71.5%，创造了历史最好水平；工业企业全员劳动生产率比去年同期提高76.8%；全市财政收入比去年同期增加1.8倍。农业小春，丰收在望；大春备耕工作扎实，栽种进度快，质量好，形势喜人。

一年多来，我们坚决清算了“四人帮”推行文化专制主义，疯狂迫害知识分子，摧残科学文教事业的罪行，深入进行教育革命、文艺革命、卫生革命和科学技术革命，一个社会主义文化建设的新高潮正在兴起。我们认真落实党对知识分子的政策，逐步恢复了技术职称，提升了一批讲师、教授，工程师、总工程师，医生、主治医生。广大知识分子狠批了“两个估计”，砸烂了精神枷锁，正以饱满的革命热情为赶超世界先进水平，为繁荣社会主义科学文教事业而辛勤劳动，新的成果不断涌现。去年全市完成科研、双革项目达15000多项，其中重大项目

1300多项,比历史上任何一年都多。去年10月各单位提出的向全国科学大会献礼的500多个重大项目,绝大部分已经完成。广大教育工作者意气风发,教育战线出现了一派新气象。随着招生制度的重大改革,一大批德、智、体全面发展的青年进入大中专学校学习,青少年为革命学习科学文化的积极性空前高涨。文艺园地百花盛开,一大批被"四人帮"长期打入冷宫的文艺作品重新与广大群众见面了。各专业剧团积极深入工矿、农村、部队为工农兵演出,紧密配合揭批"四人帮"的斗争,群众文艺更加活跃,街头诗画遍及山城。新闻出版工作取得了可喜成绩,出色地完成了印刷和发行《毛泽东选集》第五卷的光荣任务。卫生、体育工作的面貌大大改观。各综合医院基本上做到了24小时应诊,医疗服务质量也有较大提高。城市环境卫生显著改善,流行性传染病有所减少。

重庆市是深受"四人帮"之害的一个"重灾区"。在粉碎"四人帮"以后的一年多时间里,就能够取得这样的胜利,它充分证明了以华主席为首的党中央抓纲治国战略决策的无比英明正确。从实践中,我们深切地认识到,华主席是高举和捍卫毛主席伟大旗帜的典范,是率领我们进行新的长征的统帅。我们庆幸有华主席这样英明的领袖和统帅,庆幸有以华主席为首的党中央这样坚强的马列主义领导核心。我们决心高举毛主席的伟大旗帜,紧跟华主席进行新的长征,去夺取社会主义革命和社会主义建设的新胜利。

各位代表!以粉碎"四人帮"为标志,第一次无产阶级文化大革命宣告胜利结束,我国社会主义革命和社会主义建设进入了新的发展时期。党的十一大和五届人大根据毛主席关于无产阶级专政下继续革命的伟大学说,根据党在整个社会主义历史阶段的基本路线,确定全党和全国人民在新时期的总任务是:坚持无产阶级专政下的继续革命,开展阶级斗争、生产斗争和科学实验三大革命运动,在本世纪内把我国建设成为农业、工业、国防和科学技术现代化的伟大的社会主义强国。这个总任务体现了毛主席、周总理、朱委员长和无数革命先烈的遗愿,充分反映了中国工人阶级、劳动人民、知识分子和一切爱国人士的理想和根本利益,是在相当长的一个时期中,全党全军全国各族人民为之努力奋斗的根本目标。实现了这个总任务,我们的社会主义制度就有了强大的物质基础,就能够充分地巩固无产阶级专政,防止资本主义复辟〈……〉;同时对人类做出较大的贡献。实现这个总任务,是历史赋予我们的神圣使命,是关系我们国家和民族生死存亡的大事。我们要像当年宣传抗战、打日本侵略者,宣传打倒蒋介石、解放全中国,宣传抗美援朝、保家卫国,宣传过渡时期总路线那样,大张旗鼓地、广泛深入地开展新时期的总任务的宣传、学习运动,做到家喻户晓,深入人心。要使大家都懂得总任务的内容是什么,为什么要实现总任务,怎样实现总任务,实现总任务自己应该做些什么贡献。把全市军民动员起来,大干社会主义,为实现新时期的总任务而奋斗。

最近召开的市的第四次党代表大会,根据我国新时期的总任务,确定了我市当前和今后一个时期的主要任务是:高举毛主席的伟大旗帜,坚持党的十一大路线,坚持无产阶级专政下的继续革命,开展阶级斗争、生产斗争和科学实验三大革命运动,深入揭批"四人帮",胜利实现抓纲治渝三年大见成效的目标,苦战八年,把我市建设成为祖国战略后方的先进工业基地,为建设现代化的伟大的社会主义强国做出应有的贡献。我们一定要为完成这个光荣任务而努力。

(二)认真搞好"一批两整顿",把揭批"四人帮"的斗争进行到底

英明领袖华主席指出:"我国人民当前和今后一个时期的头等大事,仍然是把揭批'四人帮'这场伟大斗争进行到底。"要求我们通过深入揭批"四人帮",进一步分清路线是非,整顿好各方面的工作,恢复和发扬党的优良传统和作风,把巩固无产阶级专政的任务落实到基层。省委要求我们把"一批两整顿"作为今年工作的中心。当前,我市揭批"四人帮"的斗争虽然取得了很大胜利,但今后的斗争任

务还是十分繁重的。特别是“四人帮”在思想、理论、路线上造成的混乱，其流毒和影响很深很广，渗透到各个领域、各个方面，严重地束缚着人们的手脚，禁锢着人们的思想，至今不少同志还心有余悸、顾虑重重，迈不开前进的步伐，拨乱反正很不得力。因此，必须放手发动群众，打好揭批“四人帮”第三个战役的人民战争，把这场政治大革命进行到底。

要继续深入开展革命大批判。各部门、各单位都要抓住受“四人帮”影响最深、造成危害最大的问题，〈……〉，深入揭批“四人帮”的反革命政治纲领，揭批他们那条反革命修正主义路线的极右实质及其在各方面的表现，批判他们那条路线的反动理论基础，粉碎他们的反动思想体系。〈……〉我们要花大气力，着重从理论上揭批“四人帮”对马克思主义哲学、政治经济学和科学社会主义的歪曲、篡改甚至伪造。当前，特别要把为“四人帮”篡党夺权服务的上海、天津编写出版的两本政治经济学坏书当作靶子，深入揭批“四人帮”在政治经济学方面的反动谬论，正本清源，完整地、准确地理解毛主席关于无产阶级专政下继续革命的伟大理论。同时要下苦功夫，大力肃清“四人帮”在路线、政策、制度、作风等方面的流毒，拨乱反正，把被他们破坏的符合无产阶级根本利益的行之有效的政策、制度、办法和优良作风恢复起来。“四人帮”假“左”真右的一个突出表现，就是全盘否定十七年。我们要联系各条战线的实际，深入揭批“四人帮”散布的“两个估计”“黑线专政论”“同十七年对着干”等全盘否定十七年的反动谬论，采取回忆、对比、算账的办法，总结正反两方面的经验，理直气壮地拨乱反正，该破的坚决破，该立的坚决立。要把揭批“四人帮”的第三个战役同宣传新时期的总任务紧密结合起来，彻底清算“四人帮”及其帮派体系疯狂反对四个现代化的罪行，深入批判他们散布的所谓“唯生产力论”“白专道路”“卫星上天，红旗落地”“实现四个现代化之日，就是复辟资本主义之时”等反动谬论，为实现新时期的总任务扫清道路。要把揭批“四人帮”的第三个战役同各方面的整顿结合起来，彻底清算“四人帮”及其帮派体系疯狂反对整顿工作的罪行，深入批判他们散布的“整顿就是复辟”，建立规章制度是“管、卡、压”，实行经济核算、增加积累是“利润挂帅”等反动谬论，大造“整顿就是革命”的舆论。要把揭批“四人帮”的第三个战役同落实党的各项政策紧密结合起来，彻底清算“四人帮”及其帮派体系疯狂破坏党的干部政策、知识分子政策、老工人政策、统战政策以及“按劳分配”等政策的罪行，深入批判他们散布的老干部是“民主派”“走资派”，知识分子是“臭老九”，老工人、劳动模范是“既得利益者”，按劳分配“是产生资产阶级的土壤”，物质奖励“是搞修正主义”等反动谬论，为进一步落实政策扫除障碍。要把揭批“四人帮”的第三个战役同“工业学大庆、农业学大寨”运动紧密结合起来，彻底批臭“四人帮”及其帮派体系诬蔑、攻击我市电线厂、堡堂大队等学大庆、学大寨先进单位是什么“黑样板”“唯生产力论的典型”等反动谬论，把被他们颠倒了的是非再颠倒过来，推动“工业学大庆、农业学大寨”运动的深入开展。

要善始善终地搞好清查工作。一年多来，我市清查工作取得了很大成绩，与“四人帮”阴谋活动有牵连的人和事已基本查清。但运动发展不平衡，还有许多工作要做，特别是极少数单位的清查工作开展较晚，搞得不好，更要继续抓紧。运动发展到现在，一个重要的问题就是要认真做好转化工作。前段运动中，我们点名批判了一批重点对象，使运动迅速打开了局面，并挽救教育了一些人，是完全必要的、正确的。现在我们要做好转化工作，化消极因素为积极因素，尽可能地团结更多的人，巩固运动成果，发展大好形势。要看到，重点对象中，经过做转化工作，不少人是可以从“四人帮”的帮派体系中分化出来的；死心塌地追随“四人帮”的只是极少数。要做好转化工作，首先就要搞好大批判，促使他们从根本上转变立场、认识错误，这是转化的前提。同时，要通过内查外调，搞清楚他们的问题。还要对他们进行历史的、全面的、实事求是的分析，不能只看一时一事；只要不是对党怀有刻骨仇恨的人，就要帮助他们认识错误，转化过来，能拉的坚决拉，能挽救的尽量挽救。这些工作要发动群众做，领导要亲自抓。在做好转化工作的基础上，搞好定案处理，扩大教育面，缩小打击面，把95%以上的干部和群众团结起来。

要认真搞好各条战线的整顿。在揭批“四人帮”的斗争中，要把机关整顿好，把厂矿企业整顿好，把社队整顿好，把商店整顿好，把学校整顿好，把各行各业都整顿好。各方面的整顿，关键是整顿好各级领导班子。从全市讲，要继续抓紧把市级各部、委、办、局，各区县和县以上单位的领导班子整顿好，切实解决好由于“四人帮”的干扰破坏造成的不同程度的思想不纯、组织不纯、作风不纯的问题。各级领导班子要着重于思想整顿，也要进行必要的组织调整。要按照毛主席关于无产阶级革命事业接班人的五项条件和老中青三结合的原则，把各级领导班子建设成为坚决执行毛主席革命路线和华主席战略决策的、密切联系群众的、团结战斗的领导核心。对于那些参与“四人帮”篡党夺权阴谋活动和卖身投靠的人，必须严肃处理。对软、懒、散的领导班子要进行调整、充实和加强。对那些野心勃勃、政治品质恶劣、作风很坏的人，不能让他们进入领导班子，不能重用。

要整顿好企业和社队。企业的整顿，当前要着重解决由于“四人帮”破坏造成的企业管理混乱，经济技术指标落后的问题。要切实抓好政策落实和管理制度的建设，使企业的经营管理走上正轨。凡是过去有利于促进生产的发展、有利于壮大社会主义经济和受到群众支持的好制度、好办法，都要恢复起来。如过去实行的干部参加劳动，工人参加管理，计时工资加奖励，练基本功，抓基础工作，搞技术培训，厂社挂钩等是正确的，要及时恢复，并不断充实和完善。农村社队的整顿，要集中力量狠抓经济政策的落实和经营管理制度的建立，坚持按劳分配，搞好劳动管理，特别是要认真执行定额管理、评工记分制度，实行男女同工同酬，克服那种“出工一条龙，干活一窝蜂，分配一拉平”的现象，着重解决增产不增收、多劳不多得、分配不兑现的问题。在整顿中，要狠抓队伍建设，提高广大工人、农民、知识分子的觉悟程度和组织纪律性，促进各条战线上的工作高速度向前发展。

要继续深入开展“双打”运动。我市去年大张旗鼓地打击阶级敌人的破坏活动、打击资本主义势力的猖狂进攻的实践证明，“双打”斗争对于打击“四人帮”的社会基础，巩固无产阶级专政，保卫社会主义的公有制，加快社会主义建设，是完全必要的。但是应当看到，去年以来五次集中打击的，较多的是浮在面上的一些罪犯，对于隐藏深、危害大的阶级敌人以及内外勾结进行重大贪污盗窃、投机倒把的犯罪分子，还挖得很不够。同时，也还有少数单位的“双打”斗争基本上没有搞起来。对此，各单位一定要头脑清醒，加强领导，把深入“双打”斗争同揭批“四人帮”和各方面的整顿紧密结合起来，抓紧抓好，取得全胜。

要在斗争中努力学习马列主义、毛泽东思想。“四人帮”是一个披着马克思主义外衣的反革命阴谋集团。他们全面篡改马克思主义的哲学、政治经济学和科学社会主义，特别恶劣的是打着拥护无产阶级专政下继续革命学说的旗号来篡改这个伟大理论，为他们篡党夺权的反革命阴谋服务。党的第十一次路线斗争，从思想理论上来说，就是围绕坚持还是篡改无产阶级专政下继续革命的理论展开的。要彻底揭露“四人帮”反革命修正主义路线的极右实质，粉碎他们反动的思想体系，最重要的就是要认真学习和掌握毛主席关于无产阶级专政下继续革命的伟大理论。我们一定要紧密结合揭批“四人帮”的斗争，掀起一个学习马列著作和毛主席著作的新高潮。特别是县级以上干部，要认真学习马列和毛主席关于政治经济学的有关著作和论述，学习华主席在党的十一大、五届人大的重要报告和在全国科学大会上的重要讲话，掌握毛主席关于社会主义经济建设的完整的思想体系，运用客观规律，指导革命实践，多快好省地建设社会主义。要把学习、批判和总结经验结合起来，联系实际，弄清楚各条战线的具体路线、方针、政策和方法，使我们的路线斗争觉悟、政治理论水平、科学文化水平和经济管理水平有一个较大的提高，以适应实现四个现代化、完成新时期的总任务的要求。

（三）坚持党的社会主义建设总路线，高速度地发展国民经济

要在本世纪内把我国建设成为社会主义的现代化强国，需要在各个方面进行紧张的工作和斗争，而坚持党的鼓足干劲、力争上游、多快好省地建设社会主义的总路线，高速度地发展国民经济，具有决定性的意义。

重庆是祖国战略后方的一个老工业城市，是三线建设的一个重要基地，实现四个现代化的伟大进军中，我们担负着艰巨而光荣的任务，根据中央和省的统一规划，市的第四次党代表大会确定，我市从1978年到1985年，在经济建设上的奋斗目标是：建设高产稳产的社会主义农业，加快发展钢铁、电力、煤炭、天然气、化工等基础工业，大力发展电子仪表和轻工业，提高国防工业和机械工业的生产、配套能力，建立适应工农业发展需要的交通运输网和邮电通讯网，多快好省地把我市建设成为祖国战略后方的先进工业基地。为了实现这个总的奋斗目标，今后三年、八年，在经济战线上要打几个大的战役，使工业每年平均以15%以上、农业每年平均以8%以上的增长速度，持续地阔步前进。

工业方面，1980年前，主要是挖掘潜力，填补薄弱环节，加强基础工业，大打燃料、动力、原材料之仗，在增加产量、提高质量、降低消耗、增加积累、提高劳动生产率等方面创出新水平，有步骤地开辟一些新的战场，为“六五”大作好准备。1980年工业总产值达到80亿元，比1977年增长83%；把1/3的县以上企业建成大庆式企业。1985年前，进一步发展基础工业，集中力量打几个高速度发展基础工业和新兴工业的歼灭战，全面推进各个行业的技术改造，大力发展高、精、尖新产品，提高生产配套能力，提高工业生产技术水平。1985年工业总产值达到140亿元，比1977年增加2.2倍；把2/3的县以上企业建成大庆式企业。

在农业方面，1980年前，基本实现农业机械化，使70%以上的耕地保证灌溉，逐步建成旱涝保收、高产稳产农田。粮食亩产跨《农纲》，总产达到32亿斤，比1977年增长35%；蔬菜实现数量充足，品种多样，均衡上市，淡季不淡；积极发展机械化半机械化养猪场和养鸡、养兔场，大力发展其他经济作物和多种经营，使我市副食品的自给水平和农村经济水平有较大的提高。把1/3的郊区、县建成大寨式区、县。1985年前，进一步提高农业生产过程的机械化水平和科学种田的水平，使90%的耕地保证灌溉、旱涝保收、高产稳产。粮食亩产超千斤，总产量达到40亿斤，比1977年增加68.8%；猪肉蛋类等主要副食品基本自给。把2/3的郊区、县建成大寨式区、县，并实现县、社工业化。

八年看三年，三年看头年。1978年，是抓纲治国三年大见成效重要的一年。今年把建设速度搞上去，今后几年就主动了。因此，各条战线在今年都要新的跃进，创造新的成绩，工业总产值要达到52亿元，比1977年增长20%，提前一个月完成全年计划。各项经济技术指标，都要达到或超过企业历史最好水平；已经达到的要赶超国内外先进水平。特别是在质量、品种、消耗、劳动生产率、积累等方面，要有显著的进步。农业生产，要千方百计夺取更大丰收，粮食总产量达到28亿斤，比去年增长18%；蔬菜副食品生产和多种经营也要有较大的发展。全市财政收入比去年增长30%。实现了今年的目标，就为今后三年和八年的跃进打下了坚实的基础。

应当说，1978年的计划和今后八年的规划设想，是符合高速度发展国民经济精神的，也是完全能够做到的。建国二十八年来，我市工业总产值平均每年递增12%；我们规划今后八年，每年平均增长15%，是积极可靠的。我们有优越的社会主义制度，能够促进生产力的飞跃发展。经过无产阶级“文化大革命”特别是粉碎了“四人帮”，扫除了前进道路上的最大障碍。在以华主席为首的党中央的英明指导下，一个安定团结的政治局面已经出现，毛主席的革命路线可以全面地、正确地贯彻执行了。全市600万人民，100万职工，经受了锻炼，提高了觉悟，增强了团结，大干社会主义的积极性空前高涨。我市经过28年来的建设，拥有相当规模的物质技术基础，资源比较丰富，又有正反两个方面的经验作为借鉴。只要我们坚持党的十一大路线和社会主义建设总路线，坚决执行华主席为首的党中央确定的方针、政策、规划，采取有力措施，认真解决好一些关系到国民经济全局的问题，深入开展"工业学大庆、农业学大寨"运动，就一定能够战胜前进中的困难，创造一个高速度，赢得一个新水平，胜利实现三年、八年的奋斗目标。

第一，大力发展基础工业，更好地发挥老工业城市的作用。

今后八年内，我们必须"以钢为纲"，大力发展基础工业，特别要使电力、燃料、原材料工业和交通运输以更快的速度发展。只有这样，才能促进国民经济高速度地全面发展，更好地发挥老工业城市在支援农业，加快发展轻工业，加强国防战备和外贸出口等方面的积极作用。

发展基础工业，必须立足现有工业，大搞挖潜、革新、改造。在近几年内，要集中力量打好几个歼灭战，改建、扩建、新建一批重点建设项目。首先是钢铁工业，要大打矿山之仗，加快重庆钢铁公司、重庆钢厂的扩建、改造，使矿石产量大量增加，生铁、钢、钢材产量成倍增长，从根本上解决矿山、炼铁、炼钢、轧钢不平衡的问题。到1980年铁比1977年增加1.4倍，钢增加91%，钢材增加77.7%；1985年生铁比1977年增加6.2倍，钢增加2.2倍，钢材增加1.4倍。西南铝加工厂也要进行扩建，大大提高生产能力。

电力工业，要加快重庆电厂的扩建，新增装机容量40万千瓦；还要抓紧建设一批新的电站，充分利用煤矸石和水力发电，基本满足我市工农业生产的需要。

煤炭工业，要贯彻"采掘并举"的方针，加强老矿深部煤层和新煤田的勘探工作，努力提高采掘的机械化水平，使老矿尽快达到设计能力，并积极新建石磙〔壕〕、逢春、张思坝矿井。使1980年煤产量比1977年增加45.3%；1985年煤产量比1977年增加1.4倍，基本保证我市发展国民经济的需要。

天然气工业，要加快川东矿区配套建设和大型输气管线的建设，要进一步开发卧龙河、新市、双龙、相国寺、沙坪坝等气田，建成大型脱硫净化装置，搞好集输管网配套。使1980年供气量比1977年增加2.2倍；1985年供气量比1977年增加4倍。

化学工业，要扩建一部分化工厂，大幅度增产硫酸、烧碱、硝酸、纯碱等基本化工原料，加速发展合成纤维、合成橡胶、塑料等有机合成材料，并使化肥、农药、医药、橡胶、塑料、染料、颜料等行业原料配套，发挥生产潜力。

机械工业，要猛攻技术关，组织好专业协作，向生产自动化、联动化方向发展，为国民经济各部门提供先进的技术装备。要大搞产品设计革命，实行标准化、系列化、通用化，提高产品质量，提高配套能力，积极发展高、精、尖产品。要把支农产品放在第一位，提高到一个新水平。

国防工业要根据国家的规划，努力研究、试制和生产更多更好的现代化武器。要认真贯彻军民结合、平战结合的方针，充分发挥生产潜力，生产一些支农和民用产品，为社会主义建设多作贡献。

电子水准是现代化的标志。我市电子仪表工业要有一个新的突破，为逐步实现生产自动控制和科研、教育、文化事业的现代化提供成套的电子技术装备。要大打基础材料、基础原〔元〕器件、基础产品之仗，重点突破大规模集成电路、激光、微波、光电设备等制造技术，电子计算机、电视机、自动化仪表要形成三个"一条"的配套生产。

在加强基础工业的同时，要高速度、高质量、高水平、多品种地发展轻工业，为我省尽快实现一般轻工业产品自给做出贡献。轻工业总产值，三年要翻一番，八年翻两番。要广开原料来源，建立稳定的农副产品的原料基地，扩大使用合成材料和轻质金属材料。轻工业产品一定要做到丰富多彩，经久耐用，物美价廉，满足人民多方面的需要。要努力发展质量高、用料省、造型新的高、精、尖新产品，发展传统的工艺美术产品和名牌产品，繁荣国内市场，积极扩大出口。

要坚持"两条腿走路"的方针，充分利用当地资源，积极发展"五小"工业、城镇街道工业和农村社队工业。“五小”企业、街道工业和社队工业都要纳入国家计划，坚持就地取材、勤俭办企业，努力提高生产技术和管理水平。

交通运输，要全面规划，合理布局，水运、陆运并重，长途、短途结合，加快技术改造，提高运输效率，以适应发展生产建设和加强战备的要求。铁路要尽快搞好重庆枢纽建设配套和成渝路的电气化，大大提高通过能力。要充分利用两江，发展水运事业。长江航运要大力整治河道，调整港口布局，加快朝天门客运站和寸滩新码头，以及九龙坡、兰家沱、猫儿沱水陆联运码头的建设，尽快实现港口装卸机械化和自动化，使市内港口码头面貌有一个大改观。要大力充实短途运力，建成与铁路、航运干线运输相适应的公路网和水运网，使全部公社和大队都通公路。

随着挖潜改造、扩建项目增多，基本建设任务十分繁重。我们必须坚持“集中力量打歼灭战”的方针，努力做到投资省，工程质量高，建设周期短，迅速发挥投资效益。每年施工的基本建设项目，要严加控制，不准搞计划外工程。施工的项目，要严格按基本建设程序办事。搞好设计革命。设计任务书和技术设计，都要由主管部门认真审查把关。要处理好“骨头”和“肉”的关系，主体工程、辅助工程及其前后左右的配套项目，要同时安排，互相配合。每个大项目的建设，都要建立强有力的现场指挥部，加强党的一元化领导，把有关单位组织起来，实行统一指挥，建立责任制度。建筑安装企业，要像工业企业一样，全面完成各项经济技术指标，严格考核投资效果，多快好省地完成建设任务。

要高速度发展国民经济，充分发挥老工业城市的作用，必须坚定不移地贯彻执行党的社会主义建设总路线和一整套“两条腿走路”的方针，贯彻执行“备战、备荒、为人民和独立自主、自力更生、艰苦奋斗，勤俭建国”的方针，阶级斗争、生产斗争和科学实验三大革命运动一起抓，把“工业学大庆”运动不断推向新的阶段。工矿企业要实行党委领导下的厂长分工负责制，建立强有力的生产指挥系统，建立和健全以岗位责任制为中心的规章制度，保证科学地组织生产。要在近两年内，按照专业化协作的原则改组工业，提高生产的组织程度和经济管理水平。要深入开展社会主义劳动竞赛，大搞技术革新和技术革命，尽量采用现代先进技术，带动整个生产技术的发展。要坚持安全生产，把质量、品种、规格放在第一位，实行严格的经济核算制度和节约制度，按照八项经济技术指标全面组织和考核企业的生产。要向落后的技术和落后的管理开战，从提高质量、降低成本、增加积累中要速度。

第二，大力发展郊区农业生产，把国民经济的基础搞稳固。

农业是国民经济的基础。工业越是发达的地方越要重视农业。加快我市农业发展的步伐，不断提高粮食和副食品的自给水平，是加快工业发展，巩固工农联盟，改善人民生活的迫切需要。根据我市情况，要把农业搞上去，主要靠认真学大寨，大搞农田基本建设，实行科学种田，加快农业机械化的步伐，贯彻“以粮为纲，全面发展”的方针，各行各业都要大力支援农业，为农业服务。当前要充分发动群众，认真办好以下几件事。

大搞以治水改土为中心，以小型水利加喷灌为重点的农田基本建设，改变山河面貌。今年必须完成52万亩改田改土的任务，并抓紧喷灌建设，做好防伏旱的一切准备，下决心战胜伏旱，夺取今年的农业大丰收。

从上到下建立和健全农业科学研究和技术推广系统，全面贯彻农业“八字宪法”，实行科学种田。要重点抓好培育和推广良种，建设各级种子基地，做到主要作物良种化。要因地制宜改革耕作制度，如水源没有保证的望天田、高塝田、米筛田，应早下决心走旱路、种旱粮，保证农业增产。

大力发展多种经营，建立城市副食品基地。近郊区和厂矿附近的蔬菜社队，要贯彻以菜为主的方针，同时搞好养猪、养鸡、养兔、养鱼和其他副食品生产。蔬菜生产要大力增加品种，提高质量，保证均衡上市。要积极办好国营和集体的机械化、半机械化的养猪、养鸡、养兔场，全市农村都要积极发展多种经营，增加集体收入和积累，提高社员收入水平。

决战三年，保证在1980年基本实现市郊农业机械化，加速实现县、社工业化。要因地制宜，讲求实效，发挥优势，多快好省，从农业需要最迫切、增产效果最显著、减轻劳动强度最有效的方面着手，首先抓好水、肥、土、耕四个方面为重点的机械化，带动整个农业机械化。要加快支农工业的发展，抓好手扶拖拉机、二十四马力履带式拖拉机、水耕机和喷灌、植保设备的生产大会战，特别要注意抓好犁、耙、插秧、收割、脱粒机械配套设备的生产；同时要搞好使用和保养，真正用在农业生产上，充分发挥其增产增收的效益。要实行厂社挂钩，把各行各业的积极性调动起来，大力支援农业。要把全市的工矿企业组织起来，实行厂社挂钩，定点支农，重点是帮助区县和社队，根据当地的资源条件，积极发展为农业生产服务的小型工业，并有计划地下放一些产品给区县、社队工业组织生产，以加速县社工业化。

第三，大力搞好财贸工作，促进工农业生产高速度发展。

社会主义商业是联结工业同农业、城市和农村、生产同消费的桥梁和纽带。商业和供销部门的职工是工人阶级的组成部分，他们的劳动是社会生产总过程中必不可少的，是崇高的革命工作，应当受到尊重。要实现我市今后三年、八年发展国民经济的规划，财贸工作担负着重要的任务。财贸部门必须适应工农业生产“大跃进”的形势，深入开展学大庆、学大寨的群众运动，在思想上有一个大飞跃，作风上有一个大转变，市场面貌有一个大改观，企业管理水平有一个大提高。要坚决贯彻“发展经济，保障供给”的方针，真正做到面向生产、支援生产、参与生产、促进生产，更好地为工农业生产服务。要减少商品流通的中转环节，组织好工农业产品的交换，活跃城乡物资交流，安排好市场供应。要加强出口产品的生产和收购，积极扩大外贸出口。要增加商业网点，扩大经营品种，改善服务态度，提高服务质量，全心全意为人民服务。要加强物价管理和市场管理，坚决打击投机倒把，打击资本主义势力，巩固和发展社会主义统一市场。要坚决完成国家财政计划，多为国家积累资金。要加强财政金融管理，严格财经纪律，反对铺张浪费，打击贪污盗窃，坚决同那些只顾局部不顾全局和冲击国家计划、违反财经纪律的不良倾向作斗争。

第四，加强城市建设和城市管理，逐步改善人民生活。

城市是发展现代工业的基地，是政治、经济、文化的中心，是巩固和发展工农联盟、实行无产阶级专政的重要阵地。建国二十八年来，在毛主席革命路线指引下，经山城工人阶级和人民群众的艰苦奋斗，重庆市已经由解放前的一个腐朽没落的半殖民地半封建的消费城市，变成了一个社会主义的欣欣向荣的工业城市。随着生产的发展，我市的市政建设和服务事业也有很大进步，人民的生活福利逐步得到改善。但是，十几年来，由于林彪、“四人帮”反党集团的干扰破坏，给城市工作造成了极为严重的损失，城市建设和管理中积累的问题已经成堆。粉碎“四人帮”以来，抓纲治渝，加强城市管理，取得了很大的成绩。但是城市管理和建设中积累下来的许多问题，尚需经过较长时间的努力，才能逐步加以解决。切实抓好城市工作，积极解决城市中长期积累下来的问题，彻底清除林彪、“四人帮”干扰破坏所造成的恶果，对于如期实现抓纲治国的战略决策，如期实现四个现代化，都具有重大意义。我们要坚决依靠工人阶级和全市人民，贯彻执行第三次全国城市工作会议精神，把城市整顿好、规划好、建设好、管理好，逐步把我市建设成为适应四个现代化需要的社会主义的现代化城市。

当前，最重要的是紧密结合揭批“四人帮”的斗争，继续切实做好城市的整顿工作。要以阶级斗争为纲，放手发动群众，大力整顿社会治安，整顿交通秩序，整顿市容卫生，整顿商业服务，整顿市场管理，整顿户籍管理及消防工作，等等。通过整顿，打击歪风邪气，恢复和发扬社会主义风尚，为人民群众创造良好的生产、工作和生活环境，使城市各方面的工作井井有条，城市面貌欣欣向荣。

要认真搞好城市规划。城市建设一定要根据我市国民经济发展的近期和长远的奋斗目标，统一规划，合理部〔布〕局，按照"大分散、小集中和多搞小城镇"的方针，狠抓现有设施的维修养护和旧城区的改造，积极搞好新工矿区的建设。控制大城市规模，主要是控制市区的人口和用地，而绝不是控制生产和各项事业的发展。今后我市的发展，特别是工业生产的发展，主要靠挖潜、革新、改造和加强经营管理。要把控制大城市规模、发展小城镇同工业的改组、工业布局的改善结合起来。要正确处理城市与农村、工业与农业、生产与生活、需要与可能、近期与远期、新建与改造、局部与整体的关系，考虑到战争与自然灾害等因素，统筹兼顾，合理安排，努力做到经济上合理，技术上先进，并结合节约用地，使城市的各项事业有计划、按比例、高速度地发展，努力做到"工农结合、城乡结合、有利生产、方便生活"。

要加强职工住宅及市政公用设施的建设，认真搞好人民防空和城市防卫建设。根据中央决定，从1979年起，我市试行每年从上缴工商利润中提成5%，作为城市维护和建设资金。我们要严格按照国家有关规定，精打细算，管好用好这些资金，把城市维护好、建设好。今后几年市政建设将有一个较大的发展。重庆长江公路大桥，要确保在1980年建成通车，并力争提前。"六五"期间，要改造拓宽北桥头至菜园坝、菜园坝至袁家岗、铜元局至海棠溪等主要分流公路，并建设纵贯市中区的两路口到朝天门、南纪门至华一村的隧道，改善城市交通拥挤状况。要逐步增加公共交通车辆和轮渡船只，发展辅助交通工具，增加出租汽车和游艇，改造通往机场、车站、港口和风景区的道路，增加营运线路，大大改善城市公共交通。民用建筑要逐步实行"六统一"：统一规划，统一投资，统一设计，统一施工，统一分配，统一管理。今年要新建、改建职工住宅各10万平方米，今后要逐步达到国家规定的职工居住标准。要加快供水工程的建设，逐步缓和城市供水紧张状态。积极发展城市民用燃料气，力争1985年基本实现民用燃料气化。

要大力开展综合利用，防治污染，保护环境。这是城市建设中一项迫切任务，应当引起我们高度的重视。要狠抓工业"三废"治理和综合利用，变废为宝，化害为利。新建企业要坚决贯彻执行污染治理工程和主体工程同时设计、同时施工、同时投产的规定。所有工矿企业都要把消除污染，实现清洁工厂作为考核和评比大庆式企业的条件之一。环境保护、卫生防疫和经济管理部门以及一切工矿企业都要以对人民高度负责的精神，采取切实有效的措施，尽快控制和消除严重污染水流、大气、土地的污染源，认真处理好生活污水和城市垃圾。每年春秋大搞植树造林，坚持封山护林，严禁乱砍、乱伐、毁坏山林，扩大城乡绿化面积，改善人民生活环境，为孙后代造福。

我市是一个具有光荣革命斗争传统的城市，又是我国西南地区的一个重要交通枢纽和工业基地。从今年起实行对外开放，来渝访问、游览的外国人将日渐增多。进一步管理和建设好我们的城市，特别是尽快地改善市容环境，事关重大。这里要着重强调一下，对我市现有的一切革命文物、历史纪念地、名胜古迹、风景园林，以及博物馆、图书馆、展览馆、体育场、影剧院等公共场所的土地、林木、建筑设施，必须严加保护，并有计划地加以维修、扩充和提高，任何单位和个人不得侵占、乱建和破坏；不听劝阻、造成严重后果的，要严肃处理。

（四）适应四个现代化的要求，努力繁荣科学教育文化事业

随着经济建设新高潮的到来，一个文化建设的新高潮必将很快出现。英明领袖华主席在全国科学大会上的重要讲话中指出："提高整个中华民族的科学文化水平，是摆在全体人民面前的一项极为巨大的任务。这是一项战略任务。这个任务不解决，新时期的总任务是不可能完成的。"我们一定要热烈响应华主席的战斗号召，努力繁荣科学教育文化事业，极大地提高全市人民的科学文化水平，造就一支宏大的工人阶级的知识分子队伍，为实现新时期的总任务做出贡献。

实现四个现代化，科学技术现代化是关键。科学技术作为生产力，越来越显示出巨大的作用。科学技术发展的状况如何，直接决定着生产的水平，直接关系到四个现代化的速度。我们一定要深入宣传、坚决贯彻全国科学大会精神，动员广大工人、农民、知识分子和各级干部树雄心，立壮志，向科学技术现代化进军，奋战八年，使我市的科学技术水平进入全国的先进行列，为在本世纪内实现科学技术现代化打下坚实的基础。要按照全国“一盘棋”的原则，建立起与中央和省级各部门互相衔接、配合，门类比较齐全，具有地方特色，专群结合，拥有一批现代化的实验室、实验基地和重大实验设施，实行现代化管理的科学研究体系。各经济文教部门要建立科技管理工作机构，各大中型工矿企业都应建立自己的科研机构。尽快恢复和建立各种学会组织，积极开展学术活动。要加强科技人员的培训和考核，建立一支宏大的科技队伍，要出一些全国第一流的科学技术专家和革新能手。根据国家和省的统一规划，结合我市具体条件，我们要以最新的科学技术为起点，积极开展基础理论和技术科学的研究。八年内在农业、工业、自然资源、医疗卫生、环境保护和基础理论等方面，开展72个重点课题的研究。特别是对农业、基础工业、天然气化工、电子、激光技术等关系全局的重大科学技术的研究，要做出显著成绩。1985年前建立30个自动化工厂、车间，五百条生产自动线、联动线。使我市工农业生产逐步转到先进的技术基础上来，推动整个国民经济的高速度发展。

在本世纪内实现四个现代化，迫切需要培养和造就大批“又红又专”的建设人才。科学的未来在于青年。科学技术人才的培养，基础在教育。这就要求我们认真学习和贯彻全国教育工作会议精神，进一步贯彻执行毛主席提出的“教育必须为无产阶级政治服务，必须同生产劳动相结合”的根本方针，端正方向，搞好教育革命，使教育事业有一个大的发展、大的提高。教育事业必须和国民经济发展的要求相适应。城市要继续普及十年制中等教育，农村要尽快普及八年制中等教育，积极发展中等专业学校和技工学校，扩大现有高等学校，逐步建立新的高等学校，认真办好“七二一”大学，广泛举办干部轮训班、技术人员进修班、职工业余技术夜校，积极开展函授、广播、电视教育。努力办好各级各类学校，首先是办好重点大学和重点中小学。要尊重教师的劳动，提高教师的质量。要采取有力措施，认真搞好在职教师的培训和进修；充分利用各种现代化手段，提高教育质量，提高科学文化的教学水平。要抓好学生的政治工作，进行艰苦奋斗的革命传统教育、共产主义的远大目标和道德品质教育，大力加强革命秩序和革命纪律，造就具有社会主义觉悟的一代新人，促进整个社会风气的革命化。要关心青少年和上山下乡知识青年的健康成长，为他们参加学习和有益的文化体育活动创造条件。要在今后一二年内妥善解决按政策留城和回城待业知识青年的劳动就业问题。

文艺战线当前的重要任务，是认真落实毛主席关于调整党的文艺政策的指示，整顿文艺工作，迅速改变“四人帮”造成的缺少各种文艺作品的状况，扩大文艺节目，丰富文化生活，要坚持文艺为无产阶级政治服务、为工农兵服务的方向，认真执行百花齐放、推陈出新的方针，繁荣社会主义的文学艺术。要努力创作具有革命政治内容和尽可能完美的艺术形式相结合的文艺作品。要创作出一大批优秀文艺作品，迎接建国三十周年。文艺创作题材要多样化，以革命现代题材为主，也要重视历史题材和其他题材，尤其要注意创作反映四川、重庆革命斗争的文艺作品。要认真搞好戏剧特别是川剧的改革，积极创作演出新剧目。要大力开展文艺评论，积极发展文化馆站、电影放映队，开展各种形式的群众业余文化活动。积极办好革命纪念馆、图书馆、博物馆，开展各种社会文化活动，用社会主义思想占领文化阵地，为工农业生产和科学研究事业服务。

卫生战线要继续坚持把医疗卫生工作的重点放到农村去的方针，努力办好公社医院和县医院，巩固和发展农村合作医疗事业，提高“赤脚医生”的医疗技术水平；同时要认真做好城市和工矿企业的医疗卫生工作。要切实加强对医院的领导，整顿管理制度，提高医疗和护理质量。继续贯彻预防为主的方针，广泛开展以除害灭病为中心的爱国卫生运动，搞好城乡环境卫生。要坚持中西医结合的方针，加强医学科学研究，不断提高医疗技术水平。要加强妇幼保健工作，积极兴办婴儿室、托儿所，保障妇女儿童的健康。要继续抓好计划生育，有效地控制人口增长，使全市人口自然增长率逐步降到4‰以下。

体育战线要进一步贯彻执行毛主席关于“发展体育运动，增强人民体质”的指示，广泛深入开展群众性的体育活动。要加强体育运动队伍的建设，严格要求，严格训练，尽可能在短期内使主要运动项目赶上和超过国内先进水平。

要积极做好新闻、广播和出版发行工作，加速发展电视，充分发挥它们“极大的组织、鼓舞、激励、批判、推动的作用”。

华主席指出：“充分发挥知识分子的作用，对于加快发展科学教育文化事业，对于建设社会主义的现代化强国，关系都是很大的。”从我市各条战线的情况看，解放以来，经过历次政治运动的锻炼和改造，知识分子的绝大多数都有很大进步。他们热爱党，热爱社会主义，拥护毛主席的革命路线，在社会主义革命和社会主义建设中做出了很大的贡献，已经成为无产阶级的一部分，是社会主义的劳动者。他们与体力劳动者的区别，只是社会分工的不同，“四人帮”诬蔑广大知识分子是“臭老九”，完全颠倒了敌我关系，搞乱了阶级阵线，严重地打击和压抑了广大知识分子的社会主义积极性。我们一定要肃清“四人帮”的流毒和影响，全面地正确地贯彻执行“百花齐放、百家争鸣”的方针和党的团结、教育、改造知识分子的政策，繁荣我国社会主义的科学文教事业。要尊重知识分子的劳动，恢复他们的技术职称，使他们有职有权有责，改善他们的工作条件，关心他们的生活。要注意解决知识分子用非所学的问题，以发挥他们的特长，更好地为社会主义服务。同时，要热情帮助和鼓励他们认真学习马列和毛主席著作，坚持同工农相结合，在三大革命运动实践中，努力改造世界观，沿着“又红又专”的道路前进。我们必须继续发展和壮大工人阶级知识分子的队伍，以保证新时期总任务的胜利实现。

（五）加强政权建设，加强全市人民的大团结

为了实现抓纲治渝三年大见成效的任务和今后八年的奋斗目标，实现我国新时期的总任务，必须进一步强化人民的国家机器，加强社会主义法制，充分发扬社会主义民主，巩固和发展革命的统一战线，加强全市人民的大团结，把各方面的积极因素都充分调动起来，为社会主义事业服务。

各级革命委员会是无产阶级专政的地方政权机构。前几年由于“四人帮”在重庆的帮派头子，〈……〉，还有极少数帮派头子和骨干钻进了各级革命委员会，他们疯狂进行捣乱破坏；还有些革命委员会成员在两条路线斗争中犯了严重错误，脱离群众，丧失了代表性，致使革命委员会无法充分发挥它应有的作用。打倒“四人帮”，粉碎了他们的帮派体系，加强革命委员会的建设，就成为当前一项紧迫而又重要的任务。我们这次代表大会的任务之一，就是要按照毛主席提出的无产阶级革命事业接班人的“五项条件”和老中青三结合的原则，改选市革命委员会。市人代会之后，各区、县和公社（镇）都要召开人民代表大会，选举产生新的革命委员会。我们要把工农兵、革命干部和知识分子中群众公认的确有贡献的优秀分子和各方面的代表人物选进各级新的革命委员会，使群众见到名单就高兴，充分发挥革命委员会作为地方政权机构的职能作用。按照新宪法规定的精神，厂矿、生产大队、学校、商店以及其他企业、事业单位，除了实行政企合一的以外，都不是一级政权，不再设立革命委员会，而应分别实行党委领导下的厂长、大队长、校长、经理等的分工负责制。城市街道设立办事处，作为区革委的派出机构，不再设立革命委员会。

思想上政治上的路线正确与否是决定一切的。政权建设的根本在于高举毛主席的伟大旗帜，坚决执行毛主席的革命路线。各级革命委员会的领导成员和各级干部，要认真学习马列著作和毛主席著作，坚持“要搞马克思主义，不要搞修正主义；要团

结，不要分裂；要光明正大，不要搞阴谋诡计”的三项基本原则，把它作为一切言论和行动的准则。要坚持无产阶级党性，反对资产阶级派性；坚持社会主义道路，反对资本主义倾向；坚持无产阶级思想作风，反对资产阶级思想作风；坚持立党为公，反对立党为私，坚决抵制各种非无产阶级思想的侵蚀和影响，始终保持劳动人民本色，全心全意为人民服务。我们不仅要懂得党的总路线、总任务，而且要懂得自己工作范围的具体工作路线和方针政策。要努力学经济，学科学，学管理，刻苦钻研业务，熟悉本职工作，做到“又红又专”，使自己的思想和业务能力都能适应新时期总任务的要求。

我们的国家机关一律实行民主集中制。首先在革委会内部必须坚持民主集中制，实行集体领导和个人分工负责相结合的原则，在充分发挥民主的基础上，实行正确的集中，加强组织纪律性，使领导班子坚强有力。地方各级人民代表大会代表有权向本级革命委员会、人民法院、人民检察院和革委会所属机关提出质询。受质询的机关必须负责答复。各级革委会都要精兵简政，精减会议，减少文件，改进文风，克服“五多”，改进工作方法，提高工作效率。要坚决反对官僚主义、命令主义和形式主义，恢复和发扬党的群众路线、实事求是的优良传统和作风，充分发扬社会主义民主，坚持从群众中来，到群众中去的工作方法，真正相信群众和依靠群众。各级干部要坚持参加集体生产劳动，经常深入基层，调查研究，细心倾听群众意见，接受群众监督，关心群众生活，重视人民来信来访，及时发现和纠正我们工作中的缺点和错误。反对那种不调查，不蹲点，讲大话，讲空话，讲假话的坏作风。坚持一切从实际出发，做老实人，说老实话，办老实事，率领群众扎扎实实地大干社会主义。要保持谦虚谨慎、艰苦奋斗的优良作风，反对骄傲自满、固〔故〕步自封，反对讲排场、摆阔气、请客送礼、大吃大喝、挥霍浪费国家和集体财物等资产阶级歪风，与群众同呼吸、共甘苦，使革命委员会真正成为联系群众的、革命化的无产阶级政权机关。

我们的专政工具不能削弱，还应当加强。我们要彻底清除“四人帮”“砸烂公检法”的反革命口号的流毒，认真搞好人民公安机关、人民法院的整顿和建设，恢复人民检察机关。继续搞好民兵建设，做到组织、政治、军事三落实，充分发挥民兵在社会主义革命、社会主义建设和保卫祖国斗争中的作用。要整顿和健全基层治保和调解组织，依靠广大人民群众，实行专门机关和广大人民群众相结合的方针，加强治安防范，加强对敌斗争。要深入批判“四人帮”颠倒敌我的种种谬论，彻底清除其流毒，分清敌我。把专政矛头对准反动阶级、反动派和反革命分子，包括地主、富农、反动资本家以及一切卖国贼。对新生的资产阶级分子，对那些盗窃犯、诈骗犯、杀人放火犯、流氓集团、打砸抢者和严重破坏社会秩序的坏分子，也必须实行专政。要稳、准、狠，以准为重点地打击一小撮阶级敌人，保护人民利益，保卫社会主义制度。要像建国初期宣传第一部宪法那样，大张旗鼓地宣传新宪法，务必做到家喻户晓、人人明白，进一步加强社会主义法制观念，造成干部带头守法，群众自觉守法，领导机关和司法部门严格依法办事的浓厚氛围，依靠全党全民的力量，保证新宪法的全部实行。

毛主席说：“国家的统一，人民的团结，国内各民族的团结，这是我们的事业必定要胜利的基本保证。”为了实现新时期的总任务，我们全市军民必须团结起来，同心协力，共同奋斗。各级革命委员会要在党的一元化领导下，重视发挥工会、共青团、贫下中农协会、妇联和其他人民团体的作用，通过他们密切联系广大人民群众，做好各项工作。我们要进一步落实党的干部政策、知识分子政策、老工人政策和关于统一战线的方针、政策。特别是对“文化大革命”中审干遗留的问题，要抓紧做出结论，妥善处理。我们要巩固和发展工人阶级领导的，以工农联盟为基础的，团结广大知识分子和其他劳动群众，团结爱国民主党派、爱国人士、台湾同胞、港澳同胞和海外侨胞的革命统一战线。根据毛主席提出的“六条政治标准”，凡是接受共产党领导、坚持走社会主义道路、热爱社会主义祖国的人们，我们都要团结，同他们合作，发挥他们的积极性。对民族资产阶级，我们党的方针是消灭这个阶级而改造民族资产阶级的人们，使他们逐步改造成为自食其力的劳动者。根据中共中央指示，我们将全部摘掉右派分子的帽子，并分别情况，予以适当安置。右派分子摘帽以后，就不再叫“右派分子”或“摘帽右派”了，不要歧视他们。对他们的家属子女，根据党的一贯政策，主要看本人表现，在入团、入党、参军、升学、招工等问题上不应受到影响。这个原则也适用于有其他各种政治历史问题或犯错误人员的家属子女，适用于一切剥削阶级家庭出身的人。总之，我们要团结一切可以团结的力量，调动一切积极因素，为建设社会主义的现代化强国服务。

我们的国家是工人阶级领导的以工农联盟为基础的无产阶级专政的社会主义国家。工人阶级经过自己的先锋队中国共产党实现对国家的领导。作为地方政权机构的各级革命委员会，必须绝对地接受党中央直到同级党委的领导，才能保证我们政权的无产阶级性质。我们要彻底批判“四人帮”以帮代党，破坏党的集中统一领导的罪行，肃清其在政权建设中的流毒和影响。各级革命委员会要坚决贯彻党的路线、方针、政策，认真执行同级党委的决议、指示，充分发挥自己的职能作用，保证完成党委和上级革命委员会交给的各项战斗任务。

各位代表：我们党和国家，现在正处在一个承先启后、继往开来的重要历史时刻。党的十一大和五届人大，确定了全党和全国人民在社会主义革命和社会主义建设新的发展时期的总任务。英明领袖华主席，继承毛主席的遗志，领导我们进行新的长征。我们对祖国光辉灿烂的前景，充满了胜利的喜悦和坚强的信心。尽管前进的道路上还会遇到各种困难，我们一定能够把它克服，阔步前进；尽管肩负的任务十分繁重，我们一定能够把它担当起来，坚决完成。让我们高举毛主席的伟大旗帜，在英明领袖华主席为首的党中央领导下，“学习、学习、再学习，团结、团结、再团结”，迈开大步，奋勇前进，把我市建设成为祖国战略后方的先进工业基地，为实现新时期的总任务而努力奋斗！

团结起来，争取更大的胜利！

在重庆市第八届人民代表大会第二次会议上的政府工作报告

（1980 年 3 月 25 日）①

于汉卿

各位代表：

重庆市第八届人民代表大会第二次会议，在全党全国人民热烈拥护、认真学习、坚决贯彻党的十一届五中全会公报精神的大好形势下，今天开幕了。现在，我受市革命委员会的委托，向大会报告工作，请予审议。

一、胜利前进的两年

从 1978 年 5 月 11 日我市第八届人民代表大会第一次会议召开到现在，将近两年了。两年来，在党中央、国务院一系列方针政策特别是党的十一届三中全会、四中全会和五届人大二次会议精神的指引下，根据省委、省人民政府的具体部署，全市人民深入揭批林彪、“四人帮”的极“左”路线，拨乱反正，把工作重点逐步转移到“四化”建设上来，使我市的政治状况发生了根本的转变，思想路线发生了根本的转变，经济状况发生了根本的转变，开始出现一个安定团结、生动活泼的政治局面。这是胜利前进的两年，是为实现八十年代三大任务打基础的两年。两年来，主要抓了以下几个方面的工作：

① 本文标题系编者重新拟定，原标题为《政府工作报告——1980 年 3 月 25 日在重庆市第八届人民代表大会第二次会议上》。

（一）继续进行清查工作，深入批判了林彪、“四人帮”的极“左”路线。粉碎“四人帮”以来，我市开展了群众性的揭批查运动，深入批判林彪、“四人帮”推行的极“左”路线，彻底摧毁了他们的反革命帮派体系，夺回了被他们篡夺的那部分权力，各级领导权已基本上掌握在人民可以信赖的干部手中。在清查工作中，严格执行党的政策，坚持实事求是，重证据、重调查研究，着眼于教育挽救，做转化工作，尽量缩小打击面，保证了运动的健康发展。目前，揭批查运动已经结束，正在进行定性处理。

党的三中全会以后，全市普遍深入地开展了实践是检验真理的唯一标准的讨论。通过讨论，进一步批判林彪、“四人帮”的极“左”路线，澄清一些重大路线是非和理论是非，打破林彪、“四人帮”制造“现代迷信”的精神枷锁，冲破“两个凡是”的禁区，分清了“真高举”和“假高举”的界限，树立了对毛泽东思想的科学态度，明确了工作重点转移的客观必然性，增强了大干“四化”的信心和决心。广大干部群众思想活跃，勇于探索、勇于创新的革命精神正在发扬。

（二）平反了大批冤假错案，党的各项政策得到落实。近两年来，我们抽调大批干部，组成专门班子，加强落实政策和信访工作的领导，建立市革委领导接待日制度，及时研究解决有关政策性问题，大大加快了落实政策的步伐。到目前为止，在“文化大革命”中被审查的干部2.2万人，已复查落实的占99%；农村基层干部历年受处分的1.8万多人，已进行复查处理；1957年划右派8017人，已复查改正的占94.5%（不改和待定的占5.5%）；1959年“反右倾”斗争中被定为“右倾”机会主义分子和“右倾”错误的人，已基本改正过来；政法部门对“文化大革命”中处理的各类案件需要复查的，已复查处理了一部分；改变长期劳动守法地富分子成分的工作，已经搞完。知识分子政策、民族政策、宗教政策、侨务政策，对原工商业者的政策、对原国民党起义、投诚人员的政策等，都逐步得到落实。遭受林彪、“四人帮”迫害的干部、劳动模范、科技人员、教师、医务人员、文艺工作者、爱国人士以及其他群众，大多数都恢复了名誉，得到了适当安置。通过落实政策，分清是非，加强了团结，调动了广大干部群众建设社会主义的积极性。

（三）恢复和发展了国民经济，工、农业生产持续增长。工交战线，1979年全市完成工业总产值63.5817亿元，比1978年增长15.8%，比1976年增长99.6%，将近翻了一番。工业产品质量普遍提高，出现了一批优质产品和名牌产品。如锅炉钢板、一〇一产品、小口径运动步枪获得了国家金质奖；晶刻磨花玻璃器皿、注射葡萄糖、一号产品获得了银质奖；电工牌普通灯泡、赤磷等13种获得国务院有关部授予优质产品的称号；还有58种被省、市命名为优质产品。市经委考核的60种产品的质量指标，有49种达到和超过历史最好水平。1979年，全市试制新产品1656种，新花色4100多个。能源和物料消耗下降，仅工交系统就节约电力2.3亿度，天然气8500多万立方，石油7600多吨，煤炭27.6万吨。全民所有制企业全员劳动生产率达到9753元，比1976年增长82%。工业内部调整工作取得了初步效果，轻纺工业有了较快发展。1979年轻纺工业的基建投资、技术措施费和企业更新资金近1亿元，是我市轻纺工业获得投资最多的一年。今年1、2月份轻工业增长速度，已经超过重工业的发展速度。在经济体制改革方面，1979年有20个工业企业进行了扩大自主权的试点，调动了职工的积极性，改善了经营管理，发展了生产，总产值比1978年增长17%，利润增长36%，均高于全市工交企业平均增长幅度，国家、企业和个人的收入都有较大增加。军工企业，在支援“对越自卫还击战”中，做出了重大贡献，同时为市场生产了一批民用产品。交通运输和邮电部门，也都超额完成了国家计划。

缩短了基本建设战线，保证了一批重点工程及时投产。1979年完成基建投资4.83余亿元，其中全部或部分竣工的工业项目205个，增加了一批生产能力。如全国重点引进项目四川维尼纶厂投产后，将新增维尼纶4.5万吨，甲醇9.5万吨，甲醛3万吨。橡胶行业将新增橡胶杂件77万件，轻工行业增加皮鞋50万双，化工行业增加原料1.07万吨。为了缩短基本建设战线，1979年停建、缓建49个项目，减少投资2900余万元；缩小技措工程规模，减少投资700万元。调整下来的财力、物力，重点投入了职工住宅、轻纺项目和城市建设。我市人民盼望已久的长江公路大桥，在全市军民大力支援下，经过建桥职工两年来的日夜奋战，全桥已经接通，可提前半年建成。南岸、江北水厂的挖潜、改造工程已经完工，初步缓和了这两个地区供水不足的矛盾。人防全年新建工程6.5万多平方米，平战结合工程有较大发展。公共交通客运量增加很大，每日平均达到121万人次，比1978年增加27万人次。通过增加车辆，新增和延伸线路，客运紧张状况有所缓和。环境保护工作加强了经常性监测，拟定了治理污染规划，安排的329个治理项目，有的已经竣工。如重庆水泥厂烟道除尘、针织厂印染废水处理、传染病医院污水治理等工程，已全部或部分完成。市政设施的维护和城市园林绿化，也做了大量工作。

农业获得丰收，粮食平均亩产跨过"纲要"。市郊农村遵照中央关于发展农业的两个重要文件的指示精神，采取了一系列措施，大大调动了社员群众的生产积极性。1979年粮食产量达到31.7亿斤，比1978年增长10%，比1976年增长48%。三年来总共增产粮食10亿斤。沙坪坝区、九龙坡区、双桥区粮食平均亩产超过了千斤。蔬菜单产提高，品种增多，淡旺季差缩小，基本保证了市场供应。多种经营也有较快发展，生猪发展数达到426万头，人平、亩平都超过了一头；全年出槽肥猪173万头，比1978年增加48%。蚕茧达到7.9万担，比1978年增长23%。茶叶、水果、牛奶、禽蛋、甘蔗、中药材等均有新的发展。社队企业1979年总产值达到2.3亿元，比1978年增长29.1%。农业基本建设工程质量比过去提高，发挥投资效果较好。全市国营农场试办农工商联合企业，改善了经营管理，扭转了长期亏损局面，盈利170万元，为发展我市农业走出了一条路子。

商业购销两旺，市场繁荣，财政收入增加。1979年商品购进总值19.79亿元，商业纯销售19.99亿余元，分别比1978年增加12.8%和12.2%。粮食征购任务超额完成。随着工农业生产的发展，商业流通渠道的沟通，市场商品丰富，供应大为好转。1979年农副产品和工业品的供应都有较大增加，电扇、收音机、电视机、电表、手表、呢绒、涤棉布等高中档品种，比1978年增长50%以上，有的增加了几倍。为了改进供应，1978年以来商业部门增设了营业网点2700多个，其中售货亭400多个，广泛采取展销会、物资交流会、送货上门等方式，扩大商品销售，群众称便。外贸收购达到1.61亿元，比1978年增长38%，书写纸、胶版纸、磨花玻璃器皿、服装、高锰酸钾、滚齿机等，已畅销国际市场。财政收入，1978年比1977年增长68%；1979年由于农副产品提价、职工普遍实行奖金和物价补贴等因素，增大了开支，财政收入虽有减少，但仍完成9.7006亿元，比1978年增长3.01%。

（四）科学技术、文教、卫生等事业有新的发展。科学技术方面，恢复和新建了154个科研机构（其中独立的科研所49个），恢复和新建自然科学学会43个，先后提拔工程师、农技师、教授、讲师、主治医生以上科技干部2907人，调整了用非所学的科技人员2280人。全国科学大会后，我市有1230项科技成果分别获得国家和省、市的奖励。一大批科技成果和现代技术、如电子、红外、微波、射流、光栅、激光等，已在工业上推广使用，有的填补了国内空白，收到了增产节约的显著效果。全市已建成自动线、联动线139条，其中1978年和1979年建成84条。据对34条线建成投产后的调查，产值增长62%，利润增长123%，劳动生产率提高107%，节省劳动力21%，建线的总投资一年就可以全部收回，充分显示了科学技术这个生产力的巨大作用。群众性的技术革新活动和科学技术普及工作，也蓬勃发展起来，共举办学术交流会1754场，参加活动的达46万人次。青少年科技活动也取得了可喜成果，去年全国青少年科技展览会上，我市有33件作品获得了奖励，占全省获奖数的55%。

在教育战线，全市各级各类学校逐步把工作重点转到全面贯彻党的教育方针，建立正常的教学秩序，狠抓提高教育质量上来，出现了教师认真教、学生努力学的新气象。全市大专院校，包括新办的渝州大学在内达到13所，在校学生2.1万多人。普通教育有了新的发展，中学生达到42万多人，小学生84万多人。全市授予了一批中小学教师以特级教师和模范班主任的光荣称号。还恢复、新建了各类中等专业学校28所，在校学生1.5万多人；各类技工学校101所，在校学生2.2万多人。工农业余教育得到恢复和发展，现有职工大学69所、电视大学190个班，全市参加学习文化技术的职工共达20多万人。幼托组织也有恢复和发展。

在文化战线，广大文艺工作者解放思想，积极创作了一批好的作品，如《虎穴英华》《一双绣花鞋》等。话剧、川剧、京剧、越剧、歌舞、杂技、曲艺都整理、改编和演出了一批受到群众赞扬的优秀剧目。为了推动创作，《红岩》季刊已经出版。一大批青年文艺工作者正在茁壮成长。群众文艺活动广泛开展，在建国三十周年文艺会演期间，全市共演出文艺节目1600多个，有129个获得了市的奖励，调省会演的八个节目都得到奖励。群众喜闻乐见的街头诗画活跃，新闻、广播、出版和体育工作也取得了新的成绩。

在卫生战线，广大医护人员贯彻“预防为主”的方针，开展防病治病，去年16种传染病的发病率比上年下降19%。计划生育工作取得了新的进展，全市育龄夫妇只生一个孩子的达90%以上，大大减少了二胎生育。1979年全市人口自然增长率仍然在5‰以下。计划生育科研获得可喜成绩，男性注射绝育法，获得了省的重大科技成果奖。

（五）城乡人民生活有所改善，大批待业人员得到安置。由于林彪、“四人帮”的十年破坏，生产停滞、经济萧条，到1976年，全市待安置的城镇青年和下乡知青达42万多人。粉碎“四人帮”后，随着生产建设的恢复和发展，三年来陆续安置了37.5万多人，其中1979年安置12.53万人，基本解决了全市人民普遍关心的一个社会问题。由于就业面扩大，加上工商企业普遍实行了奖励，1979年职工收入有所提高，生活有所改善。为了改变城市住房紧张状况，近两年来狠抓了职工住宅建设。1979年在全市范围内，住宅投资总计达1亿元，施工面积152.5万平方米，竣工面积71.7万平方米，是1957年以来修建住宅最多的一年。农村由于获得丰收和农副产品提价，社员收入增加，生活也有改善。1979年全市农村社员人平分粮586斤，比1978年净增63斤；人平收入95元（包括投肥），比1978年增加19元。城乡人民储蓄存款大幅度增加，1979年全市城镇储蓄年末余额比1978年增长37%；农村社员储蓄存款余额比上年增加了一倍。

（六）开展社会主义法制教育，整顿、加强了城市治安管理。为了确保“四化”建设的顺利进行，排除来自“左”和右的干扰，全市广泛开展社会主义法制教育，动员、组织人民群众和社会各方面的力量，运用法律武器，坚持同各种违法犯罪分子作斗争。同时发布了《重庆市城市治安管理试行办法》和《重庆市交通管理暂行办法》两个通告，大力整顿交通秩序、整顿市场管理、整顿治安秩序、整顿城市建设，保证了社会秩序的安定。去年2、3月和9、10月间，社会上有少数几个人非法组织“促进民主协会”，打着“争民主”“争自由”“反官僚”的旗号，张贴大字报，散发传单、刊物，煽动无政府主义和极端个人主义；有的混在上访群众中煽动闹事，冲击机关，中断交通，围攻干部，殴打群众，反对党的领导，反对社会主义制度，反对无产阶级专政，严重地危害了社会秩序、生产秩序、工作秩序、教学科研秩序和人民群众生活秩序。对这极少数人的错误，我们遵照国家法令，及时进行了处理。与此同时，还成立专门机构，加强了对青少年的共产主义道德教育和革命传统教育，引导他们奋发向上，自觉抵制各种非无产阶级思想的腐蚀。通过上述工作，广大干部、群众和青少年的法制观念增强了，出现了许多自觉维护社会主义法制、向破坏社会秩序的违法行为坚决斗争的生动事例。去年11月全国城市治安会议后，政法部门依靠广大群众，选择一批典型案件，进行公判处理，有力地打击了严重危害社会治安的犯罪分子。在维护社会治安秩序过程中，驻渝部队和广大民兵积极配合公安机关，巡逻执勤，作维护社会治安的坚强后盾，为保护工厂矿山，守卫重要目标，保卫“四化”建设做出了贡献。

总之，两年来我们在各条战线、各个方面都取得了很大成绩，形势发展是令人欢欣鼓舞的。这是全市人民在省委、省人民政府领导下，贯彻执行党中央、国务院一系列方针政策，艰苦奋斗、辛勤劳动的结果。我们在总结成绩的同时，也要看到工作中还存在一些问题。对林彪、“四人帮”极“左”路线的批判还不深透，去年社会上两次出现了“左”的和右的干扰；由于大量历史遗留问题迫使我们要在短时期内去解决，致使领导精力分散，市的工作重点还没有完全转移到经济建设上来，对经济工作中出现的新情况、新问题，研究解决不够及时；我们的思想作风和工作方法，还不适应“四化”建设的需要，行政机构臃肿，层次多，办事效率低，深入基层调查研究不够。我们决心在新的一年里，发扬成绩，克服缺点，兢兢业业，紧紧依靠全市人民，战胜前进道路上的困难，把各项工作做得更好。

二、认真搞好国民经济调整，努力完成1980年国家计划

二十世纪八十年代，是我国人民奋发图强、大有作为的年代，是实现“四化”的重要年代。我们要继续反对霸权主义，维护世界和平；要争取台湾回归祖国，实现祖国统一；要加紧社会主义经济建设，取得四个现代化的决定性胜利。这是摆在我们面前极其繁重而光荣的任务。我们国家的强盛，社会的安定，人民物质文化生活的改善，最终都取决于生产的发展，取决于现代化建设的成功。从现在起，我们一天都不能耽误，要专心致志、聚精会神地加快建设步伐，把我国建设成为社会主义的现代化强国。

重庆是祖国战略后方的一个综合性工业城市，在社会主义现代化建设中占有重要地位，发展经济的有利条件很多：资源比较丰富，有煤矿、铁矿、天然气等发展工业的基本原燃材料；工业有一定基础，门类比较齐全，现有工业企业3000多个，固定资产在全国大城市中居第七位，约占全省的1/4；设备条件较好，仅金属切削机床就有四万多台；技术力量较强，有一大批技术熟练的老工人和工程技术人员；水陆交通方便，有两江和成渝、川黔、襄渝三条铁路，空运航线联接全国主要城市，公路四通八达；农村自然条件好，气候温和，物产丰富，既可为轻纺工业提供大量原料，又是工业品的广阔市场。我们应当充分利用这些有利条件，发挥优势，使我市国民经济高速度地发展，为祖国四个现代化做出应有的贡献。

建国三十年来，我市国民经济有很大发展。但是，由于林彪、“四人帮”的干扰破坏，加之我们过去工作中的缺点和失误，造成国民经济比例关系严重失调。经过近三年来的努力，虽然取得了显著成效，但从根本上来说，国民经济比例失调的状况仍然没有完全改变过来，突出地表现在：工业内部比例关系不协调，轻纺工业发展缓慢，动力、原燃材料供应紧张，产品质量差，花色品种少，劳动生产率低；基本建设战线过长，投资效果差；郊区农业基础薄弱，因地制宜全面发展农、林、牧、副、渔不够；科技、文教、卫生事业的发展，同经济建设的速度不相适应，技术人才和管理人才不足；城市建设和人民生活方面的欠账很多，“骨头”和“肉”的关系很不协调，生产、生活不配套，住房和供水紧张，交通拥挤，商业、服务网点不足，环境保护差。这些问题不解决，国民经济就不能走上正常发展的轨道，“四化”建设就会受到影响。

为了改变上述状况，我们必须认真贯彻党中央提出的“调整、改革、整顿、提高”的方针，坚持在调整中前进，在前进中调整，使国民经济逐步走上持续的按比例的高速度发展的轨道。我市今后两年国民经济调整的主要内容和目标是：(1)大力发展轻纺工业，使轻工业增长的速度超过重工业；(2)深入开展增产节约运动，广开生产门路，提高产品质量，增加花色品种，节约能源，使动力、原燃材料和交通运输的紧张状况有所缓和，经济效果显著提高；(3)争取农、林、牧、副、渔五业有一个新的全面

增长,把郊区副食品生产搞上去;(4)控制基本建设规模,调整投资方向,加强基本建设管理,提高工程质量和投资效果;(5)加强财贸工作,进一步疏通商品流通渠道,活跃城乡经济,并使外贸有一个大的发展;(6)大力发展科学技术和文教、卫生事业,逐步加强薄弱环节;(7)逐步解决市政建设、公用设施和人民生活中存在的迫切问题,使城镇待业人员得到适当安置。各部门、各单位都应按照国民经济调整的主要内容和目标,努力做好本系统、本单位的调整和整顿工作,夺取"四化"建设第一战役的新胜利。

1980年是国民经济调整的第二年。今年工作的好坏,对于打好四个现代化的第一个战役具有重大影响。党的十一届五中全会指出:现在全国经济战线的中心任务,就是按照党中央提出的各项方针,努力完成和超额完成今年的国民经济计划。我们必须响应党中央的号召,同心同德,鼓足干劲,把各项工作继续推向前进。今年计划安排的主要指标是:工业总产值68亿到70亿元,比去年增长7%～10%。农业总产值7.5亿元,比去年增长7%;粮食总产量省下达计划31亿斤,我们力争达到33亿斤。财政收入9.6416亿元(农业税等指标尚未下达,未包括在内),按可比口径计算,比去年增长17.3%。为了完成今年国民经济计划,我们要切实抓好以下工作:

(一)大力加强农业,促进农林牧渔全面发展。动员各方面力量,加快市郊农业的发展,是搞好国民经济调整的重要环节。要结合农业自然资源调查,制定切合实际的农业发展规划,稳步地调整农业结构,改变单一经营的状况,使农、林、牧、副、渔全面发展;逐步改变农业只提供原料、副食品的状况,走农工商综合经营的道路;改变农业"小而全"的自给自足的状况,逐步向专业化、社会化方向发展。要立足抗灾夺丰收,争取今年农业生产有一个好的收成。粮食生产要主攻水稻,狠抓旱粮,努力争取大春作物有较大增产。有条件的社队,在亩产跨"纲要"的基础上,力争超千斤,建设"双纲田"和"吨粮田"。近郊和工矿区附近的社队,要进一步搞好蔬菜生产,保证市场供应。要大搞多种经营,积极发展猪、牛、羊、鱼、禽、蛋以及蚕茧、茶叶、水果、白蜡、油桐、药材等,为城市提供丰富的副食品和工业原料。要加强林业这个薄弱环节,大搞植树造林,狠抓管理保护,坚决制止毁林开荒和乱砍滥伐。条件适宜的山区,逐步实现以林为主,农、林、牧结合,发挥自然优势,搞活山区经济。要充分利用当地资源,加快发展社队企业,今年总产值要达到2.8亿到3亿元。试办的农工商联合企业,要不断摸索经验,逐步扩大与社队联合经营。

发展农业,主要靠政策、靠科学、靠农业基本建设。要继续贯彻执行党中央关于发展农业的两个文件和省委《关于进一步落实农村经济敢策,使生产队逐步富裕起来的意见(试行草案)》,把农村广大干部和社员的积极性充分调动起来。切实尊重生产队的自主权,在国家计划指导的前提下,真正做到生产队的事情由生产队自己决定。生产队要实行分工分业,专业协作,搞好经营管理。包工到组、联系产量计报酬的生产责任制,适合当前生产水平,增产效果显著,要进一步巩固、提高和推广:对一些多种经营和副业生产,提倡"四专"(即专业队、专业组、专业户、专业人员)的办法,实行奖赔责任制。继续鼓励和扶持社员经营家庭副业,发展集市贸易,进一步活跃农村经济,提高社员生活水平。

要重视农业科学技术的应用,狠抓科学种植、科学饲养、科学管理。在调查研究的基础上,把行之有效的趋利避害、发挥优势的增产措施落到实处,把配合饲料、科学养蚕、养鱼、种茶、种果,沼气综合利用等先进技术,逐步普及到生产中去。充分发挥农业机械在提水抗旱、耕作、脱粒、植保、运输等方面的作用。

要加强农业基本建设和水利电力建设,积极改田改土,提高抗御自然灾害的能力,扩大高产稳产面积,使农业生产稳步地向前发展。

(二)大力发展轻纺工业,调整工业内部的比例关系。轻纺工业投资少、见效快、积累高,既能满足人民生活和外贸出口需要,又能为现代化建设积累资金,必须大力发展。在调整工业内部比例关系中，首先要采取特殊措施，改变目前我市轻纺工业的落后状况。要坚持国家经委提出的“六优先”原则，即原材料、燃料、电力供应优先，挖潜、革新、改造措施优先，基本建设优先，银行贷款优先，外汇和引进新技术优先，交通运输优先，从各方面为加速发展轻纺工业创造条件。重工业要为轻纺工业服务，为轻纺工业生产提供越来越多的原料和技术装备；有些生产任务不足、产品不对路的工厂，应统筹规划，积极转产轻纺产品。基本建设部门要努力完成去年转结的 32 个轻纺工程项目，保证按期投入生产。

轻纺工业要立足现有基础，充分发挥企业内部的潜力，使轻纺工业在速度、质量、积累、出口等方面出现一个大的增长幅度。凡有原料、有销路的产品，要把现有设备开齐，尽量增加生产。要从提高产品质量、增加花色品种上狠下功夫，大搞产品升级换代，使轻纺产品不断翻新，做到优质、时新、物美、价廉。今年内所有轻纺行业的主要产品质量都要恢复到历史最好水平，并创造出一批名牌产品、优质产品。积极采取措施，发展适销对路的高、中档产品，重点抓好棉、麻、丝、绸、化纤、印染布和钟表、缝纫机、电视机、家用电器、灯泡、罐头、纸张、皮革制品、塑料制品、家具等 10 个拳头产品的生产。集体所有制企业是发展轻工业、实现四个现代化的一支重要力量，要加强领导，大力扶持，充分发挥他们适应性强、灵活性大的特点，大力生产具有地方特色的日用工业品和工艺美术品。

军工企业生产潜力很大，技术水平较高，这是我市发展工业生产的一个优势。要认真贯彻军民结合的方针，在保证军品生产的前提下，充分发挥军工企业的生产能力，尽快地把民品生产搞上去。军工企业生产民品，要统筹安排，多搞高档耐用消费品和外贸出口产品，不挤地方工业。同时，军工企业要从设计、技术、工艺、装备等方面，大力帮助民用工业，首先是轻纺工业搞好技术改造，促进地方企业提高生产技术水平。

要切实加强煤炭、电力、天然气、交通运输等薄弱环节。煤炭工业，要狠抓开拓延伸和掘进工作，改变目前采掘比例失调的状况。电力工业，要搞好现有设备的挖潜配套和维修工作，重庆电厂扩建工程今年要积极作好准备。天然气工业，要加强采输工作，加快脱硫工程的建设，提高产气能力。化学工业，要抓好化工原料、橡胶、医药工业的生产。积极发展电子工业，当前要抓好广播电视产品、电子元器件和仪表材料的生产。冶金、机械等工业应压缩长线产品，提高产品质量，增加品种规格，发展为农业、轻纺工业、建筑业和市场服务的产品。交通运输部门，应继续开展联合运输，抓好运力和运量的综合平衡，改善经营管理和技术改造，不断挖掘运输潜力，提高服务质量。邮电部门要不断提高通讯质量和服务水平。

（三）缩短基本建设战线，集中力量打歼灭战。去年以来，在贯彻“八字”方针中，我们虽然停建、缓建了一批项目，但目前基建战线仍然过长，有些该下马的工程至今没有停下来。为了改变这种状况，一定要严格控制基建投资，减少基建项目，加强基本建设管理，使建设规模同国家的财力、物力的可能相适应。特别是在今年财力有限的情况下，更应缩短战线，集中力量打歼灭战。要继续清理在建项目，计划外项目要清理，计划内的项目也要清理。坚决把那些目前国家不急需，建设条件不具备，经济上不合理的基建项目压下来，坚持“先生产后基建、先挖潜后新建”的方针，搞好工程项目排队，优先安排挖潜革新项目。今年，要集中力量打好轻纺工程、长江大桥、职工住宅、民用气化、城市供水、商业设施等重点工程的歼灭战，确保这些项目按期建成，交付使用。要加强管理，所有建设项目都必须严格按基建程序办事，不准搞边设计、边施工、边投产。同时，积极改革基建管理体制，试行基本建设贷款办法。所有的基本建设工程，都要节约使用土地。农村社队发展工副业和社员建房，也不应占好地。

要加强环境保护工作，大力宣传保护环境对于保障人民健康，保持生态平衡的重大意义。认真贯彻执行《环境保护法》，搞好文明生产，对“三废”进行综合治理。对于污染严重、危害性大的企业，要征收排污费，并限期采取措施，消除污染源。新建企业污染处理问题没有解决的，应停建或缓建。嘉陵江水质污染问题，有关部门要加紧研究，提出切实可行的方案，有步骤地进行治理。要积极采取措施，减少城市噪音。

（四）认真整顿企业，搞好挖潜、革新、改造。现有企业是我们搞好四个现代化的前进阵地。在国民经济调整期间，新建项目很少，工业生产的增长主要靠挖掘现有企业的潜力来实现。我们要适应全党工作着重点转移的形势，按照现代化建设的要求，大搞挖潜、革新、改造，认真整顿好现有企业，生产出更多更好的产品。

整顿企业，要以生产为中心，以提高经济效果为重点，大力提高生产水平、技术水平和经营管理水平。今年要花大力气抓好以下几个方面的工作：首先，在企业内要建立一个团结一致搞四化的、精干的领导班子。把那些坚决执行党的路线，坚持社会主义道路，年富力强，懂业务技术，有干劲的优秀干部，提拔到领导岗位上来。二是建立严格的责任制。在党委领导下，企业的生产组织指挥由厂长全权负责，生产技术工作由总工程师负责，财务工作由总会计师负责。坚决改变那种只讲集体领导，不讲个人负责，名义上谁都负责，实际上谁也不负责的状况。要把厂长高度负责与工人当家作主、加强民主管理结合起来，建立和健全职工代表大会制度，充分发挥广大职工的主人翁作用。三是整顿产品质量。加强全面质量管理，健全质量管理体系，把质量管理从原来的事后检验改为事先控制，形成从产品设计到生产、销售、使用的全面质量管理。要以质量求生存，以品种求发展，做到质量优、品种新、价格廉。四是普遍实行经济核算制。各部门、各企业都要抓好定额管理，健全计量、统计和原始记录等各项基础工作，做到核算有依据，考核有标准。要厉行节约，增加生产，开展经济活动分析，全面提高经济效果。要搞好清产核资，继续扭亏增盈。凡因经营管理不善而亏损的企业，今年上半年一定要转亏为盈。五是开展全员培训工作。要办好技工学校、业余教育和各种训练班，广泛开展岗位练兵、技术操作表演活动，学文化、学技术、学管理，提高干部的管理业务水平和工人的文化、技术水平。要认真学习上海等地的先进经验，针对生产上的薄弱环节和技术关键，采取请进来、派出去、对口学等方法，把外地的先进经验学到手。六是改进奖励制度。奖金是对超额劳动的一种物质鼓励。企业提取奖励基金的多少，必须同企业实现超额利润的多少挂起钩来，并以增加生产、增加国家收入为前提。要严格执行按劳分配原则，多劳才能多得，绝不能压低定额、指标，巧立名目，弄虚作假，化公为私，多拿奖金，坚持以精神鼓励为主，物质鼓励为辅，改评奖为计分计奖，制止滥发奖金，克服平均主义。即使那些劳动生产率高，贡献大的企业，也要照顾左邻右舍，奖励项目不宜太多，奖金数额不宜过高。各厂矿企业在抓生产的同时，要注意安全生产，做好劳动保护工作。

挖潜、革新、改造，要发扬艰苦创业精神，从实际出发，参照国内外的先进技术，制订措施和规划，集中人力、物力、财力，把投资少、见效快、盈利多的项目首先搞上去。技术改造的重点，要放在发展轻纺工业、节约能源、提高产品质量、发展新品种等方面。通过改造旧设备、落后工艺和工业危房，逐步解决老设备、老工艺、老产品等问题，使产品不断升级换代，有较强的竞争能力。

（五）继续搞好扩大企业自主权的试点，积极稳妥地进行经济管理体制改革。去年，我市在部分工、商业企业中进行扩大企业自主权试点，实践证明这个办法是成功的，效果是显著的。今年，我们要把扩大企业自主权作为组织生产建设的一个首要环节来抓，从扩大企业自主权入手，相应地改革经济管理体制。工、商企业的扩权试点办法，要按照省的统一安排部署进行。去年进行扩权试点的企业，除财权以外，今年要在计划、产销、物资、劳资、人事等方面扩大试点内容。市级有关主管部门要改进工作方法，把行政手段和经济手段结合起来，统筹规划，综合平衡，检查督促，进一步帮助企业把扩权试点工作搞好。

在扩大企业自主权的同时，要积极推行定、包、奖制度。这是运用经济办法管理经济，实行科学管理，促进生产发展的有力措施。农、工、商等行业，都要根据自己的实际情况，实行定、包、奖。形式可灵活多样，不搞样板模式。农业要进一步总结定、包、奖的经验，每个生产队都应把每个山头、每个水面、每块耕地、每块边角地利用起来，按照定、包、奖的精神，落实到组、到人。工、商企业在推行定、包、奖中，要定条件，包任务，超产、增收、节支给奖。但不能弄虚作假，不能单纯要求上级加大利润留成比例来取得好处。

要用经济办法管理经济，把经济搞活。当前要采取这样一些措施：第一，在国家计划指导下，充分发挥市场的调节作用。各经济部门和企业，要开展市场调查，广开生产门路，找米下锅，服务上门，打开产品销路，增加生产，增加收入。第二，扩大产、供、销渠道。实行以需定产，以销定产。企业的产品、物资，商业部门不收购的，允许按照国家规定的价格自行销售。畅销产品，允许企业在完成国家计划后，将其增产部分自销或留一定比例自销。企业可以采取展销、定点代销、开商品交易会、物资交流会等形式，扩大供销渠道。处理库存积压物资，只要生产单位确实需要，可以不受分配指标的限制。对多余或闲置的固定资产，上级部门不调拨的，企业有权自行处理。工商之间利润分配不合理的，要适当调整出厂价格和税率。第三，所有事业单位，凡有条件的，都要企业化，不能企业化的要实行事业费包干，节余归本单位使用。第四，积极稳妥地进行工业改组，实行专业化协作。要改“统”为“包”，改“统”为“联”，发展联合企业和城镇集体所有制企业。同时，要抓好企业性公司的试点。经济管理体制的改革，是经济领域中的一场革命。鉴于这一工作政策性强，牵涉面广，一定要加强领导，通过试点，取得经验，逐步走出一条路子来。

（六）把商业流通渠道搞活，更好地为生产和人民生活服务。搞活流通渠道，是把经济搞活的重要一环。要认真贯彻“发展经济，保障供给”的方针，坚持政治观点、生产观点和群众观点，活跃城乡经济，促进对外交流，全面安排好市场。商业、供销、粮食部门，要努力促进商品生产的发展，积极组织货源，完成商品购销和粮食征购任务。要按照经济区划组织商品流通，减少重复环节，办好货栈，搞好三类农副产品的议购议销。有条件的基层商店，可以同工厂挂钩，直接进货。城镇集体所有制商业是社会主义商业的一个重要组成部分，要大力支持其发展，在分配货源上应与国营零售商店一视同仁。同时，要加强市场管理，做到活而不乱、管而不死。要加强商业设施的建设，注意解决冷藏、仓贮（储）、运输、加工等设施严重不足的问题。肉联厂正在新建的九千吨冷库要加紧施工，力争在今冬生猪出槽旺季到来时投产使用；并着手做好第三个九千吨冷库和鱼、菜、蛋冷库的筹建工作。城市临街建房，必须相应安排商业、服务网点。对设有厂矿、科研等企事业单位的边远山区，要增设必要的服务网点，加强商品供应工作。要进一步改善服务态度，提高服务质量，方便群众生活。要发挥财税、银行部门的杠杆作用和监督作用，多方开辟财源，用好管好信贷资金，进一步开展城乡储蓄，加强财经纪律，节约非生产性开支，严格控制集团购买力，同一切违反财经纪律的行为作斗争。

要加快发展对外贸易。国家已经批准在重庆设立对外通商港口，我们要充分利用这个有利条件，努力扩大出口商品的生产，发展国际市场上适销对路的新品种，使我市外贸出口有一个大的发展。要灵活运用补偿贸易、来料加工、装配业务、合资经营等多种形式，发展对外经济技术合作。同时，积极发展旅游产品；增开旅游场地，进一步发展旅游事业，增加外汇收入。

要加强市场物价管理。国家有计划地提高一部分主要农副产品的价格，并对一些农副产品实行议购议销，这是调整国民经济比例关系、缩小工农业产品价格剪刀差的一项重大措施，对促进生产发展、活跃城乡交流、繁荣市场起到了积极作用。从执行以来，我市粮、棉、煤、油等基本生活资料和大批日用工业品的价格，以及公用事业的收费标准，都是稳定的。但也出现有的单位擅自提价、变相涨价的问题。对此，必须贯彻全国和省物价工作会议精神，从安定团结的大局出发，切实加强物价管理，严格执行物价政策，按照国家制定的议购议销范围、经营分工等规章办事，并加强经常性的检查和监督。对农产品价格、原材料价格要严格控制，人民生活必需品的价格一般不作变动，以保持物价的基本稳定。对那些一贯违反物价政策的单位和个人，要实行经济制裁，情节严重的，要依法处理。

（七）加强科学技术工作，使科研成果尽快转化为生产力。实现四个现代化，科学技术是关键。要选择和确定一批对近期经济建设有直接影响的科研项目，放在优先地位，予以重点突破。工业特别是轻纺工业，要加强技术改造，广泛研究和推广应用新工艺、新技术。今年要对 10 个重点科研项目拿出决定性的成果，建成联动线、自动线 20 条。农业要围绕高产稳产，继续突出农业现代化综合科学实验，并在良种选育、光能利用、粮食烘干、仓库防虫等方面闯出新路。为了改善我市某些不合理的经济结构，加快产品的更新换代，还要抓好一些高、精、尖、缺产品和创汇产品的研制，并尽快取得成果。

要进一步整顿和建设好各级科研机构，建立起科研工作的正常秩序。工厂要积极发展厂办科研所，农村要办好四级农科网，并广泛开展群众性的科学实验活动。科研工作要坚持以应用研究为主，兼顾长远和基础理论的研究。要注意经济效果，积极抓好科研成果的推广使用，使科学技术尽快转化为生产力。同时，要狠抓科研队伍的建设，抓紧对现有科技队伍的调整、培养和提高，不断扩大科研队伍，积极开展各种形式的学术交流活动，加强科学技术的宣传和情报工作，以适应“四化”建设的需要。

（八）积极发展教育文化事业，加速培养“四化”建设人才。实现“四化”，教育是基础。全市各级各类学校，要继续全面贯彻党的教育方针，坚持培养“又红又专”的人才的原则，使受教育者在德智体几方面都得到发展，成为有社会主义觉悟的有文化的劳动者，成为社会主义现代化的建设者。学校应以教学为中心，努力按教学规律办事，不断提高教学质量，保证学生达到应有的学业水平。要加强政治思想工作，继续进行四项基本原则教育，广泛开展“学雷锋、创三好”的活动，培养学生良好的品德。继续贯彻面向全体学生的原则，努力办好重点中、小学校。搞好普及教育的调整、改革，农村要普及小学教育，积极发展农业中学；城市要试办职业学校，有计划地发展中等专业学校和技工学校。要发扬艰苦奋斗的办学精神，认真开展勤工俭学活动，办好校办工厂、农场。工农业余教育、职工大学、电视大学以及幼托教育，也要进一步发展、巩固和提高。

继续发展卫生事业，提高人民健康水平。要广泛发动群众，认真开展以除害灭病为中心的爱国卫生运动，结合市政建设和市容整顿，大力消灭“四害”，做好疾病的防治，狠抓饮食卫生和环境卫生，进一步改善城市卫生面貌。要搞好农村的医疗卫生工作，继续办好合作医疗。医院要普遍实行经济管理，建立“定额补助，经济核算，结余归院”的制度，充分调动医护人员的积极性。加强医药卫生队伍的建设，大力培养中、西医药卫生人才，解决好中医后继乏人问题。组织西医学习中医，搞好中西医结合。

教育、卫生工作，都要坚持“两条腿走路”的方针。农村普及小学教育，要发挥国家和集体办学两个积极性，实行民办公助，及时解决办学中的问题。农村合作医疗，是现阶段改善农村医疗卫生条件、保护农民健康的一种好形式，要继续巩固和发展，并不断提高“赤脚医生”的医疗技术水平。

文化艺术工作，要认真贯彻全国第四次文代会精神，坚持“双百”方针，发扬艺术民主，进一步解放思想，调动积极因素，繁荣文艺创作。文艺创作和演出，要考虑对社会的影响，考虑对青少年的教育，考虑人民的利益、国家的利益和党的利益，使文艺能提高人们的思想觉悟、培养人们高尚的道德情操和促进社会主义新人的成长，更好地为“四化”服务。大力抓好现代题材的文艺创作，同时贯彻“古为今用、推陈出新”的方针，做好戏曲改革工作。整顿文艺队伍，加强艺术建设，不断提高文艺创作和演出的质量。

积极开展群众性的体育活动，增强人民体质。体育工作重点要抓好在校青少年，广泛推行国家体育锻炼标准，积极开展厂矿职工业余体育活动。同时办好体工队和业余体校，提高体育运动水平，为国家创造出优异成绩。

广大知识分子是工人阶级的一部分，是实现“四化”的一支依靠力量。要认真贯彻落实党的知识分子政策，充分发挥他们的作用。根据他们的业务专长，做好安排使用工作，从政治上和生活福利上关心他们，为他们创造必要的工作条件。继续解决科技人员用非所学、用非所长的问题，做到学用一致、人尽其才。并采取各种形式，对他们进行培训，不断提高他们的政治思想和业务技术水平，做到“又红又专”。

（九）在发展生产的基础上，逐步改善人民生活。近年来，党和政府在改善人民生活方面采取了许多措施，做了大量工作。但是，由于我们国家底子薄，人口多，多年积累下来的问题不可能一下子全部解决，只能随着生产的发展逐步改善。

今年内，要作好调整部分职工工资的工作。这是关系到广大职工切身利益的大事，必须抓紧抓好。在调整工资工作中，一定要坚决贯彻党的政策，充分走好群众路线，加强政治思想工作，按照“劳动态度、技术高低、贡献大小”的条件，以“贡献大小”为主要依据进行考核，择优升级。通过调资工作，进一步调动广大职工群众积极性，促进生产建设事业的发展。

城市待业人员就业，仍然是当前的一个重要问题。全市今年计划安置城市待业人员 6 万人，虽然任务比去年减少了，但工作还是艰巨的。安置的出路，除升学、招工、参军、上山下乡外，主要是发展城镇集体所有制经济，例如组织小商品生产、利废利旧、街道建筑修缮和服务业等，为城市生产和生活服务。各区县、各部门要继续重视这项工作，千方百计地广开就业门路，使城市待业人员逐步得到安置。对于就业人员，既要关心他们的实际问题，也要加强思想政治工作，教育他们服从统筹安排，为“四化”建设贡献力量。

在城市建设和公用事业方面，今年要争取完成城市总体规划，并抓紧办好对改变城市面貌、发展生产和方便生活有重大影响的几件事。长江大桥要努力完成桥面和引道工程，确保“七一”通车。城市住宅建设，由于目前财力有限，今年开工面积比去年有所减少，但竣工面积应不低于去年的水平，同时要加强旧房、危房的维修工作，尽可能地改善居住条件。城市公共交通，要进一步挖掘潜力，合理调度车辆，提高车辆使用率，实行交错上下班，改进月票管理制度，千方百计做好客运工作，逐步缓和城市客运紧张状况。要采取措施，解决一些地区供水不足的矛盾。同时加强城市管理，搞好园林绿化和文物保护工作。

（十）做好计划生育工作，进一步控制人口增长。我市计划生育工作几年来虽然取得了比较显著的成绩，但决不能因此自满松懈，还需要再接再厉，加倍努力工作，制止人口回升，进一步降低人口增长率。当前，要把计划生育的重点放到一对夫妇只生一个孩子的工作上来，大力提倡晚婚、晚育、少育、优生，广泛宣传一对夫妇只生一个孩子的好处，并按照规定给予奖励。要抓好计划生育的技术指导和科学研究，同时搞好妇幼保健工作。对超计划生育的，要按照有关规定，征收多子女费。今年一定要把人口自然增长率继续控制在 5‰以下。

三、发展安定团结的大好形势，同心同德搞好“四化”建设

粉碎“四人帮”三年来，我们国家发生了巨大变化，我市政治、经济形势越来越好，一个安定团结、生动活泼的新局面正在发展。当前，我们面临着实现社会主义四个现代化的艰巨任务，形势的发展要求我们有一个安定的环境，保证全市人民能够同心同德、聚精会神地进行“四化”建设。我们一定要贯彻执行党的政治路线，坚持解放思想，开动脑筋，实事求是，团结一致向前看的方针，大力加强政权建设，发扬社会主义民主，加强社会主义法制，充分调动一切积极因素，把社会主义四个现代化建设不断推向前进。

（一）坚定不移地贯彻执行党的政治路线。党中央提出：团结全国各族人民，调动一切积极因素，同心同德，鼓足干劲，力争上游，多快好省地建设现代化的社会主义强国。这是党的政治路线的基本内容，也是今后相当长的历史时期内的根本任务。这条政治路线，反映了无产阶级革命和无产阶级专政的历史要求，集中了全国人民的共同愿望。坚定不移地贯彻党的政治路线，社会主义的优越性就能够充分发挥出来，四个现代化的实现就有了希望。

党的十一届三中全会以来，我市广大干部、群众坚决拥护和积极贯彻党的政治路线，满怀信心地为加快“四化”建设贡献自己的力量。但是，也还有人思想不够解放，对实现“四化”采取的有些措施和方针政策不够理解，不敢实践，害怕革新；有的把当前的困难和问题看得过多，对实现四个现代化信心不足。我们必须在全市范围内，继续组织干部、群众学习和宣传党的三中全会、四中全会、特别是最近召开的五中全会精神，学习和宣传《邓小平同志关于目前的形势和任务的报告》，加深对党的政治路线的理解。在学习、宣传过程中，要结合进行形势任务教育，坚定大干四个现代化的信心，认真贯彻党的政治路线，夺取今年各条战线的新胜利；要进行安定团结的教育，坚持四项基本原则，排除“左”的和右的干扰，消除一切不安定因素；要发扬艰苦创业精神，纠正不正之风；要努力学政治、学经济、学技术、学管理，做到“又红又专”；要坚持党的领导，服从党中央的统一指挥。在学习中，要认真联系思想、工作实际，进行讨论研究，把人们的精力引导到“四化”建设上来。要继续批判林彪、“四人帮”的极“左”路线，提高执行党的政治路线的自觉性。坚决按照“实事求是，有错必纠”的原则，继续平反冤假错案，落实党的各项政策，调动一切积极因素，发展安定团结的大好形势。

（二）认真加强政权建设。在新的历史时期，我国无产阶级专政的政权担负着组织和保卫“四化”建设的重大任务，加强政权建设具有十分重大的意义。各级人民政府都要在党的领导下，把自身的工作重点转移到经济建设上来，各个部门的工作都要围绕经济建设事业进行。全国五届人大二次会议通过的《中华人民共和国地方各级人民代表大会和地方各级人民政府组织法》《中华人民共和国全国人民代表大会和地方各级人民代表大会选举法》，对地方政权组织和选举制度作了重要改革，规定将权力机关同行政机关分开，县和县以上地方各级人民代表大会设立常务委员会；地方各级革命委员会改为地方各级人民政府；县一级人民代表大会代表由间接选举改为直接选举和进行不等额选举。这些改革，将进一步健全我们地方各级政权组织，保障人民行使当家作主的权利，我们一定要遵照这些规定，加强各级政权建设。并着重做好以下三项工作：

一是搞好选举。我们这次会议的一项重要议程，就是要选举市人民代表大会常务委员会组成人员，同时把市革命委员会改为市人民政府，选举决定市长、副市长，改选检察院检察长。关于区、县一级人民代表、人大常委会组成人员的选举和正副区长、县长的决定，我们准备今年 4 月到 6 月在沙坪坝区试点，然后集中全市区、县及县辖区的选举负责干部进行培训，7 月起在全市区、县以下展开。为了不误农时，准备采取先区后县，分期、分批进行。各区、县的选举，力争在下半年内完成。为了加强对区、县选举工作的领导，在市人大常委会领导下，成立市选举委员会，设立精干的办事机构。同时，根据全国五届人大常务委员会第十二次会议决议和国家重新颁布的《城市街道办事处组织条例》《城市居民委员会组织条例》《人民调解委员会暂行组织通则》和《治安保卫委员会暂行组织条例》，全面恢复、整顿、健全这些组织。要求区、县在第二季度内对居民委员会普遍进行一次改选。在居民委员会领导下的治安保卫委员会和调解委员会，也要同时进行改选。

二是要抓好各级政府工作部门领导班子的建设。在考核和选拔干部中，要把那些坚持党的政治路线，经过实践考验，具有独立工作能力，得到群众拥护的年富力强的干部，包括党和非党的同志，选拔到各级领导班子上来。要大胆提拔使用中年干部，大力培养选拔青年干部，充分发挥老干部的作用，搞好传、帮、带。要注意选拔那些懂得经济工作，具有专门科学知识、技能的干部，并注意培养妇女干部。同时，按照“精兵简政”的原则，在调查研究的基础上，有计划、有步骤地改变目前机构臃肿、层次重叠、人浮于事的现象。大力精减会议、文件，克服“五多”，努力提高各级政府机关的工作效率，把它建设成为坚决执行党的路线、方针、政策和国家法律、法令，密切联系群众，为人民所拥护的职能机关。

三是改进干部的思想作风。各级政府的干部，特别是领导。干部，要发扬实事求是的作风，经常深入基层，调查研究，发现新情况，解决新问题。要发扬密切联系群众的作风，坚持走群众路线，办事要对人民负责，不能把对上级负责和对人民负责对立起来。各级领导机关，要认真做好人民来信来访工作，经常注意听取群众的意见，了解群众的要求，关心群众的疾苦，接受群众的监督。要发扬艰苦奋斗的作风，坚持勤俭办一切事业，不铺张浪费，不违反财经纪律，不乱花钱。各级领导干部要廉洁奉公，在住房、用车、文化娱乐、生活安排等方面，都要遵守国家有关规定，不搞特殊。要发扬团结战斗的作风，部门之间和同志之间，都要以实现“四化”的大局为重，讲团结，讲友谊，互相尊重，互相谅解，互相支持。对工作要敢于负责，任劳任怨，工作中有了缺点和错误，要勇于作自我批评，认真总结经验，努力改进工作，使党的优良传统发扬光大。

（三）发扬社会主义民主，加强社会主义法制。坚持发扬社会主义民主，加强社会主义法制，是我们党和国家坚定不移的方针。只有在人民内部实行高度的社会主义民主，充分发挥亿万群众的社会主义积极性和创造性，才能高度集中广大人民群众的智慧和力量，推动社会主义建设事业日新月异地向前发展；只有用法律来保障人民的民主权利，保障人民的生命财产安全，才能使人民群众专心致志、齐心协力地进行社会主义现代化建设。

社会主义民主保证全体人民享有管理国家的最高权力。建设现代化的社会主义强国，是前无古人的伟大事业，这样的事业，只有依靠广大人民群众，充分发扬民主，发挥人民群众的积极性、主动性和首创精神，形成一个生动活泼、热气腾腾的局面，才能实现。当前在发扬社会主义民主过程中，要注意防止极少数人破坏民主制度和民主秩序，搞无政府主义和极端民主化的倾向。要批评教育和引导他们，使社会主义民主沿着正常的轨道健康发展。

在进一步发扬社会主义民主的同时，要大力加强社会主义法制。当前社会上还存在着一些不安定的因素，“四人帮”组织上和思想上的残余还存在，还有新生的打砸抢分子、各种流氓集团和刑事犯罪分子，刑事案件仍然不少。我们必须继续抓好城市治安工作，进一步维护社会秩序、生产秩序和工作秩序。对那些破坏安定团结，破坏“四化”建设，扰乱经济秩序，危害社会治安，危害人民利益的反革命分子和其他刑事犯罪分子，对那些杀人犯、抢劫犯、强奸犯、放火犯和其他严重破坏社会秩序的犯罪分子，特别是对成群结伙、犯罪集团的头子和教唆犯，要集中力量狠狠打击，从严惩处。

要继续深入开展法制宣传工作，每个公民都要学法、知法、守法、执法，在群众中造成守法光荣、违法可耻的良好社会风尚。各级干部要以身作则，做安定团结的促进派，做发扬民主的带头人，做遵纪守法的模范。继续抓好青少年教育工作，政法、宣传、文教、劳动、城管等部门要与工会、共青团、妇联等群众团体配合，做好对青少年的教育、管理工作。针对青少年的特点，以正面教育为主，表扬先进为主，采取多种形式，向他们进行共产主义道德教育，社会主义法制教育、革命传统教育、共产主义前途教育和民族自尊心的教育，引导他们奋发向上，自觉抵制各种非无产阶级思想的侵蚀。对少数严重破坏社会秩序的犯罪青少年，也应当依法处理，或者采取行政管教措施，进行改造，以挽救教育绝大多数。我们一定要动员各方面的力量，切实把青少年的教育工作抓好，使青年一代健康地成长，成为建设“四化”的生力军。

各位代表：

实现四个现代化的宏伟事业，任务是艰巨的。

但是，这正是毛主席、刘主席、周总理、朱委员长等老一辈无产阶级革命家以及无数革命先烈的遗愿，也是我国人民多少年来梦寐以求的理想。我们重庆市人民是具有光荣革命传统的人民。只要我们坚持党的领导，进一步发展工人阶级领导的、以工农联盟为基础的全体社会主义劳动者和革命的爱国的统一战线，团结一切可以团结的力量，调动一切积极因素，组成浩浩荡荡的革命大军，就一定能够完成党交给我们的实现四个现代化的繁重任务。让我们高举马列主义、毛泽东思想伟大旗帜，紧密地团结在党中央的周围，在党的五中全会精神的指引下，以完成和超额完成1980年国民经济计划的优异成绩，迎接党的十二大的胜利召开。

在重庆市第九届人民代表大会第一次会议上的政府工作报告

（1982年2月10日）①

于汉卿

各位代表：

现在，我代表市人民政府向市第九届人民代表大会第一次会议报告政府工作，请予审议。

一、两年来的工作情况

1980年3月市人民政府成立以来，在省政府和市委的领导下，在市人大常委会的监督下，认真贯彻执行党的十一届三中全会以来的路线、方针、政策，深入进行坚持四项基本原则的教育，继续解放思想，清理指导思想上“左”的错误影响，全面进行国民经济的调整工作，取得积极的效果。特别是1981年以来，认真贯彻党的十一届六中全会精神，坚决执行在经济上实行进一步调整、政治上实现进一步安定的重大决策，成效更加显著。尽管去年我市遭受了特大洪水灾害，在广大干部和人民群众的艰苦努力下，战胜了重重困难，实现了省委提出的在大灾之年工农业总产值和财政收入不低于1980年水平的要求。现在可以这样说，我市国民经济已开始走上稳步发展的轨道，安定团结的政治局面得到了巩固和发展。

（一）工业的调整和改革初见成效，工业生产稳步发展。1981年，全市工业总产值达到71.53亿元，比1980年增长4.16%，比1979年增长12.5%。两年来，在调整工业内部结构中，狠抓了轻纺工业的生产。手表、缝纫机、摩托车、电风扇、电视机、洗衣机、服装、化纤织品等日用消费品的生产，都有大幅度的增长。轻纺工业总产值，在1980年增长21.5%的基础上，去年又增长12.5%。轻纺工业产值占工业总产值的比重，1979年为41.2%，去年已上升到50.1%。重工业生产，去年的产值虽然比1980年下降3%，但从9月起已经开始回升。原煤、发电量、天然气、铝材、水泥、硫酸、农药、化肥等17种主要产品的产量，比1980年都有不同程度的增长。冶金、机械、化工等行业，已开始转向为农业、轻纺、市场、外贸服务。国防工业在军民结合的道路上迈开了步子，去年民品产值比1979年增长2.2倍。交通运输、邮电部门都完成和超额完成了计划。大多数工业产品质量稳定提高，两年中有13种产品分别获得了国家金、银质奖，66种产品获得了国务院有关部授予优质产品的称号，193种产品被评为省、市优质产品。能源消耗下降，工交企业两年节约的煤、电、气、油价值8100多万元。

两年来，按照经济合理的原则，围绕发展消费

① 本文标题系编者重新拟定，原标题为《政府工作报告——1982年2月10日在重庆市第九届人民代表大会第一次会议上》。

品生产，进行了工业企业的调整和改组工作，发展了多种形式的经济联合。到去年底止，关、停、并、转的工业企业250个；已成立钟表、缝纫机、摩托车、电风扇等经济联合体87个，参加单位332个。工业企业完成的技术改造和设备更新项目253项。在调整工业的同时，积极进行工业管理体制改革的试点，逐步扩大企业自主权，推行各种形式的经济责任制，大大调动了企业和职工的积极性，取得了明显的经济效果。

（二）落实农村经济政策，农业生产全面增长。市郊农村认真贯彻中央和省委关于发展农业的政策，实行了多种形式的农业生产责任制，充分调动了广大社员的生产积极性，促进了农业全面增长。去年农业总产值达到7.87亿元，比1980年增长5.4%，比1979年增长7.5%。粮食产量去年达到30.92亿斤，比上年增长7%，接近1979年的水平，是建国以来第二个高产年。去年肥猪出槽221万头，比上年增长3.6%。蔬菜、油菜籽、茶叶、蚕茧、鲜鱼等都有新的增长。林业生产有所加强，两年育苗9000多亩，植树造林14万亩。社队企业继续得到巩固和发展，去年总产值2.99亿元，比1979年增长51.8%。农工商联合企业的产值、利润和税金都有较大幅度的增长。社员家庭副业发展较快。广大农村呈现出令人欢欣鼓舞的景象。

（三）缩短了基本建设战线，加快了城市建设步伐。去年我市基本建设总规模作了较大的压缩，完成基建投资3.34亿元，比1979年下降30.9%。在投资方向上，非生产性建设的投资比重上升，1979年占33.7%，去年占51.1%。地方工业基建投资中，用于轻纺工业的投资比重逐年有所提高。由于缩短基本建设战线，确保重点，工程进度加快。两年中，轻工、纺织、化工、电子仪表等48个重点工程项目，已先后竣工投产。重庆肉联厂新建两座9000多吨大型冷库，增加了40万头生猪的冷藏能力。人防工程在平战结合方面取得了新的成绩。

在城市建设方面，完成了一些重点项目和人民必需的公共生活设施。重庆长江大桥，已于1980年7月1日提前半年建成通车。嘉陵江架空载人索道，今年元旦已建成投入试运行。新建、改建九条城市道路，新铺设人行道4.4万多平方米，新增、改造了一批公共汽、电车和轮渡船只。北碚红工水厂已建成投产，日供水能力3万吨，并改造、新铺供水管道7900多米，缓和了部分地区的供水矛盾。新建了观音桥、桃花溪两条下水道，新建和改造了一批公共厕所、垃圾站。城市绿化发展较快，发动群众植树600多万株，新建街头小游园七处。同时，完成了300多个“三废”污染治理工程，实行了排污收费办法，使环境保护工作有所加强。

（四）商业购销两旺，城乡市场繁荣。去年全市商品纯购进总值23.68亿元，比1979年增长19.6%；商品纯销售总值23.56亿元，增长17.8%；社会商品零售额19.72亿元，增长33.8%。粮食征购、超购都超额完成计划。吃、穿、用的商品销售全面增长，电视机、台风扇、洗衣机、缝纫机、照相机等中高档耐用消费品的销售量，有的增长了百分之几十，有的成倍增长。一些缺俏工业品的供应有所缓和。近年来，在发展国营商业的同时，注意了发展多种经济成分、多种流通渠道、多种购销形式，城乡集体所有制商业和个体商业都发展得比较快。我市外贸不断发展，去年完成收购总值2.28亿元，比1979年增长20%。随着外贸体制的改革和重庆开港，在保证完成国家外贸收购计划的前提下，去年采取多渠道、多口岸出口计划外，地方工农业产品达2000多万元。我市同国外和港澳地区的经济交流也逐渐扩大。旅游事业逐步得到发展。

财政、税务、银行部门积极支持发展生产，扩大内外贸易，取得了较好的成绩。财政收入，去年完成9.092亿元，由于猪皮和生铁亏损补贴下放、产品降价、原燃材料提价等因素，比1980年有所减少，如按同口径计算，仍增长4.4%。税收超额4.8%完成了计划。购买国库券和货币回笼也都超额完成了任务。

（五）科技、文教、卫生、体育等事业继续发展。两年来，我市加强了应用技术研究和科技成果、新技术的推广，实现科技研究成果378项，其中有120项分别获得1980年度省、市科技成果奖，并有

2/3左右的成果应用于生产。推广应用电子、激光、远红外线、自动控制、电子计算机等新技术，取得了较好的经济效果。群众性的学术交流、技术革新活动和科学普及工作蓬勃发展。对全市6.4万多名技术人员进行了技术职称的考核、评定和晋升工作，定为工程师、农艺师、讲师、会计师、主治医师以上职称的有1.21万多人。

教育方面，继续贯彻党的教育方针，加强学校的思想政治工作，学生的精神面貌和校风校纪有了可喜的变化。去年全市表彰了1180名“三好”学生和120个先进班集体。中小学的教育质量逐步有了提高。中等教育结构改革的试点正在进行，已新办职业中学和农业中学28所，在校学生4000余人；恢复和新办各类技工校118所，在校学生1.5万。职工教育有了新的发展，全市已有85%的企事业单位办起了职工教育，初步形成了职工教育网。幼托事业也有发展，保教质量有了提高。

文艺方面，贯彻为人民服务、为社会主义服务的方向和“双百”方针，创作和移植了一批较好的文艺作品，从多方面活跃和丰富人民群众的文化生活。一代新的艺术人才正在茁壮成长。新闻、广播、出版等事业取得新的成绩。重庆电视台去年正式成立，并从10月起开始试播。群众性体育活动有了较大发展，全市目前约有160万人经常参加各种项目的体育锻炼，在大中小学中推行了《国家体育锻炼标准》，一些专业运动队的技术水平有了提高。

卫生方面，医疗卫生单位普遍开展了树医院新风活动，加强医院管理，执行医院《工作人员守则》《医护人员守则》，医疗服务工作有所改进，医疗质量有所提高。全市大多数厂矿医院实行对外开放应诊，方便了群众就医。同时，将五所公社医院改建为精神病院，新增病床600张，基本解决了精神病员住院难的问题。计划生育工作也作了很大努力，全市有24.2万对夫妇领取了独生子女证，育龄夫妇一胎率为79.1%。

（六）整顿社会治安，打击了各种犯罪活动。根据全国城市治安会议精神，各级政府认真加强领导，公安机关全力以赴，充分依靠群众，贯彻执行依法从重从快打击严重犯罪分子的方针，坚决惩办了一批杀人犯、抢劫犯、强奸犯、爆炸犯、放火犯和其他严重危害社会治安的犯罪分子。去年破获了一批重大案件，挖出了近千个犯罪团伙，依法注销了一批重新犯罪的劳改、劳教人员的城市户口，收缴了各种枪支、匕首、大刀等凶器6000多件，缴获了价值约100万元的赃款赃物。为了加强治安防范工作，市政府发布了《重庆市机关、企业、事业单位内部治安防范暂行条例》，许多单位建立和健全了治安责任制。全市110多个治安联防执勤队和1.5万多个治安防范小组，对维护社会治安秩序发挥了重要作用。不少单位加强了对违法青少年的帮教转化工作，使他们大多数人有了转变。去年，还对全市各重点复杂地区、场所的治安秩序和市场秩序进行了反复整顿，坚决打击了投机倒把、走私贩私、聚众赌博、流氓肇事等歪风，使这些地区的治安秩序和市场秩序有明显好转。在整顿治安的斗争中，涌现出了许多立场坚定、见义勇为、临危不惧的好人好事和先进人物。

（七）在发展生产的基础上，城乡人民生活有所改善。市郊农村随着农业的全面增产，农民收入有显著的增加，去年集体分配人平预计可超过100元，加上自留地、家庭副业的现金收入，人均150元左右。一些穷队的生产、生活面貌也发生了很大变化。广大农村生机勃勃，社员喜气洋洋，出现了“三多一少”的新气象：新建住宅的多，购买中高档商品的多，添置生产资料的多，要贷款要粮的少。城镇中这两年安排了16.2万人就业，这样，我市从粉碎“四人帮”以来，共安排了53万多人就业，使“十年内乱”期间积压下来的大量城镇待业青年的就业问题基本得到了解决。根据国家的决定，我市对中小学教师、部分医务人员和体育工作者，从去年10月起提高工资级别。两年来，城镇住宅建设也增加较多，竣工面积188.5万平方米，3万多户职工住进了新居。同时，翻修危房16.7万平方米，使一部分居民改善了居住条件。城乡人民的储蓄存款继续大幅度增加，去年末达到4.6亿元，比1979年增长72%。

（八）抗洪救灾工作取得重大胜利。去年7月中旬，我市遭受了历史上罕见的特大洪灾，受灾群众达33480户，13.7万多人。被淹耕地7.9万多亩，工厂859个，以及大批商店、仓库、学校、医疗卫生单位。被淹房屋303.5万多平方米。造成的直接经济损失近2亿元。在特大洪灾面前，全市党政军民团结一致，进行了英勇顽强的斗争。及时撤离了受洪水威胁的群众，突击抢运了20多万吨物资和大量设备，对受灾群众的生活作了妥善安排，迅速恢复了工农业生产。在这次抗洪救灾中，党中央、国务院和省委、省政府给予我们极大的关怀，在国家财政比较困难的情况下，及时拨给救灾款2400万元和一批重要物资，市里也拨出了救灾款700多万元。不少兄弟地区从资金、物资等方面给予了有力支援，全国许多人民群众捐献现金、粮票等支援受灾群众。我市各级党政领导干部，亲临第一线，与群众同呼吸、共命运，并肩战斗，起到了表率作用。广大群众奋不顾身，英勇抢险，团结抗灾，互相支援，创造了许多英雄业绩。人民解放军驻渝部队，发扬大无畏的革命精神，奋勇抢救群众和国家财产，派出医疗队为群众防病治病，为山城人民做出了卓越的贡献。事实表明，在这样严重的自然灾害面前，全市广大干部和群众经受了一场严峻的考验，人心稳定，社会秩序安定，没有人逃荒要饭，再一次雄辩地证明了社会主义制度具有无比的优越性。

以上这些事实充分说明，党的十一届三中全会以来的路线、方针、政策和中央关于在经济上实行进一步调整、政治上实现进一步安定的决策是完全正确的，我市两年来各方面的工作取得了新的进展，各条战线做出了新的成绩。这是全市各条战线的广大干部和群众在党的领导下共同努力奋斗的结果。我在这里代表市人民政府，向全市各条战线的同志们致以崇高的敬意！

两年来，我市各条战线虽然取得了较大成绩，但是由于我们对国民经济调整过程中许多新情况、新问题认识不足，工作作风和工作方法不适应，调查研究不够，督促检查和具体指导没有相应跟上去，以致工作中还存在不少问题。我市国民经济的调整步伐还不快，在相当一部分工业、基建、财贸企业中，质量低、成本高、浪费大、劳动生产率低，经济效益差，全市财政收入计划完成得不够好。在物价方面，由于缺乏经常性的严格的检查督促，对一些单位擅自涨价、变相提价、扩大议价范围未能得到有效的制止，使一些物价有所上涨。蔬菜的生产和经营管理上存在的问题还没有从根本上解决，市场供应时多时少，淡旺季的矛盾比较突出，去冬一段时间蔬菜供应比较紧张。文教、卫生事业欠账多，中等教育结构改革的步伐还不快，教育质量有待进一步提高。城市管理方面的问题也较多，市容卫生差，交通秩序乱，社会治安还没有根本好转。所有这些问题，都需要我们认真总结经验教训，进一步统一思想认识，切实采取有效措施，紧紧依靠全市人民，把各方面工作做得更好，取得更大的成绩。

二、认真贯彻执行经济建设方针　稳步健康地发展国民经济

在全国五届人大四次会议上，〈中略〉，正确地分析了我国当前经济形势，阐明了我国经济发展的新路子，提出了今后经济建设的十条方针。这十条方针总结了建国以来特别是近三年来经济建设的经验，是党的十一届三中全会以来实行“调整、改革、整顿、提高”方针的具体体现，是我国今后相当长时期的经济工作纲领。摆在我们面前的任务，就是要坚持不懈地贯彻执行经济建设方针，保证我市国民经济稳步健康地发展。

今年是实现第六个五年计划很重要的一年，也是进一步调整国民经济的第二年。我们要认真贯彻全国五届人大四次会议精神，在巩固稳定经济成果的基础上，坚持以计划经济为主，市场调节为辅的原则，继续抓好经济调整和经济管理体制的改革，有步骤地整顿企业，全面提高经济效益，使国民经济保持适当的增长速度，努力完成和超额完成今年国民经济计划，为今后的发展打下基础。今年发展国民经济的主要奋斗目标是：(1)工业生产比上

年增长4%,争取5%,其中轻工业增长8%~10%,重工业要有所增长,总产值达到75亿元,经济效果要有明显提高。(2)农业总产值比上年增长5%,粮食产量达到31亿到32亿斤,农、林、牧、副、渔和蔬菜、副食品有新的发展。(3)努力开源节流,增收节支,保证完成省下达9.58亿元的财政收入计划,争取我市财政经济状况进一步好转。(4)继续发展科技、文教、卫生事业,进一步提高教育质量。(5)继续解决城市建设、城市管理中存在的迫切问题,使人民生活得到改善,努力控制人口的增长。

为了实现上述奋斗目标,在经济建设方面,我们必须扎扎实实地抓好以下工作。

(一)继续抓好消费品工业生产和重工业调整,保持工业生产稳步发展。

当前,农村形势越来越好,农业为轻工业提供的原料越来越多,城乡市场需要的消费品也日益增多。我市发展消费品工业生产有很大的潜力和优势,应该充分发挥和利用。一定要把消费品工业放在重要位置来抓,保持消费品工业生产不断增长的势头。根据社会需要,首先抓好市里重点规划的三十大类、六十四种轻纺工业产品的生产,大力发展耐用消费品、针纺织品、皮革、食品饮料、日用化工产品、儿童用品、日用小商品、手工艺品和民用建筑材料。要继续对轻纺工业实行"六个优先"的原则,通过联合改组等办法,把几种拳头产品的质量、批量、能力和配套搞上去。今年全市拳头产品要比上年有较大幅度的增长,其中:手表增长30%左右,缝纫机增长20%~30%,自行车增长12.7倍,摩托车增长1.4倍,电视机增长54%,洗衣机增长7倍,丝绸增长1.4倍,啤酒增长25%,家具增长24%。在发展消费品生产中,既要发展高档产品,又要发展中、低档产品,实行高、中、低档结合,以适应多方面的需要。

重工业要进一步调整服务方向和产品结构,在调整中保证生产稳步上升。为了把重工业搞活,要采取有力措施,继续调整重工业的服务方向,扩大服务领域。机械工业,要围绕发展消费品生产,企业技术改造,加强能源和交通建设,扩大外贸出口等方面的需要,抓好现有重点产品的升级换代、系列成套,大力开发新产品,增加技术储备。我市发展轻纺工业和老企业技术改造所需的设备,凡是本市能够生产的,都要立足于本市生产。要充分发挥我市国防工业的优势,坚持走军民结合的道路,狠抓民品生产,努力为国民经济技术改造特别是为轻纺工业的技术改造提供技术装备。冶金、化工等原材料工业,要进一步调整产品结构,提高质量,增加品种,大力增产社会需要的产品,为发展国民经济服务。

所有企业都要在加强经营管理,提高产品质量,增加花色品种,降低生产成本,全面提高经济效果上狠下功夫。进一步推行全面质量管理,建立严格的质量责任制,切实加强计量、标准化等技术基础工作,搞好产品质量监督检验,确保产品质量稳定提高。狠抓新产品试制工作,大搞产品更新换代。要求所有工业产品都要达到规定的技术标准,200种产品质量达到国内先进水平,39种产品创名牌,发展1000个新产品、5000个新花色,生产出更多造型美、款式新、质量好、结构合理、适销对路的产品,提高竞争能力,适应国内外市场的需要。

要狠抓能源的生产和节约工作,把节能放在优先地位。煤炭工业要继续调整采掘比例,安排好重点煤矿的开拓延伸,抓紧石壕新井的建设投产,确保煤炭生产稳步上升。继续抓好小煤矿的整顿和改造,充分发挥小煤矿的作用。电力工业,要坚持安全满发,增加供电量。今年要做好重庆电厂扩建工程的准备工作,解决好华蓥山电厂煤炭供应和运输问题,争取多发电。天然气工业,要搞好采输工作,提高产气能力。各行各业都要把节能工作作为一件大事来抓。今年全市要求节煤3%,节电2%,节气5%,节油3%,节水5%。要加强能源管理,合理分配和使用能源。对年耗煤600吨以上的企业实行定额供煤,超用加价;对耗电量大的品种,实行定额供电;对天然气、油料,实行凭证供应;生产生活用能严格分开计量,限期取消包费制。

要有重点、有步骤地对现有企业进行技术改造,充分发挥现有企业的作用。对现有企业进行技术改造，既不扩大基本建设，又能提高经济效益，是促进现有企业现代化，发展国民经济的一项战略措施。要以提高社会经济效益为目标，以节约能源、节约原材料、降低成本、改革产品结构、提高产品质量、合理利用资源为重点，从加快设备更新入手，有计划、有步骤地采用适用的先进技术和新工艺。各个行业和企业要对技术改造和设备更新项目，进行统筹规划，分批进行，安排好资金，落实所需的设备，切实加强管理，按期完成技术改造项目。同时，把技术改造同工业改组结合起来，按照经济合理，专业化协作和资源综合利用的原则，加快联合改组的步伐。要围绕发展消费品生产，进一步组织和扩大缝纫机、自行车、电子产品、麻纺织品、啤酒、饮料、洗衣机等经济联合体和联合企业。根据国民经济调整和经济体制改革的要求，认真做好按行业、按产品实行归口管理工作。对那些产品不对路、消耗高、长期亏损，一时又难以改进的企业，坚决实行关、停、并、转。

要有计划地对企业进行全面整顿，逐步完善经济责任制。整顿企业是关系到国民经济建设走新路子的大事。各经济部门必须下决心全面整顿企业，充分发挥现有企业的潜力。要围绕提高经济效益这个中心，结合学习大庆和其他先进企业成功的管理经验，从现在起，用两三年的时间，有领导地、分期分批地对全市现有企业进行整顿。今年，首先整顿46个重点企业，由领导干部带队，下去帮助企业进行整顿工作。当前整顿企业，主要是整顿和完善经济责任制，加强基础工作，改变经营管理混乱状态；整顿劳动组织，搞好定员定额，加强全员培训，建设职工队伍；整顿劳动纪律，严格奖惩制度；整顿财政纪律，加强财务管理，严格经济核算。要着重把企业领导班子整顿好，这是办好企业的关键。要遵循党委集体领导、职工民主管理、厂长行政指挥的根本原则，建立和健全厂长负责制和职工代表大会制度。通过整顿，要达到国家规定的六条标准，进行检查验收，不合格的要进行补课，防止走过场，搞形式主义。在推行经济责任制中，所有企业都要注意全面完成国家计划，正确处理国家、企业和职工个人三者利益的关系，坚持在国家多收的前提下，实现企业适当多留，个人适当多得。要贯彻按劳分配的原则，控制奖金的发放，克服平均主义。同时，加强劳动保护工作，做到安全生产。

基本建设要根据国民经济调整的要求，坚持抓重点、保投产的原则，保证轻纺、能源、交通、建材工业、职工住宅、商业服务设施、文教卫生设施、市政工程、环境保护等项目的建设。今年初步安排固定资产投资3.9亿元。要合理使用投资，充分利用预算外资金的力量，使一些生产建设和人民生活急需的项目能得到安排。基建部门要把工作重点放在缩短建设周期，提高工程质量，提高投资效益上。所有建设项目，都要严格按照基建程序办事，做好开工前的准备工作，按规定的建设工期和工程预算，实行逐级包干，通过签订经济合同，把各方面的经济责任明确起来，并按合同确定的工期、质量、造价等指标严格考核，实行奖惩制度。要抓紧续建和收尾工程，尽快形成生产能力，发挥投资效果。建筑施工企业要加强领导班子建设，整顿职工队伍，改善经营管理，转变经营作风，开展创全优工程竞赛，更好地完成基建任务。规划、设计、建筑施工、建材和构件制品生产等单位，要把农村建设作为调整服务方向的一项重要内容，积极为农村建设服务。

要大力发展交通运输事业，进一步挖掘潜力，逐步适应生产建设发展的需要。铁路、水运和公路运输部门，要努力提高运输能力和运输服务质量，优先保证急需物资的运进调出，降低货物损耗，确保运输安全，努力完成今年的货运和客运任务。加强运输市场管理，继续发展联合运输，加快货物周转，增加货运量。充分利用两江有利条件，发展水上运输。加强码头、车站的建设和管理，提高客货运输的吞吐能力，组织各种运输工具，搞好短途运输，保证生产和生活需要。邮电部门要改进服务质量，搞好通讯设备，增加通讯设施，保证通讯畅通。

（二）依靠政策和科学，大力发展农业生产

发展农业，要坚持以计划经济为主，市场调节为辅的原则，落实农业生产计划。要认真贯彻决不放松粮食生产、积极发展多种经营的方针，因地制宜地调整农业内部结构，保证农、林、牧、副、渔全面发展。粮食生产仍然是农业的大头，要继续主攻水稻，狠抓旱粮，从精耕细作、集约经营、提高单产上下功夫，争取今年有一个好收成，使粮食总产逐年有所增长。发展多种经营，要狠抓生猪、禽蛋、水产、奶品和蚕、茶、果、竹、榨菜等骨干项目，逐步建成基地。同时，大力发展牛、羊、兔等家畜。要十分珍惜每寸土地，合理利用现有耕地、荒坡草地和水面，大力发展种植业、养殖业和家庭副业，为工业提供更多的原料，为城市提供更多的副食品。社队企业要继续整顿提高，加快发展速度，立足本地资源，积极发展种植业、养殖业，农副产品加工和采矿业、手工业、服务业，走农副工综合经营的道路。农工商、林工商联合企业，要认真总结经验，切实解决好生产、加工和销售中的问题，使之进一步健康发展，充分发挥综合经营的优越性。

近郊区要认真贯彻以菜为主，同时发展其他副食品生产的方针，切实搞好蔬菜生产。蔬菜社队一定要把主要的领导精力、资金、物资和劳动力用于蔬菜生产上，加强蔬菜基地的管理和建设，严格控制征用、占用菜地，稳定蔬菜面积。根据“以需定产，产稍大于销”的原则，保证种足面积，提高单产，增加品种，缩小淡旺差距，努力做到均衡上市。

大力发展林业，是当前刻不容缓的任务。目前，我市森林覆盖率只有10.4%，低于全国、全省水平。要抓好山林所有制和林业生产责任制的落实，加强林木的保护和管理，严禁乱砍滥伐。对宜林地的绿化工作和育苗工作要千方百计抓好。要积极贯彻全国人大《关于开展全民义务植树运动的决议》，发动群众大搞植树造林，保证植树质量，提高成活率，加快林业的发展。

在发展农业经济的同时，统筹安排农村的建设。根据需要和可能，有计划、有步骤地发展沼气、小水电、农村公路、社员住宅和小城镇建设。水利、农机工作，要着重加强管理和配套，进一步发挥水利工程、农机具的经济实效。农村建房要统一规划，绝不允许乱占滥用现有耕地。小城镇建设，要从实际出发，作好规划，加快建设步伐，使它成为农村经济、文化中心。

要把进一步加强和完善农业生产责任制作为一件大事来抓。目前实行的各种生产责任制，只要群众满意，经济效果又好，就应当稳定下来，进一步总结、完善。当前，农村各级领导要抓好多种经营生产责任制，对大田生产各种责任制中出现的新情况、新问题也要认真总结完善和稳定。要正确贯彻“三兼顾”的政策，兼顾国家、集体和个人三者的利益。凡是国家征购、派购的农副产品，都要确定征购、派购基数，签订合同，落实到生产单位，并保证完成。不执行合同的，要承担经济责任。

大力推广农业科学技术，实行科学种田。要积极开展农业自然资源调查，制订全市和区县的农业区划、社队的土地利用规划，力争全市今年内基本搞完。建立、健全农业技术推广体系，抓好以良种为主要内容的技术推广工作，切实搞好种植业的水、肥、土、种、植保和饲养业的饲料、喂养、繁殖、疫病防治等工作，使各项技术能够适时地应用于生产。要总结推广技术联产责任制的经验，使农业科技成果在大面积上收到显著的效果。

（三）搞活商品流通渠道，发展对外经济贸易

各级商业部门都要进一步疏通流通渠道，减少流通环节，大力支援工农业生产，安排好城乡市场，保障人民生活必需的供应。要坚决执行农副产品收购政策，千方百计完成收购、派购和调拨任务。收定购生猪要坚持“卖一留一，购留各半”的政策，按合同搞好收购。蔬菜收购要严格实行合同制和菜粮挂钩的办法，按计划按合同收购，做好产销衔接工作，保证把城镇蔬菜、猪肉等副食品的供应搞好。要积极支持地方工业生产，切实搞好工业品的收购和推销工作。

农村有广阔的市场，要大力组织工业品下乡，增加商品货源和花色品种，适应农村购买力日益增长的需要。要采取工商、农商联合推销、举办展销会等多种形式，扩大产品销路。要进一步扩大与外地区的经济联合，沟通物资交流，开拓销售市场。要加强市场调查和预测，及时向生产部门提供市场

信息，帮助生产单位根据市场的需要安排生产。

要继续增加商业服务网点。目前，我市商业服务网点不足，布局不够合理，一些边远地区和工矿区的服务网点很少，特别是粮店、煤店、理发店、浴室、邮电所、储蓄所以及修补服务行业不能满足需要。要统筹安排，挖掘潜力，尽可能增设一些群众急需的商业服务网点和服务项目，方便群众生活。临街的商业用房，应主要安排群众生活迫切需要的网点。

要努力提高服务质量，改善服务态度。在营业人员中深入进行“一个方针”（发展经济、保障供给）、“两个服务”（为生产者服务，为消费者服务）、“三个观点”（政治观点、生产观点、群众观点）的教育，认真执行商业部颁发的《营业员守则》，广泛开展“五好”企业、“六好”职工的竞赛活动，牢固树立为人民服务的思想，努力提高经营业务水平。所有商业、服务行业都要做到经营方向正，服务质量高，经济效果好。

国营商业是商品流通的主渠道，是城乡市场的主体。在大力发挥国营商业、供销社主渠道作用的同时，继续发展多种经济成分、多种流通渠道、多种购销形式，在资金、税收、货源等方面扶持集体商业和个体经济，充分发挥它们在社会主义商品流通中的助手和补充作用。

大力发展对外经济贸易，力争今年外贸收购总值比去年有较大增长。要切实加强领导，充分发挥优势，狠抓一批质量好、批量大、过得硬的拳头产品，扩大罐头、冰冻食品、化工、医药、服装、丝及丝织品、五金、机械等产品的出口。围绕拳头产品加强专厂专车间和原料基地的建设，保证有稳定的货源，提高产品的竞销能力，打开销路，占领市场。在确保完成外贸收购计划的同时，继续发展多渠道、多口岸计划外的出口产品，积极进行来料加工、来件装配、补偿贸易、换货贸易以及劳务出口、技术服务工作，争取多出口，多创汇，为国家多做贡献。要积极创造条件，改进工作，使旅游事业继续得到发展。

（四）加强财政金融工作，努力完成财政计划

近年来，我市财政收入计划完成得不理想，原因固然很多，但一个重要原因，是生产、建设、流通领域的经济效益差。要大力加强财政金融工作，讲求生财之道、聚财之道和用财之道，广辟财源，增收节支，力争今年我市财政状况进一步好转。

改善经营管理，提高经济效益，是增加财政收入的重要途径。目前，我市工业企业的产值利润率、成本利税率、资金周转率、劳动生产率等经济指标，都低于全国平均水平。如果我市工业百元产值提供的利润达到历史最高水平，就可增加利润 1.5 亿元，潜力是很大的。所有企业都要发扬艰苦奋斗，勤俭办企业的精神，努力增产节约，增收节支，充分挖掘潜力，提高经济效果，为国家创造更多的财富。财政金融部门要发挥经济杠杆作用，正确执行财政、税收和银行信贷政策，密切配合企业主管部门，帮助企业搞好经营管理，提高劳动生产率，降低生产消耗，减少浪费，堵塞“跑、冒、滴、漏”，实现增产增收。

要充分发挥银行聚集、调动和统一管理信贷资金的作用，积极开展城乡储蓄，扩大保险和信托业务，把分散、闲置的资金集中起来，支持生产，发展经济。要做好贷款发放工作，大力扶持投资少、见效快、收益大的项目，并及时回收到期贷款，提高资金周转率。要广泛深入做好宣传动员工作，保证完成购买国库券的任务。

要加强财政监督，严格财经纪律。继续控制社会集团购买力，压缩管理费用，节省一切可以节省的开支。要开展财经纪律检查，每年至少要检查两次。对巧立名目、滥发奖金、化大公为小公、损公肥私、截留坐支、偷税漏税、贪污受贿等违法乱纪行为，要严肃处理。对经济上的和其他方面的重大犯罪案件，特别对那些与负责干部有牵连的现行的经济上的重大犯罪案件，要从严从速依法处理。

（五）加强科学技术工作，为发展国民经济服务

发展国民经济，建设现代化的社会主义强国，必须依靠科学技术。科学技术要走在生产建设前面。要坚决贯彻科技工作为经济建设服务的方针，把科技发展同整个社会发展紧密结合起来，充分发

挥科学技术的作用，促进我市国民经济和各项建设事业的迅速发展。

要大力推广和应用科研成果，把一切适合我市经济发展需要的先进技术尽可能地吸收过来，广泛应用推广到经济领域中去，尽快变成直接的生产力。工业部门要围绕发展消费品生产和技术改造，积极采用新技术、新工艺、新材料、新设备。农业要推广适合本地条件的先进农业科学技术。建材工业要立足于城市工业废弃物和本地矿产资源的利用，发展轻质、高强、隔热和防震性能好的新材料和价廉、物美、适用的装饰材料。其他有关经济和社会发展部门，都要从实际出发，充分应用科技成果。今年确定重点推广应用的科技成果和先进技术，要狠抓落实，取得成效。

要组织各方面的力量，进行技术攻关。要确定一批对我市生产建设具有重大经济效益的课题，组织生产、科研、设计部门和大专院校，联合起来攻关，解决关键技术问题。当前有关部门已经提出一批项目，应抓紧研究，尽快取得成果。各行各业都要发动群众，广泛开展技术革新、改革工艺和合理化建议活动，搞好技术培训，努力提高技术水平和生产水平。

要认真贯彻发展科学技术的政策，加强科技队伍的建设，进一步办好各种科研所，充分发挥科技机构和科技人员的作用。对于经济建设中的重大问题，如重大建设项目的确定，新技术的引进，工农业生产的重大科技问题，企业和行业的技术改造等，都要组织专家研究讨论，充分听取各方面的意见，然后再作决定。要从政治上、工作上、生活上关心科技人员，支持科技团体开展科技活动，组织学术交流，培养科技人才，为促进科学技术事业的新发展做出贡献。

（六）切实加强物价管理，严格控制市场物价

物价问题对经济建设和人民生活关系极大，加强物价管理是政府工作的一件大事。我们要认真贯彻国务院关于坚决稳定市场物价的十项规定，采取有力措施，严格控制物价，保持市场物价的稳定。所有生产经营单位都要树立全局观念和计划观念，摆正局部利益和政体利益的关系，局部利益必须服从全局利益，坚决维护国家计划的严肃性，严格执行国家物价政策。对不执行国家计划，不履行合同，擅自扩大议价范围，随意提高价格等损害国家和群众利益的错误行为，必须坚决纠正。

要切实加强物价管理，严格执行以下规定。(1)凡由国家规定的零售商品牌价一律不许提高，自行提高了的要降下来。(2)一、二类工业品不准搞议价。三类工业品实行工商企业协商定价的范围品种要严格控制。(3)一、二类农副产品在完成收购计划前不准提议价，未经批准不准上集市出售。(4)各种议价商品的零售价格，只能降低，不许提高。(5)外地采购人员到我市采购农副产品要先到工商行政管理部门登记，统一分配货源，不准哄抬价格进行抢购。(6)一切机关、团体、企事业单位，都不准从事倒手转卖活动。(7)所有经营单位和营业人员，都不准私分商品，不准擅自提价，不准短斤少两，不准掺杂使假，不准混等混级，不准以劣充好，不准强行搭配，不准平价转议价，不准将商品卖给二道贩子，不准转手批发，不准欺行霸市。

要加强对物价工作的领导。各级物价、工商行政管理部门要加强检查监督，严格执行物价纪律。今年元旦到春节期间，市政府和各主管部门、各区县，组织了各方面的力量，在全市开展物价大检查，对稳定物价起了积极作用。今年还要组织几次物价大检查，并加强经常性的物价检查监督，切实把物价稳定下来。鼓励群众检举揭发违法乱纪行为，发挥群众性的物价监督小组的作用，使物价检查经常化、制度化。对违反物价纪律的案件，一定要严肃处理，绝不姑息迁就，个别情节恶劣的要依法处理。

（七）广开门路，继续做好城镇待业人员的安置工作

长期以来，劳动就业主要是实行国家招工的办法，走了一条“包下来”的路子。这种“统包统分”的劳动就业制度弊病很多，既阻碍了经济建设的发展，又堵塞了劳动就业的多种门路。党的十一届三中全会以后，总结了劳动制度上“包得过多、统得过

死”，走单一就业道路的经验教训，提出了“在国家统筹规划和指导下，实行劳动部门介绍就业、自愿组织起来就业和自谋职业相结合”的劳动就业新方针。实践证明，中央制订的这一方针政策是正确的，它完全符合我国人口多、底子薄的国情，为城镇就业开拓了广阔的前景。

在我国，国营经济和集体经济是社会主义经济的基本形式，一定范围的劳动者个体经济是社会主义公有制的必要补充。在社会主义公有制经济占优势的根本前提下，实行多种经济形式和多种经营方式长期并存，是加速发展国民经济的一项重要经济政策。在今后一个时期，大力发展集体经济，适当发展个体经济，是广开就业门路的主要途径。1977 年至 1981 年五年中，我市安置到集体经济就业的青年达 28 万多人，占安置总数的 53%。发展集体经济和个体经济，不仅可以调动社会各方面和广大群众的积极性，而且经营灵活、适应性强，既可活跃经济、满足人民生活需要，又可容纳众多的社会劳动力。根据我市实际情况，当前要大力发展分散、小型、多样的商业、服务业、修补业、劳动密集型的轻工业、手工业和综合利用、利废、利旧的事业，有条件的还可以发展旅游服务、文化、托保、养殖、园林绿化等事业。各有关部门要从供、产、销、贷款、经营场地、税收、开办经费等方面，予以积极的必要的扶持。今年全市力争安排 5 万人就业，各方面都要做好工作，完成安置任务。

贯彻好“三结合”的劳动就业新方针，妥善安置好城镇待业青年，是各个方面的共同任务。各行各业都要向广大干部和群众反复宣传党的经济政策和劳动就业新方针，充分肯定集体经济的地位和作用，从根本上扭转轻视集体、鄙视个体，轻视服务业的旧思想，使待业青年乐于参加集体经济和个体经济。我们相信，只要正确贯彻劳动就业新方针，认真做好工作，城镇劳动就业工作一定会开创一个新的局面。

三、加强城市建设，改进城市管理

加强城市建设和城市管理，对于推动社会经济和文化的发展具有极其重要的作用。过去一个时期，在国民经济发展中，曾一度片面强调变消费城市为生产城市，先生产后生活；在基本建设中，单纯追求扩大工业生产的建设规模，忽视城市住宅和公用设施的建设，结果造成“骨头”与“肉”的比例关系严重失调，人民生活不能得到应有的改善，也直接影响了城市作用的发挥。党的十一届三中全会以来，我们在总结经验教训的基础上，注意解决城市人民生活上的迫切问题，兴建了一批职工住宅和城市公共服务设施，补还了一些欠账，使城市面貌开始有所改变。但我市城市建设中积累的问题还很多，我们要在国民经济调整中，随着生产的发展，在财力许可的范围内，有计划、有重点地还欠补缺，尽可能地加快城市建设的步伐，以适应生产和人民生活的需要。

继续狠抓住宅建设。住房问题是人民生活中最迫切的问题之一。我们要充分挖掘潜力，采取多种途径，广开建房门路，千方百计地解决城市人民的住房问题。近几年来，我市在地方财力很紧的情况下，仍挤出部分资金适当安排了一些城市住宅的新建工程，今年还将比去年多拿出一点钱用于住房建设。一大批企事业单位实行扩权以后，自有资金增加，建住宅的潜力很大。各部门、各单位要尽可能地把自有资金用到兴建职工住宅上去。今后，要继续发展商品住宅，积极开展集资联建、自建公助、公建民助和住宅储蓄，大力支持私人建房，充分利用社会资金，加快住宅建设速度。1982 年，要通过各种努力，争取全市住宅开工面积达到 150 万平方米以上，竣工面积略高于 1981 年的水平。同时，要抓紧公房的危房改造，今年继续安排大修和翻修 10 万平方米，使部分住户的居住条件得到改善。

大力改善城市交通。为了解决我市城市交通拥挤、群众乘车难的问题，必须实行全面整顿，综合治理。具体措施是：(1)在今年内新增加 100 辆公共汽(电)车，使我市客运交通车辆总数达到 1000 辆。并继续改造一部分旧车，使运力有明显增加，逐步解决运力不足的矛盾。(2)动员厂矿企事业单位自备客车接送职工上下班。今年内要有 100 辆以上的自备车参加早晚高峰客运。(3)用内部挖潜、培训和从外部调进的办法，解决市公交公司驾驶人员不足的问题。(4)积极解决公共交通企业技术后方和职工生活中一些迫切需要解决的问题。今年，完成临江支路的电车改线工程。在抓紧完成南坪柴油车场、汽车客站等项目建设的基础上，着手开展牛角沱停车场建设的准备工作。(5)整顿和维护公共交通站务秩序。严格坚持执勤制度，充分发挥执勤人员的作用。对违章不接受教育以及扰乱交通秩序的人，要按照交通管理法规的规定给予处罚。(6)公共交通企业要进一步搞好内部整顿工作，坚持服务第一的思想，加强职工思想政治工作和劳动纪律，加强经营管理和车辆调度，搞好设备维修、保养，力争多出车，千方百计提高运效，提高服务质量。(7)严格道路管理，保证公共客运畅通。同时，今年要建成两路口人行立交道，续建中山支路、人民支路，改造化龙桥和嘉陵支路，治理教门厅等处公路滑坡。通过加强建设和改进管理工作，争取我市公共交通紧张状况逐步得到缓和。

搞好市容卫生，加强环境保护和城市绿化工作。今年要新建、改建公共厕所50个，增添环境卫生设施和清扫运输车辆，着手建设垃圾综合处理场。要大力宣传、动员人民群众爱清洁、讲卫生，严格执行环境卫生管理法规，处理生活垃圾、污水和粪便，维护城市环卫设施，加强对环境卫生的监督、检查。要建立健全各种卫生责任制，坚持门前清和每周清洁日制，坚持卫生检查评比制度。所有机关、团体、部队、工厂、学校、街道，都要经常打扫卫生，整理环境，做到城市所有单位和居民户室内外清洁整齐。农贸市场和摊区，要实行谁管、谁用、谁扫的办法，进行重点整顿。对食品卫生，要采取教育和管理结合、主管单位自检和卫生管理部门监督结合奖励和处罚结合的办法，不断进行整顿。通过各方面的工作，力争在今年国庆节前，使我市的市容卫生面貌有一个显著的改观。为了改善和保护环境，当前要综合防治大气污染，重点搞好嘉陵江水域的水质保护。在人口稠密、污染严重的地区，要有计划地分期分批完成改造锅炉和消烟除尘的任务。要坚决执行“三同时”的规定，严格控制新污染源的产生。认真执行排污收费办法，积极促进污染的治理。要继续抓紧城市绿化和园林建设，使城市环境逐步实现绿化、美化。要广泛发动全市城镇人民，开展植树节的群众绿化活动，并采取划分地区、包干负责的办法，使群众绿化活动经常化。今年，要完成南温泉改造工程，完成江北公园的恢复建设，续建海棠公园、南桐公园，新建大坪、石桥铺、人民村、工人村、模范村等处小游园和绿化点，新辟人行道绿带20公里，为美化山城做出新贡献。同时，要加强对文物、风景区的保护工作。

加强城市建筑管理和市场管理。城市建筑管理的重点，是有效地制止和处理违章建筑，克服城市建设中的紊乱状态，严格按城市规划建设城市。近来违章建筑的歪风又有抬头，要坚决制止。对搞违章建筑的直接责任者，要给予必要的纪律处分和经济制裁，并对违章建筑一律予以拆除。同时，对市内特别是临街的建筑施工现场，要严加管理，监督施工单位搞好文明施工，以免影响市容和市环境卫生。市场管理要贯彻落实“管而不死，活而不乱”的方针，重点抓好摊区市场秩序。在今年五一节前，要对现有摊区市场普遍进行一次整顿。要坚持坐商归店、出摊归区、农民归市的原则。凡有店堂的商业单位，应努力搞好店堂经营，不准把店堂改作他用和出租，挤在马路上摆摊；确实需要出摊的，必须经有关部门批准。要认真搞好摊区市场建设，在今年国庆节前，做到摊区市场建设规范化。要严格执行市场管理有关政策规定，坚决取缔一切无照摊点，坚决打击投机倒把和走私活动。

搞好社会治安管理，保持社会安定。我市整顿社会治安虽已取得一定成绩，但发案数仍然不少，有的地方犯罪分子的活动还很嚣张，偷盗和凶杀案时有发生。这说明，阶级斗争虽已不是我们社会中的主要矛盾，但是它确实存在。治安问题是个社会问题，必须动员全社会的力量，搞好综合治理。要在城乡深入进行社会主义民主和法制的宣传教育，增强广大人民群众的法制观念。对治安问题多的重点、复杂场所，要不断进行整顿。政法公安部门要准确、及时地坚决打击反革命分子和严重破坏社会治安的刑事犯罪分子，打击贪污盗窃、投机倒把、走私逃税等经济犯罪活动。要采取有力措施，进一步提高破案率，对杀人、抢劫、强奸、放火、爆炸等危害极大的刑事案件和反革命案件，要迅速侦破，依法严厉制裁，决不能手软。对劳改、劳教、少管场所深入进行检查整顿，切实加强管教工作。要进一步扩大治安联防执勤队，继续坚持治安防范小组活动，维护好社会治安秩序。从各方面努力，争取今年内实现我市社会治安秩序决定性的好转。

总之，城市规划、建设和管理工作，关系到城市的全局和长远发展，是政府的一项主要任务。各部门、各单位都要树立全局观念，服从统一管理和统一安排，克服各行其是、各自为政的状态，互相支持，紧密配合，进一步加强城市建设和城市管理工作，切实有效地解决城市生产和人民生活中迫切需要解决的问题，把我市建设成为安定、整洁、文明、繁荣的社会主义现代化城市。

四、努力建设社会主义精神文明

我们从事现代化建设，不仅要建设高度的物质文明，而且要建设高度的精神文明。这是两个不可分离、互相促进的奋斗目标。党中央发出建设社会主义精神文明的号召以来，我市逐步加强了政治思想工作，开展了“五讲四美”活动，广大干部和群众的觉悟不断提高，十年内乱的消极影响逐渐在消除，社会风气日益好转，新人新事新气象不断涌现。但是，在少部分人中，无政府主义、极端个人主义、资产阶级自由化的影响还比较严重；一些地方歪风邪气时有抬头，不良倾向有所滋长；随着对外交往的扩大，一些意志薄弱的人受到外国资产阶级腐朽思想和生活方式的侵蚀。因此，我们必须十分重视和大力加强精神文明建设，实现党中央提出的努力争取社会治安、社会风尚和党风的决定性好转。

在加强社会主义精神文明中，首先要加强政治思想工作。要组织广大干部和群众认真学习马列主义、毛泽东思想，进行坚持四项基本原则和热爱党、热爱祖国、热爱社会主义制度的教育。使广大群众正确认识我们祖国的伟大可爱，认识没有共产党就没有新中国，认识社会主义制度的优越性，明确我们每个人对祖国应尽的责任，从而为社会主义祖国的繁荣富强献身。要树立良好的社会风气和道德风尚，大力提倡和表彰“全心全意为人民服务”“毫不利己、专门利人”“一不怕苦，二不怕死”的革命精神和模范行为，发扬我市军民在抗洪救灾斗争中表现出来的优秀品质和高尚风格，坚决反对那种一切“向钱看”，损人利己、损公肥私等错误的、腐朽的思想行为。对那些搞无政府主义、极端个人主义，目无组织，无理取闹，甚至冲击机关，制造事端，危害工作、生产秩序的人，要敢批敢管。要坚决刹住结婚中的大操大办、丧葬中的封建迷信和聚众赌博等歪风。要采取有效措施，制止经济生活领域中请客送礼、关系、要回扣、铺张浪费等恶劣行为。

“五讲四美”活动是建设社会主义精神文明的重要组成部分。当前动员整个社会力量，充分利用各种舆论工具，大造社会舆论，做到家喻户晓，老少皆知，把“五讲四美”活动在城乡广泛开展起来。充分发挥报纸、刊物、广播、电视、舞台、银幕的作用，采用生动活泼的形式，做好宣传教育工作。各行各业都要根据自己的情况提出“学先进、树新风深入开展五讲四美”活动的要求。工厂要文明生产，建筑业要文明施工，商业要文明经商，服务业要礼貌待客，医院要有良好的医德，学校要有良好的校风。在人与人之间的关系上，要逐步形成互相尊重，互相关心，团结互助，谦虚礼貌的良好社会风尚，并定期进行检查评比，把“五讲四美”变成广大群众的自觉行动。在开展“五讲四美”活动中，要进一步做好青少年教育工作，培养一代有理想、有道德、有知识、有体力的新人。全社会都要关心青少年的成长，每个厂矿企业、机关、学校、街道、生产队、家庭，都要成为培养青少年的阵地。教育、文化等部门，要针对青少年特点，协助和推动各单位广泛开展形式多样、丰富多彩的科技、教育、文体活动。公安、工商管理等部门要密切配合，进一步整顿文化市场，坚决取缔聚众赌博和封建迷信等活动，严禁出售损害青少年心灵的精神毒品，使青少年健康成长。要切实做好失足青少年的教育、感化和挽救工作，循循善诱，耐心帮助，促其转变。

教育是建设社会主义精神文明的重要方面。教育部门要认真贯彻党的教育方针，坚持面向全体学生，努力提高教育质量。广泛开展“学雷锋、树新风、创三好”的活动，切实做出成效。要坚持从学生实际出发，因材施教，切实解决学生负担过重的问题，注意克服片面追求升学率的错误做法，使学生身体、知识和品德方面都得到全面的健康成长。继续抓好中小学教育事业的调整、整顿工作，充实加强小学，整顿提高初中，适当控制高中发展。积极进行中等教育结构的改革工作，继续发展和办好职业中学和农业中学，为各条战线培养更多更好的劳动后备力量。积极创造条件，分期、分批地把城市中小学由十年制改为十二年制。抓好在职教师的培训提高和教学研究工作，不断提高教师的政治思想和教学业务水平。要认真执行中共中央和国务院《关于加强职工教育工作的决定》，搞好职工教育，做到思想、计划、组织、措施落实，使我市职工教育有一个大的发展。同时，提倡自学成才。要加强农民教育，进一步提高农村中、小学的入学率，办好夜校、冬学，举办各种类型的农业技术学习班，以提高农民的文化、科学水平。要继续发展幼托事业，努力提高保教质量。

文化工作是建设社会主义精神文明的有力武器。文化艺术部门要认真贯彻“百花齐放，推陈出新”的方针，坚持为人民服务、为社会主义服务的方向，繁荣社会主义文艺事业。当前，要注意克服领导工作中涣散软弱状况，加强思想政治工作，开展批评与自我批评，反对自由化倾向。创作和演出都要切实注意社会效果，坚决清除低级庸俗的演出剧目，用社会主义思想占领文化阵地，丰富人民的文化生活。新闻、出版部门要认真宣传马列主义、毛泽东思想，传播科学文化技术知识成果，为丰富人民的精神生活、普及文化科学技术知识服务。要进一步开展以学校为重点的群众性体育活动，广泛开展各项体育竞赛。加强体育队伍的建设，学习我国女排的拼搏精神，提高训练质量和运动水平，努力为国家培养体育人才。

卫生工作要贯彻“建设精神文明从卫生做起、从卫生突破”的指示，深入开展爱国卫生运动，认真贯彻预防为主的方针，大力开展各种疾病的防治工作。医院要加强门诊、基础护理和病房管理，改善态度，提高医疗质量。继续发展中医药事业，搞好医学科学研究。加强妇幼卫生工作，积极采取措施，切实解决产妇住院难的问题。要大力做好计划生育工作，坚定不移的控制人口的增长。要广泛深入和耐心细致地做好计划生育的宣传教育工作，坚持“两种生产”一齐抓。在农村推行各种形式的生产责任制以后，要适应新的情况，采取相应措施，把部分地区出现的出生率回升趋势控制下来。要广泛经常地宣传《婚姻法》，提倡晚婚晚育，奖励一对夫妇只生一个孩子，对限制两胎和多胎生育的办法要继续贯彻执行。今年把全市人口自然增长率控制在12‰以内。同时，要抓紧搞好全市第三次人口普查工作。

建设社会主义精神文明是一项长远的宏大的战略任务，要做的事情很多，需要各方面的共同努力。各级领导机关和广大干部，都要以身作则，起模范带头作用，带动广大人民群众，为建设社会主义精神文明做出成绩，使我市城市面貌和人们的精神面貌发生新的变化。

五、认真改进政府工作

从本届市人民政府成立以来，我们在政权建设方面做了一些工作，逐步健全了政府各部门的机构；初步明确了职责范围，建立了必要的工作制度，把工作重心逐步转移到经济建设上来，使政府工作开始走上了正常的轨道。但是，在政府机构中还缺乏严格的从上而下的行政法规和个人负责制，缺乏各个机关乃至每个工作人员的职责权限的明确规定，加之机构多、层次多，因而在某些工作中存在着职责不明、互不协调、工作效率低的状况。为了改变这种状况，我们必须根据国务院的决定，结合我市的实际情况，认真整顿机关，进行机构改革，健全责任制，提高工作效率。这对振奋广大干部的精神，改进我们的工作作风和工作方法，促进我市的经济调整和“四化”建设，都将产生重大的作用。

要振奋革命精神，转变领导作风和工作方法，克服官僚主义。在市级政府机关中，绝大多数干部是勤勤恳恳地为“四化”建设而努力工作的，但也有一部分干部精神不振，缺乏战胜困难、千方百计地把国民经济搞上去的雄心壮志；有的缺乏整体观念，往往一味强调本系统、本单位的利益，目无全局，不顾统一，不服从调整，不按国家计划办事；有的对新生事物不敏感，凭老经验、老框框办事，工作缺乏创新精神；有的领导干部不深入实际，不调查研究，对新形势下出现的新情况、新问题缺乏具体的感性知识，工作抓不住要害；还有少数人利用职权谋私利、拉关系、走后门，搞不正之风。这些情况同党和国家对我们的要求是很不相称的。应当通过学习，批评和自我批评，整顿思想，整顿作风，认真地加以解决。在机关工作中，首先要从领导机关做起，从领导干部做起，做出表率，切实克服涣散软弱状态和官僚主义倾向。使广大干部振奋革命精神，养成积极主动、勇于创新、埋头苦干的好作风，改变过去那种慢慢吞吞、拖拖拉拉、议而不决、决而不行，对工作不负责任的恶劣习气。在这次大会以后，市级各部门都要抽调大批干部由领导干部带队，深入基层，进行调查研究，帮助基层安排落实今年的国家计划，制订调整方案，开展企业整顿工作，使今年一开始就抓紧，推动各项工作向前发展。

实行精兵简政，加强领导班子的建设。政府工作报告中指出的“部门林立、机构臃肿、层次繁多、互相扯皮、人浮于事、副职虚职过多、工作效率很低这类不能容忍的状况”，在我市同样存在，而且在某些方面还比较突出。我们对这个问题必须有清醒认识，一定要下最大决心，采取果断措施，把这个长期未能解的问题解决好。鉴于机构的改革涉及面广，问题比较复杂，我们必须在中央和省、市委的统一部署下，有领导、有步骤地进行。今年内，要认真开展调查研究，提出改革方案，为明年精简机构作好准备。在未全面进行改革机构之前，对于一些明显不合理的机构，该裁减的裁减，该合并的合并。从现在起，不再增加行政机构，继续冻结行政总编制，并尽可能地不再新增临耐性的领导小组和办公机构。要选贤任能，注意把德才兼备、年富力强的大批优秀的中青年干部选拔到各级领导岗位上来，使各级领导班子尽快实现革命化、知识化、专业化、年轻化，以适应“四化”建设的需要。

建立和健全责任制，大力提高工作效率。要坚持民主集中制的原则，认真实行集体领导与分工负责相结合的制度。凡属政府工作中的重大问题，都应经过集体讨论再做出决定，真正做到统一思想、统一政策、统一计划、统一行动。每个领导成员对自己所担负的工作，都要认真负责，讲究质量，讲求效率。领导机关都要把“调查、研究、检查、督促”作为自己的主要职责。在现有的基础上，要进一步明确规定市府各部门的职责权限，以及各部门内部的各个组织和工作人员的职责范围，把个人岗位责任制建立起来，坚决纠正无人负责和有人不负责的不良作风。政府各部门之间，都要互相协作、互相配合、互相支持，对自己职责范围内的工作要勇于负责，不得互相推诿，互相扯皮，使党的事业受到损害。对于那些忠于职守，工作认真负责，为“四化”建设做出显著成绩的干部，应当给予奖励、表扬；对于那些玩忽职守，贻误工作，给人民和国家财产造成损失的人员，要严肃进行处理。今后，各级政府都要把干部的考核制度和奖惩制度逐步建立和健全起来。同时，要下决心精简会议，减少文件，克服文牍主义，不断提高工作效率。

要切实加强基层政权建设。街道工作是城市工作的一个组成部分。街道工作搞得好不好，对整个城市工作有直接影响。那种认为街道工作无足轻重、可有可无的看法是不对的。去年底，市里召开了全市的街道工作会议，总结了街道工作经验，明确了街道工作在新形势下的地位、作用和任务，各级政府要认真贯彻好这次会议精神，切实加强对街道工作的领导。各部门、各方面都要积极支持街道工作，帮助解决好街道工作中存在的困难。各街道办事处要充分发挥基层政权组织的作用，认真宣传贯彻党和政府的方针、政策、法令，组织兴办生产服务和公共福利事业，狠抓精神文明建设，搞好管理，密切党和政府同人民群众的联系，进一步加强居民组织的建设，真正把街道建设成为有利生产、方便生活、安定团结的基地。在加强城镇街道工作的同时，要强化人民公社、生产大队作为农村基层政权的职能作用，使基层的思想政治工作和政权工作真正加强起来。

地方各级政府是地方各级人民代表大会的执行机关，是地方各级国家行政机关。政府工作要有坚实的群众基础，要有各方面的密切配合、促进和支持。各级政府部门，要充分尊重和保护人民行使管理国家的权利，认真执行人民代表大会和人大常委会的各项决议、决定，自觉接受人大常委会、人民代表和广大人民群众的监督、检查和批评，高度重视、及时处理人民代表的提案和人民群众的来信来访。要继续加强军政军民团结，进一步支持部队的工作，搞好优抚工作和军队转业干部、复退军人的安置工作，加强民兵建设。要继续配合和支持工、农、青、妇、科协、文联、侨联等群众团体的活动，希望他们动员群众，组织各方面人士，协助政府做好各项工作。要教育干部认真执行统一战线政策，加强与各民主党派、各方面的爱国人士的团结和合作，充分尊重和认真听取他们的意见，发挥他们的作用，进一步巩固和发展广泛的爱国统一战线，调动一切积极因素，为社会主义现代化建设和促成台湾早日回归祖国贡献自己的力量。

各位代表：

当前我市的政治、经济形势是好的，我们面临的任务是十分繁重的。让我们高举马克思列宁主义、毛泽东思想的伟大旗帜，在市委的直接领导下，同心同德，团结一致，鼓足干劲，为开创新的经济振兴时间，为建设社会主义的物质文明和精神文明而努力奋斗！

在重庆市第九届人民代表大会第二次会议上的政府工作报告

（1983年3月21日）①

于汉卿

各位代表：

我受重庆市人民政府的委托，向市第九届人民代表大会第二次会议报告政府工作，请予审议。

一、一年来工作的回顾

1982年，市人民政府依靠和组织全市人民，继续贯彻执行党的十一届三中全会以来的路线、方针、政策，特别是在十二大和五届全国人大五次会议精神的指引下，一手抓物质文明建设，一手抓精神文明建设，各方面的工作都取得了较大的进展，基本上实现了市九届人大第一次会议确定的任务。国民经济在调整、改革、整顿中稳步增长。安定团结的政治局面日益巩固和发展。当前改革的形势很好，正在沿着健康的道路前进。

（一）工业生产持续增长，经济效益有所提高。去年以来，我市工交战线注意抓效益与速度的统一，积极调整产业结构、产品结构和企业组织结构，改革工业管理体制，对46个重点企业进行全面整顿，推行各种形式的经济责任制，有重点地加强技术更新改造，从而提高了经济效益，加快了工业的发展速度。全市工业总产值完成77亿元，为年计划的104.6％，比上年增长9％。轻工业在连续三年较大幅度增长的情况下，又比上年增长1.5％。特别是重工业，经过两年的调整，改变了服务方向，

① 本文标题系编者重新拟定，原标题为《政府工作报告——1983年3月21日在重庆市第九届人民代表大会第二次会议上》。

生产大幅度回升，比上年增长16.7%。多数产品质量稳定提高，花色品种也有增加。去年有10种产品分别获得国家金、银质奖，73种产品分别获得国家主管部门和省的优质产品称号；试制成功的新产品有1100多种。主要产品的能源和原材料消耗降低率达到65%，定额流动资金周转加速0.78%，可比产品成本降低0.76%，全员劳动生产率提高5.24%。交通运输、邮政、电信部门，都超额完成了国家计划，基本上保证了工农业生产和人民生活的需要。

（二）农业获得丰收，多种经营全面发展。农业战线由于坚持"一靠政策、二靠科学"的指导方针，推行各种形式的联产承包责任制，广大农民的生产积极性空前高涨，农副业和多种经营全面发展。全市农业总产值完成12亿元，比上年增长8.4%。粮食生产获得丰收，社会总产量达37.29亿斤，比上年增产3.56亿斤，增长10.6%。生猪出槽数达到226.7万头，比上年增长2.44%。其他绝大多数多种经营项目的产量，都超过历史最高水平。植树造林、小水电建设也取得了较大成绩。社队企业总产值达到3.7亿元。更可喜的是，市郊农村涌现了一批靠科学和勤劳致富的专业户、重点户，发展了多种形式的经济联合体，为发展农村商品生产开辟了新的途径。

（三）城乡市场活跃，财政情况开始好转。财贸战线推行"三多一少"的流通体制和城乡通开的新体制，疏通流通渠道，调整和增设批发网点，开放小商品市场，发展集市贸易，并积极发展市内外多种形式的工商、农商、商商之间的联合经营，使城乡市场商品供应比较充裕，花色品种增多，出现了多年来未曾有过的繁荣兴旺的好形势。全市国营商业购进总额24.06亿元，比上年增长1.6%；销售总额24.08亿元，增长2.2%；社会商品零售额完成19.95亿元，增长1.2%。外贸收购总值完成2.64亿元，增长16%。在经济工作中，物资、财政、税收、银行和工商行政管理部门，对搞活经济发挥了积极作用。全市财政收入完成9.75亿元，比上年增长6.8%，超过省下达财政收入计划的2.39%，扭转了连续两年没有完成财政任务的局面。

（四）基本建设和城市建设取得成效，城乡人民生活继续得到改善。基建部门在"全面安排、保证重点、照顾一般"的原则指导下，狠抓重点工程的建设，一批新的建设项目陆续建成投产。去年全市完成固定资产投资8.9亿元，其中基本建设4.8亿元，技措3.7亿元。市属二十项重点基建和技措工程，已有八项建成投产，四项部分建成投产。卧龙河气矿引进脱硫装置已正式验收投产，华蓥山电厂四号机组已投入试运行，年产90万吨煤的石壕煤矿基本建成投产，可藏书100万册的市图书馆已建成交付使用，重庆电厂扩建工程、黄桷渡水厂已陆续动工。这些工程建成投产，对我市的经济建设将起到重要作用。

在城市建设方面，去年新建住宅竣工面积124万平方米，大修和改造公房10万平方米，使城镇居民的居住条件继续有所改善。市安排200万元专款修建的中小学教职工宿舍，年底已基本完成，部分教职工陆续迁入新居。与此同时，改造小街小巷67条，维修道路6万平方米，新铺人行道3万平方米；疏浚下水道25公里，新建改建公共厕所40个；兴建一批街头绿化点、绿化带，城区植树212万株；新增公共电、汽车101辆，新辟6条客运线路。环境保护工作也有加强。

在发展生产的基础上，城乡人民的生活有所改善。去年采取多种形式，广开就业门路，大力发展集体经济和个体经济，共安置城镇待业人员5万人就业。科研、教育、卫生、文化、体育等事业单位和国家机关，绝大部分职工增加了工资。农村社员的收入，平均增加了30元。城乡储蓄比上年增长24.8%，达到5.75亿元。

（五）科技、文教、卫生事业进一步发展，精神文明建设有了加强。科技工作围绕经济建设，积极开展技术攻关、技术交流和科技咨询服务，解决了一批重点产品和技术改造的重大技术问题，研究出了一批节约能源和原材料、加快产品更新换代的新技术、新工艺、新材料、新设备，还研究试制出了一批新产品。全年完成科研项目150项。获国家自然科学成果奖1项，国家创造发明奖九项，省重大科技成果奖71项，省推广应用成果奖3项。这些科研成果的推广和应用，促进了我市工农业生产的发展。

教育战线认真贯彻教育方针，加强基础教育，改革中等教育结构，促进了教育事业的发展。学龄儿童入学率达到98%，小学毕业生及格率明显上升。中等教育职业班由1981年的58个增加到153个。广大干部、工人、农民学科学技术学文化知识的热情高涨。据不完全统计，参加文化、技术学习的职工达38万多人，占职工总数的35%以上；参加文化、技术学习的农民，由1981年的8万多人猛增到23万人。

文化、新闻、电视、广播、出版工作在精神文明建设中发挥了积极作用。各种文化艺术活动日趋活跃，全市创作大型剧目25个，专业文艺团体下乡、下厂演出，丰富了群众的文娱生活。群众性的体育活动广泛开展，专业队的技术水平不断提高，市青年女排夺得1982年全国青年女排比赛的冠军。

卫生工作贯彻以预防为主的方针，医护质量不断提高，防疫工作取得较好成效，几种主要传染病率都有下降。特别是去年9月，"二号"病传入我市，由于措施有力，很快就控制了疫情。食品卫生、农村卫生和妇幼卫生工作都有加强。计划生育工作也取得较好成绩，基本上控制住了1981年出生率大幅度回升的势头。

在精神文明建设中，全市以治理"脏、乱、差"为突破口，广泛开展了"五讲四美""文明礼貌月"活动和"学雷锋、树新风"活动，进行共产主义思想教育。参加文明礼貌活动的达800余万人次，出动为民服务队1.2万多个，参加人数达10万余人，为群众做好事300万件，清除垃圾近50万吨，清整脏乱死角2600多处，使市容有所改善。

（六）打击经济领域和其他领域的犯罪活动，社会治安秩序有所好转。遵照党中央、国务院的指示，在各级党委和政府领导下，全市开展了打击经济领域严重犯罪活动的斗争，揭露出各种经济违法犯罪案件2564件，其中大案要案50件。到目前为止，已追缴赃款和公款300余万元，还收缴了大批赃物。通过这一斗争，有效地打击了严重破坏经济的犯罪分子，增强了广大干部群众抗腐蚀的能力，推动了经济建设和各项工作。

在社会治安方面，通过加强综合治理，开展法制教育，坚决打击严重破坏社会治安的各种刑事犯罪分子，加强公共复杂场所和治安问题较多的重点地区的治安防范工作，使刑事犯罪案件和治安灾害事故比过去有所下降。

一年来，民政、外事、旅游、侨务、民族、宗教、人防、民兵等方面都做了许多工作，取得了新的成绩。去年，我市与法国图卢兹市结为友好城市，派代表团进行了访问。

回顾去年的工作，成绩是显著的，但还存在着不可忽视的问题。一是生产、建设、流通领域的经济效益仍不够理想，许多经济指标落后的状况还没有根本改变。工业企业总产值虽然增长的幅度较大。但利税总额增长的幅度较小，甚至百元产值实现的利润还比上年有所减少。同时，在安全生产上也存在着一些问题，有的企业发生了重大事故。在这方面，市政府抓得不够扎实，没有很好组织各方面的力量，具体指导企业改善经营管理，狠抓经济效益。二是对科学技术和教育工作的战略地位的重要性认识不足，抓得不紧，措施不力。三是对物价缺乏严格地经常地检查和控制，以致有的物价上涨；在城市建设方面，有些问题处理不当；社会治安和市容脏、乱、差的问题还没有根本好转。四是抓政府机关的思想建设、组织建设、作风建设不够，缺乏严格的责任制度，一些部门之间协调配合较差，互相扯皮的现象常有发生，工作效率不高。这些都需要我们进一步采取措施，认真加以改进，力求把各方面工作做得更加扎实一些，使多年遗留下来的问题能够逐步得到妥善解决，推动各项建设事业不断向前发展。

二、我市第六个五年计划和1983年的主要任务

按照党的十二大提出的我国经济建设的战略部署和五届全国人大五次会议批准的第六个五年计划所确定的基本任务，市政府组织有关部门在调查研究的基础上，着手编制了我市经济建设和社会发展计划。现在把我市“六五”计划的主要内容，向大会作个简要汇报。报告所列计划指标，未包括永川地区在内，待永川地区与我市合并工作就绪后，再对“六五”计划进行全面调整和安排。

我市第六个五年计划期间经济、社会发展总的要求是，继续贯彻执行“调整、改革、整顿、提高”的方针，认真搞好经济体制综合改革，充分利用和发挥我市较好的自然地理条件和物质、技术基础，大力组织和发展市内外的经济联合和技术协作，进一步调整经济结构，加速企业的整顿和改造，加快人才的培养和智力开发，依靠科技进步，发挥我市经济中心城市的作用。到1985年，在不断提高经济效益的前提下，全市工农业总产值计划由1980年的77.86亿元增加到110亿元左右，即五年内增长40%，平均每年递增7.2%。通过几年的努力，争取我市的财政经济状况显著好转，人民的生活逐步得到改善，并为我市第七个五年计划期间的国民经济和社会发展奠定良好的基础。

工业方面。通过调整改组，逐步形成以机械、冶金、化工、轻工、纺织、食品六大产业为骨干，轻重工业互相结合、互相促进的产业结构，使工业生产有一个较快的发展，经济效益有显著的提高。工业总产值计划由1980年的67.75亿元增加到94亿元，平均每年递增6.8%。工业产品的质量要有较大提高，更多的产品要升级换代。1985年全市计划获得国家金、银质奖和部的优质产品，要在现有的基础上增加到250种以上。发展速度、销售收入和上缴税利，基本做到同步增长。工业全员劳动生产率每年平均提高5%以上。加强我市能源建设和交通建设，除已建成投产的石亳煤矿、华蓥山第四号10万千瓦机组等工程外，还计划兴建逢春、三汇二矿等煤矿建设工程，重庆发电厂扩建安装第一台20万千瓦机组工程，以及川东气矿的新区勘探和新井建设。铁路运输和水上交通运输也将有较大发展。同时，把技术改造同技术引进结合起来，大力加强技术改造。各行业都要制定技术改造和设备更新的全面规划，有重点地进行技术设备、生产工艺的改造和革新，改变我市工业企业设备陈旧、工艺落后的状况，充分发挥现有企业的潜力。

农业方面。1985年农业总产值计划达到15.5亿元，平均每年递增8.9%。粮食总产量达到40亿斤，蛋类3200万斤，水果6000万斤，水产品1600万斤，牛奶6000万斤，生猪出槽250万头。社队企业产值5亿元。狠抓蔬菜和副食品生产，采用机械化、半机械化和手工劳动相结合的办法，大力发展禽、蛋，使城市禽、蛋的供应有显著改善。建设和改造一批重点作物良种试验、培育基地和种畜、种禽试验场。大力发展林业，提高森林覆盖率，由目前的10.4%，1985年提高到13%。加强现有水利设施的管理，搞好配套，整治病害，使之充分发挥效益。

商业和对外经济贸易方面。积极改革商业体制，大力疏通流通渠道，加强市场预测，活跃城乡经济。1985年社会商品零售总额达到26.9亿元，每年平均增长8.4%。新增商业服务网点1.16万个，商业营业用房11.43万平方米，库房3.1万平方米，增大冷藏能力1.25万吨。建立重庆工业品贸易中心和农副土特产品贸易中心，扩大小商品市场和农副产品贸易市场，逐步形成销售网络，使重庆成为长江上游的物资集散地。同时，改革外贸体制，健全重庆口岸，积极发展对外经济贸易关系。抓紧建成旅游大楼，改善旅游设施，提高服务质量，积极发展旅游事业。

科学技术和人才开发方面。根据经济建设和社会发展的要求，搞好技术经济预测和发展战略的研究，建立科技开发交流中心和科技情报中心。组织各方面的科技力量，开展技术攻关，重点抓好三十项科技项目。并重视科技专业人才的开发和培养，组织科技人才的交流，充分发挥科技人员的作

用。人才开发的基础是教育。要加强普通教育,加快教育结构改革的步伐,提高教育质量,发展包括干部教育、职工教育、农民教育、扫除文盲在内的城乡各级各类教育事业。城市高中职业技术教育在校生占高中学生的比例达到25%到30%。同时动员各方面的力量,积极办好职工大学、电视大学和各种职业学校。鼓励自学成才。我市将成立高等教育考试指导委员会,具体进行这方面的工作。

文化卫生事业方面。加强广播电视,提高新闻、出版效率,改善文化艺术基本设施,增加体育场地设施,提高重点运动项目的技术水平。卫生事业,搞好各级卫生机构调整、整顿和建设,提高医疗技术水平,并根据财力的可能,扩建和新建一些新的医院。逐步建立起比较完整的城乡医疗卫生保健网,增加病床位和医务卫生技术人员,使全市的医疗卫生事业有一个新的发展。

城市建设和人民生活方面。在努力发展生产的同时,继续搞好城市建设,提高城乡人民生活水平。全市城市居民消费水平每年将提高4%,农村社员每人每年平均增加30元左右。1985年城市居民人平住房面积将由1980年的3.1平方米增加到4平方米。建成日供水能力10万吨的南岸黄桷渡水厂,开始建设江北10万吨水厂,争取1987年建成投产,进一步缓和供水紧张的矛盾。完成两江110公里沿岸的绿化,建成海棠公园,城市绿化覆盖率由目前的14%提高到18%。在统一规划下,本着开发和改造相结合的原则,发挥各方面的积极性,搞好城市交通建设。修建菜园坝到牛角沱第二条隧道和长江段沿江干道,做好菜(园坝)袁(家岗)路、长江客运过江索道和沙坪坝停车场等工程建设的前期准备工作,为今后改善城市交通拥挤的状况创造条件。认真实行计划生育,严格控制人口增长。在五年内,安排城镇社会劳动力25万人就业。

在全市人民的努力下,我市"六五"计划头两年的执行情况是好的,超过了预期的要求。我们相信,只要扎扎实实地做好各方面的工作,上述"六五"计划的各项指标是可以实现的。

1983年,是党的十二大提出全面开创社会主义现代化建设新局面的头一年,也是实施新宪法、为国家的长治久安而奋斗的头一年。从重庆来说,又是中央和省委决定进行综合体制改革试点的头一年。在1983年里,我们要认真贯彻中央关于"改革要坚决,经济要抓紧"的精神,搞好经济体制综合改革试点工作,进一步把经济工作转到以提高经济效益为中心的轨道上来,全面完成国民经济和社会发展计划,加强社会主义精神文明建设,争取我市财政经济状况和社会风气的进一步好转。

今年我市经济建设和社会发展的主要奋斗目标是:在提高经济效益的基础上,工农业总产值争取达到95亿元,比上年增长6.7%。其中,工业总产值争取达到82亿元,增长6%;农业总产值争取达到13亿元,增长8%。粮食社会总产量达到38亿斤,生猪和其他多种经营要有较大的发展。社会商品零售总额24.8亿元,增长6.9%。外贸收购总值争取达到3亿元,增长14%。地方固定资产投资2.26亿元,比上年压缩36.5%。城镇劳动就业安排4.2万人。财政收入计划10.3381亿元,增长6%。由于我市实行计划单列,目前正在研究财政体制,去年的财政决算尚未划断,今年的财政收支预算指标未最后确定,因此这次不能向大会作预决算报告。

为了实现上述奋斗目标,我们要在一切工作必须和中央对重庆经济体制改革的要求相适应的原则下,以改革的精神,扎扎实实地抓好各方面的工作。

(一)努力提高经济效益,争取工业生产持续稳定增长。工业生产必须把质量、品种放在首位,切实降低生产成本,使产品物美价廉,适销对路,在市场上有竞争能力。今年工业产品质量稳定提高率要达到90%以上,开发新产品757种。降低原燃材料消耗,提高工时利用率。国家重点考核的经济效益指标,要比上年有明显的改善,可比产品成本降低2%。今年的能源供应有缺口,特别是天然气供应紧张,必须坚持开发和节约并重的方针,把立足点放在能源的节约上,坚决克服浪费现象,确保节电2%,节油3%,节煤4%,节气5%。千方百计挖掘运输潜力，提高运输效率，降低货物损耗，完成运输任务。所有工交企业，都要加强劳动保护工作，搞好安全生产。今年要继续把整顿企业的工作做好，总的要求是：全面展开，突出重点，分类指导，分批验收。整顿的重点是调整好领导班子，加强基础工作，切实搞好定员定额，把党委集体领导、厂长行政指挥、职工民主管理的企业领导制度和各项管理规章制度建立和健全起来。市里重点抓好一批大中型骨干企业，各主管部门和区县抓好所属企业的整顿，使企业经济效益有明显提高，生产面貌有显著变化。

（二）保证粮食稳定增长，放手发展多种经营。继续稳定、完善农业生产责任制，全面贯彻"决不放松粮食生产，积极发展多种经营"的方针，加快农、林、牧、副、渔业的发展。粮食播种面积不能减少，要搞好科学种田，在提高单产上下功夫，向中、低产地区挖潜力，种好杂交水稻，实现粮食稳定增产。近郊农业要坚持以菜为主，种好蔬菜，保证市场供应。同时，面向山区、丘陵、水面等多种资源，放手发展多种经营，把肉、奶、蛋、鱼、果、蚕茧、药材、油桐等搞上去。生猪出槽今年达到230万头，鲜鱼产量达到1300万斤，专业养鸡户发展到1万户，饲养良种鸡100万只。社队企业总产值达到4亿元，比上年增长6.1%。农工商联合企业要有新的发展。大力加强林业工作，扎扎实实地开展全民义务植树活动，坚决制止乱砍滥伐、乱占耕地的歪风。依靠农民自己的力量为主，加速发展小水电，举办必要的农业基本建设，改善农业生产条件，为农业生产稳定增长打好基础。今年内，农村要实行政社分开，加强基层政权的建设。

（三）严格控制固定资产投资规模，抓好重点项目的建设。基本建设投资的规模必须同财力相适应，这是稳定整个国民经济的基本条件。我们要从全局出发，坚决执行国家计划，对通过各项资金渠道安排的地方固定资产投资，必须在总的控制规模之内来安排，任何单位都不得突破。所有建设项目必须严格按基建程序办事，事前搞好可行性研究和技术经济论证，做好勘察、设计等前期工作，否则不准开工。确保加强能源、交通等重点建设和企业的技术改造，集中力量抓好重庆电厂第一期扩建、中梁山瓦斯开发利用、川黔公路改造和轻纺、机械、冶金、化工的重点更新改造等37项重点工程。并加强施工现场指挥，严格实行责任制，按时、按质、按量完成建设任务，充分发挥投资效果。

（四）改进商业工作，进一步搞活商品流通。现在城乡社会商品生产有很大发展，搞活商品流通极为重要。当前，要适应农村实行联产承包责任制后出现的新形势，切实改进农副产品收购和工业品下乡工作。同时，要适应日用消费品出现买方市场的新情况，采取灵活措施，改进销售服务工作，扩大地方工业品的销售。要正确贯彻计划经济为主、市场调节为辅的原则，认真执行农副产品和工业品购销政策，保证完成国家的收购和调拨计划。加快水果库、蛋库和鱼库等商业设施的建设，调整和增加商业服务网点，方便人民生活。切实加强物价管理，严格遵守国家物价政策，保持市场物价的稳定。认真执行国务院最近发布的《城乡集市贸易管理办法》，把城乡集市贸易管好管活。同时，充分发挥财税金融部门的经济杠杆作用，支持生产和流通部门广开财路，广辟财源，帮助企业加强经营管理，严格财经纪律，厉行增产节约，增收节支，确保全市财政收入任务的完成。

（五）依靠科学技术进步，推广应用科技成果。经济振兴必须依靠科学技术进步。科学技术工作必须面向经济建设，为经济建设服务，这是我们应当遵循的根本原则。在经济工作的指导思想上，要坚决地转移到依靠技术进步的轨道上来。紧紧围绕工农业生产建设和技术改造中迫切需要解决的课题，组织各方面的力量，开展技术攻关。抓紧完成省里安排我市承担或参加的重点科技攻关项目和研究课题25个，完成市里安排的科研生产"一条龙"项目10个，重点攻关项目28个，推广科技成果21个，开发新产品104个。各行各业都要依靠技术进步，取得新成果。市属各专业科研机构，要成为本部门、本行业技术开发和技术服务的中心。大专院校要结合教学和科研，积极承担为生产建设服务的科研课题和科技成果推广任务。科技管理部门要抓好行业的重大科技攻关和成果推广应用的组织协调,促进科研、设计、生产单位的联合和协作,有计划地开展科技人才的调剂、交流。市的有关部门,要采取措施,做出规划,引进和应用新技术,为推进科技进步开辟道路。同时,加强职工培训和科技队伍的建设,采取多种形式,提高职工的科技文化水平,向科学进军。

(六)加强城市建设,适应经济和社会发展。城市建设与社会经济和人民生活关系极大,要坚持统一规划,综合治理,配套建设的方针,实行建设与管理并重,新建与维修并重,做到经济效益、社会效益、环境效益三统一。本着国家办、集体办和群众自己动手谋福利的精神,今年着重办好八件事:(1)采取市统建、系统自建,单位联建、个人集资等办法,调动各方面修建住宅的积极性,全市新建住宅100万平方米,改造和维修公房10万平方米。(2)加快北碚黄桷大桥、江北寸滩大桥、沙坪坝磁器口桥的建设,改造道路八条,改造人行道3万平方米。(3)建设朝天门客运缆车站和南坪汽车站,新增一批公共电、汽车和轮渡船只。(4)加快南岸10万吨水厂建设工程,完成南山供水工程,改善南岸地区供水紧张状况。(5)新建和改造公共厕所60个,垃圾站10个,增加各种环卫车辆,实现主要街道环卫设施基本配套。(6)抓紧南坪,大坪、观音桥三个地区综合开发的规划、设计和建设,完成部分基础设施。(7)重点抓好市中区、南山和渣滓洞地区的绿化,新建扩建小游园、街头绿化点15个,完成鹅岭公园两江亭和南泉大游泳池改造工程。(8)加强环境保护,完成"三废"治理重点项目30个,改善环境面貌,美化山城。

(七)发展教育、文化、卫生、体育事业,努力建设社会主义精神文明。教育是发展国民经济的战略重点之一,要在全社会营造重视教育的风气,增加智力投资,广开办学门路,促进我市教育事业的发展。大力普及初等教育,发展中等职业教育,整顿调整中专教育,加强高等教育,提高教育质量。今年每个县都要改一、二所完中为农业中学,并试办一所示范性的农业技术学校和一所四年制的农业初中。认真搞好青壮年职工的文化技术补课和农民的文化技术教育,加强农村扫盲工作。依靠社会力量办好幼儿园、托儿所,加强学龄前儿童教育。各级各类学校都要加强以共产主义思想为核心的政治思想教育,培养有理想、有道德、有文化、守纪律的一代新人。坚持党的文艺方针,大力抓好文艺创作,努力提高演出质量,繁荣社会主义文艺事业,活跃群众文化生活。做好电影发行放映工作,广播、电视、出版工作都要有新的提高。认真贯彻《中华人民共和国文物保护法》,切实加强文物保护工作。继续开展以环境卫生、食品卫生为重点的群众性爱国卫生运动,加强防疫工作,提高医疗服务质量,新增病床550张,进一步满足人民群众看病住院的需要。广泛开展群众性体育活动,在大、中、小学全面推行体育锻炼标准,厂矿企业普遍建立和健全体育协会组织,组织好全国和省在我市举行的重要体育比赛,进一步搞好业余和专业训练,努力提高运动水平。计划生育是我国的一项基本国策。要在年初开展计划生育宣传月活动取得显著成绩的基础上,进一步做好深入细致的思想工作,建立和完善责任制,把全市人口自然增长率控制在11‰以内。

建设高度的社会主义精神文明,是建设社会主义的一个战略方针。在进行这一工作中,要向广大人民群众深入进行热爱祖国、热爱社会主义、热爱党的思想教育,并把"五讲四美"和"三热爱"教育结合起来,形成统一的活动。在全市范围内,把文明工厂、文明商店、文明乡村、文明街道、文明学校和"五好家庭"等活动进一步开展起来。广泛开展"三优一学"(优质服务、优良秩序、优美环境和学雷锋学先进人物)的竞赛活动。大力表彰先进,树立先进典型,充分发挥他们的模范带头作用,促进整个社会风气的转变。继续治理"脏、乱、差",城镇以治"差"为重点,着重抓好商业、服务业、公共交通、医院等行业;农村以治"脏"为突破口,开展以改善饮水条件和管理粪便为重点的群众性卫生活动。切实搞好今年3月份"文明礼貌月"活动和重大节日前后的“文明礼貌”突击周活动，并长期坚持下去，逐步把我市建设成优美、清洁、文明的社会主义现代化城市。

要广泛组织学习、宣传新宪法，进行民主和法制教育，使广大人民群众特别是青少年都能学法、知法、守法，提高遵守、维护新宪法和其他法律的自觉性。继续整顿社会治安，进一步贯彻落实综合治理方针，以预防犯罪和教育挽救失足者为主，及时地、耐心地做好疏导、调解和转化工作，防止人民内部矛盾激化，使刑事案件有较大幅度的减少，促进社会治安的进一步好转，不断发展安定团结、生动活泼的政治局面。

关于我市第六个五年计划，市政府还要在这次会议以后，组织有关部门和一些专家，对我市整个国民经济和社会发展计划进行研究和论证，进一步加以充实和完善，然后再提请市人民代表大会予以审议。

三、坚决而有秩序地搞好经济体制改革

要搞好四个现代化，必须进行一系列的改革，没有改革就不可能实现四个现代化。改革要贯穿四个现代化的整个过程，这是我们进行现代化建设的一个极为重要的指导思想。当前，全国各条战线出现了改革的大好形势，广大干部和群众的积极性空前高涨，改革的潮流势不可挡。全市工人、农民、知识分子，首先是各级政府的领导干部要满腔热情地投身到这股伟大的改革潮流中去，坚定地站在改革的前列，做改革的促进派。

改革是推动各项事业胜利前进的中心环节，也是实现今年经济建设和各项工作任务，开创重庆工作新局面的重要保证。过去在经济管理体制方面，存在种种弊端，它已严重束缚着生产力的发展，如果我们不进行一系列破旧创新的改革，要打开新局面，要实现“四化”建设的奋斗目标，是根本不可能的。我们应当通过改革，在坚持四项基本原则、坚持社会主义制度的前提下，调整那些不适应生产力发展的生产关系的环节，调整那些不适应经济基础要求的上层建筑的环节，充分调动人们的社会主义积极性，创造出更多的财富，使国家和人民都能较快地富裕起来，建设有中国特色的社会主义。胡耀邦同志在《四化建设和改革问题》的报告中阐明了改革的总方针是：从实际出发，全面而系统地改，坚决而有秩序地改。对于这个关系我们事业全局成败的问题，一定要有足够的认识，要有充分的精神准备和清醒的紧迫感，坚决遵循党中央确定的正确方针和步骤，坚决而有秩序地把改革进行下去。

最近，党中央、国务院批准，在重庆进行经济体制综合改革试点。这是党中央、国务院对当前我国正在进行的各项改革工作中的一项重要决策，也是全市人民盼望已久的大事。大家知道，重庆在历史上就是长江上游的经济中心，与西南各省和长江中下游地区有密切的经济联系，是与海外进行经济往来的内河口岸。解放以来，重庆的经济建设和交通运输事业有巨大发展，1980 年又重新辟为内河外贸口岸，目前我市进行经济体制综合改革的条件已经成熟。搞好这一改革，不仅关系到我市经济和各方面工作的发展，而且对于进一步搞活和开发我国西南的经济，探索军工生产和民用生产相结合的新路子，组织好以大城市为中心的经济区，都具有重要意义。我们要在中央各有关部门和省委、省政府的领导和帮助下，依靠全市人民的共同努力，把改革搞好。这是一项既艰巨而又十分光荣的任务，我们必须全力以赴。这次综合改革所要达到的目标，就是要充分发挥重庆的经济和地理优势，发挥重庆在组织经济方面的作用，打破现有的行政区划，以重庆为中心，带动周围农村，统一组织生产和流通，逐步形成以重庆为依托的，工业、农业、交通运输、内外贸易、科学技术、金融事业统筹安排、综合开发的经济区。

综合改革的基本方向和主要内容是：

（一）改革城乡分割、条块分割、领导多头的管理体制，实行以重庆为中心的城乡结合、条块结合的经济管理体制。省属在渝企业和大专院校、科研机构全部下放市管。

（二）在不改变省辖市的行政关系的条件下，市有相当于省的经济管理权力，由市直接承担完成国

家计划和上缴财政任务的责任。重庆市财政总收入按商定的比例，一部分上缴中央，一部分上缴省，一部分留市。财政体制改革的方向，是以划分税种来确定各级的财政收入，今年内作好准备，争取在1984年起试行。

（三）国家对市实行计划单列，市在保证完成国家和省下达计划的前提下，统筹安排全市的生产、建设、流通和分配。重庆作为相当于省一级的计划单位，在国家计划中单列户头。国家计划中，对所有计划指标，包括经济、科技、社会发展计划指标，都实行单列。

（四）坚持以社会主义公有制经济为主体，统筹安排全民、集体、合营和个体经济，发展多种经济形式和多种经营方式。

（五）按照专业化协作的原则和经济合理的要求，发展多种形式的经济联合，形成合理的产业结构、产品结构和企业组织结构。加强老企业的技术改造。动员企业努力提高经济效益，增加机动财力和还款能力；适当提高企业折旧率；增加银行贷款额度；企业的折旧基金和其他用于改造的资金，通过银行信托方式，按行业调剂使用，在统一规划下对所属企业轮流进行改造；积极引进国外的设备、技术，银行在外汇贷款上给以支持和优惠。采取多种措施筹集资金，加快企业改造的步伐。

（六）在重庆建立商业、物资中心，按经济合理流向组织商品流通。市各外贸分公司直接与经贸部各总公司挂钩，原则上可自营出口二、三类商品，可以直接对外谈判、报价、成交、签约、结汇。从1983年广州春季交易会起，重庆单独组织代表团参加广交会，直接开展对外贸易。打通长江通道，发挥重庆内河外贸港口的作用。第一步，先与武汉外运公司联运和联营；第二步，在可行性研究的基础上，再组织船队，开辟重庆到港澳及其他地区的班轮。

（七）全面实行利改税的体制，进一步健全经济责任制，改革工资奖励制度。以税代利是改进国家和企业关系的一项方向性改革，重庆市从今年起就全面推开。在企业与职工关系上，关键是改革工资奖励制度，改革的方向是实行以企业经营好坏和个人贡献大小为转移的浮动工资制和职务工资制。

（八）永川地区与重庆市合并，实行市管县的体制，促进城乡经济、文化事业的发展。

经济体制综合改革，是各种经济关系适应生产力进一步发展需要的多方面的调整，是一件很复杂的事情，我们还缺乏这方面的经验。因此，必须从实际出发，从经济发展的客观规律出发，充分走群众路线，寻求最佳的改革方案，有领导、有计划、有步骤、有秩序地进行。我市综合体制改革的内容很多，重点要从工商企业的改革入手，当前要着重抓好以下改革工作：

第一，大力推行多种形式的经济责任制。大量事实证明，实行以承包为中心的，国家、集体、个人三者利益相结合的，职工福利和劳动成果相联系的经营责任制，是打破“铁饭碗”“大锅饭”的好办法。由于各行各业情况比较复杂，在作法上要从实际出发，不搞“一刀切”。

农业要进一步稳定、完善以“双包”为主要形式的家庭联产承包责任制。全市农村已有98%的生产队采取了“双包”（包产到户、包干到户）形式。无论哪种形式的责任制，只要农民满意，就要长期稳定不变。同时，要抓紧建立和完善林、牧、副、渔和蔬菜生产等方面的联产承包责任制，签订和落实今年的承包合同和一、二类农副产品购销合同，保证兑现。目前，农村出现的各种专业户、重点户和自愿组织的联合体，这是商品生产和交换发展的必然趋势，要因势利导、大力扶持、鼓励发展，保护他们的正当利益。

国营工业企业，要普遍实行利改税，积极推行经营承包责任制。办法是：一是年利润在50万元以上的国营大中型企业，都按照实现利润征收所得税，税后利润一部分按国家核定的留利水平留给企业，剩余部分实行上交调节税的办法。以1982年为基数，利润增长部分，调节税减半征收，一定三年不变。二是固定资产在500万元以下和年利润在50万元以下的国营小型企业，实行国家征税、自负盈亏的办法，我市国营企业新八级超额累进税率征收所得税，并征收一定比例的固定资金占用费（当前由于企业缴纳固定资金占用费尚有困难，确定保留费种，三年内暂不征收），余下部分全部留给企业。三是重庆钟表公司、印制三厂仍继续实行国家征税、自负盈亏的办法，原办法中不够完善的部分要进一步调整。四是对亏损企业，实行亏损包干、减亏分成的办法。建筑安装企业，要普遍推行以投资包干为主要内容的经济责任制。对工业建设项目和市政公用工程，推行概算包干、节余分成；按施工图预算加预算系数包干；住宅按平方米造价包干等办法，超支不补，节余留用。同时，选择一些工程试行投标的办法。

国营商业、供销社和县办企业，要实行利改税，全面推行经营承包责任制。工商企业无论实行哪种承包形式，都要坚持社会主义经营方向，正确处理国家、企业、职工和消费者的关系。已有的群众欢迎的服务项目和便民措施，不得擅自取消。要严格执行物价政策，不准擅自提价，变相涨价。

要处理好企业和职工之间的分配关系，搞好企业内部的经济责任制。积极推行浮动工资制度，把奖金和20%的基本工资捆起来使用；有些行业要继续推行计件工资、集体计件和超定额计件工资；有条件的企业要推行浮动升级的办法，资金来源从企业留成资金中提取；要选择几个企业试行随着经营好坏工资总额浮动包干和试行职务工资或职务津贴的办法。总之，要把企业经营好坏和职工劳动成果同工资奖励紧紧地挂起钩来，坚持实行按劳分配、多劳多得、少劳少得、不劳不得、奖勤惩懒，坚决克服“吃大锅饭”的弊端。

第二，努力搞好军工生产和民用生产，充分发挥军工的优势。我市军工企业基础雄厚，技术力量较强，生产潜力很大，把军工的优势发挥出来，就可以大大促进重庆经济建设的发展。在经济体制改革中，我们一定要在军工生产和民用生产相结合方面，探索出一条新的路子来。在民品生产方面，近两年来已迈开了步子。望江机器厂和嘉陵机器厂等一些军工企业，取得了显著的效果，做出了榜样。应在此基础上继续前进，摸索出新的经验，做出更大的成绩。今后，军工企业应当在保证完成军品生产、科研任务的前提下，努力搞好民品生产。民品的协作配套，按照经济合理的原则，尽可能就地就近组织。军工的一些工艺设施、测试手段，要参加市组织的工艺协作，开展有偿的社会化服务。要积极承担地方企业的技术改造、新产品开发等任务和国防科技向民用转移的任务。同时，我市各部门也应积极支持军工企业，搞好军品和民品生产结合，共同为“四化”建设做出贡献。

第三，积极搞好企业调整改组，进一步发展多种形式的经济联合。要按照专业化协作和经济合理的原则，结合省属企业下放，调整充实完善现有的公司、总厂的管理体制。根据企业生产发展和经济联系的不同情况，分别组织不同形式的公司、联合体和按产品组织“一条龙”的生产协作，有的还可组织行业协会，协调他们的经济活动。总之，要从实际出发，搞多样化的公司和经济联合体，不搞一个模式。要大力发展跨行业、跨地区的多种形式的工工联合、工商联合、工农联合和商商联合。通过联合，尽可能地把重庆及其周围地区的工业、商业、农业特别是三线建设的工厂搞活，扬长避短，充分发挥各自的优势，逐步形成以重庆为依托的辐射能力较强的经济网络。同时要发展交通运输的联合。发挥重庆水陆交通枢纽的作用，促进内外贸易的发展。

第四，加快流通领域的改革。经济中心，首先是贸易中心。流通不畅，就会阻碍生产的发展。要破除统购包销、独家经营的做法，建立多种经济形式、多种流通渠道、多种经营方式和少环节的、开放式的流通体制。根据商品分工、城乡通开的要求，按照经济流向，调整和设置批发机构。省在渝商业、供销二级站下放与市公司合并，同时打破固定行政供应区域、固定供应对象、固定倒扣作价的限制，实行跨地区、跨批发环节的经营和内部协商作价。进一步密切工商关系，统一组织生产和流通，工商联合经营。加强同省内各市县和省外的经济贸易往来，积极扩大地方产品销路。供销社体制改革，要按照合作商业性质，加强群众性、民主性、灵活性，逐步办成产供销结合、农工商综合经营的联合体，起到供销、加工、储存、运输、技术等综合服务中心的作用。放宽购销政策，疏通农副产品进城和工业品下乡的渠道。在保证完成国家计划的前提下，对三类农副产品和完成统购、派购后的一、二类农副产品，除棉花、木材、麝香外，都可以多渠道经营。允许基层供销社和货栈出县、出市、出省推销，长途贩运。允许生产者、购销专业户和个体行商长途运销。同时，改革物资管理体制，按照经济区划和物资的合理流向，建立物资供应网络，就地就近组织物资供应。

第五，大力发展集体经济，适当发展个体经济。以国营经济为主导，多种经济形式并存，是党和国家的一项长期方针。继续清除“左”的影响，放宽政策，大力支持发展城镇集体手工业、建筑业、运输业、商业和服务业。对待集体经济要同对待国营经济一样，一视同仁，不能歧视、限制和打击。组织和发展集体经济，要坚持群众自愿、互助合作、自力更生的原则，实行“民办”或“民办公助”，由参加人员自筹资金和生产资料，国家给以适当扶持。集体所有制企业的财产和产品，归劳动群众集体所有，其他任何单位和个人都不得侵占或巧立名目进行平调。集体经济组织拥有的经营管理自主权，不准乱加干预，并减轻集体企业的负担，从各方面做好工作，使集体经济有一个大的发展。

个体经济是公有制经济的必要的有益的补充。要动员和组织城镇待业青年和有经营能力的社会闲散人员，从事手工业、修理业、运输业、房屋修缮业、城乡贩运业、服务业、饮食业、商业等生产经营活动。特别是当前发展缓慢的手工业、修理业、服务业，要重点发展和扶持。对废旧物资回收和旅馆业，区别不同情况，适当放宽。要清除不准农民“弃农经商”的影响，允许社员个人或联户经营农业、林业、商业、交通运输业、服务业；允许他们筹资办小水电站、仓库等基本建设设施；允许他们承包经营水库、水塘、荒山、荒坡；允许他们开店设厂，从事农副产品加工；允许他们销售完成交售任务后上市的农副产品。工商行政管理部门要加强对个体工商户的管理，保护合法经营，制止违法行为，使之更好地为社会主义建设和人民生活服务。

第六，做好地市合并和省在渝企事业下放的衔接工作。目前，永川地区和市合并的工作已经开始进行，省属企事业下放工作将陆续展开。我们要同心协力，认真搞好衔接工作，防止脱节、混乱的现象发生。特别是工商企业原来的产供销渠道和经济联系不能中断，以保证生产和流通的正常进行。在今后的工作中，一定要加强全局观念，搞好团结，本着城乡统一规划、统筹兼顾的原则，搞好城乡结合，加强综合平衡，使城乡同步发展，全面提高社会经济效益，共同开创“四化”建设的新局面。

我们所面临的改革是一次全面性的系统改革，因此，除经济方面的改革外，教育、文化、卫生、政法等各条战线、各个单位都有改革的任务。只有改革的侧重点不同，没有要不要改革的问题。鉴于大规模的改革，头绪纷繁，情况复杂，需要深思熟虑，实事求是，积极稳妥地进行。凡是看准了的，而又有条件的，就立即改。一时看不清楚，而又拿不准的，就进行调查研究，先行试点。改革是中央的一项重大决策，也是广大干部、群众的迫切要求，我们决不能等待观望，不要怕担风险，不要一遇到挫折就犹豫不前。我们一定要站在这个历史潮流的前面，思想更加解放，决心更加坚定，工作更加扎实，把各项改革推向前进。

为了适应经济体制改革的要求，我们要按照党中央的统一部署，认真搞好机构改革。在指导思想上，机构改革要服从经济体制改革的要求，有利于促进国民经济的发展，有利于发挥经济中心城市的作用，有利于简化管理层次，有利于加强社会主义物质文明和精神文明建设。通过改革，解决机构臃肿，互相扯皮，干部老化，效率很低的问题，达到精简机构，缩减人员，调整班子，提高效率的目的。改革的原则是：精简、合并经济专业管理部门，加强经济综合部门、协调部门和经济监督机构；精简管理层次，各委、办、局都是政府的同级职能部门，重叠的机构一律撤销，业务相近的进行合并，临时机构尽可能撤销；搞好党政企合理分工，国家机关适合改为经济组织或事业单位的，就改为经济组织或事业单位；精干领导班子，改善干部队伍结构，市级委、办、局除配正职一人外，副职一般配备二至三人，最多不超过四人；紧缩编制，精简人员，坚持因事设人，实行定编不定人。根据这些原则，经过多方面听取意见和较长时间的反复酝酿，现在已经拟定了市政府机构改革的方案。市政府各部门拟由现有的77个裁减、合并为47个，减少39%。下一步的主要任务是，深入细致地展开机构改革工作，通过“四定”（定机构、定领导班子、定任务、定人员），成熟一个改一个，然后建立健全岗位责任制。市级机关的机构改革，要在今年上半年内完成。区县机关机构的改革，从今年下半年开始进行，争取明年一季度完成。

机构改革是一场革命。它的本质要求，就是要用革命精神，从根本上改革行政机构中那些同社会主义现代化建设需要不相适应的部分，改革一切同生产力发展不相适应的管理方式、活动方式和思想方式。也就是说，要革机构重叠、臃肿、相互扯皮的命，革不合理的管理制度的命，革形形色色官僚主义作风的命。这是中央的一项重大战略决策，意义十分重大。各级领导干部要提高认识，统一思想，以革命事业为重，增强对机构改革的责任感和迫切感，切实抓好机构改革工作。要选贤任能，选拔一大批德才兼备、年富力强的中青年干部到各级领导岗位上来，努力实现干部队伍的革命化、年轻化、知识化、专业化。老干部是我们党和国家的宝贵财富，也是保证机构改革顺利进行的重大政治因素，我们一定要紧紧地依靠老干部，充分发挥老干部的重要作用，对中青年干部实行传帮带，实现新老干部的合作和交替。这是每一个老干部应尽的义务和责任，是对党对祖国的事业高度负责的一种表现。同时，各单位要认真负责地把退休、离休和退居二线的老干部妥善安排好，使他们都能各得其所，政治待遇和生活待遇不变，并注意继续发挥他们的作用。在机构改革中，要认真执行中央组织部《关于机构改革中各级干部必须遵守的几项规定》。特别是各级领导干部，必须坚守岗位，忠于职守，以对革命彻底负责的精神，抓好工作，抓好生产，抓好改革。要做好思想政治工作，保持职工思想的稳定，不能因机构可能合并或撤销，就等待观望，不去积极主动开展工作。决不允许发生松懈、脱节和混乱现象，决不允许贻误工作和影响生产。严格遵守国家财务管理制度、物资管理制度和财经纪律，现有预算内和预算外资金以及各种物资，不得擅自转移、私分和挪用。各级干部都要顾大局、讲原则、坚持党性，做机构改革的促进派，坚定不移地把机构改革工作做好，使政府机关的工作面貌出现新气象，克服官僚主义，提高工作效率，密切联系群众，更好地为“四化”建设服务。

这里应当强调的是，在社会主义现代化建设的新时期中，知识分子起着特别重要的作用。党中央一再指出，重视知识、充分发挥知识分子的作用，是我国实现社会主义现代化的关键。知识就是力量，就是财富。人人都应当知识化，这是现代化建设的需要，是整个共产主义事业的需要。一定要确立尊重科学文化知识的正确观念，营造尊重知识和知识分子的社会风气，努力掌握现代科学文化知识。我们党和国家是重视知识分子的，但从五十年代后期开始，指导思想却逐渐偏离了正确轨道，“左”的思想抬头，特别是在“文化大革命”期间，说什么“知识越多越反动”，批判“知识私有”，使人们不敢读书学习，不敢掌握知识，这是完全错误的。党的十一届三中全会以来，党中央在指导思想上进行了拨乱反正，纠正了对待知识分子的“左”的错误，指出知识分子的绝大多数已经是我国工人阶级的一部分，使党的知识分子政策重新走上了正确轨道。但应当看到，目前还远远没有彻底清除长期“左”倾错误的严重影响。这种情况，必须彻底加以改变。要坚决清除那种轻视知识、歧视知识分子的偏见，确立尊重科学技术和知识分子是工人阶级一部分的观念，进一步落实党的知识分子政策。要大胆信任和重用知识分子，做到人尽其才，知才善用，在工作上使他们有职有权，并把那些有管理才能的优秀中青年知识分子，选拔到各级领导岗位上来。要奖励做出重大科技成果和取得显著经济效益的科技人员。

允许知识分子在完成本职工作的前提下。利用业余时间从事有益于“四化”建设的科技劳动，到其他单位兼职、兼课，接受技术咨询服务，并从创造的财富中取得合理的报酬。要采取切实措施，改善他们的工作、学习和生活条件，妥善解决他们的住房和一些人夫妻分居两地的问题。鼓励知识分子到群众中去，到实践中去，到工农业生产第一线去，鼓励他们在“四化”建设中发挥自己的聪明才智，做出新的贡献。

当前，我们面临的任务很艰巨、很复杂，为了适应形势发展的要求，市政府各部门的领导干部和各行各业的广大干部，都要加强学习，更好地掌握马克思列宁主义、毛泽东思想，更好地掌握各门社会科学和自然科学，掌握现代化技术和经营管理科学。要进一步解放思想，革新领导作风和领导方法，勇于创新。要深入群众，深入实际，研究新情况，解决新问题，总结新经验。对重大问题或久拖不决的事情，领导干部要同有关部门的负责同志，一起到现场办公，就地解决问题。市政府和各部门的负责同志，一年要有1/4到1/3的时间深入基层。要充分发挥各级、各部门的作用，凡是分管领导同志能定的事情，就不要提到会议上去讨论；凡是部门能办的事情，就不要请示上级领导，要独立负责，大胆工作。各部门之间、各单位之间，要协作配合，商量办事，相互支持，不得推诿，互相扯皮。通过机构改革，要建立健全岗位责任制，做到有职有责，赏罚分明，切实改变那种分工不合理、职责不分明的状况。要大力精简会议和文件，各部门召开的业务会议，不能以市府名义召开，市府领导一般不到会讲话，不要什么会都要领导同志参加“陪会”。文件也要严格把关，凡是能用电话或口头解决的问题，就不要行文，克服文牍主义。总之，我们要抛弃那些不符合当前形势需要的老作风、老套套，树立同新的历史任务相适应的领导作风和领导方法，使各项工作取得新的进展。

各位代表：党的十二大确定了我国经济建设的战略目标、战略重点和战略步骤，五届全国人大五次会议制定了治国安邦的新宪法，通过了我国第六个五年计划和1983年的年度计划，为我们指明了长远的发展方向和近期的奋斗目标。我们要在党的十二大和五届全国人大五次会议精神的指引下，全市人民动员起来，担负起改革的历史重任，奋发图强，开拓前进，努力做出新成绩，全面开创重庆工作的新局面，为我国社会主义现代化建设的伟大事业而努力奋斗！

重庆市第九届人民代表大会第二次会议关于《政府工作报告》的决议

（1983年3月27日通过）

重庆市第九届人民代表大会第二次会议，审议了于汉卿市长所作的《政府工作报告》，决议如下：

会议批准于汉卿市长所作的《政府工作报告》。

会议认为，1982年，市人民政府依靠和组织全市人民，一手抓物质文明建设，一手抓精神文明建设，各方面的工作取得了较大的进展，基本上实现了市九届人大第一次会议确定的任务。会议对市人民政府的工作表示满意。同时，要求认真总结经验，克服缺点，在新的一年里取得更大的成绩。

会议认为，1983年，要认真贯彻“改革要坚决，经济要抓紧”的精神，认真落实和完善各种形式的责任制，依靠先进科技，加强技术改造，搞好工农业生产，扩大商品流通，切实提高经济效益，争取财政经济状况的进一步好转。积极发展教育、文化、卫生、体育事业，搞好计划生育工作。加强城市建设和绿化工作。认真落实党对知识分子的政策，充分发挥知识分子在“四化”建设中的重要作用。努力建设社会主义精神文明，继续整顿社会治安，争取社会风气和社会治安的进一步好转。会议责成市人民政府，对我市1982年国民经济、社会发展计划执行情况和1983年计划安排以及1982年财政决算和1983年财政预算，进行调整和安排，然后提交下次市人民代表大会审议；对我市第六个五年计划进一步加以研究、论证和充实、完善，再提交市人民代表大会审议。

会议认为，在重庆进行经济体制综合改革试点，是党中央、国务院对我国当前正在进行的各项改革工作中的一项重要决策。这一改革，不仅关系到我市经济和各方面工作的发展，而且对于进一步搞活和开发我国西南的经济，探索军工生产和民用生产相结合的新路子，组织好以大城市为中心的经济区，全面提高社会经济效益，都具有重要意义。我们要在中央有关部门和省委的领导和帮助下，从实际出发，具体制定执行方案，有领导、有步骤地组织实施，务必把试点工作搞好，充分发挥我市作为长江上游的经济中心的作用，不辜负中央和省委对我们的期望。教育、文化、卫生、政法等各条战线、各个单位，也都有改革的任务，都要积极进行。同时，要抓紧机构改革，改进领导作风和领导方法，提高工作效率。在改革的历史潮流面前，各级领导干部一定要解放思想，大胆探索，勇于创新，做改革的促进派，夺取改革和生产、工作的新胜利。

会议号召，全市人民在党的十二大和五届全国人大五次会议精神的指引下，进一步团结起来，担负起改革的历史重任，奋发图强，开拓前进，为全面实现1983年的各项任务，开创重庆工作的新局面而努力奋斗！

在重庆市第十届人民代表大会第一次会议上的政府工作报告

（1983年9月12日）[①]

于汉卿

各位代表：

现在，我受重庆市人民政府的委托，向市第十届人民代表大会第一次会议报告政府工作，请予审议。

1982年以来的工作

从1982年2月市第九届人民代表大会第一次会议产生本届政府到现在，已经一年半了。在省委、省政府和市委的领导下，市政府认真贯彻落实党的十二大和全国六届人大一次会议精神，经过全市人民的共同努力，各方面的工作都取得了较大的进展。1982年。全市工业生产稳步增长，经济效益有所提高；农业获得丰收，多种经营发展较快；城乡市场活跃繁荣，商品供应比较充裕；基本建设和城市建设成效比较显著，城乡人民生活继续得到改善；科技、文教、卫生、政法等事业继续发展，精神文明建设有了加强；打击经济领域和其他领域严重犯罪活动的斗争也取得了成效。全市（包括原永川地区）工业总产值完成88.58亿元，比上年增长9.5%。农业总产值完成30.8亿元，比上年增长11%；粮食总产量104.4亿斤，比上年增产9.8亿斤，增长10.4%。财政收入完成11.37亿元，完成年预算的103.3%，比上年增长9.1%。

鉴于1982年的工作已经在今年3月市九届人大二次会议上作过报告，这次就不再详细汇报了。这里，着重就今年以来的经济建设、经济体制综合改革和机构改革的情况向大会报告。

① 本文标题系编者重新拟定，原标题为《政府工作报告——1983年9月12日在重庆市第十届人民代表大会第一次会议上》。

一、经济建设在调整、改革、整顿中取得新的进展

工交战线加强企业整顿工作，落实经济责任制，广泛开展“反浪费、增效益”活动，工业生产出现了持续增长的局面。1至7月，全市工业总产值完成56亿元，为年计划92.2亿元的60.7%，比去年同期增长9.5%。重工业生产持续上升，比去年同期增长15.1%；轻工业生产扭转了一季度下降的趋势，比去年同期增长3.6%。产品质量稳定提高率达87.8%，可比产品成本下降0.6%，全员劳动生产率提高7.2%，亏损企业和亏损金额都有减少。特别是今年以来出现了工业利润和工业总产值同步增长的好势头。而且，工业利润增长的幅度超过了总产值增长的幅度。整个经济效益开始有所好转。

广大农村认真贯彻执行中央关于《当前农村经济政策的若干问题》的指示，稳定和完善以家庭联产承包为主的多种形式的责任制，进一步调动了农民的生产积极性，农副业和多种经营全面发展。小春粮食种植面积虽然减少，但单产有所提高，总产量达到18.8亿斤，基本保持了去年的水平。大春生产，先后遭受干旱、冰雹、洪涝等严重灾害，受灾作物达100多万亩，人民的生命财产也遭到了很大损失。在各级党委和政府领导下，经过抗灾斗争，减轻了灾情，预计全年粮食总产量仍可达到或超过历史最高水平的1982年。1至7月，社队企业完成总产值4.2亿元，比去年同期增长22.4%。植树造林活动广泛开展，收效较好。多种经营进一步发展，生猪、水果、蚕茧、茶叶、牛奶、鲜鱼和榨菜等骨干品种的产量，预计比去年都有不同程度的增加。蔬菜生产淡旺差距缩小，品种增多，基本上满足了城市人民生活的需要。

基本建设部门，抓紧了重点工程项目建设，调整了投资结构，能源、交通建设投资比重上升，非生产性建设投资比重下降。1至7月完成投资2.74亿元，为年计划的44.6%。住宅施工和竣工面积，比去年同期都增长10%以上。市政工程、公用事业、园林绿化和环境保护工作都取得了成效。7月份以来，遵照中央关于严格控制基本建设规模、确保重点建设的指示，对基建项目进行了清理，停建缓建了一些不具备建设条件的项目，进一步加强基建计划的集中统一管理，积极支援国家的能源、交通等重点建设。与此同时，认真贯彻执行国务院、中央纪委的紧急通知，狠刹乱涨生产资料价格和向建设单位乱摊派费用两股歪风，取消不合理的规定，制止不符合政策的加价和收费现象，取得了明显的效果。

商业工作实行多种经济形式、多种经营方式、多种流通渠道、减少流转环节的商品流通体制，城乡市场呈现一派繁荣兴旺的景象。1至7月，商业购进、销售总值比去年同期分别增长3.9%和3.3%，社会商品零售额19亿元，增长6.8%。小春粮食征购已超额完成任务。外贸收购、销售总值分别达到年计划的77%和74.9%，自营出口创汇达1145万美元。整顿市场工作普遍展开，取缔非法市场、无证经营和打击投机倒把活动已初见成效，市场秩序有所好转。财政、税收、物价、银行等部门发挥了经济杠杆和监督作用。全市财政收入完成较好，1至7月完成7.43亿元，为年预算12.28亿元的61.9%，比去年同期增长9.8%，实现了增产增收。

现在看来，在今后几个月内，只要继续努力，扎扎实实地抓好各项工作，就可以全面完成和超额完成今年全市的国民经济计划。

二、经济体制综合改革正在逐步展开

今年初，中央和国务院批准。在重庆市进行经济体制综合改革试点。国家体改委和省委先后两次在重庆召开综合改革试点工作会议，采取中央、省、市三结合方式，研究制定了20多项改革方案。这些方案有的已开始实施，有的即将陆续实施。目前，经济体制综合改革已经起步，正在逐步全面展开。这段时间，主要抓了以下几项工作。

一是全面推行利改税。经过反复测算论证，制定了本市国营工业、商业和非工业企业三个利改税

试行办法，分别于5月1日和8月1日起实施。从执行的情况来看，效果是良好的。由于实行利改税，正确处理了国家和企业之间的分配关系，既保证了国家财政收入的稳定增长，又给企业增加了活力和压力，因而促使企业挖掘潜力，提高经济效益，出现了税金逐月上升的趋势。实践证明，利改税的方向是完全正确的，应当继续坚持下去，并进一步加以完善。

二是完成地、市合并工作。根据省委的指示，从4月1日起，永川地区与重庆市正式合并。由于地、市的密切配合，团结一致，合并工作进行很顺利。这段时间，已经按系统对口衔接工作，对原永川地区行政机关的人员做出了安排，目前正在逐步落实。为了实行市领导县的体制，市委、市政府做出了关于搞好市领导县若干问题的决定，并着手制订城乡结合、协调发展的规划。市委、市政府和有关部门都加强了对农村工作的领导，建立健全了专管农村工作的机构。各区、县在部分社队进行了体制改革的试点。这些都为实行市领导县的体制奠定了基础。

三是完成省属企事业下放的交接工作。为了适应重庆经济体制综合改革的要求，省人民政府决定将67个省属在渝的工业、商业、交通、建筑企业和科研、文教事业单位，下放给我市管理。现在已按规定的原则对口办理了交接手续。这些省属企事业下放后，将有利于打破条块分割，统一组织生产和流通，进一步搞好企业的改组和联合，充分发挥中心城市的作用。

四是流通体制改革取得进展。我市外贸计划已从今年开始实行单列，市各外贸公司与经贸部各总公司直接挂上了钩。我市可以自营出口二、三类商品，并可直接对外谈判、报价、成交、签约、结汇。今年第一次单独组织贸易代表团参加春季广交会，成交金额近900万美元。省商业二级站已下放给市管，批发机构正在调整，供销社的改革也正在进行。为了从明年起逐步实行物资按地区组织供应，物资部门正在按合理流向设置物资供应中心。国家物资总局为我市增加了钢材、水泥等物资的周转库存。邮电部门在实行计划单列后，市内电话利润除按规定上交外，其余全部返回用于市话建设。铁道部和长航总局，都为重庆增加了出川物资运输能力，对促进我市内外贸易的发展起了重要作用。

五是为明年实行计划单列作好准备。市政府有关部门，多次向国务院有关部门汇报情况，衔接计划，得到了大力支持。明年各项计划单列的准备工作已大体就绪。与此同时，初步制订了全市能源交通重点建设、工业企业技术改造和军民结合发展民品的规划。在科技、文教、卫生、金融、物价等体制改革和规划方面，也做了不少工作，进行了有益的探索。此外，按照劳动人事部提出的方案，在重庆烟厂、重庆蓄电池厂、西南合成制药厂和市中区文化用品公司进行调整工资和改革工资制度相结合的试点，为全面改革工资制度摸索经验。

三、机构改革工作取得成效

市级政府机关的机构改革工作是从去年11月份开始的。十个月来，做了艰巨而细致的工作，进展是顺利的。在改革中，根据中央、省委指示精神，首先进行了调查研究，分析了我市机构设置的历史和现状，总结了现行体制和机构的各种利弊。在此基础上，经过反复酝酿讨论，确定了我市机构改革的指导思想和步骤作法，制订了市级政府机关机构改革方案，逐步付诸实施，使机构改革有领导、有计划地进行。

鉴于我市正在进行经济体制综合改革的试点工作，而机构改革又与经济体制综合改革密切相关。因此，这次机构改革是与经济体制综合改革同步进行的，使它适应经济体制综合改革的要求，有利于把我市建设成为长江上游的经济中心，有利于党政企的合理分工，有利于简化管理层次，有利于社会主义物质文明和精神文明的建设，达到克服官僚主义，提高工作效率，更有效地为人民服务的目的。

经过这次改革，撤销了重叠的机构和临时性的机构，合并了业务相近的机构，一些适合改为经济组织的就不作为国家行政机构；进一步加强了综合部门、经济协调部门、经济监督部门；精干了领导班子，改善了干部队伍结构，使新的领导班子符合革命化、年轻化、知识化、专业化的要求；同时，对退居二、三线的老同志作了妥善安排，使他们继续发挥老干部的重要作用，对中青年干部作好传、帮、带的工作。

目前，市政府各部门的机构调整工作已初步完成，委、办、局以上的领导班子基本配齐。经过调整改革，机构臃肿、领导班子老化和文化偏低的状况，有了较大的改变。市政府系统的机构，由原来的77个裁减、合并为47个，减少39%；局以上领导干部，由原来的476人减为198人，减少58.4%；平均年龄由原来的56岁降为50.7岁，降低5.3岁；高中以上文化程度由原来的44.1%上升到76.8%，其中大专文化程度由原来的16.1%上升到40.9%。同时，选拔了一批有技术业务职称的具有一定专长和管理才能的干部到领导岗位上来。这就在改善干部年龄、知识结构，促进干部“四化”方面，迈出了可喜的一步。

这次机构改革工作，由于指导思想比较明确，准备工作比较充分，步子比较稳当，已经收到了明显的效果。特别是许多老干部表现了高度的革命自觉性，他们出于公心，高高兴兴地从领导岗位上退下来，满腔热忱地推荐年富力强的同志担负领导工作。他们这种以革命事业为重的高度觉悟，是机构改革得以顺利进行的重要保证。

今年以来，科技、文教、卫生、体育、外事、政法、民政、侨务、民族、宗教、人防、民兵和计划生育等方面，都做了许多工作，做出了一定的成绩。6月份，市政府友好访问团出访了美国西雅图市，双方签订了协议书，结为友好城市。

总的来讲，我市当前政治、经济形势都是好的。特别是今年以来，面临经济体制改革、机构改革、地市合并、省属企事业下放等重大任务，头绪纷繁复杂，工作十分艰巨。由于广大干部和职工的辛勤努力，保证了各项工作有领导、有秩序地进行，取得了较好的成绩。在这里，我代表市政府，向战斗在各条战线的工人、农民、解放军、知识分子和各界人士表示崇高的敬意。在总结一年多来工作的时候，还必须看到我们工作中存在的缺点和问题。从市政府领导来讲，我们的思想不够解放，步子迈得不大。在工作上，抓当前多、考虑长远少，布置多、检查少，往往忙于烦琐的日常事务，而对全市经济和社会发展规划、企业技术改造等一些带有战略性的问题，抓得不力。我们的作风也不够深入，缺乏系统的调查研究，在经济工作、体制改革某些问题的决策上，广泛听取意见，充分进行论证不够，生产、建设和流通领域的经济效益还不高。我们对市府各部门加强集中统一领导不够，有些事情该集中的没有集中，该分散的没有分散；一些部门之间职责不清，协调配合差，办事效率不高。精神文明建设在有些地方和单位尚未引起足够重视，发展教育事业的步伐不快，社会风气和社会治安尚未得到明显好转。我们必须清醒地看到这些问题，在今后工作中认真加以解决，才能巩固和发展当前的大好形势，夺取社会主义建设的更大胜利。

今后五年的主要任务

党的十二大提出了全面开创社会主义现代化建设新局面的宏伟纲领。第六届全国人民代表大会确定了今后五年各方面的工作任务。市第五次党代会提出了我市今后五年的奋斗目标。重庆是四川和西南的重镇，有1300多万人口，拥有较为丰富的自然资源和雄厚的工业基础，以及优越的水陆交通条件，应当为实现全国工农业年总产值翻两番做出更大的贡献。经本届市政府研究，对下届市政府的工作提出以下建议，请大会予以审议。

今后五年市政府的主要任务是：动员全市人民，继续贯彻国民经济“调整、改革、整顿、提高”的方针，大力推进以经济建设为中心的各项建设事业，加快经济体制综合改革步伐，全面完成和超额完成全市国民经济和社会发展计划，实现财政经济状况和社会风气的根本好转。经过五年的努力，使工农业生产水平、科学技术水平、经济管理水平和经济效益有一个显著提高，为经济振兴打下坚实的基础；基本实现经济体制综合改革试点的要求，使重庆初步形成长江上游的经济中心；城市建设得到较大发展，居住条件和公用配套设施有明显改善，人口增长得到严格控制，人民生活水平进一步提高。为了实现上述任务，应当努力做好以下各方面的工作。

一、切实抓紧经济建设

今后五年，是打基础、上水平、积蓄力量，为经济振兴创造条件的关键性五年。必须进一步搞好国民经济的调整，加强能源、交通等薄弱环节的建设，加快技术改造和企业整顿的步伐，把经济工作切实转到以提高经济效益为中心的轨道上来，保证国民经济的稳定增长，保证财政收入计划的实现。到1987年，工农业总产值达到170亿元，平均每年递增7.3%。其中，工业总产值129亿元，平均每年递增7.8%；农业总产值41亿元，平均每年递增5.8%。商业购进和销售总值分别达到53亿和62亿元，平均每年递增7%。地方财政收入与生产发展保持同步增长。

（一）加强能源、交通重点建设和技术改造，搞好企业的全面整顿。加强重点建设是保证我国经济继续健康发展的重大战略决策。要树立全国一盘棋的思想，为推进重点建设贡献力量。近年来，国家和省在重庆安排了一批大中型建设项目，主要有：逢春、三汇煤矿矿井建设工程，重庆电厂扩建工程，四川送电工程，四川油气田勘探和开发工程，成渝、川黔、襄渝三条铁路电气化工程，川黔公路重庆段改造工程，西南铝加工厂第二期建设工程，重庆特殊钢厂大型精锻机工程，中梁山瓦斯开发利用工程等。规划建设的有：铁路上桥货站工程，重庆火车站改造工程，寸滩码头建设工程，朝天门客运港建设工程，程序控制自动电话和微波通讯工程。为了确保重点工程建设，应坚决贯彻落实国家集中资金的各项规定，从物资的调拨和运输、能源的调配、设备的加工配套、施工力量的组织等方面，优先给予保证。并严格按照国家有关规定，解决好土地征用、移民拆迁、劳力安置等问题，决不允许"吃基建大户"和"敲竹杠"。在保证重点建设的同时，认真搞好本市安排在轻纺工业、建筑材料、文教卫生、公用事业等方面的建设。要严格控制基本建设规模和施工力量的盲目发展，使施工队伍与基建任务相适应。所有建设项目，都必须认真做好建设前期工作，坚决按基本建设程序办事。建立严格的工程项目责任制，加强对各项建设资金的管理和监督，实行投资包干，杜绝各种浪费，节约建设资金、材料和土地。加强施工管理，缩短建设周期，保证工程质量，降低工程造价，使有限的资金发挥出更大的效益。

大力推进技术进步，狠抓技术改造，是实现经济振兴的战略措施。通过五年技术改造，使我市主要行业的技术结构、产品结构有明显改善，一部分陈旧设备得到更新，开发一批具有特色和优势的新产品、新品种，生产工艺水平、技术经济指标有一个明显的提高，逐步把我市工业、农业和其他行业转到新的技术基础上来。技术改造要以提高经济效益为中心，围绕提高产品质量，增加花色品种，产品升级换代，节约能源和原材料消耗，产品深度加工，采用先进工艺技术和高效能的技术装备，扩大综合生产能力等方面，有计划、有重点地进行。要把轻纺、化学工业的技术改造放在重要地位，机械、电子工业要先行一步，相应安排冶金、建材等原材料工业技术改造项目。今后五年内，力争每年重点改造一批企业，以带动各个行业改变技术面貌。目前，市政府正在组织各方面力量，制定全市"六五"后三年和"七五"期间的技术改造总体规划方案，10月份召开技术改造规划论证会，邀请专家充分进行可行性研究论证，然后组织实施。各行业、各企业都要制订技术改造规划，明确技术改造的方向和重点，并纳入市的总体规划和全国行业规划。为了加快技术改造的步伐，应大胆利用外资，引进关键的、适用的国外先进技术设备，并做好消化、吸收工作；积极采用沿海地区的先进技术；广泛开展群众性的技术革新和攻关活动；运用价格、税收、信贷、利率等经济杠杆来支持技术改造，调节技改资金的使用方向，把技改资金用在急需项目上。要建立严格的技改项目责任制，对花钱少、见效快、效益高的要给予表扬奖励；对任务完成不好或造成损失的，要给予批评，直至追究责任。

要继续搞好企业的调整，使工业结构、企业组织结构、产品结构、技术结构合理化。要坚持“六优先”的原则，大力发展轻工、纺织、食品和家用电器等消费品生产。对那些同先进企业争能源、争原材料，产品没有销路的企业，坚决实行关停并转。那些重复生产，布局不合理的企业。按择优定点的原则进行调整。打破地区、行业、部门界限，按产品、按行业、按工艺积极发展各种形式的经济联合。对现有专业公司，应随着经济体制的改革，根据生产发展的需要，分别不同情况，有领导、有计划地加以调整和完善，让公司有权决定自己范围内的经济活动，发挥经济组织管理经济的作用。对全市工交企业，实行归口管理。各工业管理局，应发挥政府职能部门的作用，把应该下放的权力下放给公司和企业，着重搞好规划、协调、服务、监督工作。

用改革精神搞好企业的全面整顿，是提高企业素质的重要一环。要在保证质量的前提下，加快整顿步伐。全民所有制企业，1983 年要有 25％到30％的企业达到验收标准，1984 年有 30％到 35％的企业达到验收标准，在 1985 年底以前，把所有企业都整顿一遍。整顿企业的关键，要把领导班子配备好。一定要按干部“四化”标准，把那些有决策能力、业务能力、组织能力、协调能力的优秀干部选拔到领导岗位上来。进一步完善以经济责任制为核心的各项管理制度，加强标准、计量、统计、测试、检验等基础工作，推行全面计划管理、全面质量管理、全面经济核算，充分挖掘企业内部的潜力，做到优质、高产、低耗和安全生产，使企业面貌有一个明显的改变。

（二）调整农业结构，加快农村经济的发展。农业是国民经济的基础。当前要抓紧搞好农业区域规划，制订农业发展规划。根据自然资源和地理条件，本着因地制宜、发挥优势、适当集中的原则，合理地调整农业生产布局。近郊和工矿区附近社队，以蔬菜为主。同时发展奶、鱼、禽、蛋等，建成稳定的蔬菜、副食品生产基地；远郊区县的浅丘平坝地区，以粮为主，粮经结合；深丘低山地区，粮林牧结合；山区以林为主，积极发展用材林。

全面贯彻“决不放松粮食生产，积极开展多种经营”的方针。在稳定粮食种植面积，重点发展水稻的同时，重视发展旱粮。抓好以杂交水稻和杂交玉米为主的良种普及，改革耕作制度，扩大复种指数，提高单位产量，确保全市粮食产量平均每年增加 3 亿斤左右，1987 年达到 115 亿斤以上。多种经营，重点抓好水果、蚕桑、茶叶、榨菜和生猪、牛奶、家禽、鲜鱼等骨干品种的生产，搞好基地建设。五年内有计划地建设柑桔、水果基地 15 个，蚕桑基地12 个，茶叶基地 7 个，改造商品鱼塘 1.5 万亩，建成两座大型养鸡场，扩大鲜牛奶加工能力，使城市的菜、肉、蛋、奶、鱼和水果等副食品的供应状况进一步得到改善。

要进一步稳定和完善以家庭联产承包为主的多种形式的生产责任制，鼓励农民进行各种开发性承包。大力扶持专业户、重点户和经济联合体的发展。有计划地指导社队立足当地资源，积极发展不与大工业争原料、争能源的小矿产、小水电、小煤窑和建筑材料、饲料、食品、编织等小企业，并与发展农工商联合企业结合起来；鼓励农民兴办小林场、小果园、小桑园、小养殖场，搞好家庭副业。以“两户”带动千家万户，以城市工业带动社队企业，推动农村经济的发展，促进农业生产的专业化和社会化，提高商品生产率。加强农业科学技术工作，建立健全农业科研和推广体系，尽快把县一级农业综合技术推广中心建立起来，切实抓好农业科技成果的推广应用，积极筹建农业各主要专业科研机构，组织好重大科技项目协作攻关。抓紧种植业和养殖业新品种、新技术的研究，努力把种子建设、配合饲料、化学肥料搞上去，提高农业生产的科学技术水平。依靠和扩大劳动积累，逐步增加对农业的投资，加强农业基本建设。保护森林资源，搞好植树造林，加快荒山绿化。完善水利建设设施，积极改田改土，发挥农机作用，改善农业生产条件，提高抗灾能力，确保农业增产。

（三）大力发展内外贸易，进一步搞活商品流通。流通是联系城乡、生产与消费的桥梁和纽带，是发展经济的重要环节。要强化商业流通系统，发挥国营商业的主渠道作用，加强流通与生产部门的联合协作，改善经营管理，扩大城乡市场，逐步形成商品物资集得拢、散得开、辐射远、畅通无阻的商品流通网络。开拓市外市场，在全国主要城市逐步建立重庆产品销售、服务点。扩大农副土特产品贸易中心，在近郊和主要县镇设立农副产品批发市场，扩建农副产品交易市场。做好农副产品收购和工业品下乡工作，办好供销合作社和公社供销经理部，切实解决农民卖难买难的问题。加强市场管理，稳定市场物价，搞好商品质量监督检验工作，保护生产者、贩运者和消费者的正当利益。严禁欺行霸市，坚决取缔非法活动，把市场管好搞活。做好商品信息工作，指导生产和经营活动。加强商业网点和经营设施建设，适当调整仓库布局，增建一些物资中转库、粮库、水果库、菜库和鱼库，改善储运条件。在偏僻地区和工矿区，增设一批粮店、菜店、煤店、综合商店，调整现有网点，方便群众生活。

要充分利用我市外贸口岸的有利条件，积极扩大对外贸易和经济技术交流。生产和外贸部门要紧密配合，加强国际市场的调查预测，掌握市场动态，根据国际市场需要，建立和扩大货源基地，生产和出口适销对路的产品。努力提高产品质量，增加花色品种，改进包装装潢，增强竞争能力。要与国内一些口岸城市密切合作，运用灵活多样的贸易方式，加强推销服务工作，扩大商品出口。同时，积极发展合资经营、合作经营、补偿贸易、加工装配和劳务出口，打开对外经贸工作的新局面。

（四）努力增产节约、增收节支，积极扩大财源。要实现今后的任务，加强经济建设，兴办各项事业，当前面临的一个突出问题和困难，就是财力不足、浪费严重，许多应该办的事而不能办到。克服困难的唯一出路，就是发动群众增加生产，厉行节约，讲求生财、聚财、用财之道，千方百计扩大财源，增加财政收入，使全市财政收入逐年稳定地增长。

应当看到，在我市生产、建设和流通领域中，质量低，消耗大，成本高，浪费严重，仍然是当前突出的问题。这也说明潜力很大。因此，每一个企业都要继续深入开展“反浪费、增效益”的活动，努力增产节约，堵塞浪费漏洞，层层落实国家计划规定的降低生产成本和各种费用的要求，实现增产增收。对确实经过自身努力实现了增产增收的企业，在保证国家财政增加收入的前提下，要使企业也增加收益，并使职工相应地多得到一些利益。对经营管理落后，完不成上交任务的企业，要减扣利润留成，原则上不调整职工工资。由于经营管理不善而发生亏损的企业，要限期扭亏为盈，到时不能扭亏的要关停并转，停发奖金。人民银行要加强对流动资金的统一管理，加速资金周转，不断提高资金使用的效益。加强税收工作，把国家规定的一切应收的税都收上来，防止偷税漏税。严格控制支出，坚决反对挥霍浪费，对国家控购物资要严加控制。严禁滥发奖金、实物和补贴。加强财政监督，严格财经纪律，对乱摊乱挤成本、偷税漏税、截留上交国家财政收入、化大公为小公、化公为私等违法乱纪行为，必须严肃处理。广大干部和群众要正确处理国家、集体和个人三者利益关系，发扬艰苦奋斗精神，充分挖掘潜力，完成国家财政收入任务，为实现财政经济状况的根本好转做出更大的努力。

（五）在发展生产的基础上，进一步改善人民生活。这是党和政府的一贯方针。要坚持在生产发展和劳动生产率提高的前提下，增加城乡人民的收入，提高居民的消费水平。国务院决定，从今年第四季度开始，调整企业职工的工资。这是关系广大职工切身利益的一件大事。它是在国家财政还有困难的情况下，为继续改善职工生活所采取的又一重要措施。这次企业调整工资，党和政府既是为国家的长远利益着想，又充分考虑了广大职工的眼前利益和实际困难。应当教育广大职工提高认识，增强主人翁责任感，把调整工资的工作切实做好，把生产积极性调动起来，为加快“四化”建设做出更大贡献。农村主要靠努力发展生产，发展多种经营，增加收入，使农民富裕起来，实现每年人平增加收入二三十元。切实加强物价管理，稳定生活必需品的销售价格，坚决制止乱涨价或变相涨价的歪风，维护消费者的利益。继续做好城镇劳动就业的工作。今后每年约有6万多人需要安排就业，要认真贯彻“三结合”的劳动就业方针，采取多种渠道、多种形式，做好待业人员的安置工作。各有关部门，要做好统筹规划，从税收、生产经营场地、资金来源和原材料、货源供应等方面，积极扶持集体经济和个体经济的发展，扩大就业门路。

二、加快经济体制综合改革步伐

胡耀邦同志指出：要搞四个现代化，必须进行一系列的改革。没有改革，就不可能实现四个现代化。我们重庆市进行经济体制综合改革试点，这是党中央和国务院对当前我国正在进行的各项改革工作中的一项重要决策。认真搞好我市经济体制综合改革，必将加快我市经济发展，提高经济效益，增强经济实力，更好地发挥中心城市的作用，为“四化”建设做出更大的贡献。今年以来，我市综合改革虽然做了不少工作，但是大量的艰巨的改革任务还有待今后去完成。我们必须按照党中央和国务院确定的改革方向和原则，努力加快改革的步伐，力争在今后五年内基本实现我市综合改革试点的要求。当前，应当有重点有步骤地搞好以下几方面的改革。

第一，改革计划体制，加强对国民经济的有效管理和指导。国家对我市实行计划单列后，应当根据国家的要求和重庆的优势、特点以及与周围地区的经济联系情况，尽快制订我市经济和社会发展的中长期规划。逐步建立健全经济信息网络，加强统计工作，搞好经济预测，开展重大经济决策的经济技术论证和重大建设项目的可行性研究，努力提高计划的科学性，使经济决策尽可能符合实际。切实加强宏观计划指导和综合平衡，逐步完善以中长期计划为主，长、中、短期计划相结合，经济、科技、社会发展计划相结合，全面规划和专项规划相结合的计划体系，逐步建立计划考核和责任制度。同时，按照企业、产品和任务的不同，分别采取指令性计划、指导性计划和市场调节三种管理办法，发挥多种经济杠杆的调节作用，更好地贯彻计划经济为主、市场调节为辅的原则，保证国民经济的协调发展和国家计划的完成。

第二，以国营经济为主导，发展多种经济形式，实行灵活多样的经营方式。今后除继续积极发展集体经济、适当发展个体经济外，关键是改革社会主义公有制经济的经营方式。对集体所有制企业，要真正按集体经济去经营，由企业独立核算，完全自负盈亏。对全民所有制企业，要区别不同情况，采取不同的经营方式，增加企业的活力，更好地发挥社会主义公有制的优越性。同时，进一步扩大企业的权力，使每一个企业有更多的经营管理的自主权，千方百计地发挥主动创造精神，把企业办好。

第三，探索军工生产和民用生产相结合的新路子。事实证明，只有走军民结合的道路，才能把我市的经济技术优势发挥出来，也才能从根本上改变军工企业由于单纯生产军品而造成的长期任务不足的局面。今后，军工企业要全面贯彻军民结合的方针，在确保新型武器装备的科研任务和战备急需的武器装备的生产任务的前提下，要全力以赴，发展民品生产，为国民经济建设服务，为提高科学技术水平多做贡献。要充分发挥军工的优势和潜力，积极调整产品结构，大力开发新产品，加强与民用企业的生产协作，积极帮助地方企业搞好技术改造，把军用技术转移到民用生产上来，使民品生产走上按计划发展的轨道。当前，要从搞好规划入手，开发一批对国民经济有重要意义的产品，在实践中积累军民结合的经验，努力开创军民结合的新局面。

第四，加快流通体制改革的步伐，促进城乡商品生产和商品交换的发展。尽快搞好批发机构的调整,实行站司合并,按商品分工组成专业公司,下伸网点,形成合理的商品流通网络。大力发展工商农商联营和跨地区的商商联营,逐步建立工业品和农副产品的批发市场、交易中心和储运中心,更好地发挥我市的商品集散地和贸易中心的作用。抓紧农村供销社体制的改革,恢复其合作商业性质,要更好地担负起完成国家统购、派购任务和组织好农村商品购销,扶持农村经济发展的双重任务。同时实行以城市为中心,按合理流向组织物资流通的体制。从明年起,国家计划分配物资,凡市属企事业由市物资部门统一组织供应;原由部直供的市属单位将逐步下放到市供应;中央、省属企事业除少数专用物资外,均应逐步划转指标由市就近组织供应。属于大宗物资,尽可能组织企业间的直达供应和长期定点供应,零星物资由物资部门设点就地就近供应,以适应生产建设的需要。

第五,完善市领导县的体制,促进城乡经济发展。要充分发挥城市在组织生产和流通方面的作用,统筹规划城乡经济的发展,发挥城乡各自的优势,互相促进,共同发展,逐步形成城乡结合的经济区。当前,应当从建立城乡结合的商品流通网络入手,疏通流通渠道,使工业品下乡和农副产品进城畅通无阻,促进城乡商品生产和商品交换的发展。同时统一规划,合理布局,使大工业、区县工业和社队企业协调发展,形成一个既有密切联系又有合理分工的城乡结合的工业网络。要发挥城市的科技和文化优势,帮助农村建立健全农业科技网络和信息网络,推动农村精神文明建设,更好地为建设社会主义新农村服务。

第六,改革财政税收体制和劳动工资制度。全面改革税制,进一步完善利改税的制度,开征一些新的税种,合理调整税率,按税种划分收入,形成新的分税财政体制,既保证国家财政收入的稳定增长,又使我市有一个稳定的财源。逐步改革工资制度,贯彻按劳分配原则,克服平均主义,使职工收入同社会经济效益、企业经营好坏和个人的劳动贡献密切联系起来。逐步改革劳动人事制度,在国家计划下灵活调节劳动力,做到人员能进能出、能上能下、择优录用,促进人才的成长和合理使用,破除“大锅饭”“铁饭碗”的弊端。

经济体制综合改革是涉及经济基础、上层建筑包括意识形态领域在内的一场深刻的革命。在前进的道路上,必然会遇到各种阻力。特别是我们重庆市在经济体制上受条块分割比较严重,各方面的经济关系错综复杂,加之这次改革试点又是在全国和全省尚未全面改革的情况下进行的。因此,改革的难度更大,矛盾更多。我们一定要依靠中央和省的领导,依靠国务院各部委、省的各厅局的指导和帮助,搞好改革试点工作。为了进一步加强对经济体制综合改革工作的领导,市委、市政府最近决定成立重庆市经济体制改革委员会,负责规划、组织、协调全市的经济体制改革工作。各级干部要立志改革,勇于改革,从实际出发,从经济发展的客观规律出发,充分走群众路线,对客观形势需要,而又有条件的改革,要坚决进行,不能畏首畏尾,犹豫不前;对牵动面大,情况复杂的改革,一定要经过认真的试验,分批分期,循序渐进,不能一哄而起,急于求成,搞一刀切。在改革中应当树立全局观念,处理好各方面的关系,把原则性和灵活性结合起来,及时研究和解决改革中出现的新问题,使经济体制改革健康地向前发展。

三、加强城市建设和城市管理

城市建设是国民经济和社会发展的重要组成部分,是城市现代化的重要基础。经过近几年全市人民的共同努力,我市城市建设得到较快发展,城市的面貌有了改观。但是,由于长期以来城市人口增长过快,各种建设的比例严重失调,城市基础设施欠账太多,因而城市建设和管理的任务十分艰巨。今年7月,国务院批准了我市城市总体规划。这是我市城市发展史上的一件大事。国务院要求:重庆市在实现国民经济振兴的伟大事业中,要充分发挥中心城市的作用,促使长江上游经济和社会的发展,逐步建成具有高度物质文明和精神文明的社会主义现代化城市。今后,我市城市建设总的指导思想是：严格控制市区规模，合理发展卫星城，积极建设小城镇。母城的人口和用地规模，必须严加控制。旧城区要充分利用现有基础，逐步加以改造。郊区要进行调整和配套。同时加强卫星城和县以下小场镇的规划和建设。

今后五年内，我市城市建设要以维护现有设施正常运转和积极还欠补缺为主，着重解决道路、交通、住房、供水和污染等突出问题。到1987年，争取市政基础设施基本配套，交通拥挤、住房紧张、供水不足、污染严重的状况得到缓和，市容卫生面貌明显改变，卫星城和小城镇的建设有一定发展，为九十年代的经济振兴和城市建设的更快发展打好基础。

加强城市道路、交通建设，是加快城市建设的重要一环。要根据山城地形特点，发展地面、地下、空中、水上交通。目前已开工的中山支路、两路口人行立交道、朝天门缆车工程，分别在今、明两年建成。到1987年，完成长江客运索道的建设，架起市中区到南岸的空中通道。为了缓和两路口、上清寺、牛角沱和嘉陵路、长江路等交通咽喉要道的拥挤状况，建设向阳二隧道、牛角沱立交道，着手进行嘉陵江石门大桥和菜园坝至袁家岗公路建设的前期准备工作，力争早日开工。对地下人防通道进行改造，逐步建成一条朝天门至两路口的地下轻便电车道，与长江路、菜袁路地面交通相衔接。并采取分段包干、逐步实施的办法，在五年内规划和开始修建沿江公路。同时，利用两江优势，积极发展水上客运交通，进一步改变城市交通面貌。

继续发挥国家、地方、单位、个人的积极性，抓好住宅建设。今后五年，全市新建职工住宅500万平方米，使城市人平居住面积净增1平方米，由现在的3.4平方米提高到4.4平方米。同时，要加强现有房屋的维修和管理，五年内计划改造危房200万平方米，基本完成对全市一、二类危房的改造任务，使人民的居住条件得到改善。

加快建设南坪、大坪、观音桥三个综合开发区。大坪和观音桥要建成设施配套、生活方便的居住区，争取在1987年前基本实现。按照总体规划的要求，将南坪建设成为我市的贸易中心，目前正在着手进行贸易大楼的规划。今后还要分片规划，在市郊有计划地建设不同功能的经济、生活小区，以适应我市建设长江上游经济中心的需要。

改善城市供水条件，扩大供水能力，提高饮水质量。目前正在新建的南岸黄桷渡水厂，要按期建成投产，改变南岸和李家沱地区的供水紧张状况。并按照经济合理的原则，由市自来水公司与有多余供水能力的社会单位实行联合经营，沟通管网，争取调剂出日供水能力5万吨，使江北、大坪、杨家坪、石桥铺、中梁山等地区的供水有所缓和。

治理污染，保护环境。对现有污染源，要进行切实有效的治理。嘉陵江沿岸污染严重的工业企业，都要结合技术改造，提高资源、能源的利用率，防治工业污染，使嘉陵江的水质有所提高。对位于水源保护区、居民稠密区、风景游览区等布局不当、污染严重而又难以治理的工业企业，应有计划地逐步调整布局。为了节约能源，减轻大气污染，改善居民生活条件，要改交燃料结构，发展民用气体燃料，组织好民用气化工程的规划、设计和施工，使城区民用燃料逐步实现气化。

搞好园林绿化和市容卫生。认真贯彻普遍绿化的方针，在城乡范围内扎扎实实地开展全民义务植树活动，经过五年的努力，把城市绿化覆盖率由现在的14.6%提高到20%左右。适应山城特点，发展小游园、小花坛、小绿带、绿化点。结合沿江公路的建设，培植一条绿化林带。在近几年内，结合南坪开发区的建设，完成南坪公园第一期建设工程，并在公园内开辟一个青少年活动中心。改造鹅岭、枇杷山公园，逐步开发统景风景区。对列为国家重点的大足宝顶文物保护区和缙云山、北温泉、钓鱼城风景保护区，争取在1984年作好规划，报经国家批准后，逐步进行整修。为了发展旅游事业，必须加快旅游大楼的建设。要加强环卫设施建设和环卫管理工作，普遍推行“门前三包”（包卫生、包绿化、包秩序）责任制，使市容经常保持清洁、卫生。

积极建设小城镇，是城市建设的重要方针。要抓紧制订小城镇的改造和建设规划，按照量力而行的原则，逐步改造县城干道路面和排水系统，发展县镇公共交通，改善居民饮水条件，增加一些必要的基础设施。加强对乡村、场镇建设的管理，刹住滥占乱用耕地的歪风。

在加强城市建设的同时，必须加强城市管理。按照统一领导，分级管理，条块结合，各负其责的原则，建立市、区、街道三级管理的城市管理体制。加强区和街道管理城市的责任、权利和手段，充实城管队伍，把依靠专业人员管理和发动群众参加管理结合起来，形成强有力的城市管理系统。进一步制订和完善城市管理法规，并认真组织实施，做到依法治城。城市建设和管理部门，要按照政企逐步分开的原则，使政府部门的管理职能得到强化，城建企事业单位的经济效益得到提高。国务院批准的我市城市总体规划，是今后较长时期我市各项建设事业必须遵循的总依据，具有法律效力。各级政府、各部门、各单位和全市人民，都要正确处理当前与长远，局部与全局，经济效益与社会效益和环境效益的关系，严格按照城市总体规划进行建设，把经济计划与城市规划结合起来，坚持城乡建设与经济建设协调发展。要按照“人民城市人民建，人民城市人民管”的方针，调动各方面的积极性，组织各种渠道的资金，发动和依靠人民群众自己动手，努力把我市规划好、建设好、管理好，成为清洁、优美、文明的现代化城市。

四、努力发展教育、科技、文化事业

加快以教育和科学技术为重点的文化建设，既是经济发展的必要条件，又是社会主义精神文明建设的重要内容。教育是“四化”建设的基础。各级政府要像抓能源、交通、经济工作那样抓教育。中小学教育是基础教育，“四化”建设和培养人才都要以此为起点。要改革和加强普通教育，端正办学指导思想，全面贯彻党的教育方针，纠正只顾少数、丢掉大多数学生的片面追求升学率的倾向。1985年，全市普及小学教育，在城市和近郊普及初中，逐步提高农村小学毕业生升初中的比率。继续搞好城乡初中的调整、整顿工作，努力提高初中质量。要适应经济建设的需要，加快中等教育结构改革，大力发展职业技术教育。五年内全市城乡职业、农业中学在校学生人数都要达到高中学生人数的40%以上，逐步形成职业技术教育与普通教育并行的中等教育体系。

加速发展高等教育。采取多层次、多规格、多种形式办学，多办专科和短缺专业。大力支持在渝高等院校的建设和发展，依靠各高等院校，为地方培养建设人才。努力办好渝州大学，积极筹办走读部。尽快成立市广播电视大学，建立教学实验中心。积极扩大电大、函大、职大、夜大的办学规模，使较多的高中毕业生获得接受各种高等教育的机会。尽快成立全市高等教育自学考试指导委员会，组织指导自学考试，积极鼓励和支持青年自学成才。认真抓好工农业余教育，1985年基本完成全市青壮年职工的文化、技术补课和青壮年农民的扫盲任务，发展职工中等业余技术教育和农民文化技术教育。充分发动企事业单位、街道和社队举办幼儿园，并支持群众办托，争取在三五年内，基本解决城市“入托难”问题。

发展我市教育事业，关键要解决好两个问题：一是采取坚决有力的措施，调整、整顿教师队伍，大力培训师资，努力办好师范院校，逐步使大多数教师都达到规定的学历水平，建立一支稳定合格的师资队伍。二是重视智力投资，解决办学经费。今后每年教育经费的增长比例，要适当高于财政总支出增长的比例。同时坚持“两条腿走路”的方针，发动厂矿企业单位、农村合作组织和社会各方面集资办学，努力改善办学条件。

振兴经济必须依靠科学技术的进步。要根据国家和省的部署，组织科技力量，制订同经济、社会协调发展的科技发展长远规划，制订各行各业的技术政策和装备政策，为制订全市经济和社会发展长远规划提供可靠的科学技术依据。今后五年，要加强应用技术研究和开发研究，着重解决经济建设和社会发展中的关键技术课题，力争在以下方面有新的突破：（一）节约能源、开发新产品、地方资源利用、提高产品质量、增强技术基础等科技课题的研究；（二）农产品优良品种选育、病虫害的生物防治技术、综合高产栽培技术、农副产品加工技术等研究；（三）电子计算机、激光、微生物和同位素等新技术的应用；（四）加强自然科学和社会科学的密切合作，开展哲学社会科学的理论研究工作，对现代化建设、经济体制改革中提出的重大理论问题和实际问题进行研究，为领导机关和管理部门决策，提供有科学依据的方案和建议。

为了加强对科技工作的领导，市委、市府决定成立市科技领导小组，统一领导和协调全市的科技工作，加强科技干部管理，确定重大科技攻关项目，对重大科技政策、重大技术引进进行决策。并着手建立科技开发交流中心、科技情报中心和计量测试中心，搞好市属科研机构的调整、整顿和改革工作，逐步形成具有地方特色的科研体系。要组织大专院校和在渝科研设计单位为本市经济发展服务。充分发挥各学会、协会、研究会等科技群众团体的作用，加强各学科、各专业的学术研究工作，加强科技协作，积极开展对外科技交流，更好地为经济建设服务。

努力发展文学、艺术、电影、广播、电视、新闻、出版、图书馆、博物馆、文化馆、革命纪念馆等各种文化事业。要着重抓好文艺单位的调整、整顿和改革，提高文艺队伍的素质。坚决贯彻为人民服务、为社会主义服务和"百花齐放、百家争鸣"的方针，努力塑造"四化"建设的创业者形象，创作和演出更多思想内容好、艺术情趣高的作品，坚决克服资产阶级自由化和文艺演出商品化的倾向。做好电影发行、放映、管理工作，大力发展农村电影院和放映队。广播电视要提高节目的思想性、知识性和艺术性，加强节目制作手段和传输手段，提高技术质量和人口覆盖率。加速对印刷厂的技术改造，到1985年新增印刷能力20万令纸和新增5000万字的排字能力，初步形成图书印刷中心。五年内基本做到县县有图书馆、文化馆，乡乡有文化站。认真加强文物保护工作，规划建设红岩革命纪念馆、"一一二七"烈士纪念馆和中美合作所集中营旧址，修复、开放一批革命纪念地。

继续贯彻执行预防为主、城乡兼顾、中西医结合的方针，加强医疗卫生事业。五年内新建市急救中心，扩建部分医院，增加病床和专业卫生人员，重点扩大中医、妇产科、儿科、传染科和肿瘤科。深入持久地开展群众性爱国卫生运动，严格执行食品卫生法，降低各种传染病和地方病的发病率。

实行计划生育，是我国的一项基本国策。今后几年，本市仍处于生育高峰，必须坚持不懈地抓好计划生育。全面贯彻"宣传教育为主，避孕节育为主、经常性工作为主"的方针，大力推行晚婚晚育，普遍提倡一对夫妇只生一个孩子，严格控制二胎，坚决杜绝多胎。坚决保护女婴和生女婴的妇女。今后五年内，人口自然增长率由现在的10‰下降到8‰以下。建成一所以男性节育技术为主的研究中心，各区县都要建立计划生育宣传技术指导所（站）。切实加强妇幼保健工作。

大力开展群众性体育活动，重点抓好学校体育和青少年业余体育训练工作，积极推进体育社会化。争取田径（短、跳）足球、女排、跳水、射击、航模、无线电测向等项目达到全国先进水平。第五届省运会1984年9月将在我市举行，要积极做好各项组织准备工作。要把体育设施建设纳入城市建设规划，分期分批逐年建设。

在社会主义精神文明建设中，必须大力加强以共产主义思想为核心的思想教育。要深入开展"五讲四美三热爱"活动，广泛进行爱国主义、集体主义、社会主义、共产主义教育，使全市人民特别是青少年成为有理想、有道德、有文化、守纪律的劳动者。各行各业都要深入持久地开展优质服务、优良环境、优良秩序、学雷锋和先进人物的"三优一学"活动，继续治理"脏、乱、差"。认真遵守职工守则、学生守则等各行各业的职业道德规范和纪律。广泛开展文明单位、五好家庭和青年服务队等活动，大力表彰先进，发扬社会主义正气，总结推广经验，使“五讲四美三热爱”活动经常化、制度化。

进一步落实知识分子政策，是加强教育科技文化建设的关键。必须继续清除“左”的思想影响，切实纠正轻视知识和知识分子的偏见，造成全社会尊重知识、尊重知识分子的风气。各地区、各部门要对专业技术人员获得重大科技成果的奖励、家属“农转非”、解决住房、创造工作学习条件，组织人才合理流动、建立健全技术责任制、加强培训提高等方面，制定具体实施等办法，切实加强和改进知识分子工作。中小学教师是知识分子的重要组成部分，各级政府要以极大的热情关心教师，提高教师的政治地位和社会地位，改善他们的工作和生活条件。要坚决刹住侮辱、殴打伤害教师的歪风，保证教师的合法权益，真正形成尊重教师的社会风尚。希望广大知识分子把自己的前途同祖国的命运和社会主义事业的发展紧密联系起来，加强学习，努力实践，团结协作，共同奋斗，为“四化”建设做出更大贡献。

五、加强政法工作和政权建设

为了保障我市经济体制综合改革和现代化建设的顺利进行，必须继续加强社会主义民主和法制建设，加强政法工作和政权建设，努力实现社会风气和社会治安的根本好转，进一步巩固和发展安定团结的政治局面。

建设社会主义民主，是我们的一项根本任务和目标。社会主义民主的建设必须同社会主义法制的建设紧密结合起来，才能使社会主义民主制度化、法律化，人民民主权利才有可靠保证，损害民主的违法乱纪现象才能得到有效的制止。要在各级政府机关、厂矿企事业单位内部和广大人民群众中，反复进行社会主义民主和法制的宣传教育。从小学起，各级各类学校都要开设法制教育课，普及宪法和法律知识。一切政府机关和经济组织的工作人员，都必须严守法纪，努力学会运用法律手段来管理经济活动，同各种违法犯罪行为作坚决的斗争。

大力加强政法公安工作，全面贯彻综合治理方针，是实现社会治安根本好转的基础一环。几年来，我市各级政法公安机关，协同有关部门，依靠人民群众，在综合治理社会治安工作中，依法惩处了一批严重刑事犯罪分子，做了大量教育、感化、挽救失足者的工作，使社会治安情况有所好转。但是，社会治安问题还远没有解决好，凶杀、抢劫、强奸、盗窃等刑事犯罪问题还比较突出。特别是一些流氓歹徒结成团伙，偷盗诈骗，拦路抢劫，杀人越货，强奸妇女，严重破坏社会秩序，威胁人民群众生命财产的安全。造成这种情况的一个重要原因，是政法公安机关的某些专政职能没有得到强有力的行使，对严重刑事犯罪分子打击不力，惩治不严。我们一定要从中吸取教训。政法公安机关是人民民主专政的“刀把子”，它的主要职能是对敌专政和惩罚犯罪。最近，公安部门集中打击了一批严重刑事犯罪分子，得到了全市人民的热烈支持和拥护，群众拍手称快。各级政府、政法部门要坚决贯彻执行全国人大常委会《关于严惩严重危害社会治安的犯罪分子的决定》，紧紧依靠人民群众，采取果断措施，继续深入开展严厉打击刑事犯罪的斗争。必须严厉打击杀人犯、放火犯、爆炸犯、投毒犯、强奸犯、抢劫犯、流氓犯罪集团、拐卖妇女儿童的人贩子、重大盗窃犯等严重刑事犯罪分子，必须对他们依法从重从快惩处。该逮捕的逮捕，该判刑的判刑，该劳教的劳教，该注销城市户口的注销城市户口。对那些罪行特别严重、情节特别恶劣的，要坚决依法给以最严厉的制裁。只有这样，才能维护社会安定，保卫人民利益，尽早实现社会治安的根本好转。

要加强治安管理。对城乡户口、特种行业、枪支弹药、爆炸物品、部分刀具等，都要严格管理制度，落实管理措施。加强对交通要站、繁华闹市、公共场所、农贸集市等重点复杂地区的治安管理。公安部门要派出专门力量帮助重点整顿，严格执行有关公共安全法规，切实搞好市场秩序、交通秩序和治安秩序。各级机关团体、各厂矿企事业单位，都要切实加强内部安全保卫和重点建设项目的保卫工作，加强防范措施，保证人民生命和国家财产的安全。

要加强基层政权建设。按照政社分设的原则，建立乡政权和村民委员会，加强街道办事处和居民委员会的工作，配齐基层公安、民政、司法干部，调整、充实治保、调解组织，发挥群众性自治组织的作用。进一步推动群众制订居民公约、乡规民约，自觉维护社会治安，教育挽救失足青年，做好人民内部的思想疏导、调解和转化工作，从根本上预防犯罪，减少危害社会治安现象的发生，促进社会风气和社会治安的迅速好转。

加强政法公安队伍的建设，全面提高政法公安干警的政治素质和业务素质，逐步改善技术装备，增强他们的战斗能力。要进行严格的教育训练，开展经常的思想政治工作，使全体政法公安干警具备对国家、对人民绝对忠诚的政治品质，发扬刚正不阿、秉公执法的大无畏精神，及时地制止和打击各种犯罪活动，迅速应付各种突发性案件。举办人民警察学校和司法学校，有计划地、分期分批地轮训在职干部，努力把政法公安队伍培养成为人民热爱、训练有素，党和国家可以信赖的坚强柱石。

根据宪法的规定，继续改革和完善政府的机构和领导制度。各级政府部门要十分重视自身的建设，努力提高领导班子的政治思想水平。认真学习马列主义、毛泽东思想，学习党的十二大文件和全国六届人大一次会议文件。当前特别要学好《邓小平文选》，加深对党的三中全会以来的一系列方针、政策的理解，加深对建设具有中国特色的社会主义的理解，进一步解放思想，在政治上同党中央保持高度一致，提高执行党的方针政策的自觉性。市级政府机关的机构改革工作要继续抓好，争取在今年底告一段落，做到善始善终。区、县一级的机构改革工作，也应在今冬着手进行。市级政府机关的机构改革工作，当前要着重研究和解决三个问题：一是进一步明确各委、办、局的主要任务和职责范围，逐步实行政企分工；二是搞好委、办、局内部机构的设置，根据精简的原则确定人员编制，按“四化”标准大胆选拔中青年干部，改变中层领导干部年龄、知识结构不合理的状况；三是加强制度建设，逐步建立科学的领导体系。通过制度建设，建立和健全市人民政府各部门的责任制，各委、办、局实行主任、局长负责制。凡属本部门职权范围内的问题，要勇于负责，大胆处理，充分发挥各自的职能作用。各部门之间要加强横向联系，凡涉及几个部门的问题，应由主管部门牵头，共同研究决定。反对拖拉扯皮，互相推诿，不负责任的官僚主义作风。要转变工作作风，切实精简会议，减少文件，克服事务主义，提高工作效率，深入调查研究，帮助基层解决问题。市政府机关从领导干部到工作人员，都要建立岗位责任制，做到人人职责分明，事事有人负责，并按期进行考核，实行奖惩制度。一切政府工作人员都必须以身作则，奉公守法，不徇私情，不搞特权，不谋私利，自觉接受群众的监督，密切联系群众，全心全意为人民服务，开创本部门工作的新局面。

各位代表！

我们国家已进入一个全面开创社会主义现代化建设新局面的历史时期。我们伟大的社会主义祖国正在亿万人民的奋斗中振兴。当前我们面临的任务是光荣而艰巨的。我们一定要在党的十二大精神的指引下，“毋忘团结奋斗，致力振兴中华”，发扬艰苦奋斗的创业精神，奋发图强，埋头苦干，战胜困难，加快改革的步伐，为把重庆建设成为长江上游的经济中心，加速社会主义现代化建设而努力奋斗！

在重庆市第十届人民代表大会第二次会议上的政府工作报告[①]

于汉卿

各位代表：

我代表重庆市人民政府向大会报告政府工作，请予审议。

一年多来的工作情况

根据1983年9月重庆市第十届人民代表大会第一次会议的决议，一年多来，在省人民政府和中共重庆市委的领导下，市人民政府和全市人民一道，继续贯彻执行国民经济“调整、改革、整顿、提高”的方针，进行经济体制综合改革试点，努力推进社会主义物质文明和精神文明建设，各条战线为开创重庆现代化建设新局面做出了新的贡献。

一年多来，在中央和省有关部门的指导和帮助下，我们紧紧抓住经济体制改革这件大事，围绕搞活企业，搞活流通，发挥重庆经济中心作用，开始从多方面进行了经济体制综合改革：一是从1984年起，国家对我市实行计划单列，并赋予省一级的经济管理权限，将我市经济和社会发展的主要计划纳入全国计划统筹安排。二是国营工业企业和国营非工业企业先后实行利改税的第一步，在企业内部推行经济承包责任制，扩大企业自主权，进行厂长负责制试点。增强企业的活力。三是改革流通体制，实行商业二级站和市专业公司合并，减少批发层次，兴办各种工业品贸易中心、农副产品贸易中心和物资交易中心。四是改革外贸体制，利用国家赋予的权力，发展对外贸易，组织自营出口，利用外资，引进新技术。五是加强同省内各地区、西南各省和全国的经济联系，发展经济技术协作，增强我市的经济辐射能力。六是改革军工企业民品生产管理体制，确定军工企业民品生产以市为主统一组织生产和配套，使军工企业的优势逐步得到发挥。七是实行市领导县的新体制，利用城乡各自的优势，搞活城乡商品流通，扶持乡镇企业和商品生产，加强小城镇建设。八是改革建筑业和基本建设管理体制，市建筑一公司试行百元产值工资含量包干和栋号承包经济责任制取得成功经验，目前正在面向推广；同时试行投资包干和招标承包制，提高投资效果。九是进一步放宽政策，发展多种经济形式和经营方式，支持兴办民生轮船公司、宝元通经济服务公司等，城乡集体和个体经济得到较大发展。十是在运用价格、税收、信贷等经济杠杆方面进行了部分改革。十一是改革科研管理体制，以改科研事业费为有偿合同制为突破口，试行对外技术有偿转让合同制和对内课题承包责任制，促进科技工作面向经济建设。十二是改革劳动人事管理制度，成立人才交流服务中心，组织人才合理流动，并在一部分企业进行了工资改革试点。十三是文教、卫生事业的改革试点逐步扩大，中等教育结构改革和多种形式、多种途径办学取得一定进展，学校校长负责制、医院院长负责制、剧团团长负责制，正在一批单位试行。一年多来试点的实践证明，改革的方向是正确的，效果是好的，有力地推动了我市经济建设和各项事业的发展。

（一）国民经济在调整改革中继续稳步前进

工业生产持续增长，经济效益不断提高。工交战线在改革的推动下，特别是贯彻执行国务院《关于进一步扩大国营工业企业自主权的暂行规定》，狠抓“小配套”，加强企业整顿，使企业增强了动力和活力。许多企业扩大自主权后，根据市场需要，提高产品质量，增加花色品种，有些企业还从实际

① 本文标题系编者重新拟定，原标题为《政府工作报告——在重庆市第十届人民代表大会第二次会议上》。

出发，改革劳动人事、工资奖励制度，调动了职工的积极性，出现了经济效益与生产发展速度同步增长的好形势。1983年，完成工业总产值99.3亿元，比上年增长12%。绝大多数经济效益指标都好于上年。市属预算内全民所有制工业企业实现利润比上年增长24.4%，上交税利增长15.9%。今年1至9月，完成工业总产值82.4亿元，比去年同期增长12.2%；市属预算内全民工业企业实现利润增长13.3%，上交税利增长11.8%。能源工业稳步上升，军工企业的民品生产和城乡集体所有制工业发展步伐加快。交通运输事业有了进一步发展，连年超额完成客货运输任务。预计今年工交生产可以全面超额完成国家计划。

农村经济全面发展，农、林、牧、副、渔连年丰收。在中央一号文件指引下，家庭联产承包责任制进一步巩固和发展。以商品生产为特征的专业户发展较快，新的联合经济组织相继产生。目前全市专业户达35万户，比去年底增加45.5%，并出现了一批专业村、专业队。城乡流通渠道逐步疏通，十多万农民进入流通领域，城乡一体的交通体系有了良好开端。农村经济改革，解放了生产力，有力地推动了农村经济的发展。1983年，全市农业总产值达到33.2亿元，比上年增长7.7%，今年预计可以达到35亿元。粮食总产量在去年108亿斤的基础上，今年可望突破110亿斤。多种经营发展较快，蔬菜上市量比较充足，柑桔去年突破2亿斤，禽蛋生产和供应显著好转，鲜鱼产量今年可达4000万斤。植树造林初见成效。特别是乡镇企业得到迅速发展，预计今年产值可达13亿元，连续两年增长幅度都在25%以上。

固定资产投资结构得到改善，能源、交通等重点建设有所加强。去年以来，认真贯彻党中央、国务院关于严格控制基本建设规模、确保重点建设的指示，加强了基本建设计划的统一管理，清理和停建缓建了一些不具备条件的建设项目，抓紧了重点工程项目的建设。1983年，全民所有制单位完成固定资产投资10.9亿元，比上年增长13.8%。其中：能源工业投资增加47%，建材工业投资增加21%，运输、邮电投资增加78%。今年1至9月，完成固定资产投资7.25亿元，为年计划的57.7%。一批重点工程建设项目，如重庆电厂扩建工程、特殊钢厂800吨精锻工程、5000吨水果冷库和1000吨冷冻鱼库工程、四川仪表六厂集成电路工程等，施工进度较快，完成计划较好。

城乡市场繁荣活跃，对外经济贸易不断发展。去年以来，我市把流通体制改革作为经济体制改革的一个重点，有了新的突破，一个“多渠道、少环节、开放式”的流通体系正在形成，促进了工农业生产和商品流通。1983年，全市商业纯购进35.1亿元，比上年增长10.6%，纯销售完成36.8亿元，增长6.4%；社会商品零售总额完成32.8亿元，增长6.9%。今年1至9月，商业纯购进、纯销售和社会商品零售总额分别比去年同期增长11.4%、9.8%和10.8%。市场日用消费品和农副产品供应充裕，农贸市场总上市量大幅上升，集市价格稳中有降。

实行对外开放以来，对外经济贸易和经济技术合作有了新的发展。1983年，自营出口额完成2800多万美元。今年1至9月，完成3946万美元，比去年同期增长132%。利用外资，引进技术，对外承包工程和劳务合作也取得初步成果，展现了对外开放的良好前景。同时，我市与国内各省、市的经济联系和经济技术协作也有较大发展。今年以来，我市参加了“四省(区)五方”(云南、贵州、四川、广西和重庆市)经济协作会议，建立了固定的经济协作关系，并先后同全国近百个经济技术合作代表团签订各种协议650项，预计可引进资金两亿元左右。这就增强了我市的经济辐射能力，为形成长江上游的经济网络创造了有利条件。

随着经济建设的发展和经济效益的提高，地方财政收入状况开始有所好转。去年全市财政收入完成11.8亿元，比上年增长8.39%，结束了我市财政收入连续四年徘徊的局面。今年1至9月完成财政收入9.74亿元，又比去年同期增长9.1%。现在看来，只要继续努力发展生产，搞活经济，广辟财源，今年全市财政收入计划是可以完成和超额完成的。

（二）科技、文教、卫生、体育事业进一步发展

科学技术工作实行为经济建设服务的方针，取得了一批新成果。1983年，全市共获国家发明奖10项，省重大科技成果奖67项，市重大科技成果奖70项。这些科技成果的推广应用，对发展经济起到了重要作用。据七个工业局统计，去年依靠科技进步增创产值即达2.5亿多元。电子计算机的开发应用，也出现了可喜的势头。今年以来，着手加强科技网络的建设，成立了市科技情报中心和科技开发交流中心。同时，市政府颁发了《关于放活科研单位的暂行规定》，并在市光学机械研究所、硅酸盐研究所等九个科研单位推行改科技事业费为科研有偿合同制的改革试点，调动了科研单位和科技人员的积极性，有效地促进了科技与经济的结合。

教育事业有了加强。根据市十届人大一次会议《关于加强中小学教育，增加智力投资，提高教育质量的决议》，今年市财政安排教育经费（包括市属高教、普教、幼教等）1.3306亿元，比去年增长16.74%。同时，各区、县增加了教育经费，加上乡镇集资办学，改建和维修了城乡中小学校舍85.6万平方米，更换课桌凳14.8万套。通过调整、改革和整顿，普及小学教育的步伐加快，中等教育结构改革稳步发展，职业高中学生达1.8万人。中、小学的教育质量有所提高。今年全市考入大专院校的学生近5000千人，比去年增加35%。大专院校为我市开办了走读专科班或走读部，职工大学、电视大学、函授大学、夜大学和各类干部专修班不断扩大，在校学员近3万人。全市第一次进行高等教育自学考试，有2600多名考生获单科合格证书。青壮年职工初中文化和初级技术补课合格人数，累计已达19.9万人。农民教育继续发展，有1.39万多名学员坚持参加中央农业广播技术学校学习，比1983年增加13倍多。民主党派、群众团体和城乡私人办学蓬勃兴起，为开发智力、培养人才发挥了积极作用。幼托事业有了发展，今年上半年入托儿童人数比去年同期增长7.5%。

文化艺术、新闻出版、广播电视、社会科学研究工作，在加强精神文明建设，丰富人民生活方面取得了新的成果。歌剧《火把节》在全国观摩演出中获创作、演出两个二等奖。在第十三届全国摄影展览评选中，我市首次获得金牌奖。振兴川剧取得了进展，创作和演出了一些较好的剧目。群众文化事业蓬勃开展，大部分乡镇建立了文化站，出现了一批农村文化专业户。去年以来，我市新办报刊33种，出版图书600多种。电影发行、文物、图书、博物工作也都做出了新的成绩。

体育事业发展较快，群众性的体育运动日益广泛，全市参加各种体育活动的人数达300万人以上。老年人和伤残人体育活动也逐渐开展。运动队伍的技术水平不断提高。今年9月，我市圆满地完成了承办第五届省运会的任务。在省运会上，我市运动员奋力拼搏，破航模世界纪录1项，破省市纪录41项。

卫生工作贯彻预防为主的方针，开展爱国卫生运动，取得了一定的成绩。医疗卫生单位加强了医德教育，改革了管理制度，医护质量有了明显提高。同时，开设家庭病床2300多张，对缓和“住院难”起了积极作用。

计划生育工作成绩显著。1983年计划生育率达到89.82%，一胎率提高到88.5%，人口自然增长率下降到4.5‰。全市21个区县都受到省政府的表彰和奖励。

（三）城市建设取得新的进展，人民生活条件继续得到改善

根据国务院批准我市的城市总体规划，在各方面的努力下，加快了城市建设工作的步伐，去年市政府提出的为全市人民办八件好事已基本实现，今年提出的办12件好事，进度也较快。

市政建设和公共交通。两路口人行立交道、朝天门缆车工程，已按时完工投入使用。24条城区道路改造工程已经完工，沙（坪坝）杨（公桥）路工程将于年底竣工。北碚黄桷公路桥、沙坪坝磁器口公路桥已建成通车，江北寸滩公路桥主体工程已完工。北碚汽车站、永川汽车站、北碚出租汽车站、南坪柴油车保养场已建成交付使用，南坪公共汽车站也基本建成。新增公共汽车127辆，新辟、延长和恢复营运线路15条，共314公里。改造轮渡行船和囤船11艘。牛角沱道路工程的拆迁任务已顺利完成，目前已进入全面施工阶段。

住宅建设。1983年，全市城市住宅竣工面积160多万平方米，大修改造公房14.4万平方米，3万多户居民迁入了新居，3000多户居民改善了居住条件。1983年城市居民人平住房面积，已由1982年的3.4平方米增加到3.59平方米。预计今年住宅竣工面积将不低于去年的水平。

三个综合开发区的建设。观音桥开发区的建设规模正在扩大，预计今年竣工房屋面积近4万平方米。大坪开发区的施工面积达到规划的82%，竣工面积将近一半。南坪是我市未来的贸易中心，已建成住宅近8万平方米和一些基础设施。这些开发区的建设，为减轻老城区的压力，缓和市区住房紧张状况，发挥了一定作用。同时，加强了小城镇建设，现已编制出巴县、璧山、江北、綦江等10个县城的总体规划。长生、太和、白沙和赶水等小城镇建设试点，也取得了效果。

城市供水和民用燃料气化。黄桷渡水厂工程进展较快，深井工程已完工，澄清池和过滤池工程正在紧张施工。今年计划新建、改造9个县镇水厂的工作进展很快，到年底，计划建成的6个可全部完成。沙坪坝水厂至覃家岗的管道改造工程，今年内可以完成。江陵机器厂至观音桥供水管道铺设工程，正在进行施工。城市民用燃料气化，在各方面的努力下，可完成预定计划，到今年年底可新增5万用气户。

园林绿化和城市环境综合治理。城市军民义务植树660多万株，新建小游园、小绿点144处，城市绿化覆盖率有了提高。南泉公园浴室和游泳池改造工程已于今年春节前完工。鹅岭公园的两江亭已建成。枇杷山公园改建工程已竣工开放。长江大桥桥头的“春、夏、秋、冬”四座铝合金现代大型塑像，也在今年国庆节前夕落成，为山城增添了新的光彩。同时，加强环境保护和环卫设施建设，完成“三废”治理项目312项，新建和改造公厕68个、垃圾站9个。各区县还集资兴办了一批市政、环卫、绿化等公共事业，为人民的生产和生活创造了有利条件。

（四）政权建设和政法工作进一步加强

在市政府各部门进行机构改革的基础上，各区、县政府的机构改革今年已经结束。经过调整，区县政府机构重叠臃肿的状况有所改善，正副区县长总人数比原来减少32.5%，平均年龄由原来的50.5岁下降为42.8岁，具有大专文化程度的由原来的21.7%上升到37.7%。政、社分开，建立乡政府的工作已全部完成。最近市政府召开了街道工作会议，进一步明确了街道办事处的职责任务，解决了一些实际困难和问题，对加强基层政权建设将起到促进作用。为了改进领导作风，从今年2月20日起，市政府设立了市长公开电话，从8月份起，又在《重庆日报》上开辟了“市长公开电话一周”专栏，并对群众反映带有普遍性的问题，组织了住房、城市交通、民用气化、商业网点、公厕和路灯、环境污染治理等六个专题小组，进行调查研究，提出方案，采取措施，已初见成效。

社会主义法制建设得到了加强。公安、司法机关和宣传部门密切配合，通过报纸、广播电台、电视台、有线广播和召开群众会等形式，广泛进行法制宣传教育，增强了广大群众的法制观念。特别是去年以来，按照市十届人大一次会议关于严厉打击严重危害社会治安的犯罪分子的决议，坚决贯彻从重从快的方针，依法严厉打击了严重危害社会治安的刑事犯罪分子，保护了广大群众的利益和安全，也教育挽救了一批失足青年。刑事案件发生率，1983年比上年下降11.9%，今年1至9月比去年同期下降24.3%。现在的社会治安情况有了明显好转，巩固和发展了安定团结的政治局面。

在建设物质文明的同时，加强了社会主义精神文明建设。全市广泛开展了“五讲四美三热爱”活动，进行了文明单位的建设。全市已涌现出一大批文明单位和先进个人，今年命名文明单位383个、军民共建文明单位73个、精神文明先进个人204名。这项活动，已经从治理“脏乱差”发展到改变人们的思想和精神面貌，由单项治理发展到综合治理，由单位自建发展到多种形式的共建，市容面貌、社会风气、人们精神面貌有了明显变化。

外事、旅游、民政、气象、侨务、民族、宗教、人防和民兵等方面，都做了不少工作，取得了新的成绩。

一年多来，我市各方面的工作取得了新的进展，全市人民正在开拓改革的新局面。但是，我们清醒地看到，我市经济体制综合改革只是迈开了第一步，经济关系还没有完全理顺，过去各方面积累下来的欠账很多，财政仍有不少困难。我们的思想还不够解放，改革的步子迈得不大，突破性的改革措施不多，已制订的改革方案和措施有的尚未很好落实，因而影响了综合效益的提高。城市管理工作还比较薄弱，交通秩序、市场秩序和市容卫生还存在“脏乱差”的情况。在机构改革方面，虽然采取了一些改进措施，但机构设置与改革的要求不适应，临时机构多，简政放权不够，办事效率不高，“文山会海”问题仍比较突出，有些应该和可能办的事情没有及时办好。我们一定要认真总结经验，发扬成绩，克服缺点，改进工作，进一步发展我市的大好形势。

当前城市改革的新形势和我们的任务

最近召开的具有历史意义的党的十二届三中全会，做出了《中共中央关于经济体制改革的决定》。这个决定，根据马克思主义的基本原理同我国实际相结合的原则，阐明了加快以城市为重点的整个经济体制改革的必要性、紧迫性，规定了改革的方向、性质、任务和各项基本方针政策，是指导我国经济体制改革的纲领性文件。当前，全国经济体制改革正在进入一个新的阶段。我国农村的改革已经取得了显著成果，正在逐步深入，同时也对城市的改革提出了迫切要求。摆在我们面前的迫切任务，就是要进一步贯彻执行对“内搞活经济、对外开放”的方针，加快以城市为重点的整个经济体制改革的步伐。只有坚决地加快城市改革的步伐，在计划、工业、商业、物价、财政、金融、国家机关管理职能等方面都相应地进行了改革，整个国民经济才能理顺搞活，才能建立一个充满生机的、充分发挥社会主义制度优越性的、具有中国特色的经济体制，推动我国的社会主义经济建设出现新的飞跃。

近两年来，我市的经济体制改革进行了一些试验，取得了一定的成效，但从总体讲，还处在探索前进的过程中，有许多复杂的问题需要解决。特别是城市经济体制中严重妨碍生产力发展的一些弊端还没有从根本上消除，生产建设和流通领域中的损失和浪费还很严重，城市经济的潜力还远远没有挖掘出来，分配上吃“大锅饭”，条块分割、城乡分割、政企职责不分等问题还没有很好解决，因而我市实行全面改革的任务还是相当艰巨的。现在，党中央已经把城市改革作为推进现代化建设的一件十分重要的大事来抓，我们一定要响应党的十二届三中全会的号召，认真学习贯彻《中共中央关于经济体制改革的决定》，提高对城市改革的重要性和必要性的认识，增强紧迫感和责任感，进一步解放思想，鼓起更大的勇气，站在改革时代潮流的前列，扎扎实实地工作，把我市各方面的改革引向纵深发展，推动我市经济建设和各项事业大步前进，为把我市建成长江上游的经济中心而努力。

根据党的十二届三中全会和六届全国人大二次会议精神，我市1985年的主要任务是：继续贯彻社会主义物质文明和精神文明建设一起抓的方针，突出抓好经济体制改革和对外开放这两件大事，进一步搞活经济；抓紧重点建设，加快现有企业技术改造步伐；在提高经济效益的前提下，全面超额完成1985年和“六五”计划，在“富民升位”上做出明显成绩，为今后的经济振兴打下坚实基础。1985年全市国民经济和社会发展的主要奋斗目标是：工农业总产值达到152.4亿元，比今年预计完成数增长7%左右。其中：工业总产值116亿元，增长7.4%；农业总产值36.4亿元，增长6%。国民收入达到73.7亿元，增长6.6%。基本建设和更新改造投资，将比今年有较大增长。社会商品零售总额

42.8亿元，增长10%。财政收入达到13.7亿元，增长6%。人口自然增长率控制在7‰以内。同时，继续发展科技、文教、卫生和社会福利事业，加强城市基础服务设施建设，做好劳动就业工作，大力发展城乡集体经济和个体经济，进一步改善人民生活。完成以上任务，我市财政经济状况将进一步好转，中心城市的实力将得到加强，就有可能为全市人民多办一些好事，为国家做出更多的贡献。

为了实现上述任务，市人民政府要依靠全市人民共同努力，充分调动各方面的积极性，推动经济建设和各项事业健康发展。这里，我着重讲下面几个问题。

一、抓住经济体制改革的中心环节，增强企业的活力

改革城市经济管理体制，必须正确解决好国家和企业的关系，企业和职工的关系，充分发挥企业和职工的积极性、创造性。当前，要着重抓好国营企业的第二步利改税，在企业内部建立各种形式的经济责任制，以及继续扩大企业自主权，实行厂长（经理）负责制等项改革，并且把适合于当前情况的各项改革措施配起套来，同步进行。

利改税第二步改革，是城市经济体制改革的一个重要组成部分。通过改革，把国家与企业的分配关系用税的形式固定下来，就可以较好地解决企业吃国家“大锅饭”的问题，为落实企业自主权提供必要条件，使企业逐步做到“独立经营，自负盈亏”，调动企业和职工的积极性。这对理顺经济，搞活经济，推动城市经济体制改革，提高社会经济效益，必将发挥重大作用。按照国务院颁发的《国营企业第二步利改税试行办法》和统一部署，我市从今年10月份起，试行利改税第二步改革，由“税利并存”逐步过渡到完全以税代利，税后利润留给企业安排使用。其主要内容是：将现行的工商税按照纳税对象划分为产品税、增值税、盐税和营业税，将第一步利改税设置的所得税和调节税加以改进；增加资源税、城市维护建设税、房产税、土地使用税和车船使用税。上述城市维护建设税、房产税、土地使用税和车船使用税，保留税种，暂缓开征。另外，国营企业缴纳的屠宰税、烧油特别税、农（牧）业税以及奖金税等，仍按原有规定征收。为了保证第二步利改税的改革顺利进行，各级政府要加强领导，加强法制观念，严格财政、税务监督，并充实和稳定税务干部队伍，提高他们的素质，支持他们大胆工作，努力完成国家的财政、税收任务。所有企业都要充分挖掘内部潜力，增产增收，不能以增税为由，自行提高物价或变相涨价，损害群众利益。

进一步完善企业内部各种形式的经济责任制，切实解决企业内部吃“大锅饭”的问题。所有企业都要根据各自的情况和特点，建立和完善不同形式的经济承包责任制，从企业到车间、班组，有的还要到个人，层层逐级承包。承包的形式可以多种多样，不搞“一刀切”。要继续扩大工资改革试点，把职工的收入和劳动成果真正挂起钩来，严格考核，奖勤罚懒，奖金上不封顶，下不保底，个人收入合理拉开差距。目前我市各行各业都涌现出一批实行内部经济责任制比较好的企业，要认真总结推广他们的经验，推动其他企业把内部经济责任制尽快地健全和完善起来，使企业的经济效益有显著提高。

继续扩大企业自主权，实行厂长（经理）负责制。各企业主管部门必须坚决按照党中央和国务院关于进一步扩大国营工业企业自主权的规定，在产、供、销、人、财、物等方面，给企业以应有的权力，把企业搞活。同时，要放宽政策，进一步搞活集体经济，促进城镇集体工业和街道工业的发展。要切实搞好我市28个工业企业和15个商业企业实行厂长（经理）负责制的试点工作。当前特别要注意总结在实行厂长（经理）负责制的同时，加强民主管理，健全职工代表大会制度，发挥职工主人翁作用等方面的经验，为今年底再扩大一批试点企业，明年上半年在全市普遍推开创造条件。按照中央的要求，在1985年底以前，完成企业领导班子特别是骨干企业领导班子的调整任务。同时所有企业都要把改革和企业整顿结合起来，加快步伐，保质保量地完成企业整顿任务。

二、积极改革计划体制和价格体系，保证国民经济协调发展

计划体制是我国经济体制的核心和主体，计划体制的改革是经济体制改革的重要环节。我市要在实行计划单列的基础上，积极改革计划体制，从计划思想到计划方法，实现一系列新的转变。建立自觉运用价值规律的计划体制，发展社会主义商品经济。当前我市计划体制改革要着重抓好以下几点：(一)适当缩小指令性计划、扩大指导性计划和市场调节的范围。需要由国家统一调拨分配的关系国计民生的重要产品，如能源、重要原材料和设备等，实行指令性计划；其他大量工农业产品则实行指导性计划；对部分农副产品、日用小商品、服务修理行业的劳务活动，实行市场调节。无论实行哪种计划，都要注意自觉运用价值规律，发挥经济杠杆的调节作用。(二)下放计划管理权限。把属于简单再生产和某些扩大再生产方面的年度计划权下放给企业。担负指令性计划产品生产和调拨任务的企业，应根据市里下达的五年计划及分年计划指标，自下而上编制年度计划，逐级协调平衡；担负指导性计划产品生产的企业，可根据市场实际需要和参考市里五年计划分年安排意见，自行编制年度产品产量计划；生产市场调节产品的企业，市里不再下达生产任务，由企业自主编制计划。在企业固定资产投资，技术改造计划等方面，也要适当扩大企业的权力。(三)继续完善和落实全面计划单列，理顺计划渠道，充分重视经济信息和预测，提高计划的科学性。(四)逐步把计划工作的重点放在中、长期计划上来，建立以五年计划为主体的计划体系。当前我们要把计划工作的主要精力放在研究制订我市经济、社会发展战略上来，抓紧制订出重庆经济区的长远规划及分步实施方案，争取纳入全国经济、社会发展战略规划，以保证重庆的经济发展沿着正确的经济战略目标前进。

价格体系的改革是整个经济体制改革成败的关键。价格改革要根据生产的发展和国家财力负担的可能，在保证人民实际收入逐步增加的前提下，按照等价交换的要求和供求关系的变化，调整比价，建立合理的价格体系，价格管理体制的改革要扩大企业定价权，使价格能够比较灵敏地反映社会劳动生产率和市场供求关系的变化，比较好地符合国民经济发展的需要。我市的价格改革工作，要按照国家的统一部署，有计划、有步骤地进行。对某些同我市生产、流通领域改革不相适应而急需改革的价格，可以在不影响居民实际收入的前提下，先行改革试点。加工企业必须改善经营管理，大力降低消耗，提高经济效益，使由于燃料和原材料价格调整而造成的成本增高，基本上在企业内部抵消，避免因此提高工业消费品的市场销售价格。所有企业决不应该把增加收入的希望寄托在涨价上。要加强物价管理，决不允许任何单位和任何人趁改革之机任意涨价，人为地制造涨价风，扰乱社会主义市场，损害国家和消费者的利益。

三、深入农村经济改革，调整农业结构，发展商品生产

根据中共中央〔1984〕1号文件的精神，农、林、牧、副、渔各业，都要结合实际，进一步完善联产承包责任制，帮助农民在家庭经营的基础上扩大生产规模，提高经济效益。国营农场要积极支持职工兴办家庭农场，发展农工商综合经营。要本着“大稳定、小调整”的原则，做好延长土地承包期的工作，耕地承包期至少延长到15年，责任山承包期延长到30年至50年。允许土地转包，鼓励土地逐步向种田能手集中。大力扶持发展各种专业户和新的经济联合体，保护他们的经营自主权和合法权益。积极开展经济信息、农业技术，购销运输、经营管理等各项社会化服务。

要有计划地调整农业生产结构，保证粮食生产稳定增长，大力发展多种经营。我市粮食连续多年丰收，但不能因此而放松粮食生产，更不能限产限收。要积极发展粮食“短线”品种，提高品质，提高单产，增加总产，使我市粮食生产继续保持稳定增长。1985年全市粮食总产计划达到111亿斤。城市郊区要为开放服务，为外贸服务，为旅游服务，为

城市人民生活服务。近郊区和工矿区附近的乡村，要切实抓好蔬菜生产，加强生产计划的管理和指导，进行蔬菜购销体制改革，逐步缩小国家计划菜，扩大市场调节菜，实行农民自产自销。发展多种经营，要扩大视野、因地制宜、发挥优势，要引导和帮助农民大力发展畜牧业、食品工业和饲料工业，把粮食转化为肉、蛋、乳等食品，适应市场需要。要积极推广良种猪，鼓励农户发展家禽，大力发展奶牛，充分利用各种水面发展渔业，特别要把我市蚕、果、茶等产品的经济优势发挥出来，建立小型农副土特产品基地。要大力加强林业，认真贯彻实施《森林法》，努力提高造林成效，严禁乱砍滥伐。

要把发展乡镇企业作为战略问题来抓，使农民尽快地富起来。1985 年，我市乡镇企业总产值计划要求达到 17 亿元。要认真贯彻加强领导、积极扶持、因地制宜、加快发展的方针，全面规划，合理布局，发挥我市资源、人才、技术、劳力等优势，按市场需要组织生产。重点发展农副产品加工业、饲料工业、建筑建材业、采矿业、小型能源工业、商业、运输和服务业。同时，支持农户经济联合体和农民家庭办企业。要鼓励农民进城办企业，办旅馆，搞城市建设。要进一步做好城市支援和带动乡镇企业发展的工作，有计划、有组织地把部分城市工业产品向农村扩散，以大支小，以小补大，发挥各自的优势，互相促进。在今年年底以前，由市经委会同有关部门提出方案，采取扩散产品、联合经管和生产协作等方式，在技术、设备、人才、原材料、产品销售等方面，积极扶持乡镇企业。要继续鼓励城市科技部门和大专院校的技术、管理人才，为发展乡镇企业献计献策出力。

加快小城镇建设，已成为一项刻不容缓的任务。全市 12 个县城镇和 61 个小集镇的建设，应按照总体规划的要求进行。要重点抓好长生、太和、白沙和赶水镇建设试点，带动其他小集镇发展。小城镇建设，要依靠乡镇企业和群众集资兴办各种合作经济，加强市场建设、公共基础设施和乡村公路建设，发展文化、教育、卫生、体育事业。要大胆吸收农村专业户自理口粮进镇落户、务工经商，欢迎国营工商企业到集镇办厂开店。为适应小城镇建设发展的需要，今年市里除拿出 300 万元加以扶持外，还确定镇成为一级财政，从市场管理费等四个方面筹集资金，以促进小城镇建设顺利进行。

为了充分发挥县一级在组织生产、流通中的作用，要认真落实《关于扩大县的经济管理权限的规定》，从 1985 年起，市对县、区实行财政收支挂钩、总额分成，粮食包干和主要农副产品派购任务包干。一定三年不变。对贫困地区，要进一步放宽政策，减轻负担，使当地的优势尽快发挥出来，尽快改变面貌。

四、改革建筑业和基本建设管理体制，大力提高投资效益

建筑业的改革，关键是要推行投资包干制和招标承包制，以实现缩短工期，降低造价，提高工程质量和投资效益的目的。从 1985 年起，凡新开工的项目，都要实行投资包干，否则不准开工。建设项目实行投资包干后，节约的投资，建设单位可按一定比例分成；工程承包单位全部留用。通过推行招标、投标，改革单纯用行政手段分配建设任务的老办法，由建设单位择优选用设计、施工单位。凡经过有关主管部门批准，并持有营业执照的勘察设计单位、建筑安装企业、工程承包公司、综合开发公司，不论是国营还是集体，不论来自哪个地区、哪个部门，都可按核定的级别参加我市相应工程的投标。对外地区来我市参加投标的单位，要提供方便，不得制造困难。我市的勘察设计、施工单位，也要积极创造条件，到市外、省外、国外参加竞争。

为使建筑业具有独立经营的必要条件，更好地推行建设项目投资包干和招标承包制，必须改革材料和设备订货程序，逐步由物资部门直接将材料供应给承包施工单位，实行包工包料。改变建筑材料随投资走，供应环节多，层层设库，余缺不能调剂，施工单位经常处于停工待料的被动局面。

在建筑业内部，要全面推行市建筑一公司实行百元产值工资含量包干、栋号承包的经验，把施工第一线人员的经济利益和最终产品的综合经济效

益结合起来，把二、三线人员的经济利益和施工第一线的经营管理效果结合起来。改革单一的用工形式，实行固定工、合同工、临时工相结合的用工制度。今后除少数特殊工种外，国营建安企业原则上不再新增固定工人。同时，要为农村民工建筑队伍到城市参加投标、承包施工任务，提供有利条件。

改革设计工作。设计单位要走企业化、社会化的道路，实行招标、投标制，打破部门和地区的界限，面向整个社会。内部要实行项目责任制，对有重要贡献的设计人员应予奖励。在设计中，既要注意技术的先进性、适用性、安全性，又要十分注意经济效益，为国家节省投资。正确处理多样化和标准化的关系，努力做到经济效益，社会效益和环境效益的统一。

改革基本建设管理体制，下放审批权限，简化审批程序，提高效率。我市在固定资产投资计划审批、建设项目扩充设计审批、建设工程许可证审批、建设征用土地审批等方面，都要分别下放一部分权力给区县或主管局。今后，所有建设工程的定点、设计方案审查和核发建设工程许可证，除重要项目由有关部门共同审批外，一般项目原则上只由规划、环保、消防部门审批，其他部门不再干预。为改善建设征用土地工作，制止征地中的不正之风，市政府决定由市、区县人民政府征地办公室负责统一办理征地、搬迁、安置等事宜。建设项目的位置选择、用地指标和用地范围，由城市规划主管部门负责确定。

1985 年，我市基本建设要继续贯彻量力而行的原则，合理分配和使用投资，努力提高投资效益。1985 年我市基本建设资金安排的重点是农业、教育、卫生、商业和城市基础设施的建设。主要建设项目有：市养鸡场引进设备、渝州大学教学设施、中小学校教育设施、急救中心和计划生育分中心、牛角沱道路工程、黄桷渡水厂、工业品贸易中心、物资交易中心、粮库、棉花库、水果库、职工住宅和民用燃料气化等。各建设单位和施工建筑部门，一定要以改革精神，加强领导，加快进度，确保质量，按期完成建设任务。

五、进一步改革流通体制，大力发展第三产业

流通体制改革的方向是政企职责分开，商业行政主管部门将不再直接管理企业的具体业务，让企业在国家政策方针和计划指导下独立自主地进行经营活动。主管部门作为国家行政机构，根据有关政策法规，运用行政手段和经济手段，对商业活动进行指导、监督、服务和协调，从而实现对社会各种商业的统一领导和管理。要进一步改革多环节的商业批发体制和物资管理体制，发展和完善各种类型的贸易中心、物资交易中心，相应发展储运中心，增设批发市场，形成新的商品流通网络。继续发展和办好城乡农贸市场，改善服务设施，改进市场管理，活跃城乡物资交流。供销社的改革要加快步伐，核心是变“官办”为“民办”，把供销社办成农民群众集体所有的合作商业。通过这些改革，把原有的按行政区划、行政层次、统一收购供应的封闭式流通体制，改变成为开放式、多渠道、少环节的流通体制，形成城乡畅通、地区交流、纵横交错、四通八达的流通网络，以适应商品生产和商品交换大发展的需要。

要有计划地减少工业品和农副产品统购、派购的范围，扩大自由购销的品种，对完成统购、派购的农副产品实行多渠道经营，价格随行就市。国营商业和供销社要积极参与市场调节，加强对购销活动的引导。开拓新的市场，扩大重庆产品的销售，是我市商业部门的重要任务。要鼓励和适当刺激消费，树立新的消费观念，开辟新的服务领域，适应消费者多方面的需要。随着多渠道流通体制的形成和买方市场的出现，市场竞争也更为激烈。要紧紧掌握市场变化，讲究销售策略，大力发展工商、农商、商商联营，处理好利益分配，协调产销关系，增强吸引力和辐射力，充分发挥中心城市的作用。

为了繁荣社会主义市场，在国营商业起主导作用的前提下，需要多种商业经济形式和经营方式的合理配置和协调发展。继续鼓励和支持新办集体和个体商业，充分发挥他们的作用。对小型国营商

业、饮食业、服务业，实行国家所有、集体经营，集体承包经营或租赁给经营者个人经营，更好地促使企业服务消费，方便群众。一切商业改革，必须遵守商业道德，方便群众生活，决不允许损害消费者和国家的利益。要重视商办工业的改革，对商办工业在保持其自身特点的同时，实行工业的管理制度，并落实优惠政策，帮助企业加强技术改造，使商办工业有一个大的发展。

在改革流通体制的同时，还要充分发挥银行的经济杠杆作用。要积极吸收社会资金，改革信贷资金管理办法，扩大信贷业务范围，努力提高资金使用效果。要发挥人民银行及各专业银行的积极性，既使人民银行加强管理，在宏观上进行调节和控制，又使各专业银行成为经济实体，发挥各自的职能作用，积极促进经济发展。

在国家计划指导下，采取灵活的政策和措施，充分调动各方面的积极性，实行国家、集体和个人一起上的方针，大力发展第三产业，尽快把第三产业搞活。放手发展集体、个体或联合经营形式的生产、生活服务企业，如兴办旅游业和商业、饮食、旅馆、仓储、运输、通讯、信息咨询、技术服务、医疗保健、幼托、娱乐、修理等服务业。发展第三产业，投资少，见效快，不仅可以方便群众，满足社会各方面的需要，而且可以扩大就业面，为国家、集体、个人增加收入，使国家和人民尽快地富裕起来。

六、大力推进技术进步，抓紧技术改造，加强军工生产与民用生产相结合

当前，国际上正在出现一场新的技术革命。我们要抓住时机，从我市实际出发，积极运用新的科技成果。首先要从微型电子计算机在生产、科研、教学、管理等方面的应用上，实行重点突破。同时，加强新材料、生物工程、光纤通讯、激光等技术的应用研究，积极采用新技术，加强标准、计量工作。抓紧科技情报中心和技术开发中心的建设，逐步形成全市的科技情报和科技成果推广网络。目前要集中力量解决一批工农业生产中急需解决的重大科研攻关课题。近期重点推广的重大科技成果26项，争取尽快取得成效。要继续组织有关部门和专家学者，制订我市科技发展战略，使科技工作更好地为经济建设服务。

在近几年内，把技术改造作为我市经济振兴的战略问题来抓，坚持走以内涵为主扩大再生产的路子，把立足点放在企业的更新改造，充分发挥现有企业的作用上来，真正做到投入少、产出多、见效快、效益好。通过技术改造使重点企业和行业的主要技术、工艺、装备水平，各项技术经济指标进入全国先进行列，有的要达到国际水平。在进行技术改造时，要抓好行业规划，以优质、名牌和拳头产品为龙头，实行一条龙的改造，并使之与改组联合结合起来。最近两三年内，要抓好食品、轻工、纺织、机械、化工、冶金、电子、仪表、医药、交通、建筑和建材等行业的技术改造。并把技术改造同调整产品结构、开发新产品结合起来，大力发展钢材、有色金属材料、汽车、摩托车、柴油机、印染布、丝绸、针织品、服装、家具、石英钟表、电冰箱、彩色电视机、饮料、名牌酒、油漆、轮胎、工业微处理机、大规模集成电路、成套制冷设备等重点产品。技术改造资金，应主要用于采用新技术和先进装备，实现技术设备和产品结构的更新换代，提高产品质量，降低产品成本和原燃材料消耗，使重点行业和企业较快地转到现代化技术和现代化管理的基础上来。

要进一步探索军工生产和民用生产相结合的新路子，把技术改造同发挥军工优势结合起来。继续组织军工先进技术向民用转移，组织军工企业和研究所参加技术攻关，为民用技术改造服务，帮助民用企业改进生产工艺，生产先进设备，改善产品结构，开发新产品。军工企业要把民品生产列入发展规划，调整生产组织和销售组织，认真选好民品的生产方向，过好生产民品的“技术关”和“经济关”，使军工企业逐步改造成为军民结合型的企业。当前要把军工企业和民用企业联合生产五十吨火车皮、重型汽车、轻型汽车、微型汽车、摩托车、电子计算机和民用船舶作为重点来抓，争取尽快地实现批量生产，把军民结合的优势充分发挥出来。这对于我市增强经济实力，加快重庆地区的经济建设，

具有十分重要的作用。

七、大胆实行对外开放，扩大经济技术交流

大力发展对外贸易，打开对外经贸工作新局面，是发展我市经济的一个重要方面。明年外贸收购总值计划比今年增长45%，自营出口增长60%以上。要逐步改革外贸体制，把权下放给各进出口分公司，使之成为独立经营的经济实体。并实行进出口代理制，促进工贸结合，技贸结合，进出结合，改善经营管理，提高经济贸易效益。要根据国际市场的变化和我市的经济发展情况，研究制定发展出口战略，发展我市具有优势的大宗骨干产品出口，提高出口产品质量，改进包装装潢，树信誉，创名牌，保证出口商品在质量上、价格上有竞争力。进一步加强对外承包工程和扩大劳务合作，使出国的劳务人员比今年有显著的增加。

积极利用外资，放手引进国外先进技术、先进设备和先进管理方法，促进我市的技术改造。对于外商在渝投资或合办企业，在各方面给予优惠的条件，切实保证他们的合法经济权益。充分保证合营企业应有的独立自主权，简化引进项目审批手续，将引进项目纳入我市国民经济计划，并在能源、国内配套材料、设备和基建施工等方面给予优先照顾，搞好基础设施建设，为客商来渝投资提供良好的工作和生活环境。今年内我市计划引进技术项目，力争完成签约成交5000万美元，明年力争签约成交1亿美元。要进一步健全技术引进和对外工作的管理体系，提高办事效率，加强对外经济技术的信息工作和对内的咨询服务，做好引进技术和装备的消化、吸收工作，促进技术进步。

在发展与国外经济技术交流的同时，继续加强同国内各地区的经济技术协作。进一步发展同云南、贵州、广西等省区和省内已有的经济技术协作关系，努力为发展西南地区经济做出贡献。积极发展同沿海地区、长江中下游地区和东北、西北地区的经济联系，引进资金，引进技术，联合开发资源，发展长江水运事业。欢迎各地区来重庆开厂设店。我市对口支援甘孜州的工作，要坚持按协议做好。我市在北京、上海、广州等地的办事处要充分发挥作用，加强同各省市的经济技术协作和联系。

八、搞好城市建设管理体制的改革，加强城市基础设施和公共服务设施的建设

改革城市建设管理体制，把城市规划、建设和管理工作提高到一个新水平，使城市建设与国民经济协调发展，更好地为建设中心城市服务，为发展城市经济和改善人民生活服务。改革的重点是：在计划管理上，统筹安排国民经济计划和城市建设计划，使城市建设与国民经济协调发展；改变见缝插针，分散建设的状况，实行在城市总体规划指导下的综合开发，分区规划，成片改造，配套建设，提高城市的综合效益；按统一领导，分级管理，条块结合，各得其所的原则，建立和完善市、区、街道三级管理体制；开辟资金来源，抓紧还欠补缺，加快城市基础设施的建设速度。

城市的新区建设和旧区改造都要实行综合开发。把市政、公用、动力、通讯等基础设施和相应的配套设施纳入统一规划、统一投资、统一建设、统一经营和管理。扶持发展城市建设的各类开发公司，在资金、材料、税收等方面适当给予照顾。为了有计划地偿还城市基础设施的欠账，今后城镇房屋建设工程都要收取城市综合配套费，用于配套设施的建设。收取综合配套费后，其他零星、单项配套费则一律取消。要进一步推行城市住宅建设的商品化试点，根据不同情况，采取全价出售、补贴出售和按成本出租的办法，发展商品住宅，逐步缓和我市住房的紧张状况。

加快旧城改造步伐，努力改变城市道路狭窄和房屋破旧的落后面貌。要集中财力物力，对旧城实行成片或成线的集中改造。在近几年内改造好嘉陵村、望龙门白象街等小片区，并确定把两路口至七星岗这条街作为改造重点，今年着手进行规划，从明年起逐步实施。为鼓励建设单位参加旧城成片改造的积极性，政府决定采取优惠措施，以保证建设单位得房的比例。旧城改造要突出山城的特

点，建筑设计要力求新颖美观，注意造型和装饰，进一步美化山城。

1985年，在城市建设方面，要努力办好以下几件事：(一)新建职工住宅100万平方米以上，使2万多户居民能够住上新房或改善居住条件，到1985年底，我市城市人平居住面积达到4平方米。(二)抓紧建设向阳二隧道和牛角沱立交道工程，完成长江路隧道工程和交通信号自动控制装置，完成中华路、中兴路的翻修改造和嘉陵路土湾段改造工程。(三)完成菜(园坝)袁(家岗)公路勘察设计工作，并多方筹集资金，力争明年开工建设；抓紧进行沿江公路的可行性研究，提出规划设计方案。(四)开工建设长江客运索道工程。完成嘉陵江石门大桥工程前期准备工作，争取1986年开工建设。(五)新建和改造公共厕所150座，使群众上厕难的问题基本得到解决。(六)新增公共客运交通车辆170辆，同时调整、增设营运线路和站址，进一步提高客运能力，缓和交通拥挤状况。(七)新建永川县县城、江北县县城、铜梁县安居镇、巴县白市驿镇、合川县云门镇、大足县万古镇等县镇小水厂六座，使这些地方的居民饮上自来水，改善生活用水条件。(八)新建城市小游园、绿化点50处，绿化植树200万株，进一步美化环境。(九)继续发展城市民用燃料气化，新增3万户居民用气。(十)重点加强对市中区噪声、江北观音桥地区烟尘和嘉陵江水质污染的控制和治理，继续进行城区锅炉和窑炉改造，转产或搬迁一批扰民严重的企业，使嘉陵江的水质继续得到改善，市中区的交通噪声有所减轻。

在加强城市建设的同时，要狠抓城市管理，进一步治理“脏乱差”。要实行统一领导，分级负责，条块结合，以块为主，综合治理的原则，把管理城市的责任和权力主要放到各区，市政府有关部门应主要搞好规划、协调、检查、服务。要进一步完善城市管理法规，严格依法办事，真正实现以法治城。要结合城市改革，健全城市管理机构，充实和加强管理队伍，建立严格的岗位责任制，使城市管理工作经常化、制度化、科学化。要继续狠抓城市管理和精神文明建设，大力开展创建文明单位活动，加强综合治理，打击刑事犯罪活动，使我市城市交通、市容卫生、市场管理、治安秩序和服务质量等方面有一个明显变化，为人民群众创造优美舒适的工作和生活环境，为建设繁荣、文明的现代化城市做出贡献。

九、重视人才，加强智力开发，抓好科技和文教卫生体制改革

尊重知识、尊重人才，充分发挥知识分子在现代化建设中的作用，是推进改革的必要保证和振兴经济的基础。要大胆地、大量地选拔中青年知识分子到各级重要岗位上来，放手让他们工作。要继续清除“左”的思想影响。同一切轻视科学技术、轻视智力开发、轻视知识分子的思想和行为作斗争，对于排斥、压制、打击知识分子的事件必须严肃处理。要认真办好人才交流中心，促进人才的合理流动。鼓励和支持人才从全民所有制单位流向集体所有制单位，从城市流向农村，从人才积压的地方流向急需人才的地方。与此同时，还要采取借调、聘用、兼职、技术承包等多种方式引进人才。要尽可能地改善知识分子的工作、学习和生活条件。对于为四个现代化建设做出贡献的各种人才，要大力表彰，破格提拔，给以重奖。

要加强各级学校以及在职职工和干部的教育工作，增加智力投资，大力增加人才。1985年要进一步提高教育经费的比例，同时要调动社会各方面办学的积极性。大力推行企事业单位与教育部门联合办各种职业中学，使普通教育与职业技术教育协调发展。充分依靠在渝高等院校，挖掘潜力，为我市培养急需的专门人才。努力办好经济管理学院和各级各类的干部专修班，加强在职干部的专业培训，分批组织厂长、经理参加国家统一考试。大胆启用和积极培养一大批中青年管理干部，造就一支社会主义经济管理干部队伍。继续抓紧青壮年职工的文化技术补课，明年要基本完成“双补”任务，提高职工队伍的政治、文化、技术素质。今后企业招收新职工，要实行先培训，后就业，通过考试，择优录用。

加速科技、文教、卫生改革，以适应经济建设的需要。科技体制的改革要真正做到面向经济建设，面向社会。以应用和开发技术为主的科研单位，积极推行有偿合同制，兴办各种科研生产联合体，对内实行课题承包制，逐步做到经济自立。教育战线的改革要以邓小平同志提出的“教育要面向现代化，面向世界，面向未来”为指针，逐步进行教育体制、管理制度、教育结构和教学方法的改革，提高教育质量，多出人才，快出人才，出好人才。文艺改革要坚持为社会主义服务、为人民服务的方向和“百花齐放，百家争鸣”的方针，大力抓好繁荣创作这个中心环节，掀起文艺工作者深入生活的热潮，为群众提供更多更好的精神产品。卫生工作的改革要深入贯彻预防为主的方针，严格执行食品卫生法，大力加强防疫工作，认真解决“看病难”和“住院难”问题，提高医疗服务质量，并依靠医学科学的进步，完善医疗预防保健制度，进一步提高人口素质和人民健康水平。体育工作的改革要坚持体育社会化的方针，使体育深入到社会各个领域，普遍增强人民体质，提高运动技术水平，更好地为建设社会主义精神文明服务。

十、实行政企职责分开，搞好简政放权，充分发挥政府机关的职能作用

为了克服统得过多、政企责职不分、部门分割等弊端，必须进一步按照政企职责分开、简政放权的原则，改革政府机构管理经济的职能。上层建筑的改革要与经济体制综合改革配套同步进行。要按照大的方面管住管好，小的方面放开放活的原则，层层下放权力。凡是国家规定企业应当享有的自主权，统统下放给企业。政府各部门要尊重、保障和支持企业行使自主权，不再直接干预企业的生产经营活动，着重管好方针政策、统筹规划、综合平衡、组织协调和监督服务。要通过计划和经济的、行政的、法律的手段对企业进行必要的管理、检查、指导和调节，改变过多地用行政办法管理经济、管理企业的情况。要充分发挥经济综合部门对经济活动的调节和监督作用。同时，适当扩大区县政府的权力，把区县政府应该管理的事情和应有的职权，下放给区县，并充分发挥基层政权的作用，为城乡生产和人民生活服务。

在政企职责分开、简政放权的前提下，今后市政府应该集中力量做好城市的规划、建设和管理，加强各种公用设施的建设，进行环境的综合治理，指导和促进企业的专业化协作、改组联合、技术改造和经营管理现代化，指导和促进物资和商品的合理流通，搞好文教、卫生、社会福利事业和各项服务事业，促进精神文明的建设和创造良好的社会风气，搞好社会治安，充分发挥城市作为经济、信息、科技、文化、教育中心的作用。精简行政机构，并尽可能地撤并各种临时机构，逐步实现政府组织结构合理化。要尽快制订政府各部门的任务和职责范围，建立和健全岗位责任制，明确各级领导和工作人员的责任和权限，做到各司其职，各负其责。同时，实行逐级负责、一级管一级的制度。除特殊情况外，上级对下级不越级指挥，下级对上级不越级请示，消除无人负责、多头领导、互相扯皮的现象，提高办事效率，克服官僚主义，市政府机关把自己的全部工作切实转到为发展生产服务，为基层和企业服务，为国家的繁荣强盛和人民的富裕幸福服务的轨道上来。

要加强民主和法制建设。政府机关和工作人员，必须模范地遵守国家的法令和政策，自觉接受人大及其常委会的监督，认真处理人民代表的提案和批评建议，改进政府工作。为了适应新形势的要求，各级政府要大力加强自身建设，所有领导干部必须振奋精神，努力学好十二届三中全会的文件，用改革的理论和政策把自己武装起来。要探索出新的领导方法和工作方法，多用脑筋、多想办法、多开门路，认真注意研究新情况，解决新问题，总结新经验，避免和减少失误，努力开创各项工作的新局面。要建立健全联系群众的制度，从市长到各部门领导干部，要多抽时间深入基层，调查研究，走街串巷，体察民情，解决群众迫切需要解决的切身问题。进一步精简文件，减少会议，坚持对请示报告在十五天内不答复即视为同意的制度。继续办好市长

公开电话，认真处理群众来信来访，努力为人民办好事，为“四化”建设做出新的贡献。

各位代表：

现在我们的祖国到处生机勃勃，欣欣向荣。全国人民正在建设有中国特色的社会主义的道路上满怀信心地胜利前进。城市改革的高潮正在兴起，形势越来越好。最近，胡耀邦同志提出了“大鼓劲，大团结，大繁荣”的口号，表达了党中央一心一意搞“四化”的决心，表达了全国人民一心一意搞“四化”的愿望。我们要在党的十二届三中全会精神指引下，围绕党中央提出的新时期的总任务、总目标，依靠和团结全市人民，进一步解放思想，一心一意搞“四化”，一心一意搞改革，加快城市改革和对外开放的步伐，努力振兴重庆经济，为实现大鼓劲、大团结、大繁荣的新局面奋勇前进！

在重庆市第十届人民代表大会第三次会议上的政府工作报告①

于汉卿

各位代表：

在去年10月底召开的市第十届人民代表大会第二次会议上，我已经对1984年前9个月的工作和1985年的任务作了汇报。在这次会议上，我再扼要地把去年全年的工作情况和今年的主要工作作如下汇报，请予审议。

去年以来，我市各级人民政府和全市人民一道，〈中略〉，根据市第十届人大二次会议的决议，贯彻执行对内搞活经济、对外实行开放的方针，加快经济体制综合改革试点的步伐，促进了全市经济建设和各项事业的迅速发展，出现了近几年来少有的好形势。

经济体制综合改革试点取得显著成效，在搞活企业、搞活流通、发挥中心城市作用等方面，探索了一些新路子。以扩大企业自主权、实行厂长负责制、改革分配制度和建立经济责任制为主要内容的“小配套”改革，由试点到大面积推行，进一步增强了企业的活力，经济效益有了明显提高。流通体制改革有了新的突破，多种形式的贸易中心陆续建立，多渠道、多层次、纵横交错的流通网络开始形成，流通领域更加活跃，城乡经济更加繁荣。实行第二步利改税，政企职责分开，层层简政放权，整顿行政性公司，迈出了新的步伐。在计划、价格、税收、金融、人事、劳动、科技、文教、卫生等方面，也初步进行了同步配套改革，开始取得了成效。特别是党的十二届三中全会后，深入学习贯彻中共中央关于经济体制改革的决定，各方面的改革向纵深发展，把经济体制改革推向了一个新阶段。

国民经济持续、稳定、协调发展，主要经济指标创近年来最好水平。1984年全市工农业总产值达到152.95亿元，比上年增长15.4%。国民收入73.62亿元，增长13%。工业生产保持了稳步上升、速度和效益同步增长的好势头，生产一季超过一季，连续五个月突破10亿大关。全年工业总产值首次突破100亿元，达到115.76亿元，比上年净增16.4亿元，增长16.6%。能源、交通部门，努力挖掘潜力，尽力保证生产需要，提前完成了国家计划。军工企业的民品生产有了很大发展，民品产值首次超过军品产值，比上年增长1.1倍。冶金、机械、电子、仪表、化工、轻工、纺织、食品、医药、建材等行业，都有新的发展。去年，全市原煤产量达到1400万吨，发电量48亿度，钢产量首次突破100万吨，钢材达到87万吨。农业在连续七年增产的基础上，去年又获得丰收。农业总产值完成37.19亿

① 本文标题系编者重新拟定，原标题为《政府工作报告——在重庆市第十届人民代表大会第三次会议上》。

元，比上年增长12%。粮食总产量达到113.6亿斤，比上年增产5.4亿斤，创历史最高水平。多种经营发展较快，猪、奶、禽、蛋、水产品、水果等主要农副产品的产量，都有较大幅度增长。乡镇企业迅速发展，总产值完成16.3亿元，比上年增长60.2%。财政收入情况良好，去年完成13.4亿元，比上年增长15.1%，大大超过1978年到1983年五年间平均增长2%的幅度。城乡市场活跃，社会商品零售总额比上年增长16.7%。对外贸易和经济技术交流取得新的进展，初步打开了对外开放的局面。去年，外贸自营出口额增长1.3倍；利用外资，引进技术、设备成交额达1.45亿美元，为前四年签约总和的5.2倍。同时，我市同国内许多省、市、自治区的经济技术协作也有较大发展。城乡人民生活进一步得到改善，去年安置待业人员7.2万人（其中包括临时安置的2万人）。据抽样调查，职工年平均收入扣除生活费用价格上升因素，实际增长11.4%；农民人均纯收入达到329.6元，比上年增长11.5%。

基本建设和城市建设步伐加快，投资效果较好。基本建设投资在统筹平衡的前提下，对国民经济中急需发展的薄弱环节作了重点安排，用于能源、交通、原材料、城市建设和文教卫生等方面的投资，比上年都有较大幅度的增加。1984年全市全民所有制单位完成固定资产投资12.72亿元，比上年增长17.3%。其中，基本建设投资7.55亿元，增长12.3%。固定资产交付使用率，由上年的59.9%上升为74%。更新改造投资5.17亿元，比上年增加25.5%。已建成投产的更新改造措施项目共487个，可新增产值6.74亿元，利税1.43亿元。在城市建设方面，市政府宣布在1984年为全市人民办的12件事已基本兑现。全年新建居民住宅149.7万平方米，有2.9万户居民搬进了新居。新增民用燃料气用户3.6万户。江北寸滩大桥、北碚黄桷大桥、沙坪坝磁器口桥已建成通车。上清寺人行天桥已提前建成。新建的4个县镇水厂已投入使用。牛角沱立交道等跨年度的重点工程进展较快，超额完成了计划进度要求。

科技、文教、卫生、体育事业取得了新成绩，社会治安工作有了加强。科技工作坚持为经济建设服务，取得了一批新的成果，促进了生产发展和效益提高。重点科研项目有13项获国家发明奖，25项获省重大科技成果奖。各类学校招生规模继续扩大，多种办学形式进一步发展，各类高等和中等学校学生人数达70万人，比上年增加3.8万人。普及小学教育步伐加快，学龄儿童入学率由上年的95.4%上升为98%。师资培训工作得到加强，为提高教学质量创造了有利条件。文学、艺术、戏剧和新闻出版事业繁荣活跃，群众文化活动开展得生动活泼。体育运动水平有了提高，群众性体育活动日益广泛。卫生工作有所加强，计划生育工作成绩显著，全市人口自然增长率控制到4.35‰。去年以来，依法严厉打击了严重危害社会治安的刑事犯罪分子，保护了广大群众的利益和安全，社会治安情况有了明显好转。全年发生的刑事案件比上年减少26.2%。社会风气和社会秩序的好转，巩固和发展了安定团结的政治局面。

上述各方面取得的显著成就，有力地证明了党中央的路线、方针、政策和各项改革的决策是完全正确的。一年来全市的改革和国民经济之所以能够健康地向前发展，最根本的一条，是及时得到了党中央、国务院和省委、省政府的亲切关怀和正确领导。中央和省的各部门、驻渝部队、各民主党派、各人民团体也给了我们很大的支持和热情帮助。同时，也是全市人民辛勤劳动和努力工作的结果。从全市各级政府来说，在市委的领导下，在整党的推动下，坚持思想上、政治上同党中央保持高度一致，不断清除"左"的思想影响，进一步端正了各项业务工作的指导思想，坚持改革、开放、搞活的方针，把改革作为推动各项工作的动力，从而有力地调动了广大工人、农民和知识分子的积极性，推动了各项事业向前发展。

在当前大好形势下，在前进的道路上，我们工作中还存在不少问题和困难。主要是：经济关系还没有完全理顺，生产发展还跟不上消费增长的需要，经济效益还不理想。特别是去年第四季度，由于对信贷基金和消费基金控制不严，监督管理工作没有跟上，出现了信贷增长过猛，工资、奖金增长过快，货币投放过多，部分商品价格上涨的现象。1984 年我市各项贷款总额比上年增长 28%，职工工资总额比上年增长 19%，奖金增长 49%，市场货币流通量增长 46%，大大超过了全市工农业总产值、劳动生产率和社会商品零售额增长的幅度。我市城市基础设施欠账还多，城市管理工作仍然落后，城市“脏、乱、差”的问题很突出。中央指出的几股新的不正之风，在我市也不同程度地存在，有的还相当严重。对于这些问题，市政府通过贯彻省、市长会议精神，已经总结了经验教训，有的已经采取措施作了纠正，有的正在解决。目前，信贷规模已得到控制，货币回笼情况良好，不正之风在一定程度上已有纠正，今年前几个月的财政收入情况是良好的。我们相信，只要统一认识，统一步调，扎扎实实地做好工作，就能克服各种困难，把各项建设事业继续推向前进。

1985 年是全面完成“六五”计划并为“七五”计划作好准备的关键一年。我们今年的主要任务是，坚决贯彻中央关于经济体制改革的决定，进一步实行对内搞活经济、对外开放的方针，加快经济体制综合改革步伐，搞活大中型企业，推进技术改造，全面提高经济效益，加强城市基础设施建设，发展科技、文教、卫生事业，使国民经济持续、稳定、协调发展，城乡人民生活继续有所改善，进一步巩固和发展我市的大好形势。在上次市人代会上提出的 1985 年的主要经济指标，鉴于去年实际完成数比计划数增加较多，加上全国计划会议要求 1985 年的增长幅度比我们原定的增长幅度高，市政府认为，有必要进行调整，调整后的主要目标是：全市社会总产值达到 197 亿元，比上年增长 11%。工农业总产值达到 167 亿元，比上年增长 9.2%。其中：工业总产值达到 127 亿元，增长 9.7%；农业总产值达到 40 亿元，增长 7.8%。国民收入达到 82 亿元，增长 11%。地方固定资产投资规模达到 5.84 亿元。财政收入达到 14.5 亿元，增长 8%，调整后的指标有所增高。我们认为是符合实际的，是积极稳妥的。只要进一步调动广大干部和人民群众的积极性，努力抓好各项改革工作，增加生产，厉行节约，就能顺利地完成今年的国民经济计划。

为了实现上述目标，除了继续贯彻市十届人大二次会议决议外，遵照六届全国人大三次会议精神，这里我再着重汇报以下几个问题。

一、关于经济体制改革

党的十二届三中全会通过的关于经济体制改革的决定，为我国的经济体制改革制定了宏伟的蓝图，是指导我国进行经济体制改革的纲领。我市两年来经济体制综合改革试点的实践证明，只有改革才能搞活企业，搞活城市，建立充满生机的社会主义经济体制，促进社会生产力的迅速发展。今年是我市进行经济体制综合改革的第三年，我们要坚决执行“坚定不移，慎重初战，务求必胜”的方针，有计划、有步骤地推进各方面的改革，重点抓好价格体系改革和工资制度改革，逐步理顺经济关系，从单一的计划经济转移到有计划的商品经济的轨道上来。

价格体系的改革是整个经济体制改革成败的关键。切实抓好价格体系改革这个关键，是保证国民经济健康发展的重要条件。我市在前两年的经济体制综合改革试点中，对价格改革也作过一些探索，逐步放开了小商品和部分农副产品价格，扩大了浮动价格和市场调节商品的范围。今年初又放开了猪肉和蔬菜的市场价格。这些改革促进了生产，活跃了市场。有的商品刚放开时虽然一度价格上升，但随着生产的发展，价格也逐步趋于平稳和合理。价格体系的改革关系经济全局，涉及千家万户，必须慎重从事。我们要坚决按照中央的统一部署，实行放调结合，小步前进的方针，贯彻价格有升有降的原则，努力保持物价总水平的基本稳定。改革的主要内容是：(一)放开生猪的收购价格和猪肉的销售价格，实行有指导的议购议销，并给城市消费者以必要的补贴。（二）基本理顺农村粮食购销价格，并实行合同定购，农村食油的销价按比例收购实行购销同价；城镇居民口粮价格和定量食油价格不调整。（三）适当提高铁路短途客货运价。（四）适当扩大统配煤的地区差价，调整品种比价，城市生活用煤价格不动。（五）适当拉开部分商品的质量差价，促进企业逐步淘汰质次价高、不适销对路的产品，增产名牌优质产品。

为了保证价格改革的顺利进行，保证人民的实际生活水平不因价格的调整而降低，随着生产的发展还要有所提高，必须严格按照改革内容和政策办事，未经批准不得擅自行动，防止物价发生大的波动，确保市场物价基本稳定。因原材料价格上涨而造成的成本增高部分，原则上由企业自行消化，有的可以采取适当减免税收或适当补贴等办法解决。市场进一步放开以后，国营商业部门要自觉运用价值规律，指导和参与市场调节，改善经营管理，搞好淡旺季的余缺调剂，平抑市场物价。要加强物价监督，动员人民群众共同搞好物价监督、检查工作。对那些趁改革之机乱涨价、乱收费、变相涨价、就地转手倒卖紧俏物资和商品，牟取暴利，损公肥私的单位和个人，要严肃处理。在价格改革中，要将价格改革的基本要求、实施步骤和方法，特别是采取补贴的办法和防止物价失控的措施，向群众解释清楚，以稳定人心，保证今年的价格体系改革能够成功地迈出重要的一步。

有领导、有步骤地搞好工资制度改革，这是整个经济体制改革的一个组成部分。通过工资制度的改革，基本理顺工资关系，转到新的工资制度的轨道上来。今年工资改革的主要内容是：在机关和事业单位实行以职务工资为主要内容，包括基础工资、职务工资、工龄津贴和奖励工资在内的结构工资制，使职工工资同本人担负的责任和劳绩密切联系起来。事业单位的行政人员和专业技术人员，可以实行以职务工资为主的结构工资制，有的也可以根据本单位的特点，在坚持以职务工资为主体和不超过国家安排的增资指标的前提下，实行其他形式的工资制度。为了保证工资制度改革的顺利实施，任何单位都不得趁改革之机，随意增设机构，提高机构级别，扩大人员编制，不得超越规定匆忙给干部定职务、职级、职称，干扰工资制度改革的进行。

国营工业要逐步推行工资总额随同本企业经济效益浮动的办法，把职工的工资、奖金同企业经济效益高低、本人贡献大小挂起钩来。去年在经济体制综合改革试点中，对市属58个国营企业试行了工资分级管理、职工工资总额同企业经济效益挂钩并按比例浮动的办法，取得了明显的效果。今年要按照国务院关于国营企业工资改革的规定，把企业工资制度的改革切实搞好。市属国营大中型工业企业，要在总结去年已经取得试点经验的基础上，经过批准扩大试点面；其他行业的大中型企业，今年先搞试点，取得经验后再逐步推开；小型国营企业和不具备条件的国营大中型企业，仍按原来的办法执行，并加以改进。集体企业、乡镇企业税后利润的分配，要留出必要的生产发展基金，绝不允许分光吃尽。

应当看到，这次工资制度改革是在当前国家财力许可的范围内进行的，国家已尽了最大的努力，要一下子把多年积累的工资问题全部解决是不可能的。国家财力有限，标准不能过高。各级领导要做好宣传教育工作，使广大职工自觉地按照国家的政策规定办事。我们相信，通过这次工资制度改革，把新的工资制度建立起来，随着职工积极性的提高和生产的发展，工资制度中存在的问题是可以逐步得到解决的。

在进行价格体系和工资制度改革的同时，还必须继续抓好计划体制、流通体制、金融体制、外贸体制和文教、卫生、体育等方面的改革。鉴于今年城市改革的任务艰巨复杂，许多事情还处于开创阶段，我们的经验还很不够，这就要求各级领导干部保持清醒的头脑，加强指导，精心组织，及时解决改革中出现的新问题。在改革的方向和目标上，要坚定不移，积极进取，大胆探索；在改革的步骤和方法上，要谨慎从事，稳扎稳打，走一步看一步；在工作指导上，要典型示范，以点带面，不搞一刀切。要以党的十二届三中全会《决定》为指针，结合改革的实际，广泛深入地宣传改革的理论和政策，统一大家的思想，提高改革的自觉性，排除各种障碍和干扰，推动各项改革健康地向前发展。

二、关于经济建设

我市的经济建设，在改革中不断前进，已经展现出稳步发展的喜人形势。我们要在已有成绩的基础上，进一步理顺经济关系，以提高经济效益为中心，努力完成和超额完成1985年的国民经济计划，为执行"七五"计划，实现我市经济腾飞打下牢固的基础。

（一）努力增强企业活力，全面提高经济效益。搞活企业，是城市改革的出发点和落脚点。增强企业活力，特别是增强大中型企业的活力，对完成当前的生产建设任务，实现财政经济状况根本好转，实现工农业总产值翻两番的奋斗目标，都具有重要作用。目前我市市属全民所有制独立核算的大中型企业仅占全部市属企业的19.3%，而产值却占71.8%，上缴税利占53.9%，在全市经济中具有十分重要的地位。现在，国营小企业和集体企业开始放活了，我们要把工作重点放在增强全民所有制大中型企业活力和提高企业素质上来，在今年取得显著成效。

搞活大中型企业，主要应依靠企业本身的努力，眼睛向内，加速企业内部的改革。大中型企业要充分运用国家赋予的自主权，挖掘企业内部潜力，努力改善经营管理，抓好技术改造，开发新产品，提高产品质量，降低生产成本，发展经济联合，在提高经济效益上狠下功夫，变单纯的生产型为开拓型、经营型。在企业内部建立健全经济承包责任制，把企业内部分配同经济责任制紧密结合起来。大企业可根据实际需要，划小核算单位，适当下放权力，把分厂、车间搞活。实行一业为主，多种经营，组织富余人员广开生产、经营、服务门路，开展综合利用，发展第三产业。改革企业人事制度，选准人才，委以重任，是搞活企业的关键。今年要全面推行厂长（经理）负责制，逐步实行厂长民主选举制或招聘制，实行任期目标责任制，起用一批有专业知识、有创造才能、有改革精神的人才，把企业办好。

为了搞活大中型企业，市政府各有关部门要采取必要的政策措施，帮助大中型企业搞活，增强企业自我改造、自我发展的能力。向大中型企业下达指令性计划，要注意产供销综合平衡，并应留有余地，超产部分允许企业自销；计划安排的技术改造所需资金，除自筹部分外，在贷款上应给予照顾；对经营管理水平高、贡献大、留利水平过低的少数大中型企业，应逐步降低调节税；新产品在试销期内所获利润留给企业；少数有条件的大企业，经过批准可直接开展对外经济技术交流活动。各经济主管部门应帮助企业用好权，继续把企业"小配套"改革引向深入。同时，要加强军工生产和民用生产结合，发展城镇集体经济，切实把企业搞活。

（二）坚持技术进步，抓紧技术改造。在今后几年内，把固定资产投资的重点放在现有企业的技术改造上，这是我市经济建设中必须遵循的一条重要原则。我们打算从现在起，用五年左右的时间，把一些骨干企业用现代化技术装备起来，转到现代化技术和现代化管理的基础上来。各个行业和企业，要围绕我市经济发展战略目标，制定和完善技术改造规划，把技术改造同产业结构、产品结构和企业组织结构的调整结合起来。通过几年的技术改造，做到轻重工业协调发展，能源、交通建设和原材料工业得到加强，装备工业进入先进行列。要坚持推广国内先进技术同引进国外先进技术并行的方针，切实抓好食品、纺织、家用电器、机械、汽车、仪表、轻工、化工、冶金、建材等行业的技术改造，加强标准、计量等技术基础工作，提高生产技术水平，创出一批重点产品和名牌产品，提高产品质量，增加花色品种，增强企业应变能力和产品竞争能力。

（三）切实抓紧重点建设。确保重点建设项目顺利建成投产，是加快我市经济发展的重大措施。今年，全市续建和新建的重点建设项目有：重庆电厂扩建工程、成渝铁路电气化内江至重庆站工程、重庆上桥五千吨果品冷库工程、重庆电冰箱引进工程、重庆啤酒厂扩建工程、重庆毛纺厂精纺扩建工程等27个，计划投资3.1亿元。同时，还有长寿化工厂氯丁橡胶后处理工程、重庆水泥厂改建扩建工程、渝州纸厂纸浆工程等15个重点准备项目。这些项目建成后，对改善我市能源、交通紧张状况，扩大工业生产能力，增加产品品种，提高经济效益，都将发挥重要作用。所有重点项目，都要按照国家的规定，全面实行建设项目投资包干责任制。除少数特殊工程外，重点建设项目都要实行招标。市级各有关部门和区县，对重点项目的征地、拆迁、设计、资金使用、设备生产、物资供应和施工力量安排，要给予保证，确保重点工程按时按质按量地建成投产，为“七五”期间发展国民经济增添后劲。

(四)积极调整农村产业结构，大力发展商品生产。要认真贯彻中共中央、国务院关于进一步活跃农村经济的十项政策，把农村经济搞活，逐步形成农林牧渔全面发展，农工商运综合经营，农业资源和农村劳动力得到合理利用的产业结构，建立起一个多层次、多产业协调发展的农村商品生产基地。

要进一步抓好市带县的工作，加强对农业的领导。近两年来，市委、市政府提出的市带县的各项措施，我们要继续认真落实，把市带县的工作放到重要地位来抓。要搞好城乡统筹规划，合理布局，以城市带动农村，促进城乡经济的协调发展。进一步疏通城乡流通渠道，扩大农副产品批发市场、贸易货栈和农副产品交易市场，加强区县乡村公路建设，发展农村水陆交通运输，促进农村商品经济的发展。发挥城市科技优势，为农村做好生产技术服务工作。进一步搞好小城镇建设试点工作，摸索经验，促进城乡结合，工农结合。

继续贯彻决不放松粮食生产、积极发展多种经营的方针。引导农民调整粮食品种结构，推广优质高产低成本的良种，适当扩大稻谷、玉米、高粱、小杂粮的种植面积，并做好粮食加工转化工作。特别是在今年小春减产的情况下，要切实抓好大春生产，做好防洪抗旱准备，夺取今年农业丰收。继续抓好蔬菜生产，使蔬菜的数量、质量、品种、价格趋于合理，适应市场需要。认真贯彻“稳步增加产量、积极提高质量”的养猪方针，帮助农民应用先进技术饲养瘦肉型猪，提高养猪的经济效益。加快发展奶类和养鱼业，努力改善我市奶产品和鱼产品的供应。要下决心逐年调整一部分陡坡耕地发展林果业，积极改造好现有果园，建设一批柑桔专业村和专业乡，进一步发挥我市柑桔生产的优势。

在发展农林牧渔业的同时，大力发展乡镇企业。要调动各方面的积极性，依靠农民筹集资金，加快饲料工业、食品工业、农副产品加工业、建筑建材工业、采矿业和小电站的发展。实行城乡结合，工农结合，组织好城市工业产品向农村扩散，抓好名牌优质产品和具有地方特色的传统产品的生产，为农村提供技术、人才、信息，搞好咨询服务。对发展乡镇企业所必需的能源、交通、技术、资金、设备，要统筹兼顾，合理安排。现有乡镇企业要加强经营管理，提高产品质量，注重经济效益，合理利用资源，使乡镇企业更加健康地发展。

(五)进一步搞活商品流通，繁荣城乡经济。要继续抓好流通体制改革，进一步敞开城门，打破封锁，彻底实行开放经营，发展横向经济联系，扩大城乡商品、物资交流。为了充分发挥城市的多功能作用，要逐步开辟消费市场、生产资料市场、商品市场、金融市场、技术市场、劳务市场，并使各种市场相互配起套来。

要巩固和完善各类贸易中心，充分发挥贸易中心的开放式、多功能作用。要吸引外地工商企业来重庆开店设点，兴办商业、服务和旅游业，为他们提供各种方便条件。继续改革商业批发机构，按照专业划细经营的原则，调整批发经营体制。要实行“商业选购，工业自销，提倡联营”的办法，开展各种形式的工商联营和商商联营，积极引进外地名特优质产品，组织好重庆产品的远销辐射，搞活商品流通，促进商品经济的发展。

要适应改革农副产品派购制度、扩大市场调节的新形势，积极安排好城乡市场。国营商业部门除继续搞好计划商品分配外，要把主要精力转到搞好市场调节上来。坚持实行多种经济形式、多种经营方式，发挥国营商业主渠道的作用，同时发挥供销社、集体商业、个体商业和集市贸易的积极作用。进一步完善商业企业内部承包责任制，积极做好国营小企业转为集体企业或租赁给个人经营的工作。鼓励农民进城镇摆摊设点，直接销售农副产品。大力组织工业品下乡，搞好农村所需生产资料和生活资料的供应。切实加强市场管理，教育商业服务人员自觉执行国家政策，遵守职业道德，提供优质服务，切实保障消费者的利益，满足人民群众日益增长的消费需要。

三、关于对外开放

对外开放，是我国长期的基本国策，是加快社会主义现代化建设的战略措施。我市进行经济体制综合改革以来，对外经济关系日益发展，经济技术交流不断扩大，长期封闭的状态正在改变。实践证明，对外开放是振兴重庆经济的必由之路，是发挥重庆经济中心作用的客观要求。我们要进一步解放思想，“依托西南，服务西南，面向全国，走向世界”，更大胆地实行对外开放，继续扩大同国外和国内的经济技术交流，开创我市对外开放的新局面。

在对外开放中，要坚持进出结合的方针，把努力扩大外贸出口放在首位。今年我市外贸收购总值要达到3.3亿元，比上年增长10%。自营出口总值要完成国家下达的9700万美元的任务。要大力开拓国际市场，继续加强同日本、美国、苏联及其他国家和香港、东南亚、西欧、东欧等地区的贸易往来。所有生产出口产品的企业，都应根据国际市场的需要，组织好出口产品的生产，改善出口品种结构，提高产品质量，努力发展具有地方特设的大宗骨干产品。积极促进不同形式不同范围的联营和合作，建立生产出口商品的基地、工厂或车间，增强出口商品的竞争能力。对担负出口产品生产的企业，要一户一户地安排落实生产计划，严格实行经济合同制，并在能源、物资、交通运输、技术改造、信贷资金等方面，优先给予安排。实行鼓励出口的政策，对出口多、创汇多的企业，在外汇分成、税收、引进技术等方面给予优先照顾。同时，要充分利用我市劳力资源丰富，劳务人员选拔面广的有利条件，大力发展对外劳务合作，扩大劳务输出，赚取更多的外汇。

在技术引进方面，要围绕传统工业的改造和新兴工业的发展，继续引进那些适用的、经济效益高的、国内又急需的国外先进技术和先进设备，加以消化和吸收。为了使引进技术尽快地发挥效益，要狠抓已签约成交项目的后续工作，认真组织实施，在人力、物力、财力上优先保证。每个引进项目都要确定项目负责人，建立经济责任制，实行有奖有罚，保证按期竣工投产。要按照今年利用外资引进技术的计划，以化工、机械、仪表、冶金、建材、食品、纺织、包装等行业的技术改造为重点，选好引进项目，争取年内有较多的项目成交。对出口创汇多的企业，在技术引进方面应予优先安排。我们要充分利用有利条件，制订优惠政策，改善投资环境，吸引外商和海外侨胞、港澳同胞来重庆举办合资经营企业、合作经营企业和独资企业，让他们在我市投资所获得的利益不低于沿海地区，探索内地城市吸引外资的新路子。

在向国外开放的同时，继续实行对内开放的方针，进一步加强“四省（区）五方”的经济技术协作，增加协作内容，扩大协作项目。“四省（区）五方”第二次经济协调会议，已于4月下旬在我市召开，取得了积极的成果。我们要按照会议商定的内容，积极做好工作，在资源开发、生产、流通、交通、金融、科技、教育等各个领域，广泛开展协作，联合举办各种经济事业，促进资金、设备、物资、技术、管理、人才的交流，使经济协作不断向广度和深度发展。要进一步发展同国内各地区的横向经济联系，特别要加强同经济特区、沿海开放城市的经济技术联合，在沿海开放城市开设“窗口”，移植沿海先进技术，使“三线”和“一线”结合起来，内地和沿海结合起来，互相支援，取长补短，共同发展。

为了适应对外开放的新形势，搞好对外经济贸易和经济技术交流工作，要加快外贸体制改革的步伐，在统一领导、归口管理的原则下，实行政企职责分开，工贸结合，技贸结合，推行进出口代理制，充分发挥外贸企业的积极性，实行独立经营，改善经营管理，加强信息工作和咨询服务工作，帮助一些大型企业创造条件，直接开展对外经营，打开对外贸易的新局面。

四、关于科技、教育体制改革

中央关于科学技术体制改革的决定，是指导科技体制改革工作的纲领性文件。要认真贯彻执行中央改革科技体制的决定，坚持经济建设必须依靠科学技术，科学技术必须面向经济建设的方针，让技术成果成为商品，迅速地、广泛地应用于生产，大大解放科学技术生产力，促进经济和社会的发展。

要改革对科研机构的拨款制度。在从事技术开发工作的科研机构中逐步推行技术合同制，三五年内做到事业费自给或基本自给。今年，在全市十四个独立研究所实行技术合同制，争取做到事业费自给。减下来的事业费，仍用于发展市的科学技术事业。其他科研机构，实行事业经费包干制。今后用于科学技术的财政拨款，在一定时期内应以高于财政收入的增长幅度逐步增加。同时，鼓励各部门、企业和社会集团向科学技术投资。

要选准科研课题，开拓技术市场，促进技术成果商品化。鼓励各单位和个人开发技术市场，疏通技术成果流向生产的渠道。科研设计单位和大专院校，要主动地、经常地到生产实践中去找准课题，为技术市场提供品种多、质量优、适销对路的技术商品。生产单位要提高采用新技术的积极性，增强购买技术成果的经济实力。要打开技术流通大门，使技术成果从研究部门、高等院校源源不断地流向企业，流向农村，成为推进技术进步，提高劳动生产率的重要源泉。

增强企业的技术吸收和开发能力，使科技与生产相结合。鼓励和支持高等院校、科研设计单位与企业建立各种形式的联合，共同开发新技术、新产品。有条件的企业，要建立健全自己的科研所；其他企业可联合成立技术开发机构。企业科研机构要从本企业的需要出发，从事技术的开发、引进和消化工作。同时要发挥熟练技术工人的骨干作用，广泛开展群众性的合理化建议和技术革新活动。军工企业要帮助民用企业进行技术改造，加速军用技术向民用转移。各区县要建立健全农业技术推广体系，围绕农、林、牧、副、渔商品生产基地建设，积极引进技术，引进智力，并尽快地消化吸收，应用到生产上去。

扩大科研单位的自主权，使它们逐步成为自主的研究开发实体。除国家委托的研究课题和上级任命的所长外，科研计划、经费、人事管理和内部机构设置等，都由研究机构在国家法律和政策允许的范围内自主决定。研究所实行所长负责制，已经做到事业费完全自立的机构，可以享受国务院规定的企业自费发放奖金和改革工资的权利。

改革科技人员管理制度，充分发挥科技人员的作用。老一代科技专家，为科技事业的发展做出了重大贡献，应当继续发挥他们在培养人才、指导研究、著书立说、提供质询等方面的作用。中年科技人员是一支承前启后的力量，要充分发挥他们的骨干作用。广大青年科技人员是科技事业兴旺发达的希望所在，要帮助他们尽快成长，使拔尖人才脱颖而出。要把专业精深的科技人员，放到学术、技术工作的关键岗位上来。要选拔擅长经营管理、富有开拓精神的科技人员，担任领导职务。要打破人才部门所有，按照工作需要、专业对口、流向合理的原则，有组织、有计划地促进科技人员的合理流动。要积极改善科技人员的工作条件和生活条件，使他们为社会主义事业做出更大的贡献。

要切实抓好教育体制改革，加快发展教育事业。经济建设、社会发展、科技进步，都取决于人才，而解决人才问题的关键在于教育。尊重知识，尊重人才，首先就要尊重教育。我们要按照党的十二大决策，把发展教育事业作为主要任务之一。要确立教育必须为社会主义建设服务，社会主义建设必须依靠教育的根本指导思想，按照邓小平同志提出的“面向现代化、面向世界、面向未来”的方针，认真贯彻全国教育工作会议精神，像抓好经济工作那样抓好教育工作。

要增加教育投资。智力投资是战略投资，发展教育事业要舍得花钱。在今后一定时期内，我市各级政府教育拨款的增长要高于财政经常性收入的增长，并按照国务院和省政府的规定，继续开辟多种渠道筹集办学经费，促进教育事业的发展。

要加强基础教育。普通教育是整个教育事业的基础，普及基础教育是现代文明的标志，必须引起各级政府和全社会的高度重视。在普及初等教育方面，要提高教育质量，改革教育教学方法，今年力争十五个区县达到基本普及小学教育的标准，并在市中区和近郊有条件的区县逐步普及初中教育。农村中小学，要按分级办学、分级管理的原则，改革管理体制。

要把发展职业教育作为教育改革的重点来抓。职业技术教育是一个亟待加强的薄弱环节。大力发展职业技术教育，首先是实行分流培养，初中毕业生大部分进入职业中学、中师、中专、技校，接受中等职业技术教育；一部分升入普通高中。高中毕业生一部分升入普通大学；一部分接受职业技术培训或高等职业技术教育。要有计划地将一批普通高中改为职业中学；重点中学也可开设职业班；凡是经过批准的职（农）业中学，不能再改成普通高中，切实扭转目前中等教育结构不合理的状况。要提倡各企事业单位和部门自办、联办或与教育部门合办各种职业技术学校，各有关部门有责任帮助解决发展职业技术教育所需的经费、教师、实习场地等问题，逐步建立起一个从初级到高级、行业配套、结构合理，又能与普通教育相互沟通的职业技术教育体系。同时要改革有关的劳动人事制度，严格实行“先培训，后就业”的原则。今后各单位招工，必须首先从职业技术学校毕业生中择优录用。

要加强高等学校同生产、科研和其他各方面的联系，依靠在渝大专院校为我市培养急需的人才。进一步办好广播电视大学、职工大学和职工中专学校，增加电视教学节目。继续搞好成人教育，加强扫盲工作。要发展农民文化技术教育，办好农业广播学校，帮助农民科学致富。兴办幼托事业，使幼儿教育得到加强。

必须进一步加强师范教育，努力建立一支稳定合格的教师队伍，要进一步落实知识分子政策，提高教师的社会地位，改善他们的工作条件和生活待遇。对于侮辱殴打教师的事件，要及时查处。不准在学校教师中乱抽乱调干部。各级政府和有关部门，要切切实实为教师解决一些实际问题，今年要为教师办几件好事，用实际行动迎接第一个“教师节”。总之，我们要以极大的努力抓教育，扎扎实实地抓，抓出成效，使具有中国特色的社会主义教育空前繁荣，有力地推动社会主义现代化建设迅速发展。

五、关于城市建设和城市管理

随着经济建设、城乡改革和对外开放的深入发展，加强城市建设和城市管理，迅速改变城市面貌，是摆在我们面前一项刻不容缓的重要任务。当前，我们要按照国务院批准的城市总体规划，集中力量抓好城市基础设施的建设，切实抓好以道路为重点的交通建设，以住宅为重点的城市房屋建设，以电话为重点的通讯网络建设，以旅馆和浴室为重点的商业服务行业，以旅游为重点的“无形贸易”，充分发挥城市的多功能作用。

交通道路建设。从长远讲，必须打通外环，搞活内环，提高道路通过能力，缓解市区交通压力。目前，要加快各项道路工程的建设步伐，尽快地从根本上解决交通严重拥挤阻塞的状况。牛角沱立交道工程，争取今年国庆节提前建成通车。向阳二隧道主体工程年底竣工。完成长江路隧道工程、交通信号自动控制装置和800米道路拓宽。6月份完成嘉陵路土湾段改造工程。今年底建成中山支路工程和凯旋路电梯工程。6月份开工新建长江客运索道。今年底开工建设菜(园坝)袁(家岗)公路和嘉陵江石门大桥。翻修城市路面 4 万平方米,新铺设人行道 1 万平方米。同时,加强公路养护,改善道路状况,保证交通畅通。要抓紧新建重庆江北机场的前期准备工作,确保今年 10 月开工建设,力争 1987 年底完工。

城市房屋建设。今年全市新建民用住宅 120 万平方米,大修改造危房 12.6 万平方米,使两万多户居民能够住进新居,改善居住条件。要按照城市总体规划,采取多种形式,多种资金渠道,市、区结合,进行综合开发和配套建设。市中区两路口至七星岗一条街的改造,要加快规划步伐;张家花园、解放西路、响水桥等片区改造,要争取在年内开工。加快南坪、大坪、观音桥三个开发区的建设速度,力争年内基本建成一个布局合理、配套齐全的小片区。切实搞好城市住宅商品化试点工作,大力发展商品房屋,今年建设商品房 20 万平方米。采取发行住宅建设证券,举办定期储蓄等办法,通过国家、地方、单位、个人等多种渠道,筹集建房资金,使城市住房紧张的状况逐步得到缓和。同时,继续发展城市民用燃料气,新增用气户 5 万户。

通讯网络建设。我市通讯设备落后,对内对外联系十分困难,严重影响办事效率和信息传递。为了改变这种状况,首先搞好 10000 门程控电话引进项目的建设,力争明年上半年建成投产。同时,今年建成合川县 2000 门电话,建成成渝 1800 路长途电话,新增长话 300 路,新增电报 60 路,改造电信支局 13 个。要增加邮运能力,提高邮件运转速度。通过设备更新和技术改造,使我市邮政、通讯的落后状态得到明显改善。

商业服务行业。为了尽快解决"住宿难""洗澡难"等问题,从今年开始,分期分批地新建和扩建一部分宾馆和浴室。同时,按照行业配套,填空补缺的原则,新增各种商业服务网点 400 个,大力发展高中档饮料和具有本地风味的快餐食品,增设一批快餐店,进一步方便人民生活,适应人民群众的需要。

旅游事业。要开拓客源市场,提高服务质量,建设现代化的交通、通讯、宾馆,开发工艺品和土特产品,充分利用重庆东有长江三峡,西有大足石刻,山城独具特色,食品丰富等有利条件,加速我市旅游业的发展。经过两年的努力,到 1987 年,来我市的国外游客达到 6 万人。

在加强城市建设的同时,必须强化城市管理,加强环境保护,有效地治理"脏、乱、差"。要改革城市管理体制,理顺城市管理的各种关系,健全市、区、街道三级管理体系,按照统一领导,分级负责,条块结合,以块为主的原则,把管理城市的责任和权力主要放到各区和街道,使城管工作真正落到实处。进一步完善城市管理法规,建立一支强有力的执法队伍,做到依法治城。在全市人民群众中,普遍进行"人民城市人民建,人民城市人民管"的教育,全面落实以包卫生、包绿化、包秩序为内容的"门前三包"责任制,并使之经常化、制度化。要加强社会主义精神文明建设,深入开展创建文明单位的活动,动员各方面的力量,加强和整顿社会治安秩序,搞好综合治理,使社会风气和社会秩序进一步好转。

根据重庆的市容状况,当前城市管理的重点是治"脏"。全年开展几次大规模的卫生突击活动,动员全市所有机关、学校、厂矿、企事业单位和街道居民,彻底清除垃圾污物,治理环境污染源。今年开始有计划地在城区周围几个主要路口修建洗车场,逐步解决汽车带泥入城影响环境卫生的问题;加强施工现场管理,做到文明施工,避免施工对城市路面的污染;大搞植树绿化,栽花种草,覆盖泥土地面;加强对煤炭加工、堆放、装卸、运输等环节的管理,彻底改变煤炭污染街道的状况;认真落实农贸市场、摊区市场"三包"责任制,使市场文明整洁,秩序良好,交易方便;专业环卫队伍要加强清扫保洁工作,做到经常保持路面的清洁卫生,使城市面貌在今年有一个大的改观。

各位代表!

我市今年经济体制改革和经济建设任务相当繁重,实行改革、开放、搞活,对各方面的工作提出了新的更高的要求。为了保证各项改革顺利地进行，推动以经济建设为中心的各项建设事业稳步前进，我们在指导思想上和工作上应当注意以下几点：

一、要坚持实事求是、稳步前进的方针，把发展速度同经济效益统一起来。在发展国民经济中，既要保持一定的速度，更要注意提高社会经济效益，切忌追求不适当的高速度，造成国民经济发展比例失调。这方面的历史教训是深刻的，我们一定要牢牢记取。应当肯定，这几年来，各级领导干部在经济工作的指导思想上有较大的转变，经济效益有明显的进步。但是，无论生产、建设、流通领域，都还不同程度地存在重产值、轻效益，重投入、轻产出，重扩大建设规模、轻技术进步的现象，以致消耗高，浪费大，产品质量差，效率低的状况还没有根本改变。因此，我们要实事求是，量力而行，讲求实效，努力按照客观经济规律和自然规律办事。生产建设发展的速度，必须是适当的速度，扎扎实实的速度，符合社会需要、符合经济效益的速度，使人民得到实惠的速度。如果对速度和效益处理不好，片面地追求脱离实际的高指标、高速度，超过了国家物力、财力的可能，就会加剧能源、交通和原材料的供需矛盾，妨碍经济效益的提高，影响经济生活和社会生活的稳定，不利于经济体制改革的顺利进行。各经济部门和所有企业，必须进一步端正指导思想，在大力提高社会经济效益的基础上，求得生产的持续增长。要把注意力集中到产业结构和产品结构的合理化，有重点地发展一些新兴产业，抓紧运用新兴技术改造传统工业，促进专业化生产协作和经济联合，加强城市各项基础设施的建设，加快第三产业的发展，使生产速度和经济效益同步增长，保证国民经济稳定地、协调地发展。

二、要在搞活经济的同时，加强宏观经济管理，做到小的方面放开放活，大的方面管住管好。要做到这一点，一方面我们要继续按照党的十二届三中全会的决定和国务院关于扩大企业自主权的规定，实行政企职责分开，搞好简政放权，务必使国家规定下放给企业的权力真正落实到企业。另一方面，对涉及宏观经济综合平衡的重大问题，如信贷、工资、物价、财政、税收、指令性计划、基本建设规模等，必须按照国家的规定办事，不得各行其是，各自为政。为此，市政府成立了财经领导小组，综合运用经济杠杆，加强对全市重大经济活动的平衡协调和调节工作。计划、财政、税务、银行、审计、统计、劳动、物价、工商行政管理等部门，要从宏观角度加强对经济活动的监督和管理工作。当前，要加强消费基金的管理，对社会集团消费要从严控制，不得把生产基金转为工资基金和福利基金，坚决制止乱提工资级别和滥发奖金、补贴、实物的行为。加强信贷管理，适当控制信贷规模，保持适度的货币发行量；各项资金的使用，要区别轻重缓急，保证重点，兼顾一般；积极采取各种措施，组织货币回笼。加强基本建设管理，对固定资产投资项目要严格控制和审查，不得突破国家下达的计划，防止财力分散、盲目建设、重复建设的现象。加强外汇管理，严格禁止倒买倒卖外汇和套汇、逃汇等违法行为。对于违犯国家政策规定和财经纪律的人员，必须给以经济和行政的制裁；对于违犯国家法律的人员，要依法惩处。

三、要继续纠正不正之风，保证改革的顺利进行。前一段时间，我市出现的乱发奖金、实物和补贴，乱涨物价牟取高利，利用职权倒买倒卖紧缺物资等不正之风，不仅干扰改革的顺利进行，而且严重腐蚀人们的思想，危害极大。任何单位和个人都必须不折不扣地贯彻党中央、国务院关于纠正不正之风的各项规定，做到令行禁止。各级政府工作人员，特别是领导干部，要模范地遵守国家的政策、法令，带头反对和纠正不正之风。对已经发生的不正之风，要认真进行检查和纠正。对至今仍然有令不行、有禁不止，继续搞不正之风的，要彻底查清，从严处理，决不姑息纵容。对一切严重的经济犯罪分子和刑事犯罪分子，必须坚决给予严厉打击。市政府重申：各级政府机关和工作人员不得经商办企业，不得担任各类经济实体的各种职务，不得接受基层以各种名义送给的“津贴”“酬金”和“礼物”。对近年来兴办的营业性的“公司”“中心”，要认真进行清理和整顿，对其中虚报注册资金、转手牟利、买空卖空的“公司”要按政策规定处理。应当明确，纠正新的不正之风，是为了保证改革的顺利进行，搞活经济，发展生产。不能因为搞活经济，就不要管理、制度和纪律；也不能因为纠正不正之风，又走回头路，把经济管死。因此，应当继续贯彻执行改革、开放、搞活的方针和政策措施，巩固和发展改革的成果，夺取改革的新胜利。

四、要继续改进机关工作作风和领导方法，把政府机关工作真正转到为基层服务、为企业服务、为人民群众服务的轨道上来。随着经济体制改革的深入发展，组织机构和思想作风也要相应地进行变革。市政府要集中力量贯彻落实中央《决定》中所规定的城市政府八个方面的工作任务。市政府各经济管理部门，在实行政企分开，简政放权方面，今年要迈出新的步伐。在明确各委、办、局职责任务的基础上，采取先精简人员，后精简机构的做法，做好精简人员和精简机构的工作，并尽可能地撤并各种临时机构，逐步实现政府组织机构合理化，切实改变目前机构臃肿，人浮于事，办事效率低的状况。要按照干部“四化”的要求，加强领导班子的建设，明确各级领导干部和工作人员的职责权限，做到各司其职，各负其责。要多用经济杠杆去引导企业，多用经济法规去管理企业，少用行政干预，更好地为企业服务。各级政府要坚决精减会议，减少文件，从“文山会海”中解脱出来，提高工作效率，克服官僚主义。要讲实话，办实事，求实效，多做扎扎实实的工作，克服形式主义。各级政府要加强民主和法制建设，自觉接受人大及其常委会的监督。所有政府机关工作人员，要密切联系群众，听取群众的呼声和建议，认真负责地处理人民群众来信来访，办好“公开电话”，及时解决群众迫切需要解决的问题。各级领导干部必须树立全局观念，坚决克服本位主义思想，正确处理国家、集体和个人利益之间的关系，做到局部利益、个人利益服从整体的利益，眼前利益服从长远利益，坚持在发展生产的基础上逐步改善人民生活。要继续发扬艰苦奋斗、勤俭建国、勤俭办一切事业的精神，充分调动广大人民群众的积极性，为“四化”建设做出新的贡献。

各位代表！

当前形势很好。我们肩负的任务是十分繁重而光荣的。我们坚信，只要坚定不移地继续沿着党的十一届三中全会以来的路线，和衷共济，奋发努力，扎实工作，开拓前进，我们今年各方面工作的步子就一定会迈得更快，我们的改革一定会取得预期的成功，我市的社会主义现代化建设一定会出现新的更好的局面。

在重庆市第十届人民代表大会第四次会议上的政府工作报告[①]

（1986年5月31日）

萧　秧

各位代表：

我代表重庆市人民政府向大会作政府工作报告，请予审议。

1985年的工作情况

1985年，是全面完成“六五”计划并为“七五”计划作准备的关键一年，是我市经济体制综合改革试点的第三年。根据市第十届人大三次会议关于政府工作的决议，市人民政府和全市人民，认真贯彻执行中共中央关于经济体制、科技体制和教育体制改革的决定，坚持对内搞活经济、对外实行开放的基本方针，把改革放在首位，物质文明和精神文

① 本文标题系编者重新拟定，原标题为《政府工作报告——在重庆市第十届人民代表大会第四次会议上》。

明建设一起抓，以经济建设为中心的各项建设事业取得了显著的成绩，为实现“七五”计划奠定了良好的基础。

一、经济体制改革取得新的进展，“初战必胜”的要求基本实现

去年的改革，遵照中央制定的“坚定不移，慎重初战，务求必胜”的方针和市委提出“改革当头，紧中求活，活中求好”的指导思想，以加强宏观控制、增强企业活力、搞活流通、价格和工资改革为主要内容，推动了各项改革的深入发展。

进一步增强了企业的活力。在前几年扩大企业自主权的基础上，对一些大中型骨干企业，经过逐户调查，针对不同情况，在技术改造、留利水平、联合经营、调整产品结构、适当划小核算单位等方面给予支持和帮助，为搞活大中型企业创造了条件。同时，指导企业继续搞好“小配套”改革，进一步健全和完善企业内部经济责任制，有计划地改革企业领导制度，去年试行厂长负责制的工业企业扩大到392个，实行厂长任期目标责任制的市属工业企业达到20%。企业经营方式的改革有了新进展，全市已有1073户小型国营商业实行国家所有、集体经营或租赁经营。从而促进企业改善经营管理，提高产品质量，加强技术改造，取得了较好的经济效益。

在价格改革和工资改革方面迈出了重要的一步。我们遵照中央的部署，采取“调放结合，小步前进”的方针，取消了粮食统购，实行合同定购，同时调整了农村粮油购销价格；取消了生猪派购，实行有计划的议购议销；逐步放开了蔬菜、水产、水果等鲜活副食品价格，实行市场调节；适当提高了铁路短途运输价格；适当拉开了一部分商品的质量差价和地区差价；并采取若干措施加强了物价管理，努力控制价格总水平。在猪肉调价的同时，对职工实行了补贴，并发挥国营商业吞吐调剂，平抑物价，保证市场供应的主导作用，改进对国营食品、蔬菜企业亏损补贴办法，这就有效地防止了物价发生大的波动，保证了价格改革的顺利进行。从目前来看，我市猪肉价格同全国各大城市相比是较低的，蔬菜价格也比较稳定，基本上做到了淡季有菜吃。有的商品刚放开时，虽然价格有所上升，但随着生产的发展，价格也逐步趋于平稳和合理。去年下半年，按照国家统一部署，进行了工资改革。机关、事业单位实行了以职务工资为主要内容的结构工资制，初步纳入了新的工资轨道。企业的工资改革，大多数企业实行基本工资加奖励的办法，少数企业试行工资总额同经济效益和劳动成果挂钩浮动的办法，职工工资有所增加。由于历史种种原因，工资方面积累的问题较多，不可能一下子都得到解决。对工资分配上不完善、不合理的地方，今后通过深入改革将会逐步得到解决。

社会主义商品市场正在形成。去年，我市在发展消费品市场、农副产品市场的同时，积极开放生产资料市场，办起了物资供销综合贸易中心和机电产品、汽车、木材等五个专业贸易中心，初步形成了生产资料计划供应与市场调节相结合的物资流通体制。金融市场开始起步，技术市场、建筑市场和劳务市场逐步发展。这些市场的形成，为建立市场体系开辟了道路，积累了有益的经验。

通过三年来各方面的初步配套改革，经济体制开始转向充满生机和活力的新体制，企业活力逐渐增强，社会主义商品市场不断扩大，多种所有制形式和经营方式有很大发展，城乡分割和封闭状态有所突破，多层次的经济网络初步形成。这对于搞活经济，解放生产力，改善城乡人民生活，都起到了决定性的作用。

二、国民经济持续发展，人民生活有所改善

在经济体制改革的推动下，我市1985年国民经济计划执行情况是好的。全市社会总产值达到200亿元，比上年增长12%。国民生产总值达到100亿元，增长13%。国民收入达到84亿元，增长12%。工农业总产值完成173.9亿元，增长13.7%，创造了历史新水平。

全市农村认真贯彻落实中央一号文件，深入进

行第二步改革，积极调整产业结构，促进了农村经济的发展。农村社会总产值达到 62.6 亿元，农业总产值达到 40.45 亿元，分别比上年增长 21%和 8.8%。去年虽然遭受了自然灾害，粮食总产量只完成 51.87 亿公斤，比上年减少 8.7%，但主要经济作物和猪、奶、禽、蛋、鱼、水果等农副产品都有较大幅度的增长。特别是乡镇企业发展很快，已成为农村经济的重要支柱。去年全市乡镇企业完成总产值 26.8 亿元，比上年增长 64.4%，创汇产品产值近 3000 万元。全市已有 12 个区县的乡镇企业总产值超亿元。沙坪坝区石桥乡已成为我市第一个乡镇企业总收入超亿元的乡。去年发展城乡大联合，各种联合协作项目 5000 多个，实现产值 5 亿多元。向市郊农村转移交流科技人员 1000 多人，科技人员下乡开展咨询服务达 8000 多人次，为农村提供服务项目 1 万多个，培训技术力量 2 万多人。整个农村出现了欣欣向荣的景象。

我市工交企业紧紧围绕提高经济效益这个中心，挖掘企业内部潜力，促进了生产持续稳定增长，创造了历史最好水平。全年完成工业总产值 133.5 亿元，比上年增长 15%。市属预算内国营工业企业实现利润总额增长 11.8%，销售税金增长 35%。能源、交通、邮电部门全面完成国家计划。产品质量稳定提高，全年产品质量稳定提高率达到90.45%，6 个产品荣获国家金质奖，8 个产品荣获国家银质奖，创部优质产品 40 个，市优质产品 140 个。通过产品结构的调整，全年开发新产品 1190 项，投产见效 850 项。技术改造的步伐加快，市属全民所有制企业完成更新改造投资 5.72 亿元，比上年增加 3.1 亿元，其中用于增加产品品种和提高产品质量的投资增加 1.4 倍；用于节能和节约原材料的投资增加 34.2%；全年有 708 个项目建成投产，新增固定资产 5.5 亿元。经济联合向企业群体方向发展，全市工业系统已发展各种经济联合群体达 267 个，联合协作项目 534 项，参加联合的企业近 3000 千个。军工企业的民品生产取得显著成绩，去年民品产值达 10.08 亿元，比上年增长 96.1%，初步形成了以摩托车、自行车、微型汽车、易开罐、石油深井泵为主的适销对路的支柱产品。

随着工农业生产持续稳定发展，商业购销两旺，货源日益充裕，流通领域里呈现出生机旺盛的可喜局面。全市社会商品零售总额完成 52.3 亿元，比上年增长 26.7%；商业纯购进 43.4 亿元，商业纯销售 46.3 亿元，分别比上年增长 14.6%和 10.6%。流通体制改革的深入发展，增强了中心城市的流通功能，扩大了重庆商品的辐射面。市级商业部门去年举办各种展销会、交流会 60 多次，调出省外的工业品比上年增长 31%。商业部门办的各类贸易中心已达到 73 个，全年成交额 15.5 亿元。我市工业品贸易中心的辐射面已遍及 24 个省市的 3000 多家企业，全年成交额 7.2 亿元。去年在重庆举办的“四省（区）五方”首届商品交流会，购销总额达 5 亿元。生产资料市场购销两旺，各种物资贸易中心全年成交额 3.6 亿元。城乡集市贸易进一步发展，商品成交量 8 亿公斤，成交额 9.6 亿元，分别比上年增长 14%和 31.4%。商业结构发生明显变化，多渠道经营的格局已经形成。在搞活商品流通的同时，积极改善商业服务设施，开展了创建文明商店的活动，全市评出 184 家文明商店，推动了商业服务质量的提高。

去年，改革了区县财政体制，实行了第二步利改税，开源节流，增收节支，全市财政收入达到 16.6 亿元，比 1984 年增长 22.2%。财政收入的增长幅度是我市进行经济体制综合改革以来最大的一年。按照国务院的部署，在全市范围内开展了财务、税收、信贷、物价大检查，这对增加财政收入，严肃财经纪律，端正党风和社会风气，都起了积极作用。在生产发展基础上，城乡人民生活进一步改善。全市职工人平工资比上年增长 15%，扣除物价上涨因素，实际工资增长 4.7%；农民人均纯收入 366 元，增长 11.1%。全年安置城镇待业人员 8.5 万人。城乡储蓄大幅度增长，年末储蓄余额达 18.6 亿元，比上年增长 38.2%。城乡人民消费结构发生了新的变化，穿的、用的商品消费增长高于吃的消费增长，一些耐用消费品特别是电视机、洗衣机、电冰箱等家用电器的销售量增加较多。这说明，城乡人民生活水平确实有了提高。

三、对外开放有了良好开端，横向经济联合发展较快

在对外开放方针指引下，去年我市实行的多层次、多渠道、多形式的经济联合协作，得到了迅速发展。在重庆召开的“四省（区）五方”第二次经济协调会提出“自力更生，多方联合，国家支持，共谋振兴”的方针，得到党中央、国务院的肯定，推动了西南地区横向经济联合的发展，在交通邮电、科技人才、商品流通、重点工程建设、矿产资源开发、金融信息、文化教育等领域，加强了全面经济技术协作。沪、宁、汉、渝四城市发起建立的长江沿岸中心城市经济协调会，在长江联运联营、内外贸易、科技交流、长江旅游资源开发、邮电通讯、金融协作、信息交流等方面议定了方案，对于联合开发长江资源，促进我国经济的东西结合将起到积极的作用。我市同全国各地的经济交往不断扩大，先后同28个省、市、自治区建立了经济协作关系，去年共签订协议1259项，协作物资总金额2.5亿元。

行业间的跨地区经济联合有了迅速发展。“四省（区）五方”的行业协作会已发展到30个行业。中药材行业已走上开发、加工、生产、销售一条龙联合协作的道路。造纸行业在“进出自由，隶属不交，平等协商，互利互惠”的原则下，加快了跨地区联合的步伐。以重点产品为龙头的跨地区经济联合蓬勃兴起。生产摩托车的嘉陵企业集团，在全国各地的协作厂达到222个，他们自愿联合，互相服务，互相依存，协调行动，使摩托车生产成倍增长。重庆饮料工业公司生产的天府可乐，已与专业科研单位建立两个科研生产联合体，与全国25个省市区联合办厂78家，并与商业部门联合开办23个工商联营点，扩大了饮料的生产和销售，显示了经济联合的强大生命力。

对外贸易和经济技术合作初步打开了局面。我们坚持进出结合的方针，把扩大外贸出口放在首位，加强了对出口工作的领导，在出口商品的生产、收购、外运、推销方面采取有力措施，从而保证外贸出口超额完成了任务。去年全市外贸商品收购总值4.86亿元，比上年增长66.5%；自营出口总值完成1.0461亿美元，比上年增长68.6%；出口商品达14大类297种，遍及62个国家和地区。对外经济技术合作和劳务出口也有较大发展，去年劳务出口和承包工程合同额比上年增长2.3倍。在香港开设的渝丰国际有限公司，成为我市对外经济工作的“窗口”。开办国外合资企业的工作已经起步，引进外资和技术设备取得新的进展。一些中外合资企业、合作经营企业及租赁项目正在实施之中。去年全市利用外资签约36项，金额达5055万美元，比上年增长1.1倍；引进技术、进口设备价值5837万美元。对外贸易和经济技术合作的不断扩大，正在成为我市经济发展的一个重要支柱。

我市旅游事业，在加强经营管理，提高服务质量，增加经济效益等方面，收到较好的效果。去年接待来自36个国家和地区的游客和港、澳、台地区的游客，比上年增长28.9%，旅游收入比上年增长81.5%。旅游业作为“无形贸易”，对促进我市经济的发展起了积极作用。

四、城乡建设步伐加快，城市管理得到改善

为了把我市建设成为开放型、多功能的中心城市，我们把搞好城市规划、建设和管理作为重要任务来抓，在提高思想认识，加强组织领导，理顺管理体制，增加物质投入，完善管理法规，健全城管队伍等方面，采取了一系列措施，使城市建设和城市管理取得了新的进展。

在道路交通建设方面，坚持建设与管理并重的原则，一手抓道路建设，一手抓交通管理，使城市交通有所改善。去年建成了牛角沱立交道、中山支路、鹅岭隧道、临江门人行天桥和凯旋路电梯，完成了嘉陵路土湾段的改造。同时加强了交通管理，充分利用现有道路，在市区几个主要地方实行车辆单向行驶和循环运行，使牛角沱、上清寺、两路口、大坪等地区交通长期拥挤阻塞的状况得到缓和。城市客运能力增加，新增公共汽车、电车188辆，出租

汽车200多辆，为解决群众“乘车难”的问题提供了条件。全市加宽公路路面1281公里，改造公路路基490公里。邮电通讯建设，在增强能力，改善手段，扩大业务等方面做了大量工作，新开辟了14个大中城市的电信线路，通信落后的状况正在开始改变。

在住宅建设和城市供水方面，去年城市住宅竣工面积163万平方米，大修和翻修居民住宅6.87万平方米，3万多户居民搬进新居，一部分居民的住房条件得到改善。农村新建、改建住房632万平方米，有10万户农民住进新居，这是多年来农民居住条件改善较为显著的一年。去年新建和改建了5座县镇小水厂，完成了江北水厂与江陵机器厂自备水源接管联网工程，使观音桥地区日供水能力新增1.5万吨，改善了部分城镇居民的饮水条件。民用燃料气化建设继续得到发展，全年新增用气户6万户，使城市居民用气达到27万户。

环境保护工作，制定了贯彻市第十届人大三次会议关于加强环境保护的决议的具体实施方案，正在进行综合整治。全市一吨以上需要改造的锅炉已基本改造完毕，市中区已迁建和转产13个污染严重的工厂，解决了47个严重污染点，治理了工业噪声的企业有400多个，城区干道交通噪声初步得到控制。园林绿化建设加快了步伐，全市绿化植树256万株，新辟小游园和绿化点121处，改造小街小巷土路32万平方米。所有这些，都对提高城市环境质量起到了积极作用。

城市规划工作，在城市14个片区中，已编制了7个片区规划，12个县的县城规划编制已全部完成，增强了对城市建设和管理的指导作用。加快了旧城改造和新区开发建设的速度，去年旧城改造竣工房屋面积8万平方米，新区开发竣工房屋面积28万平方米。大坪、江北鹞子丘和南坪二小区的开发建设已初具规模。工业品贸易中心、四省（区）五方协作大厦等高层建筑陆续动工兴建。去年新开工建设的江北民用机场、嘉陵江石门大桥等重点工程，施工进度较快，工程质量符合设计要求。这一批工程建成后，我市的城市面貌将会发生较大的变化。

在加强城市规划、建设的同时，强化了城市管理。调整充实了城市管理机构，建立起条块结合、以块为主，市、区和街道三级城管体系。加强了城市管理执法工作，颁布了市容卫生“三不准”和乘坐车船“五不准”的规定，并广泛发动群众，落实门前“三包”责任制。通过整顿市容卫生、交通秩序和摊区市场，取缔无照摊贩，打击投机倒把、走私贩私等违法活动，城市脏、乱、差的状况初步有了改变。

五、科技、文教事业有新的发展，精神文明建设进一步加强

在科技体制改革中，科学研究和技术开发面向经济建设，促进科研与生产结合，取得了新的进展。市级重点科研项目完成208项，全市获国家级科技成果进步奖的有33项，获国家科技成果发明奖的有8项，成果应用率达80%以上，这是前所未有的成绩。科技市场正在兴起，全市已建立科技开发交流中心和技术经营管理机构177个，举办技术交流活动35次，达成协议1148项，成交金额达8000多万元。有的科技成果开始进入国际市场，在国外赢得了信誉。

教育体制改革深入发展，基础教育得到加强。我市现已基本完成普及小学教育的历史任务。中等教育结构改革有进一步的发展，职业中学、中专、技工校招收的新生人数已占高中新生人数的40%，初步改变了中等教育结构单一的状况。教育质量普遍有所提高，中小学生在德智体各方面都得到了发展。市、区、县表彰的三好学生和优秀学生干部达10万多名，57.5万多名中小学生达到国家体育锻炼标准，5387人考入各类高等院校学习。按照中央的要求，教育经费做到了两个增长，去年全市用于教育的各种投资达2.0174亿元，比上年增长39.7%，高于财政经常性收入增长的幅度。近两年来，多渠道筹集教育经费，改善办学条件，取得了很大成绩。城乡办学集资达7783万元，新建改建校舍60.27万平方米，维修校舍109万平方米。全市大专院校在校学生、研究生和各类成人教

育的在学人数都有增加，教学工作和思想政治工作有所加强。职工文化补课任务已基本完成。这对培养我市急需人才和提高广大干部职工素质起了重要作用。

文化艺术、广播电视、新闻出版部门在精神文明建设中发挥了积极作用。去年有42项文艺作品获国家和省的奖励。各乡镇和街道文化站普遍开展了群众文化活动，成为精神文明建设的前哨阵地。綦江县被省命名为“农民版画之乡”，并应邀到美国旧金山展出。全市广播人口覆盖率达到96.6%，电视人口覆盖率由上年的30%提高到77%。全年出版各类图书580种，各种杂志194种，共3亿多册。在发展文化事业的同时，加强了文化市场的管理，相继对电视录像放映、书刊出版发行、舞会音乐茶座，认真进行了整顿，制订了管理办法，使文艺更好地发挥社会效益，为精神文明建设服务。

医疗卫生工作不断得到改善，广泛开展了医疗保健工作。去年为100多万职工进行体检并建立了健康档案，为9400名聋哑盲残疾人免费进行了义务体检，进行妇女病普查61万多人次。加强了食品卫生和药品管理，查出并销毁假药40多万盒、伪劣中药材12万多公斤，淘汰药品240种。计划生育工作成绩显著，去年我市人口自然增长率为6.61‰，被评为全国计划生育工作的先进集体。

体育运动不断发展，群众体育活动日益活跃。全市厂矿企事业建立各种体育协会812个，经常参加体育活动的职工达70多万人。举办了建国以来的首届青少年运动会、老年运动会、农民运动会和伤残人运动会。在省首届工人运动会上，重庆市获团体总分第一名。在全国体育比赛中，获12个第一名、15个第二名、12个第三名，重庆女子排球队晋升为全国甲级队。

在精神文明建设中，注意了加强思想建设。通过形势教育、四项基本原则教育，广泛开展“五讲四美三热爱”和学英模等活动，激发了广大干部和群众投身改革、献身“四化”的革命热情。进一步加强了政权建设和法制建设，依法从重从快打击了严重刑事犯罪分子和严重经济犯罪分子，促进了我市社会治安秩序的好转，巩固和发展了安定团结的政治局面。

在过去一年中，民政、外事、民族、宗教、侨务、民兵、人防等方面的工作，都取得了新的成绩，在两个文明建设中做出了积极的贡献。

在充分肯定成绩的同时，我们也清醒地认识到，在当前大好形势下，工作中还存在一些问题和困难。主要是：我市经济生活中仍然存在不稳定的因素，能源、资金、原材料严重不足，特别是电力紧张，严重制约着生产的发展，经济效益差的状况还没有得到根本改变。农业这个基础还比较薄弱，农业生产条件改善不够，抗御自然灾害的能力比较脆弱，农村商品经济发展较慢，土地管理工作薄弱，乱占滥用耕地比较严重。城市基础设施近年来虽有所改善，但由于过去欠账多，目前城市交通、通讯、供水等设施仍然显得落后，许多危房和危岩滑坡尚未得到有效的治理，潜在的不安全因素较多，同经济发展和人民生活的需要不适应，在一定程度上影响了城市多功能作用的发挥。财政收入虽然增长幅度较大，但由于财政支出增多，出现了支大于收、收支不平衡的状况，因而目前财政仍然比较困难，有一些应该办的事一时不能办到。同时，机构庞大、臃肿，工作关系没有完全理顺，互相扯皮的事较多，工作节奏慢，办事效率不高。对于这些问题，我们一定要有充分的认识，继续发扬改革的精神，采取切实有效的措施，扎扎实实地做好工作，通过近期和较长时期的努力，使我市多年积累下来的问题，能够得到较好的解决。我们相信，在全市人民的共同努力下，万众一心，团结一致，群策群力，一定能够战胜前进中的困难，夺取改革和经济建设的新胜利。

1986年的主要任务

1986年是“七五”计划的第一年。“七五”期间是我市经济体制改革和经济发展的关键时期。扎扎实实做好今后五年的工作，对于振兴重庆经济，发挥长江上游经济中心作用，具有非常重要的意义。《关于第七个五年计划的报告》和《国民经济和社会发展第七个五年计划》，是改革和建设的宏伟纲领，是两个文明建设一起抓的雄图大略。根据国家“七五”时期的战略目标和战略部署，我市“七五”期间国民经济和社会发展的基本任务是：坚持把改革放在首位，坚定不移地把城市和农村的改革推向前进，基本奠定充满生机和活力的经济体制的基础；保持适当的经济发展速度，坚持走内涵为主扩大再生产的路子，加强基础工业，改造传统工业，发展新兴工业，推进技术进步，搞好智力开发，增强经济实力，为九十年代的经济振兴准备后劲；进一步实行对外开放，大力发展横向经济联合，增强吸引力、辐射力和出口创汇能力；坚持两个文明建设一起抓，努力加强精神文明建设；在生产发展的基础上，继续提高城乡人民的生活水平。通过“七五”期间的改革和建设，为把我市建设成开放型、多功能的社会主义现代化城市奠定良好的基础。

“七五”期间主要经济计划指标的安排是：1990年社会总产值达到300亿元，平均每年增长8.5%。工农业总产值达到255亿元，平均每年增长8%，其中，工业总产值达到200亿元，平均每年增长8.5%；农业总产值达到55亿元，平均每年增长6.3%。国民生产总值达到152亿元，平均每年增长8.7%。国民收入达到123亿元，平均每年增长8%。财政收入达到24亿元，平均每年增长7.6%。实现上述目标，我市主要经济综合指标将比1980年增长1.5倍左右。到那时，各种经济关系将进一步理顺，产业结构和企业组织结构将明显改善，生产技术水平和经济效益将显著提高，经济实力将大为增强，城市基础设施和城市面貌将会发生新的变化，城乡人民的消费水平将得到明显提高。根据这些要求，市政府已经拟定出我市第七个五年计划草案，请各位代表提出意见，以便进行修改，提请下一次市人民代表大会审议。

实现“七五”期间的奋斗目标，必须打好“七五”第一仗，保证今年各方面的工作有一个良好的开端。我们要认真贯彻党的全国代表会议和全国人大六届四次会议精神，按照“巩固、消化、补充、改善”的方针，把改革引向纵深发展，进一步增强企业活力，大力推进城乡一体化；以经济建设为中心，继续调整产业结构和产品结构，狠抓技术改造和增强出口创汇能力，切实组织好生产和流通，使我市经济持续稳定协调发展；抓紧城市基础设施建设和重点建设，发展第三产业，增强城市服务功能；大力加强精神文明建设，争取社会风气和社会治安明显好转；在发展生产的基础上，继续改善城乡人民生活，巩固和发展安定团结的大好形势。1986年经济发展的主要目标是：社会总产值比1985年增长8%，达到216亿元；工农业总产值增长7.5%，达到187亿元；国民生产总值增长8.5%，达到108.5亿元；国民收入增长8%，达到91亿元；地方固定资产投资安排9.51亿元，基本保持去年的水平；社会商品零售额增长12%，达到58.6亿元；财政收入达到19.81亿元。

今年已经过去五个月了。一季度的工业生产，由于电力供应严重不足，生产计划完成不好。针对工业生产中出现的问题，我们集中精力，加强了对生产的组织和指导，在能源、资金、原材料等方面采取了许多切实有效的措施，发动群众，克服困难，四、5月份生产逐步回升。但是，5月中旬，我市又连续出现了历史上罕见的大风、暴雨和冰雹等严重的自然灾害，给人民的生命财产和工农业生产造成了巨大损失。这就对今年完成国民经济计划增加了很大的困难。因而，今后七个月的任务是非常艰巨的，这对我们也是一个严峻的考验。在这种困难面前，我们一定要认清形势，增强信心，奋发图强，自力更生，努力战胜各种困难，千方百计地把生产搞上去，保证完成1986年的国民经济计划，夺取生产建设和抗灾斗争的全面胜利。

为了实现今年的奋斗目标，我们要同全市人民一道，共同做好以下几方面的工作。

一、进一步搞活生产和流通，使国民经济持续稳定协调发展

今后几个月是完成工农业生产任务的关键时刻。我们要加强紧迫感和责任感，抓紧有利时机，

坚决完成1986年国民经济计划。只有努力发展生产，提高经济效益，增加财政收入，其他的事情才比较好办。因此，我们一定要坚持以经济建设为中心，充分调动各方面的积极性，继续把经济搞活，把各项事业推向前进。

（一）农业要保证粮食稳定增产，因地制宜地积极发展多种经营

不断加强农业这个国民经济的基础，是我国现代化建设中的一项重要战略方针。我们要根据党中央、国务院关于1986年农村工作的部署，认真落实各项经济政策，深入进行农村改革，改善农业生产条件，组织产前产后服务，推动农村经济持续稳定协调发展，努力实现今年粮食总产量55亿公斤，农业总产值43亿元，乡镇企业产值32亿元，农民人均增收40元的目标。

要进一步扩大区县经济管理权限，逐步完善区县财政体制，增强区县总揽经济全局的能力。积极搞好巴县、永川、合川、长寿县的综合改革试点，在城乡结合、工农结合上探索新的路子和新的方式，在改革中起超前作用和先导作用。继续坚持城乡大联合，城乡一体化，搞好统筹安排，促进城乡经济的全面发展。进一步实行城乡通开，扩大农副产品批发市场、贸易货栈和农副产品交易市场，促进城乡商品交流。发展农工、农商、农工商多种形式的联合，组织城市工业向区县工业和乡镇企业扩散产品，转让科技成果，鼓励城市科技人才向农村转移，组织科技人员下乡，开展咨询服务，促进农村经济日益繁荣。

继续把粮食生产抓紧抓好。粮食是直接关系到城乡人民生活的大事，粮食生产决不能放松。今年粮食作物面积一定要稳定在1730万亩。要依靠科学，推广良种，提高单产，增加总产，确保粮食稳定增长。要加强土地管理，严禁乱占滥用耕地，减轻农民负担，制止不合理摊派，适当增加农业投入，加强农田水利基础设施的建设和管理，增强抗灾能力，立足于抗灾夺丰收。特别是目前灾情严重的地方，应发扬自力更生、生产自救的精神，组织群众恢复生产，重建家园，战胜灾害。各行各业都要加强支农工作，对农村需要的生产资料和生活资料要保证供应，搞好产前产后服务，逐步建立农村服务体系。要完善合同订购制度，切实做好粮食合同定购工作，保证完成今年6亿公斤粮食合同定购任务。同时搞活粮食流通，搞好粮食加工转化，调动农民生产粮食的积极性。

要按照因地制宜、发挥优势、面向市场、服务城市、致富农村的方针，在保证粮食稳定增长，保持农村人平产粮500公斤，城乡人平占有粮食400公斤的前提下，有步骤地进行产业结构调整。要以骨干项目和拳头产品为龙头，建立各种类型的商品生产基地，大力发展畜牧业、林果业、水产业和其他农副土特产品生产。稳定发展生猪，积极推广瘦肉型猪，全年饲养生猪达到1200万头，出槽肉猪700万头，其中瘦肉型猪占30%。增加奶、蛋、鱼和牛、羊、兔、禽的产量。充分发挥柑桔和蚕桑生产的优势，提高经济效益，增强在国内外市场的竞争能力。林业要以营造为基础，搞好植树造林，保护林业自然资源，贯彻《森林法》，严禁乱砍滥伐。

要抓好蔬菜生产。坚持以近郊为主、远郊为辅、市外调剂的方针，稳定基地面积，积极发展二线商品菜地，联络三线商品菜源，建立蔬菜批发市场，全年蔬菜总产达到5亿公斤。加强蔬菜基础设施，管好用好蔬菜费用，实行集约生产，提高产量，增加品种，积极发展高档蔬菜，搞好淡旺平衡，保证城市蔬菜供应。

发展乡镇企业，是振兴农村经济的必由之路。要以提高经济效益和产品质量为中心，加强企业管理，搞好技术改造，提高经营管理水平。发展形式以户办、村办、联办为主；发展重点应放在农产品的加工业和产前产后的服务业，有条件的地方应积极发展小水电、小火电、小采矿业和建材工业，为大工业配套和为出口服务的加工工业，为人民生活服务的日用小商品的生产。要充分利用我市劳动力资源丰富的优势，有计划地组织劳务输出，为生产、建设和生活服务。各级政府都要加强对乡镇企业的指导，帮助解决实际困难，促使它们健康发展。要

在鼓励一部分人先富起来的同时，切实帮助贫困地区和少数民族地区充分利用本地资源，走自力更生、发展生产、改善生活的道路，较快地改变经济文化的落后状态。

（二）以提高经济效益为中心，确保工业生产持续稳定增长

工业是我市经济的主体。我们必须充分发动群众，采取有力措施，努力搞好生产，实现全年工业总产值144亿元，比去年增长8%；交通运输货运量增长6%；邮电通讯业务总量增长11.7%。

要抓住搞活企业这个中心环节，切实加强企业管理。管理基础较差的企业，要下决心狠抓基础工作，健全管理制度，把各项工作纳入目标管理范围，使管理工作规范化、科学化，切实扭转管理混乱的局面；管理基础较好的企业，要逐步向现代化管理方向迈进，积极推行以全面计划管理、全面质量管理、全面经济核算等为主要内容的现代化管理方法。要抓好大中型企业现代化管理的试点工作，使一部分企业分别达到国家规定的一、二、三级企业标准。各经济管理部门，要加强和改善宏观控制，发挥经济杠杆的作用。学会间接管理方法。积极为搞活企业创造外部条件，使企业素质有一个明显提高。

狠抓质量管理和监督。努力提高产品质量和性能。应当看到，产品质量低，经济效益差，是我市工业的致命弱点。要继续坚持“质量第一”的方针，认真贯彻实施国务院颁布的《工业产品质量责任条例》，完善质量保证体系，建立一套完整的奖励优质产品和限制落后产品的有效方法，决不允许牺牲效益去追求速度，让低劣产品进入市场。从政策和制度上促进企业调整产业结构和产品结构，积极开发新产品，利用市场机制，制定正确的经营决策，依靠产品质量的优势开拓和占领市场。今年要求全市产品质量稳定提高率保持在90%以上，优质品率达到20%。要有一批产品按照国际标准进行生产。争创名牌、优质产品。获计量定级证书的市属企业要求达到90%以上。

积极采用先进技术和先进设备，有计划地改造现有企业。技术改造，要分别轻重缓急，有计划、有步骤地进行，重点放在加强基础工业特别是能源、交通、原材料工业的技术改造上。在技术进步工作中，切实加强项目实施责任制和引进项目的消化、吸收，使其尽快发挥投资效益。市属企业要完成技改投资4亿元，安排技改项目五百项，重点抓好洗衣机、喷气织机、天府可乐、人造奶油等100个技改项目。引进项目的消化、吸收，重点放在彩电、电冰箱、微型汽车等主要产品，争取在两三年内基本上达到产品国产化。同时要积极支持区县工业搞好技术改造，加快区县工业的发展。军工企业要坚定不移地把军工生产转向民品生产，在民品生产上迈出新的步伐，充分发挥技术装备优势，大力开发适销对路的民用新产品。今年民品产值比上年增长27%，力争达到12亿元。城镇集体工业是我市工业的一个重要组成部分，要认真贯彻集体经济的政策，按照集体经济的特点，扶持二轻工业、街道工业和其他集体工业的发展。

要切实加强生产指挥系统，精心组织和指导生产。当前，重点搞好能源、资金和原材料的平衡调度，以适应生产的需要。财政、金融部门要抓紧清理企业之间相互拖欠的资金，筹集和融通资金，帮助企业解决实际困难。要坚持计划用电，合理用电，节约用电。电力部门要充分挖掘潜力，争取多发电、多供电。重庆发电厂扩建工程第一台机组，应在今年“七一”投产发电，缓和电力紧张的矛盾。要根据产品销路和经济效益的好坏，在能源、资金、原材料等方面实行择优供应，以提高全市的综合经济效益。所有企业都要加快产品结构调整的步伐，增产适销对路的产品，搞好产品销售，压缩资金占用，加速资金周转，提高资金利用率，把有限的资金管好用活。同时要狠抓原燃材料的节约，千方百计地降低消耗，努力降低生产成本，减少亏损，增加盈利。搞好安全生产，防止发生重大事故。工业战线的各级领导干部，都要振奋精神，转变作风，深入生产第一线，扎扎实实地帮助企业解决生产中的实际问题。要把搞活经济中的一些正当交往和搞不正之风严格区别开来,保护经营者和业务人员的积极性。要切实加强思想政治工作,动员广大职工深入开展社会主义劳动竞赛,以主人翁姿态,克服各种困难,千方百计完成全年的生产任务,为社会主义现代化建设做出更大的贡献。

(三)继续搞活商品流通,进一步繁荣城乡经济

搞活商品流通是发挥中心城市多功能作用的一个重要方面。要继续开辟多种流通渠道,探索新的商业形式,发展横向经济联系,努力开拓市场,扩大服务和消费领域,促进城乡经济发展。今年全市社会商品零售总额要比上年增长12%,国营商业、供销社纯购进、纯销售,要分别比上年增长4%和5%。

近几年,我市流通体制改革取得显著成效,一个多渠道、多层次、城乡结合的流通网络开始形成。要在已经取得成效的基础上,围绕开辟新的流通渠道,发展新的商业形式这个重点,继续搞活商品流通,使流通领域的改革有新的突破。按照商品流通的客观规律和扬长避短、自愿互利、共同发展的原则,以企业之间的联合和企业产销联营为重点,试办和发展工商结合的商业形式,以主要产品为龙头的工商一体的跨部门的集团性企业形式,跨地区联合经营的商业形式,零售企业之间的商商联合形式,促进商业横向经济联合向纵深发展。继续办好各类贸易中心,促进它们不断巩固和发展。商业部门要树立为生产服务的观点,生产企业要有市场观念,同心协力地理顺产销关系和产销渠道,采取多种有效形式,开拓地方产品的销售市场,增强中心城市的流通功能。

充分发挥国营商业的主导作用,切实安排好城乡市场。国营商业和供销社要在新的流通体制下,发挥主渠道作用,主动参与市场调节,搞好淡旺调剂和地区调剂,平抑市场物价。要重点抓好影响市场大局的主要副食品的供应。菜、肉、蛋等重点品种,国营商业要保持一定的经营比重,国营企业经营的猪肉要占市场零售总量的50%左右,蔬菜要达到30%,以保证市场供应。要做好工业品下乡工作,把城乡都需要的工业品优先放到农村去,特别要做好油料、化肥、农药和中小农具等农业生产资料的供应,做到不误农时。要采取措施增加小商品和人民生活必需品的供应,方便群众生活。各级商业经营单位要把改善服务态度,提高服务质量放在企业经营目标的重要位置,使文明经商活动规范化、经常化。要加强市场管理,维护市场秩序,坚决制止销售冒牌商品和伪劣商品、欺行霸市、哄抬物价、以劣充好、短斤少两和硬性搭配等违法活动和损害消费者利益的行为。

加快商业服务网点和城乡集市的建设。今年全市计划增设商业服务网点500个,重点解决新开发区、边远地区和网点稀少地区群众买煤、买粮、买肉难等问题。抓紧城乡集市建设,新建棚盖市场5万平方米,新辟集市场地8万平方米,在近郊区修建7个农副产品批发市场,积极筹建江北观音桥大型农贸市场。抓好商业设施建设,年内完成重庆百货大楼的改建工程和上桥果品库第二期工程,抓紧工业品贸易中心南坪大楼的施工,努力扩大城市的服务功能。

(四)大力发展出口产品,努力完成外贸任务

发展对外经济贸易,增强出口创汇能力,是实现国民经济计划的重要方面。只有把外贸出口搞上去,经济发展才会有更大的回旋余地。因此,要把发展对外经济贸易作为我市经济工作的一个重点来抓。今年全市外贸出口总值力争完成1.2亿美元,比去年增长20%。必须进一步改革外贸体制,更好地实行产销结合、工贸结合、技贸结合,努力提高产品质量,合理调整商品结构,积极改善生产布局,开发具有国际竞争能力的新产品,建立稳定的出口商品基地,广开销售渠道,搞好服务工作,提高经济效益。

开发新的出口商品,提高现有产品竞争能力,是发展我市外贸的关键所在。丝绸是我市的重点出口商品之一,要根据当前国际市场需求,在改变丝绸出口产品结构上狠下功夫，发展真丝绸制成品出口。尽快引进丝绸后处理先进技术设备，增强后处理能力，建设适应国际市场需要的小批量、多品种、花色齐全、应变力强的丝绸出口基地。要发挥我市机械加工的优势，大力发展机电产品出口，使之成为我市外贸出口的重点产品，争取机电产品的出口创汇有较大增长。要充分利用我市丰富的农副产品和土畜产品资源，发展农副产品出口，逐步建设农产品、土特产品和乡镇企业小商品的出口基地。提高出口茶叶质量，扩大羽绒制品，建立柑桔出口供货体系，发展冻猪肉出口。同时，要搞好出口商品运输，扩大对外经济技术合作和劳务输出，积极利用外资，引进先进技术，兴办国外合资企业，使我市对外经济贸易工作有一个较大发展。

要千方百计地开拓国际市场。在巩固扩大现有销售市场的基础上，努力增加对发达国家的出口，把开拓拉美、非洲和海湾国家的市场放到重要位置，继续发展对苏联、东欧的贸易，建立多元化出口布局。要增派出国小组，强化推销，并积极争取在美国、日本、西欧、非洲，建立销售服务网络和海外贸易公司。

要切实有效地贯彻执行有关鼓励出口的政策，改变外销不如内销盈利多的状况，鼓励生产企业增产优质出口产品，鼓励外贸企业多推销多创汇。认真落实国务院关于出口产品退税、外汇留成、超计划倒三七分成、减亏增盈分成以及按去年出口额度为基数实行奖励的政策规定。同时，坚决贯彻国务院关于对出口产品生产实行“五优先”的规定，有计划、有重点地加快对出口生产企业的技术改造，在计划上优先立项，外汇使用上优先照顾，人民币配套资金优先解决，运输优先安排，原燃材料优先保证，通过对生产出口商品的企业从多方面给以鼓励和支持，使出口创汇多的企业和职工得到应得的实际利益。所有生产出口产品的企业都要把扩大出口、多创外汇作为自己的重要职责，努力开发更多的优质产品到国际市场上去竞争，为促进我市的经济发展多做贡献。

二、巩固和发展改革成果，积极进行新的改革探索

当前改革的形势很好。经济运行机制和经济管理体制正在发生一系列深刻变化。新旧体制并存，是现行经济体制的一个基本特点。正确认识新旧体制交替的新情况，解决新问题，是把我市改革不断推向前进的关键。我们要在前三年改革的基础上，切实贯彻“巩固、消化、补充、改善”的方针，认真总结经验，兴利除弊，积极进行新的改革探索，并为明后年的配套改革迈出较大的步伐做好准备。

（一）大力发展横向经济联合。横向经济联合，是发展有计划的商品经济的客观要求，是社会化大生产的必然趋势。我市在经济体制改革中，各种形式的经济联合已有一定的发展。当前。要按照国务院关于进一步推动横向经济联合的规定，促进企业之间、城乡之间、部门之间、地区之间，多层次、多形式的经济联合协作。

企业之间的联合，是横向经济联合的基础和重点。要在宏观指导下，大力发展原材料生产与加工企业之间、军工与民用企业之间、城乡企业之间、生产企业与科研单位和院校之间、工农商贸企业之间的多种形式的联合，不搞一个模式。要以大中企业为骨干，以重点产品和名优产品为龙头，发展企业联合体或企业集团，发展水陆空联营联运，逐步形成新型的经济联合组织。要尊重企业横向联合的自主权，积极支持、引导和推动企业联合。从政策和立法上保护联合各方的利益不受侵犯。

要进一步推进区域经济联合和协作。继续加强四省（区）五方的广泛合作，在互利互惠的基础上，争取联合协作项目取得新的进展。积极落实长江沿岸中心城市经济协调会提出的开发长江流域经济的战略任务，扩大合作内容，推动长江流域经济的发展。同时，大力发展同全国各地区特别是沿海地区的联合协作，扩大同省内毗邻地区的经济合作，做好对口支援工作。对已签订的各种合作协议，要抓紧落实，努力实现，取得实效。

（二）进一步增强企业特别是大中型企业的活

力。要坚决贯彻落实党中央、国务院已经颁发的有关扩大企业自主权的决定和条例，认真实行政企分开，简政放权，把应该放给企业的权力放给企业。主管部门要继续转变职能，减少直接控制，加强间接控制，把统筹、协调、服务、监督作为主要职责。要采取分类指导、因厂制宜的办法，重点帮助年税利在五百万元以上的大中型企业和出口创汇能力较强的企业增强活力。对经营管理好，贡献大而留利少的大中型企业，要适当地降低调节税，提高部分有承受能力企业的设备折旧率，用于技术改造。减轻企业不合理负担，清理和制止不合理摊派。在全民所有制企业和二轻集体企业试行职工退休金社会统筹制度。在二轻集体企业试行破产条例。继续进行经济形式和经营方式改革的探索，通过承包、租赁、转让等形式，搞活国营小型企业。

增强企业活力，根本在于指导思想必须适应发展社会主义商品经济的要求，改变习惯于生产任务靠国家下达，原材料靠国家调拨，产品靠国家包销的老观念、老办法，树立自主经营、自负盈亏的新观念。所有企业都要眼睛向内，深化企业内部改革，改善经营管理，提高企业素质和经济效益。要改革企业领导制度，根据国务院的决定，坚定不移地推行厂长（经理）负责制，理顺党委、行政、工会的工作关系。要继续完善企业内部各种形式的经济责任制，充分调动企业和职工的积极性，把企业办得更好。

（三）积极进行金融体制改革试点，逐步完善市场体系。改革金融体制，开拓资金市场，是发展商品经济和横向经济联合的基本条件。我市是国家列为金融改革试点的五个城市之一。以改善资金调节，搞好资金横向融通，专业银行企业化为重点，进行金融体制改革，发挥银行筹集资金，融通资金，引导资金流向，调节社会需求的作用。在我市各银行、金融组织之间，我市同全国其他大中城市银行和金融组织之间，采取多种方式，开展融通资金和拆借业务。运用债券、股票和商业票据等多种信用工具和信用方式，在地区企业之间、企业与个人之间实行资金直接融通。加强城乡储蓄工作，开展多种储蓄业务，集聚社会资金。建立教育、科技、公用事业发展基金。继续加强计划外资金的管理监督，引导资金的合理流向。有领导地建立一些地方金融机构，发展城市信用合作社、信托业务机构以及行业、企业集团的资金互助组织，逐步形成以人民银行为中心、专业银行为主体、各种金融组织并存、分工合作的金融体系。改进流动资金贷款计息办法，提高资金使用效果，尽量将有限的资金用活用好，使社会资金得到合理有效使用。

要完善和发展社会主义商品市场。进一步搞活消费品市场，整顿和完善各类贸易中心，发展农副产品批发交易市场，扩大地区间的商品直线流通。巩固和积极发展生产资料市场，建立钢材市场，完善各种物资贸易中心。继续发展建筑市场、技术市场和劳务市场，加强市场管理，逐步形成社会主义市场体系和市场管理体系，促进商品经济的发展。

（四）加强和改善宏观管理，促进经济良性循环。严格控制固定资产投资规模，所有项目都必须纳入计划，不准搞计划外建设项目，新开项目要从严控制，确保今年全市固定资产投资控制在国家下达的计划指标之内，不得超过。继续加强消费基金的计划管理，控制消费基金的膨胀。信贷规模既不要失控，又要区别情况择优发放贷款，保证经济发展和收购计划内农副产品所必需的资金，防止一刀切。要进一步改革计划体制，把计划工作的重点逐步转到主要运用经济政策和价格、税收、信贷、利率、汇率、工资等经济杠杆，逐步完善间接控制，保证全市经济的正常运行。

（五）做好价格和工资改革的消化、补充工作。在价格改革方面，要巩固改革成果，补充完善已出台的改革措施，理顺粮食、蔬菜、猪肉价格改革后的各种关系，加强物价管理，对少数突出不合理的价格，有控制地进行有升有降的调整，保持市场零售物价总水平的基本稳定。在工资改革方面，对机关、事业单位工资改革中突出的遗留问题，按国家政策规定逐步解决。继续研究和改善企业工资奖励办法，探索企业的分配制度。同时，要加强宣传教育，做好思想政治工作，防止和克服工资奖励上互相攀比的现象。

三年来的实践证明，改革是一项规模宏大的、艰巨复杂的系统工程。由于主观和客观的种种原因，决定了我们的改革只能是一个较为长期的、分步实现的渐进过程。改革过程中，不可避免地遇到新旧体制的矛盾。各级领导干部对改革的艰巨性和复杂性要有足够的认识，继续发扬积极探索、开拓前进的精神，把工作做深做细，坚定不移地推进改革，决不能停步不前，更不能走回头路。我们一定要加强领导，精心组织，通过实践不断总结经验，积极解决新旧体制交替中出现的问题，扩大改革成果，使改革健康地向前发展。

三、以交通和供水为重点，加强城市建设和城市管理

城市建设的水准和城市综合功能完善与发挥的程度，既关系到国民经济的发展和人民生活水平提高的程度，也关系到城市开放和吸引的程度。而城市的综合功能依赖于城市基础设施和公共服务设施的规模与水平。当前，要以提高城市综合功能为目标，以交通、供水为重点，加强城市建设和城市管理，为经济建设、城乡改革和对外开放创造一个良好的社会环境。

进一步加强道路建设，改善交通条件。要加快在建市政工程施工进度，尽快发挥投资效益。抓紧向阳二隧道收尾工程，确保提前建成"七一"通车，以进一步缓解上清寺、两路口、菜园坝地区的交通拥挤状况。目前正在兴建的江北民用机场，工期短、任务重、要求高，今年要集中力量完成平基土石方工程，为明年开始全面建设创造条件。嘉陵江石门大桥开工以来，施工进度很快，要在资金、材料、设备、施工力量等方面予以保证，在施工组织、指挥、管理上进一步加强，有关部门和单位要搞好协作配合，确保年内建成七座桥墩两座桥台，为提前建成大桥打好基础。长江客运索道是连接市中区与南岸区的一条空中通道，要抓紧施工，确保明年建成投入运行。加强道路维修保养，按计划完成市区部分干道的翻修任务，改善道路条件。继续增加城市公共交通运力，切实加强配套设施建设。今年新增和更新公共汽车、电车 140 辆，调整、延伸公共汽车线路 3 条。为逐步解决公共交通车辆沿街停放造成阻塞交通，影响市容的问题，今年要在大溪沟四维桥动工修建停车场；加快江北停车保养场的建设，确保明年部分投入使用。要继续有计划、有步骤地兴建人行天桥和地道，进一步实行人车分流。今年内建成健康路口和中山支路等处人行天桥，开工建设沙坪坝人行地道。要从道路建设和交通管理两个方面做好工作，减轻城市交通压力。对已实行循环运行和单向运行的两路口、大坪、石桥铺、新桥、华新街等地区，要进一步加强管理，确保交通畅通无阻。

抓紧自来水厂建设，提高城镇供水能力。黄桷渡水厂要确保"七一"投产，增加日供水能力 3 万吨，年底形成 10 万吨供水能力；加快江北水厂改造，年内实现增加日供水能力 1.5 万吨；铺设覃家岗至田坝的供水管道，改善中梁山地区供水条件；更新大溪沟至文化宫后门供水管道，消除病害管道，保障正常供水。要抓紧九龙坡水厂扩建工程的前期准备工作；新建和改建巴县长生桥镇、荣昌吴家镇、永川松溉镇等 3 个小水厂，提高县镇供水能力，改善饮水条件。继续推进供水设施社会化，进一步搞好城市公用水厂与社会单位自备水源的联网工作，增加供水能力。

继续抓好住宅建设，逐步改善居民住房条件。全年新建住宅 100 万平方米，其中市房 30 万至 35 万平方米。加快危房改造的步伐，采取应急措施排险解危，防止发生垮塌和人身伤亡事故。按进度计划完成大坪、南坪和江北鹞子丘开发区的建设任务；加快老城区的改造进度，继续抓好朝天门、桂花园、罗家院、响水桥等 14 个片、点的改造工作，逐步建成具有山城特色的商业、服务、文化中心。

加强环境保护，搞好综合治理。继续贯彻市人大关于加强环境保护的决议，进一步加强对废气、噪声、烟尘、污水的治理；继续推进市中区、观音桥、南坪基本无黑烟区的建设；新建的 12 个环境监测

站，今年内要形成工作能力；严格管理和控制工业污染，整治一批扰民严重的污染源和污染点；完成县级医院的废水治理工作；加快垃圾处理场的建设，做好建设污水处理厂的前期工作。要积极发展民用气，争取今年新增5万户，以减轻对大气的污染。改善城市环境卫生状况，要以治土为主，大面积地种草，覆盖裸露泥土，今年改造城区土路10万平方米，新建童家桥洗车场投入使用，搞好施工现场管理，减少尘土污染。

加强园林绿化建设，积极发展旅游事业。广泛开展全民义务植树活动，今年在市区范围内植树100万株，建成小游园、小绿点20个。动工改造动物园熊猫馆和北温泉公园绿化风景区。加快建设南泉、南山、南坪旅游风景区，歌乐山风景区，北温泉、缙云山、钓鱼城风景区和统景风景区。重庆历史悠久，革命纪念地多，山、水、林、泉、洞、峡等自然景观优美，还有驰名中外的长江三峡和大足石刻。要充分利用这些旅游资源，提高旅游服务质量，加速我市旅游业的发展。

城市规划是城市建设和城市管理的依据。要搞好城市建设和管理，必须首先搞好城市规划。随着经济和社会的发展，我市的城市总体规划有必要相应地进行局部调整和补充。今年要完成城市7个片区规划和60个农村集镇的详细规划编制任务。城市规划要增强科学性，提高综合规划水平。要维护规划的严肃性，坚持高度集中管理，严格按照规划进行建设。市中区要有计划地进行成片改造，增加交通、商业、服务、金融、文化、公用设施和绿化用地，严禁见缝插针修建住宅。要以城市交通为重点，调整道路网络布局，尽快搞好主要干道交叉口的规划；结合“七五”计划编制工作，抓紧编制城市近期建设规划。继续加强小城镇建设，促进农村经济文化的发展。

不断强化城市管理，健全城市管理体制。进一步理顺各种工作关系，形成一个有权威的指挥系统，建立一套完整的管理法规，建设一支素质精良的管理队伍和执法队伍，并动员全社会各个方面严格执行城市管理法规，共同配合搞好城市管理工作。城区政府应当把城市管理工作作为一项主要任务抓紧抓好。要搞好重点地区的综合治理，广泛开展爱国卫生运动，搞好市容卫生，建立良好的工作和生活环境，努力把我市建设成为文明、清洁、优美的城市。

四、大力加强精神文明建设，发展科技、文教、卫生事业

在加强物质文明建设的同时，大力加强社会主义精神文明建设，是长期的战略方针。加强精神文明建设，一方面是要加快教育、科学、文学艺术等各项文化事业的发展，另一方面是要加强思想建设。只有加强精神文明建设，为发展社会生产力鸣锣开道，为建立新的经济体制铺平道路，才能保证社会主义经济建设和其他各项建设事业的健康发展。

当前，特别要重视和加强思想政治工作。放松或削弱思想政治工作，经济工作就会走上邪路。思想政治工作要适应改革、开放、搞活的新形势，改进工作内容，创造新的形式和方法，提高思想政治工作水平。要紧密联系实际，坚持对干部和群众进行形势教育和坚持四项基本原则的教育，进行爱国主义、集体主义教育，树立共产主义远大理想，坚决抵制资本主义腐朽思想、生活方式和资产阶级自由化思想的侵蚀，反对“一切向钱看”、损公肥私的思想和行为。各行各业都要结合业务工作做好思想政治工作，开展全心全意为人民服务的教育，树立良好的职业道德，遵守职业纪律。大力表彰和宣传各条战线的先进人物、先进集体的英雄模范事迹，创建文明单位、文明街道、文明村段和五好家庭。进一步开展军民共建活动，加强军民团结。广泛进行法制教育，普及法律知识，提高广大干部和群众遵纪守法的自觉性。同时，依法从重从快打击严重刑事犯罪活动和严重经济犯罪活动，坚决取缔和制止各种社会丑恶现象和封建迷信活动，进一步落实社会治安综合治理的各项措施，争取社会风气和社会治安明显好转。

在两个文明建设中，必须继续推进科技体制改革，加强应用科学技术研究，拿出一批高质量的研

究成果，为经济建设和社会发展服务。今年要新开展重点科研和技术开发项目100项，完成重要科技成果150项。认真落实“星火”计划，向乡镇企业输送科学技术。改革科研所事业费拨款方法，完善所长负责制和科研项目责任制，继续探索深入进行科技体制改革的经验。加强科技成果的推广应用，努力开拓技术市场，开展多形式、多层次的技术贸易活动，建立科研生产联合体70个。继续抓紧市科技开发交流中心工程的建设，争取部分投入使用。建立市的拔尖人才数据库，在科研、高教、卫生单位进行专业技术职务聘任制试点。加强科技法制工作，制定科技成果管理、重点科研项目管理、技术市场管理、科研生产联合体等管理办法和规定，推动科技事业的健康发展。

建设社会主义精神文明，必须狠抓教育，从提高民族的基本素质做起。要学习宣传《义务教育法》，积极推行九年制义务教育。认真贯彻执行德、智、体、美全面发展的方针，进一步端正办学思想，改革教学方法，扎扎实实提高教育质量，并根据各自的特点适当加强劳动教育。继续抓紧中等教育结构改革，各类中等职业技术学校招生人数与普通高中招生人数之比达到1∶1.22。中等专业学校和技工学校都应招收初中毕业生，初步建立初中毕业生分流培养的体制。要有计划地发展高等教育和成人教育，渝州大学、市广播电视大学、职工大学今年招收新生5400人；职工中专和职工高中在学人数达到3万人以上；继续搞好农民教育，并积极发展幼托事业，加强幼儿教育。要采取有力措施，加强师资培训工作，建立一支与教育事业相适应的师资队伍。今年，以现有师资培训基地为依托，筹建初中、小学、幼教等三个师资培训中心，特别在培训初中师资方面要有新的发展。同时要加强在职教师的进修工作，今年系统进修的在职中小学和幼儿教师达到1.2万人。

发展文学艺术、广播电视、新闻出版、图书文物等各项文化事业，充分发挥文化部门在精神文明建设中的重要作用。文化部门和文化工作者，要坚持为人民服务，为社会主义服务的方向，把社会效益放在首位，努力提高政治思想水平和艺术质量，为人民提供更多更好的精神产品，丰富人民的文化生活。各文艺团体全年至少要有三个月的时间下乡、下厂、下部队演出和体验生活。要广泛开展群众文化活动，巩固完善市、区县、街道和乡镇三级文化网。发展新闻出版事业，加强广播电视建设，提高宣传质量，扩大广播、电视的人口覆盖面。加强文化市场管理，逐步改善文化设施，做好文物保护工作，充实红岩革命纪念馆、歌乐山烈士陵园的革命文物陈列内容。编纂地方志是加强两个文明建设的一项基础工作，我市各级政府都要把修志工作列入议程，加快修志进度。要加强档案建设，继续丰富馆藏，做好档案收集工作，积极提供档案信息，更好地为两个文明建设服务。

发展城乡卫生事业，提高医疗服务质量，积极推行医疗卫生改革。今年新增病床700张，开设家庭病床5000张。改建和扩建两所中医院，建成市急救中心并投入使用。贯彻预防为主、中西医结合的方针，加强保健防疫工作，继续降低传染病的发病率，为70岁以上的老人实行优诊，为50万名7岁以下儿童进行体检。加强农村改水工作，力争改善44万农村人口的饮水条件。做好社会福利、社会保障和老龄工作。继续搞好计划生育工作，提倡一对夫妇只生一个孩子，严禁超计划生育。全市人口自然增长率控制在10.22‰，计划生育率达到95%以上。

积极开展群众性体育活动，提高人民健康水平。在全市80%的学校推行《国家体育锻炼标准》，在50%以上的产业系统建立体育协会。努力提高训练质量，提高体育运动的水平，力争在全国和省的比赛中获得良好的成绩。加强体育设施建设，完成广阳坝体育训练中心的第一期工程，维修好大田湾体育场。

五、转变政府职能，改进机关作风

随着经济体制改革的不断深入，政府机构管理经济的职能和机关作风必须进一步转变。这种转变，从根本上讲，既是经济体制改革的重要组成部分，也是社会主义上层建筑的一次重大变革。各级政府机关的全体工作人员必须充分认识这种变革，自觉适应这种变革，积极投身这种变革，大力推进这种变革。

按照社会主义商品经济发展的客观规律，企业应当成为真正的经济实体和相对独立的商品生产者和经营者；经济联系的方式应当由行政封闭型向纵横结合、以横向联系为主的开放型转变；国家对企业的管理应当由直接控制为主转向间接控制为主。因此，必须打破用行政管理职能代替经济管理职能的老框框，走一条按照经济的内在联系、以经济办法为主管理经济的新路子。政府各经济管理部门要从着重抓分指标、分物资、批项目、分资金转到主要搞好宏观管理，统筹规划，掌握政策，组织协调，检查监督和提供服务方面来，为搞活企业创造良好的外部条件。要顺应横向经济联合大发展的趋势，热情支持和帮助企业从条块分割的封闭式的经济模式中真正解放出来，实现全面的经济技术合作，促进社会主义经济的发展。

为了适应发展社会主义有计划的商品经济的要求，要逐步健全经济法制，加强经济立法，主要运用经济手段、法律手段并采取必要的行政手段控制和调节经济的运行。随着管理职能的变化，要强化和完善综合经济管理机构和经济检查监督机构，加强计划、财政、税务、审计、统计、物价、工商行政、标准、计量、质量、检验、专利等管理机构的建设，不断完善和强化经济监督工作，努力建成严格有效的经济、技术监督体系。为逐步建成职责分明、机构协调、运转灵活、高效率、快节奏的行政管理体系，市政府已组织专门力量进行机关组织设计。在认真调查研究的基础上，通过周密分析，反复论证，多方比较，力求做到机构设置、工作任务、职责范围、办事程序规范化和科学化，努力提高办事效率和工作质量，更好地为企业服务，为基层服务，为人民服务。

在改革、开放、搞活的伟大变革中，各级政府机构工作人员的思想作风、工作作风和工作方法必须相应变革，才能适应形势发展和“四化”建设的要求。应当肯定，经过整党，各级政府机关进一步恢复了党的实事求是的思想路线，初步端正了业务工作的指导思想，纠正新的不正之风取得了较好的效果，机关作风有了很大改进。广大机关工作人员，努力为人民服务，勇于改革，积极工作，忠于职守，主流是好的。但是，从最近党风大检查反映出的情况看，机关作风确实还存在不少问题，有的问题还相当严重。政治上的自由主义，作风上的官僚主义，思想上的个人主义，工作上的本位主义，讲人情不讲党性，纪律松弛、组织涣散，精神状态不振，作风拖拉，办事效率低，工作质量不高等问题，在一些部门和单位不同程度地存在。这些问题如不坚决进行纠正，就会损害政府机关的威信，败坏社会风气，阻碍“四化”建设的发展。

在改进机关作风方面，市政府各部门应当以崭新的精神面貌和优良的工作作风，做全市的表率。要严格执行党中央、国务院和市委、市政府的一系列规定，包括严格按照党的原则选用干部；坚决制止公费旅游；制止滥派出国团组和人员；简化各级领导干部外出活动接待工作；进一步制止党政机关和党政干部经商办企业，等等。以进一步端正党风和社会风气，使纠正不正之风迅速取得明显的成效。各级领导干部一定要转变作风，深入基层调查研究，增强决策的科学性，一切从实际出发，讲实话、办实事、求实效、多做扎扎实实的工作，克服各种形式主义和官僚主义。各级政府都要加强社会主义民主和社会主义法制，自觉接受人民群众、人民代表、人民代表大会及其常委会的监督。对人民代表大会做出的决议，政府要定期检查，组织落实，不断改进政府工作。各部门都要树立全局观念，加强横向联系，搞好协作配合，造成一种团结和谐、相互信任、相互理解的环境和气氛，坚决克服本位主义，努力做到部门利益服从全局利益，局部利益服从整体利益。所有政府机关工作人员，都要努力学习马克思主义，学习管理知识和专业知识，提高思想和业务水平。加强组织纪律性，严格遵守党纪国法，自觉维护国家利益和社会利益，克服自由主义、个人主义、小团体主义，成为有共产主义远大理想和严格纪律观念的模范。对于坚持原则，秉公办事，坚决抵制不正之风的好干部，应当给予表扬和鼓励；对于有缺点错误的干部，要进行批评教育，帮助他们改正错误；对于严重玩忽职守，徇私舞弊，贪赃枉法，贪污受贿的，必须依法惩办。各级政府工作人员要继续发扬艰苦奋斗、团结奋斗、扎实奋斗的愚公移山精神，认真改进工作方法和工作作风，密切联系群众，忠于职守，廉洁奉公，忘我工作，全心全意地为人民服务。

各级政府要积极支持军队改革体制，精简整编，做好人民武装部改归地方建制的工作；进一步做好民族工作，加强民族团结；落实宗教政策，管好宗教事务；落实侨务政策，发挥归侨和侨眷的作用；加强外事工作，积极发展国际间多方面的交往与合作，充分调动一切积极因素，为振兴重庆，建设"四化"，做出新的更大的贡献。

各位代表！

我国第七个五年计划的宏伟目标为我们展现了令人鼓舞的光辉前景。我们肩负的任务是艰巨而光荣的。我们坚信，只要坚定不移地沿着党的十一届三中全会以来的路线，按照第七个五年计划确定的指导思想、建设方针和改革部署，坚持把改革放在首位，坚持对内搞活、对外开放的方针，坚持两个文明一起抓，同心同德，团结一致，勇于探索，奋发进取，我们的目标是一定能够实现的，我市的各项改革和建设事业一定会开创出新的更好的局面。

在重庆市第十届人民代表大会第五次会议上的政府工作报告

（1987年5月7日）[①]

萧　秧

各位代表：

我代表市人民政府向大会作政府工作报告，请予审议。

一、去年的工作回顾和当前的主要任务

1986年，是全市人民奋力拼搏，克服困难，深化改革，继续前进的一年。在市委的领导下，市政府按照市十届人大四次会议关于政府工作报告的决议，动员和组织全市人民，坚持以经济建设为中心，认真贯彻改革、开放、搞活的方针，基本完成了1986年的任务。

（一）经济建设持续稳定发展

过去的一年，我们紧紧抓住经济建设这个中心，坚持把改革放在首位，加强和改善宏观管理，认真组织生产建设和流通，战胜严重自然灾害，克服各种困难，推动了全市国民经济持续稳定发展。全市国民生产总值完成117亿元，比上年增长10.9%；工农业总产值完成185.7亿元，增长6.8%；国民收入完成100亿元，增长7.5%；财政收入完成18.4亿元，增长2.74%。

工业在克服各种困难中前进。去年，针对电力严重不足，资金、原材料紧缺，生产一度下降的严峻形势，切实加强对生产的组织领导，合理调配有限的电力、资金和原材料，调整产品结构，开展上水平、增效益的劳动竞赛，经过广大干部群众齐心协力，团结奋斗，工业生产逐步走上持续发展的轨道。工业总产值完成148.3亿元，比上年增长6.4%，其中，轻工业增长10.3%，重工业增长3.1%。通过调整产品结构，适销对路产品和出口创汇产品有了较多的增加，99种主要产品产量比上年增长的有54种，长线、滞销产品得到抑制。开发新产品

① 本文标题系编者重新拟定，原标题为《政府工作报告——1987年5月7日在重庆市第十届人民代表大会第五次会议上》。

1031种。企业技术改造步伐加快,完成技改项目1120个,用于提高产品质量,节约能源、原材料的技改投资比重有较大幅度增加。交通运输货运周转量完成161.7亿吨公里,比上年增长5%。

农业获得全面丰收。各级政府认真贯彻中央〔1986〕1号文件,加强了农业和农村工作的领导,坚决执行“决不放松粮食生产,积极发展多种经营”的方针,调整农业产业结构,深化农村改革,落实各项经济政策,发展城乡联合,战胜了历史上罕见的大风、暴雨、冰雹等严重自然灾害,夺得了农业全面增产增收。农业总产值完成37.4亿元,比上年增长8.2%。粮食生产在受灾严重,播种面积减少的情况下取得了丰硕成果,总产量达到55.4亿公斤,增长6.8%,接近历史最好水平。多种经营全面发展,生猪出栏749万头,增长4.7%,肉、奶、禽、蛋、鱼、水果、茶叶等农副产品产量都有较大幅度增长。蔬菜生产稳定发展,精细品种增加,上市均衡。乡镇企业有较大发展,总产值达到35.7亿元,增长33%。继前年“富冠渝州”的石桥乡之后,去年覃家岗乡又成为我市第二个产值上亿元的乡。瘦肉型猪、柑桔和商品鱼基地建设进度较快,有的已开始发挥效益。整个农村呈现出可喜的景象。

城乡市场繁荣活跃。全市社会商品零售总额完成60.7亿元,比上年增长16%。国营商业和供销社积极发挥主渠道作用,参与市场调节,保障市场供应,购销同步上升。副食品供应量增加,国营商业供应猪肉和蔬菜分别比上年增长17%和48.8%,城乡集市贸易商品成交量和成交额分别增长22%和31%。在保持市场物价总水平基本稳定的前提下,对少数商品的价格进行了适当调整,加强了市场物价监督检查,全市商品零售物价指数控制在国家下达的指标以内。商业设施有所改善,新增商业服务网点518个,新建棚盖市场5万平方米,新辟集市场地8万平方米。重庆百货大楼、重庆饭店等一批新建和改建的商业服务设施已投入使用,城市的服务功能得到加强。

对外经济贸易迅速发展。外贸商品自营出口总额达到1.5美元,比上年增长43.7%。技术劳务出口合同金额完成2748万美元。我市已同世界上近100个国家和地区建立了贸易往来关系,在20个国家和地区承包了工程或设有办事处。全年利用外资3556万美元。随着我市对外开放,旅游事业也发展较快,去年共接待外国人、华侨、港澳同胞5.2万人次,旅游收入比上年增加72.4%。

重点建设进度加快。固定资产投资规模得到控制,能源交通等重点建设有所加强,29个重点建设项目完成投资4.5亿元。重庆发电厂扩建工程一号20万千瓦发电机组已建成发电,成渝铁路重庆西站至沙坪坝段电气化工程去年已经完工,重庆机场场道土基工程已基本完成,重庆啤酒厂扩建工程、上桥5000吨果品冷库等项目已经建成投入使用。

随着生产的发展,城乡人民收入增加,生活继续改善。城镇居民平均收入比上年实际增长14.6%。农村人均纯收入438元,增加72元,扣除物价上升因素增加47元。居民购买力提高,电视机、录音机、电风扇、洗衣机、电冰箱等高档耐用消费品的购置量都有较大幅度增长。城乡居民年末储蓄存款余额达到25.3亿元,比上年增长35.7%。社会保障、优抚和安置残疾人等工作取得一定成效,农村扶贫5万多户,扶优8万多户,新建各种敬老院(站)86个。安置城镇待业人员6.4万人。为了安排好人民生活,市财政用于粮、油、菜、肉、煤等生活必需品的价格补贴2.6亿多元,比上年增加33%。

(二)经济体制改革取得新成果

遵照中央提出的“巩固、消化、补充、改善”的改革方针,在消化和完善已经出台的改革措施的同时,把改革的配套发展作为重点,积极进行新的改革探索,推动全市改革向纵深发展。

企业改革不断深入。根据所有权与经营权适当分离的原则,在改造企业经营机制,实行多种形式的经营责任制方面迈出了新的步子。在部分大中型企业进行资产经营责任制试点,把国有资产的损益同经营者和职工利益联系起来，建立起责权利相结合的企业经营机制；在巩固完善小型商业企业承包和租赁经营的基础上，把租赁经营办法移植到部分小型工业企业进行试验；在少数大中型企业实行上缴税利超目标分成责任制；在一批企业推行厂长任期目标责任制，强化厂长的生产经营责任；还在有的企业进行了股份制和破产制度的试点。同时，继续改革企业内部领导体制，全面推行厂长（经理）负责制；进一步完善企业内部分配办法；改革用工制度，全面推行劳动合同制，试行企业职工退休金统筹。通过这一系列深化改革的试验，对改善企业经营机制，提高经济效益，增强企业活力，起到了积极的推动作用，并为今年深化企业改革积累了有益的经验。

金融体制改革取得重大进展。加强和改善金融管理，强化人民银行的职能作用，成立了中国人民银行重庆市分行理事会，统筹协调金融政策和措施；建立短期资金拆借市场，与43个城市开展了银行拆借业务，拆进拆出资金累计近30亿元，较好地弥补了资金缺口，支持了生产和流通；有控制地试办长期资金市场，发行各种债券2亿多元；发展多种形式的金融组织，建立城市信用社14个，城乡邮政储蓄点55个，企业与银行联办储蓄所33个，新建了独立经营、自负盈亏的信托投资公司，试办了行业性的资金互助组织，对筹集和运用资金起到了重要补充作用。合川、巴县、长寿等县农村信用社的改革试点取得了明显成绩。

横向经济联合在广度和深度上有了发展。根据国务院关于进一步推动横向经济联合的规定，我市制定了具体实施办法，使企业间的联合迅速发展，城乡经济联系更加紧密，科研与生产的结合步伐加快，区域间的经济协作进一步加强。目前我市已有4000多家企业组成各种经济联合体376个，逐步形成了一些企业群体和企业集团。签订跨地区经济技术协作项目934项，物资协作金额7.4亿元，吸收外地投资1.1亿元。横向经济联合有力地促进了我市城乡经济的发展。

为了增强区县经济的活力，在市中区、北碚区和巴县、合川、永川、长寿县进行综合体制改革试点。继续在建管局、机械局进行职能转变和加强行业管理的试点，都收到了较好的效果，积累了有益的经验。

（三）城市建设管理水平有提高

以提高城市综合功能为目标，以缓解交通、供水紧张状况为重点的城市基础设施建设取得进展。建成了牛角沱“八一”隧道；完成了嘉陵江石门大桥七墩两台的建设计划；基本完成了长江架空客运索道主体工程；建成了健康路人行天桥，市中区几个主要交通路口实现了人车分流；完成了枇杷山支路、中兴路、中华路、杨石路（杨家坪至石坪桥）等道路的拓宽改造，维修城市道路近5万平方米；新增、更新公共汽（电）车140辆和一批出租汽车，调整和延伸了3条营运线路，使行车难、乘车难得到一定缓解。

城镇供水状况得到改善。建成黄桷渡水厂，改造江北老水厂，实现建设厂富余自备水与自来水公司联网转供，新增日供水能力5.5万吨；更新3条主要供水管道，新铺供水管道18.6公里；改建和新建了两个县镇小水厂，基本解决了部分地区吃水难的问题。

旧城改造和新区建设步伐加快。完成了罗家院、两七路（两路口至七星岗）等11个片点的改造规划，并已建成房屋16万平方米。南坪二小区、大坪和江北鹞子丘开发区已初具规模，三个小区竣工面积达10.5万平方米。全年新建城镇住宅200多万平方米，大修、改造房屋10万多平方米，有4万多户居民搬进了新居，部分居民居住条件得到改善。农村住宅建设有较大发展，新建住宅达700多万平方米。

环境污染治理有所加强，环境质量下降的趋势初步得到控制。针对我市煤烟型大气污染和河水污染严重的问题，抓了16个污染大户的限期治理和县属以上医院的废水治理工作，推行无黑烟区建设，逐步改变民用燃料结构，全市新增天然气用户

6.4万户。城市绿化工作取得进展，栽植各类树木182万株，新建扩建公园3个，新辟小游园和绿化点198处。

城市管理实行“条块结合，以块为主，市区结合，以区为主”的体制，健全了市、区、街道三级城市管理机构，整顿了一些重点地区和摊区，市容市貌有了一定改观。

（四）精神文明建设有新的进步

通过认真学习贯彻党的十二届六中全会决议，更加明确了社会主义精神文明建设的指导方针和战略地位，提高了坚持两个文明建设一起抓的自觉性。按照培养有理想、有道德、有文化、有纪律的社会主义公民，提高全体人民的思想道德和科学文化素质的要求，加强思想政治工作，广泛开展了“尽职业责任，讲职业道德，守职业纪律，懂职业技能”的“四职”教育，各行各业反对和纠正带有行业特点的不正之风，普遍制定职工岗位规范，讲文明，守纪律，优质服务的观念有所增强。

加强了社会主义民主和法制建设，在广大干部和群众中广泛开展普及法律知识的宣传教育，增强了法制观念和公民意识。清理建国以来我市的地方行政规章452个，制定各种行政规章50个，重点检查了经济合同法的贯彻落实情况。社会治安综合治理收到实效，社会秩序稳定好转。

科技工作贯彻面向经济建设的方针，积极推进科技体制改革，在广大科技人员的共同努力下，完成重点科技项目152项，荣获国内外各种奖励201项，其中国家奖励6项。杂交水稻栽培技术、特定电磁波辐射治疗器等一批科技项目研制成功和推广应用，收到了明显的经济、社会和环境效益。制定了我市《七五星火计划纲要》，举办各种技术培训班189期，为农村培训技术和管理人员3.7万人（次）。全市独立的科研机构全部实行技术合同制和经费包干制，建立科技开发基金，保证了重点科技攻关项目的资金供给。科研生产联合体已发展到200多个。重视和加强了软科学研究，已取得一批成果。

教育事业进一步发展，学生思想政治工作不断加强，教育质量有所提高。全市完成了基本普及小学教育的历史任务，中等教育结构的调整和改革步伐加快，中等职业技术学校招生比重增加。考入各类高等院校学习的人数达1.4万人，群众办学、多渠道集资办学的积极性普遍提高，职工中专、职工高中和社会办学在学人数有14万人，农民文化技术学校达到350所，幼儿教育受到重视。初步建立起初中、小学、幼教3个师资培训中心，参加系统进修的中小学在职教师达1.8万人。教育经费做到了“两个增长”，去年用于教育的经费达到2.58亿元，比上年增长10.8%，办学条件得到改善。

文学艺术、广播影视、新闻出版等各项文化事业，在精神文明建设中做出了新成绩。专业文艺团体重视深入工厂、农村、工地、院校和部队演出。群众性文化活动广泛开展，文化市场日趋活跃。建成歌乐山烈士陵园烈士群雕和杨虎城将军纪念馆。完成了永川、铜梁广播电视转播台续建工程，扩大了广播电视覆盖面。出版各类图书1.9亿册、各种报刊300种。

医疗卫生工作有所加强。医院新增病床200张，开设家庭病床1万余张。加强了防疫保健工作，为57万名7岁以下儿童进行了体检，市属综合医院对70岁以上老人实行优诊。全市性灭鼠和防治狂犬病的工作收到实效。体育运动取得好成绩，在全国和省级比赛中，分别获得24个和145个第一名，全市达到体育锻炼标准有63万多人。

在过去的一年里，其他方面的工作也取得了新的成绩。继与美国西雅图市、法国图卢兹市结为友好城市之后，去年我市又同加拿大多伦多市、日本广岛市结为友好城市。区县人武部改归地方建制的交接任务已顺利完成。编修地方志工作已经展开。侨务、民族、宗教事务、民兵、人防、统计、审计、标准、计量、信访、档案等工作都有新进展。

总之，我市在执行“七五”计划的第一年里，取得的成绩是显著的，全市的经济持续稳定发展，政治上安定团结，整个形势是好的。

回顾一年来的历程，我们也看到，前进中还有不少困难和问题，我们的工作还存在一些薄弱环节，主要是：经济发展中某些不稳定的因素没有消除，电力、资金和部分原材料紧张的矛盾将继续存在，严重制约着我市生产能力的发挥和经济的协调发展；产业结构和产品结构调整步伐不快，部分企业技术装备和管理落后，产品质量低，生产建设和流通领域的经济效益不高；农业基础脆弱，发展后劲不足；城市基础设施这几年虽然补还了一些欠账，但“危、烂、破、缺”的状况仍然比较严重；财政支出的增长超过财政承受能力，连续两年全市财政出现赤字，在财政困难的情况下，有些方面我们也没有做到有效控制，如一些机关单位讲排场，摆阔气，互相攀比，大手大脚，铺张浪费的不良倾向没有得到切实纠正；对某些工作调查研究、检查督促不够，预见性不强，措施不够有力，有的工作没有达到预定目标。这些问题虽然是前进中的问题，本身也包含有积极因素，但是如不认真对待，任其自流，必将阻碍整个经济的协调发展。因此，我们正本着坚持真理，修正错误的精神，总结经验教训，进一步采取措施，有效地解决这些问题。

各位代表！

1987年是实施“七五”计划至关重要的一年。党中央、国务院根据党的十一届三中全会以来的实践经验和当前国内的经济和政治形势，提出了今年在经济领域和政治领域要集中力量办好两件大事。遵照中央的部署，结合我市的实际情况，市政府今年工作的指导思想和主要任务是：认真贯彻六届全国人大五次会议精神，在经济领域，坚持改革、开放、搞活的方针，深化经济体制改革，扩大对外开放，发扬艰苦奋斗、勤俭建国精神，广泛深入开展增产节约、增收节支运动，大力提高生产建设流通领域的经济效益，增强城市综合功能，确保全市经济持续稳定发展；在政治领域，深入进行坚持四项基本原则的宣传教育，反对资产阶级自由化，继续推进社会主义精神文明建设，巩固发展安定团结的政治局面。我市各级人民政府，要紧紧依靠全市人民，把这两件具有决定意义的大事办好，把全市各项社会主义建设事业推向前进。

二、大力开展增产节约、增收节支运动实现国民经济持续稳定发展

发扬艰苦奋斗、勤俭建国精神，广泛、深入、持久地开展增产节约、增收节支运动，是保持我国经济建设长期稳定发展，建设有中国特色社会主义的根本战略方针。无论从解决当前经济工作中的问题和保证经济建设持续发展来看，还是从加强社会主义物质文明和精神文明建设来看，都具有极大的现实意义和深刻的长远意义。要大力提倡艰苦奋斗，勤俭建国，严守纪律，多做贡献的社会风尚，把“双增双节”运动作为改善经营管理，发展社会生产力的强大动力。把深化企业改革同“双增双节”紧密结合起来。只要全市紧紧抓住这两项重大任务，就能取得建设和改革的新胜利。今年增产节约、增收节支的主要奋斗目标是：全市国民生产总值达到125亿元，比上年增长7%；国民收入106.5亿元，增长6.5%；工农业总产值198亿元，增长6.5%；力争财政收入增长10%；财政支出除工资、价格补贴、抚恤救济费等外，一律节减10%。

（一）以提高经济效益为中心，保持工业生产稳定增长

工业在我市经济中居于主体地位，是财政收入的主要源泉。今年在工业生产的指导思想上，必须坚持以深化企业改革，提高经济效益为核心，充分发动群众，依靠技术进步，调整产品结构，加强经营管理，提高产品质量，降低物质消耗，挖掘企业潜力，实现速度、效益、水平、后劲的统一。要把增产节约、增收节支的指标层层分解落实到基层、车间和班组，努力完成全市工业总产值159亿元、增长7.3%的任务，确保产值、上交税利和出口创汇稳定增长。

要加强生产的组织协调工作，努力增产适销对路产品和出口创汇产品。电力问题仍是制约我市生产的一个重要因素，资金、原材料的供应也不能

满足生产的需要。要采取切实有效措施，强化供电的调度和管理，严格实行计划用电、节约用电和择优供电；努力保持发电设备正常运转，实现安全满发；抓紧重庆发电厂二号机组的建设和企业自办电、农村小水电、小火电的建设，逐步改善用电紧张的状况。根据市场需求变化组织生产，抓好重点产品的增产，并在电力、原材料、资金等方面给予优先保证。加快新产品的开发，促进产品的更新换代，今年开发新产品500种。要引导企业坚持面向市场，对产品和市场状况进行认真的分析预测，采取有力措施，搞好产品销售工作。为了促进企业把生产经营活动真正转到以提高经济效益为中心的轨道上来，今年已开始建立以销售收入为主的企业考核指标新体系，将销售收入、销售利润率、上交税利、流动资金周转天数作为考核企业生产经营成果及经济效益的主要依据。

要把质量、消耗、扭亏增盈等指标作为增产节约、增收节支的考核标准，狠抓基础工作，把企业内部潜力挖掘出来。推行以技术管理为核心的全面企业管理，执行质量法规法令，坚决制止粗制滥造。切实加强各种定额管理，节约能源和原材料，注意收旧利废，综合利用资源，降低生产成本。广泛开展群众性的技术革新活动，积极采用先进技术和先进工艺，努力提高劳动生产率，确保全面增产增收。

抓好技术改造和引进项目的消化吸收工作。把技术改造同调整产业结构、产品结构和引进技术的消化吸收结合起来，加快引进技术的国产化步伐，提高投资效益。全年完成重点技术改造项目100项，并开发一批投资少、见效快的“短平快”项目。发挥军工企业技术和装备优势，大力开发民用产品，为民用工业的技术改造服务。积极帮助区县工业、城乡集体工业搞好技术改造，提高技术水平，加快经济的发展。

要努力改善交通运输、邮电企业的经营管理，提高服务质量，切实加强运输安全工作，保证交通通讯畅通，完成增产节约计划。

各级领导机关要主动为基层服务，帮助企业排忧解难。要加强思想政治工作，发扬广大职工的主人翁精神，广泛开展劳动竞赛，努力克服困难，实现增产增收。

（二）突出抓好粮食生产，努力发展农村商品经济

农业是发展国民经济的基础，农业能不能持续稳定发展，关系着国民经济的全局。党的十一届三中全会以来，我市农业连年丰收，农村经济健康发展。但是农业潜在的问题还不少，主要是农业投入不足，物质技术基础薄弱，抗御自然灾害的能力不强。去冬今春发生长时间大面积干旱，对农业生产带来严重影响。我们必须把加强农业放在发展国民经济的重要战略地位，深化农村改革，增加农业收入，落实各项农村经济政策，推动农村经济的发展，努力完成农业总产值39亿元、增长4%的奋斗目标。

农业的主要问题仍然是粮食问题，粮食生产任何时候都不能放松。我市在人口增加、粮田减少、水利设施脆弱的情况下，保持粮食稳定增长，难度很大。各级政府、各个部门都要把发展粮食生产作为重要任务抓紧抓好，力争今年粮食总产量达到570万吨。必须确保粮食种植面积，积极扩大复种，实现满栽满播，防止耕地荒芜。要树立抗灾夺丰收的思想，把抗灾措施落实到种、管、收的全过程。要千方百计组织好化肥和农药、柴油、农具等生产资料的生产供应。与粮食定购挂钩的化肥、柴油和预购定金，一定要逐户落实，保证兑现，以保护农民种粮的积极性。

在抓好粮食生产的前提下，积极发展多种经营。大力发展畜牧业、林果业和加工业，逐步建立种植业、养殖业、加工业相结合的大农业体系，实现农村经济的良性循环。稳步发展生猪生产，抓好瘦肉型猪基地建设，积极发展草食牲畜和小家禽家畜，发展饲料工业，改良品种，推广科学的饲养方法，增加肉、奶、蛋、禽产量。要继续发展水库、塘堰和稻田养鱼，有计划地发展商品鱼基地。蔬菜生产坚持以近郊为主、远郊为辅、市外调剂的方针，稳定基地面积，增加精细品种，搞好淡旺调剂，保证城市的蔬菜供应。继续抓好柑桔、油料、蚕茧、茶叶等骨干商品的生产，确保产量有较大幅度增长。林业要实行综合治理，开展造林、育林，增加森林资源，有条件的地方要发展经济林，全年成片造林达到15万亩，提高森林的覆盖率。认真贯彻《森林法》，严禁乱砍滥伐。

大力发展乡镇企业。我市乡镇企业起步迟，比重小，与全国平均水平差距较大。要在加强企业管理，努力提高经济效益的前提下，促进乡镇企业持续健康发展。乡镇企业要立足农业，面向市场和外贸，为城乡生产建设和生活服务。把扩大内涵同发展外延，提高经济效益同发展速度，发展乡镇骨干企业同抓好户办、联办、队办企业结合起来，当前特别要注意发展户办和联办企业。乡镇企业产值力争达到45亿元，比上年增长28%。要有计划地进行技术改造，提高技术水平，使乡镇企业在振兴农村经济中发挥更大作用。

增加农业投入，增强农业的发展后劲。一方面，各级政府要尽可能增加农业投资；另一方面，要动员和引导农民继续实行以工补农和劳动积累，积极改善农业生产条件。要加强农业基础设施建设，发展农用工业，增强蓄水能力，搞好电灌站的技术改造，改善灌溉条件，扩大灌溉面积。做好农业科技工作，建立健全农业科技推广服务体系，普及农业科技知识，引进、繁育和推广良种，建设良种繁育基地，争取在两三年内实现良种自给。要认真贯彻落实《土地管理法》，加强土地管理，保护农用耕地，合理利用土地资源。

要深化农村改革。按照发展有计划商品经济的要求，建立和完善农产品市场体系。继续实行粮食合同定购与市场收购并行的“双轨制”，合同定购任务作为农民向国家交售任务，要保证完成，合同定购以外的按市场价格自由购销。凡可以放开的其他农产品，分别不同情况，实行工商、农商联合经营和自由购销。进一步改革农村供销社和信用社管理体制，支持农民组织起来进入流通，发展多样化的资金融通形式，搞活农村商品流通和金融。大力发展城乡联合，促进劳力、资金、技术的横向合理流动。要稳定家庭联产承包制，完善农村分散经营和统一经营相结合的双层经营制，加强对承包合同的管理，发展多种形式的联合经营。要做好扶贫工作，支持贫困地区从实际出发，自力更生发展商品经济，加快脱贫致富步伐。各行各业都要重视农业，大力支援农业，促进农村经济的发展。

（三）继续搞活商品流通，保持市场繁荣稳定

搞活商品流通，安排好城乡市场，是商业工作的基本任务。所有商业物资部门都要树立生产观念和服务观念，积极开拓城乡市场，努力扩大购销，降低流通费用，加速商品物资流通，提高经济效益和社会效益。今年全市社会商品零售总额力争完成66亿元，比上年增长10%，国营商业纯购纯销增长4%～5%。

要进一步发挥国营商业和供销社的主导作用，加强主要农副产品和大宗工业品的购销工作。认真抓好粮食、猪肉、蔬菜、石油、化肥等关系国计民生的重要产品的经营，并建立定期报告制度。切实做好粮食合同定购工作，完成今年的生猪、蔬菜等商品的收购任务。国营商业的猪肉经营量要占城区市场零售总量的40%左右，蔬菜要占30%左右，以稳定市场，平抑物价。要采取多种形式组织工业品下乡，农副产品进城，以商促工，以商促农，调剂城乡市场，满足群众需要。组织好人民生活必需品尤其是小商品的供应，一些重要商品要作适当的储备，调剂淡旺季和保持地区间的需求平衡。要继续发展多种经营方式，积极推广电风扇、搪瓷、铝制品实行工商联合销售的经验，扩大地方工业品的远销范围。

商业物资部门要一手抓经营，一手抓管理，重点抓好进货、资金、费用管理。严格实行进货责任制，认真清仓查库，保持合理库存，减少积压，加速商品流转，节省流通费用，减少亏损，增加盈利。

继续增加商业服务设施。目前，我市的商业服务网点仍然不足，市场网络体系也不健全。要继续采取全民、集体、个体一起上的办法，抓好商业服务网点和批发市场、专业市场的建设，重点在边远地区、新建工矿区和居民住宅区新建商业服务网点600个，新辟集市场地10万平方米，新增棚盖市场5万平方米。年内完成上桥工业品仓库二期工程和日产煤粉400吨的梨树湾煤粉厂工程。

加强市场物价管理，保护消费者利益。市场物价问题是人们普遍关心的问题。在经济体制改革中，对长期极不合理的价格作必要的结构性调整，特别是解决许多初级产品价格偏低的问题是应该的。但是价格改革涉及千家万户，必须充分考虑国家、企业、群众的承受能力，谨慎从事，只能在保证群众收入水平不低于物价上涨幅度，在生产发展的基础上和生活不断改善的原则下，有控制地逐步调整。因此，必须贯彻“坚持改革、稳步前进、保持基本稳定”的物价工作方针，严格控制调价范围和幅度。市以上部门管理的计划价格和规定的浮动幅度，未经批准不得随意变动。加强粮食市场管理和肉、菜等主要副食品价格指导，必要时规定最高限价。欢迎广大群众和物价部门一道搞好物价监督。对制造、销售假冒和伪劣商品，就地倒卖生产资料和紧俏耐用消费品，买空卖空，走私贩私，乱收费，乱涨价等扰乱市场、损害国家和消费者利益的违法行为，必须严肃处理。

（四）加快对外开放步伐，扩大对外经济贸易

发展对外经济贸易，增加外贸出口，是我市经济工作的一项重要任务，是对外开放的重要内容。要继续落实各种鼓励出口的政策，充分调动企业的积极性，增加出口产品的生产，争取多创外汇。

加强出口商品基地建设，有计划地建设一批出口商品基地和出口专业厂、专业车间，开发一批出口骨干商品。继续调整出口产品结构，发挥我市资源优势和生产技术优势，重点抓好化工、医药、纺织、轻工、冶金产品出口，扩大机电产品出口比重，完善丝绸产品出口体系。积极增加换汇成本低的商品出口，采取有力措施，降低高亏商品的换汇成本。

进一步开拓国际市场，充分利用驻外贸易机构，了解国际市场信息，结合劳务输出推销商品，逐步建立市场销售网络。把出国推销的重点放在远洋地区，开展与高价市场的对等贸易。继续发展工贸、农贸、技贸、贸贸联合，根据国际市场需要，开发畅销产品，改进花色品种，提高产品和包装质量，增强在国际市场上的竞争能力。继续扩大劳务输出，发展对外经济技术合作。积极发展旅游事业，提高服务质量，开发旅游商品，进一步扩大旅游市场，增加非贸易外汇收入。

要认真贯彻执行各项吸引外资的优惠政策，为外商创造良好的投资环境。积极利用外资，争取今年实际吸收外资3000万美元。要把利用外资、引进技术同出口创汇结合起来，利用引进的先进技术和设备，生产有竞争能力的产品出口。要合理用汇，节约用汇，把有限的外汇用在最急需的地方。

（五）严格控制投资规模，抓好重点工程建设

认真按照国务院的规定，继续严格控制投资规模。坚决执行保计划内建设，压计划外建设；保生产性建设，压非生产性建设；保重点建设，压非重点建设的“三保三压”方针，加强对固定资产投资的管理，特别要加强对预算外资金和项目的管理，严格审批程序，认真清理在建项目，把好项目决策关。对那些建设条件不具备或建成后生产条件没有保障的在建项目，可建可不建的楼堂馆所，要坚决停建或缓建。更新改造投资，除增加急需的短线产品和出口产品外，必须主要用于降低能源和原材料消耗，提高产品质量的项目。

合理调整投资结构，加强能源、交通、原材料等重点建设。今年全市安排新建和续建的重点建设项目35项，计划投资8.27亿元。这批项目都是关系到我市经济起飞的骨干项目，其中重庆珞璜发电厂第一期工程装机容量70万千瓦的土石方工程已于年初开工，预计1989年上半年投产，这项工程建成后，我市电力紧张的情况可以得到明显的改善；

去年开工建设的重庆机场，是为我市扩大对外开放，发展国际旅游事业创造重要条件的项目，今年要完成部分跑道的混凝土浇筑任务。今年的重点项目还包括川黔铁路电气化工程，合川渭沱电站，铜梁安居电站，永川火电厂和重钢公司、特殊钢厂技术改造等重点工程。要集中财力、物力，多方筹集资金，努力组织好物质供应，把这批急需的重点建设和技术改造项目搞好，为我市经济的持续发展打下良好的基础。

要积极推行投资包干，完善项目承包责任制，建立健全招标投标体系，提高投资效果。合理确定设计结构安全系数和建筑装修标准，防止脱离经济发展水平，片面追求高标准的倾向。在规划、设计和建设中都要贯彻勤俭节约精神，精打细算，减少浪费损失，确保工程质量，加快建设进度，努力提高社会效益、经济效益和环境效益。

（六）努力增加财政收入，坚决压缩支出

今年财政收支任务十分艰巨，各级政府、各部门、各单位都要讲求生财、聚财、用财之道，千方百计挖掘潜力，开源节流，实现增收节支。

增加财政收入的根本途径，是大力提高生产建设流通领域的经济效益，堵塞浪费漏洞，做到增产增收。对国家确定的上交税利、降低成本、节省管理费用和扭亏增盈等指标应坚决保证完成。要认真落实经济责任制，支持企业挖掘内部潜力，搞好“短平快”项目，增加后劲，扩大财源。政策性亏损企业要严格实行“亏损包干、超亏不补、节亏分成”等办法，经营性亏损企业可推行扭亏增盈经济承包责任制，限期扭亏增盈。节减行政事业经费。坚决压缩会议费、差旅费、接待费和庆祝活动经费。可开可不开的会坚决不开，必须开的会议要严格控制规模，不得违反规定搞以会代训。各部门各单位的会议经费，包括各种专业会、表彰会和以政府名义召开的业务性会议支出，一律在单位的预算包干经费内开支。要加强对出差人数、时间，特别是去市外参观学习的控制。对出国考察要从严掌握，与业务无关的人员一概不派出。严禁假借各种名义滥发纪念品。要紧缩设备购置费，国家专控商品中的非生产性用品，除新建单位和少数特殊需要外，不再购买。今年原则上不再新增机构和人员编制，并严格控制成立临时办公室。凡自行增加的机构和人员，财政一律不拨款。

要切实加强预算外资金管理。根据国务院规定，对行政事业单位预算外资金，要进行清理，由财政代管，在不改变资金所有权的前提下，加强使用管理。对企业预算外资金，要实行“计划管理，政策引导”，使之符合国民经济发展的需要。要严肃财经纪律和税收法纪，加强财务管理，强化审计监督，确保完成财政任务。

三、以搞活企业为中心，深化经济体制改革

坚定不移地推进经济体制改革，对建设有中国特色的社会主义具有决定性的意义。经济体制综合改革四年来，进行了一系列改革探索试验，各部门、各区县、各单位都要认真进行总结，把实践证明了的成功经验肯定和坚持下去，并扩大推行。在这个基础上，按照经济体制改革必须适应在社会主义公有制基础上发展有计划商品经济的要求，继续把经济体制改革向前推进。我市今年经济体制改革的主要任务是：以改革企业经营机制和企业内部领导体制为重点，增强企业特别是全民所有制大中型企业的活力；加快金融改革步伐，开拓和扩大生产资料市场，发展社会主义市场体系，为增强企业活力创造良好的环境；加强和改善宏观经济管理，促进国民经济持续稳定发展。

（一）深化企业改革，建立和健全责权利相结合的企业经营机制

认真贯彻落实国务院关于深化企业改革，增强企业活力的规定，进一步落实企业的生产经营自主权。同时把改革的重点放在建立健全责权利相结合的企业经营机制上，按照所有权与经营权适当分离的原则，认真实行多种形式的承包经营责任制，使企业逐步成为相对独立的，自主经营、自负盈亏

的经济实体。小型工商企业和少数微利或亏损的中型工业企业，普遍推行承包、租赁责任制，可以集体承包租赁，也可以几个人或由个人承包租赁。在市属工业、商业、建筑业和交通运输业的部分企业中试行企业经营责任制，并继续搞好少数大中型工业企业资产经营责任制的试点。其余市属大中型工商企业，普遍实行上交税利超目标分成责任制。同时加快企业领导体制的改革，全面落实和完善厂长负责制，切实保证厂长在企业生产经营和行政管理中的中心地位。广泛实行厂长任期目标责任制和任期终结审计制，逐步建立和完善企业领导干部的考评和选拔制度。要进一步改革企业的工资分配制度，落实经济责任制，把职工工资总额与企业的经营成果和职工劳动贡献挂起钩来，调动广大职工的积极性。

（二）继续发展横向经济联合，促进企业组织结构合理化

当前，横向经济联合的发展势头很好，要求联合的企业越来越普遍，地区部门之间的经济联系也日益加强。要因势利导，继续促进横向经济联合的发展。要在自愿互利的原则下，支持和鼓励地方、部门和企业之间实行生产要素联合，互相投资参股；以骨干企业和名优产品为“龙头”，建立和发展跨地区、跨行业的企业群体和企业集团；进一步推进企业与科研单位之间、军工企业与民用企业之间的联合，逐步建立一批适应现代化、社会化大生产要求的新的企业组织结构。

（三）加快金融体制改革，更好地聚集和融通资金

进一步发展短期资金市场，扩大信贷资金的融通和加速信贷资金的周转。发展地区、系统之间，各金融机构之间，系统内独立核算单位之间的多种资金拆借市场，各县要建立农村短期资金拆借市场。有领导、有计划地建立长期资金市场，在完成国家债券发行任务和人民银行下达的控制数内，批准一些经济和社会效益好的企业或项目发行地方债券。继续组织存款，增加资金来源。扩大使用多种信用工具，增加票据贴现融通资金，减少信用贷款，扩大票据市场。贯彻“紧中有活”的方针，合理使用信贷资金。对适销对路、出口创汇和农副产品的生产与收购，要优先贷款支持。从信贷上支持横向经济联合，支持发展企业集团，支持搞活大中型企业。有步骤地进行专业银行企业化的试点，逐步做到独立经营，自负盈亏。巩固、完善和发展新型的、企业化的金融机构，增加一批银企联办和邮政储蓄所，发展城市信用社，在大企业集团内部试办财务公司。发展保险事业，增加长期稳定的信贷资金来源，使金融工作更好地为经济建设服务。

（四）扩大生产资料市场，为增强企业活力创造外部环境

建立和扩大生产资料市场，是增强企业活力不可缺少的外部条件。今年要以发展钢材市场为重点，扩大生产资料市场，采取优惠政策，把生产企业自销的钢材和社会超储钢材吸引到市场上来。对计划内分配钢材由物资部门中转的部分，今年实行“同一销价，差价返还，逐步放开，扩大市场”的办法，以扩大企业择优选购的自主权，减少社会库存，防止倒买倒卖现象。中央和省属在渝的物资供应单位、市属各部门的物资供销机构，凡有较稳定的生产资料来源、有资金、有经营管理能力的，经工商行政管理部门批准，可以适当放宽经营生产资料的范围，以逐步形成多渠道、少环节，开放式的生产资料市场，为增强企业活力创造良好环境。

（五）深入进行科技体制改革，促进经济建设

认真贯彻国务院关于推进科技体制改革的规定，进一步放活科研机构和科技人员，逐步实现多层次、多形式的科研生产一体化，促进科研与生产的紧密结合。要适当加快减拨科研事业费的进度，科研单位逐步实行所有权与经营权分离。要制订鼓励政策，有计划地组织和支持科技人员去承包、承租中小企业以及承包和领办乡镇企业，切实把科技工作转移到为生产建设服务这个主战场上来，更好地为振兴我市经济服务。

（六）改善和加强宏观管理，逐步完备管理手段

要紧紧围绕搞活企业这个中心，改善政府对经济工作的管理，逐步健全宏观管理制度，加强计划综合平衡，综合运用经济手段、法律手段和行政手段，认真做好统筹、协调、监督、服务工作。经济管理部门要按照政企职责分开、简政放权的要求，积极转变管理职能，专业管理部门要逐步从部门管理转向行业管理，总结和推广建管局、机械局的行业管理试点经验，探索行业管理的新路子。国务院已将我市列为法制建设试点城市，今年在试点中，要制定法制建设试点规划，颁布一批经济、行政规章，逐步建立健全法规体系，运用法律手段管理经济，管理城市，保障建设和改革的顺利进行。

要继续做好市带县的工作，完善市带县体制。落实扩大区县管理权力的有关规定，合理划分市和区县政府的职责，实行分级管理。搞好市中区、北碚、合川、长寿、永川、巴县的综合改革试点，探索增强区县经济活力的经验。

四、加强以基础设施为重点的城市建设增强城市综合功能

加强城市的规划、建设和管理，是城市各级政府的重要职责。要继续坚持人民城市人民建的方针和“量力而行、量财而为”的原则，有重点地抓紧抓好城市基础设施建设和集镇建设，多渠道筹集建设资金，试行市政公用设施有偿使用办法，逐步改善城市投资环境和生活环境。

调整和完善城市总体规划。自国务院1983年批准我市城市总体规划以来，城市建设开始走上了按总体规划建设的轨道。随着经济和社会的发展，有必要对原有的总体规划进行调整充实和完善，以充分发挥城市总体规划的综合指导作用。今年要完成城市总体规划的调整工作，抓紧编制城市片区规划、小区规划、集镇规划和城市交通综合规划。维护城市总体规划的严肃性，加强规划的实施管理，严格按照规划进行建设，坚决制止乱修乱建的现象。

加强道路桥梁建设，继续改善道路交通条件。我市在道路建设上尽管过去做了大量工作，但由于财力所限，加之山城坡陡弯多，两江分割等特殊地理条件，增加了建设的难度，以致道路少，标准低，城区交通内环不畅，中环不通的状况仍未改变。要加快嘉陵江石门大桥建设进度，年内完成正桥主体结构、南引道的引桥、北引道的立交桥和正线路基工程，确保明年“十一”建成通车；拓宽改造红石路（红旗河沟至石门）、四南路（四公里至南坪）、市中区中干道和嘉陵江大桥北桥头至观音桥路段，基本建成沙中路（沙坪坝正街至中渡口），建成中山支路人行天桥和沙坪坝、杨家坪人行地道和海棠溪立交桥；动工兴建菜袁路（菜园坝至袁家岗）、红黄路（红旗河沟至黄泥塝）和江北观音桥、沙坪坝陈家湾人行天桥；以缓解交通阻塞状况，提高车辆通行能力。继续增加城市公共交通运力，发展社会客运力量，新增、更新公共汽（电）车100辆，调整和延伸部分线路，长江架空客运索道年内竣工投入运行。

抓紧供水设施建设，增加城镇供水能力。今年建成九龙坡鹤皋岩水厂，新增供水能力3万吨，新铺黄桷渡至上新街供水管道，发挥黄桷渡水厂的供水能力；完成江北调水管网工程，增加观音桥地区供水量；完成李家沱水厂取水点的改造工程，改善饮用水质；推广自来水厂与厂矿企业自备水厂“联网并管，有偿转供”的办法，增加供水量。建成江津县白沙镇、江北县两路镇、巴县长生桥和合川县合阳镇等4个小水厂，改建扩建13个县镇小水厂。

加速新区配套开发和旧城成片改造。今年新区开发开工50万平方米，竣工20万平方米；旧城改造开工20万平方米，竣工10万平方米。全市新建城镇住宅100万平方米以上，改造危房10万平方米，改善人民群众的居住和生活条件。继续进行小城镇和农民新村建设试点。在做好全市集镇建设规划的基础上，按照集镇建设服务城市、富裕农村的功能要求，进行综合开发，配套建设。要广开门路，筹集社会资金，少花钱，多办事，取得实效。各

级政府要加强对集镇建设工作的领导，切实解决建设中的问题，发挥集镇在两个文明建设中的作用。

综合整治城市环境，改善环境质量。加强建设项目的环境管理，严格控制产生新污染源，全年治理污染源35个。继续发展民用天然气，减轻大气污染。搞好城市园林绿化，开展两江沿岸绿化和新建居民区的配套绿化，抓好歌乐山森林公园、重庆动物园和佛图关、南坪等公园的新建扩建和改造工作，新辟小游园12个，发动群众义务植树100万株，不断扩大城市绿化覆盖面积。

切实加强城市管理，改善市容市貌。采取“治脏治乱相结合，治标治本相结合”的办法，综合治理城市“脏、乱、差”，封闭土路20万平方米。坚持执行“门前三包，门内达标，色度管理”的制度。进一步完善城管体制，充分发挥区、街道和居民委员会管理城市的作用，不断提高城管队伍的思想和业务素质，坚持文明执勤，依法办事。逐步在全社会形成保护环境，讲究卫生的良好风气。

五、巩固发展安定团结的政治局面　保证建设、改革、开放顺利进行

广泛深入进行四项基本原则的教育，坚决反对资产阶级自由化，切实加强社会主义精神文明建设，巩固和发展安定团结的政治局面，这是当前政治思想领域的中心任务。只有认真、切实抓好这项任务，才能从根本上保证经济建设、体制改革和其他各项事业的顺利进行和健康发展。

坚定不移地坚持四项基本原则，旗帜鲜明地反对资产阶级自由化。四项基本原则是全国人民共同奋斗的政治基础，是我们立国治国之本，是全国人民政治活动的根本准则。资产阶级自由化的实质，就是反对四项基本原则，企图摆脱共产党的领导，否定社会主义制度，主张走资本主义道路。反对资产阶级自由化的斗争，关系社会主义现代化建设的成败和国家的前途命运。要认真地、全面地理解和贯彻《中共中央关于当前反对资产阶级自由化若干问题的通知》，深刻认识反对资产阶级自由化斗争的必要性和长期性，明确范围、重点和方法，既要旗帜鲜明，态度坚决，又要十分注意政策和方法。这场斗争严格限于共产党内，主要在政治思想领域内进行，着重解决根本政治原则和政治方向问题，不联系经济改革的政策、农村政策、科学技术研究和文学艺术风格技巧的探索，以及人们的日常生活；农村不搞，工厂和机关只进行正面教育。目前，各级领导干部要认真学习《坚持四项基本原则，反对资产阶级自由化》和《建设有中国特色的社会主义》等重要论著；向广大职工群众开展有中国特色的社会主义的宣传，进行坚持四项基本原则的正面教育，增强识别和抵制资产阶级自由化的能力，维护国家的安定团结；要进一步整顿、充实和加强报刊舆论阵地；要切实加强和改进思想政治工作；要组织理论队伍写批评资产阶级自由化错误观点的文章，大力加强马克思主义理论队伍的建设。坚决、健康、持久地把这场斗争开展下去。

加强社会主义精神文明建设，用共同理想动员全市人民献身“四化”，振兴重庆。各地区、各单位、各行各业都要紧密联系实际，经常向广大干部和群众进行形势、任务和方针政策教育，有的放矢地解答群众反映的问题，激励全市人民树立全局观念，把共同理想同各地区、各单位、各条战线的发展目标和建设任务紧密结合起来，为振兴重庆建功立业。要加强思想道德建设，深化“四职”教育。各业都要遵循“为人民服务，对人民负责”的宗旨，制定和落实职业道德规范，继续纠正带有行业特点的不正之风，发展团结友爱、互敬互助、尊老爱幼的新型人际关系，树立社会主义道德新风尚。切实加强和改进思想政治工作，以适应两个文明建设的要求。

全面贯彻教育方针，进一步端正办学指导思想，把培养社会主义建设实际需要的“四有”人才作为学校的根本任务，努力提高教育质量。要认真贯彻《义务教育法》，巩固普及小学教育的成果，认真按规划实施九年制义务教育。大力发展职业技术教育，近郊区都要建立职业技术教育中心，不断完善初中毕业生分流培养体制。巩固和提高高等教育和成人教育质量，培养合格的建设人才。继续采

取多种措施发展托幼事业，提高幼儿教育质量。加强盲聋哑、智障者、工读和民族等特殊教育。要进一步加强学校的思想政治工作，把对坚持四项基本原则的态度作为考核学生政治思想品德的重要标准。切实改进政治课教学，有领导、有组织地引导广大学生特别是高等院校的学生积极参加社会实践，培养和造就有理想、有道德、有文化、有纪律的一代新人。有计划地搞好在职教师的培训，提高师资水平。在全社会大力倡导尊师重教的社会风尚，尊重教师的社会地位，努力改善教师特别是中小学教师的工作和生活条件，使他们更好地肩负起人类灵魂工程师的光荣责任，做到教书育人。要管好、用好现有教育经费，进一步改善办学条件。

努力发展文学艺术、广播影视、新闻出版等文化事业。文学艺术必须坚持为社会主义服务、为人民服务的方向和“双百”方针，把社会效益作为最高标准，为社会提供更多更好的精神产品。要调动社会各方面的积极性，发展群众文化事业，活跃群众的文化生活。加强历史文物保护，实施歌乐山烈士陵园建设规划。充分利用我市革命纪念地多的有利条件，进行革命历史教育，激发人民特别是新一代缅怀革命先烈之情。改善广播影视播放条件，扩大广播电视的人口覆盖面，提高自制节目能力。要提高报刊和图书出版发行质量，加强社会文化市场管理，坚决取缔淫秽录像和非法出版物。

切实做好卫生体育和计划生育工作。卫生工作要坚持预防为主的方针，发展现代医学和传统医学，加强中医、中药工作。有计划地系统培训在职卫生人员特别是初级卫生人员，提高医疗质量，逐步改善医护条件，今年新增住院病床700张，开设家庭病床1万张。继续改善农村饮水卫生条件，加强农村防疫保健工作。大力普及城乡体育活动，重点抓好学校体育工作，争取75%的在校学生达到体育锻炼标准。今年还要办好市第六届运动会。实行计划生育，是我国的一项基本国策，严格控制人口增长，对国民经济健康发展和人民生活持续改善具有极其重要的意义。我市这几年计划生育工作取得显著成绩，但是目前我们面临生育新高峰，去年有些地区突破了人口增长计划。要继续加强计划生育工作，提倡晚婚、晚育、少生、优生，严禁超计划生育，努力把人口控制下来。

加强民主和法制建设，增强法制观念。要树立“一手抓建设，一手抓法制”的思想，在全市人民中组织学习和贯彻全国人大常委会《关于加强法制教育维护安定团结的决定》，所有政府机关工作人员都要学习法律知识，增强法律意识，带头守法、执法，尊重和维护公民的合法权益，改进工作作风，倾听群众意见，自觉接受人民群众的监督。要继续搞好以“宪法”为核心，以干部和青少年为重点的普法教育，增强市民的法制观念和公民意识，正确行使民主权利。今年要完成机关干部的普法教育，扩大企事业单位职工、教职员工、城镇居民、个体工商户和农民的普法教育面。继续加强社会治安综合治理，依法惩处各种犯罪分子，依法禁止一切扰乱社会秩序的活动，维护正常的生产工作秩序和生活秩序，保障社会安定。

各位代表！党的十一届三中全会以来，特别是进行经济体制综合改革以来，我市的各项建设事业取得了很大的成就，在“七五”计划的第一年又迈出了重要的一步。“七五”期间，我们是在能源、交通、城市基础设施薄弱，技术装备仍然比较落后的条件下进行建设的，我们面临后劲不足的严重挑战。重庆作为第一个进行经济体制综合改革试点的大城市，长江上游的经济中心，应当走在改革和建设的前列，为国家多做贡献。为了振兴重庆经济，在九十年代有一个大的发展，我们要把“七五”作为打基础、添后劲的五年，艰苦创业的五年。我们坚信，全市人民坚持四项基本原则，坚持改革、开放、搞活的方针，同心同德，励精图治，就一定能够克服前进中的困难。胜利完成今年各项任务。

（二）人大常委会工作报告

中共四川省委组织部关于批准重庆市第八届人民代表大会选举结果的通知

（1978年6月1日）[①]

中共重庆市委：

省委批准：

（一）重庆市第八届人民代表大会第一次会议选举的87名重庆市革命委员会委员；

钱敏同志任重庆市革命委员会主任；

丁长河、于汉卿、王茂全、张海亭、赵桂海、王秀峰、李宪昌、林琳、孙毓亭、刘隆华（女）、刘和地等十一同志任重庆市革命委员会副主任。

（二）重庆市第八届人民代表大会第一次会议选举的市中级人民法院院长和市人民检察院检察长，即：

胡润吾同志任重庆市中级人民法院院长；

秦世杰同志任重庆市人民检察院检察长。

特此通知

中共四川省委组织部

1978年6月1日

重庆市第八届人民代表大会常务委员会工作报告

（1982年2月）[②]

重庆市人大常委会副主任　孙毓亭

各位代表：

我受重庆市第八届人民代表大会常务委员会的委托，向重庆市第九届人民代表大会第一次会议报告工作。

首先，我们高兴地看到，本市在党的三中全会以来正确路线、方针、政策的指引下，经过全市人民的共同努力，发展了安定团结的政治局面，贯彻了国民经济调整方针，取得了各项工作的胜利。工业在调整中前进，生产稳步发展，1981年总产值比1980年增长4.16%，比1979年增长12.5%。农业在落实经济政策中，生产全面丰收，1981年总产值比1980年增长5.4%，比1979年增长7.5%。工农业生产的可喜成绩，是在历史罕见的特大洪水灾害中战胜重重困难取得的。其他各条战线的工作也都取得了新的进展。

本会是1980年3月成立的。根据《中华人民共和国宪法》（以下简称《宪法》）和《中华人民共和国地方各级人民代表大会和地方各级人民政府组织法》（以下简称《地方组织法》）赋予的任务和职权，在中共重庆市委的领导下，贯彻市第八届人民代表大会第二次会议的决议，从本市的实际情况出发，围绕在经济上实行进一步调整、在政治上实现

① 本文标题系编者重新拟定。

② 此报告系于1982年2月召开的重庆市人民代表大会第九届第一次会议上报告。

进一步安定这个中心，边学习、边探索、边实践，为建设社会主义民主与法制，发展大好形势，主要做了以下几项工作：

一、胜利完成区县、镇社两级直接选举

根据《中华人民共和国全国人民代表大会和地方各级人民代表大会选举法》的规定和中央、省关于选举工作的部署，本会主持了我市的区县、镇社两级直接选举工作。1980 年 4 月，建立了重庆市选举委员会及其办事机构，立即着手划分选区、培训干部。在沙坪坝区进行了试点之后，本会通过了《关于各区、县全面开展直接选举工作的决议》，全市先后开展了宣传教育、选民登记、提名推荐、讨论协商代表候选人、组织投票选举和召开区县、镇社人民代表大会等项工作。至 1980 年底，胜利完成了我市的区县、镇社两级直接选举。全市共登记选民 3934891 人，有 97.43％的选民参加了投票，选出了区县人民代表 3769 名，镇社人民代表 24358 名。在两级人民代表中，有共产党员、民主党派和无党派爱国人士，有工人、农民、知识分子和其他劳动人民，有妇女、青年、少数民族、归侨、宗教界人士，有各条战线的先进模范人物，体现了人民代表的代表性、先进性和广泛性。在代表选出后，各区县、镇社都在年底以前召开了人民代表大会，选出了领导班子和市第九届人民代表大会代表。经过对选举工作的检查验收，自下而上地进行了总结。在选举过程中，对有的地区和单位出现的违反选举法、背离四项基本原则的自由化倾向以及工作中的差错，都及时作了纠正。这次选举工作发扬民主，依法办事，保证了质量。通过选举，使广大群众和干部受到了一次生动的民主与法制教育，促进了国家机关工作人员改进作风，选出了群众比较满意的领导班子，调动了人民群众当家作主的积极性。各级党委和政府对于这次选举很重视。广大选民参选的态度好，热情高。选举工作比较顺利，效果良好，为今后进行直接选举积累了宝贵的经验。

此外，各区、县和驻渝部队还补选了 7 名市人大代表，市人大常委会第九次、第十四次会议补选、增选了 4 名省人大代表。

二、听取政府、法院和检察院的工作报告，讨论、决定本市的重大事项

《宪法》规定“地方各级人民代表大会都是地方国家权力机关”。《地方组织法》又规定了在本级人民代表大会闭会期间，由它的常务委员会行使“讨论、决定本行政区域的政治、经济、文化、教育、卫生、民政、民族工作的重大事项”的职权。本会成立以来，召开了十四次常委会议，听取了市人民政府、市中级人民法院和市人民检察院的工作汇报 41 次。例如：副市长马力《关于市八届二次人代会提案办理情况的报告》，副市长刘隆华《关于本市经济调整工作的汇报》，副市长刘和地《关于放宽政策、搞活工业生产的暂行规定》《关于放宽政策，搞活农村经济的暂行规定》《关于放宽政策，搞活商品流通的暂行规定》的汇报，副市长姜法善《关于我市抗洪救灾，恢复生产，重建家园的情况汇报》，市中级人民法院院长胡润吾《关于法院工作的报告》《关于实施刑法、刑事诉讼法，打击现行刑事犯罪情况和关于复查纠正因刘少奇同志冤案受株连造成的冤假错案的情况汇报》，市检察院检察长钱坤维《关于检察院工作的报告》，市公安局局长牛星照《关于实施“刑事诉讼法”和整顿社会治安秩序的情况汇报》和市公安局副局长周昌华《关于贯彻市人大常委会整顿社会治安决议的情况汇报》，市规划局副局长周茂贵《关于重庆市总体规划轮廓设想的汇报》，市环保局局长杨云《关于实行排污收费办法的情况汇报》，市计委副主任陈之惠《关于本市调整国民经济进展情况的汇报》，市财政局副局长朱昌基《关于本市 1980 年地方财政决算和 1981 年地方财政预算执行情况的汇报》，市蔬菜办公室主任江屏《关于城市蔬菜生产、供应问题的情况汇报》等。对这些汇报，都进行了认真的审议，实事求是地肯定了成绩，提出了一些意见，并做出了一些相应的决议，如：《关于贯彻“在经济上实行进一步的调整，在政治上实现进一步的安定”方针的决议》《关于继续做好抗洪救灾工作的决议》《关于实施“刑事诉讼法”问题

的决议》《关于继续整顿社会治安问题的决议》《关于贯彻三个法律文件，进一步加强社会治安问题的决议》《关于加强青少年教育工作的决议》等。通过以上工作，对于政府、法院和检察院正确执行国家宪法、法律和党的三中全会以来的方针政策，起到了促进作用。

同时，组织本会委员和市人民代表进行了多次视察。先后视察了工业调整和农业完善生产责任制的情况，商业、饮食服务业开展“创优”活动的情况，贯彻国务院《关于严格控制物价、整顿议价的通知》的情况，贯彻《中华人民共和国环境保护法》的情况，贯彻城市环境卫生管理法规的情况，贯彻文物保护法规的情况，贯彻《刑法》《刑事诉讼法》和社会治安的情况，贯彻中小学《条例》的情况，抗洪救灾的情况等。并对视察了解的情况，进行了认真的分析研究，提出了意见和建议，整理成书面材料，在向市委汇报的同时，交由政府和有关部门研究办理。有的单位已向本会报告了办理结果，并答复了委员和代表。这样做，寓监督于支持、帮助之中，既反映了广大人民群众的意见和要求，又协助政府推行了工作。

1981 年 7 月，本市遭受历史罕见的洪水灾害。本会副主任和委员及时深入现场，视察灾情，慰问抗洪抢险第一线的干部和群众，并参加市委组织的慰问、检查组工作。市人大常委会第十一次会议做出决议，号召全市人民同心同德，互助互济，发扬愚公移山的精神，排除万难，夺取抗洪救灾的胜利；号召受灾单位和群众，坚持自力更生、艰苦奋斗的方针，从大局出发，体谅国家的困难，主动协助政府和单位抗洪救灾，恢复生产，重建家园。

1981 年 11 月 16 日，传来了中国女子排球队夺取第三届世界杯女子排球赛冠军的捷报。本会第十二次常委会议通过了《关于学习中国女排革命精神的号召书》，号召全市人民向中国女排学习，在党的领导下，切实把自己的生产、工作和学习搞好，为实现“四化”、振兴中华而努力奋斗。

三、任免本市国家机关工作人员

《地方组织法》规定，任免本级地方国家机关的工作人员，是县以上人大常委会的重大职权之一。一年多来，本会根据市长的提议，决定任免了市人民政府秘书长、主任、局长 43 人；根据市中级人民法院院长的提议，任免了法院副院长、副庭长、审判员 12 人；根据市人民检察院检察长的提议，任免了副检察长、检察委员会委员 17 人；根据市人大常委会主任的提议，任命了市人大常委会正、副秘书长 5 人。共计任免了 77 人。

四、宣传和贯彻法律，决定和审批本市有关具体规定和办法

“在本行政区域内，保证宪法、法律、政策、法令、政令和上级人民代表大会决议的遵守和执行”，是《地方组织法》规定的地方人民代表大会的一项重要任务。一年多来，组织本会委员、人民代表、有关单位和专家，学习、讨论了《中华人民共和国民法》草案（第二、三稿）、《中华人民共和国民事诉讼法》草案（第二稿）、《中华人民共和国婚姻法》（草案）、《中华人民共和国选举法》《地方组织法》《四川省厂矿企事业劳动安全法》（草案）等项法律，提出了修改意见和建议，整理成书面材料上报。并做出了关于宣传、实施新婚姻法、刑事诉讼法等法律的决议。还协助全国人大常委会法制委员会，就制定《国营工厂法》《经济合同法》，进行了调查研究。

为了搞好城市的建设和管理，本会还根据我市的实际需要，讨论决定和审批了一些规定和办法：（一）《重庆市工矿企事业单位排污收费试行办法》。这个办法执行以来，引起了重视，促进了治理，推动了管理。许多工矿企事业单位，都确定了一名领导同志分管环境保护工作，建立和健全了本单位的环境保护机构，落实了治理计划和措施。截至 1981 年底的统计，治理项目达 393 个，投资达2613.54 万元，治理项目和投资数量之多都是前所未有的；（二）《重庆市城市环境卫生管理暂行办法》。这个办法实施以来，市、区县、街道基本上形成三级管理

的环境卫生体制，建立和健全了机构，调整充实了队伍，每个街道配备了专职环卫管理员，增添了环卫设施，改变了一些地区和单位不卫生的面貌，推进了环卫工作；(三)《重庆市违章建筑处理暂行规定》和《关于严格控制在市中区新建、扩建项目的若干规定》。这两个规定，对加强城市建筑管理，制止和处理违章建筑，克服城市建设中的混乱状态，发挥了一定的积极作用；(四)《关于市和区、县人民法院经济审判庭征收诉讼费的试行规定》。这个规定，在教育当事人增强法制观念，维护法律尊严，促使诉讼各方加强企业管理，在审判活动中保证国家获得正常收入等方面，都收到了良好的效果；(五)《重庆市食品卫生管理试行办法》。这个办法颁布以后，各区、县卫生防疫部门成立了监督机构，配备了专、兼职食品卫生监督员，采取了一些切实措施，加强了食品卫生管理，对保障人民身体健康，防止食物中毒和肠道传染病，起到了积极作用，(六)《重庆市整顿国营企、事业劳动纪律的试行办法》。这个办法颁布以后，在广大干部、群众中震动大、反映好，对于加强企业管理起到了积极作用。

为了检查本会决定和审批的这些《规定》和《办法》的执行情况，我们采取请职能部门汇报、召开专题调查会、组织本会委员和市人民代表视察、同区县人大常委会联合视察等方式进行了检查。在检查中，发现总的情况是比较好的，但也不同程度地存在着有章不循、有章难循、违章不究、政出多门等现象，还需要加强宣传教育工作和采取必要的行政措施。同时，也发现已颁布的有些《规定》和《办法》的某些条文，不够准确，不够完善，需要研究修订。

五、加强同市人民代表的联系，充分发挥人民代表的作用

地方人大常委会，是代表人民行使地方国家权力的工作机关。密切同人民代表的联系，经常听取代表的意见，了解选民的要求和本市的实际情况，在讨论、决定重大事项时才有坚实的群众基础和充分的事实依据。正确发挥人民代表的作用，才能发扬社会主义民主，逐步健全和完善人民代表大会制度。一年多来，本会先后采取了以下几项具体措施：(一)制定《市人民代表联系办法(试行)》《重庆市人民代表大会代表来信来访和座谈会反映问题的处理办法》；(二)将917名市人民代表编成100多个小组，并选出代表组长和组长联席会议召集人；(三)坚持分选举单位每季度召开一次代表组长联席会议或部分人民代表座谈会；(四)组织市人民代表视察、检查工作；(五)制发总付邮资的人民代表专用信封、信笺；(六)将反映人大常委会重要活动的《会刊》，印发给市人民代表；(七)邀请在重庆地区的全国人大代表和省人大代表，参加本市的一些重大活动；(八)最近，还制定了《重庆市人民代表工作暂行办法》。

截至今年1月底，我们分选举单位召开了95次人民代表小组组长或部分人民代表座谈会，组织人民代表就“四化”建设和人民群众普遍关心的问题进行了10次视察，收到人民代表来信334封，并将视察了解的情况和人民代表的意见，整理成书面材料，及时转给了市人民政府和有关部门研究办理。在人民代表小组中，涌现了一批密切联系选民，积极向选民宣传法律、法令、方针、政策，主动向本会和政府反映情况，热情协助当地政府部门推行工作的代表小组。1981年10月初，江北猫儿石地区市人民代表小组来信反映：由猫儿石到大石坝的一段便道，既窄又烂，下雨泥泞，来往不便，建议由江陵机器厂负责修好。本会将来信转给该厂以后，厂方立即抓紧施工，在一个月的时间内，就修好了这条长300多米、宽1.5米的石级坡路。竣工时，厂方还邀请猫儿石地区的市人民代表前往验收。当地群众反映很好。

为了加强同各区、县人大常委会的联系，本会采取了以下措施：(一)邀请区、县人大常委会负责同志列席市人大常委会议；(二)市和区、县联合召开市、区县人民代表座谈会；(三)组织市、区县人民代表就共同关心的问题进行联合视察；(四)组织区县人大常委会交流工作经验；(五)帮助区县人大常委会反映问题。

1980年5月至1982年1月，共计接待人民群众来访180人次，处理人民群众来信1163件。通过处理人民群众来信来访，密切了同人民群众的联系，解决了一些长期未得到解决的问题。1980年10月，市人大常委会第六次会议期间，南泉地区8个单位和部分群众来信来访，反映改建岔南公路和南泉公社采石场开山放炮、中断电话线路长达十个月之久，损坏风景区地形地貌，给南泉地区的有关单位和旅游事业造成了损失，要求本会过问此事。经调查核实情况，会同政府基本上解决了这一问题，恢复了通话，采石场已大部迁走，群众反映较好。

六、检查、督促提案处理

人民代表的提案，是人民代表代表人民行使当家作主的民主权利和参与管理国家事务的一项重要内容。检查、督促提案处理，也是人大常委会联系代表、监督政府工作的一项重要任务。市第八届人民代表大会第二次会议期间，市人民代表对本市工业、交通、基建、科教、文卫、农业、财贸、政权建设、人民生活和市人大常委会的工作等，提出了764件提案。这些提案，除3件已由市人大常委会在1980年直接办理完毕外，由市人民政府和其他有关部门处理的提案，至1981年12月，已全部办理完毕。西区公园桃花溪污染严重，群众反映强烈，市人民代表提出了要求治理的提案。在本会的督促和协助下，市人民政府召开了有关部门负责人和专家座谈会，广泛征求了意见，制订了初步的治理规划。第一期工程拨款40万元，已于1981年4月中旬完成；第二期工程拨款55万元，正在进行施工。两期工程完成后，西区公园至疗养院一段的污染将会减轻。目前，城建部门正在制订根治桃花溪的规划。对此，代表和选民反映较好。

为了检查、督促提案的处理，做到案案有着落，件件有交代，本会采取了以下做法：(一)制定《提案转办和处理办法》；(二)听取政府关于提案办理情况的专题汇报；(三)本会负责同志深入区、县，抓重大提案的处理；(四)组织委员和代表到承办单位进行检查；(五)编印《重庆市第八届人民代表大会第二次会议提案办理情况报告》汇编(已编印六辑)，分送市人民代表和有关单位；(六)最近，在总结提案工作经验的基础上，制定了《重庆市人民代表提案工作暂行办法》。

从提案办理情况来看，总的说，承办单位是重视的，认真的。但是，也有少数单位对提案不够重视，办理提案的质量不高，今后需要努力改进。

七、加强市人大常委会的建设

县以上地方各级人民代表大会设立常务委员会，是我国地方政权组织的一项重要改革。搞好人大常委会的工作，对健全我国社会主义民主和社会主义法制，加强地方各级政权建设，具有十分重要的意义。本会本着边学习、边工作、边建设的精神，主要抓了以下工作：(一)建立工作机构。人大常委会组成人员进行了分工，按系统成立了工交基建、农财、文教科卫、政法等四个组，并设立了办公厅；(二)建立工作制度。主任办公会议每周一次，常委会议每两月至少举行一次；(三)建立学习制度。坚持每周半天理论学习。一年多来，采取集中学习、办短期学习班、结合会议进行学习等方式，组织本会委员和机关工作人员学习了党的十一届三中全会以来的重要文件，特别是六中全会的《决议》，学习了第五届全国人民代表大会第三次、第四次会议文件和全国人大常委会重要文件，学习了《宪法》《地方组织法》《选举法》等法律。通过学习，使大家提高了对人大常委会性质、任务、职权、作用的认识，增强了做好人大常委会工作的责任感；(四)通过和兄弟城市交换会刊、互相访问等方式，交流工作经验；(五)第十次常委会议做出了《关于坚持党的领导，加强人大常委会建设的决议》，强调坚持党的领导，坚持民主集中制，坚持依法办事，坚持深入实际调查研究，把人大常委会建设好。

此外，在外事工作方面，接待了日本议会访华团和加拿大的议员。

各位代表，《宪法》规定，中华人民共和国的一切权力属于人民。人民行使国家权力的机关，是全国人民代表大会和地方各级人民代表大会。《地方组织法》规定，地方各级人民代表大会常务委员会是本级人民代表大会的常设机关，在人民代表大会闭会期间，行使法律赋予的职权。由于市人大常委会成立不久，缺乏经验，又面临着国民经济调整时期的许多新情况、新问题，要把本会的工作做好，还需要在实践中不断总结经验。党的六中全会《决议》指出："逐步建设高度民主的社会主义政治制度，是社会主义革命的根本任务之一""必须根据民主集中制的原则加强各级国家机关的建设，使各级人民代表大会及其常设机构成为有权威的人民权力机关"。这对人大常委会提出了更高的要求。市人大常委会任重而道远。我们相信，将在第九届人民代表大会第一次会议选出的新的市人大常委会，在中共重庆市委的领导下，一定能够认真贯彻党的六中全会精神，逐步地将市人大常委会建设成为密切联系群众的、维护社会主义民主和法制的人民权力机关，为实现"四化"、振兴中华做出应有的贡献。

以上报告，请大会审议。

重庆市第九届人民代表大会第一次会议关于市第八届人民代表大会常委会工作报告的决议

（1982 年 2 月 16 日大会通过）

重庆市第九届人民代表大会第一次会议，批准孙毓亭同志所作的市第八届人民代表大会常务委员会工作报告。大会对第八届人大常委会的工作，表示满意。

会议认为，市人大常委会自第八届人民代表大会第二次会议选举产生以来，在中共重庆市委的领导下，根据《中华人民共和国地方各级人民民代表大会和地方各级人民政府组织法》赋予的决定权、监督权、任免权，从本市的实际情况出发，在健全社会主义民主与法制，保障人民行使管理国家的权利，巩固安定团结政治局面，促进"四化"建设等方面，做了大量工作，起了积极作用。

会议认为，为了保障我市国民经济稳步健康的发展，必须进一步发扬社会主义民主，健全社会主义法制。今后，新的一届市人大常委会要有计划、有重点地讨论、决定本行政区域的政治、经济、文化、教育、卫生、民政、民族工作的重大事项，加强对市人民政府、市中级人民法院、市人民检察院的监督，密切联系与市人大代表和各区、县人大常委会的联系，搞好市人大常委会自身的建设，充分发挥人大常委会作为权力机关和工作机关的作用。

会议号召，全市人民在党的领导下，坚持四项基本原则，振奋精神，同心同德，贯彻落实全国五届人大四次会议精神和经济建设的十条方针，为开创我市新的经济振兴时期，为建设社会主义的物质文明和精神文明而努力奋斗！

中共重庆市委关于重庆市第九届人民代表大会常务委员会选举结果的批复

（1982年3月15日）

市人大常委会党组：

接中共四川省委组织部川委组干〔1982〕62号文通知，中央和省委批准：

重庆市第九届人大常委会由39人组成，其中主任1人。副主任12人。委员26人。

孙先余同志任重庆市第九届人大常委会主任；

薛震鲁、周钦岳、孙毓亭、金锡如、秦世杰、尹楠如、张宇罄、杜国茂、周怀瑾、杨受百、胡真一（女）、鲁崇义等12位同志任重庆市第九届人大常委会副主任；

王竹、王友伟、王希知、王来顺、毛春阳、邓创之、车佩新、厉慧兰（女）、刘文泉、刘宗灵、刘惠兰（女）、吕继麐、杜子云、李永明、李邵远、李宗明、李继华、杨伦选、杨国衡、何纯尧、邱国彬、张锡君、易延梅（女）、胡其谦、郭焕贞（女）、喻娴文（女）等26位同志任重庆市人大常委会委员。

此复

中共重庆市委
1982年3月15日

重庆市人民代表大会常务委员会工作报告

重庆市人大常委会副主任兼秘书长　周怀瑾

各位代表：

我受重庆市人大常委会的委托，向重庆市第九届人民代表大会第二次会议报告工作。

去年2月召开重庆市第九届人民代表大会第一次会议以来，至今已有一年了。这一年，全市人民在党的领导下，坚持以经济建设为中心，认真贯彻“调整、改革、整顿、提高”的方针，两个文明一齐抓，各方面的工作都有新的进展。党的十二大发出了全面开创社会主义现代化建设新局面的号召，第五届全国人大第五次会议通过了新宪法和第六个五年计划，极大地鼓舞了全市人民振兴中华的斗志。各行各业、各个单位的干部、群众立志改革，努力开创新局面，已汇成势不可挡的历史潮流。

一年来，本会在中共重庆市委的领导下，行使宪法和法律赋予的职权，贯彻市第九届人大第一次会议的各项决议，为本市两个文明的建设，健全社会主义民主与法制，主要做了以下几项工作：

一、组织全市人民学习、讨论《中华人民共和国宪法修改草案》和《中华人民共和国宪法》

去年4月，根据第五届全国人大常委会第二十三次会议关于公布《中华人民共和国宪法修改草案》交付各民族讨论的决议和中共中央办公厅、省委、市委的通知精神，本会把组织全市人民学习、讨论《宪法修改草案》列为一项重要任务来抓。《宪法修改草案》公布的当天下午，本会召开了有部分副主任、委员、副秘书长和市人大代表参加的座谈会，进行了初学初议。本会第三次常委会议做出了《关于动员全市人民讨论宪法修改草案的决议》。本会办公厅并发出通知，对学习讨论和修改意见的报送办法提出了具体要求。6月15日，中共重庆市委、市人大常委会、市人民政府在市人民大礼堂联合举行了全市学习、讨论宪法修改草案报告会。此后，本会又召开了政法、理论、新闻、出版工作者和各界知名人士座谈会。为了把全市的学习、讨论引向深入，本会还召开了市人民政府各委、办、局汇报会，本会领导同志并分赴各区、县召开了市人大代表小组组长联席会，检查、布置了学习、讨论和上报修改意见的工作。由于各级领导重视、要求明确、措施具体、群众发动比较充分，这次宪法修改草案的学习、讨论有一定深度和广度。在辅导学习和提出修改意见等方面，各行各业的专家发挥了很好的作用。他们对照前三部宪法，联系实际，深入钻研，发表了不少好的意见。在学习、讨论中，广大干部和群众思想活跃，态度认真，畅所欲言，各抒己见，不仅行使了当家作主的民主权利，提出了一些修改意见，而且受到了一次社会主义民主和法制的教育。经本会综合整理，全市共提出修改意见161条，按照省人大常委会的要求分批上报。

去年12月4日，第五届全国人大第五次会议通过了《中华人民共和国宪法》。喜讯传来，本会立即召开了有部分市人大常委会委员、市人大代表和各界人士参加的学习新宪法座谈会。当我市出席全国人大会议的代表返渝后，本会及时在市人民大礼堂召开了传达第五届全国人大第五次会议精神大会，号召全市人民把学习新宪法和六五计划同学习党的十二大文件结合起来，保证新宪法的实施和六五计划的落实，努力开创我市各项工作的新局面；同时，对各区、县分片传达第五届全国人大第五次会议精神作了具体安排。12月23日，本会第六次常委会议做出了《关于动员全市人民认真学习、遵守和执行新宪法的决议》。今年1月19日，本会办公厅又发出了《关于深入学习、宣传新宪法的通知》。目前，我市广大干部和群众学习新宪法正在逐步走向深入。

二、讨论、决定本市的重大事项

从市第九届人民代表大会第一次会议以来，本会共举行了八次常委会议，听取和审议了市人民政府、市中级人民法院、市人民检察院的工作汇报十九次。主要的有：副市长刘隆华关于《我市1982年一季度国民经济计划执行情况和当前提高经济效益的几项工作》的汇报，副市长王秀峰《关于提高基本建设投资效果问题的汇报》，副市长马力《关于我市工业管理体制改革情况的报告》，副市长廖桢华《关于我市1982年农业生产情况和到2000年农业发展规划初步设想的汇报》，副市长林琳关于《我市开展“全民文明礼貌月”活动的情况和今后意见》的报告，副市长姜法善关于《重庆市人民政府友好访问团赴法国图卢兹市进行友好访问的情况汇报》，市财政局局长戎占芳《关于重庆市1981年财政决算的报告》，市建委副主任、绿化委员会副主任高群《关于本市1982年城市维护费的安排和上半年执行情况的报告》和《关于开展春季义务植树运动情况的汇报》，市外事办公室副主任辛玉《关于重庆市与法国图卢兹市、美国西雅图市结为友好城市的情况汇报》，市人民检察院副检察长侯秉贤关于《认真贯彻两个“决定”，坚决打击经济罪犯》的汇报，市中级人民法院院长吕子明关于《坚决贯彻两个“决定”，依法从严从速处理经济犯罪案件》的汇报和副院长王华生关于《认真贯彻民事诉讼法，进一步加强民事审判工作，为社会主义现代化建设服务》的汇报，以及重庆市人民政府《关于我市1982年上半年国民经济计划执行情况和下半年需要着重抓好的几项工作》的报告、重庆市人口普查领导小组《关于我市人口普查登记工作情况的报告》、重庆市人民政府《关于市第九届人大一次会议提案办理情况报告》等。常委会议对这些报告进行了认真审议，提出了意见和建议，并做出了12项决议和4项决定。如《关于深入持久开展文明礼貌活动的决议》《关于发展我市工业生产，提高经济效益的决议》《关于提高城市基本建设效益的决议》《关于我市与法国图卢兹市、美国西雅图市结为友好城市的决议》《关于批准重庆市1981年财政决算的决议》《关于认真执行〈中华人民共和国民事诉讼法（试行）〉进一步加强民事审判工作的决议》《关于坚决打击经济领域中严重犯罪活动的决议》等。在审议这些重大事项中，基本上做到了事前有调查研究，会上充分发扬民主，在集中正确意见的基础上，做出切合实际的决议、决定，对我市两个文明的建设起到了促进作用。

一年来，本会还依法任免了本市地方国家机关工作人员159人次。对提请任命中的个别情况不清的或不符合任命要求的人员，经过认真调查和慎重研究，决定不予任命或暂缓任命。

三、以经济建设为中心，视察和检查政府工作

本会组织市人大代表和专家会同区、县人大常委会及有关部门，对我市提高工业生产经济效益、基本建设工作、落实农业生产责任制、发展多种经营、制止乱砍滥伐林木、文明礼貌活动、环境卫生和食品卫生、落实知识分子政策、优抚工作、计划生育和工业、商业、文化系统有关改革的问题等，进行了12次视察和检查，行使了监督权，了解了不少情况，发现和解决了一些问题，对政府工作有所推动。

在打击经济领域的严重犯罪活动的斗争中，本会去年对处理赵贵濂等贪污受贿案，起到了监督和促进作用。

去年7月，本会视察了重庆钢铁公司、重庆钟表工业公司、重庆无线电三厂，对经济效益、企业整顿、经济责任制等问题进行了调查和分析，提出了具体的意见和建议。

本会于去年10月视察了基本建设工作，重点检查了会仙楼、五一路市房建设、嘉陵江索道、两路口人行立交道工程等9个建设项目，对某些项目存在的工期长、质量差、造价高、浪费大的问题，分析了原因，总结了经验教训。目前，我市基本建设系统在按照基建程序办事、坚持质量第一、改善队伍结构等方面已有了一些进展。

关于落实知识分子政策问题，本会经过调查研究，向市委反映了长期未能解决的1963年清理教师队伍的遗留问题，并提出了建议，使党的政策在360多名中、小学教师身上得到了落实。去年11月至今年2月，本会又组成知识分子政策落实情况调查研究小组，着重对工业、农业、科研单位贯彻落实知识分子政策的情况，特别是中年知识分子工作、学习、生活条件等方面存在的问题，进行了一次视察。本会第七次常委会议对这次视察的情况进行了讨论。目前，正进一步整理材料，准备向市委做出书面报告。

去年还检查了执行本会通过的有关城市建设和管理的规定、办法，对有的单位无理拒不搬迁，影响道路施工；有的区，领导干部支持搞违章建筑，有的市级机关修建房屋影响城市绿化等问题，督促政府做了妥善处理。同时，发现某市级机关采取不收设计费的手段，索取建设单位的住房；某区级机关利用职权搞特殊化，使不到录取分数线的几个干部子女进了重点中学，对这些不正之风，本会会同有关部门及时进行了制止和纠正。

四、督促提案办理，做好信访工作

在市第九届人大第一次会议上，市人大代表对我市各方面的工作，提出了许多建设性意见和建议，经提案审查委员会审定正式立案的有681件。其中，交由市人民政府办理的668件，交由其他部门办理的10件，由本会办理的3件。到今年2月底止，已全部办理完毕。从总的情况看，代表提案办理的进度比较快，质量也比较好，并解决了一些“老大难”问题。如495号提案，提出统筹安排城市道路、管线和市房建设，避免城市建设浪费大的问题。市建委认真做了研究，并由市人民政府召开了供水、供电、电讯、天然气、下水等五大管线建设工作座谈会，会上提出了“把管线建设纳入城市建设总体规划，严格按基建程序办事，与市房建设、城市道路维修改造同步进行”的意见，已经市人民政府批准执行，从而有助于解决这个长期未能解决的、群众反映强烈的问题。

为了督促提案的办理，本会两次听取和审议了市人民政府关于市九届人大一次会议提案办理情况的报告。本会办公厅采取多种方式，督促、检查了办理提案的情况，编印了《重庆市第九届人民代

表大会第一次会议提案办理情况报告》共五辑，分送市人大代表。由本会直接办理的三件提案，经第三次常委会议讨论，已做出了《关于三件提案办理情况的决定》，并已在《会刊》上登载。

截至去年12月底，收到人民代表来信249件。接待人民代表来访9人次，本会已直接处61件(次)，转有关部门197件，现已报告结果的143件，占转办总数的72.6%。接待群众来访279人次，处理群众来信1205件。通过信访工作，密切了同人民群众的联系，维护了国家、集体和个人的合法权益。

五、加强同本市各区、县人大常委会的联系，开展同兄弟城市人大常委会交流工作经验的活动

本市各区、县人大常委会对本会的工作给予了大力支持。上述工作中，有很多是区、县人大常委会同本会一起做的。

本会召开的每次常委会议，都坚持邀请区、县人大常委会负责同志列席。本会积极协助区、县人大常委会向上级反映工作中的困难和要求，依法帮助有的区、县人大常委会改变了不适当的决议和决定。去年10月，本会邀请各区、县人大常委会的负责同志举行了区、县人大常委会工作座谈会，研究了地方人大常委会的工作，并有10个区、县人大常委会介绍了经验，使大家进一步提高了对地方人大常委会性质、地位、职权和作用的认识。会后，市委转发了《市人大常委会党组关于〈重庆市各区、县人大常委会工作座谈会纪要〉》；市财政局为解决区、县人大常委会的事业费专门发了文件。今年1月，本会办公厅还召开了近郊各区人大法制科工作座谈会，研究了地方人大如何开展法制工作的有关问题。

去年3月至今年3月，本会共接待外地省、市、州、县、市辖区人大常委会代表团、组53批。本会也派出两个学习组，到12个兄弟城市人大常委会学习了工作经验。此外，本会还接待和参与接待了日本广岛市议会日中友好议员联盟访华团、美国华盛顿州政府代表团、美国西雅图——重庆友谊城市协会访华团，以及美国旧金山市侨领、外籍华人等五批来访。

六、加强市人大常委会的建设

在常委会议上，先后专题讨论了本会思想建设、组织建设等方面的重大问题。第三次常委会议做出了《关于本会组成人员分工和办事机构设置的决定》；第五次常委会议做出了《关于学习党的十二大文件的决定》；第七次常委会议做出了《关于开创市人大常委会工作新局面的决议》。

党的十二大召开以后，本会全体委员于9月25日至26日，集中学习了党的十二大文件，深入领会十二大确定的指导思想和一系列方针、政策，联系思想和工作实际，讨论了贯彻执行十二大精神的各项措施和办法。宪法修改草案公布后，全体委员投入了全民讨论的活动，带头学习、宣传和提出修改意见。第五届全国人大第五次会议召开以后，本会又组织全体委员学习、讨论了新宪法、六五计划和修正后重新公布的《地方组织法》，进一步明确了地方人大常委会的任务、职权和工作要求。此后，本会组织全体委员和机关干部反复讨论了市人大常委会如何做改革的促进派，如何开创工作的新局面，提出了七条措施。大家决心在工作实践中，努力学习，积极探索，研究新情况，总结新经验，创立新章法，逐步把本会建设成为新时期的人民权力机关。

为了适应市人大代表、市人大常委会委员和机关干部学法、执法的需要，由本会办公厅编印了《法规选编》第一辑。

各位代表：一年来，本会虽然做了一些工作，取得了一定成绩，但从宪法、地方组织法的规定和形势发展的要求来看，本会工作还有许多不足之处，主要是有的工作没有一抓到底，代表联系工作开展得不够，法定的职权还没有全部行使。对这些问题，应认真总结经验，切实加以改进。

1983年，是贯彻党的十二大精神、全面开创社会主义现代化建设新局面的头一年，又是贯彻执行

新宪法、为国家长治久安而奋斗的头一年。特别是中央和省已决定在我市进行经济体制综合改革试点，今年又是改革年。我们要振奋精神，解放思想，勇于改革，努力创新，开创市人大工作的新局面，为我市经济体制的综合改革和经济建设的全面发展做出应有的贡献。首先，要按照建设高度的社会主义民主的要求，充分认识地方人大常委会对于改革国家政治体制，加强地方政权建设，健全社会主义民主与法制的意义和作用，从而不断改进市人大的工作，更好地发挥权力机关的作用。第二，要调整充实市人大常委会的组成人员，实行新老合作与交替，并改革办事机构，补充一批得力的中青年干部，以适应开创本会工作新局面的需要。第三，要坚持依法办事，本着"既不失职，又不越权"的原则，全面地行使宪法和法律赋予本会的职权，在本行政区域内，保证党的方针、政策，国家的宪法、法律，上级人民代表大会和常务委员会决议的遵守和执行。第四，要进一步建立和健全各项规章制度，尤其要落实岗位责任制，明确划分各级干部的职、权、责，调动大家的积极性，保证顺利开展工作，提高工作效率。第五，要认真开好人大常委会议，以经济体制综合改革和经济建设为重点，从本行政区域的实际出发，确定每次常委会议的中心议题和其他议题。会前要围绕议题组织视察和调查研究；会上要以宪法和法律为依据，充分发扬民主，提出中肯的意见和建议，做出切实可行的决议，并在会后监督政府、法院、和检察院执行。第六，要从地方人大常委会的特点出发，不断改进工作方法、工作作风，特别要在调查研究上下苦功夫。总之，要采取各种有效措施，争取在新的一年里，使本会工作有新的进展，出现新气象，新成就，做出新贡献。

以上报告，请大会审议。

重庆市第九届人民代表大会第二次会议选举四川省第六届人民代表大会代表选举办法（草案）

（1983年3月24日主席团第二次会议通过）

（一）根据《中华人民共和国地方各级人民代表大会和地方各级人民政府组织法》《中华人民共和国全国人民代表大会和地方各级人民代表大会选举法》，制定本选举办法。

（二）选举省第六届人民代表大会代表，采取候选人多于应选人的差额选举办法。省分配给重庆市选举省第六届人民代表大会代表名额为157名。这次向大会提出代表候选人为195名。应选举产生157名省第六届人民代表大会代表。

（三）大会选举以无记名投票方式进行。候选人按姓氏笔画为序排列。选举人对于代表候选人可以投赞成票，可以投反对票，可以另选其他任何选民，也可以弃权。赞成的，在候选人姓名上面方格内画"○"；反对的，在候选人姓名上面方格内画"×"；弃权的不画任何符号；如另选他人，应在画"×"的候选人下面长方形空格内写上另选人的姓名。填写选票一律用钢笔，符号要准确，字迹要清楚。字迹和符号难以辨认的部分作废。填写选票有困难的代表，可以委托自己信任的代表填写。

（四）每张选票，选举人投赞成票的人数等于或少于应选代表名额157名的为有效票；超过应选代表名额的为废票。

（五）经过大会选举，代表候选人获得全体代表过半数赞成票的始得当选。获得过半数选票的代表候选人名额超过应选代表名额时，以得票多的当选。如遇票数相等不能确定当选人时，应当就票数相等的候选人重新投票。如获得过半数选票的当选代表名额少于应选代表名额时，不足的名额应当在没有当选的代表候选人中另行选举，以得票多的当选，但是得票数不得少于选票的1/3。

(六)选举工作由大会主席团主持。设总监票员2名,监票员11名,对发票、投票、计票进行监督。总监票员、监票员由主席团在到会代表中提名,交各代表小组讨论,大会通过。设总计票员2名,计票员23名,负责计票工作。总计票员、计票员由大会秘书长提名,主席团确定。

(七)大会会场设票箱5个。代表按座区分别到指定的票箱投票。投票时,总监票员、监票员按指定的票箱先投票,然后其他代表依次投票。

(八)投票结束后,当众打开票箱,由计票员清点票数。清点结果,由总计票员报告大会主席团执行主席。票数等于或少于投票人数,选举有效;票数多于投票人数,选举无效,应重新选举。

(九)计票完毕,总计票员立即向大会主席团报告,由大会执行主席向全体代表宣布选举结果。

重庆市人大常委会关于选举四川省第六届人民代表大会代表的情况和选举结果给四川省人大常委会的报告

(1983年3月31日)①

省人大常委会:

重庆市第九届人民代表大会第二次会议,在市委的直接领导下,于3月21日开幕,历时七天,已于3月27日胜利闭幕。大会应到代表705名,实到代表626名。这次会议的重要议程之一是选举省人大代表。现将选举的情况和选举结果报告如下:

省委下达我市选举产生省第六届人大代表139名,加上省级机关有18名代表要在重庆选举产生,重庆市应选举产生人大代表总人数为157名。根据省委要求,市人大党组会同市委组织部、统战部一起作了认真研究,按照中央关于统筹兼顾,全面安排的方针和照顾到各个方面的广泛性、代表性,一般不交叉的精神,以及省委关于农村15.6万人产生1名代表,城市3.1万人产生1名代表的分配原则,结合我市的实际情况和工作需要,提出了我市选举产生省第六届人大代表名额分配方案,并请示报告了市委。去年12月22日,市委批转了市人大党组、市委组织部、市委统战部《关于重庆市出席省第六届人大代表名额分配的请示报告》。市委要求各级党委认真贯彻执行,并注意代表质量,对代表的政治思想状况,特别是"文化大革命"中几个关键时期的表现和党的十一届三中全会以来的表现,在经济领域内和其他方面有无严重违法乱纪等情况,要认真进行考察,"五种人"不能列为代表候选人。分配给各区、县的名额,委托各区、县人大常委会提出推荐名单;分配给市级各单位的名额,委托各大口提出推荐名单;分配给各民主党派的名额,由民主党派提出推荐名单。然后,由市人大党组、市委组织部、市委统战部进行综合平衡。市委于3月22日召开了协商会,同各民主党派无党派知名人士进行了协商,取得一致意见,于3月24日向大会主席团提出四川省第六届人民代表大会代表候选人建议名单195名,比应选代表多38名,差额为24.2%。在195名代表候选人建议名单中,工农及其他劳动者74名,占37.95%;干部40名,占20.51%;知识分子代表57名(非党员25名),占29.23%;民主党派和无党派知名人士24名,占12.31%。代表候选人建议名单中,非中共党员84名,占43.07%;少数民族4名,占

① 本文标题系编者重新拟定。

2.05%；妇女47名，占24.1%。大会主席团讨论认为，195名代表候选人，体现了党的统战政策和党的知识分子政策，照顾了各个方面，具有广泛性，代表性。一致同意这个建议名单，并由大会主席团提交与会代表进行了充分酝酿讨论，然后作为代表候选人正式名单交付大会采用无记名投票方式进行了选举。

3月27日，大会选举产生了省第六届人大代表157名。省级机关18名代表候选人和各民主党派、无党派知名人士24名代表候选人没有一人落选，其他方面的代表候选人都有落选的。当选的157名代表中，工人30名，占19.11%；农民15名，占9.55%；其他劳动者5名，占3.18%；干部37名，占23.57%；知识分子46名，占29.3%；民主党派和无党派知名人士24名，占15.29%；归侨3名，占1.91%。共产党员86名，占54.79%；民主党派17名，占10.82%；非党群众54名，占34.4%。少数民族4名，占2.55%；妇女43名，占27.39%；先进模范人物71名，占45.22%。新当选的115名，占73.25%；继任的42名，占26.75%。当选代表中，各方面的比例，基本上符合中央和省委的要求。（当选名册附后）

特此报告。

重庆市人大常委会

1983年3月31日

重庆市第九届人民代表大会常务委员会工作报告

（1983年9月）[①]

重庆市人大常委会副主任　杜国茂

各位代表：

我受重庆市第九届人民代表大会常务委员会的委托，向重庆市第十届人民代表大会第一次会议报告工作。

市九届人大常委会是1982年2月由市九届人民代表大会第一次会议选举产生的。本届常委会成立以来，遵循党的十一届三中全会和十二大确定的路线、方针、政策，履行《中华人民共和国宪法》和《中华人民共和国地方各级人民代表大会和地方各级人民政府组织法》赋予的职权，在中共重庆市委的领导下，坚持党的四项基本原则，贯彻全国、四川省和重庆市人民代表大会的各项决议，发挥了地方国家权力机关的作用。在一年半的时间里，召开了常委会议11次，听取和审议了市人民政府、市中级人民法院、市人民检察院工作报告22次，做出了13项决议和6项决定，进行了18次视察和检查，任免了国家机关工作人员213名，对于发展社会主义民主，健全社会主义法制，促进我市社会主义现代化建设和经济体制综合改革，发挥了积极作用。关于前一年的工作，已向市九届人民代表大会第二次会议作过报告。现在仅就1983年3月市人民代表大会第二次会议闭幕以来的工作报告如下：

一、传达、贯彻全国和省人大六届一次会议精神

在本行政区域内，保证上级人民代表大会的决议的遵守和执行，是地方各级人民代表大会及其常务委员会的职权。因此，上级人民代表大会召开以后，本会都及时组织了传达、贯彻。

今年4月，四川省第六届人民代表大会第一次

① 此报告系于1983年9月召开的重庆市第十届人民代表大会第一次会议上报告。

会议召开了。重庆市有229名代表出席了会议。5月上旬，本会举行第二十次主任会议，请省六届人大一次会议重庆市代表团副团长张文澄同志对省六届人大一次会议精神作了传达，并讨论通过了市人大常委会《关于学习、传达、贯彻省六届人大一次会议精神的通知》。会后，将《省六届人民代表大会一次会议传达提纲》和省六届人大会议《关于在全省范围内深入开展学习、宣传、贯彻宪法活动的决议》印发市人民代表各小组，由市人民代表小组召开会议进行传达、讨论。通过传达，宣传了省六届人大一次会议精神。对于全市人民团结一致，立志改革，加快社会主义的物质文明和精神文明建设，全面开创社会主义现代化建设新局面，是一次很好的动员、鼓舞和教育。

今年6月，召开了具有重大历史意义的第六届全国人民代表大会第一次会议。重庆市有38名全国人大代表出席了会议。6月21日，六届全国人大一次会议胜利闭幕。6月30日上午，本会在市人民大礼堂举行了传达第六届全国人民代表大会第一次会议精神的大会，请全国人大代表、重庆市第一师范学校附属小学特级教师江筱芳作传达报告，市委、市人大、市政府、市政协和驻渝部队的负责同志，市级各部、委、办、局和各区、县的负责同志，市级机关、市中区机关和企事业单位的干部、职工，共4000多人参加了大会。传达大会以后，从7月1日至15日，又组织本市出席六届全国人大一次会议的代表分赴各区、县向全市广大群众分片传达了六届全国人大一次会议精神。本会办公厅发出了《关于组织市人民代表认真学习、贯彻第六届全国人大第一次会议精神的通知》，并将六届全国人大一次会议的主要文件、人民日报有关社论等编入《会刊》，发给市人民代表。在市委的统一部署下，全市各单位都安排了二至四天的时间，组织广大干部、群众学习、讨论李先念主席、彭真委员长的重要讲话〈中略〉。通过传达、学习，全市人民看到了我国的国家领导人已经顺利地实现了新老交替与合作，为各项社会主义事业的健康发展进一步提供了可靠的组织保证；看到了我国前五年的巨大成就和深刻变化；明确了我国今后五年的主要任务；受到了深刻的教育和巨大的鼓舞，进一步激发了搞好我市经济体制综合改革和社会主义现代化建设的革命热情。

二、宣传、贯彻宪法和法律

县以上地方各级人民代表大会及其常委会，具有在本行政区域内，保证宪法和法律的遵守和执行的职权。因此，本会将宣传、贯彻宪法和法律当成一项经常的、重要的工作来抓。

1. 委托各区、县人大常委会，组织市人民代表各小组，同区、县人民代表一道，专题视察贯彻执行新宪法中关于“公民的基本权利和义务”各项规定的情况(永川等八县组织了县人民代表进行视察)。从6月1日起，到7月初，视察工作已告一段落。视察中，市、区、县人民代表肯定了被视察单位学习、贯彻新宪法的成绩，对发现的违宪、违法问题，向有关部门作了反映，并对如何纠正的问题提出了意见和建议。

2. 根据省、市委的部署，从6月20日至7月底，全市城乡开展了以宣传新宪法为主要内容的法制宣传活动。为了推进这项活动普遍、深入地开展，对全市人民、重点是各级干部和青少年进行一次社会主义民主与法制的教育，本会在重庆人民广播电台举办了《法制宣传讲座》十讲。本会副主任周怀瑾发表了广播讲话，本会办公厅的同志写了九篇讲稿，重庆人民广播电台已于7月12日至20日播出。同时，本会还派出专职委员和工作人员，参加了市委统一组织的法制宣传活动检查。

3.6月13日至18日，本会组织市人民代表，会同长寿县、南岸区人大常委会和有关部门的负责同志，先后视察了长寿菩提山劳改大队、省二监狱、西山坪劳教管理所等单位，贯彻执行全国人大常委会《关于处理逃跑或重新犯罪的劳改犯和劳教人员的决定》的情况，听取了汇报，召开了干部座谈会。视察中，本会副主任孙毓亭、委员刘文泉和市人民代表肯定了这几个单位工作取得的成绩，对于存在的问题提出了意见和建议，并整理成《情况反映》送有关领导机关和市级政法各部门。

4. 中华人民共和国食品卫生法颁布以后，本会组织部分委员和市人民代表，会同有关部门的负责同志，于6月中旬视察了我市贯彻食品卫生法的准备工作情况。7月25日，本会副主任尹楠如、委员毛春阳、李永明和部分市人民代表，听取了市爱卫会、卫生局、二商局、防疫站汇报从7月1日起在我市正式贯彻食品卫生法的进展情况，以及市的有关部门联合检查食品生产、经营单位的执法情况。本会办公厅已将有关情况、问题、意见和建议转达有关部门。

5. 为了更好地履行宪法和地方组织法赋予县以上地方人大常委会的职权，本会于5月间，先后分别召开了12县和9区人大常委会工作座谈会，各区、县人大负责人、办公室主任、法制科干部70多人参加了座谈。会上，市和区、县人大一道总结了工作经验，着重探讨了如何对同级政府、法院、检察院正确行使监督权的问题。会后，本会整理了会议《纪要》，报请市委批转有关部门和单位，以期对县以上地方人大常委会的工作有所推动，改进和加强对同级政府、法院、检察院的监督工作。

三、筹备召开市第十届人大第一次会议

按照宪法和地方组织法的规定，我市第九届人民代表大会应于1987年2月届满。但是，由于中央和省决定在我市进行经济体制综合改革的试点，永川地区合并于重庆市，我市人口成倍增加，行政区域扩大，原来的行政机构和人事安排都有了很大变动。为了有利于改革工作的顺利进行，市九届人民代表大会提前换届势在必行。因此，本会于今年2月即向省人大常委会提出了市人代会任期问题，请给予指示。省人大又向全国人大作了反映。5月，五届全国人大常委会第二十七次会议做出了《关于地区和市合并后市人民代表大会提前换届问题的决定》。7月12日，四川省第六届人大常委会第二次会议通过了《关于重庆、成都、自贡市人民代表大会提前换届的决定》。根据全国和省人大常委会的决定，本会第十次会议做出了《关于重庆市人民代表大会提前换届的决定》。在上级人大决定我市人大提前换届之前，本会根据省人大常委会的意见，进行了有关换届的一些准备工作。在省人大常委会正式做出决定之后，我市人大换届的各项工作即全面展开。

1. 在市人大常委会的领导下，成立重庆市第十届人民代表大会第一次会议大会筹备处，由本会副主任周怀瑾负责。筹备处下设秘书、简报、会务、组织、宣传、议案、保卫、接待8个组，开展筹备工作。现已转为市十届人大一次会议秘书处，执行大会交付的各项任务。

2. 5月30日，本会第二十一次主任会议讨论了选举重庆市第十届人民代表大会代表的有关事项。会后，会同有关部门向各区、县人大常委会部署了市十届人大代表的推荐、选举工作。8月20日，各区、县的选举工作业已完毕。

3. 本会第十次会议做出了《关于设立重庆市第九届人民代表大会常务委员会代表资格审查委员会的决定》，通过了代表资格审查委员会主任委员、副主任委员和委员名单。8月27日，代表资格审查委员会举行第一次会议，对市十届人大代表资格进行了审查。

4. 8月29日至30日，本会举行第十一次会议，听取和审议了周怀瑾同志《关于市十届人大一次会议筹备工作情况汇报》，讨论通过了《重庆市第九届人民代表大会常务委员会工作报告》，市十届人大一次会议主席团、秘书长、预算委员会、议案审查委员会建议名单，市十届人大一次会议议程和日程草案，关于议案的规定草案，关于市人大常委会设立若干工作委员会的决定草案；通过了代表资格审查委员会关于市十届人大代表资格的审查报告，确认各选举单位选出的892名重庆市第十届人民代表大会代表资格全部有效，并发表公告，公布了代表名单。会议还通过了市十届人大一次会议列席人员范围和名单。

四、督促提案办理，接待处理来信来访

市九届人大二次会议有人民代表提案398件，

其中应由本会直接办理的四件(已办理),应由市府及其所属部门办理的394件。为了督促市府及其所属部门抓紧办好这些提案,切实解决一些实际问题,为人民群众多办好事,本会第九、第十次会议两次听取和审议了市人民政府姜法善副市长关于办理市九届人大二次会议代表提案工作的报告,本会第九次会议做出了《关于改进提案办理工作的决议》。市府将城市民用燃料气化、城市供水、环境保护、文教卫生、城市公共交通、乡村公路和桥梁建设等6个方面群众反映强烈、要求迫切的重要提案列为重点,分专题由市府有关部门组成调查规划小组,副市长分工负责,进行调查研究,提出解决方案。对于其中有些应该解决又能够解决的问题,及时采取了措施。市府所属部门,根据市九届人大二次会议及市人大常委会第九次会议的决议,并按照市府《关于认真办理市九届人大二次会议提案的通知》,对于承办的提案进行了分析研究,落实了领导、经办人、完成时间,层层抓紧,把好质量关。特别是根据本会决议,将提案处理意见送请代表审查,如不同意,重新研究办理再复代表;有的还由领导同志或经办人将办好的提案送给代表,当面征求意见,代表们表示满意。9月初,市九届人大二次会议的提案已经办理和答复完毕。

市九届人大二次会议以来,本会共收到人民代表来信76封,人民群众来信1120六件,接待了群众来访215人次。对于这些来信、来访,本会分别各种不同情况,认真做了处理。人民代表来信已处理完毕。人民群众来信已处理908件,正在处理的218件。人民代表来信反映沙坪坝区中心片小学生升初中就近“入学难”的问题,本会副秘书长田伯萍等同志就此问题,会同沙坪坝区人大、市和区教育局的负责人,深入沙区的光明中学、市二十八中、跃进村小学、劳动路小学等校,了解情况,先后两次召开有沙区人大、区政府,市和区教育局,重庆大学、建工学院、重庆师院等单位负责人参加的座谈会,分析了“入学难”的原因,研究了解决办法,使这个问题正在逐步地得到解决。

此外,本会派出副秘书长冯克熙参加市人民政府友好访问团,访问了美国西雅图市。本会并听取了市人民政府副市长韦思琪关于《重庆市人民政府友好访问团为建立友好城市关系访问美国西雅图市的情况报告》。本会还参与接待了美国西雅图市《邮情报》主编杰克·陶蒂、加拿大籍华人刘敦仁来渝访问。

各位代表:一年多来,由于本会全体委员和市人民代表的共同努力,全市广大人民群众的积极支持,各区、县人大常委会的热情帮助,省人大常委会的及时指导,市九届人大常委会在中共重庆市委的领导下,工作有所前进,有所发展,取得了一定的成绩,积累了一些经验。但是,从宪法和地方组织法的要求来看,从我市社会主义现代化建设事业的发展对加强民主与法制建设的要求来看,本会工作还存在着较大的差距。从法律角度监督一府两院的工作不够有力,深入实际调查研究下的功夫还不够,有些工作实效较少,组织机构的设置同承担的任务不相适应,这些都是有待今后解决的。我们深信,新的一届市人大常委会,在中共重庆市委的领导下,遵循党的十二大精神,全面行使宪法和地方组织法赋予的职权,围绕物质文明和精神文明建设,抓大事,干实事,勇于改革,积极进取,一定能开创市人大常委会工作的新局面,为搞好我市经济体制综合改革,把我市建设成为长江上游的经济中心做出应有的贡献。

以上报告,请各位代表审议。

重庆市第十届人民代表大会第一次会议关于坚决贯彻全国六届人大常委会第二次会议严厉打击严重危害社会治安的犯罪分子的两个《决定》的决议(草案)

在本次会议期间,人民代表提出关于严厉打击严重刑事犯罪活动的议案,经大会议案审查委员会审查,大会主席团确定,代表大会讨论,特作如下决议:

会议认为,全国六届人大常委会第二次会议通过的《关于严惩严重危害社会治安的犯罪分子的决定》和《关于迅速审判严重危害社会治安的犯罪分子的程序的决定》是健全社会主义法制的重要决定,是动员广大干部和群众同刑事犯罪分子作斗争的锐利武器,为依法从重从快严厉打击严重刑事犯罪活动提供了法律依据。

会议要求,各级政法公安机关和广大干警,一定要充分认识打击严重刑事犯罪活动的必要性和紧迫性,认真学习这两个《决定》,掌握精神实质和适用范围,下定最大的决心,采取强有力的措施,对严重危害社会治安的犯罪分子,务必做到坚决镇压,除恶务尽。各级公、检、法、司机关要在党的统一领导下,分工合作,紧密配合,协同作战,发扬成绩,再接再厉,把斗争不断引向深入。打击严重危害社会治安的犯罪分子,必须充分发动群众,坚持依法办事,在宪法和法律规定的范围内进行,不论什么人,不论什么人的亲属,只要犯了法,就要"以事实为根据,以法律为准绳",依法惩处,真正发挥人民民主专政的"刀把子"作用。

会议号召,全市人民积极行动起来,坚决落实全国人大常委会的两个《决定》,把严惩严重危害社会治安的犯罪分子的斗争坚持进行下去,争取尽快实现我市社会治安的根本好转。

重庆市人民代表大会常务委员会工作报告

(1984年10月)①

重庆市人大常委会副主任　周怀瑾

各位代表:

我受市人大常委会的委托,向重庆市第十届人民代表大会第二次会议报告常委会的工作,请予审议。

去年9月换届以来,本会遵循宪法、地方组织法规定的任务和职权,边学习、边实践、边总结,不断探索人大工作的特点和规律,主要做了以下工作:

一、指导区县、乡镇两级人民代表大会完成换届选举

依法进行各级人民代表大会的选举,实行民主建政,是发展社会主义民主、健全社会主义法制、巩固和发展我国人民代表大会政治制度的一项重大措施。因此,指导区县、乡镇两级人民代表大会换届选举工作,是本会的一项重要任务。

去年11月,我市按照省委、省人大常委会的部署,成立了市选举工作领导小组各区、县选举委员会,下设选举办公室。本会两位负责同志分别担任市领导小组副组长和小组成员,并派出联络员参加了市选举办公室的经常工作。

11月下旬,市委、市人大召开各区县各有关部门负责人参加的选举工作会议,传达、学习了中共

① 本报告系于1984年10月召开的重庆市第十届人民代表大会第二次会议上报告。

中央、国务院《关于实行政社分开建立乡政权的通知》，讨论了全市选举工作的安排意见。紧接着，在本会第二次会议上，听取了关于省选举工作会议精神的传达和我市区县、乡镇两级选举工作安排意见的汇报，通过了《重庆市人民代表大会常务委员会关于区（县）、乡（镇）两级人民代表大会换届选举工作的决定》。今年1月，在本会第三次会议上，审议和通过了关于《各区县人民代表大会代表名额分配方案》的情况汇报。与此同时，各区县陆续开展选举工作，到今年6月中旬全面结束，前后历时7个月，完成了选举任务。

这次选举，由于市委和各级党委重视，加强领导，层层抓紧宣传发动工作，坚持依法办事、违法必究，及时发现和纠正个别单位由少数干部确定候选人名单或随意去掉选民依法提出的候选人等违法行为，并且，在工作方式上有所改进，收到了较好的效果。选民投票人数占选民总数的98.16%。选出区县人民代表大会代表6753名、乡镇人民代表50360人。分别召开了区县人民代表大会，选举产生了人大常委会组成人员，选举决定了正副区长、县长，选举了本级人民法院院长和人民检察院检察长。811个乡、41个镇召开了乡镇人民代表大会，选举了正副乡、镇长，成立了乡镇人民政府，初步改变了政企不分的状况，进一步加强了基层政权建设。本届当选的区县、乡镇人民代表和区县、乡镇领导班子，与上届比较，文化程度有较大提高，平均年龄显著下降，知识分子的比率和民主党派、无党派爱国人士的比率都有所增加，体现了改革的要求和大团结的精神。通过这次选举，使广大干部和群众受到了一次生动的民主与法制的教育，尤其是对干部进行了一次群众性的鉴别和考核，推动了干部思想作风的改进，同时使一批新干部的组织领导能力得到了锻炼。但是，在时间紧、任务重的情况下，有的地区工作比较粗糙，民主协商不够，领导班子的预选也还存在一些缺点，今后都应当认真研究改进。今年8月，在本会第六次会议上，审议和同意了市选举办公室《关于我市区县、乡镇两级人民代表大会换届选举工作的总结报告》。

此外，本会依法补选了一名省六届人大代表，有关区、县人大常委会依法补选了两名市十届人大代表。

二、传达贯彻全国人大和省人大六届二次会议精神，贯彻执行市人大十届一次会议决议

全国人大六届二次会议闭幕之后，本会于6月12日上午在人民大礼堂举行报告会，有干部、群众3000多人参加了大会。会上，全国人大代表荀文彬同志作了传达全国人大六届二次会议精神的报告；市人大常委会主任张文澄同志就我市如何贯彻会议精神的问题，作了布置。会后，各区、县人大常委会先后召开了大会，由我市38位全国人大代表分片作传达报告。参加各区、县传达大会的干部、群众共达19350人。全市总计有2.2万多人直接听了全国人大代表的传达报告。还有许多单位召开了职工大会，听了市的传达大会录音。各单位还普遍组织职工学习〈……〉《政府工作报告》，联系本地区、本单位的实际，展开讨论，对于加快经济体制改革和对外开放提出了许多有益的意见和建议。

对于省人大六届二次会议，以及省人大常委会每次例会的精神，本会都分别安排在常委会会议上进行了传达，并通过市人民代表和各区县人大常委会带到各项实际工作中去贯彻执行。

人民代表大会闭会期间，常委会负有督促政府、两院贯彻大会决议，处理好代表的建议、批评、意见的职责。这是保证人民行使当家做主的民主权利，发挥代表大会和人民代表作用的一项重要工作。

市人民代表大会十届一次会议通过了《关于坚决贯彻全国六届人大常委会第二次会议严厉打击严重危害社会治安的犯罪分子的两个〈决定〉的决议》和《关于加强中小学教育，增加智力投资，提高教育质量的决议》。今年1月，在本会第三次会议上，听取了市府、市检察院、市法院等关于贯彻这两个决议的情况的汇报，并先后组织部分委员、人民代表，前往部分区县、基层单位和有关部门进行了

视察。从当前的情况来看，执行这两个决议取得了显著成效。在加强中小学教育，增加智力投资，提高教育质量方面，市政府采取了一系列措施：大批小学和初中分别摘掉初中或高中“帽子”，充实加强了小学，整顿了初中，调整了高中，恢复了乡中心小学，加强了一批重点中小学；同时，迈开了改革中等教育结构、发展职业技术教育的步伐；各级学校的教育质量都有不同程度的提高；工农成人教育有了较大的发展；随着知识分子政策的进一步落实，中小学教师的社会地位有了显著提高；通过多种渠道增加了普教经费，办学条件逐步得到改善。在严厉打击严重危害社会治安的犯罪分子方面，政法部门坚决贯彻依法“从重从快”的方针，广泛发动群众，一年来开展三次大的行动，对严重危害社会治安的犯罪分子给予了沉重的打击，使我市社会治安有了明显好转。目前，正在进一步深挖隐藏较深的严重刑事犯罪分子，打击流窜犯和在逃犯，实行综合治理，教育挽救有轻微违法犯罪活动的青少年。争取早日实现我市社会治安的根本好转。

在市人大十届一次会议期间，人民代表提出了建议、批评、意见共计635件，其中，有24件已由本会、两院和有关单位处理答复完毕，另有621件交由市政府及其所属部门处理。会后，本会进行了检查监督，并在今年8月举行的常委会第六次会议上，听取和审议了市府《关于市第十届人大第一次会议代表建议、批评和意见处理情况的汇报》。对于这项工作，市府及其所属部门是认真负责的。一部分建议、批评、意见已经办理落实，另一部分纳入有关部门和地区的工作计划逐步落实，还有一部分难度较大的要积极创造条件争取早日得到解决，极少数难以办到的已做出解释。从总的情况来看，收效较好，为群众办了一些好事。但是，也有某些处理不及时或不细致的，应当认真改进。

一年来，本会共收到市人民代表来信252封，通过代表组长联席会议收集到一些对政府、两院工作的建议、批评和意见；还收到人民群众来信1996封，接待群众来访287人次。对这些建议、批评、意见和来信、来访，分别不同情况作了处理。例如，重庆铁路一位工人，1970年以反革命罪判刑10年，刑满出狱后，本人对判决不服，多次向有关部门申诉，未获解决。本会收到他的申诉信后，认真进行了分析研究，责成市法院复查处理此案。今年4月市法院报告复查结果，已改判宣告无罪。在代表联络和信访工作方面的主要问题是人手不足，联系和发展人民代表作用的工作做得不够，处理来信来访转办后缺乏经常检查，很需要加以改进。

三、努力加强社会主义法制建设

加强社会主义法制，对于保障人民民主权利，巩固和发展安定团结的政治局面，支持和保证两个文明建设、城乡经济体制改革的顺利进行，具有十分重大的意义，是地方人大常委会的重要职责。

一年来，本会先后组织了部分委员、人民代表和有关专家、专业工作者，认真讨论了全国人大常委会制定的《中华人民共和国国营工厂企业法》《中华人民共和国继承法》《中华人民共和国华侨投资优惠条例》《中华人民共和国军事设施保护法》《中华人民共和国保密法》《中华人民共和国会计法》《中华人民共和国药品管理法》《中华人民共和国森林法》等项法律草案，以及省人大常委会制订的《保护妇女儿童合法权益的若干规定》草案，提出了若干补充、修改意见，分别向全国人大常委会或省人大常委会写出了书面报告。组织上述法律草案的讨论，是发扬社会主义民主，发动人民群众参与国家立法工作和管理国家大事的重要工作，今后要继续抓好。

为了保证宪法、法律在本行政区域内的实施，本会先后组织了部分委员、人民代表、专业工作者，以及一些部门的负责同志，前往有关部门、部分区县和基层单位进行专题视察。针对去年检查学习宣传、贯彻执行宪法过程中发现的一些地区和单位若干违宪、违法现象，今年1月，又进行了一次检查，督促有关部门作了纠正，对有关人员分别给予批评教育或依法惩处，维护了宪法和法律的尊严和权威。〈……〉。今年以来，还先后检查了贯彻执行全国人大常委会关于严厉打击严重刑事犯罪活动的两个《决定》的情况，贯彻执行《中华人民共和国经济合同法》《中华人民共和国食品卫生法》以及《城市幼儿园工作条例》的情况。通过对贯彻上述法律和行政法规的检查，肯定了有关部门和单位在执法方面的成绩和经验，发现了存在的问题，提出了改进意见，增强了广大干部的法制观念和依法办事的自觉性。

为了加强法制教育，本会推动与支持各有关部门开展了多种形式的法制宣传活动。今年3月，还在市人民广播电台主持了“保护妇女儿童合法权益”的专题讲座，在这一方面进行了一次比较系统的法制宣传教育。

但是，在法制建设方面，还存在不少问题。清理法规的工作刚刚开始，拟订地方性法规草案的工作尚未进行，法律监督、法制宣传还抓得不力，今后要采取措施有计划地抓起来。

四、听取、审议政府和两院的工作报告，讨论决定重大事项

讨论决定本行政区域的政治、经济、文化、教育、卫生、民政、民族工作的重大事项，是县以上地方人大常委会的重要职权，是常委会会议的主要内容。在改革之年，新情况、新问题层出不穷，需要常委会认真审议的问题很多，行使好这项职权更具有重要意义。

一年来，本会举行了7次会议，听取了政府及其所属部门、法院和检察院的工作报告19次，做出决议、决定3项，围绕会议议题对工农业生产、社会治安、中小学教育、卫生防疫等方面进行了8次规模较大的视察活动。

今年1月，中共中央发出了一号文件。2月下旬，本会组织部分委员、人民代表和机关工作人员，分赴合川、巴县、沙坪坝区视察贯彻情况，写出了书面报告。3月，在本会第四次会议上，听取了市府关于我市《认真贯彻中央一号文件，大力发展商品生产》的报告，进行了认真的审议，做出了《关于大力支持农村专业户，发展商品生产的决议》。继后，本会又组织部分委员、人民代表和机关工作人员，前往江津、永川、荣昌、大足、铜梁、合川等县，检查贯彻执行《决议》的情况，撰写了《关于农村专业户在发展商品生产中存在的几个问题》《部分市人民代表对发展乡镇企业和财政改革等问题的建议和意见》《铜梁县当前农村合同纠纷和损害专业户利益的情况》等《情况反映》，并向各区县转发了《大足县人民政府关于保护农村专业户合法权益的通告》。同时，在处理群众来信来访中，也注意了保护农村专业户，督促有关部门解决一些实际问题，如督促有关部门为专业户王枝林索回了被人骗走的一万余元资金。为此，他赠送锦旗，称赞本会是“保护农村专业户合法权益的好人大”。

在思想战线上抵制精神污染，加强社会主义精神文明建设，是关系我国现代化建设事业的发展方向、培养造就一代又一代革命事业接班人的大事。在本会第三次会议上，听取和审议了市教育局、文化局、广播电视局、公安局关于加强社会主义精神文明建设、争取社会风气根本好转的情况汇报。会议强调指出：各个方面、各行各业，都要十分重视加强社会主义精神文明的建设，对于思想战线上的精神污染，要具体地、审慎地进行分析，用宪法和四项基本原则来衡量，确属精神污染的东西要坚决加以抵制，通过坚持不懈的努力，争取社会风气的根本好转。

审议政府、两院的工作报告，必须事前进行调查研究，掌握尽可能多的第一手材料，才能够取得发言权，并正确行使决定权。为此，必须改进视察工作。今年6月中旬至7月初，为了给本会第六次会议审议市府《关于重庆市经济体制综合改革试点情况和进一步落实企业内部经济责任制意见的汇报》作准备，组织部分委员、人民代表和机关工作人员，先后视察了两个区、县，15个工、农、商、基建、交通企业；走访了集体经营的小厂和个体户，邀请了市级9个综合部门的同志就有关问题进行了座谈，写出了《关于我市部分企业进行经济体制改革，建立经济责任制情况的视察报告》，为会议提供了参考材料。

但是，视察毕竟不能代替调查研究。要深入了

解情况，认真解决问题，还需要在调查研究方面下功夫。基于这种认识，本会开始注意了加强调查研究工作。如今年4至6月，在短短三个月的时间内，南岸弹子石地区连续三次发生下水道强烈爆炸，造成巨大经济损失，危害了群众生命财产的安全，反映强烈。本会组织委员和机关工作人员，前往现场调查情况，听取有关部门的汇报，并到有关单位查阅我市从1956年以来九次下水道发生爆炸、三次下水道水毁事件的资料，分析了下水道产生爆炸和水毁事件的原因，整理出《情况反映》送市委、市府及其有关部门，引起了各方面的重视，有关部门已采取措施，防止类似事件继续发生。

此外，本会换届以来，依法任免了市级国家机关工作人员173人，批准任命了各区县人民检察院检察长21人。在任免工作中，本会认真宣传了党管干部的原则和依法任免国家机关工作人员的统一性，促请有关部门重视这一方面存在的问题，为今后在任免工作上严格依法办事打下了思想基础。

五、加强本会自身建设，提高人大工作水平

市人大常委会建立四年多了，尚处在幼年时期。要担负起宪法、地方组织法规定的任务，全面行使职权，充分发挥地方国家权力机关的作用，至关重要的是加强自身的思想建设和组织建设。

今年1月，集中四天时间，举行了业务学习会，驻会领导同志和机关干部一道，学法律、谈思想、找差距，畅所欲言，各抒己见，进一步明确了地方人大常委会性质、地位、任务和作用。从今年3月起，本会机关开始整党，在整党中又着重探讨了端正业务指导思想，使人大工作自觉地服从于、服务于党的总路线、总目标的问题。4月，中央发出了关于加强人大工作与建设的重要文件。9月，市委召开了人大工作会议，提出了贯彻执行中央文件的措施，教育全体党员，特别是各级领导干部，要支持人大常委会依法行使职权，在实际工作中坚持依法办事。本会全体组成人员和机关干部认真进行学习，从中受到了巨大的鼓舞和深刻的教育，认识到：当前，我们正处在要从依靠政策办事，逐步过渡到不仅依靠政策，还要建立健全法制，依法办事的大转变过程，必须提高信心，振奋精神，勇于开拓，积极进取，认真搞好人大常委会的工作与建设，促进这个大转变，为建设有中国特色的社会主义政治制度添砖加瓦。

在组织建设方面，一年来，本会组建了法制、财经、农业、教科文卫、城乡建设5个工作委员会，各工作委员会下设办公室；办公厅增设了人事处、行政处和调研室。同时，调进了一些干部，使机关干部的年龄结构、文化结构有所改善。

在联系区、县人大常委会方面，通过邀请各区、县人大负责同志列席常委会会议和走访等方式，交流信息经验，加强了相互的了解合作。最近，市委批转了本会党组《关于我市各区、县人大常委会办事机构、人员编制的请示报告》，为解决各区、县人大常委会办事机构和人员编制问题创造了条件。

各位代表：一年来，本会依法行使职权，对于加强我市社会主义民主与法制的建设，促进经济体制综合改革和两个文明建设，发挥了积极作用，取得了一定的成绩。这是在中共重庆市委领导下，本会组成人员、市人民代表、市人大机关工作人员共同努力的结果，是同省人大常委会的指导和各区、县人大常委会的支持分不开的。但是，同宪法、地方组织法的要求相比，同我市社会主义事业发展的要求相比，还存在较大的差距。最近党中央召开了具有伟大历史意义的十二届三中全会，这次会议标志着我国的现代化建设进入了一个崭新的阶段。面临着新的形势，我们要认真学习、坚决贯彻执行《中共中央关于经济体制改革的决定》，继续贯彻执行全国人大六届二次会议的决议，切实履行地方国家权力机关的职责，努力发展社会主义民主，健全社会主义法制，充分发挥全体市人民代表在各个地区、各条战线上的作用，带动全市人民为全面推进以城市为重点的经济体制改革，圆满完成我市当前的经济工作和其他各项工作任务而奋斗。

重庆市人民代表大会常务委员会工作报告

（1985 年 5 月）①

重庆市人大常委会副主任　杜国茂

我受市人大常委会的委托，向大会报告工作，请予审议。

从去年 10 月十届人大二次会议到本次代表大会的召开，相隔七个月。现就七个月来常委会进行的主要工作报告如下：

一、积极推进社会主义法制建设

（一）参与国家的立法活动，开展法律监督工作

七个月来，我们收到全国人大和省人大交付讨论的《中华人民共和国矿产资源法》《中华人民共和国涉外经济合同法》《中华人民共和国国营工业企业法》《中华人民共和国居民身份证条例》等法律草案。对此，先后组织有关委员、代表、专家和一些部门领导干部、业务干部举行了 5 次讨论会，参加讨论的共 91 人次，提出修改意见和建议 70 条，并按时整理材料上报。这一期间，还组织有关单位，学习讨论了《中华人民共和国森林法》《中华人民共和国会计法》《中华人民共和国继承法》等法律以推动其贯彻执行。同时，本会组成人员和部分人民代表对司法机关的执法情况进行了视察、了解，推动他们认真处理重要申诉案件，使某些错案得到纠正。如江北区人民法院根据去年 3 月人民代表视察中提出的意见，组织专门力量，复查了该区打击刑事犯罪活动中的一批案件，对其中两件量刑畸重的，于今年 4 月下旬作了改判。

（二）加强法制宣传教育

为了加强法制宣传教育，在新宪法颁布两周年之际，本会举行了包括法学界知名人士参加的座谈会。同时，协助市广播电台开辟了“法制之声”专题节目，从今年 1 月开始，每周播讲一次法律知识。今年 3 月召开的第九次常委会议，听取和审议了市司法局局长受市人民政府委托所作的关于《在全市公民中普及法律常识的报告》。与会委员们一致认为，在全市公民中普及法律常识，是全市人民的共同愿望，是保证宪法和法律在我市贯彻实施，加强社会主义民主和法制建设的迫切需要，也是保障经济体制改革和经济建设的重要措施。同时，这次会议做出了《关于在全市公民中普及法律常识的决议》，要求动员各方面的力量，有步骤地、坚持不懈地开展宣传教育工作，用五年左右的时间，使全市公民懂得宪法和主要法律的基本内容，加强法制观念，树立遵纪守法的新风尚；要求广大干部，特别是各级领导干部，带头学习法律知识，养成依法办事的习惯，在群众中起表率作用。为了给法制宣传教育提供必要的资料，确定将本会 1982 年底编辑的《法规选编》（第一辑）再版，并完成了《法规选编》（第二辑）的编辑工作，现均已付印，在近期内即可发行。

（三）清理法规性文件

对于经市八届、九届人大常委会审议通过的《重庆市工矿企事业单位排污收费试行办法》《关于市和区、县人民法院经济审判庭征收诉讼费的试行规定》《重庆市违章建筑处理暂行规定》《重庆市人民政府关于严格控制在市中区新建、扩建项目的若干规定》《重庆市城市环境卫生管理暂行办法》《重庆市食品卫生管理试行办法》《重庆市整顿国营企、

① 此报告系于重庆市第十届人民代表大会第三次会议上报告。

事业劳动纪律的试行办法》，以及经主任会议通过的《重庆市房屋拆迁管理办法》《重庆市开展全民义务植树运动实施细则》，本会有关工作委员会按分工范围，会同政府有关部门进行清理后，认为其中有的内容不完全切合实际，有的因上级已做出新的规定，有的与城市经济体制改革，对外开放、对内搞活经济的要求不相适应。因此，应区别不同情况，抓紧提出处理意见，按法定程序，分别进行修改或停止执行。

二、讨论决定本行政区域的重大事项，加强对政府工作的监督

在此期间举行的第八次、第九次、第十次常委会议，分别听取和审议了市农办所作的《关于贯彻执行中央〔1984〕1号、〔1985〕1号文件的情况汇报》，市计委所作的《关于我市1985年国民经济、社会发展计划安排意见的汇报》，市财政局所作的《关于我市1985年财政预算安排意见的汇报》；讨论通过了《关于召开市十届人民代表大会第三次会议的决定》《关于组织市人大代表进行视察的决定》和普及法律常识、加强卫生防病工作两个决议；补选了两位省人民代表，并听取了本会代表资格审查委员会所作的《关于第十届市人民代表情况和补选、增选代表资格审查报告》，确认经区、县人大常委会和驻渝部队补选、增选的6名市人民代表的资格有效。

在常委会会议上听取市计委、市财政局关于1985年国民经济、社会发展计划和财政预算安排意见的汇报，是为了对本行政区域的重大事项及时进行了解与检查，促使计划、财政部门认真吸取委员和代表的建议和意见，进行更周密的考虑，并且为市十届人民代表大会第三次会议审查我市1985年国民经济、社会发展计划和审查1984年财政决算、1985年财政预算作好准备。

三、加强和改进人事任免工作

随着经济体制改革的深入发展，市级国家机关的机构和领导人员必须进一步进行相应的调整，这是当前一项极为重要的任务。对于依法应当由市人大常委会任免或决定任免的国家机关人员，通过加强与报请任命机关的联系，及时列入常委会会议议程，进行了认真的审议。7个月来，共决定任命市政府所属委、办主任6人，任命市法院正、副庭长、审判委员会委员、审判员8人，市检察院副检察长2人，检察委员会委员、检察员15人；同时，免去了6位同志所担任的职务，其中，市政府副市长1人，委、办主任4人；市检察院副检察长、检察委员会委员1人。通过这一时期较大幅度的调整，进一步改善了市级国家机关领导人员的年龄结构、文化结构和专业结构。目前，局一级的调整尚待完成，必须继续抓紧、抓好。

为了改进人事任免工作，我们注意联系实际，继续宣传和落实中发〔1984〕9号文件的要求，用中央文件精神来统一各有关方面的认识，消除不严格遵守法定程序办事的现象。同时，在任免工作的具体环节上作了一些改进，如确定把颁发任命书的方式由寄发改为当面授予，并于4月13日，召开会议向本会第九次常委会议任命的29位同志颁发了任命书。这样做的目的，是促使被任命的国家机关工作人员提高对人大常委会行使任免权的意义的认识，增强他们对国家权力机关负责、受其监督、当好人民公仆的自觉性。为了加强对被任命的国家机关工作人员的考察，已确定在今年9月左右举行法律知识测验，以推动他们加强学习，增进法制观念。同时，协同南岸区人大常委会总结了他们对所任命的干部认真进行考察的经验，拟逐步推广。

四、办理代表提出的议案，改进代表视察与信访工作，密切与代表的联系

（一）在市十届人民代表大会第二次会议期间，代表提出的议案共48件，按其内容来划分，属于科技、教育、文化和卫生方面的15件；属于财贸、经济方面的13件；属于城乡建设方面的9件；属于农业方面的2件；属于政治、宗教、侨务和其他方面的9件。按照十届人大二次会议主席团通过的议案审查委员会关于议案处理意见的报告，除其中1件

内容已写入大会关于《政府工作报告》的决议外，应向省人大常委会反映的关于建议制定个体工商经营法、制定区县人大常委会工作条例等 3 件，已及时上报；交市人大常委会处理的 11 件，其中 9 件经本会有关工作委员会协同市人民政府及有关部门研究办理后，已在第九次常委会会议上做出了处理情况的报告，并由这次会议做出了《关于大力加强卫生防病工作，提高全市人民健康水平的决议》；关于加强幼儿教育的两件，拟紧密结合传达与贯彻全国教育工作会议精神。督促有关部门认真研究落实。其余作为建议、批评、意见的 33 件，连同代表大会期间代表提出的建议、批评、意见 367 件，一并交市人民政府及其他有关部门研究处理，（其中交政府的 339 件），现已由承办单位陆续处理，市人民政府并在第十次常委会议上作了关于处理代表建议、批评、意见的报告。

（二）从 1984 年 11 月至今年 4 月，我们共收到代表和群众来信 1188 件，接待来访 122 人次。按照“分级负责、归口办理”的原则，一般均已除分转各有关部门处理。其中，少数由本会直接受理者，有的已通过有关部门认真查处，得出结果。〈中略〉。为了加强信访工作，在代表联络处内成立了信访组，并从今年 4 月初开始，由本会主任、驻会副主任和委员在每周星期五轮流接待来访，处理来信。从 4 月 5 日到 5 月 17 日七个星期，一共接待了代表和群众来访 15 人次。经过初步的实践，我们认为，采取这种作法不仅有助于提高信访工作的效率，而且对密切常委会组成人员与代表和人民群众的联系，克服官僚主义有积极意义。今后要坚持下去，做出成效。

（三）在本次人民代表大会召开之前，从 4 月上旬到中旬，本会一方面委托区、县人大常委会和驻渝部队组织市人民代表就地进行视察；另一方面，直接组织一部分市人民代表，对财经、城乡建设、农林、政法、文教卫生等方面的领导机关分组进行了视察。实践证明：这对视察工作是一种改进。接受视察的委、办、局，都由负责干部认真汇报工作，听取代表意见和批评，回答代表提出的问题，因此，有助于代表系统了解情况，发现问题。为参加这次代表大会对政府工作报告、国民经济和社会发展计划以及财政预决算的审议提供了较好的条件，体现了人民代表参与管理国家大事，协助本级政府推行工作的积极作用。4 月下旬，又由本会负责同志分片召开了代表小组组长联席会（21 个区县共划分四个片），着重交流了代表小组开展活动的经验和存在的问题。对于一些代表和代表小组进行活动的成功经验，拟在近期内采取措施加以推广，对于联席会议反映出来的问题，除应由所在区、县处理或解释者外，经汇集研究，正协同有关部门加以解决或做出解释。此外，在一季度，我们受全国人大常委会、省人大常委会的委托，还组织了在我市的全国人大代表和部分省人大代表进行了专题视察。

五、加强市人大常委会的工作与建设

通过上述几个方面的活动，推进了市人大常委会的工作与建设。七个月来，为加强自身建设，还进行了两项工作：

一是采取定期召开人大业务工作经验交流会的方式，组织本会机关干部和区、县人大常委会机关干部轮流参加，学习宪法、《地方组织法》的基本知识和中发〔1984〕8 号、9 号文件，总结交流业务工作经验。去年 12 月在永川召开了历时两周、有 40 名干部参加的首次经验交流会，效果较好，证明用这种方式来进行干部的业务培训，是切实可行的，今后要继续把这件事办好。

二是通过多种渠道，加强信息与经验交流，开展地方政权建设理论研究。七个月来，我们先后参加了省人大常委会召开的人大工作经验交流会、财经工作座谈会以及在武汉召开的地方政权建设理论讨论会，向这些会议分别提交了经验总结材料或论文。同时，出席了在广州召开的七个计划单列城市人大常委会主任座谈会。这一期间，到重庆访问的外地人大常委会的来客数量比以往同期也有大幅度的增长。通过以上活动，使我们开拓了眼界，扩大了信息来源，学习到许多宝贵的经验，并与外地同志就工作中遇到的共同性问题进行了探讨，这对加强人大常委会的工作和建设很有益处。另外，通过出刊《重庆人大工作通讯》、试编《人大工作信息》，为加强信息和经验交流开辟了新的阵地。

各位代表，市人大常委会七个月来的工作虽然取得了一些新的进展，但是，与当前形势对人大工作提出的要求仍有较大差距。在围绕以城市为重点的经济体制改革进行工作方面，缺乏通盘的考虑；对进行法律监督和对“一府两院”的工作监督（包括监督的内容、程序和办法），存在若干薄弱环节；常委会的自身建设与所承担的任务也还很不适应。今后，我们要继续以中央《关于经济体制改革的决定》为指导，继续深入贯彻、落实中发〔1984〕8号、9号文件精神，认真探索人大工作的特点，不断加强社会主义民主与法制建设，更好地履行宪法和法律赋予我们的崇高职责，努力完成这次大会托付给我们的庄严任务。

重庆市人民代表大会常务委员会工作报告

（1986年6月4日）①

重庆市人大常委会副主任　白兰芳

各位代表：

我受市人大常委会的委托，向大会报告市第十届人民代表大会第三次会议以来常务委员会的工作。

市十届人大三次会议闭会以来，在中共重庆市委的领导下，市人大常委会认真贯彻大会的各项决议，履行宪法和地方组织法赋予的职权，为促进我市的各项改革和建设，发展社会主义民主、健全社会主义法制，积极开展了以下工作：

一、讨论决定重大事项，努力提高审议质量

在此期间，本会共举行七次常委会会议（从第十一次到第十七次），听取和审议了市府及其所属部门关于我市工农业生产、文化教育、科学技术、环境保护、对外贸易、财政税收（包括调整1985年预算）、市场物价、审计工作、工资改革和社会治安等方面的工作报告23项；听取和审议市人民法院、市人民检察院关于打击严重经济犯罪、增设检察分院等工作报告3项；听取和审议本会负责同志和各工作委员会的工作报告26项。以上，共计审议重大事项52项。

在审议重大事项中，坚持以经济工作和改革为中心，贯彻两个文明一起抓的方针，在以下方面有所改进：（一）对于政府及其所属部门的报告，坚持先由市府常务会议讨论通过后，再由市府统一向本会报送，严格依照法律程序办事；（二）对政府、两院送来的材料，坚持在会前由本会有关委办进行初审，提出意见和建议，在审议重大事项中，做出决议23项，占总数的44.2%，改变了1984年听取汇报多而做出决议较少的现象。决议除公开见报外，还正式行文送政府、两院遵照执行；（三）在常委会上认真进行审议，保证常委会组成人员和列席人员各抒己见、畅所欲言，提出批评、意见和建议，做到发扬民主，集思广益，真正代表人民行使管理地方国家事务的权力；（四）从第十六次常委会起，开始实行与政府、两院共同商定常委会议程草案的办法，努力改进常委会会议的有关会务工作，提高会议质量；（五）议题确定之后，各有关工作委员会围绕议题组织视察或调查，写出书面报告，为委员们审议议题提供参考材料。

为了发挥本会主任会议讨论决定常委会重要

① 此报告系于1986年6月召开的重庆市第十届人民代表大会第四次会议上报告。

日常工作的作用，逐步调整充实了主任会议的内容。主任会议大体上每半个月举行一次，在为每次常委会作好准备之外，还安排听取和审议政府、两院的一部分单项工作报告，作为常委会审议重大事项的补充，以适应政府、两院各项工作迅速发展的需要。

二、加强法制建设，保证宪法、法律的实施

1. 积极参与国家和省的立法活动。在此期间，上级人大常委会发来征求意见的有《中国公民出入境管理法》《外国人入出境管理法》《中华人民共和国民法通则》(第四稿、第五稿)、《中华人民共和国义务教育法》《惩治贪污、受贿、走私的补充规定》《中华人民共和国土地法》《中华人民共和国企业破产法》《中华人民共和国治安管理条例》和《四川省关于中华人民共和国义务教育法实施条例》等12个法律、法规草案。对此，本会先后组织有关委员、人民代表以及业务主管部门、区县人大、政法机关、企事业单位、大专院校的干部和专家学者200多人，举行了16次座谈讨论，提出修改意见和建议140多条，均按时整理上报。通过这种活动，参与了国家和省的立法，并使本会和政府、两院的有关人员受到立法工作的实际锻炼。

2. 努力推进普法宣传教育工作。本会第十四次常委会听取和审议了市司法局执行本会《关于在全市公民中普及法律常识的决议》的报告，着重强调国家机关干部特别是各级领导干部带头学法、懂法、坚持依法办事的重要性和必要性。本会法制工作委员会的领导干部和工作人员，分别参加了市普法领导小组及其办公室的工作。此外，本会还积极支持新闻单位开展法制宣传，再版《法规选编》第一辑和新编第二辑为普法提供了工具书，本会的领导成员和机关干部通过发表文章和电视讲话、作报告等方式直接参加了普法宣传教育。目前，我市普法工作正在有计划地广泛、深入、健康的逐步开展。

3. 有重点地检查执法工作情况。本会先后听取和审议了我市关于严厉打击严重刑事犯罪和经济犯罪、整顿社会治安和反盗窃斗争、财政税收物价大检查等工作情况的报告，做出了相应的决议；组织委员、人民代表和有关部门的负责干部、工作人员，前往政法机关、经济执法机关及其基层单位，对于实施《森林法》《环境保护法》《会计法》《关于严惩严重破坏经济的罪犯的决定》等法律，进行了21次视察和检查；还受上级人大的委托，组织在渝的全国和省的人民代表，分别进行了视察；并且，对于打击经济犯罪、经济执法和乱收费、乱摊派、乱罚款的情况进行了专题调查。通过以上途径，检查纠正违法行为，对执法工作进行了监督，同时，也支持了执法部门的工作。

4. 清理本会通过的法规性文件。1980年至1982年，第八、第九届市人大常委会通过了《重庆市工矿企事业单位排污收费试行办法》等九个地方法规性文件。这些文件的颁布实施，在当时的确产生了积极作用。目前，有的文件与经济体制改革的发展不相适应，或因中央和省制订了同类法律、法规而不宜继续使用。为此，本会按法定程序进行了清理，分别情况，按继续执行、予以废止，或责成有关部门修订等办法予以处理。同时，会同政府了解我市地方立法的情况和需求，推动拟订本市三至五年内制定行政规章和草拟地方性法规的规划，为加速我市地方立法、特别是经济立法创造条件。

当前，我市法制建设的突出问题，是某些单位和部门还严重存在着有法不依，执法不严的现象，特别是有的国家机关领导干部不坚持依法办事，这种状况必须引起重视，坚决加以改变。

三、改进人事任免工作，严格依法办事

上次代表大会以来，本会先后任命了政府、两院和本会办事机构的干部共27名，其中，副市长1名，委办局的主任、局长13名，市法院副院长、副庭长3名，本会正副秘书长、各工作委员会正副主任10名。同时，免去了上述国家机关23名领导人员的职务。

本会在人事任免工作中，既严格按照法律程序办理任免手续，又坚持对干部进行考核和监督。主

要抓了以下几项工作：（一）按照宪法、地方组织法和有关文件的规定，认真纠正任免工作中不依法办事的现象，随时发现、随时纠正；（二）凡政府、两院提请任命的干部，必须报送干部考核材料；（三）对增设机构的领导人员的任命，坚持在上级政府下达批准增设机构的正式文件之后，才审议该项任命；（四）改邮寄任命书为召开大会和座谈会当面颁发任命书，增强被任命干部的法制观念、国家观念、做人民公仆的观念，使其明确向党负责和向权力机关负责的一致性，自觉接受权力机关的监督；（五）对本会第九次至第十二次常委会任命的28名干部，进行宪法、地方组织法的法律知识考试，激励国家机关领导人员带头学法、懂法、依法办事，并逐步过渡到先考试法律知识，考试合格后再任命；（六）总结推广南岸区人大常委会考核自己任命的干部的政绩的经验，目前已有十几个区、县进行了干部政绩考核。并且召开区、县人大常委会人事任免工作经验交流会，互通情报，交流经验，探讨问题，改进工作。通过以上措施，丰富了任免权的具体内容，提高了本会和政府两院对于依法任免国家机关工作人员的重要性、必要性，坚持党的领导和依法办事的一致性的认识，使人事任免工作有了新的进展。

四、增进与人民代表的联系，发挥代表作用

1. 市十届人大三次会议期间，代表所提49件议案，大会议案审查委员会研究决定作为建议处理的46件，以及代表所提批评、意见、建议349件，分别由本会、市人民政府、市法院办理完毕。总的来说，办理的速度和质量较过去有所提高。政府承办的332件中，已经得到解决或基本解决的100件，占交办数的30.1%；正在解决或列入近期计划逐步解决的147件，占交办数的44.3%；按现行政策或因条件限制，短期内难以解决，已向代表作宣传解释的85件，占交办数的25.6%。例如：陈炳森、王光禄等代表提出关于取消江津四面山采育场木材统配计划，解决职工生活困难问题的建议，市府经过调查研究，决定将采育场由主要生产木材改为主要育林，生产的木材不纳入统配计划，补贴一些经费，并创造条件开发旅游业，使代表提出的问题得到逐步解决。市法院承办的有6件，均已得到解决。例如，北碚区代表杨永才批评法院对一个刑事案件审结后的善后处理方法不当，市法院赓即重新作了处理，今年1月18日，副院长左清万同志还专程去北碚回访这位代表，表示歉意，听取意见，代表很满意。

2. 上次代表大会以来，共收到代表和群众来信2051件，除分别交由各有关部门处理答复外，其中由本会立案查处的86件，已办结52件，结案率达60%。在立案交法院复查处理的20件刑事案件中，撤销原判宣告无罪或免除处罚的9件、减刑的2件，计11件，改判案件占立案交办案件数的50.5%。例如，赵××1977年被错以反革命罪判刑20年，经法院复查宣告无罪。据不完全统计，本会领导同志亲自批示查处的来信达150余件，收到了较好效果。例如，某厂职工陈××来信反映她在调动工作中由干部被改成了工人，要求落实干部政策，经本会领导同志批示，并派人调查处理，使这个拖了八九年没有结果的老案得以解决，调换了她的工作。同时，本会还接待代表和群众来访429人次，坚持了驻会委员轮流值班每周一天接待来访的制度，直接查处来访中的重大问题。例如，原某区政府干部柏某，1979年因伤害案被法院错判刑5年，柏某长期申诉，均未得到纠正。本会驻会委员接待后批示立案交法院复查，并派人去法院了解案情，使此案终于得到纠正，柏某已收回安排了工作。通过信访工作，密切了国家机关同代表、群众的联系，一些“老大难”问题得以解决，不少当事人写来了热情洋溢的感谢信，有的还送来了“维护法律尊严的人大常委会”字样的匾额。

3. 改进视察工作。加强对市级委、办、局的视察，逐步实行视察领导机关与视察基层单位相结合，改变以往单纯视察基层的作法，以利于代表了解全面情况，提高议政能力，更好地发挥监督作用。并且，逐步实行分散的专题视察与集中的综合视察

相结合，有利于代表深入了解情况，督促有关部门改进工作，使视察经常化。在视察中，注意会同有关部门的负责人参加，便于及时处理和解决问题，增强视察效果。例如，今年春节前夕，在专题视察市级机关办理人民代表的批评、意见、建议情况中，邓创之代表提出解决七星岗一个住宅区 200 多户居民安装民用天然气问题，市经委负责同志当场责成有关部门尽快调查，并限期解决，目前已全部通气，使这个久拖未决的问题得到解决。

4. 召开了区、县人大代表联络工作会议和市人民代表小组组长联席会议，总结交流了发挥代表作用、加强代表联络、开展代表小组活动的经验。

此外，本会对市人民代表和在我市的全国和省人民代表的异动情况进行了清理，为他们分别出席三级人民代表大会进行了大量的组织工作和服务工作。

五、加强横向联系，开展地方政权建设的理论研究

在此期间，本会的负责同志和工作人员参加了在哈尔滨和武汉召开的七个计划单列城市人大常委会主任座谈会，在武汉召开的中南地区人大财经工作经验交流会，在成都召开的西南地区人大财经工作经验交流会和西南五市秘书长座谈会，以及省人大召开的文教工作座谈会、法制工作座谈会和川东南片人大财经工作座谈会、人大工作经验交流会。此外，本会还召开了市属各区、县人大财经、文教工作经验交流会，两次派出学习小组外出学习兄弟城市的人大工作经验，并同兄弟城市的人大常委会进一步密切了联系。本会编辑的《重庆人大工作通讯》，已由文件汇编性质的刊物，改为报导、研究人大工作和建设的刊物，在内部交换发行以来，受到各方的好评。通过横向联系，沟通了信息、交流了经验，有利于开阔视野、改进工作。

去年 12 月，继 1984 年在武汉召开的地方政权理论讨论会之后，本会同中国政治学会联合召开了“城市政权建设理论讨论会”，有 50 多个大中城市的 200 余名理论工作者和实际工作者出席，收到论文 127 篇(其中：本会干部提供论文 7 篇)，堪称一次盛会。会上，对于地方人大常委会、地方人民政府的工作和建设，国家机关与经济体制改革、市带县等关于健全社会主义民主与法制的重大问题进行了热烈的讨论。全国人大法工委、研究室派人光临指导，并在会后由全国人大法工委整理出两期简报，呈送中共中央政治局、全国人大、中央有关部门，并发至各直辖市、省会所在地的市级党政机关。本会还精选了一批论文，并请张友渔同志作序，编辑了《地方政权研究》论文集，现已出版发行。在全面改革的新时期，地方政权建设面临着许多新情况和新问题，也积累了一些经验，迫切需要从理论与实际相结合上进行探讨和总结，这对于指导地方政权的实践，建设有中国特色的社会主义政治制度，具有重大的现实意义。

六、开展外事活动，增进友好往来

随着对外开放政策在我市的贯彻落实，本会的外事工作有了新的发展。今年 3 月，本会应邀首次派出张文澄主任为团长的“重庆市人大常委会友好访问团”，访问了日本广岛市和尾道市。从去年 6 月至今年 4 月，本会直接接待和参与接待了日本广岛市议会访华团、广岛市友好代表团、尾道市议会议长访华、鲭江市友好访华团、东京都议长访华；法中友协议员旅华团、欧洲委员会议长访华、加拿大多伦多市政府代表团，以及美国驻华使馆官员、日本广岛大学小林文男教授、联邦德国莫合尔教授访渝等十余个团组和个人。通过以上活动，增进了本会同外国议会、友好人士的相互了解和友谊。

七、加强市人大机关建设，提高工作效率

这段时间，本会在机关自身建设方面，主要做了以下工作：(一)抽出领导干部和工作人员参加各种形式的法律知识短训班，两次举办区、县人大业务工作经验交流会，培训了本会的 20 余名领导干部和工作人员，以及 100 余名区、县人大工作人员；(二)通过学习外地经验和总结自身经验，各工作委

员会的工作有所发展，围绕贯彻市人民代表大会的决议、常委会审议的主要议题开展工作，发挥了积极作用，逐步打开了局面；（三）总结召开人民代表大会正反两方面的经验教训，制订出改进人代会的具体措施，拟从本届四次代表大会开始付诸实践；（四）加强同区县人大常委会的联系，采取各种方式共同探讨、解决地方人大常委会面临的实际问题，支持有些区县人大利用召开人民代表大会的机会宣传《地方组织法》。同时，对于各区、县人大常委会1984年至1985年所作的309个决议、决定进行了审查，履行了本会的监督职责。目前，我市各区、县人大常委会的工作有了很大的发展，取得了显著成绩，但在办事机构、人员编制、行使职权等方面，还存在许多困难，需要进一步地解决；（五）在党风大检查中，认真整顿机关作风，正在通过自查自改和建章建制，在市人大机关树立遵纪守法、廉洁奉公的好思想，努力把市人大机关建设成为作风好、纪律严、效率高、有权威的人民权力机关。

各位代表，由于全体代表、委员和本会机关工作人员的共同努力，政府、两院和广大人民群众的支持，区、县人大常委会的帮助，本会依法行使职权，做了一定的工作，取得了一些新的进展。但是，存在的问题也是不可忽视的，主要是：我们对于地方人大常委会的性质、地位、作用、职权宣传不够，常委会办事机构的设置和干部配备不适应日益繁重的工作任务的要求；在贯彻中共中央〔1984〕8、9号文件的过程中，发现了市级政府机关是薄弱环节，但没有及时地从思想上、制度上加以解决，并尽快制定出监督政府、两院的具体办法，因而监督不够有力；在地方立法方面，未能及时制订出拟订地方性法规草案的暂行办法，也没有运用决定权推进地方立法工作，跟不上经济体制改革迅速发展的实际需要；人大机关本身工作制度不够健全，办事效率不高，有的领导干部联系代表不够，处理代表的来信不够及时，存在着一定程度的官僚主义作风。这些都是应该迅速改进和解决的。本次代表大会闭幕之后，我们决心在邓小平同志提出的“一手抓建设，一手抓法制”的战略思想指导下，贯彻六届全国人大、省人大和市十届人大四次会议精神，制订出近期的工作目标，在改进代表大会、加强地方立法、发挥监督职能、发挥代表作用、加强自身建设等几个方面争取有所发展、有所前进，以推进我市社会主义民主与法制建设，发展大好形势，发挥地方国家权力机关应有的作用。

以上报告，请予审议。

在重庆市第十届人民代表大会第四次会议上关于贯彻《义务教育法》实施意见的说明

（1986年6月4日）

重庆市人民政府副市长　冯克熙

各位代表：

全国人大颁布的《中华人民共和国义务教育法》，标志着我国确立了普及义务教育的制度，我国基础教育发展到了一个新的阶段。基础教育是国家振兴的根本。搞好基础教育，对于提高民族素质、促进社会主义物质文明和精神文明建设，具有重要的战略意义。我们要认真贯彻执行义务教育法。市政府结合重庆实际，草拟了关于贯彻义务教育法的实施意见，提请大会审议。我受市政府的委托，对这个实施意见作以下说明。

当前我市基础教育的情况

1983年9月18日，市十届人大一次会议通过了《关于加强中小学教育，增加智力投资，提高教育质量的决议》。两年多以来，特别是1985年贯彻《中共中央关于教育体制改革的决定》以来，我市教育战线出现了前所未有的好形势。主要有以下几个特点：

第一，各级党政干部和各行各业对教育在社会主义建设事业中的地位和作用的认识有了很大提高，初步扭转了轻视教育特别是轻视基础教育的状况。许多区、县、乡开始像抓经济那样来抓教育。去年，全国教育工作会上公布的《关于教育体制改革的决定》，是继经济和科技体制改革的两个《决定》之后又一个纲领性文件，使教育改革有了纲领，有了蓝图，给各级党政领导、教育工作者和广大人民群众以极大的教育和鼓舞。市委、市政府赓即召开了全市教育工作会议，各区县也先后召开了教育工作会或三干会、四干会，传达贯彻中央教育体制改革决定和全教会精神。"教育必须为社会主义建设服务，社会主义建设必须依靠教育"作为教育体制改革的根本指导方针，已开始深入人心。各区县党委和政府普遍把教育列为重要议事日程，市、区、县、乡的许多领导同志深入实际，调查研究，解决教育改革中的一些政策问题和实际问题。各行各业主动关心教育，支持教育，为尊师重教做了大量好事、实事，促进了教育体制改革和教育事业的发展。

第二，长期被忽视的基础教育得到了加强。全市基本完成了普及小学、农村扫盲、职工"双补"三项历史性任务，中等职业技术教育和成人教育都有了新的发展。1984年全市普及小学教育验收合格的区县有市中区、沙坪坝区、江北区和巴县；1985年增加了九龙坡区、北碚区、南岸区、南桐矿区、大渡口区、双桥区、合川县、江津县、江北县、永川县、綦江县、长寿县和铜梁县；今年4月，大足县、璧山县、潼南县、荣昌县又经过验收合格。至此，全市21个区县基本普及初等教育。同时，全市初中教育也有发展，1985年初中招生数多于毕业生数2.2万多人。目前，全市有小学8805所，中学1166所，中小学在校学生238.6万人。幼儿园3608个，在园儿童19.4万人。还新办了4个智障儿童辅读班，盲聋哑教育以及工读教育也有发展。

中等职业技术教育近几年来逐步发展。目前全市已有职业高中校82所，还有100所普通中学附设职业高中班，开设专业67个。职高、中专、技工校等各类中等职业技术学校，1985年秋季共招收新生25400余人，其中招收初中毕业生2万人，占初中毕业生升入高中新生总数的40%，比1984年有较大幅度的增加。我市改革中等教育结构，已取得可喜成绩。

农村扫盲，经过几年的艰苦努力，到1985年10月底，累计扫除文盲、半文盲40万人，十六岁至四十岁青壮年的非文盲率达92.4%，按国务院国发〔1978〕234号文件的要求，已基本完成扫盲的历史任务。职工"双补"从1981年起抓紧进行，到1985年底累计合格率达到应进行文化、技术补课人数的80%，按中共中央中发〔1981〕8号文件的要求，已基本完成职工"双补"的任务。在农村扫盲和职工"双补"基本达到要求的基础上，进一步开展了农民初等、中等文化技术教育和职工中等、高等教育。

学校教育质量普遍有所提高，中小学生在德智体几方面都得到全面发展。学校广泛开展了"有理想、有道德、有纪律、有文化"和"继传统、学英模、争三好、树新风"的活动，市、区、县、校表彰的三好学生和优秀学生干部达10万多名。初中教育有了加强，毕业及格率稳步上升，差生率下降，优生率增长。全市去年有5387人进入各类高等院校学习，是恢复高考制度以来我市考入大学人数最多的一年。1984年10月全国中学生数学联赛，四川省录取优胜生45名，重庆占17名，其中一等奖全省6名，重庆占5名。1985年3月全国首届初中数学竞赛，四川省录取优胜生51名，重庆占38名，前11名均为重庆学生。全国中学生物理竞赛和化学竞赛，重庆学生同样获得好功绩。全省中学生篮、排、足球"三好杯"赛，设五项冠军，重庆学生获四项冠军。1985年全省中学生田径运动会，重庆获高中男子组、女子组和初中女子组三个团体总分第一名，初中男子组总分第二名。我市中小学生近几年来，在国际儿童画展中获金奖、银奖、特别奖、同盟奖、荣誉奖共16个，在全国青少年科技作品展览、少年儿童美术作品展览、作文比赛、小发明小论文比赛、计算机程序设计竞赛中获奖58个。

第三，隆重庆祝首届教师节，初步形成尊师重教的社会风气。1985年为庆祝首届教师节，市、区、县、乡镇和各行各业，广泛开展尊师重教活动，为教师办了大量的实事、好事，概括起来主要有以下几方面：

一是表彰教师功绩。市政府在首届教师节庆祝大会上，表彰了299名优秀教师，授予他们市劳动模范称号。区县也分别表彰了约2000名优秀教师。还为全市三十年以上教龄的教师和学校行政人员22148人颁发了荣誉证书。同时，通过报纸、广播、电视等，广泛宣传教师的优秀事迹，大力提倡尊师重教的新风尚。教师节和春节前后，市和区县的党委、人大、政府、政协的负责同志，深入学校和幼儿园，深入山区，慰问教师。

二是政治上关心教师。积极解决知识分子入党难问题，1985年全市有1278名中小学教师入党。各级党代会、人代会、政协会，都有一定数量的教师代表。

三是帮助教师解决一些实际困难。1985年为广大教师调整了工资；将1966名城镇工资制民办教师全部转为了公办教师；提高了农村民办教师的补助标准。为解决教师住房难，1985年市财政继续拨款两百万元修建教师住宅，区县也积极拨款修建教师宿舍；房管部门为教师修缮房屋或调整住房；多数区县在集资建校中，注意了教学用房和教师生活用房的配套修建。市财政还拨款15万元，为8000多名中教五级、小教幼教三级、师范讲师以上教师进行了健康体检；卫生部门给特级教师、中教一、二级教师、小教一级教师472人发了优诊证；区县也采取了一些措施解决教师看病难问题。还为中教五级、小教幼教三级、师范讲师以上的教师家属办理了“农转非”；解决了3247名在海拔800米以上地区工作的教师生活补助费；各级财政为中小学教师解决了肉价补贴费；粮食部门调拨了15万斤黄豆和15万斤菜油平价供给教师；一些区、县、乡镇还为教师解决子女就业，夫妻分居、划拨菜地和水、电、煤、气供应，做了许多好事、实事。

四是保护学校和教师权益。1985年，全市各区、县共严肃处理了殴打教师事件56起。对教职工的冤假错案，各区、县也抓紧复查，已落实政策8719人，占复查人数的99.95%。

庆祝教师节，开展尊师重教活动，有利于激励教师的光荣责任感，激励教书育人的积极性，也有利于造成尊重教师、重视教育的良好社会风气。今后，还要继续开展下去。

同时，我们狠抓了教师队伍建设。市和区县在教师中广泛开展了理想、前途、宗旨、纪律和职业道德教育。要求广大教师努力提高自己的思想和业务水平，忠于职守，为人师表。

为了提高教师素质，在职教师培训工作也有新的进展。从1983年开展，全市连续三年大规模地组织小学教师和初中教师进修教材并参加全省教材考试，及格率为86.3%。还继续通过教研活动、函授学习、系统进修、电视专科、讲座短训等来提高教师。目前，有1.5万多名中、小学教师在教育学院及分院、在区县教师进修学校进修，和接受电视专科教育。幼儿教育师资的培训工作也较前加强。还委托在渝的农科、工科院校开始培训职业技术教育师资。

第四，教育经费做到了两个增长，集资办学成效显著。1985年全市预算内、外对教育事业的总投资达2.33045亿元，比上年增加4541.9万元，增长24.21%，高于财政经常性收入增长的比例；在校学生人平教育费用，1985年为98.42元，比上年的77.58元增加20.84元，增长26.86%，教育经费做到了两个增长。

近两年来，集资办学成效显著。1984年至1985年，全市城乡办学集资达7783万元，新建改建校舍60.27万平方米，维修校舍109万平方米。全市小学基本条件有了很大的改善，农村小学的改变尤为突出，一大批严重危房得到了重建和改建，石头课桌凳换成了木质课桌凳，“教学无教室，学校无厕所”的现象基本上解决。大批乡村开始出现哪里房子最好，哪里就是学校的新气象。人民群众和基层干部集资办校积极性很高，他们说："学文化，勤劳致富，修学校，培育后代，出钱出力，我们乐意。"有一位村支部书记，带领大家一起积极参加建校劳动，在学校建好后，为学校题写了一副对联：上联是"群众集资建校园，造福后代"，下联是"人民办学育人才，点亮金灯"，横额是"集资办学好"。它生动反映了广大农村基层干部和人民群众办学的热情。办学条件的这些变化，如果单靠国家财政拨款，一二十年也难以解决，而依靠群众多渠道集资办学，两年就基本实现了。

从上述几个方面反映出，我市教育战线发生了可喜的变化，形势很好。但在充分肯定这个好形势的同时，我们也要清醒地看到，贯彻中央关于教育体制改革的决定只是刚刚起步，实际工作中还存在着各种各样的困难和问题。主要是：

一、近几年来的工作，在很大程度上带有还欠账的性质，许多问题还有待今后解决。我市中小学的校数和学生数，自建国以来大幅度增加，小学比建国初期的5561所增加了3000多所；中学比建国初期的79所增加了14倍。中小学多数是利用旧的祠堂、庙宇、地主庄园、民房等办起来的，还有不少"抗战建筑"，校舍设施很差，而且年久失修；新建、扩建的一部分校舍，也因教育经费短缺，不能如期配套建成；破旧校舍不得不超负荷使用。1983年全市中小学危房达88.8万平方米，其中严重危房43.1万平方米。经过两年来的努力，1985年下降为44.5万平方米（农村15万平方米，城市和县镇29.5万平方米），其中严重危房下降为18.6万平方米。尽管这样，全市中小学危房仍占校舍总面积的5%，其中城区为9.3%，农村为3.9%；而且按照国家规定的标准计算，全市中小学尚缺校舍470万平方米。要实现中央提出的"校校无危房，班班有教室，学生人人有木质课桌凳"的最起码办学条件，我们还要继续努力；要按照国家标准，补足中小学尚缺的校舍，则要进一步作更大的努力。

二、全市21个区县虽然基本上实现了普及小学教育，但仍是低标准、低水平的。有的地方学龄儿童入学率和巩固率尚不稳定，仍有家长，尤其是一些边远农村的家长，不送孩子特别是女孩子上学或让孩子中途停学。一些学校的毕业及格率，仍带有突击性。从教师队伍看，民办教师比重相当大，其报酬在有的地区仍不落实，还有个别区县又出现拔走骨干教师削弱小学的现象。

三、师资和经费不足，是我市普及九年制义务教育的突出矛盾。我市现有中小学教师数量不足，质量不高。小学教师未达到中师毕业程度的仍有36.7%，初中教师未达到大学专科毕业程度的有71.1%，高中教师未达到大学本科毕业程度的有47.9%，在职教师培训任务仍然很重。而且，"七五"期间，全市需要补充合格小学教师上万名，补充合格初中教师也将近万名。其中12个县师资奇缺情况尤为突出。教育经费1985年虽有较大增长，但从经费结构看，主要增长在工资等"人员经费"上，而用于改善办学条件的基建费、维修费、教学业务费仍然较少。从投资效益看，也不够理想。

实施九年制义务教育的几点意见

从上述情况看，在我市实施义务教育法，条件是具备的，困难也确是不少的。但是，全市人民关心这件大事，经过各部门、各方面，共同努力，困难能够克服。为了贯彻实施义务教育法，市政府的意见是：

一、大力开展义务教育法的学习和宣传

实施义务教育法是一项极其严肃的工作，必须通过学习和宣传，在干部和群众中普遍树立两个观念：其一，接受法定年限的义务教育是一个合格公民在受教育程度方面的起码要求，这既是公民的权利，又是公民对国家、对民族应尽的义务；其二，义务教育法同我国其他已生效的法律一样，是强制性的，全社会必须遵守，不能违犯。

贯彻义务教育法，各级政府的教育主管部门有义不容辞的责任，但绝不能只看成是教育部门的事，政府的各个部门和社会的各个方面都必须把它当作自己应尽的责任。政府各部门、各企事业单位

都要把学习义务教育法作为学习全国人大文件的一个重要组成部分，同时把学习、宣传义务教育法列入当前普法教育一项重要内容，认真抓好。

各级各类学校都直接同实施义务教育有关。广大教育工作者对贯彻义务教育法肩负着更加重大的责任，一定要认真学好义务教育法。

要充分利用报纸、广播、电视等多种形式向全社会广泛宣传义务教育法，做到家喻户晓。要注意结合群众思想实际，有针对性，增强宣传效果。要让广大群众知道：义务教育法从今年7月1日起施行，父母或其他监护人必须依法保证适龄儿童入学接受教育，保证在校中小学生读满修业年限；禁止任何组织和个人招用应该接受义务教育的适龄儿童和少年就业。对于不依法履行职责的，必须按义务教育法的规定采取强制性措施，以保障适龄儿童和少年受教育的权利。

二、从实际出发，制订普及九年制义务教育的规划

我市9区12县经济文化发展很不平衡，普及九年制义务教育，必须从实际出发。大致规划如下：

占全市人口52%的市中区、大渡口区、沙坪坝区、江北区、九龙坡区、南岸区、北碚区、双桥区、长寿县、巴县、江津县和合川县，要求在1992年基本实现普及九年制义务教育。

占全市人口48%的南桐矿区、綦江县、江北县、潼南县、铜梁县、永川县、大足县、荣昌县和璧山县，要求在1997年基本实现普及九年制义务教育。

全市的基本学制为小学六年，初中三年。普及九年制义务教育，要在扎扎实实巩固普及小学教育成果，不断提高小学教育质量的基础上予以实施。市政府要从今年起连续三年对各区县巩固提高普及小学教育的情况，进行复查。对于巩固工作做得好的，要总结经验、推广、表扬；对退下来的，要帮、要促。在此同时，因地制宜，有计划、有步骤地发展初中。发展初中教育，应以改建、扩建、和新建乡的单设初中为主，逐步形成村有小学（主要是初小）、乡有中心小学（含基点校）和单设初中（含初级职业中学、班）的合理布局。绝不能用挤占乡中心小学，任意抽调小学骨干教师到中学任教等削弱小学的办法来发展初中。

学龄儿童入学年龄，义务教育法规定为六周岁，同时指出："条件不具备的地区，可以推迟到七周岁入学。"我市学龄儿童入学年龄一向为七周岁，如果一下子改为六周岁，两个年龄段的儿童都同时入学，学校容纳不了。因此，目前我市学龄儿童入学年龄仍暂为七周岁，部分有条件的地区可定为六岁半或六岁。在1995年以前，全市逐步过渡到六周岁入学。过渡规划由各区县具体制定。

小学毕业生升初中，市区今年可达90%以上，农村则低一些，这是由于经济文化基础不同而形成的。有些家长和干部希望现在就普及初中教育，这种心情可以理解，但发展初中教育，不仅有数量要求，更有质量要求，还有师资、校舍、设备等办学条件的要求。如果不顾条件盲目发展，势必出现"虚肿"现象。加之"七五"期间，全市小学毕业生人数将出现高峰期，因此发展初中更要稳步前进，应有计划、有步骤地进行。市政府把我市普及初中教育规划为两类地区，分别在1992年和1997年基本实现，这是从本市实际出发，实事求是安排的。

有同志说，我市师资、经费的矛盾那么突出，可把普及初中教育的年限再推后一些。市政府对此反复研究过，认为普及九年制义务教育确有不少困难，但它是广大人民群众的愿望，我市又是长江上游、西南地区的经济中心城市，不宜把普及九年制义务教育的年限再往后推。我们的态度是，既要量力而行，又要尽力而为。矛盾和困难，经过各部门、各方面共同努力，是能够克服的。

三、大力加强师资队伍的建设

建设一支数量足够、质量合格、结构合理并相对稳定的师资队伍，是实施九年制义务教育的关键。市政府决定：

第一，采取有效措施补充合格的新师资。"七五"期间，市、县15所中等师范学校，稳定现有招生规模，基本上能满足小学补充新师资的需要。而解

决初中师资严重不足的问题则十分紧迫。今后五年，省里分配给我市的初中新师资，预计在"六五"期间每年平均分配 300 人的基础有所增加，但仍不能适应我市教育事业发展的需要。解决这个问题的一个重要途径是立足于本市，采取多形式、多渠道培养师范专科生，主要措施：一是从 1986 年起，渝州大学师范部和重庆师专挖潜扩招，除完成省下达的招生任务外，逐年增加为我市培养初中师资的数量。二是加速市教育学院的建设，使之除承担在职教师培训任务外，还承担培养一部分初中合格新师资的任务。三是认真办好广播电视大学师范专科班。四是委托在渝大专院校为我市代培中等职业技术教育专业教师和初中缺科教师。五是国家计划分配的师范院校毕业生，必须全部安排任教，任何部门不得截留。六是聘请一部分身体健康、能够继续胜任教学工作的退休教师任教。

第二，继续加强对现有教师的培训和考核。要坚持在职为主、自学为主、业余为主和"教啥学啥、缺啥补啥"的原则，紧密结合教学需要，组织培训。要加强中小学教研指导，通过开展教学研究，以老带新等活动，提高广大中小学教师的教学业务能力。小学教师的培训，由区县进修校、师范校负责落实。初中教师的培训，以市教育学院及永川分院为基地，搞好函授和高职进修工作，并积极组织教师参加西南师大、重庆师院、重庆师专的专科函授学习和高等专科自学考试，继续办好电视专科教学和广播教学。国家教委租用卫星开设电视教育专用频道培训师资，将于今年 7 月 1 日试播，10 月 1 日正式播出，市和区县要积极搞好地面收转站的建设，辅以录像教学，以期收到更大效果。总之，通过各种形式培训，争取五年内使绝大多数中小学教师能够胜任本职工作。

第三，稳定教师队伍。要从政治上、思想上、学习上、工作上和生活上关心教师，保障教师的合法权益，提高教师的社会地位，改善教师的物质待遇，对优秀的教育工作者给予表彰。各系统、各单位都要多为教师多办好事、实事，在全社会进一步造成尊师重教的良好风气。任何机关、单位不得任意抽调中小学合格教师，以保证中小学教师队伍的相对稳定。

中央号召：要吸收高、初中优秀毕业生到师范院校学习，高、初中毕业生报考师范院校，是有理想、有志气的表现。希望学校的校长、教师、家长以及全社会都给予热情鼓励和积极支持。

四、端正办学指导思想，全面提高义务教育的质量

实施义务教育，必须贯彻国家的教育方针，努力提高教育质量，使儿童、少年在品德、智力、体质等方面全面发展，为提高全民族的素质，培养有理想、有道德、有文化、有纪律的社会主义建设人才奠定基础。

全市中、小学都要切实加强和改进学校思想政治工作。社会主义精神文明建设要从小抓起，学校应该成为社会主义精神文明建设的坚强阵地。要坚决纠正片面追求升学率，只抓少数尖子学生，甚至厌弃差生的各种错误做法，按照教育、教学规律，从加强基础知识、基本技能和发展智力入手，对教育思想、教学内容、教学方法和手段进行改革，特别是课堂教学和考试制度更要从实际出发，注重教学效果。重视劳动教育，有效地减轻学生过重负担。在不断提高中小学语文、数学教学水平的同时，注意加强音乐、美术、体育等学科的教育和课外阅读的指导，拓展学生的视野，培养中小学生高尚的情操和品质，为中小学生文化素质和身心健康的全面发展打下良好的基础。在已经普及初级中等教育的地区，应通过试点，逐步实行小学生升初中就近入学的原则，取消小学升初中的统一考试。现有的重点学校要在端正办学指导思想，坚持教育、教学改革，全面提高教育质量等方面真正起到示范作用。

贯彻国家的教育方针，使儿童、少年在德、智、体三方面得到全面发展，需要全社会的关心和支持。要把学校教育、家庭教育和社会教育结合起来，调动全社会的力量，都来积极参加端正教育思想的讨论，共同抵制和纠正片面追求升学率的倾向，确保广大儿童、少年的健康成长，使我们的教育真正做到面向现代化、面向世界、面向未来。

五、增加实施九年制义务教育的经费，改善办学条件

增加必要的教育事业费和基建投资，逐步改善办学条件，是实施九年制义务教育的重要保证。我市教育费用仍实行多渠道筹措的方针。

第一，从今年起，市、区、县财政对教育的拨款要继续坚持做到“两个增长”。乡财政收入应主要用于教育事业。

第二，城市维护费和地方农业税附加都应按中央和省的规定安排一定比例用于对教育的投资。市和区县财政拨款进行统建住宅，应从统建住宅总投资中划出一定的比例，由当地教育部门统筹建造教师住宅。市政府决定“七五”期间，每年由市财政拨款为中小学教师修建两万平方米的宿舍，教育部门所属的中、小学（包括幼儿园和师范学校）单独修建教师住宅，免收配套费。

第三，认真做好征收教育费附加的工作。国务院《关于筹措农村学校办学经费的通知》规定，要征收农村教育事业费附加，省政府对征收对象、征收率、使用范围、如何征收等已作了规定，从今年1月1日开始执行，各区县政府正组织农业、教育、财政、税务、工商等有关部门具体实施。最近，国务院又发布了《征收教育费附加的暂行规定》，凡缴纳产品税、增值税、营业税的单位和个人，除缴纳农村教育事业费附加的单位外，都应当缴纳教育费附加，从今年7月1日开始征收。我们要认真贯彻执行。

第四，凡新建大中型企业，或小型企业扩建为大中型企业，新建大批职工住宅或居民区，新开发地区，都应把统筹新建学校纳入建设规划；农村集镇建设规划须包括义务教育设施，所需资金包括在集镇建设投资内。否则，不予批准。

第五，积极扶持学校开展勤工俭学活动，其收入按规定主要用于办学。

第六，在自愿的基础上，鼓励单位、集体、个人捐资助学。同时，要严格控制各方面向学校征收费用，减轻学校的经济负担。

经市政府研究要积极准备建立“教育发展基金”，更好地支持教育事业的发展。

义务教育法规定：“国家对接受义务教育的学生免收学费”。我们坚决执行。至于是否收取少量杂费，李鹏副总理说：“原则上应该逐步做到免收杂费，但应视当地政府财政状况逐步实施。”根据我市目前各级财力情况，暂时仍需收少量杂费，把这个情况向群众讲清楚，群众是能够理解的。

各级教育部门和学校必须注重投资效益，管好用好教育经费，真正做到财尽其用，取得优化的投资效益。各级财政、审计部门要加强对教育经费的审计监督工作。

六、分级负责，加强领导，确保义务教育法的实施

基础教育实行地方负责、分级管理的原则，这是改革我国教育体制、发展教育事业的基础环节。市、区（县）、乡（镇）政府和城市街道办事处，应把这项工作列入重要的议事日程。市主要负责全市义务教育的宏观管理，制定具体政策、制度、规划和措施，加强调查研究和分类指导；区（县）负责制定本地区义务教育的发展规划，落实各项实施义务教育的措施，督促、检查和具体指导所属学校的各项工作，管理所属学校的干部和教师队伍；乡（镇）负责管理和办好所属学校，落实民办教师待遇，有计划地改善办学条件，保证适龄儿童、少年入学。

各级人民政府的有关部门，都要充分发挥职能作用，通力合作，搞好义务教育。计划、财政、教育、城建、农业、劳动、人事等部门，要在制定义务教育发展规划，安排新师资培训指标，筹措教育经费，改善办学条件，全面提高教育质量等方面切实做好工作。

各级政府要把实施义务教育的工作，列为政绩考核的重要内容，每年公布一次实施义务教育的情况，对成绩显著的要给予表彰、奖励。

各位代表！贯彻义务教育法是关系国家和民族未来的大事，同广大工人、农民、知识分子、解放军以及千家万户都有密切的关系。市政府提出的实施意见，有不完善不妥当的地方，请各位代表审议。

重庆市人民代表大会常务委员会工作报告

（1987年5月12日）[①]

重庆市人大常委会副主任　白兰芳

各位代表：

我受市人大常委会的委托，向大会报告市十届人民代表大会第四次会议以来常务委员会的工作。

根据市十届人大四次会议关于常委会工作报告的决议，按照宪法和法律赋予的职权，一年来，我们在保证宪法和法律的实施，开展地方立法，推进普法教育，组织县（区）、乡（镇）换届选举等方面进行了探索，取得了进展，积累了经验。为发展社会主义民主，健全社会主义法制，促进我市改革和建设，发挥了地方国家权力机关应有的作用。

一、开展地方立法工作，加强对法律实施的监督

推进社会主义法制建设，保证宪法和法律在本行政区域内的贯彻实施，是地方人大常委会的一项根本任务。这一时期，我们一方面继续积极参加国家立法活动，对全国人大常委会下发征求意见的《全民所有制工业企业法》《邮政法》等十多个法律草案，认真组织有关单位和专家、学者讨论，汇集意见整理上报；另一方面，针对以往工作中的薄弱环节，开展了地方立法工作。

（一）制定了《关于拟订地方性法规草案程序的规定》。随着我市改革和建设的发展，越来越多的经济活动和社会关系需要用法律、法规来加以调节，制定地方性法规成为日益迫切的客观需要。为了有计划地开展这一工作，经第十八次常委会议审议通过了《关于拟定地方性法规草案程序的规定》，为开展地方立法规定了明确的程序。

（二）我会第十九次常委会议拟订的《重庆市城镇房地产纠纷仲裁条例》，经省人大常委会第二十一次会议审议制定后，已于1986年10月2日公布实施。我市的房地产纠纷历来居于民事纠纷的前列，随着改革、开放、搞活的发展，房地产方面的经济活动（开发、投资、拆迁、租赁、买卖等）更加频繁，反映出不少新的矛盾和问题。《仲裁条例》的制定和实施，为正确、及时裁处房地产纠纷提供了有力的武器，有利于减少房地产方面的诉讼案件。据初步了解，这个条例公布以来，已有170件房地产纠纷通过仲裁得到了妥善解决。

（三）针对城镇建设中拆迁难的问题，我会第二十二次常委会议制定了《重庆市城镇建设拆迁管理办法》，经省人大常委会第二十四次会议批准，已于今年4月4日公布实施。这是根据1986年12月2日修正的《地方组织法》我市享有地方性法规制定权以后制定的第一个地方性法规。《办法》对有关拆迁的一系列问题，做出了较为切合实际的规定，对加强城镇管理，推进城镇建设，维护人民合法权益，具有重要的作用。

（四）着手进行立法规划。今年以来。经与政府、法院、检察院及其他有关单位共同研究，制定了本市1987年立法规划，并提出了保证实现这一规划的相应措施。政府及其所属的一些委、办、局还相继设立了专门机构，以加强这方面的工作。

此外，这一期间，我们对省人大常委会下发征求意见的《四川省计划生育条例》《四川省经济合同管理条例》《四川省集体矿山企业和个体采矿管理条例》等地方性法规草案，也都组织有关各方进行了讨论，并汇集意见，及时上报。

① 此报告系于1987年5月召开的重庆市第十届人民代表大会第五次会议上报告。

在开展地方立法工作的同时，我们通过对《森林法》《土地管理法》《环境保护法》(试行)、《义务教育法》《文物保护法》等十多个法律、法规的贯彻执行情况的检查，加强了对法律实施的监督。如本会教科文卫工作委员会在检查《文物保护法》贯彻实施情况时，发现有的单位不顾劝阻，强行在省级文物保护单位“潼南大佛”的保护范围内动工修建高压输电线铁塔，严重违反了《文物保护法》的有关规定，就严肃进行了纠正。

二、贯彻执行全国人大常委会《关于加强法制教育维护安定团结的决定》，推进普法教育

进行坚持四项基本原则的教育，在政治思想领域坚决反对资产阶级自由化，加强社会主义精神文明建设，进一步巩固和发展安定团结的政治局面，是今年要抓好的两件大事之一。1月22日，全国人大常委会第十九次会议做出了《关于加强法制教育维护安定团结的决定》(以下简称《决定》)，这是一个非常重要的文件。为了及时开展宣传学习，本会于2月9日邀请部分新闻出版界和法学界的同志举行座谈会，讨论这一重要决定的基本精神、主要内容和重大意义，交流了初步的体会。2月中旬，在二十三次常委会议上，张文澄主任传达了彭真委员长关于《决定》的讲话精神。会议采用自学文件和联组讨论方式，组织与会的全体同志进行了认真的学习，在认识一致的基础上，做出了《关于学习、贯彻执行全国人大常委会〈关于加强法制教育维护安定团结的决定〉的决议》。要求在全市各行各业把宣传学习和贯彻执行《决定》的工作普遍开展起来，力争做到家喻户晓，使广大干部和群众了解任何组织和个人都必须遵守宪法和法律，学会运用法律武器，同违反四项基本原则、违反宪法和法律的行为作斗争。随后，我市第三次法制宣传教育工作会议，对宣传、学习和贯彻执行《决定》的问题进一步做出了具体部署，明确了普法教育必须以宪法为核心内容，以学习《决定》为重点，注意增强干部和群众的宪法观念和公民意识，这就为深入持久地宣传、贯彻《决定》提供了保证。

要做到依法办事，根本问题是教育人，提高广大干部和群众的法制观念。这一期间，对于本会第九次常委会议做出的《关于在全市公民中普及法律常识的决议》的执行情况，我们在去年12月上旬组织部分委员和人民代表会同市司法局、市法院和市普法办的负责同志，采取专题视察的方式，对部分市级机关、企事业单位及其领导干部学法、用法情况进行了检查(包括对23个单位的99名领导干部进行法律知识测验)。通过检查，肯定了成绩，总结了经验，对如何解决存在的问题进行了探讨，对普法工作的深入开展起了推动作用。目前，全市已进行普法学习的有180多万人(其中干部15万多人)，占应普及数的15%左右。一个群众性学法、用法的良好风气正在形成。

为了推进法制教育，本会分管法制工作的领导同志和法工委的干部，分别参加了市普法领导小组及其办公室的工作，并在多种场合宣讲宪法、法律。我们还再版了《法规选编》第一辑，新编出版了《法规选编》第二辑，现正印制《法规选编》第三辑，为市内外各有关部门、单位学法、用法提供了资料。

三、加强对县(区)、乡(镇)人民代表大会代表换届选举工作的指导，发展社会主义民主

《选举法》第七条明确规定了设区的市的人大常务委员会指导本行政区域内县级以下人民代表大会代表的选举工作。从去年10月开始，我市开展了县(区)、乡(镇)人民代表大会代表的换届选举。对于这一工作的指导，我们着重抓了以下几点：

(一)事前会同有关部门派人到合川县、南岸区、市中区调查了解本届代表和人大常委会组成人员的状况，提出通过换届选举，适当减少代表名额、逐步提高代表和委员素质的建议，以统一有关各方的思想；

(二)在第二十一次常委会议上，对县(区)、乡(镇)两级人民代表换届选举工作进行了专题审议，

通过了市选举委员会组成人员名单，做出了关于1987年2月底以前选出代表，4月底以前召开新的一届代表大会第一次会议的决定；

（三）及时传达中办发〔1986〕36号、39号文件精神和上级有关这次选举工作的各项规定，认真组织学习和贯彻执行，强调必须严格依法办事，认真发扬社会主义民主，充分尊重选民意愿；

（四）在一些城市出现学生闹事的情况下，专门召开了有部分大专院校和有关区、县选举工作负责人参加的座谈会，推广交流西南政法学院和四川外语学院试点的经验；要求排除干扰，积极引导，一丝不苟地按选举法办事，用事实来驳斥在资产阶级自由化思潮影响下对选举问题的某些错误观点。

到今年4月底，县（区）、乡（镇）换届选举工作已胜利完成。通过这次换届选举，共选出区、县人民代表5560人，比上届减少17.7％；同时，代表的年龄、文化结构有所改善，参政议政能力有所提高。新的一届人民代表大会一般都开得生气蓬勃，卓有成效，无论选举区、县国家机关领导人员，或审议、决定重大事项，代表们都更加主动积极地履行了当家作主的职责。事实表明：通过加强对换届选举的指导来推进人民代表大会制度的建设，逐步完善社会主义民主政治，是必要和可行的。

四、继续加强任免工作

上次代表大会以来，本会依法任命了32名干部，其中有副市长1名，委办主任、局长4名，本会副秘书长、工作委员会副主任3名，检察分院正副检察长2名，检察委员会委员、检察员7名，市法院副庭长、审判委员会委员、审判员15名；批准任命了区、县人民检察院检察长14名。同时，依法免除了一批国家工作人员的职务。

在任免工作中，我们坚持按照《地方组织法》和中央有关的政策规律办事，对于某些不依法办事的现象，一经发现，随时纠正。凡提请任命干部，均要求报送考核材料，以便常委会议了解情况，进行审议，切实行使职权。同时，对被任命的干部当面颁发任命书的作法已形成制度，普遍反映，这对帮助他们增强法制观念、国家观念、做人民公仆的观念很有益处。在任免事项的表决方式上，把举手表决改为无记名投票表决，实践证明，这有利于更好地表达国家权力机关的集体意志，对被任命的干部来说，也可以从赞成人数的多寡受到一次实际的教育。

关于对人大选举、任命的干部进行政绩考核，在去年进行探索的基础上，经本会总结、推广以及区县人大相互交流经验，目前全市已有20个区县的人大常委会在区、县委的有力支持下，先后开展了此项工作。通过政绩考核，增强了人大常委会对所选举、任命的干部的了解，对提高干部接受国家权力机关监督的自觉性，改进工作与作风，起了促进作用。因此，我们认为，继续进行探索和积累经验是必要的和有益的。

五、改进常委会议的会务工作

从市人大十届四次会议以来，本会举行了七次常委会议（自第十八次到二十四次），听取和审议了关于我市工农业生产、城市规划、财政税收、法制建设、文化教育、植树造林、对外交往等方面的工作报告21项；本会和所属办事机构的工作报告15项；连同人事任免，共计50项。今年4月举行的第二十四次常委会议，制定了这次大会的议程草案和各项名单草案，为大会的召开作好了准备。

在审议上述重大事项中，为了认真贯彻人大常委会“权在集体”的民主集中制原则，努力提高会议质量，在会务工作上作了一些改进。

（一）对于常委会议审议的若干重大事项，注意根据实际需要做出相应的决议、决定，以便贯彻落实。在一年来召开的七次常委会议上，共做出了决议、决定28项，占所审议议题总数的56％。

（二）进一步协调本会与一府两院的工作，加强会议的计划性。一年来，安排各次常委会议的主要议题，基本上做到了事前征求一府两院的意见；在确定议题后，各有关单位一般都注意了及时作好材料准备。

（三）围绕提交常委会会议审议的重要议案，认真组织委员和代表事前开展调查研究或视察活动，并写出书面材料，供会议审议参考。

（四）把检查、督促人民代表大会的各项决议、决定的贯彻落实列为常委会议的重要内容。在此期间，常委会议听取了市政府及有关部门关于贯彻市人民代表大会所作的《义务教育法》实施意见决议执行情况的汇报，关于1986年国民经济、社会发展计划执行情况的汇报，关于财政预算执行情况的汇报等。这有利于常委会发挥市人民代表大会常设机关的职能作用。

六、认真办理代表建议、批评、意见和来信来访，密切与代表的联系

市十届人大四次会议期间，代表提出了议案87件，经大会议案审查委员会研究提出，主席团决定作为建议、批评、意见（以下简称建议）办理的81件，连同代表所提的建议700件，共计781件，现均已办理完毕，并将办理结果分别向代表作了答复。总的说来，由于采取了大会期间领导干部到会办理建议的办法，加快了办理的速度，工作质量也有一定提高。从市政府承办的744件建议的办理结果来看，已经解决或基本解决的有273件，占总数的36.6%（例如一些代表反映代课教师报酬偏低问题，经市教育局、市人事局、市财政局会同研究，于去年6月发出了《关于调整代课教师酬金的通知》，使其得到了合理解决）；正在解决或已列入近期规划，着手逐步解决的291件，占总数的39.1%；按现行政策或因目前条件限制，一时不能解决，有关部门已向代表做出说明解释的有180件，占总数的24.3%。

上次代表大会以来，我们共接待代表和群众来访685人（次），收到来信3403件，其中群众来信3227件，比市十届人大三次会议到四次会议期间增加57.4%。从信访涉及的问题来看，一般也是难度较大的。但是，由于领导亲自阅批重要信件，各办事机构密切配合，做到了及时办理。按照人大常委会的工作特点，我们对来信来访中涉及宪法和法律实施，保护公民合法权益，国家机关工作人员违宪违法问题的，一般都立案查办，并将办理结果直接答复来信来访人。如重庆大学一位教师来信反映，其子被綦江县教育局的一个驾驶员用汽车故意冲撞致死，某些有关部门打算作一般交通事故处理。我会进行调查了解后，责成立案查处，现已由法院对罪犯依法进行了惩办。由此可见，认真处理内容关系重大的来信采访，对于履行国家权力机关的职责，保障人民群众民主权利，维护宪法和法律尊严，是很有意义的。

为了加强与市人民代表的联系，今年4月初，我们召集市人民代表小组组长和区、县人大常委会有关同志，在永川举行了代表工作座谈会，交流了代表小组、代表个人开展活动和一些区、县人大常委会联系市人民代表的先进经验，对提交会议征求意见的《市人民代表工作办法》稿进行了比较深入的讨论，提出了许多意见。现正由市人大办公厅抓紧修改定稿，拟提请二十五次常委会议审议制定，使代表工作逐步制度化、规范化。

七、开展对外友好交往和加强与外地人大常委会的横向联系

随着对外开放政策的贯彻落实，本会的外事活动有了新的发展。第十九次常委会议听取和审议了市政府的汇报后，做出了《关于批准"中华人民共和国重庆市和日本国广岛市缔结友好城市关系协议书"的决议》。1986年10月，重庆市友好代表团前往广岛市签署重庆、广岛缔结友好城市关系的协议。本会白兰芳副主任担任该团副团长参加了各项活动，并顺道访问了水户市。这一期间，我们还接待或参与接待了波兰、日本、法国、加拿大、美国和欧洲议会组织等多起友好团、组或友好人士的来访。这些活动，有助于推进我市对外友好交往的发展。

在加强与外地人大常委会的交往方面，本会负责同志和各工作机构分别参加了各种类型的不同层次的一系列横向联系活动。例如由本会和昆明市人大常委会发起，去年6月中旬在昆明举行了成都、贵阳、南宁、昆明、重庆等西南五市人大常委会主任第一次联席会议，相互介绍了各自的工作情

况，交流了经验，对地方人大常委会的工作规律、提高代表素质等问题，进行了有益的探讨。去年12月，又在南宁召开了有拉萨市人大常委会参加的第二次联席会议。这一期间，接待外地人大常委会来渝参观访问共135批，734人；我们也派出了少量同志外出访问、学习。由于横向联系的发展，沟通了信息，开阔了视野，对帮助我们深化对人大工作的认识，借鉴外地经验改进工作很有好处。此外，在市内，我们还通过召开财经、法制、教科文卫和信访等方面的专业会议，增进了与区、县人大常委会之间的联系。

八、加强机关建设，提高工作效率

一年来，我们在机关自身建设上，做了以下工作：

（一）组织机关工作人员进行经常的政治理论和时事政策学习，参加各种形式的法律知识学习和文化知识学习，努力提高干部的政治素质、业务水平和工作能力。今年以来，又通过传达学习中共中央有关文件和全国人大常委会的《决定》，深入进行坚持四项基本原则、反对资产阶级自由化的教育，从而加强了机关的思想建设，提高了对前进方向的识别力，为四职教育的继续深入打下了基础。

（二）进一步发挥了机关各办事机构的职能作用，特别是换届以来新设立的五个工作委员会，经过学习和实践，基本上掌握了作为权力机关的工作机构与行政机关工作机构的区别，能按人大工作的特点和要求，围绕为代表大会和常委会议的议题准备材料、了解代表大会和常委会决议执行情况、组织地方性法规的起草等，开展活动。

（三）根据宪法和《地方组织法》的规定，在广泛征求有关方面意见的基础上，经充分酝酿，完成了《对市人民政府、市中级人民法院、市人民检察院实施法律监督和工作监督的办法》和《任免工作细则》的起草工作，将在今年内提交常委会议审议制定，使人大行使职权进一步制度化、规范化。

（四）继续加强工作研究和理论探讨。除在《人大工作通讯》上开辟专栏，开展讨论外，这一期间，在总结经验的基础上，机关领导干部和工作人员撰写论文和经验总结等共计40多篇。同时，根据全国人大常委会办公厅研究室和省人大常委会办公厅的要求，我们撰写了一些专题总结，并对如何在政治体制改革中逐步完善人民代表大会制度开始了初步的探讨。

各位代表：通过这一时期的工作实践，我们日益深刻地体会到，作为人大的干部，特别是常委会的组成人员，首先必须牢牢掌握坚持党的领导与依法办事相一致的原则，运用这个原则来正确观察和处理履行职权中遇到的问题，并注意排除由于把两者分割开来或对立起来而形成的干扰，这是搞好人大工作的关键。其次，要以推进民主和法制建设为工作的着重点。我们开展各项活动，如举行代表大会、常委会议、改进任免工作、加强监督职能、组织代表视察、办理议案、建议，进行换届选举等等，都是为了发展社会主义民主，健全社会主义法制，完善人民代表大会制度，以维护安定团结，推进改革和建设；只有掌握了这个着重点，才能把人大自身的工作与国家行政机关的工作区别开来，避免发生重叠或抵消力量，充分发挥自身应有的职能作用。第三，由于设立地方人大常委会只有七年多时间，开展工作没有现成的模式可循，必须强调开拓精神；要勤于思考，勇于探索，在实践中积累经验，通过积累经验，把工作不断推向前进。

我们还认识到，尽管这一期间的工作取得了一些新的进展，但是，从宪法和法律赋予的职责来看，从改革和建设的要求来看，还有许多不足。当前，存在的主要问题和缺点是：在依法行使职权，特别是进行法律监督和工作监督上还不够有力；发挥代表作用还不充分；常委会机关人员配备和机构设置与开展工作，行使职权的客观需要日益不相适应。对于这些问题，必须在今后工作中，认真研究，逐步解决。

1987年是“七五”计划的第二年。在这一年里，我们必须全面贯彻执行党的十一届三中全会以来的路线、方针、政策，围绕开展增产节约、增收节支运动和反对资产阶级自由化两项重大任务，以对人民负责、忠于职守的高度政治责任心，认真履行职责，特别是在法律监督和工作监督方面，要力求做出成效。为此，应着重抓好以下几个方面的工作：

（一）认真传达六届全国人大五次会议和省、市今年代表大会的精神，以〈……〉《政府工作报告》和全国人大常委会《关于加强法制教育维护安定团结的决定》为指针，通过扎扎实实的工作，统一全市干部和群众对当前形势和任务的认识，进一步增强宪法观念和公民意识，为完成我市全年各项任务提供有力的政治保证。

（二）在总结县（区）、乡（镇）换届选举工作经验的基础上，按照全国和省的部署，根据严格依法办事，发展社会主义民主的原则，从下半年起，及时研究和着手制订市人民代表大会代表换届选举方案，切实推进人大建设。

对于乡、镇人民代表大会的工作与建设的情况和问题，要有重点地进行调查了解与分析研究，把加强基层政权建设提上议事日程。

（三）适应经济、城建、科技等工作发展的需要，力争在本届人大任期内完成一批新的地方性法规的制定。

（四）通过组织小型专题视察，开展代表小组活动，召开专题座谈会等多种方式，使本会与代表之间、代表与选举单位之间的联系，逐步经常化，进一步发挥代表的作用。

（五）会同有关部门制定本会和区、县人大常委会充实机关干部力量和调整机构设置的方案，促其尽快实现。

（六）采取适当方式加强经验交流，为新当选的本届区、县人大常委会负责同志尽快熟悉工作提供帮助。

以上报告，请予审议。

重庆市第十届人民代表大会第六次会议关于市第十一届人民代表大会代表名额和选举问题的决定（草案）

（1987年12月14日主席团第一次会议通过）

重庆市第十届人民代表大会第六次会议，根据《中华人民共和国全国人民代表大会和地方各级人民代表大会选举法》（以下简称《选举法》）和《四川省地方各级人民代表大会代表选举实施细则》（以下简称《细则》）的有关规定，就重庆市第十一届人民代表大会代表名额和选举问题，做出决议如下：

一、重庆市第十一届人民代表大会的代表名额定为771人。

二、重庆市第十一届人民代表大会代表名额的分配，由市人大常委会按照《选举法》和《细则》规定的原则征求有关各方的意见后决定。

三、各区、县和驻渝部队，应在1988年4月30日前选出重庆市第十一届人民代表大会代表。

重庆市第十届人民代表大会第六次会议关于《重庆市第十一届人民代表大会代表名额和选举问题的决定（草案）》的说明

（1987年12月15日）①

重庆市人大常委会副主任　白兰芳

各位代表：

按照《宪法》和《地方组织法》的规定，设区的市的人民代表大会每届任期五年。重庆市第十届人民代表大会是1983年通过选举产生并召开第一次会议的，任期将于1988年届满，应依法进行换届选举。为此，大会秘书处拟定了《重庆市第十一届人民代表大会代表名额和选举问题的决定（草案）》（以下简称《决定（草案）》），并经大会主席团第一次会议讨论，同意提交各代表团审议。我受主席团委托，就有关事项说明如下：

一、关于市第十一届人民代表大会代表的名额。《决定（草案）》第一条规定，重庆市第十一届人民代表大会的代表名额定为771名。这是根据《四川省地方各级人民代表大会代表选举实施细则》第十一条关于"设区的市、自治州人民代表大会代表名额以200名为基数，每25000人增加一名代表名额"的规定，按我市1986年底的人口统计数1427.45万人计算而确定的，比市十届人大代表895名减少124名，减少幅度为13.9％。主席团认为，对于重庆市第十一届人大代表名额做出的这一规定，符合《选举法》第九条便于召开会议、讨论问题和解决问题，并且使各名族、各地区、各方面都能有适当数量的代表的原则，是恰当的。

二、关于代表名额的分配。关于市第十一届人民代表大会代表名额分配，要求市人大常委会应在本次人民代表大会通过《决定（草案）》后，按照其第二条的精神，根据《选举法》和《四川省地方各级人民代表大会代表选举实施细则》关于"市、市辖区的农村每一代表所代表的人口数，应多于市区每一代表所代表的人口数"的原则，参照市第十届人民代表大会代表名额的分配办法和基数提出初步安排意见，并征求各选举单位和有关方面的意见后，制定正式方案，及早下达。

三、关于选举市十一届人大代表的时限。《决定（草案）》第三条规定，各区县和驻渝部队，应在1988年4月30日前选出重庆市第十一届人民代表大会代表。这主要是考虑到以下两个方面的原因：（一）代表候选人的提名推荐工作，包括由市安排到各选举单位的代表候选人的提名、推荐工作，根据我市的实际情况，预计要到1988年3、4月间，才能完成；（二）市第十一届人民代表大会第一次会议，将要审查、批准市人民政府等的工作报告和审查、批准重庆市1988年国民经济和社会发展计划、重庆市1988年预算，为了有效地行使人民代表大会的这些重要职权，召开会议的时间以安排在上半年为宜。同时，《地方组织法》第十五条规定"地方各级人民代表大会每届第一次会议，应在本届人民代表大会代表选举完成后的两个月内举行"。把完成选举市十一届人大代表的期限定为1988年4月30日，就决定了市十一届人民代表大会第一次会议必须在1988年上半年内召开，主席团认为，确定这样的时限切合实际，是适当的。

请各位代表对《决定（草案）》予以审议。

① 此说明系于1987年12月召开的重庆市第十届人民代表大会第六次会议上报告。

（三）法院工作报告

重庆市中级人民法院工作报告

（1980年3月）①

重庆市中级人民法院院长　胡润吾

各位代表：

我完全同意于汉卿同志所作的重庆市政府工作报告。

现将我市法院工作情况向大会报告。

从本届人民代表大会第一次会议以来，市法院在市委和省法院的领导下，紧密围绕全党全国工作着重点的转移，坚决贯彻执行党的十一届三中全会和五届人大二次会议提出的路线、方针、政策，加强社会主义法制，保护公民的合法权利，保卫"四化"建设，着重抓了以下几方面的工作：

一、不断端正思想路线，加强司法队伍建设。两年来，通过传达贯彻全国、全省司法工作会议精神，联系我市司法工作实际，狠批林彪、"四人帮"颠倒敌我关系，破坏无产阶级专政的罪行，提高了思想认识，分清了路线是非。在此基础上，进一步组织司法干警，深入开展真理标准问题的学习和讨论，并联系平反纠正冤假错案的实际，认真总结过去的司法工作，进一步端正思想路线，使大家认识到，在新的历史时期，司法工作必须正确认识和处理新形势下的阶级斗争问题，充分运用审判职能，维护社会主义法制，打击敌人，惩罚犯罪，保护人民，巩固和发展安定团结的政治局面。在工作中，必须坚持实事求是，一切从实际出发，排除"左"和右的干扰，做到有法必依，执法必严，违法必究。

去年以来，全市法院紧密联系司法工作的实际，特别是联系复查纠正冤假错案的工作实际，着重从思想路线上拨乱反正，医治"内伤"，坚持实践是检验真理的唯一标准，不断克服"宁左勿右"，"左比右好"的思想，消除余悸，使司法干警从林彪、"四人帮"极"左"路线的影响下逐步解放出来。坚持忠实于事实真相，忠实于人民利益，忠实于法律制度，使遭受十年浩劫的司法工作，重新回到社会主义法制的正确轨道上来。

全市各级法院在加强思想建设的同时，还进行了必要的组织和业务建设，整顿和加强了领导班子，充实了审判人员，开办法律学习班，对全市法院干部进行了业务培训。广大司法干警革命意志旺盛，法制观念和组织纪律性大大增强，业务能力有了提高，发挥了工作积极性，提高了办案质量。目前，大家正满怀信心，为贯彻实施新法律，保卫"四化"建设贡献力量。

二、运用法律武器，坚决打击反革命分子和其他刑事犯罪分子的破坏活动。全国刑事审判工作会议后，全市各级法院严格按照国家法律和审判程序，及时地惩办了一批反革命分子和其他刑事犯罪分子，特别是去年12月贯彻全国城市治安工作会议以来，积极协同公安、检察机关，运用法律武器，狠狠打击了杀人犯、抢劫犯、强奸犯、放火犯和其他严重破坏社会秩序的犯罪分子。〈……〉。

通过打击处理现行犯罪活动和开展法制宣传工作，广大干部、群众进一步增强了法制观念，提高了同违法犯罪行为作斗争的自觉性。不少有违法犯罪活动的人，纷纷坦白交代，投案自首。一些有不良习气和违法行为的青少年，愿意接受教训，有

① 此报告系于1980年3月召开的重庆市第八届人民代表大会第二次会议上报告。

了好的转变。

三、坚持实事求是，抓了复查纠正冤假错案的工作。“文化大革命”中，林彪、“四人帮”阴谋篡党夺权，疯狂推行极“左”路线，对广大干部和群众实行封建法西斯专政，造成了一大批冤假错案。粉碎“四人帮”后，特别是党的十一届三中全会以来，我们按照中央、省、市委和上级法院的指示精神，一直把复查纠正冤假错案作为一项重要任务来抓。全市法院本着有错必纠和全错全平、部分错部分平、不错不平的原则，做了大量工作。截至去年底，已复查了“文化大革命”中判处的政治案件4099件，平反改判了1380件，占复查数的34%；已复查处理了“文化大革命”中判处的部分普通刑事案件2335件，平反、改判了165件，占复查数的7%。已复查处理了“文化大革命”前、后的申诉案件5205件，平反、改判了1507件，占复查数的29%。许多案件平反、改判后，当事人感动得热泪盈眶，表示“要以有生之年为四化出力”。西南制药二厂沈育万，经南岸区法院平反改判后，恢复了工程师职称，一年多来，他积极改革工艺和试制新产品，整理和翻译了大量技术资料，热情帮助青年技术人员提高科研水平。

四、努力为“四化”服务，积极开展经济司法工作。经济司法工作是一项新的工作，其任务主要是：通过审理经济案件，解决工、农、商之间的经济纠纷，调整国家、集体、个人三者之间的经济关系，对违反经济法规的企事业单位依法予以制裁，直至追究刑事责任，以维护社会主义经济秩序，保障“四化”建设的顺利进行。去年我们先在市法院设置经济庭，受理了经济案件34件，到年底已审结29件，除一件重大海损事故追究刑事责任，一件合同纠纷作了判决处理外，其余都是调解解决的。一年多来的实践，初步积累了一些经验，开始迈出了步子。

五、贯彻群众路线，努力做好民事、调解工作。正确处理人民内部闹纠纷的问题，是巩固和发展安定团结政治局面，促进“四化”建设的必要条件。全市法院认真传达贯彻全国民事审判工作会议精神，积极推行审判民事案件的程序和制度，依靠基层单位和调解委员会，按照党的政策和国家法律，针对当事人的实际思想进行耐心细致的说服教育工作，使案件得到正确处理。去年，全市法院共审结初审民事案件8958件，比前年多审结70%。对发展安定团结的大好形势，促进工农业生产的发展，起了积极的作用。

为了及时把群众中的纠纷解决在基层，解决在萌芽状态，防止矛盾激化，全市法院配合基层政权组织，整顿调解组织，培训调解人员，加强了调解工作。目前，已在全市310个农村公社（镇），95个街道的720个地段、551个市属以上厂矿建立了调解委员会，共有调解人员46697名，初步形成了一个调解工作网，及时妥善地调解解决了大量民事纠纷和轻微刑事案件，仅去年即调处了6.5万多件，相当于法院收案的6倍以上。

两年来，全市人民法院工作取得了一定成绩，这是各级党委和上级法院加强领导，广大群众积极支持，全体司法干警共同努力的结果。但是，工作中也存在一些问题，主要是：力量与任务还不适应的状况仍然没有改变，遗留的刑、民事案件和申诉案件数量还很大，全面实行刑法、刑事诉讼法在物质条件方面还存在一些实际困难，法院的组织、思想和业务建设都存在一些问题，有待进一步加以解决。

各位代表，在进入八十年代的第一年里，全市法院决心在市委、市人大常委会的领导下，认真学习党的十一届五中全会文件和邓小平同志关于目前的形势和任务的报告，坚决贯彻党的政治路线和思想路线，使法院工作更好地为发展安定团结局面，加速实现四个现代化服务。为此，我们要认真做好以下几项工作：

一、严格依法办事，正确、合法、及时地处理刑事案件。要严格按照“事实为根据，法律为准绳”的原则审判刑事案件，“稳、准、狠”以准为重点地打击反革命分子和其他刑事犯罪分子。当前，在整顿城市社会治安秩序中，对那些杀人犯、抢劫犯、强奸犯、放火犯和其他严重破坏社会秩序的刑事罪犯，在刑法规定的幅度内，要从严从重，狠狠打击。要选择有教育意义的典型案件，召开群众大会，依法公开审判或公开宣判，以震慑敌人，教育群众。

审判刑事案件，要依靠群众，重证据，重调查研究，严禁逼、供、信。要严格区分和正确处理两类不同性质的矛盾，定罪量刑要严格按照“两法”办事。对每一个刑事案件都要做到：事实清楚，证据确凿，定性准确，判处恰当，程序合法，手续完备，切实保证办案质量。以打击敌人，惩罚犯罪，巩固和发展安定团结的政治局面。

二、善始善终地完成复查纠正冤假错案的工作。全市法院应在全面复查“文化大革命”以来判处的反革命案件、普通刑事案件的基础上，善始善终做好纠正冤假错案的工作，特别是因刘少奇同志问题受株连造成的冤假错案，更要认真复查，尽快纠正。整个复查纠正冤假错案的任务，力争在上半年完成。并由法院统一组织力量，进行检查验收。对“文化大革命”前判处的刑事案件提出申诉的，应作为人民法院的经常工作，认真负责地予以处理。对群众来信、来访工作，要加强领导，增派力量，健全制度，切实抓紧做好。

三、进一步加强民事审判和调解工作。审判民事案件，应按照“依靠群众，调查研究，调解为主，就地解决”的方针和最高人民法院关于《人民法院审判民事案件程序制度的规定（试行）》执行。目前民事积案较多，要在保证案件质量的基础上加快办案进度，抓紧审结处理。做到有利于发展社会主义经济基础，有利于巩固无产阶级专政，有利于增强人民内部团结，有利于实现新时期的总任务。

人民调解委员会是群众性的调解组织，对于及时为群众排难解纷，进行法制教育，增进人民内部团结，促进生产建设的发展具有重要作用。要在基层人民政府和人民法院的指导下，进一步加强厂矿、农村、街道调解委员会的组织、思想和业务建设，有计划地对调解人员进行业务培训，充分发挥各级调解组织和广大调解人员的积极作用。并广泛开展法制宣传教育，预防和减少纠纷的发生。

四、进一步加强经济司法工作。随着四个现代化的迅速发展，经济立法的逐步完备，国家、集体、个人之间发生的经济案件，以及涉外的经济案件，将会大大增加，全市法院要积极开展经济司法工作。根据目前的实际情况，解决经济纠纷，应该首先由主管部门调解或仲裁机构进行仲裁，法院只受理主管部门解决不了的重大案件和不服终局仲裁的案件。审判经济案件，要严格按照法律规定的审判制度和程序执行，切实保证办案质量。当前还要注意调查研究改革经济体制中、扩大自主权的企业中、农工商联合企业中，经济合同执行中的情况和问题，更好地为“四化”建设服务。

五、进一步加强领导班子和司法队伍的建设。全市法院要按规定尽快把干部配齐，把组织机构健全起来，以适应形势发展的要求和实际工作的需要。要认真组织司法干警学习理论和司法业务，钻研政策、法律，不断提高干警的政治理论水平、业务能力和执行政策、法律的自觉性。要紧密结合审判业务，加强经常性的政治思想工作，努力培养出一支忠实于法律制度，忠实于人民利益，忠实于事实真相，大公无私、刚正不阿的司法队伍。要加强领导班子的建设，健全民主生活，认真实行民主集中制。法院各级领导同志，要努力学习，进一步端正思想路线，不断改进工作方法和工作作风，带领全体司法干警，推动各项工作胜利前进。

各位代表，加强社会主义民主和社会主义法制，对保障“四化”建设的顺利进行，具有重要的作用。我们一定要兢兢业业、勤勤恳恳，努力做好人民司法工作，为我国社会主义现代化建设多作贡献。

以上报告，请审议。

重庆市中级人民法院工作报告

（1982年2月10日）[①]

重庆庆市中级人民法院院长　胡润吾

各位代表：

我完全同意于汉卿同志所作的政府工作报告。

现将我市法院工作情况向大会报告。

从我市八届第二次会议以来，全市法院在市委、市人大常委和省法院的领导下，坚决贯彻实施刑法和刑事诉讼法，依法从重从快惩处重大刑事犯罪分子；积极贯彻党的第十一届三中全会精神，认真复查纠正冤假错案，迅速平反改判了一批因刘少奇同志冤案被株连的冤假错案；按照党的方针政策和国家的法律法令，审判大批刑事、民事、经济和申述案件，为保障经济的调整、政治的安定做出了积极贡献。同时，从思想上、业务上和组织上加强司法队伍的建设，广大司法干警振奋精神，团结战斗，作了大量工作。1981年共审结各类刑、民事案件20821件，处理人民来信来访149299件（次）。〈中略〉。下面，将几项主要工作，汇报如下：

一、加强刑事审判工作，全面贯彻实施"两法"。运用法律武器，坚决、及时、有力地打击反革命分子和严重破坏社会秩序的刑事犯罪分子，维护社会秩序，保护国家和人民的利益，是人民法院的一项重要职责，也是当前法院工作的首要任务。全市法院对这项工作抓得很紧，全年共审结初审刑事案件2112件。其中：反革命案件七件，杀人、抢劫、强奸、放火、爆炸及其他严重坏破社会秩序等"六类"重大刑事案件504件，一般刑事案件1601件。在审判工作中我们着重抓了以下四点：

第一，教育干部不断提高贯彻执行"两法"和依法从重从快惩处重大刑事罪犯的自觉性。我们及时召开各种审判业务会议，组织审判人员反复学习有关文件，检查工作、总结交流经验，不断对干部进行形势、政策和业务教育。使大家深刻认识到，党中央提出依法从重从快惩处重大刑事罪犯，是形势的需要，人民的要求，同全面实施"两法"是一致的。认识提高了、思想统一了，行动就更加自觉，注意经常分析形势，并结合形势正确运用法律武器同违法犯罪行为作斗争。

第二，坚持按《刑法》《刑事诉讼法》办案，依法从重从快打击"六类"重大刑事罪犯。根据党委和上级法院的部署，全市法院密切配合公安、检察等部门，有准备、有计划地连续进行了几次集中打击。把打击重点对准反革命分子和"六类"重大刑事犯罪分子，特别是其中的主犯、教唆犯和惯犯。办案中严格依法办事，在查清事实，核实证据的基础上，注意准确判定犯罪性质，抠清是否数罪，应否并罚，全面权衡法定"从重""从轻""减轻"情节，正确使用刑法，并注意防止漏罪漏判，切实做到在刑法规定的量刑幅度内罪刑相当不枉不纵。同时，主动积极地加强同公安、检察部门配合，抓紧审判案件的各个环节，保证案件在严格执行《刑事诉讼法》规定的审判程序和制度的前提下，在法定的审限期内尽快判处。总的看来，我市贯彻执行"两法"和依法从重从快惩处重大刑事罪犯的情况，基本上是好的。

第三，认真执行"打击少数，争取教育多数"的方针和"惩办与宽大相结合"的政策。对于那些严重危害社会治安的重大刑事犯罪分子，依法应当从重惩处的，坚决从重判刑。对于极少数罪大恶极、民愤极大、非杀不可的，坚决杀掉，绝不手软。对那些罪行虽然比较严重，但具有法定的从轻或减轻情

① 此报告系于1982年2月召开的重庆市第九届人民代表大会第一次会议上报告。

节的，尤其是对主动投案自首，检举揭发他人，有立功变现的，依法从轻，减轻处罚或者免予处罚。〈……〉。监所在押人员在学习这个事例以后，也纷纷表示要走坦白从宽的道路。至于对多数一般刑事案件，则分别罪行大小、情节轻重，依法给以适当的处罚，其中青少年失足犯罪的，依法予以从轻从宽处理；对于犯罪情节轻微不需要判处刑法的人，依法免予刑事处分。总之，该判刑的一定要判，不该判刑的一定不判，该重判的就重判，该轻判的就轻判。这样，全面体现党的政策和国家法律，更有利于促进刑事犯罪分子的分化瓦解。

第四，以公开审判为重心，认真执行审判程序和制度，扩大法制宣传，发挥审判案件的社会效果。凡是依法应当公开审理的案件，都进行了公开审理，并认真执行陪审、合议、回避、上诉等审判制度和程序。依法不公开审理的案件，宣告判决，一律公开进行。为了扩大法制宣传教育的效果，采取以下两种做法：一是依法应当公开审判的案件，都就地或在其他适当场所进行公开审判，允许群众自愿参加旁听，或重点组织群众参加旁听。结合审判案件和当时当地的实际情况，由院、庭领导或审判员，有的放矢地进行法律宣传，效果很好。如长寿县法院受理严廷奉抢劫案后，针对发案地区飞龙公社违法犯罪活动突出的情况，决定就地进行公开审判，1万多人的公社就有4000多人参加旁听。该院院长在案件审判后，宣讲了全县打击现行刑事罪犯的情况和依法从重、从宽的两个实例，号召有违法犯罪的人走坦白自首、戴罪立功之路。事后公社加强了法制宣传，公安机关加强了侦破工作，当即有16人交代了自己的问题，破获盗窃案38起，追回赃物(折价)4000多元。接着又趁热打铁破获了一批案件，共达53起，占发案56起的96.6%。目前这个公社的治安情况已有明显好转；二是选择典型案件，召开较大规模的群众大会，公开宣布处决罪犯，或者公开宣判一批案件。这种做法声势较大，更有利于打击和震慑罪犯，教育和发动群众，效果也很好。〈……〉。宣判前，市委负责同志讲了话，并印发了布告、法制宣传材料，报纸、电台、电视台均作了宣传报导。对犯罪分子震动很大，群众反映很好。

二、加强民事审判工作和人民调解工作，妥善处理人民内部纠纷问题。去年以来，民事收案大量上升，全年新收初审民事案件14212件，比1980年收案11109件上升了28%。正确及时地处理这些案件，保护国家的利益和集体、个人的合法权益，促进人民内部的安定团结和“四化”建设，是人民法院又一项重要职责，也是综合治理社会治安的一个重要方面。全市法院在狠狠打击刑事犯罪的同时，把民事审判工作作为经常的重要任务，取得了良好的效果。

首先，按照党的政策和国家法律，以及“依靠群众，调查研究，就地解决，调解为主”的民事审判工作方针，处理了大量的民事案件，去年共审结初审民事案件14090件，基本上做到了收接相抵。其中调解结案的占83%；判决结案的占17%。办案的效率有较大提高，办案质量良好。在办案中我们认真依靠有案单位，依靠各级调解组织，对民事案件和民事纠纷协助做好调处工作，使数以万计的案件得到合法、合情、合理的解决，使一些因人民内部矛盾激化而可能酿成重大刑事案件的得到有效的防范和制止。

其次，认真学习、宣传、执行《婚姻法》，正确处理了婚姻家庭纠纷，特别是离婚案件。民事收案中有关婚姻家庭纠纷占的比重很大，同时，由于有些青年男女不能正确对待恋爱、婚姻、家庭问题，不仅容易发生纠纷，酿成人命，甚至转化为重大刑事案件，给社会治安造成严重危害。全市法院一方面积极配合有关部门，结合审判活动，采取各种形式，广泛宣传婚姻法；另一方面严格按照《婚姻法》的有关规定，及时处理离婚、赡养、抚养等婚姻、家庭纠纷和案件，特别是根据《婚姻法》第二十五条，正确掌握离婚与不离婚的界限。对夫妻感情确已完全破裂，经调解无效的，准予离婚；对夫妻感情虽然不好，但尚未完全破裂的，针对双方的思想和实际存在的问题，耐心做好调解工作，使之和好；对那些基于资产阶级思想，喜新厌旧，或因乱搞男女关系而故意制造条件闹离婚的，则慎重处理，严肃批评其错误思想，教育其认识并改正错误，一般不准离婚。对极少数坚持错误，屡教不改，严重违反党纪、政纪的，建议其所在单位，予以严肃的纪律处分；个别触犯刑律已经构成犯罪的，依法予以制裁。这对于维护社会主义家庭关系，保护当事人的合法权益，树立社会主义道德风尚，是非常必要的。

再次，协同司法行政部门，加强了人民调解委员会的业务指导。各区、县法院根据不同的情况，采取定期培训调解人员，召开会议交流经验，表彰先进；审判人员就地办案时，吸收当地调解人员参加调查、调解工作，以及定期深入到调解委员会，帮助他们研究解决疑难纠纷，总结推广典型经验等办法，把学习政策法律知识同实际工作结合起来，提高了调解人员的业务能力，积极开展了调解活动。据不完全统计，去年各级调解委员会解决的纠纷达10万多件，仅大渡口区上半年就防止了凶杀、自杀事件44起，避免了涉及61人可能发生的伤亡事件。有效地增强了人民内部团结，为综合治理社会治安起到了积极的作用。

三、积极开展经济审判工作，维护社会主义经济秩序，保障经济调整。这是新的历史时期赋予人民法院的一项重要任务。全市法院在建立健全组织机构的基础上，及时正确地处理了一批经济案件。市、区县应建立经济审判庭的均已建立，并配备了经济审判干部54人。去年审结经济刑事案件42件，审结经济民事案件268件，处理涉及经济审判的信访784件(次)。办案中根据案件的不同情况，严格按照党的政策和国家法律，分别予以处理。对于经济领域内的贪污、受贿、破坏森林和重大责任事故等犯罪案件，依法进行公开审判，严惩了重大犯罪分子，张扬了社会主义法治。〈……〉。判刑后，《人民日报》作了报导，《重庆日报》除了报导以外，还发表了《打击经济犯罪活动，坚决刹住经济歪风》的评论，广大群众热烈拥护人民法院的判决。对于赔偿、合同、买卖等经济纠纷，则在查清事实、分清责任，尊重双方的协议，维护正当权益的前提下，从有利于国家经济的需要出发，兼顾国家、集体、个人之间的合法利益，做好调解说服工作，促使双方协商解决。对少数藐视法纪，拒不履行法律义务，经调解说服无效的，依法判决，并予以强制执行。

经济审判是一项新的课题。我们对经济审判工作方面的新情况和新问题，有计划、有重点地开展了调查研究，对典型案例和办案的点滴经验及时进行了总结，从而有助于不断提高经济审判工作的业务水平。

四、认真处理申诉案件和人民来信来访，是落实党的政策，促进安定团结，密切人民法院同群众联系的一项重要工作。这方面的工作数量很大，涉及面广，政策性很强，全市法院一直很重视。我们除了善始善终地完成复查纠正“文化大革命”中的冤假错案外，还抓紧处理了“文化大革命”前、后的申诉案件，特别是对于涉及起义投诚人员、右派、华侨的申诉案件，都指定专人办理，限期完成。同时，坚持了院、庭领导定期接待来访群众和亲自过问重要信访、申诉的制度，加强了处理简易纠纷和上访老户的工作，及时妥善地解决了群众的问题。1981年审结各类刑事申诉案件3283件，全部和部分改判的1104件，占审结数的33.6%。这对于巩固和促进安定团结的政治局面，调动一切积极因素为“四化”建设服务，起了很好的作用。

各位代表，一年多来全市法院通过上述各项审判活动，运用法律武器，打击敌人，惩罚犯罪，保护人民，发挥了人民法院的职能作用，认真履行了自己的职责，对加强社会主义民主和法制，巩固人民民主专政，保障国民经济的调整和“四化”建设的顺利进行，起了积极的作用。但是在工作中还存在一些缺点和问题。主要是：由于对法律学习不够，运用不熟，少数案件定性不准，量刑失轻失重；由于法制观念不强，有1.7%的初审刑事案件超过法定审限期；由于案件增多，审判力量不足，以致不少民事积案、刑事申诉案件、自诉刑事案件有所积压。这些问题，同我们市中级人民法院领导上作风不够深入，工作指导不够有力，是分不开的。

1982年摆在全市人民法院面前的任务是十分

繁重的。我们决心在党委和人大常委的领导下，坚决贯彻党的十一届三中全会——六中全会和全国五届人大第四次会议精神，进一步加强司法队伍的建设，尤其是要整顿好领导班子，加强对在职干部的培训，提高干部的政治和业务水平。市法院要加强对各区县人民法院的审判监督，发扬成绩，克服缺点，力争把全市法院工作提高到一个新的水平，以适应当前形势发展的要求。我们要继续正确贯彻执行"两法"，善于运用法律武器同反革命分子和重大刑事犯罪分子作斗争。对现行反革命分子必须依法严惩，对"六类"重大刑事犯罪分子必须依法从重从快惩处。并大力开展社会主义法制宣传，更加注意审判案件的社会效果，争取早日实现我市社会治安的根本好转。要进一步加强民事审判工作，广泛宣传和认真执行婚姻法，积极试行《民事诉讼法》，并按照全国第一次人民调解工作会议的要求，加强对人民调解委员会的业务指导和监督，更加及时妥善地处理好人民内部的案件和纠纷，更有效地防止矛盾激化和转化，促进安定团结。要积极开展经济审判工作，狠狠打击贪污、走私、投机倒把等犯罪活动，特别是对其中的大犯、要犯、首犯，必须依法及时严惩。同时积极办理各类经济纠纷案件。总之，我们要振奋精神，扎扎实实地把各项工作搞上去，更好地发挥人民法院的审判职能，为加强社会主义法制，争取社会治安情况进一步好转，保障社会主义现代化建设而斗争。

以上报告，请审议。

重庆市中级人民法院工作报告

（1983年3月）①

重庆市中级人民法院院长　吕子明

各位代表：

我完全同意于汉卿市长所作的《政府工作报告》。

从第九届市人民代表大会第一次会议以来，全市人民法院在党的十二大精神指引下，在市委、市人大常委会的领导和监督下，在广大人民群众和有关部门的支持下，根据市人民代表大会及其常委会通过的有关决议，按照党的方针、政策和国家的法律、法令，加强审判工作，判处了各类刑事案件、民事案件、经济纠纷案件和申诉案件19274件，较好地完成了审判工作任务。

一年来，全市人民法院进一步加强了刑事审判工作，继续认真执行刑法和刑事诉讼法，及时有力地打击了反革命犯罪分子，严重破坏社会主义经济和社会治安秩序的犯罪分子，盗伐、滥伐林木和拐卖、残害妇女儿童的犯罪分子。在办案中，坚持实事求是，严格依法办事，对极少数杀人犯、抢劫犯、强奸犯、爆炸犯、放火犯以及其他严重危害社会治安的刑事犯罪分子依法从重从快惩处。对于其中情节特别恶劣，危害特别严重，罪大恶极的犯罪分子，坚决依法判处死刑；对一般的犯罪分子，根据其犯罪的不同情节，危害后果和认罪悔改表现，区别对待，依法判处；对青少年中偶尔失足犯罪的，则立足于教育、感化和挽救，依法予以从宽从轻处理。从市中级人民法院审理刑事上诉案件和重点检查几个区县人民法院已审结的刑事案件来看，绝大多数案件做到了事实清楚，证据确凿，定罪准确，量刑适当，程序合法，不枉不纵。

一年来，全市人民法院大力加强了民事审判工作和经济审判工作。主要抓了三点：一是抓办案，

① 此报告系于1983年3月召开的重庆市第九届人民代表大会第二次会议上报告。

坚持依靠群众、调查研究、着重调解、就地办案的原则，按照政策和法律，作过细的疏导工作，合法、合情、合理地妥善处理。全年审结了民事案件13298件，经济合同纠纷案件381件。同时，加强了对调解委员会的业务指导，发动和依靠调解委员会及时调解了大量民间纠纷，做好防止矛盾激化的工作，促进了安定团结，维护了社会秩序和经济秩序。二是在《中华人民共和国经济合同法》和《中华人民共和国民事诉讼法(试行)》公布后，分期分批培训了干部，积极进行宣传并通过试点，取得经验，推动全市人民法院全面贯彻执行。三是传达贯彻第三次全国和全省民事审判工作会议精神，进一步提高对民事审判工作在新时期中重要地位和作用的认识，研究当前民事审判工做出现的新情况、新问题，进一步明确民事审判工作任务，为把民事审判工作和经济审判工作提高到一个新的水平打下了基础。

一年来，全市人民法院还认真加强了对刑事申诉案件的处理和人民来信来访工作。对于刑事申诉案件，根据中央关于“一切尚未平反的冤假错案要坚决平反过来”的指示，按照上级法院的部署，在继续进一步彻底复查“文化大革命”中案件的同时，对历史遗留下来的冤假错案也主动抓紧复查，特别是对有关起义投诚人员、侨眷、台属等申诉案件，对上访老户，法院的领导都亲自过问，加强督促检查，一件一件地落实，使一大批冤错案件得到了纠正。全年审结刑事申诉案件1740件，其中依法平反改判的789件，并依靠有案单位做好善后工作，进一步落实了党的政策，大得党心民心。对于人民来信来访，坚持专人负责，坚持院、庭领导定期轮流接待群众的制度，加强了对重要信访和重大情况的研究和处理。全年共处理人民来信来访148038件(次)，密切了人民法院同群众的联系。

一年来，全市人民法院通过上述各项审判活动，运用法律武器打击了敌人，惩罚了犯罪，保护了人民，发挥了人民法院的职能作用，认真履行了自己的职责。这对于加强社会主义民主和法制，维护社会治安，促进安定团结，巩固人民民主专政，保障“四化”建设事业的顺利进行，起了积极的作用。

各位代表：1982年初，党中央提出开展打击经济领域中严重犯罪活动的斗争，并把它列为全国的中心任务之一，同时强调整顿社会治安是一项长期而艰巨的任务，必须坚持不懈地抓下去。因此，我着重把全市人民法院审判经济犯罪案件和“六类”重大刑事案件的情况，向大会作一汇报。

继党中央提出开展打击经济领域中严重犯罪的斗争后，全国人大常委会于3月8日通过了《关于严惩严重破坏经济的罪犯的决定》；4月13日党中央、国务院又做出《关于打击经济领域中严重犯罪活动的决定》。市人大常委会也作了相应的决议，全市人民法院按照上述《决定》《决议》和最高人民法院《通知》的要求，积极行动起来，把审判经济犯罪案件作为头等重要的任务来抓。全年共受理经济犯罪案件414件，已审结396件，其中走私贩私1件，贪污55件，受贿行贿12件，投机倒把18件，诈骗公共财物33件，盗窃公共财物242件，其他35件。依法判处各种刑罚的有529人。

在审判经济犯罪案件中，全市人民法院着重注意了以下几点：

第一，组织干部认真学习全国人大常委会和党中央、国务院的两个《决定》，学习市人大常委会的决议，提高了对开展这场斗争重要性的认识，深刻领会了开展这场斗争的方针政策和法律依据，明确了打击重点就是：现行的、数额巨大的、情节严重的经济犯罪，特别是国家机关和企业事业单位的干部，包括一些占据重要职位的负责干部以及他们与社会上不法分子共谋进行的犯罪。对于这些大要案件要尽先办理，并在查清事实的基础上划清罪与非罪的界限，正确定罪量刑，依法从重从快判处。

第二，认真执行刑法、刑事诉讼法和全国人大常委会的《决定》，坚持执行“打击少数，争取、分化、改造多数”的一贯方针，实行惩办与宽大相结合，坦白从宽，抗拒从严的基本政策。审判经济犯罪案件，都依法实行公开审判、陪审、合议、回避、辩护、上诉以及其他有关的程序和制度。尤其是重视区别不同情况分别对待，把打击同分化瓦解结合起来。对于在《决定》施行之日以前犯罪，而且在《决定》规定5月1日以前投案自首，或者已被逮捕而如实地坦白承认全部罪行，并如实地检举其他犯罪人员的犯罪事实的，一律按《决定》实施以前的有关法律规定从宽处理。对于在5月1日以前所犯的罪行继续隐瞒，拒不投案自首，或者拒不坦白全部罪行，也不检举其他犯罪人员的犯罪事实的，坚决按照《决定》和刑法的规定从严处理。这样既促使一批经济犯罪分子投案自首，坦白交代了所犯罪行，又使少数严重破坏经济的罪犯受到了严厉的惩罚。

第三，认真把好办案质量关。为了更好地执行政策和运用法律，全市人民法院，一方面对重大、疑难的经济犯罪案件由审判委员会讨论决定，充分发挥审判委员会的领导作用，对每个案件认定的犯罪事实、证据、情节和定性量刑、适用法律等，全面加以审议，明确做出结论。另一方面加强向上级人民法院的请示报告，及时取得上级人民法院对重大、疑难的经济犯罪案件在执行政策和适用法律方面的指导，以防止混淆罪与非罪的界限和量刑畸轻畸重等错误的发生。事实证明，这样做是完全必要的。〈……〉。

第四，密切同有关单位的联系配合，讲究办案的实际效果。全市人民法院加强了同公安、检察、司法等机关的联系，会同研究解决工作中的重要问题，经常了解重大案件的进展情况，做到心中有数，作好必要准备，以便在起诉之后及时判处。同时，注意选择典型案件，依法公开审判和公开宣判，并协同宣传部门，公布大案要案的审判结果，结合进行法制宣传，及时有力地打击了经济犯罪分子的嚣张气焰，教育和鼓舞了广大干部和群众。人民法院还根据审理经济犯罪案件中反映出来的有关单位工作中和认识上存在的问题，及时向他们提出建议，使其改进工作，健全规章制度，堵塞漏洞，预防犯罪，减少犯罪的发生。

以上情况说明，全市人民法院在审判经济犯罪案件中，贯彻执行上级的《决定》和《决议》，是坚决的、积极的、认真的，办案质量基本上是好的。对于保障对外开放、对内搞活经济政策的正确执行，保卫社会主义现代化建设，起了一定的作用。

各位代表：全市人民法院在打击严重经济犯罪分子的同时，还把依法从重从快判处杀人、抢劫、强奸、爆炸、放火以及其他严重破坏社会治安的重大现行刑事犯罪分子，作为一项重要任务，继续抓紧抓好。全年共判处“六类”重大刑事案件461件，罪犯657人。为了把打击同防范工作更好地结合起来，发挥人民法院在综合治理社会治安中的职能作用，全市人民法院在审判“六类”重大刑事犯罪案件中，加强了社会主义法制宣传，坚持通过公开审理，公开宣判，特别是注意选择有教育意义的典型案件，大张旗鼓地进行，扩大了审判工作的社会效果。具体做法除对依法应当公开审判的案件，坚持就地或在法院进行公开审判外，还根据各个时期社会治安情况和法院审结案件的实际情况，因时因地制宜，分别召开不同规模的公判大会，或到发案地区公开宣判。对某些地区一个时期的突出问题，如有的县盗伐、滥伐森林的情况严重，有的县拐骗贩卖妇女的情况突出，也及时选择典型案件进行公开审判或公开宣判。全年共召开各种公判会179次，判处罪犯533人，参加旁听的群众有28万多人（次）。结合公开审判和公开宣判，还采取张贴布告，印发法制宣传资料，进行法律演讲，举办法制宣传专栏，以及邀请报社、电台、电视台进行采访报导等方式，广泛深入地进行了法制宣传教育。这对于打击和震慑罪犯，教育人民群众，特别是青少年增强法制观念，发动干部群众同违法犯罪分子作斗争，维护社会治安，起了积极的作用。

一年来，全市人民法院做了大量的工作，成绩是显著的。但是，工作中还存在一些问题。主要是人民法院的工作任务很繁重，干部量少质弱的状况还没有根本改变，力量与任务不相适应的矛盾仍较突出；同时办案经费不足，物质条件很差，对开展审判工作很有影响。到年底还存有大量案件，工作还未完全摆脱被动状态。同时因为忙于办案，我们对工作中出现的新情况、新问题调查研究不够，对审判工作的检查督促和审判经验的总结抓得不紧，业务指导也不够有力。对于这些问题一定要在新的一年里努力加以解决。

各位代表：1983 年是党的十二大提出的全面开创社会主义现代化建设新局面的头一年，又是实施新宪法，为国家的长治久安而奋斗的头一年，也是党中央、国务院决定在我市进行经济体制综合改革试点的第一年，做好今年工作具有十分重要的意义。我们全市人民法院一定在十二大精神的指引下，坚决贯彻执行宪法和法律，坚决按照中央的正确方针和上级的统一部署搞好改革，把人民法院的各项工作推向一个新的阶段，为保卫和促进社会主义现代化建设做出新的成绩，做出新的贡献。

我们全市人民法院一定继续认真学好党的十二大文件和新宪法，做到真正熟悉新宪法的内容，准确地掌握新宪法的精神，严格遵照新宪法办事，并经常按照新宪法来检查和总结自己的工作，通过审判活动，全力以赴维护新宪法的尊严，保证新宪法的实施。要正确运用法律武器，保卫和促进以经济建设为中心的社会主义现代化建设，保障我市经济体制综合改革试点的顺利进行。要全面加强人民法院两个方面的职能：一方面继续加强专政的职能，坚决打击极少数反革命分子，坚决打击经济领域中的严重犯罪活动和“六类”重大刑事犯罪分子的破坏活动，以及盗伐、滥伐林木和拐卖、残害妇女儿童的犯罪分子；另一方面加强维护人民民主的职能，及时正确地解决好人民内部大量的婚姻家庭纠纷和财产权益纠纷，以及一些企业之间的经济合同纠纷和国民经济调整中所发生的纠纷，防止人民内部矛盾的激化和转化。通过审判活动，坚决打击敌人，惩罚犯罪，切实保障公民的民主权利、人身权利以及其他权利和合法的经济利益。在审判工作中，要严格依法办案，不断提高办案质量和效率，做到有法必依，执法必严，违法必究；要大力加强社会主义法制宣传教育，更有效地扩大办案的社会效果；要注意通过办案，分析罪犯的作案手段和犯罪原因，从中发现有关单位工作中存在的问题，积极提出司法建议，促使他们健全制度、堵塞漏洞，改进工作。从而更有成效地加强社会治安的综合治理，预防犯罪，减少纠纷，努力实现社会风气和社会治安的进一步好转，保障和促进社会主义物质文明和精神文明建设的顺利进行。

我们全市人民法院一定遵循中央“从实际出发，全面而系统的改，坚决而有秩序的改”的正确方针，按照省、市委和上级的统一部署，坚决搞好法院工作的改革。没有一系列破旧创新的改革，要打开新局面是不可能的。全体司法干警特别是各级领导干部，一定要有勇于改革的思想，满腔热情地投身到改革中去，站在改革的前列，争做改革的促进派。当前，着重抓好领导班子的建设。要按照革命化、年轻化、知识化、专业化的要求，注意发现人才，选拔一批坚持四项基本原则，坚持三中全会以来的路线、方针、政策，受过法律专业教育，德才兼备，年富力强，作风正派的中青年干部，充实到领导班子中来。对“五种人”一个也不能提拔，已经在领导班子的要坚决清除出去，真正把各级人民法院的领导班子，建设成为坚强有力的朝气蓬勃的经得起考验的领导班子。与此同时，在探讨法院工作的改革中，思想要解放一点，改革要更大胆一点，工作要更扎实一点。要进一步从思想上肃清“左”的影响，增强社会主义民主和法制观念，增强群众观念，勇于打破老框框；要深入实际，深入基层，调查研究，掌握新情况，解决新问题，总结新经验，创立新章法；要坚持从人民法院的实际情况出发，逐步对人民法院内部的组织机构、人员配备和规章制度等，进行缜密的调查研究，有计划、有步骤地加以改革。属于体制方面的问题，要慎重提出改革的意见，请示党委和上级法院决定。属于工作方面的问题，要积极改革，使之更加符合实际，更能提高工作的质量和效率，更好地适应形势发展的要求，努力为全面开创社会主义建设新局面做出新贡献。

以上报告，请各位代表审议指正。

重庆市中级人民法院工作报告

（1983年9月）①

重庆市中级人民法院院长　吕子明

各位代表：

从第九届市人民代表大会第二次会议以来，全市人民法院在党的十二大和全国人大六届一次会议精神指引下，在市委、市人大常委会和省法院的领导和监督下，在广大人民群众和有关部门的支持下，沿着实事求是、依法办事的正确轨道，按照党的方针、政策和国家的法律、法令，加强了审判工作，判处了大量刑事、民事、经济纠纷和申诉案件，较好地完成了各项工作任务，成绩是主要的。现就今年以来所做的几项主要工作，作一简要报告。

一、加强刑事审判工作，坚持以事实为根据，以法律为准绳，严格依照刑法、刑事诉讼法办案。据统计，今年1至7月。全市人民法院共审结一审刑事案件854件，判决并已发生法律效力的罪犯1215人。其中，有12名情节特别恶劣，危害特别严重，罪大恶极的犯罪分子，依法判处死刑并已执行；其余的犯罪分子，则分别罪行大小、情节轻重，依法判处适当刑罚。全市人民法院把依法从重从快判处严重破坏社会治安的重大刑事犯罪分子，作为一项重要任务，继续抓紧抓好。共判处杀人、抢劫、强奸、爆炸、放火以及其他严重破坏社会治安的刑事犯罪案件227件，罪犯320人。实践表明，对于严重危害社会治安的刑事犯罪分子，必须坚决依法从重从快惩处。只有坚决严惩少数害群之马在新的历史条件下产生的新的社会渣滓，才能充分发挥专政的威慑力量；只有紧紧抓住严惩严重的刑事犯罪分子这个“综合治理”的首要环节，才能挺进和带动“综合治理”的各项措施的落实；只有严厉打击刑事犯罪活动，才能尽早实现社会治安的根本好转。

今年以来，全市人民法院认真执行中共中央、国务院《关于打击经济领域中严重犯罪活动的决定》和五届全国人大常委会《关于严惩严重破坏经济的罪犯的决定》，继续把审判经济犯罪案件作为重要任务来抓，集中力量抓紧处理大案要案。共判处贪污、受贿、投机倒把、盗窃和诈骗公共财物等严重经济犯罪案件183件，罪犯265人。同时，我们对去年审判经济犯罪案件的工作进行了总结，召开会议交流了经验，为继续贯彻好两个《决定》、抓好经济犯罪案件的审判工作，打下了良好基础。

今年以来，全市人民法院还紧密结合审判活动，积极参与社会治安的“综合治理”。主要是：坚持通过公开审理、公开宣判，扩大审判案件的社会效果，特别是注意选择有教育意义的典型案件，大张旗鼓地进行公判，以震慑犯罪分子，教育人民群众；坚持结合公开审判和公开宣判，采取印发法制宣传材料张贴布告、进行法律演讲、举办法制宣传专栏，以及邀请报社、电台、电视台进行采访报导等多种形式，扩大法制宣传，教育群众，特别是青少年自觉遵守法律。并敢于同违法犯罪分子作斗争；坚持结合审判工作，开展司法建议活动，帮助有关单位健全规章制度，堵塞漏洞，预防犯罪。据统计，今年1至7月，全市法院共召开各种公判会177次，判处罪犯255人，参加旁听的群众有57910人（次）。进行法律演讲360次，听众有96126人（次）。这些做法，都收到了良好效果，对于促进各项综合治理社会治安措施的落实，加速“两个文明”

① 此报告系于1983年9月召开的重庆市第十届人民代表大会第一次会议上报告。

建设起了积极作用。

二、加强民事、经济审判工作，依法处理大量民事案件和经济纠纷案件，保护国家、集体和个人的合法权益，维护经济秩序。据统计，今年1至7月，全市法院共审结初审民事案件7186件，经济纠纷案件182件。对于促进人民内部的安定团结，对于“综合治理”社会治安和维护经济秩序起了积极作用。

在民事审判工作中，全市人民法院认真贯彻第三次全国和全省民事审判工作会议精神，坚持依靠群众，调查研究，着重调解，就地办案的原则，按照党的政策和国家法律做过细的工作，合法、合情、合理地妥善处理人民内部闹纠纷的问题。认真贯彻执行新婚姻法、切实保护妇女、儿童和老人的合法权益。认真执行民事诉讼法，积极开展巡回就地办案，保障诉讼当事人平等地行使诉讼权利，深入细致地做好诉讼中的调解工作。今年以来，在审结的初审民事案件中，调解解决的和自愿撤诉的占81.7%，对当事人尖锐对立，有矛盾激化苗头的案件，十分注意依靠群众，依靠基层组织和有关单位，主动及时地做好疏导、调解工作，有效地防止了不少杀人、伤人和自杀事件的发生。各区县法院还加强了人民法庭的建设，加强了对人民调解委员会的业务指导，使大量民间纠纷及时解决在基层，受到群众的欢迎。

在经济审判工作中，全市人民法院认真贯彻执行经济合同法和民事诉讼法，依照法律和有关规定审理了大量法人之间的经济合同纠纷和其他经济纠纷案件。在查明事实、分清是非、明确责任的基础上，对能够调解的尽量调解解决，实在调解无效的才予以判决。今年以来，全市法院审结的初审经济纠纷案件中，调解解决和自愿撤诉的占85.7%。有的区县人民法院还积极试办了一些农村重点户、专业户的经济合同纠纷案件，以摸索积累经验。有的区、县人民法院还积极配合司法行政机关和工商行政管理机关举办短期训练班，组织有关企事业单位的经济管理人员深入学习经济合同法。经过学习，不少同志成了骨干，回到单位当了老师，及时把学得的知识应用于正在协商的经济合同或检查、纠正已经签订的不符合要求的经济合同，效果很好。许多区县人民法院还紧密结合办案，大力宣传经济合同法，针对办案中发现有关单位工作上存在的问题，积极开展司法建议活动，促使有关单位知法、守法，堵塞漏洞，改进工作，改善经营管理，提高经济效益，预防和减少经济纠纷案件的发生，反映很好。

三、加强刑事申诉复查和信访工作，认真落实党的政策，调动一切积极因素同心同德搞“四化”。今年以来，我们在认真传达省法院刑事申诉工作会议精神，进一步统一思想认识的基础上，按照“实事求是、有错必纠”和“全错全平、部分错部分平、不错不平”的原则，把认真复查处理刑事申诉案件，作为加强审判监督，提高和改进审判工作的一项经常性的重要工作来抓。据统计，今年1至7月共审结刑事申诉案件1903件，已平反改判989件。其中受理有关起义投诚人员的申诉案件178件，已审结117件，其中撤销原判，按起义投诚人员对待的47件；受理上访老户37件，已审结18件，其中平反改判了10件。全市人民法院采取通过内部调整，经党委批准聘请一些退休的政法干部，依靠有案单位复查或派人共同复查等多种办法，适当充实了办案力量，加快了复查处理进度。工作中注意从案件的实际情况出发，深入进行调查研究，做到改判有据，维持有理，并依靠群众做深入细致的思想政治工作，依靠有案单位落实平反改判的善后工作，效果较好。〈……〉。

对于人民来信来访，坚持了专人负责，加强了重要信访的研究和处理，及时解决了一批简易纠纷和有矛盾激化苗头的信访，较好地坚持了院庭领导定期轮流接待群众的制度。今年以来共处理人民来信79673件，接待来访34969人(次)，密切了人民法院同群众的关系。

四、加强司法干部队伍建设，搞好人民法院的机构改革。今年，党中央、国务院决定在我市进行经济体制综合改革的试点，省委决定4月1日，永川地区正式合并于重庆市。经市委和省法院同意，重庆市中级人民法院与永川地区中级人民法院同时合署办公，根据住房、办公用房等实际困难和任务需要，建立了“重庆市中级人民法院驻永川工作组”，包干负责办理原永川地区所属八县依法应由中级人民法院管辖的案件及有关事宜。从几个月来的实际情况看，合署办公中衔接基本上是最好的，工作开展也是正常的。目前，正在按照市委的统一部署，依照法定程序，调整领导班子和进行机构改革。各区县人民法院的机构改革也即将进行。

近几年，全市人民法院陆续调进了一批干部，政治素质基本上是好的。为了加强审判队伍的思想建设和业务建设，我们按照党委的统一部署，认真组织干部学习政治理论，加强党、团支部工作，加强经常性的思想政治工作，教育干部坚持四项基本原则，在政治思想上与中央保持高度一致，树立全心全意为人民服务的思想，发挥党团员的先锋模范作用，努力争取做一个忠诚的人民战士。同时，继续采取多种方式对干部进行业务培训，除按统一安排积极选派干部参加中央、省、市举办的训练班学习外，还认真组织干部进行在职业务学习，积极支持干部组织业余自学和坚持法律函授大学的学习，并按规定安排部分干警进行文化学习，以不断提高干部的专业知识和科学文化水平。总的看，全市法院干部在政治思想上是积极上进的，工作是积极努力的，主流是好的，出现了大量好人好事，涌现了一批先进集体和先进人物。今年 6 月出席全省法院系统先代会的就有沙坪坝区人民法院、北碚区人民法院、市中级人民法院民庭第三组等 3 个先进集体，有杨本凤、陈玉蓉、曾忠诚同志等 37 名先进工作者，杨本凤等 3 位同志受到晋升一级的奖励。

各位代表：

全市人民法院取得的上述成绩，是在市委、市人大常委会和省法院领导下，坚持四项基本原则，贯彻执行党的路线、方针、政策和国家法律、法令的结果。但是工作中也存在一些缺点和问题，主要是：在整顿社会治安中，我们一度对严重破坏社会治安的刑事犯罪分子没有强有力地行使专政职能，审判工作中存在着打击不力的情况；因为忙于办案，对工作中出现的新情况、新问题调查研究不够，对审判工作的督促检查和业务指导也不够有力；法院干部数量仍然不足，力量与任务不相适应的矛盾仍较突出，还有积案 8000 多件，工作尚未摆脱被动状态；在设备、经费方面也存在不少困难。这些缺点和问题，一定要切实努力加以纠正和解决。

各位代表，党的十二大标志着我国进入一个全面开创社会主义现代化建设新局面的历史时期。新宪法的实施使我国社会主义民主和社会主义法制建设进入一个新的阶段。在这种新的形势下，党和人民对人民法院提出了新的更高的要求。全市人民法院必须进一步加强工作，全力以赴地维护新宪法的尊严，保证新宪法的实施。运用法律武器，保卫和促进以经济建设为中心的社会主义现代化建设，保障我市经济体制综合改革试点的顺利进行。要坚决贯彻执行六届全国人大常委会第二次会议通过的《关于严惩严重危害社会治安的犯罪分子的决定》《关于迅速审判严重危害社会治安的犯罪分子的程序的决定》，进一步加强人民法院的专政职能，依法从重从快惩处严重破坏社会治安的重大刑事犯罪分子，及时惩办反革命犯罪分子和严重破坏社会主义经济的犯罪分子。对那些罪行特别严重，情节特别恶劣的犯罪分子，要坚决依法给以最严厉的制裁。以更好地维护社会治安秩序，保护人民的民主权利和生命财产安全，促进和带动“综合治理”各项措施的落实，保障社会主义物质文明建设和精神文明建设的顺利进行。要进一步加强人民法院维护人民民主的职能，及时正确地解决民事和经济纠纷案件，正确调整人身和财产关系，切实保护国家、集体和公民的合法权益，更好地维护社会治安秩序和经济秩序。要在审判工作中坚持实事求是，严格依法办事，不断提高办案质量和效率，做到有法必依，执法必严，违法必究；并结合审判活动，积极参与社会治安的“综合治理”，同有关部门密切配合，采取多种方式广泛进行社会主义法制宣传，积极开展司法建议活动，从而有效地预防犯罪，减少纠纷的发生。与此同时，全市人民法院必须遵循中央“从实际出发，全面而系统地改，坚决而有秩序地改”的正确方针，按照党委和上级的统一部署，坚决搞好人民法院工作的改革，以适应新形势的需要，更好地担负起保护人民，打击敌人，惩罚犯罪，维护社会主义法制，保障社会主义现代化建设的光荣任务。

以上报告，请各位代表审议。

四川省重庆市中级人民法院工作报告

（1984 年 10 月）[①]

重庆市中级人民法院院长　王　旭

各位代表：

今年 1 月，我曾代表四川省重庆市中级人民法院，在市第十届人大常委会第三次会议上重点汇报了严厉打击严重刑事犯罪活动的审判工作情况。现在，我将今年以来法院的几项主要工作情况报告如下：

今年以来，全市法院在党委、人大和上级法院的领导和监督下，遵照中央负责同志关于“议大事，懂全局，管本行”的指示精神，坚定不移地把严厉打击严重刑事犯罪活动的审判工作放在法院工作的首位。同时，统筹兼顾，全面安排，努力加强了经济审判、民事审判和申诉信访等工作，并围绕审判工作，加强了法院建设。发挥了审判机关的职能作用，为争取社会治安的根本好转，保障经济体制综合改革，保障社会主义物质文明和精神文明建设的顺利发展，进行了紧张的、卓有成效的工作。1 至 9 月，共审结各类初审和申诉案件 17828 件，取得了很大的成绩。

一、坚持不渝地贯彻执行依法“从重从快，一网打尽”的方针，从审判工作方面，推动严厉打击严重刑事犯罪活动的斗争深入发展。自去年 8 月中旬以来，全市法院坚决贯彻党中央的战略决策和全国人大常委会的决定，密切配合公安、检察、司法等机关，集中力量，开展了严厉打击刑事犯罪活动的斗争。这场斗争是争取社会治安和社会风气的根本好转的需要，是发展社会主义民主的需要，是巩固人民民主专政的需要，是进行社会主义现代化建设的一个重要保证。作为人民民主专政工具之一的人民法院，必须运用法律武器，坚决打击严重刑事犯罪分子，强有力地行使专政职能，把这场斗争深入开展下去，才能适应当前形势的要求。因此，继去年连续两次集中打击行动之后，今年以来又先后进行了三次集中打击行动，扫荡了浮在面上的刑事犯罪分子，严惩了一批隐藏深的、流窜的和在逃的重大刑事罪犯，社会治安有了明显的好转，保卫了庆祝国庆 35 周年的安全，推动了斗争的深入发展，取得了巨大的胜利。

在严厉打击严重刑事犯罪活动的审判工作中，我们注意抓了四点：

第一，继续贯彻执行依法“从重从快，一网打尽”的方针。在目前社会治安还没有根本好转的情况下，坚持执行依法“从重从快，一网打尽”的方针，是符合实际、完全必要、十分正确的。全市法院依照刑法、刑事诉讼法和人大常委会的两个《决定》，对杀人犯、强奸犯、抢劫犯、放火犯、爆炸犯、重大盗窃犯、重大流氓犯以及拐卖人口犯等，都依法从重从快予以严惩。〈……〉。及时、有力地打击了犯罪分子的嚣张气焰，鼓舞了人民群众，显示了法律的威严。

① 此报告系于 1984 年 10 月召开的重庆市第十届人民代表大会第二次会议上报告。

第二，坚持实事求是，依法办案，保证办案质量，这是促进斗争健康进行的一个关键。在审判案件中，突出了“准”字，把坚持实事求是、依法办案同贯彻执行依法“从重从快，一网打尽”的方针结合起来，坚持“以事实为根据，以法律为准绳”的审判原则；发扬审判工作走群众路线的优良传统；认真查清基本事实，核实基本证据，注意依照法律区分罪与非罪、此罪与彼罪的界限，重视通过审判发现漏罪漏犯。尤其是那些隐藏较深的教唆犯和传授犯罪方法犯。市人大常委会通过组织人民代表视察法院的工作，既对法院工作进行有效监督，又支持了法院依法办案。同时，市法院也加强了对区、县法院的业务指导和审判监督。从而使这场斗争完全在宪法和法律范围内进行，保证了判处案件的质量，做到了事实清楚、证据确凿、定性准确、量刑适当、程序合法、不错不漏、不枉不纵，打得稳、打得准、打得狠。

第三，坚持执行惩办与宽大相结合，区别对待的政策。这是我国对犯罪分子历来实行的重要政策，能够充分发挥政策和法律的威力，扩大审判案件的社会效果。我们对于严重刑事犯罪分子，根据事实和政策法律，该重判的一定重判，该处死刑的坚决判处死刑，决不手软。对具有法定从轻情节的，如未成年人犯罪、犯罪未遂、犯罪后自首包括由其亲属送来归案、检举其他犯罪分子经查证属实有立功表现的，都依法予以从轻、减轻，以至免除处罚。对有轻微违法行为的人，仍继续执行教育、感化、挽救的方针，积极促使和帮助有关单位及其家长做好帮教工作，使之改恶从善，弃旧图新。对在押犯和已经投入劳改的罪犯，也积极配合有关部门，开展形势、政策和前途的教育，号召他们认罪服法、坦白检举、立功赎罪。这既为打击严重刑事犯罪分子提供了更多的线索，又教育了罪犯接受改造、争取重新做人。对抗拒改造，情节恶劣，或又犯新罪，经查证属实的犯罪分子，则依法从重或加重惩处。〈……〉。由于正确执行了惩办与宽大相结合的政策，促进了犯罪分子的分化瓦解，教育挽救了一大批失足青少年，使严厉打击严重刑事犯罪活动的斗争，收到了更大的社会效果。

第四，广泛开展社会主义法制宣传教育。这是法律赋予人民法院的一项经常性的重要任务，也是这场斗争保持强大声势的一个重要方面。全市法院除依法公开审判案件，对人民群众进行生动而实际的法制教育外，还根据斗争形势的需要，召开不同规模的公开宣判大会，会后印发布告和罪行材料，由有关单位组织群众座谈、讨论，有的还通过报纸、电台、电视台予以报导。〈……〉。参加公开宣判的旁听群众达200多万人（次），并印发了布告和罪行材料15万份。这样广泛、深入、持久的法制宣传，声势大、威力大、震动大，震慑了犯罪分子，教育和鼓舞了群众，使敌人惊恐，人民称快。今年2、3月间，在维护妇女儿童合法权益为主要内容的“法制宣传月”活动中，运用审判职能，大张旗鼓地召开公开宣判大会，依法严惩严重侵犯妇女儿童合法权益的刑事犯罪分子；法院负责同志和审判人员还围绕保护妇女儿童合法权益这一中心内容，到厂矿、企业、街道、农村进行法制演讲；走上街头开展法制宣传，举办图片展览和法律咨询活动。据不完全统计，共进行法律讲演257次，听众达33.7万多人（次），群众反映很好。通过法制宣传，教育了广大群众特别是青少年积极同违法犯罪行为作斗争，抵制和反对资产阶级思想的腐蚀，促进了社会风气和社会治安的好转。

二、围绕经济建设和经济体制综合改革，积极开展经济审判工作。经济审判工作是新的历史时期人民法院的一项新任务。对于国家运用法律手段管理经济，保障推行经济合同制和经济责任制，保证国家重点建设的顺利进行，维护国家主权，保护当事人的合法权益等，有着重要的作用，必须积极开展起来。全市法院在提高认识的基础上，进一步明确了经济审判工作的基本任务，是审理生产和流通领域内的经济纠纷案件。及时调整和充实了经济审判干部，并按规定扩大了收案范围，积极受理经济纠纷案件。根据经济纠纷案件的特点，坚持严格执行有关经济政策和国家的经济法律、法令；坚持从实际出发，依靠有关单位，依靠群众，调查研究，着重调解；坚持在法律面前人人平等；坚持开展法制宣传和司法建议活动，正确地处理了一批案件。1至9月审结经济纠纷案件四百零五件，诉讼标的达296万多元。随着城乡经济体制改革的深入，特别重视了保护“两户一体”的合法权益，对涉及“两户一体”的经济合同纠纷、经济赔偿纠纷和经济行政案件，都优先受理，秉公执法，依照经济合同法，坚决保护有效合同，解除违法和无效合同。对于那些依法应承担给付或赔偿义务，而又拒不履行或拖延履行的，则果断地依法进行判决。〈……〉。鉴于经济纠纷案件政策性强，涉及面宽，需要的专业知识多，新情况、新问题非常复杂。因此，除审理案件以外，还有目的、有计划地进行专题调查。最近，调查了本市商业供销企业内部经营承包合同及纠纷的情况，和内河航运合同及纠纷的情况，以便做到心中有数，研究对策，更好地为对外开放，对内搞活经济的方针服务。

三、大力加强了民事审判工作。民事案件历来数量大，情况复杂，涉及社会生活的各个方面。正确处理这些案件，就是直接或间接地为生产和改革服务，也是综合治理社会治安的一个重要组成部分。全市法院着重从两个方面加强了工作：一是合理组织力量，大力清案。在调处案件中，严格执行了婚姻法、民事诉讼法以及其他民事政策和法律，坚持依靠群众，调查研究，着重调解，巡回审理，就地办案的原则，尤其是认真依靠了有关单位和调解组织，使大量案件得到合法、合情、合理的解决。1至9月共审结初审民事案件11034件，调解结案的占80%以上。由于工作做得细，审结案件质量好，增强了人民内部团结，保护了公民的合法权益，激发了群众生产和改革的积极性。二是以改革的精神，加强了人民法庭建设和对调解委员会的业务指导。全市12个县法院已按“一区一庭”的要求，建立了人民法庭，各区法院也加强了包干地区的审判单位。各人民法庭和包干地区的审判单位，普遍推行了“四合一”岗位责任制，即把审理案件、指导调解、法制宣传、综合治理社会治安紧密结合起来，发挥了“前沿阵地”的作用。各区县法院还密切配合司法行政部门，加强了对调解委员会的业务指导，狠抓了调解委员会的组织建设和业务建设。全市现有调解委员会1.26万多个，调解人员10.8万余人，他们积极开展调解活动，把相当于法院收案8倍以上的民间纠纷解决在基层，解决在萌芽状态，有效地防止了矛盾激化，预防了犯罪，减少了纠纷，起到了第一道防线的作用。

四、进一步发扬民主，加强法制，认真做好申诉信访工作。严肃认真地处理申诉和信访，是人民法院保障人民权利的一个重要方面，是密切联系群众的一个重要渠道，也是加强审判监督的一种形式。我们首先重视了善始善终做好刑事申诉的复查处理工作，在前几年复查平反林彪、江青两个反革命集团制造的冤假错案取得很大成绩的基础上，明确认识到严厉打击严重刑事犯罪活动同处理刑事申诉案件是统一的，两者都是为了打击敌人，惩罚犯罪，保护人民。因此，必须在保证严厉打击严重刑事犯罪分子的前提下，把复查处理刑事申诉案件抓紧抓好。在党委的关怀和有关单位的支持下，千方百计地挖掘潜力，集中一批干部，有计划、有重点地进行这项工作。特别是对投诚起义人员、归侨、侨眷、台属以及上级交办的申诉案件，都作为重点，抓紧进行了复查处理。复查处理申诉案件，仍坚持“实事求是，有错必纠”的原则，依照事实和法律，对申诉有理、经查确实属错判的，予以改正；对申诉无理、原判正确的，则做好对申诉人的法制教育工作和思想疏导工作，使其息诉；对以申诉上访为名无理取闹的，加以严肃的批评教育，经教育不改甚至有违法犯罪行为的，则坚决予以追究，既保护了公民的民主权利，又维护了法律的尊严。同时，认真依靠有案单位对具体案件进行复查和做好善后工作，使复查处理刑事申诉案件的工作进展较快。目前，除上述重点申诉案件已基本复查处理完毕以外，还处理了一批其他的申诉案件。进一步落实了党的政策，促进了安定团结，调动了积极因素，受到各方面的赞扬，影响所及，当事人一些远在海外的亲属也来信表示感激，并决心为祖国的“四化”建设和统一大业贡献力量。对于人民来信来访，我们也当成送上门的群众工作，认真对待处理。1至9月共处理人民来信104062件，接待人民来访37205人（次）。通过处理信访，接受了人民群众对违法犯罪行为的控告和检举；解答了人民群众提出有关政策法律的咨询；调解了临时发生的简易纠纷；帮助解决了人民群众在工作、工资、婚姻家庭等方面的实际困难和思想认识问题；听取了人民群众对法院工作的意见和建议，从而更加密切了人民法院与人民群众的关系。

今年以来，在做好各项审判业务工作的同时，采取边战斗、边学习、边整顿的办法，加强了法院建设，特别是法院队伍的建设。主要是通过学习政治理论和党的路线、方针、政策，贯彻上级法院召开的业务会议精神和加强经常性的思想政治工作，教育干部要坚持四项基本原则，熟悉本行业务，勇于坚持真理，富于实干精神，严格依法办事，密切联系群众。全心全意为人民服务，提高了政治素质和业务素质。在严厉打击严重刑事犯罪活动的斗争中，经受了一次严峻的考验。广大法院干警夜以继日地忘我工作，坚持实事求是，严格依法办案，秉公执法，不徇私情，表现了高度的革命自觉性和顽强的战斗精神，涌现出一批先进人物和先进集体。斗争中完成了比往年多数倍的工作量，从而带动了法院的整个工作。实践证明，本市法院队伍是好的，是有战斗力的。此外，在党委、政府的关怀和有关部门的支持下，法院物质条件极度困难的状况开始有所改善。少数区县法院审判用的法庭，已经建成或正在准备建设，这不仅为人民法院进行审判工作提供了必备条件，而且体现了党和国家对法制建设的重视。至于审判工作急需的业务经费、交通工具、办公用房等，有的也初步得到或正在着手解决。但是，目前多数法院和人民法庭，在工作条件方面的实际困难仍然很大，尤其是人民法庭没有办公用房或者仅有既狭小又简陋的房屋，住房更是缺乏，生活非常艰苦。这要继续争取有关方面的支持，逐步求得解决。

各位代表：

今年以来本市法院工作虽然取得很大成绩，但是，也还存在一些问题。主要的是法院任务重同干部力量不足的矛盾仍很尖锐，政治、业务素质也还跟不上形势发展的需要，特别是人民法庭的干部至今不能按照上级的要求配备，差额很大，影响到加强基层基础工作〈……〉。对于办案中的问题，发现后已经作了纠正或正在进行纠正；对于干部力量的问题，也如实向上级作了报告，争取尽快得到解决。

当前，我们的国家正处在兴旺发达的新时期，经济获得了蓬勃的发展，社会主义民主和社会主义法制正在不断加强，人民法院肩负的任务也更加繁重。这就要求全市法院干警的思想，必须统一到实现党的十二大所确定的总目标、总任务上来，继续坚决贯彻执行依法从重从快的方针，严惩严重刑事犯罪分子，并以此为中心，推动其他审判工作；要继续抓紧法院的队伍建设和审判条件的改善，努力开创法院工作的新局面，更加自觉地为社会风气和社会治安的根本好转，为党中央、国务院确定的各项改革，为发展社会主义民主、健全社会主义法制服务，从而为巩固人民民主专政，保卫社会主义现代化建设事业的顺利进行，做出新的贡献。

以上报告，请审议。

四川省重庆市中级人民法院工作报告[①]

（1985年5月）

重庆市中级人民法院院长 王 旭

各位代表：

现在，我就去年10月市第十届人大第二次会议以来，全市法院的几项主要工作报告如：

去年10月以来，全市法院在市、区、县党委、人大常委和省法院的领导和监督下，坚决贯彻执行党的十二届三中全会通过的《关于经济体制改革的决定》，坚持把审判工作与经济建设挂好钩，挂紧钩，以保障、促进经济体制改革和"四化"建设为指导思想，在继续坚定不移地严厉打击严重刑事犯罪和严重经济犯罪的同时，进一步加强了民事审判、经济审判和处理申诉信访等工作，采取多种形式积极参加对社会治安的综合治理，并不断加强了法院的队伍建设。自去年10月至今年4月，全市法院共审结各类案件14768件。对于巩固和加强人民民主专政，促进社会主义法制建设，争取社会治安根本好转，保障、促进经济体制改革和"四化"建设发挥了积极的作用。

一、关于刑事审判工作

严厉打击严重危害社会治安的犯罪分子和严重破坏经济的罪犯，是顺利进行"四化"建设的重要保证之一。去年10月以来，全市法院依照宪法和法律，与公安、检察机关密切配合，继续坚定不移地贯彻执行依法从重从快的方针，深入开展严厉打击严重刑事犯罪活动的斗争，并注意深挖和打击隐藏较深和流窜作案的犯罪分子。〈……〉。特别是对那些影响较大的重大恶性案件，发案之后，公安、检察、法院三机关就互通情况，积极配合，协同作战，依法各司其职，各尽其责，使案件得到及时、正确地处理。〈……〉。在审理案件中，全市法院坚持"以事实为根据，以法律为准绳"的原则，实事求是，依法办案，在"准"字上下功夫，稳、准、狠地打击严重刑事犯罪分子，切实保证办案质量。同时，坚持惩办与宽大相结合的政策，实事求是地区别对待处理。对应当从重判处的，坚决依法从重判处，其中该处死的，坚决处死，决不手软；对具有自首或检举揭发、确有立功表现等从宽情节的，坚决依法从宽处理。严厉打击严重刑事罪犯的斗争，在党中央的英明决策和政法各机关，有关部门的共同努力下，取得了很大的胜利。犯罪分子的嚣张气焰被打下去了，人民群众增强了安全感，社会治安明显好转，为经济体制改革和"四化"建设提供了更加安定的社会秩序和有利条件。

全市法院在狠狠打击严重犯罪分子的同时，还积极参加并逐步加强了对社会治安综合治理的其他工作。主要是：及时、妥善地调处人民内部纠纷，加强对人民调解委员会的业务指导，努力把纠纷解决在基层，解决在萌芽状态，防止矛盾激化；通过公开审判，运用典型案例进行广泛的法制宣传教育；印发法制宣传材料，办黑板报、墙报、法制宣传专栏，通过报纸、刊物、广播进行法制宣传；接受法律咨询，解答群众、机关、团体、企事业单位提出的有关司法问题，提供法律服务；派审判人员到学校、工厂、乡村进行法制演讲；认真办理劳改犯的加刑、减刑案件，以促进他们的分化瓦解，改恶从善；对判处缓刑、管制、免刑的犯罪分子进行考察，协助有关部门落实监管措施；开展司法建议活动；等等。〈……〉。进行法制演讲166场，听众达10万多人

① 此报告系于重庆市第十届人民代表大会第三次会议上报告。

（次）。通过这些工作，震慑了罪犯，教育和鼓舞了群众，推动了社会治安的综合治理，促进了社会治安和社会风气的进一步好转。

在严厉打击严重危害社会治安的犯罪分子的同时，全市法院继续依法从重从严打击了严重破坏经济的犯罪活动。当前，经济体制改革正在全面开展，形势很好。但是，有的人趁改革之机钻空子，假改革之名，行犯罪之实，干扰、破坏改革，危害十分严重。去年10月以来，全市法院围绕经济体制改革和"四化"建设，继续深入地贯彻执行中共中央、国务院《关于打击经济领域中严重犯罪活动的决定》和五届全国人大常委会《关于严惩严重破坏经济的罪犯的决定》，对那些经查证确实的贪污、行贿受贿、盗窃公共财产、投机诈骗和侵犯"两户一体"合法权益等经济犯罪分子，坚决地依法予以惩处，其中数额巨大、破坏性大、腐蚀性大的大案要案，依法从严惩处。〈……〉，从而有力地打击了严重经济罪犯的嚣张气焰，尽力挽回了给国家和集体造成的经济损失，保障了国家对外开放，对内搞活经济政策的贯彻执行。〈……〉。

二、关于民事审判工作

随着城乡经济体制改革的加快进行，商品经济的迅速发展，民事案件的数量上升，种类增多，范围扩大。特别是农村中争田边、地角、鱼塘、水利、山林、果树、农具、肥料的纠纷日益增多，"两户一体"和乡镇企业的合法财产权益受到损害而要求赔偿的案件也不断上升，房屋买卖、继承、租赁、拆迁以及宅基地使用权的纠纷也比过去增多。为了适应新形势的需要，全市法院进一步加强了对民事案件的审理。在工作中，严格执行民事政策和法律，继续发扬了人民司法工作的优良传统，坚持依靠群众，调查研究，着重调解，就地办案的原则，配合有关单位和调解组织，对当事人进行耐心细致的说服教育和疏导工作，使案件得到合法、合情、合理的解决。据统计，去年10月至今年4月，全市法院共审结民事案件7707件，其中调解和经过工作撤诉的6706件，占87%。通过这些案件的调处，依法调整了人身关系和财产关系，落实了党的有关民事政策，维护了社会主义婚姻家庭制度，保护了国家、集体和个人的合法权益，防止了人民内部矛盾的激化，发挥了维护社会安定团结、促进社会主义物质文明和精神文明建设的重要作用。与此同时，全市法院加强了基层基础工作。不少县法院调整充实了一些业务骨干到人民法院，加强了第一线的工作和对他们的业务指导。各区、县法院还配合司法行政部门加强了对人民调解委员会的业务指导，使相当于法院收案9倍以上的民间纠纷解决在基层，解决在萌芽状态，充分发挥了调解组织"第一道防线"的作用。

三、关于经济审判工作

随着经济体制改革的开展和对内搞活经济，对外进一步实行开放政策的实施，经济合同纠纷和其他各种经济纠纷日渐增多，涉及"两户一体"的经济纠纷比例上升，争议金额越来越大，有的人利用经济合同买空卖空，进行投机诈骗等违法犯罪活动时有发生，各种外力干扰和新的不正之风在经济纠纷案件中也有所反映，经济审判工作的任务越来越繁重。全市法院通过第一次全国、全省经济审判工作会议精神的传达贯彻，特别是中共中央《关于经济体制改革的决定》的深入学习，提高了认识，统一了思想，对《决定》指出的"法院要加强经济案件的审判工作"加深了理解，坚定地站在改革的前列，充分运用审判职能，保障和促进经济体制改革和"四化"建设。在此基础上，全市法院挖掘内部潜力，适当调整和充实了经济审判力量；目前已由去年5月的73人增加到112人，并采取多种形式，加强了对他们的培训。同时根据有关政策和法律的规定，积极受理经济合同纠纷和其他经济纠纷案件，还主动受理试办部分城乡经济实体内部实行承包的经济纠纷案件。在审理案件中，坚持实事求是，依法办案，着重调解，坚持从实际出发，依靠群众，依靠有关单位，深入实际，调查研究，坚持在法律面前人人平等，反对任何特权，排除一切干扰；坚持开展法制宣传和司法建议活动，不断提高办案的质量和效率，扩大办案的社会效果。据统计，去年 10 月至今年 4 月，共受理初审经济纠纷案件 900 件，已审结 674 件，诉讼标的达 1476 万余元。收、结案件分别比 1984 年 10 月以前七个月增加 100％和 86％。审结的案件中，调解和经过工作撤诉的 622 件，占 92.3％。通过对这些案件的审理和法制宣传、司法建议活动的开展，显示了经济审判工作在调整经济关系，疏通流通渠道，维护经济秩序，促进企业改善经营管理，提高经济效益，推动经济体制改革的顺利进行和生产发展等方面的重要作用。

当前，经济审判工作队伍，无论在数量上，还是在素质上，都远不能适应形势发展的需要。而且随着对外经济交往的增多，涉外经济纠纷将会不断地诉讼到法院来，这更是一项新的艰巨任务。全市法院正在努力做好准备，抓紧培训和调整充实经济审判干部，以便把经济审判工作做得更好。

四、关于处理申诉信访工作

随着社会主义民主的发扬，法制的加强，处理申诉信访已成为人民法院一项经常性的重要工作。去年下半年以来，我们鉴于全市法院的刑事申诉案件积压较多，首先善始善终抓紧了刑事申诉案件的复查处理。除了挖掘内部潜力，调整充实力量，请示党委从有关部门抽调干部帮助法院工作，联系组织一些有案单位派员复查，先提出初步处理意见，后由法院审定等多种形式，从力量上保证复查处理刑事申诉案件外，在工作方法上采取统筹安排，有计划、有重点地复查处理，特别是对于起义投诚人员、港澳同胞、台胞台属、侨胞侨眷、高级知识分子和宗教界知名人士等七个方面的重点案件，定人、定时、定任务，落实责任，限期完成。从而大大加快了工作进度。〈……〉。在复查处理刑事申诉案件工作中，我们继续坚定不移地清除“左”的思想影响，坚持实事求是，有错必纠的原则，坚决排除来自各个方面的干扰和阻力，不应当改的，坚决不改；应当改的，坚决改，并积极协助有关部门切实做好善后工作。通过这些案件的复查处理，进一步落实了党的政策，收到了好的社会效果。不少当事人声泪俱下，衷心感谢党的政策英明。一些高级知识分子和爱国人士表示，要用有生之年为“四化”出力，为祖国的统一，台湾回归祖国做出贡献。全市法院还加强了对信访工作的领导，较好地坚持了院、庭领导定期接待群众来访的制度，自去年 10 月至今年 4 月共处理人民来信来访 91671 件(次)。对于进一步落实党的政策，密切人民法院同群众的联系，调动一切积极因素为经济建设服务，起了积极的作用。

五、关于法院的队伍建设

加强法院的队伍建设，提高法院干部的政治、业务素质，是法院工作适应新形势的要求，更好地完成审判工作任务的关键。去年以来，全市法院按照党委的统一部署，分期分批开展了整党。通过整党，加强了领导班子的建设，端正了业务工作的指导思想，进行了彻底否定“文化大革命”的教育，增强党性，消除派性，党风有了很大好转。同时，本着边整边改、未整先改的精神，普遍建立和落实了岗位责任制。加强了经常性的思想政治工作，教育干部坚持四项基本原则，严格依法办事，密切联系群众，全心全意为人民服务。并采取多种形式对干部进行业务培训。按照最高人民法院开办法院干部业余法律大学的计划要求，市法院已建立了“业大”教学分部，各区、县法院也正在积极筹建“业大”教学班，力争在 1990 年以前，使法院现年 45 岁以下，具有高中毕业文化程度的干部，基本上达到大专水平。通过这些工作，特别是通过整党，法院干警的风貌焕然一新。各级领导干部以身作则，带头实干；老同志精神焕发地坚持战斗；中、青年同志意气风发地站在改革的前列，战斗在第一线。在广大干警的共同努力下，较好地完成了繁重的工作任务，涌现了一批先进人物和先进集体。全市法院 1984 年评选出先进集体 66 个，先进工作者 440 人，其中出席全市政法系统先代会的先进集体 15 个，先进工作者 91 名；出席全省政法系统先代会的先进集体 4 个，先进工作者 20 人；出席全国法院系统先进集体 1 个，先进工作者 1 人。

各位代表：

半年多来，全市法院的工作虽然取得了一定成绩，但也存在一些缺点和问题。主要是：干部的业务素质不够高；某些案件处理不及时，少数案件的办案质量不高；对审判工作中出现的新情况，新问题调查研究不够。对这些缺点，我们将采取措施，努力加以克服。此外：在客观上，全市法院还存在一些实际困难，力量与任务的矛盾仍然比较突出，特别是现有人民法庭的干部数量都没有达到“三审一书”的要求，大多数人民法庭没有配备庭长；在物质上，由于各级党委、政府的关怀和有关部门的支持，一些法院得到了初步的或较好的解决，但一些法院在这方面的困难还很大，特别是还有 60％的法院没有审判用的法庭，138 个人民法庭的办公用房和干警住房一般都很狭窄和简陋，有的甚至没有办公用房和干警住房，一些法院在经费、法医设备、办公用房等方面存在的困难也不少，我们希望继续得到有关方面的支持，逐步加以解决。

各位代表：

在新的形势下，各条战线都在改革中前进，全市法院正在努力开创工作的新局面，开创新局面的关键是：有法必依，执法必严，违法必究，维护宪法和法律的尊严。全市法院一定要深入学习，全面贯彻执行中共中央《关于经济体制改革的决定》和最近召开的全国政法工作会议，全国法院院长会议精神，要一面继续坚定不移地严厉打击严重刑事犯罪和严重经济犯罪活动，并进一步加强其他审判工作，积极参加对社会治安的综合治理；一面抓紧队伍的建设和审判条件的改善，在党的领导下，振奋精神，团结战斗，求实创新，开拓前进，为加强社会主义法制，为把我国建设成为现代化的、高度文明、高度民主的社会主义国家做出新的贡献！

以上报告，请予审议。

四川省重庆市中级人民法院工作报告

（1986 年 6 月 4 日）①

重庆市中级人民法院院长　王　旭

各位代表：

现在，我就市第十届人大三次会议以来，全市法院的主要工作报告如下：

一年来，全市人民法院进一步明确了审判工作必须为党的总任务、总目标服务，为社会主义现代化建设服务的指导思想。市中级人民法院遵照市十届人大三次会议决议的精神，着重抓了三方面的工作：一、在深入开展严厉打击严重刑事犯罪和严重经济犯罪活动的同时，进一步做好经济审判、民事审判和申诉信访工作，并积极主动地参加对社会治安的综合治理；二、严肃执法，为健全社会主义法治而奋斗；三、加强法院的队伍建设，增强法院的战斗力。在市、区、县党委的领导和人大、上级法院的监督下，经过全市法院的共同努力，较好地完成了党和国家赋予的各项审判任务。去年 5 月至今年 4 月，全市法院共审结各类案件 20131 件，发挥了人民法院保护人民，打击敌人，惩治犯罪，服务“四化”的审判职能作用。

一、继续严厉打击严重刑事犯罪活动，争取社会治安稳定好转

一年来，全市法院根据社会治安情况，与公安、检察等机关密切配合，深入开展了严厉打击严重刑事犯罪的斗争，胜利地完成了第二战役的审判任

① 此报告系于 1986 年 6 月召开的重庆市第十届人民代表大会第四次会议上报告。

务。去年5月至今年4月,审结各类初审刑事案2952件,判处发生法律效力的犯罪2784人。斗争中,仍坚定不移地贯彻执行了依法从重从快的方针,重点打击杀人、强奸、抢劫、放火、爆炸等七个方面的严重刑事犯罪分子,计判处867件(占刑事案件判处总数的38%),判处罪犯1020人,其中五年以上有期徒刑、无期徒刑、死刑、死缓676人,占66.3%。对罪大恶极,犯罪情节特别严重、危害特别严重的分子,依法判处了死刑;对其他严重刑事犯罪分子也依法从重判处了不同的刑罚。对突发性的重大恶性案件,发案后,就主动与公安、检察机关配合,互通情况,提前了解案情,并依法各司其职,各负其责,迅速审理,从而及时有力地打击了严重刑事犯罪分子的嚣张气焰。通过严厉打击,促进了社会治安的明显好转。斗争中,始终坚持了以事实为根据,以法律为准绳的原则,实事求是,依法办案,保证办案质量。在办案中,认真查清事实,核实证据,凡事实不清,证据不扎实的,依法重新查证或退回检察机关补充侦查。对案件的判处,无论作有罪判决或无罪判决,也无论是判处何种刑罚,都以《刑法》和全国人大常委会的《决定》为依据,对已构成犯罪的,坚决依法惩处,决不放纵;对未构成犯罪的,坚决不判,决不冤枉无辜。据统计,在判决发生法律效力的2846名刑事被告人中,既对已构成犯罪的2784名犯罪分子作了有罪判决,又对未构成犯罪的62名被告人作了无罪处理。同时,在审判环节中,注意深挖漏罪、漏犯,计挖出漏罪32条,漏犯17人。一年来,一审刑事案件上诉少,二审案件维持原判增多,死刑核准率提高(为96%),保证了办案质量,做到不枉不纵,不错不漏,稳、准、狠地打击严重刑事犯罪分子。斗争中,还认真执行了惩办与宽大相结合,区别对待的政策。根据事实和法律,该重判的坚决重判,该处死刑的坚决判处死刑,决不手软;对犯罪后自首的,有立功表现的或者具有其他法定从宽情节的,依法从轻、减轻或者免除处罚;对在劳改中确有悔改或者立功表现的,也及时依法减刑或假释;对脱逃和脱逃后又犯罪的,依法加处刑罚。〈……〉。广大人民群众坚决拥护人民法院的严正判决,一致赞扬执法逗硬,政策兑现,显示了法律的威严,分化瓦解了犯罪分子。

二、坚决打击严重经济犯罪活动,保卫社会主义经济体制改革和经济建设的顺利进行

党的十一届三中全会以来,我国的政治经济形势越来越好。但是,一些不法分子趁机钻改革、开放、搞活的空子,大肆进行走私贩私、贪污受贿、投机诈骗、盗窃公共财物等犯罪活动。一年来,市法院按照中共中央、国务院和第五届全国人大常委会关于严厉打击严重经济犯罪活动的两个《决定》,依法严惩了一批严重经济犯罪分子。计审结各类经济犯罪案624件,判处罪犯759名,追缴了大量赃款赃物,为国家、集体和公民挽回经济损失136.8万余元。最近,又有一批大要案件陆续起诉到法院,目前正在抓紧审理中。全市打击严重经济犯罪活动有了新的进展,出现了好的势头。工作中,我们坚持做到,凡有利于生产发展,人民生活改善和国家财力增强,有利于建设具有中国特色的社会主义,符合改革、开放、搞活方针、政策的,就坚决依法保护和支持;凡破坏这一方针、政策的经济犯罪行为,就坚决依法惩处。对那些数额巨大、破坏性大、腐蚀性大的大要案件,组织了较强的审判力量办案,及时依法予以从严惩处,并召开不同规模的公开宣判大会,以张扬法制,震慑罪犯,鼓舞和教育群众。同时,强调了一个"准"字,在查清事实、核实证据的基础上,准确定性,恰当量刑。办案中,十分注意区分罪与非罪、此罪与彼罪、重罪与轻罪的界限,防止该判不判、不该判的也判和重罪轻判、轻罪重判的发生。既不把不正之风、改革中缺乏经验出现的问题当成经济犯罪,又不把经济犯罪看成是不正之风或改革中缺乏经验的问题;量刑时,既要看犯罪的金额、犯罪分子的个人所得,又要看犯罪分子在经济上给国家、集体造成的损失,在政治上给人民造成的危害。对严重经济犯罪分子,除依法判处刑罚外,还注意了追缴赃款赃物,依法判处罚金或没收财产,绝不让犯罪分子在经济上占便宜。

一年来，市法院进一步加强了对打击严重经济犯罪的审判监督。据不完全统计，仅各区、县法院在办理重大疑难经济犯罪案件过程中，市法院及时参与审判监督的就有112件。由于强调了一个“准”字，因而使办案质量不断得到提高，有力地推动了这场斗争的健康发展。

三、积极开展经济审判工作，发挥对经济关系和经济活动的调节作用

近年来，经济审判工作面临许多新情况：经济纠纷案件急剧上升，去年5月至今年4月收案2178件，比上年同期增加1.1倍；诉讼标的金额越来越大，去年5月至今年4月为6995.8万元，相当于上年同期的7倍多；在各类经济纠纷案件中，居首位的仍是经济合同纠纷案件，其中购销合同纠纷案件最多，占整个经济纠纷案件的53.5%；连环式合同纠纷突出，一旦一方违约，则造成一系列的合同无法履行。针对上述情况，全市法院在内部适当调整充实经济审判力量。加强经济审判工作。对当事人的诉讼，不论其单位大小，是本地还是外地，不论诉讼标的金额多少，都积极依法受理案件，抓紧予以审结。据统计，去年5月至今年4月，审结一审经济纠纷案件1647件，比上年同期多结1.09倍。经济纠纷案件政策性、技术性强，情况复杂，审判人员除认真学习党和国家的各项经济方针、政策和经济法律、法规外，还主动向经济管理、科学技术等部门请教，以获得有关的专门知识，解决疑难，确保案件正确处理。对影响生产、工作正常进行的经济纠纷案件，坚持到发案地办案，先恢复生产和工作，再解决纠纷。在贯彻着重调解原则时，注意不断提高调解工作的质量，做到是非分明，责任清楚，合法、自愿，不久调不决，避免因久调不决给生产、流通造成不应有的损失。对“皮包公司”案件，主动与工商行政管理部门联系，建议停业整顿或吊销执照，在清理债权债务的基础上，由法院采取必要的诉讼保全措施，发现经济违法犯罪行为，注意追缴非法所得，并将犯罪线索和材料移送公安或检察机关处理。据统计，去年5月至今年4月，移送公安、检察机关处理的有68件，防止了经济违法犯罪分子在经济上占便宜和逃脱法网。通过审理经济纠纷案件，保护了国家、集体的利益和公民的合法权益，充分显示了经济审判工作在维护经济秩序，调整经济关系，改善经营管理，推动经济体制改革和经济建设等方面的积极作用。

四、大力加强民事审判工作，促进两个文明建设

一年来，全市法院深入贯彻执行第四次全国、全省民事审判工作会议精神，狠抓办案质量的提高和基层基础工作，推动了民事审判工作的进一步开展，依法审结了大量民事案件。据统计，去年5月至今年4月，审结初审民事案1.0535件，二审民事案694件，依法调整了人身关系和财产关系，保护了国家、集体的利益和个人的合法权益，发挥了维护社会安定团结、促进两个文明建设的重要作用。在工作中，严格执行了《民事诉讼法（试行）》规定的审判程序制度，正确适用民事政策、法律。在执行民事诉讼程序制度方面，坚持依法受理案件，凡符合起诉条件的，坚持有告就理，负责到底，注意解决群众“告状难”的问题。坚持依靠群众，调查研究，着重调解，巡回审理，就地办案的原则，发扬走群众路线的优良传统，走出机关，深入到厂、矿、企事业单位中去，到农村中去，依靠群众，进行调查研究，在查清事实，分清是非，明确责任的基础上，耐心细致地做好当事人的疏导和说服工作，使之心悦诚服，尽量达成协议，息讼止争，做到结一案了一案，官了民也了。据统计，去年5月至今年4月，初审民事案的调解、撤诉率为84%。同时，对调解不成需要判决的案件，也及时依法判决，以维护法律的严肃性。在适用民事政策、法律方面，坚持有利于维护社会主义制度，支持先进，抵制落后，保护合法权益，合法、合情、合理地处理案件。为了把大量民间纠纷解决在基层，解决在萌芽状态，进一步加强了基层基础工作。各区、县法院在内部调整充实了人民法庭和市辖区办案片的力量，加强了思想政治工作和业务指导，继续推行和不断完善包案件审

理、指导调解、解决纠纷、法制宣传的“四包”责任制和检查评比制度，推动了人民法庭和办案片的工作，发挥了“前沿阵地”的作用。同时，积极协助司法行政部门，整顿调解组织，帮助建立、健全调解工作制度，采取以会代训等形式，加强对调解干部的培训和指导，提高了调解干部的政策业务水平，使相当于法院收案十倍多的民间纠纷解决在基层。通过上述工作，民事案件出现了诉讼减少，上诉减少，二审维持原判增多的好势头，民事审判工作正在由被动转向主动。

五、认真做好申诉信访工作，加强审判监督和信息反馈

一年来，全市法院针对刑事申诉案件数量多，复查处理任务重的特点，合理组织力量，认真进行复查处理。去年5月至今年4月，共复查处理2218件，其中涉及起义投诚人员、归侨、侨眷、台胞、台属、高级知识分子、宗教界人士和地下党员的案件，凡当事人及其亲属申诉或通过其他渠道提出复查的，都优先作了复查处理。根据党中央关于要在十三大前把历史遗留问题基本处理完的要求和上级法院的部署，今年2月以来，在有关单位的配合下，又相继翻阅了建国以来判处的刑事案近30万件，计查出统战对象和地下党员线索的案件5000余件，并组织力量，力争在近期内基本复查处理完。在工作中，始终坚持实事求是，有错必纠的原则，坚决排除来自各方面的干扰和阻力，该改的，坚决改，并积极协助有关部门做好善后工作；不该改的，坚决不改，依法驳回申诉，教育申诉人服判息诉，决不允许以申诉为名进行翻案。通过复查处理申诉案件，使一些冤假错案得到了平反纠正，使一些蒙受冤屈的人员及其家属放下了包袱，消除了对党的政策和国家法律的疑虑，维护了党和政府的信誉，调动了他们振兴中华，建设“四化”的积极性。同时，也激发了华侨和国外华人的爱国热忱，对发展和扩大爱国统一战线起了很好作用。

信访工作有所加强。一年来，全市法院及时妥善地解答和处理了群众来信来访所提出的问题，计处理来信116671件，接待来访45057人次。在抓好经常性信访工作的同时，重点抓了重要信访和上级转办、催办信访案件的处理。去年以来，仅市人大常委会转交市法院处理并要求报结果的23件信访案件，已办结17件，对其中原判不当的12件均作了改判（主要是刑事申诉老案）。催办的案件也得到及时处理。如去年下半年，市农贸中心白沙经营部向市法院申请要求按调解协议执行江北区红玫瑰贸易公司退还30万元联营款一案，市人大常委会及时派员催办后，市法院采取了有力措施，加快了执行的进度，使白沙经营部的实体权利得以兑现，及早恢复了企业活力。认真做好信访工作，进一步密切了人民法院与人民群众的关系，维护了党和国家的信誉，促进了生产的发展和社会的安定团结。

六、紧密围绕审判活动，积极参加社会治安的综合治理，全面充分地发挥审判机关的职能作用

全市法院按照“打击、预防、改造”的要求，在严厉打击刑事犯罪和严重经济犯罪的同时，围绕审判活动，认真落实综合治理的其他措施。主要是：以公开审判案件为中心，采取作法制演讲报告，开展法律咨询，办法制学习班，出法制专栏，向报刊、电台、电视台撰写稿件等多种形式，大力开展法制宣传，使公民知法、懂法、守法，以预防、减少纠纷和违法犯罪的发生；对判处缓刑、管制、免刑人员进行回访考察，促使罪犯改造；深入劳改单位、看守所，对在押人员进行坦白检举、立功赎罪教育，促使罪犯认罪伏法、坦白检举，走悔罪自新之路；开展司法建议，促使有关单位建立健全制度，堵塞漏洞，改善经营管理；及时，妥善地调出民间纠纷，防止矛盾激化等等。据不完全统计，去年5月至今年4月，召开刑事案件的公开宣判大会241次，公判案件806件，罪犯1100人，到会群众62万余人，印发布告和罪犯罪行材料10万余份；进行法制演讲1618场，听众达29万多人次；防止民间纠纷激化为刑事案件508起。通过这些工作，推动了社会治安和社会风气的明显好转。

七、严肃执法，为健全社会主义法制而奋斗

要建设高度的社会主义民主与社会主义法制，必须严肃执法。人民法院是国家的审判机关，应当成为知法守法、严肃执法的表率。全市法院在审判工作中，忠实于法律和制度，忠实于人民利益，忠实于事实真相，坚持在法律面前人人平等的原则，秉公执法、排除干扰、不徇私情，无论什么人，无论职位高低，无论是全民、集体还是个人，只要其行为合法，都平等的加以保护，凡违法犯罪，都依法予以制裁。对超越法律干预法院独立行使审判权或以暴力威胁审判活动正常进行的，坚决排除干扰或依法追究责任。发现可能因当事人一方的行为或者其他原因，使判决不能执行或难以执行的，坚持采取诉讼保全措施。广大审判人员严明纪律，奉公守法，实事求是，依法办案，请吃不去，送礼不收，深受人民群众赞扬，树立了人民法院严肃执法的高大形象。市法院通过认真办理上诉、抗诉案件和组织检查办案质量，加强了审判监督，对发现的错判案件，依法及时纠正。同时，全市法院普遍重视和加强了执行工作。据统计，去年 5 月至今年 4 月，共新收发生法律效力的判决、裁定、调解协议和仲裁机构移送的裁决等各类执行案件 2113 件，已办结 1963 件，维护了法律的严肃性，保证了当事人实体权利的实现。

八、加强法院的队伍建设，提高法院的战斗力

一年来，全市法院在精神文明建设中，除加强经常性的政治思想工作外，还重点抓了整党、巩固整党成果，收听了曲啸同志和解放军英模报告团的报告。运用身边的典型组织理想教育汇报团。去年年底以来，又相继开展党风大检查和机关作风的整顿，比较系统地进行理想、宗旨、纪律教育。广大干部在比较困难的工作条件下，发扬党的优良传统，兢兢业业，任劳任怨，努力地完成了繁重的工作任务。绝大多数干警是好的和比较好的，他们两袖清风、一身正气、文明办案、礼貌待人，增强了职业道德、职业纪律和职业责任感，涌现了许多实事求是，依法办事，刚直不阿，铁面无私，全心全意为人民服务的先进集体和先进个人。对来自人民群众和有关方面的批评建议，及时总结经验教训，教育干部，改进工作。去年开始，我们一面抓审判，一面重视抓干部的培训。最高法院创办了全国法院干部业余法律大学，市法院和区、县法院分别成立了教学分部和教学班。现全市法院有 430 名干部参加函大等“五大”学习，其中业大学员 351 人，占 81.6%。目前，我们正注意不断探索，总结经验教训，采取有效措施解决办学中面临的师资和经费等方面的困难，缓解工学矛盾，提高教学质量，力争通过努力，使学员普遍达到大专水平。此外，还结合审判工作，采取以会代训，短期轮训等形式培养提高干部，并鼓励他们自学成才，边干边学，既努力学习马克思主义的基本理论和政策法律，用以指导审判实践，又善于开展调查研究，总结审判实践经验，不断提高严肃执法的自觉性和业务本领，更好地担负起日益繁重的审判任务。

各位代表：一年来，全市法院的工作虽然取得了一定的成绩，但也存在一些值得注意的问题，主要是：市法院对区、县法院的工作指导还不够及时有力；有些干部，特别是有些领导干部思想上、作风上、工作上还不能完全适应形势的需要，议大事、想全局还不够，就事论事、就案办案的思想作风没有完全克服，办案考虑社会效果不够，极少数案件的办案质量不高或办得不及时；重判决轻执行的问题还程度不同地存在，致使一些案件执行不及时；有的地方对有法必依，执法必严，违法必究的原则坚持不够，遇到来自某些方面的阻力和干扰时，缺乏勇气去排除。这些都有待我们努力加以克服。

各位代表：今年是执行“七五”计划的第一年。最近，中共中央对进一步加强社会主义民主和法制建设，加强政法工作作了许多重要指示。特别是邓小平同志关于“一手抓建设，一手抓法制”的战略思想，对加强民主与法制建设，加强和改革法院工作，保障“七五”计划的顺利实施，具有重大的指导意

义。我们要求全市法院要认真学习、深刻领会中央和邓小平同志的这些重要指示精神，树立完整的人民民主专政的观念，进一步做好各项审判工作。要坚定不移地贯彻执行依法从重从快的方针，把严厉打击严重刑事犯罪活动的斗争深入持久地开展下去。打击的重点仍然是"七个方面"的罪犯，同时，还要密切注视不同时期不同地区犯罪活动出现的新动向，并采取相应的对策。当前，要坚决打击盗窃犯罪活动，取缔和打击重新出现和蔓延的社会丑恶现象，迎头痛击严重扰乱公共秩序的流氓犯罪活动。对犯罪的首要分子、骨干分子、教唆犯要依法从严惩处；对惯犯、累犯、脱逃犯必须依法从重或加重处罚。在工作中，仍要注意一个"准"字，做到稳、准、狠。打击严重经济犯罪活动是法院的一项十分重要而紧迫的任务，必须抓紧抓好。要坚持"法律面前人人平等"的原则，敢于碰硬，排除干扰，抓紧审结一批大要案件，狠狠打击严重经济罪犯的嚣张气焰，推动斗争的深入发展。对那些以机关、团体、企事业单位和集体经济组织的名义，进行经济犯罪的，不仅要追究直接责任者的刑事责任，而且要追究策划者、组织者和指挥者的刑事责任；对玩忽职守构成犯罪的，也必须依法追究刑事责任，不能"以风代罪""以纪代法""以罚代刑"。工作中，必须坚持"一要坚决，二要慎重"的原则，在"准"字上狠下功夫，使判处的案件经得起历史的检验。近年来，经济纠纷案件成倍增加，经济审判工作的任务越来越繁重。要加强领导、抓好党和国家的各项经济方针、政策和经济法律、法规的学习，在保证办案质量的前提下，加快办案进度。《民法通则》的制定颁布，是我国法制建设的一个重大成就，必须以学习、贯彻、执行《民法通则》为中心，推动民事审判工作的进一步开展。申诉信访工作是人民法院审判工作的重要组成部分。今年的申诉工作，重点抓好涉及统战对象和地下党员刑事案件的复查处理，其他刑事申诉案件，民事、经济纠纷申诉案件也要有专人办理。要努力做好信访工作，进一步密切人民法院与人民群众的联系，及时为审判工作提供信息和反馈，健全社会主义法制最重要的关键就是要严肃执法。必须进一步加强审判监督和执行工作。继续加强法院建设，提高队伍素质，以适应迅猛发展的新形势的需要，更好地担负起光荣而艰巨的审判工作任务。

这次大会以后，我们一定要在党中央和各级党委的领导下，在人大及其常委会的监督下，认真贯彻会议的决议，以愚公移山的精神，再展宏图的气魄，团结奋斗，扎实苦干，为进一步开创法院工作新局面，发展社会主义民主，健全社会主义法制，加强人民民主专政，保障和促进经济体制改革和"四化"建设的顺利进行做出新的贡献。

以上报告，请审议。

四川省重庆市中级人民法院工作报告

（1987年5月12日）①

重庆市中级人民法院院长　王　旭

各位代表：

在全面改革、加强法制建设的新形势下，阶级斗争在一定范围内仍然存在，诱发犯罪和影响治安稳定的因素还比较多，越来越多的经济关系和经济活动需要靠法律调整。人民法院作为人民民主专政的重要工具，必须充分运用法律手段，促进社会治安稳定好转，巩固安定团结的政治局面，为改革、开放、搞活和两个文明建设服务。一年来，在人少

① 此报告系于1987年5月召开的重庆市第十届人民代表大会第五次会议上报告。

案多、审判业务范围扩大的情况下，市中级人民法院遵照市十届人大四次会议的决议，以邓小平同志"一手抓建设，一手抓法制"的战略思想为指针，坚持四项基本原则，围绕党的总任务、总目标，全面深入地开展各项审判工作。继续狠抓严惩严重刑事犯罪和严重经济犯罪；进一步加强经济、民事审判工作；积极慎重解决刑事审判工作方面的历史遗留问题，落实党的政策。同时，采取切实措施，加强法院队伍建设，不断增强战斗力。在党委、人大和上级法院的领导、监督下，通过全市法院的共同努力，自去年5月至今年3月。共审结各类案件4.12万件，发挥了人民法院保护人民，打击敌人，惩治犯罪，服务"四化"的审判职能作用。

一、继续严惩严重刑事犯罪和严重经济犯罪，为经济体制改革和"四化"建设创造良好的社会环境

"严打"斗争继过去两年多来，已经取得显著成绩。在社会治安秩序明显好转的形势下。全市法院毫不松懈麻痹，继续坚定不移地对故意杀人、抢劫、强奸、放火、爆炸、重大盗窃等严重刑事犯罪分子给予严厉打击。去年5月至今年3月，共审结初审刑事案3415件。在判决发生法律效力的3360名罪犯中，属于严重刑事罪犯1161人，占34.6%。办案中，做到了三个坚持，一是坚持依法从重从快的方针，与公安、检察机关密切配合，协同作战，案件一旦起诉。即依法从重从快惩处。〈……〉。二是坚持实事求是的思想路线，以事实为根据，法律为准绳，严格依法办事，提高办案质量，既不轻纵罪犯，又不冤枉无辜。对构成犯罪的3360名被告人作了有罪判处，并挖出漏犯11人，漏罪12条。对未构成犯罪的44名被告人依法宣告无罪。同时，认真搞好审判监督，对检察机关依法抗诉的18件案件，依法改判5件，占27.8%。市中级法院对下级法院受理的可能判处无期徒刑以上的案件，依法交办或提审9件。其中判处无期徒刑8人，死刑1人。保证了定性准确，量刑恰当。三是坚持惩办与宽大相结合的政策。该从严的坚决从严，该从宽的一定从宽，以分化瓦解犯罪分子。作有罪判决的3360名罪犯中，判处5年以上有期徒刑、无期徒刑、死刑（死缓）的1101人；判处不满5年有期徒刑、拘役、管制、免刑的2259人。对服刑期间确有悔改或立功表现的罪犯357人，依法给予了减刑或假释；对抗拒改造、脱逃犯罪的137名罪犯依法加处了刑罚。

"严打"斗争三个战役，全市法院依法审结各类刑事案17821件，其中严重刑事犯罪案7272件，占40.8%，判决并执行死刑335人。这场斗争取得了重大胜利，沉重打击了严重刑事犯罪分子的嚣张气焰，刑事案件收案数大幅度下降，广大群众的安全感普遍增强，扭转了社会治安的非正常状况，为经济体制改革和"四化"建设创造了良好的社会环境。据统计，全市法院审结严重刑事案件第一战役为4698件，第二战役为1572件，第三战役为1002件，第三战役比第一战役下降78.7%。"严打"斗争开展前，流氓犯罪团伙猖獗一时，横行城乡，群众缺乏安全感，在工作、生产中存在后顾之忧，如女工夜间上下班要人接送，丈夫怕妻子被拐骗等。第一战役，流氓犯罪占刑事案件总数的27.3%，第三战役只占6.7%。第一战役拐卖人口犯罪占案件总数的11.5%，第三战役只占1.3%。聚众斗殴、滋事、捅刀子、拐卖农村妇女的严重现象基本得到控制。"严打"斗争取得的胜利和产生的影响，充分证明党中央"严打"的决策是完全正确的、非常英明的。

一年来，严惩严重经济犯罪的斗争取得了很大进展。去年5月至今年3月，全市法院共审结经济犯罪案868件，比前十一个月上升49.7%；判处罪犯1028人；判处罚金、追缴赃款赃物，为国家、集体挽回经济损失249.4万元。斗争中，始终坚持既要坚决，又要搞准，狠抓犯罪金额万元以上和被告人原属县团级以上职务的经济犯罪大案要案的审判，以推动整个打击经济犯罪斗争。共计判处犯罪金额万元以上案件93件，罪犯101人；犯罪分子原属县团级职务的10人。对严重破坏社会主义经济秩序的犯罪分子，坚决从严打击。〈……〉。在斗争中，始终注意划清罪与非罪的界限，对构成犯罪需

要追究刑事责任的坚决惩处；对经济改革中正当的经营活动，坚决予以保护；对改革中工作失误、一般违法行为、不正之风决不定罪处理。一年来，对14名没有构成犯罪被指控的被告人依法宣告无罪。

在严惩严重刑事犯罪和严重经济犯罪的同时，全市法院对玩忽职守、重大责任事故等给国家财产、人民生命安全造成重大损失的案件，对诬告陷害、侮辱诽谤、非法拘禁等侵犯公民人身权利、民主权利的案件都坚决依法惩处。〈……〉。

全市法院在审判工作中，注意宣传法制，预防犯罪，促进社会治安的综合治理。去年5月至今年3月，有组织地召开刑事案件宣判会186场(次)，宣判案件763件，罪犯1174人，到会群众65.1万余人；印发宣传材料3.5万余份；提出司法建议339条；进行法制演讲1769人次，法律咨询3329人次。从而震慑了犯罪，提高了公民遵纪守法的自觉性，促进了有关单位建立健全必要的管理制度，堵塞漏洞，减少了违法犯罪的发生。全市法院涌现了一批社会治安综合治理的先进集体和个人，其中潼南县法院、江北县静观法庭被评为市的先进集体，受到表彰。

二、认真学习和切实施行《民法通则》，进一步加强经济、民事审判工作，维护国家、集体利益和公民合法权益

六届全国人大四次会议于1986年4月12日通过的《民法通则》，从今年1月1日起施行。民法是国家的基本法律之一。它对于保障公民和法人在民事活动中的合法权益，适应改革、开放、搞活的需要，加强运用法律手段管理经济，保障社会主义现代化建设事业的顺利进行，具有重要意义。去年，我们着重抓了实施《民法通则》的各项准备工作，特别是分层次地培训或输送到上级法院培训经济、民事干部。今年2月，市中级法院又与有关部门联合发了关于认真学习和切实施行《中华人民共和国民法通则》的宣传提纲，并采取多种形式予以宣传。今年以来，办理民事、经济纠纷案件，严格按照《民法通则》规定办案，并注意总结审判经验，改进工作。通过学习和施行《民法通则》，推动了经济、民事审判工作的全面开展。

经济审判紧紧围绕经济体制改革和经济建设全面开展工作，依法积极受理、及时审结经济纠纷案件，狠抓办案质量的提高。去年5月至今年3月，全市法院共受理3245件，比前11月上升28%；审结2034件，比前十一个月多结518件；解决争议金额5345万元。工作中，认真组织经济审判干部学习经济法规，开展案例讨论，交流办案经验，对已结案件实行自查和抽查，不断提高执法水平。对争议金额大、涉及面广，直接影响搞活经济的案件，优先办理，扩大影响，力求做到审结一件，教育一片。在加强对流通领域里的经济纠纷案件审理的同时，还注意了对企业内部承包、租赁合同纠纷，农村承包合同纠纷案件的审理，切实维护国家、集体利益和公民的合法权益。审理案件中，发现可能因当事人一方的行为或其他原因，使判决不能执行或难予执行，坚决采取查封、扣押、冻结当事人有关财物等诉讼保全措施，防止一方当事人为规避法律而转移资金和物资，确保结案后判决的兑现同时，注意发现和揭露经济犯罪。一年来，共发现经济犯罪线索92起，及时移送公安、检察机关查处。随着经济体制改革的不断深化，经济审判工作不断面临许多新情况、新问题。为了适应形势的发展，加强了对新情况、新问题的调查研究。针对无效合同出现的新形式，及时研究提出了确认和处理无效合同应划清的界限；针对诉讼主体特别是无独立请求权的第三人的新变化，在调查研究的基础上，提出了正确确定诉讼主体的若干意见，进一步取得了经济审判工作的主动权。

民事审判工作从增强人民内部团结、有利生产、方便群众诉讼出发，该收案的依法收案，并坚持依靠群众、调查研究、着重调解、就地办案的原则，实事求是，合法、合理、合情地处理民事案件。去年5月至今年3月，全市法院共受理一审民事案16542件，比前十一个月多受理2758件；审结12423件，比前十一个月多结2808件。离婚案件在民事案件中历来居首位。随着形势的发展，婚姻

家庭纠纷出现了许多新情况、新问题，运用法律手段调整好社会主义婚姻家庭关系，对社会安定团结有着十分重要的作用。我们针对各区、县法院审理这类案件难度大的情况，于去年6月召开了如何审理婚姻家庭案件讨论会，研究在审理婚姻家庭案件中，如何既反对封建思想又反对资产阶级思想，维护社会主义婚姻道德，切实保护妇女、儿童和老人的合法权益，巩固社会主义婚姻家庭制度，制定了《关于审理婚姻案件应注意掌握的若干问题（试行）》，统一了全市法院在审理婚姻案件方面的政策法律思想。在抓案件审理的同时，注意了抓基层基础工作，召开了法庭工作会议，推广了部分法庭审理案件、解决纠纷、指导调解、法制宣传的经验。普遍加强了对调解组织的业务指导。仅去年，全市1.2万多个调解组织，调解各类纠纷13.98万余起。使法院腾出手来，审理疑难案件和老案，永川、巴县等法院已将1985年底以前的案件全部审结，调动了群众的生产积极性。

全市法院重视和加强了已经审结的经济纠纷案和民事案件的执行工作。去年5月至今年3月，共受理移送和申请执行案2156件，已执行1944件，执行金额425.8万余元，房屋205间，粮食2万余斤，维护了社会主义法制的尊严。

三、积极慎重复查刑事申诉案件，解决历史遗留问题，落实党的政策

一年来，刑事申诉复查工作，按照党的实事求是路线，对发生法律效力案件的当事人及其亲属提出申诉的，认真进行复查，确有判决错误的，坚决纠正，错多少纠多少；对申诉无理的，在驳回申诉的同时，做好说服教育工作。重点抓了认真复查“文革”前判处的有申诉的反革命案件和其他政治性案件，去年5月至今年3月，共复查审结9732件，其中改判5269件；维持原判4428件；其他处理35件。改判中宣告无罪5081人；免予刑事处分134人；减轻刑罚13人。同时认真解决“文革”期间判处的刑事案件复查工作中的遗留问题和落实统战政策工作中的遗留问题，两项共立案审结2219件，其中改判1099件；维持原判1112件，其他处理8件。改判中宣告无罪1067人；免于刑事处分40人；减轻刑罚8人。在复查处理以上申诉案件中，认真按照当时的政策、法律，按照党的十一届三中全会以来的路线、方针、政策，实事求是地做出结论，为被错判的当事人落实了党的政策。对于促进安定团结，调动各方面的积极因素，扩大爱国统一战线，完成祖国统一大业，加速“四化”建设，都起到了很好的作用。经过全市法院努力，在党的十三大召开前能基本完成审判工作方面落实政策的任务。

全市法院信访工作有所加强。去年5月至今年3月，共处理人民来信98434件。接待人民来访3.8万余人次。通过接待处理人民来信来访，督促复查纠正了一些错判案件，调处了大量简易纠纷，及时了解和反映了社情民意，向群众宣传了法制。在加强人民来信来访接待工作的同时，坚持自觉地接受党委和人大及其常委会的领导、监督，坚决执行党委和人大及其常委会的决议、决定，自觉接受人民代表的视察，严肃认真地办理人民代表的批评、建议。去年，市中级法院成立了专门的督办班子，共办结各类批评建议、督办案件146件，从而改进了法院工作，提高了执法水平。

四、加强法院队伍建设，努力提高干警政治素质、业务素质，不断增强战斗力

一年来，全市法院在审判任务繁重、办案力量不足的情况下，从加强思想政治工作入手，激励广大干警全心全意地为人民服务，各级领导深入基层，有针对性地做细致的思想政治工作。认真组织干警学习党的十二届六中全会决议，深入开展理想、宗旨、纪律教育和“四职”教育，进行党风党纪和坚持四项基本原则、反对资产阶级自由化的教育，提高干警坚持党的领导，坚持人民民主专政的政治觉悟，自觉抵制不正之风和违法乱纪行为。在思想政治工作推动下，广大干警在工作中讲职业道德，尽职业责任，守职业纪律，练职业技能，办案质量提高，办案进度加快，团结战斗，埋头苦干，严肃执法，秉公办案的好人好事不断涌现。在提高干警业务

素质方面，采取各种形式对干警进行业务培训。广大干警在斗争实践中边干边学，善于摸索，不断总结提高。市中级法院积极努力办好业余法律大学，使这一紧密结合审判实践，边工作边学习，花钱少、见效大的新生事物不断发展壮大，逐步积累了办学经验。目前，全市法院已有六百多名干警参加各类大学法律专科学习，这是法院工作不断开创新局面，保证严肃执法的组织保证和希望所在。全市法院在充实、加强政治工作队伍，建立纪律检查机构的同时，认真按法院建设需要，选调了一批具有一定文化水平和专业知识的干部充实法院队伍。在党委、人大、政府的关心和大力支持下，一年来，全市法院的工作条件不同程度地有所改善。

各位代表，一年来，全市法院虽取得了很大成绩，但也存在不少困难和问题。有的案件办理质量不高，处理不及时，未结案常在1万件左右，6%的公诉初审刑事案件超过法定审限期，有的民事、经济纠纷案判处不兑现。这主要是我们主观上对政策、法律学习不够，领会不深，对经济体制改革中出现的新情况、新问题缺乏调查研究，市中级法院对区、县法院的审判监督和业务指导不经常。客观上，法院审判业务范围扩大，收案大幅度上升，去年新收案3.78万余件，比前年上升70.5%，而办案力量增加缓慢，力量与任务不相适应的矛盾愈加尖锐突出；一些基层法院工作条件艰苦，办案经费、交通工具紧缺，特别是第一线的人民法庭困难更多，影响严肃执法。这些都有待我们今后发挥主观能动性，努力提高执法水平，并紧紧依靠党委、人大、政府的关心和支持，在“双增双节”的前提下，逐步解决工作中的困难。

各位代表，在新的一年里，全市人民法院要更加自觉地将审判工作置于党委的领导和人大及其常委会的监督之下，认真学习党的十二届六中全会决议和中央有关反对资产阶级自由化的文件，旗帜鲜明地坚持四项基本原则，坚定地站在反对资产阶级自由化斗争的前列，使全体干警成为捍卫四项基本原则的模范，成为人民民主专政的坚强卫士。要继续严惩严重刑事犯罪和严重经济犯罪。三年“严打”三个战役虽然告一段落，但决不意味着斗争的结束，极少数仇视我国社会主义制度的敌对分子和各类刑事犯罪分子时时都企图颠覆、破坏我们的事业，我们要乘胜追击，随时注意社会治安情况的变化，把工作抓紧，切不可松懈，一定要把同严重刑事犯罪和严重经济犯罪的斗争深入持久地更加卓有成效地开展下去。坚定不移地贯彻依法从重从快的方针，保证执行政策、法律的坚定性和稳定性。经济审判工作要围绕提高办案质量，认真总结推广审判经验，加强调查研究，为经济体制改革的深化和经济建设服好务。《民法通则》已经正式施行，人民法院审理民事案件和经济纠纷案件有了共同准则和法律依据，要严格按照《民法通则》的规定，积极受理，合理、合法、合情地处理民事、经济纠纷案件，做到有法必依，执法必严。要切实加强基层人民法院和它的派出机构——人民法庭的力量和工作，与有关部门密切配合，依法指导人民调解工作，积极参加社会治安的综合治理，结合法院审判职能，宣传社会主义法制。要进一步加强执行工作，确保法院判决、裁定的兑现。各项审判工作要在保证质量前提下，尽最大努力提高办案效率。申诉复查工作要按照党的实事求是路线，认真抓紧抓好。按照最高法院的要求，加强信访工作，开创新局面。积极开展行政审判工作，推动行政管理走上依法治国的轨道。要切实改进作风，大兴调查研究，加快信息反馈。继续加强法院的队伍建设和物质建设，以适应日益繁重的审判任务，为发展社会主义民主，健全社会主义法制，巩固人民民主专政努力搞好各项审判工作。

各位代表，新的一年里，随着普法教育的深入进行，社会主义法制的不断完善，人民法院担负的审判任务将更加繁重。我们一定在党委、人大及其常委会的领导、监督下，坚决贯彻会议的决议，团结战斗、奋力拼搏、开拓创新，更有成效地开展各项审判工作，全面充分发挥人民法院的审判职能作用，更好地为保障、促进经济体制改革和社会主义现代化建设的顺利进行做出新的贡献。

以上报告，请审议。

（四）检察院工作报告

重庆市人民检察院工作报告

（1980年3月）[①]

重庆市人民检察院检察长　秦世杰

各位代表：

在党的十一届五中全会胜利召开，全国人民同心同德，为实现"四化"而努力奋斗的大好形势下，重庆市第八届人民代表大会二次会议胜利召开了。听了于汉卿同志所作的政府工作报告，我完全同意。现在，我就重庆市检察机关重建以来的工作向大会报告，请审议。

我市检察机关，从1978年市八届人代会第一次会议之后开始筹建，到1978年底，市、区、县14个检察院陆续建立起来。为了迅速地担负起宪法和法律赋予检察机关的任务，适应形势的需要，我们大力加强了组织建设、思想建设和业务建设，为实施新法律作了准备。

市委和各级党委对重建我市检察机关很重视，积极慎重地选调干部，充实检察机关的力量，现在，全市检察机关已配备干部520多名。市、区、县院逐步地建立了业务机构，并对60%以上的干部进行了业务培训，初步建立起一支检察干部队伍，中断了十年之久的检察工作又开展起来了。这是揭批林彪、"四人帮"的一个重大胜利，是以华国锋同志为首的党中央实现四个现代化，加强社会主义民主与社会主义法制的一项重大措施，充分体现了广大人民群众的愿望和要求。人民检察机关在新的历史时期将发挥其应有的作用。

林彪、"四人帮"砸烂检察机关，散布种种谬论，搞乱了思想是非、理论是非和路线是非。通过深入揭批林彪、"四人帮"破坏社会主义法制的罪行及其极"左"路线；宣传检察机关的性质、任务和职责范围；宣传检察工作在保障民主、加强法制、维护安定团结的政治局面，为四化服务的作用，推倒了林彪、"四人帮"强加给检察机关的一切诬蔑不实之词。使大家认识到检察机关在维护法制，保障民主，保障党和国家的方针、政策、法律的统一实施方面，居于重要的地位，负有特定的责任。

检察工作历史上曾有过严重的教训，少数干部对依法办事、执法必严、违法必究，心有余悸。我们组织全体检察干部，认真学习党的十一届三中全会精神，深入开展实践是检验真理的唯一标准的学习讨论，解放思想，开动机器，冲破了"两个凡是"的精神枷锁。在1979年9月召开全市第九次检察工作会议，传达贯彻全国第七次、全省第十次检察工作会议精神，实事求是地总结历史经验教训，纠正过去的错误，解决历史上的遗留问题，落实了干部政策，研究了在新的历史时期检察机关的中心任务，使干部从长期以阶级斗争为中心的思想，转到保卫四个现代化建设上来，提高了认识，分清了是非，从而加速了组织建设和业务建设。

我市检察机关的建立，得到人民群众的拥护和支持。1978年秋，检察机关还在筹建时，就有不少群众来院检举、控告各种违法犯罪分子，要求纠正冤错案件，落实政策。我们急群众之所急，首先开展信访工作。从1978年秋以来，我市检察机关共

① 此报告系于1980年3月召开的重庆市第八届人民代表大会第二次会议上报告。

受理人民群众申诉、控告的来信来访2.93万多件，已办结90%以上，基本上做到件件有交代，事事有着落。通过处理信访，平反纠正冤假错案147件，认真落实了党的政策，对消除林彪、“四人帮”干扰破坏所造成的严重恶果，化消极因素为积极因素，发展安定团结的大好形势起到了积极的作用。

林彪、“四人帮”破坏社会主义法制的流毒影响所及，违法乱纪现象十分严重。为了保卫社会主义革命和建设，保护人民的民主权利，我市检察机关刚一建立起来，就结合处理人民来信来访，开展法纪检察，积极同违法乱纪作斗争。去年以来，全市检察机关受理的680余件严重违法乱纪案件，在弄清事实、分清是非的基础上，根据不同的性质、情节，按照政策作了严肃处理，保护了人民群众的合法权利，伸张了正义，维护了社会主义法制。

刑事检察，是法律赋予检察机关的一项重要职责。全市检察机关从1979年春季开始到1980年2月，共受理公安机关提请批捕的案件为657人，经审查，已批准逮捕550名。受理公安机关移送的起诉案件563人，经审查，已向法院起诉471人。打击处理的对象主要是：现行反革命分子，以及杀人犯、抢劫犯、强奸犯、纵火犯、重大盗窃犯和其他严重破坏社会秩序的犯罪分子。在审查批捕、起诉工作中，坚持同公安、法院互相配合，互相制约的原则，以事实为根据，以法律为准绳，严格区分罪与非罪的界限，基本上做到准确、及时、合法地打击犯罪分子。在此期间，出席法庭、支持公诉250次，在揭露犯罪、宣传法制、教育群众、保护被告人合法权利等方面，都收到了较好效果。新的《中华人民共和国逮捕拘留条例》公布后，加强了对拘留案件的检察，凡拘留后提请逮捕的，在法定时限内做出捕或不捕的决定。并会同公安机关对久押未决的人犯进行了清理，对罪该逮捕的及时批准逮捕，罪该处刑的迅速审结提起公诉，凡不应捕和不够处刑的，即予释放。结合清理在押未决犯，对看守所的管教工作进行检察，纠正了少数看守所制度不严，个别管教人员违法乱纪行为，加强了狱政管理。

一年多来，我市检察工作，在党的十一届三中全会和全国五届人大二次会议精神的指引下，在市委和各级党委领导下，以保卫“四化”为中心，在打击敌人、惩罚犯罪、保障民主、维护法制、促进“四化”等方面做出了贡献。

1980年是贯彻调整国民经济的“八字方针”的关键性的一年，也是实施新法律的第一年。新法律能否正确贯彻施行，是衡量我国是否实行社会主义法治的重要标志。人民检察机关担负着维护社会主义法制、保障法律统一实施的光荣任务。能否做到有法必依、执法必严、违法必究，是检验检察工作好坏的尺度。要完成宪法和法律赋予检察机关的任务，就必须做好以下几项工作：

一、同一切违反《刑法》《刑事诉讼法》等重要法律的行为作坚决斗争。充分发挥法律监督的职能作用，切实保证新法律的贯彻实施。检察机关在开展侦察、法纪、审判、监所劳改等监督活动中，都必须依法办事，严格依照法律规定，正确处理各种案件，绝不允许另立与宪法、法律相违背的任何标准，也不受其他行政机关、团体、个人的任何干涉。只有这样，才能保障国家法律的统一实施，保证准确、及时、合法地打击敌人，惩罚犯罪，保护人民，做到防错防漏，不纵不枉。

二、坚持在适用法律上一律平等的原则。宪法和法律要求检察机关在执行法律上，不分尊卑，不分亲疏，不徇私情，既不放弃原则，也不滥用职权，一定要忠实于社会主义法制，忠实于人民的利益，忠实于事实真相。绝不因人废法，不以言代法。如果有法不依，执法不严，违法不究，作为法律监督机关本身，就是渎职、违法。只有坚持在适用法律上一律平等，严格依法办事，才能够为法立信，取信于民。

三、大力加强检察制度的建设。要加强社会主义法制，就必要健全检察制度。宪法和法律赋予检察机关的职责是重要而广泛的。从立案侦查，批准逮捕、起诉、出庭，直至监督刑事判决的执行，检察机关都要参与全过程。因此，我们一定要努力搞好公诉制度、法纪检察制度，司法监督制度，以及劳改检察、经济检察等制度的建设，以保障社会主义民主，加强社会主义法制。

四、运用法律武器，准确及时地打击反革命分子和刑事犯罪分子的破坏活动，巩固发展安定团结的大好形势。维护安定团结的政治局面，是检察机关的重要任务。最近以来，社会治安秩序还存在一些问题，拦路抢劫、强奸妇女、行凶杀人、盗窃、流氓犯罪活动不断发生，贪污、渎职、严重违法乱纪案件也时有发现。它严重地影响社会秩序，危害人民群众的安全。对这些犯罪分子，必须采取有力措施，依法严惩，以巩固安定团结，保卫"四化"建设。

五、认真处理人民群众的申诉、控告，继续抓紧复查纠正冤假错案的工作。实事求是，有错必纠，认真落实党的政策。特别是因刘少奇同志问题受株连造成的冤假错案，要尽快地纠正平反。

当前我市检察机关面临的任务十分艰巨，但检察机关的组织机构还不够健全，干部力量不足，工作条件和生活条件还未解决，依法独立行使检察权，还有阻力和困难。因此，迫切地需要各级党委和县以上人民代表大会及其常委会，加强对检察工作的领导。检察机关必须加强向党委和人大常委的请示报告。同时，也希望各级人民政府支持检察机关的工作，尽快帮助解决一些具体困难，使检察机关能更好地履行法律所赋予的职责。

各位代表：我市各级检察机关重建不久，虽然做了一些工作，但也还存在不少缺点和问题，请同志们提出意见和批评，使我市的检察工作在巩固无产阶级专政、保卫"四化"建设中做出更大的贡献。

重庆市人民检察院工作报告

（1982年2月）①

重庆市人民检察院副检察长　侯秉贤

各位代表：

市第八届人民代表大会以来，我市检察机关在市委、市人大常委会和上级检察院的领导下，以整顿社会治安为中心，全面开展了各项检察业务。按照党中央的方针、政策，按照国家的法律、法令，认真履行了检察机关的职责，坚持依法办事，同反革命和违法犯罪行为进行了坚决斗争，为维护社会治安秩序、保障经济上的调整，保证政治上的安定，做了大量工作，取得了一定的成绩，做出了应有的贡献。

现在，我就全市检察机关的工作情况，向大会作一简要汇报。

1981年，全市检察机关共审查批准逮捕人犯1721名。审查起诉1303件1835人。案件质量基本上是好的，做到了准确、及时、合法地打击各类刑事犯罪分子，完成了国家赋予我市检察机关法律监督的任务。

刑事检察：在整顿社会治安秩序的斗争中，充分运用刑事检察职能，依法从重从快地打击对严重危害社会治安的现行犯罪分子，惩罚犯罪、保护人民，是检察机关一项首要任务。去年，我市检察机关与公安机关、人民法院紧密配合，通过批捕、起诉工作，集中力量打击了各种刑事犯罪分子的破坏活动。一年来，全市检察机关受理公安机关提请逮捕的人犯，经过审查，批准逮捕1661名，不批准逮捕的102名，批准率为94.2%。对于严重危害社会治

① 此报告系于1982年2月召开的重庆市第九届人民代表大会第一次会议上报告。

安的杀人、放火、抢劫、强奸、爆炸以及其他严重破坏社会秩序的926名犯罪分子，依法从重从快地予以打击惩处。这六类案犯占批捕总数的55.7%。受理公安机关移送起诉的案件，经过审查，决定起诉1218件1739人。免予起诉53件106人。不起诉12件18人。起诉率为94.9%。法院开庭审理1147件1644人，全部出庭支持公诉所办案件，除极少数超过法定时限外，绝大多数案件都提前办结。

在打击犯罪活动的斗争中，注意了全面贯彻执行打击少数，争取、分化、改造多数的政策。对现行的杀人犯、抢劫犯、强奸犯、放火犯、爆炸犯以及其他严重危害社会的刑事犯罪分子，坚决依法从重从快惩处；而对大多数一般犯罪分子则分别情节轻重，区别对待，采取多种法律的或行政的手段进行处理。对于失足青少年的犯罪，坚持教育、挽救和改造的方针。对于有轻微违法行为的人，则留在社会上依靠各方面力量予以帮助教育。在工作部署和力量组织上，保证突出重点，加强了审查决定是否批准逮捕和提起公诉，以及出庭支持公诉工作，保证了案件质量。结合办案，积极参加“综合治理”。加强了法制宣传教育，预防和减少了犯罪。

监所检察：遵照党中央提出的“改造第一，生产第二”和“教育、挽救、感化”的改造方针，以及全国人大常委会第19次会议通过的三个有关法律的决议、决定，为有力地打击和分化瓦解罪犯，预防和减少刑事犯罪活动。去年，批准逮捕劳教再犯罪分子19名，直接起诉加刑的劳改犯49名。协助公安机关对看守所的在押犯、监狱的劳改犯，以及少年犯、劳教人员等进行了认罪、守法和前途教育，整顿监管秩序、加强管理措施，纠正了个别干警的违法行为。基本上坚持了对看守所一周一查的制度，维护了监管秩序，促进了“两劳”人员的改造。传播恶习、违反监规、脱逃和又犯罪活动有所减少。认罪悔改、接受改造的有所增加。这就充分显示了法律的威力，证明了加强法制建设的重要性，也启示我们应该更有效地运用法律武器。

经济检察：经济领域里的犯罪活动是影响社会治安的一个重要方面。鉴于经济领域里犯罪活动相当猖獗，全市检察机关加强了同经济领域内的违法犯罪活动的斗争，抓紧办理了应由检察机关直接受理，自行侦查的刑事案件。一年来，共受理经济案件223件，经过审查，决定立案侦查78件108人。其中，贪污39件57人，行贿受贿3件5人、责任事故7件7人、偷税抗税3件6人、盗伐滥伐森林26件33人。已起诉34件41人、免予起诉22件35人、撤案5件6人、正在办理的17件26人。起诉到法院的34件中，作有罪判决的26件32人（其中，万元以上的重大贪污案3件）。通过办案挽回国家损失27万多元、粮食3万多斤。追缴赃款、赃物（折价）8万多元。打击了经济领域里的犯罪活动，教育了职工，促进加强了企业管理工作。这对维护社会主义经济，保障国民经济调整工作，保卫“四化”建设起了积极作用。

法纪检察：检察惩处国家工作人员中的违法犯罪分子，保护公民的人身权利和民主权利，这是关系党风和社会风气的大事，也是检察机关的一项重要任务。粉碎“四人帮”后，各级党委采取了有力措施，加强了守法教育，干部中违法犯罪的情况有所好转。但是，在国家工作人员中违法犯罪行为还时有发生。一年来，全市检察机关共受理各类法纪案件147件。经过审查，决定立案侦查24件31人，已办结22件。其中决定起诉6件6人，免予起诉11件14人，撤案5件9人。经过调查，对情节轻微、属于一般违法乱纪行为的123件，分别转有关单位作了党纪、政纪等处理。通过办理法纪案件，处理少数违法犯罪干部，对严明法纪、端正党风民风起到了一定的作用。

控告申诉检察：接待处理群众控告申诉，是人民群众监督国家机关的重要渠道，也是检察机关取信于民，履行法律职责的一个重要方面。一年来，我市检察机关共受理人民群众各类来信来访1.94万件（次），已处理19348件。经过审查，自办704件，已办结550件。其中，平反纠正冤假错案43件，落实善后11件。法院改判8件，维持原判226件，追诉犯罪32件，查处违纪127件，其他处理

103件。通过处理申诉控告案件，进一步落实了党的政策，满足了人民群众的合理要求，对促进安定团结起到了良好的作用。

全市检察机关在全面开展各项检察业务的同时，加强了组织建设、思想建设和业务建设。我市检察机关重建以来，在市委、市人大常委会的重视和有关部门的支持下，组织建设取得大成绩。到目前为止，市和区、县检察院的组织机构已基本建立起来，并逐步充实了检察干警队伍。13个区、县检察院均已配备了正、副检察长。从总的情况看，干警的政治素质基本上是好的。在思想建设方面，通过认真学习和贯彻中央〔1981〕1号、2号和30号文件，特别是党的十一届六中全会决议，广大干警振奋了精神，鼓舞了斗志，提高了贯彻执行路线、方针、政策和法律、法令的自觉性，增强了工作的主动性和积极性。市和区、县检察院都能把政治思想工作放到重要的议事日程上来，加强思想政治工作，从而增强了检察队伍的团结，在一定程度上克服了涣散软弱状态。"五讲四美"和创先进的竞赛活动，也广泛开展起来，广大干警的精神面貌越来越好，出现了不少执法不阿、工作积极、见义勇为、联系群众的好人好事。在业务建设方面，加强了干警的培训，除坚持每周半天业务学习外，市检察院还自力更生，因陋就简，举办了为期15天到1个月的各类业务技术短训班七期，共训练干警273名，加上送中央政法干校、省检察院和市司法学习班学习的49名，共训练了322名，占现有干警总人数的54.6%。此外，全市检察机关还有31名干部在西南政法学院函授班学习。经过这些培训，许多同志的法律知识、业务水平和办案能力均有不同程度的提高，保证了各项检察业务的开展。

各位代表：市第八届人民代表大会以来，全市检察机关执行法律的情况是好的。广大检察干部在任务重、条件差、困难多的情况下，兢兢业业、勤勤恳恳、克服困难、艰苦奋斗，工作是有成效的。但是，我们在工作中也还存在着一些问题，主要是检察机关重建后，工作经验还不足，检察干部的数量和思想、业务水平与形势和任务的要求还不相适应；对经济领域里的违法犯罪的斗争，还没有完全打开局面。此外，办案交通工具缺乏，干警住房紧张等问题尚需亟待解决。为了全面担负起法律赋予检察机关的职责和任务，我们将继续以整顿社会治安为中心，深入全面地做好各项检察业务，坚决打击重大刑事犯罪分子，坚决打击林彪、"四人帮"残余势力的破坏活动，坚持不懈地同反革命和其他刑事犯罪分子作斗争。在工作中认真执行政策，严格依法办事；积极参加"综合治理"，预防和减少犯罪；加强监所检察工作，促进对犯罪分子的改造；注意斗争策略和方法，把打击、分化瓦解和教育挽救三者有机地结合起来，更有成效地开展工作，争取社会治安情况进一步好转。当前，特别要加强对经济领域内各种违法犯罪活动的斗争，积极办理经济领域内的案件，及时、有力地打击各种经济罪犯。同时，加强检察队伍的建设，抓好全市检察机关领导班子的整顿，做好提拔培养中青年干部的工作，抓好现有干部的培训。组织干部继续认真学习和贯彻党的十一届六中全会决议和中央〔1981〕21号文件、〔1982〕5号文件，学习党和国家的方针、政策和法律、法令，学习法制建设的基本理论和法律知识，不断提高思想和工作水平，坚持四项基本原则，忠于职守，增强团结，振奋精神，克服困难，为加强社会主义法制，争取社会治安情况进一步好转，进而达到根本好转而努力奋斗！

以上报告，请各位代表审议。

重庆市人民检察院工作报告

（1983年3月）[①]

重庆市人民检察院检察长　胡润吾

各位代表：

我完全同意于汉卿市长所作的《政府工作报告》。

自市第九届人大一次会议后，我市检察机关根据这次会议通过的《关于人民法院和人民检察院工作报告的决议》，以严惩严重破坏经济罪犯，整顿社会治安，打击现行刑事犯罪活动为重点，积极地开展了各项检察工作。现就我市检察机关的工作情况，向各位代表作一简要报告，请审议。

一、认真贯彻执行两个《决定》，打击经济领域的犯罪活动

去年，全国人大常委会通过了《关于严惩严重破坏经济的罪犯的决定》，中共中央、国务院公布了《关于打击经济领域中严重犯罪活动的决定》后，市人大常委也作了相应的决议。我们组织干警认真学习，提高认识，把打击严重经济罪犯活动作为一项主要任务，加强领导、组织优势力量迅速投入这场斗争，协同有关部门抓紧查办大、要案件，逮捕和起诉了一批贪污受贿、投机诈骗、盗窃国家和集体财产等严重破坏经济的罪犯。1982年，检察机关自行立案侦办的经济案件240件，其中万元以上的44件，逮捕91人。同时向人民法院提起公诉的148人，法院已审结116人，都作有罪判决。在办案过程中，追缴的赃款赃物（折价）85万多元，为国家、集体挽回了部分损失。

从已经揭露和查处的案件看，经济领域的违法犯罪活动，有政府机关、企事业单位的职工、党员，有领导干部。他们有的内外勾结，有的上下串通。他们利用职权或工作上的便利条件，大肆挖社会主义墙脚。这种严重的犯罪活动，已经和正在腐蚀我们的干部队伍，毒化人们的思想，污染社会风气，破坏经济建设，影响社会安定，妨碍对外开放、对内搞活经济政策的执行。事实证明，党中央、国务院和全国人大常委会的《决定》是完全正确的。如再不及时、坚决地予以打击，社会主义现代化建设事业就会遭受严重的损失和破坏。

在打击经济领域严重违法犯罪活动的这场斗争中，我们配合有关部门，大张旗鼓地宣传全国人大常委会的《决定》。号召有违法犯罪行为的人投案自首。在政策和法律威力的震慑下，在1982年5月1日前投案自首的有99人，退出赃款、赃物（折价）约10万元。只要是真诚投案、坦白交代的，都依法从轻或从宽处理，争取、挽救了一批有违法犯罪行为的人，孤立、打击了少数严重犯罪分子。通过办案，对有些单位在经营管理上存在的问题，提出加强企业管理，积极堵塞漏洞等建议。现在看来，经济领域内的违法犯罪活动有所收敛，斗争已取得初步成绩。

二、继续整顿社会治安，积极参加"综合治理"

保持良好的社会秩序，是建设社会主义物质文明和精神文明的一个重要条件之一。我们在打击经济领域中的严重违法犯罪活动的同时，与公安、法院配合，依法从重从快地打击了破坏社会治安秩序的刑事犯罪分子。1982年全市检察机关共批准逮捕各类刑事犯罪分子1421人。决定起诉的案犯

① 此报告系于1983年3月召开的重庆市第九届人民代表大会第二次会议上报告。

1600人(含上年移转的78名),免予起诉的81人,出庭支持公诉的1545人,揭露和打击了各种刑事犯罪活动。在各类刑事犯罪分子中,打击的重点是反革命犯和杀人、放火、抢劫、强奸、爆炸等六类重大案犯。在逮捕的犯罪分子中,重大刑事犯罪分子有572名,占40%。对一般刑事犯罪分子,根据不同的犯罪情节、后果等区别对待,采取了法律的处理或建议有关部门作了行政处理。

要争取社会治安的根本好转,关键在于实施"综合治理"。从检察机关受理的案件来看,在各类刑事案件中,青少年犯罪的占62%,是当前危害社会治安的一个突出问题。抓好对违法青少年的管教工作,就成为整顿社会治安的重点。我们对违法犯罪的青少年,立足于教育、挽救,除少数罪行严重,必须惩处外,对有一般违法犯罪行为的青少年,主要是动员和依靠社会力量进行教育改造。对免予起诉、不起诉的,区、县检察院不定期地有重点地作回访考察,了解他们的思想、生活情况,了解改造工作中的问题,协助有关单位落实管教措施,对少数生活确有困难的,请有关部门在可能的条件下,作适当安排,给出路。在党的政策感召下,在政府和有关部门的关怀下,一些失足的青少年已改邪归正,青少年犯罪有所减少。1982年因犯罪被逮捕的青少年比1981年减少了5.4%。

当前危害社会治安的另一个突出问题,是劳教人员、劳改犯中重新犯罪活动比较突出,许多重大案件都是这些人脱逃之后干的。在整顿社会治安中,我们坚持了惩办与教育、改造相结合的方针,一方面对劳改犯、劳教人员脱逃后重新犯罪的从严打击,批准逮捕了37名,决定起诉的56名(含不捕直接起诉的劳改犯)。另一方面,同公安机关一道,在监所、看守所和劳改、劳教场所,搞好文明管理,加强监管措施,着重思想教育,进一步提高改造质量。对判处管制、缓刑、监外执行的犯罪分子的执行情况,加强检查,促进了罪犯的改造,对维护社会治安起到了一定的作用。

在整顿社会治安中,我市检察机关除了在法庭上揭露犯罪、宣传法制外,还应用广播讲话、电视谈话、办专栏、办展览、印发材料、上法制课等多种形式,广泛地开展法制宣传,对群众进行守法教育,对维护社会治安也收到了较好的效果。

三、认真执行党的政策,严格依法办事

党的刑事政策、国家的法律是同各类犯罪分子作斗争的锐利武器。是否正确执行党的刑事政策,国家的法律,很重要的一个方面是反映在案件质量上。国家法律能否正确实施,作为国家法律监督机关的人民检察院是负有直接的责任。案件质量的好坏也是检验检察工作的重要标志之一。我们在市委的领导下,在市人大常委会的监督下,在整顿社会治安和打击经济领域的严重违法犯罪分子的工作中,认真执行党的刑事政策,严格依法办事。对公安机关移送的刑事拘留的266名案犯,均在法定时限之内做出逮捕或不逮捕的决定。对需要追究刑事责任的案件,在1月内起诉的占94%以上,个别案情复杂,不能在法定时限内办完的,均依法报请批准延长羁押时限。在审查批捕、起诉、出庭支持公诉的工作中实施侦查监督、审判监督。坚持以事实为根据,以法律为准绳。对事实不清,证据不足的案件,退回公安机关补充侦查,对法院定罪科刑不当的案件,依法抗诉。公安机关对未批准逮捕要求检察院复议的,法院认为事实不清、退回补充侦查的案件,本着互相制约的原则,也认真地进行复议、复查。为了保证案件质量,做到不纵不枉,1982年,市检察院对办理的案件进行了两次复查。对不应追究刑事责任而错捕的11人,对不该起诉而起诉的7人,均一一作了纠正。

在同经济领域的严重违法犯罪活动的斗争中,按照法律规定,检察机关是负责办理触犯刑法,需要追究刑事责任的案件。至于一般违反党纪、政纪不触犯刑法的案件,概由党的纪律检查部门和政府部门去处理。因此,在办案中注意区分违法与犯罪的界限。对一些案情复杂、性质难定的案件,在加强调查研究的基础上,多请示报告,慎重处理。对于违法犯罪的干部,特别是领导干部。〈中略〉。在市委的领导下,排除阻力,讯速查清,依法从严处理。

认真执行党的政策的另一方面，是纠正历史老案中的冤假错案。历史老案的情况复杂，案件难办，要纠正，阻力不小。我们按照分工，对应由检察机关办的案件，在有关部门的支持、协助下，认真进行了复查。根据党的政策，纠正了长期未纠正的冤假错案件52件，落实了党的政策。

一年来，在市委和上级检察机关的领导下，我们与公安、法院等有关部门配合，对整顿社会治安，打击刑事、经济犯罪，维护社会主义法制，维护社会秩序和生产、工作秩序，保卫社会主义现代化建设的顺利进行做了许多工作。当前我市的社会治安有了明显的好转，经济领域里的犯罪活动也有所收敛，工作取得了较大成绩。但是，我们的工作还有很多不足之处，在执行政策、法律上也还存在一些问题：少数案件审查批捕、审查起诉把关不严，错捕、错起诉、无罪可免而免于起诉的，该起诉又未起诉的现象仍有发生；对少数重大经济案件侦办不力，结案不快；对个别经济罪犯打击不力，查办内部经济犯罪时，也还存在一些阻力，在重视整顿社会治安，打击经济犯罪的同时，对保护公民人身权利、民主权利的工作注意不够；对党的政策、国家法律的理解上、执行上有片面性，有不够严格的地方。这些都需要我们在今后注意克服。

各位代表：

今年是全面开创社会主义现代化建设新局面的第一年，也是实施新宪法的第一年。新的形势和任务，对检察工作提出了更高的要求。我们将继续认真学习党的十二大文件，学习新宪法。贯彻十二大精神，认真执行新宪法。宪法是国家的根本大法，是我国人民必须共同遵守的最高行为准则。宪法规定了人民检察院是国家的法律监督机关，这就要求检察干警认真学习宪法和法律。要模范地遵守、严格的执行法律，关键在于知法，要知法就必须学法，这是检察机关一项重要的任务。开创社会主义现代化建设新局面，是党的中心任务，也是全国人民的愿望。检察工作的重点要转移到保卫和促进经济建设为中心的社会主义现代化建设上来，要为社会主义现代化建设创造一个良好的社会治安秩序，生产、工作和教学、科研秩序。在当前社会治安尚未根本好转之前，在经济领域违法犯罪活动之风尚未完全刹住之前，整顿社会治安、打击经济犯罪活动，将是检察机关的一项重要的、长期的任务。我们要防止、克服松劲情绪，继续把工作抓紧抓好。正确地运用法律武器，从重从快地打击各类严重犯罪分子。从办案着手，从“综合治理”着眼，在党委的统一领导下，与公安、法院等有关部门配合，动员社会力量维护好社会治安。对已经揭露出来的重大经济犯罪线索抓紧查办。积极地同侵犯公民人身权利、民主权利的违法犯罪行为作斗争，以保卫社会主义民主和社会主义法制的实施。

加强检察队伍的建设，是做好检察工作，完成各项任务的组织保证。从市人大九届一次会议以来，我市检察机关的干、警有所增加，力量有所加强。但从总的来看，目前检察干部队伍在质量上与任务不相适应。因此，除了充实、调整干部队伍外，还要，继续抓紧干、警的培训工作，不断提高干、警的政治素质、业务素质，把检察队伍整顿好、训练好，以适应新时期检察工作的需要。

当前经济体制的改革工作正在进行。作为上层建筑之一的检察机关，要为经济基础服务，就要实行必要的改革。搞好改革，才能创新。我们将在党委和上级检察机关的领导下，坚决而有步骤地进行改革。首先，调整好领导班子，按照年轻化、革命化、知识化、专业化的要求，选拔德才兼备的中、青年干部到领导岗位上来。其次，对重叠的机构做适当的调整，对一些不合理的制度作必要的改革，进一步改进工作作风，克服官僚主义，提高工作效率。总之，检察机关的改革，要有利于法律监督职能的充分发挥，以保障国家法律的正确实施，要有利于积极的而不是消极的维护社会秩序、生产秩序、工作秩序，把检察工作提高到一个新的水平，为保障社会主义物质文明和精神文明的建设做出贡献。

重庆市人民检察院工作报告

（1983年9月）[①]

重庆市人民检察院检察长　胡润吾

各位代表：

我完全同意于汉卿市长的政府工作报告。现在我就市第九届人民代表大会第二次会议以来检察机关的工作向大会作报告，请予审查。

在市委和上级检察机关的领导下，在市人大常委会的监督下，我市检察机关坚持四项基本原则，认真贯彻执行宪法和市九届人代会第二次会议的有关决议。根据宪法和国家法律赋予检察机关的职责，积极开展检察工作。

一、运用刑事检察职能惩罚犯罪

当前主要是集中力量打击严重危害社会治安的犯罪活动，我市的社会治安采取综合治理的措施，经过几年的整顿，取得了一定的成绩。但是，社会治安尚未恢复到建国后的最好状况。有的地区杀人、抢劫、强奸、拐卖妇女儿童，重大盗窃等刑事犯罪活动还比较突出。特别是一些流氓歹徒，结成团伙，无视社会主义法制，竟敢在光天化日之下拦路抢劫，杀人越货，在公共、文娱场所众目睽睽之下调戏、侮辱妇女，严重地破坏了社会治安秩序，人民群众的生命财产受到威胁。这些流氓歹徒、抢劫、强奸罪犯，既是触犯刑律的刑事犯罪分子，又是新生的社会渣滓，破坏社会主义制度的敌对分子。他们的破坏活动已经不仅仅是一个治安问题，而是政治领域里的敌我斗争，不严厉地打击刑事犯罪活动。就不可能尽早实现社会风气和社会治安的根本好转，社会主义物质文明和精神文明的建设就不能顺利进行，为了维护社会主义法制，维护社会治安的正常秩序，保卫经济体制综合改革和工农业生产的发展，我市检察机关根据党的方针、政策和国家法律赋予的职能，依法从重从快地打击严重危害社会治安的现行刑事犯罪分子。今年以来，受理公安机关提请批捕的案犯3203名，已审结批准逮捕各类刑事案犯2800名。其中，反革命犯、杀人犯、抢劫犯、强奸犯、放火犯、重大盗窃犯等危害重大的犯罪分子1420名，占50.7%。审查决定起诉的(包括部分未经逮捕直接起诉的)1636名，免予起诉109名，不起诉27名，虽然惩处了一批刑事罪犯，但重大案件仍不断发生，刑事罪犯的气焰还很嚣张。遵照党中央的指示精神，全市检察机关与公安部门、人民法院密切配合，于今年8月中旬，集中地予各类刑事罪犯以狠狠地打击。批准逮捕了1600多名罪犯，予以最严厉的惩处。这次集中打击，广大群众拍手称快，对刑事犯罪分子震动较大，嚣张气焰有所收敛。

在整顿社会治安，打击刑事犯罪的同时，我市检察机关继续把打击严重经济犯罪活动作为一项重要任务。自去年认真贯彻执行党中央、国务院和全国人大常委会关于严惩严重破坏经济罪犯的《决定》之后，检察机关发挥职能作用，依法惩处了一批经济犯罪分子，取得了较大的成绩。但是，同经济领域里的犯罪活动作斗争，将是一项长期的任务，从本市的情况看，贪污，受贿、破坏森林等案件仍不断发生，有一些地区、部门侵占或破坏公共财产的行为还比较突出。根据党的十二大的精神和宪法有关保护社会主义公共财产的规定，检察机关继续抓紧经济案件的查处。今年以来，立案侦办经济案件209件。现已办结149件，决定起诉追究刑事责

① 此报告系于1983年9月召开的重庆市第十届人民代表大会第一次会议上报告。

任的98件，免于起诉46件，经查明确属情节显著轻微未构成犯罪的，交有关部门处理的5件。起诉后法院已审结101件。都作了有罪判决。通过办案，追缴赃款、赃物（折价）37万多元，木材219余立方米。为国家和集体挽回了部分损失。对维护社会主义经济秩序起到了应有的作用。

根据宪法“人民检察院是国家的法律监督机关”和“人民法院、人民检察院和公安机关办理刑事案件，应当分工负责，互相配合，互相制约，以保证准确有效地执行法律”的规定，我市检察机关对于违反刑法，需要追究刑事责任的案件行使检察权，通过审查批捕，实行侦查监督，通过出庭支持公诉实行审判监督，并根据刑事诉讼法的有关规定，加强监所检察工作，协助主管部门改进监狱、看守所和劳改、劳教场所的管理工作，提高改造质量，减少重新犯罪，今年1至8月，检察机关提出抗诉案件7件，经人民法院审结、改判的3件。从公安机关提请批捕的案犯中，发现应捕未报捕而予以追捕的有67名，本着互相制约的原则，对公安机关要求复议的案件，认真地复议，纠正了应捕未捕、应起诉未起诉的案件23件。通过控告申诉检察和监所检察，纠正了历史冤假错案47件，打击处理牢头、狱霸、教唆犯以及脱逃再犯罪的罪犯218名，并积极配合，协助公安部门搞好看守所、监狱、劳改、劳动教养场所的管理工作，以保障刑法、刑诉法的正确贯彻执行。

二、积极同侵犯公民民主权利的违法犯罪行为作斗争

党的十二大提出，发展社会主义民主，是建设社会主义的物质文明和精神文明的保证和支持。社会主义民主需要社会主义法制作保障。因此，新宪法对公民的民主权利作了明确的规定。随着社会主义法制建设的发展，这几年来，侵犯公民人身权利、民主权利的违法犯罪行为有很大的减少。但是，还有相当数量的群众，有相当数量的干部对遵守和执行法律的重要性认识不足，有法不依，违法犯罪的行为仍时有发生，这与党的十二大的精神和宪法的规定是相违背的。为了保障社会主义民主，同侵犯公民民主权利的犯罪行为作斗争，也是检察机关一项重要任务。今年以来，全市检察机关受理非法拘禁、刑讯逼供、诽谤诬陷、贪赃枉法、徇私舞弊、侵犯公民通信自由，以及玩忽职守致使公共财产遭受重大损失等案件114起，经过调查，对其中构成犯罪需要追究刑事责任的12件立案侦查，现已办结10件，向法院起诉8件，免予起诉的1件。在同违法犯罪行为的斗争中，在党委的领导和群众的支持下，检察机关力排干扰，坚持“有法必依，执法必严，违法必究”，坚持“公民在法律面前一律平等”的原则，维护了社会主义法制的尊严。

三、积极参加社会治安的综合治理工作

实行综合治理，是实现社会治安根本好转的基础一环。我市检察机关认真执行党中央有关全党动手，实行综合治理，争取社会治安根本好转的指示，把打击、防范、教育、管理等工作有机地结合起来。首先是运用法律武器，惩罚犯罪，在发挥专政职能震慑力量的基础上，结合办案做好法制宣传，思想教育，安全防范等工作。除了在法庭上揭露犯罪，宣传法制外，今年以宪法为主要内容，广泛地开展了法制宣传。据不完全的统计，市、区、县检察院派人到农村、街道、工厂、企事业单位、机关、学校去宣传法律200余次，听众达20多万人（次），并选择典型的有教育意义的案例办宣传橱窗，编印宣传资料或以图片、罪证实物巡回展出，以教育、发动群众，遵守、维护社会主义法制，同违法犯罪行为作斗争。

当前青少年的违法犯罪活动，是影响社会治安的一个重要问题。仅检察机关所受理的各类刑事案犯中，青少年要占70%左右。做好失足青少年的教育挽救工作，对争取社会治安根本好转是很重要的。除了对那些危害重大、不可救药的必须追究刑事责任外，对偶尔失足、罪行轻微、确有悔改表现的，认真贯彻教育、挽救的方针，在决定不捕、不诉之后，不定期地对他们的表现进行考察，协助公安部门做好这些失足者的教育工作。据不完全的统

计，今年，区、县检察机关对不捕、不起诉和判处管制、缓刑等的600余人进行了考察，针对他们的思想状况进行教育，表现好的予以表扬、鼓励，表现不好的严厉地批评，少数再犯罪的依法处理。在考察工作中动员各方面的力量，采取各种有效措施，对失足青少年进行教育挽救，收到了较好的效果。

检察机关还结合办理经济案件，发现机关、企事业单位在经营管理上存在的问题，向30多个单位提出书面或口头的建议，大多数单位都很重视，立即采取措施，建立规章，健全制度，加强管理，堵塞了漏洞，减少和防止了经济案件的发生。

我市检察机关，在市委的领导和市人大常委会的监督下，按照党的方针、政策，国家宪法、法律和人民代表大会及其常务委员会的有关决定。积极开展检察工作，在整顿社会治安、打击刑事犯罪的现行破坏活动，惩罚经济罪犯，以及同侵犯公民民主权利的违法犯罪行为作斗争中，做了大量工作，从总的情况看是好的。但是，由于对新形势下的阶级斗争形势的理解上，有模糊认识，对社会治安缺乏具体的分析和正确的估计，对刑事犯罪分子的危害性认识不足，对加强专政与保护人民民主，打击犯罪与综合治理的辩证关系，缺乏正确的理解。因此，有时强调这一方面，又往往忽视了另一方面。工作中存在打击不力，制约不当，顾此失彼的问题。在个别案件的处理上也有执法不严的情况。今后，检察机关要深入贯彻党的十二大和六届人大的精神，继续以整顿社会治安为中心任务，坚决打击危害重大的刑事罪犯和经济罪犯，坚决贯彻执行六届全国人大常委会二次会议通过的《关于严惩严重危害社会治安的犯罪分子的决定》《关于迅速审判严重危害社会治安的犯罪分子的程序的决定》对那些破坏社会主义制度的敌对分子，坚决打击，绝不能手软，绝不能养痈遗患，要继续有力地打击经济犯罪活动，对大、要案件要一查到底，从重从快地处理。要进一步加强和改革检察工作，不断地提高干警的政治素质和业务素质，加速改革的步伐，调整好各级领导班子，尽快实现检察队伍的革命化、年轻化、知识化、专业化。要破旧创新，改革不合理的规章制度，进一步把各项检察业务搞好。为保卫“四化”建设做出新的贡献。

重庆市人民检察院工作报告

（1984年10月）①

重庆市人民检察院检察长　王华生

各位代表：

自去年9月，市第十届人民代表大会第一次会议后，我市检察机关认真执行这次会议关于坚决贯彻全国六届人大常委会第二次会议两个《决定》的《决议》，在市委和省检察院的领导下，在市人大常委会的监督下，围绕搞好社会治安这一主要任务，积极开展了各项检察业务。现在，我就一年来的工作情况向大会作简要报告。

（一）

维护社会主义法制，维护社会治安，为社会主义现代化建设创造一个安定的、良好的条件，是检察机关的首要任务。我们组织干警认真学习党中央的有关指示和全国人大常委会的两个《决定》，提高认识，统一思想，认真贯彻执行依法“从重从快、一网打尽”的方针，与公安、法院、司法部门一起开展了声势浩大的打击严重刑事犯罪活动的斗争。

① 此报告系于1984年10月召开的重庆市第十届人民代表大会第二次会议上报告。

依照宪法和法律赋予检察机关的职权，抓紧审查批捕、审查起诉和出庭支持公诉等工作。〈……〉。

为了保证案件质量，在认真贯彻依法从重从快方针时，注意了一个“准”字。在办案中强调“三个坚持”，即：坚持把严重危害社会治安的七个方面的犯罪分子作为打击重点，不随意扩大“从重从快”惩处的范围；坚持“以事实为根据，以法律为准绳”的原则，认真审查案件材料，复核证据，严格按照“两法”和全国人大常委会的两个《决定》办案；坚持公检法司互相配合，互相制约的原则，依法各司其职，运用刑事检察职能，实施侦查监督、审判监督，防止错漏案件。对公安机关提出要检察机关复议的案件均认真进行复议，发现质量不高，处理不当的依法及时纠正。由于采取措施，严格把关，没有发生打击过头或打击不力的现象，从总的看，保证了斗争健康地进行。

在斗争中我们还注意了贯彻执行“坦白从宽、抗拒从严”和立功赎罪的政策，做到该严则严，该宽则宽，区别对待。对于投案自首，坦白交代罪行，有立功表现的人犯，根据不同的情况处理，有的免诉，有的建议法院予以从轻或减轻处罚。对违法犯罪青少年，除了那些屡教不改，恶习很深，后果严重，必须追究刑事责任的以外，对于罪行轻微和确有认罪悔改表现的偶犯，本着教育、挽救、改造的精神，采取多种办法处理。在政策感召和法律威慑下，一批违法犯罪分子分化瓦解出来，向政法公安机关投案自首，从而使那些罪恶重大的罪犯，更加孤立，这就有利于依法“从重从快、一网打尽”方针的贯彻执行。

当前，劳教人员、劳改罪犯的犯罪活动，也是影响社会治安的一个突出问题。把这些人的教育改造工作做好了，不仅可以减少重新犯罪，而且从长远看，是化消极力量为积极力量的战略问题。在严厉打击刑事犯罪斗争中，检察机关积极开展了监所检察工作。一方面积极办理了一批重新犯罪的案件，〈……〉；另一方面对监狱、看守所和劳改、劳教场所的活动是否合法进行了监督，纠正管教工作中的违法现象，对安全防范工作方面的问题提出了建议，并协助有关部门认真贯彻执行“改造第一、生产第二”的劳改工作方针和教育、感化、挽救的劳教工作方针。今年6月又同公安局、法院、司法局一道在劳教人员、劳改人犯中开展了坦白认罪，检举立功，加强思想改造，争取从宽处理的活动，收到一批重要的检举材料，挖出一些漏网的罪犯。对确有立功表现的劳改、劳教人员政策兑现，分别予以减刑、减短劳教期或提前解除劳教。由于加强了改造工作，劳教、劳改人员逃跑的有所减少。〈……〉。劳改、劳教场所的改造秩序有了明显的好转。

在严厉打击严重危害社会治安的刑事犯罪活动的斗争中，检察机关的工作量比正常情况下多几倍。在时间紧、任务重、人力物力严重不足，工作条件极为困难的情况下，检察干警发扬艰苦奋斗精神，不计报酬，不计时间，长期加班加点，夜以继日地工作，胜利地完成了任务，经受了锻炼和考验。一年来，经过各方面的共同努力，打击严重刑事犯罪活动斗争取得了重大胜利。但是，应当看到，当前重大案件仍时有发生，还有一些重大积案未破，一些长期流窜作案的罪犯还没有受到打击，深挖隐藏深的犯罪分子还不够，离社会治安根本好转的目标还很远。因此，要认清这场斗争的长期性、复杂性和任务的艰巨性，思想不能麻痹，工作不能松劲，坚定不移地继续贯彻依法“从重从快、一网打尽”的方针，稳、准、狠地打击严重刑事犯罪分子，使斗争向纵深发展，夺取更大的胜利。

(二)

我市检察机关在打击严重刑事犯罪活动的同时，继续贯彻执行1982年中共中央、国务院《关于打击经济领域中严重犯罪活动的决定》和全国人大常委会《关于严惩严重破坏经济的罪犯的决定》，加强了经济检察工作，积极查办了经济犯罪案件。〈……〉。

当前经济领域里的犯罪活动，是在新的历史条件下阶级斗争在经济领域内的重要表现。出现了一些新的动向和特点：一是一些犯罪分子打着搞活经济的幌子，进行犯罪活动。作案的手段越来越狡猾，越来越隐蔽。加之，经济体制改革正在进行，情况很复杂，政策性很强，合法与非法，违法与犯罪有时交织在一起，斗争更加艰巨、更加复杂。二是顶风作案的情况很突出。从立案侦办的经济案件看，80%以上是在中共中央、国务院《决定》公布之后，在严厉打击经济犯罪斗争中继续作案的。三是犯罪者内外勾结的多。在立案侦办的经济案件中这类案件占43%。这充分说明，同经济领域里的犯罪活动作斗争将是长期的任务。

打击经济领域里的犯罪活动的斗争，虽然取得了很大战绩，但不能估计过高。发展不平衡，深挖大案、要案还不够，有些地区和部门还有“死角”“死面”。这与打击严重刑事罪犯的斗争比较，还是一个薄弱环节。因此，检察机关必须进一步加强打击严重经济犯罪的斗争。树立长期作战的思想，继续把这项工作抓紧抓好。要积极配合协助有关部门，深入开展调查研究，主动出击，深挖严重经济犯罪，有计划、有重点地突破“死角”“死面”，发现严重经济犯罪案件，迅速立案查清，依法从严惩处，把打击严重经济犯罪的斗争引向深入。

今年党中央一号文件下达之后，农村发生了新的重大的变化，城市的经济体制改革也正在深入进行。我们要认真学习有关经济政策和法律，进一步解放思想，提高认识，提高执行政策、法律的自觉性和业务水平。严格依法办事，划清正当的经营活动与投机倒把行为的界限；一般偏离政策的违法行为与犯罪活动的界限。对于抢劫、盗窃、诈骗、敲诈勒索、侵犯“两户一体”合法权益的犯罪案件，要优先查办，依法从严惩处。运用法律武器，保护农村的专业户、重点户，保护城镇个体经营者及经济联合体的合法利益。经济检察工作一定要有利于对外开放、对内搞活经济，切实保障经济体制改革的顺利进行。

(三)

同国家工作人员侵犯公民人身权利、民主权利的犯罪行为作斗争，是法律赋予检察机关的重要职责。一年来，我市检察机关加强了法纪检察，〈……〉，排除阻力干扰，坚持“公民在法律面前一律平等”的原则，不管什么人，只要犯了罪，该追究刑事责任的就依法追究刑事责任。伸张了正义，保护了公民的人身权利、民主权利，维护了法律的尊严，保证了“两打”斗争的健康发展。

自新宪法公布施行之后，社会主义民主有了进一步发扬，社会主义法制有了进一步加强，侵犯公民民主权利的违法犯罪现象有所减少。但是有法不依、利用职权违法犯罪的案件，在一些基层单位还比较突出。〈……〉。因此，我市检察机关还要大力加强法纪检察工作，坚持在党委的领导下，积极争取有关部门的密切配合，加强力量，主攻难案，特别是对手段恶劣、后果严重的重大案件，要排除干扰，一抓到底，坚持原则，敢于碰硬，秉公执法，同一切违法犯罪行为作斗争，维护社会主义法制的尊严，使公民享有宪法和法律规定的权利有切实的保障。

我市检察机关还加强了控告申诉检察工作，热情接待群众来信来访。一年来，共受理群众来信来访2.8万多件(次)。从检举控告材料中，发现了一批案件线索。通过调查和侦查，依法追究了一批犯罪分子的刑事责任，为“两打”斗争服务。同时对来信来访进行申诉的，按照业务分工，认真地调查，坚持实事求是、有错必纠的原则，纠正了一批冤假错案。还及时反映信访信息，从信访中体察民情，听取群众呼声，宣传法律、政策，密切了党和政府同群众的关系。

(四)

治安问题，是一个社会问题。要实现社会治安的根本好转，必须采取多种办法、多种渠道，实行综合治理的方针。严厉打击严重犯罪活动，是实行综合治理的首要条件。犯罪分子的嚣张气焰没有打下去，群众没有安全感，其他综合治理措施也搞不好。我市检察机关在“两打”斗争中结合办案做好综合治理工作。对免诉人员进行了回访考察，对表现好的鼓励，对表现不好的及时进行守法、前途教育。当前青少年的违法犯罪活动是影响社会治安的突出问题。〈……〉。因此，教育、挽救有轻微违法行为的青少年是综合治理的重点。检察机关积极协助配合有关部门，依靠社会力量进行教育、感化、挽救工作，促使他们向好的方面转化。〈……〉。在打击严重刑事犯罪活动的斗争中，组织了专门力量，调查研究各种犯罪原因，针对具体情况提出预防犯罪的措施。通过办理经济案件，发现制度、管理方面的问题，及时向有关单位提出堵塞漏洞，预防犯罪的建议书。大多数单位对检察机关的建议都比较重视，采取了有效措施，加强了管理工作。我市检察机关还采取办宣传栏、上法制课，选典型案例的图片、罪证实物展览等多种形式，广泛持久地开展了对干部、群众的宣传工作。进行法制教育，增强遵纪守法观念，既提高了群众同犯罪分子作斗争的积极性，又对预防犯罪起了积极的作用。

（五）

加强检察机关的组织建设和思想建设，是完成各项任务的保证。从去年冬起，我市检察机关开始进行机构改革，按照干部“四化”的要求，调整充实领导班子，提拔了一批年纪较轻、具有一定文化水平和专业知识的干部担任领导职务。调整后的区、县检察院的 55 名正、副检察长，平均年龄为 44.7 岁，比调整前下降了 6.6 岁，其中 40 岁以下的 9 名占 16.4%；40 至 50 岁的 31 名，占 56%；50 岁以上的 15 名，占 27%。在新的领导班子中，高中以上文化的 33 名，占 60%，比调整前提高了 28%，其中大专文化的 13 名，占 23%，比调整前提高了 16.9%。对中层干部也作了适当调整。除了加强了干警经常性的政治理论和业务学习、组织检察干警学习党的方针、政策和国家的宪法、法律外，为了提高干警的业务素质，去年 9 月，市院开办了业余中专校，已招收在职干警近百人进行学习，在实际斗争中学，把理论和实际结合起来，对提高干警的专业知识，收到一定的效果。同时还加强了思想政治工作，教育干警模范地遵纪守法、秉公办案、刚直不阿，自觉地维护宪法和法律的尊严。对个别违法乱纪的干警，绝不姑息，及时作了严肃处理。一年来的斗争实践证明，全市 1200 余名检察干警，绝大多数是坚决执行国家的政策和法律的，是一支有政治觉悟，有战斗力的队伍。在斗争中出现了一批立场坚定，勤奋学习，努力工作，成绩显著的先进集体和先进个人。评为 1983 年度先进集体 28 个，先进工作者 162 人。

一年来，我市检察机关的组织建设、思想建设、业务建设均有所加强，取得了显著的成绩。但是，应当看到，在检察队伍中还程度不同地存在着思想不纯、作风不纯、组织不纯的问题。我们在整党中将继续整顿队伍、纯洁组织、严格纪律，加强政治思想工作，不断清除“左”的右的思想影响，结合整改逐步完善岗位责任制，使检察干警的政治素质、业务水平、工作效率有进一步提高。我市检察机关重建以来，在党委的领导下，在政府和有关部门的支持下，为检察机关解决工作、生活条件做了许多工作，解决了一些困难。但是，目前检察机关人员不足，工作、生活条件上还有一些实际困难亟待解决。特别是区、县检察院的困难更大，办公用房和职工宿舍都很紧张。检察机关的技术装备极差、信息不灵。这与当前斗争形势和任务极不适应。我们希望有关部门给予大力支持，提供必要的物质条件，逐步向正规化、现代化发展，为建设一支革命化、年轻化、知识化、专业化的检察队伍而努力。

各位代表：

在党的十二届三中全会精神的鼓舞和指引下，我市城乡经济体制改革将有一个大的发展。我们要更加振奋精神，抓好检察系统的改革和建设，进一步开创检察工作的新局面，争取尽快实现社会治安的根本好转，保护和促进经济改革，保卫和促进经济建设，更好地为实现党和国家的总目标、总任务服务。

以上报告，请予审议。

重庆市人民检察院工作报告

（1985 年 5 月）①

重庆市人民检察院检察长　王华生

各位代表：

自去年中共中央十二届三中全会以来，以城市为重点的整个经济体制改革工作正深入发展。在新形势下，检察工作必须自觉地服从于和服务于社会主义现代化建设这个总任务、总目标。为了进一步端正工作指导思想，保障、促进经济体制改革的顺利进行，市、区、县检察院认真学习《关于经济体制改革的决定》，认真贯彻执行市人民代表大会的决议。在继续深入打击严重刑事犯罪活动和严重经济犯罪活动的同时，加强了法纪检察、监所检察等各项工作，积极参加对社会治安的综合治理，大力加强检察队伍的建设。现在，我就去年 10 月重庆市第十届人民代表大会第二次会议以来检察机关的工作情况向大会作简要报告。

一、严厉打击严重危害社会治安的刑事罪犯

为了实现社会治安的根本好转，给经济体制改革创造一个安定的、良好的社会秩序。从去年冬季以来，我市检察机关坚定不移地继续贯彻执行“依法从重从快”的方针，与公安、法院、司法部门密切配合，严厉地打击了严重危害社会治安的刑事犯罪活动。〈……〉。在审查批捕、审查起诉工作中，检察机关正确运用法律监督职能，坚持“以事实为依据，以法律为准绳”的原则，既要防错，也要防漏。〈……〉。不纵不枉，保证斗争健康地发展。

实践证明，要实现社会治安根本好转，必须实行综合治理的方针。检察机关在严厉打击严重刑事犯罪的同时，加强了劳改、劳教检察工作。市院除派出专人或组织工作组到劳改、劳教场所外，最近，又在新胜茶场设立了检察组，配合协助司法劳改部门搞好对劳改犯、劳教人员的改造工作。认真贯彻执行“惩罚管制与思想改造相结合，劳动生产与政治教育相结合”的方针，开展法制宣传，加强思想教育，提高改造质量，预防犯罪活动。对劳改犯和劳教人员中，劳动好、改造好、有立功表现的，及时建议有关部门依法予以减刑、假释或缩短劳教期限；对那些遵守监规纪律，服从改造的，建议有关部门给予鼓励；对那些反改造以至重新犯罪的，及时打击。〈……〉。改造场所的改造秩序有所好转。各区、县检察院也加强了对看守所的检察工作，配合公安机关搞好管理教育。对就地改造的人犯和对免诉人员，区、县检察院积极协助基层组织加强教育，落实改造措施。

检察机关还结合办案，从罪犯作案手段看有关单位在工作上、制度上存在的问题，及时提出预防犯罪的“检察建议”，落实安全防范措施。要维护社会治安秩序，必须加强法制宣传教育，知法才能守法，才能自觉地同各种违法犯罪行为作斗争。我市检察机关采取各种形式，深入企业、机关、学校、农村进行法制宣传，运用典型案例教育群众，对增强群众的法制观念取得较好的成效。

半年多来，经过各方面的共同努力，巩固和发展了打击刑事犯罪斗争的成果，城乡的治安秩序有明显的好转。但是从全市来看，社会治安还不够稳定，有的地区重大案件不断发生，反复较大，综合治

① 此报告系于 1985 年 5 月召开的重庆市第十届人民代表大会第三次会议上报告。

理的许多措施还很不落实，特别是青少年中的违法犯罪活动仍是一个十分突出的问题。因此，要实现社会治安根本好转，还要做大量的工作。我们将坚定不移地把这场斗争进行到底。

二、加强经济检察工作，保卫经济体制改革

中共十二届三中全会通过的《关于经济体制改革的决定》中提出“检察院要加强对经济犯罪行为的检察工作”。这是检察工作的一项重要任务。根据最高人民检察院《关于打击破坏经济体制改革的严重经济犯罪分子的通知》的要求，从去年冬季以来，我市检察机关在打击严重刑事犯罪的同时，大力加强了对经济犯罪行为的检察工作。

首先，提高思想认识。随着经济体制改革的深入发展，出现了一些新情况、新问题。有思想、工作上的问题；有偏离政策的问题；也有违法犯罪活动的问题。由于某些政策界限不好区分，难以掌握，加之，对新形势缺乏正确的认识，以致在工作中出现对一些犯罪分子的破坏活动认识不清，打击不力。为了改变这种状况，市检察院多次召开区、县检察长会议和经济检察工作会议，及时传达上级检察院的指示，认真讨论学习党的方针政策及有关法律，提高思想认识。强调实事求是，依法办案，防止发生“左”的和右的偏差。在严厉打击严重经济犯罪的斗争中，要严格按照犯罪的基本概念，掌握罪与非罪最本质的特征，认真研究错综复杂的现象，积极大胆而又十分慎重地开展经济检察工作。

其次，狠抓案件特别是大、要案件的侦办。〈……〉。并与法院密切配合，选择典型案件处理，开展宣传、张扬法制，教育了干部和群众。

第三，加强调查研究工作。为了了解新情况，研究新问题，以指导经济检察工作。市院在去年冬和今年春组织力量重点地开展调查工作，听取有关部门对打击经济犯罪的意见和建议。4 月又抽调 20 多名干部到五个区、县和两个单位调查当前经济罪犯活动的特点和执行政策法律方面遇到的问题。为指导工作，制定措施，取得了有力依据。区、县检察院也加强了调查研究工作。据不完全的统计，今年以来，区、县检察院，组织 200 多人(次)深入到工矿、企事业单位，区、乡开展调查，了解当前经济罪犯活动的情况，从中发现了一批案件线索。

〈后略〉。

三、积极同违法乱纪行为作斗争，保障公民的民主权利

保障公民的民主权利，是法律赋予检察机关的特定职责。同侵犯公民民主权利的犯罪行为作斗争，发扬社会主义民主、维护社会主义法制，在当前经济体制改革中，更是具有重大的意义。随着社会主义法制建设不断地加强，近年来侵犯公民民主权利的违法犯罪行为有所减少。但是，有少数干部特别是一些基层单位的干部由于法制观念淡薄，违法犯罪行为仍时有发生。当前主要是两个方面的问题：〈……〉。在查清事实，分清是非的基础上，依照有关法律和政策，配合有关部门作适当处理。这对于防止矛盾激化，减少犯罪，增强人民内部团结，提高国家工作人员的法制观念，促进党风和社会风气的好转，搞好两个文明建设都起到了积极作用。

为了保障公民的民主权利，还加强了对公民控告、申诉案件的处理工作。从去冬到今年 3 月，共受理群众来信来访 10037 件(次)，〈……〉，并主动配合有关部门解决一些落实政策中的遗留问题。通过接待来访群众，宣传党的有关政策和国家法律，密切了国家机关和人民群众的关系。

四、加强检察队伍建设

不断提高检察干部的政治素质和业务素质，是做好各项检察工作的根本保证。为了适应新形势和新任务的要求，我们结合整党加强了思想建设、组织建设和业务建设。要求检察干警特别是市、区、县院的领导干部，要认真学习中共中央关于整党的决定和关于经济体制改革的决定，认真学习马克思主义的基本原理，学习法律和专业知识。不断

端正工作指导思想，检察工作必须服从于、服务于社会主义现代化建设这个总任务、总目标，保证经济体制改革和经济建设的顺利进行。要教育干警树立共产主义的理想，做遵纪守法的模范，要有实事求是的作风，要有秉公执法，刚直不阿的品德。对检察系统个别违法乱纪的干警，及时严肃处理，绝不姑息。由于加强了思想政治工作，出现一批任劳任怨，忠于职守，廉洁奉公，拒受贿赂，依法办案，刚直不阿的好干警。在去年年终评比时，全市检察系统评出20个先进集体，106个先进工作者。其中有的出席了省、市政法系统先代会，有的出席了最高人民检察院召开的全国检察系统先代会，分别受到表彰和嘉奖。今年春，我们结合整党对市院的领导班子作了调整。目前正着手中层领导干部的调整工作，使领导班子更加符合“四化”的条件。

为了提高检察干部的素质，市院采取多种办法培训干警。认真办好中专校，不断提高教学质量。尽可能为92名考上函授大学的干警提供学习的条件，鼓励干警走自学成才之路。改进考核干部的办法，除了结合经常工作进行考核外，还要进行考试。最近已对市院的书记员进行一次考试。将逐步扩大考试范围，助理检察员、检察员也要进行考试。通过考试促进干警学习，有利于培养、发现人才。目前正在建立各部门、各级干部的工作岗位责任制，明确分工，各司其职，各负其责，奖勤奖优，罚懒罚劣，进一步调动干警的积极性。

各位代表：

我市检察机关在中共十二届三中全会精神的指引下，正为开创检察工作的新局面而努力。这次大会后，我们要认真贯彻执行会议的决议，继续抓好各项工作，尽到国家法律监督机关的职责，为维护社会主义法制的尊严，为保卫经济体制改革和“四化”建设做出新的贡献。

重庆市十届人大三次会议秘书处

1985年5月28日

重庆市人民检察院工作报告

（1986年6月4日）[①]

重庆市人民检察院检察长　王华生

各位代表：

自去年5月重庆市第十届人民代表大会第三次会议以来，全市检察机关认真贯彻党中央和上级检察院的有关指示，认真执行市人大第三次会议关于检察工作的决议。为了促进社会治安的稳定好转，保障经济体制改革和经济建设的顺利进行，我们以打击严重经济犯罪和严重危害社会治安的刑事犯罪为主要任务，并围绕“两打”斗争全面开展检察工作，进一步发挥了国家法律监督机关的职能作用。现在，我就一年来检察机关的工作向大会作简要报告。

一、大力加强以侦办大案要案为主的经济检察工作

1984年下半年，新的不正之风泛起，经济领域里一些犯罪分子钻“改革”“搞活”的空子，内外勾结、上下串通，沆瀣一气，利用经营管理上、制度上某些薄弱环节，大肆进行贪污、盗窃、行贿受贿，投机倒把、诈骗等犯罪活动。发案之多、数额之大、危害之烈，实为建国以来所罕见，严重影响和危害经

① 此报告系于1986年6月召开的重庆市第十届人民代表大会第四次会议上报告。

济体制改革和经济建设。根据市十届人大第三次会议关于打击严重经济犯罪的决议和最高人民检察院的指示，全市检察机关在绝不放松打击刑事犯罪的同时，把打击严重经济犯罪作为主要任务来抓，大力加强了以侦办大、要案件为主的经济检察工作。

当前经济领域里的犯罪活动，是发生在经济体制全面改革的新情况下，犯罪活动往往与工作上的失误、违反规章制度等问题交织在一起。特别是犯罪分子利用了新的不正之风，新的不正之风又掩护经济犯罪，盘根错节，情况复杂，办案中还存在某些法律、政策界限不清的问题。因此，侦办经济案件难度较大，部分干部思想上也有顾虑。为了积极开展同经济犯罪活动的斗争，依法严惩经济犯罪活动，我们采取了以下主要措施。

(一)提高认识，统一思想。组织干部，特别是各级领导干部认真学习中共中央、全国人大常委会和国务院关于打击经济犯罪的方针、政策，学习最高人民法院、最高人民检察院共同制定的《关于当前办理经济犯罪案件中具体运用法律的若干问题的解答(试行)》。认清打击经济犯罪的重要性和迫切性，解决办案中某些政策、法律界限不清的问题，进一步端正经济检察工作必须直接为“四化”建设服务的业务指导思想。

(二)加强调查研究工作。派人深入到各区、县、各系统了解当前经济罪犯活动情况，在此基础上拟定具体措施，提出具体要求。

(三)采取“抓系统，系统抓”的方法清查严重经济犯罪案件。以粮食、农业银行、供销、军工、建筑等系统为重点，并结合纠正不正之风和税收、财务大检查，清理整顿“公司”“中心”“商行”工作，发现案件线索，查处大要案件。

(四)集中主要力量侦办大要案件。本着既要抓住重点，又要统筹安排的原则，集中了1/3的干部侦办经济大案、要案。实行“四定”即：定案、定人、定领导，定时间。市、区、县院领导直接办案，加强实际工作的指导。从1985年7月起，全面开展了打击严重经济犯罪的工作。

1985年5月至今年4月，全市检察机关共立案侦办经济案件403件508人，其中大、要案件139件195人，其中涉及县团级干部10人。在办案中，注意区分罪与非罪的界限，把由于缺乏经验，工作上的失误，与经济犯罪活动区别开；把属于违反行政法规、制度的行为与经济犯罪活动区别开；把不正之风与经济犯罪区别开。不以风当罪，不以罪当风，不以罚代刑。坚持公民在法律面前一律平等，不管什么人只要构成犯罪，坚决查处，一追到底。在查清犯罪事实之后，对有逮捕必要的245名犯罪分子依法逮捕，对必须追究刑事责任的267人，依法起诉法院，判处刑罚。〈……〉。为了不让犯罪分子在经济上占便宜，在办案中认真追赃，为国家和集体挽回经济损失400多万元。

1985年以来，检察机关立案侦办的经济案件，比前一个时期增加了52%，立案侦办的大、要案件比1983、1984两年侦办的大、要案件增加了2.7倍，打击经济犯罪的工作有较大的突破。

二、继续严厉打击严重危害社会治安的刑事犯罪活动

按照中央的部署，过去的一年是全党动员，全民动手严厉打击刑事犯罪活动的第二年。我们根据市人大十届第三次会议关于检察工作的决议，结合传达贯彻上级检察院召开的检察工作会议精神，强调了同刑事犯罪作斗争的长期性和艰巨性，要求各级领导干部注意防止干警中出现的松劲情绪，继续贯彻依法从重从快的方针，会同公安、法院、司法行政部门，充分运用审查批捕、审查起诉，出庭支持公诉的职能，“稳、准、狠”地给严重刑事犯罪分子以有力打击。去年5月至今年4月，全市检察机关共批准逮捕各类刑事犯罪分子2976名，其中杀人、放火、抢劫、强奸、重大盗窃等严重危害社会治安的刑事罪犯共1216名，占批准逮捕的刑事犯罪分子总数的40%。为了保证准确、及时、有力地打击严重刑事犯罪活动，检察机关在收到案件之后，日夜兼

程办理，认真核实事实、证据。仅向被害人作调查就有 1600 多人（次），向证人、有关人员索取证据 2000 多件，在保证案件质量的前提下及时批准逮捕。去年 5 月至今年 4 月，向法院起诉刑事犯罪分子 1730 名。法院开庭审判，检察机关派员出席法庭支持公诉。从这段时间法院开庭审判的 2350 人（含 1985 年 5 月前起诉的）的判决情况看，免除处罚的 11 人，无罪的 1 人，其余均依法判处刑罚，从总的情况看，起诉案件质量是好的。

检察机关在审查批捕、审查起诉工作中，认真履行侦查、审判监督的职能，依法逮捕漏了的犯罪分子 30 名，追诉了应起诉未起诉的 34 名。对不构成犯罪的 443 人不批准逮捕，对符合法律规定可以免除处罚的 208 人，决定免予起诉，对批捕后经审查核实不构成犯罪的 31 人，不予起诉。对公安机关要求复议的、法院退回补充侦查的案件，均认真地复议、复查，该改变原决定的作了改变，该撤案的撤案，退侦补查后该起诉的依法起诉。公检法三机关坚持互相配合、互相制约的原则，坚持以事实为根据，以法律为准绳，保障国家法律正确、统一的实施，有力地打击了刑事犯罪分子的嚣张气焰，进一步促进了社会治安秩序的好转。

三、围绕“两打”斗争开展其他检察业务，认真履行国家法律赋予检察机关的任务和职责

首先，积极开展法纪检察工作。社会主义民主和社会主义法制，是经济体制改革顺利进行，是我们国家长治久安的根本保证。同侵犯公民民主权利、人身权利的违法犯罪行为作斗争，保障公民的合法权利，是国家法律赋予检察机关的职责，是法纪检察工作的重要任务。我们在“两打”并举时，不放松法纪检察工作。从 1985 年 4 月到今年 4 月，立案侦办法纪案件 42 件 59 人。其中比较突出的是玩忽职守和违反规章制度给国家、集体造成重大经济损失或造成严重危害后果的案件 17 件，占 40%；其次是刑讯逼供，非法拘禁，非法搜查，侵犯通信自由的 15 件，占 35.9%。这反映出少数国家工作人员利用职务，滥用权利，执法不文明的违法犯罪行为，干扰了政策、法律、法令的正确实施，破坏了党和政府的威信。〈……〉。

一年来，向法院起诉 32 人，决定免予起诉的 10 人，查清不构成犯罪撤案的 3 人。通过惩罚犯罪，维护了宪法尊严，教育了干部，对张扬法制，扶正祛邪起了积极作用。

其次，认真开展监所检察工作。由于开展了打击严重刑事犯罪和严重经济犯罪活动的斗争，劳改、劳教单位的“两劳”人员和在看守所羁押的人增多。为了保证有良好的改造秩序，监所检察工作，除了依法打击再犯罪活动外，还积极配合、协助改造单位加强管教工作，认真贯彻“改造第一，生产第二”的方针，做好“两劳”人员的思想转化工作。对再犯罪的“两劳”人员，依法起诉加刑的 105 名。对不守监规，在羁押期间进行犯罪活动的 28 人并案从重处罚。为了杜绝和减少违法乱纪行为，对“两劳”单位的少数干警的违法乱纪认真检察，纠正违法 68 件。

为了加强对“两劳”人员的思想教育，检察机关选派干部去监所、劳改、劳教单位作法制报告 20 多次，邀请政法机关，市人大、市工、青、妇等单位的领导干部和社会知名人士给“两劳”人员作报告 20 多次。市院派驻省二监狱检察组还协助监狱，邀请老山前线的战斗英雄到监狱给犯人作报告，进行爱国主义教育。配合协助监狱开展坦白检举、深挖余罪漏罪活动。根据不同的表现，有奖有惩、政策兑现。据不完全统计，收到检举犯罪线索材料九百多件，转有关部门处理。对确实得到改造的和有立功表现的 50 人依法予以减刑。由于加强了政治思想教育，认真贯彻改造方针、政策，化消极因素为积极因素，减少再犯罪活动，对维护社会治安秩序的稳定好转起了积极的作用。

第三，切实抓好控告、申诉检察工作，处理好群众的来信来访。随着政治、经济形势的日益好转，群众的来信来访比过去减少。1985 年 5 月至今年

4月收到来信1.1万多件，接待来访3600多人（次），来信来访比1984年减少17%。除按照分工转有关部门处理的外，由检察机关控告、申诉部门自办的332件，现已办结234件、占自办数的70%。

群众来信来访，是对检察机关的信任，信访工作是密切联系群众的桥梁，是观察社会，体察民情的窗口。几年来，我们一直注意信访工作，对待来访者热情接待，礼貌待人，耐心解答。该我们办的事认真办，转有关单位的催促办，即使与政法工作无关的问题，也尽可能地为来访群众指门路，提建议。重大问题领导亲自接待、过问。綦江、大足、永川、巴县、市中区等12个区、县检察院规定了检察长接待日，直接听取群众的意见。

一年来，我们从群众的申诉中，复查纠正冤错案38人，在来信来访中有揭发犯罪材料2400多件，其中有检举控告领导干部的，经有关单位查证之后，有的已列为大、要案件查处。通过认真处理群众来信来访，宣传党的方针、政策和社会主义法制，密切了党和政府与群众的关系，对促进社会的安定团结，调动广大群众为“四化”建设的积极因素起了良好的作用。

四、结合检察业务参加社会治安综合治理

检察机关结合本身业务，采取一切措施，协助有关部门做好防范工作、减少犯罪活动。对决定不捕、免予起诉的389人作了回访考察，进行守法教育。对表现好的鼓励，表现不好的批评、警告。协助地区、单位建立帮助小组161个。对判处管制、缓刑、假释、保外就医的1023人，坚持重点对象经常考察的制度，发现脱管、漏管150人，到期未解除管制的、违反法律规定不就地改造的175名，及时提出建议请有关单位纠正。并协助当地公安机关、治保组织，建立、健全管教组560个，进一步落实了管教措施。结合办案，针对犯罪分子活动特点，管理制度上的漏洞，提出口头或书面的《检察建议》760多份（次），引起有关部门的重视，加以整改。从去年以来，全市检察机关还尽可能地抽派干部到农村、机关、学校、厂矿去宣传法制或应邀讲法律课。据不完全的统计，作法制报告、上法律课近400次，听众约8万多人。此外，还办法制宣传专栏53期，向报刊、广播电台（站）撰写宣传法制稿件近500篇。通过普法宣传，增强群众的遵纪守法观念，动员广大群众同违法犯罪行为作斗争。

五、坚持从严治警，加强检察队伍的自身建设

一年来，我们通过整党和党风大检查，加强了思想、组织和业务建设，广大检察干警经受了新的锻炼和考验，政治素质和业务素质不断提高。为了适应新形势和新任务的要求，两级检察机关加强了思想政治工作。组织干警认真学习党的全国代表会议文件和中央领导同志在中央机关干部大会上的讲话以及六届全国人大第四次会议精神，学习马列主义的基本原理、法律和专业知识，不断端正业务指导思想，充分认识检察工作在“两个文明”建设中的地位和作用，振奋革命精神，做端正党风的表率，自觉地为党的总任务，总目标服务。对干警进行理想、纪律教育，要求严格执法、秉公办案、刚直不阿，反对和抵制资本主义和其他腐朽思想的侵蚀，坚决纠正不正之风。教育广大干警热爱人民，牢记全心全意为人民服务的根本宗旨，自觉地接受人民群众的监督。根据“从严治警”的原则，对个别检查干警的违法乱纪行为，决不姑息，及时严肃处理。由于加强了理想、纪律教育，增强了工作责任感，在干警中出现了一批勇于克服困难、敢于斗争、执法不阿、拒受贿赂、抵制歪风，努力工作，出色完成任务的好人好事。今年4月，市院召开检察工作会议，表彰了先进区、县院5个，先进科室17个，先进工作者63名，给10名同志记三等功。

全市检察机关，除了组织干警结合自己工作学习专业外，继续办好中专校，支持函大、电大生坚持学习，鼓励自学成才。去年参加中专、函大、电大等学习的干警314人，占全市检察干警总数的30%。

一年来，检察机关在市委和上级检察院的领导下，在市人大常委会的监督下，做了大量工作，取得了较好成绩。但是，我们的工作还有缺点和不足，主要是：1. 打击经济犯罪工作发展不平衡，对重大案件突破不够，少数案件的侦破工作不快；2. 少数案件质量不高，个别案件定性不准；3. 履行法律监督职能还不够有力；4. 思想政治工作抓得不够深入、细致。这些都有待于进一步克服和解决。这次会议之后，我们将认真贯彻会议精神，继续抓好以下工作：

首先，在决不放松严厉打击严重刑事犯罪的同时，把工作重点放到打击严重经济犯罪上来。在党委的统一领导下，密切会同有关部门搞好“严打”斗争的第三战役，继续贯彻依法从重从快的方针，严厉打击严重刑事犯罪，争取社会治安进一步好转。与此同时，要把打击严重经济犯罪作为主要任务，贯彻一要坚决，二要慎重的方针，狠抓大要案件的侦破，在党委领导下打一场打击严重经济犯罪的总体战，力争用一年左右的时间把经济犯罪分子的嚣张气焰压下去。

其次，大力加强法纪检察工作，除了同侵犯公民民主权利、人身权利的违法犯罪行为作斗争外，还要特别注意查处玩忽职守，给国家经济上、政治上造成重大损失的案件。

再次，积极参加社会治安的综合治理工作。这是实现社会治安根本好转的关键，我们力争在年内做出新的成绩来。

为了完成以上任务，还要进一步加强检察机关的建设。主要是思想、组织、业务三大建设。教育干警树立全心全意为人民服务的思想，要有无私无畏，刚直不阿的精神，不断提高干警的政治素质和业务素质。为了适应工作的需要，当前迫切地需要解决检察机关特别是区、县检察院在工作，生活条件方面的困难。除了我们自己努力外，希望市、区、县党委和政府采取积极措施帮助解决。今后检察机关要经常、主动地向市、区、县人大常委会汇报工作，自觉地接受监督，把我们的各项工作做得更好，为保障我市经济体制改革和“四化”建设做出新的贡献！

以上报告，请予审议。

重庆市人民检察院工作报告

（1987 年 5 月 12 日）[①]

重庆市人民检察院检察长　王华生

各位代表：

重庆市第十届人民代表大会第四次会议闭会以来，全市检察机关在中共重庆市委和四川省人民检察院的领导下，在市人大常委会的监督下，以邓小平同志“一手抓建设，一手抓法制”的指示为指针，认真贯彻全国、全省政法工作会议和检察长会议精神，贯彻市人大十届四次会议有关决议的精神，充分发挥法律监督的职能作用，打击严重经济犯罪和其他刑事犯罪斗争取得了很大的成绩，各项检察业务都有较大的发展。为促进我市社会治安的进一步好转，保护和促进社会主义经济建设和经济体制改革，巩固安定团结，做出了一定贡献。现在，我就全市检察机关的主要工作情况向大会作报告，请审议。

一、坚决打击严重经济犯罪活动，保护和促进社会主义经济建设

去年春，最高人民检察院针对 1984 年下半年至 1985 年上半年出现经济犯罪猖獗，形成了一个

① 此报告系于 1987 年 5 月召开的重庆市第十届人民代表大会第五次会议上报告。

经济犯罪发案高峰期的情况，提出在绝不放松打击刑事犯罪的同时，把打击经济犯罪作为主要任务来抓，争取用一年左右的时间把经济犯罪的嚣张气焰压下去。我市检察机关坚决贯彻最高人民检察院的指示，坚持在党委领导下，配合有关单位“抓系统，系统抓”，集中力量查处经济犯罪案件。经过一年的紧张工作，打击经济犯罪的斗争取得了很大的进展。从去年4月到今年3月，立案侦办经济犯罪案件417件。比上年同期增加15.51%，其中大要案件122件，接近前四年的总和，内有县级干部16人。决定逮捕经济犯罪分子235人，增加12.44%，提起公诉337人，增加44.8%，为国家和集体挽回经济损失851.63万元，增加1.12倍。沉重地打击了严重经济犯罪的嚣张气焰，促进了党风和社会风气的好转，保卫和促进了社会主义经济建设的顺利进行。

从我们侦办的经济犯罪案件看，有以下一些特点：一是“高峰期”的案件多。仅从1986年全年侦办的大要案件看，属1984年下半年至1985年上半年发生的案件就有122件，占全部大要案件数的73.5%；二是贪污案件较为突出。特别是国家工作人员利用职务之便，擅自挪用公款归个人使用数额较大，在一定期限内不还或数额巨大，或进行非法活动，数额较大按贪污罪论处的情况比较严重。1986年侦办的贪污案件262件，占侦办经济犯罪案件总数的56.3%，其中属挪用按贪污论处的有85件，占侦办的贪污案件数的32.4%。主要表现在银行信用社人员冒名贷款、擅自动用库款和主管、经手公共财物的人员，私自将公款用于挥霍，进行非法活动或营利活动；三是利用经济合同进行诈骗的犯罪案件占相当比例。1986年侦办诈骗案44件，其中利用经济合同进行诈骗有33件，占75%，四是乡镇企业中的经济犯罪案件较多。占侦办案件的17.9%。为了适应斗争形势的需要，尽快实现把经济犯罪的嚣张气焰压下去的目标，全市检察机关组织36.2%的干警参加打击经济犯罪的斗争。市检察院还成立了经济侦查大队，江津、合川等县检察院成立了经济侦查中队，以加强经济犯罪案件的侦办工作。采取检察长亲自抓，分管副检察长全力抓的办法，对案件分类排队，突出重点，排除阻力和干扰，突破了一些重大有影响的案件。〈……〉。严重地破坏金融管理和社会治安。我们及时查办了这个案件，广泛宣传，效果很好。实践证明，抓住大要案件的侦办，震动大、效果好，有效地遏止了经济犯罪气焰嚣张的势头。

在打击经济犯罪中，我们认真注意了保护和促进企业的发展，挽救了一批濒临倒闭的企业。全市检察机关结合办案，帮助那些由于经济犯罪猖獗，造成严重亏损，负债累累，甚至濒临倒闭的企业除“蛀虫”，追欠款，整顿领导班子，建立规章制度，树立依法治厂的思想，有的还为他们的供销、经营搭桥牵线。通过这些工作，使一批企业发展了生产，增强了活力，提高了效益，扭亏为盈。大渡口区小型轧钢厂，由于厂长和有关采购员贪污、受贿，企业管理混乱，亏损严重，陷入绝境。区检察院深入该厂挖出经济犯罪分子后，又帮助厂里追回被拖欠款、物价值11万元，返还赃款2万元，并协助他们建章建制30多项，使小轧厂很快恢复了活力，出现了生机勃勃的局面。职工、群众赞扬检察机关“为民除害”，是“打击经济犯罪的先锋，‘四化’建设的卫士”。

二、严厉打击严重刑事犯罪，促进社会治安的进一步好转

1986年是“严打”斗争三年为期三个战役的最后一年。检察机关又面临着打击经济犯罪的繁重任务，为了不放松“严打”斗争，我们坚持“两打”并重，统筹安排。并提出办理刑事案件要做到不在检察环节发生阻塞，必须保证办案质量的要求。斗争中，继续贯彻依法从重从快的方针，与公安、法院等部门密切配合，认真搞好审查批捕、审查起诉、出庭支持公诉的工作。全市共批准公安机关提请逮捕3247人，审查起诉2565件3454人，出庭支持公诉2652件，有力地打击了刑事犯罪分子的破坏活动。

“严打”斗争经过两个战役以后，我市的社会治安秩序有了明显好转，但还不稳定，特别是重大恶性案件上升幅度较大。在第三战役战斗中，检察机关与公安、法院密切配合，重点打击了杀人、放火、爆炸、抢劫、强奸、重大盗窃等严重刑事案件1984件。对严重暴力性案件和其他社会危害严重的重、特大案件，检察机关提前上案，加快办案速度。〈……〉。

办案中，坚持以事实为根据，以法律为准绳，在“准”字上狠下功夫，确保办案质量。去年，市院抓住办理案件中带有倾向性的问题进行专门研究，先后写出了《审批强奸案件应注意的几个问题》和《关于打击盗窃犯罪应注意的几个问题的通知》，指导各区、县检察院办案，有效地提高了办案质量。一年来，在审查公安提请逮捕3953人中，对不符合《刑事诉讼法》第四十条规定的439人，做出了不批准逮捕决定。移送起诉的案件中，免予起诉235人，不起诉22人。对应该逮捕而公安没有提请逮捕的71人，决定追捕。对应该起诉而没有移送起诉的72人，决定追诉。既防了错，又防了漏。与此同时，我们还积极开展了对侦查活动和审判活动的法律监督，对个别干警发生的违法行为，通知有关公安、法院作了纠正。对法院判决确有错误的10件案件，依法提出了抗诉。对死刑罪犯的执行，均派员临场监督。通过这些工作，保证了国家法律的正确实施。

我市检察机关在打击严重刑事犯罪和严重经济犯罪的同时，还积极参加综合治理，扩大办案的社会效果。一年来，对239名免予起诉人员落实了帮教工作，使他们中的绝大多数改邪归正。潼南县检察院对“严打”以来的41名免予起诉人员进行帮教，使21人有很大的转变，其中九人走上了劳动致富的道路。结合办理经济犯罪案件和其他刑事犯罪案件，向发案单位提出检察建议775次，督促堵漏建制，加强预防犯罪工作。积极参加普法教育，先后到机关、工厂、农村、学校讲法制课3303人（次），向报刊、广播台（站）投法制宣传稿件866篇。配合电视台等单位拍摄了反映大渡口区检察院打击经济犯罪，促进企业发展的电视片，以及以监狱大墙内外综合治理为主题的电视剧《流》，为综合治理社会治安做出了努力。

三、围绕“两打”斗争，进一步开展了各项检察业务

法纪检察工作。随着法制建设的加强和经济体制改革的深入进行，加强同侵犯公民民主权利、人身权利和渎职犯罪作斗争显得十分重要。全市检察机关紧密围绕“两打”斗争，加强了法纪检察工作。一年来，共受理各种违法乱纪案件370件，立案侦办犯罪案件62件，其中重大案件11件。侦办的案件比上年同期增加82.4%。我们重点抓了两方面的工作。一是坚决查办侵犯公民民主权利、人身权利的案件。〈……〉。打击了犯罪分子，保护了改革者的人身权利和民主权利。我们不仅认真查处一般干部、群众违法乱纪案件，对政法部门个别干警的违法犯罪行为也秉公查办，坚持法律面前人人平等。〈……〉。

监所检察工作。“严打”斗争以来，捕、判的人犯较多，如何提高改造质量，是一个需要认真注意的问题。去年以来，全市检察机关从力量上和工作上加强了监所检察工作。坚持把严厉打击劳改、劳教人员又犯罪活动放在首位，特别对一些“牢头”“狱霸”坚决打击，决不手软。一年来共查办又犯罪案件91件104人，维护了“两劳”单位的监管秩序。同时，加强了对人犯羁押、释放、判决裁定执行的检察，纠正羁押孕妇和有严重疾病者等违法行为41起，纠正执行判决、裁定上的违法97起。对个别司法干警在监管中体罚虐待劳教人员和流氓犯罪案件，依法立案查办了2件。工作中还配合“两劳”单位，注意探索新路子，总结改造被监管人员的新方法。积极参与、支持“两劳”单位实行“双百分考核制”的尝试；在全市看守所人犯中开展普法教育；组织人犯家属到看守所对人犯作规劝工作273人次。江津县人大和政府根据县检察院的建议，组织了

14个单位37人的“帮教探视考察团”，到永川新胜劳改总队进行为时6天的帮教考察活动，有500多名犯人深受教育，写下保证书。决心好好改造，重新做人。

控告申诉检察工作。一年来，共受理信访20235件（次）；其中为群众排忧解难，缓解人民内部矛盾，处理“告急”案件106件。在处理信访中，为有关单位提供各种案件线索4652件。复查历史老案，不服判刑的再申诉案以及《刑法》《刑诉法》实施以来的免予起诉案件2336件。通过复查，平反冤假错案232件。其中有民主党派成员、国民党将、校军官中的起义投诚人员、台属、侨属、宗教界上层人士，以及教授、高级工程师等。落实政策后，许多人表示，要为“四化”和祖国统一大业做出贡献。

四、进一步加强检察队伍的自身建设，为完成各项检察任务提供组织保证

全市检察机关在“两打”斗争中，边干边建，干中抓建，以干促建，在努力完成各项检察任务的同时，进一步加强了检察队伍的自身建设。组织干警认真学习了党的十二届六中全会《决议》，进行党风大检查和端正党风学习。在此基础上，市院制定了以“严、勤、实、快、细、和”为内容的六字院风，作为全市检察干警的一面镜子，以端正思想作风。开展理想、纪律教育，组织了“立足本职，献身‘四化’”宣讲团，深入各区（县）检察院巡回演讲。进行多层次的“四职”讲述活动，掀起了讲职业道德、尽职业责任、守职业纪律、钻研职业技能的热潮。今年1月以来，又组织干警认真学习中共中央〔1987〕1、2、3、4、6号文件，深刻认识坚持四项基本原则，反对资产阶级自由化的重大意义，教育干警旗帜鲜明地站在反对资产阶级自由化斗争的前列。结合1986年年终总结，市检察院处以上领导干部向干警作了述职报告，进行了群众评议，接受群众的监督，使干部增强了工作责任感。认真办好检察中专学校，积极支持干警参加各种形式的专业学习，通过这些工作，使检察队伍的政治素质和业务素质有新的提高。一年来，我市检察机关在工作条件比较困难的情况下，发扬党的艰苦奋斗的光荣传统，经受了锻炼和考验，涌现出依法办事、刚直不阿、忘我工作、全心全意为人民服务的先进集体28个，先进工作者338名。其中有37个单位和个人荣立三等功，1人荣立二等功。

一年来，检察机关的工作虽然取得了较好的成绩，但也存在着一些问题。侦办的经济案件中，有极少数案件质量不高，有的案件超过了法定时限。参加综合治理社会治安，路子不宽，效果不够明显。市检察院工作作风不够深入，检查指导工作不够有力。上述存在的问题，我们在今后工作中要认真注意加以解决。

各位代表：在过去一年里，市人民代表大会及其常委会加强了对我市两级检察院的监督。组织人大代表到检察机关视察工作，专门召集会议听取检察院的工作汇报，支持依法办案，帮助解决困难，极大地鼓舞了广大检察干警，有力地推动了检察工作的开展。希望今后进一步加强对检察工作的监督，使检察机关更好地发挥法律监督的作用。

这次会议以后，我们要继续学习贯彻中共中央一系列文件精神和全国人大常委会《关于加强法制教育维护安定团结的决定》，坚决贯彻全国人大六届五次会议、全国检察长会议和这次会议有关决议精神。抓好两件大事，深入进行坚持四项基本原则的教育，坚决反对资产阶级自由化；认真开展增产节约、增收节支运动。为进一步巩固和发展安定团结的政治局面，保护和促进“四化”建设服务。今后的检察工作主要是抓好以下几个方面：

绝不放松打击刑事犯罪活动。“严打”以三年为期的三个战役已经结束。社会治安已明显好转。但从我市的情况看，刑事发案数有所回升，特别是重特大案件上升幅度大。去年比1985年上升12.79％。城市和交通沿线治安问题较多，反革命活动较以前突出，民事纠纷矛盾激化引起的杀人、伤害等刑事案件增多，青少年犯罪率高，拐卖人口、

卖淫、赌博等丑恶现象在一些地方有所蔓延。在不搞全国性战役的情况下，我们要与公安、法院等部门密切配合，针对一个时期，一个地区社会治安的突出问题，组织规模不等的专项集中打击和区域性的专项集中治理。稳、准、狠以准为重点打击反革命活动和其他严重刑事犯罪活动。

继续把打击经济犯罪作为检察机关的主要任务。打击经济犯罪的斗争虽然取得了很大的进展。但从整个斗争来看，地区之间，部门之间发展不平衡，经济犯罪分子的嚣张气焰还没有完全压下去，“高峰期”的案件还占相当比重，新的案件又在不断发生。检察机关的任务仍然十分繁重。我们要深入学习中央、全国人大和省、市委关于打击经济犯罪指示，树立长期作战的思想，防止和克服松劲、畏难情绪，做到斗志不减，工作不松，争取尽快实现把经济犯罪嚣张气焰压下去的目标，把打击经济犯罪的斗争深入进行下去。

要进一步搞好法纪检察、监所检察、控告申诉检察工作。加强同侵犯公民民主权利、人身权利和渎职犯罪作斗争。要结合各项检察业务，搞好社会治安综合治理工作。特别是今年，将有大量的刑满释放人员回到社会上来，要督促、协助有关部门落实安置就业和教育改造工作，防止重新犯罪。

继续加强检察队伍的建设。几年来，检察队伍的素质虽然有一定提高，但还跟不上形势发展的需要，我们要继续坚持“从严治警”，加强“四有”“四职”教育，使干警真正做到一身正气、两袖清风、刚正不阿、秉公执法、文明执法、树立检察队伍好的形象。

各位代表，1987 年，我市检察机关的任务繁重而艰巨。这次会议闭会以后，我们要认真贯彻会议的有关决议，继续发扬艰苦奋斗的精神，克服困难，努力工作，为加强社会主义法制，保卫和促进社会主义经济建设和经济体制改革，做出新的贡献。

（五）财政预决算、国民经济报告

重庆市革命委员会关于提前全面超额完成我市 1978 年国民经济计划的决议[①]

（1978 年 5 月 16 日四川省重庆市第八届革命委员会第一次全体会议通过）

当前，全市人民正在为实现新时期的总任务而努力奋斗。在 1977 年抓纲治渝初见成效的基础上，今年工农业生产又有新的发展。1 至 4 月完成的工业总产值为全年计划的 32.3%，比去年同期增长 64.4%，产品质量提高，成本降低，利润增加；财政收入比去年同期增长两倍；农业小春生产获得丰收，预计比去年增产五成，形势喜人。在一派大好形势面前，各级领导一定要头脑清醒，十分注意防止自满松劲情绪。我们必须更加紧密地团结在英明领袖华主席为首的党中央周围，进一步动员全市人民，再接再厉，发扬连续作战的优良传统，紧紧抓住揭批"四人帮"斗争这个纲，认真搞好"一批两整顿"，深入开展"工业学大庆、农业学大寨"的群众运动，掀起社会主义革命和社会主义建设的新高潮，为提前全面超额完成我市 1978 年国民经济计划而奋斗。

一、大张旗鼓地广泛深入地开展新时期总任务和新宪法的宣传、学习运动。这是动员全市人民提前完成今年国家计划的强大思想动力，必须认真抓紧抓好。从市革命委员会全体成员，市级各部、委、局、办负责同志，到各级革命委员会成员和领导干部，都要带头学习，带头宣讲，带头执行，做出示范。要加紧训练骨干，组织和培训宣传队伍。要充分利用报纸、广播、墙报、黑板报、幻灯、文艺演唱、街头诗画等各种宣传工具和宣传形式，深入到车间、班组、田间、院坝和街道，生动活泼地向群众进行宣传教育。一定要使新时期的总任务和新宪法家喻户晓，深入人心，做到人人都懂得总任务的内容是什么，为什么要实现总任务，怎样实现总任务，为了实现总任务自己应该做些什么贡献；增强社会主义法制观念，造成干部带头守法，群众自觉守法，领导机关和司法部门严格依法办事的风气。在此基础上，发动广大干部和群众，讨论、修订本部门、本单位实现总任务，特别是讨论、修订提前完成今年生产建设任务的具体计划和措施，扎扎实实地落实到行动中去，大干社会主义。

二、继续打好揭批"四人帮"的第三个战役。〈……〉从理论上粉碎他们的反动思想体系，彻底砸烂他们强加在人们身上的精神枷锁，消除余悸，来一个思想上的大解放，真正甩开膀子大干，加快建设社会主义现代化强国的步伐。"四人帮"〈……〉全盘否定十七年。我们要联系工交、农业、财贸和其他各条战线的实际，彻底推翻"四人帮"的"两个估计"，把他们全盘否定十七年的种种反动谬论批深批透，正本清源；并抓住本单位受影响最深、造成危害最大的问题，澄清他们制造的混乱，明确各条战线的具体路线、方针和政策，理直气壮地拨乱反正。要把揭批"四人帮"的第三个战役同宣传新时期的总任务，同抓好各方面的整顿，同落实党的各项政策，同批判资本主义、反对铺张浪费，同"工业学大庆、农业学大寨"运动紧密结合起来，推动当前各项工作的迅猛发展。要善始善终地搞好清查工

---

① 本文标题为编者重新拟定。

作，继续深入“双打”斗争，严格区分和正确处理两类不同性质的矛盾，认真执行党的政策，最大限度地孤立和打击一小撮阶级敌人，进一步巩固和加强无产阶级专政。

三、切实搞好企业和社队的整顿。企业的整顿，要严格按照中央规定的“六条标准”，像过去搞“四清”那样，分期分批地搞好。除继续抓好领导班子的整顿外，当前要着重解决由于“四人帮”破坏造成的企业管理混乱、经济技术指标落后的问题。要建立健全并严格执行以责任制为核心的各项规章制度。坚持把质量、品种、规格放在第一位，以提高质量、降低消耗、增加利润为重点，努力提高企业管理水平，全面完成八项经济技术指标。农村社队的整顿，要集中抓好经济政策的落实和经营管理制度的建立。特别是要坚持执行按劳分配的社会主义原则，搞好劳动管理，认真执行定额管理、评工记分制度，实行男女同工同酬，切实解决增产不增收、多劳不多得、分配不兑现的问题。要坚持勤俭办社和民主办社的方针，搞好财务管理，大批资本主义，反对铺张浪费，端正方向道路。

四、广泛深入地开展社会主义劳动竞赛，大闹技术革新和技术革命。劳动竞赛是在社会主义制度下，充分发挥广大群众的主动性和首创精神的好形式，是多快好省地发展国民经济的重要方法。工交、农业、财贸和各行各业，都要放手发动群众，把社会主义劳动竞赛和革命比赛既轰轰烈烈又扎扎实实地开展起来，掀起一个比学赶邦超的热潮。开展劳动竞赛，必须以增产节约为主要内容。针对我市国民经济发展的薄弱环节，当前的重点应放在增产节约电力、煤炭、天然气、原材料和提高运输效率方面。要围绕这些重点，广泛开展以优质、高产、低消耗、多品种、增加盈利、安全生产为内容的社会主义劳动竞赛。加强科学研究工作，并发动职工群众献计献策，大闹技术革新和技术革命，增加生产、厉行节约，大力提高劳动生产率，使所有企业的经济技术指标，都能在今年内达到历史最好水平；已经达到的要努力赶超国内先进水平。要把市内的竞赛同赶超青岛、成都市的竞赛结合起来，互相学习，共同提高。要层层抓紧，定期检查，评思想、比贡献、选模范、树标兵，总结和推广先进经验，把少数人、少数单位创造的先进水平，迅速变成全厂、全行业、全市的水平，保证提前一个月为全面超额完成今年国家计划。要实行精神鼓励和物质鼓励相结合而以精神鼓励为主、物质鼓励为辅的方针，理直气壮地奖励劳动模范。

五、要关心群众生活。群众大干社会主义的积极性越高，各级领导越要发扬党的关心群众生活的优良传统，生产生活同时抓。在企业中，要有一位副厂（矿）长负责抓生活，努力办好职工食堂、澡堂、托儿所、医务所、俱乐部，组织好群众业余文娱体育活动。要适当增设和调整商业网点，努力改善城市和工矿区的蔬菜、副食品和日用品的供应。有条件的工矿企业，要认真组织职工和家属走“五·七”道路，从事农副业生产，自己动手，搞好职工生活。实行国家、地方和企业结合的办法，有计划地增加职工宿舍的建设，争取在几年内基本解决职工急需的宿舍问题，并有步骤地解决职工夫妻长期两地分居的问题。要搞好劳动保护，改善劳动条件，注意劳逸结合，做到安全生产。当前，要特别注意搞好防暑降温，以保证职工战高温、夺高产。

六、城市工作要为生产、为职工群众服务。城市是发展现代工业的基地。按照毛主席的教导，我们的各项工作，“都是围绕着生产建设这一个中心工作并为这个中心工作服务的”。我们的城市建设和管理工作，一定要贯彻为生产、为工人和城市群众服务的方针，努力把文化、教育、卫生、体育、公用事业、商业和服务行业办好，做到有利生产，方便生活。凡是应当和可以由市、区有关部门举办的事业，不要推给企业，不要任意从企业抽人，使企业能够集中精力，搞好革命和生产。要坚持以阶级斗争为纲，充分发动群众，大力整顿社会治安，整顿交通秩序，整顿市容卫生，整顿商业服务，整顿市场管理，整顿户籍管理和消防工作，进一步把城市管理好，建设好，为职工创造一个安定的生产、工作和生活环境，促进生产的高速度发展。

七、切实改进领导作风，加强对生产的组织领导。各级革委会的成员、革委会所属机关和厂矿企业、农村社队的各级领导干部，一定要恢复和发扬毛主席为我们树立的群众路线，实事求是，批评和自我批评，谦虚谨慎、戒骄戒躁、艰苦奋斗和民主集中制等优良传统和作风，真正成为广大群众大干社会主义、进行新长征的带头人。工交企业和农村社队，都是社会主义公有制的生产单位，是巩固无产阶级专政的重要阵地。企业和社队的经常工作，必须以政治为统帅，以生产为中心，三大革命一起抓，全面完成和超额完成国家计划。这个任务完成得好不好，是衡量我们一切工作搞得好不好的主要标准。各级领导干部都要理直气壮地大抓生产，深入到生产第一线去，参加劳动，组织和领导生产。政治工作必须结合经济工作一道去做，真正为生产服务，落实到各项经济工作中去，推动生产的迅猛发展。经济工作要越做越细。各厂矿企业要坚决实行党委领导下的厂长分工负责制，加强以厂长为首的全厂统一的生产行政指挥系统，把生产的组织领导搞得更加细致，更加扎实。

全市工业、交通、基本建设战线的广大职工，要在今年夺得首季“开门红”的基础上，继续前进，为实现上半年“时间过半、任务过半”，提前一个月全面超额完成今年国家计划而斗争！

市郊农村广大干部和社员，要在夺得小春丰收的基础上，乘胜前进，适时满栽满插，搞好大春田间管理，抓紧喷灌建设，从思想上和人力物力上作好战胜伏旱的一切准备，为夺取今年农业的全面大丰收而斗争！

全市人民动员起来，团结起来，为提前全面超额完成1978年国民经济计划，为实现新时期的总任务而努力奋斗！

关于重庆市1979年国民经济计划执行情况和1980年国民经济计划安排意见的报告

市革委副主任兼市计委主任　刘隆华

各位代表：

我完全同意于汉卿同志代表市革委所作的政府工作报告，现在向大会作我市1979年国民经济计划执行情况和1980年国民经济计划安排意见的报告，请大会审议。

在党中央、国务院一系列方针政策的指引下，在市委、市革委的直接领导下，1979年，我市国民经济在调整中继续前进，各方面都取得了很大成绩。

在农业方面，市郊农村认真贯彻执行党中央关于农业问题的两个文件，落实党在农村的经济政策，实行休养生息的方针，大大调动了社队和社员的生产积极性，活跃了农村经济。由于广大社员的努力和从各方面采取了加强农业基础的措施，1979年我市农业生产又获得了丰收，全市农业总产值达到7亿元，比上年增长12.9%；粮食总产量达到31.7亿斤，增长10%，平均亩产达到856斤；油料总产量达到19.14万担，增长12.5%；生猪年末圈存达到252.8万头，增加23.8%；蚕茧、茶叶、麻类、甘蔗、水果等都比上年增产；社队企业总产值达到2.3亿元，比上年增长29.1%。去年，全市农业基本建设完成的投资额比上年增加34.4%，地方财政支农资金比上年增加37.4%，农业贷款比上年增加23.1%，市还专项补助了一批材料用于支持发展社队企业，收到了较好的效果。

在工业方面，多年来由片面强调优先发展重工业开始转变为采取特殊措施加快发展轻纺工业，由主要抓产值产量转变为把质量、品种放在首位，由单纯依靠国家下达指令性计划、实行统购包销转变为重视发挥计划指导下的市场调节作用，实行以需定产。为了加快轻纺工业的发展速度，全市地方工业基本建设投资的50%以上，挖潜改造技术措施费和银行贷款的80%以上，都安排用于轻纺工业，电力、天然气、煤炭和原材料的分配、供应也是优先保证轻纺工业生产。20户国营工业企业开展扩大自主权的试点、两户集体工业企业试行“利润包干”，对亏损企业进行整顿和实行盈亏包干等措施，都收到了良好的效果。1979年，我市工业生产在调整中保持了较快的增长速度，轻纺工业的发展速度逐渐接近于重工业的发展速度，各项经济技术措施都有比较明显的进步，全市工业总产值达到63.58亿元，比上年增长15.8%，其中轻纺工业产值达到26.21亿元，比上年增长14.4%，超过了国家和省的计划要求。绝大多数工业产品的产量都完成和超额完成了国家计划，产品质量普遍提高，品种花色增多，单位产品的能源和原材料消耗下降，全市国营工业企业全员劳动生产率比上年提高13.3%，市属工业成本比上年降低3.68%，流动资金比上年减少6.4%，市属国营工业利润总额比上年增长27.2%。

在基本建设方面，一年来已对49个不急需和建设条件不具备的在建项目采取了停建、缓建或缩小建设规模的措施，以集中力量打歼灭战。1979年，全市基本建设投资额完成4.83亿元，全部和部分竣工投产的项目有205个，全年新增加的固定资产有7.6亿多元，为当年投资的158%。全市各类房屋竣工面积达110.8万平方米，比上年增长34%；其中住宅竣工面积达71.7万平方米，比上年增长一倍半。

在商业外贸方面，1979年商业收购总值完成19.79亿元，比上年增长12.8%；社会商品零售总额达到14.74亿元，比上年增长20.8%；外贸产品收购总值达到1.61亿元，比上年增长38%。

在待业人员安置方面，一年来全市安置城镇待业人员12.53万人，并结合安置工作恢复和增设了一批商业服务网点，举办了一批公共福利事业。

在地方财政收入方面，1979年完成财政收入9.7006亿元，完成年计划102.13%，比上年增长3.01%。

由于生产的发展和国家采取了一系列增加城乡人民收入的重大措施，1979年我市国家职工平均工资达到723元，比上年提高11%；农村社员每人平均从集体分配所得收入达到95元（包括投肥），比上年增加19元。城镇居民储蓄存款达到2.45亿元，比上年增长37.8%。

科研、文化、教育、卫生、计划生育、城市建设、环境保护等各项事业，在调整中前进，都取得了可喜的新成绩。

1979年经济调整初见成效，为进一步搞好调整工作创造了有利条件。但是，也应当看到，调整工作才半年多时间，比例关系的改善只是初步的，不能估计过高。同时，在调整过程中还出现了一些新的情况、新的矛盾；需要我们在今后两三年内继续加以解决。

1980年是三年调整的重要的一年。根据国家和省的计划安排，市革委已在3月上旬召开经济工作会议，对我市1980年国民经济计划作了安排。计划安排的指导思想是：继续贯彻“调整、改革、整顿、提高”的方针，真正把调整作为国民经济全局的关键来抓，把发展生产、调整比例的立足点放在充分利用现有基础上，广开生产门路，广辟财源，大搞增产节约，在搞活经济上面下功夫，把经济效果作为衡量一切经济活动的主要标准，使全市国民经济在调整中扎扎实实地前进。

1980年国民经济计划的主要目标和任务是：

一、通过有效地挖潜、革新、改造和企业调整、产品调整工作，使轻纺工业的发展速度赶上和超过重工业的发展速度，使全市工业生产继续有一个较快的增长。

全市工业总产值计划达到68亿到70亿元，比去年增长7%～10%。其中：轻纺工业产值计划达到28.5亿元，比去年增长8.7%，高于重工业产值增长5.7%的速度。主要轻纺产品的产量要有较大的增长，并为明年准备一批新的生产能力，在质量升级、品种换代、花色翻新、降低成本、增加盈利等方面都要取得新的显著的进步，从而更好地满足人民生活需要，大量增加出口。全市要抓住一批生产有基础、发展有前途的重点产品，打破行业界限、军民界限、城乡界限、所有制界限，进行企业调整和产品调整，组织从原辅材料供应、设备工装、零部件配套到技术后方的"一条龙"生产技术协作和挖潜改造会战，相应调整和改革有关的经济体制和政策，以便迅速把这些产品的生产能力搞上去，带动全市轻纺工业和整个工业生产水平、技术水平和管理水平的提高。主要工业产品产量计划安排：化学纤维1.02万吨，棉纱4.66万吨，棉布1.8亿米，印染布1.35亿米，呢绒150万米，麻织品350万米，丝500吨，手表30万只，缝纫机7万架，机制纸4万吨，电视机3万台，皮革（折牛皮）58万张，家具39万件，化学肥料21.5万吨，化学农药1.73万吨，原煤682万吨，发电量33亿度，钢72.2万吨，钢材67.25万吨，铝材1.6万吨，水泥63万吨，汽车2050辆，内燃机27.6万马力，机床2700台。

为了确保轻纺工业有一个较快的发展，要认真实行对轻纺工业"六个优先"的原则，即：原料、材料、燃料、电力供应优先，挖潜革新改造措施优先，基本建设施工力量安排优先，银行贷款优先，外汇的分配和技术引进优先，交通运输优先。重工业部门，要努力为轻纺工业提供适合需要的原材料、能源和技术设备，积极承担轻纺工业生产和挖潜革新改造的协作配套任务，帮助轻纺工业发展新的一代产品和进行技术改造，还要下决心拿出一些企业或车间来转产轻纺产品，或者同轻纺工业部门合办轻纺生产项目。军工企业，要在保证军品生产任务的前提下，搞好军民结合、平战结合，充分利用自己设备和技术力量强的优势，兼产民用轻工市场产品，重点是发展技术难度较大的新型耐用消费品。

地方交通运输，要加强现有运输设备的维修和更新改造，合理调整货源流向 搞好水陆运输衔接，积极推进装卸机械化，大力提高运输效率，为国民经济发展当好先行。地方交通货运量计划安排1129万吨，其中汽车货运量595万吨，轮驳船运量370万吨。

二、进一步贯彻"农、林、牧、副、渔五业并举"和"以粮纲，全面发展，因地制宜，适当集中"的方针，在继续抓紧抓好粮食生产的同时，争取副食品生产和多种经营有一个更快的发展。

全市农业总产值计划7.5亿元，比去年增长7%。粮食总产量，省下达计划指标是31亿斤，留了较大的余地，我们要努力做好工作，力争达到33亿斤。今年小春面积有所减少，我们要采取有效措施猛攻增产潜力最大的水稻，以保证全市粮食增产计划的实现。主要副食品生产及多种经营计划安排：油料总产25万担，增长30.6%；蚕茧8.5万担，增长8%；茶叶4.5万担，增长2.4%；水果41万担，增长10%；生猪饲养目前已达到人平、亩平一头猪的水平，因此要着重抓缩短育肥周期，提高出槽率和产肉率，并积极发展牛、羊、兔、鱼等食草动物；大力发展竹、草、香料等工业原料作物。为了迅速提高农村经济水平，增强社队扩大再生产的能力，必须因地制宜，广开门路，大力发展社队企业，走农副工商综合经营的道路。城市工业特别是轻纺工业企业，可以采取同农村社队合办、联办的办法，这样既支持了社队企业的发展，又有利于加快轻纺工业发展。全市社队企业总产值计划达到2.8亿至3亿元，比去年增长21.7%～34.3%。

三、坚决压缩基本建设战线，继续调整投资使用方向，增加银行贷款的比重，大力提高投资效果。

今年国家和省直接安排我市的地方基本建设投资共计3557.5万元，分部门的投资安排是：农业453.8万元，工业1353万元（其中轻纺工业1084万元），交通25万元，财贸181万元，文教卫生328万元，城市建设945万元，其他271万元。银行贷款建设资金（包括挖潜改造措施和基本建设），到目前为止，已初步安排了3472万元，其中国家和省直接安排的中短期轻纺工业专项贷款2982万元。

今年基本建设投资作了较大的压缩，银行贷款比重增加，这是调整经济比例关系和改革经济管理体制的要求。建设规模压缩之后，要在提高投资效果上狠下功夫，要坚决贯彻集中力量打歼灭战的方针，作好建设项目的施工排队，保重点、保竣工、保投产、保配套，集中优势兵力一个项目一个项目地完成。今年，全市要重点打好轻纺、住宅、长江大桥、民用燃料气化工程、商业冷库、城市供水等挖潜改造和基本建设工程歼灭战。对这些重点项目，在资金、材料、设计、施工力量等方面要优先保证，建立责任制，主管部门要定期检查，及时帮助解决建设中出现的问题，确保按预定的计划建成投产，发挥效益。

四、努力扩大外贸出口，积极利用国外资金。

今年全市外贸出口产品的收购计划为2.27亿元，比去年增长40%，我们要力争突破3亿元。出口产品，要安排在先，生产在先，原材料和包装物料供应在先，收购在先，运输在先，大力提高质量，增加品种，改进设计和包装，保证按合同及时交货，提高在国际市场的竞争能力。还要大力发展旅游事业，安排好旅游商品的生产和供应，增加非贸易外汇收入。

充分地合理地利用国外资金，引进我们所需要的先进技术，是加快我市工业技术改遣的一项重大措施。我们要积极使用中短期外汇贷款，开展中外合资经营、来料加工、来件装配、进料加工、补偿贸易等项业务。所有利用外资的项目，都要认真组织技术人员和工人学习、消化、掌握国外先进技术，切实搞好国内的配套工作，保证实现预期的经济效果，真正达到“以外促内”的目的。

五、狠抓增产节约，增收节支，确保财政收支计划的实现。

今年全市地方财政收入计划9.6416亿元（农业税等指标尚未分配），按同口径比去年增长17.3%，地方财政支出计划1.9904亿元（企业挖潜改造资金等尚未分配），按同口径比去年下降21.37%。总的看来，收入任务是很重的，支出安排是很紧的。增加财政收入的基础在于增加生产。我们要广开生产门路，更好地发挥计划指导下的市场调节作用，根据国内和国际市场的需要，主动找用户、找任务、找原材料，努力增产适销对路的产品。同时，要努力改进经营管理，加强经济核算，降低成本和费用，节约资金，增加盈利。市属工业成本要求比去年降低2.4%，商业流通费用比去年降低0.28%，工商企业占用流动资金比去年降低10%。基本建设工程要努力降低造价。所有事业单位和机关、团体，都要厉行节约，节省开支。各单位的行政、事业经费，除去工资支付外，其他公用开支比去年压缩20%，超支不补。

六、积极发展科学技术和文教卫生事业，大力提高全市人民的科学文化水平和健康水平。

科学技术方面，计划在今年对10个重点科研项目拿出决定性的成果，新建自动线、联动线20条，推广运用带有方向性的新技术一百项，试制新产品1000种。教育事业方面，今年要改造和新建一批中、小学校舍，继续抓好普及小学教育，积极进行中等教育结构改革。文化事业方面，今年计划建设电视差转台和市图书馆联合国寄存图书库，改造重庆剧场。卫生事业方面，今年计划新增加一些医院病床和医疗卫生人员，并安排一部分医院扩建改造项目。

我市科学文教卫生事业方面的欠账很大。今年在全市基本建设投资大大压缩的情况下，对科学文教卫生事业尽可能地作了安排，但是仍然远远不能满足需要。今后要随着国家和省、市财力的增加，逐步增加对科学文教卫生事业方面的投资和经费。

七、安排好市场商品供应，搞好城市建设，继续做好城镇待业人员安置工作，在生产发展的基础上改善人民生活。

初步测算，今年我市社会购买力将比去年增长18%左右。全市社会商品零售总额计划达到

16.7亿元，比去年增长13.3%。各部门还要进一步采取措施，大力增产和组织各种适销对路的轻纺产品货源上市，使商品可供量同社会购买力的增长大体平衡。

城市建设，要尽可能地争取多补还一些历年的欠账，住宅建设，今年实际总规模大体上可以保持去年的水平，全市要争取年内住宅竣工面积达到70万平方米以上。长江大桥建设，要确保在今年“七一”通车，并逐步解决公路配套问题。城市民用燃料气化，第一期工程要争取在“五一”通气，同时还要抓紧进行煤气炉建设，以适应逐步扩大用气户的要求。城市供水，安排扩大沙坪坝区和市中区输水干管，抓紧把北碚红工水厂建成配套，争取今年增加供水能力3万吨以上，同时积极进行南岸10万吨级水厂的设计、征地等建设准备工作。

加强城市环境保护工作，贯彻国家环保法，积极治理“三废”（废气、废水、废渣），控制噪音，减少污染，绿化城市。对于违反国家环境保护法令、不认真采取措施治理“三废”，随意超过国家规定标准排放污染物的企业和单位，要收取污染费，并限期治理。

待业人员安置，计划今年安置就业6万人，安置的去向主要是发展集体所有制的企事业。

在工农业生产发展和劳动生产率提高的基础上，要使广大职工和社员逐步增加收入。在城市，通过办“三件好事”，加上实行奖励制度，扩大就业面等因素，今年多数职工的实际收入将继续有所增加。在农村，由于农业生产发展和农副产品收购价格提高，社员从集体分配收入每人平均可望比去年增加12元多，达到100元左右。

八、有计划地控制人口增长，使人口增长同国民经济的发展相适应。

近几年来，我市计划生育工作已取得显著成绩，去年全市人口自然增长率为4.96‰，全市有91%以上的夫妇自愿不再生第二胎，晚婚率已达到96%。但是，由于近几年内进入结婚、生育年龄的人口比例较大和扩大城市就业等因素，全市人口自然增长率有回升的趋势，无计划生育仍占出生数的10%，多胎率约占出生数的6%。因此，必须进一步做好工作，切实控制人口增长。计划生育工作要把重点放到提倡一对夫妇只生一个孩子上面，积极采取措施杜绝无计划生育和多胎生育。

当前，我市经济形势很好，任务也很艰巨。我们要坚定不移地贯彻执行党的政治路线，发展安定团结的大好形势，发扬艰苦奋斗的创业精神，万众一心、紧张努力、战胜困难，努力完成和超额完成今年的国民经济计划，用优异的成绩迎接党的十二大的胜利召开。

关于重庆市1979年财政决算和1980年财政预算的报告

重庆市财政局副局长　戎占芳

各位代表：

我受市革委的委托，向大会提出我市1979年财政决算和1980年财政预算的报告，请予审查。

一、1979年财政决算

1979年初，省分我市财政收入任务为10.5081亿元，在执行过程中，由于国家采取提高部分农副产品收购价格、对职工实行物价补贴以及对某些产品降价和企业实行减税免税等措施影响收入，预算调整为9.4986亿元，年终决算实际完成9.7006亿元，完成省分任务的102.13%，比上年增3.01%；如按可比口径计算，则比上年增长26.3%。全市财政总支出3.5795亿元，占年度预算4.2542亿元（其中：省分预算3.0824亿元；市上年结转结余安排支出 1.1393 亿元）的 84.59%，比上年增长 12.41%。按照收支划分的规定，市财政全年执行结果，收支平衡，略有结余。这是全市人民在党的十一届三中全会、四中全会和全国五届人大二次会议精神指引下，认真贯彻执行党和政府的各项方针政策，共同努力，使遭受林彪、“四人帮”严重破坏的国民经济迅速得到恢复和发展的结果。

1979 年全市农业总产值完成 7 亿元，比上年增长 12.9%，粮食总产量达到 31.7 亿斤，比上年增长 10%，实现了粮食亩产跨“纲要”。生猪、油料、茶叶、蚕茧、水果等农副产品都有较大增长。全市工业总产值完成 63.58 亿元，比上年增长15.8%；统计 245 种主要产品产量，绝大多数都完成和超额完成了国家计划。社会商品零售额达到 14.74 亿元，比上年增长 20.8%。国民经济的迅速恢复和发展，给财政收入的增长提供了可靠的物质基础。

1979 年财政收入的增长，主要来自企业的增产节约，降低成本，扭转亏损，增加盈利。市属工业盈利企业盈利额比上年增加 9389 万元，增长 27.16%；亏损企业的亏损额减少 1374 万元，下降 49.78%；工业可比产品总成本下降 3.68%。在生产增长、成本下降、劳动生产率提高的基础上，大力组织收入，工商税收完成 5.6297 亿元，企业收入完成 3.9714 亿元，按可比口径计算，分别比上年增长 14.3%和 44.59%。

随着生产发展和财政收入的增加，城乡人民生活有所改善。城镇就业人数大量增加，1979 年安置待业人员 12.53 万人。工商企业分别实行了奖励制度。农村普遍做到了增产增收，人平分粮 586 斤，比上年增加 63 斤；人平收入（包括投肥）95 元，比上年增加 19 元。

1979 年财政支出增长，有力地促进了各项生产建设事业的发展。基本建设投资，全年拨款 9641 万元，虽比上年下降 4.95%，但轻纺工业投资比重已由上年的 8.22%上升到 16.3%；在工业内部，轻纺工业投资比重已由上年的 18.2%提高到 50%以上。此外，对 100 个轻、纺、化单位的 120 个项目，还投放小型技措贷款 1805 万元，有力地支持了企业的挖潜、革新、改造。

农业方面，支援农村人民公社支出和各项农业、林业、水利、气象等事业费达 3303 万元，比上年增长 37.38%。社队兴建水利工程 1061 处，已竣工 510 处，新增灌溉面积 7.34 万亩；改田改土 10.8 万亩；新建小水电站 18 座，装机 2835 千瓦。同时，加强了扶持穷困社队发展社队企业和多种经营的工作，对社队企业实行借周转金和无偿扶持相结合的办法，1977 年到 1979 年底，财政扶持社队企业的资金共达 1400 多万元，帮助发展企业 1200 多个，已经建成 313 个，实现产值 1003 万元，利润 156 万元。进一步壮大了集体经济，增强了社队自力更生的能力。

文教、卫生、科学事业方面，全年实际拨款 7648 万元，比上年增长 17.82%。当年招收小学生 17.2 万人，学龄儿童入学率已达 97.7%，其中农村儿童入学率达到 97.1%；初中招收学生 10 万人，高中招收学生 4.7 万人，中专招收学生 5900 人。地方办的渝州大学，在校学生 700 多人，比上年增加 300 多人。医院病床年末达到 10353 张，比上年增加 141 张。

城市建设和公用事业方面，全年实际拨款 6525 万元。其中用于城市维护 3685 万元，占拨款总数的 56.48%；用于基本建设 2840 万元，占 43.52%。城市住宅建设，去年由财政拨款进行统建的资金达 4200 万元，施工面积 45 万平方米，已竣工 18 万平方米。长江大桥，从建桥到去年底共拨款 6505 万元。其中，中央投资 3450 万元，省投资 1700 万元，市投资 1355 万元，保证了大桥又快又好的建设。由于从资金上作了支持，增添了公共交通车辆，客运量比上年大幅度增长；自来水的供水能力也有较大增加，特别是去年第一次把长江水引上了南岸黄桷垭，解决了当地居民长期吃水困难的问题。

1979 年财政收支总的情况是好的。但是，由于林彪、“四人帮”长期严重破坏造成的我市国民经济比例失调的状况，人民生活中长期积累下来的问题，如劳动就业、公用事业、职工住宅、商业网点、环境保护、文教卫生等方面的问题还很多。所有这些问题，都直接或间接地反映到财政上来，需要在今后的调整工作中统筹兼顾，全面安排，逐步解决。

二、1980 年财政预算

1980 年，省分我市财政收入任务为 9.6416 亿元(农业税、施工企业收入和棉花、煤炭价差补贴等指标暂未分配)，按可比口径计算，比上年增长 17.3%。支出预算省分指标为 1.9904 亿元(企业挖潜改造资金、工商企业流动资金及部分城市维护费等指标暂未分配)，按同口径计算，比上年省分预算压缩 21.37%，加上我市上年结转、结余安排 7708 万元，共为 2.7612 亿元，比上年实际支出下降 14.27%。

1980 年财政预算收入的增长，主要应该通过发动群众，大搞增产节约，增收节支，挖掘现有企业潜力来实现。现就有关几个问题说明如下：

(一)1980 年我市国民经济计划安排，农业总产值比上年增长 7%；工业总产值比上年增长 7%～10%；社会商品零售额扩大 13.3%；工业盈利企业的成本降低 2.4%；工业亏损企业的亏损额减少 20%；商业企业的费用水平降低 0.28%。这是增加收入的基础。

(二)财政体制问题。1980 年国家财政实行分级包干的体制，中央对四川实行“划分收支、分级包干”的办法，省对我市暂维持“收支挂钩、超收分成”的办法不变。

(三)在扩大企业财权方面，要继续采取以下措施。

1. 进一步搞好扩大企业自主权的试点。省委、省人民政府决定，我市市属工业试点企业由 17 户扩大为 76 户，原 17 户试点企业今年改利润留成为利润全额分成的办法；商业试点企业由 4 户增加到 15 户，仍实行原定试点办法。同时，选择 2 户工业企业和 14 户基层零售商业企业，进行“独立经营，市场调节，国家征税，自负盈亏”的试点，为进一步改革经济管理体制提供经验。

2. 区县企业继续实行利润分成制度。区县盈利企业的利润仍实行四六分成，40%纳入预算，60%留给区县。为了有利于调动企业的积极性，从今年起，应当在留区县的 60%的利润划出一定比例留归企业，具体比例由各区县自行确定。

3. 地方工业企业除去试点企业和区县属企业外，其余的企业，按照省委、省人民政府决定，从今年起，由企业提出申请，经主管部门批准后，就可按照去年试点企业试行的“十四条”办法办理。

4. 亏损企业除有专门规定者外，分别实行定额补贴、自负盈亏、亏损包干的办法，超亏不补，节余归企业。

5. 旅游业，从今年起三年内不缴利。农村电话事业实行“以收养支，自求平衡，盈利不交，亏损不补”的办法。农垦企业仍继续实行财务包干的办法。

6. 非工业企业一般均实行利润留成的办法。个别行业准备按行业试行“利润上交，定额包干，一年一定”的办法。纯商业按原规定不变。区县商办工业留成由原来 30%增加为 50%，市级商办工业留成由原来 20%增加为 30%。从今年起，县以上的供销社留成 50%；物资企业留成 48%；电影院留成 80%。

1980 年我市财政预算支出分类安排如下：

(一)基本建设投资作了较大的压缩，今年安排 4893 万元，比上年决算数下降 19.25%。这是符合缩短战线，集中力量打歼灭战要求的。国务院决定，今年对部分轻纺工业基建投资试行银行贷款的办法，这将有利于加强基本建设管理，建立经济责任制，提高投资效果。

(二)支援农业安排为 2540 万元，比上年决算数下降 23.12%。由于市去年超收分成不多，今年安排支农的机动财力，比上年减少幅度较大，同时，中央和省在安排预算时压缩了水利资金，一般不搞新建。因此，更需要贯彻执行“社队自力更生为主，国家支援为辅”的方针，使有限的资金发挥更大的效果。

(三)文教、卫生、科学事业费安排为 7916 万元，比上年决算数增长 3.5%。其中：教育经费

4639万元，卫生事业费1742万元，计划生育费136万元，科学事业费110万元。

（四）行政管理费安排为3642万元，比上年决算数增长17.22%，如扣除公检法机关新进人员经费及调工资费用后，仍然是压缩的。

为了提高财政支出资金的使用效果，各单位要根据实际情况，积极推行定、包、奖制度。对行政、事业公用经费开支部分，比去年预算压缩20%，并试行“预算包干，节余留用，超支不补”的办法。

1980年我市财政收支预算增长幅度大，在省分指标中，已经包括了调整价格、提高工资、调整工资地区类别和重型汽车公司所属五个厂划归中央等减少收入的因素，任务十分艰巨。支出预算压缩较大，加之地方机动财力少，需要与可能的矛盾相当突出。从现在起到年底，必须把财政工作抓得很紧很紧，决不能掉以轻心。我们一定要遵照华主席、邓副主席、李副主席在全国计划会议期间讲话的指示精神，贯彻执行中共中央、国务院最近发出的《关于节约非生产性开支、反对浪费的通知》，紧密依靠群众，深入持久地开展增产节约运动，千方百计开源节流，增收节支，保证国家财政收支平衡。要大力贯彻“调整、改革、整顿、提高”的方针，认真抓好企业的调整工作，把短线产品搞上去，把轻工产品搞上去；要通过整顿、改组工业，提高产品质量，发展新品种，大力节约能源和原材料，促使企业减少亏损，增加盈利；继续实行计划调节和市场调节相结合，把经济搞活；继续改革经济管理体制，搞好扩大企业自主权的试点，进一步调动广大职工增产节约、增收节支的积极性；加强企业管理，全面进行清产核资，积极处理积压物资，加速资金周转；进一步缩短基本建设战线，使建设规模同国家当前财力、物力的可能相适应，并试行基本建设投资有偿占用、由拨款改贷款的办法，以促进提高资金使用效果；要在各方面提倡勤俭节约，用较少的钱办较多的事，并把事情办得更好；加强财政监督，严格财经纪律，对于一些违反财政制度、任意浪费国家资财的现象，财政部门有责任进行检查，凡属合理的、行之有效的规章制度，应当坚决执行；凡属需要改革的制度，应当按照权力划分的范围和有关规定，谁定谁改，不得自行其是。总之，为着“四化”建设的需要，我们必须坚持统筹兼顾，综合平衡，扎扎实实地进行经济调整工作，保证完成今年的财政预算，以利于促进国民经济有计划按比例高速度发展。

各位代表：当前我市政治、经济形势很好，而且越来越好。我们深信，在党的五中全会精神指引下，在省委、省人民政府的领导下，只要我们坚持党的四项基本原则，坚持实践是检验真理的唯一标准，进一步把工作着重点转移到经济建设上来，切实依靠全市人民，团结一致，群策群力，积极做好各方面的工作，我们一定能够在新的一年里为国家做出更大的贡献。

关于重庆市1980年财政决算、1981年财政预算执行情况和1982年财政预算的报告

（1982年2月）①

重庆市财政局副局长　戎占芳

各位代表：

我受市人民政府委托，向大会提出我市1980年财政决算，1981年财政预算执行情况和1982年财政预算的报告，请予审查。

① 此报告于1982年2月召开的重庆市第九届人民代表大会第二次会议上报告。

一、1980 年财政决算和 1981 年财政预算执行情况

1980 年省分配我市财政收入任务 9.7482 亿元，实际完成 9.6166 亿元，完成年度任务的 98.7％。扣除上划企业和上缴中央的折旧基金等不可比因素外，比 1979 年增长 3.7％。省分我市的支出预算 2.9013 亿元，加上上年结转经费和机动财力安排的支出 8338 万元，支出预算共为 3.7351 亿元，实际支出 3.1715 亿元，占市支出预算的 84.91％，比 1979 年减少 11.39％。按照收支挂钩、增收分成的财政体制规定，全市财政收支预算执行结果，收入虽然没有完成任务，但支出没有突破，仍然是增收的。

1981 年省分配我市财政收入任务 10.2458 亿元，完成 9.092 亿元，完成年度任务的 88.74％。绝对数比上年下降 5.5％，但按可比口径比较则增长4.4％。在各项收入中，税收完成较好，完成6.4232亿元，完成年度任务的 104.78％；企业收入完成 2.4828 亿元，只完成年度任务的 63.1％。1981 年省分我市财政支出预算 2.6784 亿元，加上上年结转及地方机动财力安排 6138 万元，市调整后的预算 3.2922 亿元，全年支出 2.7678 亿元，为调整预算的 84.07％。几个主要项目的支出情况是：基本建设拨款 2412 万元，为预算的 88.97％；企业挖潜改造资金 2493 万元，为预算的 68.26％；支援农业支出 1802 万元，为预算的 81.85％；文教卫生科学事业费 9238 万元，为预算的 97.43％；其他各项事业费 7983 万元，为预算的 78.15％；行政费 3354 万元，为预算的 96.57％，各项支出均未突破指标。

1980 年、1981 年两年财政收入任务都未完成。客观上主要是受原材料提价、产品降价、新增各项补贴以及重工业任务不足、能源不足的影响，1981 年仅机械、化工等 6 个行业产值就比上年减少 9.6％，实现利润减少 37％，入库数减少 47.5％。由于重工业利润率高，轻纺工业利润率低，尽管轻纺工业增产较大，仍不能弥补重工业下降对财政收入的影响，加上遭受特大洪灾，致使财政短收增大。从主观上讲，我们对经济的调整，对工商企业的经营管理、成本管理、经济核算工作抓得不紧，经济效益差；财政监督不严，纪律松弛，存在“跑、冒、滴、漏”的现象，也是原因之一。

两年来，尽管财政面临着许多困难，但在各级党委和政府的领导下，在各地区、各部门、各单位的共同努力下，对促进经济的调整，支持农业和轻纺工业的发展，改革财政财务管理制度，改善人民生活等方面，采取了一系列措施，取得了显著的成绩。

(一)支持农业的发展。近两年，尽管国家对支农投资有较大压缩，但我们在安排支农资金上增加了发展多种经营（包括社队企业）的资金，适应了农业经济内部结构调整的要求，促进了农、林、牧、副、渔的协调发展。分配用于人民公社的投资占整个支农资金的比重，1979 年为 18.5％，1980 年上升为 26.1％，1981 年又上升为 50.5％。农业经过财政的扶持，取得了较好的效果。为了促进农业内部结构的调整，发展多种经营，1981 年还提高了黄豆、烤烟的收购价，增加了甘蔗的价外补贴，不仅增加了社队的收入，也进一步调动了他们的生产积极性。

(二)积极促进国民经济的调整，压缩基本建设规模。两年来，地方统筹基本建设拨款都有较大的压缩。1980 年基本建设支出比上年实际压缩了 46.1％，占财政支出的比重下降了 10.57％；1981 年，又比上年实际减少了 53.32％。基本建设投资比重过高，战线过长的现象有所改变。为了促进轻纺工业增产增收，对轻纺工业安排基本建设投资、挖革改资金以及人民银行发放的中短期贷款等，两年共 1.8148 亿元（不包括 219.7 万元美金贷款），加之对轻纺工业实行优先供应原燃材料等措施，大大加快了轻纺工业的发展。全市轻纺工业产值，1980 年比 1979 年增长 21.5％，1981 年又比 1980 年增长 12.5％。轻纺工业占整个工业的比重发生了很大的变化，上缴财政收入连续增长。在发展能源方面，市财政用于地方煤矿技术改造、安全措施、价外补贴、提高开拓延伸费标准等，仅去年即

达383万元。

（三）继续改革企事业财务管理制度。1980年对市属175户工业、商业企业，分别实行了企业基金、利润留成、自负盈亏、包干上交等办法，去年还实行了亏损包干、微利包干、行业包干以及对两个行业试行了以税代利的试点。对商业企业以主管局为单位实行了盈亏包干。对农林企业继续试行了财务包干。对行政事业单位实行了经费预算包干。尽管在试行中还有不少问题需要研究解决，但改革的方向是正确的。通过这些改革，国家对企业的分配关系有所调整，企事业单位的财权有所扩大，统收统支的局面有了初步的改变。1980年留给各类企业支配的资金共1.33亿元，1981年初步统计留给各类企业的资金约有1.18亿元（包括14户利润全额分成企业的福利基金和奖励基金，以及钟表工业公司、印制三厂实行以税代利发给职工的工资）。两年留给行政、事业单位的包干结余共1000多万元。这对调动各方面的积极性，进一步搞活经济，实现增产增收，以及促进行政事业单厉行勤俭节约等，都起到了良好作用。

（四）适当增加文教、卫生事业经费。两年来，在总的支出压缩的情况下，全市财政安排用于文教卫生的事业费仍然有所增加。1980年实际支出比1979年增长10.11%，占总支出的比重由1979年的21.37%上升为26.57%，1981年又比上年实际增长9.63%。另外，两年还从财政三项附加收入中补助中、小学房屋修缮费807万元，维修面积7万多平方米，使部分学校的教学条件有所改善。

（五）逐步改善人民生活。1979年调整工资和地区类别，是在年度中间执行的，1980年是全年执行的，共支出6610万元，其中工业企业就增加3000多万元。根据国家规定，从1981年10月份起，对中、小学教师、部分医务和体育工作者进行工资调整，这项工作目前正在进行。两年来，用于城市维护方面的经费共1.399亿元（包括三项附加收入），主要用于城市供水、交通、道路、桥梁、环境卫生、园林绿化等方面。北碚红工水厂已竣工投产，新增供水能力3万吨；新增一批公交客车；嘉陵江架空载人索道已建成通车；新建改建了一些地区的道路；增设了环境卫生设施，园林绿化也有发展。全市两年来还用国家投资、地方机动财力以及企业、事业单位自筹资金新建了一批住宅，竣工面积188.5万平方米，使城市人民居住条件有所改善。

（六）做好抗洪救灾工作，支持恢复生产，重建家园。去年我市遭受了特大洪灾，市在财政资金困难的情况下，也拨出救灾款700多万元。同时还减免受灾社队农业税稻谷500万斤，折款59万元。减免受灾企业工商所得税199万元，从利润退库弥补水毁商品、物资损失1300多万元。这些措施，对于安排好灾区人民生活，迅速恢复生产经营和市政设施，效果是显著的。

（七）紧缩开支，为国家分担困难。由于国家财政困难，1981年，国家采取了发行国库券、控制上年结余存款和向地方财政借款等措施。我市认购国库券4340万元，超额1.04%完成缴款任务。清理控制上年结余存款的工作已经结束。我市各项支出压缩较大，各区、县、各部门从大局出发，紧缩开支，厉行节约，基本上解决了必不可少的资金，为平衡国家财政收支做出了贡献。

（八）广泛开展财经纪律大检查。1981年，为了贯彻国务院和省政府《关于平衡财政收支、严格财政管理的决定》，在全市范围内开展了财政纪律大检查和控制社会集团购买力大检查，共查出违纪金额4202万元，应收回2810万元，已收回1578万元。检查出违章购车190辆，其他专控商品如录音机、沙发、摩托车、家具等3166件，金额达102元。在贯彻税务总局《关于清理偷、漏、欠税的通告》中，共查出偷、漏、欠税806万元，已补交入库634万元。这对于堵塞财政资金的“跑、冒、滴、漏”和纠正不正之风，维护社会主义法制，均收到良好的效果。

总起来说，两年来我市财政情况还是好的，尽管收入任务没有完成计划，但按可比口径都比上年有所增加。各项支出均未突破指标，必不可少的开支，基本上得到保证。这是在各级党委和政府的领导下，各条战线广大干部和群众增产节约、增收节支，共同努力取得的。但是，也还存在着一些问题：

一是财政不平衡，1980年市级财政有差额300万元，经省补助得以平衡；1981年，按现行财政体制，市级财政由于收入短收，除按规定结转的经费和单位包干结余以外，基本没有净结余，为1982年的预算安排带来很大困难。二是基本建设资金渠道多、管理混乱的情况仍然存在，尽管预算内压缩较大，但预算外的投资却增加很多。三是工商企业经营管理、成本管理和经济核算工作差，损失浪费严重，经济效果不好。特别是一些地区、部门和单位只顾局部利益，不顾全局利益，有章不循，挖国家收入，擅自提高开支标准，扩大开支范围，滥发奖金、补贴等现象还比较严重。这些问题，目前已经或者正在采取措施，逐步加以解决。

二、1982年财政收支安排

1982年，省分配我市财政收入任务9.5783亿元，比上年实际增长5.3%。如加上新划走税源因素计算，实际增长6.7%。其中：企业收入2.9569亿元，比上年增长19.1%。在企业收入中，工业企业收入按去年省工交会议上定的2.6亿元包干数，减去涤棉降价因素后为2.3894亿元，绝对数比上年实际增长12.9%。商业企业收入4500万元，比上年实际增长21.78%。供销企业收入182万元，比上年实际增长21.3%。工商税收6.434亿元，比上年实际增长0.17%，如加上新划走税源计算，实际增长2.04%。农业税稳定负担，任务仍为1742万元。

在支出指标中，基本建设拨款、企业挖潜改造资金、流动资金总预备费等暂未分配，有的项目只分了一部分，目前分配我市的支出指标为1.5268亿元。其中：支援农业支出987.8万元；文教、卫生、科学事业费8055.6万元，其中教育事业费4831.6万元（高师班发展经费未分），卫生事业费1739.6万元；行政费2659.2万元；城市维护费1080万元；抚恤和社会福利救济费999.7万元；其他1486.1万元。除教育、卫生略有增加外、其余大多维持1981年初省压缩各项支出指标后的水平，所以1982年支出安排仍然是很紧的。

另外，省分我市购买国库券任务3650万元。其中，地方国营企业和集体企业购买1647万元；个人购买2003万元，在个人购买的部分中，职工购买1753万元，农民购买250万元。

按照省分配的收支指标，在市计划会议上作了安排。收入任务除商业收入由于任务过大，市暂保留了400万元未分配外，其他均已分配。支出指标均按省分指标进行了分配。我们认为1982年的收入指标，是比较符合实际的，虽然存在能源紧张、产品降价以及归还贷款可能比1981年大等不利因素，对完成收入任务有一定的影响，但由于生产增长，整顿企业，挖掘企业潜力，改善经营管理，加强经济核算，降低成本，提高经济效益等，总的趋势是增收因素多于减收因素。我们一定要努力做好工作，保证财政收入任务的完成，并力争超过1980年的水平，为国家多作贡献。

三、为争取我市财政状况进一步好转而努力

1982年，我们要继续贯彻中央关于在经济上实行进一步调整、在政治上实现进一步安定的方针，振奋精神，实事求是，讲求生财之道、聚财之道、用财之道，努力挖掘潜力，增加生产，厉行节约，狠抓经济效益，使我市财政状况进一步好转。

（一）稳定和完善对工商企业的各项行之有效的政策，充分调动企业和职工增产增收的积极性。几年来，我市工商企业实行了各种形式的经济责任制，这对于调动企业增产增收的积极性起了较好的作用，方向是正确的，必须继续坚持下去，并加以改进和完善。一是实行各种形式的经济责任制，企业对国家不仅要保证上交利润，还应当保证产品产量、品种、质量、成本指标及供货合同的实现，全面完成和超额完成国家计划。落实经济责任制必须从领导干部到职能机构、生产车间、生产班组和职工，都要有明确的职责。二是要正确处理国家、企业、职工三者利益的关系，包干基数要合理，增收部分要坚持国家多得，当年增长部分，国家所得比例不能低于60%。从我市情况看，企业上交利润是

逐年下降的，1979 年上交利润占产值的比例为 10%，1980 年为 7.89%，1981 年为 6.26%，而 1965 年是 13.1%。当然，有改变统收统支、企业扩权、企业留利增加等减少财政收入的不可比因素，但目前我市在实行经济责任制中，存在强调企业利益和职工利益过多，而对全局利益重视不够的倾向。上交利润逐年下降，对经济工作是不利的。首先是上交利润占产值的比例逐年下降，就无法保证财政收入随着生产的发展有所增长，无法保证国家财政收支平衡，使国家建设能有所发展；其次也不利于企业挖掘潜力，提高管理水平。因此，企业利益的增长要建立在改善经营管理、提高劳动生产率和增加利润的基础之上。如果生产下降，利润减少，企业所得也应相应减少，奖金增长速度必须低于生产和利润增长的速度。三是要有奖有惩，奖惩逗硬。当然，有的企业完不成任务，原因是多方面的。但经过分析确属主观原因的，减扣企业留成一定要逗硬。奖金要严格控制，不能滥发。四是要把经济责任制同加强思想政治工作结合起来，企业领导和职工都要树立全局观念，增强主人翁责任感，使政治动力与经济动力更好地结合起来。

（二）千方百计促进生产发展，挖掘企业潜力，提高经济效益，增加财政收入。除继续扶持轻纺工业保持较高的增长速度以外，要积极帮助重工业调整服务方向。要支持现有企业的技术改造，着重解决节约能源、节约原材料、改革产品结构、合理利用资源的问题。要从财政方面支持企业技术改造和新产品的试制，提高产品质量，增加适销对路的产品，降低成本，增强市场竞争能力。企业折旧基金、利润留成中的生产发展基金以及国家安排的有关资金，应当统筹安排，优先用于投资小、见效快、收益大的技术改造和设备更新。今年的税收和利润不仅不能低于去年，而且要有显著的回升。

从当前我市的情况看，挖掘企业潜力，提高经济效益，是解决财政经济问题的一个主要途径。这方面，我市的潜力是很大的。按 1980 年计算，每百元产值的成本每降低 1%，就可增加财政收入 2600 万元。我市 1980 年每百元成本提供的利润只有 16.33 元，比 1966 年还低 1.68 元；1980 年每百元产值的税利为 21.43 元，还略低于 1965 年，比全国平均水平 22.80 元低 1.40 元，在 15 个城市中居于第 14 位，而我市 1981 年又比 1980 年下降 22.43%。特别是亏损面和亏损金额 1981 年又有显著的回升，这种现象应引起足够的重视，认真对待。因此，1982 年要采取有力措施，组织各方面的力量，切实搞好企业整顿，把生产和经营管理大大提高一步，从发展生产、提高经济效益中增加财政收入。

整顿企业财务是整顿企业的重要内容，要切实抓出成效。整顿企业财务的重点是整顿财政纪律，严格财政制度，加强财务会计工作，推行全面经济核算，要落实到提高经济效益，实现增产增收上。要求通过整顿做到：(1)加强财务会计的基础工作，搞好全面经济核算，改变财务会计的混乱状况。(2)严格执行国家财政制度。成本开支的范围，成本核算的规程，专项基金的提取，营业外支出和非生产性开支的列支等，都必须按照国家规定执行，不得各行其是。(3)保证及时上交财政收入，不得截留、拖欠和挪用。(4)所有企业都要尽快设置独立的财会机构，配备和充实财会人员，大中型企业必须建立以总会计师为首的经济和财务责任制。同时要实行财务民主，加强群众监督。整顿企业财务的工作，按照企业整顿的统一规划和部署进行。对亏损企业，要进行全面分析，分别不同情况，实行亏损包干或定额补贴。凡产品质次价高无销路，消耗高，短时无法扭转亏损的企业，要实行关、停、并、转。

（三）大力提高资金的使用效果。克服财政困难既要开源，又要节流。增收与节支是一个问题的两个方面。从财政工作来说，必须增收与节支并重，一切用钱单位都必须考虑资金的使用效果。坚持用较少的钱办较多的事，而且把事情办得更好。全国基本建设工期缩短一年，可以节约 50 亿元；我市初步匡算，市级基本建设工期缩短一年，就可节约 2300 万元到 2500 万元，而且企业能增加经济效益 3000 万元以上。1982 年的基本建设要继续推行拨款改贷款和投资包干办法，促使节约使用资金，提高投资效果。对行政事业费继续推行和完善预算包干办法。包干经费要在保证行政事业任务的前提下，确有节约才能发奖。凡有条件的事业单位都要实行企业化管理。支援社队的财政资金要坚持发挥优势，有偿使用，推行经济合同，促进提高效益。要整顿人员编制，控制新增机构。继续压缩社会集团购买力。对预算外资金要进行清理整顿，明确使用范围，杜绝浪费现象。今年上半年，要对收费的情况认真进行清理，一切不合理的收费要严格制止。个别单位错误地把自收费用认为是自己的小家当，拒绝财政部门的监督，这是不对的。

（四）进一步严格财经纪律。当前在经济领域里的不正之风比较普遍，在一些单位中，本位主义、分散主义有所发展。去年下半年，根据省政府的决定，在全市范围内普遍开展了以“十不准”为主要内容的财经纪律大检查。由于各级党政领导的重视，经过五个月的检查，揭发了大量的违反财经纪律的问题，取得了一定的成效。但检查不够深透，对于违纪后面掩盖的贪污盗窃、投机倒把、行贿受贿等严重问题，揭露不够。正是由于当前经济领域中存在着这些情况，所以加强财政监督、严格财经纪律是一项长期的重要任务。要深入进行增强全局观念和法制观念的教育，坚持国家、集体、个人利益三兼顾原则。从今年一开始，就要把整顿财经纪律的工作抓紧抓好。财政、税务和财务部门，要把严格执行财经纪律作为一项重要的职责，充分发挥自己的职能作用。一方面要严格要求自己，以身作则，切实遵守财经纪律；另一方面要坚决抵制和揭露经济领域里的不正之风和各种违法乱纪案件。希望各级领导和广大人民群众给财政、税务和财务部门予以有力的支持。

总之，当前我市的经济形势是好的，但任务也是艰巨的。我们决心鼓足干劲，加强调查研究，改进工作作风，努力做好工作，力争我市1982年财政经济状况进一步好转，为促进国民经济的发展做出贡献。

重庆市1980、1981年国民经济计划执行情况和1982年国民经济计划安排要点

（1982年2月）①

重庆市计划委员会

一、1980、1981年国民经济计划执行情况

1980年和1981年，我市工农业生产在调整中继续前进，多年来严重失调的经济比例关系正在逐步趋向协调，人民生活有了改善。两年来，全市国民经济计划的各项主要指标执行情况良好，整个经济开始走上稳步发展的轨道。

农业生产，1980年和1981年尽管遭到不同程度的自然灾害，仍然连续全面增长。全市农业总产值1980年达到7.46亿元，增长1.9%；1981年达到7.87亿元，增长5.4%。全市粮食的社会总产量，1980年达到31.2亿斤；1981年达到33.6亿斤（其中集体产量30.92亿斤），接近解放以来产量最高的1979年的水平。经济作物和多种经营得到较快的恢复和发展，油菜籽、茶叶、蚕茧、生猪出槽量等都已超过了历史最高年产量。农业经济结构开

① 此要点于1982年2月召开的重庆市第九届人民代表大会第二次会议上布置。

始有了改善,林、牧、副、渔业在农业总产值中所占的比重,1979年为32.3%,1980年上升为37.1%,1981年达到38%。农垦企业进行农工商综合经营的试点也取得了较好的效果。全市农垦企业工农业总产值1979年为2064万元,1981年预计达到4064万元,两年增长近一倍;盈利1979年为171万元,1981年预计达到510万元,两年增长近两倍。全市社队企业总产值,1981年达到2.99亿元,比1979年增长51.8%。

工业生产,在调整中保持了一定的增长速度。全市工业总产值,1980年达到68.68亿元,增长8%;1981年达到71.53亿元,增长4.16%。消费品的生产发展速度大大加快。全市轻纺工业产值,1980年达到31.86亿元,增长21.5%,1981年达到35.84亿元,增长12.5%。轻纺工业产值占全市工业总产值的比重,1979年为41.2%,1981年提高到50.1%。主要轻纺产品的产量,两年来均有较大的增长,化学纤维、手表、缝纫机、轻便摩托车、电视机、收音机、电风扇等产品的产量成倍、成十倍地增长,棉纱、棉布、呢绒、毛线、针织品、卷烟、饮料酒等产品也都完成和超额完成了计划。重工业部门,在调整内部结构、转变服务方向、扩大服务领域方面也做了许多工作,并已初步见效。在调整中重工业生产曾一度下降,从去年9月已开始回升。

1981年,天然气、原煤、电力等能源产品和铝材、水泥、硫酸、烧碱等基本原材料产品的产量均比上年有所增长,机械工业的情况也比原来预想的要好一些,军工企业在军民结合方面做出比较显著的成绩。交通运输,也超额完成了计划。两年来,我市还按照调整产业结构和产品结构的要求,以大力发展消费品和其他短线适销产品为中心,以提高经济效益为目标,对250个工业企业实行了关、停、并、转。同时,打破部门、地区、军民、城乡和所有制界限,本着平等互利、经济合理和专业化协作的原则,组织起了有332个单位参加的87个工业生产经济联合体。

基本建设压缩了规模,调整了投资使用方向。两年来全市陆续停缓建了一批不急需和建设条件不具备的工程项目。我市基本建设投资总规模由1980年5.06亿元,1981年压缩为3.34亿元,压缩了1/3以上。市属基本建设在建项目的未完工程量,由1979年末的1.95亿元,1981年末已压缩到1.31亿元,大致相当于当年的投资水平,已经基本正常。在投资使用方向上,提高了非生产性投资和轻纺工业投资的比重,以利于集中解决一批人民生活方面存在的迫切问题和加快消费品生产的发展。基本建设的投资效果,这两年也有了提高。年产4.5万吨维尼纶的四川维尼纶厂、日处理天然气400万立方米的卧龙河大型脱硫引进装置、全长1121米的重庆长江公路大桥、每小时可运送1300人次过江的嘉陵江架空载人索道、两座9000多吨的重庆肉联厂冷库、储量360万斤的上桥粮库等,都是在这两年内全部建成投产或投入试运行的。

城乡市场繁荣,对内对外贸易都有了扩大。全市社会商品零售总额,1980年达到17.93亿元,增长21.6%;1981年达到19.72亿元,又增长10%。这两年,全市商业部门的商品购进总值增长了19.6%,销售总值增长了17.8%,库存总值增长了27.3%。全市外贸出口商品的国内收购总值,1980年达到2.5亿元,比1979年增长32.8%;1981年因口岸变化,省下达计划只有1.98亿元,但是通过努力,仍然达到2.28亿元,比1979年增长20%。同时,组织多渠道、多口岸出口计划外地方工农业产品2000多万元。经国家和省批准,1980年8月还在我市开设了长江上游的对外贸易运输港口。

财政收入,这两年受到农产品收购价格以及能源和某些工矿原材料价格提高、一部分加工工业产品价格降低等因素的影响而有所减少,但是比原来预想的情况要好一些。全市地方财政预算内收入,1980年完成9.6166亿元,比1979年只下降了0.9%;1981年原来预计只能完成8.6亿元,经过各方面的努力,结果完成了9.092亿元,比1980年下降 5.46%，如果剔除价格变动的因素，按可比口径计算仍比 1980 年增长 4.4%。为了支持全国、全省的经济稳定，这两年地方财政预算支出作了压缩，1980 年比 1979 年压缩 11.2%，1981 年又比 1980 年压缩 12.9%。1981 年，全市还认购了国库券 4340 万元，比省分配的计划任务超额完成了 45 万元。银行现金收支，也从前几年每年净投放货币上千万元的状况，1981 年转变为净回笼 1977 万元。

科学技术和文教卫生、城市建设等事业，两年来在调整中得到加强和发展。全市科技、教育、文化、卫生部门完成的基本建设投资，1980 年为 3032 万元，比 1979 年增加 24.9%；1981 年在基建总规模大大压缩的情况下，仍然达到 3525 万元，比 1980 年增加 16.3%。地方财政预算中用于科技和文教卫生部门的事业经费，1980 年达到 8427 万元，比 1979 年增加 10.2%；1981 年在紧缩开支的情况下仍然达到 9238 万元，比 1980 年增加 9.6%。城市住宅建设，两年来共竣工 188.5 万平方米，是解放以来建成住宅最多的两年。公共交通和城市公用事业继续有所改善。环境保护工作也有所加强。

由于生产发展、就业增加和国家采取了一些调整积累消费比例关系的重大措施，全市城乡绝大多数居民的收入两年来都有较大的增加。全市全民所有制职工平均工资和奖金收入，1979 年为 745 元，1980 年达到 859 元。从 1981 年 10 月起，给中小学教师和一部分医务人员、体育工作者增加了工资。城镇待业人员，1980 年和 1981 年共安置了 16.2 万人。平均每一城市就业者负担的人口(包括自己在内)，目前只有 1.5 人左右。农村社员每人平均从集体分配的收入，1979 年为 88.48 元，1981 年预计可以超过 100 元。全市城乡居民储蓄存款，两年来净增加了 1.9 亿多元，城乡人民平均每人增加存款约 30 元。

上述情况表明，我市的经济形势是好的，两年来在调整中实现了全市国民经济的稳步发展。1980、1981 年计划执行中存在的主要问题是：在大力发展消费品生产、对轻纺工业实行“六个优先”的同时，对发挥我市重工业基础强的优势注意不够，重工业部门特别是机械工业的调整改组工作抓迟了一步，以致去年一度出现了轻纺工业生产的增长，弥补不了重工业生产下降的情况；在农业、工业、交通、商业等部门普遍实行经济责任制之后，有些同志对于坚持计划经济、加强计划指导的必要性和重要性认识不够，计划观念、国家观念、全局观念有所削弱，在生产、建设、流通中出现了一些不按计划办事、摆脱计划指导的偏向；企业整顿工作还没有提到重要位置上来，还有相当一批企业程度不同地存在着领导班子涣散软弱，经营管理混乱，劳动纪律松弛，财经制度不严，经济效果很差，影响到全市经济调整的顺利进行和国家计划的全面完成；在农产品原料和一部分矿产原燃料提价之后，工业企业改善经营管理、提高经济效益的措施还跟不上，因而成本上升，利润减少，亏损扩大，工业企业上缴利润下降幅度较大，致使市财政连续两年短收，市机动财力收不抵支。这些问题，需要在安排 1982 年的经济计划时，进一步采取有效措施，切实加以解决。

二、1982 年国民经济计划安排要点

1982 年是第六个五年计划的第二年，也是进一步调整国民经济的第二年。根据全国和全省的统一计划安排，我们要振奋精神，鼓足干劲，把提高经济效益作为根本出发点，在进一步稳定经济的基础上，扎扎实实地抓好产业结构、产品结构的调整，有计划、有步骤地进行现有企业的整顿和技术改造，坚持计划经济，在国家计划指导下发挥市场调节的辅助作用，使我市工农业生产在调整中保持一定的发展速度，各项社会事业继续前进，经济效益有比较显著的提高。

全市 1982 年国民经济和社会发展计划安排要点如下：

(一)工业生产，要争取有一个实实在在的、经

济效益较好的增长速度。全市工业总产值计划比去年增长4%，争取5%，达到75亿元。构成这个总产值的产品，必须是质量合格、适销对路的。全市计划发展的重点新产品338种，其中：轻工纺织产品129种，机械工业产品115种，冶金、化学、建筑材料工业产品94种。

继续大力发展消费品生产。全市轻工业生产增长速度，要保证达到8%，争取10%。纺织工业，着重抓好调整产品结构，提高加工深度，大力发展毛、麻、丝纺织物和针织品，加强整个纺织行业的印染后整理能力。耐用消费品工业，要集中力量把几种拳头产品的质量、批量、能力、包装、配套全面抓上去，把成本降下来。10种日用机电产品的产值，比去年增长50%。食品工业，要在统一规划下，把市属各部门和区县的企业组织起来，重点发展卷烟、啤酒、饮料、罐头以及方便食品、保健食品、儿童食品等。人民生活必需的日用小商品，要从经营思想、计划指导、生产安排、原材料供应、流通渠道、经营方式、税收信贷、价格政策等方面采取有效措施，切实解决好生产和流通中存在的问题。今年我市消费品生产所需要的农业原料供应比去年好，各行业近两年来通过调整改组联合和挖潜革新改造也已经准备了一批新的生产能力，有无销路则取决于我们的产品质量、价格和经营、服务工作如何。因此，我们要争取消费品生产有一个更快的发展。

加强能源工业的生产和建设，大力节约能源。初步预测，全市一次能源需要总量比去年增长2.3%，煤炭基本可以平衡，天然气和成品油缺口约15%～20%，电力在一季度枯水季节约差1/3的负荷。为了保证今年能源供求平衡并为今后发展积蓄力量，要继续调整煤炭和天然气的采掘、采储比例，抓紧松藻矿务局石礤〔壕〕矿建设和重庆电厂扩建工程。全市煤炭产量计划730万吨，其中四大统配矿局552万吨，一定要保证完成，力争超产。川东电业局和川东气矿，也要确保完成国家计划，力争超产多供。同时，必须在节约能源上下更大的功夫。全市计划节约煤炭3%、节约电力2%、节约天然气5%、节约成品油3%。在节能方面，要采取一些坚决有效的政策措施，主要是：研究确定符合我市具体情况的，能够取得最佳经济效果的能源政策和能源分配方案；继续进行企业调整和产品结构调整，对那些能耗大、效益很差的企业坚决实行关、停、并、转；限期更新改造一批能耗高、效率低的落后设备，首先集中力量更新改造一批热效率很低的老式锅炉和油耗过高的老旧汽车；重点推广一批费省效宏的节能新技术；加强对重点企业和大量耗能的产品及设备的能源定额管理；厂矿企事业职工生活用水、用电、用气要按规定装表计量收费，一律取消“包费制”。

加快重工业特别是机械工业产品结构和服务方向的调整。全市重工业总产值计划比去年增长0.7%。机械工业，根据发展消费品生产、加强现有企业的技术改造、加强农业和能源、交通等基础建设、扩大外贸出口等方面的要求，以产品结构调整带动企业的调整、改组和联合，进一步搞好军民结合、平战结合，广泛开展设备成套、维修以及其他各种技术服务，促进工商、工物、工贸联合，通过多种渠道和灵活多样的方式来开拓国内外市场。全市机械工业生产，争取比去年增长5%左右，军工系统民品生产要增长30%以上。冶金、化工、建筑材料工业，也要调整产品结构，努力提高产品质量，降低能耗，增加短线品种，以适应制造工业结构调整的要求。

（二）农业生产，要进一步促进农、林、牧、副、渔各业的全面发展，夺取新的丰收。农业生产增长速度预定5%，全市农业总产值计划达到8.2亿元。在保证粮食生产稳定增长的基础上，继续有计划地调整农业经济结构，使市郊区县农业经济的发展与城市经济的发展逐步协调起来，使农民收入不断有所增加，农业生态系统逐步得到改善。

粮食生产，要稳定种植面积，努力提高单产。全市粮食社会总产量，争取达到34亿斤，其中集体粮食总产量计划定为31亿斤，争取32亿斤。

商品蔬菜现有的8万多亩基地都应按计划、按合同种足种好，不能再任意占用。全市商品蔬菜总产量计划6.6亿斤，国家按合同收购5.6亿斤。凡是不能保证城镇人口每人每天平均吃一斤菜的区县，要迅速把已调减的商品菜地恢复、补足。肉食、禽蛋、乳品、水产、水果等，都要努力增加生产和供应。生猪要稳定存栏量，提高出槽率和产肉率，多发展瘦肉型肉猪，全年计划出槽225万头。

经济作物要着重提高单产，提高质量。多种经营要有新的发展。1982年列入市计划安排的12项主要经济作物和多种经营项目的产值共为3.9亿元，比去年增长11.4%；全市社队企业总产值计划3.3亿元，增长10%。

发展农业生产，主要靠政策、靠科学。这是我国经济建设的一条重要方针。今年农业生产和社员群众需要的化肥、农药、中小农具、农业机械和农村建筑材料的生产和供应，也要按计划安排落实。

(三)固定资产投资，要实行统一计划，做好综合平衡，大力提高投资效果；今年我市全地区各种渠道的固定资产投资安排落实或初步落实的大约有3.9亿元，比去年年初的规模略有扩大，主要用于在建项目的收尾、续建、投产，一般不上新的建设项目。市自筹资金基本建设，3/5以上是安排职工和城市居民住宅建设。银行设备贷款，主要用于节约能源、提高质量、发展新产品、加强综合利用等方面的设备更新、技术改造措施。

为了缩短建设周期，提高经济效果，必须严格按照基本建设程序办事，切实做好开工前的准备工作，加强施工的组织管理。基本建设材料，不论从哪个渠道分配下来的，都要首先保证建设条件成熟、准备就绪的工程项目，按照施工进度配套安排供应。

(四)内外贸易，要在国家计划指导下，继续贯彻“多种经济成分、多种经营方式、多种流通渠道、少环节”的原则，把充分发挥商业、外贸部门在流通中的主渠道作用和发挥多渠道流通的优势更好地结合起来，促进经济发展，改善市场供应，稳定市场物价。

初步测算，全市社会购买力将达到22.9亿元，比去年预计增长8%。全市社会商品零售总额计划21.51亿元，比去年增长10%。农产品采购总值计划2.7153亿元，比去年增长5%。地方工业品收购总值计划尚待进一步落实，已安排的39种主要商品收购计划的总值约6.68亿元，按同口径比1981年增长20.5%。

外贸收购总值，省计划下达我市2.2784亿元，比去年计划增长14.8%，但与去年的实绩基本持平。因此，仍要通过多种渠道扩大出口，力争超过2.5亿元。

(五)财政信贷，要在发展工农业生产、提高经济效益的基础上，努力增加收入，节约支出。全市地方财政预算收入，计划9.5783亿元，比去年实际增长5.3%，加上税源转移的因素，按同口径比去年实际增长6.7%。全市地方财政预算支出，省已分配计划指标1.5268亿元(不含基本建设拨款)，除文教卫生科研事业费比去年略有增加外，其他支出项目基本保持去年水平或者还有所减少。

为了进一步调整和稳定经济，适当集中各方面的财力，进行社会主义现代化建设，国务院决定，今年继续发行国库券40亿元，省分配我市的任务是3650万元，其中：地方国营和集体企业认购1647万元，个人购买2003万元(职工1753万元，农民250万元)。我们必须做好各项工作，保证完成购买任务。

信贷收支，从今年起，省对各地市州实行“存贷挂钩，差额包干与联行拆借相结合”的办法。省计划安排我市人民银行存款增加额1.537亿元，贷款增加额1.985亿元，信贷借差包干指标4480万元，如超过此数，就要用高息向省银行或其他地市州行借入资金。但是，从各方面的需要来看，今年全市信贷借差达1亿元以上。因此，要支持银行从多方面组织、吸收存款，挖掘资金潜力，同时节约流动资金，加速资金周转，大力提高中短期设备贷款的使用效益。

(六)科学技术和教育、文化、卫生事业，要同经济和社会发展更好地结合起来。科学技术，全市安排重点科技成果推广及扩大试验计划项目30项，实现后预计可增加产值6100万元，税利2000万元；重点科研、新产品和中间试验项目安排了65项。为了更好地发挥科学技术对经济和社会发展的重要作用，从今年起，每年从市的机动财力中安排5%，从市属企业固定资产折旧费中提取2%，作为市的科技发展基金，今年还从市掌握的信贷指标中先安排100万元作为科技研究和成果推广专项贷款。各部门、各区县、各企业，也应当从更新改造资金、企业基金、利润留成等自有资金中安排一部分用于科技成果推广和科研事业。

教育事业，要在调整结构的同时，争取逐步补还多年来形成的欠账。全市教育招生计划安排：小学15万人，初中11.7万人，高中3.8万人，职业中学4000人，中专1800人。渝州大学招生计划，待进一步定方向、定专业、定规模和落实经费后再作安排。各级各类在职职工教育，计划招生19.8万人。教育事业调整和发展的资金，除财政安排的事业经费外，今年省计划安排的地方统筹基建投资有132万元，从市的城市建设资金继续安排中小学校舍维修经费300万元，并增加安排中小学教职工住宅投资200万元，四县农业税附加和返还的城市附加费用于县城和农村校舍维修的经费还有110万元，加上去年结转到今年使用的教育部门救灾工程款140多万元，今年合计有880多万元可用于中小学校舍、住宅的维修、改造和建设，这是近几年来资金安排最多的一年。教育部门要加强对这些资金使用的管理和组织工作，有关部门特别是基建部门要大力协助、支持。

文化事业，计划新发展城镇电影院一个，农村集镇电影院3个，公社文化站25个，博物馆1个。文化部门的住宅投资，省补助12万元，市从城市建设资金中安排43万元。

卫生事业，计划新增医院病床240张，专业卫生人员增加800人。卫生基本建设投资省计划安排104万元，市从城市建设资金中还安排卫生部门住宅建设投资30万元。

（七）厉行计划生育，严格控制人口增长，是一项长期的战略任务。由于现有人口年龄构成、劳动就业方面的原因，今年和明年，省计划要求我市人口自然增长率控制在12‰以内，这是为了使计划更加符合实际，决不意味着计划生育工作可以稍有放松。因此，要继续大力宣传、贯彻中央关于计划生育的公开信和有关指示精神，努力做好工作，坚决控制人口的增长。

城镇待业人员安置，要根据中共中央、国务院《关于广开门路，搞活经济，解决城镇就业问题的若干决定》，着重开辟在集体经济和个体经济中的就业渠道，充分发挥劳动服务公司的作用，加强待业青年就业前的职业技术培训，今年全市力争安排城镇待业青年5万人就业。

（八）城市建设，要全面规划，统筹安排，继续解决住宅、供水、公共交通、环境保护等方面存在的迫切问题。城市住宅建设总规模，要争取高于去年实际水平。市属城市住宅投资计划安排1.0072亿元，相当于去年实际水平。其中：省统筹基建投资中补助我市的城市住宅投资共180万元，本市各部门、各区县、各企业自筹住宅投资7922万元，从市留用工商利润5%的城市建设资金中安排新建住宅投资1150万元，商品住宅投资1000万元。此外，从市的城市建设资金中还安排了920万元用于现有住宅的维护、翻修。

城市公用事业和市政建设，主要靠市留用的城市建设资金和公用事业利润来安排。除了正常的维护性支出外，今年安排的主要建设项目，有南岸黄桷渡水厂第一期工程（日供水能力5万吨）、新购置一批公共客车、两路口人行立交道、中山支路工程、南坪车站及停车场以及南泉、缙云山、南山、鹅岭等风景游览区的设施改造和园林道路建设等。

城市环境保护，除了加强对工业“三废”污染物的监测、控制和治理外，今年还从城市建设资金中安排了桃花溪排污管线工程、六角凼垭垃圾处理场、城市粪便沼气试验站等项目。

人民防空工程建设，按照“全面规划，突出重点，平战结合，质量第一”的方针，以平战结合为重点，主要搞好现有工程设施的改造利用，进一步完善通信警报系统，使人防工作在经济调整中稳步前进。

1982年，是我们粉碎“四人帮”以后的第六个年头，是党的十一届三中全会以后的第四个年头，是我们党在指导思想上完成拨乱反正的历史任务后的第一个年头。今年要实现全市的经济和社会发展计划，精神条件和物质条件都比去年好。我们完全有理由相信，我市各方面的工作将会比以往几年做得更好些，我们的社会主义建设将取得更大的进展。我们一定要在党的领导下，鼓足干劲，同心协力，更好地贯彻执行“调整、改革、整顿、提高”的方针和在经济上实行进一步调整、在政治上实现进一步安定的重大决策，扎扎实实地做好工作，克服调整中的各种困难，争取全面完成和超额完成全市国民经济和社会发展计划，夺取新的胜利。

关于我市国民经济、社会发展计划1982年执行情况和1983年安排的报告

（1983年9月）①

副市长兼计划委员会主任　刘隆华

各位代表：

我受市人民政府的委托，现在向大会报告我市国民经济、社会发展计划1982年执行情况和1983年的安排，请予审议。

一、1982年计划执行情况

1982年，我市继续贯彻执行“调整、改革、整顿、提高”的方针，通过全市人民的共同努力，重庆市和原永川地区国民经济和社会发展计划的执行结果，都比原来预计的好。

农业生产继续获得丰收。全市农业总产值达到30.8亿元，比1981年增长11%。粮食生产在连续几年稳定增产的基础上，再创历史最高水平，总产量达到104.4亿斤，比1981年增长10.4%；多种经营迅速发展，油菜籽产量增长60%，蚕茧增长14.3%，甘蔗增长50%，茶叶增长13.6%，水产品增长46%，生猪圈存数增长3.7%。

工业生产经过前两年的调整，发展速度加快，经济效益提高。全市工业总产值完成88.58亿元，比1981年增长9.5%，其中：轻工业产值完成43.31亿元，增长2.1%；重工业产值完成45.27亿元，增长17.7%。主要工业产品产量，绝大部分都完成和超额完成了计划。主要轻纺产品，除化纤布、化纤混纺布按照国家限产要求减少了生产外，棉纱、棉布、手表、缝纫机、卷烟、啤酒、电视机等产品的产量都比上年增长。能源生产稳定增长，原煤产量达到1224万吨，增长2.6%；发电量达到43.85亿度，增长13.3%；天然气产量达到20.1亿立方米，增长1.2%；钢材、铝材、水泥、烧碱、合成橡胶、塑料等原材料产品的产量也有不同程度增长；机械产品的生产普遍有较大幅度回升。工业企业经济效益有了提高。据原重庆地区的统计，国家重点考核的16项主要经济效益指标有10项得到改善，主要产品质量稳定提高率达到85%，全市又有10种产品荣获国家金银质奖、23种产品获部优质品称号，总计从1979年以来，全市共有27种产品获国家金银质奖、96种产品获部优质品称号；主要产品的能源和原材料消耗指标降低率达到

① 此报告于1983年9月召开的重庆市第十届人民代表大会第一次会议上报告。

65%；流动资金占用水平降低 4.28%；国营工业全员劳动生产率提高 5.2%。交通运输全面增长，铁路、航运和公路运输都超额完成计划，基本保证了重要物资和旅客的运输。

固定资产投资，1982 年全市完成 9.95 亿元，其中：全民所有制单位基本建设投资完成5.01 亿元，全民所有制单位更新改造及其他措施投资完成4.58 亿元，城镇集体所有制单位基本建设投资完成 0.36 亿元。全市集中力量抓了一批为今后发展打基础的能源、交通重点建设和重点更新改造项目。去年建设投产的主要项目，有华蓥山电厂四号机组（10 万千瓦）、石毫煤矿（年产原煤 90 万吨）、江北县石堡变电站一期工程、大坪电信大楼、重庆水泥厂矿山工程、桐君阁药厂改造工程等。城市住宅建设，全市竣工 176 万平方米。

内外贸易扩大。全市国营商业纯购进总值完成 28.1 亿元，纯销售总值达到 32.2 亿元，均比上年增长。社会商品零售总额完成 30.67 亿元，增长 2.6%。市场商品数量比较丰富，品种、花色日益增多，主要的消费品物价基本稳定。全市外贸商品的收购总值达到 3.46 亿元，比上年增长 16.5%。

财政收入扭转了近两年短收、减收的局面。1982 年全市地方财政收入完成 11.37 亿元，增长 9.1%，基本上同工农业生产同步增长，这是我市贯彻经济调整方针取得成效的综合反映。

科技和社会事业又有新的发展。全市有一批科学技术研究成果获得国家和省的科技成果奖和推广应用奖。科技咨询工作逐步开展起来。中等教育结构调整稳步前进，农、职业中学在校学生比上年增加了 17.7%。普通教育质量有所提高，学龄儿童入学率达到 94.1%。职工教育发展很快。据统计，原重庆地区已有 1/3 以上的职工参加了文化、技术和业务学习。全市医院病床数增加了 395 张，专业卫生人员增加了 3200 人。全市人口自然增长率为 9.95‰，比上年下降 0.62‰。文化、广播、出版、体育事业继续发展。

在生产发展的基础上，全市城乡人民生活继续有所改善。据农村社员家计调查，1982 年社员家庭每人平均总收入比上年增长 16%。按照全国统一部署，科学文教卫生部门和国家机关的职工普遍调整工资，一部分工资偏低的中年知识分子升了两级工资。全市城市居民每人平均居住面积 3.4 平方米，比上年增加 0.14 平方米。

以上情况表明，去年我市经济、社会发展各项计划执行的结果是比较好的。同时，在前进过程中，也出现了一些值得注意和亟待解决的问题，主要是：

（一）轻纺工业生产在前几年大幅度增长之后，去年的发展速度明显放慢，不但大大低于同期重工业生产的发展速度，而且低于全国、全省轻纺工业生产发展的速度，在质量、品种、花色、款式、价格等方面不能适应消费品买方市场的矛盾更加尖锐。

（二）由于固定资产投资规模扩大，重工业生产大幅度回升，能源、原材料供应和交通运输相当紧张，尤其是天然气供应和铁路运输矛盾很突出。

（三）商业销售的增长不仅落后于社会购买力的增长，而且低于全国和全省商业销售的增长幅度。这既有部分轻纺产品不适销对路的问题，也有流通渠道不畅，特别是工业品下乡渠道不畅的问题。

（四）由于能源和铁路短途运输提价、银行利率升高、涤棉限产等因素影响工商利润减少，而企业经济效益的提高还不足以抵补这些减收的因素，以致全市上交财政的工商企业收入比计划短收 4000 余万元，比 1981 年还略有下降。因此，必须狠下功夫改善企业素质，使经济效益有一个更为显著的提高，才能尽快实现全市财政经济状况的根本好转。

去年我市经济、社会发展取得了较大的成绩，根本原因是坚持了党的十一届三中全会以来党中央、国务院确定的一系列正确方针、政策，特别是认真贯彻执行了“调整、改革、整顿、提高”的方针。全市工人、农民和知识分子，付出了巨大的、辛勤的劳动。各区县、各部门的同志，也做了大量有成效的工作。从市的计划管理和经济管理工作来看，还是很不适应形势的发展。我们深入实际去研究新情况、新问题不够，科学性、预见性还比较差；对于日用消费品出现买方市场、重工业大幅度回升、固定资产投资规模扩大的势头以及由此带来的一系列矛盾估计不足;在综合平衡中缺乏及时有效的应变措施,特别是狠抓提高经济效益的工作还不扎实。通过检查1982年计划执行情况,我们要认真总结经验教训,不断改进各方面的工作,促使全市经济工作切实转移到以提高经济效益为中心的轨道上来。

二、1983年的计划安排

1983年是党的十二大提出全面开创社会主义现代化建设新局面的头一年,也是实施新宪法为国家长治久安而奋斗的头一年。从我市来说,又是中央批准进行经济体制综合改革试点的头一年。在这种新的形势下,今年我市国民经济和社会发展,要认真贯彻中央关于"改革要坚决,经济要抓紧"的指示,进一步执行"调整、改革、整顿、提高"的方针,努力把全部经济工作真正转到以提高经济效益为中心的轨道上来,争取全市国民经济的综合发展水平高过去年,精神文明建设取得更大的进展,经济体制综合改革试点坚决而有秩序地展开,在生产发展的基础上使人民的物质文化生活继续得到改善,并为我市经济今后的健康发展作必要的准备。

根据省人民政府批准四川省计划经济委员会下达重庆市和原永川地区的1983年计划,全市1983年国民经济和社会发展计划的主要指标安排如下:

(一)经济发展速度。全市工农业总产值123.8亿元,比1982年增长3.7%,其中:农业总产值31.6亿元,增长2.5%,工业总产值92.2亿元,增长4.1%。在执行中,要在保证产品适销对路、提高经济效益的前提下力争超过。

(二)农业生产。主要农产品产量安排,粮食总产量104.3亿斤,油菜籽1.42亿斤,柑桔14060万斤,桑蚕茧42万担,茶叶11.3万担,生猪出栏550万头。这些指标一般都是按照去年的实际产量来安排的,留有较大的余地,和去年的计划产量相比,都是增长的。

(三)工业生产。按供产销平衡的要求,主要工业产品产量安排:原煤1195万吨,发电量40.35亿度,天然气20.5亿立方米,钢74万吨,生铁50.9万吨,钢材65.8万吨,水泥94.26万吨,化学肥料9.06万吨,化学农药7590吨,硫酸7.6万吨,烧碱4.4万吨,轮胎20万套,棉纱52540吨,布24065万米,丝1899吨,呢绒181万米,食糖2.3万吨,手表90万只,缝纫机26万架,电视机13.5万台,机制纸6.38万吨,卷烟25万箱,皮革(折牛皮)84.2万张,汽车3300辆,摩托车9万辆,工业自动化仪表30.9万台件。

(四)交通运输。考虑到减少不合理运输以及燃料油供应的可能,安排地方交通专业运输货运量1901.6万吨,货物周转量108880万吨公里。

(五)固定资产投资。全市地方全民所有制单位固定资产投资总规模26743.86万元,比1982年实际压缩42%。其中:地方基本建设投资总规模8443.85万元(预算内部商地方项目投资709.3万元,预算内地方统筹项目投资1246.6万元,省机动财力投资260.95万元,建设银行总行基本建设贷款160万元,市自筹资金基本建设控制指标6067万元),比1982年压缩55.3%;更新改造投资总规模18300万元,比1982年压缩32.7%。地方基本建设项目,是按照国务院各部和省确定的项目以及首先安排收尾投产和结转续建项目的要求进行具体安排的。更新改造措施,主要安排设备更新、技术进步、节约能源、改进工艺、提高质量、开发新产品、降低成本等方面的项目,不用于扩大一般加工工业的生产能力。

(六)内外贸易。农副产品和工业品收购,除少数品种外,计划安排都比去年实际完成有所增长。全市计划收购油菜籽1.18亿斤,生猪255万头,柑桔3.36万吨,鲜菜5.64亿斤,布18345万米,手表70万只,卷烟25万箱,食糖21550吨。外贸商品收购总值,省下达计划为24896.9万元,比去年实际减少28.1%,我们打算要做好各方面工作,争取达到3.7亿元。

(七)财政收支。市财政预算收入120090万元

(不含上交财政的折旧费),比1982年实绩增长5.64%。其中企业收入28936万元,增长13.3%;工商税收入86282万元,增长3.84%。市财政支出39830万元,比上年执行数增长4.1%。

(八)科学技术和新产品开发。共安排119个有较大经济效益的科研、攻关和科技成果推广项目。计划开发新产品757项,其中市重点管理的104项。

(九)文教卫生事业。计划安排渝州大学招生460人,市属中专招生3850人,农、职业中学招生9500人,普通高中招生4.83万人,初中招生20.66万人,小学招生31.6万人。新增专业卫生人员1272人,增加妇幼保健站和专科防治所各一个。文化、出版、广播、电视、体育等事业都有一定发展。

(十)劳动就业。全市计划安排城镇待业人员5.5万人。主要是安置到集体所有制单位,同时继续做好全民所有制单位补充职工自然减员的工作,并适当发展个体经济,广开就业门路。今年市属以下单位计划新增加全民所有制职工1.9万人,只能用于接收统一分配的大中专和技工学校的毕业生,以及城镇复员军人和转业干部,不在社会招工。

(十一)人口发展。进一步做好城乡计划生育工作,切实控制人口增长。全市人口自然增长率计划控制在10‰以下,争取达到9‰以下;一胎率要求达到85%以上。

今年计划综合平衡中的主要问题是,能源、原材料供需缺口较大,交通运输紧张,财政收支安排也比较紧。这些问题,要在计划执行过程中,努力做好工作,通过提高经济效益和争取各方面支持来加以解决。

三、为全面完成和超额完成1983年计划而奋斗

1983年以来,在经济体制综合改革的推动下,我市经济发展和计划执行的形势是好的。农业生产,小春粮食作物虽然播种面积减少,产量仍基本保持去年的水平,大春作物实现了满栽满插,良种面积扩大,田间管理加强,预计全年粮食总产量可望保持或超过去年,经济作物和其他多种经营将有较大的发展。工业生产,1至7月全市已完成工业总产值56亿元,完成年计划的60.7%,比去年同期增长9.5%,绝大多数工业产品的产量都达到和超过了计划进度。全市财政收入,前七个月已完成74286万元(不含企业上交折旧费和征收排污费),为年计划的61.9%,比去年同期增长9.8%,基本上实现了和生产同步增长。我们要继续保持、发展这种好的势头,再接再厉,努力奋斗,抓紧最后几个月的时间,全面完成和超额完成1983年计划,夺取新的胜利。今后几个月主要应做好以下几项工作:

第一,严格控制基本建设规模,集中力量保证国家重点建设。这是全国经济建设全局的要求,也是使我市经济的好形势继续发展的关键。根据国务院和省人民政府最近的指示,我们对全市1983年基本建设的实际安排情况进行了清理和检查。总的来看,今年我市基本建设计划的安排,基本上符合中央确定的原则。到7月底止,全市共已安排全民所有制单位基本建设投资61288万元,比去年实际完成投资增长22.4%。这主要是国家和省在重庆地区部署的一批大中型建设项目进入施工高峰,中央、省属项目投资比去年增长了46.3%,能源、交通投资比去年增长1.2倍。市属基本建设项目投资,全市共安排14354万元,其中自筹资金建设投资安排12403.56万元,分别比去年压缩了20%和24%。安排中的主要问题是:年初,我们根据省人民政府对扩大自主权的企业用自有资金安排住宅续建项目等"六条口子"可以不占计划指标的规定,在省下达我市的自筹资金基本建设控制指标之外,安排了6829.6万元的自筹资金住宅建设项目。现在,根据中央的规定,省人民政府紧急通知,取消计划外的"六条口子",要求各地严格按照重新核定下达的自筹资金基本建设控制规模来安排。因此,原来已安排的自筹资金建设项目,未开工的项目全部停、缓建,未经批准一律不得开工;已开工搞基础工程而未上升的项目,做完基础后也暂停下来;并从现在起,今年不再新批自筹资金基本

建设项目。全市各部门、各区县、各企业，都要从全局出发，坚决贯彻执行国务院和省人民政府的有关指示，迅速把全市建设规模超过国家计划的部分压缩下来。同时，要进一步做好集中力量保证国家重点建设的工作。全市各单位，要积极主动地完成国家分配的能源、交通重点建设集资任务，切实做好征地、拆迁、劳动力安置、地方物资和商品供应、协作配套等工作，保证重点建设项目按计划建成投产，决不允许对国家重点建设项目“吃大户”“敲竹杠”。

第二，在改善企业素质上狠下功夫，全面提高经济效益。我市有相当多的企业，多年来是依靠使用廉价的原燃材料和较低的工资支出来维持和扩大生产，现在这种局面再也维持不下去了，必须狠下决心改变经营管理和技术的落后状态，不断改善企业素质，全面提高经济效益，依靠提高效益在竞争中求生存、求发展。针对许多企业经营管理不善，人、财、物浪费严重的问题，最近我市广泛开展了“反浪费、增效益”的活动，这是改善企业素质、提高经济效益的一项重要措施，必须继续抓紧抓好，争取在合理使用和节约能源及原材料、合理组织运输、增加企业盈利、扭转经营亏损、减少资金占用、节约建设投资等方面，取得更显著的成效。企业整顿是改善企业素质、提高经济效益最重要的基础工作。要按照“四化”的要求把企业领导班子配备好，把经营管理的各项基础工作和基本制度建立健全起来，并结合企业整顿层层落实经营责任制，切实改变经营管理混乱和吃“大锅饭”的状况。经过整顿的企业，主要经济技术指标和综合经济效益要显著高于整顿前的水平，实现利润和上交利润要高于总产值增长速度。对那些产品质量差、能源和原材料消耗高、长期亏损的企业和生产方向不对头，产品大量积压的企业，要坚决实行关、停、并、转。

第三，抓好秋冬农业生产，进一步搞活农村经济。农业是国民经济的基础，在任何时候，我们都绝不可以忽视农业。市和各区县，都要切实加强对农业生产的领导，把农民群众在普遍实行以家庭联产承包为主的多种形式生产责任制之后所激发出来的巨大积极性，引导到搞好农业生产和农业基本建设上来。目前，农村正进入“三秋”大忙季节，我们要认真抓好四件事情：一是继续抓好秋收，做到丰产丰收，同时，教育农民正确处理国家、集体、个人三者的关系，踊跃完成向国家交售农副产品的任务，严格履行国家与社队签订的购销合同、集体与社员订立的承包合同；二是安排好秋冬蔬菜生产，衔接好产销计划，保证城市人民的蔬菜供应；三是落实 1984 年小春作物种植计划，稳定粮、油播种面积，以保证粮食产量继续稳定增产；四是发动和组织农民开展“小秋收”活动，鼓励农民搞好家庭副业，积极扶持专业户、重点户和经济联合体的发展，引导和帮助农民广开勤劳致富的门路，争取实现全年人均增加收入 2.30 元。

第四，大力疏通、扩大和增加流通渠道，切实改进商品流通工作。当前要着重解决好两个方面的问题：一个是要适应农业生产责任制普遍落实，专业户、重点户大量涌现，商品经济迅速发展的新形势，加强农副产品收购和工业品下乡的工作，解决好农民“卖难”“买难”的问题；一个是要适应人民群众消费需要变化、市场竞争加强和开展多渠道流通的新形势，加强工商、农商、商商之间的协作配合，促进产销联合、批发联合、批零联合，形成统一的竞争优势，巩固原有销售市场，开拓新的销售市场，更好地满足社会需要。

第五，严格财经纪律，加强经济监督。这是使全市主要经济活动按照国家统一计划顺利进行的重要保证。各级领导必须牢固地树立国家观念、全局观念、计划观念，认真担负起自己的领导责任，严格执行国家确定的经济建设方针、政策和有关规定，同一切违反财经纪律的现象进行斗争。计划、财政、税收、物价、银行、劳动、统计和工商行政等部门，要加强对经济工作的检查和监督，对于擅自扩大基本建设规模、随意浪费国家资财、乱摊成本、偷税漏税、截留国家收入和统配物资、乱涨价、乱摊派费用、乱发奖金和补贴等等违反国家政策规定的行为，必须坚决制止，严肃处理，严重的要绳之以法。

第六，做好明年计划单列的各项准备工作。根据中央批准我市经济体制综合改革试点的方案，从1984年起，国家对我市实行计划单列，加之今年实行了地市合并、省属企业下放和行政机构改革，各方面的工作关系和经济关系、计划渠道和产供销渠道等，都会有许多变化。今年内，我们要抓紧做好准备工作，把各方面的渠道疏通，把各种关系衔接好，使明年我市的计划单列和各项改革工作能够顺利进行，使国民经济能够有条不紊地发展。

最后，向大会报告一下编制全市第六个五年计划的工作情况。在1981年，重庆市计委和原永川地区计委就分别对原重庆地区和原永川地区的“六五”计划进行了研究，草拟了两个地区的“六五”计划纲要。当时由于全国和四川省的“六五”计划尚未确定，重庆市计委和原永川地区计委草拟的“六五”计划纲要，更多的是从本地区的角度来考虑的。现在全国和四川省的“六五”计划已经全国人大和省人大正式批准，重庆市和原永川地区的合并工作已经完成，因此需要根据全国、全省“六五”计划的要求和市地合并后的新情况，对原重庆地区和原永川地区的“六五”计划纲要进行修订，补充，重新拟订重庆市统一的“六五”计划。此项工作，我们将在省的“六五”计划分地区、分部门指标下达之后，立即抓紧进行，并在修订好“六五”计划的基础上，着手编制全市第七个五年计划，在本届人代会的下一次会议上，再向各位代表报告。

重庆市1982年财政决算和1983年财政预算的报告

（1983年9月）[①]

重庆市财政局局长　戎占芳

各位代表：

我受市人民政府的委托，向大会提出与原永川地区合并后我市1982年财政决算和1983年财政预算的报告。请予审查。

一、1982年财政决算

1982年省分我市财政收入预算110047万元，实际执行结果，完成113676万元（不包括新纳入预算治理污染的排污收费581万元），完成预算的103.3%，比上年增长9.1%。1982年财政收入中，各项主要收入的完成情况是：工商税收完成83095万元，为预算的108.4%，比上年增长10.4%；企业收入完成25537万元，为预算的89.1%，比上年增长4.3%；农业税完成4554万元，比上年增长10.3%，扣除上年洪灾减免因素后，与上年持平；其他收入完成441万元，为预算的231.1%，比上年增长72.76%。

1982年全市购买国库券4710万元，超额5.5%完成了任务。其中：单位购买超额1.3%；职工购买超额7.9%；农民购买超额10.1%。国库券任务超额完成，是全市各部门、各单位和广大群众积极支援国家“四化”建设，踊跃认购的结果。

1982年财政收入完成情况是好的，扭转了近两年短收、减收的局面，这是在涤棉产品降价限产、能源提价、银行利率提高等影响地方减收的情况下实现的，是我市国民经济在调整中稳步发展的综合反映。1982年随着党在农村的各项经济政策的进一步贯彻落实，以及普遍实行联产承包责任制，广大农村社员生产积极性空前高涨，农业生产形势大好，农业总产值比上年增长12.5%，粮食总产量比上年增长10.4%。全市工业总产值完成885800万元，比上年增长9.5%。市属工业总产值完成

① 此报告于1983年9月召开的重庆市第十届人民代表大会第一次会议上报告。

420300万元，比上年增长8.4%。市场繁荣，商品供应日益充裕，社会商品零售额比上年增长2.6%。经济是财政的基础。经济的发展为财政收入任务的完成打下了坚实的基础。财政收入增长的幅度与生产增长的幅度是相适应的。

1982年我们对企业实行了各种不同形式的分配政策，推行多种形式的经济责任制，帮助企业进行了财务整顿工作，在资金安排上尽可能地满足了企业生产发展的要求，去年为了促进工业企业搞好设备更新和填平补齐，加速新产品的开发，我们适当地放宽了政策，对新产品试销期间的利润，按30%的比例留给企业作新产品试制基金。同时，将市集中的更新改造资金中用于科技发展基金的比例，由原来的6%～10%提高为20%。这一年，国家为了解决企业设备更新、技术改造和新产品试制，从财政预算中拨付给企业的挖潜改造资金和科技三项费用共3225万元；通过各种渠道给企业的贷款17843万元；留给企业的基本折旧基金7180万元；对企业继续分别实行了“全额分成”“定额上交，超收分档分成”“以税代利”“亏损包干”等不同办法，给企业留利10751万元；以上四项资金共达38999万元，大大地促进了工业生产的发展。这一年还着重抓了企业财务整顿特别是建立健全了各项财务基础工作，并在13户工业企业中试行了厂币核算制，这些对促进企业内部核算制度和核算体系的建立健全，完善企业内部的经济责任制，挖掘企业内部潜力，堵塞“跑、冒、滴、漏”，均收到了一定的成效。

1982年我们继续在全市进行了财经纪律大检查和纳税登记工作以及税收政策执行情况的检查，查出各种违纪金额5951万元，其中已补交财政3412万元(含中央、省属单位交财政收入1104万元)；已办理税务登记的共35837户，查出“漏管户”922户，并补交了税款。

1982年省分我市财政支出预算38258万元，加上上年结转即地方用机动财力安排的11077万元，市调整后的预算为49335万元，全年实际支出41962万元，为市调整预算的85.05%(支出结余已结转下年)，比上年增长4.4%，扣除洪灾因素后，则比上年增长10.4%。1982年全市财政支出中，各项主要支出完成情况是：基本建设拨款2890万元，为预算的73.6%，与上年基本持平；企业挖潜改造资金2776万元，为预算的65.4%，比上年增长1%；科技三项费用449万元，为预算的79.5%，比上年增长11.3%；支援农业支出3426万元，为预算的85.6%，比上年减少4.54%，剔除洪灾因素后，与上年基本持平；文教、科学、卫生事业费16937万元，为预算的97.7%，比上年增长14.2%，扣除洪灾因素后，则比上年增长18.1%；其他各项事业费9231万元，为预算的68.9%，比上年减少8.7%，扣除洪灾因素后比上年增长17.2%；行政费5974万元，为预算的93.9%，比上年增长8.3%。各项支出均未突破市的调整预算指标。

1982年尽管财政面临着许多困难，但在各级党委和政府的领导下，各地区、各部门、各单位对支援农业和文教、科学、卫生事业的发展，加强城市建设和改善人民生活等方面都做了很大努力，取得了一定成绩。

1982年在支援农业方面除对农村继续实行稳定负担，增产不增税的政策外，市在省分配支出预算的基础上，还筹集资金116万元用于支农。为了促进农业内部结构日趋合理，在资金安排使用上，重点投放于支持多种经营的发展及农业科学技术的研究、应用和推广。这一年安排用于发展多种经营的资金412万元，比上年增长29%，帮助社队建立了一批林、果、茶、蚕、鱼、畜、禽等基地，推动了农村商品经济的发展。安排用于农业科研和技术推广的费用544万元，帮助逐步建立了农业科研、技术推广、良种引进、疫病防治等四个体系。

1982年文教、科学、卫生事业费支出，比上年增长幅度较大，占总支出的比重也由上年的36.9%上升为40.4%。这一年对中、小学教师、部分医务和体育工作者进行了工资调整，按照国家规定，从1981年10月起补发，全市这部分人员调资支出1365万元。这一年安排用于市自办的渝州大学、体训班、川剧训练班的经费188万元，渝州大学当年毕业117人，开始为国家输送人才。另外，1982年还从财政三项附加收入中安排中小学房屋修缮费419万元，维修面积17万多平方米。还补助教职工建房费235万元，这笔费用做到了当年投资，当年见效，春节前已有300多户教师住进了新居。部分学校的教学条件和教师的居住条件也有所改善。1982年由国家投资与自筹资金所建的医疗业务用房与职工宿舍16130平方米，投资共356万元；新增病床395张；用于添置医疗设备投资58万元，促进了医疗卫生事业的发展。

1982年用于城市维护和城市建设方面的资金共7700万元（包括财政三项附加收入）。新建的住宅竣工64700平方米，有1200多户搬进了新居（不包括企业、事业用自筹资金修建的部分）。改建和新建公厕44所，垃圾站13个，增加各种清扫卫生用车60辆，果皮箱1339个；还新建、改造和翻修了12条道路。两路口人行立交地道第一期工程春节前已建成开放。新增公交客车101辆，平均日客运人次171万人，比上年增长8.2%。园林绿化的规模和质量都是历史上最好的水平，全市种植乔木212万株，比上年增长7%，成活率达到85%以上。这一年通过财政补贴或从收入中抵拨用于人民吃菜、用煤、用棉的资金达2970万元。由财政拨付专款，新建和改建了上清寺、望龙门、中一路、建设公寓等处浴室，在一定程度上缓和了城市居民群众洗澡难的问题。

此外，为了加强公检法工作，1982年动用市机动财力254万元，为公检法系统新建法院公开审判庭、司法局办公用房，武装民警、交通民警队房，四个派出所及职工住宅。同时还安排98万元解决监所及基层派出所的房屋大修。

1982年财政预算执行情况，总的说是好的。收入超额完成了任务，比上年增长幅度也较大；各项支出本着量力而行、尽力而为的指导思想作了合理安排，基本上保证了各项事业发展急需资金的需要。这是在党的十二大精神鼓舞下，在各级党委和政府领导下，各条战线广大干部和群众共同努力的结果。但是，也还存在着一些问题，主要是在生产、流通和建设领域里，经济效益差的状况尚无明显改善。市属工业企业一些经济指标不仅没有达到全国平均水平而且有的尚落后于我市工业曾经达到过的历史最好水平。如1982年每百元固定资产提供的工业总产值为123.79元，比1966年的149.56元还少17.2%；每百元资金实现的利税，1982年为23.57元，比1966年的32.62元还少27.77%，1982年每百元值占用流动资金32.99元，比1966年的25.21元增加7.78元；流动资金周转期，1982年为125天，比1966年105天延缓20天。某些企业产品质量低劣，品种单一，库存积压的情况还比较严重。基本建设投资渠道多，管理混乱，工期长、投资效益差以及企业挖潜改造资金用款进度缓慢，财政支出中还存在着一些浪费现象等。今后，必须继续采取措施，逐步加以解决。

各位代表：下面我报告一下全市财政的平衡情况。1981年由于受特大洪灾及价格因素的影响，全市财政短收较大，影响财政平衡，经省帮助弥补了大部分差额后，全市已趋平衡，但从市、区县两级财政看，由于净结余都在区县级财政，因而市级财政尚有600万元支大于收的差额。1982年原重庆市又是市级财政短收，区县级财政超收，加上我们在年度预算执行过程中，征得省财政部门同意后，对一些确属必不可少的支出，作了超过预算的安排，以致去年市级财政又发生了新的差额，到1982年底止，市级财政累计支大于收的差额共1749.2万元；此外，原永川地区三个县，1981年受洪灾影响，财政短收，也发生差额338万元。这两笔差额在中共和省的关怀下，省财政在批复1982年财政决算时，对原重庆市市级财政的差额，已如数给予弥补；对原永川三个县的差额只同意弥补了100万元，现尚有238万元的差额（其中潼南县151.5万元，合川县86.5万元）要继续挂在账上，留待今后处理。

二、1983年财政预算安排

今年的财政收支预算变化较大。一是原永川地区和重庆合并；二是在我市经济体制综合改革试点中，省下放了部分企、事业单位。目前省下放的企、事业单位预算财务关系还未正式划转，这次报告的预算安排，尚未包括在内，待变动后再作调整。

今年财政收入预算为120090万元，比上午实际完成数增长5.64%。其中：企业收入28936万元，比上年增长13.3%。在企业收入中，工业企业收入23639万元，比上年实际完成数增长18.1%；商业企业收入4806万元，比上年实际完成数减少3.4%；其他企业收入2201万元，比上年实际完成数减少0.6%。工商税收入为86282万元，比上年实际完成数增长3.84%。农业税任务为4598万元，与上年持平。其他收入274万元，比上年实际完成数减少37.9%。

财政支出预算为39830万元，比上年预算增长4.1%，扣除上年不可比因素后，实际只增长1.2%。其中：基本建设拨款3062万元，扣除不可比因素后，比上年预算增长26.2%；企业挖潜改造资金和科技三项费用，大部分属中央专项拨款，预算正陆续下达，目前已下达预算为1170万元和308万元，分别比上年预算减少57.2%和35%，支援农业支出2777万元，比上年预算减少2.9%；文教、科学、卫生事业费16906万元，比上年预算增长8.92%；其他各项事业费9110万元，扣除不可比因素，比上年预算减少0.9%；行政费5745万元，比上年预算增长17%。

从1983年的财政收支预算看，收入指标是比较切合实际的。支出指标中，有些项目虽然有所增长，但主要是新增人员经费。因此，支出指标仍然较为紧张。

1983年省分配我市购买国库券任务4454万元。截至7月底已认购4392万元，为任务数的98.6%。其中：单位认购完成95.2%；职工个人认购部分完成98.2%；农村社员认购部分完成100.7%。经过努力预计全市可以完成任务。

1983年分配我市能源、交通重点建设基金征集任务3501万元。根据国家规定，这项任务是按照1983年预算外资金实收数额，扣除免征项目(农业税附加、中小学学杂费、勤工俭学收入、社会福利事业费、环境保护基金、育林基金、大修理基金)后，按10%依率计征。截至7月底，已上交2358万元，为任务的67.4%。

各位代表：下面我简要报告一下今年1至7月财政预算执行情况。截至7月底，全市财政收入完成74286万元，为年度预算的61.86%，比去年同期增长9.8%。其中：企业收入完成18747万元，为预算的64.97%，比上年同期增长19%；工商税收入完成53376万元，为预算的61.9%，比上年同期增长6.9%；农业税今年入库较早，已完成2008万元，为预算的43.7%；其他收入完成152万元，为预算的55.5%，比上年同期增长27.95 %。全市财政支出23295万元，为预算的49.98%，比上年同期增长12.6%，与上年同期比较，除个别项目外，均有所增长。

1至7月财政预算执行情况基本上是好的、正常的。值得注意的是：在收入中还有一些应该退库的事项未能处理，因而1至7月份的预算收入中含有一定的水分，需要抓紧解决。市的机动财力截至现在基本上都已经作了安排，而各方面要求追加的支出还在不断增加，财力上需要与可能的矛盾十分突出。这就要求各单位在掌握安排使用资金上，必须衡量轻重缓急，量力而行，努力做到把有限的资金用在最急需的开支上，并力求节约，少花钱多办事，办好事。此外，企业的一些经济指标与去年同期比较虽有所提高，但尚未达到今年的计划要求。这些情况说明，要圆满实现今年的财政年度预算，任务还相当艰巨。因此，今后几个月必须着重抓好以下工作：

(一)充分挖掘企业内部潜力，狠抓经济效益的提高。我市的财政收入要实现一个稳定的增长，关键在于各部门、各行业都要切实地把经济工作转移到以提高经济效益为中心的轨道上来。过去在生产建设上偏重于追求产值和速度，忽视经济效益。近两年来，虽然开始注意了，情况也有所好转，但并未从根本上得到解决，还应该引起足够的重视。抓提高经济效益，一是要降低成本，二是要产品适销对路。按照中央和省的要求，1983 年市属国营工业企业的可比产品成本要比上年降低 1.5%～2%；流动资金周转天数比上年加速 5%，百元产值提供的利润比上年提高 1 元。各部门、各单位都要努力实现这个要求，千方百计节约能源和原材料，努力降低费用、降低成本，广泛深入地组织开展反浪费、堵漏洞、算细账、添措施、增效益的群众性活动。使各行业的经济效益都有一个明显的提高，做到增产增收。

（二）结合企业的调整和整顿，切实整顿和加强企业的财务管理工作。企业的财务会计工作是反映和监督企业经济活动，加强经营管理，提高经济效益，实现增产节约的有力工具。目前，我市有相当多的企业，存在着财务管理混乱，财务会计制度不健全，成本盈亏核算不实，财会机构和人员不能适应以及财经纪律松弛等问题。这也是一些企业损失浪费大，经济效益差的一个重要原因。国务院要求在企业整顿过程中，必须把财务整顿放在一个重要的位置上。要通过整顿，加强企业财务管理，加强各项基础工作，实行经济核算和经济责任制，把企业财务混乱的状况扭转过来。企业财务整顿重点要放在基础工作上，要下苦功夫，花大力气，扎扎实实地把原始记录、记账凭证、会计科目、成本核算、经济活动分析、财产、物资和资金管理等基础工作整顿好，建立健全分级核算，分级管理和分级考核的经济核算体系。在企业财务整顿中，一定要按国务院批转财政部《关于加强国营企业财务会计工作的报告》办事，坚持高标准、严要求，防止走过场。

（三）切实管好用好各项资金，提高资金的使用效益。随着企业经济管理体制的改革，可供企业安排使用的资金较前增多，特别是企业的各种专项贷款增加得很快。以市属工业企业为例，1980 年为 10985 万元，1981 年增加为 13499 万元，1982 年增加为 17843 万元。到 1982 年底止，贷款余额为 31114 万元。因此，如何合理地有效地使用企业的自有资金和各项贷款，是关系到能否有计划、有步骤、有重点地进行国民经济技术改造、为今后振兴经济打好基础的大问题，必须引起高度重视。一切用钱单位都必须按照审批的预算，管好用好各种资金，精打细算，勤俭节约。坚决反对铺张浪费，该办的事情要办，目前没有力量办的事情就缓办，不该办的事情坚决不办。对使用国家资金和财政拨款进行的各种建设事业，经济效果达不到计划规定要求或者造成严重损失浪费的，要追究单位领导的责任。不能只讲要钱、不抓使用效果。财政、财务部门一定要加强监督和管理，提高资金的使用效益。

（四）加强财政管理，严肃财经纪律。近几年，通过遵纪守法的教育，过去那种财政管理不严、财经纪律松弛的状况有所好转，但是目前存在的问题仍然不少。有的企业不顾国家整体利益，乱挤乱摊成本、乱拉乱用资金，截留和挪用国家财政收入，有的转移国家资金私设“小钱柜”，个别的化公为私，用国家的钱进行挥霍浪费，甚至打击报复维护财经纪律的财会人员，这些都是不利于社会主义“四化”建设的，决不能任其发展下去。一些单位的经验教训告诉我们，财政管理不严，财经纪律松弛，不仅分散和浪费了国家的大量资金，而且给贪污盗窃、投机倒把犯罪分子以可乘之机。一定要把加强财政管理，严肃财经纪律，提高到为争取实现财政经济根本好转，实现社会风气根本好转和实现党风根本好转的高度来认识。这件事需要各级领导带头抓，监督各方认真去办，决不能把它看成只是财政经济部门的事。各级领导机关和领导人员都应当模范地执行国家法令，并教育干部遵守财经制度和财经纪律。决不允许知法犯法，有法不依，违法不究，姑息纵容。

各位代表：在中国共产党第十二次代表大会精神的鼓舞下，我市当前的工农业生产形势很好，市场活跃，经济繁荣。最近党中央做出的“集中财力、物力，保证重点建设”的需要战略决策，又给我们进一步贯彻党的十二大精神指明了方向。我们一定要坚持全国一盘棋的方针，上下一条心，鼓足干劲，知难而进，努力做好各项工作，大力组织收入，认真节约支出，为圆满实现 1983 年财政预算，争取财政状况的进一步好转而奋斗。

关于重庆市 1983、1984 年国民经济和社会发展计划执行情况的报告

（1984 年 10 月）①

各位代表：

我受重庆市人民政府委托，向大会报告重庆市 1983、1984 年国民经济和社会发展计划的执行情况，请大会审议。

一、1983 年计划执行情况

1983 年是党的十二大提出全面开创社会主义现代化建设新局面的头一年，也是实施新宪法为国家长治久安而奋斗的头一年。新春伊始，党中央、国务院批准重庆市进行经济体制综合改革试点，这一重要决策，又给我市经济、社会发展注入了新的巨大活力。遵照党中央关于“改革要坚决，经济要抓紧”的指示，全市人民团结奋斗，开拓前进，各条战线进一步贯彻执行“调整、改革、整顿、提高”的方针，坚决而有秩序地开展经济体制改革，取得了很大的成绩。重庆市第十届人民代表大会第一次会议批准的 1983 年计划的基本任务和主要指标，已经胜利实现。全市社会总产值达到 152.4 亿元，比 1982 年增长 11.8%；国民收入达到 64.2 亿元，比 1982 年增长 10.5%；工农业总产值完成 132.5 亿元，比 1982 年增长 11%，为计划的 107%；地方财政收入完成 11.8 亿元，比 1982 年增长 8.4%，为预算的 106%。社会生产与国民收入，工农业总产值与财政收入以较大的幅度大体上同步增长，充分显示了我市经济调整和综合改革的成效，表明全市经济工作开始转到以提高经济效益为中心的轨道上来。

农业生产，在连续六年持续增长的基础上又获丰收，农、林、牧、副、渔各业得到比较全面的发展，粮食、副食品和主要经济作物都创造了新的生产水平。全市农业总产值，计划要求增长 2.5%，实际增长了 7.7%，达到 33.2 亿元。其中：农业产值增长了 4%，林业产值增长了 6.7%，牧业产值增长了 13.2%，副业产值增长了 18.2%，渔业产值增长了 23.8%。全市粮食总产量达到 108 亿斤，比 1982 年增产 3.7 亿斤；生猪出栏 583 万头，比 1982 年增加 53 万头；牛奶产量达到 4744 万斤，比 1982 年增产 459 万斤；禽蛋产量达到 8460 万斤，比 1982 年增产 1600 多万斤；柑桔产量达到 2.1 亿多斤，比 1982 年增产 1.13 亿多斤；茶叶产量达到 1357 万斤，比 1982 年增产 188 万斤；油料作物因前几年全国油菜籽发展过猛，国家调整了收购政策，种植面积和总产量有所减少；蚕茧产量达到 4353 万斤，基本保持 1982 年水平，重点开始转向于提高茧子质量上面。全市乡镇企业总产值达到 9.2 亿元，比 1982 年增长 23%。此外，生产队及联户办企业，1983 年总产值已达到 1 亿元。

工业生产在调整和改革中发展速度逐步加快，并且出现了产值和利税同步增长的良好势头。全市工业总产值，计划要求增长 4.1%，实际增长了 12%，达到 99.3 亿元。其中：轻工业产值，计划要求增长 3.3%，实际增长 9.3%；重工业产值，计划

① 此报告于 1984 年 10 月召开的重庆第十届人民代表大会第二次会议上报告。

要求增长4.9%，实际增长了14.8%。80种主要工业产品的产量，有62种完成和超额完成了计划，占77.5%。能源生产情况良好，原煤产量计划1195万吨，实际完成1313万吨，增长7.6%；天然气产量计划20.5亿立方米，实际完成21.5亿立方米，增长7.2%；发电量计划40.65亿度，实际完成46.46亿度，增长6%。基本原材料、机械设备制造和适销对路的日用消费品的生产计划也完成得比较好，产量比1982年有较大的增长，质量进一步提高。1983年，全市钢产量增长了14%，铝材产量增长了16.4%，汽车产量增长了24%，内燃机产量增长6%，化肥产量增长了15%，电视机产量增长了33.4%，手表产量增长了25%，摩托车产量增长了29.4%，洗衣机产量增长了2.8倍，啤酒产量增长了16.8%。全市民用工业又有7种产品质量荣获国家金、银质奖，117种产品荣获部、省级优质产品称号。各行业在开发新产品方面做了大量工作，完成新产品研制项目989项、新品种新花色5281项，当年投入生产的有新产品640项、新品种新花色2016项。全地区全民所有制独立核算工业企业实现税利总额比1982年增长14.5%，上交财政的税利比1982年增长12.9%，都超过了产值增长12.4%的幅度。集体所有制独立核算工业企业实现税利比1982年增长25.9%，上交财政的税金比1982年增长17.7%，也超过了产值增长13.8%的幅度。全市76户能源耗用量大的重点企业，共节约能源36万吨标准煤。全民所有制工业全员劳动生产率，比1982年提高了9.1%。

交通运输努力挖掘潜力，增加客货运量，1983年和1982年相比，全市铁路货物发送量增长5.9%，港口吞吐量增长17.5%；公路货运量增长14.3%，铁路、水运、公路的旅客运量共增长17.5%。邮电系统邮电业务总量增长6.3%。

固定资产投资规模有所扩大，重点建设进一步加强。全市全民所有制单位共完成固定资产投资10.9亿元，比1982年增长13.8%。在投资使用方向上，明显地加强了能源、交通、科教等方面的建设，1983年与1982年相比，能源投资增长47%，运输邮电投资增长78%，科技文教卫生投资增长9.7%。重庆电厂扩建工程、川东送电工程、川东天然气矿勘探和开发工程、逢春煤矿和三汇二矿煤井建设工程、成渝铁路东段电气化改造工程、川黔公路重庆段改造工程、重庆特殊钢厂大型精锻机工程、西南铝加工厂扩建工程、中梁山煤矿瓦斯开发利用工程、黄桷渡水厂建设工程等重点建设项目，继续进入施工高峰。中小型基本建设项目，在1983年内全部建成投产的有422个。

内外贸易，随着生产建设发展和流通体制改革而更加活跃。全市社会商品零售额达到32.8亿元，比1982年增长7%；城乡集市贸易成交额达到6.3亿元，比1982年增长16%。全市商业、饮食业、服务业网点总数发展到将近10.2万个，比1982年增加了4.7万多个；从业人员达到29.1万多人，比1982年增加了5.2万多人。在改革中，初步形成了多种经济形式、多种经营方式、多种流通渠道，少环节、开放式、经营型的商业流通体制。对外贸易和技术引进，1983年也取得很好的成绩。由于开展经济体制综合改革，经贸部批准我市外经贸计划从1983年4月开始就在全国计划中单列户头，并赋予我市一定的直接对外经营权，这就为我们开创重庆对外经济技术交流的新局面提供了很有利的条件。1983年，全市外贸收购总值计划2.4897亿元，实际完成3.1344亿元，超过计划26%。开展自营出口业务的第一年，就成交6000多万美元，当年完成2800多万美元。由市自行进口的技术设备和短缺物资，1982年以前总计不到1000万美元，1983年一年就达到1042万美元，进口时间缩短，费用降低。

各项社会事业都有新的发展。1983年，全市取得科技新成果400多项，有10项成果荣获国家发明奖。全市学龄儿童入学率达到95.4%，比1982年提高了1.4%；高等院校在校学生数达到26411人，比1982年增加1672人；中等专业学校在校学生数达到17610人，比1982年增加964人。全市还新建成大、中、小学校席位16744个。医疗卫生事业，新建成医院病床400张，新增加卫生技术人员 1081 人。计划生育工作成效显著，1983 年全市人口自然增长率降低到了 4.5‰。

城乡人民收入增加、物质、文化生活继续改善。1983 年与 1982 年相比，全市全民所有制和城镇集体所有制职工的货币收入增长 8.5%，全民所有制职工平均工资增长 3.2%，集体所有制职工平均工资增长更多一些；农民扩大自身消费后出售农产品和从事非农业劳务的收入增长 7.8%，农业社员人均纯收入增长 4.3%。由于货币收入增加，商品货源又比较充裕，全市城乡居民人均实现消费品购买力增长 8.5%，其中非农业居民增长 0.8%，农业居民增长 16.5%。用于教育、文化、医疗、交通、娱乐等方面的非商品消费，增长的幅度更大。全年还新建竣工城市住宅 160 万平方米，城市人口人均居住面积由 1982 年的 3.4 平方米提高到 3.59 平方米。

1983 年我市经济、社会发展的成绩是显著的。但是，由于重庆是一个老工业城市，加以多年来体制、政策和工作上存在的问题，现有企业设备更新、技术改造和城市建设、人民生活等方面的欠账很多，各种经济关系还没有完全理顺，提高经济效益的基础工作也还不扎实，生产建设的经济效益和社会事业发展水平与全国各大中心城市相比，仍然有很大的差距。我们要清醒地看到这种差距，并从中找出继续努力的前进目标。

二、1984 年计划安排意见

根据中央批准重庆市经济体制综合改革的试点方案，从 1984 年起，重庆市的各项计划在全国计划中正式实行全面单列户头，依据国家计委下达的 1984 年计划分地区指标，结合重庆市经济体制综合改革的要求，我们拟订了全市 1984 年的国民经济和社会发展计划(草案)。这个计划(草案)，在 3 月份提交市人民代表大会十届四次常委会审议原则同意后，随即作为正式计划下达全市各部门、各区县组织执行。

我市 1984 年国民经济和社会发展计划的基本任务是：继续贯彻执行“调整、改革、整顿、提高”的方针，进一步展开和深入进行经济体制综合改革，以提高经济效益为中心来统筹安排生产、建设、流通分配和各项社会事业，集中必要财力、物力保证重点生产和重点建设，促进全市国民经济持续稳定增长，促进社会经济效益有更大地、更全面地提高，巩固和扩大经济体制综合改革第一年已经取得的成果。计划规定的主要目标是：

社会总产值 158.5 亿元，增长 4%。

国民收入 66.5 亿元，增长 3.6%。

工农业总产值 139.3 亿元，增长 5.1%。

其中：农业总产值 34.3 亿元，增长 3.3%；工业总产值 105 亿元，增长 5.7%，在提高经济效益的前提下争取实现增长 8%。

社会商品零售总额 38.86 亿元，增长 9.8%。

地方财政收入 12.899 亿元，增长 10.6%。

地方大学招生 690 人，市属中等专业学校招生 4428 人，普通中学招生 21.17 万人，农职业中学招生 8600 人，小学招生 21.2 万人。

医疗病床增加 1902 张。

人口自然增长率控制在 8.87‰以下。

各位代表：今年已经过去了三个季度，从前三个季度的情况来看，我市今年计划的执行情况也是比较好的。由于各项社会事业发展的统计指标，要在计划年度结束以后才能提出来，因此我在这里先向大会报告今年前九个月生产、建设、流通计划的执行情况和对全年的预计。

农业生产，由于贯彻执行中共中央〔1984〕1 号文件，今年的形势更加喜人。粮食丰收已成定局，预计全年总产量可以突破 110 亿斤，比去年增产 2 亿斤。油料、生猪、奶类、禽蛋、柑桔、茶叶、水产品的产量，都比去年增加。农村商品经济迅速发展，各种专业户已有 35 万户，比去年底增加了将近 11 万户；乡镇企业和生产队及联户办企业的年总产值预计可以达到 13 亿元，比去年增长 27%。现在可以肯定地说，今年全市农业总产值的增长速度，将会大大超过计划规定的目标。为了支持农业生产和农村商品经济的发展，今年市财政安排支援农业预算内支出 3702 万元，比去年增加 23.7%，另外还向各区县提供了 1050 万元用于扶持乡镇企业和农村多种经营的周转资金；农业银行和信用社发放农业贷款全年预计可达到5.1亿元，比去年增加37%；计划安排的农用柴油供应量比去年增加23%，尿素供应量比去年增加22%，农用钢材分配量增加28%，专项供应“两户”的汽车660辆。

工业生产，由于贯彻执行国务院《十条》规定，狠抓了扩大企业自主权、落实企业内部责任制、实行奖金不封顶不保底的三项改革“小配套”，今年继续保持了较快的增长。1至9月，全市工业总产值完成82.4亿元，比去年同期增长12.2%；其中市属工业产值完成61.97亿元，增长13.5%。重工业生产继续保持了较高的增长速度，前九个月完成产值44.26亿元，增长13.7%；轻工业生产也加快了发展速度，前九个月完成产值38.13亿元，增长10.6%。钢、电解铜、轮胎、机床、内燃机、手表等18种主要工业产品的产量，已经提前一个季度完成国家计划。在能源和原材料价格上涨，工资水平提高的情况下，我市工业继续保持了生产与税利同步增长的好势头。据490户市属工业企业的统计，1至9月产值增长11.1%，销售收入增长10.15%，销售税金增长10.39%，利润总额增长10.93%，产值利税率提高20.32%，销售收入利润率提高11.27%。根据前三个季度的情况，预计今年全市工业总产值可能完成或超过108亿元，比去年增长9%以上。

交通运输，1至9月铁路、水运、公路运输共完成货运量3311万吨，比去年同期增长10.5%。其中：铁路货运量增长10.6%，长江轮船分公司水运量增长4.7%，地方交通水陆货运量增长11.4%。邮电业务量也比去年同期有较大的增长。

固定资产投资，到9月底止，全地区包括中央、省属和市属单位已下达计划总计12.56亿元，1至9月实际完成7.25亿元，预计全年可以完成11亿元以上，超过去年的水平。技术引进工作，今年有了很大的加强。初步统计，到目前为止，全市各部门经国家批准开展工作的引进技术项目已有255项，总用汇额3亿多美元，其中1/4的项目用汇额约7500万元，已提出了可行性研究报告进行了评估，有35项用汇额2397万美元已签约成交，相当于去年成交额的两倍多。

商业贸易，今年改革在流通体制方面有了新的重大突破，各种贸易中心如雨后春笋，显示了巨大的生命力。1至9月，全市社会商品零售额增长10.8%，商业购进总值增长11.4%，商业销售总值增长13.6%。外贸收购总值，今年预计可以超额完成国家计划；自营出口可以比去年增长一倍多，出口商品换汇成本可降低16%左右。

地方财政收入，1至9月累计完成9.74亿元，比1983年同期增长9.1%。从当前生产情况看，只要今后三个月继续做好组织收入的工作，完成和超额完成全年财政收入计划，是可以做到的。

由于生产、建设和流通的发展都超过计划安排的速度，社会总产值和国民收入的增长也将超额完成计划。预计1984年全市社会总产值可达164亿元左右，国民收入可达69亿元左右，即以7%以上的速度同步增长。

当前我市经济发展中存在的主要问题是：能源和钢材、焦炭、生铁、纯碱等基本原材料的供需缺口大，铁路运输十分紧张；一部分工业产品缺乏竞争力，特别是棉纺织品滞销积压的情况比较突出；粮食、生猪、蚕茧、茶叶等农产品的销售出现了某些困难，供应农村的化肥、汽车、小型农机具、建筑材料等也不能满足需要；重点建设、技术改造和城市建设、文教卫生等方面补还欠账的任务繁重，国家投资和市的自有资金不足，吸引外地投资和利用国外资金的工作还没有真正打开局面。这些矛盾，需要尽快设法加以缓解，并在1985年和今后几年内实行一系列重大的政策措施来解决。

1984年只剩下最后两个月了，我们要抓紧时间做好各项工作，全面完成和超额完成1984年的经济、社会发展计划，并为1985年的生产建设作好必要的准备。关于1985年的计划安排，市计委根据国家计委的部署，在汇集各区县、各部门建议计划的基础上，经过初步综合平衡，已向国家计委上报主要指标的建议意见。待国家计委对市的建议意见进行审查和平衡并下达分地区计划指标后，我们再据以编制全市1985年经济、社会发展计划(草案),提请市人民代表大会审议。

各位代表!重庆市是中央批准进行经济体制综合改革试点的大城市。在全国城市改革中,重庆应当起到探路和带头的作用。现在全国城市改革的步伐加快了,我市综合改革的步子必须迈得更大一些,做到年年都有新的突破,才能走在全国城市改革的前列。最近,党的十二届三中全会通过了《关于经济体制改革的决定》,这是指导我国经济体制改革的纲领性文件。我们要认真学习、深入理解这一重要决定,遵循《决定》指示的方向和各项基本方针政策,进一步解放思想、振奋精神、研究新情况、总结新经验、学习新知识,把我市经济体制综合改革不断推向深入,更好地开创全市社会主义现代化建设的新局面。

重庆市1983年财政决算和1984年财政预算草案的报告

(1984年10月)①

重庆市财政局局长　雷振南

各位代表:

我受市人民政府委托,向大会报告1983年财政决算和1984年财政预算草案,请予审查。

1983年财政决算

1983年是中共中央、国务院批准我市进行经济体制综合改革试点的第一年,全市人民受到综合改革试点的巨大鼓舞,在党和政府的领导下,认真贯彻中共中央、国务院提出的一系列方针、政策,振奋精神,开拓前进,各条战线都取得了可喜的成绩。农业连续夺得丰收,工业生产稳步增长,商业购销两旺,市场日趋活跃,交通运输货运量有较大的增长,文教、卫生等事业也进一步获得了发展,科学技术坚持面向生产建设,取得了一批重要的科研成果。随着城乡经济的蓬勃发展,市的财政状况开始有所好转,收入、支出比上年都有较大幅度的增长,全年预算执行结果,收支平衡并略有结余。

经市十届人大一次会议批准,1983年我市财政收入预算为12.009亿元,执行中增列排污费收入1024万元,因企业上划下划和化纤、棉布调价等核减收入9919万元,增减相抵,收入预算调整为11.1195亿元。实际完成11.8014亿元(不含排污费收入为11.665亿元),为预算的106.13%,超收6819万元(市级财政超收2442万元,其中属于应上交中央的卷烟超产税款1267万元。区县级财政超收4377万元),比上年增长8.39%。各主要收入项目的完成情况是:工商税收完成9.0336亿元,为预算的105.5%,比上年增长8.65%;企业收入完成2.1502亿元,为预算的110.45%,比上年减少1.84%;农业税收入完成4432万元,由于计划单列,省掌握的机动减免指标切块到市后比上午多减免166万元,因此比上年减少2.68%;其他收入完成1744万元(含排污费收入),为预算的134.28%,比上年增长70.44%。

市十届人大一次会议批准的财政支出预算为3.983亿元,加上执行中国家追加的专项拨款及下放事业单位经费4660万元;用排污费收入安排的支出1024万元;上年结转继续使用的经费7374万元;各地用机动财力及当年超收安排的支出4518万元,全年支出预算最后调整为5.7406亿元。实际支出

① 此报告于1984年10月召开的重庆第十届人民代表大会第二次会议上报告。

4.9316亿元，为调整预算的85.91%，比上年决算增长15.52%。各主要项目支出情况是：基本建设拨款4102万元，比上年增长41.97%；企业挖潜改造资金2493万元，由于部分项目下达的时间比较晚，而进行设计、定货、施工等需要一定时间，因此预算支出进度慢，以致比上年减少11.33%；科技三项费用1084万元，比上年增长141.62%；支援农业支出3401万元，由于上年农业支出中有前年结转下来的洪灾救灾款的不可比因素，因此比上年减少0.72%，如扣除计算，则比上年增长4.22%；文教、科学、卫生事业费1.8159亿元，比上年增长7.22%；其他各项事业费1.1915亿元，比上年增长19.62%；行政费由于职工调整工资和两次提高公用经费开支定额，支出7962万元，比上年增长33.29%。

按照现行财政体制结算，1983年超收分成及专项补助收入除当年已安排支出765万元后，尚余4580万元，加上支出结余8090万元，全市各级共有超收结余1.2670亿元。其中：结转下年继续使用的资金7930万元，净结余4741万元。在净结余中市级财政为2712万元（含能源交通基金超收返还794万元和基建结余1984年要继续安排的842万元）；区县级财政为2028万元。

1983年全市购买国库券4611万元，超额0.83%，完成了国家分配的任务。全年完成能源交通重点建设基金5747万元，超收16.07%，除完成上交中央任务4953万元外，按中央规定，超收794万元，返还给地方用于能源交通建设。

一年来，为了努力完成国民经济计划和财政预算。我们主要做了以下几项工作：

一、围绕提高经济效益这个中心，努力抓了企业的增盈扭亏

1983年在对国营企业实行利改税第一步改革的同时，分批抓了企业整顿，广泛开展了"反浪费、增效益"的活动，把增盈扭亏作为提高经济效益的突破口。市对盈利在300万元以上、亏损在50万元以上的工业企业，逐户地进行了分析研究，专门召开会议落实扭亏增盈措施，把整顿企业和扭亏增盈结合起来进行统一部署，统一考核，一年来取得了较为显著的成效。1983年市属工业总产值比上年增长15.11%；实现利润5.0437亿元，比上年增长24.44%；可比产品总成本降低0.37%，降低额1043万元；定额流动资金加速14天，节约资金1.8528亿元；全员劳动生产率达到12613元，比上年提高1242元；亏损企业的亏损面缩小7.34%，亏损金额减少24.76%，其中，经营性亏损减少53.81。通过扭亏增盈，上交财政的税利比上年增长了15.91%。

二、支持企业挖潜改造和革新技术

为了充分发挥现有企业的作用，促进企业的技术进步，对企业挖潜改造、革新技术，财政给予了积极的支持。1983年财政拨付给工业企业的挖潜改造资金和科技三项费用3243万元，比上年略有增加；经国务院批准，从1983年起提高工交企业固定资产的基本折旧率0.5%，使留给企业的基本折旧基金达到8116万元，比上年增长13.04%；留给工业企业的利润和分成（不包括企业单项留利）达到1.4415亿元，比上年增长33.34%；年度中除由银行给予贷款1.3329亿元以外，并向工业企业发放小型技术措施贷款285万元。以上这些措施，对支持企业革新技术、节约能源和原材料、改造产品结构、提高产品质量、扩大生产能力都起了积极作用。

三、积极支持农村经济的发展

农业是国民经济的基础。市地合并后，加强支农工作更为重要，1983年总结推广了发展农村合作经济的经验，全年新发放支农周转金500多万元，用于扶持发展乡镇企业和种养殖业。主要有：扶持渔业改建和新建鱼池八百亩，安排水库养鱼42座；帮助潼南县抚育改造黄桃基地和原永川八县完善26个果茶基地的基建收尾；新建柑桔储藏库，总容量300余万斤（1983年已储藏210余万斤），减少了烂果，增加了果农收入，缓和了广柑淡季供需之间的矛盾。这些对于促进农村商品

经济发展均起了较好的作用。

四、积极支持文教、科学、卫生事业的发展

1983年用于文教、科学、卫生事业的支出1.8159亿元，比上年增长7.22%，扣除上年洪灾专款后，实际增长9.32%。用于文教方面的基本建设拨款比上年有较大增加，在教育结构改革中，年内又有15所普通中学改办为职(农)业中学，并新增改办班125班，改造中小学危房面积23.2万平方米，市自办的渝州大学毕业生645人，比上年增加528人，更多的为国家输送了人才。此外新增病床594张，部分医院的医疗设施已有所改善；新增区、乡文化站426个；新建计划生育指导所21个；取得新的科研成果270余项。这些说明了文教、科学、卫生事业都有了一定的发展。

五、加快城市建设步伐，改善人民生活

1983年用于城市维护和城市建设方面的支出8526万元(包括财政三项附加收入)，比上年增长10.73%。这一年城市建设步伐有所加快，解决了人民群众一些迫切要求解决的问题：一年中新建和改造公共厕所68个，垃圾站9个，小游园7个；新增环卫车14辆，电(汽)车46辆；日供水能力增加4200吨；新增路灯1941盏；两路口人行立交道B、C线和南温泉中心区改造工程都已完工交付使用；翻修和改造道路9.8公里，下水道9公里；从1983年四季度起还调整了国营企业职工的工资；这一年用各种资金新建职工住宅竣工面积达134.6万平方米，服务于人民生活的条件有所改善。

六、加强财政管理，严肃财经纪律

为了加强财政监督，纠正违反财经纪律的现象，以保证国家规定的各项财经政策的正确贯彻执行和国家财政收入的足额及时入库，我们根据国务院的统一部署，在全市范围内开展了税收政策的大检查和企事业财务工作的大检查。通过检查，追回了应交国家的财政收入1457万元，这不仅有利于堵塞跑、冒、滴、漏，严肃国家财经纪律，而且对社会风气的好转也有一定作用。

总的说来，1983年我市预算执行结果，情况是好的，这是在党的十二大精神指引下，依靠各级党委和政府的领导，全市广大干部、工人和人民群众共同努力的结果。但是，也还存在一些问题，主要是在生产建设和流通领域里我们的经济效益仍然很低，提高经济效益的进展速度也比较慢，特别是降低成本和扭转企业亏损都还没有达到国家计划的要求；在资金使用方面造成的损失浪费仍然比较严重；财政制度的某些方面还不适应经济发展的新形势要求。所有这些，都要在今后工作中去加以克服和改进。

1984年财政预算草案

1984年是党中央、国务院批准我市实行计划单列的第一年，也是实现我市财政经济状况继续好转重要的一年。我们在经济建设中继续坚持贯彻执行了“调整、改革、整顿、提高”的方针，支持生产，扩大流通，坚持改革，搞活经济，以全面提高经济效益，广开财源，在促使财政收入持续稳定增长的基础上，积极支持重点建设和各项事业的发展。同时加强财政管理监督，努力增收节支，努力做到财政收支的基本平衡。

今年开始计划单列后，在财政方面中央对我市也实行了“分灶吃饭”，市的财政体制改为“收支挂钩，总额分成”。年初由财政部、省财政厅与我们在1983年年初分配的收支预算数的基础上，经过调整以后，核定了我市的收支基数(收入基数11.0557亿元，支出基数3.9979亿元)，并按支出占收入的比重，审定了我市的总额分成比例为37%。实行总额分成后，中央只下达年度收入预算任务，支出安排由市自定。新体制使市的支出与市的收入紧密挂钩，支出可以随着收入的增长而同步增长，同时把中央和地方的利害关系统一了起来，收入增加了共享其利，收入减少了共同分担，而且改变了过去实行超收分成在确定年度收入预算任

务时上下老是争论扯皮的现象，可见新体制比原有体制是大大前进了一步，这就给我们做好财政工作，更好地支援我市各项建设事业的发展提供了较好的条件。

今年中央分配我市的收入预算任务为12.8990亿元（不含排污费收入），按同口径计算，比上年实际完成数增加1.2340亿元，增长10.58%。各类收入安排情况如下：

一、企业收入2.7223亿元，比上年实际完成数增长26.61%。其中：工业企业收入3.1434亿元，比上年实际完成数增长18.73%；商业企业收入4030万元，比上年实际完成数增长61.73%；粮、油、棉、煤价差补贴和粮食企业亏损共安排1.1905亿元，比上年实际减少1.8%；其他企业收入3664万元。

二、工商税收入9.63亿元，比上年实际完成数增长6.73%。

三、农业税5193万元，比上年实际完成数增加761万元。为稳定农民负担，自1978年开始，我市农业税就稳定在5193万元的基础上。以后为了照顾收入水平低的农户休养生息，从1980年开始又实行了规定农业税的起征点，在起征点以下的免交农业税，这个办法现已到期，从今年起将恢复到1978年的征税水平，所以收入任务较上年有了增加。

四、其他收入274万元，比上年实际完成数减少29.57%。

1984年的财政支出预算，截至9月底，用当年收入分成安排4.7387亿元，在执行过程中，中央下达各项支出专款9186万元，动用上年净结余2713万元，总共安排了5.9286亿元，比上年预算增长26.79%（以下均与上年预算数比较）。各项支出的安排情况是：

一、基本建设拨款8973万元，比上年增长1.33倍。其中：安排用于教育方面的投资1182万元，比上年增长2.93倍；安排用于新建住宅方面的投资2099万元，比上年增长1.61倍；安排用于农林水利方面的投资948万元，比上年增长57.47%。

二、企业挖潜改造资金4356万元，比上年增长97.63%，主要是市级工交企业上交的折旧基金由中央返还的和中央下达的专款。

三、简易建筑费204万元，比上年增长2%。

四、科技三项费用1467万元，比上年减少19.63%。其中：市安排的预算比上年增长20%；中央的专款截至9月底比去年减少，但还正在陆续下达。

五、支援农业支出3722万元，比上年增长24.06%。

六、城市维护费5122万元，（不含排污费和三项附加），比上年增长18.11%。

七、城镇青年就业费294万元，与上年持平。

八、文教、科学、卫生事业费1.9321亿元，比上年增长12.03%。其中：教育支出1.1824亿元（不含城市维护费安排的中小学房屋修缮费300万元），比上年增长11.58%。我市教育多年来欠账很大，仅靠国家预算拨款显然是不够的，为了多渠道筹集教育经费，改善中小学办学条件，1982年到1983年曾实行厂矿企业的职工子女入学要按省、市有关规定缴纳合理的办学经费，执行以来已取得了一定成效，但也存在一些问题，为了改进和完善这种办法，市已决定从1984年10月1日起改为征收教育基金。卫生支出3798万元，比上年增长10.31%；科学支出368万元，比上年增长22.67%。

九、其他事业费1582万元，比上年增长66.58%。其他事业费内容包括工商部门事业费，税务部门的经费和业务费，以及财政、审计、统计部门的业务费，和村镇规划的事业费。今年预算安排比去年预算增长幅度很大，主要是工商部门新增编制791人，税务部门新增编制800人，建立乡政权以及财政部下达的税务部门的专款和审计部门增加了业务费用。

十、抚恤和社会救济费2297万元，比上年增长19.18%。

十一、人防经费145万元，与上年持平。

十二、行政费7926万元，比上年增长23.39%，幅度也较大。主要是分配大中专毕业生，安置军队转业干部，加之国家提高了差旅费、会议费的开支标准，市提高了街道居委会的补助标准，公安、检察院、法院三个部门购置业务用车和业务器材以及检、法两家干部着装，再加上今年又更新和增配了部分单位的工作用车，所以相应增大了预算。

十三、其他支出774万元，比上年增长39.6%。

十四、总预备费1371万元。其中：属于区县级财政的1130万元，属于市级财政的241万元。

1984年我市财政预算收支都较上年有较大增长。收入是根据国民经济计划，并考虑了搞活经济需要采取一些调动积极性的政策措施和个别行业一次性减收因素以后进行安排的。支出坚持了保证重点、兼顾一般的原则，对贯彻去年市人代会两项决议所需的资金，对企业挖潜改造和用于农业、文教、科学、卫生事业，特别是教育事业方面和人民生活欠账方面的资金均本着勤俭节约的精神作了比较合理的安排，比上年都有较大幅度的增长。我们认为，今年的支出预算大体上兼顾了各方面必不可少的资金需要。

此外，1984年中央分配我市购买国库券任务4563万元，能源交通建设基金任务6432万元。

各位代表：下面我再简要报告一下今年1至9月份财政收支预算的执行情况。收入方面，截至9月底，已完成9.7442亿元，为年度预算任务的75.54%。比全年的月平均进度快0.54%，比上年同期增长9.12%，增加额为8144万元。其中：企业收入完成1.5047亿元，为年度预算的55.27%，比上年同期减少9.78%，主要是受针织、纺织、百货三个二级站削价处理库存冷滞积压商品发生损失、形成亏损的影响。

在企业收入中工业收入1至9月仅完成2.1024亿元，为年度任务的66.88%，完成进度也比较慢。这主要是因为适应搞活经济的需要，为了支持工业技术改造，对某些工业企业特别是小型工业企业适当放宽了留利政策。九个月来，工业留利额1.3388亿元，比去年同期增加29.57%，相应减少了上交财政的收入。但是，从九个月来市属预算内工业企业取得的经济效益看，截至9月底，489户工业企业完成工业总产值39.82亿元，比去年同期增长10.84%；完成产品销售收入37.64亿元，比去年同期增长10.06%；实现利润4.13亿元，比去年同期增长13.28%；上交国家的税金3.94亿元，比去年同期增长10.34%；税利合并计算，比去年同期增长了11.82%，高于产销的增长幅度，这说明经济效益今年又有进一步的提高。

工商税收入完成7.691亿元，为年度预算的79.87%，比上年同期增长13.88%，其中来自集体所有制的税收增长23.8%，来自集市贸易的税收增长1.45倍。工商税收能以这样大的幅度增长，反映了我市经济发展的喜人形势，说明了全市经济状况的日趋活跃。此外，农业税完成5273万元，其他收入完成211万元。

支出方面，全市1至9月支出4.3691亿元，为调整预算（含上年结转结余）的62.75%，比上年同期增长36.84%，各项支出的增长幅度都比较大。几个主要项目计基本建设增加91.13%，挖潜改造资金增长1.16倍，支农支出增长15.15%，文教、卫生事业费增长17.81%，城市维护费增长33.9%。

此外，发行周库券的任务，9月底止已入库4040万元，为任务的88.54%，其中单位购买1799万元，为任务的98.17%，个人购买2241万元，为任务的82.08%。能源交通建设基金任务已完成8736万元，已超过35.82%，超额2304万元，提前完成了全年任务。预计今年还将有更多的超收。

1至9月份的财政预算执行情况是好的，比较正常的，全年的收入任务我们认为是可以完成和超额完成的。现在的主要问题是：由于我们提高经济效益的进展还不理想，今年1至9月份收入虽然比去年增长了9.12%，但与全国可比口径的增长水平15.4%比较，还有相当大的差距。特别是工业企业的可比产品成本，由于经营管理不善，提高企业素质的成效尚不显著，特别是物资消耗比较高，再加上国家调整了某些原材料、燃料的价格，交通运输费用涨价等因素的影响，不仅未实现计划降低1%～2%的要求，反而比上年同期升高 1.13%。在企业中乱挤乱摊成本，侵占国家收入，以及社会上偷漏国家税款的现象，还没有得到有效的制止。亏损工业虽比去年同期减少 3 户，但亏损金额却上升6.85%，而且还出现了几户新的亏损企业。支出预算今年的增长幅度是多年来所未有的，可是资金供求的矛盾却仍然非常突出，现在已经安排了的支出用款进度缓慢，要求追加新支出的又在不断增加，而市的资金又已基本安排完了，因此摆在我们面前的任务仍然十分艰巨。我们认为今后应该着重抓好以下工作：

一、在十二届三中全会精神的指引下，认真学习和贯彻执行《中共中央关于经济体制改革的决定》，进一步改革财政税收体制，为城乡经济体制改革服好务。

党的十二届三中全会为我国城乡经济体制改革指明了道路，会议做出的《决定》是根据马克思列宁主义基本原理同中国实际相结合的原则，在总结了我国社会主义建设特别是近几年城乡改革的历史经验以后，提出的搞好我国经济体制改革的纲领性文件，我们财政税务部门必须认真学习并坚决贯彻执行。财政税务部门的改革牵涉各个方面，改革得好有利于调动各方面的积极性，促进城市经济体制改革的发展，改得不好则会束缚和制约城市经济体制改革的顺利进行，影响各方面积极性的发挥。因此在改革中，我们要以“决定”为指针，本着统筹兼顾的原则，端正理财思想，发挥创新精神，敢于突破某些就财政论财政的局限性做法，在促进生产，提高经济效益上下功夫，迅速改变某些“统收统支”“吃大锅饭”“供给制”“平均主义”“一切由国家包办”的做法。进一步讲求生财、聚财、用财之道，扩大理财的领域，以更好地为“四化”事业服务。当前，财税部门的改革主要是抓好三件事：

首先是要按照国务院的统一部署，搞好从 10 月 1 日开始全国同时进行的利改税第二步的改革，以便从税利并存逐步过渡到完全的以税代利。这项改革不仅是财政税收制度的重大改革，也是整个城市经济体制改革的重要组成部分，是搞活经济促进健全企业内部经济责任制的关键性一着。我们应帮助各地区、各部门、各企业在党政领导下，按照《国营企业第二步利改税试行办法》，并根据市的具体部署贯彻执行，抓紧抓好。

其次，为了更好地调动各地区的积极性，加快农村经济的发展步伐，市委、市政府决定从 1985 年起对区县实行“分灶吃饭”的财政体制。我市辖有 21 个区县，按 1983 年决算计算，区县收入占全市总收入的 43.1%，支出占全市的57.82%，多年来，区县收入的增长幅度都远较市级为高，这是因为我市农村经济发展的速度比较快，同时亏损企业和财政补贴又大多集中在市级。今后在大力发展农村商品生产和乡镇企业的情况下，区县的财政收入定将继续保持较高的增长速度，因而必将是全市财政增收的重要途径。过去我们为了促进农村经济的发展，对区县的收支预算安排，在力所能及的条件下，给予了应有的照顾。但是市的财力毕竟有限，只能兼顾各方量力而行，同区县的需要相比，确实存在很大差距。今年中央对市实行 37%的总额分成体制后，全市由省原定的超收分成 48%改为总额分成 37%，我们不得不对各区县的超收分成比例相应作些调减，这是从旧体制过渡到新体制不得已的、必然要有的变化。明年改行“分灶吃饭”后，市将对 18 个区县从现在的“定收定支，超收分成”改为“收支挂钩，总额分成”。对另 3 个收不抵支或收略大于支的区县，实行定额补贴，均一定三年不变。这是市对区县财政体制的一个重大改革，改革后，将会显著增加区县的财力，为大力发展农村商品生产和乡镇企业创造较前为好的条件。

此外，随着农村经济的迅速发展和乡政府的建立，应当建立乡一级的财政和相应的预决算制度，我们要帮助各区县按市人民政府〔1984〕113 号文件精神抓紧贯彻执行。

二、在勤俭节约、讲求用财之道的基础上，大力组织支出，促进生产发展和各项建设事业计划的顺利完成。加快预算资金的使用进度，也就是加快生产建设事业的发展速度，特别是基本建设、挖潜改造资金和科技三项费用的预算支出直接关系到社会生产力的发展，九个月来，我市基本建设投资预算的支出进度只达到 38.87%，企业挖潜改造资金只达到 46.13%，进度很不理想，需要认真加快这方面的工作，积极组织支出，并建立相应的责任制度，促使早完成、早投产、早见效。今年财政上为了支持工农业生产的发展，在预算安排以外，用无息提供周转资金的方式，借给区县和市级集体、全民所有制工交企业、商办工业 2220 万元资金，并另向各区县提供了 1050 万元用于扶持乡镇企业和农村多种经营的周转资金，这些资金的及时投放，对于进一步搞活城乡经济大有裨益。今后两个月我们必须抓紧工作，促使在讲求用财之道，保证取得较好经济效益的前提下，择优扶持，并尽快予以安排。

三、继续抓紧企业的增盈扭亏工作。第四季度是生产、市场更加兴旺的季节，更要注意增产节约，克服浪费，降低成本费用水平，力争做到经济效益比 1 至 9 月份有所提高。为此，要帮助企业完善企业内部的各种经济责任制，认真从各方面提高企业的素质，增产市场适销对路的产品，提高产品质量和服务质量，扩大销售以增加盈利，减少亏损，努力完成和超额完成国家给企业下达的上交税利计划，以保证全市财政收入任务的超额完成。

四、加强财政监督，严格财经纪律。在改革中要坚持该宽则宽，该严则严，实行区别对待。财政监督也是我们财政促进和服务于经济发展的一种形式。现行的财政规章制度凡是不符合当前经济发展情况的，该废止的要废止，该修订的要修订。但合理的规章制度必须认真地组织贯彻执行，不许违反。市委、市政府已决定要在今年第四季度开展一次全市性的财经纪律大检查，这次大检查将以国务院发布的《国营企业成本管理条例》和今年市委、市政府一系列改革的政策、措施为主要依据，先由各企业主管局、各主管专业公司组织所属企业进行自查，由市的纪检部门、市审计局、市经委、市财办和财政、税务、劳动等有关部门在全市组织重点抽查。对于企业违反上述各项规定的，应该坚决进行纠正，并进行适当处理，而不能姑息纵容。

最后，我再简要报告一下我们对 1985 年收支预算安排的设想：根据市 1985 年发展国民经济计划的初步安排，本着留有余地的原则，明年财政收入可以按照今年的预算任务 12.899 亿元增长 6%左右，达到 13.7 亿元，净增 8000 万元，执行中争取能达到增长 8%以上，总收入突破 14 亿元。财政支出按 5 亿元安排，比今年预算安排的 4.7 亿多元增加约 3000 万元，但基本上都将体现在区县级财政。由于区县财政体制改变后，区县的财力扩大，市级财力相应减少，明年市级的开支将相当紧张。

各位代表：今年以来，我市国民经济的发展和财政收支预算的执行情况是好的。我们要认真学习钻研党的十二届三中全会决议的精神，在已取得成绩的基础上，戒骄戒躁，继续奋发努力，团结一致，坚持实行改革，坚持贯彻中央对外实行开放，对内搞活经济的战略方针，努力提高经济效益，大力组织收入，管好用好资金，为圆满完成 1984 年的财政预算任务而继续奋斗。

关于重庆市1985年国民经济和社会发展计划草案的报告

（1985年5月）①

重庆市计划委员会主任　刘黎平

各位代表：

我受市人民政府的委托，向会议报告重庆市1985年国民经济和社会发展计划安排情况，请予审议。

一、1984年计划执行结果

1984年，在经济体制综合改革的推动下，全市经济建设和各项社会事业发展继1983年初战告捷之后，更上一层楼，取得了更加喜人的成绩，计划执行情况比预想的要好，突出地表现在实现了"三个提前"，提前一个月完成全年税收计划、提前27天完成工业总产值计划、提前半个月完成国家下达的财政收入计划。全市工农业总产值达到152.95亿元，比上年增长15.4%；国民收入达到73.62亿元，比上年增长13%；财政收入达到13.4亿元，比上年增长15.1%。工农业总产值、国民收入和财政收入以较大的幅度大体同步增长，充分显示了我市经济调整和综合改革的成效，全市经济建设开始转入注重经济效益和协调发展的轨道。

农业生产在连续七年增长的基础上又获得丰收，农、林、牧、副、渔各业全面增长。全年粮食总产量达到113.6亿斤，比上年增长5.1%。生猪、奶类、禽蛋、水果、蚕茧、甘蔗等主要农产品的产量都比上年增加。随着农村改革进一步深入，家庭联产承包制为主的多种形式的生产责任制显示了巨大的活力，各种专业生产和新的经济联合体成批涌现，农村商品经济迅速发展。1984年全市农业总产值达到37.19亿元，比上年增长12%。乡镇企业总产值完成16.3亿元，比上年增长60.2%。

工业生产以高于全国平均水平的速度增长，连续五个月月产值突破10亿元大关，保持了经济效益与生产发展大体同步增长的良好势头。1984年全市工业总产值完成115.76亿元，比上年增长16.6%。其中轻工业产值53.98亿元，增长14%；重工业产值61.78亿元，增长18.9%。能源和主要原材料的生产情况良好，原煤、天然气、钢材、生铁、烧碱等主要产品都超额完成了计划，为整个工业的大幅度增长提供了良好条件。大多数轻纺产品的产量比上年有较大的增加，特别是摩托车、电视机、电冰箱、洗衣机、电风扇等产品的增长幅度均在40%以上。机械产品如发电设备、金属切削机床、汽车、内燃机等，也有较大幅度的增长。军民结合做出了新的成绩，全市军工企业民品产值去年首次超过了军品产值。工业企业开始由"生产型"向"生产经营型"转变，适应市场变化的能力有所增强。在能源、原材料提价的情况下，1984年全市全民所有制独立核算工业企业的产值比上年增长16.2%，盈相亏抵后的利润总额和产品销售税金分别比上年增长17.1%和18.3%，经济效益进一步提高。

交通运输部门努力挖掘潜力，增加客货运量，邮电事业有了新的发展。1984年全市货运周转量完成141亿吨公里，比计划增长18.4%，比上年增长16.9%。邮电通信业务总量比上年增长11.4%，年末市内电话户数比上年末增长10.8%。

固定资产投资完成良好。重点建设进度和技

① 此报告于1985年5月召开的重庆第十届人民代表大会第三次会议上报告。

术改造步伐加快。全市全民所有制单位固定资产投资完成12.72亿元，比上年增长17.3%；其中，基本建设投资7.55亿元，比上年增长12.3%；更新改造投资5.17亿元，增长25.5%。在统筹平衡前提下，加强了国民经济中的薄弱环节，用于能源交通、基本原材料、城市建设和文教卫生等方面的基本建设投资有较大幅度的增加，其中，城市公用投资增长150%，运输、邮电投资增长88%，文教卫生和社会福利投资增长29%。这对改善投资结构、协调国民经济比例关系有重要意义。1984年基本建设建成项目400个，一批跨年度的重点建设项目如重庆电厂扩建工程、川黔公路改造、向阳二隧道及牛角沱道路工程等，进展情况良好。更新改造施工项目和建成项目都比上年有较多增加。

城乡商品流通进一步扩大，市场繁荣兴旺。工农业生产的续持增长，保证了市场商品货源的不断增加。全市国营商业和供销合作社商品收购总值达到37.9亿元，比上年增长8.1%，全市社会商品零售总额达到41.3亿元，比上年增长16.7%。吃、穿、用的消费品和农业生产资料的零售额都有较大的增加，特别是各类中高档衣料，中高档家用电器的增长更为显著。

对外经济技术交流迅速发展。去年外贸商品收购总值达到2.97亿元，超额完成计划。自营出口额6204万美元，比上年增长1.3倍，出口商品换汇成本比上年降低24.6%，引进技术、进口设备成交1.45亿美元，是前四年签约总和的5.2倍。全市劳务出口和承包工程签约660万美元，比计划增长2.3倍。

科学技术、教育、文化、体育、卫生事业有新的发展，科学技术面向经济建设和面向社会，取得了一批新成果。去年开展重点科研项目562项，完成185项。一批重点科研项目获得了国家发明奖和省重大科技成果奖。各类学校招生规模继续扩大，办学条件继续有所改善，各类职业技术教育进一步发展。文化、体育、卫生等事业继续发展。计划生育工作成绩显著，全市人口自然增长率计划为9.3‰，实际控制在4.35‰。

在生产发展的基础上，城乡人民生活继续有所改善。1984年城乡居民货币收入比上年增长20.7%，净增加8.6亿元，是近六年增加最多的一年。据调查，职工家庭全年平均每人的生活费收入达到580元，为历史最高水平，扣除物价上涨因素，比上年实际增长11.4%；农民家庭全年人均纯收入达到329.6元，比上年增长11.5%。1984年末全市居民储蓄存款余额达到13.48亿元，比上年增长38.7%。全年安置城镇待业人员7.2万人，其中临时安置2万人。城乡人民居住条件继续有所改善。新建住宅竣工面积达到149.7万平方米，有2.9万户居民搬进了新居。

以上成绩的取得，主要是认真贯彻执行对内搞活经济，对外开放的方针、深入开展经济体制综合改革的结果。1984年全市经济发展出现超乎预料的好形势，说明我市国民经济的各个领域中蕴藏着很大的潜力，只要我们坚定不移地认真贯彻党中央、国务院的方针、政策和措施，就一定能够更好地调动各方面的积极性，取得更大的成绩。

去年我市经济生活中也存在一些值得重视的问题，一是生产、建设和流通领域的经济效益提高还很不理想。农村经济结构仍比较单一，农村商品经济发展和农民收入水平还比较低，工业主要经济效益指标在全国大中型城市中仍处于中等偏下水平，产品结构和企业组织结构调整仍未取得重大突破。二是能源、交通特别是电力供应和铁路运输紧张，重要生产资料特别是钢材、焦炭、纯碱等物资供需矛盾突出，成为经济发展的制约因素。三是去年第四季度出现了信贷增长过猛，工资、奖金增长过快，导致货币投放增加偏多，部分商品价格上涨。这些问题我们在今年的计划安排和执行中，要采取切实有效的措施，逐步予以适当解决，以巩固和发展大好经济形势。

二、1985年计划安排意见

我市1985年国民经济和社会发展计划，是根据全国计划会议精神和国家计委下达的计划指标，并按照改进计划体制的要求，在对各局、各区县上报的计划建议意见进行全面综合平衡后提出的。

今年是“六五”计划期的最后一年，在计划安排中，着重考虑了以下几个因素：

第一，十二届三中全会《关于经济体制改革的决定》公布后，全国以城市为重点的整个经济体制改革的步伐加快，形势要求我市经济体制综合改革试点要进一步向深度和广度发展，在新的一年里取得突破性的进展，经济发展继续保持和扩大速度与效益同步增长的良好势头。

第二，中央一号文件下达，必将促使农村商品经济迅速发展。重庆是实行大面积市带县的城市，市郊区县农村商品经济的发展，对于全市经济起飞是十分重要的一翼。

第三，进一步对外开放，扩大我市对外经济技术交流，日益成为全市经济发展的加速器。去年我们运用计划单列后享有相当于省一级的外经贸权限，依靠国家在外汇资金上的支持，对 179 个技术引进和利用外资项目完成了签约、成交，从而在资金、技术上为今年和今后的经济发展创造了良好的条件。

第四，人民消费的进一步增长和投资规模的扩大，将成为我市生产发展的强大推动力。但要使消费资料生产较快地适应市场需求结构的变化，生产资料生产能够在能源、交通仍然十分紧张的条件下有较大的增长，还必须下很大的功夫。

第五，今年价格改革和行政事业单位工资改革要起步，这有利于进一步理顺关系，调动各方面的积极性，促进经济良性循环，同时也要求企业和地方财政具有更大的经济承载力，把影响成本上升和财政减收增支的因素尽可能地加以消化。这是一项相当艰巨的任务。

第六，市委提出，以 1980 年为基数，全市工农业总产值在 1987 年、财政收入在 1989 年实现第一个翻番。这就要求我们不仅要注重当前的速度和效益，还必须为今后的发展增添后劲。今年必须在力争生产和财政收入继续有较大幅度增长的基础上，切实抓好一批为“七五”计划作准备的重点建设项目和重大技改项目的前期工作和建设工作。

基于上述情况，我市 1985 年国民经济和社会发展计划的基本任务是：认真贯彻执行对内进一步搞活，对外进一步开放的方针，深入进行经济体制综合改革试点，积极扩大对外经济技术交流和合作，集中主要的财力、物力保证重点生产建设和技术改造，保持国民经济协调稳定的增长，促使生产、建设、流通的经济效益不断提高，为“七五”的经济发展准备条件。全市计划安排的主要综合性指标是：

农业总产值 40 亿元，增长 7.6%。

工业总产值 127 亿元，增长 9.7%。其中：轻工业产值 58.5 亿元，增长 8.4%；重工业产值 68.5 亿元，增长 10.9%。

市属全民所有制工业企业全员劳动生产率提高 5%。

地方固定资产投资规模 5.836 亿元。

社会商品零售总额增长 10%。

全市人口自然增长率控制在 7.08‰以下。

安置城镇待业人员 6 万人。

今年计划安排中的主要问题和相应措施是：

（一）在稳定粮食的基础上，有计划地调整农业经济结构，提高农产品质量，进一步促进农村商品经济发展。

我市是长江上游最大的经济中心城市，城郊区县农村商品经济应当也有条件得到更快的发展，一千多万农民应当也有条件尽快地富裕起来，并且带动周围地区农村共同繁荣。要按照城市大工业需要、城市人民生活需要、外贸出口需要，按整体和多层次观念调整农村产业结构，组织商品生产，把“常规型”农业转变为“城郊型”农业。在确保粮食稳产高产的同时，大力发展畜牧、水产、林果业和乡镇企业，逐步形成农林牧渔全面发展、农工商运综合经营、农业资源和农村劳动力得到综合利用的产业结构。粮食生产，通过提高集约化程度确保产量稳定增长，计划安排产量111亿斤。比上年计划增长4.9%；同时，适当调整品种结构，发展出口用粮、酿酒用粮和名特食品用粮。充分利用紧靠城市消费市场的优越条件，着重抓好肉、奶、鱼、蛋、禽、菜、果、花八大生产项目，并适当扩大经济作物的种植面积，加快林业、渔业的发展。主要农产品产量安排，油料184万担、黄红麻10万担、桑蚕茧43万担、茶叶14万担、柑桔226.4万担、肉类总产量35万吨、蛋类产量1.05亿斤、奶类产量5520万斤、水产品43万担。计划安排的这些指标和1984年计划相比，大部分是增长的，小部分根据实际情况安排保持或适当压缩产量，把重点转向改良品种和提高质量上。乡镇企业的发展，要从本地资源和市场需要出发抓主攻方向，积极发展饲料工业、农产品加工业、建筑材料工业和农村能源工业，不断提高经营管理水平，提高企业素质，注重经济效益，防止盲目追求增长速度的现象。

(二)工业生产要努力适应消费结构和市场需求变化，在全面提高经济效益的基础上，创造新的生产水平。

根据供产销平衡的原则，主要工业产量安排：原煤1300万吨，发电量34亿度，生铁67万吨，钢98万吨，钢材81万吨，水泥120万吨，化肥10.5万吨，农药6900吨。烧碱5.7万吨，汽车轮胎31万套，纱4.7万吨，布2.25亿米，丝1950吨，呢绒245万米，食糖1.5万吨，手表150万只，电视机24万台，洗衣机20万台，卷烟33万箱，汽车9670辆，摩托车44万辆，工业自动化仪表48万台件。今年工业生产计划是留有余地的，主要是为了使各部门、各企业把注意力进一步放在提高经济效益上。当前要着重抓两个方面的工作：一是按照消费结构的变化趋势和市场信息，进一步调整工业产品结构，逐步淘汰一批滞销产品，发展一批优质名牌产品，生产一批市场叫得响的拳头产品。市集中力量抓22个重点工业产品，这些产品是：汽车、内燃机、机床、变压器、蓄电池、船舶、油漆、高效低毒农药、电冰箱、洗衣机、电风扇、电视机、摩托车、灯具、卷烟、啤酒、名曲酒、麻纺织品、丝绸、毛纺织品，活性炭、洗涤用品。要在论证规划的基础上集中必要的财力、物力，迅速上质量、上批量、上水平，提高产品的竞争能力和市场占有率。二是要努力节约能源、降低原材料消耗，争取以少的物质投入获得较多的产出。今年的电力、天然气、钢材等的供应仍然十分紧张，必须从节约和综合利用中求速度，求效益。

(三)严格执行国家关于控制基本建设总规模的有关规定，认真贯彻以现有企业改造和改建、扩建为主的方针，适度安排固定资产投资规模。

根据国民经济和社会发展需要，并考虑财力和物力的可能，1985年计划安排地方固定资产投资总额为5.836亿元，其中：基本建设投资1.916亿元，更新改造投资3.92亿元。加上按国家规定不纳入计划总规模控制的项目投资，今年全市地方固定资产投资的实际总规模，比去年有一定增加。为了严格控制建设规模，我市不再开新口子，严格控制新开项目。在资金的使用上要保证重点，使有限的资金集中办成几件急事、好事。安排的主要项目有：续建市急救中心、计划生育服务中心、黄桷渡水厂、牛角沱道路工程，开工建设菜袁路、长江客运索道、增加民用气5万户，新建民用住宅120万平方米。在预算内统筹安排的8000万元（年初暂按4224万元拨款）基本建设投资中，重点安排了文卫、体育、科研，总额为3684.5万元，比上年增长83.6%，比重占近一半。为了做好国家已确定“七五”期间在我市建设的一批大中型基本建设项目和重大技术改造项目的前期准备工作，还从市集中掌握的建设资金中安排了一些重大项目的前期工作费用。这些项目是：江北民用机场、重庆水泥厂改扩建70万吨、四川卫生陶瓷厂、30万吨合成氨、第二啤酒厂、扬子江饭店等。近年来，我市在投资包干、招标承包上开始起步并收到良好效果，今年要加快改革步伐，以节约建设资金、缩短建设周期、提高经济效益。

(四)进一步实行对内搞活、对外开放的方针，活跃和繁荣城乡市场，扩大对外经济技术交流。

为了适应搞活流通的新形势，今年除对少数农副产品和工业品实行计划收购外，绝大部分商品把购销放开。全市计划收购油菜籽1.18亿斤，生猪255万头，卷烟33万箱，楠竹10万根，食糖12950吨，蚕茧41万担。在大部分市场商品放开以后，国营商业要积极参与市场调节，发挥调节供需、平抑物价的作用。同时，要大力发展包括为生活服务和为生产服务的第三产业，扩大网点 提高服务质量，进一步提高城市的综合服务功能。

对外开放，是振兴重庆经济的必由之路，要继续扩大同国外的经济技术交流，努力增加外贸出口。全年外贸收购总值计划3.3亿元，比上年增长10%；自营出口总值计划9700万美元，比上年实际增长56%。还要大力发展对外劳务合作，扩大劳务输出。在技术引进方面，要围绕用新技术改造传统产业和发展新兴产业，有效地引进先进适用技术和关键设备，努力提高技术引进的经济效益。1985年技术引进和设备进口计划重点安排的是轻纺、化工、电子、仪表等行业的技术改造和新技术、新产品开发，主要有彩电生产线、电冰箱生产技术、双缸洗衣机生产技术、喷气织机、印染设备、苎麻脱胶技术、全套等级面粉设备、肉类加工设备、程控电话交换机等。计划安排的引进项目，原则上要在年内对外签约成交，各单位必须抓紧时间认真做好前期准备工作和技术经济的可行性论证工作。这批引进项目建成投产以后，将使我市一批骨干企业拥有部分七十年代末八十年代初世界先进水平的生产手段，对加速我市经济发展有重要的意义。

（五）适应经济搞活的新形势，加强对社会资源的组织和调剂，搞好全社会物资综合平衡，以保证生产建设的持续发展。

今年全市主要统配物资的供需平衡缺口较大，但从全社会资源来看，只要加强经济技术物资协作，搞好市场调节，多数品种是可以平衡的。由于国家对各部门、各地区统配物资年度计划安排，从今年起直至整个“七五”期间均按1984年计划基数分配，新增加的资源主要用于保证国家重点生产、重点建设；市的统配物资分配，属于生产维修用料部分，原则上也按照1984年计划基数分配。由市统一组织的地方资源主要用于保证市的重点生产建设，一般生产建设所需物资不足部分主要依靠企业自己组织和市场调节解决。为了弥补国家统配物资的缺口，必须从多方面组织社会资源，搞好全社会物资的综合平衡。今年除了在统配物资的计划分配上采取一些改进措施外，还要采取适当的经济办法，在社会上组织一部分原材料纳入计划安排。同时，努力发挥各种物资交易中心的作用，给重要物资的供销开辟公开市场，通过交易中心实行产销见面，调剂余缺。各生产建设部门要努力降低消耗，合理利用库存，积极参与市场调节以解决缺口，确保今年生产建设计划的完成。

（六）加强智力开发，进一步发展科学、教育、文化、卫生、体育事业。

发展教育事业，是智力开发的基础。切实抓好基础教育，今年全市小学、初中招生计划安排36万人，在校学生达到233万人。要进一步改善办学条件，努力提高教育质量。要加快中等教育结构改革，积极发展中等职业教育，继续改一部分具备条件的普通高中为职、农中学，为各行业输送有文化有劳动技能的素质较高的劳动者。中等教育专业，要发挥现有潜力，调整专业设置，全市中专计划招生5250人，比去年增长17.2%。渝州大学要调整人才培养的层次结构和科类比例，增加招收短学制的专科生，今年计划安排渝大招生870人，比去年增长26%，其中各类专科生630人，比去年增长40%。还要大力发展成人中高等教育，并有计划地培训和轮训科技、管理干部，以解决知识更新和提高水平，适应技术进步和生产发展要求。

其他各项文化事业和卫生、体育事业，今年也要有新的发展。继续搞好计划生育，计划安排全市人口自然增长率为7.08‰，要切实做好工作，确保计划指标不突破。

（七）加强消费基金管理，控制消费基金增长，保证经济体制综合改革的顺利进行。

消费基金增长过猛，是当前经济生活中一个值得重视的问题。去年全市消费基金增长的幅度，超过了劳动生产率提高和财政收入增长的幅度。今年一季度，情况有所好转，但消费基金增长过猛的势头还没有完全控制住。为了保持我市经济发展的好势头，保证经济体制综合改革顺利进行，根据国务院关于控制消费基金增长的通知精神，我市要采取有力措施，在进一步搞活企业、搞活经济和坚持实行按劳分配的同时，加强经济的宏观调控和协调。对消费基金的形成和使用，要实施必要的监督、管理，坚决纠正乱加工资、滥发奖金、补贴的不正之风。主要是抓好以下几项工作：按照兼顾生产发展和职工生活的原则，由财政部门会同企业主管部门合理核定全民所有制税后留利用作生产发展基金、福利基金和奖励基金的比例；集体所有制企业的税后利润，也必须提留必要的生产发展基金和集体福利基金。坚持实行工资基金计划管理制度，凡全民所有制企业、事业、机关等单位支付给职工个人的属于工资总额组成部分的计时工资、计件工资、加班工资、附加工资、奖金、津贴等，均应纳入工资基金计划管理的范围，依法计征奖金税或工资调节税。除国家规定不纳入征税范围的特定原材料节约奖、合理化建议奖、技术改造奖等外，其他各种奖金和以各种名义发给职工个人的实物现金，均应计入奖金总额，计征奖金税；实行工资总额与经济效益挂钩浮动和百元产值工资含量包干的企业，按国家规定计征工资调节税（或奖金税）。建立消费基金专户存储制度。切实加强现金管理。严格控制行政经费的增加。严肃财经纪律，坚决纠正新的不正之风。

各位代表，今年我市经济形势很好，头四个月全市工业生产已累计完成总产值 42.86 亿元，比去年同期增长 25%，完成年计划的 33.7%；财政收入已累计完成 5.32 亿元，比去年同期增长 30.8%，完成年计划 37.7%。中央《关于经济体制改革的决定》指出，越是搞活经济，越要重视宏观调节。我们一定要密切注意计划执行中的新情况和新问题，总结经验，把握全局，统筹协调，努力做好综合平衡工作，力争全面超额完成今年的各项计划。

关于重庆市 1984 年财政决算和 1985 年财政预算草案的报告

（1985 年 5 月）[①]

重庆市财政局局长　雷振南

各位代表：

我受市人民政府委托，向大会报告 1984 年财政决算和 1985 年财政预算草案，请予审查。

一、1984 年财政决算

1984 年是我市计划单列的第一年。全市人民在市委和市政府的领导下，认真贯彻对内搞活经济、对外实行开放的一系列方针政策，加快经济体制改革的步伐，工农业生产全面增长，科学、文教、卫生等各项事业有新的发展，城乡人民生活进一步改善。在国民经济持续、稳定、协调发展的基础上，我市财政收入突破了连续四年徘徊在 11 亿元左右的局面，超额完成中央分配预算数，财政状况继续朝着好的方向发展。

① 此报告于 1985 年 5 月召开的重庆第十届人民代表大会第三次会议上报告。

1984年财政决算已编制完毕，正上报财政部审批中。根据编制的财政决算数，1984年全市财政收入13.5846亿元，剔除排污费收入1551万元后，完成13.4295亿元，完成中央分配预算数的108.21%，超收1.0193亿元，比上年增长15.13%。各项主要收入的完成情况是：

（一）各项税收11.2922亿元。其中工商税收完成10.7778亿元，为预算的111.92%，比上年增长19.31%。工商税收超收较多，主要是1984年工农业生产发展比较快，商品流通扩大，税收征管工作加强。同时，从四季度起，对国营企业实行第二步利改税，有一部分利润转化为税收上交。全市仅市属地方国营企业利转税就有1878万元。

（二）企业收入2.1097亿元，完成预算的94.38%，比上年减少1.89%，企业收入没有完成预算，主要是去年四季度一部分企业利润转为税收上交。

（三）其他收入1827万元，完成预算的117.49%，比上年增长4.82%。

1984年全市财政支出6.4542亿元，为调整预算数的87.97%，比上年增长30.87%。支出增长较大的一个重要原因是，1984年我市计划单列后中央对市实行“收支挂钩，总额分成”的财政体制，市里在多收多支的原则下，较多地安排了支出。同时，中央有关部门对市也给了较大的支持。各项主要支出完成的情况是：

（一）基本建设拨款8332万元，比上年增长1.03倍，其中，用于工业、农业、交通、城市建设的投资共4360万元；用于文教科学卫生事业的投资1809万元。

（二）企业挖潜改造资金和科技三项费用6293万元，比上年增长75.93%。这两项经费由中央、省追加的专款5306万元。

（三）支援农村生产支出和各项农业事业费4170万元，比上年增长22.61%。

（四）文教科学卫生事业费2.0811亿元，比上年增加2652万元，增长14.6%。其中：教育事业费1.2139亿元，比上年增长10.41%；卫生事业费4090万元，比上年增长18.28%，科学事业费542万元，比上年增长117.67%；体育事业费384万元，比上年增长33.8%。

（五）行政管理费1.0746亿元，比上年增长34.97%。其中：法院、检察、司法支出885万元，比上年增长33.28%。行政费用增长幅度较大，主要是新设机构和人员增加较多，相应增加工资支出和办公经费；购置和修缮费也比上年有较大增长。

（六）城市维护费6996万元（含用排污费收入安排的环境保护支出），比上年增长17.34%。

（七）其他各项事业费用7194万元，比上年增长16.92%。

1984年全市购买国库券4650万元，超额1.91%完成了国家分配的任务。全年完成能源交通重点建设基金1.4005亿元，除完成上交中央任务6375万元外，超收7630万元，按规定全部返还地方用于能源交通建设。

按照财政体制规定，1984年我市财政收支平衡结果年终滚存结余1.8118亿元。其中：结转下年继续使用的支出结余8518万元（市级财政6522万元，区县级财政1996万元）；中央返还的超收能源交通基金7630万元；净结余1970万元（市级财政净结余810万元，区县级财政净结余1160万元）。

一年来，为了完成国民经济计划和财政预算，主要做了以下几项工作：

（一）努力发展生产，提高经济效益，增加财政收入。1984年各部门、各单位在经济体制改革中，努力发展生产，提高产品质量，增加花色品种，搞活商品流通，提高了经济效益。市属517户国营工业企业，完成工业总产值53.8936亿元，比上年增长12.57%，销售收入完成51.185亿元，比上年增长12.22%；利税完成10.0558亿元，比上年增长17.41%；销售和生产同步增长，而利税的增长又高于产值和销售收入的增长；每百元产值实现利税19.59元，比上年提高0.81元；全员劳动生产率比上年提高 1354 元,达到 13713 元。

(二)积极支持全民、集体、乡镇企业的技术改造和开发。为了充分发挥老工业城市的潜力,促进生产发展,1984 年除拨付挖革改资金和科技三项费用 6293 万元外,财政上还以借给周转金的形式,实行无息优惠,有偿借用的办法,支持全民、集体和乡镇企业进行技术改造和发展生产,为财政收入持续增长增加后劲。1984 年市财政共借出周转金 3277 万元;向企业发放小型技术措施贷款 1773 万元;同时在国营工业企业中,施行了用自有资金进行技术改造新增加的利润两年内留给企业用于技术改造的措施。在这一年里,市属国营工业企业试制完成新产品 1019 项,投产 595 项,很多企业获得明显的效益。

(三)合理分配资金,保证了城市重点建设,智力开发和发展农村经济的需要。1984 年共筹集了 1.3079 亿元的资金用于城市维护和重点建设。其中:用于修建城市居民住房投资 3086 万元;用于修建上清寺天桥及牛角沱道路工程投资 1185 万元;用于建设县、镇小水厂投资 224 万元。教育事业有较大发展,全年仅用于教育系统的支出共 1.8763 亿元,比上年增长 45.52%。其中:在城市维护费中安排中小学房屋修缮 463 万元;用于教育事业发展的基建投资 852 万元;筹集教育经费 3979 万元,修复中小学危房 478413 平方米,扩建和新建校舍 202088 平方米;添置木质课桌凳 199917 套,使中小学办学条件初步得到改善。卫生事业也有一定发展,病床比上年增加 402 张,同时还支持发展了 5000 张家庭病床,为老年人、慢性病患者、瘫痪病人看病、住院提供了方便。基本建设用于卫生事业的投资有 514 万元,增加了大型医疗设备。如:肿瘤中心引进安装了一套进口 CT 扫描机,外科医院添置了 1250 毫安照光机的配套设备。在体育方面,省、市投资改造了两个区县露天灯光球场为简易体育馆,改造了市射击场的气枪馆,小口径、猎枪射击靶,新建 1050 平方米室内训练房一幢和田径训练棚一座,为广泛开展群众性体育运动创造了条件。农业是国民经济的基础,1984 年安排的支农资金,比上年增加 769 万元。用于改变农业基本生产条件,续建配套小型水库 146 座,整治病、险水库 184 处;治理水土流失 12 个点共 3 万亩;扶持发展乡镇企业 273 个,比 1983 年增加 187 个;发展饲料加工厂 71 处;扶持农村专业户(重点户)4336 户发展多种经营;建立了 31 处柑橘贮藏点,贮藏柑橘 358 万斤,缓解了市场淡季水果供应问题;为解决烂苕问题,还新建红苕淀粉加工厂 13 处。这些对发展农村经济,使农民尽快富裕起来,起了一定的促进作用。

(四)坚持改革,增强了企业的活力。为了正确处理国家和企业的分配关系,进一步增强企业的活力,在对国营企业实行利改税的改革中,结合我市实际情况,对企业适当放宽政策,主要措施是:(1)放活小型企业实行调整小型工业的所得税率,放宽小型商业的划型标准以及减成征收等措施。(2)为了鼓励企业降低成本,促进增产增收,在工业企业中实行了成本降低奖。(3)对国营零售商业划小核算单位,分别实行了全民所有集体经营、租赁经营和转为集体所有制三种经营方式,调动了企业和职工的经营积极性。据初步统计,市属国营企业 1984 年企业留利 3.053 亿元,比 1983 年增加 1.0157 亿元,增长 49.86%;单项留利比上年增加 983 万元,职工所得也比上年增加 48.67%。

总的说来,1984 年全市财政经济情况是好的,实现了财政收支平衡略有结余。但在执行中也还存在一些问题,主要是企业的经济效益虽然有所提高,但还不够理想,工业企业可比产品成本比上午上升 2.21%,亏损额也比上年增加 162 万元,有的老亏损企业已经扭亏为盈,但又出现了少数新的亏损户。同时我们在自主安排支出的第一年,由于缺乏经验,对宏观经济进行全面的分析和综合平衡不够,对支出控制不严,行政经费增长过快,所有这些,都需要在今后工作中加以克服和改进。

二、1985 年财政预算草案

1985 年是“六五”计划和“七五”计划承先启后

的一年，我市在经济建设中，将继续贯彻执行对内搞活经济、对外实行开放的方针，坚决贯彻中央关于经济体制改革的决定和各项政策，以提高经济效益为中心，努力完成和超额完成国民经济计划和财政预算，为执行“七五”计划打下牢固的基础。

中央决定从1985年起开始实行新的财政体制，即“划分税种，核定收支，分级包干”。按全国统一口径，中央重新核定我市的财政收入基数为10.9471亿元，支出基数为4.1052亿元，总额分成比例为37.5％。1985年我市的财政收支预算革案，是按照中央分配我市的财政收入预算任务和新的财政体制的要求，以及中央提出的“在生产发展、经济效益提高的基础上，努力开辟财源，增加财政收入，根据量力而行的原则，保证国民经济的稳定发展和经济体制改革的需要”的原则进行编制的。

1985年中央分配我市的财政收入预算为14.168亿元（按1984年老口径分配），比上年实际完成数增长5.5％。其中：各项税收11.6193亿元（含农业税5193万元），企业收入2.5213亿元，其他收入274万元。中央、省要求将1985年财政收入任务按利改税第二步改革后的新税率和新的财政体制进行换算。新的财政体制规定：中央石油、石化、电力、有色金属部门所属企业的产品税的70％和海关代征工商税上划中央；银行营业税、建筑税下划地方参与总额分成。经过换算，我市1985年财政收入预算为14.1亿元（含排污费预计收入1500万元），各项收入的安排情况是：

（一）各项税收12.4819亿元。其中：工商税收11.7626亿元（含城市维护建设税5200万元）、建筑税2000万元、农业税5193万元。

（二）企业收入1.4384亿元（已扣除利转税因素）。其中，工业收入2.0445亿元，商业及其他企业收入6452万元，粮油、棉花、煤炭价差补贴和粮食企业亏损共安排了1.2513亿元。

（三）其他收入1797万元，其中排污费收入1500万元。

财政收入预算的分项数字，在实行利改税第二步改革和新的财政体制之后，由于收入的结构发生了变化，与去年实际收入存在不可比因素，因而未与1984年财政收入数相比较。但是在分配收入预算时，已扣除了1985年企业归还银行贷款，对国营企业实行利改税第二步改革进一步放宽政策，1983年企业调资应自行负担部分在1985年进成本，以及原燃材料调整价格翘尾巴等减、收因素。为了保证完成1985年中央分配我市的预算收入任务，市委、市政府要求1985年各部门、各单位的工作，应按完成全市财政收入14.5亿元的奋斗目标进行部署。根据上述要求，我们已经会同市的有关部门将奋斗目标分别落实到市级各部门和各区县。我们相信，只要努力发展生产，搞好经济改革，提高经济效益，今年中央分配我市的预算收入任务是能够完成的，市里提出的奋斗目标也是可能实现的。

此外，1985年中央分配我市购买国库券任务7287万元，比1984年增加2637万元，增长56.71％，其中：个人购买部分增长101.7％，集体认购部分没有增加。征集能源交通建设基金任务仍为6400万元。

1985年，全市财政支出预算5.7063亿元，比上年初预算增长24.65％。在安排支出时，我们按照中央提出的量力而行的原则，根据我市财力的可能，本着“保证重点，兼顾一般，不留缺口，不打赤字预算”的精神，保证重点建设和经济体制改革的需要，继续支持文教科学卫生事业的发展，改善人民生活，通过综合平衡进行安排的。各项主要支出的安排情况是：

（一）基本建设拨款年初暂按4224万元安排，与上年初预算持平，待年度执行过程中视收入完成情况再行安排，努力保证基本建设计划8000万元的需要。

（二）企业挖潜改造资金和科技三项费用1420万元，比上年初预算增长77.5％。

（三）支援农村生产和各项农业事业费4263万元，比上年初预算增长28.71％。

（四）城市维护费6700万元（含用排污费收入

1500万元安排的环境保护支出)，比上年初预算增长46.54%。

(五)文教科学卫生事业费2.3692亿元，比上年初预算增长29.27%。其中：教育事业费1.5835亿元，比上年初预算增长36.39%，超过了全市支出增长幅度；科学事业费385万元，比上年初预算增长18.83%；卫生事业费4094万元，比上年初预算增长17.31%。

(六)行政管理费7778万元，比上年初预算增长18.15%。

(七)其他各项事业费6434万元，比上年初预算增长12.48%。

(八)总预备费2552万元(含因物价改革将增加财政支出因素)，比上年初预算增长13.88%。

1985年要实行工资改革，按照省的统一口径，已将因工资改革而增加的支出，分别编列在各项支出中。因物价改革将增加的支出暂时编列在总预备费中。今年的各项支出，是根据全市的财力状况和国民经济发展的要求安排的。在年度执行中，中央、省还将增拨一些专款；各区县也会在本级财力可能的情况下增安一些支出，实际结果将会超过现在的预算。

三、为圆满完成1985年财政预算任务而努力

努力完成今年的财政预算，实现收支基本平衡，是保证经济体制改革顺利进行和发展大好形势的主要条件。目前，我市财政还存在不少困难，要圆满地完成1985年财政预算，任务是艰巨的。我们必须统一思想，切实搞好增收节支工作，着重抓好以下几项工作：

(一)努力增产增收，狠抓扭亏增盈，进一步提高经济效益。不论工业和商业、生产企业和建设单位，都要进一步把工作重点转移到提高经济效益这个中心上来。在搞好经济体制改革和企业技术改造的基础上，注意克服片面追求产量、产值，忽视品种、质量和消耗的现象，要注意投入和产出的比较，努力把产品质量、品种和销售抓上去，把原燃材料消耗、成本费用降下来，加速资金周转，力争企业上交财政收入的增长高于生产、销售的增长幅度。1985年工业、商业及其他企业由于1983年调整工资而增加的成本以及原燃材料、其他物品价格调整等因素，应该通过挖掘增产增销的潜力，降低消耗，节约费用，提高效益来解决。所有经营性亏损企业都应按照中央的要求，限期订出扭亏增盈的措施规划，由市有关部门会同主管部门逐户审查落实。煤炭、食品、粮食等政策性亏损企业，也要通过大搞综合经营，以副补主，以议补平，以工补商等办法，努力减少财政补贴。为了支持企业的技术改造和帮助企业扭亏增盈，财政上准备在工商企业中，普遍实行企业用自有资金进行技术改造的新增利润，两年内留给企业用作技改资金的政策。对于今年内采取措施可以实现扭亏增盈的经营性亏损企业，财政上可以预先借拨适量的技术措施费，帮助企业实现扭亏增盈。

(二)继续搞好国营企业利改税第二步改革工作。在利改税第二步改革工作中，根据放宽政策、搞活经济的精神，对于人平上缴利润高、贡献大而人平留利低的企业，将继续放宽政策，适当提高企业的留利水平；对于需要重点扶持发展的企业也将给予减免调节税的照顾，以增强企业的活力。国家和企业之间的分配关系经第二步利改税后，基本上固定下来了，企业可以从增产增收中去实现多收多留，这有利于调动企业改善经营、搞活经济、增收节支的积极性。由于这项改革涉及面广，工作量大，需要各部门继续协作配合，共同努力搞好利改税第二步改革工作。与此同时，还要加强国库券的发行工作和能源交通重点建设基金的征集工作，努力完成和超额完成收入任务。

(三)改革区县的财政管理体制，抓好农村财政工作。为了调动区县发展经济、增产增收的积极性，使区县的财政力量能够随着区县工农业生产的发展和经济效益的提高而相应得到增长，按照市委、市政府的决定，从1985年起，对全市21个区县

实行“分灶吃饭”全市除3个区县支大于收由市财政给予定额补贴外，其余十八个区县实行“核定收支、总额分成”的财政体制，总额分成比例和定额补贴数额核定以后原则上一定三年不变。各区县可以根据所得分成收入自主安排支出，多收多支，自求平衡。实行新的财政体制，是把区县真正建成一级财政，这有利于调动区县政府的积极性，有利于区县经济发展和人民富裕。

在改革区县财政管理体制的同时，各区县要注意解决好乡镇一级财政的建立问题。区县可以根据本地区的实际情况，对乡镇分别实行“定收定支、收支挂钩、总额分成”“定收定支、收支挂钩、超收分成（或增收分成）”的财政管理体制，以调动乡镇组织收入管好支出的积极性，促进农村经济和各项生产建设事业的发展。

要认真贯彻中共中央〔1985〕1号文件精神，管好用好财政用于农村的各项资金，扩展财政领域，用经济的办法统筹农村社会财力，促进农村产业结构的调整，支持和完善建立在联产承包责任制基础上的各种合作经济，推动农村商品生产，帮助贫困地区改变面貌，振兴区县级财政经济。

（四）严格控制基本建设规模和节约各项经费开支，搞好财力的综合平衡。最近两年，我市基本建设投资有较大幅度的增长。1985年基本建设的投资规模，一定要严格按计划进行控制，不得随意增加突破计划，并且要把投资的重点认真地转移到以技术改造和改建扩建为主的方面来。今年以来，国务院已先后发出《关于严格控制社会集团购买力的通知》和《关于节减行政经费的通知》，要求今年各机关、团体、企业、事业单位的集团购买力，一律在上年实际数的基础上，核减20%；今年的行政经费预算要削减10%；企业的管理费和事业单位的行政开支，也要按照这个要求进行压缩。全市机关、团体、企业、事业单位都应对行政经费、企业管理费和各项事业经费实行严格控制，提倡勤俭节约，反对铺张浪费，尽量做到少花钱、多办事，把有限的资金使用在“四化”建设急需的方面，促进社会主义精神文明建设。随着经济体制改革的进一步展开，在资金分配结构和流向方面出现了新的变化，面对当前出现的新情况，我们要学会对预算内资金与预算外资金，财政资金与银行信贷资金，国内资金与利用外资进行综合平衡，建立综合财政计划，学会用整个社会财力去保证“四化”建设对资金的需要。

（五）加强财政、财务监督，维护财经纪律，坚决刹住各种不正之风。各部门、各单位在发展生产、搞活经济的同时，必须进一步加强财政、财务监督，严格财经纪律，堵塞“跑、冒、滴、漏”。特别是对那些以改革为借口，随意截留国家收入，扩大支出，乱提工资，乱涨物价，乱发奖金、实物、补贴，讲排场、摆阔气，挖国家、损集体、肥自己等违纪行为，各级财政、财务部门要切实加强监督检查工作，并按照政策进行严肃处理，坚决刹住各种不正之风。

各位代表，今年1至4月，在生产继续发展的基础上，财政收支预算的执行情况是好的。我们一定要抓紧大力组织收入，严格控制支出，为圆满地完成1985年财政预算任务而努力！

1985年5月28日

关于重庆市1985年国民经济、社会发展计划执行情况和1986年计划草案的报告

(1986年5月31日)[①]

重庆市计划委员会副主任 金 烈

各位代表:

我受市人民政府的委托,向会议报告重庆市1986年国民经济和社会发展计划的安排情况,请予审议。

一、1985年计划执行情况

1985年是"六五"计划期的最后一年,是全面改革的第一年。全市各条战线贯彻执行中央各项方针政策,深入进行改革,国民经济和社会发展计划执行情况良好,生产、建设、流通以及各项社会事业各方面都得到了相应发展,实现了改革初战必胜的要求。工农业生产持续稳定增长,重点建设和技术改造有所加强,城乡市场繁荣,财政收入增长较快,人民生活继续有所改善。1985年全市社会总产值达到200亿元,比上年增长12%;国民收入达到84亿元,增长12%;国民生产总值达到100亿元,增长13%;工农业总产值完成173.9亿元,增长13.7%,地方财政收入计划提前一个月完成,全年实现16.6亿元,按同口径比上年增长22.2%。在计划执行过程中,坚决执行了中央为消除全国经济生活中出现的不稳定因素所采取的一系列加强宏观管理的重大措施,和市委提出的"改革当头,紧中求活,活中求好"的方针,保证了国民经济继续朝着稳定协调的方向发展。

农业生产,在发展商品生产、调整产业结构方面迈出了重要的一步。广大农民为适应市场需求而生产的积极性日益提高,农村经济进一步活跃。全市农村社会总产值达到62.6亿元,比上年增长21%。农业总产值达到40.45亿元,超过了年度计划安排40亿元的要求,比上年增长8.8%。粮食由于自然灾害及播种面积减少等因素影响,产量只完成519万吨,没有完成计划指标,比上年减产约50万吨,其他农副产品大多数比上年增加。猪肉和水产品的增长尤其显著,分别比上年增长23.2%和12.8%。农村商品经济的横向联系增加,第二产业、第三产业发展,农村社会总产值中,农村工业、建筑业、运输业和商业的比重由上年的25.6%上升到35.4%。乡镇企业在紧缩银根的情况下,生产继续发展,产值达到26.8亿元,比上年增长64%;从业人数达到86.1万人,占农村劳动力总数的16.7%,已成为农村经济的重要支柱。农民收入去年每人平均达到366元,比上年增长37元。农村经济的持续上升,为整个国民经济的改革和发展创造了良好的条件。

工业生产,适应国家加强宏观控制的要求和人民消费需求的变化,积极调整产品结构,增产适销对路商品,增长速度转为正常,经济效益也有了新的提高。全市工业总产值完成133.5亿元,超额5.1%,完成了全年计划,比上年增长15.3%。其中轻工业产值达到60.4亿元,增长11.8%;重工业产值达到73.1亿元,增长18.4%。全市考核的85种主要产品,产量比上年增长的有59种。市集中力量抓好的重点产品,通过规划扶持,在上质量、上批量、提高产品的竞争能力和市场占有率方面,取得了初步成效。22种重点产品,除极少数外产量都有较大幅度增长。其中汽车、摩托车、电冰箱、洗

① 此报告于1986年5月召开的重庆第十届人民代表大会第四次会议上报告。

衣机、电风扇、灯具等的增长幅度均在30%以上。全市重点考核的84种主要产品89项质量指标，质量稳定提高的有80种，稳定提高率达到90.5%。全市有14种产品获得国家金、银质奖，148种产品被评为市优质产品。在能源、原材料和运输价格上涨的情况下，工业经济效益仍有所提高。市属预算内国营工业实现的产品销售税金和实现利润分别比上年增长35.1%和11.8%，百元资金实现利税比上年增加2.55元。全市国营工业全员劳动生产率达到13138元，比上年提高了12.4%。全市每万元工业产值能耗比上年下降11.7%。

交通运输部门在改革中努力挖潜，运输能力有所提高，邮电通讯有了新的发展。1985年全市交通运输部门共完成货运周转量165亿吨公里，比上年增长17%。邮电业务总量完成3025万元，比上年增长15.3%。

固定资产投资，重点建设和现有企业更新改造有所加强，自筹资金基本建设规模得到控制。全地区全民所有制单位固定资产投资共完成21.09亿元，其中基本建设投资11.31亿元，更新改造投资8.74亿元。在基本建设投资中，用于能源、交通邮电、城市建设的投资增长幅度较大，能源工业投资增长33%，交通邮电投资增长63%，城市建设投资增长8%。全年共建成投产项目503个，新增固定资产7.58亿元，比上年增长36%；竣工房屋面积242万平方米，增长32%。1985年投产项目新增生产能力，主要有重庆特殊钢厂一次精轧1.25万吨/年，西南铝加工厂冷轧铝材2.45万吨/年，合成氨3000吨/年，啤酒2600吨/年；新增效益，主要有上桥5000吨果品冷库一座，大专院校学生席位11564个，中小学生席位2.1万个，老企业技术改造的步伐加快，全地区全民所有制企业完成的更新改造投资比上年增长68.8%，其中用于增加产品品种和提高产品质量的投资增长1.4倍，用于节约能源、节约原材料的投资增长34.2%。建成投产的项目678个，新增固定资产5.5亿元，可增加产值6.6亿元，利税1.26亿元，随着技术改造的加强，近年来我市更新改造投资占全部固定资产投资的比重一直处于上升趋势，1983年为38.1%，1984年上升到39.7%，1985年达到42%，我市原有工业基础技术状况日趋恶化的局面开始扭转，按照国务院及全国省长会议关于严格控制基本建设投资规模指示精神，去年我们采取了严格控制自筹资金基本建设规模的坚决措施。对全市自筹资金基建项目进行了全面的清理，调整压缩了年初按原来国家规定增加安排的投资1204万元；对按规定不纳入计划的基建项目，也进行了清理审查。经过工作，按计划口径检查的我市自筹资金基本建设投资，去年没有突破国家计委6月份重新核定的1.3亿元计划控制规模。

敞开重庆大门，实行多层次开放，促进了商品、物资交流，加强了经济横向联系，去年在重庆召开的西南“四省（区）五方”经济协调会和沪宁汉渝市长联席会取得了积极的成果，与西南地区、长江流域以及全国各地的经济技术协作，出现了新的局面，全年我市与全国26个省市自治区共签订经济协议1259项，年内已实施333项。流通体制的改革促进了城乡市场的繁荣，全市社会商品零售总额达到52.3亿元，比上年增长26.7%，其中消费品零售额增长27.2%，农业生产资料零售额增长7.6%，生产资料市场正在逐步形成，已建立的金属材料、建材、木材、汽车等六个物资贸易中心，去年的成交总额达到了3.61亿元。

对外经济贸易和经济技术交流取得了新的进展。全市外贸商品收购总值达到4.86亿元，比上年增长66.5%，外贸商品出口扩大到62个国家和地区，出口创汇1.05亿美元，比上年增长68.6%。在出口大类商品中，机械类、畜产品类、粮油食品类分别比上年增长176.6%，154.7%和48.3%。在利用外资方面，有了一定进展，全年共签约86项，总额5055万美元，引进技术、进口设备，达到5837万美元，劳务出口和承包工程比上年成倍增长，随着进一步对外开放，去年我市接待的国际游客达到4.69万人，比上年增长28.9%。

消费基金增长过猛的势头，已经基本刹住。去年市初步建立了消费基金计划管理制度。市财政部门会同企业主管部门，逐户核定了全民所有制企业税后留利分设生产发展基金、福利基金和奖励基金的比例，市计委下达了全民所有制工资总额计划，市人民银行会同专业银行制定了消费基金管理办法，市税务部门依法计征了奖金税和工资调节税。经过工作，去年全市工资性现金支出增长幅度逐季下降，一季度增长41%，二季度只增长31%，三季度增长率降低到26%，四季度进一步降低到11%，与1984年逐季上升的趋势正好相反；全年工资性现金支出增加额中，属于调整工资、增加肉价补贴等政策性因素和生产建设发展带来的工资增长等正常因素占95%。

地方财政收入，在前两年分别增长3.3%和15.1%的基础上，去年又有新的增长，实现了三年三大步。财政收入达到16.6亿元，比上年增长22.2%。银行信贷，没有突破国家下达的计划控制指标。

城乡人民的生活水平、生活环境和生活质量继续得到提高和有所改善。全市安置城镇待业人员8.5万人。全市职工平均年工资达到1074元，比上年提高15%，扣除生活费用价格指数上升因素，实际工资提高4.7%。农村人平生活费支出达到329元，比上年增长18.5%。全市人口自然增长率为6.61‰，控制在计划增长指标以内。

科学、教育、文化、卫生、体育事业，在全面改革中得到加强和发展。城乡环境保护、治理污染工作有所加强。

总之，在去年全面改革的推动下，国民经济和社会发展计划的执行情况是好的。各方面做了很多工作，成绩很大，实现了改革初战必胜的要求。对此，要有充分的认识，足够的估计。但是，必须看到，在经济工作中仍然存在许多问题，需要引起注意。主要是：去年粮食减产，除了自然灾害影响外，在调整农村产业结构时对粮食抓得不紧，粮食播种面积减少过多；去年全市耕地面积减少约6000.3万平方米，除了退耕还林约3333.5万平方米外，各种建设占地、私人建房占地2666.8万平方米，滥占耕地的现象比较严重；农村产业结构仍然不能适应社会需要，农村抗御自然灾害的能力还很差，整个农业基础还比较脆弱。工业的产业结构和产品结构调整进展还不快，在全国有竞争优势的行业和有竞争优势的拳头产品还不多；统筹规划下的全行业技术改造还没有真正展开，相当一部分骨干企业的物质技术基础老化、管理落后的现象，还没有根本改变；引进技术的消化吸收和进口散件组装产品的国产化，进展很慢；企业素质普遍不高，对外部条件变化的适应能力和承受能力较差，经济效益提高的步子不快；在去年社会需求膨胀的情况下，相当一部分产品质量一度下降厉害；能源主要是电力，基本原材料主要是钢材、生铁、大厂水泥，严重短缺，已经成为经济发展的严重制约条件。外贸出口创汇少，甚至低于沿海不少中小城市，换汇成本较高。基本建设投资规模偏大，投资效果降低，去年基建投资是我市历史上规模最大的一年。非生产性投资占总投资的比重高达52%，固定资产交付使用率，房屋面积竣工率、施工项目投产率比上年下降，控制投资规模、调整投资结构、提高投资效益仍是一项十分紧迫的任务。财政支出增长超过了财政收入增长速度，在收入大幅度增长的去年，市级财政还没能做到当年收支平衡。职工工资总额的增长速度，超过了生产发展的速度，消费基金的膨胀，仍然是一个需要注意的问题。市场物价上涨太多，生活费用价格指数上升9.9%，对人民生活和社会安定带来一定影响。智力开发与人才培养，仍然是经济和社会发展中的薄弱环节，尤其是普及基础教育，还有大量的工作要做。上面谈到的这些问题，在安排今年的计划时必须充分重视，并采取有效措施逐步加以解决。

二、1986年计划安排情况的说明

1986年是“七五”计划的第一年。“七五”时期，是全面改革的关键时期，也是在物质技术方面为九十年代经济的更好发展准备条件的重要时期，统筹规划，认真做好今年的工作。对于实现“七五”计划的宏伟目标，具有极为重要的意义。总理在全国计划会议上的讲话中指出：“今年的经济工作要继续注意解决社会总需求超过总供给的问题，以保证经济的稳定增长。我们既要继续加强宏观控制，又要特别注意改善宏观控制，避免一刀切，既要把膨胀了的需求继续加以抑制，又要改善供给，把生产进一步搞活，既要把超高速降下来，又要在讲求效益的基础上保持适当的增长速度。这是指导今年经济工作必须注意掌握的几点”。根据国务院和中央财经领导小组提出的上述经济工作指导方针和重庆市的实际情况，1986 年我市计划的主要任务是：围绕加强和改善宏观控制、继续解决社会总需求超过社会总供给问题，巩固、消化、补充改善各项改革措施，组织好生产建设流通，稳定经济、提高效益、打好基础、增添后劲，促使经济继续协调稳定发展，保证“七五”计划有一个良好的开端。

1986 年计划主要指标的安排情况是：

社会总产值在 1985 年的基础上增长 8%，达到 216 亿元；

国民生产总值增长 8.5%左右，达到 108.5 亿元左右；

国民收入增长 8%，达到 91 亿元；

工农业总产值增长 7.5%，达到 187 亿元；

地方固定资产投资（市属部分），初步安排 9.51 亿元，其中全民所有制投资 7.52 亿元，集体所有制投资 0.90 亿元，个体投资 1.09 亿元，大体维持 1985 年计划水平；

社会商品零售总额增长 12%，达到 58.6 亿元；

地方财政收入 19.82 亿元，其中参与总额分成的收入 17.63 亿元。

市属全民所有制工业企业全员劳动生产率提高 6%。

全年节约能源 35 万吨标准煤。

人口自然增长率控制在 10.53‰以下。

1986 年计划的具体任务，主要有以下几项：

（一）进一步摆正农业在国民经济中的地位，切实采取措施保证农业稳定增长。

中央 1 号文件提出了今年农村工作总的要求，省委关于贯彻中央 1 号文件的意见也提出了一系列的政策措施，我们一定要认真地贯彻执行。我市虽然是大工业城市，但是有 1000 多万农业人口，1000 多万亩耕地，农业在国民经济中占有极为重要的地位。不能因为农业情况有了好转就放松农业，必须进一步摆正农业在国民经济中的地位，切实采取措施保证农业稳定增长，以保证整个国民经济持续稳定增长和社会安定。计划安排今年农业总产值达到 43 亿元，增长 6%。

认真贯彻“决不放松粮食生产，积极开展多种经营”的方针，切实抓好粮食生产，继续调整农村产业结构，加快商品经济发展，今年粮食计划产量 550 万吨，粮食播种面积要稳定在 117 亿平方米左右。努力提高单产，并逐步完善粮食合同订购方法，有条件的乡村还要实行“以经补粮”“以工补农”，或让粮农有较多的余粮自行转化、交换以增加收入，调动农民种粮的积极性。在保持粮食生产稳定增长的前提下，要因地制宜，从实际出发，正确处理好农村各业的关系，促进各种生产要素的最佳结合，努力实现综合经营，使各业得到协调发展。商品经济更加繁荣。生猪饲养是我市一大传统优势，需要继续保持和发展。今年肉类总产量计划安排 44 万吨，维持去年水平，主要是考虑了去年生猪增长较大和粮食减产可能对今年生猪饲料的影响。各区县在落实计划时，仍应尽可能地多养猪、多调猪。继续积极稳步发展乡镇企业，重点要搞好现有企业技术改造和提高经营管理水平，对新建项目，要有条件地予以支持。

为了加强农业基础，要逐步增加对农业的投入，除了国家安排的投资外，今年市用地方财政资金安排的农业基本建设投资占投资总额的 17%（尚不包括对农村电力建设的投资）。与去年相比，总数和比例都有所增加。在今年市财政资金用于基本建设的资金比去年压缩 1/4 的情况下，做出这样的安排，是尽了很大努力的。各区县根据自己的情况也要尽可能地增加对农业的投资。要提高资金的使用效益，对各种用于农业的资金综合平衡，拉通使用、协调投向、保证重点，并实行按项目有偿投放。当然，改善农业生产条件，不是一朝一夕就可以办好的事情，需要加强规划，分期实施，逐步积累。所需投入，不能只靠各级财政。要研究政策、办法，调动农民积极性，增加农民自身的积累，特别是劳动积累，维修、恢复和兴办一些小型农田水利设施，逐步改善农业生产条件。

要认真贯彻执行中共中央、国务院关于加强土地管理，制止乱占耕地的通知，坚决制止和纠正乱占耕地的现象，目前耕地减少的势头仍未减弱，必须引起高度重视。要广泛宣传，提高广大干部群众对合理用地，保护耕地重要意义的认识，认真清查非农业用地，采取综合措施，强化土地管理，建立健全土地管理机构，退耕还林也应有计划、有步骤地进行。

遵循国家支持、地方为主、综合配套的原则，抓好农林牧渔商品基地建设，市的资金投放，首先安排那些区、县不能办的项目，如良种的原种场和市属繁殖场的改造和扩建、饲料工业的添加剂等；其次是与县联合投资建设那些优势突出、基础较好、市场需要量大的项目，如瘦肉型猪、柑桔基地县建设，近郊菜、渔、奶项目的建设，鼓励工业、商业、外贸部门投资建设工业原料、副食品和外贸出口商品基地，逐步把农副产品商品基地建设成为工商（贸）运相结合，设施配套的生产经营联合体，以获得更大的社会经济效益。

（二）按照改善供给的要求，大力增产适销对路的产品，在提高经济效益和加快技术进步的基础上，创造工业生产的新水平。

今年工业生产，要遵循增加供给，进一步把生产搞活，在讲求经济效益的基础上保持适当的增长速度的原则，切实做好工作。计划安排全市工业总产值达到 144 亿元。增长 8%，其中轻工业增长 8.5%，重工业增长 7.4%。工作重点放在提高经济效益、加快技术进步上，继续抓紧产业结构和产品结构的调整，加强技术改造，提高管理水平，使工业发展的速度建立在部门、行业和产品结构不断优化的基础上。工业企业，尤其是大中型企业，今年要做到在产品的质量、品种、消耗、成本等方面有明显的进步，在引进技术的消化、吸收、创新和进口零部件组装产品的国产化方面，要加快进程。

列入市工业生产计划的产品共 98 项，安排的主要原则是，对于短缺的能源和原材料产品，原则上按生产能力安排；对国家下达有指令性生产任务的大中型企业实行指令性计划一本账，不搞层层加码。钢材、生铁、大厂水泥、焦炭、发电量中的水电，因没有新增生产能力，今年计划大体维持在去年计划水平，或略有增加，但为了支持经济协调发展，在计划执行过程中要力争多超产。煤炭生产在目前暂时供过于求的情况下，要加强销售工作，同时要采取一些保护性措施，并积极做好扩大产量的准备工作，以满足即将投产的重庆电厂新增机组以及将来珞璜电厂、重钢扩建等对煤炭的需要。电力紧张已成了我市生产发展的严重制约因素，现有电厂要多发、稳发、多供、并逐步完善电网，有条件的单位可搞热电结合。增加自备电源，以缓解电力不足的矛盾，有条件的区县要积极兴办小水电、小火电，对于适销对路的产品和优质名牌产品，要充分挖掘生产潜力，多产多销，以增加供给。缓和需求，并推动其他经济部门的发展。计划安排比 1985 年产量增长 10%以上的产品有 43 种，主要有化学纤维、呢绒、毛线、印染布、啤酒、罐头、赖氨酸、灯泡、日用铝制品、自行车、缝纫机、电风扇、电冰箱、微型计算机、集成电路、发电设备、工业锅炉、火车车皮等。对于技术落后的产品要限制生产，以集中物力财力和技术力量开发新产品、增加新花色，搞好产品更新换代。凡是国家已经公布淘汰的产品，各部门、各企业一律不得再恢复生产。1986 年多数原燃材料将继续紧张，一定要在降低消耗上下功夫，这既是缓解原燃材料紧张状况的有效办法，又是降低成本提高效益的主要途径。

无论轻重工业，都要努力提高产品质量和性能，要抓紧建立和健全质量监督、检验机构，完善质量标准、检测手段和责任制度，严格按标准组织生产。达不到质量标准的企业，要限期改进或停产整顿，不合格的产品，不准出厂，不算产量、产值。坚决禁止假冒名牌和以次充好等弄虚作假的现象。

（三）坚决控制固定资产投资规模，调整投资结构，努力提高投资效益。

为了控制社会总需求的膨胀，必须继续控制固定资产投资规模。国家计划安排，我市1986年市属部分全民所有制基本建设投资24424万元。其中预算内统筹4600万元。节能基建1041万元，煤代油专项资金投资100万元，银行贷款400万元，利用外资1620万元，自筹投资13000万元，由于今年自筹基建指标中包括了去年国家规定可以不纳入计划规模控制的四个方面的投资，地方基本建设计划实际上比去年压缩了近1亿元。今年国家计划还安排我市市属全民所有制单位技术改造投资规模44100万元。其中自筹投资20000万元，比上年增加3000万元，银行贷款24100万元，大体维护去年水平。此外，国家计划还安排我市其他固定资产投资6700万元，加上集体所有制单位和个体投资约19900万元，今年我市市属单位的固定资产投资计划为95114万元。我们一定要严格按照国家下达的计划安排建设，保证投资规模不突破计划，最重要的是控制住自筹资金基本建设，按照国家规定，除了地方、企业用机动财力和预算外资金安排的幼儿园、普通中小学和中等师范学校，高等师范院校的教学设施以及生活配套设施的建设可以继续不纳入计划规模控制外，各部门、各地区、企业所有自筹基本建设投资均需纳入计划规模指标控制。

关于市集中的几项建设基金的安排情况是：

市财政资金用于基本建设安排6000万元，比去年减少2000万元，首先安排续建收尾项目、与部合资项目、国外赠款贷款项目，严格控制新开工项目，安排的重点是农业、教科文卫、商业贸易等，对其他方面的需要也要作一些考虑，按行业划分的安排情况是：教科文卫2278万元，占38.0％；其中教育1153万元，占19.2％；农业1017万元，占17％；商业贸易627.5万元，占10.3％；工业275万元，占4.6％；公检法609万元，占10.1％；大中型项目前期工作费用150万元，占2.5％；其他各行业各部门及党政群团1043.5万元，占17.4％。

能源交通基金超收返还由市集中安排的5400万元，75％用于交通邮电通讯，计4050万元；25％用于小水电、小火电，计1350万元。安排的项目主要有江北机场、石门大桥、引进程控电话、合川渭沱电站以及永川、荣昌火电站等。

公路养路费，按交通部规定以20％用于公路重点改扩建工程，今年安排1464万元的改扩建项目投资，主要有国道210线红旗河沟至双凤桥23公里、国道210线石门桥至长途客车站5公里、川黔线4公里至大山村改造、国道319线潼南至安岳段等。

城市建设资金用于基本建设和重点维护项目的投资，首先保证石门大桥和黄桷渡水厂用款的需要，然后再适当安排其他项目。

在控制固定资产投资总额的前提下，要合理调整固定资产投资结构。今年主要抓好以下几件事：一是积极改善投资环境，吸引中央各部来我市投资建设能源、交通、原材料项目。二是市集中掌握的建设资金，也要有计划地调整，为经济发展准备后劲；对于非生产性建设，要适当控制，住宅建设只能稳步地进行，发展第三产业和加强城市基础设施，也要量力而行，安排适度，不能脱离经济发展水平和地方财力物力的承受能力。可搞可不搞的，坚决不搞，必须搞的也不能追求过高标准和搞形式主义。三是在市集中安排的资金和自筹基本建设指标中，要以一定比例用于发展横向经济联合和与各部门、区县联合发展能源、交通、原材料。

提高固定资产投资效益，是我市经济工作中一项紧迫任务。当前首先要解决许多项目投资一再突破概算，任意超支的问题。要严格按固定资产投资管理程序办事，对违反投资管理程序，随意更改设计、增加内容，提高标准的错误做法，必须坚决制止。凡初步设计概算超过设计任务书核定投资10％的，必须重新编报设计任务书，重新做可行性论证，并经原批准机关重新审批，施工预算和竣工决算未经原批准机关批准，不得超过设计概算。凡是批准新开工的项目，必须保证必要的资金、材料和设备，按合理工期组织施工，一次包死，到期销号，凡是没有条件按合理工期组织施工的，都只能作为预备项目。

(四)努力扩大出口,确保出口创汇计划的超额完成。

我市自1983年经济体制综合改革以来,外贸出口发展很快,去年自营出口比1983年增长2.75倍。但是,出口值仅相当于全市工农业总产值的2.5%,扩大出口潜力仍然很大。今年国家下达我市出口创汇计划9700万美元,维持去年计划水平,实际工作要按1.2亿美元的目标去做。这既是为了多创外汇,以加快引进技术的步伐和为利用国外资金,资源创造条件,又能使我市的产品进入国际市场接受竞争考验,从而促进产品质量和企业素质的提高。各级各部门在能源物资供应、交通运输、技术改造、信贷资金等方面,对出口商品要优先安排。国家规定的各种奖励出口的经济政策,要坚决落实。市里制定的各种奖励措施,也要保证兑现。要努力降低换汇成本,提高出口创汇的经济效益。

(五)进一步改进商业、物资计划工作,促进市场稳定繁荣和生产建设持续发展。

商业计划工作要适应有计划的商品经济发展的客观要求,坚持统一性和灵活性相结合的原则,自觉地运用价值规律,进一步放开搞活城乡市场,更好地引导生产,指导消费,稳定市场,促进人民生活水平的逐步提高。国营商业和供销合作社商业要掌握必要的商品货源,发挥国营商业对社会主义统一市场的领导作用,全市计划安排收购粮食60万吨,油料4.08万吨,生猪240万头,蔬菜1.1亿公斤。蚕茧2.05万吨,食糖1.3万吨、卷烟36万箱,布0.76亿米。国营商业要积极参与市场竞争,调节供需,平抑物价。同时,要继续大力发展为人民生活服务和生产建设服务的第三产业,增加网点,提高服务质量。

物资计划工作,要在加强全社会资源的组织和调剂上下功夫,积极做好全社会物资的综合平衡。当前,不少物资的供需矛盾确实比较突出,解决的办法不能指望国家增加分配平价物资,而必须着眼于社会资源,立足市场,广开门路,经济体制改革的一项重要内容就是要逐步缩小国家统一分配物资的范围,更多地发挥商品物资市场的作用,各部门、各企业都要学会通过市场调节和发展横向经济联系去取得所需要的短缺原材料,并努力提高对市价材料的承受,消化能力。计划部门要做好全社会物资的综合平衡,物资供应部门要多方开辟物资来源,开展多种形式的经营联合和销售服务。要认真办好物资交易中心,逐步扩大生产资料市场。进一步搞活物资流通。各生产建设单位要努力降低消耗,合理利用库存,开源节流,确保今年生产建设计划的完成。

(六)发展教育、科学、文化、卫生、体育事业,大力加强社会主义精神文明建设。

认真贯彻九年制义务教育法,切实抓好基础教育,继续改善办学条件,提高教育质量。今年全市小学、初中计划招生35.14万人,在校学生达到219万人,全市小学学龄儿童入学率,城镇要达到98%以上,农村要达到95%以上;小学毕业生升学率,城镇要达到90%,农村达到65%以上。继续调整中等教育结构,初步建立初中毕业生分流培养体制。全市中等专业学校计划招生5489人,技工学校计划招生5300人,职业中学招生13000人。发展高等教育和成人教育,市属普通高等学校招生1140人,市广播电视大学招生2500人,职工中专招生3630人,职工函授中专招生6865人,上述各项招生计划均比去年增加。还要有计划地培训和轮训科技、管理干部,以适应技术进步和生产发展要求。

加强科学技术工作,为经济建设和社会发展服务。今年拟新上100项重点科研和技术开发项目,完成150项重要科技成果,促进科研成果迅速转化为生产力。组织实施"星火计划",向乡镇企业输送科学技术,已初步确定7个项目,计划建立10个技术示范性乡镇企业,为乡镇企业培训3000名技术和管理人员。鼓励科研单位和企业建立横向联系,发挥技术市场的作用。

文学、艺术、广播、电视、新闻、出版等各项文化事业和卫生、体育事业,都要有新的发展,特别是各项文化事业,一定要努力提高政治思想水平和艺术质量,为提高人民的科学文化知识和丰富人民的文化生活,为推进社会主义精神文明的建设,做出应有的贡献。

（七）控制消费基金膨胀，保持物价基本稳定，继续改善人民生活。

近几年消费基金增长较快，超过了国民收入的增长速度，需要引起密切注意。今年要继续加强对消费基金的控制，做到有计划的增长，特别是要坚决制止在工资福利存在的互相攀比、滥发现金和实物的做法。今年国家计划安排全市市属全民所有制单位职工工资总额，比上年增长8%。全市农村人均纯收入，要力争达到400元，比上年增长34元。要抓紧对已出台的物价改革措施加以补充、完善，加强市场管理和物价监督，在控制消费基金膨胀和保持物价总水平基本稳定的基础上，城乡人民的实际消费水平要比上年提高5%。要继续广开就业门路安排城镇待业人员，全年要安置待业人员5万名以上，计划安排市属全民所有制职工年末人数，比上年末增加2.2万人。继续抓好住宅建设，改善居民居住条件，全年新建住宅100万平方米以上。积极发展民用天然气，加强环境保护和污染治理，使城乡人民的生活环境和生活质量有所改善。

各位代表：今年已过去五个月了，一季度，主要由于电力供应严重不足等原因，工业生产下降，影响财政减收，经过全市人民的努力，进入二季度以来，生产已经开始全面回升，但是由于一季度欠产较多，今后的任务十分艰巨。目前已进入汛期，电力供应的状况明显好转，流动资金紧缺的问题也已得到较好的解决，而且农村经济、市场供销、外贸出口等方面的形势都很好，有利条件很多。我们一定要随时注意新情况新问题，把握全局，统筹协调，抓住战机，一鼓作气，为全面超额完成今年的各项计划任务而奋斗，夺取“七五”计划首战的胜利。

关于重庆市1985年财政决算和1986年财政预算草案的报告

（1986年6月2日）①

重庆市财政局局长　胡安纮

各位代表：

我受市人民政府的委托，现在向大会提出重庆市1985年财政决算和1986年财政预算草案的报告，请予审查。

一、1985年财政决算

1985年，是全面完成“六五”计划并为“七五”计划作准备的关键一年，是我市经济体制综合改革试点的第三年。这一年，全市人民在党和政府领导下，把改革放在首位，物质文明和精神文明一起抓，生产建设和各项改革都取得了令人振奋的成就。在国民经济持续、稳定、协调发展的基础上，全市财政收入和支出都有较大幅度的增长，标志着我市经济发展进入了建国以来最旺盛的时期。

1985年全市财政总收入为16.6014亿元，完成预算的118.01%，比上年增长22.21%。按现行“划分税种，核定收支，分级包干”的财政体制规定，中央、四川省和重庆市的分配关系是：城市维护建设税6975万元和排污费收入1886万元全部留给我市安排使用。因此，中央、四川省和重庆市之间共分的财政收入为15.5239亿元，其中上交中央39.2%，计6.0854亿元；上交四川省23.3%，计3.617亿元；重庆市留用37.5%，计5.8215亿元。改革中，根据财政部规定留给我市安排使用的收入为1376万元。这样，我市从当年财政总收入中共分得6.8452亿元。

① 此报告于1986年5月召开的重庆第十届人民代表大会第四次会议上报告。

在1985年全市财政总收入中，各项税收14.9915亿元，企业收入1.3029亿元，其他各项收入3070万元。

1985年，我市可供安排支出的资金有：当年从财政总收入中分得6.8452亿元；中央和省追加专款和补助1.5111亿元；上年已安排项目转入1985年继续使用的结转资金8703万元；1984年能交基金超收返还7605万元；上年结余资金2040万元。以上五项共计10.1911亿元。实际执行结果，总支出为9.114亿元，比上年增长41.21%(剔除由中央预算支出改列地方预算支出的超购粮油加价款4200万元之后，则比上年增长34.7%)。此外，地方政府购买国库券和增设周转金463万元。收支相抵，财政滚存结余1.0308亿元。如果按照专款专用的原则，扣除属于各单位的基本建设、挖革改、科技三项费用等项目结转资金和行政、事业经费包干结余1.3311亿元后计算，1985年当年财政收支平衡结果则出现赤字3003万元。其中市级赤字3762万元，9个县赤字1718万元，其余12个区县结余2477万元(按现行财政体制规定由区县自行安排使用)。此外，1985年能交基金超收返还在1986年安排使用的7116万元。

1985年当年财政收支平衡结果，出现财政赤字的主要原因是：一、1985年财政收支预算安排后，新增支出因素较多，收入的增长不能满足支出日益增加的需要，仅1985年国家出台的工资、物价改革等新增支出，全市就增大开支8800多万元。这些新增支出因素，超出了地方财政的支付能力。二、我市城市基础设施落后，工农业生产条件和城市综合服务功能差，长期积存下来的生产、生活欠账很大。为了逐步改善生产条件，增强城市综合服务功能，1985年预算内的基本建设投资(不含能源、交通基金)比上年多安排了2326万元。此外，1985年行政管理费没有完成中央下达的控制指标，除新增人员、工资改革以及一些项目提高开支标准等原因以外，设备购置费比上年增加959万元，在这方面除国家一些主管部门规定要求必须开支购置外，我们控制不严，没有把住口子，也是一个原因。

在1985年全市财政总支出中，主要项目是：预算内基本建设拨款1.5378亿元，企业挖潜改造资金和科技三项费用5541万元，支援农村生产支出和各项农业事业费4274万元，城市维护费9717万元，文教科学卫生事业费2.7215亿元，行政管理费1.0761亿元。其他各项支出1.8254亿元。

1985年，我市还为国家征集能源交通重点建设资金1.6567亿元，为国家推销国库券7488万元。

我市1985年财政决算的情况表明，这一年我市的经济工作和财政工作在坚持改革、开放、搞活方针的同时，开始把立足点和注意力转向在全市范围内对国民经济的宏观控制，逐步实现财政从供给型向经营管理型转变。我们着重抓了以下几项工作：

(一)发展经济，搞活企业，涵养财源，促使财政收入进入稳定增长阶段。在1982年前的一个较长期内，我市财政收入始终徘徊在11亿元的水平上。从1983年开始经济体制改革后，财政部门紧紧围绕“搞活企业”这个城市经济体制改革的中心环节，采取了五条主要措施：一是通过两步利改税，核增企业(特别是大中型企业)的留利水平；二是逐步提高企业固定资产折旧率，加速更新改造；三是企业用自有资金进行技术改造后新增利润，两年内全部留给企业用于扩大再生产；四是确保财政收入在完成国家计划的前提下，适当放宽企业归还银行贷款的政策；五是实行鼓励企业出口创汇的奖励政策。三年来实行这些措施，使国营企业得到近4亿元的资金，为企业搞活经济，改善经营管理，增强后劲，发展生产，提高效益，创造了条件。1985年与1982年比较，工业总产值增长了50.68%，达到133.5亿元；国营工业独立核算企业产值利税率提高了4.26%，平均每年递增1.4%；财政收入增长了52.37%。平均每年递增15.07%，达到16.6亿元。三年共向中央和四川省上交26亿元，平均每年递增10.88％，说明我市发展国民经济生财、聚财之道是广阔的。对国家的贡献是比较大的。

（二）改革财政管理体制，从财政方面体现市带县。1985年，为了促进区县经济的发展，扩大区县财政的自主权，按照"区别情况，分类指导"的原则，对区县的财政体制进行了改革。这次改革，实际上是将中央核定给市的37.5％的分成比例收入，在市级财政和区县级财政之间进行再次分配。即市与区县"分灶吃饭"。市级财政的分成比例核定为26.8％，区县级财政综合分成比例为50.6％。这一分配是通过分别核定市级和区县级各自的支出占各自收入的分成比例进行的。具体做法是：第一，对收大于支的18个区县实行"核定收支，总额分成"的财政体制；对支大于收的双桥、潼南、大足3个困难区县实行"收入全留，定额补贴"的财政体制。第二，核定各区县收支基数时，从实际出发，为了扶持和照顾困难县，共调减收入基数580万元，调增支出基数964万元，从而提高了这些县的总额分成比例，增强其支付能力。第三，把给予困难县的定额补贴改为振兴财政经济的措施费，如对潼南县提前给予两年补贴款738万元作为发展经济周转金，上了8个经过论证分析，投资省、见效快的工业技措项目，效益比较显著。

实行新体制，使区县权、责、利结合，多收可以多支，激发了区县理财的积极性。这一年，区县财政收支增长幅度较大，收支分别比上年增长19.73％和36.49％，区县财政收支占全市财政收支的比重也越来越大。

（三）合理分配和使用资金，促进重点建设和智力开发。1985年，全市财政支出比上年增加2.6598亿元，增长41.21％。其中，基本建设投资比上年增加4573万元，增长54.88％；文教科学卫生事业费比上年增加6404万元，增长30.77％。这两项支出的增长幅度都很大。去年的经济建设取得了新的进展，重点建设工程进度加快。全市人民可以高兴地看到江北飞机场、嘉陵江石门大桥、向阳二隧道、重庆市急救中心以及一大片城市居民住宅，正在加紧施工，城市基础设施的建设被摆在重要的位置上，旧城改造和新区开发的步伐加快，重庆市的面貌发生了新的变化。这一年文教、科学、卫生事业的发展也很快。去年用于教育的各种投资的总数达到2.0174亿元，比上年增长39.7％，高于全市财政收入增长22.21％的幅度，有力地促进了教育事业的发展。教育部门用于教学和实验仪器等设备购置的支出1088万元，建立农村初中实验中心96个……教学条件有了一些改善，教学质量有了一定提高，普及初等教育取得了新的进展。科学研究取得了一批新的成果，卫生医疗设施继续得到改善，体育、文化、新闻、广播和电视事业在经济体制改革和社会主义精神文明建设中也做出了新的成绩。

（四）在生产发展的基础上，努力改善人民生活。1985年，在工资改革方面迈出了重要的一步，在国家机关和事业单位实行了以职务工资为主要内容的结构工资制，在有条件的38户大中型企业中进行了职工工资总额同企业经济效益挂钩，按比例浮动的试点，大多数企业仍实行基本工资加奖励的办法，但对职工的工资标准作了适当的调查，对少数由于奖励基金很少，进行调整工资标准有困难的企业，财政给予了适当的照顾。总的说，改革的进展比较顺利。同时，在去年的价格改革中，为了不使人民生活水平因肉价提高而降低，财政还支付了城镇职工肉价补贴。以上两个方面除去企业调整工资标准的开支由企业自行消化外，全市财政直接增加支出8800多万元。这几年来，我们始终坚持"一要吃饭，二要建设"的方针，确保在生产发展的基础上，使城乡人民生活水平不断提高。据统计，1985年全市国营企业职工平均工资1153元，比1982年增长42％，平均每年递增12.5％；城镇居民平均每人生活费收入762元，比1982年增长63.5％；农村人平纯收入366元，比1982年增长37.6％。我市物价指数上升的幅度，在全国各大城市中是较低的。扣除物价上涨因素，城乡人民群众收入每年递增10％以上。1985年城乡居民储蓄存款总额达到18.6亿元，比1982年增长1.4倍，人民已经从改革中得到了实惠。

（五）通过宣传、贯彻《会计法》和全面开展税收、财务、物价大检查，初步整顿了财经纪律。我们将宣传、贯彻《会计法》作为加强财政、财务管理的法制建设，作为开创财政、财务工作新局面的重要内容。在市人民代表大会常务委员会和政府的领导下，一方面开展了声势浩大的宣传《会计法》的各种活动，一方面认真开展了贯彻实施《会计法》的情况检查，从而树立了会计监督的权威。我们在去年上半年就强调严格控制财政支出，并对行政经费和社会集团购买力等非生产性开支采取了下达控制指标和紧缩开支的措施。这样，就避免了1984年第四季度发生的那种支出过猛，一些单位突击花钱的不正常状况。从去年8月开始，按照国务院的统一部署，在全市范围内历时五个月开展了税收、财务、物价大检查，取得了很大成绩。一方面增加了财政收入，另一方面对端正党风和社会风气，增强干部群众的政策观念、法制观念和全局观念，起了积极作用。此外，为了控制好消费基金的增长和固定资产投资规模，还对国营企业的税后留利加强了宏观控制、引导和监督，逐户核定了企业的生产发展基金、职工奖励基金和集体福利基金的比例。

总之，重庆的财政工作始终是围绕支持改革、促进改革和提高经济效益进行的。重庆市1985年财政收支情况是良好的，可以用三句话加以概括：财政收入持续稳定增长，对国家贡献增大，人民生活显著改善。但是，也应当清醒地看到，目前重庆财政存在的问题也不少。一方面，经济上还有一些不稳定因素。例如，为了偿还我市多年累积下来的大量生产、生活欠账，为了顺利进行工资改革和物价改革，就不得不动用历年滚存结余，缩小了我市财政的回旋余地。在经费开支上，某些方面还存在铺张浪费的现象。许多企业的管理水平和技术水平不高，经济效益低的状况有待进一步转变。这些都直接或间接地反映到财政上来，影响了财政的稳定增长和平衡。这就要求我们进一步开辟财源，加强财政管理和财政监督，努力增加财政收入，继续同经济领域中的不正之风和违法乱纪行为作斗争。

二、1986年财政预算草案

1986年，是“七五”计划的第一年，也是重庆实现经济起飞的极为重要的一年。妥善地安排和组织实现这一年的财政收支预算，是巩固和发展我市当前大好形势，保证经济持续、稳定、协调发展，顺利推进经济体制改革的基本条件。根据我市“七五”计划期间的任务和经济与社会发展的客观要求，1986年我市预算安排的主要原则是：正确发挥财政政策的作用，在促进生产发展，促进横向经济联合和提高经济效益的基础上，继续保持财政收入的稳定增长；按照我市经济体制改革综合试点的特殊性，认真贯彻“消化、改善、配套、发展”的方针，有计划地增强企业特别是大中型企业的自我改造、自我发展的能力；有计划地增强区县级财政的活力；合理分配资金，调整投资结构，保证重点建设，适当增加农业和教育、科学事业的投资，增加城市基础设施建设的投资，继续改善人民生活，加强财政监督管理，努力做到财政收支平衡。

现在提请审议的1986年财政预算草案，财政总收入为19.8157亿元，按照现行财政体制规定，我市分成收入预算有：总额分成收入6.6115亿元；城市维护建设税和排污费收入9000万元；由原冲减收入改列支出的各种价差补贴1.1292亿元；其他按规定留归地方的各种收入863万元。我市分成收入和支出各为8.727亿元，收支平衡。在我市1986年预算总收入中，各项税收16.4869亿元（含农业税6585万元），国营企业收入3.0973亿元，其他各项收入2315万元。

在我市1986年预算总支出中，主要项目是：财政预算内基本建设拨款6760万元，企业挖潜改造和科技三项费用2716万元，支援农村生产支出和各项农业事业费4490万元，城市维护费和环境保护补助资金9000万元，文教、科学、卫生事业费2.7972亿元，行政管理费1.0057亿元，其他各项事业费1.063亿元，价格补贴支出1.1403亿元。

此外，总预备费3742万元。

在编制1986年重庆市财政收支预算草案时，我们根据经济情况的变化和预算管理制度改革的需要，对财政收支结构和编列方法作了一些改进，并拟定了若干政策性措施，在这里需要作一些说明。

（一）关于今年全市财政预算草案的编制程序问题。由于改革了财政管理体制，市级财政与区县级财政“分灶吃饭”，必须赋予区县级财政充分发挥其地位、作用的权力。今年全市的财政收支预算草案是参照财政部编制的国家收入预算的方向、范围，结合我市的财政经济实际情况，合理地将中央下达我市组织财政总收入的任务分配给市级财政和区县级财政，两级财政据此各自独立地编制自己的收支预算。也就是说，把市级财政预算和区县级财政预算彻底分开。区县级财政预算报经区县人民代表大会审批后送市财政局。我们根据国家的财政政策，对区县级财政收支预算进行审核，然后再与市级财政收支预算汇编成全市财政收支预算草案，提请市人民代表大会批准。这样做，符合我国宪法第九十五条的规定。

（二）关于今年改变价格补贴在预算上的编列方法问题。过去，财政支付的各项价格补贴，包括粮、棉、油、市场用煤、猪皮制革等补贴，都属于政策性的补贴，这些价格补贴，过去财政上都是采取冲减收入的办法处理的。根据全国人民代表大会的意见，今年国家预算的编列进行了改革，把这些政策性的补贴由冲减财政收入改列财政支出。我们编制重庆市1986年财政收支预算草案，执行了这一预算管理制度的改革决定。这样，各级权力机关在审批各级财政预算时，能够更好地审查财政预算收支的实际规模和资金分配政策，人民群众也能够更全面地了解国家在改善人民生活和促进经济与社会发展方面所做的努力。同时，把价格补贴放在明处，也便于加强管理和监督。1986年的重庆市预算，由于把主要的价格补贴由冲减收入改列支出，增加收入和支出各1.1292亿元，预算收支的规模相应地扩大了。如果扣除这项增加因素，仍按1985年预算编制的可比口径计算，1986年我市的财政总收入为18.4899亿元，比上年增长12.66%，高于今年全市工农业总产值增长7.5%的速度，这就意味着完成今年的财政收入任务，除了要求有合理的经济增长外，关键在于提高经济效益。

（三）关于从财政政策上进一步搞活大中型企业的问题。在经济体制改革中，我们对于如何搞活企业，已经实行了若干政策措施，如前面说的“发展经济，搞活企业，涵养财源”的五条作法。今年，我们还将进一步探索和制定搞活大中型企业的财政政策。我市国营企业在实行利改税两步改革后，活力有所增强，但由于种种原因，大中型企业在按规定的税率缴纳所得税之后，尚需缴纳一定比例的调节税。现在，根据经济发展、价格改革情况和大中型企业技术改造的需要，根据财政部关于对部分大中型企业减征调节税的部署，今年将再减征调节税1157万元。这次减征调节税，从不同企业技术改造的实际需要出发，不搞平均分配，不搞“一刀切”，分配后戴帽下达到各企业。企业因此而增加的留利，应当用于技术改造和技术开发，不准用于职工福利或增加工资奖金。应当注意的是，尽管我们在财政政策上为进一步搞活企业作了一些努力，但现在企业的社会负担很重，各种摊派很多很重，企业难以承受，必须制止各种向企业不合理的摊派，使企业真正逐步增强自我发展和自我改造的能力。

（四）关于增加智力和卫生等事业的投资问题。市委和市政府对发展我市科技、教育和卫生事业十分重视。在“六五”期间，重庆财政对此共拨款9.8156亿元，平均每年递增14.49%，超过了同期全市财政收支分别递增9.38%和13.47%的幅度。1986年文教科学卫生事业费安排了2.7972亿元（不包括市级单位工资改革“翘尾巴”所需资金，将以专款形式另行下达），比上年初预算增加4280万元，增长18.07%。在年度预算执行过程中，还将安排一些专项拨款。在智力投资中，安排教育事业费1.7366亿元（市级单位工资改革“翘尾巴”所需资金将以专款形式追加，此数不包括）；安排教育部门预算内基本建设拨款 1143 万元；还从城市维护建设费中安排了 300 万元给中小学修建校舍。为了筹集更多的教育经费，今年国家决定开征教育费附加，这项措施落实后，约可增加支出 1200 万元……此外，中等专业学校、技校和成人教育所需资金约 3600 万元，已分别列入各有关支出项目中或由企业自行负担。总之，我市已形成了多方面、多层次、多渠道筹集教育投资的新局面，今年财政直接、间接地用于教育的资金至少将达 2.38 亿元，同口径比较，将比去年增加 18.01%，高于今年经常性财政收入的增长幅度。当然，我市教育事业的发展仍然不适应“四化”建设的需要，尽管这几年教育经费年年增长，但主要用于增加人员经费和危房修缮，教学设备和业务费仍然紧缺，这是必须引起我们重视的。今后应当在生产发展，财政收入增长的同时，继续增加智力投资。

（五）关于适当增加农业投资的问题。农业是国民经济的基础，也是财政的基础。我们必须对农业的重要性进行再认识。回顾“六五”期间，由于 1981 年四川省对支援农业支出压缩过大，虽然我市计划单列后的近三年有所增长，但尚未达到“五五”时期的水平，这是应该改进的。近三年在财政用于农业资金比较紧少的情况下，支持农村产业结构变革仍然有较好成效。为了保持工业与农业的协调发展，从 1986 年起，重庆财政将适当增加对农业基本建设和农业事业费的投资，预算安排为 5507 万元，比上年初预算增长 8.77%。其中生产性投资 2569 万元，比上年增长 18.55%，增长幅度较大。这主要是为了改善农业生产的条件，推广科学技术，支持粮食生产的稳定增长，以利于加速发展农村的商品经济。在年度预算执行中，还将视财政收入的增长情况，追加对农业投入的专款。另外，国家已经确定从征收的乡镇企业所得税和工商税的增长部分中，拿出一部分用于扶持农业的发展。因此，完全可以肯定，重庆财政今年对农业的投入将比上年有显著增长。尽管如此，也应看到，由于历史的原因，由于受到财政力量的制约，我市财政对农业的投入无论按人平或按土地面积平均，都低于全国和四川省的水平。我们必须随着财政情况的逐步好转，努力增加对农业的投入，赶上全国和四川省对农业投入的水平。

（六）关于工资改革所需资金问题。1986 年对行政事业单位的工资改革支出共安排了 4100 万元，主要用于去年工资改革中“翘尾巴”的开支和解决某些突出的问题。这部分资金区县级财政已列入各有关支出项目，市级财政暂时编列在总预备费中，待年度执行过程中陆续增拨。对于继续实行基本工资加奖励的国营企业，因去年调整工资标准等而增加的开支，从今年 1 月 1 日起，国家将允许按每人每月平均 7.5 元的额度列入成本，全年共 5412 万元。同时，随着生产的发展和经济效益的提高，企业的奖励基金将会继续增加。目前需要特别注意的是，要妥善解决在工资、奖金问题上互相攀比的现象，通过改革逐步把各方面的工资关系理顺。工资方面长期积累下来的问题只能随着经济的发展逐步解决，而且消费基金和职工工资增长的幅度，决不能高于国民收入和劳动生产率的增长幅度，否则，我们的经济发展将缺少后劲，这是不符合人民的根本利益和长远利益的。

（七）关于从财政上增强区县总揽经济全局能力的问题。市委多次提出，在重庆经济体制改革中，要抓好市管县、市带县，强调“城乡大联合，城乡共发展，城乡一体化”。我们要把这些指示贯彻到财政工作中去。要认真执行市委、市政府颁发的《关于增强区县总揽经济全局能力的决定》《关于发展区县工业的意见》和《关于增加对农业的投入的意见》等文件中的财政经济政策，扩大区县的财政自主权，从财政政策上和财力安排上，促进城市工业生产力向区县工业和乡镇企业扩散，促进跨地区、跨部门的企业之间的横向经济联合。当前正根据分类指导的原则，按照各县的实际情况，通过适当调高部分县的总额分成比例，通过对经济体制改革综合试点县试行财政上交增长包干，通过增加困难县的补贴额，使各县的财力进一步增强。

（八）关于预算内基本建设投资的安排问题。1986年重庆财政预算在控制基本建设投资总规模的前提下，对基建拨款共安排6760万元，比上年减少1240万元，减少15.5%（其中：市级财政安排6000万元，比上年减少2000万元，减少25%）。这种情况说明，我们从实际出发，量力而行，适当压缩了基本建设规模。今年的预算内基建拨款主要用于续建工程扫尾和住宅兴建、农业基础设施建设、行政事业单位的办公业务用房等方面。应当指出，这几年的预算内基本建设拨款明显地侧重于偿还生活欠账。这在一定时期内是合理的，但长此以往，生产性基建投资匮乏，将使我们经济的发展速度下降，产业结构的合理调整受到不利影响。因此，今后应当随着生活欠账的偿还，逐步增加生产性基建投资，为重庆经济起飞积蓄强大的后劲！

各位代表，1986年的重庆市财政收支预算的安排，总的来说，体现了保改革、保重点建设、保智力投资和适当增加农业投入的精神。收入打得是积极的，支出安排也是比较紧的，同各方面的资金需求还有不小的差距，任务是艰巨的。我们相信，只要经过各区县、各部门和全市人民的共同努力，扎扎实实地做好工作，努力发展生产，提高经济效益，我市今年的财政预算是能够实现的！

三、为完成1986年财政预算任务而奋斗

为了保证1986年预算的圆满实现，努力争取财政收支平衡，为"七五"计划的伟大目标起好步、开好头，我们必须把改革放在财政工作的首位，统一思想，群策群力，认真做好以下几项工作。

（一）端正理财思想，开创财政工作的新局面。改革重庆财政，首先要端正理财思想。我们应当把财政建立在价值规律的基础上，从经济到财政，多研究一些社会主义有计划的商品经济的宏观问题。我们必须从战略的高度以改革的精神，做到"高瞻远瞩，审时度势；促进改革，发展经济；讲求效益，综合平衡；量力而行，尽力而为；宏观控制，微观搞活；加强监督，宽严结合"。我们要解放思想，认真贯彻执行市委制定的关于财政工作的指导方针，善于把历史的理财经验和现代管理科学相结合，树立全新的理财思想，具体来说有十点：一是确立社会经济发展战略的理财思想；二是运用"系统论、控制论、信息论"的理财思想；三是注重投入产出数量关系的理财思想；四是宏观效益与微观效益辩证统一的理财思想；五是"搞活企业、涵养财源、增收节支"的理财思想；六是灵活运用各种经济杠杆，实行间接控制调节和加强监督的理财思想；七是加强城市基础设施建设，创造良好的生产、生活和投资环境的理财思想；八是统筹社会财力，发挥财政主导作用，引导社会财力的流向、流量的理财思想；九是根据分配结构与经济结构相互依存、相互制约的原理，把财政分配作为生产力要素的分配，有计划、有目的地调节国民经济结构的理财思想；十是运用陈云的国力论、薄一波的比例法，控制好积累与消费比例，综合平衡决策的理财思想。总之，新的理财思想的核心是改革——经营——效益——平衡。我们要使理财思想迅速适应重庆经济体制改革超全国之前试点的情况，探索创建有中国特色的社会主义城市财政的道路，推动重庆财政改革向纵深发展，开创财政工作的新局面。

（二）狠抓增产节约，提高经济效益，确保财政收入持续稳定增长。多年的实践证明，只有保持全市财政收入持续稳定的增长，才能保证我市重点建设和经济体制改革的顺利进行。现行财政管理体制的特点是：只有多收，才能多支，才能保证供应各方面必须的开支。而狠抓增收节支，提高经济效益，又是保持全市财政收入持续稳定增长的主要源泉。大家知道，重庆是一个经济迅速发展，潜在经济效益很大的城市，也是一个有着巨大的资金需求的城市。解决这个矛盾的途径是，各个经济部门和单位都要把提高经济效益放在第一位，人人关心经济效益，人人同各种损失浪费的现象作斗争。要切实加强企业的经营管理，实行严格的经济核算制，用尽可能少的消耗，取得最大的经济效果。科学管

理是不需要追加大量投资就可以提高效益的重要资源，要积极认真地开发。从财政工作来说，我们既要重视生财与聚财之道，也要重视用财之道，把钱用在刀刃上，管好用活，发挥资金的最大效益。要采取积极措施，支持企业技术改造和技术进步。要从财政政策上和财力安排上促进跨地区、跨部门的企业之间的横向经济联合，把社会生产力更好地组织起来。要帮助企业搞好财务会计改革，完善经济责任制，加强财务管理，解决企业内部吃“大锅饭”的问题，引导企业眼睛向内，挖掘潜力，提高经济效益。在生产发展和经济效益不断提高的基础上，我们要大力组织财政收入，保证重庆预算任务的完成。

(三)加强和改善宏观控制，严格控制和节约支出，争取财政平衡。我们要从保持社会总供给和总需求的基本平衡这一要求出发，切实把财政支出规模和各项主要支出严格控制在计划和预算范围之内，执行中力求节俭，合理使用，防止浪费。首先，要把预算安排的基本建设投资项目控制在财政承受能力范围以内，任何建设项目都不准突破预算。其次，要把消费基金的增长控制在适度的幅度上，分配下达行政管理费和社会集团购买力的控制指标。由于差旅费、会议费提高开支标准而增加的支出，要求各部门精简会议、节约开支、自行消化。要严格各项经费支出预算的审批程序，改变长期以来形成的“软预算、无约束力”的失控状态。要发扬艰苦奋斗的延安精神，坚持少花钱、多办事、事办好。第三，为了适应各类资金必须进行综合平衡的需要，要加强预算外资金的管理，整顿各单位的“小钱柜”资金，并建立必要的管理制度，以便合理地使用资金，更好地发挥经济效益。第四，要组织好区县级财政的收支平衡。区县是宏观经济管理的第一个层次，区县级财政是国家组织财政分配和财政平衡的第一个层次，也是我市组织财政分配和财政平衡的第一个层次。因此，我们必须从实际出发，对区县级财政分类指导，从财政体制上增强区县级财政的活力，振兴区县级财政经济。总之，我们要努力实现重庆财政的收支平衡。

(四)按照“消化、改善、配套、发展”的方针，认真做好财政管理体制改革的填平补齐工作。除了我在前面已报告的今年将对区县级财政管理体制进行完善以外，还应根据国务委员兼财政部部长王丙乾同志在全国人民代表大会上的报告“在财政体制方面……对省以下市、县财政的管理办法，要总结经验，作一些必要的改进”。应当充分肯定现行“划分税种、核定收支、分级包干”的办法，使重庆在改革中扩大了一些财权，推动了我市经济改革和建设，但随着改革的深入，这种办法需要进一步完善。应当从重庆经济改革的需要出发，从重庆偿还生产、生活欠账的实际需要出发，从重庆调整产业结构的需要出发，从重庆市管县、市带县的实际出发，积极向中央反映情况，为财政体制的下一步改革做好准备工作，争取国家赋予我市财政更大的活力。

(五)加强财政监督，严肃财经纪律，认真纠正不正之风。这是实现今年预算、做到收支平衡的重要保证，也是推进经济体制改革、加强社会主义精神文明建设的重要条件。现在，结合端正党风、纠正不正之风的工作，充分发挥财政监督的作用，认真执行财经纪律，按照中央的部署，每年都选择适当时机进行税收、财务、物价大检查，并把反对铺张浪费现象作为一项重要的内容来抓，切实纠正经济领域里的不正之风，严肃法纪，做到“有法必依，执法必严，违法必究”。

各位代表，当前我市形势大好，随着党风和社会风气的好转，随着各项经济体制改革措施的逐步完善，今年我市国民经济必将得到更加稳定与协调的发展。我们相信，在市委、市政府的领导下，通过全市人民的共同努力，做好各项工作，团结奋斗，一定能圆满完成今年的财政预算任务！

重庆市1986年经济和社会发展奋斗目标

1986年是执行“七五”计划的第一年，也是我市经济体制改革深入发展的一年。市委、市政府确定今年我市工作的指导思想和主要任务是，认真贯彻党的全国代表会议关于“七五”计划的建议，坚持把改革放在首位，消化、改善、配套、发展改革措施，使改革向纵深发展；以经济建设为中心，继续调整产业结构和产品结构，狠抓技术改造和增强出口创汇能力，组织好生产和流通，确保我市经济持续、稳定、协调发展；进一步促进城乡结合，搞好城乡一体化，推动城乡经济共同发展；抓紧城市基础设施建设和重点建设，发展第三产业，增强城市综合服务功能；大力加强精神文明建设，争取社会风气明显好转；在发展生产的基础上，继续改善城乡人民生活，巩固和发展安定团结的大好形势，为“七五”计划创造良好的开端。根据上述任务，提出我市今年经济和社会发展的五十项奋斗目标。

一、在提高经济效益的前提下，实现国民经济持续稳定协调发展

全市社会总产值比上年增长8%，达到216亿元；国民生产总值增长8.5%，达到108.5亿元；国民收入增长8%，达到91亿元；工农业总产值增长7.4%，达到190亿元。

工业总产值比上年增长8%，争取增长10%，轻、重工业同步增长。全民工业全员劳动生产率提高5.5%；市属预算内全民工业资金利税率达到28.5%。

农村社会总产值比上年增长10%；农业总产值增长6%。在农业总产值中，林、牧、副、渔业的比重由上年的39.5%提高到42%。

地方固定资产投资完成8.8亿元。

社会商品零售总额比上年增长12%；国营商业、供销社纯购进、纯销售分别增长4%和5%。

二、加强和改进财税工作，确保财政收入有较多增长

全市财政收入比上年增长12.6%，其中税收增长10.2%，财政支出增长11.3%，全年做到财政收支平衡。

讲求生财、聚财、用财之道，支持生产发展，严肃财经纪律，加强预算外资金管理，严格财税监督，切实防止偷税漏税，把应该收的税金都收上来。

三、巩固和发展改革成果，积极进行新的改革探索

以搞活企业为中心，全面落实党中央、国务院规定下放给企业的自主权，推动各方面的改革。加强分类指导，制定和实施搞活大中型企业、出口创汇企业的措施，减轻企业负担；深化企业内部“小配套”改革，进一步推行和完善厂长负责制；继续进行分配制度的改革，巩固和完善企业的经济责任制，增强企业自我发展和自我改造的能力。

完善和发展以消费品市场、生产资料市场、资金市场、科技市场为主的社会主义市场，积极探索新的流通渠道、流通形式和流通组织，逐步形成社会主义的市场体系和市场管理体系。

进一步实行政企职责分开，简政放权，加强和改善宏观管理，加快专业主管局实行行业管理的试点，探索局级机构改革的新路子。综合运用各种经济杠杆，由直接控制为主转向间接控制为主，保证全市重大经济活动的正常运行。

四、加快技术改造步伐，增强生产后劲

全年技术改造完成投资4亿元以上，安排技改项目400项。重点抓好电冰箱、洗衣机、毛纺精纺、喷气纺机、“天府可乐”底料、人造奶油、高频头、电

气熔炉、曲颈易折安瓿、双螺旋灯泡等100个技改项目，确保年内竣工投产。

五、提高产品质量，努力降低消耗

加强质量管理，主要产品质量稳定提高率保持在90%以上，优质产品产值率达到20%。采用国际标准的产品50个。市属企业90%以上获计量定级证书。全年开发新产品1000种。

每万元工业产值综合能耗比上年降低3.5%到4%，万元产值耗标准煤降到5.04吨。全年节约能源折合标准煤35万吨。

六、搞好军民结合，开发民用产品

进一步发挥军工技术设备优势，在保证完成国家指令性计划的同时，努力开发民品。今年民品产值比上年增长27%，开发新产品7种，摩托车、微型汽车等产品零部件的国产件达到50%以上。

七、推行现代化管理，提高企业素质

切实加强基础工作，进一步强化企业管理。企业整顿验收合格后，要在推行现代化管理工作上狠下功夫，逐步完善现代化管理手段。重点抓好18个大型骨干企业的管理现代化试点工作，一部分企业分别达到国家规定的一、二、三级企业标准。

八、大力发展横向经济联合，扩大经济技术合作

加强部门之间、行业之间、城乡之间、企业之间和地区之间的横向经济联合，继续发展"四省(区)五方""沪、宁、汉、渝"和其他地区的广泛合作，抓紧实施已签订的合作协议。加快"四省(区)五方"经济协作大厦的建设。

重点组织汽车、发输变电设备、室内装饰、"天府可乐"饮料等20个项目的企业联合群体，更好地发挥综合生产能力，实现产值21亿元。

九、确保粮食增产，发展多种经营

调整农业结构，确保农作物播种面积达到2050万亩，其中粮食作物稳定在1730万亩左右，经济作物扩大到320万亩。粮食总产达到55亿公斤，完成粮食合同定购任务6亿公斤。油料总产9000万公斤，柑桔1.2亿公斤，蚕茧2300万公斤，茶叶800万公斤，甘蔗3亿公斤。

十、抓好蔬菜生产，保证市场供应

稳定现有蔬菜基地，全年完成蔬菜产量2.5亿公斤，其中精细品种不低于20%，并积极发展二线商品菜地。合同定购蔬菜1.1亿公斤。进一步加强蔬菜市场管理，鼓励农民直接搞好蔬菜经营。国营商业保证城区人平日供应蔬菜150克、淡季200克、节日250克。

十一、积极发展养殖业，加强副食品基地建设

稳定发展生猪生产，积极推广瘦肉型猪。全年生猪饲养量达到1200万头，出槽肉猪700万头，其中瘦肉型猪占30%。增加奶、蛋、鱼和牛、羊、兔、禽的产量，鲜奶达到3000万公斤，禽蛋5000万公斤，成鱼3000万公斤。切实抓好奶类、水产和瘦肉型猪商品基地建设，市机械化养鸡场争取今年底大部分投产。

十二、积极发展乡镇企业和农垦企业，大力提高经济效益

乡镇企业要大力提高管理水平和经济效益，年产值达到32亿元，从业人员达到100万人。劳务输出人数比去年增加30%。加强横向联系，组织经济联合，发展乡、村、队、联户和户办企业，续建的600多个乡镇企业要尽快投产。

农垦企业产值增长16%以上，奶牛达到3600头，乳制品达到7500吨，罐头达到3100吨，果园达到1.15万亩，充分发挥国营农场的作用。

十三、抓紧农业基本建设，大力发展林业

加强水利建设，重点搞好现有工程的整修、加

固、配套，力争恢复灌面100万亩。发动和组织农民搞好改田改土。继续开展13条小流域水土流失综合治理试点，完成全市土壤侵蚀图的编绘工作。

大力开发农村能源，小水电新增装机1.5万千瓦，改造沼气池2万口，新建8000口，推广节柴灶15万户。

搞好植树造林，保护林业资源，完成林业育苗2.5万亩，成片造林15万亩，其中新造速生丰产林4万亩。认真抓好公路两旁和江河沿岸的绿化工作，四旁植树1.2亿株，成活率达到80%以上。

十四、推广农业科技，搞好农业区划

筹建柑桔科研中心和畜禽研究推广培训中心，加强县级农技推广中心建设，办好632个乡级技术推广站。

加强和完善农技、农机、植保、良种、防疫、农经等服务体系的建设，扩大服务范围，提高服务质量。

加快农业区划步伐，完成市级部门区划和综合农业区划的任务。

十五、进一步搞活商品流通，安排好城乡市场

继续敞开城门，开辟多种流通渠道，减少流通环节，做到货畅其流。充分发挥国营商业的主渠道作用，与群众生活关系密切的主要商品，要保持一定的经营比重。国营商业部门猪肉销售量要占市场零售总量的50%左右，蔬菜达到30%，以保证市场供应。

十六、增加商业服务网点，加快城乡集市建设

改善商业服务设施，增设商业服务网点500个，重点解决新开发地区、边远地区和网点稀少地区群众买粮、买煤、买肉难等问题。

按照具有经营特色，实行优质服务的标准，在解放碑和沙坪坝中心区各建成一条“商业文明街”，上半年完成市中区八一路“名小吃一条街”的改造。

抓紧城乡集市建设，新建棚盖市场5万平方米，新辟集市场地8万平方米，积极筹建江北观音桥大型农贸市场。在城区新建7个农副产品批发市场。

十七、抓好商业设施建设，增强城市服务功能

上半年完成重庆百货大楼营业厅的改建工程，投入使用。年内开始建设上桥果品库第二期工程和完成滩子口粮库扩建工程。

抓紧工业品贸易中心南坪大楼的施工，切实做好重庆友谊商店改建扩建项目的前期准备工作。

十八、切实加强物价管理，保持物价基本稳定

认真执行物价政策，对已出台的改革措施加以补充、完善。加强市场管理和物价监督，充分发挥物价部门和群众的监督作用，维护消费者利益，坚决制止乱涨价和变相提价的歪风，保持菜、肉、蛋等食品价格总水平的基本稳定。

十九、扩大出口创汇，积极利用外资

全年出口创汇确保完成9700万美元，力争达到1.2亿美元。超过全市工农业生产的增长速度。

实行鼓励出口的政策，抓好丝绸等出口商品基地的建设，丝绸产品出口比上年增长20%。抓好大宗出口产品的生产。组织具有重庆优势的机电产品出口，创汇额比上年增长45%。

发展对外经济技术合作和劳务输出，国外工程承包合同金额达到2550万美元。

搞好外资、外经和技术引进项目规划，制定和完善吸引外资的优惠政策，改善投资环境，为吸引外资创造条件。全年利用外资2000万美元。

二十、调整投资结构，抓好重点建设

以发展能源、交通、原材料工业为重点，合理调整投资结构，加快建设步伐，做好各项配套服务工作。重庆电厂扩建20万千瓦机组将于今年“七一”投入运行，基本完成重庆江北机场平土工程；完成重氮联碱项目的土建工程；珞璜电厂、第二啤酒厂、

平板玻璃厂、卫生陶瓷厂、水泥厂、纸浆厂等建设工程,开展前期准备工作。

二十一、大力发展交通运输,提高综合运输能力

全年货运量比去年增长6%,运力增加5%,逐步缓解运输紧张的矛盾。

积极发展省内外联运网;增加重庆至宜昌、武汉、上海的河运航次;争取开通重庆至广州的铁路直达列车。

重庆火车站铁道进站线路扩建,铁路上桥货场和重庆铁路枢纽等工程年内开工建设,进一步改善运输条件。

二十二、加快邮电建设,提高通讯能力

全年邮电业务总量比去年增长11.7%;邮电业务收入增长16%。

增加长途设备电路100条,业务电路60条;完成万门程控电话安装,新增市话交换机容量1.36万门;新增用户话机4000部;增开用户电报,积极发展代办电报和话传电报业务,开设专递快送邮件业务和邮政储蓄业务。

二十三、改善城市道路条件,缓解交通阻塞

抓紧嘉陵江石门大桥建设,年内完成七个桥墩和两个桥台;向阳二隧道"七一"完工通车;凯旋路电梯一季度投入使用;观音桥、健康路口人行天桥建成投入使用;中山支路和沙坪坝人行天桥年内开工。同时完成部分干道的翻修任务。

二十四、增加城市公共交通能力,调整市区部分公共交通线路

年内市公交公司增加公共汽(电)车40辆,更新100辆。调整3条公共汽车线路,16路延伸到市中区小什字,71路延伸到江北区五里店,12、13路改为环行线。新增航行重庆至长寿的气垫船一艘。修建市中区四维桥停车场。

二十五、抓紧自来水厂建设,提高城镇供水能力

加快南岸黄桷渡水厂建设和江北水厂改造进度,新增日供水能力11.5万吨;搞好建设厂自备富余水源与自来水公司的联合经营。

缓和大坪、杨家坪地区供水紧张的状况;铺设覃家岗至田坝的供水管道,改善中梁山地区供水条件;更新改造大溪沟至文化宫后门的供水管道。

积极发展县镇小水厂,改造和新建巴县长生桥镇、荣昌吴家镇、永川松溉镇小水厂,提高县、镇自来水自制能力。

二十六、继续抓好住宅建设,改善居民居住条件

全市新建住宅100万平方米以上,其中市房30万至35万平方米。按进度计划完成大坪、南坪和江北鹞子丘开发区的房屋建设。

加快老城区的改造步伐。继续抓好菜园坝、朝天门、桂花园、罗家院、响水桥等14个片(点)的改造工作,逐步建立具有山城特色的文化、商业、服务中心。

二十七、积极发展民用气,加快"双化"步伐

保证城市用气质量,做好"储通并举",争取今年新增5万用气户,使城市气化率达到51%。

市中区、江北区、九龙坡区、北碚区和沙坪坝部分地区实现蜂窝煤化、先进炉灶化,全市城区实现"双化"率占烧煤户的60%。

二十八、加强环境保护,改善环境质量

进一步加强对噪声、烟尘、污水的处理。继续推进市中区、观音桥、南坪无烟区的建设。严格执行市中区内禁止机动车辆按喇叭的制度,白天市内交通噪音控制在70分贝以下。

新建的12个环境监测站年内形成工作能力。严格管理和控制工业废水、废气,整治一批扰民严重的重点污染源和污染点。

完成全市县级医院的废水治理工作。做好污水处理厂和动物园桃花溪改造的前期工作。

二十九、切实做好安全工作，抓紧职业病的防治

广泛、深入地进行安全教育，严格执行安全责任制，加强安全检查监督，认真做好生产安全、交通安全和防火安全工作，消除事故隐患，切实防止重大事故的发生。同时，加强劳动保护工作，进一步控制职业病的发生和发展。

三十、继续搞好园林建设，扩大城区绿化面积

今年建成小游园、小绿化点 20 个。动工改造市动物园熊猫馆、北温泉绿化风景区。加快南温泉、南山、南坪旅游风景区的规划建设，搞好绿化工作。

广泛开展全民义务植树活动，市区植树 100 万株。

三十一、加快城乡规划步伐，搞好小城镇建设试点

抓紧城市总体规划的调整和补充，首先把道路规划搞好。在已完成县城和城市 7 个片区规划任务的基础上，年内完成其余 7 个片区规划的编制，把城市总体规划的要求落实到每一个片区。

今年完成全市 30%即 180 个农村集镇的详规编制任务，继续抓好 12 个试点镇的建设工作，并取得明显成绩。

三十二、加强城市管理，认真治理“脏、乱、差”

建立城管执法队伍，充实环卫队伍。认真落实市容卫生“三不准”和门前“三包”制度。在主要街道实行清运结合、全天保洁，基本做到城市生活垃圾不积存。同时加快六角岚垭垃圾处理场的建设。

以治土为主，封闭城区土路 10 万平方米；新建童家桥洗车场，减少城市道路尘土的污染。

三十三、加强科学技术工作，为经济建设和社会发展服务

今年新上重点科研和技术开发项目 100 项，实现重要科技成果 150 项。

落实“星火计划”向乡镇企业输送科学技术。在全市各区县设立科技发展基金。

完成上清寺至大坪光纤通信试验工程和微型计算机应用开发项目 100 项。

改革市属 26 个科研所事业费拨款方法，其中 15 个科研所实行技术合同制，11 个科研所实行经费包干制。在市硅酸盐、光学机械和日用化工研究所试点，摸索深入改革科技体制的经验。

继续开拓技术市场，开展多形式、多层次的技术交易活动，加强技术市场管理，建立科研生产联合体 70 个。

建立拔尖人才数据库，在科研、高教、卫生等单位进行专业技术职务聘任制试点。

加强科技法规工作，制定科技成果管理、重点科研项目管理、技术市场管理、科研生产联合体管理等 9 个办法和规定。

继续抓紧市科技开发交流中心工程建设，并部分投入使用。

三十四、发展教育事业，提高教育质量

贯彻九年制义务教育法。完成全市所有区、县普及小学教育的任务，全市小学学龄儿童入学率城镇达到 98%以上，农村达到 95%以上。

全市小学毕业生升学率城镇达到 90%，农村达到 65%以上；城镇 3～6 岁的幼儿入托率达到 90%；加强盲、聋、哑儿童及智障儿童等特殊教育。

积极改革中等教育结构，各类中等职业技术教育招生人数与普通高中生人数之比达到 1∶1.22。中等专业学校和技工学校要招收初中毕业生，初步建立初中毕业生分流培养的体制。

发展高等教育和成人教育。市属普通高等学校招收新生 980 人；市广播电视大学招收新生 3000 人，其中高中毕业生 500 人；职工大学招收新生

1460人；职工中专和职工高中在学人数达到3万人以上；社会力量举办初等、中等文化和职业技术教育的在学人数，力争达到10万人；农民文化技术学校达到300所。

三十五、加强师资培训，改善办学条件

以现有师范院校为依托，筹建初中、小学、幼教三个师资培训中心；继续利用电视教学，办好师范专科的业余和脱产进修，扩大函授名额，使参加系统进修的在职中小学和幼儿教师达到1.2万人。采取多种形式，为初中和职业教育培养师资。

新建农村初中实验中心70个和具有一定规模的市教育服务中心。新建中小学校校舍8万平方米，维修中小学危房8万平方米，修建中小学教职工宿舍2万平方米。

三十六、进一步发展文化事业，丰富群众文化生活

以提高社会效益为中心，全面开展文艺体制改革，巩固和完善经济文化联合体，加强文化市场管理，努力提高精神产品质量。市属文艺团体都要创作一台新剧（节）目，全市至少应有一台达到全国水平。各文艺团体全年要有3个月左右的时间下乡、下厂、下部队演出和体验生活。

巩固和完善市、县（区）、乡（街道）三级文化网。积极发展以村、段文化室为基础，以乡镇、街道文化站、文化中心为枢纽，以市、县（区）艺术馆、文化馆为指导中心的四级群众文化网。

完成全国《民歌集成》《民间舞蹈集成》《民间文学集成》重庆卷的编写工作，并提交付印；完成全国《文物志》和省《天府书画名人录》重庆卷的编写工作。

三十七、改善文化设施，搞好文物保护

山城电影院改建为立体声电影院，重庆剧场改建为有空调设备的剧场。

增加图书馆购书经费，扩大图书流通量，着手建立全市中心图书馆联合目录，开展馆际图书协作、交流。

做好文物保护工作，在文物普查基础上审查定级，公布一批新的市级以上文物保护单位，建立铜梁县、南岸区、江北区文物管理所。

建成明玉珍陈列馆，做好陈列和开放工作；市博物馆文物库房竣工并投入使用；完成歌乐山烈士陵园大型群雕。切实加强文物的管理，充实红岩革命纪念馆（包括曾家岩50号、《新华日报》营业部）、歌乐山烈士陵园的革命文物陈列内容。

三十八、加强新闻出版、广播电视建设，提高宣传和出书质量

努力做好工作，把《重庆日报》办成有特色、有影响的报纸。《重庆日报》印刷厂易地改建，力争年内动工。

提高广播电视宣传质量，制作一两个有全国水平的节目。

加强出版行政管理，促进编印发供协调发展，力争出版有全国影响的好书。今年将重点书的出版周期缩短到150天以内。继续进行印刷基地的建设。大力开展流动售书等优质服务活动。

继续完善永川黄泥塘、铜梁巴岳山两个骨干广播电视转播台的建设，使荣昌、大足、潼南、铜梁、永川等县500万人口的地区可以看到重庆电视台的自办节目，听到重庆广播电台的一套综合广播节目。

完成电教演播室的工程，并投入使用。

三十九、发展城乡卫生事业，提高医疗服务质量

积极进行医疗卫生改革，推进各级各类医院之间多种形式的联合与协作。新增病床700张，其中中医病床100张，开设家庭病床5000张。改建和扩建两所中医院。建成市急救中心并投入使用。每个县有重点地整顿建设一个区卫生院为中心卫生院。

加强保健预防工作，继续降低各种传染病的发病率，为全市70岁以上的老人实行优诊；为全市7

岁以下儿童进行60万人次的体格检查。加强农村改水工作，力争改善44万农村人口的饮水条件。

加快医学新技术开发和应用研究，推广先进科研成果。

四十、继续抓好计划生育工作，严格控制人口增长

全市出生人数控制在24万，自然增长率控制在10.22‰。全市计划生育率达95%以上，其中城镇达到99%。

继续完善计划生育政策，大力提倡一对夫妇只生一个孩子。禁止超计划生育。推广江北县计划生育“一条龙”服务和江津县建立“四级服务网”的经验。年内建成市计划生育服务中心。

四十一、广泛开展体育活动，提高人民健康水平

积极开展群众性体育活动，在全市80%的学校推行体育锻炼标准，达标人数比上年增长5%，达到60万人；在50%以上的产业系统建立体育协会。

提高训练质量，今年市级体校向优秀运动队输送运动员40名，市优秀运动队的青年队进入全国青年联赛决赛圈的达到50%；女子足球队进入全国前6名；在省首届青年运动会的15个项目比赛中力争80%的代表队进入前3名。办好“贺龙杯”足球赛、“翔宇杯”篮球赛和“新体育杯”围棋赛。

加强体育设施建设，维修好大田湾体育场看台；完成广阳坝体育训练中心第一期工程。

四十二、在发展生产的基础上，进一步改善人民的生活

在严格控制消费基金和发展生产、提高经济效益的前提下，城乡居民实际消费水平比上年提高5%以上。农村人平纯收入，在上年366元的基础上，今年达到400元。

四十三、继续广开门路，安排城镇青年就业

全年安置5万名城镇青年就业。贯彻先培训后就业的方针，培训后就业的达到安置总人数的75%以上。

改革用工制度，大力推行合同制，补充完善用工制度以及相应的保险和分配制度改革的措施。

四十四、发展保险事业，为生产生活提供保障

扩大人身保险范围，新增学生团体平安保险、母婴安康保险、驾乘人员意外保险和旅客人身安全保险。

试办农民个人养老金和集体企业职工养老金保险。居民家庭财产保险扩大到90万户。

试行全民所有制企业和二轻集体企业职工退休金社会统筹制度。

四十五、大力组织城乡储蓄，聚集生产建设资金

改善银行服务工作，积极开展储蓄业务，城乡储蓄比上年增长19%。认真执行信贷、现金计划，合理使用资金。

四十六、广泛动员社会力量，积极开展扶贫、扶优工作

办好现有扶贫福利企业，年内新办乡镇扶贫福利企业80个，扶持贫困户4万户，脱贫率（按当地人平收入计算）达40%；扶持优抚对象力争达到8万户。

四十七、做好社会福利工作，妥善安置残疾人员

大力扶持城乡社会福利生产，多渠道、多层次、多形式地妥善解决残疾人就业安置问题。兴办乡、镇敬老院80个，使全市40%的乡、镇有敬老院。有条件的企业也要办敬老院。筹建盲人和聋哑人文化、技术培训中心。

搞好福利事业单位的设施配套，发展联合共建疗养床位、精神病人床位，增加革命残废军人疗养床位，基本完成儿童福利院主楼改造工程。

四十八、广泛开展法制教育，普及法律知识

县级以上单位领导干部、乡以上和县级以上企事业干部，在今年底前完成普法教育；大中小学教职工普法教育面达到30%；工人普法教育面达到20%；街道居民和农村村民普法教育面达到10%左右。

四十九、严厉打击犯罪活动，争取社会治安进一步好转

坚持依法从重从快打击严重刑事犯罪活动和严重经济犯罪活动，坚决打击严重盗窃犯罪分子，坚决取缔和制止各种社会丑恶现象。进一步落实社会治安综合治理措施，严密治安管理，争取社会治安进一步好转，为改革和建设创造良好的社会环境。

五十、开发旅游资源，发展旅游事业

加强对外宣传，开拓客源市场，使来渝旅游的客人比上年增加30%。

加紧旅游基础设施的建设，开工建设扬子江饭店，完成重庆饭店的改造；基本完成人民宾馆的扩建、改造；建造一条游览长江三峡的中档旅游船；制定大足石刻旅游区的开发计划，并着手实施。

办好旅游旺季国内航空包机业务；筹办重庆至香港间直达旅游包机。

培训各类旅游从业人员500名，不断提高旅游服务质量。

为了完成今年的奋斗目标，要建立严格的目标责任制。按照分级分工负责的原则，市政府分管副市长和市级各部门，根据自己的职责范围，采取切实有效措施，具体组织自己分管目标的实施，做到各负其责，各司其职。对于牵涉面广、综合性强的问题，由分管副市长或市政府指定一个综合部门组织协调，确定目标负责人，制订具体实施办法和步骤，加强督促检查，促其实现。

市委、市政府要求，全市各级党政机关，认真组织广大干部和群众，发扬“愚公精神”，团结奋斗，努力工作，扎扎实实打好“七五”第一仗，保证各项奋斗目标的胜利实现，为社会主义建设做出新贡献。

重庆市国民经济和社会发展第七个五年计划（草案）

（摘　要）

（1986—1990年）

序　言

重庆市国民经济和社会发展的第七个五年计划时期，是全市经济体制综合改革日益深化、大见成效的关键时期，也是在物质技术方面为九十年代经济的更好发展准备条件，为进一步发挥我市的长江上游经济中心作用，促进大西南的开发和建设的重要时期。统筹规划和认真做好这五年的工作，对于全面实现党中央、国务院批准我市进行经济体制综合改革试点所规定的目标和贯彻落实中央关于开发大西南的战略部署，具有极为重要的意义。

第六个五年计划期间，我市贯彻执行党的十一届三中全会以来的马克思主义路线，贯彻执行“调整、改革、整顿、提高”的方针，全市经济、社会发展在各个方面都取得了令人振奋的巨大成绩。尤其

是1983年以来，在经济体制综合改革的推动下，生产发展、外贸出口、财政收入三年三大步，对内外开放的步伐明显加快，中心城市的综合服务功能和组织经济的作用迅速加强，开辟了我市经济发展最旺盛的新局面。但同时应当看到，目前我市经济发展中也存在一些不可忽视的问题和困难。

重庆市"七五"计划的制定，既要充分认识已经拥有的继续前进的良好基础和各种有利条件，又要足够估计面临的困难和问题。使之建立在实事求是、积极可靠的基础上，在服从全国经济宏观平衡要求的前提下，注意发挥地区经济优势，体现改革创新的精神。

第六届全国人民代表大会第四次会议原则批准的《中华人民共和国国民经济和社会发展第七个五年计划》，确定"七五"期间我国经济和社会发展必须执行的重要的原则和方针，我们必须坚决贯彻执行。重庆市"七五"经济和社会发展，还要提出以下要求：

第一，重庆作为在全国经济布局中处于承东启西战略地位的长江上游经济中心和第一个进行经济体制综合改革试点的大城市，在我国经济发展战略和经济管理体制由旧模式向新模式转变的关键时期，要力求率先实现历史性转变，努力走在全国的前列。

第二，进一步把全市生产建设转移到以提高经济效益为中心的轨道上来，尤其是要在提高企业素质，增强全市经济的应变能力和承载能力上下功夫。"七五"期间，要根据全国统一计划的要求和发挥地区经济优势的原则，围绕发展一批高质量、高水平、高效益的重点产品和建设一批增强全市经济发展后续能力的重点项目，要大力促进技术进步，提高管理水平，促进横向经济联合，使经济发展的速度，建立在产业结构、产品结构和企业组织结构不断优化的基础上。

第三，从实际出发，正确处理当前和长远、需要和可能的关系，把经济建设的主要立足点放在依靠自身挖掘潜力、增强实力的基础之上。努力开源节流，把控制需求和改善供给更好地结合起来，并改变过去那种只着眼于预算内资金和统配物资的做法，加强对全社会财力、物力的统筹平衡。同时，要坚持量力而行，循序渐进，务必把固定资产投资规模和各项支出控制在市可能支配的财力、物力所允许的水平上。

"七五"期间，随着有计划的商品经济的进一步发展，经济活动的各种内在因素和外部条件都将不断发生变化，出现的新情况和新问题，根据全市"七五"计划的指导方针和基本任务的要求，在年度计划安排中，要根据当时的实际情况加以必要的调整和补充。

一、基本任务和经济社会发展目标

第一章　基本任务

第七个五年计划的基本任务是：

（一）进一步为经济体制综合改革创造良好的经济环境和社会环境，基本完成经济体制综合改革试点，尤其要在发挥城市组织经济的作用，探索军民结合的新路子，为搞活和开发西南经济服务上，收到更为显著的成效，取得比较完整的经验，为全国在五年或者更长一些的时间内基本上奠定有中国特色的新型社会主义经济体制的基础做出较大的贡献。

（二）保持经济的持续稳定增长，力争以高于全国平均速度的步伐实现经济效益和生产发展的同步前进，并在控制固定资产投资总额和保持财政收支平衡的前提下，大力加强重点建设，技术改造和智力开发，改善城市基础设施，增强城市综合服务功能，为九十年代经济和社会的继续发展准备必要的后续能力，为进一步发挥长江上游经济中心和开发大西南的前进基地作用创造必要的物质技术条件。

（三）在发展生产和提高经济效益的基础上，继续改善城乡人民的生活。

根据全国"七五"期间大体分为前两年和后三年两个阶段的工作部署，重庆市"七五"的经济、社会发展也要做出相应的阶段性部署。

第二章　经济和社会发展目标

(一)综合指标

社会总产值。1990年包括农业、工业、建筑业、运输业、商业五个部门生产的社会总产品,按照1980年不变价格计算,达到300亿元,比1985年增长50%,平均每年增长8.5%。

工农业总产值,1990达到255亿元,比1985年增长46%,平均每年增长8%,其中工业总产值,1990年达到200亿元,比1985年增长50%,平均每年增长8.5%(包括村以下工业为8.6%);农业总产值,1990年达到55亿元,平均每年增长6.3%(不包括村以下工业为5%)。在工业总产值中,轻工业总产值1990年达到88亿元,平均每年增长7.8%;重工业总产值1990年达到112亿元,平均每年增长9.3%。

国民收入。1990年达到123亿元,比1985年增长46%,平均每年增长8%。

国民生产总值。1990年达到152亿元,比1985年增长52%,平均每年增长8.7%。其中,第三产业达到38亿元,比1985年增长一倍,平均每年增长14%。

(二)经济效益

——积极采用国际标准和国外先进标准以促进技术进步。"七五"期间采用国际标准1000项以上,引进技术、新产品。创优产品和外贸产品都要逐步采用国际标准。市的地方标准、企业标准也要根据新的情况加以修订、制订,数量达到5000个。

——主要工业部门都要制定增加新产品、新品种的目标,并且要开发出一批具有七十年代末、八十年代初世界先进水平的产品。

——每万元国民收入消耗的能源,由1985年的14.1吨,下降到1990年的11.9吨,平均每年的节能率3.3%。

——全社会劳动生产率(每个在业人口创造的国民收入),1990年达到1450元,平均每年提高5%。

——全市全民所有制工业全员劳动生产率,1990年达到17700元,平均每年增长5.6%。全市独立核算工业企业的资金利税率、产值利税率等主要经济效益指标,争取"七五"期末接近或达到全国平均比较先进的水平。

(三)财政与金融

1. 财政收入与支出

财政收入。1990年达到24亿元,按同口径计算比1985年增加7.4亿元,平均每年增长7.6%;五年合计为109亿元,比"六五"期间增加45亿元,增长71%。

财政支出。1990年达到10.4亿元,比1985年预算支出增加3.5亿元,平均每年增长8.5%(扣除收入退库改列支出的各种财政补贴后平均每年增长7.3%);五年合计为47.5亿元,比"六五"期间增加18.8亿元,增长65%。

财政支出安排的重点是:(1)增加智力开发的投资。五年内教科卫生事业费15.5亿元,占全市总支出32.6%,平均每年增长8.5%。其中教育事业费10.6亿元,占全市总支出的22.4%,年平均增长10%,高于全市财政收入的增长速度。(2)增加对农业的投入。五年内农业支出2.65亿元,其中支援农业支出按平均每年12%的速度增长。(3)促进技术进步。五年中市财政预算内的企业挖革改和科技三项费用按平均每年增长10%～15%的速度来安排。(4)保证重点建设对地方财政资金的需要。五年内市财政预算内基本建设拨款4.25亿元,其中1亿元用作设立大中型基本建设重点项目基金。(5)加强城市基础设施建设。五年内城市维护费5.1亿元(含排污费),平均每年增长11.6%。(6)安排总预备费2亿元,用于支持价格体系改革、工资制度改革以及其他改革措施和作为吸引国外、市外投资的配套资金。

2. 信贷收支

五年内各项存款,增加39.6亿元,其中企业、机关团体部队存款增加12.2亿元,城镇储蓄存款增加21.4亿元,农村存款增加1.9亿元。五年内各项贷款增加 86.5 亿元，其中用于增加工商企业流动资金贷款 55.4 亿元，增加农业贷款 3.3 亿元，增加固定资产贷款 24.8 亿元。

（四）固定资产投资

五年内，重庆地区全社会固定资产投资计划为 142.5 亿元，其中：全民所有制单位固定资产投资 110 亿元，集体所有制单位投资 21 亿元，城乡个体投资 11.5 亿元。

在全地区全民所有制单位固定资产投资中，基本建设投资 54 亿元，更新改造投资 50 亿元，其他投资 6 亿元。市属全民所有制单位固定资产投资计划为 69 亿元，其中：基本建设投资 32 亿元，更新改造投资 34 亿元，其他投资 3 亿元。

五年内，全地区全民所有制单位的固定资产将新增 75 亿元以上。

（五）科学进步和智力开发目标

1. 科学研究与技术进步

根据国民经济和社会发展需要以及我市的实际情况，"七五"期间，安排 100 项重点科学研究项目，开发 26 类 80 种新产品、新材料和 20 个创汇节汇产品，完成 38 个科研示范项目。有重点地开发新兴技术，在运用新兴技术改造传统产业方面取得显著进展，到 1990 年使 30%左右的主要工业产品质量和性能达到国家七十年代初的水平。

2. 智力开发

积极推行九年制义务教育。1987 年全市全面普及小学教育。1990 年城市普及九年制义务教育，县镇和经济发达的农村要有重大进展。大力发展职业技术教育，1990 年中等职业技术学校在校生人数达到或超过普通高中。继续发展高等教育和成人业余教育。

（六）对经济技术交流规模

1990 年自营出口创汇 2.5 亿美元，比 1985 年增长 1.4 倍，平均每年增长 20%左右。

在扩大出口创汇的基础上，适当扩大进口和引进技术、利用外资的规模。

（七）社会事业发展目标

人口自然增长率，每年控制在 9.2‰左右。

城镇劳动就业，五年计划安排 30 多万人，争取到 1990 年，使城镇需要安排新就业的劳动力基本得到安置。

进一步加强劳动保护。逐步建立适应新形势需要的社会保障制度。

增加卫生设施。新增病床 4000～5000 张，搞好国土开发整治，加强环境保护和污染治理，使生态环境和劳动、生活环境逐步得到改善。

进一步发展新闻出版、广播电视、文学艺术等各项文化事业和体育事业。

加强思想政治工作和法制建设，保持良好的风气和社会秩序。

二、产业结构与产业政策

第三章 调整产业结构的方向和原则

"七五"期间要进一步调整产业结构，促进产业结构优化，调整的方向和原则是：

（一）在继续保持农业稳定增长，促进轻工业和重工业持续协调发展的前提下，以发展具有竞争优势的重点产品，提高综合经济效益为中心，着重改善他们各自的内部的行业结构和产品结构。

（二）加快能源主要是电力的发展，加强原材料工业，同时努力提高产品加工深度，增强技术转换能力，逐步减低能源、资源密集型产业和产品比重，加大技术转换型产业和产品的比重。

（三）把交通运输和通信的发展放到优先地位，提高能力和效率，以适应经济、社会发展和对内对外开放的需要。

（四）促进建筑业和建筑材料工业的发展，使其逐步成为城市经济的一个重要支柱产业。

（五）加快发展为生产和生活服务的第三产业，使三大产业结构趋于合理化，增强城市的综合功能。

（六）把技术改造同产业结构调整结合起来，积极采用国内外先进技术改造传统产业、传统产品，并选择有限目标，集中力量支持重点，有计划地开发知识技术密集型新产品和新兴产业。

（七）贯彻城乡结合、军民结合、条块结合的原则，组织社会化大生产，逐步推进城乡经济一体化、军民工业一体化，促进以城市为中心的经济区网络的形成和发展。

到1990年，我市大的产业结构的情况是：

——在工农业总产值中，农业所占比重由1985年的23.4％下降为21.5％，轻工业所占比重由34.3％上升到34.6％，重工业由42.3％上升到43.9％。

——在国民生产总值中，第三产业所占比重由1985年的19％上升到25％，第一、第二产业所占比重由81％下降到75％。

第四章 农业及农村产业结构调整

第一节 基本任务和目标

“七五”期间，继续坚持把农业作为整个国民经济发展的基础，坚持城市和农村、工业和农业互相促进，共同发展，充分利用紧靠大城市的有利条件，促进农业生产和农村商品经济持续、稳定、全面发展，使一千多万农民尽快地富裕起来，也为城市经济发展提供更为有力的支持。具体要求是：

（一）到1990年，全市农业总产值比1980年翻一番，主要农产品的生产，不仅在数量上，更要在质量上更好地适应人民生活提高和国民经济发展的需要。

（二）积极稳步调整农业生产结构和农村产业结构，在保持粮食生产稳定增长的基础上，按照城郊型农业和城郊农村经济的特点和要求，逐步实现农、林、牧、副、渔全面发展、农工商运建综合经营，逐步提高农业生产和农村经济的专业化、商品化、现代化程度。

1990年，全市农村社会总产值计划94亿元，比1985年增长54.5％，平均每年增长9.1％。在农村社会总产值中，农业所占比重由1985年的55.9％下降到46.7％；工业、建筑业、运输业、商业和服务业所占比重由1985年的44.1％上升到53.5％。

（三）根据国内外市场需求，利用农业区划成果，因地制宜，扬长避短，发挥优势，鼓励联合，建设各种优质农产品商品基地，提高农产品的商品率，改善农业生产地区布局。

（四）农业的经济效益和农民收入有明显的提高。按照1980年不变价格计算，1990年农业劳动生产率达到1150元，比1985年提高32％，平均每年提高5.7％；农副产品商品率达到55％，比1985年提高8％；农民人均纯收入达到550元，平均每年增加37元，平均每年增加8.5％。

（五）增加对农业的物资技术投入，改善农业生产条件，提高农村科学技术水平，为推进农业现代化，增强九十年代农业持续发展的后劲提供必要的物质技术基础。

第二节 农业产业结构

合理安排农业生产建设，稳步进行农业产业结构调整，使农、林、牧、副、渔五业之间和各业内部结构逐步合理化。到1990年农业产业结构的变化情况是：在农业总产值（不包括村以下工业）中，种植业所占比重由1985年的60％下降到57％左右，林业、牧业、水产业和副业的比重由40％提高到43％左右。

（一）种植业

继续贯彻“决不放松粮食生产，积极发展多种经营”的方针，在保证粮食生产稳定增长的前提下，按照市场需要情况和城郊农业的特点安排好商品蔬菜的生产，扩大优势经济作物的种植，因地制宜地调整农作物的种植布局和品种构成。

1990年，主要农作物的产量指标如下：

粮食　57.5亿公斤，比1985年增长10.8％。全市人均400公斤，农村人均占有500公斤。

油料　10.7万吨，比1985年增长69.6％。

糖料　36万吨，比1985年增长62.8％。

蚕茧　2.5万吨，比1985年增长21.4％。

茶叶　1万吨，比1985年增长23.2％。

水果　22.5万吨，比1985年增长71.76％。其中，柑桔20万吨，比1985年增长74.06％。

为了保证粮食生产计划的实现，要稳定粮食播种面积，提高粮食生产的集约化程度。全市粮食播种面积大体保持在1750万亩的水平上，占总播种面积的比重保持在80%左右。

经济作物要按照市场的需求，有计划地安排生产。

蚕桑、茶叶、水果要认真改良品种，提高质量，积极发展。

（二）林业

“七五”期间，继续贯彻以营林为主，保护与发展并重的原则。切实保护和合理利用现有森林资源，大力造林育林。

五年内，造林75万亩，平均每年15万亩；零星植树6亿株，全市人平40株；育苗面积8.5万亩，迹地更新2.9万亩，改造低产林8万亩，建设近郊环境保护林区，逐步形成城市生态屏障。1990年林业产值2亿元，森林覆盖率由1985年的9.84%提高到12.7%。

（三）畜牧业

1990年，畜牧业产值计划13.5亿元。比1985年增长33%。在农业总产值中所占的比重，由1985年29.8%上升到31.2%。

1990年，主要畜产品产量指标：

肉类总产量　48万吨，比1985年增长8%

奶类产量　5.5万吨，比1985年增长95.6%

蛋类产量　9万吨，比1985年增长92.2%

“七五”期间，要在提高经济效益，增加商品率的前提下，发挥我市生猪生产的优势。五年内，存栏数稳定在750万头左右，出栏率由1985年93%提高到100%，瘦肉型猪所占的比例提高到60%以上，大力发展禽、蛋、奶生产，进一步改善城市和工矿区禽、蛋、奶的供应状况。

（四）水产业

“七五”期间，要使水产业有一个大的发展。1990年水产品总产量计划5万吨，比1985年增长77.6%；水产业产值在农业总产值中的比重由1985年1.2%上升到1.85%。

第三节　优质农产品商品基地建设

有计划、有重点地建设一批优质农产品商品基地。

（一）瘦肉型猪商品基地。市选择6个基础条件好，商品率和出栏率高，发展潜力大的县（区），采取部、市联合或市、县联合投资的办法，以发展瘦肉型商品猪为重点，配套进行建设。

（二）优质柑桔基地。五年内，计划建设长寿、铜梁、江津、合川、巴县、永川、璧山、江北县等8个柑桔基地县。

（三）城市及工矿区的副食品基地。五年内，在城市近郊和工矿区周围利用世界银行贷款建设1670公顷（2.5万亩）优质商品鱼基地，利用世界粮食计划署援助资金发展奶牛商品基地，改造配套建设近郊51000亩蔬菜基地。

（四）速生丰产林商品基地。重点建设南部盆周山区，中部平行岭谷区的速生丰产用材林基地。

（五）轻工原料及外贸出口基地。五年内，在全市适宜发展大麦、高粱的县（区），建设以啤酒、优质曲酒为龙头产品的大麦、高粱基地，建设以出口为主的潼南黄桃基地，合川优质蚕桑基地，荣昌红碎茶基地。新创一批有竞争能力的名特优新产品。要统筹规划，综合配套，并实行项目经济责任制。

第四节　乡镇企业

乡镇企业总产值1990年达到52亿元，比1985年增长94%，每年平均递增14.2%；从业人员达到120万人，占农村劳动力的20%以上，经济效益要有更大的提高。

发展的方向和重点。立足本地资源，依托中心城市，面向城乡市场，围绕城乡人民吃穿住用行以及旅游服务等方面，重点发展农副产品加工业，特别是食品工业、饲料工业、建筑业、建材工业、商业服务业和交通运输业。有条件的地方，要在遵守国家规定和保护资源的前提下，积极兴办能源矿产业，还可根据实际需要和自身条件，发展为大工业配套和为出口服务的企业；以乡村企业为骨干，重点发展各种联办、户办企业。在布局上，靠近城市的郊区、县及工矿区周围地区，要在加强现有企业管理，提高企业素质，提高产品质量，降低产品成本，开发新产品的基础上，重点发展与大工业协作配套，为城市和外贸服务的行业和产品；丘陵地区，要以农副产品的深度加工为重点，大力开拓劳务输出；边远山区，应以自己的资源优势为基础，发展小水电、林业及其加工业、矿产业。

第五节 农村服务体系及饲料工业

（一）农村服务体系

要按照国家、集体、个人一齐上的方针，建立健全多形式、多层次、多渠道的农村服务体系，提高社会化服务水平，促进农村经济专业化、商品化、现代化的发展进程。

巩固发展、完善配套农技推广、畜牧兽医防疫、经营管理、农业机械化四大服务体系，建立健全乡镇企业、水电、林业服务组织，与农村供销、金融、税务、粮食等部门协同配合为农村经济发展提供产前、产中、产后配套服务。

办好村和村以下的地区性合作经济组织。

根据自愿互利原则，大力扶持农民。按产品或行业建立的各种服务组织，直接为农户提供良种、技术、加工、贮运、销售等服务。

（二）饲料工业

“七五”期间，要适应畜牧业和水产业的发展。打好饲料工业基础，1990 年全市配合饲料生产能力达到 90 万吨，比 1985 年增长 1.5 倍。并形成相应的浓缩饲料，添加剂预混料生产能力，为 1990 年代建成全市较为完整的饲料工业体系创造条件。

第六节 农业基本建设

“七五”期间，要加强农业基本建设，进一步改善农业生产条件。

（一）水利建设

要进一步完善水利管理责任制，发挥现有工程效益。分期分批整治病险工程，搞好未完工程的续建配套。基本解决人畜饮水困难。主要依靠增加农民自身的劳动积累，新建一批小型农田水利工程。有效灌面五年新增 17.5 万亩，达到 520 万亩。

（二）土地建设

强化土地管理，坚决制止乱占土地特别是乱占耕地的现象。搞好土地规划，合理利用土地，引导、鼓励农民加强土地建设，提高土壤肥力。

（三）农业机械

在管好用好现有农业机械的基础上，按照讲求实效的原则，积极稳步地推进农业机械化。

（四）农业服务设施建设

逐步配套完善农业科研、教育、技术推广、良种繁育、动植物保护、防疫检疫、产品质量检测、农业环境保护、气象等社会化服务设施。

第五章 能 源

“七五”期间，要坚持开发与节约并重的方针，集中必要的财力、物力，加快以电力为中心的能源生产建设，大力降低能源消耗，力争使能源基本适应我市经济建设发展的需要，并为九十年代经济发展准备必要的后续能力。1990 年，全市一次能源生产总量达到 1859 万吨标准煤，比 1985 年增加 467 万吨，平均每年增长 6%，五年合计全市共节约能源 220 万吨标准煤。每亿元工农业产值综合能耗，由 1985 年的 4.57 万吨标准煤，下降到 4 万吨标准煤以下。

第一节 煤 炭

1990 年，全市原煤产量达到 1765 万吨，比 1985 年增加 279 万吨，平均每年增长 3.5%。五年内，新增生产能力 341 万吨，其中投产新井增加能力 90 万吨；改、扩建老矿增加能力 251 万吨；新增洗选能力 105 万吨。

第二节 天然气

以重庆地区为中心的川东气矿，是四川天然气的主产区。“七五”期间，石油部门安排的开发重点是川东石炭系和二、三迭系地层，计划 1990 年天然气产量达到 45 亿立方米，比 1985 年增加 20.7 亿立方米，平均每年增长 13.1%。

第三节 电 力

电力开发，是“七五”期间能源工业发展的中心环节。要发挥我市煤炭资源和水力资源优势，以发展火电为主，大、中、小相结合，水、火结合，近期与长远相结合，千方百计促使电力超前发展。1990年，力争全市发电量达到99亿度，比1985年增加71亿度，年平均增长28.7%。“七五”期间，全市新增发电装机容量128.5万千瓦（其中小水电装机和企业自备电厂装机18.5万千瓦），同时，抓好配套输变电工程的建设。

第四节　农村能源

开发农村能源，是能源建设的重要组成部分。要继续贯彻因地制宜、多能互补、综合利用、讲求实效的方针，努力搞好农村能源的开发和节约。

第五节　节能工作

“七五”期间，全市共节约能源220万吨标准煤，其中工业节能总量190万吨标准煤，节能的重点行业是冶金、化工、建材等耗能多的行业；节能的重点品种是电力、天然气、成品油。

第六章　原材料工业

第一节　发展目标

重庆原材料工业已经具有相当规模和良好基础。“七五”期间，要依托现有骨干企业进行技术改造或改、扩建，同时切实抓好重点新项目的建设，使目前原材料短缺和产品品种、质量不能适应经济发展的矛盾得到缓解，为我市九十年代振兴和实现国家开发西南的总体战略部署准备条件。1990年原材料工业产值达到44亿元，比1985年增长52%，平均每年增长8.8%。

1990年主要原材料产品达到：

生铁100万吨，比1985年增长33%；钢135万吨，增长34%；钢材110万吨，增长30%；10种有色金属总量2.7万吨，增长70%，其中铝1.1万吨，增长2倍，铝材15万吨，增长2.8倍；烧碱6.5万吨，增长4%；纯碱新增4.5万吨；合成材料4万吨，增长2.7倍；化肥15万吨，增长71%；人造板3.7万立方米，增长4.5倍。

第二节　生产建设部署

（一）钢铁工业

重庆钢铁公司，通过全面技术改造使生产规模达到年产钢100万吨，铁85万吨，钢材85万吨，产品结构更加合理，经济效益进一步提高。同时，抓紧做好新区扩建的前期准备工作，确保“八五”期间能够正式动工建设。

重庆特殊钢厂，通过技术改造使钢材品种能适应军工产品更新换代和机械、电子等行业技术进步的需要，并有一部分产品进入国际市场。形成年产钢30万吨、钢材25万吨生产能力，新增钢、钢材能力各5万吨。

地方钢铁工业，要继续完善配套，适当发展。

（二）有色金属工业

西南铝加工厂，抓紧完成现有基建工程扫尾，并对原有生产系统进行全面技术改造，在此基础上作好再扩建15万吨铝材的前期准备工作。

地方有色金属冶炼及压延企业，重点抓好重庆铝厂节能技改和扩建工程。

（三）化学工业

基本化工原料，要采取先进工艺和高效设备，改造现有企业，搞好热能利用和污染治理，提高短缺原料生产能力。重点抓好重庆氮肥厂4万吨联碱工程。

化肥。对现有小氮肥进行节能技改，并积极创造条件发展高效复合化肥料。

有机化工原料和合成材料。充分利用天然气资源和煤炭资源，搞好天然气化工和焦化产品的深度加工，为精细化工提供原料条件和进一步发展合成材料加工工业打下基础。

精细化工产品。重点抓好染料、助剂、涂料和农药的升级换代。

橡胶制品。重点抓好重庆轮胎厂的技术改造，改造管、带和胶鞋生产，增加品种，提高质量。

新型化工材料。要根据我市特点，着重抓好为军工、电子工业、信息及记录技术配套的产品，搞好技术开发和推广应用。

（四）森林工业

大力加强木材的综合利用。建成重庆木材综

合加工厂3万吨刨花板工程，进一步发展刨花板二次加工。

第三节　主要政策措施

（一）对承担国家和市统配任务的原材料工业企业，实行统配基数一定几年不变或上调量递增包干的办法，以增强这些企业自我发展的能力。同时，根据产需平衡情况，逐步减少指令性计划的品种和数量。

（二）发挥经济杠杆的调节作用。

（三）集中一定的财力、物力，加快原材料工业骨干企业的技术改造和建设。

（四）物资部门要建立原材料开发基金，并与原材料生产企业发展经济联合。

（五）狠抓原材料的节约和合理使用。

第七章　消费品工业

第一节　任务与目标

消费品工业，要适应人民购买力的增长和消费结构的变化，发展大众化和中、高档不同层次的产品，形成一批有竞争优势的优质名牌重点产品，以四川省内市场为基础，进一步开拓西南各省区市场，并努力向全国和国际市场扩展，以更好地满足人民需要并为建设积累更多的资金，1990年，全市消费品工业的产值，比1985年增长45%以上，主要任务是：

（一）把食品、纺织服装、耐用消费品工业作为重点，带动整个消费品工业的更好发展。

（二）适应人民消费需要由“温饱型”逐步向“小康型”过渡的变化，搞好消费品工业的产业结构和产品结构的调整，不断丰富和扩大生存资料，积极开发享受资料和发展资料，大力增产名牌优质产品、适销对路产品和中高档产品的生产，积极促进产品的升级换代。把消费品工业的生产提高到一个新的水平。

（三）努力扩大轻纺产品出口，发展新的创汇骨干产品，为国家多创外汇。

（四）大力促进技术进步，围绕重点行业和重点产品进行技术改造和改、扩建，使企业素质有较大提高，为国家积累更多的资金。

第二节　重点行业和重点产品的发展方向及部署

（一）食品工业

依靠资源优势，以营养、卫生为中心，发展多层次加工，为人民提供品种多样、方便实惠的食品，以满足不同年龄、职业、劳动强度和健康状况的消费者的需要。要以发展基础原料和饮料、名特优食品、方便食品为重点，带动粮油加工、果蔬加工、肉蛋奶加工，酒类、食品添加剂以至整个食品工业的发展。1990年，主要食品产量：食糖3万吨，比1985年增长55%，卷烟50万箱，增长41%；啤酒12万吨，增长2.4倍；名曲酒1.7万吨，增长3.9倍；天府可乐原浆1.5万吨，增长6.5倍；分割肉1万吨，增长5.7倍，罐头7万吨，增长84%。

（二）纺织服装工业

纺织服装工业是我市主要的传统产业部门，“七五”期间，要贯彻天然纤维与化学纤维并重的原则，努力提高产品质量，开发新品种和新的应用领域，大力加强技术改造，提高应变能力，使之立足于新的技术基础之上，继续发挥骨干产业的作用，1990年主要产品产量，化学纤维3.2万吨，比1985年增长1.1倍；布3亿米，增长14%，印染布2亿米，增长34%，呢绒480万米，增长1.1倍；毛绒1500吨，增长74%；苎麻布1000万米，增长3.7倍，丝绸2500万米，增长3.5倍，服装2500万件，增长2.3倍。

（三）耐用消费品工业

重点抓好家用电器的生产和建设。要充分利用我市机械工业基础雄厚的有利条件，推广嘉陵摩托车和三峡电风扇联合体的经验，实行高起点、大批量、专业化生产体制，广泛采用国内外新工艺新技术，大力开发新一代家用电器产品，1990年引进技术生产的家电产品，要基本实现零部件国产化，多数家电产品的技术经济指标要达到八十年代初发达国家水平。1990年主要产品产量：摩托车70万辆，增长1倍；电风扇200万台，增长1.5倍；电冰箱22万台，增长7倍；洗衣机27万台，其中双缸洗衣机20万台，增长5.3倍，电视机30万部，其中彩色电视机15

万部，增长14倍。

（四）其他轻工业

机制纸及纸板。重点发展书刊印刷纸、工业技术用纸、包装纸板，1990年机制纸及纸板达到16万吨，增长1倍，建设重庆渝州纸浆厂8.5万吨纸浆工程。

日用化工产品，重点发展合成洗涤剂、香精香料和化妆品。对重庆合成洗涤剂厂进行重点技术改造。

日用玻璃制品、塑料制品、皮革制品、日用搪瓷、瓷器、工艺美术品。文教体育用品以及各类小商品，都要根据市场需要和资源条件，积极组织生产。

（五）医药工业

化学药品，要努力开发优质、高效新药品，着重发展半合成抗生素，新型解热镇痛药、氨基酸等大类药品，中成药，要把发扬祖国传统医药优势与采用现代科学加工技术结合起来，医疗器械，要引进先进技术发展新材料、新设备，1990年产值达到6.1亿元，比1985年增长1.5倍；化学医药24大类原料药产量1.55万吨，增长1.3倍；中成药2500吨，增长1.3倍；医疗器械产值1350万元，增长1.9倍；医药出口创汇要成倍增长。

第三节　主要政策措施

（一）进一步改革消费品工业的计划管理体制，更好地发挥有计划商品经济的市场机制作用，促进消费品工业增加品种、提高质量和开发新产品。

（二）对市场急需产品的生产，继续在贷款、外汇使用、能源和原材料供应、运输条件等方面给予优先保证。

（三）加强技术改造，促进技术进步。对微利、低利行业企业的技术改造，在贷款和税收等方面给予支持。

（四）合理使用各种原材料资源，抓好原材料基地建设，建立稳定的原材料生产、供应体系。

（五）围绕发展重点产品，以骨干生产企业为中心，组织有关企业的联合，逐步形成产品链条和企业集团，提高竞争能力，扩大市场占有率。

（六）促进工、商企业的产销联营和经济联合，加强地方消费品工业产品的销售。

第八章　机械电子工业与三线企业调整

第一节　发展目标

机械电子工业是我市最大的产业部门，物质技术基础比较雄厚，军工企业尤其具有很大潜力。“七五”期间，我市机械电子工业的发展要以内涵扩大再生产为主，打破部门、行业界限，加快调整步伐，抓好三线企业的调整改造，充分发挥军民结合的优势，上质量、上品种、上水平，提高经济效益。要建立、完善质量保证体系，积极采用国际标准，加强科技攻关和新产品开发；引进先进适用技术，加速产品更新换代；提高技术水平和管理水平，实现超前发展，起好国民经济装备部的作用。

“七五”期间，要重点发展汽车、摩托车、工业自动化仪表及节能仪表、数字微波通讯设备、机电仪专用集成电路、敏感器件、机床、内燃机、工业锅炉、Y系列电机、中小节能变压器和大型变压器、制冷设备等。1990年，全市机械电子工业产值达到70亿元，比1985年增长54%，平均每年增长9.1%；60%以上主要产品争取达到工业发达国家七十年代末八十年代初的技术水平；民用机电产品出口创汇额达到5000万美元，比1985年增长约8倍。

第二节　生产建设部署

汽车工业。重点抓好重型汽车和微型汽车，发展跨省、市的联合，大力发展汽车零配件优质产品，并采取灵活、稳妥的方式，开发轻型汽车生产。狠抓引进技术的消化、吸收，按专业化分工，加快国产化的进程。根据市场需求及原材料供应的可能，安排好各种车型的生产。

铁路运输设备制造。切实抓好重庆重型铸锻厂生产C62A型铁路货车的改扩建及配套。

民用钢质船舶。积极开发长江运输船舶、旅游船舶、工程船舶和采金船。

电工设备。为加快西南地区能源开发，要努力发展中小节能变压器，发展中小水电设备，加强电站设备配套能力。同时，要抓好高压电器元器件的生产。小型电动机、工业电炉、电焊机等电工产品要开发,高效、节能,新产品,加速更新换代。工业锅炉要开发热电结合、20蒸发吨以上的大锅炉。

机床和工具制造。全面贯彻国际标准,努力提高产品精度、效率和配套能力,积极发展机电仪一体化产品。

矿山设备制造。重点抓好煤炭采掘设备和石油采掘设备。

通用机械制造。引进消化国外先进技术,提高产品技术水平。

动力设备制造。中、小型柴油机、摩托车汽油机是我市的优势产品,需要继续发展。

基础件制造。基础件是重点发展的产品,要采用国际标准,调整产品结构。

仪器仪表制造。发展为国家重点建设项目和重大技术改造项目配套的成套仪器仪表,逐步实现仪器仪表的数字化、智能化。

电子元器件。努力提高元器件的生产技术,扩大品种,提高质量,降低成本。

通信广播电视产品。发挥我市在数字通讯设备制造方面的优势,主要发展PCM脉冲编码通讯设备,光纤通讯终端设备等产品。

计算机。重点开发微型计算机应用产品。

电子仪器及无线电专用设备。主要发展数字化、智能化电视信号测量仪及在线检测系统,光纤通讯测试设备等产品。

第三节　军民结合与三线企业调整

重庆地处我国战略后方,三线建设中,国家在重庆及其周围地区部署了包括兵器、船舶、电子、航天等一大批军工企业及科研设计机构。"七五"期间,要按照国家统一规划,有步骤地搞好三线企业调整改造,努力探索军民结合的新路子,以充分发挥国防工业雄厚的物质技术基础的潜力,促进重庆和西南地区的经济发展。

第四节　主要政策措施

(一)积极推进机械电子工业管理体制改革,加强行业规划和指导,加强对军民结合工作的领导和协调,促进军民一体化的进程。

(二)积极采用国际标准,不断提高标准化、系列化、通用化的水平,建立完善的质量保证体系,有重点地推行机械、电子产品生产许可证制度和优质产品认证制度。

(三)切实抓好现有骨干企业的技术改造,并统筹安排好全行业的技术改造,把机械电子工业转移到新的物质技术基础上来。

(四)发展多种形式的横向经济联合,组织社会化大生产。

(五)对三线调整企业,要采取优惠政策。

第九章　建筑业和建筑材料工业

建筑业和建筑材料工业要通盘规划、大力发展,使之成为城市经济一个重要支柱,成为积累资金的一大产业。

第一节　建筑业

"七五"期间,建筑业要有一个大发展。1990年,建筑业总产值达到24.5亿元,比1985年增长50%,平均每年增长8.5%,建筑工程质量和经济社会效益,要提高到新的水平。

第二节　建筑材料工业

建材工业是国民经济中急需优先发展的基础工业之一。"七五"期间,要发挥我市非金属矿产资源优势,贯彻"大家办建材"的方针,大力推进老企业技术改造,积极发展基本建筑材料的短线缺门产品,开发高质量、高效益、低能耗的产品,实现超前发展。重点发展水泥、平板玻璃、卫生陶瓷及新型建筑材料。1990年建材工业总产值达到7.1亿元,平均每年增长9.7%。

(一)水泥。1990年产量达到227万吨,比1985年增长56%,其中重庆水泥厂80万吨,比1985年增长72%。

(二)平板玻璃。建设年产265万重量箱的浮法平板玻璃厂和配套石英砂矿。1990年平板玻璃产量达到210万重量箱。

(三)卫生陶瓷。建设四川陶瓷厂,组织市内企业生产配套件,形成年产高中档卫生陶瓷36万件、

160 万块釉面砖的生产能力。

（四）新型建筑材料。发挥我市化工、塑料、玻璃、陶瓷、铝加工等各行业的积极性，利用现有生产条件，填平补齐，发展新型建筑材料，逐步取代落后的传统建筑材料。

（五）无机非金属材料。主要发展玻璃钢、玻璃纤维等产品。

第十章　交通运输和邮电通信

第一节　发展目标和方针政策

交通运输，要充分利用我市已经初步形成的铁路、公路、水路、航空和管道相结合的交通运输设施，抓好重大基本建设和技术改造项目，按照经济合理，方便快捷的原则，逐步建立起结构协调、布局合理的综合运输网，充分发挥各种运输方式的优势。邮电通信，要大力推进技术进步，提高技术装备程度和水平，实现邮电通信超前发展。通过合理组织运输和加强交通、通信重点建设，使重庆交通、邮电枢纽基本上适应全市经济发展和发挥长江上游经济中心作用的要求。

1990 年，全市交通运输部门货运总量达到 8216 万吨，比 1985 年增长 35%，平均每年增长 6.2%；客运量达到 17500 万人次，增长 26%，平均每年增长 4.7%。

第二节　交通运输网建设

“七五”期间，要统筹协调各种运输方式的发展和交通建设，促进综合运输网络的形成，重点抓好机场建设、铁路电气化、公路技术改造、航道整治和车船更新，使整个运输能力有较大的增长。

（一）铁路

（1）成渝线电气化工程，“七五”期间，继续完成重庆枢纽环路和重庆客站站场的电气化改造，年通过能力达到 1300 万吨。

（2）川黔线电气化工程。1986 年开始建设，1990 年以前全线开通，年通过能力达到 1250 万吨～2050 万吨。

（3）进一步完善重庆枢纽，改造重庆客站，建成上桥货场，伏牛溪危险品专用车站。

通过以上措施，使铁路干线和重庆枢纽的综合运输能力有较大提高。

（二）公路

（1）重点改造国道、省道通过重庆的进出口。“七五”期间，要完成川黔公路四公里至大山村段 15 公里的改造，配合江北机场新建红旗河沟至双凤桥段 23 公里，配合嘉陵江石门大桥新建观音桥至大石坝段 5 公里，改造国道 212 线沙坪坝至北碚段 43 公里。以上路段的技术等级均要达到二级以上。

（2）抓紧成渝公路改造工程前期准备工作，争取“七五”期间一期工程开工建设。

（3）完成川汉公路长寿境内晏家至澄溪 50 公里路基整治工程。

（4）接通国道 319 线铜梁塘坝至安岳毛家 14 公里断头路。

（5）改建大足至宝顶旅游路段 13 公里。

（6）配合珞璜电厂建设，新建渔洞至珞璜公路 13 公里。

（7）新建北碚文星湾大桥以及铁路与公路交会处的 10 座立交桥。

（8）继续采用民工建勤、民办公助办法，加快山区公路建设，尽快改变山区交通闭塞状况。

（9）抓好公路运输场站建设和车辆更新，调整车辆结构，适当增加大吨位汽车比重。

通过以上措施，1990 年全市公路通车里程达到 8000 公里，比 1985 年增加 366 公里；新增高级、次高级公路面 200 公里；列等公路由 36%提高到 65%，公路好路率由 34%提高到 65%，通公路的乡由 95.6%达到 100%，全市公路网得到改善，运输能力有较大提高。

（三）水运

（1）加强航道整治。除抓好已列入全国“七五”计划的长江干线航道整治、通讯导航外，要加强主要支流的整治，重点是解决断航河流的复航问题。

（2）加快港口码头建设。重点抓好重庆港改、扩建，建成我市在四川乐山港的客货运输服务大楼和在江苏南通的物资转运站，为发展长江上游航运和江海联运创造条件。

(3)增加船舶运力。

通过以上措施,使以重庆为中心的长江上游水系航运网,基本适应"七五"期间水运客货量的增加和长江旅游线开发的需求。

(四)民用航空

(1)完成江北民用一级机场工程,1988年10月投入使用。

(2)建设民航市内售票大楼。

(3)增加重庆至国内主要城市的航线和航班,争取开辟重庆至香港航线。

通过以上措施,使重庆对外空中联系不畅的状况得到改变,并为民航事业的进一步发展创造必要条件。

(五)综合运输网

从国民经济和社会发展的需要出发,积极发展各种运输方式的联合运输,搞好产供销运间的协作配合,逐步形成综合运输网络,提高运输生产效率和社会经济效益。

第三节 邮电通信建设

(一)市内电话。重点是加强对现有市话网的技术改造和骨干网络建设,建成初具规模的市内电话通信网,在"七五"初期完成新增1万门程序控制电话的基础上,利用外资再新增5万门程控电话,远郊区县以发展纵横制自动交换机为主。1990年市话装机容量达到9.8万门,净增近2倍。

(二)长途电信。积极配合国家有关部门,建设好南京——武汉——重庆光缆通信工程,重庆——贵阳小同轴通信电缆工程;建设重庆卫星地面站;安装长途电话自动交换机,实现和全国主要城市的长话自动拨号;发展国际电话;发展用户电报通信网;开放传真和数据通信业务。

(三)邮政要加快枢纽建设,提高邮件处理自动化、机械化水平。

(四)加强邮电服务网点建设。

(五)积极发展农村电话。

第十一章 第三产业发展

第一节 发展目标与重点

"七五"期间,要改变传统的产业发展格局,大力发展第三产业,提高第三产业在国民生产总值中的比重,逐步使三大产业结构趋于合理化,使城市综合服务功能有较大提高,规划的发展目标是:

——第三产业产值,1990年达到38亿元,比1985年增加1倍,"七五"期间平均每年增长14%,快于国民生产总值平均每年增长8.7%的速度。

——第三产业占国民生产总值的比重,由1985年的19%提高到1990年的25%左右。

——第三产业的就业人数,1990年达到160万人左右,比1985年约增长70%,占全社会总劳动力总数的比重,由13%提高到20%左右。

发展第三产业,要切实抓好传统服务业,积极促进新兴服务业的发展。在大力加强运输邮电和城市公用业等基础设施的同时,要把第三产业发展的重点放在商业(包括内外贸易、物资流通)、饮食服务业、金融、保险、信托、旅游、信息与咨询等方面。

第二节 第三产业主要部门的发展目标

商业。要继续推进商业管理体制的改革,扩大商品流通范围,疏运流通渠道,逐步形成以国营商业为领导,多成分、多渠道、少环节、开放式、布局合理、渠道畅通、经营灵活、方便群众的商品流通网络。1990年直接为人民生活服务的商业网点达到22.5万个,比1985年增加40%;社会商品零售总额达到78亿元,比1985年增长50%;进出口贸易总额,要有成倍的增长。

饮食服务业。通过各种形式,大力促进那些直接为人民生活服务的饮食、旅馆、洗澡理发、洗染以及各种修理行业的发展。1990年饮食服务网点达到68000个,从业人员达到14万人,分别比1985年增长50%以上。

旅游业。大力开拓国际旅游业务,发展适合我国人民生活水平和习惯的国内旅游,加强旅游区和旅游设施的规划、建设工作,形成住宿、交通、游览、通信等综合配套的接待能力。扩大旅游商品的生产。1990年接待国际旅游者人数达到16万人，比1985年增长2.5倍。

金融业。充分利用金融体制改革试点城市的有利条件，扩大银行业务范围，发挥多种形式的资金融通作用，加强金融设施建设，大力提高业务手段和经营管理的现代化水平，为发挥城市的金融中心作用创造条件。

信息与咨询。大力促进信息产业的形成和发展，在充分利用传统的人工信息网的基础上积极推广计算机应用，增加现代信息传输手段，有计划地进行现代化信息系统的建设。发展信息公用事业，提供信息、咨询、计算机软件等各种服务。

第三节　政策和措施

（一）实行国家、集体、个人一齐上和城市、乡村都来办，多种经济成分、多种经营方式并存的方针。

（二）运用经济调节手段，依靠政策和综合运用各种经济杠杆促进第三产业发展。

（三）适当增加对第三产业的投资，安排好第三产业重点设施项目的建设。

（四）改革管理体制，增强第三产业的内在活力，改变地区分割、部门分割、企业办社会、各单位自成体系的状况，促进劳务生产的专业化和社会化。

（五）加强人才培养，努力改善第三产业职工队伍的素质。

（六）解决好第三产业用房问题。城市繁荣地区的街面房屋和主要街道的两旁的低层房屋，要用于发展商业、服务、金融等第三产业。

（七）按照要求加强第三产业的统计、核算工作，以适应第三产业日益发展的需要。

三、国土开发，区县经济与城市基础设施建设

第十二章　国土开发与整治

“七五”期间国土工作的主要任务是：制定出符合我市市情的、科学的、行之有效的重庆地域国土总体规划方案，有重点、有步骤地合理开发利用自然资源，对一批重大开发治理项目进行可行性研究，提出开发治理方案。

第十三章　区县经济

区、县经济在我市国民经济中占有非常重要的地位，“七五”期间，要按照“城乡大联合、城乡共发展”的指导思想，本着“工农结合、城乡一体、统筹规划、协调发展”的原则，进一步搞好市带县工作，促进区县经济较快地发展。

（一）搞好国土资源调查，摸清全市自然资源、劳动力及现有物质技术基础在各区县的分布状况及特点，科学地确定全市生产力的地区布局，促进各种生产要素的合理配置，在市的统一规划指导下，更好地发挥各区县的自然优势和经济优势，逐步建立各具特色的区、县经济结构。

（二）积极推动城乡企业发展横向经济联合，要充分利用城市的技术、资金、信息、市场和农村的资源、劳力、场地等优势，开展市内城乡之间的多层次、多形式的经济技术联合协作，实现城乡共发展，各区、县要因地制宜、扬长避短，努力把资源优势、产品优势转化为商品优势。市要有计划地组织城市生产力向郊县扩散，以推动区县经济发展。

（三）在重点抓好大中型企业技术改造的同时，要兼顾区县小型企业和集体企业，支持区县搞好工业技术改造，市在安排技术改造贷款资金和技术引进用汇上，要有一定比例用于区县工业项目。

（四）抓好卫星城市、小城镇和农村场镇的建设，加快区县交通运输网和邮电通信网的形成和发展。区县工业、乡镇企业，要适当集中到小城镇和场镇，形成大小不等的增长极核，成为带动区县经济发展的据点；新建大中型项目，也应尽可能放在区县小城镇附近，沿水陆交通干线布点。通过多层次的点线面网相结合的安排，逐步形成城乡一体的经济网络。

（五）进一步采取措施，增强区县特别是县总揽经济全局的能力。

（六）实行进一步搞活区县财政的政策措施，增强区县自我积累，自我发展的能力。

（七）扶持边远贫困山区尽快脱贫致富。

第十四章 城市基础设施建设

第一节 目标与任务

"七五"期间，城市建设要按照增强中心城市综合服务功能和承载能力的要求，全面规划；突出重点；量力而行；逐步改善。着重抓好以城市道路交通为中心的各项基础设施的配套建设和改造补缺，初步改变城市基础设施严重落后的局面。

城市道路。努力解决城市干道的"堵头""卡口"，基本形成城市道路环形网络，提高通过能力，缓解"行车难"的状况。完成一批市区立交桥及人行天桥、地道的建设。

城市公共交通。调整线网结构，在市中区和近郊几个区建设停车站、场，逐年新增一批公共电、汽车，使城市人口拥有车辆水平达到全国大城市平均水平以上，发展水上快速客运交通工具，加强市和沿江城镇的水上交通联系，完成长江索道建设，发展上、下山索道、缆车、电梯等垂直公共交通工具。

城市供水设施。建成黄桷渡水厂；挖掘现有水厂潜力，积极组织企业自备水厂社会化服务，使南坪、大坪、石桥铺、杨家坪等地供水紧张状况逐步得到缓解，并积极筹建新水厂。对县、镇自来水厂进行改、扩建，并有计划地建设新点。

城市排水设施。完善和改造旧城区的下水道管网，重点进行桃花溪、大溪沟等下水道改造，逐步完善大坪、杨家坪、石桥铺等地区的下水道管网。新开发区和旧城成片改造区，要按总体规划要求全面设计，先地下、后地上配套建设。

城市住宅。"七五"期间，计划每年新增住宅120万～150万平方米，同时搞好危房旧房改造，城市人平居住面积1990年达到5平方米左右，比1985年增长25％。

城市环卫设施。以分区建设中、小型污水处理厂为主，首先解决两江自来水取水点上游的污水处理问题。按合理运距布点，分片建设垃圾处理场。

城市民用天然气。在"七五"期末，城区民用气化率达到60％左右，基本改变民用燃料结构，减少大气污染源。

城市消防设施。增加市政消防栓及消防车辆，加强消防给水建设。

城市防空设施。加强维护保养，开展综合利用。

第二节 对策与措施

（一）改革城市建设管理体制，推动城市建设和管理工作的现代化。

（二）加强城市建设和管理的专业人才培训，市政、公用、环卫等部门要大力推广，采用先进适用的新技术。

（三）建立稳定增长的城市建设资金来源，开拓新的资金渠道，多渠道地筹集城市基础设施建设资金。

（四）对实行企业经营的城市公用事业，要采取适当的经济政策，以增强其自身积累、自我改造、自我发展的能力。

四、横向经济联合与地区协作

第十五章 指导思想及方针、任务

"七五"期间，要适应发展社会主义有计划商品经济的客观要求，大力促进横向经济联合和地区协作，促进资源开发和资金的合理使用，促进商品流通和社会主义统一市场的形成，促进技术进步和人才合理交流，促进经济结构和生产力布局的合理化。

开展横向经济联合和协作，要照"扬长避短，形式多样，互利互惠，共同发展"的原则。按照"依托西南一片，联系长江一线"和"立足西南，服务西南，面向全国，走向世界"的方针，抓好五个层次的联合与协作：

——市内的联合

——西南四省（区）五方的经济协作

——与长江沿岸中心城市的经济联合与协作

——与全国各地区的经济联合

第十六章 四省（区）五方经济协作与长江沿岸中心城市经济协作

第一节 推进西南四省(区)五方经济协作

西南四省（区）五方经济区在全国"七五"计划中已明确列为全国一级经济区网络，遵照国务院对四省（区）五方经济协调会第二次报告的批复精神，贯彻“自力更生、多方联合、国家支持、共谋振兴”方针，我市要大力加强同各方的联系，促使经济技术协作和联合不断向深度和广度发展。

第二节　推动长江沿岸中心城市经济联合与协作

长江流域在祖国“四化”建设中占有重要的地位和作用。加强长江沿岸中心城市的联合协作，加速长江流域经济的发展，将有利于解决能源、交通紧张的问题，有利于实现我国东、中、西部的结合，有利于充分利用现有物质技术基础。“七五”期间，要大力加强与上海、南京、武汉等沿江城市的联系，推动联合与协作，促进长江的开发利用。

五、科学技术发展及政策

第十七章　发展战略和目标

(一)“七五”期间我市科学技术发展战略

(1)以提高经济效益为中心，大力推广效果好、见效快的科技成果，用先进技术改造传统产业、传统工艺和传统产品。

(2)建立各种形式的生产科研联合体，集中力量联合攻关，开发一批新产品、新技术、新材料，使生产的发展逐步建立在技术进步的基础上。

(3)新兴技术的发展贯彻“有限目标，择优支持，突出重点，着眼应用”的原则。

(4)把自主开发研究同引进国内、外先进技术有效地结合起来，提高科学技术的起点，逐步增强自主开发能力。

(5)科学研究要保持适当的“提前量”，为经济、社会发展提供必要的科技储备。

(二)科学技术发展的主要目标

(1)各类科学技术人员五年内净增加 11 万人。

(2)安排 100 项重点科学研究项目，开发 26 类 80 种新产品、新材料和 20 个创汇节汇产品，完成 38 个科研示范性项目，并形成生产能力。

(3)市属企业 30%左右主要工业产品的质量水平达到国际七十年代末八十年代初的水平。

(4)有计划、有重点地改造市属独立科研所和建设新的科研机构及中试基地。争取有一批成果在国内同行业中居于领先地位，或形成特色。

(5)初步形成科学研究、技术开发、咨询服务、技术市场、技术推广和人才培养体系。在经济增长中科技进步因素所占的比例，争取达到全国大城市比较先进的水平。

第十八章　科技成果应用和推广

“七五”期间，全市重点安排工业试验，科技示范项目 45 项，其中《星火计划》项目 38 项，主要方向是：

——推广种植、养殖业良种和引种试验示范，高产技术、加工技术和系列开发的相关技术。

——以食品、轻纺、耐用消费品等为重点的优质系列产品的开发应用。

——发展能源、交通、通讯、原材料等方面的关键技术。

——以推广应用微电子技术为重点进行传统技术的改造。

第十九章　技术开发

“七五”期间，我市技术开发要贯彻市场导向，充分发挥资源和技术优势，以增强产品开发能力和出口创汇能力为目标，共安排 15 项 69 个子项。

第二十章　科技攻关

“七五”期间，全市重点安排 10 项科技攻关项目，包括 39 个子项，主要内容有：

(一)农业方面。围绕实现主要生产品种换代，提高品质和抗性的要求，着重抓好水稻、玉米、红薯、蔬菜等良种培养和引种；淡水鱼、瘦肉型猪良种化和高产技术；柑桔、黄桃品种优化配套和高产低耗成套生产技术。

(二)工业交通方面。围绕引进技术消化吸收，重点产品更新换代，提出关键技术进行科技攻关。

(三)新兴技术领域的科技攻关。

(四)社会发展方面的科技攻关。

第二十一章　社会科学研究

社会科学研究，要围绕我市政治、经济、科技、社会发展的战略问题和以城市为重点的经济体制改革，从理论和实际的结合上去考察、研究我市各条战线出现的新情况和新经验，力争多出成果，出好成果，为促进社会主义物质文明建设和加强社会主义精神文明建设服务。

第二十二章　主要政策措施

（一）坚决贯彻经济建设必须依靠科技进步，科技工作必须面向经济建设的方针和《中共中央关于科技体制改革的决定》，使我市科技体制尽快转到新的轨道上来。

（二）认真贯彻执行党的知识分子政策，从各方面创造条件，进一步调动广大科技人员的积极性，鼓励和保护发明创造。

（三）实行统一规划，分级管理。

（四）所有推广项目都要择优选点，配套安排。

（五）发展横向联合，推动建立各种形式的科研生产联合体。

（六）有计划地改造和建设一批科研中试基地，充实科研设备，扶持重点科研所，改善科研条件，加快科技成果向生产的转移。

（七）建立健全技术开发机构，加强企业科研所（室）的建设，强化企业技术吸收和开发能力。

（八）推行全面质量管理，积极采用国际标准，加强计量技术基础工作。开展群众性的技术革新活动。

（九）加强科技立法和科技管理。

六、教育发展及其政策

“七五”期间，要按照“面向现代化、面向世界、面向未来”和“德智体全面发展”的方针，积极发展各级各类教育事业，进一步调整教育结构，以适应经济、社会发展的需要，并为九十年代的经济振兴和社会繁荣打下基础。

第二十三章　基础教育

“七五”期间，要在扎实巩固普及小学教育成果的基础上，积极地、有步骤地推行九年制义务教育。坚持统一性与多样性相结合的原则。特别是在农村，要采取多渠道、多层次和多种形式办学，逐步形成村有小学（主要是初小）、乡有中心小学和单设初中（包括初级职业中学）的合理布局。1987年全市要全面普及小学教育；1990年，城市要基本普及九年制义务教育，县镇和经济比较发达的乡村在普及九年制义务教育上要有重大进展，为九十年代在全市全面普及初中阶段教育做好准备。

积极发展学前教育。城市要大力发展各类幼儿园（包括学前班），使学前儿童基本上都能接受一段时间的学前教育。农村也要根据经济、文化条件，因地制宜地发展学前教育。

努力发展盲、聋、哑、残疾人和智障儿童的特殊教育。

实现上述目标的主要政策措施是：

（一）全面规划，加强指导。

（二）建立一支有足够数量的合格而稳定的师资队伍。

（三）多渠道筹集教育经费，积极改善办学条件。

（四）按分级管理原则，实行分层次负责制。

第二十四章　职业技术教育

职业技术教育，是现代教育制度的一个重要组成部分，也是我市教育事业中的一个薄弱环节。“七五”期间，要继续调整中等教育结构，在继续办好普通高中的同时，大力发展职业技术教育。到“七五”期末，使职业技术学校在校生人数达到或超过普通高中在校人数，其中，职业高中学生大体占整个高中阶段职业技术教育学生总数的45%，技工学校学生大体占35%，中等专业学校学生大体占20%。同时，也要加强初中阶段职业技术教育和各种短期职业技术培训，以及高等职业技术教育。

为此，需要做好以下工作：

（一）充分挖掘现有中等专业学校和技工学校的潜力，扩大招生。

（二）发挥厂矿企事业单位的优势。

（三）巩固、发展教育部门办的职业中学校（班）。

（四）农村普及九年制义务教育，可以兴办职业初中。

（五）通过多种渠道，努力创造和改善发展职业技术教育的办学条件。

（六）改革相应的劳动人事制度，切实做到“先培训、后就业”。

第二十五章　普通高等教育

普通高等教育要继续调整专业科类和层次结构，充实现有学校的办校条件，大力提高教育质量，更好地适应“四化”建设的需要。

第二十六章　成人教育

大力发展成人教育，加强对在职人员的培训，提高科学文化和业务素质。1990 年，职工高等学校在校生人数达到 2.4 万人，职工中专校（班）在校生人数达到 3.6 万人。

干部教育。要充分利用现有的各种教育形式，提高各类干部的文化、业务水平。“七五”期间，计划培训干部约 8 万人，其中大专约 3 万人，中专约 5 万人。争取在 1990 年初步形成一支专业基本配套、能掌握现代科技和管理知识、年龄结构较合理的干部队伍和专业技术人员队伍。

农民教育。要在基本扫除文盲的基础上，积极发展初等、中等文化教育和各种形式的职业技术教育。

发展各类成人教育，需要抓好以下几项工作：

（一）认真做好各类职工高等学校和中等专业学校以及干部管理学校的整顿、调整工作，努力提高办学质量。

（二）普通高等学校和中等专业学校要继续积极创造条件，在保证质量的基础上举办函授部和夜校部。

（三）积极推行自学考试制度。

（四）成人教育要坚持业余学习、半脱产和脱产学习相结合，长期学习与短期学习相结合，特别要注意发展业余教育、函授教育和广播电视教育。坚持学用一致，讲求实效的原则，避免不讲质量、片面追求“高层次”和文凭、学历的形式主义倾向。

七、对外经济贸易和技术交流

第二十七章　进出口贸易

第一节　进出口贸易的规模和结构

（一）出口。要继续大力发展农副产品、医药、化工、纺织、食品以及其他具有适销对路的传统出口产品，提高加工能力和技术水平，提高产品质量和档次，并努力改善出口商品的结构，逐步由主要出口原料转变为主要出口制成品，由主要出口粗加工产品转变为主要出口精细加工产品，特别要充分发挥我市机电行业基础较雄厚的优势，集中力量建设好机电产品出口基地，力争机电仪产品的出口有一个较大幅度的增长。1990 年，全市自营出口创汇达到 2.5 亿美元，比 1985 年增长 1.4 倍；5 年合计出口创汇达到 9 亿美元。

（二）进口。“七五”期间，要加强用汇的计划管理和控制，保持合理的进口商品结构，节约用汇，把有限的外汇用好用活，努力提高进口用汇的经济效益。市集中的外汇，主要用于重点项目引进新技术和关键设备，特别是出口创汇企业和替代进口企业的技术改造，能源、交通、通讯、原材料等方面所需的新技术和设备，以及进口国内不能生产的或急需的短缺生产资料。严格控制市内或国内其他地区有生产能力的原材料、设备进口以及日用消费品的进口。

第二节　扩大出口创汇的政策措施

(1)切实抓好出口生产体系的建设，增强出口创汇能力。

(2)继续实行出口优先的政策。

(3)搞好出口的协调管理，加强工贸双方的密切配合。

(4)运用经济手段鼓励和调动出口企业的积极性。

(5)巩固原有市场，开拓新的市场。

第二十八章　利用外资和引进技术

第一节　利用外资

“七五”期间，我市利用外资总规模力争达到 6

亿美元。其中：由国家统借的 2 亿美元，地方自借自还 1.5 亿美元，直接利用外资 2.5 亿美元。利用外资集中用于出口创汇项目和进口替代项目，以及能源、交通、通讯和原材料等增强经济发展后续能力的项目。

为了有效地利用外资，需要采取以下政策和措施：

(1)加强利用外资的计划管理。

(2)开辟多种利用外资渠道。

(3)提高利用外资的经济效益和社会效益。

第二节　引进技术

技术引进的重点主要放在现有骨干企业的技术改造和能源、交通、原材料重点建设上，优先引进有助于提高出口产品质量、替代进口产品和发展市的重点产品的技术和设备，特别是投资少、见效快的项目。

引进技术采取的主要措施是：

(1)加强引进技术的管理。

(2)狠抓技术引进的消化吸收和创新工作，合理安排引进技术资金和消化吸收资金的比例。

(3)根据不同行业和产品的特点及条件，分别采取许可证贸易、专有技术转让、顾问咨询、技术服务、合作研究开发等灵活多样的形式，开展技术引进工作。

(4)引进技术要符合国家对各行业的技术政策和发展规划，避免重复引进和盲目引进。

第二十九章　对外承包工程和劳务出口

对外承包工程和劳务出口，继续贯彻“守约、保质、薄利、重义”的经营原则，采取灵活多样的经营方式，不断提高经营能力和管理水平，增强国际竞争能力，1990 年，对外承包工程和劳务出口合同金额达到 1 亿美元，比 1985 年增加 4 倍。

八、主要物资平衡

“七五”期间。要在做好主要物资供求预测的基础上，努力开源节流，改革物资流通体制，改进物资供应工作，以保证经济、社会发展对主要物资的需要。

第三十章　主要物资需求预测

根据经济发展建设和建设规模，对“七五”期间，我市主要物资需求量，作了初步预测。

第三十一章　物资平衡的对策措施

(一)各部门、各单位要适应经济体制改革的新情况，努力提高自身的承受力和消化力，立足于通过市场调节来解决差缺物资。

(二)对计划内的资源分配，继续贯彻“保证重点，兼顾一般”的原则；在物资供应上，对重点建设项目和少数重点产品实行配套承包供应。

(三)认真抓好地方原材料工业的发展。

(四)发展多渠道、多层次的横向经济联合，增加物资来源。

(五)积极推进物资体制改革，积极开辟逐步完善生产资料市场。

(六)狠抓节约代用，努力降低物资消耗。

九、投资结构调整和重大建设项目部署

第三十二章　投资结构的调整

(一)投资结构的调整主要从四个方面进行：

(1)要把能源、交通、通信和原材料等基础设施和基础工业作为投资的重点，并适当增加农业、教育的投资，控制一般加工工业投资的增长。

(2)在生产性和非生产性建设的安排上，要增加生产性投入，适当控制非生产性投资的比重。

(3)在基本建设和技术改造投资的安排上，要投入更多的资金用于现有企业的技术改造和改建扩建，提高更新改造投资在固定资产中的比重。

(4)在更新改造投资的安排上，要以提高经济效益为中心，着重增加提高产品质量和性能、降低物质消耗、增强出口创汇能力和增产适销对路产品等方面的投资，控制单纯增加一般加工工业产品生产能力的投资，尤其要严格限制“长线”产品和耗能高、产品落后的产品盲目扩大生产能力。

(二)调整投资结构的主要政策和措施是：

(1)加强和改善投资的计划管理。

（2）运用各种有效手段将社会闲散资金引导到市急需建设的能源、交通、通信、原材料和基础设施等项目上来；加强用于固定资产投资的银行信贷资金的计划管理和综合协调，引导信贷资金按照调整投资结构的要求进行安排。

（3）综合运用经济手段和行政手段，防止盲目建设和重复建设。

（4）在扩大出口创汇的基础上积极引进外资，用于重点建设项目。

第三十三章　重大建设项目部署

“七五”期间，国家安排在重庆地区的中央和地方基本建设大中型项目和投资3000万元以上的重大技术改造项目共有41个。其中，大中型基本建设项目22个，重大技术改造项目19个。这些多数是能源、交通、原材料工业等基础设施和基础工业项目，对于增强重庆经济实力，搞活和开发西南经济，为九十年代经济振兴做好物质技术上的准备，具有极为重要的意义，必须千方百计地保证其高质量地照期建成。

十、经济体制综合改革

第三十四章　体制改革的任务和步骤

根据《中共中央关于经济体制改革的决定》和国家批准重庆市进行经济体制综合改革试点所赋予的任务，在巩固1985年开展综合改革以来以取得的成效的基础上，“七五”期间要围绕增强企业特别大中型企业的活力，逐步完善市场体系，建立健全间接控制体系，不断深化经济体制综合改革，争取在发挥大城市组织经济的作用，探索军民结合新路子，促进西南“四省（区）五方”经济区网络的形成和发展方面取得更加显著的成效和比较完整的经验，努力探索建立适合我国国情的中心城市经济管理体制，为全国经济体制改革做出试点城市应有的贡献。

实现上述任务，大体上分两步进行改革。“七五”前两年，要按照“巩固、消化、补充、改善”的方针，继续搞活企业特别是大中型企业，进一步理顺企业管理体制，发展多渠道、少环节、开放式的商品流通体制的同时，着重加强和改善宏观控制和管理，大力推进横向经济联合，并争取在开放生产资料市场和开展金融体制改革试点上有所突破；“七五”后三年从发展社会主义商品的市场体系和逐步由直接控制为主转向间接控制为主出发，进一步缩小指令性计划的范围，扩大指导性计划和市场调节的范围，进一步配套搞好全市计划体制和价格、财政、税制、金融、劳动工资、物资、科技、教育等方面的体制改革，逐步建立与新体制相适应的组织机构，争取在发挥经济中心城市的作用，打破条块分割、军民分割、城乡分割和实现政企职责分开，政经分离上取得重大进展，使我市经济体制基本进入新的轨道。

第三十五章　体制改革的重点和措施

第一节　增强企业活力

（一）继续简政放权，增强企业的自我积累、自我改造、自我发展、自我约束的能力。

（二）在坚持公有制为主体的前提下，继续发展多种经济形式和多种经营方式。

（三）为企业创造比较平等的竞争环境。

（四）改进企业领导体制。

（五）推动企业横向联系发展。

第二节　逐步建立健全中心城市的市场体系

（一）进一步发展消费品市场。

（二）开放和逐步完善生产资料市场。

（三）逐步开辟和发展资金市场。

（四）开放技术市场。

（五）促进劳动力合理流动。

（六）改革价格体系和价格管理制度。

第三节　发挥中心城市在国家多层次宏观控制中的重要作用

“七五”期间，在旧体制向新体制的转变过程中，重庆应当发挥大经济中心城市在加强和改善宏观控制中的作用。着重要抓好以下几项工作：

（一）全面落实和进一步完善计划单列。

（二）争取在国家的支持下，不断深化综合改革，配套搞好计划体制、金融体制、财政税务体制、价格体制以及劳动工资等方面的改革。

(三)逐步学会综合配套运用经济杠杆，为实现计划目标服务。

(四)建立健全经济法制和监督、监察体制。健全经济立法和经济司法，加强财政、税务、审计、统计、银行、物价、工商行政管理、标准、质量、检疫、专利、海关等管理部门的监督。

(五)调整政府经济管理机构。加强综合性经济管理部门，专业经济管理部门要从具体管理直属企业的生产经营转向行业管理。在转变职能的基础上，积极创造条件，逐步进行机构的调整和精简。

十一、人民生活与社会保障

第三十六章　人口

继续坚持计划生育的基本国策，坚定不移地严格控制人口的增长，提高人口质量，使我市人口发展与经济、社会发展相适应。“七五”期间，我市进入婚、育年龄的人口处于高峰时期，更要把计划生育工作放在重要地位，坚持不懈地抓下去。1990年末，全市人口总数控制在1471万人以内，比1985年增加66万人，年平均自然增长率控制在9.2‰以下。

第三十七章　劳动

第一节　城乡劳动就业

(一)城镇劳动就业

五年内，城镇需要新安置就业的劳动力有30多万人，每年要安置6万人左右。争取到1990年，使需要安置的城镇劳动力基本上都得到就业。努力提高劳动力的素质，“七五”期间，计划培训待业青年20万人。

1990年，全部职工人数增加到219万人，比1985年增加30.7万人。其中全民所有制职工增加到151万人，增加约16万人；集体所有制职工68万人，增加14万人。个体劳动者发展到10万人，增加4.4万人。

(二)农村劳动力就业

通过大力发展林业、牧业、副业、渔业和乡镇企业，吸收农村富余劳动力。预计到1990年，从事种植业的劳动力减少到305万人，比重由1985年68%下降到50%；林、牧、副、渔业和劳动力达到145万人，比重由20%上升为27%；农村工业和建筑业的劳动力达到110万人，比重由10%上升为18%；运输业、商业的劳动力达到50万人，比重由2%上升为5%。

(三)企业富余人员安置

坚持企业“自行消化”的方针，因地制宜，广开生产、服务门路，把企业富余人员的安置工作做好。

(四)主要政策和措施

(1)城镇要继续贯彻执行“在国家统筹规划和指导下，实行劳动部门介绍就业，自愿组织起来就业和自谋职业相结合”的方针。放宽政策，扩大就业领域。

(2)农村要继续贯彻“离土不离乡”的方针。

(3)严格控制行政、事业单位的编制和全民所有制职工的增长。

(4)严格就业培训制度。

(5)改革用工制度。

第二节　劳动保护

区县、部门、企业要坚持“安全第一、预防为主”的方针，有计划地改善职工劳动条件和劳动环境，努力消除事故隐患和职业病危害。五年内，力争全民和集体企业工伤事故千人死亡率每年递减3%～5%；千人重伤率每年递减5%～7%；职业病发病率每年递减20%以上。

第三十八章　居民收入水平与消费结构

第一节　居民收入

预测1990年农民人均纯收入可达到550元。比1985年的366元，增加184元，增长50%，平均每年递增8.5%。其中，从种植上获得收入的比重将由1985年的78%，降为65%；从其他行业获得收入的比重将由22%，上升为35%。

预测到1990年，全市职工工资总额将达到29亿元，比1985年的20亿元，增加9亿元，平均每年递增7.5%。其中，全民所有制职工工资总额将达到22亿元，增加6.4亿元，年平均递增7.2%，集体所有制职工工资总额将达到7亿元，增加2.4亿元，平均每年递增8.5%。职工平均工资达到1332元，平均每年递增4.2%。

在居民收入分配上，应注意解决好以下问题：

(1)认真贯彻按劳分配原则。

(2)继续落实鼓励部分地区、部分企业、部分人先富起来的政策，着重克服平均主义，同时也要克服和防止收入水平过分悬殊的现象。

(3)严格工资计划管理，控制消费基金的过快增长。

(4)改进工资计划管理体制。

第二节　消费结构的预测

“七五”期间，随着城乡居民收入的稳步增长和消费水平的提高，1990年全市居民的消费结构变动趋势是：生存资料的消费比重逐步降低，但依然是消费的主体；发展资料，特别是用于文化教育方面的消费比重将逐步提高；享受资料即高级物质资料和满足精神消费的支出在居民生活中将占一定的比重。

第三节　引导居民消费的政策措施

按照“七五”期间的促进供给结构和消费结构向合理方向发展，需要采取若干政策措施。

第三十九章　卫生与体育

第一节　卫生事业

进一步发展卫生保健事业，增加城乡医药保健设施，改变城乡卫生状况，努力控制和降低主要疾病发病率，扩大医疗卫生保健队伍，提高医学科学技术水平，使人民群众得到更方便、更有效的卫生保健服务，以适应城乡经济发展和群众防病治病的需要，不断提高人民群众健康水平。“七五”期间，发展病床4000张～5000张，增加卫生人员1万人。

第二节　体育事业

“七五”期间，要大力普及城市体育活动，加强体育队伍的建设，努力提高运动技术水平，增强人民体质。

继续抓好学校体育工作，广泛开展职工体育、农村体育活动，加强专业运动队伍建设。改革训练手段和训练方法，改善训练条件，提高运动技术水平。抓好现有体育场地的维护，适当新建一些体育设施。抓好体育竞赛，五年内，全市举办县以上运动会3290次，参加运动员47.70万人。积极参加四川省运动会和全国性竞赛，力争取得好的成绩。

第四十章　社会保障事业

从实际情况出发，按照“有利生产、保障生活”的原则，逐步建立、改进各种类型的社会保险制度，改进和完善社会福利，社会救济与优抚工作。

第一节　主要任务

(一)建立健全社会保障制度。

(二)发展社会福利事业。

(三)动员社会力量，做好优抚、救济工作。

(四)妥善解决残疾人员的劳动生活问题。

第二节　主要政策和措施

(一)抓紧制定和颁行《重庆市全民所有制企、事业单位退休金统筹试行办法》逐步地对全民职工退休实行社会化统筹。对集体所有制单位，实行按地区、行业、系统建立职工退休基金统筹制度，积极推行集体所有制单位向中国人民保险公司投保的养老保险制度。做好合同制工人的社会劳动保险工作。

(二)坚持社会化管理和单位管理相结合，以社会化管理为主的原则，改革社会福利管理体制。

(三)加强优抚救济工作的法制建设。

(四)积极扶持贫困地区和贫困户的生产发展，并辅以优惠照顾政策。

第四十一章　环境保护

第一节　任务和目标

“七五”期间，要在加强管理的同时，结合工业技术改造和工业布局调整，控制环境污染和生态环境继续恶化，使部分地区及水域的环境质量有一定的改善，建设好环境保护示范工程，为全面开展环境建设打好基础。

(一)城市环境保护。主要抓好市中区、江北、南坪、大坪等重点片区的污染治理,控制住对大气和两江水体污染。

(二)严格控制工业污染。现有老企业都要努力提高“三废”处理能力和资源综合利用水平。

(三)自然生态环境保护。两江重庆段的水质力求控制在二级环境标准范围内,部分水质已经恶化的次级河流污染要有所减轻,搞好大足南北山生态农业试点,建设四面山自然保护区,全市森林覆盖率提高到12%左右。

第二节 环境保护措施

(一)加强环境管理,落实环保责任制。

(二)实行“预防为主、防治结合、综合治理”的方针,认真执行“谁污染谁治理”的原则,搞好企业环境管理和污染源治理。一切新建、扩建和技术改造项目,都要坚持“三同时”原则,严格控制新的污染的产生。

(三)加速建设市、县两级环境监测网。

(四)深入开展环境保护的宣传教育,依靠群众监督,促进环境保护工作。

十二、社会主义精神文明建设

在建设高度物质文明的同时,一定要努力建设高度的社会主义精神文明,要在坚持党的四项基本原则的同时,大力发展各项文化事业,提高文化、知识水平,使人民群众成为有理想、有道德、有文化、有纪律的劳动者,努力在全社会形成文明的、健康的、积极进取的精神风貌,巩固和发展安定团结的政治局面。

第四十二章 文化事业建设

第一节 文化

(一)文学艺术事业应特别重视提高作品的思想水平和艺术质量,努力创作反映现代化建设和生活的优秀作品。

(二)抓好专业艺术表演团体的改革、整顿和调整布局工作,加强艺术科学研究与人才培养。

(三)加强文化艺术设施的建设,重点抓好危险影剧场改造,改善观看和演出条件。

(四)调动社会各方面的积极性,发展群众文化事业。填平补齐区县文化馆舍,巩固和扩大城乡文化活动网点,提高群众文化骨干队伍的素质,丰富群众业余文化生活。

(五)发展文物、博物馆、图书馆、档案馆事业。加强文物保护和管理,加快重点文物保护单位的复原工作。进一步改善博物馆条件,大力发展图书馆事业,做到每个区、县都有图书馆,加强图书馆对内外交流,促进图书馆服务、管理现代化。改善档案保管条件,做好整理工作,提高利用率。

第二节 广播、电视、新闻、出版

(一)广播电视事业的发展,要适应经济和社会发展的需要。逐步增强节目自制能力,增加播出时间,提高播放质量。力争在1990年前后,市区能收听收看包括自办和转播中央台、省台在内的八至九套广播节目和五至六套电视节目,广播、电视人口覆盖率达到90%。

实现上述目标,要进行以下几个方面的工作:

(1)新办市广播电台立体声调频广播节目两套;逐步发展县调频广播;建立广播电视卫星地面收转站和广播电视专用微波;继续巩固和发展县、区有线广播,更新有限广播的设备。

(2)提高广播电视的技术装备程度和水平,逐步淘汰陈旧落后的设备。

(3)努力提高节目制作质量及能力。积极筹建市广播电视中心。

(二)新闻部门,要正确地宣传党的路线和方针政策,宣传马列主义、毛泽东思想,要大力传播有利于经济发展和社会进步的科学技术和文化知识,传递信息。

(1)提高新闻工作人员的政治素质和业务水平,努力办好现有各种报纸,重点办好《重庆日报》和《西南信息报》,使之成为有地方特色的和专业特色的,并具有全国性影响的报刊。努力扩大报刊发行量。

(2)改善新闻单位的物质技术手段。逐步采用现代化技术和设备,以提高质量和效率。

(三)出版部门,要把社会效益作为出版工作的最高准则,合理调整出版物的结构,满足各层次、各学科读者多方面的需要,使出版工作能够与经济中心城市的地位相适应。“七五”期间,重庆本版图书品种,要出版 2500 种,比“六五”期间约增长 1 倍;出书周期,1990 年缩短到 150 天左右,比 1985 年缩短 1/3 以上;全市进发图书,到 1990 年达到 6.2 万种,比“六五”增长 55%;图书销售金额也要有较大增长。

实现上述目标,要做好以下工作:

(1)加强统筹协调,对造纸、油墨、机械、印刷、出版、发行等相关行业和相关企业单位统一规划,重点扶持,逐步使印刷出版行业形成一个比较完整的产业。

(2)积极推行出版体制改革,搞好编、印、发、供之间的综合平衡,搞活发行渠道;同时,要加强出版行政管理,严格禁止私编滥印。

(3)做好出版信息反馈和交流工作,认真做到选题规划。

(4)大力促进技术进步,逐步采用新技术、新工艺、新材料,提高编、排、印、装水平,完成国家确定的在我市建设出版发行基地的任务,并继续有所发展。

第四十三章　思想政治工作

切实加强和认真改进思想政治工作。激发广大干部和群众的爱国主义、集体主义、社会主义和共产主义精神,为社会主义现代化建设和各项改革事业打下坚实的思想基础。

(一)经常进行理想、纪律和形势、政策教育。用正确的理论指导我们各项事业,使广大干部和群众遵守社会公德和职业道德,抵制资本主义、封建主义腐朽思想的侵蚀,正确了解国家的大政方针和政策。进行思想教育,要注意调查研究,理论联系实际,坚持摆事实讲道理,防止片面性和简单化。

(二)针对新时期的特点,做好思想政治工作,要把思想政治工作渗透到各项业务工作中去,把基础性的思想教育与经常性的思想政治工作结合起来;把思想政治工作与解决群众的实际问题结合起来;把依靠思想政治工作专业队伍与发动全社会力量做思想工作结合起来。在继承思想政治工作的优良传统的基础上,不断创造和积累新的经验。

(三)加强思想政治工作队伍的建设,不断提高思想政治工作人员的素质和工作能力。各级党委要注意配备和充实政工队伍,定期培训政工干部。各级政工干部要深入群众,进行面对面的思想工作,关心群众的实际生活,为群众多办实事,使思想政治工作收到更好的效果。

(四)要广泛、深入、持久地开展“五讲四美三热爱”活动、“三优一学”活动和“做文明市民、创文明单位、建文明山城”活动。大力推广文明用语,机关、学校、商业服务业做到人人会用。坚持“门前三包、门内达标”责任制,在全市创建更多的精神文明单位。

(五)运用报刊、广播、电视等宣传工具和组织精神文明讲师团、先进人物汇报团的各种报告、演说、展览等形式,大力表彰英雄模范、先进集体和个人,在全市不断开展“学先进、赶先进”活动。

第四十四章　法制建设

继续加强社会主义民主,健全社会主义法制,并把这两个方面的建设紧密结合起来,使社会主义民主制度化、法律化。进一步强化宪法和法律在政治生活、经济生活、文化生活和社会生活的各个领域中的权威和作用,切实保证已经制定的法律得到充分的遵守和执行,做到有法必依、违法必究、执法严明,使各种违法犯罪行为得到有效的预防和制裁,充分保障人民的各种民主权利,保证社会主义物质文明和精神文明建设的顺利发展。

关于重庆市第七个五年计划的报告

（1987年5月7日）①

重庆市副市长　黄　治

各位代表：

现在，我代表市人民政府，向大会作关于重庆市国民经济和社会发展第七个五年计划的报告，请审议。

从1984年初起，市政府就组织有关部门对我市经济和社会发展"七五"计划的一些重大问题进行调查研究和分析预测，开展了大中型基本建设项目和重大技术改造项目的预可行性研究及向国家争取立项，并由市计委先后四次向国家计委上报了我市"七五"计划建议意见和纲要草案。1985年10月，市委五届七次全委扩大会印发讨论了《关于制定重庆市国民经济和社会发展第七个五年计划的初步设想》，提出了"七五"计划的指导思想、主要任务及经济社会发展的基本部署。1986年初，全国"七五"计划分地区控制数字基本确定以后，市政府组织各部门编制完成了《重庆市国民经济和社会发展第七个五年计划（草案）》初稿。这个初稿，曾印发去年5月底、6月初举行的市十届人大四次会议征求意见。其后，又印发市级各部门、各区县及部分大中型企业征求意见，并邀请了部分人大代表、政协委员、退居二线的老同志以及专家学者进行咨询论证，从中吸收了大量有价值的意见。根据"七五"第一年计划执行情况和经济生活中出现的新变化，今年以来又作了进一步的研究、测算和综合平衡，以优化"七五"计划草案。经过三年多的努力，第七个五年计划草案已经编制完毕。这是我市自"一五"计划以后的第一个比较完整的五年计划，现提请大会审议。下面，我就"七五"计划的前进基础、基本任务、经济和社会发展的主要原则与布局，作一些说明。

一、"七五"计划的前进基础

全面估量我市经济和社会发展现状，明确我市"七五"计划的前进基础，才能正确地制定"七五"经济社会发展目标及其对策。

第六个五年计划期间，我市遵循党的十一届三中全会以来的马克思主义路线，贯彻执行"调整、改革、整顿、提高"的方针，全市经济，社会发展都取得了令人振奋的巨大成绩。尤其是1983年以来，在经济体制综合改革的推动下，经济发展和对内外开放的步伐明显加快，中心城市综合服务功能迅速增强，经济、社会发展出现了生机最旺盛的新局面。

"六五"期间，全市国民经济在调整中以较高的速度持续、稳定增长，国民经济活动的效益和效率有所提高。全市社会总产值由1980年的116.85亿元，1985年增加到224亿元，工农业总产值由102.2亿元增加到173.95亿元，国民生产总值由58.4亿元，增加到105.5亿元，国民收入由49亿元增加到90.74亿元，年平均增长速度都超过了10%，后三年更快一些。地方财政收入由1980年的11亿元，1985年增加到16.6亿元，平均每年增长8.6%，其中后三年平均每年增长11.9%。对外贸易，从1983年开始直接出口，当年自营出口创汇2844万美元，1985年增加到1.05亿美元。农业的土地产出率和劳动生产率有了较大的提高。工业企业开始由单纯的"生产型"向"生产经营型"转变。五年内，全市工业产品获得国家金、银质奖51个次，获得部、省级优质产品称号736个次。主要经

① 此报告于1987年5月召开的重庆市第十届人民代表大会第五次会议上报告。

济效益指标有所改善。全民所有制工业全员劳动生产率，由1980年的8848元提高到1985年的13138元，提高了48.5%。商业、物资企业开始由“分配调拨型”向“经营服务型”转化。建筑业开始推行设计、施工的招标投标，取得初步成效。

“六五”期间，经过大量的调整工作，我市国民经济的主要比例关系基本上趋于协调。农业基础加强，粮食总产量由1980年的445万吨，1982年首次突破500万吨大关，后三年也一直保持在500万吨以上。农村产业结构调整初见成效，林、牧、副、渔业在农业总产值中的比重由1980年的31.3%提高到1985年的40.3%，乡镇企业总产值由1980年的5.1亿元增加到1985年的26.8亿元，全市农村人口有80多万人转移到非农业生产和经营领域。消费品生产，特别是短线产品的生产有了较大的增长，开发了一批适应消费需求结构变化的新产品。能源工业通过调整，“六五”期间一次能源产量保持了平均每年递增5.2%的速度；同时，由于调整产业结构和采取各种节能措施，全市每万元工农业产值能耗平均每年下降了6.3%。原材料工业和机械工业在端正服务方向，扩大服务领域方面有了一个良好的开端。在全民所有制固定资产投资中，更新改造措施的比重由1980年的31.9%，上升到了1985年的41.4%，五年共完成25.54亿元，并引进了一批国内外先进技术。在基本建设中，为了缓解城市建设和人民生活设施方面欠账十分严重的状况，适当加大了非生产性投资的比重，城市住宅投资相当于前三十年的1.4倍。

“六五”期间，全市城乡人民收入和消费水平都有显著提高。据家计调查，城镇居民人均生活费收入，由1980年的393元，1985年增加到762元，扣除物价上涨因素平均每年增长9.8%；农村居民人均年纯收入，由212元增加到366元，平均每年增长11.6%。五年内全市新建职工住宅835万平方米，新安置城镇待业人员就业34万人。随着收入水平提高，居民消费结构正在发生变化。

“六五”期间，在全国各大城市中，我市率先开展了经济体制综合改革。全面计划单列、赋予相当于省的经济管理权限、省属企事业下放、市带县等方面的综合配套改革，加强了中心城市统一组织生产、建设、流通和社会事业发展的能力，促进了横向经济联系的发展和对内对外开放。以搞活企业为中心的一系列配套改革措施，正在促使企业由各级行政机构的附属物向着相对独立的社会主义商品生产者和经营者转化，不少企业开始有了自我积累、自我改造、自我发展的能力。流通体制改革取得较大的突破。军民结合开始走上了新路子，开发出了摩托车、微型汽车、铁路货车、煤炭综采设备等一批有影响的军民结合重点产品。在推动西南五省（区）六方和长江沿岸城市的经济协作和联合中，重庆正在发挥积极作用。在对外经济技术交流方面，重庆作为长江上游外贸港口的地位和作用日益加强。

过去的五年里，我市经济建设和体制改革的重大进展，为在“七五”期间更好地推进全市社会主义现代化建设奠定了可靠的基础。同时，应当看到，目前我市经济发展中也还存在一些不可忽视的问题和困难。主要是：

第一，农业基础仍然相当脆弱。农村经济结构还比较单一，商品经济还不发达；农民收入远低于国内其他大城市，还有极少数贫困农户尚未解决温饱问题；农业生产抗御自然灾害的能力还很差，人多地少的矛盾也越来越突出，继续发展的后劲不足。

第二，电力、原材料等基础产业已成为严重制约国民经济发展的“瓶颈”。由于“六五”期间全川电力建设严重滞后，加之电力管理体制还未理顺，目前我市电力供应十分紧缺。钢材、水泥、纯碱等基本原材料的供需矛盾也日益突出。

第三，我市工业现有物质技术基础更新改造的任务还很重。不少大中型骨干企业生产生活欠账严重，有的已到了不更新改造就难以维持简单再生产的地步。大量技术陈旧落后的小型企业和乡镇企业也需要逐步转移到新的技术基础上来。

第四，城市基础设施薄弱的状况尚未根本改变。道路密度小、标准低，公共交通拥挤，邮电通信落后，供水排水设施不足，环境污染加剧。

第五，国民经济活动的效益还比较低。尚未形成一大批在全国有竞争优势的拳头产品和企业集团。生产、建设、流通的各项经济效益指标，与全国各大中心城市相比，仍处于中等偏下的水平。财政收支平衡的难度很大。

第六，智力开发和各项社会事业发展很不适应经济建设和精神文明建设的需要。

第七，经济体制综合改革要进一步深化，难度更大。在新旧体制交替中，不可避免地会出现许多矛盾和摩擦。

上述问题，多数是特定的历史环境、历史原因造成的，有的也同我们工作上某些缺点和失误分不开。“七五”计划的制定，既要充分看到已经拥有的继续前进的良好基础和各种有利条件，又要足够估计面临的困难和问题，切实做到实事求是，积极可靠。

二、“七五”计划的基本任务

国民经济和社会发展第七个五年计划时期，是我市经济体制综合改革深化的关键时期，也是在物质技术方面为我市九十年代的继续发展和进一步发挥长江上游经济中心作用，促进大西南开发建设准备条件的关键时期。统筹规划、认真做好这五年的工作，具有极为重要的意义。

按照我国社会主义现代化建设的总体布局，我们一定要以经济建设为中心，坚定不移地进行经济体制改革，坚定不移地进行政治体制改革，坚定不移地加强精神文明建设，并且使这几个方面互相配合、互相促进；一定要全面、正确地贯彻执行十一届三中全会以来的路线，坚持四项基本原则，坚持改革、搞活、开放的方针，以开拓、求实、创新的精神和稳妥的步骤，促进我市经济进一步走上充满生机和活力、富有效率和效益的轨道。第六届全国人民代表大会第四次会议原则批准的《中华人民共和国经济和社会发展第七个五年计划》所确定的一系列重要原则和方针，是我市制定“七五”计划的基本指导思想。结合重庆市的具体情况，我们着重提出了以下要求：

第一，重庆作为全国经济布局中处于承东启西战略地位的长江上游经济中心和进行经济体制综合改革试点的大城市，在我国经济发展战略和经济管理体制由旧模式向新模式的转换中，要努力走在前列。

第二，进一步把全市生产建设转移到以提高经济效益为中心的轨道上来，尤其要在提高企业素质、改善经济结构，增强全市经济的应变能力、承载能力和开拓创新能力上下功夫。

第三，从实际出发，正确处理近期和远期、需要和可能、生产建设和非生产建设的关系，把经济建设的主要立足点放在依靠自身挖掘潜力、增强活力的基础之上。

第四，在经济建设和各项社会事业发展中，坚持艰苦奋斗、勤俭建国的方针，广泛开展增产节约、增收节支运动，反对任何形势的讲排场、摆阔气的铺张浪费行为和超出经济发展水平的消费倾向。

重庆市第七个五年计划的基本任务是：

（一）进一步为深化经济体制综合改革创造良好的经济、社会环境，在发挥城市组织经济的作用、探索军民结合的新路子、为搞活和开发西南经济服务方面，收到更为显著的成效，取得比较完整的经验，为全国在五年或更长一些时间内基本上奠定有中国特色的新型社会主义经济体制的基础做出较大贡献。

（二）保持经济的持续稳定增长，不断提高经济效益，并在控制固定资产投资规模和保持财政收支平衡的前提下，大力加强重点建设、技术改造和智力开发，改善城市基础设施，增强城市综合服务功能，为九十年代经济和社会的继续发展准备必要的后续能力，为进一步发挥长江上游经济中心和开发大西南的前进基地作用创造必要的物质技术条件。

（三）在发展生产和提高经济效益的基础上，继续改善城乡人民的生活。

上述三项任务，是相互联系、紧密结合的。根据国家对“七五”前两年和后三年两个阶段的工作部署，重庆市的经济社会发展也要做出相应的阶段性部署。

综合考虑三项任务的要求，我市“七五”计划经济和社会发展的主要目标是：在不断提高经济效益的前提下，工农业总产值平均每年增长 7%，1990 年达到 244 亿元；国民生产总值平均每年增长 8%，1990 年达到 155 亿元。全地区固定资产投资总额五年合计 119 亿元，比“六五”期间增长约 80%，合理调整投资结构，使能源、原材料的生产能力和运输、通信能力有较显著的增长，现有企业的技术水平有较明显的提高。推广一批效益好的科技成果，争取有 1/3 左右的主要工业产品在性能和质量上达到发达国家七十年代末、八十年代初的水平。积极发展各类教育事业，在全面普及小学教育的基础上，使普及九年制义务教育取得重大进展。外贸出口总额五年内增长 1.4 倍，在外汇收支平衡基础上，适当扩大进口和引进技术、利用外资的规模。继续提高城乡人民的生活水平，改善生活环境和生活质量。

三、经济和社会发展的主要原则与布局

根据我市“七五”计划基本任务，对经济和社会发展的主要原则与布局，着重考虑和研究了以下几个问题。

(一)保持经济的持续稳定发展。

坚持长期稳定发展经济，是我们经济工作的一项战略方针。根据不断增长的社会需要和综合考虑各种生产条件的可能，“七五”计划草案规定：工农业总产值平均每年增长 7%，其中农业总产值平均每年增长 4%，工业总产值平均每年增长 7.8%，国民生产总值平均每年增长 8%。“七五”的速度安排比“六五”期间实际达到的速度低一些。主要是考虑了经济生活中各种内在因素的变化和要求。今后农业的发展将越来越多地依靠增加农业投入，改善农业生产条件，所以农业不大可能持续保持推行分户联产承包责任制初期那样的超常高速增长。就工业来说，由于能源特别是电力十分紧缺，基本原材料短缺的矛盾也很突出，产业结构和产品结构还不够合理，许多企业产品质量差、效益低，速度适当安排低一些，有利于把注意力集中到提高产品质量和经济效益上来，并且避免各方面的经济关系过分紧张，以利于调整经济结构和为经济体制改革创造较好的经济环境。为了全面反映物质生产部门和非物质生产部门全体劳动者的总劳动成果，为了加快第三产业发展，改变三大产业结构比例不协调状况，以利于发挥中心城市综合服务功能，“七五”计划草案安排国民生产总值的增长速度要高于工农业总产值的增长。

去年是“七五”计划第一年，工业增长速度只有 6.4%，低于“七五”计划草案规定的平均增长速度。但综合分析影响工业增长的各种因素，实现“七五”计划目标是能够办得到的。因此，在增长速度的年度分布上，安排前两年平均速度为 6.9%（1987 年计划增长 7.3%），后三年平均速度为 8.3%（1988 年计划增长 8%，1989、1990 年增长 8.4%）。这样的安排是积极可靠、留有余地的，在执行中有可能超过。如果速度过低，不利于现有物质技术基础发挥应有的规模效益和有效地利用各种生产资源，不利于调动广大干部群众的生产积极性，不利于改善财政收支状况和在生产发展的基础上改善人民生活。我们必须讲求按比例和高效益，保持适当的经济增长率，防止盲目追求过高增长速度的倾向，绝不可以以牺牲效益、恶化结构为代价去片面追求产值的增长。

(二)在保持粮食稳定增长的基础上继续调整农村产业结构，进一步增强农业后劲。

在我们这样一个郊县面积广大、农村人口众多、城乡经济相互依存的大城市里，农业和农村经济是否能够持续稳定发展，对于全市国民经济全局至关重要。计划到 1990 年，全市农业总产值（不包括村及村以下工业）比 1980 年增长 80%，主要农产品的生产，要在数量和质量上更好地适应人民生活提高和国民经济发展的需要。农业和农村经济发

展的首要问题是粮食问题。必须在保持粮食生产稳定增长的基础上，按照城郊型农业和城郊型农村经济的特点和要求，积极稳步调整农业生产结构和农村产业结构，逐步实行农、林、牧、副、渔全面发展，农工商运建综合经营，促进农业生产和农村经济的专业化、商品化、现代化，提高农业的经济效益和农民收入水平。计划1990年农业劳动生产率达到884元（按1980年不变价计算），比1985年提高16%；农民人均纯收入达到550元，比1985年提高50%。

“七五”期间，要继续贯彻“决不放松粮食生产，积极发展多种经营”的方针。我市农村面积大，农业人口多，应当主要立足于自身解决粮食问题，不能依靠从外地增加调入粮食，要努力做到粮食生产逐年有所增长。计划安排1990年粮食产量达到575万吨，比1985年增长10.8%。全市粮食播种面积要大体保持在1700万亩的水平，并逐步提高粮食生产的集约化程度。抓好巴县、合川、江津、大足、长寿、潼南等6个商品粮基地县建设，其余各区县也要把粮食抓好。宜于种粮地区，不能盲目随意调减粮地面积，严格控制占用农业用地特别是耕地。增加对粮食生产的投入，五年内安排粮食专项基金4500万元，重点用于推广先进技术、兴修水利设施和改造低产田。采取有利于发展粮食生产的政策，进一步调动宜粮地区农民种粮的积极性。

有计划、有重点地建设一批优质农产品商品基地，是加快农村经济发展的一条新路子。根据市场需求和资源、资金、技术条件，按照国家支持“区县为主、综合配套”的原则，“七五”期间，全市要重点建设一批瘦肉型猪基地、优质柑桔基地、城市及工矿区的副食品基地、速生丰产林基地、轻工原料及外贸出口基地、优质农产品基地的建设，要坚持走改革之路，大力发展多形式、多层次的联合，依靠科学技术，建成设施配套的综合生产经营及服务体系。

发展乡镇企业，是振兴农村经济、促进农村商品经济发展的必由之路，是实现城乡经济协调发展的重大战略措施。“七五”期间，全市乡镇企业总产值计划平均每年增长15.5%，1990年达到55亿元，努力实现速度、效益、后劲的统一；乡镇企业从业人员达到120万人，占农村劳动力总数20%以上。发展的方向和重点是：立足本地资源，依托中心城市，面向城乡市场，围绕城乡人民吃穿住用行及旅游等方面，大力发展农副产品加工业特别是食品工业、饲料工业，积极发展建筑业、建材工业、商业服务业和交通运输业。有条件的地方，要在遵守国家规定和保护资源的前提下，积极兴办能源开发和矿产业。还要根据需要和自身条件，发展为大工业配套和为出口服务的产业。

“七五”期间，要努力加强农业基本建设，抓好水利建设、土地建设、生态农业的试验和推广、农业机械、农村服务体系、饲料工业以及支农工业的建设，为增强农业持续发展的后劲提供必要的物质技术基础。加强农业基本建设，要坚持改革，坚持实事求是、量力而行的原则。农村发展建设资金主要依靠自身的积累，要有计划有领导地开放农村生产要素市场，促进资源的合理配置，鼓励、引导农民为改善农业生产条件增加劳动积累和资金投入。鼓励城市商业、轻工、外贸等行业及企业投资农村开发性行业和产业。在各级财政预算中，农业支出必须保持合理比例，在财政收入增长的基础上，农业支出的增长幅度应高于总支出的增长幅度。

（三）控制投资规模，调整投资结构，加强重点建设。

“七五”期间，一定要把建设规模控制在市力所允许的范围内，并使关系全局的重点建设和重大技术改造得到切实加强，提高投资效果，增强经济发展后劲。

五年总计，重庆地区全社会固定资产投资规模119亿元，其中全民所有制单位投资100亿元，集体所有制单位投资12亿元，城乡个体投资7亿元。在全地区全民所有制单位投资中，基本建设投资50亿元，更新改造投资46亿元，其他投资4亿元。市属全民所有制单位固定资产投资62亿元，其中基本建设25亿元，更新改造34亿元，其他投资3亿元。上述投资规模，是预测性的指导性计划。安排的依据，一是国家计划直接安排重庆地区的重大项目和通过各种渠道安排到重庆来的投资，二是国家计委对我市地方投资规模下达的计划控制指标，三是对城乡集体和个体投资的估算数。同时，还参照了近两年全市固定资产投资的完成情况。经反复测算，上述指标是可能达到或超过的。由于投资渠道多，资金比较分散，要使有限的资金集中使用到国民经济急需的方向上去，必须加强对投资的引导和宏观管理。

"七五"期间，投资结构调整的主要方向是：把能源、交通、通信和原材料等基础产业作为重点，并适当增加农业、教育的投资；增加生产性投资，适当控制非生产性投资比重，主要是控制除旅游设施外的楼堂馆所的建设，稳步进行住宅建设，以利于形成更多的生产能力和事业发展能力；以现有企业的技术改造和改建扩建为主，提高更新改造投资在固定资产投资中的比重；更新改造要以提高经济效益为中心，增加提高产品质量和性能、降低物质消耗、增强出口创汇能力和适销对路产品等方面的投资，控制单纯增加一般加工工业产品生产能力的投资，尤其要严格限制"长线"产品和耗能高、技术落后的产品扩大生产能力；加强城市基础设施建设，治理环境污染。

"七五"期间，国家安排在重庆地区的中央和地方基本建设大中型项目和投资在3000万元以上的重大技术改造项目，共有49个，其中大中型基本建设项目27个，重大技术改造项目22个。这些多数是能源、交通、原材料等基础产业项目，主要有：扩建重庆电厂2×20万千瓦机组，新建珞璜电厂2×35万千瓦机组，新建渭沱、安居水电站，扩建松藻矿区，扩建川东气田；新建重庆机场，成渝铁路和川黔铁路电气化，长江干线及重庆港扩建改造，宁汉渝光缆通信，新增市内程控电话；重钢和特殊钢厂全面技术改造，西南铝加工厂改造扩建，重庆水泥厂新区扩建，长寿化工厂改扩建，重庆氮肥厂联碱工程，四川仪表总厂改造扩建，四川重型汽车公司改扩建，重庆通信设备厂改造，新建重庆第二啤酒厂和四川卫生陶瓷厂等。根据国家计划的安排，全部项目按工作进度要求分为续建项目、新开工项目、预备项目和前期工作项目四大类。在计划执行中，根据客观经济条件的变化和建设前期准备工作的深度，有的项目可能会作某些调整。

"七五"计划的重大建设项目，对于增强重庆经济实力和发展后劲，搞活和开发西南经济，具有重大的作用，必须千方百计地保证达到国家要求的计划进度，高质量地按期建成。要加强对重点工程的领导和组织、协调，严格按照建设程序办事，认真做好正式开工前的各项准备工作，按照合理工期组织施工。有一部分重点项目，需要地方筹集相当数量的资金、物资，为此，要制定相应的政策、措施，集中必要的财力、物力，保证重点建设需要。大力宣传加强重点建设的意义、作用，动员全市人民都来关心、支持国家重点建设。

(四)以发展重点产品为中心，带动工业产品结构、产业结构和企业组织结构的调整。

"七五"期间，要充分利用我市工业产业门类多、配套能力强、协作条件好的优势，开发和发展一批高质量、高水平、高效益、高创汇的重点产品，进而形成合理的产品链条和企业集团，促进全市工业产品结构、产业结构和企业组织结构逐步优化。在调整结构、改善素质、提高效益的基础上，1990年工业总产值达到202亿元（包括村及村以下工业）。

确定重点产品的基本原则是：主要投入要素有稳定可靠的来源；市场容量大，产品寿命周期较长；有利于充分利用现有物质技术基础，投入产出率高；产品带动性强；较好地体现技术进步方向；能够迅速增强市财政经济实力和出口创汇能力。发展重点产品，要大力采用国内外先进适用技术，学习国内外先进管理经验，使重点产品在质量、批量、品种、物耗、成本等方面尽快达到国内先进水平，并向国际水平靠拢；要对配套的相关产品和相关企业统一规划,促进横向经济联合,安排好各种基本原材料和基础零部件、元器件的生产供应和协作配套;要体现军民结合、城乡结合,使军工企业、民用工业和农村在装备、技术、资源、资金、场地、信息等方面互相取长补短,形成现实的综合优势。

“七五”计划草案对若干重要产品作了初步的规划,市政府有关综合部门已确定了今年重点发展的十七种产品。在此基础上,还要进一步筛选,尽快制定出重点产品的中长期专题规划,组织实施。

目前,我市产业结构存在着一系列缺陷,影响资源的有效利用和经济的持续发展。“七五”期间,一是要大力加强基础产业,特别是电力工业;二是从发展重点产品入手,促进企业的横向联合和组织结构合理化,从而带动产业结构的调整;三是要分析研究产业结构的演变趋势和方向,慎重而有远见地制定和实施符合我市市情的产业政策,运用经济调节手段和必要的行政手段,促使长线行业的企业转产或联合,扶植短线及有前途的行业,并对企业更新改造、使用新技术给予更多的鼓励;四是要使投资政策与产业政策配合和协调,使投资结构符合产业结构政策的要求,并使投资主体行为的调节与产业组织政策以及产业鼓励或限制政策相协调。

(五)加强以城市交通和供水为重点的基础设施建设,大力发展第三产业。

城市基础设施和第三产业,对直接生产部门的发展和社会的发展,起着一定的先行和保证的作用。“七五”期间,在大力加强能源、交通、邮电建设的同时,要按照“全面规划、突出重点、量力而行、逐步改善”的原则,抓好以城市道路交通和供水为重点的各项基础设施配套建设和改造补缺,大力发展第三产业,提高城市承载能力和服务功能。

城市交通。要努力解决好干道的“堵头”“卡口”,提高通过能力,缓解“行车难”的状况。计划建成嘉陵江石门大桥、沙(坪坝)中(渡口)路,开工建设菜园坝沿江路、袁(家岗)黄(沙溪)路,建设一批市区立交桥、人行天桥、地下通道。做好建设长江第二公路大桥的前期准备工作。调整公共交通的线网结构,逐年增加一批公共电汽车。城区每万人口拥有的车辆,要由1985年的3.96辆,1990年达到4.5辆。

城市供水,计划建成黄桷渡水厂和鹤皋岩水厂,完善管网,使南坪、大坪、石桥铺 杨家坪等地供水紧张状况逐步得到缓解。开工建设九龙坡新水厂,筹建江北梁沱水厂。加速县城和建制镇的自来水厂建设,争取到“七五”末期都能供给自来水。城市排水设施、环卫设施、供电照明设施等,也要逐步加强和改善。

加强城市基础设施,要采取如下政策:实行人民城市人民建,多方开辟城市建设资金来源;改革城市建设管理体制,推动城市建设和管理工作的现代化,提高城市基础设施的使用效率;加强建设的时序性和配套性;推广采用适用先进技术;加强城市建设资金管理,提高城建资金使用效益。

“七五”期间,要继续大力发展第三产业。1990年全市第三产业增加产值达到42亿元,占国民生产总值的比重由1985年的22%提高到27%;第三产业就业人数占全社会劳动者总数的比重,由15.8%提高到20%左右。主要是切实抓好商业、饮食服务业、城市公用、运输、仓储、金融以及文教医疗、保健、娱乐和其他生活服务业,并要积极促进信息收集整理传输服务、计算机软件及服务、广告、经济科技管理咨询服务、旅游等新兴服务业的发展。

发展第三产业,要实行国家、集体、个人一齐上和城市、乡村都来办,多种经济成分、多种经营方式并存的方针。运用经济调节手段促进第三产业发展。适当安排第三产业的投资,特别是重点设施项目的建设。改革管理体制,增强第三产业内部活力,促进劳务生产的专业化、社会化。解决好第三产业用房问题,城市繁华地区的街面房屋和主要街道的低层房屋,要用于发展商业、服务、金融等第三产业。

(六)加强统一规划,合理展开生产力布局,促进重庆地域经济的合理发展。

“七五”期间，要制定重庆地域国土规划总体方案，从我市市情出发，提出国土开发整治的战略目标和规划部署，为全市的资源开发、生产力布局、城乡建设、生态环境保护等方面提供科学的依据。

三线建设中，按照建设战略后方基地的要求，国家在重庆及其周围地区部署了一大批骨干企业及科研设计机构。“七五”期间，根据国家三线建设布局调整规划，将有一批企事业单位要进行搬迁、改建、充实、改造。这些企业技术装备水平较高，科技力量雄厚，充分发挥这支队伍的作用，将有力地促进国民经济各部门的技术进步，加强军工企业与民用工业企业的联合，促进军工和民用工业一体化的进程。对迁入我市的三线企事业单位，要尽可能提供各种优惠条件，帮助他们按计划完成搬迁任务，并尽快实行“保军转民”的转轨变型。

区县经济在我市国民经济中占有非常重要的地位。“七五”期间，要按照城乡大联合、城乡共发展的指导思想，进一步搞好市带县工作。在市的统一规划指导下，更好地发挥各区县的自然优势和经济优势，逐步建立各具特色的区、县经济结构，促使区县经济更快地发展。为此，要采用如下政策措施，要继续抓好四县两区的经济体制综合改革试点，探索进一步增强区县经济活力的新途径。积极推动城乡企业发展横向经济联合，市要有计划地组织城市生产力向远郊扩散；支持区县工业搞好技术改造。国家安排给我市的技术改造贷款规模中用于区县工业应占15%～20%，技术引进用汇也要安排一部分用于区县工业。抓好卫星城市、小城镇和农村场镇的建设。进一步采取措施，增强区县总揽经济全局能力，增强区县自我积累、自我发展的能力。对边远贫困山区，实行特殊政策，并给予必要的扶持。

（七）努力增加出口创汇，扩大国际经济技术交流。

“七五”期间，要坚定不移地贯彻进一步对外开放的方针，扩大国际经济技术贸易往来和技术交流，积极利用外资和引进先进技术，以加快我市现代化建设的进程。为此，必须把出口创汇放在重要战略地位上。要研究和制定对外经济发展战略和系统的政策措施，建立出口生产体系，发展更多的重点出口商品，采取灵活多样的形式开拓国际市场，并努力增加非贸易外汇收入。在保证外汇收支平衡的前提下，扩大引进技术和利用外资的规模。

“七五”期间，在继续发展适销对路的传统出口产品的同时，要努力改善出口商品结构，特别要争取机电仪产品的出口有一个较大幅度的增长。自营出口创汇五年合计9亿美元，1990年达到2.5亿美元，比1985年增长1.4倍。加强用汇的计划管理和控制，把有限的外汇用好用活，提高用汇的经济效益。认真贯彻落实扩大出口创汇的政策措施。切实抓好出口生产体系的建设，继续实行出口优先的政策，搞好出口的协调管理，加强工贸协作。运用经济手段鼓励和调动出口企业的积极性。

“七五”期间，我市利用外资总规模力争达到6亿美元，集中用于出口创汇项目和进口替代项目，以及能源、交通、通信和原材料等增强经济发展后续能力的项目。技术引进的重点放在现有骨干企业的技术改造上，优先引进有助于提高产品质量、替代进口、增加出口和发展重点产品的技术和设备。

对外承包工程和劳务出口，要采取灵活多样的经营方式，增强国际竞争能力。1990年对外承包工程和劳务出口合同金额争取达到1亿美元，比1985年增加4倍。

（八）坚持把科技进步和智力开发放在重要的战略地位，更好地发展科学、教育事业。

“七五”期间，我市科技发展要把传统产业的技术改造和技术进步放在科技工作的首位，以提高经济效益为中心，大力推广投入少、见效快的科技成果，用先进技术改造传统产业、传统工艺和传统产品。以点带面，分层次地推广科技成果，加快先进技术由较发达的城区向落后的郊县，由大中型骨干企业向小型、乡镇企业，由军工向民用的转移和扩散。新兴技术的发展贯彻“有限目标，择优选择，突出重点，着眼应用”的原则，为逐步形成新兴产业奠定一定基础。要把自主开发研究同引进国内外先进技术结合起来，提高起点，逐步增强自主开发能力。科学研究要保持适当的“提前量”，重点抓好应用技术开发研究。切实发挥科学技术在精神文明建设中的作用。

“七五”科学技术发展的主要目标是：科研、技术开发能力和为全市经济社会发展的服务能力要有明显增强，各类科学技术人员 1990 年达到 33.5 万人；安排 150 项重点科技项目，开发一批重点新产品新材料；使 1/3 左右的主要工业产品质量水平达到国际上七十年代末八十年代初的水平；实施“星火计划”，围绕 12 个方面进行开发，培训乡镇企业技术人员 1.64 万人；在经济增长中科技进步因素所占的比例，争取达到全国大城市比较先进的水平。

“七五”期间，要根据我市对各类人才的不同需求，多方面、多层次地进行智力开发，逐步增加智力投资，处理好智力投资中当前和长远、重点和一般、普及和提高、高层次和低层次等各方面的比例关系。

发展教育事业，是智力开发的基础。要按照面向现代化、面向世界、面向未来和德智体全面发展的方针，积极发展各级各类教育事业，进一步调整教育结构，以适应经济、社会发展需要和为九十年代的经济振兴和社会繁荣作好人才、智力准备。

普及基础教育，是现代文明的重要基础和标志，也是发展教育的重点。“七五”期间，要积极地、有步骤地推行九年制义务教育。在扎实巩固普及小学教育的基础上，1990 年城市要基本普及九年制义务教育，县镇和比较发达的乡村要有重大进展。努力建立一支有足够数量的合格而稳定的师资队伍，采取有效措施补充合格的新师资，特别是初中师资。多渠道筹集教育经费，积极改善办学条件。各级政府都要切实加强对教育工作的领导，考核各级领导干部，要把普及九年制义务教育作为重要内容。

职业技术教育，是现代教育制度的一个重要组成部分，也是我市教育事业的一个薄弱环节。“七五”期间，要继续调整中等教育结构，在继续办好普通高中的同时，大力发展职业技术教育，到“七五”期末，使职业技术学校招生人数达到或超过普通高中招生人数。

（九）在生产发展的基础上，积极促进各项社会事业的发展，继续改善人民生活。

“七五”期间，随着生产的发展和经济效益的提高，要积极促进各项社会事业的发展。“七五”期间，要从我市实际情况出发，使文化艺术、新闻出版、广播影视、文博图书档案等各项文化事业有一个较大的发展。各种文化事业，要坚持四项基本原则，反对资产阶级自由化，把社会效益摆在首位，努力丰富人民的精神生活，提高人们的文化素质和精神境界，激励人民满腔热忱地投身社会主义现代化建设。要加强思想政治工作和法制建设，努力在全社会形成文明的、健康的精神风貌。进一步发展卫生保健事业，增加城乡医药保健设施，改善城乡卫生状况，努力控制和降低主要疾病发病率，不断提高人民群众健康水平。“七五”期间，全市计划新增病床 2500 张，到 1990 年末，达到平均每万人口有病床 26 张。要大力开展城乡体育活动，加强体育队伍的建设，增强人民体质，重点抓好学校体育工作。五年内，全市举办县以上运动会 3290 次。适应对内搞活经济、对外开放的新情况，逐步建立健全各种类型的社会保障制度，改进和完善社会福利、社会救济与优抚工作，妥善解决残疾人的劳动生活及教育问题。

“七五”期间，必须进一步贯彻按劳分配原则，着重克服平均主义的弊端，同时要防止收入的过分悬殊。“七五”计划草案规定，在生产发展和效益提高的基础上，职工平均工资每年递增 4.2%，农民人均纯收入平均每年增长 8.5%。努力做好新成长劳动力的就业工作，五年内安排城镇新就业劳动力 35 万人，并通过大力发展林、牧、副、渔业和乡镇企业吸收农村富余劳动力。继续搞好城乡住宅建设，争取1990年城镇人均居住面积达到5平方米左右，农村人均住房增加2平方米左右。在增加人民物品消费的同时，努力开辟和扩大各类生活服务项目，发展各种文化娱乐事业。要把改善生活环境作为提高城乡人民生活水平和质量的一项重要内容。通过加强城市公用设施，使人民生活更加便利；加强环境保护和污染治理，大力发展园林，绿化，逐步为人民创造清洁、舒适的生活环境。

继续坚持计划生育的基本国策，坚定不移地严格控制人口的增长。"七五"期间，我市进入婚育年龄的人口处于高峰，一定要把计划生育工作抓好，力争把人口年平均增长率控制在9.6‰以内。

（十）深化经济体制综合改革，为全国经济体制改革做出贡献。

根据《中共中央关于经济体制改革的决定》和国家批准重庆市进行经济体制综合改革试点所赋予的任务，在巩固1983年综合改革以来所取得的成绩的基础上，"七五"期间，要围绕增强企业特别是大中型企业活力，逐步完善市场体系，建立健全间接控制体系，不断深化经济体制综合改革，争取在发挥大城市组织经济的作用、探索军民结合新路子、促进西南五省（区）六方经济区网络和长江产业带的形成和发展方面取得更加显著的成效和比较完整的经验，努力探索建立适合我国国情的中心城市经济管理体制，为全国经济体制做出试点城市应有的贡献。

实现上述任务，大体上从三方面配套进行改革：一是要在保持改革连续性、保证经济稳定增长的基础上，紧紧围绕增强企业特别是大中型企业活力这个中心环节，积极探索企业所有权、经营权相分离的具体途径，深化企业改革，并创造条件改善企业外部环境；二是逐步建立健全中心城市市场体系，进一步发展和完善消费品市场，开放和逐步完善生产资料市场，逐步开辟和发展资金市场，开放技术市场，促进劳动力合理流动，根据国家统一部署积极稳妥地推进价格改革；三是在进一步完善微观经济机制的同时，通过计划、财政、金融体制和劳动工资制度的改革，以及国家管理经济的职能范围和管理方法的调整，逐步建立起以间接控制为主的宏观管理体制，发挥中心城市在国家分层次宏观管理中的重要作用。

"七五"期间，经济体制正处于新旧交替的过程。我们要充分认识改革的长期性和复杂性，坚定不移地推进经济体制综合改革，善于根据形势的发展和变化，对改革的具体步骤和配套措施及时做出恰当安排，使改革和建设互相适应，互相促进。

各位代表！

重庆市第七个五年计划的目标是振奋人心的，任务是艰巨的，经过努力也是可以实现的。完成了这个计划，我市的经济实力和科技水平将得到较快的提高，国民经济结构将得到改善，我市作为长江上游经济中心城市的综合服务功能将显著增强，城乡人民的生活将进一步改善。更为重要的是，我们为九十年代进一步的发展奠定了一个比较坚实的基础。那时候，可以更有效地促进我市的经济振兴和社会繁荣。但是，这个计划的实现，要经过全市人民的艰苦努力。艰苦奋斗、勤俭建国的方针是我们必须遵循并不断发扬光大的精神支柱。我市的经济底子比较薄，"七五"期间在经济建设和各项事业发展中，更要坚持艰苦奋斗、勤俭建国的方针。总之，只要我们坚定不移地全面贯彻党的十一届三中全会以来的路线，坚持四项基本原则，坚持改革、开放、搞活，广泛开展增产节约、增收节支运动，就一定能够克服前进中的困难，胜利实现"七五"计划的基本目标，进一步开创我市社会主义现代化建设的新局面。

关于重庆市1986年国民经济、社会发展计划执行情况和1987年计划安排情况的报告

（1987年5月7日）[①]

重庆市计划委员会主任　金　烈

各位代表：

我受市政府委托，向大会报告我市1986年国民经济、社会发展计划执行情况和1987年计划安排情况，请予审议。

一、1986年计划执行情况

1986年是“七五”计划的第一年。根据国务院关于当年经济工作的指导方针和重庆市的实际情况，市政府提出，经市十届人大四次会议审议批准的1986年计划任务是：围绕加强和改善宏观控制、继续解决社会总需求超过社会总供给问题，巩固、消化、补充、改善各项改革措施，组织好生产建设流通，稳定经济，提高效益，打好基础，增添后劲，促使经济继续协调稳定发展，保证“七五”计划有一个良好的开端。全市干部、群众为了实现1986年计划任务，努力克服种种不利因素，使国民经济和社会事业继续有所前进。总的来看，去年的计划任务完成情况是好的，主要表现在：

农村经济发展势头很好。去年我市先后多次遭受严重自然灾害的袭击，市郊区、县广大干部群众奋力抗灾，在大灾之年夺得了粮食丰收，农村产业结构调整也取得了新的进展。全市粮食总产量达到553.9万吨，超额3.9万吨完成了计划，比1985年增长6.8%。在我市历史上，这是仅次于1984年的好年成。在19个有农业的区县中，除江北区、沙坪坝、九龙坡3个近郊区外，其余各区县的粮食产量均有不同程度的提高。肉类总产量达到51万吨，超额6.6万吨完成了计划安排指标，比上年增长14.8%，创造了历史最高纪录。油料、甘蔗、蚕茧都比上年增产，水果、茶叶、蛋、奶、鱼等产品的产量都超过了历史最好水平。按新的统计口径，即扣除村及村以下工业，农业总产值达到37.39亿元，比上年增长8.2%，超过了增长4%的计划目标（按原来统计口径为47.5亿元，增长13%）。在农业总产值中，林、牧、副、渔业产值比重由上年的40.3%上升到41.2%。农村工业、建筑业、运输业和商业发展较快，农村社会总产值达到72.86亿元，比上年增长16.4%。乡镇企业总产值完成35.69亿元，比上年增长33%，从业人员由上年的86.06万人增加到98.47万人，占农村劳动力总数的比重由16.7%上升到18%。生产的发展带来了收入的增加，去年农民生产性纯收入比上年增长20.5%，增长的速度是1980年以来最快的。农村经济的繁荣，为我市国民经济的稳定发展创造了良好的条件。

工业生产在困难的条件下仍然做到了有所增长。去年一季度，由于各种主客观因素主要是电力供应的影响，生产比上年同期下降9%。销售收入下降5.5%，实现利税下降33.5%。经过全市职工的艰苦努力，从4月份开始回升，逐渐扭转了被动局面。按新的统计口径，全市完成工业总产值148.33亿元，比上年增长6.4%。其中轻工业产值70.79亿元，增长10.3%。重工业产值77.54亿元，增长3.1%；在工业总产值中，若扣除村及村以下工业、城乡个体、城乡合营工业的产值，则为138.07亿元，比上年增长4.7%，达到了调整计划

① 此报告于1987年5月召开的重庆市第十届人民代表大会第五次会议上报告。

增长3.5%的要求。全市考核的99种主要产品，产量比上年增长的有54种。主要能源和原材料产品，如原煤、天然气、焦炭、钢、烧碱、合成橡胶、合成纤维单体等均比上年增产，发电量、炼焦洗精煤、钢材、铝材、硫酸、塑料、人造板等的增长幅度都在8%以上。在消费品中，电风扇、自行车、钟、日用精铝制品、合成洗涤剂、丝、纯棉布、乳制品、啤酒等的产量增长幅度均在10%以上，一部分出口量大的产品和内销紧俏的高中档商品如化学药品、彩色电视机、双缸洗衣机的增长幅度更大一些。一部分主要为国家重点建设工程和重大技术装备服务配套的机械电子产品，如500千瓦以上的发电设备、交流电机、变压器、大型机床、铁路货车、热工仪表等，产量也比上年有所增长。产品结构调整收到一定成效，花色品种增加，适销对路商品增多，长线、滞销产品有所抑制。由于采取了开拓市场、强化销售的措施，从6月份起，工业企业的销售收入增长较快，全年全市工业企业基本实现了产销平衡，全年销售总值比上年增长17%（未剔除价格因素），产销率达到99.2%，比上年提高两个百分点；其中，四季度的销售形势更好一些，全季实现的销售总值占全年的28.3%，一度严重滞销的汽车的销售情况也有好转。全市工业企业销售到省外的产品总值达到60.8亿元，比上年增长34.4%。主要经济效益指标，下半年也比上半年有较明显改善。

交通运输多年来的紧张状况有所缓解，邮电通信有新的发展。全市交通运输部门完成货运周转量161.7亿吨公里，比上年增长5%；旅客发送量完成1.23亿人次，比上年增长6.7%。全市邮电业务总量完成3471万元，比上年增长14.7%。通信能力也有增强，新增市内电话2400门，长途电话138路，载波设备电路108路。

控制固定资产投资规模和调整投资结构收到初步成效。全市全民所有制固定资产投资完成26.19亿元，比上年增长24.2%，与1985年比1984年增长52.9%的幅度相比，增长势头减弱。在完成的总投资中，基本建设完成11.63亿元，增长2.8%，其中预算内投资（主要是中央项目投资）5.51亿元，增长21.1%，低于上年增长幅度；预算外投资6.12亿元，比上年下降9.2%；更新改造措施完成13.26亿元，比上年增长51.8%，也低于1985年的68.8%的增长速度。国家重点考核的地方自筹资金安排的基本建设投资，没有突破国家计委下达的1.55亿元控制指标。用市财政资金6000万元安排的地方基本建设项目，实际拨款完成约5000万元。在去年完成的固定资产投资中，用于能源、交通运输邮电以及城市建设的投资继续增加，比重进一步上升。全市人民关注的一批重点建设项目有了重大进展。重庆电厂一期20万千瓦机组、金鸡岩洗煤厂、黄桷渡水厂、牛角沱立交桥及隧道、川黔公路四公里至大山村段改建、市医疗急救中心等工程已经完成，重庆民航机场、石门大桥进度加快，珞璜电厂前期准备工作正在紧张进行。现有企业技术改造的步伐加快，去年建成投产的更新改造措施项目共有1120个，新增固定资产10.58亿元。前两年我市安排的一批技术引进项目259项，签约金额1.79亿美元，到去年底已建成投产228项。一批老企业开始拥有具备七十年代末八十年代初国际水平的先进生产线、检测中心和样板车间，技术装备水平有了质的提高。国家“七五”重点技术改造项目重庆钢铁公司、四川仪表总厂的全面技术改造已经开工，进展比较迅速。这些情况表明，我市多年来存在的原有物质技术基础状况日益恶化的趋势，正在开始得到扭转。

城乡市场繁荣稳定。去年国营商业和供销社纯购进总额达到47.4亿元，比上年增长9.4%；纯销售总额49.8亿元，比上年增长7.7%；这两项指标，分别高于计划增长4%和5%的目标。全市社会商品零售总额达到60.68亿元，比上年增长16%，超过了增长12%的计划目标；其中，消费品零售56.1亿元，增长16.3%，农业生产资料4.58亿元，增长12.4%。市场食品充足，日用工业品丰富，集市贸易更加活跃。市场物价总的来说比较稳定。全年职工生活费用价格总指数和零售物价指数均上升4.2%，较好地控制在国家下达的不超过6%的指标以内，比全国平均上升7%的幅度低。

生产资料流通开始出现“活”的局面。去年市物资系统物资购、销金额分别达到8.17亿元和8.65亿元，比上年增长9.2%和6.1%。生产资料市场的雏形正在形成，已经建立的金属材料、汽车、木材等贸易中心和综合性物资商场的全年成交额达到2.07亿元；物资生产企业的自销量普遍增加，钢材和水泥分别达到31.5万吨和54.3万吨，比上年增长24%和22.3%；这对缓解物资供需矛盾，促进生产建设发展起到了积极作用。

横向经济联系有了新的进展。长江沿岸城市联合开发长江的工作有了初步的开端。象征西南经济区共谋振兴精神的经济协作大厦建设进度良好。全年跨市签订的经济技术协作项目共有934项，当年已经执行的有693项。协议来渝投资1.1亿元，物资协作金额7.4亿元，均比上年有较大幅度提高。

外贸出口有了较大的增长。外贸部门利用国际市场比较松动、人民币汇率调低的有利因素，在其他部门配合下积极扩大出口，提前一个季度超额完成了出口创汇9700万美元的计划。全年自营出口达到1.5亿美元，比上年增长43.7%；对外经济技术合作扩大，全年共签订利用外资合同21项，利用外资3556万美元；对外承包工程和劳务出口也有进展；来渝旅游及从事各种交流活动的海外人士及港澳同胞人数比上年增长了11.1%。

地方财政收入在去年自然灾害频繁、原材料价格上涨等减收因素增多的情况下，仍然有所增长。全市财政收入包括城市建设税和排污费实现18.39亿元，剔除价格补贴改列支出后，按同口径计算，比上年增长2.74%。

各项社会事业有了新的发展。全市小学学龄儿童入学率达到98.6%，小学毕业生升学率达到71.6%，超过了计划指标要求。中等专业学校和技工学校都完成了招生计划，中等职业教育得到一定加强。职工业余教育开始逐步由文化补习为主向岗位培训为主发展。在积极做好危险校舍解危措施和原有校舍的维修工作的同时，安排了一批新建、改扩建中小学和教职工宿舍。去年通过基本建设共建成教学用房23.3万平方米，新增中小学生席位2.95万个。用于教育事业的经费达到2.58亿元，比上年增长10.8%。科技工作为经济建设和社会发展服务取得新成果，去年全国共获得国内外201项奖励。组织实施向乡镇企业输送科学技术的“星火计划”收到初步的成效。去年安排国家和市级“星火计划”项目22项，区县级“星火计划”项目183项，80%已完成或取得阶段性成果。全市“星火计划”人才培训工作超额完成了计划任务。新建的市医疗急救中心、计划生育中心等大型医疗卫生设施，将对增强我市医疗卫生力量、提高治疗水平起到重要作用。广阳坝体育训练基地，去年已经列入国家体育训练基地建设计划，由国家和地方合资建设。文化艺术新闻出版广播电视等事业也有新的发展。

人民生活继续有所改善。职工平均工资达到1246元，比上年提高16%，扣除物价上升因素，实际工资仍提高11.3%；农村居民人均纯收入达到438元，比上年增加72元，超过增长40元的计划目标。城乡居民年末储蓄达到25.29亿元，比上年增长35.7%。全市城镇安置待业人员6.41万人，比计划多安排1.41万人。全市新建职工住宅173.64万平方米，超过了新建100万平方米职工住宅的计划目标。去年又有6.44万户居民用上了天然气。黄桷渡水厂建成和江北水厂改造完工，使部分地区群众“吃水难”问题得到缓解。环境保护和污染治理工作得到加强，人民生活环境和生活质量得到一定改善。

总之，1986年我市国民经济和社会发展计划执行情况总的来说是好的。但是，也出现了一些值得重视的新情况和新问题。主要是：工业生产没有达到年初确定的增长8%的计划目标；生产、建设、流通的经济效益都改善不大，相当大一部分经济效益指标还有所下降；国营商业的主渠道作用发挥得不够好，对经济发展和市场价格稳定不利；财政支出增长的幅度大大超过收入的增长，继上年地方财政收支出现赤字以后，去年继续出现数额较大的赤字；人口自然增长率达到17.9‰，大大突破了国家下达的增长10.53‰的计划指标。

对于这些问题，我们认真分析了原因。有些问题是互相关联，彼此影响的，原因也比较多。仅就工业生产没有完成原定计划的客观原因来说，一是电力供应严重不足，加上体制上的原因，打乱了生产的正常秩序。去年大部分时间供电不正常，全年共拉闸22698次，其中110kV大开关拉闸178次（上年仅3次），组织生产遇到极大困难，设备事故频繁发生。全年用电量也比上年减少2094万度。二是军工企业的任务大幅度减少，导致产值下降过多。去年中央企业产值比上年下降12.7%，尽管地方工业增长10.7%，但全市工业的平均速度仍被拉了下来。三是国家加强宏观控制以后，抑制了部分需求，使部分企业如汽车生产厂家及其相关企业产品积压，开工不足。从主观上检查，一是相当一部分企业的商品经济观念不强，素质不高，对外部条件变化的适应能力比较差；二是市的经济综合部门对经济趋势分析不够，见事迟、反应慢，而且缺乏有力的应变措施；三是有的部门没有对改革中出现某些失误的同志采取适当的保护措施，挫伤了部分干部、群众的积极性；四是部分企业在理顺工资关系时工作粗糙，引起了不安定因素。尽管市委、市政府针对上述情况采取了若干措施，全市广大干部、职工在“堵滑坡、上水平”中也是努力的，而且生产的增长速度也逐渐转为正常；但是，由于制约生产的客观因素没有消除，特别是一季度欠账太多，时不再来，这就使得去年的工业生产没有能达到原定计划目标。当然，应当指出，去年工业增长速度，是在1985年较高的基础上取得的；两年平均增长速度仍然在10%以上，这个速度也是不低的。

在安排今年计划时，我们一定要注重分析经济趋势，认真总结吸取去年经济工作中的经验教训，努力把各项工作做好。

二、1987年计划安排情况

1987年是“七五”计划第二年，根据“七五”计划的任务和全国省长会议精神，1987年计划的任务是：压缩空气、稳定经济、增产节约、增收节支，努力增加和改善供给，在提高生产、建设、流通经济效益的基础上，使国民经济保持适当的增长速度；同时，继续抑制社会总需求，以保证重点建设和推进技术进步；在生产增长和经济效益提高的基础上，努力使人民生活特别是生活质量和生活环境继续得到改善；在抓好物质文明的同时，努力发展教育科学文化等事业，推进社会主义精神文明建设。

1987年计划的主要目标是：国民生产总值增长7%；工农业总产值增长6.5%，其中农业总产值增长4%，工业总产值增长7.3%（工、农业总产值均按新统计口径计算），地方财政收入增长5.09%；地方固定资产投资计划规模14.03亿元，其中地方全民所有制投资10.17亿元，集体所有制及个体投资3.86亿元；市属全民工业全员劳动生产率提高5.5%；人口自然增长率控制在8.85‰以下。

以上安排，从初步综合平衡的情况看，还存在一些矛盾和问题，特别是今年中央有关部门已经和将要出台一些改革措施，会使外部经济条件发生新的变化；另一方面，制约我市工业增产和财政增收的因素，今年相当一部分仍将继续存在。这就使得今年的计划安排难度很大，完成计划任务的工作很艰巨。为此要在全市范围内广泛开展增产节约、增收节支运动，切实抓好以下工作：

（一）抓好粮食生产，继续合理调整农村产业结构，进一步增强农业基础。

1987年农村经济发展的奋斗目标是：粮食增产2亿～4亿斤，农村人均纯收入增加40元，乡镇企业产值增长10亿元。今年的农业生产计划，就是按照这个目标和全国计划的要求编制的。

农业生产计划全面实行指导性计划。初步安排，农业总产值达到38.9亿元，增长4%；农业主要产品产量，本着继续贯彻执行“决不放松粮食生产，积极发展多种经营”的方针，按照大稳定、小调整的原则安排。粮食总产量560万吨，比去年增加10万吨。各方面的工作，都要向着恢复和超过1984年最好水平的目标奋斗。经济作物，主要应通过提高复种指数、提高品质来增产增收。市场销路好、收益大的优质农产品要尽量多生产。计划安排油料9万吨，甘蔗30万吨，桑蚕茧2.35万吨，柑桔15万吨。要继续抓紧生猪生产，发展食草牲畜，计划安排肉类总产量45万吨。要努力保持蛋、奶、水产品继续发展的良好势头。发展乡镇企业是调整农村产业结构、加快农村经济发展的重要战略措施，今年要力争产值达到45亿元，进一步加快农村劳动力向第二产业、第三产业转移的步伐。

保证今年农业增产的措施，着重抓好以下几条：一是坚持改革，进一步完善家庭经营制，探索新形势下如何适应生产力发展要求，实现传统农业向专业化、现代化农业转化的新途径。二是抓好成熟技术的推广应用，走生态农业、开发农业、立体农业的道路。特别要在良种、地膜栽培和改革耕作制度上做文章。全市杂交水稻种植面积达到500万亩，水稻规范化栽培达到200万亩，扩大杂交玉米的种植面积。三是立足于抗灾夺丰收，积极做好抵御自然灾害的准备工作，争取抗灾夺丰收的主动权。四是认真组织好农用物资的生产、供应。对于生产化肥所需的电力、天然气，在计划分配和调度上予以优先照顾。切实安排好农用薄膜、农药、农业机具的生产。小农具用钢材、废钢铁，在计划上已经作了充分安排，要加强检查落实，防止挪用。认真落实中央关于粮食订购合同的“粮肥、粮油、预购订金三挂钩”的政策，以进一步调动农民种粮、卖粮的积极性。五是要抓好农业产前、产中、产后服务体系的建设工作，要特别重视流通对农业生产的促进作用。

要使农业的发展有后劲，必须逐步增加对农业的投入，改善农业的物质技术基础。今年在市财政资金用于基本建设的投资作了大幅度压缩的情况下，计划安排用于农业的基本建设投资仍达到900万元，占计划总投资的18.8%，比上年的比重提高了约2个百分点。从今年起，还要按中央、市、县三级财政分级负担的原则，建立粮食生产专项基金，每年安排900万元，重点用于推广先进农业科技、完善水利设施和改造低产田。农村的发展建设资金，主要应依靠自身的积累。因此，在宏观控制的前提下，要积极开拓农村生产要素市场，以利于合理配置资源，促进商品生产。农业计划部门，对各方面用于农业的资金要加强综合平衡，统一规划，提高使用效益。

（二）在提高经济效益的基础上，力争工业生产保持适当的增长速度。

今年的工业生产，要力争在提高效益的基础上，速度适当加快一些，计划安排全市工业总产值达到159.1亿元。比去年增长7.3%，这个速度，大体上和全国全省同步。这样安排，是有一定根据的。首先，能源条件有所改善。煤炭和天然气供应较好。电力虽然仍是紧张的，特别是一季度十分紧张，但从全年来看，由于重庆电厂新增机组和投产一批小水、火电站，全川大电网也有新的机组投产，总的电量是增加的。据测算，在新投产机组正常运行和电网正常调度情况下，可以基本满足计划所安排的增长速度的需要。其次，今年的社会购买力仍将有较大幅度增长，固定资产投资仍将维持一定规模，从全国范围看，社会总需求仍然大于社会总供给，市场条件是好的。第三，国家计委和中央各部下达我市的计划产品产值，比去年预计增加约5亿元，这部分产品对整个工业有较大的带动作用，而投入条件的保证程度相对高一些。第四，我市工业的物质技术基础比较雄厚，生产的潜力很大，去年又陆续投产了一批技术引进项目。在有市场需求的情况下，只要安排好能源、原材料供应，对于多数行业来说，生产能力不存在多大问题。第五，从经济的周期性变动规律看，在经历一个低谷以后，一般情况下会有所回升。

列入市工业生产计划的产品共有96种，其中，属于国家计委管理的产品有63种，属于中央各部管理的30种，市增列的3种。和去年完成情况比，产量增长的有67种，持平的6种，减少的23种。

产品结构和市场需求结构不相适应，是工业生产中的突出矛盾。调整产品结构，是今年工业生产中的重要工作。

为了运用有限的资源保证和扩大短线产品，促进产品结构调整和经济效益提高，市选择了市场需求量大、产品寿命周期长、投入少产出多并能带动一批企业发展的17种产品，作为重点发展的拳头产品。在认真核算的基础上，对这些产品所需的物资、能源、资金、外汇的分配优先安排，争取在年内把产量搞上去。被选中的拳头产品生产企业或企业集团，要向市提出明确的包质量、包产量、包效益的目标。通过抓好这批产品，争取新增产值5亿元左右，新增税利1亿元左右。

当然，制约今年工业发展的因素仍然很多，电力紧张仍是最突出的矛盾。开源节流的措施，一是要争取现有电厂多发稳发多供，同时继续抓好几个“短、平、快”的小型电力项目的竣工投产；二是在分配调度上择优安排，保证重点；三是狠抓各种直接节电措施，同时通过调整产品结构间接降低电耗。今年中央有关部门出台的一些改革措施，会引起工业生产外部条件的较大变化。我们已经研究制定了一些适应变化的措施。总之，今年组织生产的难度是比较大的，一定要加强领导，精心调度，精心指挥。

（三）加强固定资产投资管理，控制投资规模，调整投资结构，保证重点建设。

国家计委安排我市今年地方固定资产投资规模14.03亿元，其中，地方全民所有制基本建设投资2.51亿元、更新改造措施投资6.81亿元、其他投资8500万元，集体所有制投资2.37亿元，个体投资1.49亿元。从国家计划安排看，我市今年的固定资产投资规模，剔除物价上升因素以后，仍比去年计划规模略有增加。但与各部门各方面的要求相比，有很大差距。尤其是市里能够集中掌握的财力物力非常有限，不能百事俱兴到处“铺摊子”。因此，今年控制投资规模和调整投资结构是一项十分重要而紧迫的工作。要坚决实行“三压三保”：保计划内建设，压计划外建设；保生产性建设，压非生产性建设；保重点建设，压非重点建设。

关于市集中的几笔资金的安排情况。用于基本建设的市财政资金，比去年计划压缩20%，安排4800万元，鉴于市财政资金缺口较大，这4800万元也只能根据财政状况分期安排使用。因此，今年原则上不再上新项目，确有必要的也要留待条件成熟后再通盘考虑。对在建的项目也要进行清理，集中力量保证重点。能源交通集资超收返还资金市集中部分和公路养路费用于重点公路改扩建由市集中部分，这两笔钱合计有6000多万元。按国家规定，只能用于能源交通、邮电通信项目。在建的一批工程，如重庆机场、石门大桥、引进程控电话、红旗河沟至机场公路等项目，今年正是施工高峰，资金安排有一定缺口。我们要统筹兼顾，灵活调度资金，保证建设进度需要。

国家“七五”计划安排在我市的重点建设和改造项目中，已有一批项目列入今年的国家建设计划。基本建设续建项目主要有重庆电厂、民航机场、川黔线电气化、川东气矿、长寿化工厂乙炔工程等15个，重点基建前期工作项目有珞璜电厂、水泥厂、九龙坡水厂等4个。限额以上技术改造项目，今年续建和新开工的有重钢、特钢、川仪总厂、通信设备厂、肉类加工联合开发工程。还有一批重点基建和技改项目，列为新开工或预备项目，这批项目是为重庆经济振兴准备条件、增添后劲的。我们一定要以改革的精神，改变过去那种挤上项目慢慢来的做法，增强时间观念、价值观念和周转观念。已经开工的项目，要按合理工期精心组织施工；预备项目或前期工作项目，要抓紧工作，创造条件开工。为了保证市投资或合资的重点项目的资金，要积极筹集和认真安排资金，提高资金的使用效益。

（四）大力增加出口创汇，努力做好外汇平衡。

千方百计把出口搞上去，是今年经济工作的一件大事。要利用当前的有利时机，大力开拓国际市场。计划安排出口创汇1.44亿美元，在努力降低创汇成本的基础上，力争实现出口创汇1.7亿美元的奋斗目标，比去年增长15%。为了保证出口创汇计划的落实，出口商品供货计划安排59个品种、收购总值8.5亿元。其中，45个品种是按经贸部1987年出口商品计划目录安排的，市增列14个品种。为了调动出口的积极性，要坚决兑现国务院和市政府的有关奖励措施。

地方进口，适应国家外汇管理体制的改革，也要做出相应改革。

今年的外汇十分紧缺。初步测算，保证工业生产以及各方面的基本需要，就需要外汇 8000 多万美元，外汇平衡的难度很大。为了用好用活外汇，我们拟采取如下措施：一是市集中掌握的外汇原则上实行有偿使用，以提高外汇使用效益；二是开办有组织的外汇市场，调剂余缺，搞活外汇；三是市借用部门、企业沉淀多年的自有外汇，在部门、企业需用时负责归还；四是对用汇继续实行计划管理。

（五）改革物资计划体制，扩大生产资料市场。

今年国家分配我市的钢材减少 33%，橡胶减少 53%，大厂水泥、有色金属、纯碱等物资也分别减少 12%～15%。原来由中央各部门统一进口分配我市的各种物资，今年也有一部分转由地方用自有外汇进口，初步计算，约达 1400 多万美元。经济体制改革的一项重要内容，就是要逐步缩小国家统一分配物资的范围。企业生产建设所需物资，将越来越多地通过市场获得。1987 年我们将围绕发展生产资料市场来改革物资计划体制。拟采取的主要作法是：

一是建立和完善钢材市场。为了扩大钢材市场的资源，要采取优惠措施，吸引社会库存钢材和钢铁企业超产自销钢材进入钢材市场。

二是改革废钢铁计划管理体制。减少废钢铁上交指令性计划，实行部分废钢铁上交和钢材分配挂钩办法，建立有指导、有组织的废钢铁市场。市只分配长江钢厂炼钢和天原化工厂生产净化饮水用三氯化铁所需废钢铁；其他各方面的需要，一律进入市场采购解决。

三是进一步缩小生产资料的指令性分配范围。从 1987 年起，浓硝酸、轮胎、民用爆破器材不再实行计划分配。汽车除更新用车，公检法用车，地方安置军队离退休干部用车，以及由财政开支的行政事业单位用车仍实行计划分配以外，其他方面的用车不再实行计划分配。

今年物资计划体制进行了上述改革以后，对一些单位来说，会遇到一些困难；但由于整个社会的物资资源是增加的，这些单位所需的相当一部分物资，可以从市场调节中得到解决，我们要及时加以指导。物资企业要发挥平衡市场和平抑物价的作用，避免生产建设不应有的损失。

（六）抓好商品购销，促进市场稳定繁荣。

今年的社会商品零售总额据测算将比去年增长 12%。商品货源同购买力之间平衡的问题仍然是结构性的矛盾。从目前市场商品的供求趋势和工农业生产计划的安排情况看，今年市场粮、油、肉、糖等主副食品供应充裕，增产的适销对路工业产品和部分统配材料进入市场后，市场供应将比去年好；但是，成品油的缺口很大，部分进口、高档、紧俏商品也有缺口。

今年主要商品购销调拨计划安排 24 个大类品种。其中国家计委下达 20 个，省计委增列 2 个，市增列 2 个。主要收购品种安排情况是：粮食合同订购 60 万吨、生猪收购 220 万头、食用油料 4.05 万吨、蔬菜 11 万吨、柑桔 6 万吨、食糖 8900 吨、蚕茧 1.95 万吨、卷烟 38 万箱、铁锅 100 万口、地方氮肥 39.2 万吨（实物量）、市场民用煤 220 万吨。粮食合同订购，实行同化肥、柴油、预购定金挂钩的政策，农民每交售 100 公斤贸易粮，供应优质标准化肥 10 公斤、平价柴油 3 公斤。在生猪收购总数中，有 180 万头按每交售一头猪奖售 35 公斤换购粮进行安排，其余随行就市收购。

在开放搞活的新形势下，国营商业仍应发挥主导作用。我们要研究采取措施保证国营商业掌握必要的商品货源，以便于平抑物价、稳定市场。同时，要大力疏通工业品下乡的渠道。要发挥国营商业特别是大、中型批发企业领导市场的作用，以扩大重庆产品输出为重点，促进工商联合、商商联合，支持生产，引导生产，繁荣市场。

关于成品石油的安排情况。国家分配我市今年平价油品 19.14 万吨，与上年持平，具体品种有增有减。根据国家规定按统一分配、定量包干、保证重点、控制消费的原则安排。各方面用油指标基本维持去年水平。定购粮食奖售柴油，按国家定购任务专项安排。高价油分配，优先安排市内专业客货运输、重点工程、重点产品以及经济效益好的企业。成品油供需矛盾十分突出，一方面要积极组织各种计划资源，同时要认真抓好各种节油措施，严格控制新增用油机具。

（七）促进科技、教育等社会事业发展，继续改善人民生活。

科学技术发展，今年工作的重点，应放在大力推广各类先进的适用技术，实施“星火计划”，促进社会生产的技术进步上。继续大力搞好智力开发工作，重点是抓好教育。今年要在办好各级各类学校的同时，集中力量巩固普及小学教育的成果，继续调整中等教育结构，计划安排普通中专招生5600人，技工学校招生5700人。普通高等学校要充实和完善办学条件，提高质量，计划安排地方普通高校招生1680人。文化、新闻出版、广播电视、卫生、体育等各项社会事业，都要在中央关于精神文明建设指导方针的指导下，积极发展，力争取得更好的社会效益。

继续做好城镇待业人员的安置就业工作，计划安排5.1万人就业。今年国家安排我市新增全民职工2.1万人。这部分指标首先用于安置复退军人、大中专毕业生等统配人员，剩余的指标主要保证新建投产重点项目的需要，实行面向社会、公开招考、择优录用。职工工资总额，要按照国家计划管理，同时严格控制物价上涨水平，保证职工实际平均工资增长2%左右。农村人均纯收入，争取增加40元。加强环境保护和污染治理，使人民生活环境和生活质量继续得到改善。

有计划地控制人口增长，是关系全局的大事。我市婚育人口已进入高峰期，一定要坚持细致的工作，保证今年计划安排的8.85‰的自然增长率不被突破。

以上是今年计划安排中的几个主要问题，计划执行中一定会出现很多新情况、新问题，尤其是今年各方面的经济关系处在较大的变革中，更会有许多意料不到的事情发生。我们一定要密切注意经济生活新动向，脚踏实地，兢兢业业，争取把工作做好。

关于重庆市1986年财政决算和1987年财政预算草案的报告

（1987年5月7日）[①]

重庆市财政局局长　胡安纮

各位代表：

我受市人民政府的委托，向大会提出重庆市1986年财政决算和1987年财政预算草案的报告，请与审查。

一、1986年财政决算

1986年，是贯彻执行国民经济第七个五年计划的第一年，也是为我市经济和社会进一步发展，深化经济体制改革打好基础的一年。在这一年里，全市人民在党和政府的领导下，认真贯彻市第十届人民代表大会第四次会议的决议，发扬艰苦奋斗的精神，克服了能源紧张、电力供应严重不足和自然灾害袭击所带来的困难，工农业生产、各项建设事业和经济体制改革，都取得了新的成就。在国民经济发展的基础上，1986年全市财政总收入18.3936亿元，完成年度预算的93.1%，按同口径计算（剔除原在财政收入中冲减的各项价格补贴），比1985年增长2.7%。从主要收入项目完成情况看：工商各税16.2659亿元，为年度预算的102.8%，比上年增长13.4%；农业税6509万元，为年度预算的

① 此报告于1987年5月召开的重庆市第十届人民代表大会第五次会议上报告。

98.9%，比上年增长 0.3%；国营企业收入（含所得税、调节税、利润和弥补亏损）1.0221 亿元，为年度预算的 33.8%，按同口径计算比上年下降 60.8%；排污费收入 2821 万元，为年度预算的 165.9%，比上年增长 49.6%；其他收入 1726 万元，为年度预算的 280.7%，比上年增长 45.8%。

1986 年全市财政支出年初核定预算 8.727 亿元，后来中央追加专项拨款 2.4731 亿元，省追加专项拨款 436 万元，加上上年结转资金 1.3311 亿元，中央返还上年能源交通重点建设基金超收分成 7117 万元，固定收入超收安排 2971 万元，全年财政支出预算调整为 13.5836 亿元。全市财政实际支出 12.4254 亿元，为年度调整预算的 91.5%，按同口径计算，比 1985 年增长 19.3%。其中，预算内基本建设支出 1.632 亿元，比上年增长 6.1%；挖潜改造资金和科技三项费用 5074 万元，比上年下降 8.4%；支援农村生产支出和各项农业事业费 5906 万元，比上年增长 38.2%；城市维护费 9307 万元，比上年下降 4.2%；文教科学卫生事业费 3.2223 亿元，比上年增长 18.4%；抚恤和社会福利救济费 3983 万元，比上年增长 36.8%；行政管理费 1.3695 亿元，比上年增长 27.3%；各种价格补贴支出 2.6991 亿元，比上年增长 28.6%；环境保护支出 2153 万元，比上年增长 50.5%。

1986 年全市财政收支预算执行情况总的来说是好的。具体表现在：

（一）财政收入继续增长。1986 年，尽管我市工业生产面临电力供应严重不足，农业生产又连续遭到风灾、水灾、冰雹等严重自然灾害的袭击，财政收入仍然比上年有所增长，这是同全市国民经济发展形势分不开的。特别是工商各税在全市财政总收入中的比重，已由上年的 80.2%上升为 88.4%，成为我市财政收入稳定可靠的主要来源。在确保全民所有制企业在国民经济中占主导地位的前提下，城乡集体经济、个体经济也有较大的发展，1986 年城乡集体经济、个体经济上缴的工商各税达 4.8179 亿元，比上年增长 12.6%。

（二）通过合理分配资金，调整投资结构，基本保证了我市重点建设、智力投资和增强农业后劲的资金需要。1986 年在压缩基本建设投资的情况下，本着“保证重点，兼顾一般”的原则，保证了重庆机场、石门大桥、210 国道、万门程控电话等重点建设工程的资金供应。文教科学卫生事业方面的支出比上年增加 5008 万元，增长 18.4%。为了改善农业生产条件，增强农业后劲，1986 年用于支援农村生产支出 2454 万元，比上年增长 67.7%。与此同时，去年为了支援受灾区县尽快恢复生产，中央、省、市先后追加安排了各种救灾专款 1692 万元。

（三）支持和促进改革，增强企业活力。1986 年在加强和改善宏观控制的同时，按照国家的统一部署，对我市一批大中型骨干企业减免了调节税；在部分行业中实行分类折旧办法，相应提高了折旧率；对 17 户税利在 500 万元以上的大中型企业，实行超目标利润分成责任制；扩大了增值税的征收范围，调低了一些行业的增值税税率；对城乡集体企业继续实行税前还贷，增长利润，减半征收所得税；以及从财政政策上支持和鼓励企业发展横向经济联合等，为搞活企业，深化改革，发展生产创造了必要的外部条件。为了从财力上支持市带县，增强县总揽经济全局的能力，1986 年又根据各县的具体情况，分别采取了适当提高分成比例，增加补贴数额，试行增长包干等政策措施，使 12 个县的财力进一步增强，促进了县级经济的发展。

（四）在生产发展的基础上，城乡人民生活继续得到改善。1986 年由财政支付的各种价格补贴共达 2.6991 亿元，比上年增长 28.6%。其中支付给农民的粮油超购加价款 1.0399 亿元；城镇居民的粮油、蔬菜、肉食、民用煤等各种价格补贴款 1.2434 亿元；职工的猪肉补贴款 4158 万元。同时，市和区县财政对行政、事业单位工资改革“翘尾巴”、补足工资超限额以及解决工改中某些遗留问题所需的资金，共计 4007 万元，也得到妥善解决。

按照现行财政体制的规定，1986 年我市上缴中央财政 6.3 亿元（包括专项上缴）；上缴省 3.66

亿元。同时为国家征收中央级税收 1.09 亿元；征集能源交通重点建设基金 1.85 亿元；推销和组织国库券收入 7900 万元，对国家做出了应有的贡献。

但是，1986 年全市财政收支预算执行结果，当年未实现收支平衡，有赤字 9980 万元，加上 1985 年的赤字挂账，累计有赤字 1.2983 亿元。分预算级次看，市级财政两年累计赤字 1.3801 亿元；9 个区有净结余 2448 万元；12 个县除巴县、江北县有净结余 212 万元外，其余 10 个县两年累计赤字 1843 万元，扣除上年 9 个县的赤字挂账 1718 万元后，当年新发生赤字 125 万元。这里需要将发生赤字的原因作几点说明：

(一)推进改革，搞活企业。增强企业活力，特别是增强全民所有制大中型企业的活力，是经济体制改革的中心环节。这一年，国家为搞活企业先后出台了一些减收增支的政策措施，并且大多是在预算执行过程中发生的。据不完全统计，1986 年仅中央和省出台的减税让利和增加补贴的数额就达 1.25 亿元。采取这些措施，虽然减少了当年一些财政收入，增加了市财政的负担，但从长远来看，对生产建设事业的发展是有利的，对增强经济发展后劲，增加财政收入，也是必要的。

(二)财政支出增长过快。1986 年财政支出，在 1985 年增长 34.7% 的基础上又增长 19.3%。这两年，为了改革工资、物价和增强农业后劲，支持教育科学卫生事业的发展，市和区县财政相应增加了较多的支出，这是必需的。但也有一部分开支，增加过快、过多，超过了财政收入的增长。据统计，1986 年区县财政的基本建设和挖潜改造资金共支出 6537 万元，比上年增长 39.5%，超过了财政当年可能承受的能力。对一些不该开支的项目，如讲排场、摆阔气、盲目攀比、用公款请客送礼、游山玩水、公费旅游等控制不严，这些都是需要坚决加以纠正的。

(三)市带县任务繁重。1986 年为了帮助解决县级财政困难，促进县级经济的发展，市对 12 个县分别采取提高分成比例，增加补贴数额，试行增长包干，乡镇企业税收增长留县等政策措施，由市级财政补贴 12 个县的资金达 3382 万元。这在中央对市的财政体制未作任何松动的情况下，实际上是把县级财政的赤字转移到市级财政，给市财政带来了一些困难，影响财政收支平衡。

(四)财政问题同经济问题是分不开的。财政发生赤字，本质是经济问题在财政上的反映。这几年，我市经济体制改革取得显著成绩，国民经济有很大发展，总的形势是好的。但是，在经济改革时期，由于新旧体制转换中的摩擦，财政“统收”的旧格局已经打破，而“统支”的旧格局仍在继续运行，各方面要办的事很多，供给与需求之间的矛盾日益突出。同时，在经济发展中，由于多种原因，企业成本费用上升，盈利减少，亏损增加，经济效益不够理想。这些都会直接或间接地反映到财政上来，一方面使财政收入增长不快，另一方面又使财政支出增长过猛，影响了市财政的稳定和平衡。

(五)1986 年的财政收支预算，是在 1985 年经济建设发展速度过高的情况下安排的。去年 6 月国务院关于《抓紧增收节支、确保财政收支平衡的紧急通知》下达后，我们虽然采取了若干增收节支措施，确定了各区县、各部门全年收入奋斗目标和支出控制指标，并在全市范围内开展了税收、财务大检查。上述措施，对增加财政收入，控制财政支出，缩小财政赤字，起到了一定作用，但未能消除财政赤字。从财政工作本身来说，措施不够有力，收支管理偏松，对一些不该支出的项目控制不严，对收入中的跑、冒、滴、漏有所忽视。这是值得我们认真总结经验教训的。

二、1987 年财政预算草案

1987 年，是执行“七五”计划的第二年。妥善安排好 1987 年的财政收支预算，是推进国民经济和社会发展，促进经济体制改革深入进行的重要保证。根据我市“七五”计划的要求和今年全国省长会议确定的方针、任务，1987 年我市财政预算安排的基本原则是：坚持量入为出，量力而行，留有余地，确保当年财政收支平衡。在收入方面，广泛深入地开展增产节约、增收节支运动，从增产节约中培养与开辟财源，在增产、增销、增收的基础上，保持财政收入的稳定增长。在支出方面，发扬艰苦奋斗的精神，厉行节约，实行保改革、保重点、保后劲、保经济良性循环的方针；适当增加对农业的投资，增强农业发展的后劲；支持能源交通重点建设和城市基础设施建设；在生产发展和劳动生产率提高的基础上，继续改善城乡人民生活。

现在提请审议的1987年我市财政预算草案，财政总收入为19.33亿元，比1986年增长5.09%。按照现行财政体制规定，当年可由我市安排的财政支出为10.8688亿元，其中：财政分成收入6.1245亿元，城市维护建设税、排污费、集体企业奖金税等地方固定收入1.1571亿元，其他按规定留归地方安排的各种收入9377万元，上年结转到今年继续安排使用的资金2.6495亿元。财政支出合计为10.8688亿元，收支平衡。

在1987年预算总收入中，工商税收17.934亿元，农业税6589万元，国营企业收入4317万元，其他各项收入3054万元。在1987年预算总支出中，预算内基本建设支出1.3148亿元，企业挖潜改造资金和科技三项费用1990万元，支援农村生产支出和各项农业事业费5476万元，文教科学卫生事业费3.1875亿元，其他各项事业费1.8757亿元，行政管理费1.2075亿元，价格补贴支出1.6809亿元，其他各项支出8558万元。

现将编制1987年财政预算草案中的有关问题说明如下：

(一)关于1987年财政收入预算的安排。

鉴于我市国民经济已经转入正常发展的轨道，1987年的工业生产不可能有大幅度的增长。同时，今年国家还将出台一些减收增支的政策措施。为了使今年的财政收支预算建立在比较稳妥可靠的基础上，1987年全市财政收入预算安排19.33亿元，比1986年增长5.09%。其中：市级财政收入预算为10.0835亿元，比1986年增长6.7%；区县级财政收入预算为9.2465亿元，比1986年增长3.3%。这里需要说明的是，我市1987年财政收入预算虽然是按增长5.09%的幅度进行安排的，但对市级各部门是按全市增长8.3%下达的计划，并要求市级各部门将市下达的收入计划逐级落实到基层单位，力争超额完成。

(二)关于1987年财政支出预算的安排。

1987年全市财政支出预算安排10.8688亿元。其中：市级财政支出预算5.3851亿元，区县级财政支出预算5.4837亿元。1987年的财政支出“盘子”，既要压缩支出、保证中央的借款任务，又要保证必不可少的事业、行政正常经费的需要，同时还要保证改革措施的经费支出，资金平衡的难度很大。我们根据“保重点、保急需、保不可少的人头经费，同时兼顾一般”的原则，经反复测算，共需安排支出11.7456亿元。但是按照我市安排的收入预算计算，全市财政可供安排支出的资金来源只有10.8688亿元，收支相抵资金缺口达8768万元，其中市级财政资金缺口5768万元，区县级财政资金缺口3000万元。为了保证今年财政收支平衡，不再出现赤字，1987年财政支出预算实行分步安排、分步实施的办法。即1987年财政支出预算先按10.8688亿元进行安排，对于压减下来的一部分基本建设支出、挖潜改造资金、简易建筑费等共计8768万元，等到今年下半年全市财政收入增收确有把握时，再根据当时的财力可能逐步进行安排。

(三)关于坚决压缩支出、保证中央借款任务的问题。

今年1月全国省长会议确定，今年的各项财政支出，除了用于价格补贴、优抚和社会救济费、偿还国内外债务本息以及某些特定的专项拨款外，其余各项开支，包括基本建设、文教科学卫生事业费、行政经费等，在去年执行数的基础上节减10%。地方节减下来的支出，由中央借用，连续借用三年，用于保改革、保国家重点建设，这有利于国民经济的协调稳定发展。为了坚决把超常规的支出、把过度膨胀的非生产性开支压下来，保证中央借款任务的完成，在安排1987年支出预算时，我们首先按照全国压缩支出的统一口径，分别对市级和区县级的财政开支在去年实际支出数的基础上压缩10%，并将压缩下来的8200万元列入“中央向地方借款”支出预算。但在具体压缩各项财政支出时，则采取区别对待的办法。对支援经济不发达地区资金、环境保护支出不予压缩；对支援农村生产支出和文教科学卫生事业费少压；对基本建设支出、挖潜改造资金、行政管理费，特别是会议费、差旅费、购置费等，则作为重点进行压缩；同时对于确有困难的县，在压缩支出时也分别作了适当的调整和照顾。需要说明的是，紧缩财政开支，把过高的支出盘子压下来，涉及各个方面，工作中的难度比较大。各区县、各部门、各单位一定要从全局出发，主动承担困难，动员大家过紧日子，只有这样，才能把一切可以节减下来的支出都节减下来，使支出控制在财力许可的范围之内。

（四）关于增强农业后劲，适当增加农业投资的问题。

农业是整个国民经济发展的基础。为了支援农业，完善粮食、油料等农副产品的合同定购制度，逐步理顺农产品之间的比价，今年在安排支出预算时已经增列了价格补贴3505万元。为了增强农业发展后劲，今年对支援农村生产支出安排2361万元，比1986年年初预算增长28.9%。在年度预算执行过程中，还将视财政收入的增长情况，适当增加对农业的投资，增拨发展粮食生产专项资金，支持农村商品经济的发展。今年开征农林特产税后，市不再另增加农业税任务，征收的农林特产税全部留给区县，用于扶持、发展农业生产。同时要切实加强支农周转金的发放和回收工作。坚持投向合理、加速周转、提高资金的使用效率。

（五）关于保证改革措施所需资金的问题。

在深化改革，进一步搞活企业方面，1987年将继续在部分大中型企业中试行资产经营责任制，减征一部分所得税和调节税；并在大中型企业中推行超目标利润分成责任制，在小型工商企业中继续推行租赁、承包经营责任制。除此以外，今年不再出台新的减税让利措施，而是要通过完善企业内部经营机制，挖掘内部潜力，落实各种形式的经营责任制，解决好扩大企业经营自主权问题，以进一步调动企业经营者和职工的积极性。为了保证国家各项改革措施的顺利实施，在今年安排的支出预算中，预留了专项改革资金1510万元，待改革方案下达后再分别调整到相关的支出项目。

1987年的财政收支预算，无论是收入或者支出都安排得很紧，特别是要把过去已经抬上去的可以节减的支出坚决压下来，任务是艰巨的。在今年的预算执行中，我们一定要扎扎实实地做好工作，密切注意预算收支的变化情况，千方百计地组织收入，控制支出，把增产节约、增收节支的各项措施落到实处。

三、为完成1987年财政预算任务而努力奋斗

为了保证1987年财政预算的圆满实现，做到财政收支平衡，促进国民经济长期稳定发展，我们必须切实做好以下几项工作：

（一）大力开展增产节约、增收节支运动，努力提高经济效益，确保财政收入增长。

中央提出在全国范围内广泛深入地开展增产节约、增收节支运动，不仅是社会主义物质文明建设的中心任务，而且是社会主义精神文明建设和改进党风、改进社会风气的一项重要任务，同时也是完成今年财政收支任务，实现财政收支平衡，促进国民经济长期稳定发展的根本保证。我们一定要把开展增产节约、增收节支运动，作为恢复和发扬艰苦奋斗、勤俭建国的优良传统，推动经济体制改革和发展社会生产力的强大动力。1987年要求工业企业物质消耗降低2%，企业管理费和车间经费降低10%，扭转亏损30%；要求商业企业降低商品流通费2%，经营性亏损减少20%以上，商业盈利企业利润增长10%以上。这些指标，要层层分解落实到各基层单位，依靠和发动群众，算细账、挖潜力，订出本单位增产节约、增收节支计划。在增产节约、增收节支运动中，我们一定要把工作重点放

在全面提高经济效益上，积极采取措施，支持企业技术改造和技术进步，支持企业名优、紧俏产品生产的发展；对那些质次滞销、亏损严重的产品生产，要运用财政、税收杠杆予以制约，促使企业限产或转产。所有企业单位，都要努力提高产品质量，增产适销对路的产品，降低成本、费用，节约物质消耗，加速资金周转，为国家提供更多的财政收入。在生产发展和经济效益不断提高的基础上，各级财税部门要进一步加强税利的征管工作，大力组织财政收入，保证财政收入任务的完成。

（二）发扬艰苦奋斗、勤俭节约、勤俭办一切事业的精神，大力节减各项行政、事业经费，坚决把过高的支出盘子压下来，使财政收支建立在比较稳固的基础上。

从现在起，要停止增设机构，停止机构升格和扩大人员编制。个别因特殊情况必须新设机构和配备人员的，原则上应在现有机构和编制中调剂解决。凡是自行增加机构、增加人员，财政一律不拨经费。要大力压缩会议费、差旅费、购置费，加强对市外出差、参观学习人员的控制。对出国考察要从严掌握，凡是与出国业务无关的人员一律不得派出。要继续严格控制社会集团购买力，并严格专控商品的审批；特别是要从严控制新购小汽车。要严格控制基本建设投资规模，今年用于基本建设的市财政资金，只能保证在建项目，原则上不再安排新项目。为了节约行政、事业经费开支，今年要严格实行经费包干、节余留用、超支不拨的办法。对于有收入来源的事业单位，要鼓励单位充分挖掘潜力，扩大有偿服务项目，并通过收入分成的办法，抵顶一部分拨款，提高事业经费的自给水平。

（三）深化企业改革，增强企业活力。

搞活企业是经济体制改革的出发点和立足点，只有下决心把企业搞活，把经济搞活，财政收入才有取之不尽的源泉。今年深化企业改革，主要是进一步搞活企业特别是大中型企业，并搞好企业内部经营责任制。我们要认真贯彻执行国务院发布的关于增强企业活力的八条规定，把改革、开放、搞活和增产节约、增收节支运动紧密结合起来。今年要继续在25户大中型企业中进行资产经营责任制的试点工作；对未进行资产经营责任制试点的大中型企业，全面推行超利润目标分成责任制；对小型企业、微利企业和亏损企业，推行租赁、承包经营责任制；推动企业从改善经营管理、提高经济效益、增加盈利中去增强活力。

深化企业改革要眼睛向内，要在不断改善经营管理、完善企业内部经营机制上狠下功夫，不能依赖国家减税让利。所有企业都要健全和落实以承包为主的各种形式的经营责任制，充分调动职工的积极性，挖掘各方面的潜力，增强企业自我改造、自我发展、自我应变的能力。

（四）切实加强和改善宏观控制，严格预算收支管理。

为了适应社会主义商品经济发展和经济体制改革全面配套的要求，我们要着重抓好以下措施：(1)切实加强对预算外资金的管理。从今年起，对行政事业单位和企业主管部门的预算外资金，在不改变资金所有权的前提下，实行“专户储存、计划管理、财政审批、银行监督”的管理办法，正确引导预算外资金的流向，使之符合国家宏观决策和国民经济发展的要求。(2)严格预算收支管理，切实把好财政收入和支出的闸门。除了正常的税收困难减免、计划亏损补贴以及经市批准的减税让利政策措施和市安排下达的预算支出以外，任何部门和单位都不得新开减收增支的口子。企业归还专项贷款必须执行国家统一的还贷规定。要加强对预算执行情况的分析，密切注意主要收支项目的变化情况，抓住预算执行中的重大问题，及时研究对策。(3)进一步建立和完善各项基金的收支管理和预算制度，切实保证基金使用的预期目的和效益，使基金在运动中合理地实现增值，更好地促进国民经济的发展。(4)全面推行专项资金追踪反馈责任制，加强资金使用的监督和管理。各单位对财政拨付的专项资金，必须坚持专款专用，并按规定的时间和内容及时向财政部门反馈，改变财政部门“以拨代报”、用款单位只管用钱、不讲效益的状况。

（五）加强财政监督，严肃财经纪律，是实现今年财政收支平衡的重要保证，也是加强社会主义精神文明建设，保证经济体制改革顺利进行的重要条件。

在增产节约、增收节支运动中，我们一定要把反对铺张浪费、纠正不正之风和违反财经纪律的行为，作为一项重要内容来抓。对那些截留利润、偷税漏税、虚报冒领和花钱大手大脚、铺张浪费以及化大公为小公、划预算内为预算外、转移资金等违纪行为，要坚决制止，严肃处理，以确保国家财政收入及时足额入库。所有一切单位，都必须切实加强财政、会计和审计监督，严格遵守财经纪律，认真执行各项财政、税收、财务、会计制度的规定，严禁乱挤乱摊成本费用，严禁用公款请客送礼、公费旅游。国务院已经明确，今年要继续开展财务、税收大检查。各区县、各部门和各单位要按照中央和省、市的布置，密切配合，认真搞好财务、税收大检查。

各位代表：今年 1 至 4 月，我市国民经济发展的形势是好的，财政收支预算执行情况是正常的。但是，完成今年的财政收支预算任务是相当艰巨的，我们一定要紧紧依靠全市人民，在市委、市政府的领导下，坚决贯彻执行中央提出的“艰苦奋斗、勤俭建国、多作贡献、严守纪律”的方针，自始至终地抓紧增产节约、增收节支，认真做好各项工作，团结一致，共同努力，为胜利完成今年的财政预算任务而努力奋斗。

（六）政协常务委员会工作报告

中国人民政治协商会议四川省重庆市第五届委员会常务委员会工作报告

裴昌会

各位委员：

我受中国人民政治协商会议四川省重庆市第五届委员会常务委员会委托，提出工作报告，请予审议。

（一）

政协重庆市第五届委员会，自1965年12月举行第一次全体会议到现在已经13年了。〈……〉。

今天，在我们胜利召开这次大会的时候，首先，怀着无限崇敬的心情，沉痛怀念已经离开了我们的伟大领袖和导师、全国政协名誉主席毛泽东主席，沉痛怀念毛主席的亲密战友、全国政协主席、敬爱的周恩来总理。〈……〉。

我们这次大会是在我国社会主义革命和社会主义建设进入一个新的发展时期的大好形势下召开的。

英明领袖华主席为首的党中央，继承毛主席遗志，一举粉碎了“四人帮”，我们的党避免了一次大分裂，我们的国家避免了一次历史大倒退，保证了我国人民沿着毛主席指引的社会主义方向继续前进。一年来，经过深入揭批“四人帮”的斗争，华主席提出的抓纲治国的战略决策，初见成效。全国上下精神振奋，喜气洋洋，到处呈现一派团结战斗的热烈气氛。我们重庆同全国、全省其他地区一样，抓纲治渝，初见成效的要求已经胜利实现，情况比预期的还要好。

不久前召开的第五届全国人民代表大会，以华主席为首的党中央为我们做出了在本世纪内实现农业现代化、工业现代化、国防现代化和科学技术现代化的新的长征的重大部署。华主席高举毛主席的伟大旗帜，坚决贯彻执行毛主席关于统一战线的方针和政策，把发展革命统一战线列为抓纲治国的一项战斗任务，写进了党的十一大通过的新《党章》和五届人大通过的新《宪法》中。华主席在五届人大《政府工作报告》中指出：“我们要进一步落实毛主席关于统一战线的方针、政策，团结一切可以团结的力量，调动一切积极因素，为社会主义事业服务。”叶剑英副主席在五届人大《关于修改宪法的报告》中说，宪法序言具体地和完备地表述了我们的革命统一战线的广泛范围，强调地提出了包括中国各民族的最广泛的人民大团结。没有这样的人民大团结，要实现新时期的总任务是不可能的。

在这春满人间、繁花似锦的大好日子里，政协重庆市第六届委员会的召开，是我们政治生活中的一件大事。参加这次会议的委员人数比上届大大增加，代表性更加广泛。大家欢聚一堂，共商国是，充分体现了粉碎“四人帮”以后，在中国共产党领导下，全国各族人民和各种爱国力量的大团结，体现了以华主席为首的党中央恢复和发扬毛主席一贯教导的民主协商精神，体现了我国革命统一战线更加巩固和发展。这次会议意义十分重大，我们一定要为认真开好这次会议而共同努力。

（二）

无产阶级“文化大革命”，实质上是在我国社会主义条件下，无产阶级反对资产阶级和一切剥削阶级的政治大革命。在“文化大革命”初期，“四人帮”就和林彪勾结在一起，对抗毛主席的战略思想和战略部署，“怀疑一切，打倒一切”，干扰、破坏无产阶级“文化大革命”。党的十大以来，特别是“批林批孔”以来，“四人帮”为了篡夺党和国家最高权力，复辟资本主义，假借毛主席发动的每一次政治运动，另搞一套，歪曲和篡改毛主席的革命路线，疯狂推行反革命修正主义路线，猖狂反对伟大领袖和导师毛主席，疯狂推行老干部是“民主派”，“民主派”就是“走资派”的反革命政治纲领，丧心病狂地攻击、陷害敬爱的周总理，极力反对英明领袖华主席，打击、陷害邓小平同志和从中央到地方一大批坚持毛主席革命路线的党政军领导干部，坚决与人民为敌，对我国的社会主义革命和建设造成极其严重的损失。

四川重庆是“四人帮”破坏很严重的地区之一。“四人帮”及其在我市的亲信黄廉、周家喻为头子的资产阶级帮派体系，在统战工作上，极力歪曲毛主席关于社会主义历史时期的主要矛盾的光辉思想，根本否定毛主席关于民族资产阶级具有两面性的科学论断，根本否定毛主席关于统一战线的伟大战略思想，大肆鼓吹取消革命统一战线的反动谬论，猖狂反对毛主席提出的“调动一切积极因素为社会主义服务”的总方针，肆意践踏党的统一战线政策，全盘否定建国以来统一战线工作的伟大成绩。他们全面颠倒敌我关系，胡说什么爱国民主党派、爱国人士和愿意接受改造的民族资产阶级人们都是“牛鬼蛇神”，什么知识分子是“臭老九”，对归侨、侨眷以所谓“海外关系”问题，横加歧视。叫嚷“统一战线臭了”“人大、政协不要了”，搞垮统战工作，破坏民族团结和宗教政策，砸烂政协机关，迫害大批忠于毛主席革命路线的干部，对我们政协工作的开展带来了严重的干扰和破坏。广大知识分子和爱国人士中，不少人对于“四人帮”那种“假左真右”的反革命面目和所犯下的一系列滔天罪行，看在眼里，恨在心头，表示了极大的革命义愤。

1976年，是我们国家最艰难的一年。伟大领袖和导师毛主席与世长辞，毛主席的久经考验的亲密战友、敬爱的周恩来总理和朱德委员长先后逝世，在此艰难时刻，我们无比哀痛。同时，很多人出于爱国的真情，对国家前途忧心忡忡，担心“四人帮”的阴谋得逞，把社会主义祖国拉回到旧中国的暗无天日的深渊。在这决定祖国命运的关键时刻，英明领袖华主席以无产阶级革命家的伟大胆略，一声春雷，清除“四害”，举国上下，万众欢腾，一块压在人们心坎上的石头掀开了。大家从内心深处庆幸我们国家有了光明前途，对英明领袖华主席无比爱戴和拥护。粉碎“四人帮”后一年多来，华主席抓纲治国，初见成效，“四人帮”强加给知识分子和爱国人士的种种精神枷锁一一砸烂，大家笑在眉梢，喜在心头，我们政协工作也出现了崭新的局面。

回顾这些年来，本会工作是在党的领导下，在不断排除“四人帮”的干扰、破坏下进行的。在林彪、“四人帮”串通一气，阴霾蔽日，妄图取消革命统一战线，狂叫要“砸烂政协”的困难日子里，毛主席就严肃指出：要注意团结一切可以团结的人们。以后又多次指出，政协、民主党派还是要的。周总理坚定不移地捍卫毛主席的统一战线思想，执行毛主席对统一战线工作的指示，亲自过问统战工作，落实统战政策，对林彪、“四人帮”煽起的一阵阵取消统一战线的黑风恶浪，给以迎头痛击。中共重庆市委遵循毛主席革命统一战线思想和政策，对我们亲切关怀，具体领导，才使我们的工作取得了一定成绩，主要有以下几个方面。

一、推动各界爱国人士参加“文化大革命”，积极投入揭批“四人帮”的斗争。

〈前略〉

1971年林彪反党集团被粉碎后，中共重庆市委书记、市政协主席鲁大东同志亲自主持召开爱国人士座谈会，传达林彪反党集团事件，宣讲揭批林彪反党集团有关罪行材料，深入、持久的开展革命大批判，大家受到深刻的教育。

1976年10月，以华主席为首的党中央，一举粉碎“四人帮”的喜讯传来，大家欢欣鼓舞，怀着无比激动的心情，热烈庆祝和拥护华国锋同志任中共中央主席、中央军委主席，热烈庆祝和拥护粉碎“四人帮”篡党夺权阴谋的伟大胜利。各界爱国人士兴高采烈地参加了我市召开的“双庆大会”，认真学习中共中央〔1976〕16号文件，和党中央发下的揭批“四人帮”的第一、二、三批罪行材料，人人口诛笔伐，个个义愤填膺。学习小组、大批判专栏，处处都是声讨、批判“四人帮”及其在我省、我市亲信破坏革命、破坏生产罪行的战场。〈……〉。

二、组织各界爱国人士学习马列主义、毛主席著作。

几年来，我们先后学习了《共产党宣言》《唯物主义和经验批判主义》等马列的书，学习了毛主席著作和毛主席在“文化大革命”期间的重要指示。同时，学习了党的九大、十大、十一大的重要文件，和四届人大、五届人大、五届政协的重要文件，以及有关时事政策。学习中，贯彻理论联系实际的方针，特别是联系“文化大革命”的斗争实际，分清敌我，明辨是非，严格区分和正确处理两类不同性质的矛盾，帮助大家不断提高路线觉悟和思想认识。

为了配合学习，1966年上半年，我们组织部分爱国人士到郊区农村参观“四清”。“文化大革命”期间，我们多次组织知识分子和各界爱国人士到工厂、农村、商店、街道参观访问。由于各有关方面的大力支持，妥善安排，热情接待，使大家对于“文化大革命”以来，我国三线建设的辉煌成就，本市地方工业的蓬勃发展，农业学大寨、工业学大庆群众运动的广泛兴起，以及各条战线上涌现出来的先进人物、先进典型，有了亲身了解，看到了毛主席关于学习理论反修防修，安定团结，把国民经济搞上去三项重要指示的巨大威力，和经过“文化大革命”锻炼的广大工人、贫下中农、革命知识分子在生产建设上焕发出来的冲天干劲。普遍感到通过参观访问，开阔了眼界，提高了认识，增强了信心，促进了改造。

〈后略〉

三、组织各界爱国人士参加国家政治生活，进行民主协商。

1977年春节，我们应邀参加了中共重庆市委举行的春节联欢会。1978年春节前后，本市各民主党派、工商联都分别召开了部分成员座谈会，春节期间，本会又举办了春节联欢会。大家欢聚一堂，共度佳节，一片团结兴旺气象，给予我们莫大鼓舞。

1977年，毛主席、周总理逝世一周年纪念日，各界爱国人士参加了我市军民隆重举行的纪念大会。本会为了缅怀毛主席、周总理创建中国革命的千秋伟业，举行了纪念集会，并在报上发表了悼念文章。在纪念会上，大家无限怀念毛主席抗日战争胜利后来重庆同国民党谈判期间，对各爱国民主党派、爱国人士的亲切接见，谆谆教导。无限崇敬周总理忠实捍卫和执行毛主席的革命路线，革命一生，楷模百代，对革命统一战线做出的卓越贡献。毛主席、周总理永远活在我们心中！

1978年，第五届全国人民代表大会召开之前，本会部分常委参加了中共重庆市委组织的对新《宪法》（草案）的讨论，协商了我市出席四川省第五届人民代表大会代表名单，最近举行的政协重庆市第五届委员会常务委员会第五次扩大会议，协商通过了政协重庆市第六届委员会委员的安排原则和委员名单，通过了政协重庆市第五届委员会常务委员会《工作报告》。在会上，大家各抒所见，畅所欲言，恢复和发扬了民主协商精神，广泛交换了意见。

四、推动各界爱国人士开展对台工作，积极为对台宣传写稿。

为了加强各界爱国人士对台湾的宣传写稿工作，1974年5月，本会成立了对台宣传工作写作小组。几年来，组织广大知识分子、各界爱国人士、起义将领、特赦释放人员和台湾同胞在本市的亲属，先后向中央人民广播电台、中国新闻社、福建前线广播电台、厦门前线广播电台，共发各类稿件152篇，大部分都被采用，有的还在香港等地报刊上登载。受到了各有关方面的重视和好评。

1977年2月28日是台湾同胞“二二八”反对美蒋反动统治武装起义三十周年，本会举行了纪念大会，深切悼念“二二八”死难烈士，坚决支持台湾同胞反帝、反蒋爱国的正义斗争。

台湾自古是我国的神圣领土，台湾同胞是我们的骨肉兄弟，解放台湾、统一祖国是毛主席生前的遗愿，根据党的“爱国一家”“爱国不分先后”政策原则，我们对今天还处在蒋帮反动统治下，水深火热之中的台湾同胞，表示极大的关怀，对现在台湾的蒋帮军政人员，寄予殷切的期望。希望共同为解放台湾、统一祖国的神圣事业贡献力量。

综上所述，这些年来，本会虽然做了不少工作，取得了一定成绩，但还远远赶不上形势发展的要求。同时，在实际工作中，还存在着不少缺点和问题，都需要在今后加以注意和改进。

〈……〉。总的看来，我市广大知识分子和各界爱国人士，在党的长期教育下，〈……〉绝大多数人都有了不同程度的新的进步，不少人能够坚守岗位，努力工作，有的还做出了比较显著的成果。有的老教授，与青年教师一起，参加了高能物理方面关于基本粒子理论的科学研究，取得了可喜的成绩；有的老工程师，为革新模具设计工艺，经过长期努力，终于改革钢片模成功，受到五机部的重视和推广；有的老医务人员在从事血吸虫病治疗科研工作中，长期坚持理论与实践相结合，做出了较大的贡献，发现血防新药"八四六"对肝吸虫病和血吸虫病疗效显著，在全国血防工作会议上得到公认，已被广泛采用；有的农业科研人员，在编写《中国经济昆虫志天牛科》的过程中，又发现了天牛科 10 个新种，确定了 13 个中国新记载种类，充实了我国天牛科分类内容，为防治天牛对农林等植物危害做出了贡献。那种对我们国家抱着敌对情绪，顽固抗拒社会主义革命的，只是极少数。这一切表明毛主席光辉的统一战线思想和政策，取得了伟大的胜利。〈……〉。回顾过去，感奋万千，对于伟大的中国共产党，对于中共重庆市委对我们的关怀，表示由衷的感激。

（三）

各位委员：当前，红日灿烂，普照大地，巴山蜀水，分外妖娆。华主席在五届人大明确指出：我国人民在社会主义革命和社会主义建设的新的发展时期的总任务，〈……〉，深入开展阶级斗争、生产斗争和科学实验三大革命运动，在本世纪内把我国建设成为农业、工业、国防和科学技术现代化的伟大的社会主义强国。五届全国政协，根据这个总任务通过的新的政协《章程》规定，政协的任务是要加强全国各族人民的大团结，发展工人阶级领导的，以工农联盟为基础的，团结广大知识分子和其他劳动群众，团结爱国民主党派、爱国人士、台湾同胞、港澳同胞和海外侨胞的革命统一战线，把一切可以团结的力量都团结起来，把一切积极因素都调动起来，并且尽量地把消极因素转化为积极因素，反对国内外敌人，〈……〉，为在本世纪内把我国建设成为伟大的社会主义现代化强国而奋斗。我国的革命统一战线更加巩固，更加发展。不久前胜利召开的全国科学大会，为我们中华民族科学文化的发展，迎来了绚丽的春天。中共重庆市第四次代表大会发出的苦战八年，高速度地把我市建成祖国战略后方先进工业基地的号召，为我市如何实现四个现代化提出了一个鼓舞人心的规划。所有这些都为本会工作指出了明确方向。

为了认真贯彻五届全国人大、五届全国政协和四川省五届人代、四届政协会议精神，响应中共重庆市第四届党代会的号召，我们建议本会新的一届委员会，应该做好以下几项工作。

一、进一步推动各界人士投入揭批"四人帮"的伟大斗争，把这场政治大革命进行到底。当前和今后一个时期我国各族人民的头等大事，仍然是把揭批"四人帮"这场伟大斗争进行到底。我们一定要打好揭批"四人帮"斗争的第三战役，继续深入批判他们的反革命政治纲领，批判他们那条假"左"真右的反革命修正主义路线及其在各个方面的表现。要紧密联系各个方面的实际，特别是在统一战线工作方面的实际，大打一场人民战争，把他们制造的种种混乱彻底加以澄清，把他们颠倒了的一切是非纠正过来，使毛主席的革命路线得到全面的正确的贯彻执行。揭批"四人帮"的革命风暴，正在荡涤着一切污泥浊水，振奋着亿万人民的革命精神。我们一定要把学习和批判紧密结合起来，深入持久进行下去，夺取揭批"四人帮"的全面胜利。

二、继续组织爱国人士，高举毛主席的伟大旗帜，进一步掀起学习马列主义、毛泽东思想的新高潮，加强思想改造。我们面临的是新形势、新任务，也是新课题。重要的问题在善于学习。要继续组织和推动各爱国民主党派、爱国人士在自愿基础上，努力学习马列主义、毛泽东思想，学习时事政治。当前我们要掀起一个大学习、大宣传、大贯彻五届全国人大精神的高潮，认真学习华主席的《政府工作报告》，学习新宪法和叶副主席《关于修改宪法的报告》，使新时期的总任务家喻户晓，深入人心。毛主席的伟大旗帜，是我们团结战斗、争取胜利的旗帜，毛泽东思想永远是引导我们胜利前进的指路明灯。在学习毛主席著作的新高潮中，我们要完整地、正确地领会和掌握毛泽东思想体系，恢复和发扬毛主席历来倡导的理论联系实际的学风。通过各种途径，积极投入三大革命运动，向工农兵学习，开展批评和自我批评，进一步改造思想。

三、恢复和发扬毛主席一贯教导的民主协商精神，协助国家机关宣传和贯彻政策法令，改进工作。为了调动一切积极因素为社会主义服务，我们要继续贯彻中国共产党同各爱国民主党派“长期共存、互相监督”的方针。坚持党对知识分子团结、教育、改造的政策，和逐步消灭民族资产阶级，改造民族资产阶级人们的方针、政策。推动他们在接受社会主义改造的道路上继续前进。要组织各爱国民主党派、爱国人士就有关国家政治生活和革命统一战线的重要事项进行民主协商，参加必要的政治活动，学习和宣传党的方针政策。当前特别是要大张旗鼓地学习和宣传新时期的总任务，学习和宣传五届人大通过的新《宪法》，增强法制观念，提倡守法精神。加强同各界人士的联系，举行政治、科技、文卫等报告会、座谈会，组织参观工农业、科技等先进单位，开展调查研究，提出意见或建议，使政协作为密切联系群众的一个重要渠道，协助国家机关改进工作。开展这些活动，要以《宪法》和六条政治标准为准绳。实行“知无不言，言无不尽”“言者无罪，闻者足戒”“有则改之，无则加勉”的原则，发扬社会主义民主，调动他们为社会主义服务的积极性。

四、推动各界人士为加快把我市建成祖国战略后方的先进工业基地，繁荣社会主义科学教育文化事业，努力贡献自己的力量。在本世纪内把我国建设成为农业、工业、国防和科学技术现代化的伟大社会主义强国是毛主席、周总理和其他老一辈无产阶级革命家留下的宏伟遗愿，也是光荣的历史任务。重庆是祖国战略后方的一个老工业城市，在实现四个现代化，肩负着重大的责任。我们要认真贯彻全国科学大会精神，掀起一个爱科学、学科学、用科学、向科学技术现代化进军的热潮。充分调动科技、教育、医卫、文艺等各方面人士，积极做出贡献。这就要求我们密切配合有关单位，进一步深入揭批“四人帮”，肃清他们的流毒，坚决贯彻执行“百花齐放，百家争鸣”的方针，为我国和我市社会主义建设广开言路，广开才路，以利于社会主义文化繁荣和科学进步。同时，要求各界人士要同工农群众密切结合，坚持党的基本路线，坚持鼓足干劲、力争上游、多快好省地建设社会主义的总路线，坚持独立自主、自力更生、艰苦奋斗、勤俭建国的方针，走毛主席指引的建设社会主义的道路。我们要加强文史资料工作，组织、推动各界人士搜集、整理、编写中国现代史、革命史资料，为社会主义事业服务。当前，有些熟知这方面情况的老人，年事已高。为了不致使许多重要史料湮没，我们更需加快步伐，加强工作，使它能够很好地保存下来。

五、继续开展对台宣传工作，为反对超级大国的霸权主义和战争政策贡献力量。解放台湾，统一祖国，是包括台湾同胞在内的全国人民的共同愿望。解放前的重庆是国民党政府的“陪都”，蒋介石反动统治的中心；同时，也是中国共产党在大后方领导各抗日爱国民主力量同国民党进行斗争的战场。台湾同胞对解放以来重庆的巨大变化，十分重视，对他们留在重庆的亲属、朋友非常怀念。今后我们要组织更多的各界人士积极参加对台宣传工作，以亲身经历，歌颂伟大领袖毛主席、歌颂英明领袖华主席，宣传社会主义祖国和山城革命和建设的伟大成就。宣传党的方针政策，驳斥蒋帮对我们的诬蔑攻击，激发台湾人民和原国民党官兵的爱国主义觉悟，为完成解放台湾、统一祖国的神圣任务而奋斗。

我们要遵照毛主席关于三个世界划分的伟大理论，坚决贯彻毛主席的革命外交路线，反对超级大国的霸权主义和战争政策。同时根据我市外事部门的统一安排，加强同各国人民的友好关系，进行国际统一战线活动。

各位委员：我们正处在承先启后、继往开来的重要时期。我们要坚决遵照党的十一大和五届人大制定的总路线和总任务，紧密地团结在华主席为首的党中央周围，在中共重庆市委的直接领导下，高举毛主席的伟大旗帜，学习、学习、再学习，团结、团结、再团结，充分发挥政协在发展革命统一战线中的重要作用，团结一切可以团结的力量，调动一切积极因素，并且尽量把消极因素转化为积极因素，抓纲治国，抓纲治渝，为在本世纪内把我国建设成为伟大的社会主义现代化强国而努力奋斗。

重庆市政协第六届委员会1978年以来的工作情况报告和今后工作安排的意见

段大明

各位委员、各位同志：

政协重庆市六届委员会第二次常务委员会，现在开幕了。我们这次会议是在举国上下，热烈庆祝党的十一届三中全会公报发表，深入学习贯彻党的三中全会精神的大喜日子里召开的。

1979年，是以华主席为首的党中央提出抓纲治国大见成效的一年，是新的长征开始向社会主义现代化建设大进军的一年，是我们人民共和国建国三十周年大庆的一年。党的三中全会决定，从现在起把全党工作的着重点转移到社会主义现代化建设上来，这是一个英明的决策，是一个历史性的、战略性的、根本性的转变，像光芒万丈的灯塔，照亮了新长征的道路，大家感到无比欢欣鼓舞！现在，国际国内形势大好，无论就全国、全省或我市来讲，都具备了工作重点转移的良好条件，时机已经成熟。从我市来看，在政治上，揭批林彪“四人帮”的斗争取得了决定性的胜利。抓纲治渝，拨乱反正，从根本上扭转了林彪、“四人帮”的破坏所造成的严重局面，扫清了前进中的最大障碍，分清了路线是非，促进了安定团结。党的各项方针政策逐步落实，党的优良传统和作风逐步恢复，广大干部和群众思想开始得到解放，精神面貌焕然一新。对林彪、“四人帮”制造的冤案、错案、假案陆续进行了平反昭雪，各方面积极因素正在调动起来。在经济上，打倒“四人帮”以后，国民经济得到了恢复和发展。去年，全市工业生产持续上升，提前18天完成了全年国家计划，工业总产值比1977年增长24%。全市粮食总产量比1977年增长一成多，财政收入比1977年增加72%，市场商品供应增加，城乡人民生活开始有了改善，这就为实现党的工作重点转移创造了极为有利的条件。我们这次会议，就是在这种大好形势下，为了贯彻党的十一届三中全会公报的精神，着重研究如何把我们的工作重点迅速地转移到社会主义建设上来，进一步巩固和发展革命统一战线，调动一切积极因素，推动各界爱国人士和知识分子为加快实现四个现代化建设，为台湾早日归回，完成统一祖国大业，为夺取1979年的新胜利，积极贡献力量，向建国三十周年献礼。

现在，我仅就本届委员会第一次常务委员会以来的工作情况和今后工作安排的意见，作一简要报告。

1978年以来的工作情况

本届第一次常务委员会召开到现在已经半年多了。在这期间，我们遵照党的十一大路线和五届人大、五届政协第一次会议的精神，在中共重庆市委的领导下，由于各位委员、各位同志的共同努力，以及各有关方面的协助配合，基本上完成了上次常务委员会提出的各项工作任务，市政协的工作已初步活跃起来，为今年工作的开展，打下了良好的基础。主要有以下四个方面 ：

一、深入揭批林彪、“四人帮”，解放思想，拨乱反正。

自上次常务委员会开会以来，我们组织部分各界人士先后学习了华主席在五届全国人大会上所作的《政府工作报告》《中华人民共和国宪法》和叶副主席作的《关于修改宪法的报告》，以及两个大会的有关文件；学习了关于实践是检验真理的唯一标准的文章；学习了李先念副总理在国务院务虚会上的讲话；学习了中央政治局常委 1978 年 11 月 25 日的重要指示和邓副主席同美国、日本朋友的谈话，以及中央〔1978〕11 号、55 号等文件。现在，正在深入学习党的十一届三中全会公报。

在学习中，我们以揭批林彪 、“四人帮”为纲，紧密联系实际，发扬社会主义民主，认真贯彻“三不主义”，鼓励大家勇于思考问题，勇于提出问题，勇于揭露问题，解放思想，认真分析，拨乱反正。通过小组讨论，大、小批判会，以及参观学习和辅导报告，对一些重大问题从理论上、思想上初步分清了一些是非，消除一些余悸，为新时期总任务服务的积极性有了进一步的发挥。

首先是加深了对新时期总任务的内容和重大意义的理解。大家说，要在本世纪内实现四个现代化的宏伟目标，这是毛主席、周总理的遗愿，也是全国人民和我们各界人士多年来梦寐以求的理想。回顾旧中国那种经济落后、政治腐败、受人欺凌的辛酸往事，更感到实现四个现代化不仅是一个重要的经济任务，更是一个紧迫的政治任务。万恶的林彪、“四人帮”为了篡党夺权，把实现四个现代化说成是“复辟”，把抓科学技术、生产建设当作“修正主义”来批，使国民经济面临崩溃边缘，文化科学遭到灾难性的破坏，真是祸国殃民。党的十一届三中全会决定 ，把工作着重点转移到社会主义现代化建设上来，反映了历史的要求，人民的愿望，而且是完全可能的。现在，林彪、“四人帮”造成的最大障碍已经扫除，国民经济得到了恢复和发展，全国出现了安定团结的政治局面，我国对外关系得到重大进展，国际国内的大好形势，对我们加快社会主义现代化建设极为有利。普遍反映，开阔了视野，增强了加快实现四个现代化的信心。

通过实践是检验真理的唯一标准的学习，认识到从根本上肃清林彪、“四人帮”颠倒理论与实践的关系的流毒影响，完整地、准确地掌握毛泽东思想的科学体系，对于促进人们的思想解放，端正思想路线，恢复和发扬毛主席倡导的实事求是，一切从实际出发的党的优良传统和作风，进一步丰富和发展马列主义、毛泽东思想有极其深远的意义。认识到李先念副总理的讲话，进一步强调要按经济规律办事，这对于迅速发展国民经济实现四个现代化，确实具有关键性的意义。

大家认识到实现四个现代化，是全国人民的根本利益所在。安定团结是加速实现四个现代化的前提和条件，当前安定团结的大好形势来之不易，必须十分珍惜。大家说，林彪、“四人帮”横行时，他们煽动资产阶级派性，闹无政府主义，搞打砸抢，工厂不冒烟，农民不种田，学生不读书，人民生活搞得很苦，这些情景还历历在目，乱是不得人心的。大家表示，在对待和处理问题上，一定要按照华主席党中央关于“既要解决问题，又要稳定局势”的指示去办，一定以大局为重，团结一致向前看，同心同德搞“四化”。

还进一步认识到发展革命统一战线，是实现新时期总任务的一个重要条件。大家回顾在林彪、“四人帮”横行时，他们全盘否定“文化大革命”前 17 年统战工作的巨大成绩，全面颠倒社会主义时期的敌我关系，胡说 17 年统战工作执行的是“投降主义”“修正主义”，诬蔑广大知识分子是“臭老九”，把爱国人士说成是“牛鬼蛇神”，统统进行“全面专政”，制造了许多冤案、假案、错案。在这种情况下，有些爱国人士误认为：“党的政策变了，前途完了，只等老死算了”；有的虽然也想做点工作，但感到“爱国有心，报国无门”。经过学习，特别是揭发和批判了林彪、"四人帮"破坏革命统一战线的种种谰言和罪行，充分肯定了17年来毛主席的革命路线在统战工作中的主导地位；明确了广大知识分子和愿意接受改造的民族工商业者以及其他爱国人士在社会主义时期的地位和作用；揭露了他们肆意颠倒敌我，混淆"两类矛盾"，乱抄乱斗的反革命伎俩；肃清他们对组织各界人士学习，推动知识分子和工商业者总结技术专长和业务经验，撰写文史资料和活跃政协文化生活等方面所散布的谬论和影响。拨乱反正，对林彪、"四人帮"强加的污蔑诽谤之词，一律推倒。大家说："毛主席的统一战线政策又回来了，不仅我们身受其惠，而且泽及子孙"；现在真是"人妖是非分，统战又回春"。

二、推动各界人士，积极为新时期的总任务做出贡献。

1. 举办"科技讲座""教学讲座"和各种报告会，普及科学技术知识，交流教学经验。半年多来，我们先后邀请了政协委员中的科技、教育界的人士作了关于《能源问题》《现代电力工业》《现代电子技术》《物理学史话》《自动化与四个现代化的关系》《现代建筑》等6次科技报告和关于文言文教学问题的报告会。参加听报告的主要是各界爱国人士、各爱国民主党派成员及其所联系的群众和有关单位，约3000多人次。另外，还组织有关人士为报纸刊物写科普文章。

这些报告会，由于有关单位的积极支持，主讲人的认真准备，联系实际，通俗易懂，受到听众的普遍欢迎。大家反映，打开了眼界，提高了认识，为扫除科盲，提高教学质量起到了积极作用。

2. 撰写文史资料，为编写我国近代史和革命史服务。到目前为止，我们已经发掘、整理和新写文史资料稿33篇，约计52万余字。编成《重庆文史资料选辑》第一期，已经交付排印。全书约13万字，主要以1945年8月毛主席来重庆和国民党进行和平谈判为中心，其中有些文章具有一定的史料价值，已由四川省社会科学院即将出版的《社会科学研究》和《重庆日报》选用。《杨闇公日记》的选编工作，业已完成，目前正在进行注释。特别使我们高兴的是，邓副主席特地为《杨闇公日记》亲笔题写书名，使我们受到很大的教育和鼓舞。

我们还协助重庆市话剧团、贵州省话剧团以及红岩革命纪念馆等单位，收集敬爱的周总理和王若飞、郭沫若等老一辈革命家解放前在重庆进行革命活动的有关史料。还协助四川省社会科学院地方史研究室收集关于四川省军阀情况的材料，协助四川省人民银行为编写四川金融史收集材料。密切了和有关单位的联系和协作，为史料工作的进一步开展，创造了有利条件。

3. 组织参观学习，开阔眼界，交流经验。上次常委会后，我们围绕新时期总任务的学习，先后组织部分在渝的全国人大代表、全国政协委员和部分省、市政协常委与省、市政协委员中的老红军、老干部以及其他爱国人士，参观了重庆机床厂、四川维尼纶厂、大足汽车制造厂和本市南坪、九龙两个人民公社。组织本市医卫界知名人士到南岸黄角垭四川省中药研究所参观学习，使大家开阔了眼界，增加了大家对抓纲治渝所取得的巨大成绩的实感，提高了对实现四个现代化的信心。医卫界人士在省中药研究所参观中，看了省中药研究所初步试制成功的对慢性粒细胞白血病疗效较高的"靛玉红"和对治疗疟疾有特效的"青蒿素"，很受鼓舞；同时也对进一步解决"青蒿素"治疗疟疾还存在小量复发的问题，以及其他珍贵药物的家种推广等问题，提出了些有益的建议，被参观的单位欢迎，去参观的人满意。

4. 继续推动各界人士、撰写对台宣传稿，为台湾归回祖国，统一祖国大业献力量。我们从1974年5月建立对台宣传机构以来，由于领导重视，有关方面的支持和大家共同努力，取得了一定的成绩。本会第六届第一次常务委员会后，成立了对台宣传工作组，提出了写稿任务。去年以来向中央人民广播电台、福建前线广播电台、中国新闻社共发稿27篇，截至现在，已采用10篇。在这段时间，我们在宣传贯彻党中央关于对台宣传工作的方针政策，不断清除林彪、"四人帮"破坏对台宣传工作的流毒影响，充分依靠和发动群众，提高大家的思想认识等方面，做了不少工作，发挥了各界爱国人士和知识分子在对台湾归回祖国，完成统一祖国大业中的积极作用。在过去工作的基础上，写稿人数不断扩大，稿件质量有所提高，形式比较多样，文风有了改进，受到有关方面的好评，被推荐为出席1979年四川省对台宣传工作先代会的先进集体。

三、调查研究，反映情况，协助国家机关宣传和贯彻党的方针政策。

为了落实好党的政策，进一步调动积极因素，加强革命队伍的团结，我们协助有关部门，对我市在林彪、"四人帮""左"倾机会主义路线影响下虚构而平反不彻底，遗留问题没有得到完全解决的所谓"一号专案"的重大冤案，在市委直接领导下作了彻底平反。对受到打击和迫害的50多位爱国人士公开平反，恢复了名誉。对他们受到影响的家属子女从政治上、经济上和工作分配上正在进行解决。受害者本人和家属子女表示满意。广大爱国人士感到高兴。我们还对受林彪、"四人帮""左"倾机会主义路线的摧残迫害，含冤逝世的市政协五届委员会副主席夏仲实，和由于林彪、"四人帮""左"倾机会主义路线干扰破坏，抑郁患病，延误治疗，不幸逝世的市政协五届委员会副主席肖华清，以及因病逝世的市政协五届委员会副主席温少鹤分别召开了追悼会。

在解决各界代表性人士的子女就业、升学、参军问题上，在中共重庆市委的领导下，我们按照党的"有成份不唯成份论、重在表现"的政策和有关规定，协助有关方面，争取专用指标、本系统本单位适当照顾等方式，对他们的子女予以适当解决，到目前为止已解决就业、升学、参军的子女共计165人。

几个月来，我们收到人民来信124件，接待来访16人次。在这些来信来访中，有要求解决工作、生活困难、子女顶替、调动工作、照顾关系和对右派分子问题的申诉，有的是在历次政治运动中受到处理，提请复查和落实有关政策。对上述来信来访，经过研究，分别情况，进行处理。有的我们指定专人，根据党的政策精神，提出了意见，作了处理。有的已转请有关部门研究解决。这些情况表明，政协来信来访工作是有成绩的，它已成为我们联系群众的重要渠道，在恢复和发扬党的优良传统和作风，发挥了应有的作用。

我们还邀请中国社会科学院文学研究所负责同志作了关于"双百方针"问题的报告和中共重庆市委财贸部负责同志作了关于财贸"双学"问题的报告。参加听"双百方针"报告的有各爱国民主党派负责人、各界爱国人士和本市文化艺术、教育卫生、新闻出版、社会科学等有关方面人士。参加听财贸"双学"报告的主要是市人民代表、市政协委员中的工商界人士和部分工商业者。这些报告都联系实际，深入揭批林彪、"四人帮"的"左"倾机会主义路线，围绕实现新时期的总任务，宣传了大好形势和党的方针政策，拨乱反正，解放思想，对调动各界人士为四个现代化积极作贡献有一定的推动作用。

四、紧密结合重大政治活动，举行纪念会、座谈会和联欢会。

去年12月26日是伟大领袖和导师毛主席诞辰八十五周年。为了学习毛主席的光辉思想和伟大革命实践，我们先后组织了纪念会和毛主席诗词报告会，并组织有关同志为《重庆日报》撰写纪念文章。参加毛主席诞辰八十五周年纪念会的有本市各爱国民主党派的负责人和各界代表性人士200余人。在纪念会上，一些跟随毛主席南征北战的老红军、老干部在发言中，以他们的亲身经历，热情歌颂了毛主席领导中国革命的丰功伟绩。许多爱国民主党派的负责人，回忆在抗日战争胜利后，"重庆谈判"期间，毛主席亲来重庆，帮助民主党派建立组织的经过，有些爱国人士，回顾在解放后受到毛主席多次接见的幸福情景，畅谈了她们在毛主席的教导下，在工作上和思想上所取得的成绩和进步。有的人赋诗填词，有的人用文艺演唱来表达对毛主席的崇敬和怀念。大家热情赞颂毛主席他老人家在半个世纪以来，披荆斩棘，力挽狂澜，领导全国各族人民，取得了新民主主义革命和社会主义革命、社会主义建设的伟大胜利，并在毛主席的领导教育下，才走上了社会主义的光明大道，高恩厚德，永世不忘。今天，一定要在华主席为首的党中央领导下，继承毛主席的遗志，高举毛泽东思想的伟大旗帜，为实现四个现代化贡献一分力量。

为了庆祝中日和平友好条约签订，庆祝中美关系正常化，欢呼党的十一届三中全会公报发表，拥护和支持全国人大常委会《告台湾同胞书》，我们及时邀请本市各民主党派负责人和各界人士举行座谈学习。在先后召开的各个座谈会上，大家兴高采烈，踊跃发言，一致认为1978年是我们国家在抓纲治国初见成效的基础上，团结战斗、取得巨大胜利的一年。我国领导人对一系列友好国家的访问，中日和平友好条约的缔结，中美两国关系正常化谈判的成功，为亚洲和世界和平做出了重大贡献；深深认识到党的十一届三中全会和全会以前的中央工作会议，具有重大的现实意义，在党的历史上将发生划时代的深远影响。公报是指引全国人民进行四个现代化，完成新长征的纲领性文件。会上所讨论和解决的政治问题、经济问题、组织问题和理论问题，关系着党和国家的前途和命运，它反映了历史的要求，人民的愿望。大家热烈响应全会关于把工作着重点转移到社会主义现代化建设上来的号召，坚决拥护全会的各项决定。科技、教育、卫生界人士说，我们一定要在自力更生的基础上积极学习和引进外国先进技术经验为加速实现四个现代化多作贡献。工商界人士表示，他们中有不少人，具有一定技术专长和业务经验，应当积极为四个现代化出力。各界人士认为，全国人大常务委员会《告台湾同胞书》体现了我国政府对台湾的归回和祖国统一的大政方针、基本立场和基本态度，说出了我们的心里话，反映了全国人民、包括台湾人民在内的共同心愿。有的说我们的亲属子女还在台湾，30年来骨肉分离，十分痛苦，这种局面不能再继续下去了，现在台湾归回，祖国统一，是大势所趋，家人团聚，将指日可待。一些台湾籍同胞，更是高兴万分，全家大小非常激动，认为祖国统一，大陆同胞和台湾同胞携手前进的日子即将到来。都表示，一定要为台湾归回祖国，完成祖国统一大业做出新的贡献。

在这喜讯频传，值得特别高兴的日子里，我们相继举行了1978年国庆和1979年元旦、春节联欢会。中共重庆市委、市革委会的负责同志和各界人士共聚一堂，文艺界人士并以各种艺术形式抒发了欢庆的热情，热烈庆祝1978年抓纲治国取得的伟大胜利，喜迎光辉的1979年的来临，为夺取今年新的胜利，并肩战斗，共同前进。

此外，去年我们还先后接待了全国政协赴四川参观学习队，和湖北、山东、贵州、武汉、成都等省、市政协参观团，大家相互学习，交流了经验，对我们的工作起到了借鉴和推动作用。

半年多来，我们的工作能够取得一定的成绩，首先是中共重庆市委对我们加强了路线、方针、政策的领导，并健全和充实了工作机构，成立了学习、科技、文卫、文史资料四个委员会，与对台宣传、工商两个工作组，由各位副主席分别参加了各委、组的领导。调整了政协机关工作机构，设置了秘书、联络两处，充实了干部力量。对于政协工作中的重大问题和工作安排，按照了民主集中制的原则，经过主席办公会进行充分酝酿和协商，使我们的各项工作能够顺利进行。

其次，各爱国民主党派、工商联等有关方面的协作配合，在政协四委、两组中，各民主党派、工商联的有关同志都兼任了一定的领导职务，大家在工作中认真负责，相互配合，相互支持。本市有关单位和部门，对我们工作的开展大力支持。这对于完成政协的各项任务都起到了积极的作用。

第三，充分依靠群众，发扬民主作风。政协是在党的领导下的革命统一战线组织，事情多，任务重，战线长，人手少。为了调动一切积极因素，广开才路，广开言路，我们在工作中尽量注意和发挥各方面人士的业务专长，邀请他们参加各项有关的工作，制订工作计划从实际出发，充分听取大家的意见，发扬民主，认真贯彻"三不"主义。随着各项业务活动的开展，普遍反映，现在政协的工作不只是号召号召，而是有实际工作可干了。

政协的工作虽然取得了以上这些成绩，但从新时期的总路线、总任务对我们的要求来讲，从把我们工作重点转移到社会主义现代化建设上来讲，差距还是较大的。我们解放思想，开动机器不够，还不能跟上形势的发展；工作的步子跨得不大，在协助有关机关落实政策，以及政治生活中的一些重大问题的协商上做得不够；对发扬民主协商的精神，深入细致的作风还有缺点；特别是把政协工作转移到为社会主义现代化建设服务上来，怎样按客观规律办事，还认识不很清楚。这都是我们今后应该努力解决的。

今后工作的意见

党的十一届三中全会吹响了在新时期总路线和总任务指引下，把全党工作的着重点转移到社会主义现代化建设上来的号角，加快我国的社会主义现代化建设，彻底改变我国贫穷落后的面貌，这是历史赋予我们极其壮丽、极其艰巨的任务。不久前中共四川省委召开的常委扩大会议，根据三中全会的精神，结合我省实际，提出要解放思想，打破思想僵化，半僵化状态，做出了做好近三年经济调整工作，贯彻"休养生息"的方针，尽快地把农业搞上去的决定。中共重庆市委，最近也召开了全委扩大会议，根据中央和省委的决定，对我市的工作也作了明确的安排，在这新的形势下，我们重庆市政协的工作要紧紧跟上和实现工作重点的转移，最重要的是要在党中央制定的"安定团结，稳定局势，解放思想，鼓足干劲，加速社会主义现代化建设"的正确路线指引下，更加紧密地团结在以华国锋同志为首的党中央周围，在中共重庆市委的领导下，把政协工作转移到社会主义现代化建设上来，进一步加强和发展革命统一战线，认真贯彻党的统一战线方针、政策，团结一切可以团结的力量，调动一切积极因素，为发展安定团结、生动活泼的政治局面，为加快实现四个现代化，完成和超额完成我市今年的国民经济计划贡献力量。为此，提出以下六点意见：

第一，认真学习党的十一届三中全会公报。要认真学习，大力宣传，要全面领会公报精神，着重认识和理解全党工作的着重点转移的伟大意义，这是历史发展的需要，形势发展的要求，全国人民的愿望。通过学习，使我们在思想上、组织上、工作上、作风上迅速地顺应这个转变，跟上这个转变，实现这个转变。在学习中要认真钻研文件，联系实际，充分发扬民主，不抓辫子，不打棍子，不戴帽子，各抒己见，畅所欲言，开展批评和自我批评，坚持真理，修正错误。

第二，解放思想，拨乱反正，协助有关方面落实党的政策，进一步发展安定团结的政治局面。要从思想上、理论上深入批判林彪、"四人帮"的"左"倾机会主义路线和反动思想体系。特别是对社会主义时期的阶级斗争，要有一个正确的认识，要有一个实事求是恰如其分的估量。在生产资料所有制的社会主义改造基本完成后，阶级斗争还有，但不是越来越尖锐，越来越激烈，不能把阶级斗争人为地夸大；搞阶级斗争并不是目的，而是为了解放和发展生产力；社会主义社会的矛盾并不都表现为阶级矛盾，它只有部分表现为阶级矛盾，大量的表现为人民内部矛盾，只有极少数是敌我矛盾。要坚持实事求是的思想路线，以实践作为检验真理的唯一标准，敢想、敢说、敢做，敢于实事求是，勇于坚持真理。这样才能打破林彪、"四人帮"设置的禁区，消除心有余悸，精神更加振奋起来，劲头鼓足起来，胆子大起来，办法多起来，步子快起来。要继续协助有关部门落实党的统一战线政策。在落实政策中，要严格区分和正确处理两类不同性质的矛盾，实事求是，有错必纠。做好来信来访工作，对了解和贯彻落实党的政策有着重要的作用。领导要亲自阅批、接待和处理一些来信来访，要经常督促检查。要建立和健全必要的登记、审批、检查、催办、汇报、结案等工作制度。做到案案有着落，件件有交代。

第三，积极推动各界人士为实现四个现代化贡献力量。通过市政协学习、科技、文教、文史资料委员会和对台宣传、医卫、工商工作组，加强同各方面人士的联系，推动他们在各自的工作岗位上充分发挥自己的技术和才能，积极为四个现代化作贡献。继续办好"科技讲座"和"教学讲座"，认真搞好报告会和座谈会，并适时地组织经验交流，为普及科学技术知识，改进教学工作，贯彻党的“双百”方针，活跃文化生活，推动中西医的团结合作，发掘祖国医学遗产，为引进先进技术，先进设备，争取外才，发展侨汇和调回外资，积极做出贡献。进一步办好《重庆文史资料选辑》，完成周总理在重庆八年的大事记要，和《杨闇公日记》的编辑出版任务，向国庆三十周年献礼。积极组织对台稿件，宣传和号召台湾同胞和台湾当局本着爱国一家的精神，共同为台湾归回，完成祖国统一大业做出积极的贡献。

第四，充分发扬民主，加强社会主义法制。为了充分发扬民主，必须加强政治协商工作。要经常通过主席、副主席办公会、常委扩大会，各爱国民主党派负责人和无党派代表人士举行座谈会，就我市政治生活和统一战线内部的重要问题，交换意见，进行民主协商。各位委员应加强与群众的联系，反映他们的情况和意见。以沟通思想，调整关系，促进和巩固统一战线内部的团结。要保证人民民主权利，必须加强社会主义法制，树立守法观念，做到按法律制度办事。

第五，组织参观学习和调查研究。继续组织和推动各界人士深入实际，到工厂、人民公社、商店、学校以及有关单位参观学习，调查研究，向党和政府反映情况，提出改进工作的意见和建议。今年内拟组织一部分各界代表性人士到省外参观学习一次，在本市组织若干次参观访问。

第六，加强领导，改进工作作风。实践证明，市委加强对我们在路线上、方针上、政策上和组织上的领导，是我们政协的工作跟上和实现工作重点转移的关键。我们要解放思想，要认真贯彻执行民主集中制。还要从组织上扩大各工作委员会、组的成员，并增设医药卫生组。为了进一步加强同各界爱国人士的联系，充分听取各方面的意见，调动各方面的积极因素，把政协的工作搞得更活跃，在今后的工作中，要认真发扬党的实事求是，一切从实际出发，批评和自我批评的精神，走好群众路线，群策群力，集思广益，更好地完成党交给我们的任务。

第六届委员会常务委员会工作报告

（1980年3月24日）①

段大明

各位委员、各位同志：

中国人民政治协商会议四川省重庆市第六届委员会第二次会议今天开幕。我受常务委员会的委托，向大会报告工作，请予审议。

一

重庆市政协第六届委员会第一次会议，于1978年5月召开到现在，将近两年了。

近两年来，党中央先后召开了十一届三中全会、四中全会、五中全会，确立了正确的政治路线、思想路线和组织路线，认真地总结了建国以来的基本经验和十年动乱的深刻教训，采取了一系列的重大决策和措施，在政治、经济、文化教育和外交等各个方面做了大量工作，国内外形势都有了重大的变化和发展。随着全国工作着重点的转移，社会主义现代化建设事业走上健全发展的轨道，安定团结、生动活泼的政治局面正在发展。全党全军全国人民紧密团结在党中央的周围，为四个现代化的伟大事业和国民经济“调整、改革、整顿、提高”方针的实施，努力工作，艰苦奋斗。取得了辉煌的成绩，形势一派大好。

我市和全国、全省一样，形势也是一派大好的。

① 此报告系在1980年3月召开的政协重庆市第六届委员会第二次会议上报告。

在中共重庆市委的领导下，坚定不移地贯彻执行了党中央的路线、方针、政策，和五届全国人大二次会议精神，胜利结束了揭批林彪、“四人帮”的群众运动，揭发批判了他们篡党夺权的反革命罪行和推行的极“左”路线。深入开展了实践是检验真理的唯一标准的讨论。广泛进行了社会主义民主和法制的宣传教育。平反了大批冤假错案，妥善地解决了许多历史遗留问题。调动了各方面的积极因素，各项工作逐步转到社会主义现代化建设的轨道，出现了安定团结生动活泼的政治局面。全市国民经济有了较快的恢复和发展。工业生产持续上升，总产值接近翻了一番，产品质量有了提高。农业连续三年丰收，总共增加粮食达10亿斤。商业购销两旺，市场比较繁荣。财政收入增加，城乡人民的生活都有所改善。广大人民群众认识提高，思想解放，向四个现代化建设迈开了前进的步伐，一个崭新的重庆正出现在我们面前，山城将会变得更加壮丽。

随着全国工作着重点的转移，国内阶级状况、主要矛盾的根本变化和国际形势的发展，我国的统一战线也进入了一个新的历史发展阶段。它已经发展成为革命的爱国的统一战线，由原来包括民族资产阶级在内的联盟，转变为全体社会主义劳动者、拥护社会主义的爱国者和拥护祖国统一的爱国者的最广泛的政治联盟，在社会主义现代化建设中发挥着重要的作用。

粉碎“四人帮”后，清算了林彪、“四人帮”一伙的反革命罪行和他们的极“左”路线，他们疯狂破坏统战工作的罪行受到严肃批判，思想上和理论上被颠倒了的是非得到澄清。1979年3月中共中央批准为全国统战民族宗教工作部门摘掉“执行投降主义、修正主义路线”的帽子，为全国统战系统平反、恢复名誉的决定公布，特别是五届人大、政协二次会议的精神贯彻之后，我市统一战线工作的着重点开始转到为“四化”建设服务上来，党中央关于统一战线工作的各项方针、政策逐步得到落实，各民主党派和工商联的组织相继恢复，开展了各种活动，已经或即将召开各自的代表大会，加强了各界人士的团结，调动了各方面的积极因素，促进了安定团结、生动活泼政治局面的发展，在实现“四化”和争取台湾归回祖国的事业中做出了新的贡献。

两年来，重庆市政协在中共重庆市委的领导下，经过重建组织机构，充实干部力量，在各有关方面的大力支持和配合下，遭受林彪、“四人帮”严重破坏而中断了十年的各项活动已经基本恢复。在工作中我们遵循党中央的路线、方针、政策和全国、全省政协会议的精神，始终抓住促进“四化”建设和发展安定团结的局面，逐步把工作重点转移到为社会主义现代化建设服务上来，工作日趋活跃，取得了一定成绩。

现在，我将市政协常务委员会近两年来的主要工作情况，报告如下：

一、积极参与国家政治生活，开展民主协商活动。

为了贯彻党同民主党派“长期共存，互相监督”的方针，发扬党的民主协商的优良传统，近两年来，本会组织政协委员和各界代表人士参加了一系列的政治活动，对我市政治、经济、文教、卫生等工作和统一战线内部的重要问题进行座谈讨论和民主协商。

在市政协六届第一次全委会后，我们经常召开主席办公会议，先后召开了五次常委会议，对党的十一届三中全会、四中全会、五中全会和五届全国人大、政协第一、二次会议的精神，及时进行了传达，并就政协工作如何贯彻执行新时期的总任务，把工作着重点转移到为“四化”建设服务上来，发展安定团结的政治局面，贯彻调整国民经济的“八字方针”等问题进行了讨论。协商增补了政协委员和增设调整各工作委、组机构及其人员。在有关的会议上，还请了市革委和有关部门的负责同志作了关于《加强法制，保障民主，促进四化》《认真贯彻调整八字方针、开展增产节约运动》《加强城市治安工作，整顿社会秩序》等报告。组织部分省、市政协委员、人民代表和有关人士，视察学校的教学工作和城市爱国卫生工作，参加市场物价检查工作。

伟大领袖和导师毛主席诞辰八十五周年，重庆“三三一”惨案五十二周年，我们分别举行了报告会和纪念会。对中日友好和平条约签订，中美建交，全国人大常委会发表《告台湾同胞书》，中央关于对越自卫还击的决策，关于适当提高主要副食品销价和给职工补贴、增加职工工资的决定公布和传达之后，我们及时邀请了政协委员和各界代表人士举行座谈。此外，每逢国庆元旦、春节，我们邀请了市委、市革委的负责同志和民主党派的负责同志以及各界代表人士举行联欢。

大家对于上述活动踊跃参加。一致认为，党中央在粉碎“四人帮”以后，所确定的路线、方针、政策是完全正确的，表示坚决拥护。并在肯定各方面取得巨大成绩的同时，对党和政府的工作提出了许多宝贵的意见和建议。充分表达了各界人士对党和政府的信任，出现了“长期共存，互相监督”，团结一致，同心同德，搞好“四化”建设的生动局面。

二、推动各界人士积极为“四化”建设作贡献。

“四化”建设是当前的最大政治，是一切工作的中心。近两年来本会科技、文教、医卫、工商等工作委、组，在各有关单位的支持配合下，先后举办了科技讲座，组织了各种报告会，编印了科教讲座汇编资料。这些讲座和报告，深入浅出，结合实际，思想性较强，大家反映较好。

为了贯彻“百花齐放，百家争鸣”的方针，充分发扬民主，广开言路，广开才路，为“四化”献计献策。我们邀请了部分省、市政协委员和有关的专家、教授，举行各种专题座谈会。对我市农业如何实现现代化，搞好农业基本建设、保护生态平衡和加强植物保护；加强我市环保工作，处理好“三废”，消除污染；贯彻“双百”方针，发扬文艺民主，提高演出质量；搞好教育工作，提高教学质量，培养合格人才，改革教育结构、体制、学制，改善教职工工作和生活条件；做好引进外资、外技、外才的工作；以及有关市场物价，发挥退休工程技术人员的积极性等问题进行座谈。大家各抒所见，畅所欲言，反映情况，提出建议。这些意见和建议，我们都及时反映有关部门，受到了重视和好评。

组织经验交流会，互相促进，为“四化”争作贡献。1979 年召开了两次科技、文教、医务界人士为“四化”作贡献的经验交流会，在会上发言的有省、市政协委员，人民代表和民主党派成员 27 人。发言的同志联系自己的亲身经历和感受，深入揭发批判林彪、“四人帮”对广大知识分子的打击迫害，歌颂党中央在粉碎“四人帮”以后带来的科学的春天，畅谈落实知识分子政策的感奋心情，汇报了他们解放思想，勇攀高峰，在科研、教学和工作上取得的新成果。普遍反映，这种经验交流会，内容丰富，有虚有实，很受启发和鼓舞，激发了大家为“四化”建设作贡献的热情。

三、组织部分政协委员和各界人士学习政治理论和时事政策。

为了发扬自我教育、自我改造的好传统，本会学习委员会继续组织部分政协委员和各界人士参加定期学习。近两年来，先后学习了五届全国人大、政协第一、二次会议的主要文件，学习了党的十一届三中全会、四中全会、五中全会公报，学习了叶剑英委员长在国庆三十周年大会上的讲话和邓小平同志《目前的形势和任务》的报告。开展了关于实践是检验真理的唯一标准的讨论，进行了民主与法制的学习和宣传。

学习中，提倡自学为主，认真钻研文件，理论联系实际，解放思想，开动机器，深入揭批林彪、“四人帮”的极“左”路线，坚持实践是检验真理的唯一标准，充分发扬民主，不抓辫子，不扣帽子，不打棍子，鼓励大家勇于揭露问题，勇于提出问题，勇于发表不同意见，坚持真理，修正错误。结合学习，我们组织部分在渝的全国人大代表、政协委员和部分省、市政协常委赴武汉、湖南、江西、山东、成都等省、市瞻仰革命圣地，参观工农业生产。组织参加政协学习的同志，参观本市扩大企业自主权的一些工厂，以及农村人民公社。还两次组织省、市政协委员中的知名中、西医参观省中药研究所，第三军医大学附属一、二医院和重医附一院。

通过学习和参观，大家进一步认识到粉碎“四人帮”以后，特别是党的十一届三中全会以来，在各条战线取得的伟大胜利，理解到把全国工作着重点转移到社会主义现代化建设上来的重大意义，体会到党中央对我国现阶段的阶级状况、阶级斗争和主要矛盾的分析，是实事求是的科学结论，明确了坚持四项基本原则，健全社会主义法制、发展安定团结的政治局面的重要性和必要性。一致认为，叶剑英委员长的国庆讲话和邓小平同志《目前的形势和任务》的报告，以及党的十一届五中全会的各项决定，都是具有长期指导意义的历史文献，对统一全国人民的思想，促进全国安定团结和“四化”建设有极其重要的意义。特别是通过真理标准问题的讨论，对完整地准确地理解马列主义、毛泽东思想的科学体系，分清真假高举的界限，破除林彪、“四人帮”制造的现代迷信，解放思想，都有积极的作用。使大家统一了认识，认清了方向，增强了信心，鼓舞了干劲，在各自的岗位上积极宣传贯彻。

四、协助党和政府宣传、贯彻党的统一战线政策。

为了巩固和发展安定团结的政治局面，调动一切积极因素为“四化”建设服务，近两年来，本会在协助有关方面在纠正冤假错案和宣传贯彻党的知识分子政策、民族政策、宗教政策、侨务政策，对原工商业者的政策，对原国民党起义投诚人员的政策，对特赦和宽大释放人员的政策等方面都做了一些工作。

1. 协助有关方面纠正冤假错案，做好平反昭雪的工作。〈……〉。

此外，推动有关部门对各界代表人士在“文化大革命”中受到错误处理和1957年被错划右派的，进行纠错改正工作。

2. 根据市委的指示，对知识分子问题进行了专题调查研究。1979年，本会同市委统战部、市科委、市文教办公室、重庆日报社、市科协等联合邀请了各界知识分子中的代表人士，以及有关大专院校和单位党委主管宣传、统战工作的负责同志，召开了四次座谈会，就如何进一步贯彻落实党的知识分子政策，调动他们的积极性，发挥他们在“四化”建设中的骨干作用进行座谈，反映情况，提出建议，联合写成专题报告，在《重庆日报》上发表，受到广大知识分子和各有关方面的重视。对于正确认识知识分子在“四化”建设中的作用，贯彻落实党的知识分子政策，大胆使用，恰当安排，发挥专长等方面，起到了一定的促进作用。

3. 宣传贯彻党的统一战线政策。本会各有关委、组同各民主党派、工商联等联合召开各种会议，传达学习中共中央批准为全国统战民族宗教工作部门摘掉“执行投降主义、修正主义”的帽子的决定，中共中央关于摘掉右派分子帽子和改正错划右派的政策，全国侨务工作会议的精神，协助贯彻《中共中央批转中共中央统战部等六部门关于把原工商业者中的劳动者区别出来问题的请示报告》和《中共中央批转中央统战部等五部门关于对原工商业者的若干具体政策的规定》等。这对于加深理解和贯彻党的统一战线方针、政策，起到了积极作用。

4. 认真处理了人民来信来访。近两年来，本会收到各界人士来信338件，来访180人次。来信来访中大量是关于落实政策方面的问题。对这些来信来访，有的我们及时转给有关部门研究处理，有的经过调查研究，提出意见，反映有关部门，加以解决。

通过上述工作，对于调整各方面的关系，增强统一战线内部的团结，发展安定团结的大好形势，调动一切积极因素为“四化”建设服务起了很好的作用。

五、开展了文史资料的征集、整理和编辑工作。

本会文史资料研究委员会成立以后，根据全国政协《工作总则》关于搜集、整理、编写中国现代史、革命史等资料为“四化”建设服务方针，积极开展工作。现已征集和整理文史资料稿110篇，共计140万余字。编印《重庆文史资料选辑》5本，已经出版4本(即“重庆谈判”“重庆‘三三一’惨案”“周总理抗日战争时期在重庆”和重庆工商史料等专辑)。派人会同重庆市博物馆和杨闇公同志家属，编辑整理《杨闇公日记》《回忆杨闇公》两书，已由四川人民出版社出版发行。此外，还向全国和四川省政协及其他报纸杂志投送文稿22篇。这些文稿、资料突出地方点，反映了毛主席、周总理、朱委员长和刘伯承、杨闇公等同志大革命时期和抗日战争时期在重庆的革命实践，对于研究我国现代史、革命史和四川地方史具有一定的参考价值，受到了各方面的重视。许多文章已由全国、四川省政协《文史资料选辑》和国内其他报刊、文集收录转载。

六、积极进行对台宣传工作，参加外事活动。

实现台湾归回祖国，完成统一大业，是八十年代力争实现的一项重大任务。本会六届一次会议以后，对台宣传工作，在市委对台宣传领导小组和重庆警备区的指导下，进一步有所加强。近两年组织各界人士，撰写对台宣传稿件83篇，发稿62篇，采用34篇，采用率为53%。

近两年来，我们根据全国人大常委会《告台湾同胞书》的精神，结合重庆地方特点，着重组织撰写在台人员所熟悉的人和事，回答他们所关心的问题，宣传爱国主义思想，爱国统一的主张，爱国一家的精神，题材广泛，形式多样，针对性强。写稿人数逐渐扩大，发稿和用稿数量不断增加，不少稿件不仅"两台一社"采用，有的还为香港《文汇报》《大公报》《华侨日报》等转载。今年元旦前夕，本会对台宣传工作组和市委对台宣传领导小组联合邀请本市文艺界，表演了自己创作的对台宣传节目，受到各界人士的欢迎。

此外，我们配合有关部门，参加接待回国探亲和旅游的外侨、外宾。先后接待了全国政协赴四川参观学习队和山东、贵州、成都、甘肃、青海、青岛等省、市政协赴渝参观团。

近两年来，我们在中共重庆市委的领导下，由于各民主党派、各人民团体以及各有关方面的大力支持配合，做了以上工作，取得一定成绩。实践证明，人民政协在新的历史时期中，为"四化"建设、祖国统一大业和国际反霸斗争是能够发挥重要作用，确实是大有可为的，但在工作中也还存在不少问题，主要是我们的思想还跟不上形势发展的要求；对本市有关政治、经济等方面的重大问题，民主协商工作做得不够；有的工作还做得不够深入扎实，与政协委员的联系还不够广泛和经常。这些都需要在今后加以改进，使市政协的工作更加活跃。

二

各位委员、各位同志：八十年代是充满希望，大有作为的年代。最近，党中央召开了十一届五中全会，全面分析了党的十一大特别是十一届三中全会以来的国内外形势的重大变化和发展，对整个工作作了全面安排和部署，要求持久地巩固和发展安定团结、生动活泼的政治局面，充分利用国际国内的有利条件，艰苦创业、奋发图强，使我们的社会主义现代化建设事业，在八十年代取得决定性的胜利。实现这一总目标的关键，是坚持党的领导，改善党的领导，提高党的战斗力，以保证社会主义现代化建设的顺利进行。不久前邓小平同志所作的《目前的形势和任务》的报告，明确提出了我们在八十年代的三大任务，这就是在国际事务中反对霸权主义，维护世界和平；台湾归回祖国，实现祖国统一；加紧经济建设，就是加紧四个现代化建设。这三大任务的核心是四个现代化建设，这是我们解决国际问题、国内问题的最主要的条件。我们必须从八十年代第一年的第一天开始，就一天也不耽误，专心致志地、聚精会神地搞好四个现代化建设，在今后20年内实现中国式的社会主义的四个现代化。党的十一届五中全会所通过的决定和邓小平同志报告所提出的任务，是全党全军全国人民在当前和今后一个较长时期各项工作的指导方针，为我们人民政协的工作指明了方向。我们一定要在中共重庆市委的领导下，进一步认真贯彻党的十一届三中全会、四中全会、五中全会和叶剑英委员长国庆三十周年讲话，邓小平同志《目前的形势和任务》的报告，以及五届全国人大、政协二次会议、四川省五届人大、四届政协二次会议的精神，把重庆市政协的工作着重点切实地转移到为社会主义现代化建设服务上来，团结我市各族人民、各民主党派、各人民团体和各方面的爱国力量，发展和壮大革命的爱国的统一战线，充分发挥政协这个统一战线组织的作用，为实现新时期统一战线和人民政协的历史任务而努力奋斗。现对今后市政协的工作，提出如下意见：

一、加强政治协商工作，发扬社会主义民主，发挥政协对实施宪法、法律和贯彻执行政策的监督作用。

为了实现四个现代化，必须发扬社会主义民主和加强社会主法制。人民政协是发扬社会主义民主的重要组织，是联系人民群众的重要纽带。我们一定要恢复和发扬毛主席、刘主席、周总理为人民政协树立的民主协商的优良传统，进一步活跃国家的政治生活。人民政协作为统一战线组织，应就有关国家的大政方针、政治生活和四个现代化建设中的各项社会经济、文化教育问题，同各民主党派和各界人士进行充分协商、讨论，沟通情况和意见，以便统一认识，统一行动，发挥对宪法和法律实施的监督作用，维护和发展安定团结的政治局面，保证“四化”建设的顺利进行。

为了更好地开展民主协商，本会应按期举行全体委员会议，大体上每个季度召开一次常务委员会，经常召开主席、副主席办公会议。每个季度举行一次民主党派和无党派代表人士座谈会，就我市有关贯彻执行党和政府的重大方针政策，国家的重要法律，政治经济、文化教育等问题，以及统一战线内部的问题进行充分的协商和讨论。采取各种形式，加强同政协委员的联系，互通情况，征询意见。

在进行民主协商中，我们要在四项基本原则的指引下，对我市各方面的工作，认真地、负责地发表意见，提出建议和批评，供有关部门研究处理，以利于集思广益，取长补短，克服缺点，减少错误，共同把我市的各项事业办好。

二、进一步开展本会各工作委、组的活动，积极为四个现代化建设服务。

本会委员和所联系的各界人士中，多数人有较高的文化科学水平和技术专长，有比较丰富的管理企业的经验，有广泛的社会实践和社会联系，我们要进一步加强各个工作委、组的工作，充分发挥知识分子、原工商业者和各界人士各自的专长和特点，推动他们在科学技术、文化教育、医药卫生、文学艺术、妇女工作以及对计划生育、青少年教育、搞好“三外”工作等方面，协助有关部门了解情况，宣传政策，积极做出贡献。

为了更广泛地组织各个方面的委员自愿参加各工作委、组的活动，除对原工作委、组作必要的调整充实外，拟将文教委员会改为教育工作组、文化工作组，增设宗教工作组。各委、组在工作中要贯彻“少而精”的原则，做到计划要具体一点，工作要扎实一点，作风要深入一点，成绩要好一点，避免形式，讲求实效。要继续加强同各民主党派、各人民团体和有关部门的紧密配合，通过视察、参观、调查研究、交流经验、专题座谈等方式，加强同各方面群众的联系，广开言路，广开才路，发现人才，推荐人才，推动各界人士积极为“四化”建设作贡献。

三、继续组织本会部分委员和各界人士学习政治理论和时事政策。

组织政协委员和各界人士在自愿基础上学习马列主义、毛泽东思想，学习时事政策，紧密围绕各个时期的中心工作，对党和政府的重大决策，及时传达贯彻和组织学习讨论，是政协的一项经常任务。

叶剑英委员长在庆祝中华人民共和国成立三十周年大会上的讲话，总结了三十年来社会主义革命和建设的经验，指明了我国人民前进的方向和路线。邓小平同志《目前的形势和任务》的报告，深刻分析了目前的形势，明确提出了全党全国人民在八十年代的“三大任务”和实现四个现代化的四个前提，着重强调了坚持和改善党的领导的重要性，精辟地回答了当前我们工作中的许多重大问题，是我国新时期极为重要的历史文献，必须进行认真的学习。

最近，党中央召开的十一届五中全会，是全党和全国各族人民政治生活中的一件大事。这次会议所讨论解决的问题和通过的各项决议，对于加强和改善党的领导，进一步密切党同人民群众的关系，对于加强全国人民的大团结，巩固和发展安定团结的政治局面，对于进一步落实党的政策，调动全国人民的积极性，同心同德进行社会主义现代化建设，都将产生不可估量的影响。一定要联系我们的思想实际和工作实际，认真学习，大力宣传，积极贯彻。当前，我们要集中一段时间，按照省、市委通知的精神，组织好对五中全会公报和邓小平同志报告的学习和讨论。并动员本会委员和各界人士，在自己学习的基础上，向所联系的人民群众，广泛深入地进行宣传教育。

在今年内，还要学习社会主义基本经济规律，认识坚持社会主义基本经济规律的重要性，坚持按照客观经济规律办事，把真理标准问题的学习和讨论，落到“四化”建设的实处。

在学习中，我们要继续发扬自我教育、自我改造的传统，不断克服旧的思想和习惯势力。要掌握辩证唯物主义的思想武器，把思想真正统一到党的十一届三中全会、四中全会、五中全会和叶委员长国庆讲话、邓小平同志最近报告的精神上来，认清形势，明确任务，坚定信心，更好地贯彻执行党的政治路线，为社会主义现代化建设服务。继续发扬理论联系实际的优良学风，坚持四项原则，坚持实践是检验真理的唯一标准，坚持“三自方针”和“三不主义”的原则，敞开思想，畅所欲言，摆事实，讲道理，明辨是非，以理服人。要组织学习心得讲演会或联组讨论会，组织必要的辅导和参观工农业生产，把学习进一步活跃起来。

四、协助党和政府进一步落实党的各项政策，特别是统一战线方面的政策。

落实政策是发展安定团结政治局面的关键。在今后一段时间内，我们要继续协助有关部门，认真落实好党的知识分子政策、民族政策、宗教政策、侨务政策，对原工商业者的政策，对原国民党起义人员的政策，对特赦和宽大释放人员的政策等。做好人民来信来访的工作，加强同有关部门的联系，把委员和各界人士提出的意见和建议，及时送有关部门研究处理。重大问题要协助调查研究，提出意见，做到件件有交待，有着落。

当前，特别要推动和协助有关方面重视落实党的知识分子政策。知识分子是实现四个现代化必须依靠的一支骨干力量，进一步落实知识分子政策，对于发展我国科学文化事业，培养又红又专的社会主义建设人才，加快社会主义现代化建设，是有十分重要的作用。在对待知识分子问题上，要继续清除林彪、“四人帮”极“左”路线的流毒和影响，正确认识知识分子在“四化”建设中的地位和作用，对他们要充分信任，放手使用，恰当安排，逐步改善知识分子的工作条件和物质待遇，使他们在主管的工作范围内有职有权有责，充分发挥主人翁的责任感和积极性，为“四化”建设贡献专长。

五、进一步做好《重庆文史资料选辑》的编辑和发行工作。

文史资料工作，是历史科学的一项基础工作。四川有着光荣的革命传统，抗日战争时期的重庆是中国共产党南方局所在地，周总理领导大后方广大人民群众，团结抗日民主力量，坚持抗战，并同国民党反动势力进行斗争，有着丰富的革命史料。文史资料工作要突出地方特点，对政治、经济、文化教育等各个方面的史料，都要搜集整理。其中特别是现代革命史料和周恩来同志在重庆领导中共南方局、川东地下党方面的史料，更要努力抢救，加以整理，编辑出版。在工作中要继续加强同各民主党派、各人民团体和有关单位的密切协作配合，努力提高编辑质量，降低印刷成本，扩大发行。

六、大力加强对台宣传工作。参加人民外交活动，促进国际反霸斗争。

现在党和政府已把台湾归回祖国，完成祖国统一大业的神圣任务提到八十年代的重要议程，这是统一战线和人民政协面临的一项重大任务。全国人大常委会《告台湾同胞书》宣告的对台湾归回祖国的大政方针，是我国政府坚定不移的决策。实现祖国的统一，已是人心所向，大势所趋，是中华民族每个子孙的共同心愿和根本利益。我们必须抓紧这一有利时机，加强对台宣传工作。

重庆的各界人士中，不少人在台湾、港澳和国外都有一些社会关系和影响。我们要积极组织和推动各有关人士，通过撰写文稿、录音、照片、通信等多种方式开展宣传活动，不断扩大组稿范围，努力提高稿件质量，说之以理，动之以情，晓以大义，明以利害。与此同时，还要大力推动与台湾有联系的各界人士，通过各种渠道增加同台湾同胞、港澳同胞、海外侨胞和台湾中上层人士交往，向他们实事求是地介绍祖国情况和光明前途，宣传党和政府解决台湾问题的原则、立场和方针政策，欢迎他们返回祖国，前来我市探亲访友，参观访问，在爱国主义的旗帜下，为扩大革命的爱国的统一战线而共同努力。

我们要配合有关方面，积极开展人民外交活动，参加接待外宾的工作，增进中外人士的了解和友谊，为发展国际反霸统一战线、维护世界和平、争取我国的社会主义现代化建设有一个和平的国际环境做出贡献。

七、加强对区、县政协的联系，交流政协工作的经验。

为了适应统战工作新形势的发展，我市多数区、县正在相继恢复和建立区、县政协组织，积极开展工作。今后我们要在市委的领导下，加强同区、县政协（或各界人士学习委员会）的联系，采取"走出去、请进来"的方式交流情况、总结经验，在工作中给予必要的指导和协助，并向各区、县政协学习。

各位委员、各位同志：当前国内外形势一派大好，我们满怀信心地进入了八十年代。党的十一届五中全会，为坚持和改善党的领导制定了一系列重大决策，对实现四个现代化有了可靠的保证和坚实的基础。历史和现实的经验证明，我们的党是马列主义、毛泽东思想的党，是伟大的、光荣的、正确的党，是领导社会主义事业、执行无产阶级专政和实现"四化"建设的核心力量。没有党的领导，就没有现代中国的一切；没有党的领导，就没有一条正确的政治路线；没有党的领导，就没有安定团结的政治局面；没有党的领导，艰苦创业的精神就提倡不起来；没有党的领导，真正又红又专、特别是有专业知识和专业能力的队伍也建立不起来。这样，社会主义四个现代化建设、祖国统一、反霸权主义的斗争就不可能顺利进行。我们在实际的工作和行动中，一定要坚持党的领导，维护党的领导，认真贯彻执行党的路线、方针和政策，并为此而作不懈的努力，使市政协的工作沿着正确的轨道前进。在新的历史时期，人民政协的任务是十分光荣的，工作是大有可为的。我们一定要更加紧密地团结在党中央周围，在中共重庆市委的领导下，高举马列主义、毛泽东思想的旗帜，认清当前的大好形势，明确八十年代的任务，坚定信心，鼓足干劲，发扬艰苦创业的精神，同心同德，群策群力，为把我国建设成为现代化社会主义强国，为争取台湾早日归回祖国，完成祖国统一大业，为把我市建设成为经济繁荣、文化昌盛、人民富裕的新重庆而共同努力奋斗。

第六届委员会常务委员会工作报告

（1982年2月9日）①

段大明

各位委员、各位同志：

中国人民政治协商会议四川省重庆市第七届委员会第一次会议今天开幕，我受第六届常务委员会委托，向大会作工作报告，请予审议。

政协四川省重庆市第六届委员会第一次会议是1978年5月召开，到现在已有3年多了。在党的十一届三中全会精神的指引下，我们国家进入了一个新的历史时期。全党进行了全面的拨乱反正，重新确立了马克思主义的思想路线、政治路线和组织路线，把工作重点转移到社会主义现代化建设上来。毛泽东思想的科学原理和党的正确政策在新的条件下得到了恢复和发展，党和国家的各项工作蒸蒸日上，党在人民中的威信日益提高。1981年国民经济计划已胜利完成，稳定经济的目标已基本

① 此报告系在1982年2月召开的政协重庆市第七届委员会第一次会议上报告。

实现。国民经济继续好转,政治局面更加安定。在祖国辽阔的土地上,到处是生机勃勃的景象。

我市的政治形势和经济形势是好的。在中共重庆市委的领导下,坚定不移地贯彻执行了党的十一届三中全会以来的路线、方针、政策,调动了各方面的积极因素,巩固和发展了安定团结的政治局面,在国民经济调整中取得了较大的成效。1981年全市人民战胜了特大的洪水灾害,自力更生,艰苦奋斗,恢复生产,重建家园。农业全面增产,总产值达到7.87亿元,比上年增长5.4%;粮食产量去年达到30.92亿斤,比上年增长7%。多种经营和工副业生产都有较快的发展。工业生产稳步发展。工业总产值达到71.53亿元,比上年增长4.16%。轻纺工业继续保持了较快的发展速度,产品结构有所改善,主要产品质量稳定提高。商业购销两旺,城乡市场繁荣,人民生活有所改善。其他各条战线也取得了新的成就。

在大好形势下,随着全党工作着重点的转移和国内阶级状况发生的根本变化,我国已经进入了以社会主义现代化建设为中心任务的新的历史时期,党的统一战线也进入了一个新的历史发展阶段。政协四川省重庆市第六届委员会是在这种大好形势下建立起来和开展工作的。3年多来,在党的十一届三中全会路线、方针、政策的指引下,在中共重庆市委的领导下,经过全体委员、各民主党派、各人民团体的共同努力,以及有关方面的支持配合下,不断进行新时期统一战线和人民政协性质、任务的宣传教育,把工作重点转移到为"四化"建设服务上来,积极开展政协的各项活动;在加强政治协商,实行民主监督,调动积极因素为"四化"建设服务和促进台湾回归祖国等方面,作了许多工作,工作较为活跃,有了新的发展,取得 了一定成绩。

现将3年多来所进行的几项主要工作,报告如下:

一、加强政治协商,实行民主监督

本会除定期召开常委会、主席办公会及时传达党中央和国务院重要决定,充分讨论和研究贯彻执行意见,对协调统一战线内部关系问题进行认真协商,取得一致意见以外,在加强政治协商,实行民主监督,作了以下工作。

第一,多次召开各民主党派负责人和无党派代表人士的民主协商会,对我市有关发扬民主,加强法制,巩固和发展安定团结的政治局面;对关于贯彻"调整、改革、整顿、提高"的方针,开展增产节约运动,促进"四化"建设;对城市建设的总体规划以及发展日用消费品出产和机械性产品生产规划纲要等方面的重大问题,进行了充分的民主协商。市委和市人民政府十分重视,领导同志亲自参加,作报告,讲情况,认真听取各方面的意见。为了充分发扬民主,认真进行协商,有的还印发了文件,邀请政协委员中有关的科学技术人员、专家、教授参加。在协商中,大家都以主人翁的态度,积极反映睛况,提出批评和建议,供党和政府在决定重大问题和执行中的参考。

第二,列席市人民代表大会和市人大常委会,听取各项工作报告和专题汇报,积极发表意见。市人大常委会有的重大决定,还先送我会协商再正式讨论通过。

第三,先后组织部分全国和省、市政协委员,对我市落实农村经济政策,建立生产责任制;扩大工厂企业的自主权,实行经济责任制;抗洪救灾,恢复生产,重建家园;提高中小学教育质量;城市爱国卫生运动等,深入农村社队、工厂、车间、学校、街道进行视察。会同市人大常委会发起开展全市商业、服务行业的创优运动,评选优秀商店和优秀营业员、服务员;还多次参加市人民政府组织的物价大检查等。通过上述活动,委员们接触了实际,受到了鼓舞和教育,对视察中发现的缺点和问题,及时提出批评、建议,向市委和市人民政府反映,联系有关部门研究处理。

第四,认真处理委员的提案。市政协六届二次会议期中,委员们共提出各种提案318件。根据提案审查委员会的审查意见,将全部提案分别转送有关部门处理。这些提案涉及的范围很广,大都是与群众利益和“四化”建设紧密相关的问题。为了认真处理好这些提案，我会确定专人同有关部门联系，检查、督促、催办、并召开会议，汇报办理情况，针对存在的问题，研究解决的办法和措施，从而加快了处理进度。现已全部作了处理，并答复了提案人，一般都表示满意。

此外，本会共处理了委员和人民群众的来信752件，接待来访228人次。对来信来访中提出的重大问题，凡属统一战线内部范围的，由本会会同有关部门直接研究处理，其余的派人同有关部门联系，共同研究，协助处理。

二、积极参加国家的政治生活和我市的各项政治活动

本届委员会召开第一次会议以来，我们共举行了十三次常务委员会，二十四次主席、副主席办公会议，除对人事安排进行民主协商，汇报和研究安排政协工作外，先后认真传达贯彻了党的十一届三中全会、四中全会、五中全会、六中全会和中央、省、市委工作会议的精神，传达贯彻了五届全国人大、政协第二、三、四次会议和省人大、政协会议的精神；学习和讨论中央关于“在经济上实行进一步调整、政治上实现进一步安定”的方针和全国工交工作会议精神。从而使大家认清了形势，加深了对党的路线、方针、政策的理解，增强了信心，激发了为“四化”建设服务的热情，在各自岗位上努力工作。

为了推动市政协委员和各界人士参加国家政治生活，我们还先后对全国人大常委会发表的《告台湾同胞书》和叶剑英委员长关于台湾回归祖国、实现和平统一的建议；中共中央关于对越自卫还击的决策；国务院关于适当提高主要副食品销价和给职工补贴，增加职工工资的决定；最高人民法院公审林彪、江青反革命集团10名主犯等等，都及时组织学习和座谈，以提高认识，拥护党和政府的重大决策。

1981年10月10日是辛亥革命七十周年纪念日，本会举行了有党政军领导人和各界代表人士、革命先烈亲属参加的“重庆市纪念辛亥革命七十周年座谈会”，与有关单位联合召开了“纪念辛亥革命七十周年学术讨论会”，出版了《重庆蜀军政府资料选编》和《重庆文史资料选辑纪念辛亥革命专辑》。参加了“邹容烈士纪念碑”“张培爵烈士纪念碑”复修落成纪念仪式。在上述纪念活动中，许多同志都纷纷表示要继承和发扬辛亥革命的光荣传统，孙中山先生倡导的国共两党团结合作的精神，积极响应叶剑英委员长关于举行中国共产党和中国国民党对等谈判的建议，实现第三次国共合作，为促进祖国统一的神圣大业做出贡献。

3年多来，我会还先后召开毛主席诞辰八十五周年，鲁迅诞辰一百周年，陶行知先生诞辰九十周年和重庆“三三一”惨案五十二周年等纪念会。在国庆、元旦、春节等节日举行联欢会、茶话会，邀请市的党政军领导同志，各民主党派、各人民团体负责人和各界代表人士参加，增强相互了解，促进团结。此外，还接待了兄弟省、市来渝的政协参观团。

三、推动政协委员和各界人士学习马列主义、毛泽东思想，学习时事政策

3年多来，我会围绕中心，组织推动政协委员和各界人士学习党和国家一系列重大方针政策，以及有关的重要文件、讲话，深入开展了实践是检验真理的唯一标准的讨论；认真学习讨论了全党工作着重点的转移；阶级状况的根本变化和我国现阶段的主要矛盾；新时期统一战线的性质和任务；国民经济“调整、改革、整顿、提高”的方针；坚持党的四项基本原则，等等。

为了认真学习贯彻好党的十一届六中全会精神，召开了第十一次常委（扩大）会议，集中五天时间学习六中全会公报和《关于建国以来党的若干历史问题的决议》。参加会议的常委和各民主党派、各人民团体负责人，精神饱满，学习认真，有十八位同志在大会上发言，通过了《常委（扩大）会议决议》。一致表示坚决拥护六中全会通过的《关于建国以来党的若干历史问题的决议》；坚决拥护党中央主要领导成员的改选和增选，决心要进一步认真学习、大力宣传和贯彻执行六中全会精神。以后我

们又组织市政协直属学习组的同志，结合学习中央思想战线问题座谈会的文件，分专题行、深入系统的学习。从而进一步明确了毛主席的历史地位和毛泽东思想的指导作用；建国三十二年的伟大成绩和功过是非；坚持四项基本原则的重要性，决心同党中央保持政治上的一致，为建设高度的物质文明和高度的精神文明做出贡献。

在学习中，坚持理论联系实际，切实执行自己提出问题、自己分析问题、自己解决问题的方针和不抓辫子、不扣帽子、不打棍子的原则，鼓励大家敢于思考问题，敢于揭露矛盾，敢于提出批评建议，使学习生动活泼。根据政协特点，学习采取分散和集中相结合，以自学为主，小组讨论为辅，必要时组织联组讨论和辅导报告，并把学习文件与实地参观紧密结合起来。还组织部分常委和各民主党派负责人到兄弟省、市学习参观。

四、积极做好各工作委、组的工作，调动各界人士特别是知识分子的积极性为“四化”建设服务

政协各工作委、组在协助党和政府大力宣传、贯彻落实党的统一战线政策方面，作了许多工作，得到各方面支持。始终围绕为“四化”服务这个中心，以知识分子工作为重点，进行了以下工作。

第一，对落实知识分子政策，发挥知识分子在“四化”建设中的作用，进行调查研究。1979 年 6 月，本会同市委统战部、市文办、市科委、科协、重庆日报等 6 个单位，联合召开了各种座谈会，对我市落实知识分子政策的情况，进行了调查和分析研究，向市委汇报后写成《让他们一心奔向四化——关于进一步调动知识分子积极性的调查报告》，在《重庆日报》上发表，受到广大知识分子和有关方面的重视，对促进知识分子政策的落实，起到了一定作用。1980 年 5 月，本会同省政协组成联合调查组，到建工、重医、西师、西农四所院校和重庆钢铁公司，就充分发挥知识分子在“四化”建设中的作用问题，进行专题调查，发现和总结推广了一些单位做好知识分子工作的经验。对突出的问题，向市委作了反映。以后，我们又多次组织调查组，采取点面结合的办法，重点深入到文艺单位、工厂、科研所和学校，召开有各方面代表人士和老、中、青知识分子参加的数十次调查会、座谈会，对文艺界知识分子的情况和一轻系统科技人员在生产、科研中的作用，以及中、小学教师队伍状况和提高教学质量等问题，进行了调查研究。通过以上工作，增进了同知识分子的联系，了解了他们当前的情况，发现了妨碍他们积极性发挥的主要问题，提出我们的意见，供党和政府参考。

第二，充分发扬民主，广开言路，广开才路，推动委员和各界人士为“四化”献计献策，并以实际行动做出贡献。3 年多来，市政协科技委员会和文化、教育、医卫、工商等工作组，在各民主党派、工商联和有关单位支持配合下，组织了科技讲座和各种报告会，邀请全国和省、市一些知名的专家、教授，以及出国考察、访问的人员，作了各种报告，讲解科学技术。邀请有关的省、市政协委员和各界人士，举行各种专题座谈会、讨论会和组织专业对口视察参观等，就如何发挥重庆市经济中心的作用；改革经济结构，调整机械工业；引进外资、外技、外才，发展对外贸易；进行农业现代化，搞好农田基本建设和保护生态平衡；加强环境保护工作；贯彻“百花齐放”“推陈出新”的方针，繁荣文艺创作；改革教育结构、体制、学制，提高教学质量；加强中西医结合，提高医疗、护理质量；以及如何发挥退休工程技术人员的积极性等问题，进行了座谈讨论，研究探讨。大家积极反映情况，献计献策，得到市委、市人民政府重视和有关部门支持，协助有关单位成立了“重庆市退休工程师协会”和“农业现代化试点顾问组”。市政协在这些工作中，始终积极参加，联系配合，反映情况，提出建议，取得党委领导和有关方面支持，起桥梁和促进的作用。

第三，召开知识分子为“四化”建设作贡献的经验交流会和知识分子工作座谈会。为了进一步调动知识分子为“四化”建设服务的积极性，推动各方面做好知识分子工作，我会曾两次召开知识分子为

“四化”作贡献的经验交流会，一次知识分子工作座谈会，有39位同志在会上作了发言，介绍了他们在三中全会精神鼓舞下，在科研上取得新的成果，工作上做出新的成绩，积极为“四化”建设作贡献的经验，以及做好知识分子工作的体会，从而起到互相学习，共同提高，激励先进，推动各器知识分子继续努力，为“四化”建设做出新的贡献。

五、做好台湾回归祖国、完成统一大业的宣传工作

市政协第六届第一次会议召开后，我会成立了对台宣传工作组，加强了这方面的工作。根据全国人大常委会《告台湾同胞书》的精神，紧密结合重庆实际，先后组写对台宣传稿件224篇，经中央人民广播电台、福建前线电台和中国新闻社采用133篇，采用率为58%。这些稿件播发后，效果很好。不少稿件被国内外和港、澳报刊转载，有的因而与去台亲属和海外亲人取得了联系。我会对台宣传工作组连续两年受到省委对台工作领导小组的表扬和奖励。

去年国庆节前后，全国人大常委会叶剑英委员长和中共中央胡耀邦主席关于台湾回归祖国、实现和平统一的方针政策讲话发表后，我会及时邀请部分副主席、常委、民主党派负责人和无党派代表人士，以及台籍同胞和有亲属故旧在台的省、市政协委员进行座谈，大家一致表示统一祖国人人有责，要通过各种渠道，积极进行工作，为促进和平统一贡献力量。

为了广泛宣传《告台湾同胞书》的精神，加强同各方面人士的联系。本会多次召开会议研究安排工作；举行介绍海外侨胞和港台情况的报告会；对台宣传节日演唱会和中秋节座谈会；组织写稿人员参观等，从而不断扩大了组写稿件人员的范围，力争题材多样化，改进文风，提高质量，收到了好的效果。

六、开展文史资料工作，加强对地方史料征集整理

为了加强文史资料的征集、整理、研究、出版，本会成立了文史资料研究委员会，建立了日常工作机构，在各方面的大力支持下，已经征集到各类文史资料稿件353篇，540余万字；抄录和复制档案资料230万字；出版了《重庆文史资料选辑》（内部发行）12本。

中共重庆市委对地方史资料的征集整理工作十分关心，1981年批准成立了“重庆地方史资料组”。资料组由本会与市文化局等6个单位联合组成，与政协文史资料研究委员会办公室联合办公，编印了《重庆地方史资料丛刊》1种，现已出版了《重庆简史和沿革》《大西农民军五次攻克重庆始末》《重庆蜀军政府资料选编》和《重庆市纪念辛亥革命七十周年学术讨论会集刊》等4种书刊。

为了贯彻第三次全国文史资料工作会议的精神，我会于1980年12月召开了重庆市文史资料工作会议，促进了工作进一步开展。现在《重庆文史资料选辑》和《重庆地方史资料丛刊》的发行范围遍及全国各省、市、自治区，约有一半稿件被国内报刊转载，受到各有关方面的重视和欢迎。

七、加强同区、县政协的联系

我市10个区、县恢复和新建立政协后，为了加强联系，本会领导同志先后深入到10个区、县政协，听取情况介绍，同他们一起研究工作，帮助解决存在的困难和问题。市政协召开有关会议，邀请区、县政协参加，并将工作安排、学习计划、工作简报等发给各区、县政协，介绍他们反映的重要情况、工作经验等，做到互通情况。为了促进各区、县政协工作的开展，本会于去年11月召开了区、县政协工作经验交流会，学习了中央有关文件，有8个区、县政协的同志在会上发言，交流了各方面的工作经验。大家反映这次会起到了提高认识，明确方向，交流经验，培训干部的作用，表示要加倍努力，把政协工作做得更加活跃。

3年多来，本会虽然做了许多工作，取得一定成绩，但同整个政治经济新的形势和统一战线的发展对人民政协提出的要求还有差距：对各方面出现的新情况、新问题调查研究不够；对我市有关政治、

经济方面的重大问题，充分进行民主协商，发挥监督作用不够；同全体委员的联系还不够经常、广泛；政协机关的思想建设、组织建设和业务建设，还需努力加强；工作作风也不够紧张、深入、细致、扎实。

通过3年多来的工作实践和摸索，我们感觉到在新的历史时期如何做好人民政协工作，发挥它的重要作用，首先必须克服消极思想和畏难情绪。要在马列主义、毛泽东思想的指导下，在党委统一领导下，紧跟形势，围绕中心，服务四化，按照人民政协的特点主动、积极地开展工作。要拨乱反正，解放思想，实事求是，把政协工作的着重点转到为社会主义现代化建设服务上来。要协助党和政府落实党的各项政策，切实做好知识分子的工作。要加强同各民主党派、人民团体和有关方面的密切联系，注意沟通情况，加强协作配合，工作上互相支持，互相帮助。要坚持四项基本原则，坚决贯彻执行党中央从三中全会以来所制定的路线、方针和政策。只有这样，才能保证政协工作得以健康顺利的开展，在现有成绩基础上不断前进。

各位委员、各位同志：当前我们国家正处在由乱到治、由穷到富、大变化、大发展的重要历史时期。去年12月召开的五届全国人大四次会议，总理在政府工作报告中，阐述了我国经济的发展，必须真正从我国实际情况出发，走出一条速度比较实在、经济效益比较好、人民可以得到更多实惠的新路子，并据此提出今后经济建设的“十条方针”；强调在建设高度物质文明的同时，建设高度的社会主义精神文明。最近党中央再次强调统一战线是建设社会主义强大国家的一个重要法宝。人民政协作为统一战线的组织，在我国政治体制中，所处的地位和作用是很重要的。五届全国政协第四次会议通过的《政治决议》，号召全国各民族、各民主党派、无党派爱国人士、各人民团体、台湾同胞、港澳同胞、海外侨胞以及其他爱国力量，高举爱国主义旗帜，提高信心，振奋精神，团结一致，鼓足干劲，为贯彻执行总理提出的各项方针，为实现社会主义现代化建设、保卫世界和平、完成祖国统一大业，做出新的贡献。建议下一届委员会以此作为指导方针来进行工作，使市政协的工作在思想上有一个新的提高，工作上有一个新的发展，作风上有一个大的转变，更好地适应形势发展的需要，发挥人民政协的重要作用。

对于市政协今后的主要工作，提出以下建议：

（一）继续加强政治协商和民主监督

实行政治协商和民主监督，是人民政协的主要任务。今后要围绕经济建设的“十条方针”，就我市有关贯彻执行国家的大政方针、政治生活、“四化”建设和群众生活的重要问题，进行协商、讨论；对宪法、法律的实施和克服官僚主义等问题，通过视察或专题调查研究，提出批评、建议。做好这一工作在于主动争取党委重视和政府支持，加强同有关部门联系，充分发扬社会主义民主，推动各界人士敢于如实反映情况，大胆提出批评和建议。对于各种批评、建议，经过分析研究，及时反映党和政府处理。

（二）做好调整统一战线内部各方面关系的工作

要切实贯彻执行党和民主党派“长期共存、互相监督”的方针，在坚持四项基本原则的前提下，互相提意见，作批评，鼓励大家做党的诤友。要协助党和政府认真贯彻落实党的民族政策、宗教政策、侨务政策和其他各项政策，加强全国人民的大团结。要坚决实行民主党派、人民团体在宪法赋予的权利和义务的范围内政治自由、组织独立和法律上平等的原则。政协同各民主党派和人民团体，在工作上要加强联系，互相支持，密切协作，共同完成人民政协的任务。

（三）以服务“四化”为中心，做好各工作委、组的工作

实现“四化”，不仅要建设高度的物质文明，而且要建设高度的精神文明。政协要通过自己的工作，在促进经济建设的同时，充分发挥在建设社会主义精神文明方面的积极作用。要协同有关方面继续做好知识分子的工作，进一步落实党的知识分

子政策。要贯彻执行"百花齐放，百家争鸣"的方针，广开言路，广开才路，推动知识分子和各界人士为"四化"建设献计献策。要大力协助政府进行智力开发，为国家培养各项建设人才，促进教育、科学、文化、艺术、新闻、出版、卫生、体育等事业的发展。要向所联系的群众，特别是年轻的一代，广泛深入地进行坚持四项基本原则、爱国主义、国际主义、社会主义和艰苦奋斗、勤俭建国的宣传教育。要进一步发扬社会主义民主，健全社会主义法制，在反对官僚主义的斗争中，发挥积极作用。为了适应形势发展和工作需要，建议对市政协各工作委、组作适当调整和加强。按照各自的特点，积极主动地进行工作。

（四）高举爱国主义旗帜，为台湾回归祖国，完成统一大业做出新的贡献

促进台湾回归祖国、完成统一大业，是我们国家的三大任务之一，也是人民政协应尽的责任和光荣的任务。去年国庆前后，全国人大常委会叶剑英委员长进一步阐明的关于台湾回归祖国、实现和平统一的方针政策和中共中央胡耀邦主席所提出的创议，是完全符合包括台湾在内的整个中华民族的根本利益和共同愿望，是我们党和国家坚定不移的决策。我们要发动各方面的力量，坚决贯彻和广泛深入地进行宣传，坚持不懈，认真做好。要继续协助有关方面认真落实关于居住在本市的台湾同胞和去台人员亲属的政策，原国民党起义投诚人员的政策及其他政策。在对台宣传工作上要不断扩大组稿范围，努力提高稿件质量，提高宣传的效果，为祖国统一做扎扎实实的工作。

（五）继续做好征集文史资料和地方史料的工作

文史资料工作是统一战线工作的一个组成部分，也是社会主义文化建设的一个组成部分。要认真贯彻全国第三次文史资料工作会议和省、市文史资料工作会议的精神，总结工作经验，不断改进工作，进一步发动和组织各方面的力量，广征博采，加强调查研究，发掘各方面的史料。认真贯彻"存真、求实"的原则，注意内容准确，提高稿件质量，改进编辑工作，扩大发行范围，为研究近代史、现代史和重庆地方史、志的编纂提供资料。

（六）推动政协委员和各界人士学习政治理论时事政策

推动政协委员和各界人士学习政治理论、时事政策，是政协一项经常性的工作，必须继续加强。当前要认真学习五届全国人大、政协第四次会议文件。着重学习政府总理《当前的经济形势和今后经济建设的方针》的报告和《五届政协第四次会议政治决议》。在学习中，要坚持理论联系实际，继续贯彻"三自"和"三不"的原则，解放思想，畅所欲言，坚持真理，修正错误。要经常注意消除思想战线和其他战线上的各种消极因素，用批评和自我批评的方法，抵制和克服各种剥削阶级思想的侵蚀和影响，树立和巩固正确的世界观。

七、继续加强同区、县政协的联系

为了加强同区、县政协的联系，市政协领导要深入下去，了解情况，帮助他们总结经验，共同研究处理工作中带有普遍性的问题。要适当召开一些专业性小型会议，对政协某一方面的工作，进行专题研究，作到互通情况，交流经验，取长补短，共同提高。

各位委员、各位同志：现在我们国家的形势很好。1982 年是我们党在指导思想上完成拨乱反正的历史任务以后的第一年，是大长志气的一年，奋发图强的一年，积极进取的一年。在党中央的正确领导下，我们的社会主义建设将会取得新的更大的进展。展望前途，无限光明，充满了胜利的信心。让我们在马列主义、毛泽东思想的领导下，在中共重庆市委的领导下，努力巩固和扩大爱国统一战线，不断加强和发展我市各民族、各阶层、各党派和一切爱国力量的大团结，调动一切积极因素，为实现我国的社会主义现代化建设、完成祖国统一大业和保卫世界和平而做出更大的贡献；为促进我市国民经济稳步健康地持续发展，加强社会主义的物质文明和精神文明的建设而共同努力奋斗。

第七届委员会常务委员会工作报告（讨论稿）

（1983年3月20日）[①]

刘西林

各位委员、各位同志：

我受常务委员会的委托，向全体委员会议作工作报告，请予审议。

1982年是我国人民在各条战线上取得巨大成就的一年。在党的十二大精神指引下，在中共重庆市委的领导下，我市人民政协的工作，在市政协七届第一次会议以后，认真贯彻了全国统战工作会议的精神，坚决执行中国共产党同各民主党派和无党派人士"长期共存，互相监督，肝胆相照，荣辱与共"的方针，经过调整充实各工作委、组机构，依靠全体委员的努力，调动各方面人士的积极性，围绕党和国家的各项中心任务，加强调查研究，开展各项活动，在政治协商、民主监督等方面做了许多工作，有了新的进展，取得一定成绩。

一年来，我们主要进行了以下工作。

一、学习贯彻党的十二大和五届全国人大、政协第五次会议的精神

中国共产党第十二次全国代表大会，是一次极为重要的会议，是新的里程碑。大会召开期间，本会邀请各民主党派、工商联等有关人民团体负责人举行座谈会，庆祝十二大召开，畅谈感想；大会闭幕后，我们召开了市政协七届第三次常委（扩大）会议，及时传达了十二大的精神，做出了关于认真学习贯彻十二大文件的决议，号召市和各区、县政协、各民主党派和其他各界人士，把认真学习、大力宣传、坚决贯彻十二大精神，作为当前的头等大事，为实现十二大提出的各项任务而努力奋斗。市政协直属学习组和各工作委、组，都分别进行了学习，根据十二大提出的任务，结合各自的工作，提出了贯彻的意见；妇女工作组还召开了大会，邀请我市出席十二大的两位妇女代表畅谈参加大会的认识和体会，使大家受到深刻的教育，决心发挥妇女在精神文明建设中的重要作用。经过学习，委员们对十二大的历史地位和伟大意义，今后经济建设的战略目标、重点和步骤，两个文明建设的互相关系，新老干部的合作与交替的重要意义等方面提高了认识，增强了对党中央的信赖和实现宏伟目标的信心，一致拥护十二大的各项决定，决心为全面开创社会主义现代化建设新局面贡献力量。

五届全国人大、政协第五次会议，是继党的十二大之后的两个极为重要的会议。为了传达贯彻好两个大会的精神，本会于去年12月下旬开了第四次常委（扩大）会议，请参加会议的全国政协委员传达了两个会议的精神，组织学习讨论《中华人民共和国宪法》和第六个五年计划的报告，以及《中国人民政治协商会议章程》。大家在讨论中认为新宪法科学地总结了建国以来正反两方面的经验，完整地体现了三中全会以来所确定的路线、方针和政策，是新的历史时期治国安邦的总章程，是使我们国家繁荣昌盛、人民幸福的保证。关于"六五"计划的报告，是一个既鼓舞人心，又切合实际的计划，完成这个计划，将为本世纪末实现工农业总产值翻两番奠定良好基础。委员们认为，政协章程的贯彻，将为开创新时期人民政协工作的新局面，巩固扩大爱国统一战线发挥重要作用。一致表示坚决拥护，并且联系我市各项工作实际，对贯彻实施宪法、发挥知识分子作用、改革教育体制，以及如何开创市政协工作新局面等问题，提出许多批评和建议。各

① 此报告系在1983年3月召开的政协重庆市第七届委员会第二次会议上报告。

民主党派和有关团体的负责同志在大会上作了发言，市委负责同志到会讲了话，市政协负责同志就《认真贯彻十二大精神，努力开创重庆市政协工作新局面》的问题提出了一些意见。最后通过了常委（扩大）会议的决议。通过这次会议，大家决心立即行动起来，把学习宣传、模范遵守、坚决捍卫宪法作为自己的职责，为执行我市“六五”计划贡献力量，为开创我市社会主义现代化建设新局面、爱国统一战线新局面、人民政协工作的新局面而共同努力奋斗。

此外，市政协直属组还学习了《当前的经济形势和今后经济建设的方针》的报告和胡耀邦同志在全国统战工作会议上的讲话，以及其他重要文件；着重讨论了当前经济形势、新时期的统一战线、开展全民文明礼貌月活动、打击经济领域中严重犯罪活动等问题。七届一次常委会议，还通过了关于拥护五届全国人大常委会议二十二次会议的决定的决议，拥护进行机构改革，拥护严惩严重破坏经济的罪犯。

二、组织讨论《中华人民共和国宪法修改草案》和《中国人民政治协商会议章程修改草案》

为认真讨论宪法修改草案，本会和法制工作组先后邀请市政协常委、各民主党派和有关人民团体的负责人，以及我市法学界人士和政法部门的负责同志，多次举行了座谈会，讨论宪法修改草案并提出修改意见。直属学习组以两个月左右的时间，对宪法修改草案逐章逐条进行了讨论，提出修改意见。并举行报告会，请市法学会的负责同志，作了宪法修改草案的报告。通过讨论，提出补充修改意见 200 余条，综合为 83 条，编成《简报》5 期，先后送市人大常委会综合上报。

政协章程的修改草案交地方讨论后，我们及时邀请各界委员多次进行座谈，征求提出修改意见；同时将章程修改草案函寄全体委员，不少同志写来了书面意见。第二次常委（扩大）会议期间，又专门组织进行讨论，提修改意见。大家认为，随着我们国家形势的发展变化，以及统一战线的发展和扩大，修改政协章程非常必要。称赞这个修改草案内容充实，比较完善，对统一战线和人民政协的工作将会起到推动作用。但也提出了许多修改意见，经过综合整理为 42 条，编成《反映》3 期送省政协上报。

三、积极参与我市有关重要问题的讨论，认真进行民主协商

去年我们与市人大常委会进一步加强了联系，本会常务委员曾三次列席了市人大常委会议，先后听取和讨论了市委负责同志传达中共中央主席胡耀邦同志在接见四川省委、重庆市委负责同志时的重要讲话，市人民政府负责同志作《关于 1982 年一季度国民经济计划执行情况和当前提高经济效益的几项工作的报告》和《关于改革我市工业管理体制情况的报告》，市人民法院、市人民检察院负责同志关于我市贯彻中央两个《决定》打击经济领域中严重犯罪活动的情况报告，以及其他负责同志关于我市开展文明礼貌月活动、人口普查、植树造林等报告。前不久，市政府负责同志还向各民主党派、工商联的负责人介绍了本市进行体制综合改革试点的情况，并征求了意见。此外，市政协的负责同志还积极参加了我市的各项政治活动，出席了各种重要会议。通过参加对我市地方重要事务的讨论，增强了对形势、有关方针、政策和政府工作情况的了解，并对有关工作提出了有益的建议和批评。

一年来，本会举行了十次主席会议、五次常委会议，这些会议除对国家的大政方针进行认真讨论，对地方的重大问题如我市工业管理体制改革问题、调整纺织品价格问题等进行认真协商外，还对统一战线内部、市政协的重大问题进行了讨论协商。先后讨论决定了本届委员会的副秘书长，增补了 5 名政协委员，调整充实各工作委、组机构及其负责人。为贯彻全国统战工作会议精神，执行“长期共存，互相监督，肝胆相照，荣辱与共”的方针，本

会专门邀请市各民主党派、有关团体的负责人和无党派代表人士举行座谈会，征求对改进政协工作的意见，大家在肯定成绩的同时，提了许多中肯的批评建议。会后，我们作了研究和改进，从而协调了关系，增强了团结。

四、加强专题视察和调查研究，发挥民主监督的作用

去年我会先后召开了各工作委、组负责人联席会议和各委、组办公室主任会议，学习贯彻了全国政协工作组组长联席会议的精神，进一步明确了工作组的性质、任务和作用，强调各工作委、组在常委会领导下，要主动积极地开展工作。各委、组都分别研究贯彻，主动性、创造性有所发挥，加强了专题视察和调查研究，取得了明显的效果。医卫工作组为配合省、市人民政府开展“食品饮食卫生周”，会同市卫生局、工商行政管理局和二商业局联合组成4个组，对4个区的食品、饮食行业的卫生工作进行检查。市、区政府比较重视，分管的负责人亲自参加，先后视察了食品厂、酿造厂、餐厅、摊区、农贸市场等40余单位。对好的表扬，差的提出批评和建议。对问题较多的单位，有关主管部门及时做出决定，令其停产整顿，限期改变卫生面貌，推动食品、饮食行业改进卫生工作。此后，又组织医卫界中部分省、市政协委员，对农村实行责任制后医疗体制如何适应的问题，赴巴县一品区进行了视察，听取了情况介绍，视察了区医院和两个公社，并同部分农村医卫工作者座谈，总结了农村医疗体制改革的情况，研究了新出现的问题，提出了意见和建议。工商工作组根据群众反映“买肉难”，各方面意见多的情况，对食品行业猪肉零售环节服务质量的问题进行了专题调查。由市、区政协联合组成小组，深入到5个区重点调查了7个肉店。还分别召开了行家、消费者、营业员和班、组长座谈会，走访了9个食堂。通过近3个月的调查，写出了《关于改进和提高我市猪肉零售环节服务质量问题的建议》。这个建议得到市人民政府采纳，认为有情况、有分析、有措施，实事求是，切实可行，并专门召集有关单位开会，研究具体改进办法。文化体育工作组，组织部分省、市政协委员，对保护我市文物古迹和风景林区的问题，到南山公园、华岩寺等处进行了视察，对已发现的问题作了初步研究，拟进一步深入视察后写出书面建议，反映有关方面研究。

各工作委、组围绕我市“两个文明”的建设，还积极开展了其他各项活动，工作比较活跃。科技委员会组织全体成员参加了“重庆科技交流会”，对发展我市科学技术、能源、交通等方面提了一些有益的建议，受到了市人民政府的重视，发了简报。还协同有关方面，对如何更好地发挥“农业现代化试点顾问组”的作用问题进行了研究，加强了有关方面的工作，总结了政协参与这项工作的经验，促进了顾问组的巩固和发展。妇女工作组，在去年“五一”节和今年“三八”妇女节召开了大型座谈会，组织女委员和各界妇女交流为“四化”作贡献的经验；宗教工作组，组织各宗教爱国团体交流了怎样做好对外接待的经验，起到了互相学习，互相促进的作用。文化体育工作组，邀请文艺界的政协委员和知名人士，座谈毛主席在延安文艺座谈会上的讲话发表四十周年。教育工作组，邀请部分大型厂矿、企业单位领导、部分教师座谈我市职工教育的情况，提了批评和建议。此外，还组织各界人士座谈，谴责日本文部省篡改教科书、掩盖侵华历史的行径；举行了学习十二大文件、宪法的报告以及科技、医卫、教育等方面的报告12次。

五、密切同台胞、侨胞和台属的联系，为完成祖国统一大业作贡献

大力宣传贯彻党和政府关于统一祖国的方针，积极开展了对台工作。去年组写了对台稿件58篇，被中央人民广播电台台播部、福建前线台和中国新闻社采用了34篇，其中《漫话重庆黄山蒋宋旧居》《重庆朝天门》《精神堡垒的变迁》等稿被港澳报刊刊登后，受到港台同胞和海外读者的注意，影响较好。《廖承志致蒋经国先生信》发表后，我们邀请

了各民主党派负责人和部分台胞、台属进行了座谈。大家一致认为，廖承志同志的信情理兼顾，语言恳切，反映了全国各族人民包括台湾人民的心愿。表示要运用各自的条件，为统一祖国做出贡献。还会同有关部门联合邀请台胞、台属、归侨举行了1982年国庆、中秋茶话会和1983年迎春茶话会。今年春节前夕，还慰问了先后由台湾回重庆定居的4位人士。此外，还协助有关方面做了一些落实政策的工作。从而进一步加强了同我市台胞、台属和归侨的联系，推动了他们为“四化”建设和统一祖国大业贡献力量。

六、文史资料和地方史料的征集、出版工作取得了新的成绩

首先扩大了文史资料研究委员会的成员，建立了各方面的征集小组，加强了同有关人士的联系，贯彻了省政协川东、川北片文史资料工作会议的精神，建立了必要的工作制度，积极开展了对各类专门史料的征集、抢救工作。共征集各类稿件九十余篇，100余万字。编辑出版了《重庆文史资料选辑》(第十一、十三、十四、十五辑)4本。与重庆地方史资料组合编《重庆地方史丛书》4本，其中《重庆开埠史稿》和《邹容文集》已经出版，其余两本(《明玉珍墓葬研究》《川江航运简史》)即将出版。这对编写我市地方志积累了材料，对精神文明的建设起到一定的作用。

七、认真处理委员的提案和委员、群众的来信来访

七届一次委员会期间，各委员的提案经审查立案的共300件，包括工交、计划、城建、宣传、教育、医卫、科技、财贸、农林、政法、统一战线等方面。提案转送有关部门后，我会确定了专人负责联系，进行催办督促，认真做出处理，并将处理结果及时转告原提案人。到目前为止，已经全部处理完毕。对办理本会的提案许多单位都很认真，如市建委、计委、公用局、教育局、交通局、文化等单位，有领导同志负责，有专门干部承办，及时地进行了研究处理。

去年本会还处理了来信535件，接待来访44人，绝大部分是反映有关落实政策的问题，均及时转送到有关单位研究处理。

八、进一步同区、县政协加强了联系

去年本会召开的各次常委会议和工作委、组负责人联席会议等，都邀请了区、县政协的负责同志参加。为了推动组织讨论宪法修改草案的工作，专门召集区、县政协的负责同志交流了情况，研究了工作。对如何开创我市政协工作新局面的问题，在各区、县政协酝酿讨论的基础上，专门进行了研究和讨论，本会负责同志还到了一些县政协，同当地同志一起研究了这个问题，从而密切了联系，促进了工作。

此外，去年我会还接待了全国各省、市、县政协来渝的30多批参观团，同他们交流了工作情况，举行了有市的党、政、军负责同志和各民主党派、有关团体负责人参加的春节联欢会、迎春敬老会等活动。

总之，一年来本会的工作在各民主党派、有关团体和有关单位的大力支持配合下，注意了提高质量，讲求实效。因而工作有新的进展，取得了一定成绩。但是由于我们的思想解放不够，“左”倾错误的影响还没有彻底清除；协助党和政府认真落实各项统战政策，特别是落实知识分子政策的工作做得不够；政协工作做得还不够扎实有力，对本市有关“四化”建设和人民生活中的重大问题，专门进行协商不够；合作共事方面也还存在一些问题，同政协委员和各民主党派、有关团体之间的联系还有待进一步的加强。所有这些问题的存在，都影响到人民政协作用的发挥，在今后的实际工作中需要努力加以解决，使我市的政协工作能更好地适应新形势的要求和统一战线的扩大和发展。

1983年，是党的十二大提出的全面开创社会主义现代化建设新局面的头一年，是实施宪法，为

国家的长治久安而奋斗的头一年，又是我市进行经济体制综合改革的第一年。我市的人民政协工作，必须在党的十二大精神指引下，认真贯彻全国五届人大、政协第五次会议的精神和第四次省党代会、市委四届第十一次全委（扩大）会的精神，紧密围绕中共中央、国务院批准在我市进行经济体制综合改革试点的任务，继续解放思想、勇于破旧创新，按照人民政协新章程的规定，积极主动地开展政协的各项活动，努力开创我市政协工作的新局面，在工作上做出新的成绩，为“两个文明”建设做出新的贡献。

根据政协新章程“关于设区的市的地方委员会每届任期五年”的规定，适应我市机构改革的需要，充分发挥爱国统一战线组织的作用，经省、市委研究建议，在今年适当的时候，召开市政协第八届第一次全体委员会议。从这次会议到下届第一次会议的召开，时间不会很长。对当前需要着重做好的几项主要工作，提出以下意见。

（一）继续深入学习党的十二大文件，学习新宪法和政协新章程

根据党中央和省、市委的部署，结合政协的实际情况，当前要紧密围绕“改革要坚决，经济要抓紧”这个中心任务，在深入学习十二大文件的同时，要继续学好新宪法和政协新章程，以及中央规定的《三中全会以来重要文件汇编》等三本政治理论书籍。学习要贯彻理论和实际相结合的原则，紧密联系本市、本部门的实际和自己的思想、工作实际，回顾三中全会以来的发展变化，总结经验，揭露矛盾，积极提出批评建议，把思想和行动真正统一到党的十二大基本精神上来。要把学习宪法，宣传宪法，模范遵守宪法，坚决维护宪法，作为一项重要任务要通过学习政协章程，加强政协同各民主党派、有关团体之间的团结合作，党与非党同志之间的团结合作，巩固和发展爱国的统一战线。要举行有关的报告会，并组织部分政协委员和有关人士深入农村，对稳定和完善农业生产责任制和发展专业户、重点户进行参观视察，把学习理论同接触实际紧密结合起来。

（二）认真学习贯彻党中央、国务院有关改革的文件，动员全体政协委员、各民主党派成员和各界人士，积极投入到伟大改革中去，做改革的促进派

党中央反复告诉我们，要搞四个现代化，必须进行一系列的改革，没有改革，就不可能实现四个现代化。改革要贯穿“四化”建设的整个过程。最近中共中央、国务院批准在我市进行经济体制综合改革的试点，是党中央、国务院对当前我国正在进行的各项改革工作中的一项重要决策，认真搞好我市的改革试点，对于进一步搞活和发展我国西南的经济，探索军工生产和民用生产相结合的新路子，以及如何组织好以大城市为中心的经济区，都具有重要意义。我们必须立即行动起来，积极投入到这个伟大改革中去。要认真学习胡耀邦同志《四化建设和改革问题》的重要讲话和其他有关文件。通过学习，提高对于改革的重要性和紧迫性的认识。明确改革的任务和步骤，把思想统一到中央的方针政策上来，同党中央保持政治上的一致，从而振奋革命精神，参加改革、支持改革、宣传改革，做改革的促进派。市政协、各民主党派、工商联体制改革咨询组要积极开展活动，发动有关人士和专家为经济体制综合改革献计献策，为改革贡献力量。

（三）积极参与有关国家事务和地方事务重要问题的讨论，加强政治协商的工作

今后要根据政协章程的规定，切实开好市政协全体委员会议、常务委员会议和主席会议等，按照中国共产党同民主党派和无党派人士“长期共存，互相监督，肝胆相照，荣辱与共”的方针，对贯彻执行党和国家的重大方针政策，调整统一战线内部各方面的合作共事关系，落实党的政策，政协的人事安排和工作部署等，进行充分的讨论和民主协商。要加强同市人大常委会的联系，应邀列席市人民代表大会及常务委员会的有关会议，积极参与有关国家事务和地方事务重要问题的讨论。并及时举行有各民主党派、有关团体负责人和无党派人士参加的会议，对我市有关“两个文明”建设和群众生活中

的重要问题，特别是有关改革的重要问题，认真进行民主协商，发挥民主监督作用。

（四）加强调查研究，发扬创新精神，主动积极地做好各工作委、组的工作

当前各工作委、组要紧密围绕经济体制综合改革试点的任务，对检查落实知识分子政策，充分发挥知识分子的作用，特别是中年知识分子的作用；商业服务行业推行和完善经营承包责任制；城乡工农业产品流通；以及教育体制改革、计划生育、“五讲四美三热爱”活动等，进行专题调查研究或座谈讨论，反映情况，提出建议，协助党和政府改进有关方面的工作，发挥政协在各方面的参谋咨询作用。大力征集抢救重庆各方面的文史资料，进一步做好整理研究和出版发行工作。要积极宣传党和政府关于统一祖国的方针政策，提高对台湾宣传稿件的质量。要继续加强同台湾同胞、港澳同胞和去台人员家属的联系和团结，协助有关方面认真落实政策，鼓励他们为建设祖国和统一祖国贡献力量。

（五）努力做好召开市政协八届第一次会议的准备工作

在这次会议后，要集中力量认真做好市政协八届一次会议的各项准备工作。要按照政协章程的规定，从适应新时期爱国统一战线的发展和扩大出发，从有利于团结和调动各方面人士的积极性出发，协同有关部门做好市政协八届委员会的人事安排工作和其他准备工作。要经过反复酝酿协商，提出调整改革各工作委、组的方案，制定开创政协工作新局面的规划和措施，尽一切努力把新一届的第一次会议开得圆满和成功。

（六）进一步加强同区、县政协的联系

为适应永川地区与我市合并的新情况，市政协同各区、县政协的联系要进一步加强。要研究采取措施，密切上下联系，沟通情况，增进了解，及时反映和研究解决一些共同性的问题，推动区、县政协工作的开展。

（七）切实做好市政协机关的改革工作

首先要按照全市统一部署，组织干部学习有关文件，明确改革的意义和目的、要求，切实做好思想政治工作。要调整机构，减少层次，加强民主集中制，提高工作效率。要按照“四化”和德才兼备的要求，大胆提拔使用年富力强的干部，充实中青年骨干，加强工作班子。要扩大和团结党外干部，搞好合作共事的关系。要建立健全机关工作的岗位责任制，做到合理分工，职责明确，齐心协力地做好政协机关的工作。

各位委员、各位同志：

当前我们国家的政治、经济形势一年比一年好，改革之风吹遍祖国大地，各条战线生气蓬勃，气象万千，让我们在党中央的正确领导下，在十二大精神指引下，在市委的直接领导下，更加紧密地团结起来，努力开创我市人民政协工作的新局面，进一步扩大和发展爱国的统一战线，团结一切可以团结的力量，调动一切积极因素，为胜利进行我市经济体制综合改革的试点工作，全面完成今年的国民经济和社会发展计划，发挥重庆市经济中心城市的作用而共同努力奋斗。

中国人民政治协商会议四川省重庆市第八届委员会第一次全体委员会议开幕词

（1983年9月11日）

刘连波

各位委员、各位同志：

我受大会主席团的委托，向中国人民政治协商会议四川省重庆市第八届委员会第一次会议致开幕词。

我们这次会议，是在全市人民认真贯彻全国人大、全国政协第六届第一次会议和中共重庆市第五次代表大会精神，加快改革步伐，为全面开创我市社会主义现代化建设新局面奋勇进军的大好形争下召开的。

重庆市政协第八届委员会具有更广泛的代表性。委员总数共660人，包括了中国共产党，各民主党派、无党派知名人士、各人民团体、各界代表人物、少数民族、归国侨胞、特邀人士等28个方面，委员构成同上届相比，有很大的变化和显著的特点。委员中降低了共产党员的比例，非共产党员占了委员的大多数；知识分子的名额大幅度增加，并新选进了一部分在“四化”建设中做出成绩的较年轻的代表人物；委员中有在重庆的台湾同胞、侨眷、去台人员在大陆的亲属；有原国民党起义投诚人员，以及一些历史上有影响人物的后裔。充分体现了全市各族人民的大团结，显示了爱国统一战线组织的进一步扩大。

我们这一届市政协的工作是在第七届委员会的工作基础上进行的。按照《中国人民政治协商会议章程》的规定，重庆市政协第一届委员会的任期还未满，为适应中共中央、国务院确定在我市进行经济体制综合改革试点工作的需要，经市政协七届二次全会决定，并报告上级政协同意提前换届。在中国共产党十一届三中全会精神和新时期统一战线方针政策的指引下，在中共重庆市委的领导下，市政协在十年停顿之后，于1978年起经过第六和第七两届全体委员、常务委员和主席、副主席的辛勤劳动，整个工作由恢复到发展，日趋活跃，取得了显著成绩。在开展政治协商和民主监督，协助党和政府拨乱反正，落实各项政策，推动各界人士学习，促进我市安定团结，促进物质文明和精神文明的建设，促进祖国统一大业等方面，都发挥了积极的作用。在此谨向他们表示诚挚的谢意。

我们这次会议是一次重要的会议。会议要以胡耀邦同志提出的“毋忘团结奋斗，致力振兴中华”的号召为指导方针，认真贯彻全国人大、全国政协第六届第一次会议和中共重庆市第五次代表大会的精神，依据全国政协章程的规定商讨全面开创市政协工作新局面的问题，选举产生本届政协的领导成员，进一步动员和组织各界人士，为搞好我市经济体制综合改革，推进社会主义物质文明和精神文明建设，健全社会主义民主和法制，实现财政经济状况、社会风气和党风的根本好转，把重庆建设成为社会主义现代化城市而努力。

邓颖超主席在全国政协六届一次会议的《开幕词》中指出：“今后爱国统一战线的方针任务，就是要高举爱国旗帜，发展和加强中华民族的大团结大统一，为实现社会主义现代化建设，完成祖国统一大业、维护世界和平做出新的贡献。”为贯彻执行好这个方针任务，我们必须进一步提高对人民政协的性质、任务和地位、作用的认识。

人民政协是有最广泛代表性的爱国统一战线组织，是由各方面代表人物参加组成，是各族人民团结合作的象征。我们应当坚定不移地把大团结、大统一的精神贯彻到今后的全部工作和活动中去，进一步加强和扩大同各民主党派、各人民团体、无党派人士和各界代表人士的亲密团结，继续清除“左”的思想影响，解放思想，发扬民主，团结一切可以团结的力量，不断发展和壮大爱国统一战线，充分发挥市政协全体成员的聪明才智，为促进我市的“四化”建设和实现祖国统一大业服务。

人民政协要充分发挥政治协商和民主监督的积极作用。政治协商是我国政治生活中的一项优良传统。在新的历史时期，这一传统不仅得到了恢复，而且有了发展，内容日趋丰富，渠道逐渐增多。人民政协对国家事务提意见、作批评，其实质就是有组织地反映统一战线各方面意见的一种民主监督，这种民主监督是我国建设高度的社会主义民主所必需的。它有助于党和政府集思广益，改进工作，克服官僚主义，把各方面的积极因素转化为物质力量，有利“四化”建设。我们要进一步做好政治协商的工作，密切联系委员和各方面人士，了解他们的意见和要求，经过调查研究，向有关方面提出建议和批评，发挥人民政协政治协商民主监督的重要职能，共同把地方的事情办好。

人民政协要认真依靠各民主党派、人民团体和各界代表人士开展各项活动和工作。我们要坚决贯彻执行中国共产党第十二次全国代表大会提出的“长期共存，互相监督，肝胆相照，荣辱与共”的方针，切实尊重各民主党派在宪法范围内的政治自由、组织独立和法律上的平等地位，依靠大家的力量，做好政协工作。

人民政协要重视和加强知识分子的工作。充分发挥知识分子的作用，加强工人、农民同知识分子的亲密团结，对于建设社会主义物质文明和精神文明，具有重大的意义。人民政协聚集着并联系着各方面的知识分子和各种专业人才，做好知识分子的工作，是我们的一项重要任务。我们要大力宣传和协助贯彻执行国家的知识分子政策，肃清“左”的影响，克服社会上还存在的轻视知识、歧视知识分子的偏见，协助有关部门改善知识分子特别是中年知识分子的工作条件和生活条件，重视对他们的进修和培养，充分发挥他们的才华和智慧。同时我们要提倡知识分子深入实际、深入工农，做到理论和实践相结合，知识分子、干部、工人三结合，教学、科研、生产三结合，自觉地把从事的工作同民族的前途、国家的命运联系起来，同社会主义、共产主义事业联系起来，不断更新和发展自己的知识和能力，更好地为社会主义事业服务。

人民政协要充分发挥组织作用，为“四化”建设服务。我们的政协委员中有民主党派、人民团体的负责人；有老干部，有学者、专家和各方面的代表人士，他们有较丰富的现代知识、政治阅历和广泛的社会联系，是为“四化”建设服务的“智囊团”，这是人民政协的组织优势之一，而政协的各工作委、组，就是发挥自己优势的一种有效组织形式。我们要进一步把市政协各方面的力量组织起来，调整和加强工作委、组，充分发挥它的主动性、积极性，广泛开展各项活动，特别是专题调查研究，反映情况。提出建议和批评，推动有关部门改进工作和对各项统战政策的落实，促进我市物质文明和精神文明建设的发展。

人民政协要协助政府贯彻执行民族政策，不断加强平等、团结和互助的社会主义民族关系。我们要协同有关部门，通过各种形式，帮助我市的少数民族不断发展经济和文化；我们还要动员和组织政协委员、各民主党派、人民团体，根据实际需要和可能，开展“智力支边”，支援省内外少数民族地区的发展。我们要积极协助党和政府，按照宪法的规定，贯彻执行宗教政策。

实现包括台湾在内的祖国和平统一，是全国各族人民的共同愿望，是人民政协的光荣任务。我们要根据重庆地方特点，努力开展多种形式的对台湾各界人士的宣传和联系工作，认真执行党和政府关于统一祖国的各项方针政策，为实现祖国和平统一做出新的贡献。

人民政协要继续组织和推动委员和各界人士在自愿的基础上学习马列主义、毛泽东思想，不断提高自己的政治水平和业务能力。以便更好地担负起新时期赋予我们的使命。当前在深入学习贯彻全国人大、政协第六届第一次会议精神中，要同学习党的十二大文件、新宪法结合起来；要以学习《邓小平文选》为重点。《邓小平文选》是我们建设有中国特色的社会主义建国大纲，制定党的路线、方针、政策的理论基础，是毛泽东思想的继承和发展。学好这部文选，可以加深对党的十二大文件的理解，对于统一全国各族人民的思想，把我国建设成为现代化的、高度文明、高度民主的社会主义国家，具有十分重大的意义。我们希望各位委员结合各条战线的实际，结合统一战线和人民政协工作的实际，认真进行学习，努力提高思想认识。这样，我们就能够在繁重的建设任务和复杂的国内外社会现象面前，保持清醒的头脑和坚定的立场，就能够增强团结，提高信心，把我市的各项事业继续推向前进。

各位委员、各位同志：

爱国主义是中国人民的光荣传统和崇高美德，是中华民族宝贵的精神财富，它具有巨大的向心力和凝聚力。不久前，乌兰夫同志代表党中央在全国青联和全国学联的讲话中，对青年一代提出四点希望，即是要有爱国之情，报国之志，建国之才和效国之行，这不仅对教育和激励青年一代是十分必要的，就是对我们中年和老年一代，也有重要的现实意义。我们都要以此自勉，要更高地举起爱国主义的旗帜。人民政协作为我国巩固和发展爱国统一战线的卓有成效的组织，三十多年来经历了光辉而曲折的历程，实践证明它是有强大生命力的。在新的历史时期，更肩负着重要的使命，“前程远大，大有可为”。我们一定要响应胡耀邦同志发出的“毋忘团结奋斗，致力振兴中华”的号召，在中共重庆市委的领导下，同全市人民紧密团结在一起，加强同人大、政府以及各有关方面的联系，为开创重庆市社会主义现代化建设的新局面，开创市政协工作的新局面，加快我市经济体制综合改革和“四化”建设的步伐，把我市建设成为长江上游的经济中心而努力奋斗！

中国人民政治协商会议四川省重庆市第八届委员会第一次会议决议

（1983年9月19日）

中国人民政治协商会议四川省重庆市第八届委员会第一次会议，是在全市人民认真贯彻六届全国人大、全国政协第一次会议和中国共产党重庆市第五次代表大会精神，加快进行经济体制综合改革，为全面开创我市社会主义现代化建设新局面奋勇进军的大好形势下召开的。与会委员欢聚一堂，共商建设大计，充分显示了党同各民主党派、各界爱国人士的合作得到进一步加强，体现了我市各族人民的大团结。

会议听取并讨论了刘连波同志所作的《开幕词》，民主选举产生了本届委员会的主席、副主席、秘书长和常务委员；列席了市第十届人民代表大会第一次会议，听取和讨论了于汉卿市长所作的《政府工作报告》和其他的报告。会议历时9天，开得生动活泼，充分发扬民主，畅所欲言，对政府工作和政协工作进行了热烈的讨论，提出了许多中肯的意见和有益的建议，充满了民主、团结、奋发的气氛。

会议认为，刘连波同志代表大会主席团所作的《开幕词》，在总结前两届市政协工作的基础上，遵照全国政协六届一次会议的精神，在新的形势下，结合重庆情况提出的各项工作任务，对于进一步加强市政协的工作，进一步发展和壮大爱国统一战线，全面开创市政协工作的新局面，具有积极的作用。委员们决心以自己的实际行动，努力付诸实施。

会议认为，于汉卿市长所作的《政府工作报告》，对过去工作成绩的估计是实事求是的，对问题的分析是切中要害的，所提出今后的各项建设规划和奋斗目标是鼓舞人心的，希望有关部门在执行中加强检查，保证完成。当前，我市经济体制综合改革正在全面展开，机构改革和各方面的工作都取得了较大的进展。与会委员一致表示：要振奋精神，团结一致，立志改革，勇于创新，协助政府把我市以发展经济为中心的各项建设事业继续推向前进，为全面开创我市社会主义现代化建设的新局面而共同奋斗。

《邓小平文选》是一部杰出的马克思主义著作，是马克思主义普遍真理同我国新的历史时期的具体实践相结合的产物，是建设有中国特色的社会主义的建国大纲，是制订正确的路线、方针、政策的理论基础。会议根据全国政协常委会关于进一步认真学习《邓小平文选》的通知精神，决定把学习《邓小平文选》作为市政协今后一个时期的重要任务。学习《邓小平文选》要坚持理论联系实际的原则，在全面理解基本内容的基础上，着重学习有关统一战线、人民政协方面的论述。通过学习，使我们的认识更加牢固地统一到中共十一届三中全会和十二大所确定的马克思主义路线上来，高举爱国主义旗帜，发展和加强我市各族人民的大团结，为"四化"建设和祖国统一事业做出新的贡献。

会议认为，安定团结的政治局面是进行大规模经济建设必不可少的条件。当前，本市政法公安部门，根据中央政策和全国人大常委会的两个决定，依法从重从快地惩处严重危害社会治安的犯罪分子，是大快人心、大得人心的。这对于保证人民生命财产的安全，保障各项建设事业的顺利进行起到了积极作用，与会委员一致表示热烈拥护和坚决支持。人民政协要协助党和政府，宣传群众、组织群众、动员群众，坚决打击严重危害社会治安的犯罪活动。政协委员和各界人士要积极进行法制宣传，做遵纪守法的模范，敢于同违法行为作斗争，为尽快实现社会风气的根本好转而共同努力。

会议回顾了市政协过去五年来的工作。在中共十一届三中全会精神指引下，在中共重庆市委的领导下，在各民主党派和有关人民团体的共同努力合作下，市政协在协助党和政府拨乱反正，落实各项统一战线政策，推动各界人士学习，大力支持有关方面开展经济、文化、教育科技等方面的咨询服务，支援农业，培训人才和专题调查研究，促进我市安定团结，促进"四化"建设，促进祖国和平统一大业，以及在文史资料的征集、整理、出版等方面做了大量的工作，取得了显著的成绩，使市政协工作日趋活跃。与会委员一致表示满意。

会议认为，在新的历史时期，人民政协肩负着光荣而艰巨的任务。在今后的五年中，我们要把协助有关部门搞好经济体制综合改革，进行社会主义现代化建设，实现党的十二大所提出的"三个根本好转"作为自己的重要任务。当前，要从我市的实际情况出发，督促和协助有关部门全面落实党的统一战线政策和其他政策，一定要抓紧抓好；同时要加强检查，做到政协委员一要知情，二要有事情做；要认真贯彻执行党同各民主党派"长期共存，互相监督，肝胆相照，荣辱与共"的方针，加强党内外的团结合作，进一步发挥政治协商与民主监督作用；要运用政协组织的优势，按照委员和各界人士的专长和特点，有计划有重点的围绕改革和建设中的重要问题，组织调查研究，提出意见和建议；要进一步开展社会主义精神文明的宣传教育工作，积极传播先进思想，通过典型事例，进行爱国主义、共产主义思想教育；并把文史资料的征集、整理、出版工作继续做好，使之更好地为历史科学的科研教学、为统一战线、为社会主义精神文明建设服务。

会议强调指出：知识是人类文明的基本要素，知识分子是我们国家的宝贵财富，他们同工人、农民一样都是社会主义现代化建设的依靠力量。要实现"四化"建设，必须充分发挥各行各业知识分子的作用。做好知识分子工作，是人民政协的重要任务之一，应当把它当作重点来抓。要进一步肃清"左"的影响，协助有关部门全面落实知识分子政策，重视人才，举荐贤才，经常关心和了解知识分子，特别是中年知识分子的情况和问题，同时注意继续发挥老年知识分子的作用。要经常地向党政领导和有关部门反映他们的意见和要求，切实解决他们在政治进步、安排使用、工作条件和生活待遇等方面存在的问题，为进一步发挥他们的智慧和力量，创造有利的条件。

会议认为，协助政府宣传贯彻执行民族、宗教政策，十分重要。要培养民族干部，帮助少数民族发展经济文化，不断加强平等、团结、互助的社会主义民族关系。要根据需要和可能，开展“智力支边”，支援少数民族地区的发展。要贯彻执行宗教政策，团结宗教界人士和信教群众，坚持“独立自主，自办教会”的方针，抵制国外宗教敌对势力的渗透。

实现和平统一祖国是全国人民包括台湾同胞在内的共同愿望，是历史赋予我们这一代人的光荣任务。我们坚决拥护党和国家关于和平统一祖国的方针、政策，根据重庆地方的特点，开展对台宣传和联系工作。人民政协要高举爱国旗帜，把一切赞成祖国统一的人都团结起来，为实现祖国和平统一大业贡献自己的力量。

当前，我们正处在一个伟大的历史变革时期，面临着新的形势和新的任务，一定要有正确的指导思想和丰富的现代科学知识，才能承担起这个历史赋予我们的重任。会议号召：全体委员要努力学习马列主义、毛泽东思想，学习现代科学文化，自觉地把自己从事的工作同民族的前途、国家的命运联系起来，同社会主义、共产主义事业联系起来，这样，我们就能够在复杂的情况面前，保持清醒的头脑和坚定的立场，沿着社会主义道路前进。

会议坚决响应胡耀邦同志发出的“毋忘团结奋斗，致力振兴中华 ”的号召，坚决贯彻中共重庆市第五次代表大会和市第十届人民代表大会第一次会议决议精神，在中共重庆市委的正确领导下，和全市人民团结在一起，扎扎实实，埋头苦干，为把我市建设成为长江上游经济中心而努力奋斗。

第八届委员会常务委员会工作报告

（1984 年）①

刘西林

各位委员：

我受政协重庆市第八届委员会常务委员会的委托，向大会报告工作，请予审议。

（一）

本届委员会第一次会议到现在，已经一年了。一年来，全国各族人民在中国共产党的领导下，在马列主义、毛泽东思想的指引下，团结奋斗，艰苦努力，取得了社会主义事业的伟大胜利。现在，我国人民民主专政的国家政权日益坚强，安定团结的政治局面日益巩固，社会主义物质文明和精神文明建设同时取得了重大成果，整个国民经济正在更加协调地发展。爱国统一战线同其他各条战线一样，出现了前所未有的大好形势，团结面比过去任何时期都更加广泛，为“四化”建设服务的新事物不断涌现。我们伟大的祖国到处生气勃勃，欣欣向荣。

重庆是西南地区的历史名城，长江上游的经济中心，在我国社会主义建设中有着重要的地位和作用。去年 3 月，中共中央、国务院批准在我市进行经济体制综合改革的试点，是当前我国正在进行的各项改革工作中的一项重要决策。经过一年多的探索，在实行计划单列，扩大经济管理权限和行政区划，改革企业管理体制，流通体制，外贸体制和财政、税收、金融体制，改革劳动工资制度等方面，采取了一些重大措施，取得了显著成效和重要经验，使经济生活开始出现了多年未有的活跃局面。

一年来，本会高举爱国旗帜，遵照胡耀邦同志“知情、出力、落实政策”的指示，在中共重庆市委的

① 此报告系在 1984 年召开的政协重庆市第八届委员会第二次会议上报告。

领导下，以"四化"建设为中心，围绕我市经济体制改革，发挥政治协商，民主监督的基本职能，积极开展工作，做出了新的成绩，取得了新的进展。现将主要工作报告如下：

一、加强政治协商，进一步发挥民主监督的作用。

一年来，本会加强了政治协商和民主监督的活动，在发扬社会主义民主方面，取得了较大的进步。首先充实了协商、监督的内容。对国家大政方针和我市的两个文明建设、统一战线和群众生活等方面的主要问题，以及某些法规、条例的草案，比较广泛地开展了协商讨论。在本会召开的五次常委会和多次座谈会上，传达了中共十二届二中全会精神和胡耀邦等同志来川视察的重要指示，传达了全国政协六届二次会议和省政协五届二次会议精神。听取了中共重庆市委、市人民政府负责同志所作的关于我市经济体制综合改革的形势和任务的报告。座谈和讨论了进一步学习《邓小平文选》和经济体制改革、打击刑事犯罪活动、抵制精神污染等问题。讨论了《中华人民共和国继承法(草案)》和《中华人民共和国华侨投资优惠条例(草案)》。对国家的大政方针提出了意见和建议。在中英两国政府草签关于香港问题的联合声明发表以后，本会举行了专题座谈，庆贺这具有历史意义的大事，拥护中共中央关于"一个国家，两种制度"的英明决策。本会还组织部分政协委员，参加中共市委召开的座谈会，对我市进行高标准、高质量的整党，提出了积极的建议。在本次会议召开的前夕，本会组织部分政协委员，对我市的经济体制改革、农村小城镇建设和中小学教育，进行了视察；各区、县政协也组织驻地的市政协委员，就近视察，了解了我市改革中的新情况、新变化，提出了改进的意见和建议。

其次，为了进一步疏通协商、监督的渠道，本会加强了同市人大、市政府以及有关部门的联系，就开展协商、监督工作互相交换了意见，商定了具体做法。市人大主动把有关我市经济建设和人民生活的重要法规、条例草案送交本会协商讨论；本会负责同志列席市人大常委会的会议，参与了我市政治、经济、文化建设等重要问题的讨论。本会还建立了各民主党派、工商联秘书长联席会议制度，就开创政协工作新局面的有关问题进行民主协商，统一了认识，协调了作法，推动了工作的顺利进行，加强了对委员提案的办理工作，本届一次会议以来的242件提案，已由有关单位办复了227件，占提案总数的93.8%，较好地发挥了民主监督的作用。

二、继续落实政策，调动政协委员的积极性。

自党的十一届三中全会以来，本会协助有关部门，在落实政策方面做了一些工作，解决了一些问题。去年10月全国政协落实政策调查组西南组来渝检查之后，本会会同中共市委统战部和各民主党派、工商联组成八个联合检查组，分赴9区5县和市的宣传、经委、建委、兵器工业4个大口进行了检查，通过开会、座谈、个别访问等方式，接触了政协委员和各界人士1000多人次，广泛宣传了中共中央关于落实政策的指示，传达了中央领导同志关怀政协委员的重要讲话，征求了他们对落实政策的意见，同有关部门和区、县协商又解决了一些问题。今年3月，我们再次对驻渝的全国和省政协委员以及市政协委员共803人的政策落实问题作了调查，有221人提出需要解决的问题275件，其中有105件属于落实政策的遗留问题，其他属照顾性的问题。对落实政策的遗留问题，本会由一位副主席和一位副秘书长负责，会同有关部门和区、县进行了处理。对要求照顾的问题也转请有关部门处理。今年4月，在铜梁县和沙坪坝区分片召开了各区、县政协负责同志会议进行督促。在中共各级党委的领导和重视下，经过有关部门和区、县的共同努力，到今年9月止已经办复了71件，占需要办理的105件的67.6%。有些委员在落实政策后心情激动，奔走相告，纵情讴歌，传书海外，纷纷表示要为振兴中华、统一祖国贡献自己的力量。遗留的34件，一是被查抄的财物尚未清退。有的原物查无下落，补偿的资金又未落实；二是被挤占的房屋没有退还。一部分是因有关部门无房屋安排，立即腾退确有困难，一部分原房屋不在本市；三是涉及"三反""五反"等运动中的历史老案。解决这些遗留问题的难度较大，还要抓紧进行工作，务必做到善始善终。

此外，一年来本会还接到人民群众来信（访）426件，主要是要求落实各方面政策，都按规定分别转请有关部门和区、县研究处理，有400件已经办复，其余的正在处理中。

三、组织政协委员，围绕“四化”建设和祖国统一，积极献策出力。

为了更好地组织和推动政协委员为我市两个文明建设和祖国统一献策出力，本会的工作委、组已由上届的11个增加到15个，参加委、组工作的共有300多人，主要由市政协委员中的专家、学者和知名人士组成；同时安排一位在政府业务部门担任领导职务的政协委员担任工作委、组的副组长（没有政协委员的业务部门，请一位非政协委员的负责同志参加委、组领导工作），使政协的工作同政府有关业务部门密切联系，以便更好地发挥人民政协的人才优势，对我市“四化”建设起到“智囊团”的作用。一年来，各工作委组按照各自的专业特长，围绕我市的体制改革和祖国统一工作，采用多种方式，广泛开展活动，取得较大成效。

在体制改革和经济建设方面：通过市政协牵线搭桥，经市人民政府批准，由市民建、工商联协助有关主管部门解决重庆制伞厂和洗衣机厂长期亏损问题，经过半年多的努力，制伞厂已取得明显的经济效益，实现了扭亏增盈的要求；洗衣机厂在很困难的条件下，经过帮助，有了明显好转。

为了了解抗日战争时期国民党政府在重庆的经济部署，经济建设组邀请了在渝从事财经、工商、航运的部分人士举行座谈，搜集了一些工业、航运、外贸方面的资料，提供有关方面参考。今年3月全国政协经济组来渝视察，本会积极配合，通过座谈和实地考察，提供了有关我市体制改革的八条建议。农林组协助市农业现代化顾问组及有关部门，到巴县、永川、北碚、璧山等地农村，作学术报告，进行技术培训，开展咨询服务和规划论证工作，到大足县南北山实地考察，协助当地制定了生态农业建设方案。其他委组在面向农业方面也做了许多工作。科技组会同市科委，提出了发挥重庆科技中心作用的几点建议。

在建设社会主义精神文明方面：教育体育组对民主党派办学中存在的主要问题举行了专题调查研究，写出了《重庆各民主党派办学情况的调查报告》。法制组对沙坪坝区工读校进行了调查，写出了《关于工读学校调查的汇报》。医药卫生组对綦江县中医中药存在的问题进行了深入考察，提出了《振兴我市中医中药的几点建议》，文化组对合川钓鱼城的复修问题进行了实地考察，提出了《关于修复南宋古战场——合川钓鱼城的几点意见和建议》。在今年3月开展的维护妇女儿童合法权益宣传月活动中，妇女组会同法制组，组成视察团，分赴1个区和7个厂进行了视察活动，听取了有关单位的介绍，宣传了有关法规和维护妇女儿童合法权益的重大意义，推动有关单位解决了一些实际问题。妇女组还与妇联等单位联合举办了幼儿师资培训班，为厂矿、农村培训了幼儿师资174人。民主宗教组今年5月召开了专题座谈会，交流了接待外宾和港澳同胞的工作经验。文史资料研究委员会继续编辑出版了《重庆文史资料》，与市委党史工作委员会、红岩革命纪念馆合编了大型专题资料《重庆谈判纪实》，开办了“重庆文史书店”。我们还于今年4月，创办了《重庆政协》报，每月一期，从10月起改为半月刊。

在促进祖国统一工作方面：先后举行了两次大型报告会，分别邀请了全国政协祖国统一工作组副组长、民革中央副主席贾亦斌和新华社国际部负责同志作了祖国统一工作的形势和任务的报告。利用春节中秋佳节，先后举办了三次台胞、台属和归侨、侨眷茶话会；与市民革联合举行了纪念黄埔军校建校六十周年座谈会。今年5月，还会同有关部门，联合邀请了从台返渝定居的人士到我市部分单位参观；通过多种方式，帮助台胞、台属和回渝定居的人士了解我市社会主义建设的情况，提高为祖国统一大业出力的积极性。

四、举办“为四化建设服务成果展览”，鼓舞为“四化”服务的干劲。

今年是建国三十五周年。为了向祖国汇报政协委员和各界人士为“四化”建设和祖国统一服务的科研成果和工作成绩，本会联合市级各民主党派、工商联和有关团体举办了“为四化建设服务成果展览”，共设 15 个展室，有 2000 多件展品，其中一部分展品受到全国和省、市有关部门的肯定和赞扬。展出 40 天，参观的达 6000 多人次，包括在渝各级政协委员和民主党派成员、工人、农民、知识分子、党政机关干部、公安干警和解放军驻渝部队的指战员，以及宗教、少数民族等各界人士，全国和省来渝工作的有关领导同志、中共市委、市顾问委员会、市人大、市政府的领导同志、来渝参观的兄弟省市政协的同志都光临指导。通过展览，比较集中地反映了党的十一届三中全会以来落实对知识分子的政策所取得的成效，显示了政协和各民主党派、工商联所聚集的人才优势，反映了政协和个民主党派、有关团体在“四化”建设和祖国统一中的地位、作用和合作共事的优良传统，同时也对广大群众和机关干部生动地进行了一次党的统一战线的再教育，对开创我市政协工作新局面将起到有力的推动作用。

五、组织学习和参观，帮助委员和各界人士提高对党的路线、方针、政策的认识。

一年来，我们按照市委的部署，继续组织和推动委员和各界人士学习马列主义、毛泽东思想，学习时事政治，学习科学知识。本会学委会有计划地组织大家系统地学习了《邓小平文选》，学习了党的十二届二中全会文件和胡耀邦等同志来川视察的重要指示，学习了总理在全国人大六届二次会议上的《政府工作报告》和邓颖超主席在全国政协六届二次会议上的重要讲话。今年初还学习了中共中央〔1984〕1 号文件。配合学习，邀请有关负责同志做出国访问的报告和专题辅导报告，组织大家参观了沙坪坝区石桥公社的乡村企业和专业户。还与有关民主党派和人民团体，多次举行了学术报告和科技讲座。帮助委员和各界人士，提高对大好形势的认识，加深对党的路线、方针、政策的了解，增强搞好改革的信心。推动委员和各界人士为“四化”建设积极贡献自己的力量。

六、认真做好接待工作，为振兴重庆经济服务。

随着“对外开放、对内搞活经济”方针的落实和我市经济体制改革试点工作的进行，来渝考察、参观和开展交流的国内外客人显著增加，到今年 10 月 20 日止，本会接待了 144 批 2000 余人。在接待兄弟省、市政协的工作中，我们介绍了重庆经济体制改革试点情况和本会的工作，虚心学习兄弟政协的先进经验；在接待国外客人和港澳同胞的工作中，宣传了我市建国 35 年来的建设成就，征求了他们对我市经济建设和各方面工作的意见、建议，并尽可能为我市的“三引进”作一些牵线搭桥的工作。通过接待，对于帮助我们解放思想、开阔眼界，进一步搞好政协工作，对于推动我市各方面的改革和建设，是大有益处的。

七、加强机关的思想建设和组织建设。

换届以后，本会机关根据市委的统一部署，进行了机构改革，将原来的两个处调整为四处一室，建立和健全了一些会议制度和工作制度。一年来，我们还组织机关干部比较系统地学习了党的十一届三中全会以来的路线、方针、政策，学习了总理在全国人大六届二次会议上的《政府工作报告》，学习了邓颖超主席在全国政协六届二次会议上的重要讲话和中央有关领导同志关于统战、政协工作的指示，帮助机关干部进一步清除“左”的思想影响，提高政策业务水平和适应新形势的能力。加强了同各民主党派、工商联和有关人民团体的联系，使我们的工作作风有了改进，工作效率有所提高。

回顾一年来的工作，我们之所以能取得上述成绩，主要是在中共重庆市委的直接领导下，认真贯彻党的十一届三中全会以来路线、方针、政策的结果，是全体政协委员和工作人员辛勤劳动、积极工作的结果，是各民主党派、有关部门、有关团体大力支持、密切配合的结果。在总结一年工作的时候，还必须清醒地看到，在我们工作上还存在不少问题，主要是我们的思想不够解放，对新时期政协工作的特点缺乏认真的研究，没有很好地从重庆的实际情况出发，努力做好各方面的工作，使政协在“四化”建设中发挥更大的作用。同时，在工作上民主协商不够，对各民主党派和有关团体的工作支持和帮助不够，作风不够深入，工作效率不够高。对落实政策的工作抓得不够紧，进度不够快。我们一定认真克服这些缺点，积极改进我们的工作，更好地为“四化”建设和祖国统一大业服务。

(二)

各位委员：我们这次会议是在中共十二届三中全会胜利召开的大喜日子里举行的，十二届三中全会同十一届三中全会一样，是具有伟大历史意义的会议，是对我国的前途具有深远影响的会议。全会通过了《中共中央关于经济体制改革的决定》。坚决地系统地进行以城市为重点的整个经济体制的改革，是党中央的伟大战略部署，它充分反映了我国“四化”建设和实际工作发展的客观要求，充分表达了全国各族人民的共同愿望。现在我国的政治、经济形势都很好，又有农村改革的成功经验，我们正处于改革的黄金时代，我们有充分的理由相信，城市的改革一定能搞好，少则三年，多则五载，一定会大见成效。到那时候，我国将建立起具有中国特色的、充满生机和活力的经济体制，我国的经济建设一定会出现一个大的飞跃，党的十二大确定的总任务，总目标一定能够实现，人民政协的工作，必须服从于和服务于党的总任务、总目标，适应形势发展的要求，勇于改革，开拓前进。本会的任务是，认真学习和贯彻中共十二届三中全会精神，以“四化”建设为中心，以城市改革为重点，发挥政治协商、民主监督的基本职能，发扬统一战线的优良传统和作风，努力做好各方面的工作，动员全市各级政协委员、各民主党派成员和无党派民主人士，紧密地团结在中国共产党的周围，自觉投身于改革的伟大实践，努力夺取改革的全面胜利，为更好地开创社会主义现代化的新局面而奋斗。现在，对本会当前的几项主要工作，提出以下意见 ：

一、认真学习《中共中央关于经济体制改革的决定》，深刻领会十二届三中全会精神。

十二届三中全会一致通过的《中共中央关于经济体制改革的决定》，根据马克思主义基本原理同中国实际相结合的原则，阐明了加快以城市为重点的经济体制改革的必要性、紧迫性，规定了改革的方向、性质、任务和各项基本方针政策，是指导我国经济体制改革的纲领性文件。我们一定要积极响应十二届三中全会的号召，认真学习，坚决贯彻。历史经验告诉我们，要贯彻好，首先要学习好。如果不好好学习，不吃透文件精神，就不可能很好地贯彻执行，甚至在执行中还会出现偏差。因此，本会当前的首要任务是：组织政协委员和工作人员，以严肃认真的态度学好十二届三中全会文件，学好《中共中央关于经济体制改革的决定》，通过学习，深刻领会文件精神，弄清理论上、政策上的问题，提高认识，解放思想，用十二届三中全会精神，指导今后的工作，为推进以城市为重点的经济体制改革做出新的贡献。

二、加强政治协商和民主监督，在经济体制改革中更好地发挥人民政协的作用。

政治协商、民主监督是人民政协的基本职能，以城市为重点的经济体制改革为政治协商提出了广泛而新颖的课题。今后，本会要继续定期召开全体会议、常委会议、主席会议和各民主党派、工商联秘书长联席会议，并继续列席市人代会及其常务会议，对国家的大政方针和全市改革的重大事项，进行广泛的协商讨论；组织政协委员中的专家、学者，对我市改革的一些方案和法规草案，进行考察论证，提出可行性建议，反映各种不同的意见，供市委、市人大、市政府决策时参考；进一步活跃各委、组的工作，发挥人才聚集的优势，对改革中的新事物、新情况、新问题，进行专题调查研究，反映情况、提出建议。通过我们的工作，使政治协商逐步朝着制度化、经常化的方向发展。

三、继续落实政协委员政策，做到善始善终。

落实政协委员的政策，对于巩固安定团结的政治局面，加强爱国统一战线，调动各方面的积极性，为“四化”建设服务，具有重要的意义。最近，本会配合省政协落实政策检查组重庆组，对驻渝的全国和省政协委员以及市政协委员中，至今在落实政策上尚有遗留问题的33人34件，逐件进行了复查，弄清了情况，查明了至今尚未处理的原因。从客观上讲，解决这些遗留问题难度确实很大。但只要有关领导提高认识，敢于碰硬，这些“老、大、难”问题是不难解决的，我们一定组织力量，督促有关部门和单位，抓紧做出处理：被挤占的私房在外地的，再次发函催办；在本市的再次动员退出，一时退不出的可先立约，限期退还；进一步清理查抄财物，物归原主，确实被查抄又找不到原物的，通过协商酌情补偿；对历史老案，继续与有关单位联系催办，尽快按政策做出处理。一定要少说空话，多做实事，抓住不放，一抓到底。

四、继续采取有效措施，帮助政协委员知晓国家大事。

“知情”是“出力”的必要前提和条件，要使政协委员在“四化”建设中发挥更大的作用，必须首先了解党的路线、方针、政策，知道全市改革中的新情况、新变化。为此，本会今后要及时传达中央和省、市委和政府有关国家大政方针和两个文明建设的重要文件、指示；配合有关部门，检查和进一步落实有关政协委员阅读文件的规定；邀请有关部门负责同志就各方面改革的情况和群众生活中的重大问题作专题报告；继续组织专题参观、访问等活动。还要通过编印《学习参考资料》《工作简报》等多种渠道，向政协委员介绍有关改革的情况、动态，交流和传播政协工作经验，帮助各位委员知晓改革和建设之情，在“四化”建设和祖国统一工作中献计献策，做出贡献。

五、加强同台湾同胞、港澳同胞和海外侨胞的联系，促进“四化”建设和祖国统一大业早日实现。

早日实现八十年代以至九十年代的“三大任务”，是全国人民的共同愿望，台湾同胞、港澳同胞和海外侨胞，在支援祖国建设、实现祖国统一大业和加强国际反霸斗争方面，日益发挥着重要的积极作用，本会要继续配合和协助有关部门，做好对台湾同胞的宣传工作，着重宣传新中国成立35年来各项建设事业所取得的伟大成就，宣传祖国统一的方针政策，增强台湾同胞对祖国大陆的向心力；要继续采取措施，进一步加强同“三胞”的联系，协助有关部门做好回大陆的“三胞”的接待工作；要发挥政协委员在国外联系较多的有利条件，充分调动“三胞”支援祖国建设的积极性，努力做好“三引进”的牵线搭桥工作，鼓励“三胞”在实现三大任务中发挥更大的作用。

六、进一步开展文史资料工作，努力办好《重庆政协》报。

文史资料和办报工作，是建设社会主义精神文明，发展爱国统一战线的一项重要工作，要进一步把它做好。当前，文史资料工作应深入贯彻全国政协先后召开的两次文史资料工作会议精神，更自觉地服从于和服务于党的总任务、总目标，把高举爱国主义旗帜的方针扎扎实实地落实到工作中去，不断提高《重庆文史资料》的质量，做好“国民参政会”大型专题资料的搜集和整理，加强“重庆文史书店”的领导，做好西南地区文史资料协作会议的准备工作；《重庆政协》报要围绕经济建设和祖国统一，扩大组稿对象，加强编采工作，扩大发行范围，尽快改为周刊，力争公开发行，使它在宣传统一战线的理论、政策，交流政协工作经验，沟通与政协委员的联系等方面，发挥更大的作用，成为具有重庆政协特色的报纸。

七、努力办好重庆社会主义学院。

重庆社会主义学院是在政治学校停办20年之后，经中共市委批准建立的，经过积极筹备，已于10月9日开学。第一期开办的统战干部轮训班共有学员85人。这是我市统一战线工作中的一件大事。今后，社会主义学院要组织学员正规化地学习马列主义基础理论，并学好党的路线、方针、政策和统战专业知识。要在教学中体现统一战线的特点，努力提高教育质量。要认真贯彻“三不”（不戴帽子，不抓辫子，不打棍子）的原则，提倡自己提问题，自己分析问题，自己解答问题，充分调动学员的积极性，使学习收到预期的效果。通过教师和学员的团结一致，共同努力，把社会主义学院真正办成我市各级政协委员、民主党派和无党派人士系统学习马列主义、毛泽东思想，学习党的路线、方针、政策和专业知识的新型院校，办成我市培训各级统战干部的重要基地。

八、加强与各民主党派和有关团体的联系，加强对区、县政协的指导。

人民政协是爱国统一战线组织，各民主党派是人民政协的组成单位。今后，本会要进一步采取措施，加强与各民主党派的关系，沟通情况，交换意见，共同协商和研究处理工作中的重大问题，依靠各民主党派的合作和支持，共同开创我市政协工作的新局面。还要加强同各区、县政协的关系。邀请区、县政协负责同志参加有关会议；召开区、县政协工作座谈会；印发工作简报，总结交流区、县政协工作经验；本会领导同志要用更多时间走下去，向区、县政协的同志们学习，了解情况，研究带共同性的问题，帮助各区、县政协进一步开展工作。

九、大力加强组织学习的工作，推动各界人士的自我教育和提高。

为了适应社会主义现代化建设迅猛发展的新形势，我们必须帮助本会委员和各界人士加强学习，以爱国主义和社会主义教育为中心，组织委员着重学习中共中央十二届三中全会文件，继续学习十一届三中全会以来的路线、方针、政策和国内外重大时事政治，继续学习总理在全国人大六届二次会议上的《政府工作报告》和邓颖超主席在全国政协六届二次会议上的重要讲话，根据自愿原则，选学马列主义、毛泽东思想有关论述，推动委员和有关人士，不断提高政治思想水平，不断更新和发展自己的知识和能力，更好地为社会主义事业服务。

十、继续加强机关的思想建设和组织建设。

要继续按照为人民服务和精简、统一、效能的原则，改进机关作风，提高工作人员的素质，建立岗位责任制，克服官僚主义，提高工作效率，要进一步发扬统一战线的优良传统和作风，各级干部首先是领导干部要同本会委员和工作人员多接触，多谈心，提倡交诤友，讲真话，做到大家和衷共济，息息相通，肝胆相照，荣辱与共，团结起来，共同努力，使本会各方面的工作在原有基础上有更大的进展，取得更大的成绩。

各位委员：胡耀邦同志最近提出了一个口号："大鼓劲、大团结、大繁荣"。这个口号表达了党中央一心一意搞"四化"的决心，表达了全国人民一心一意搞"四化"的愿望。让我们团结起来，鼓足干劲，在中共重庆市委的领导下，为重庆的繁荣昌盛，为中华民族的繁荣昌盛，做出更大的贡献。

中国人民政治协商会议四川省重庆市第八届委员会常务委员会工作报告

（1985年5月）①

王际强

各位委员：

政协重庆市第八届委员会第二次会议到现在已经7个月了。7个月来，全市人民在中共重庆市委的领导下，认真贯彻执行党的十二届三中全会决定，继续深入进行以城市为重点的经济体制改革，推动了工农业生产大幅度增长和经济效益的提高。使我市的经济建设出现了持续、稳健、协调发展的新局面。政治上更加安定团结。党风、社会风气和治安秩序有了进一步好转。精神文明建设取得新的成绩。

我市的爱国统一战线工作，在新形势下出现了生机勃勃的新局面。政协工作比过去更加活跃和

① 此报告系在1985年5月召开的政协重庆市第八届委员会第三次会议上报告。

深入；各民主党派和人民团体面向社会，开展咨询服务、人才培训、智力支边等工作，取得很大成绩；各位委员和广大爱国人士，积极投身于改革的伟大实践，解放思想，勇于创新，为“四化”建设做出了新的贡献；区、县政协工作有了很大发展。

7个月来，本会根据党的中心工作任务和要求，根据市政协八届二次会议的决议，围绕“四化”建设，团结各方面力量，积极开展活动，较好地发挥了政治协商、民主监督的职能和综合性人才库的作用，各项工作都取得了一定成绩。现在，我受常务委员会的委托，把这一期间的主要工作报告如下：

一、围绕经济建设和各项改革，发挥政治协商、民主监督的职能

振兴经济，实现“四化”，是全党和全国人民一切工作的中心。为经济建设和各项改革服务，是本会八届二次会议提出的首要任务。七个月来，我们围绕中心，发挥优势，开展多层次、多渠道、多种形式的政治协商活动，在“四化”建设中较好地发挥了民主监督的作用。

组织协商活动，参与全市重要事务的讨论。今年1月中旬，本会举行了八届七次常委（扩大）会议，市委副书记、副市长萧秧到会作了《关于我市1984年的工作情况和1985年以及今后几年奋斗目标的报告》。今年春节，本会会同市委统战部举办了茶话会，市委书记廖伯康到会作了重要讲话，通报了我市整党、改革和经济情况，新老朋友欢聚一堂，共叙重庆家常，共议重庆大事。与会同志积极发言，争献良策，对全市今年的主要工作提出了许多有益的意见和建议，体现了和衷共济干“四化”的精神。

发挥委、组优势，组织专题协商。去年11月经济建设组会同科技委员会，对市规划局提出的《两路口至七星岗城市改造规划（初步方案）》进行了协商讨论。今年3月上旬，法制组讨论了《中华人民共和国矿产资源法（草案）》。今年2月，农林组召开会议，认真学习了中共中央〔1985〕1号文件，结合我市农业情况，提出了在不放松粮食生产的同时改进农村结构的一些具体建议，如发展荣昌猪种和红须高粱等地方良种和特产；改进乡村集镇，提倡稻田养鱼，保护四面山林区；特别是对农业现代化顾问组在大足县南北山生态农业试验区的建立、总体规划方案的论证情况和实施效果，加以总结和推广。3月下旬，科技委员会学习了《中共中央关于科学技术体制改革的决定》，讨论了《重庆市科学技术发展战略纲要（初稿）》。去年11月至今年1月，新闻组先后四次对《重庆日报》进行了评论，并对《重庆晚报》的创刊举行了专题座谈。所有这些活动，都较好地发挥了各工作委、组人才集中、专业性强的特点，使委员们能人尽其才，发挥所长，为推进我市两个文明建设和各方面工作起到了积极的作用。

组织委员参观考察，帮助委员更好地知情出力。今年3月，本会受省政协的委托，组织在重庆和附近地区的全国政协委员，参观考察了中南橡胶厂、热水瓶厂、建设机床厂、重庆发电厂扩建工程和九龙坡区乡镇企业、市农贸联合中心。4月，本会直接组织了200多位省、市政协委员，分为10个小组，围绕10个专题，深入到3区6县，参观考察了42个基层单位；与此同时，还委托各区、县政协分别组织500多位省、市政协委员，分为20个小组就近参观考察。这次考察内容丰富，人数众多，都是前所未有的。具有三个特点：一是重点突出。考察的10个专题，如体制改革、物价政策、发展第三产业和乡镇企业、中等教育改革和医疗改革等，都是当前我市改革中的重大问题，也是全市人民普遍关心的问题。二是形式灵活，做到了“四个结合”。即参观考察与委、组工作结合（把有关委、组的重点工作纳入各组参观考察的内容），考察内容与委员的专长结合（尽可能对口参加，发挥所长），集中与分散结合（集中听取有关部门的介绍，分组深入第一线了解情况），市和区、县政协工作结合（有的专题本会和有关区、县政协联合组织参观考察）。三是各方面重视。市体改委、物价局、商业局、卫生局的负责同志都亲自向委员们介绍情况，各基层单位热情接待，认真介绍，对这次考察，寄予很大希望，向

委员们提出了一些要求。委员们通过参观考察，具体了解到改革中的新情况、新经验和新问题，加深了对中共十一届三中全会以来方针政策的理解，为开

好本次会议作了必要准备。由于许多委员有丰富的阅历，不少人是各方面的专家学者，在参观考察中对加强经济立法、纠正新的不正之风、重视和改善蔬菜的生产与供应、发展第三产业和乡镇企业等提出了许多积极的意见和建议。

开展专题调查研究，为“四化”建设献计献策。去年 11 月，本会按照全国政协经济建设组的要求，对川江航道的开发利用进行专题调查，邀请市委、市府有关部门和本市各港口、航运单位的负责同志以及有关的专家学者，多次举行座谈，共同分析了我市辖区内长江、嘉陵江航运的优势和现状，指出了当前阻碍开发的主要问题，提出了振兴川江航运的七条意见和建议。

认真处理委员提案和人民来信。自八届二次会议以来本会共收到委员提案 159 件，大多数是关于经济建设和各项改革的意见、建议，由本会转送有关部门和单位，受到各方重视，多数单位确定了领导分管，指定专人负责，认真进行处理。截至 5 月 20 日，已有 155 件（97.4％）得到有关单位的办复（详见提案工作报告）。八届二次会议以来，本会收到人民来信来访 280 件（次），都已经分别转请有关单位处理，对有的来信我们还主动上门会同有关单位进行研究，采取措施，加强督促、催办，加快了处理进度，提高了信访工作质量。

7 个月的实践，使我们更深切地体会到，政协是一个拥有密集的、多学科的、高水平的、经验丰富的综合性人才库，只要我们善于组织，充分发挥人才库的整体功能。人民政协为经济建设服务，为对内搞活经济、对外开放服务，为祖国统一服务，是大有可为的。

二、协助党和政府继续落实统战政策，进一步调动各界人士的积极性

继续落实政协委员的政策，进而协助和推动其他各项统战政策的进一步落实，是扩大和发展爱国统一战线的一项重要工作，各级领导对此十分重视。全国政协落实政策检查组和省政协负责同志都曾多次来我市检查工作。中共重庆市委主要负责同志亲自督促检查，亲自做工作。在各级领导的关怀下，本会会同市委统战部、各民主党派、各区县政协和有关单位，抓紧解决落实政协委员政策的遗留问题，取得了较大的进展。据去年 3 月的调查，在渝的全国和省政协委员与市政协委员，提出要求落实的政策性问题 105 件，到今年 5 月 20 日止有 87 件已经得到解决。现在在我市的市以上政协委员的冤假错案已经平反，政治结论留尾巴的问题通过清理档案也得到了妥善处理。“文革”中被挤占的私房和查抄的财物，大部分已经解决。在落实政协委员政策的推动下，本会还为协助和推进其他统战政策的落实做了一些工作。今年 3 月，本会会同市委统战部组成联合调查组，先后到潼南、铜梁、璧山、长寿县和市中区，重点调查了落实宗教政策的情况。有关区、县的党政负责同志直接听取汇报，解决了一些较长时间没有解决的问题。今年 4 月，本会会同江津县政协，联合组织省、市政协委员，对落实侨务政策的情况进行考察，推动了侨务政策的落实。通过落实各项统战政策，密切了中国共产党和人民政府同各界人士的联系，提高了党和政府的信誉，激发了各方面人士建设“四化”的积极性，促进了政治上的安定团结，产生了良好的政治影响。但还必须看到，落实政协委员政策的遗留问题还不少，而且难度较大。有的涉及外地，需与有关地区联系和研究；有的涉及历史老案，需要进一步把情况弄清楚；有的查抄财物（特别是古玩、字画）和被挤占的私房还要抓紧解决。从工作上检查，有的单位“左”的影响还未肃清，对落实政策工作抓得不紧。加之我们工作上也抓得不紧、不力。这都对落实政策工作的进展产生了一定的影响。今后还需继续努力，坚持不懈，做到善始善终。

三、加强学习和宣传工作，推进社会主义精神文明建设

组织和推动政协委员及有关人士的学习，是发

扬统一战线自我教育、自我改造优良传统的一项重要任务。七个月来，本会学习委员会组织政协委员和有关人士，重点学习了《中共中央关于经济体制改革的决定》，还学习了中共中央、国务院其他重要文件，播放了有关负责同志的报告录音，编印了《学习资料》。采用学、议、听、看、提的方法，以学文件为主，认真进行讨论，听市委、市政府及有关部门负责同志的报告，结合学习组织参观考察，就各项改革提出意见和建议，把学习与政治协商、民主监督结合起来，较好地完成了八届二次会议提出的学习任务。

为了配合委员和有关人士的学习，在此期间，各工作委组先后单独或会同有关党派、单位组织了五次报告会和讲座。请专家学者作学习《中共中央关于经济体制改革的决定》的辅导报告，请在改革中做出突出成绩的厂长介绍改革的成果，请有关部门负责同志和学者主讲法律知识和医疗卫生知识。通过这些活动，帮助委员和各界人士开阔视野，增长知识，加深了对党的方针政策的理解。

重庆社会主义学院在八届二次会议以后，进一步加强了对教学的组织工作和学员的思想政治工作，经过全体教师、学员和工作人员的共同努力，第一期民主党派干部培训班和统战干部轮训班已于今年 2 月结业，第二期政协委员进修班和民主党派干部培训班已于 4 月 2 日开学，这对于提高他们的马列主义水平和统战理论、政策水平起到了积极作用。

《重庆政协报》是本会的机关报，七个月来坚持“立足统战，面向社会”的办报方针，扩大了报道面，增设了一些栏目，召开了通讯员工作会议，加强了通讯联络和发行工作，从去年 10 月起改月刊为半月刊，省内外订户逐步增多，成为重庆地区具有统战特色和一定政治影响的报纸。

四、坚持爱国主义方向，对文史资料工作进行新的探索

我会文史资料工作在全国第四次文史资料工作会议和全国各省、市、自治区政协文史资料办公室主任会议精神的指引下，进一步明确了指导思想，端正了政治方向。从新时期人民政协的根本任务出发，高举爱国主义旗帜，使文史资料工作更好地促进爱国统一战线的发展，推动社会主义两个文明建设，进行了新的探索。

为了充分反映政协文史资料的特色，注意到与党史资料征集工作的分工与协作，我们对征集和出版范围作了必要的调整；

为了有利于加强社会主义的两个文明建设，大力开展了专题史料的搜集和整理；

为了沟通“文史资料”的发行渠道，“方便广大读者，促进史料交流”，于去年 7 月开办了“重庆文史书店”，受到广大读者的欢迎和好评。

从 1983 年 9 月本届委员会换届以来，我们编辑和出版了《重庆文史资料》5 本，《重庆地方史资料丛刊》两本，《国民参政会纪实》两本，《重庆抗战纪事》1 本，合计 10 本书，250 万字。有的是由重庆出版社出版，有的是由本会自己印行，正在陆续问世。与此同时，我们还与四川财经学院合作开展了关于抗日战争时期国民政府经济战略部署史料的搜集和整理。这些书刊和专题，着重反映了抗日战争时期重庆地区的有关情况，四川地方实力派与党的统一战线问题，对于研究国共两党团结抗日，促进祖国统一，对我市经济建设和体制改革都有一定参考价值，同时也为今年纪念抗日战争胜利四十周年作了必要的准备工作。

五、积极宣传祖国统一的方针政策，促进祖国统一大业早日实现

祖国统一，台湾回归，是我国八十年代至九十年代“三大任务”之一，也是政协工作的一个重点。邓小平主任提出“一国两制”的构思和中英两国关于香港问题协议的正式签署，促使祖国统一大业又前进了一大步。八届二次会议以来，本会为促进祖国统一，着重抓了宣传、联络、接待和支持归侨、侨眷办好企业等工作。今年春节，本会会同有关部门联合举办了台胞、台属、归侨、侨眷、港澳同胞亲属迎春茶话会，大家欢聚一堂，畅谈当前大好形势，展

望祖国统一的美好前景，增强了台湾回归、实现祖国统一的信心；接待了来自美国和港澳地区的客人，介绍了重庆“四化”建设的成就，宣传了有关祖国统一的方针、政策，为客人举办了学术报告或小型座谈，广交朋友，交流学术，增进相互了解，激发了他们的爱国热情；今年 4 月，还组织省、市政协委员参观了归侨、侨眷办的企业，鼓励和支持他们为“四化”建设做出更大贡献。

六、适应新形势的要求，加强机关的思想建设和组织建设

八届二次会议以来，结合本会机关中共整党，认真贯彻边整边改的精神，我会的党员负责同志主动上门征求了各民主党派、人民团体对市政协工作的意见，针对存在的问题，加强了机关的思想建设和组织建设。组织工作人员，重新学习党的十一届三中全会以来的路线、方针、政策，牢固树立政协工作必须服从于和服务于党的总任务、总目标的思想；重新学习邓颖超主席在全国政协六届二次会议上的重要讲话和统战理论、政策，发扬政协工作的优良传统和作风，搞好政治协商、民主监督、合作共事，广交朋友；进行了全心全意为人民服务的教育，自觉抵制各种新的不正之风。在此基础上，发动全体工作人员，对现有工作制度进行认真的讨论、修改和补充，形成一套新的工作制度。这对于改进工作作风，提高工作效率。克服官僚主义，将起到积极的作用。

此外，七个月来，本会还加强了同兄弟政协的联系。接待了 144 批 1400 位来渝的客人，我们也派出了参观学习团到外地学习，交流工作经验，以改进本会工作。

各位委员：今年是贯彻中共十二届三中全会决定的第一年。改革和开放是当前全市一切工作的中心。政协工作必须根据全国人大和全国政协六届三次会议精神，做到围绕中心，突出重点，发挥优势，讲求实效，以适应形势发展的要求，为我市的改革、开放、腾飞，为实现八十年代至九十年代的“三大任务”做出新的更大的贡献。为此，当前要着重抓好以下七个方面的工作：

1. 进一步组织和推动本会委员和各界人士深入学习中共中央关于经济体制改革、科学技术体制改革和教育体制改革的决定，学习总理在全国人大六届三次会议上的《政府工作报告》和全国政协六届三次会议以及省政协五届三次会议文件，正确认识当前的大好形势、分清主流和支流，加深对党的十一届三中全会以来路线、方针，特别是对“坚定不移，慎重初战，务求必胜”的改革行动方针的理解，提高对改革重要性和紧迫性的认识，坚定改革必胜的信心，为搞好改革、开放，献智慧，出力气，做贡献。

2. 紧密围绕“四化”建设和经济体制改革，进一步发挥政治协商、民主监督的职能。要继续开好常委会议、主席会议，对全市和本会的一些重大问题进行充分的协商讨论；要依靠工作委、组，围绕各项改革，组织专题调查研究。今年拟组织委员和有关专家学者，对价格改革、工资改革和科学技术体制改革、教育体制改革、医疗卫生改革等问题进行专题调查，提出建议；要继续组织委员参观考察，以了解经济建设和各项改革的进展情况；要依靠和发挥本会委员和各民主党派的积极性，进一步发挥人才聚集和联系面广的优势，大力开展咨询服务和人才培训活动；配合有关部门，开展引进人才、引进技术、引进资金的工作。

3. 进一步做好落实政协委员政策的工作。要与有关地区和单位密切协作，继续宣传落实政协委员政策的重要性和迫切性，进一步肃清“左”的思想影响，抓紧督促检查，使落实政协委员政策的工作取得更大的进展，特别是对一些“老大难”问题，要逐个研究，尽快加以解决，坚持到底，善始善终。

4. 大力推进社会主义精神文明的建设。要积极宣传党中央关于做“有理想、有道德、有文化、有纪律”的劳动者的号召，坚持艰苦奋斗、勤俭建国的方针，反对浪费，厉行节约，反对和纠正各种新的不正之风。要进一步开展统一战线理论和政策的宣传教育，继续提高对新时期统一战线和政协工作重要性的认识。要开展普及法律知识的宣传教育。

要继续办好重庆社会主义学院，为进一步开创统一战线和政协工作的新局面培养更多的人才。要继续办好《重庆政协报》，进一步提高质量，办出特色。

5. 开展纪念抗日战争胜利四十周年的活动。今年是抗日战争胜利四十周年，重庆是抗战时期国民政府的陪都和中共中央南方局所在地，为此，本会要与有关单位积极配合做好纪念活动的筹备和组织工作。《国民参政会纪实》（上下卷）和《重庆抗战纪事》两书要在抗日战争胜利四十周年纪念日前出版发行，并参加今年秋天在香港举办的“中国书展”。

6. 加强祖国统一的宣传和联络工作。通过多种形式，大力宣传中央关于完成祖国统一大业的方针政策，深入宣传“一国两制”的构思和“四化”建设的成就。同时协同有关部门做好台湾同胞、港澳同胞、海外侨胞回大陆的接待工作，广交朋友，鼓励他们为祖国的建设和统一多做贡献。

7. 加强同各区、县政协的联系，总结工作，交流经验，研究带共同性的问题；扩大同兄弟政协的联系，沟通信息，学习外地的好经验，以推动我们工作的不断发展。

为了做好以上工作，我们必须进一步解放思想，继续清除“左”的影响，敢于在实践中开拓创新；必须进一步发扬政协工作的优良传统和作风，坚持政治协商、民主监督、合作共事、广交朋友；必须进一步转变作风，提倡实事求是、讲求实效的精神，在深入、扎实上狠下功夫。我们坚信，在中共重庆市委的领导下，在各民主党派、各人民团体和有关单位、各界人士的热情支持下，只要我们坚定不移地沿着党的十一届三中全会以来的路线、方针继续前进，我们就一定能够进一步开创我市政协工作的新局面，为实现八十年代至九十年代的“三大任务”做出新的贡献！

第八届委员会常务委员会工作报告

（1987年5月）①

王际强

主席、副主席、各位委员：

本会八届四次会议到现在已经一年了。一年来，在中共十一届三中全会路线指引下，在中共重庆市委的领导下，本会积极贯彻全国和省地方政协工作座谈会和统战工作会议精神，认真履行政治协商、民主监督的职能，通过全体委员的共同努力，较好地完成了八届四次会议提出的各项任务。现在，我受常务委员会的委托，向全会报告一年来的工作，请予审议。

一、坚持四项基本原则，坚持“改革、开放、搞活”的方针，积极参与重大问题的协商讨论

八届四次会议以来，本会认真贯彻十一届三中全会路线，组织政协委员和有关人士，围绕国家和地方的大政方针、“四化”建设和群众生活中的重大问题，积极开展政治协商活动。

坚持四项基本原则，是我们立国治国之本。去冬以来，针对一些城市少数学生闹事，本会多次邀请各民主党派、工商联负责人和无党派人士举行座谈。与会同志一致认为，安定团结的局面来之不易，必须十分珍惜。要理直气壮地大讲坚持四项基

① 此报告系在1987年5月召开的政协重庆市第八届委员会第五次会议上报告。

本原则、维护安定团结的重要性，支持、协助党和政府做好青年学生的工作，共同维护安定团结的政治局面。今年1月16至17日，本会举行八届十九次常委会，学习了邓小平同志关于当前学生闹事问题的讲话要点和中共中央政治局扩大会议公报，一致拥护中央关于坚持四项基本原则、反对资产阶级自由化的正确决策，决心以实际行动全面正确地贯彻十一届三中全会路线，巩固和扩大爱国统一战线，增强各族人民的大团结。

为了推进我市改革、开放和建设事业，去年5月下旬至6月上旬，出席本会八届四次会议的全体委员，列席了市人大十届四次会议，听取了萧秧市长的《政府工作报告》及其他重要报告，认真负责地进行了讨论。对“七五”期间我市改革和建设中的重大问题，如改革汽车工业管理体制、科学技术发展、实施九年制义务教育、落实各项统战政策、开展“三胞”工作和改进政府工作，提出了重要的意见和建议。八届四次会议以后，本会先后对21个项目进行了协商讨论。其中，属全市性的重大问题有8项，如：本市2000年科技、经济、社会发展战略纲要，国民经济和社会发展“七五”计划，“七五”期间科技发展计划，社会主义精神文明建设发展战略纲要和若干措施，城市交通道路规划等。属局部性的重大问题有13项，如市中区滨江路建设，《关于科技人员辞职的暂行规定》《关于征收流动人口住宿城市附加费的暂行规定》《关于征收长江大桥、嘉陵江大桥机动车辆过桥费的暂行办法》《关于全面恢复对城镇国有土地征收土地使用费暂行规定》等。通过认真的协商讨论，对这些重大问题的草案，提出了有益的意见和建议。

一年来政治协商活动的主要特点是：(1)始终坚持社会主义方向，坚持“改革、开放、搞活”的方针。(2)基本做到协商于决策之前，促进了领导决策的民主化、科学化。(3)以参与宏观决策为主，宏观与微观相结合。(4)较好地发挥了政协联系面广的优势和综合人才库的整体功能。例如去年10月，本会对我市国民经济和社会发展“七五”计划(草案)的协商讨论，参加的就有工业、农林、交通、金融、科技，教育、医卫、文艺、法律等方面的政协委员和专家学者。半月以前我们即将计划草案送交与会同志，请他们结合本职，发挥专长，调查研究，准备意见。在此基础上，对计划草案进行了初步协商。此后，与会同志又广泛征求了所联系的专家学者的意见。本会有关工作委、组再次召开会议，对草案进行讨论，从指导思想到具体条文，提出了坚持社会主义现代化建设总体布局、加强精神文明建设、控制发展速度等十余条较为系统的意见和建议，市计委主要负责同志到会听取了意见，许多建议已被采纳。又如：去年9月和11月，本会先后两次对修建市中区滨江路进行协商讨论。参加的有教育、科研、设计、港口和航道管理、园林绿化等方面的教授、专家、工程技术人员和政府有关部门负责人。本着向人民、向历史负责的精神和严谨的科学态度，从经济效益、社会效益和环境效益等方面综合论证了修建滨江路的必要性和可行性，特别是对建设资金的筹集，提出了财政投资、单位集资等多种渠道和发动军民义务劳动，尽可能利用现有路基等节约措施，为市委、市府的决策提供了重要的参考意见。

二、充分发挥民主监督作用，推动我市改革、开放和建设事业的发展

人民政协是发扬社会主义民主的一条重要渠道。一年来，本会组织政协委员和有关人士，在积极参加大政方针协商讨论的同时，采取专题调查、参观考察、委员提案等多种方式，广开言路，广开才路，对党的方针、政策和国家法律、法令的执行情况以及本市改革、开放、两个文明建设中重大决策的实施情况实行了民主监督。

一、组织参观考察。今年全国政协六届五次会议召开前夕，我们按照全国政协办公厅的要求，围绕反对资产阶级自由化和“压缩空气”两件大事，组织在渝的全国政协委员，听取了本市有关部门的介绍，深入基层进行参观考察，就开展四项基本原则的宣传教育，继续完善我市计划单列的内容，深化经济体制改革，抓紧粮食生产和邮电、城建、电力、

交通、乡镇企业、环境保护等重大问题提出了意见和建议。3月下旬到4月上旬，我们又组织省、市政协委员270余人，分别就企业“两增两节”，农村抗旱救灾，落实“三胞”“四属”政策，江北机场、石门大桥重点工程建设，“星火计划”执行情况，体育师资培训，学校法制教育，区、县文化中心建设，尊重民族风俗，重点开发区的托幼园所建设，宗教活动管理，市、区、县的医卫体制改革等14个专题进行了考察。同时委托区、县政协就地组织了考察。向政府和有关部门提出了各种应兴应革的建议。

二、开展专题调查。一年来，我们组织政协委员和有关人士，针对我市农业生态环境日趋恶化，森林资源遭受严重破坏，实施九年制义务教育困难较大等问题，多次进行专题调查，向市委、市政府及有关部门反映情况，提出批评和建议。如政协委员去年再次对大足南北山生态农业试验区进行调查，充分肯定了试验区所取得的成绩，提出了举办生态农业培训班和推广试验区经验的建议。6月底，市委、市府在大足县召开了生态农业座谈会，并决定将试验范围扩大到沙坪坝、江津、潼南、巴县等四个区县。市农委组织了历时半月的“重庆市生态农业培训班暨经验交流会”，为21个区县培训了生态农业骨干。又如，本会农业组会同市林业局和江津县政协、县林业局联合对江津四面山林区生态环境再次进行调查，对经市政府批准列为自然保护区以后仍存在的管理混乱、乱砍滥伐等严重问题提出了批评，建议加强管理，恢复植被，综合开发，受到市政府重视，有关部门已提出具体措施，正在逐步落实。再如，本会民族组会同有关部门，深入沙坪坝区和九龙坡区，对少数民族工作进行调查，发现一些单位和群众不大尊重少数民族的感情和习俗，有的民族政策不够落实，藏族中学还存在一些亟待解决的问题，立即向市委、市政府反映了情况，并提出了加强宣传教育、落实民族政策、改进民族食品供应等建议。

三、委员提案是政协实行民主监督的一条重要渠道。八届四次会议以来，本会委员共提出提案321件。与过去相比，一年来提案工作的突出特点是：(1)提案数量大幅度增加，仅八届四次会议期间收到的提案就为八届三次会议提案的1.4倍。(2)提案质量有明显提高，大多数提案着眼于全局，着眼于发展，紧紧围绕本市的改革、开放、两个文明建设和群众生活中的重大问题，反映情况，提出建议。(3)多数承办单位对委员提案十分重视，办理认真，有271件占总数85%的提案，在半年之内办理完毕，回复了委员。通过委员提案的办理，对于正确执行党和国家的方针、政策，做好各项工作，减少失误，克服官僚主义，起到了积极的作用。也有少数承办单位工作不够负责，我们催办督促也不力，因而一些应该办理又可能办理的提案，没有认真办理，这是我们今后工作中要认真注意解决的。

为了更好地实行政治协商、民主监督，本会同市委统战部举行了“长期共存，互相监督”方针提出三十周年座谈会，与各民主党派、无党派人士一起，回顾了在共产党领导下实行多党合作的历程，探讨了在新形势下如何贯彻长期共存，互相监督，巩固和扩大爱国统一战线的问题。

三、认真贯彻中共十二届六中全会决议，努力为社会主义精神文明建设服务

社会主义精神文明建设，是关系社会主义兴衰成败的大事。发挥智力优势，推进社会主义精神文明建设，是人民政协在新时期的一项重要任务。去年9月，中共十二届六中全会通过了关于社会主义精神文明建设指导方针的决议。10月，本会召开了八届十八次常委会，对如何学习贯彻这个决议进行了讨论，明确了政协组织在精神文明建设中的优势和责任，做出了《关于认真学习贯彻中共十二届六中全会〔决议〕的决议》，号召我市各级政协组织、政协委员和各界人士，为推动社会主义精神文明建设做出更大贡献。在为精神文明建设服务方面，本会着重抓了以下工作：

第一，帮助委员和各方面人士学习党和国家的有关方针政策，了解各条战线的形势。本会多次邀请市委和市府有关部门的负责同志，作关于反对资产阶级自由化，经济体制改革和经济建设，增产节

约、增收节支，农业生产，城乡建设和财政税收状况等报告。根据自愿的原则，由部分政协委员和有关人士组成的本会直属学习组，紧密围绕中心任务，及时学习了中共中央有关文件，加深了对党和国家方针政策的理解。本会还会同有关部门举办了妇女“四自”精神讲演会和宗教界人士为“四化”服务经验交流会，举办了医德、教育等各类报告会，调动各界人士为社会主义服务的积极性；配合中纪委赴渝调查组，召开了有民主党派负责人和无党派人士参加的党风党纪座谈会，听取了意见和建议。重庆社会主义学院先后举办了三期民主党派干部培训班、一期统战干部培训班和一期民族宗教干部训班，培训了220多名学员。

第二，本会教育组围绕教育体制改革和实施九年制义务教育，与市中区政协联合，对市中区实施九年制义务教育的情况进行了调查，对该区从实际出发，采取总体规划，分期实施，逐年安排，责任到校的步骤给予了肯定，并深入五十六中学，同学校一道，总结了加强领导班子建设，明确办学指导思想，建立科学管理，培养教师队伍，挖掘内部潜力进行教育改革的经验，建议教育行政部门组织推广。本会体育组联合沙坪坝区政协，深入部分中、小学，对体育教学及课外活动开展情况进行了调查，对加强中小学体育教学，加强体育师资培训等问题提出了建议。本会医卫组配合卫生行政部门，解决了发挥退休医卫人员作用中的一些实际问题，配合检验中心，举办了检验师培训班。

本会法制组和妇女组配合法制教育，联合有关单位，深入市少管所和市中区南纪门街道，对违法青少年的教育工作进行专题调查，本会负责同志对违法青少年进行了前途教育，还组织了各民主党派和有关人民团体以文艺演出的形式对他们进行了法制宣传。同时还举办了有关法律知识的讲座，并去建工学院和二十九中进行了普法教育考察。

第三，为了配合全市精神文明建设，开展革命传统教育，去年11月和今年3月，本会积极参加了“一一二七”烈士殉难三十七周年和“三三一”惨案六十周年纪念活动的筹备工作，较好地完成了歌乐山烈士群雕铭文和“三三一”惨案志略的编写任务。邀请了各民主党派、工商联负责人举行纪念“三三一”惨案六十周年座谈会，缅怀先烈，继承遗志，激励为社会主义现代化建设服务的积极性。《重庆政协报》与市委党史工委、市地方志编纂委员会联合为“三三一”惨案六十周年印发了专刊。文史资料研究委员会与有关单位联合，编辑出版了《漆南薰遗著选编》。

第四，为促进社会主义精神文明建设，本会新闻组继续开展新闻评论活动。先后对《重庆日报》《重庆晚报》《重庆政协报》《重庆工人报》、重庆广播电台和电视台的新闻节目以及本市出版发行工作进行了评论。就如何进一步坚持四项基本原则，发挥社会主义宣传文化阵地的作用提出了有益的意见和建议，还积极协助政府在市中区落实了部分报刊亭的建设。一年来《重庆政协报》积极宣传党的统战理论和方针、政策，报导政协和各民主党派的工作经验和为“四化”服务的先进事迹，并撰文立言，针砭时弊，进一步发挥了“立足统战，面向社会”的特色，经省委宣传部批准，已自今年1月起公开发行。

第五，为了进一步贯彻党的“百花齐放，百家争鸣”方针，创造民主、团结、融洽的气氛，推进我市科学文化事业的发展和繁荣，本会于去年7月召开了纪念“双百”方针提出三十周年座谈会。与会同志共同回顾了30年来贯彻这一方针所经历的曲折历程，提出了进一步贯彻这一方针的具体意见和建议。为了进一步发挥文史资料工作在社会主义精神文明建设中的作用，本会文史资料研究委员会，在继续办好《重庆文史资料》的同时，加强了对文史专书的编辑整理，并注意了向专题化、系列化的方向发展。到目前为止，已经出版《重庆地方史资料丛刊·巴蜀史稿》《重庆文史资料丛刊·辛亥革命重庆纪事》和《第二次国共合作纪实丛书·国民参政会》卷（上卷、下卷和续编）。此外，本会还同川、云、贵、藏四省、区政协协作，由本会编辑整理了《抗日战争时期的大西南》丛书的第一本《大西南的抗日救亡运动》。这些书刊深受各界人士和历史学界的欢迎。今年10月我国将在南京召开、有三十几个国家的学者、专家参加的"中华民国史讨论会"，经中共中央宣传部指定，《国民参政会纪实》一书作为在会上与国外学者交流的书刊之一。

四、学习贯彻中共中央和省、市委有关统战、政协工作的指示，加强我市政协工作，促进社会主义民主政治建设

中共中央对新形势下的爱国统一战线和人民政协十分重视，去年先后下达了有关统战、政协工作的6个文件。全国政协和中央统战部先后召开了地方政协工作座谈会和全国统战工作会议，讨论了统一战线面临的新形势、新特点，进一步明确了人民政协工作的指导方针和工作任务。去年4月，中共中央办公厅〔1986〕10号文件下达以后，本会集中一段时间，分别组织机关处以上干部和区、县政协负责同志，逐字逐段进行学习，联系实际，以新时期人民政协的性质、地位、作用为中心议题，从建设社会主义民主政治、完善共产党领导下的多党合作、建设有中国特色的社会主义的高度，反复进行讨论，对如何实现政治协商、民主监督的经常化、制度化进行了比较深入的研讨，从内容、程序到形式、方法提出了较为可行的具体意见，向市委写出了报告。部分区、县政协也形成了正式建议，经区、县党委批准实行。去年8月，中共四川省委办公厅转发了省政协党组《关于贯彻中办发〔1986〕10号文件的意见》(即川委办〔1986〕55号文件)。今年3月，市委召开了全市统战政协工作会议。3月20日市委发出了《关于加强统战政协工作的意见》(即渝委〔1987〕3号文件)。通过学习贯彻中央和省、市委有关统战政协工作的指示，有力地推动了我市政协工作的进一步开展，促进了我市社会主义民主政治的建设。主要表现在：(1)在全市范围内普遍进行了一次党的统一战线理论、方针、政策和人民政协性质、地位、作用的宣传教育，使广大干部、群众特别是各级领导干部进一步认识到在新的历史时期，爱国统一战线仍然是党的一大法宝，人民政协是爱国统一战线的组织，是以共产党为领导的多党合作的主要形式和发扬社会主义民主的一个重要渠道，在建设有中国特色的社会主义的进程中，担负着重要的任务，发挥着不可替代的作用，自觉克服轻视统战、政协工作的错误思想和偏见，更加重视、支持人民政协和各民主党派开展活动。(2)我市人民政协把思想和精力集中到对大政方针的研究与决策上来，更好地行使政治协商、民主监督的主要职能，提高了参政议政水平。(3)各区、县政协结合换届，领导班子得到调整和加强，年龄结构有了改善，委员中增加了一批新的代表人物，政协机关建设也有所加强，使政协工作更加富有生机与活力。

五、加强"三胞"工作和海外联谊活动，为实施"一国两制"方针服务

随着改革和开放的不断深入，特别是中共中央关于"一国两制"方针的提出和香港问题的圆满解决，爱国统一战线的形势、任务、范围、对象和工作布局发生了深刻的变化。为了适应这种新形势，我们根据中共中央关于统战工作要"开阔眼界，走向世界，广交朋友，联络友谊"的指示精神，加强了"三胞"工作和海外联谊活动。

首先是组织学习，提高对实施"一国两制"方针重大意义的认识。去年，本会直属学习组的同志和机关干部认真学习了中共中央办公厅〔1986〕17号文件和中央领导同志关于"一国两制"方针的论述，重庆社会主义学院开办了政协委员"一国两制"研讨班，协助市台联举办了台胞、台属第二代培训班，加深了对"一国两制"方针的理解。中葡两国关于澳门问题的联合声明草签以后，我们邀请了各民主党派、工商联负责同志举行座谈。大家一致认为，澳门问题的顺利解决，是继香港问题后又一次解决国际遗留问题的范例，使和平统一祖国又迈出了新的重要的一步，体现了"一国两制"方针的强大生命力，表示要动员自己的成员，为和平统一祖国继续贡献力量。

其次是从内地城市的实际出发，开展海外联谊工作。一年来，我们继续对政协委员中"三胞""四属"的基本情况进行摸底调查，对他们在台、港、澳

和国外亲属的情况作了初步了解。继续协助有关部门，落实“三胞”“四属”政策，帮助他们勤劳致富。同时，我们热情接待了来我市探访亲友，观光旅游，洽谈贸易和进行科学文化交流的台、港、澳同胞和来自美国、英国、泰国、新加坡的海外侨胞、外籍华人；接待了沪港经济发展协会、“文物之友”海外人士参观旅游团。重庆文史书店为满足海外人士的需求，在国内各地为他们选购并邮寄了近千册文史书籍。通过这些活动，顺乎自然地宣传了祖国大陆改革、开放、“四化”建设的成就和和平统一祖国的方针，广交了朋友，联络了友谊，扩大了影响，并初步摸索了立足内地发展海外联谊活动的新路子。

第三，运用重大节日和纪念日，开展多种活动。去年是孙中山先生诞辰一百二十周年和辛亥革命七十五周年，本会积极响应全国政协关于举行隆重纪念活动的决定，会同民革重庆市委，举行了规模盛大的纪念会和《试论孙中山先生的经济建设思想》专题报告会。参加这些纪念活动的，有本市党、政、军的负责同志，有各民主党派、工商联的负责人和各界代表人士，还有孙中山先生的亲属和辛亥革命历史人物的后裔。通过纪念活动，回顾了孙中山先生的革命实践，扩大了爱国主义的宣传，调动了各界人士继承中山先生的遗愿，为统一祖国服务的积极性。一年来，本会还在元旦、春节、中秋、国庆等重大节日，多次举行座谈或联欢活动，在“八一”建军节组织本市著名书画家到驻军进行慰问，扩大了联系，增强了团结。

第四，为了总结经验，探讨问题，今年1月，本会首次召开了“三胞”工作经验交流会。参加会议的有各民主党派，区、县政协和有关部门的负责同志。会议介绍了外地先进经验，交流了我市“三胞”工作经验，讨论了在今后工作中加强相互联系和协调等问题。

根据中共中央关于开展人民外交的指示精神，去年10月，本会还接待了应全国政协邀请访问我国的波兰民族复兴爱国运动代表团，向客人介绍了我市经济体制改革和建设的情况，相互交流了工作经验，客人们还参观考察了市容和市场。通过这次接待，增进了中波人民的友谊和两国统一战线组织之间的相互了解，并为地方政协开展人民外交活动初步摸索了一些作法和经验。

六、适应改革、开放的新形势，发展政协组织之间的横向、纵向联系

改革、开放和两个文明建设的稳步发展，为人民政协进一步发挥作用创造了有利条件，也为政协工作的发展提供了广阔的领域。从去年5月全国计划单列城市政协工作协作会首次会议在我市召开以来，本会进一步发挥中心城市政协的作用，突破地区局限，向横向、纵向两个方面逐步深入和发展。

一年来，本会先后参加了在南宁举行的重庆、成都、昆明、贵阳、南宁等西南五市政协工作协作会第一次会议，在广州举行的全国计划单列城市政协工作协作会第二次会议，在贵阳召开的川、滇、黔、桂、湘、渝五省区六方政协“智力支边”联系会第一次会议和在拉萨召开的西南地区政协文史资料工作第四次协作会议。截至4月中旬接待了来自全国各省、市、自治区的150个政协参观考察团，共1000余人。通过这些活动，所收到的主要成效是：第一，同各地政协加强联系，沟通了信息，初步建立起政协组织之间的横向联系网络。第二，政协组织相互之间交流了经验，探讨了问题，推动了工作的发展。第三，利用政协渠道，为发展地区之间经济协作做了牵线搭桥的工作。如贵州会议上，本会推动我市有关部门和单位同到会各方签订了86个意向性协议。目前，这些协议大部分正在逐步付诸实施。第四，政协组织之间的横向联系不仅为经济建设服务，而且逐步向为实施“一国两制”方针服务和为社会主义民主、法制建设服务的方向发展。在南宁会议和广州会议上，我们同兄弟政协着重交流了加强与“三胞”的联谊，开展海外统战工作的情况和经验，探讨了政协工作如何为实施“一国两制”方针服务的新途径，从而有利于在更广阔的领域内发挥人民政协的职能作用。

过去的一年，本会根据《政协章程》的规定，进

一步加强对区、县政协的联系和指导。继续邀请区、县政协负责同志列席本会有关会议，建立两级政协的信息网络；同区、县政协联合组织活动，推动区、县政协更好地为改革、开放和建设服务；发挥中心城市政协的优势，协助区、县政协推动区域性“老、大、难”问题的解决。去年6月，我们抓住省政协即将召开市、州、县政协工作座谈会的有利时机，协助各区、县政协从实际出发，发挥所长，认真回顾和总结工作，整理了内容充实、各具特色的经验介绍材料。有6个区、县政协的材料，在省政协召开的市、州、县政协工作座谈会上交流印发。去年年底，本会还组织召开了区、县政协委组工作会议，着重探讨了新时期政协工作委组的性质、任务、作用、组织形式、领导体制以及如何开展好委组活动等问题，对促进两级政协委组工作的进一步开展起了积极的作用。

随着政协工作的发展，已日益明显地呈现出向基层延伸的新趋势。全市农村的区、乡（镇）、城市的街道和部分大型企业、大专院校的政协委员小组发展很快，截至3月，已建立220个。这些小组以政协委员为主体，团结所在地区和单位的各方面代表人士，因地制宜、灵活多样的开展活动，宣传党的方针、政策，对基层的一些重大问题进行了协商监督。

综上所述，过去的一年，是本会行使政治协商、民主监督职能更加经常、较有成效的一年，是为改革、开放、两个文明建设服务，社会主义民主和法制建设服务取得新进展的一年，是为实施“一国两制”方针服务，开展“三胞”工作和海外联谊活动迈出新步子的一年，也是政协工作横向和纵向联系不断扩展和深入的一年。这些成绩的取得，是本会和全体委员在中共十一届三中全会路线的指引下，在中共重庆市委的领导下，坚持四项基本原则，坚持“改革、开放、搞活”方针的结果；是我市各民主党派、工商联同我们亲密合作，共同奋斗的结果；是我市各族人民、各界人士和党政有关部门、有关人民团体、各区、县政协大力支持、密切协作的结果。在总结工作肯定成绩的时候，也应清醒地看到我们工作中还有许多不足之处，主要是：政治协商、民主监督的经常化、制度化还不够完善，海外联谊工作还刚起步，政协委员的作用发挥得不够充分，机关工作作风和效率还不适应新形势的要求。总之，面对发展着的形势，本会的工作还应加强调查研究，建立健全制度，改进工作作风，努力开拓前进。

关于常委会今后的工作，应按照中共中央和国务院的统一部署，在中共重庆市委的直接领导下，深入贯彻十一届三中全会路线和“长期共存，互相监督，肝胆相照，荣辱与共”的方针，认真贯彻落实中共重庆市委关于加强统战政协工作的意见，紧密围绕“压缩空气”和反对资产阶级自由化两件大事，发挥政协的职能和优势，多领域、多层次、多渠道、多形式地进行政治协商和民主监督。

一、加强坚持四项基本原则的学习和宣传工作。继续组织和推动政协委员和有关人士在自愿基础上学习马克思主义、毛泽东思想，学习党的路线、方针、政策，学习党的统战理论和有关统战政协工作的一系列文件。当前首先要学习中共中央有关反对资产阶级自由化的文件，使大家深刻领会这场斗争关系到国家的命运，关系到社会主义的前途，关系到改革、开放的成败，具有重大的深远的意义，在维护安定团结政治局面，坚持四项基本原则，反对资产阶级自由化的斗争中发挥应有的作用。

二、充分发扬社会主义民主。围绕大政方针、“四化”建设和人民生活中的重大问题，积极开展政治协商，主动参与宏观决策，并尽可能把协商工作做在决策之前，使之成为领导决策民主化科学化的必要程序，努力做到经常化、制度化。要采取多种形式，通过多种渠道，进一步加强民主监督，主要是对党的方针、政策和国家法律、法令的执行情况，重大决策的实施情况，党政干部遵纪守法情况和群众反映强烈的问题的解决情况实行监督，帮助党委和政府克服官僚主义，纠正不正之风，提高办事效率，密切与群众的联系，推进我市社会主义民主政治的建设。

三、充分发挥政协综合人才库的整体功能，围绕经济体制改革和经济建设多方面开展活动。在农村，重点是围绕实施“星火计划”，抓好粮食生产，增强农业后劲，发展农村经济；在城市，重点是围绕“两增两节”，深化改革，搞活大中型企业，提高经济效益。通过参观考察、专题调查、专题研讨、咨询服务等方式，推动“七五”计划的进一步实施。

四、深入贯彻中共十二届六中全会决议，推进社会主义精神文明建设。继续组织和推动政协委员和各民主党派成员，运用较丰富的政治阅历和学识，在所联系的群众中、特别是对青少年进行爱国主义和革命传统的宣传教育。广泛宣传全国人大常委会《关于加强法制教育维护安定团结的决定》。围绕教育科学文化领域各项改革的深化，深入调查研究，反映新情况，提出新建议。同时积极筹备周恩来同志九十诞辰纪念活动。正式建立诗词研究会和书画研究会。《重庆政协报》要在坚持四项基本原则和巩固扩大爱国统一战线的宣传上发挥更大的作用。

五、进一步做好对港澳同胞、台湾同胞和海外侨胞的统一战线工作。从内地城市的实际出发，通过多种渠道，顺乎自然地促进海峡两岸、海外各阶层人士的了解和交往，为推进“一国两制”方针的实施，实现祖国和平统一继续努力。

六、进一步加强对区、县政协和基层委员小组的联系和指导。组织交流经验，研讨共同性的问题，推动政协工作向基层进一步发展。同时，要采取可行的措施，加强同兄弟政协组织的联系，并为在我市召开西南五省六方、政协“智力支边”协作会第二次会议和西南地区文史资料协作会第五次会议作好必要准备。

七、为明年本会换届做好各项准备工作

各位委员：

当前我们面临的形势大好，经济稳定、政治稳定，但也要充分认识我们所肩负的任务还十分艰巨。我们必须继续高举爱国主义旗帜，全面正确地贯彻执行十一届三中全会路线，在中共重庆市委的领导下，团结一致，艰苦奋斗，开拓前进，为进一步发展我市政协工作的新局面，为认真办好今年的两件大事，推动我市改革、开放和社会主义现代化建设，为实现统一祖国、振兴中华的宏伟目标做出更大的贡献。

三、全委会

丁长河同志在市委第四届三次全委会结束时的讲话（摘要）

（1978年11月28日）

同志们：

市委第四届三次全委会，开了六天，今天就要结束了。我们这次全会，是在全国人民为加快实现四个现代化步伐，开始新长征的转折时间召开的。会上补选、新选了出席省代会的代表，并着重学习了华主席和中央其他领导同志在国务院务虚会和全国计划会议上的讲话，听取了汉卿同志关于省计划会议的传达报告。市委各部委负责同志在会上汇报了工作，大家议论了我市今冬明春，特别是明年的工作问题，会议发扬民主，畅所欲言，同志们对全市工作中的问题提了一些很好的批评和建议，整个会议思想比较活跃，可以说开得很好。

关于今年计划预计完成情况和明年的安排设想，汉卿同志的传达报告和计委魏明光同志的汇报中已经讲了，我就没有更多讲的了。我想着重讲一下对明年工作的认识问题。

明年是华主席提出的“抓纲治国，三年大见成效”的一年，是全国人民加快实现四个现代化、开始新长征的重要的一年。也是建国三十周年大庆的一年。我们必须根据华主席“思想再解放一点，胆子再大一点，办法再多一点，步子再快一点”的指示，解放思想，开动脑筋，多想办法。根据毛主席制定的社会主义建设路线、方针和政策，大胆进行一系列变革，实行“三个转变”。这就是：从上到下都把主要注意力转到生产建设和技术革命上来；按客观规律办事，从小生产式的甚至封建衙门式的落后管理方法，转到符合社会主义大生产要求的科学管理的轨道上来；从不敢同发达的资本主义国家进行技术交流，转到积极引进外国先进技术，尽量利用外国资金，为我国社会主义建设服务。实行这“三个转变”，关键是解放思想，如果思想不解放，就很难谈得上“胆子大，办法多，步子快”的问题。如果思想不解放，实行“三个转变”，加快四个现代化的步伐也就是一句空话。只有解放了思想，大胆地实践，才能冲破一些现成的框框，勇敢地改革一切不适应生产力发展的生产关系，和不适应经济基础的上层建筑。在政治挂帅的前提下，充分发挥经济手段和经济组织的作用，在经济领导工作中，才能坚决摆脱墨守行政层次、行政区划、行政便利、行政方式，不讲经济核算、经济效果、经济责任的老框框，打破小生产的狭隘眼界。改变手工业式、小农经济式、甚至封建衙门式的管理方法，掌握领导和管理现代化工农业大生产的本领，促进生产建设的调整发展。

为了完成明年繁重的革命和建设任务，我们必须抓紧以下工作：

一、继续深入揭批林彪、“四人帮”，彻底砸烂精神枷锁，拨乱反正，正本清源，促进思想大解放

揭批“四人帮”的伟大斗争，已经进行了两年。并取得了决定性胜利。但林彪、“四人帮”那一套假左真右的反马克思主义思想的流毒和影响，还没有完全肃清。他们在政治和经济、革命和生产、生产力和生产关系、自力更生和引进技术、发扬共产主义风格和按劳分配等一系列重大关系问题上所制造的混乱，还没有完全澄清。他们设置的精神枷锁，在一定程度上还禁锢着人们的思想，不少同志工作起来仍然心有余悸，思想上条条框框还很多。比如有的对于经典著作上没有写的，上级没有指示的，就不敢想，不敢讲，更不敢做；对于经典著作上写了的，上级规定了的，有时也没有从实际出发，提出符合实际的贯彻方法，创造性很差。有的对于实践证明是正确的东西，不敢坚持；实践证明是错误的东西，不敢抛弃，怕被说成是“资本主义”“修正主义”和否定“文化大革命”成果，否定了自己的工作成绩等等。总之，“四人帮”的这些精神枷锁不打碎，不扫除阻碍四个现代化前进的垃圾，就不能解放思想，就必然影响人民大干社会主义的主动性和创造性。

现在的问题是，我们有的同志，对林彪“四人帮”在思想上、理论上制造的混乱及其流毒和影响认识不足，看不到肃清林彪、“四人帮”流毒和影响的长期性和复杂性，看不到肃清林彪、“四人帮”流毒和影响，对于解放思想，推动生产高速度发展的关系，认为该揭的揭了，该批的批了，大批判差不多了，现在该集中力量抓生产了。这样的认识是不对的。我们要根据省委最近指示的精神，进一步提高认识，继续加强领导，把大批判放到各级党委的议事日程上，认真抓紧抓好。在指导思想上，要把大批判紧紧围绕解放思想、加速四个现代化这个中心来进行，扫除实现四个现代化的障碍。在批判内容上，要同理论学习、理论讨论的内容一致起来，避免各搞一套，互相冲击、抵消力量。在具体作法上要紧密联系实际，同企业整顿、落实政策和生产建设中的问题联系起来，方法灵活多样，使大批判更好地推动各项事业向前发展。省委最近召开的理论工作会议和计划会议，对大批判的重点已有了明确要求，曾子军同志也有个发言，我想可以照那样去做，这里就不多讲了。

关于清查工作，庆如同志发言中已讲得很明确了。我想重复强调的是：现在就我们全市范围来说，清查工作基本上已结束了，但还必须在今年内，最迟春节以前，善始善终地做好扫尾工作，力争不留隐患，不留尾巴。要防止马虎了事，草率收兵。当前要抓紧以下工作：第一，认真搞好检查验收。市委各口和各区、县，对本系统、本地区所属单位运动的进展情况，立即着手进行一次全面检查，区别不同情况，分类指导，检查验收。验收要发动群众，采取领导与群众相结合的办法进行。验收合格，就宣布该单位清查工作结束；不合格的，要抓紧做工作，限期解决存在的问题。第二，要扩大教育面，缩小打击面。工作中，要严格区分两类不同性质的矛盾，认真执行党的政策，这是夺取运动全胜，不留尾巴的关键。当前有的干部、群众要求处分面要大、处分要重的思想，应当认真解决。要耐心做好思想政治工作，加强政策教育，把大家思想统一到党的政策上来，多做思想转化工作，真正做到团结95%以上的干部和群众，调动一切积极因素，尽可能地化消极因素为积极因素，为社会主义服务。这样，才能更有效地打击一小撮顽抗到底的死硬分子。第三，定案材料要搞好。要坚持实事求是，严肃认真的态度，做好所有材料的查证核实工作。不要怕麻烦，不要怕反复。与其将来麻烦，不如现在麻烦；与其将来反复，不如现在反复。总之，对于人的处理要持慎重态度，不要为将来工作留下尾巴。第四，被监护人员的处理问题。对于三类人员作最后处理，看来还有一段时间。长期监护在那里也不好。有些人，可以将他们解除监护，放到基层边劳动，边检查，接受批判，听候处理。总之，列入清查

对象的，要尽量少抓人、少关人；要多批判，批深批透，分清路线是非。那种认为抓人、开除人越多越好，成绩才越大的思想，是不对的，必须加以纠正。

二、统筹兼顾、全面安排

建设社会主义，要统筹兼顾，全面安排，这是毛主席一贯的思想，是我党历来的方针，为了加快四个现代化的步伐，夺取抓纲治国三年大见成效的更大胜利，我们各项工作必须认真贯彻这一方针。

现在，市里各部门、各区县、各单位，都在为明年工作订计划，作安排，考虑怎样把步子迈得大一点。这就要求我们从统筹兼顾的观点出发，很好地研究有计划按比例发展的问题。例如农业和工业的比例。农、轻、重的安排；农业怎样实现以粮为纲，多种经营全面发展，因地制宜，适当集中；工业中的基础工业和加工工业；城市建设的"骨头"和"肉"的关系等等，都要统筹兼顾，全面安排，综合平衡。不注意基础工业和加工工业之间的比例，就可能搞"无米之炊"。还有商业服务行业的发展，商业网点的布置，文教卫生体育事业等，这几年欠账较多，应当与生产建设事业的发展相适应起来。

搞城市建设、工业改组，也要统筹兼顾，全面安排。统筹规划，决定前要集思广益，多听各方意见，决定后各单位都要服从统一规划，不能各顾各的，不能只管一家，不顾全局。现在城市规划中碰到的问题很多，扯皮的事情不少。比如，有的单位，完全可以建在郊区，但他非要往市中区挤不可；有的单位还应该迁出市中区，但就是不愿走；有的单位不按统一规划，"见缝插针"，不领施工执照，在圈子里乱修乱建；建设中因征地也扯皮不休，这就给城市建设的统一规划带来很多困难。有的单位竟还提出土地所有权问题，说"这块土地是我的，谁也不能动、不能管"。其实土地产权归谁所有，本来是个不成问题的问题。谁都知道土地是国家的，是全民所有，在重庆的国家政权机关就是市革委（市革委要服从省革委、国务院自不待言），市革委责成市建委、市农委处理建设中的土地问题，他们根据城市建设需要，全盘安排本市土地的使用，各单位应该服从。今年，在市中区原则上不再迁入或建立新单位。新建住房主要用于改善现有居民住房条件，不能再增加户数和人口了。凡有污染和噪音的生产单位，要逐步迁出市中区。将来市中区主要是机关、学校、商业、文艺、港口和没有污染、噪音的生产高、精、尖产品的行业。建委要把好这个关，各方面都要支持。不然，"大城市越搞越大，要多搞小城市"就是一句空话。

城市住宅建设、商业服务网点的设置，也要统筹兼顾，全面安排。加快城市住宅建设，迅速解决职工住房紧张的问题，是关系到发展生产、改善人民生活、发展安定团结的大好形势的一件大事。过去，我市城市住宅建设缓慢，与工业建设的发展和职工人数的增加很不适应，加之城市建设、城市改造和商业网点建设结合不好，商业服务网点严重不足，分布也不合理。解决这个问题，急不可待，刻不容缓。一定要统筹兼顾，有计划有步骤地加以解决。近郊八个区（双桥区除外），每个区要先抓两、三个街道的商业网点布局试点，然后逐步推开，全市要求在一年内做出显著成效。市建委提出的住宅建设规划，一经确定，就要组织有关方面的力量，保证实现。盖工厂，不能只盖厂房，也要想到职工睡觉、吃饭、理发、洗澡、治病、看戏、小孩上学、上托儿所等等问题，相应地解决商业服务网点和生活设施配套。新上的建设项目，一定要通盘考虑。过去建设的居民区、工矿区，不配套的要从实际出发，缺什么补什么，该补的补，该建的建。要抓住重点，分别轻重缓急。百事俱兴，结果都上不去。比如有的居民区，没有任何商业网点，就要首先把那里的网点搞起来。解决住房也不能完全靠筹建新住宅，必须十分注意抓维修旧房的工作，全市有各类危房102万平方米，房管部门要认真搞好维修。就是新建的房屋，用一段时间以后，也要维修，否则，房屋的寿命就要缩短。

还有一个待业人员的安排问题。全市有六万城镇待业人员要根据经济建设、城市建设发展的需要，有计划有步骤地安置就业。现在，安排社会劳动力同招收职工子女、办大集体同支援社队企业有一些矛盾，劳动部门应会同有关单位很好研究，加以解决。

三、按照经济规律办事，促进工农业生产的高速度发展

华主席、党中央在许多重要指示中，都强调了研究、掌握、运用客观经济规律的重要性。我们工农业生产明年要得到高速度的发展，正确的认识和掌握经济规律十分重要。联系我市实际，我们应当研究这样几个经济规律问题。

一是社会主义经济有计划按比例发展的规律（这在前面已经讲了，不重复了）。

二是遵守和运用价值规律。价值规律是商品经济和普遍规律，在社会主义条件下，它仍然有着十分重要的作用。毛主席曾指出"这个法则是一个伟大的学校"。这些年来，我们在这个规律面前教训深刻，吃亏不小。因此，在制定经济计划，执行价格政策、改善工农业经营管理等的时候，一定要反映价值规律的客观要求。例如在制定经济计划时，要充分研究生产建设和人民生活的需要。今年我市财政收入中，企业欠税欠利达6000万元，就是产品积压、管理不善的具体反映。直到现在，我们有的厂生产的商品一出厂就是积压，有的甚至削价还卖不出去。这是受到价值规律惩罚的例子。今后我们制定计划，一定要注意价值规律，实行择优安排、择优供应、择优保证，把有限的原料、材料、动力用到最急需的地方去，发挥最大的经济效果。对那些管理好、产品质量高、成本低、消耗少、利润多、产品销路好的企业，就要大力扶持、优先保证，如像重庆蓄电池厂生产的30多个品种既有军用的，也有民用的，国内市场畅销，国外市场欢迎，产品质量一直受到用户好评。今年到9月为止，盈利近700万元。像这样的厂子就要优先保证。对那些质量低、消耗高、浪费大、品种不对路，亏本积压的产品，就要限制生产。要改变过去那种生产什么就收什么，生产多少就收多少的作法，必须按计划、按比例组织生产，组织销售，产、运、销、储、工商、农商，还有那些产销直接见面的几者之间，都要用合同联系起来，实行等价交换、平等互利的措施，促使企业生产出适应生产建设和人民生活需要的合格产品。

三是按劳分配规律。在社会主义制度下，国家、生产单位、生产者个人，利益是统一的。"四人帮"根本否定个人利益，这是违反马列主义、假左真右的反动思潮。实行按劳分配，就要真正按照劳动的数量和质量来计算报酬，进行分配。劳动得好，对生产有贡献，就要奖励，给予精神鼓励或发给奖金。现在许多企业这样办了，效果非常显著。重钢搞了些单项奖，对提高钢材质量，降低焦比、养活消耗很有作用，据他们统计，今年就节约和增加利润到2000多万元。这样大的经济效果，当然应当发奖金。今后企业中单项奖、综合奖、超产奖都可以搞起来。为了有力的推动农村的社会主义劳动竞赛，对于在粮食生产中做出显著成绩的社队应当给予适当的物质奖励，贡献越大，奖励就要越多。昨天农委调查组有个超产粮食给予奖励的办法（草稿），发给大家了。这个办法，今年可在江北县人和公社试一下，再总结推广。这是提出一个问题，基层干部可不可以奖？有人说干部是为人民服务的，不应得奖。这不对，我们基层工作的好坏，跟基层干部的关系十分密切，干部在劳动竞赛中担负了重要的经济责任，如果单位、车间、公社、大队、生产队在生产、科研中取得了显著成绩，干部付出的劳动比工人、社员还多，按照按劳分配原则，当然应当给他们发奖金。但奖金一定不要超过劳模、先进生产者过多，以免脱离群众。

在开展社会主义劳动竞赛，实行定、包、奖活动中，一定要注意安全生产，注意劳逸结合，保护工人、社员的身体健康。

四是逐步开展经济法庭的工作。为了扩大经济组织和经济手段的作用，我市工农商几个部门，都在许多范围内实行了合同制。实践证明，这是一种比较有效的形式，应当大力推广。但像我市这样的大工业城市，在执行合同和各种经济工作中，会碰到许多复杂的情况和问题，会发生许多争执和单凭行政手段不易解决的问题，这就必须开展经济司法工作，建立经济法庭，使这些争论得到迅速、公

正、准确的解决，保证国家、企业的物资、财产不受损失。会上，已将《关于建立经济法庭承审案件的几点设想》发给大家了，那个办法如果大家没有意见，就可以先试办起来。

四、认真落实党的政策，调动一切积极因素

落实党的政策，包括对人的政策和经济政策两个方面。关于落实经济政策的问题，上次市委召开的部局长会议，已按省委县书会议精神专门作了研究和部署，这里就不讲了，下面着重讲一下落实干部政策问题。粉碎“四人帮”后，以华主席为首的党中央，一再强调要落实党的干部政策。两年多来，我市各级党组织抓了这项工作，纠正、平反了一批冤、错、假案，落实了许多人的政策，取得了一定成绩。但是落实干部政策的任务仍然很重，工作量很大。“文化大革命”中作过结论需要复查的 8000 人中，现在已复查了的只 4000 多人，占一半左右。纠正反右、“四清”和历次运动中的错案，仅仅才开始。落实知识分子政策、老工人政策、统战政策，都还有许多工作要作。最近根据省委指示，还要认真抓好落实农村不脱产干部的政策问题。任务十分艰巨，上半年把落实干部政策的工作基本搞完。

我们按照中央的方针政策，对林彪、“四人帮”千万的冤、错、假案进行平反昭雪，纠正过去反右和“四清”中的错案，以及对历次政治运动中的大量申诉案件进行复查处理，是关系到巩固和发展安定团结的政治局面，调动广大干部、群众的社会主义积极性，加快四个现代化步伐的大事，必须坚持实事求是的原则，以对党对人民高度负责的精神来进行。不管是什么案件，不管什么时候，也不管什么人批的，涉及面有多大，情况有多复杂，都要坚持“有反必肃，有错必纠”的方针，分清是非，分清正确与错误，分清先进与落后，按照实事求是的原则，按照党的政策去认定、去处理。对的就坚持，错的就纠正。要克服那种怕否定“文化大革命”成果，怕否定历次政治运动，怕纠正一个带来一批，引起连锁反应，怕纠正自己经办的案件会丧失威信、丢面子等错误思想。各级党委要加强领导，党委主要领导同志要亲自过问这项工作，及时发现和解决存在的问题。各单位落实政策的班子不能撤，不能削弱。要改变目前一些单位犹犹豫豫，拖拖拉拉，很不得力的状况，把落实政策的工作做得更好。

五、关于民主和法制问题

建国以后，伟大领袖和导师毛主席、敬爱的周总理和党中央，历来十分重视发扬社会主义民主和加强社会主义法制的建设。毛主席 1962 年在扩大的中央工作会议上强调指出：“在我们国家，如果不充分发扬人民民主和党内民主，不充分实行无产阶级的民主制，就不可能有真正的无产阶级的集中制。没有高度的民主，不可能有高度的集中，而没有高度的集中，就不可能建立社会主义经济。”毛主席在制定我国第一部《宪法》时，就讲过：“一个团体要有一个章程，一个国家也要有一个章程。”毛主席还指出：“我们要求所有的人都遵守革命法制”“一定要守法，不要破坏革命的法制”等等。林彪、“四人帮”是社会主义和法制最凶恶的敌人，他们为了篡党夺权，极力破坏社会主义民主和法制的现象，大搞封建法西斯专政，谁触犯了他们的帮规帮法，或者仅仅因为说了一两句不满意他们的话，就被非法拘捕、抄家、拷打、游斗，有不少老干部、科技人员和革命群众被他们迫害致死，甚至株连亲属受到迫害。在林彪、“四人帮”的破坏下，造成了许多假案、冤案、错案。如本市的“一号专案”“川东地下党都是叛徒特务案”“军工潜伏特务案”等等，颠倒了敌我，混淆了两类不同性质的矛盾，使大批干部和群众受到迫害。

现在，林彪、“四人帮”横行霸道的时代已经一去不复返了。但是我们不妨想一想，为什么他们当时能够存在？为什么他们竟能在某一时间内横行无忌，而人民却无可奈何？其中一个重要的原因，就是我们的社会主义民主不健全。同时，保护人民民主的社会主义法制也不健全。在这种情况下，就往往容易形成凭“长官意志”办事 ，不走群众路线，不遵守社会主义民主和法制。甚至有的人目无党

纪国法,大耍权势,欺压群众,侵犯人权,甚至任意捕人,刑讯逼供,捆绑吊打,有的收受贿赂,贪赃枉法,草菅人命。这些情况说明,在那些没有社会主义和法制的地方,确实有导致法西斯专政的危险。

为了健全社会主义民主与法制,当前我们必须:(1)对干部进行社会主义法制的再教育。这是因为,党的路线、方针、政策被林彪、“四人帮”一伙搞乱了,国家法制被他们搞乱了。如在党的领导和执行法制问题上,有些同志有这样的糊涂观念,认为谁要强调法制,谁就是忽视、削弱党的领导。这种观点当然是不对的,我们国家是党领导的,法律是党通过国家来制定的、修改或废除的。遵守和执行法律,正是为了保证和加强党的领导,又如有的同志,把贯彻领导意图和执行法制混为一谈,认为凡是领导说了的都具有法律效力,都应照办。这也是不对的。法律是国家制定的,而个别领导同志的谈话(指示),有时符合法律,有时并不符合法律、甚至违反法律,至少是缺乏法定手续,因此不能作为量刑、判刑的标准,不能当作国法来执行。类似这样的糊涂观念,都要通过社会主义法制再教育,纠正过来。(2)要认真贯彻民主集中制。多年来,由于林彪、“四人帮”的干扰破坏,造成党内外的民主生活很不正常,这种情况必须迅速改变。各级领导干部,一定要广开言路,集思广益。在上下级之间、同志之间,都要讲团结,讲民主。要允许别人讲话,并且把话讲完,要实行“三不主义”——不打棍子、不抓辫子、不扣帽子,善于倾听不同意见。有的人对提不同意见或向上级领导反映情况的人进行打击报告,这种情况是不允许的,一经查明,不管是谁,都要严肃处理。(3)要加强来信来访工作。各区、县委和各级党委(党组)都必须有一位领导同志分管信访工作,亲自批办一些重要的群众来信,接见一些来访群众,对于群众来信来访中提出的问题,合理的、能解决的,应尽快解决;不合理的,要做好教育工作,至于少数人借口民主搞坏事,那是另外一码事情。对张贴、散发反革命标语、传单的人,那就不是发扬人民民主的问题,这些必须引起警惕和注意。

六、认真转变领导作风

华主席在党的十一大政治报告中号召我们,必须整顿党的作风,特别要保持和发扬群众路线、实事求是的优良传统。今年中央42号文件又号召我们,要重新学习毛主席关于《反对官僚主义、命令主义和违法乱纪》的文章,在作风上来一个大转变,同官僚主义、命令主义、形式主义的恶劣作风决裂,我们一定要深入实际,调查研究,坚持群众路线和实事求是的作风,说老实话,办老实事,做老实人,所有党员干部,特别是领导干部,都要以普通劳动者的姿态出现,在充分发扬民主的基础上,实行正确的集中,实施正确的领导,保证新时期总任务的胜利实现。

这些年来,由于林彪、“四人帮”的干扰破坏,在我们一些同志中确实滋长了官僚主义。李德生同志文章中列举了种种表现,如“霸王式”的官僚主义、“老爷式”的官僚主义、“收发式”的官僚主义。我看这几种官僚主义在我们有的单位也是不同程度存在的,最严重的是照收照转的官僚主义。犯了这种毛病的同志,工作不动脑筋,不负责任,对上级的指示、文件,照收照转,不结合实际,不提出问题,不讲求实效。你去检查他的工作,一问三不知,心安理得,无所作为,这种现象,必须改变。

当前,还存在机构臃肿、会议多、文件多和深入实际少、调查研究少,爱说大话、空话、废话、假话,不干实际工作等坏作风。有许多工作自己还未干就吹出去了;有些事自己干得并不那么好,却吹得好得不得了。特别在当前,我们要防止骄傲自满情绪,不要一听人家说重庆的形势好,就沾沾自喜,骄傲自满。实际上,我们同其他城市比,还有很大差距。如像我们农业的粮食亩产,还达不到全省的平均水平;工业总产值还赶不上常州、无锡;社队企业的产值还很低;基本建设水平和施工力量的组织还有不科学的地方;科技、文艺、卫生、体育事业的发展还很不适应当前形势的要求,与600万人的大城市不相称。所以,我们一定要谦虚谨慎,戒骄戒躁,扎扎实实地做工作,少说大话,少说空话,少说废话。要坚决克服"五多",不该开的会不开,不该发的文件不发,该开短会的不开长会,该写短文件的不写长文件。为了解决会议太多,领导干部无法下去的矛盾,今后市里开会,凡是基层有要紧事在办的,也可以请假,也可以找另外同志代理。特别是今年底明年初,要严格控制会议。例如先代会,今后不能层层开,除市、区县和厂矿以外,各系统、局、公司就不要再分头召开了。

为了彻底转变作风,我们还必须充分认识官僚主义、命令主义、形式主义的危害性。这些坏风,就其本质讲,大都是属于封建主义的意识形态,是反动统治阶级对待人民的反动作风,我们共产党人决不能沾染这种坏作风。如果有了这种坏作风,群众的心情就不会舒畅,积极性和创造性就受到压抑,新长征就迈不开大步。因此,我们一定要坚决响应党中央的号召,在领导作风上来一个大转变,以促进社会主义事业高速度地向前发展,夺取新长征的伟大胜利。

于汉卿同志在市委第四届四次全委(扩大)会议上的发言(摘要)

(1979年2月8日)

同志们:

1978年,工业战线各级党组织和广大职工群众,在党的十一大和全国五届人大精神的指引下,深入揭批林彪、"四人帮",整顿企业,落实党的政策,使工业生产出现了持续上升的局面。去年,全市提前18天完成国家计划,工业总产值达到54.68亿元,比上年增长24.9%。主要产品产量有较大幅度增长。多数产品质量提高,消耗下降。据统计,有58%的产品质量和42%的产品消耗,达到和超过了历史最好水平。全员劳动生产率比上年提高25%。财政收入比上年增加73.2%。交通运输货运量提前超额完成了国家计划。基本建设提前超额完成了全年的建安工作量和工业总产值计划,完成投资额3.8亿元,比上年增长17%。科技工作蓬勃发展,科研成果不断涌现。去年完成国家和省、市的科研项目226项,建成生产联动线、自动线50条,实现技术革新1.5万项,推广优选法、统筹法10万项,增产节约价值1亿多元。由于全市揭批林彪、"四人帮"的群众运动已胜利结束,安定团结政治局面的出现,国民经济得到进一步恢复和发展,这一切都为我们工作重点的转移准备了条件。

今年是全党工作着重点转移到社会主义现代化建设上来的第一年。根据全国、全省计划会议的安排,今年我们全市的工业总产值要达到60亿~62亿元,比去年增长11%~15%。主要产品产量要比去年有较大幅度的增长。产品质量要普遍升级,争取今年有一批主要产品进入全国的先进行列。主要经济技术指标,要达到本企业的历史最好水平,已经达到的,要赶超国内外的先进水平。在安排工业生产时,要切实抓好支农、轻工市场和外贸出口产品的生产,力争今年全市外贸收购额达到1.46亿元,比去年增长25%。国防工业要搞好军民结合、平战结合,努力完成国家下达的战备生产任务。在完成军品任务的前提下,积极安排生产民用产品。对国外引进的产品,要积极组织生产。交通运输要搞装卸机械化,不断提高运输效率。基本建设要缩短战线,确保重点,集中力量打歼灭战。今年要抓好电厂扩建、化工配套、纺织后处理、长江大桥、职工住宅、旅游大楼、民用气化等7个重点工程。并努力逐步实现"三化一改",即设计标准化、预制工厂化、施工机械化和墙体改革。科学技术工作,今年要抓好一步织袜机电子群控、玻璃液态拌料和溶制、30吨高精度电子汽车衡等26个重点项目的研究。今年财政收入要达到11.6亿元,比去年增加26%。今年的国民经济计划,在市计划会上已经作了安排部署,各部门各厂矿企业应进一步组织落实，发动群众完成和超额完成。

为了加快实现四个现代化，我们必须搞好国民经济的调整工作，坚持按照客观经济规律办事，大力提高生产技术水平和经济管理水平。我们应当抓紧抓好以下几项工作：

一、搞好三年调整，狠抓薄弱环节，为持续地高速度地发展工业生产打好基础

由于林彪、“四人帮”多年的干扰破坏，加上我们工作中存在的问题，国民经济中某些重大的比例失调，矛盾很多，问题成堆。从我市的情况来看，国民经济中农业和工业、轻工业和重工业的比例是不协调的，特别是农业这个基础很薄弱。工业内部的薄弱环节也是很多的，基础工业相当薄弱，电力、煤炭、运输远远不能适应生产发展的需要。生产水平、技术水平和管理水平都很低。人民生活方面遗留积累的问题也很多。从这个现状出发，为了实现工作重点的转移，加快国民经济的发展，的确需要有三年左右的时间，做好调整工作，在调整中前进，在前进中调整，一面调整，一面前进。通过调整充实、填平补齐，把底子打好，把起步起好。只有把调整工作搞好了，把许多矛盾和问题解决了，我们才能加快现代化建设的步伐。在这三年的调整中，结合我市工业生产的具体情况，应当着重解决和调整好以下几个问题：

首先，要搞好工业支援农业。所有企业必须继续搞好厂社挂钩、定点支农，为农业夺取丰收做出贡献。对农业急需的产品，要优先生产，特别是要安排好化肥、农药、农用薄膜、软管和喷灌设备、农机具、农机配件等产品的生产，要保质保量、及时地完成。交通运输部门对农用生产资料要优先运输，保证不误农时。各单位要满腔热情地扶持社队企业的发展，加强支农工业的建设。我们要从实际出发，因地制宜，就地取材，发挥优势，巩固和发展小水电、农副产品加工、建筑材料、纺织、造纸、小硫铁矿等社队企业，力争今年全市社队企业的总产值达到3亿元。

第二，要狠抓电、煤、运等薄弱环节。一要抓紧重庆发电厂新上两台20万千瓦发电机组的建设和华蓥山10万千瓦发电机组的投产，三年内增加负荷50万千瓦，发电量达到48亿度。同时，要抓好“三电”工作。二要重点抓好重钢公司、重庆特钢的技术改造和配套扫尾工程，三年后，使全市的钢产量能达到88万吨（重钢60万吨，特钢25万吨，长江钢厂3万吨），钢材产量达到87万吨。三要抓好煤炭工业的开拓延伸，解放层的补欠，并抓紧石磜〔壕〕、逢春、张思坝等矿井的建设。四要抓好轻化工业原料的生产。使原料的自给率由目前的30%提高到60%～70%。五要抓好短途运输，加强运输能力，提高运输效率，抓好装卸机械化，三年内要使装卸机械化水平由现在的30%提高到50%以上，加快车船的周转率。六要切实抓好建材生产的规划，千方百计把建材生产提上去。

第三，大力发展轻工业产品和外贸产品。要把重点放在产品适销，有原料，花钱少，见效快，赚钱多的项目上。对轻工业，特别是纺织行业要有计划地进行技术改造，填平补齐。今年要集中精力抓好纺织上档和后处理工程。化工、轻工、纺织、二轻和社队企业要努力提高产品质量，增加花色品种，活跃市场，满足人民群众日益增长的生活需要。还要有计划地建立一批出口商品专厂和车间，努力创造一批在国际市场上适销的，有竞争能力的名牌货。

第四，狠抓城市建设，解决生活福利方面的问题。要在发展生产的基础上，使职工收入逐年有所增加。厂矿企业应通过逐步推行计件工资制和奖励制度，使每个职工的收入增加。要抓好城市待业人员的安置，计划今年安置待业人员12万人，争取在一两年内首先解决好1972年前上山下乡知识青年的安置工作。还要加快职工住宅的建设，今年计划建设住宅开工80万平方米，竣工50万平方米，逐步使职工居住条件有所改善。城市公用事业要有所发展，特别要抓好供水、公共交通、民用气化等方面的工作。在城市建设中要搞好生活设施配套规划，合理增加商业服务网点，方便群众生活，努力解除职工群众的后顾之忧，集中

精力搞好生产建设。

二、继续整顿企业，搞好企业的民主管理

为了适应工作重点的转移，加快实现四个现代化，今年工业战线还要继续抓紧抓好企业的整顿，使企业的各项管理真正走上正轨，努力把企业办成大庆式企业。在整顿企业中，要着重抓好以下几点：

首先，要整顿好各级领导班子。要解决领导班子中不适应现代化建设的种种障碍，特别要解决部分领导干部中存在的“恐右病”，思想僵化、半僵化的问题。各级党委必须把生产建设摆在首位。党委成员中至少要有五分之四的人员，用六分之五的时间，抓生产、抓建设、抓技术革命。各部委、局、公司党委要大力加强企业领导班子的建设，抓紧充实和加强那些不齐不力的领导班子。要把那些年富力强的中、青干部和有真才实学的科技人员，提拔到各级领导岗位上来。各级领导干部都要自觉地学政治、学经济、学技术、学管理。尽快掌握一两门技术，变外行为内行。努力把领导班子建设成为能够带领广大职工群众进行现代化建设的战斗指挥部。

第二，要进一步建立健全企业的各项管理制度。为了加强企业党委对生产建设的领导，要认真实行党委领导下的厂长分工负责制，必须尽快改变党政不分，以党代政，以政代企的不正常状况。今后原则上书记不再兼厂长，厂长也不再兼书记，以便分职分权，集中精力，分别抓好生产业务工作和党务工作。今年上半年，所有企业都要把党委领导下的厂长分工负责制，总工程师、总会计师责任制，党委领导下的职工代表大会或职工大会制，工人参加管理、干部参加劳动和领导干部、工人、技术人员三结合的制度，建立健全起来。在建立这些基本制度的基础上，还要进一步建立健全以岗位责任制为中心的各项制度，真正做到事事有人管，人人有专责，彻底根除无人负责的现象。

第三，要切实加强基础工作。所有企业都要认真地把各项定额、原始记录、计量、统计等基本工作健全起来。加强基础工作是很重要的。只有把这些基础工作搞好了，才能真正加强企业管理，不断提高企业的管理水平。

第四，加强企业的民主管理。企业的一切重大问题，都必须按照民主集中制的原则，经党委集体讨论决定，防止和克服个人说了算、“一言堂”等不民主的问题。所有企业都要定期举行职工代表大会或职工大会，厂长要向大会报告工作，认真听取职工的意见。企业的车间主任、工段长、班组长要由工人民主选举产生。

总之，我们通过整顿企业，加强管理，要显示出经济效果，特别是在提高产品质量、增加品种、降低消耗、增加盈利等方面，要有显著的进步。

三、认真改组工业，大力提高专业化程度

首先，要继续按照产品的同类性和生产工艺的内在联系，把在重庆地区的企业，主要是市属、区属企业，梳成辫子，组织起来，再筹建一批企业性的专业公司、总厂和少数的联合公司。专业公司是企业性的经济组织，它不是行政组织。应当根据三中全会公报精神，把主管局的大部分职权转交给企业性的专业公司。已经成立的专业公司，要根据专业公司是经济组织的性质，抓紧配齐人员，健全机构，抓好产、供、销的衔接和组织工作。并在统一规划的基础上，逐步调整好企业的生产方案，合理分工，提高专业化程度。

第二，目前，除了针织公司对区属企业实行专业归口管理的试点以外，其他公司对区县属企业，仍要按照“五管两不变”的原则组织好专业化协作和生产。这种公司只管各厂的产品方向规划、技术指导、专用设备和产供销的平衡，不改变企业的隶属关系和财务关系。区县属企业实行专业归口管理以后，要考虑这些企业所在区县的利益，同时专业公司也要从这些企业的纯利润中提取一定的管理费用。这些企业的产品方向定了，不要轻易改变，要改变，应当取得专业公司的同意。第三，在按

照专业化协作的原则改组工业的同时，要有计划有步骤地逐步把同类型的辅助生产车间集中起来，成立修理中心、工具供应中心、铸锻中心、电镀中心、热处理中心。这方面的意见，请市计委、经委共同调查研究，提出方案。第四，电子仪表、机械等行业，要在简化机型、整顿现有产品的基础上，努力搞好标准化、系列化、通用化。要用尽可能少的产品系列满足各个方面的需要，用尽可能多的通用件装配出不同的产品。

改组工业，是一项牵涉面广、政策性强，很复杂、很细致的工作。各工业部门和各区县应当大力协同，采取积极的慎重的态度，有领导、有计划、有步骤地抓紧抓好这方面的工作。我们应当下定决心，从现代化建设这个全局出发，在近三年的工业调整中，搞好工业改组，把企业从大而全、小而全这种落后的生产组织形式，转移到按照专业化协作组织起来的专业公司的轨道上来。

四、要积极推行经济合同制

我们不仅要通过经济合同把工业与商业之间、厂矿企业之间的产供销衔接好，就是在企业内部也要逐步通过合同的形式，把车间与车间之间的相互要求固定下来。各方面都应为推行合同制创造条件。市经委要总结推行合同制的经验，要检查、督促经济合同的执行。合同一经签订，双方必须严格遵守，要重合同，守信用，努力完成。违背或擅自中断合同造成损失的，要赔偿损失，严重的应当罚款。执行合同好的，应予表扬和奖励。在执行合同中发生纠纷，由经委仲裁，严重的由经济法庭解决。

五、扩大企业的权限

我们要根据党的十一届三中全会精神，扩大企业的权限，让企业在国家统一计划的指导下，有更多的经营管理自主权。国家对企业要实行“五定”，企业对国家要实行“五保”，超产有奖。企业在全面完成国家计划的前提下，可以挖掘潜力，根据国内和出口的需要，接受来料加工，组织增产和销售产品；企业的新产品、新品种，有的由商业试销，有的也可以由工业试销；凡是完成八项经济技术指标和供货合同的企业，可以按照规定，从工资总额中提取5%作为企业基金，用于举办职工福利事业和技术改造；企业用更新改造资金和企业基金发展新技术，采用新工艺而新增的利润，在两年内全部留给企业作为企业基金使用；企业因有特殊需要，为完成某项生产任务而必须组织一些职工加班的，可以取得主管部门同意，由厂自己审查批准；企业对于国家计划外生产建设任务的层层加码，无偿的抽调设备、原材料、劳动力和任意给企业摊派费用的，有权拒绝，等等。总之，要在“人、财、物”和“产、供、销”等方面给企业一定的自主权，发挥企业和职工的主动性、积极性和创造性。

去年，省委在一批厂矿企业进行了扩大企业权限的试点。今年还将扩大试点范围。我们在上半年也要抓好试点。除省确定的23个企业进行试点外，基本建设系统选两个点，四县六区（市中、江北、沙坪南、九龙坡、南岸、北碚）应各选1个企业进行试点。待试点取得经验后，再在面上推行。

六、认真贯彻按劳分配的原则

华国锋同志曾经指出，现在方针已经定了，为主为辅的原则也有了，就是要快点贯彻。该计件的就要实行计件，该发奖金的就要发奖金，不要顾虑重重。我们要坚定不移地贯彻各尽所能、按劳分配的社会主义原则，坚决克服那种“铁饭碗”，吃着“大锅饭”，平均主义的现象。要注意把思想政治工作和经济手段结合起来，认真实行考核、奖惩、升降等制度，充分调动干部和职工群众的生产积极性。各工业部门、各厂矿企事业单位，都要认真实行计时工资加奖励的制度。对体力劳动强度大的工种可以推行计件工资制，有条件的也可以搞定、包、奖。奖励要以生产为中心，以全面完成和超额完成国家生产建设计划为条件，以创造增产节约价值多少为标准，实行按劳分配，超产有奖，多超多奖，少超少奖，不超不奖。要把企业中的综合奖、单项奖搞起来，单项奖，在一个企业里，目前可搞一、两项，不要搞得太多。要按照国务院发布的《技术改进奖励条例》和《发明奖励条例》，对干部、工人和工程技术人员的合理化建议、技术改进、科研和双革成果，以及发明创造等，要分别给以荣誉和物质奖。

去年实行奖励制度以来，效果较好。但近两个月来，一些单位奖励名目繁多，出现了乱发奖金和实物的现象。有的没有体现按劳分配的原则，还是一种平均主义的表现。这种情况应当引起我们的注意。各单位要进行一次检查总结，采取措施加以改进，使奖励制度进一步完善起来。

七、大搞技术革命，掀起学习现代化科学技术的热潮

所有企业都要围绕提高产品质量，增加花色品种，降低物资消耗和提高劳动生产率等目标，开展挖潜、革新、改造活动，向生产技术落后开战。要根据自己的情况，安排一批重大的技术革新、技术改造项目，落实必要的资金、材料、设备和技术力量。要大力采用新技术、新工艺、新材料、新设备。广泛推广优选法、统筹法，巩固已经取得的成果，并逐步纳入有关规程。要努力研制和发展新产品、新品种、新花色，向高、精、尖、缺发展。今年要完成103项新产品的试制。努力缩小我市同国内先进技术水平的差距。

要有计划地建设更多的自动化、半自动化和联动化的生产线的车间和企业，不断提高整个工业自动化的程度。今年全市计划建设30条联动线、自动线，其中要建成5个自动化生产的车间。

要不断加强科学研究工作，充实提高专业科研队伍，保证科研人员的六分之五的时间，并把专业科研队伍和群众科学实验活动结合起来。在科学研究工作方面，要狠抓七十年代最新科学技术的研究和应用，把引进国外先进技术，研究试制新产品作为突出的任务。围绕挖潜、革新、改造，研究解决一些关键性的问题，使科学技术作为生产力的作用充分发挥出来。

要积极引进先进技术和设备，搞好工业现代化建设的试点。今后，引进国外先进技术和设备的新建厂矿，一开始就应按照现代化的要求去建设，在组织机构、人员配备、管理方法、操作技术等方面，都要达到国外同类型工厂的水平。对已经引进先进技术和设备的大足汽车制造厂、四川维尼纶厂等单位，要认真学习外国的先进工艺技术，尽快掌握先进技术和管理。同时，我们还要选择热水瓶厂、红岩玻璃厂等一些厂矿进行现代化建设的试点，充分利用现有的厂房、设备和人员，把革新、改造、挖潜同引进国外先进技术结合起来。

组织职工学习科学技术，大力培养人才。各级党委要把提高职工群众的科学技术水平，培养现代化生产建设的人才，作为一件战略性的根本大事来抓。各单位都要在一季度制订出职工教育、技术培训的规划、目标。要恢复和扩大各类职工业余技术学校，努力办好电视大学、“七二一”工大、中专校、技工校，并采取短训班、技术讲座、技术交流、学术报告等形式，把职工组织到各种学习组织中去。财政部已同意企业自办技工学校，可列为营业外开支。要加强岗位练兵，开展技术表演，苦练过硬本领，实行考工定级制度，今年上半年对职工进行一次预考，下半年进行正式考工，以考核的成绩作为定级提级的依据。今后每年都应对职工进行技术考核。

要加强对技术革命和技术学习的领导。各级党委应把技术革命、技术学习纳入重要的议事日程，及时研究解决双革、学习中的各种问题。各级推广“双法”办公室，要担负起发动和组织群众开展“双革四新”活动的任务。大中型厂矿企业应成立科研所(组)，以及三结合的攻关组。要抽出3%～5%的人员，专门从事科研、双革等项工作。努力把我市工业生产水平、技术水平，提高到一个新的高度。

最后，讲一下当前生产问题。今年应当在生产建设上有个新的起点。我们要赶前不赶后，一开始就抓紧，自始至终都抓紧，切实搞好一季度的工业生产。全市各工业部门、各厂矿企业一季度要完成全年计划的23%～25%。现在看来，实现一季度“开门红”，2、3月份的任务还很艰巨。因此，生产

任务完成好的企业，要继续努力多完成一些，1月份生产欠了账的单位，要采取措施，在2、3月份把欠账补起来。当前尽管电力严重不足，但供电量要比前两年好得多，只要我们搞好计划用电、节约用电工作，充分发挥现有电力的作用，就可以把工业生产完成得更好一些。特别是全党工作重点的转移，上上下下都重视抓生产建设和技术革命了，这是我们搞好当前生产最重要的条件。各级领导一定要用六分之五的时间抓好生产，搞好生产的组织领导和调度指挥工作，保证按月按季均衡地完成生产任务。

丁长河同志在市委第四届四次全委（扩大）会议结束时的讲话（摘要）

（1979年2月9日）

同志们：

市委这次扩大会议开了七天，今天就要结束了。会议期间，传达学习了中央工作会议和十一届三中全会一系列重要文件，传达学习了省委常委扩大会议和省第三届党代会精神，联系我市的工作，着重讨论了全党工作重点转移的问题、落实政策和工、农业生产问题。会上，大家解放思想，畅所欲言，发扬民主，开展批评，对市委的工作和我个人都提出了不少好的意见，这对改进市委的工作和我本人的思想、工作作风，很有帮助。会议当中，大家回顾了过去的工作，总结了经验教训，在一些重大问题上分清了是非，这对我市今后的工作，对我市工作重点的顺利转移，必将起到很大的推动作用。有的同志说，这次会议，敞开思想，畅所欲言，讲了多年压在心头的话，感到心情舒畅了。在这次会议上，庆如同志就落实党的政策问题、汉卿同志就工业生产问题、海亭同志就农业生产问题、宪昌同志就政法工作分别作了发言。他们的发言，都是经过市委常委议过的，可以参照执行，我就不再重复了。现在，根据大家在讨论中提出的一些问题和市委研究的意见，再讲以下几个问题，如有不对的地方，请大家批评纠正。

一、把全党工作的着重点转移到社会主义现代化建设上来

党的十一届三中全会决定，从今年起，把党的工作的着重点转移到社会主义现代化建设上来。这是一个具有伟大历史意义的战略转移，它宣告了以实现四个现代化为中心的新长征的开始。无产阶级在夺取政权以后，特别是当生产资料所有制的社会主义改造基本完成以后，最根本的任务就是要集中主要精力，进行大规模的社会主义经济建设，高速度地发展社会生产力，不断改善和提高人民群众的物质和文化生活。建国以来，毛泽东同志曾经多次强调要把工作中心转到经济方面和技术革命上来，向地球开战。周恩来同志在三届和四届人大会上，也提出了在本世纪内实现四个现代化的宏伟目标。但是，由于我们过去工作中的缺点和错误，特别是林彪、“四人帮”的干扰破坏，全党工作重点的转移没有实现。现在，国际、国内形势大好，无论就全国、全省或我市来讲，都具备了工作重点转移的良好条件，时机已经成熟。拿我市来说，在政治上，揭批林彪、“四人帮”的斗争已取得了决定性胜利。抓纲治渝，拨乱反正，从根本上扭转了林彪、“四人帮”的破坏造成的严重局面，扫除了前进中的最大障碍，分清了路线是非，促进了安定团结。党的各项方针政策逐步落实，党的优良传统和作风逐步恢复，广大干部和群众思想开始得到解放，精神面貌焕然一新。对林彪、“四人帮”制造的冤案、错案、假案陆续进行了平反昭雪，各方面的积极因素正在调动起来。在经济上，打倒“四人帮”以后，国

民经济的元气得到了恢复，工农业生产有了发展。去年，全市工业生产持续上升，提前18天完成了全年国家计划，工业总产值达到54.6亿元，比1977年增长24%。粮食总产量达到27亿斤，比1977年增长3亿斤。全市财政收入完成9.41亿多元，比1977年增加73.7%。市场商品供应增加，城乡人民生活开始有了改善。这就为实现党的工作重点转移创造了极为有利的条件。

党的工作重点的转移，并不是党的具体工作的一般性质的转交，而是带有根本性质的战略转移。这就要求全党和全国人民不是用一部分精力，而是要用主要的精力来抓经济，抓建设，搞"四化"。除了发生外敌入侵以外，今后一定要把生产建设和技术革命作为全党工作的中心，不能有第二个中心。其他工作，包括党的组织工作，政权机关工作，各种群众团体的工作，文化教育方面的工作，都要围绕这个中心，并为这个中心服务。从现在起，要从过去主要搞政治运动转移到集中力量搞现代化建设上来；从习惯于用行政方式管理经济转变到用经济手段管理经济上来；从闭关自守转变到大胆引进国外先进技术上来；从脱离经济工作去做政治工作转变到围绕四个现代化去做政治工作上来。实现四个现代化，是我们当前和今后一个长时期的最大政治目标。只有对这个问题有了正确的认识，才能在实际工作中顺利地实现工作重点的转移。

为了实现党的工作重点的转移，当前我们应当在全市范围内迅速掀起一个大学习、大宣传、大贯彻三中全会精神的热潮。党的各级宣传部门，报刊、广播、文艺等一切宣传工具，都要围绕这个中心，广泛深入地开展宣传活动。要像过去宣传过渡时期总路线那样，宣传三中全会精神，真正做到家喻户晓，深入人心。学习和宣传要以党的十一届三中全会公报为纲，抓住党的工作重点转移这个中心，掌握五个要点：(一)党的工作重点转移的伟大意义；(二)必须把经济建设特别是农业生产搞上去；(三)要很好解决遗留问题，保持一个长时期的安定团结的政治局面；(四)必须坚持马克思主义的思想路线，要讲实事求是，坚持实践是检验真理的唯一标准；(五)要健全党内党外的民主生活，加强法制。通过学习和宣传，使广大干部和群众真正懂得重点转移的重要性和迫切性，认清形势，明确任务，解放思想，大干快上，把党中央的战略决策变为广大群众的自觉行动，使大家的思想、工作、作风适应这个转变。在提高认识、统一思想的基础上，安排好今年的各项工作和工农业生产以及财政收支、物资平衡，扎扎实实地集中主要精力搞好生产建设，使各方面的工作都有一个新的发展。

我们重庆是祖国战略后方的一个工业城市，在实现社会主义现代化建设中占有重要的地位。我们必须根据中央和省委的部署，及时地把我市工作重点和全市人民的注意力转移到社会主义现代化建设上来，迅速改变我们在思想、组织、体制、工作方法、工作作风、管理方式等方面不适应的现状，并且根据〈……〉省委常委扩大会上的讲话精神，自始至终地抓住安定团结的政治局面和按客观经济规律办事这两个关键，做好各方面的工作，组织领导好这个转移，尽快地把重庆建设成为一个社会主义现代化的城市。

二、解放思想，消除"恐右病"

在这次会议上，大家对解放思想进行了热烈的讨论，对"恐右病"、思想僵化半僵化列了表现，摆了危害，分析了根源。这对消除"恐右病"，解放思想很有好处。从目前的情况来看，我们有些同志(包括我个人)思想不很解放，看问题不能随着客观情况的变化而改变主观认识，旧的条条框框多，说话做事有时像钝刀子割肉那样不痛快，凡书里没有的，上级没有发过文件的，领导人没有讲过的，"文化大革命"中群众批过的，本单位本系统没有先例的，都不敢动。凡过去白纸黑字印的，上级盖了章的，某人点过头的，即使时间、条件早已起了变化，也不敢稍加改变。这种思想状况和当前新形势的发展是很不适应的。如果我们不打破党内这种思想僵化半僵化，大大解放我们的思想，工作重点转移就不可能迅速实现，四个现代化就没有希望。

对党内这种思想僵化半僵化，〈……〉提出主要是“恐右病”的问题，这就一针见血地点到了要害，抓住了问题的症结所在。从这次会议反映的情况看，“恐右病”在各方面的表现仍比较突出。例如：在理论上，片面强调阶级斗争“越来越尖锐”“越来越激烈”，阶级敌人“越来越多”，怕犯“右”的错误而混淆两类矛盾，扩大打击面；在党内生活上，只强调斗争，有的动辄上“线”或把个人凌驾于党之上，谁讲了他个人的某些缺点，就被认为是“反党”，要追责任，追动机，因此有的同志怕抓辫子、打棍子，不敢讲真话，民主集中制遭到破坏；在经济工作上，怕抓生产被说是“冲击政治”，关心职工生活怕被说是搞“物质刺激”，有的怕人民富裕，认为越苦越革命，越穷越光荣，不敢抓生产、业务，不敢贯彻按劳分配的原则；在学外国的先进技术上，怕说“崇洋媚外”“辱国丧权”，不敢学习外国的先进技术和引进最新设备；在落实政策上，怕被说成是“否定运动”“否定成绩”“为坏人翻案”，怕犯立场错误，不敢大胆纠正冤案、假案、错案；在用人问题上，不敢贯彻“重在表现”的政策，怕说成是“阶级立场不稳”，“重才轻德”；在文化艺术上，写英雄人物的成长过程，怕被说成是“写中间人物”，反映工作中的矛盾是“给党的脸上抹黑”；在统战工作上，不敢和民主人士接触，怕说是“右倾投降”“只统不战”，等等。由于存在“恐右病”，对当前生产建设上采取的一系列政策、措施和办法就产生疑虑。如对改正错划右派、摘地富帽子、资产阶级知识分子脱帽加冕等问题，有些同志怕以后又“反右倾”。有的同志怀疑：“地富摘了帽，是不是阶级斗争消失了，成了三‘无’世界了？”还有同志担心：“中央有的领导同志说还可以干十年，那十年后还会不会再反一次走资派？”这说明林彪、“四人帮”的流毒和影响还是很深的。

产生“恐右病”的原因是多方面的，除了林彪、“四人帮”的严重干扰破坏外，还由于近二十年来一股劲地反右，一个政治运动接着一个政治运动，一个比一个规模大，时间长，打击面过宽，弄得党内民主生活极不正常，民主集中制遭到破坏，使人造成一种恐“右”的社会心理，总认为“左”比右好，“左”是方法问题，右是立场问题，宁“左”勿右，凡事“左”三分。“左”的结果，给革命事业造成极大的危害。历史的经验教训是极为深刻的，我们必须认真吸取教训，肃清“左”的流毒和影响。

要治好“恐右病”，最重要的是要认真学习马列、毛泽东著作，完整地、准确地掌握毛泽东思想体系。不能死背条文。要把马列和毛泽东思想同四个现代化的实践结合起来，学会运用马列主义的立场、观点、方法去观察问题，解决问题。坚持实践是检验真理的唯一标准，坚持实事求是，一切从实际出发的原则，大力提倡敢想敢说敢干的大无畏革命精神。要从思想上、理论上继续揭露批判林彪、“四人帮”推行的反革命修正主义路线，批判他们以极“左”的面目出现，欺骗一些人，整掉一些人，妄图篡党夺权的罪行。通过揭批林彪、“四人帮”，划清正确路线和“左”右倾机会主义路线的界限，认清“左”的极大的破坏性，从林彪、“四人帮”强加给人们的精神枷锁中解放出来，为实现重点转移扫除思想障碍。

上面讲的“恐右病”，是作为我们认识问题分析问题的思想方法来讲的，并不是一项工作安排，不要层层传达，个个检查，也不要布置搞什么普查“恐右病”，找病根，搞消毒的工作。

三、必须善始善终地结束揭批查运动

粉碎“四人帮”两年多来，我市揭批查运动取得了很大成绩，查清了与“四人帮”篡党夺权阴谋活动有牵连的人和事，从根本上扭转了林彪、“四人帮”造成的严重局面，扫清了前进道路上的最大障碍，为新长征开辟了道路。整个运动的发展是正常的、健康的。当前，根据形势发展的要求，必须及时地、果断地、善始善终地结束揭批查运动，把党的工作重点转移到社会主义现代化建设上来。

要善始善终地结束运动，首先必须把清查工作的验收搞好。要根据市委下发的验收标准，一个单位一个单位地进行检查验收，搞好了就宣布运动结束。有少数单位（约占2%、3%、4%）运动搞得不好，领导班子中的问题没有解决，大是大非没有分清，安定团结的政治局面没有形成，生产、工作上不去。这样的单位，必须根据三中全会精神，抓紧做好工作，争取在较短时间内改变面貌。必要时，上级领导要亲自出马，采取果断措施，帮助他们把运动进一步搞好，搞彻底。特别要防止领导干部搞“以我划线”，以对那个人提不提意见、受不受冲击为标准，那样就可能混淆是非，搞不好安定团结。如果领导人过去说过错话、办过错事还没有讲清楚的，要大胆讲，不要怕丑，要认真总结经验教训，提高路线觉悟，团结群众，搞好工作。

要认真贯彻“惩前毖后，治病救人”的方针，扩大教育面，缩小打击面。运动发展到现在，大是大非问题基本分清了，敌我界限清楚了。在这种情况下，我们要特别注意掌握政策，着眼于安定团结的大好形势，团结一切可以团结的力量，化消极因素为积极因素，把可能产生的副作用减少到最小的限度内。要吸取过去的经验教训，处分面不要太宽，处分不要过重。要多做转化工作，给人以转化的条件，不要厌烦犯错误的人。对于这次运动中需要处理的三种人，也要区别情况，适当处理。对犯政治错误的，一般不给处分，个别的如果态度不好，可给一定纪律处分；对犯严重政治错误的，多数也不给处分，如果情节严重，态度不好，或兼有其他严重错误的，要给一定处分；对骨干分子，也要尽量缩小打击面，对他们中的有些人，只要彻底揭发交代问题，老老实实认罪，可以将他们下放到基层去劳动，给以改造的机会，过一段时间，视其表现情况，再作处理。这样的“冷处理”，有利于犯错误者本人的改造，有利于我们对他们的处理更加符合政策，有利于分化瓦解敌人，最大限度地孤立和打击极少数顽固不化的“四人帮”死党分子。采取“冷处理”的办法，并不等于不处理，而是给予时间，多做转化工作，尽量少处理一些人。处理材料要反复查证核实，手续要齐备，结论应给本人见面，允许申诉。总之，工作一定要做好，不能草率了事。现在有极个别人在三中全会以后，肆意歪曲党的政策，甚至胡说党和人民把他们“搞错了”“扩大化了”，无理取闹。对这种人，要严肃批评教育，坚持不改的，要加重处分。

四、加快落实党的政策的步伐

我市平反冤案、错案、假案和落实党的政策，经过前段时间工作，取得了很大成绩。但是，由于历次政治运动遗留下来的问题较多，工作量还很大。市委办公厅信访处今年1月份就收到来信8000多封，来访的人也很多，超过了1977年全年的总数，其中40%是要求落实政策的。这说明问题还很不少，还需要做大量的工作。

首先要提高对落实政策的认识。落实党的政策，是安定团结的需要，是实现四个现代化的需要，是搞好工作重点转移的一个关键。我们有些同志，对于落实党的政策问题的认识，感觉还比较迟钝，总是怕这怕那，束手束脚，影响了工作的进展。要加快落实政策工作的步伐，必须充分认识这一工作的重要性和必要性，下最大的决心，以对党对人民高度负责的精神，切实加强领导，大胆地把落实政策的工作抓紧抓好。首先要分清敌我，凡原来不是阶级敌人或在三大革命斗争中实践证明已经转变了立场的人，就应当作为人民内部问题看待，然后安排适当的工作，解决他们的生活问题。只要先把帽子和生活问题解决了，其他的事情就好办了。要关心人的政治生命，要关心遭整多年的人和亲友的处境。处理这类问题，要站得高一点，看得远一点，坚持党的实事求是、有错必纠的原则，大胆地解决问题，多团结一些人为党工作。只要各级领导干部的认识提高了，落实政策的步伐就可以大大加快，上半年内就可以取得显著的成效。

关于我市一些重大冤案、错案、假案的平反问题，这次会上同志们提了不少意见，经市委研究决定：

历史事实表明，解放后的17年，毛泽东同志的革命路线在重庆市是占主导地位的，重庆市委的工作成绩是主要的，绝大多数党员、干部是好的和比较好的。林彪、“四人帮”为了篡党夺权的需要，给任白戈同志以及许多部门、单位的领导同志，扣上“走资派”“反革命修正主义分子”等政治帽子，把重庆市各级党组织和广大干部、群众诬蔑为“黑市委”“黑党委”“黑班底”。所有这些诬蔑不实之词，应一律推倒；过去所有文件、报刊中有关这方面的内容，应一律作废。

〈中略〉。

对“文化大革命”初期，有的干部被内部排队划为三类、四类的，应一律取消；对有的干部以“同群众对立为名”而受撤职等处分的，一律无效。

1957年反右斗争中，给一些同志档案内写上“反党分子”“中右”“暗挂右派”等材料的，应当改正过来，并在一定会上宣布。

1958年、1959年和1962年“反右倾”中，搞“火线整风”“擦锈”“拔白旗”，给一些人戴上右倾机会主义分子等政治帽子，有的还受了处分，以后甄别了，结论如还有不适当的地方，应进一步纠正。

1964年“四清”和1969年“清队”中，有些地方不按政务院关于“以解放前三年的政治经济地位确定成分”的规定，重新划了阶级成分，凡是把成分升高了的，应宣布一律无效。

1962年市委党校第二期学员根据“三不”方针，发扬民主，对工作提意见，以后对这些同志戴政治帽子进行批判，是不对的，应一律纠正。

1967年1月我市从上到下夺权，是林彪、“四人帮”所谓“一月革命”阴谋活动的一部分。各单位被夺权后，革命领导干部和群众受到点名批判，并用戴帽子、打棍子等手段，强制承认是什么“三反分子”“保皇派”等，对此而受迫害的群众组织和干部、群众，以及一切冤、错、假案，都应彻底平反和恢复名誉。

1970年整党，全市搞党员重新登记，不是实事求是，所有个人检讨和支部结论，都宣布无效。

在“文化大革命”中“解放干部”，填写《解放干部登记表》，上纲上线，多为不实之词，应宣布一律无效。当时形成的材料，不得装入档案。

以上是市委对我市一些重大案件和问题的处理意见，有的还需要发文件。这次会上，同志们还提了其他一些问题，市委准备在会后继续进行研究，该平反的彻底平反，部分错了的就部分纠正。这里，我再就几个重大问题讲一讲：

1976年市委发的30号文件，尽管对“四人帮”及其帮派体系的倒行逆施有所抵制，但这个文件是在当时的条件下产生的，有的观点是错误的，应予撤销。

1976年市委的“五条检讨”，也是错误的，当时传达下去以后，给基层工作的同志造成很大困难，应予撤销。

1976年市委召开的“理论讨论会”，几个估计和印发的讲话材料，是错误的；还有组织工作座谈会，提出的几个问题，特别是指定人、限时间解决一些人的入党、提干问题，是错误的，应予废除。

〈中略〉。

这里需要说明的是，贯彻执行这些文件的各级党委和个人，是没有责任的，责任在市委。除市委向同志们作自我批评外，市属各级党组织对下面不再作检讨了。因为有许多同志在整党、整顿企业和揭批查进行“三大讲”中，已经讲过了，不要没完没了地一直检讨下去。这里特别要提出的是，在“四人帮”猖狂期间，一些同志对所谓“抓宋江式人物”“批林批孔批周公”“批邓、反击右倾翻案风”进行抵制，〈……〉，不屈服于帮派的压力，这些同志是好同志，应当受到表扬。过去对他们的指责、批判，是错误的，应宣布一律无效。有些同志在这场斗争中，为坚持马列主义真理，为保卫社会主义公共财物而牺牲的，应受到尊敬，对他们的遗嘱，要适当照顾安排。但对于搞打砸抢而死亡的人，不能承认他们自封的什么“烈士”称号，对其家属不要歧视，要给予生活出路。

落实各项政策，必须坚决贯彻“既要解决问题，又要稳定局势”的方针。在解决问题的过程中，要注意不能采取有损于安定团结的行动、方式和方法。凡是拿不稳的问题，要多请示汇报，要从大局着眼去解决。如果脱离实际开些空头支票，并不能立刻兑现，不仅失信于民，而且会引起群众更加不满，降低党的威信。因此，对于这类问题，要多做工作，要教育群众，识大体，顾大局，以安定团结为重，引导他们向前看。平反冤、错、假案，态度一定要坚决，工作一定要细致，但在安置工作时必须从实际出发。第一，不能宣布一律都恢复原职。只能根据现在德才表现和身体健康状况，分别情况，妥善安置。第二，不能一律都返回城市。凡是家在农村，或已在农村工作的，要尽量就地安置。特别对在三年困难时期精简压缩回乡的职工，以及城市居民下乡的，不能统统收回包下来。城乡各级党委，都要互相配合，共同做好工作。他们当中少数人生活确有困难的，可帮助他们适当加以解决。总之，千万不要简单从事，要做到既要解决问题，又有利于大好形势的发展。

为了使落实党的政策的工作有领导、有步骤地进行，市委决定：第一，成立两套班子，一套抓生产建设和业务工作，一套抓落实政策。要成立落实政策领导小组，把组织、政法、信访和有关的部门组织起来，密切结合，统一领导，在短期内做出成绩。各级党委也可照此办理。第二，工作步骤和时间要求上，当前要先抓冤案、错案、假案的平反工作和改正错划右派的工作，要在3月、五一、七一以前分别检查一次，七一节前基本搞完。有些基层单位，需要落实政策的工作量不大，只要主要领导同志认真抓，一两个月就可解决问题的，就不要长麻吊线地拖下去。第三，在方法上，要采取一些能迅速解决问题的办法，决不能按部就班、慢腾腾地搞，可以以支部为单位普查一遍，然后明确分工，专人负责，限期完成。对群众来信来访，要有足够重视，领导要亲自抓，对他们反映的问题，要弄清情况，适当解决，最好把问题解决在基层，不要推来推去。这不是矛盾下交，这是各级党委联系群众所必需的，也是遭冤、错、假案者本人所希望的。第四，落实贯彻政策，要人尽其才。要根据他们的技术专长和表现，及时地安置他们到适当的工作岗位上去，以调动积极性，充分发挥其才能，为四个现代化服务。

五、认真贯彻中央的《决定》，尽快把农业搞上去

我市农业生产这两年虽然连续获得丰收，但农业这个基础仍很薄弱，许多方面落后于全国、全省平均水平，很不适应我市工业生产和人民生活的需要。要把农业搞上去，就要贯彻落实中央关于加快农业发展若干问题的决定，在近两三年内实行休养生息的方针，进一步调动广大农村干部、社员的积极性，把农业生产迅速搞上去。今后考核各县各公社工作的好坏，要以中央《关于加快农业发展若干问题的决定(草案)》《农村人民公社工作条例(试行草案)》的宣传和贯彻执行的实际结果来衡量，以粮食、农副产品、社队企业发展速度的快慢来评定先进或落后。各区、县一定要抓紧时机，在春耕大忙前，把中央的三个文件(《决定》《条例》和对地富摘帽问题)，迅速传达到广大农村干部和社会群众中去。要把文件中提出的一系列政策措施，结合当地实际情况，逐项逐条落实，争取在近两三年农业有个较快的发展。从全市来讲，力争今年粮食亩产平均增加100斤以上，这样全市就可以跨“农纲”；蔬菜亩产8000斤以上，做到品种多样，适时上市；农民的收入要比1978年有所提高。

要切实保障社队的所有权和自主权。绝不允许任何单位和个人无偿调用或占有生产队的劳力、土地、资金和产品。要继续贯彻中央〔1978〕37号文件，各部门、各单位要把过去平调生产队的钱和物资尽快给予退赔。今后，不经市委批准，不能征用标准菜地。要提高支农产品的质量，逐步降低价格。收购农副产品一定要做到按质论价，不得压级压价。对于每人年分口粮不足360斤的粮食队，不征购、不返销，使生产生活有明显改观，调动社会主义积极性。基本核算单位在保证完成国家下达的主要作物产量和征购任务的前提下，有权因时、因

地制宜安排种植面积，决定增产措施。在完成国家对农副产品征购和派购任务后，剩余产品有权自行处理或上集市出售。

要建立和健全明确的生产责任制，认真执行按劳分配原则，使干部和社员从物质利益上关心生产成果。试点的实践证明，在统一核算、统一分配的前提下，实行定产定工到作业组，联系产量计算报酬，超产奖励，短产赔偿的办法，效果是好的，可以推行。过去，曾经把包产到组、搞四固定作业组作为“右倾倒退”“方向道路问题”批判过，并撤换、处分了不少基层干部，现在应该给受批判、处分的同志平反。只要不搞包产到户，不搞分田单干，各种办法都可以进行试验、比较，看哪种办法最能调动积极性，促进生产的发展。有些队愿意实行定额工分或按时记工加评议，以及其他什么办法的，都应当允许，不强求一致。在积极发展集体经济的情况下，要鼓励社员种好自留地，发展家庭副业，有条件的地方，应允许社员饲养 1 至 2 头奶牛和肉牛。

要坚决地、完整地贯彻执行农、林、牧、副、渔并举和“以粮为纲，全面发展，因地制宜，适当集中”的方针。在搞好粮食生产的同时，大力发展多种经营，走农、副、工综合发展的道路。特别是近郊区，要以蔬菜生产为主，大力发展副食品生产，把郊区建成副食品生产基地，为城市人民生活服务。今年小春作物种植面积大、长势好，切不可思想麻痹，要立足抗旱、防虫夺丰收。如果小春粮食总产量能拿到 6 亿斤，那我们就有了夺取全年粮食丰收的主动权。当前，塘、库、堰、田蓄水很少，势必对大春生产带来不利，搞不好有插不上秧的危险。为此，大春备耕工作必须以水为重点，集中人力、物力和资金，打好除险配套、续建扫尾、喷灌建设三个歼灭战，争取春灌和抗伏旱工程按时完工。各行各业都要大力支援农业，搞好蓄水、提水，搞好备耕工作，保证不误农时，千方百计争取今年农业丰收。

农村还有一个增产和增人的比例平衡问题。二十多年来，有些地方增产了一倍，但国家、集体和个人并未成正比例的增收，个人生活改善也不太大，原因就是无计划生育和外地迁入的人多了。所以，全市人口通过计划生育和户口管理，年净增率不要超过 4‰、5‰（城市 1‰、2‰）才好。否则，农业在现有水平上负担不起，矛盾会越来越尖锐。

农商、工商之间，菜农与职工食堂、城市菜店之间，提倡签订产运销合同。这是逐步做到有计划按比例安排生产、生活，运用价值规律必不可少的措施。今年的蔬菜生产，能有 50％以上纳入合同就好了。无合同的，允许自由上市和采购，价格在牌价 50％上下波动的，应当允许。

为了保护和调动农村基层干部的积极性，要抓紧对农村基层干部的冤案、假案、错案的平反工作，还有个“四清下台干部”的政治帽子应当取消。并且要有步骤地、妥善地解决农村基层干部待遇很低、生活艰苦的问题。关于对社队干部实行增产奖励，市革委去年 12 月转发了市农办的试行意见，就按那个文件办。但一定要实事求是，接受群众的监督。作物产量和其他考核指标必须核实、斗硬，张榜公布，群众评议，不许弄虚作假。只要确实符合受奖条件，奖励必须兑现。

六、按经济规律办事，加快发展工业生产

为了加快实现四个现代化，我们必须搞好国民经济的调整工作，坚持按客观经济规律办事，大力提高生产技术水平和经济管理水平。

第一，要做好三年的调整工作。现在为什么提出调整的问题呢？这是根据当前的实际情况提出来的。应当看到，由于林彪、“四人帮”多年的干扰破坏，加上我们工作中的问题，我们现在仍然处于百废待兴、百乱待理的局面。不管是思想上也好，政治上也好，组织上也好，经济上也好，还有大量的困难摆在我们面前。为了加快国民经济的发展，需要有近三年的时间，一面调整，一面前进，把底子打好，把起步起好。这三年的工作，带有调整、过渡、为大发展作准备的性质。对调整问题，我们不能消极地、片面地理解，好像一谈调整就要“退”了，“下

马”了，这种看法是不对的。必须明确，现在的调整是为了更好地前进，加快四个现代化的步伐。通过调整充实，主要是搞好填平补齐，使国民经济重大比例失调的问题有所改变；特别对农业要贯彻休养生息的方针，使农业尽快恢复和发展，把工农业生产搞活；改革经济管理体制，逐步走上用经济办法管理经济的轨道；在生产发展的基础上，使城乡人民的生活有所改善。这些工作做好了，就会为今后更快更好地发展奠定坚实的基础。这样做，速度不是慢了，而是更快了。

第二，改进经济管理工作，用经济的方法管理经济。要搞四个现代化，把社会主义经济全面地转到大生产的技术上来，非进行经济管理工作的改革不可。当前应认真研究解决好以下几个问题：

1. 坚持有计划按比例地发展社会主义经济，搞好综合平衡。我们改进经济管理工作，首先就要抓计划，抓综合平衡。从全市来讲，要处理好农、轻、重的关系，大力加强农业这个基础，积极发展轻工业，逐步解决人民生活中迫切需要解决的问题。农业内部，要正确处理好农、林、牧、副、渔和农、副、工的关系；工业内部要处理好原燃材料工业、动力同加工工业的关系，解决好电力、运输、煤炭、天然气等方面的薄弱环节。因此，我们大家都要抓计划，抓综合平衡，尤其是计划部门要把各方面的工作做好。只有逐步把国民经济中的一些重大比例问题解决好了，做到协调发展，国民经济才能持久地、高速度地发展。

2. 按照专业化协作的原则改组工业。现在“小而全、大而全”的工厂，是普遍的现象。这种现象同我们的经济落后，小生产习惯势力的影响是分不开的。同时，我们的计划工作薄弱和物资供应渠道没解决好，也迫使企业向“万能厂”发展。我们必须有步骤地进行改组，成立专业公司，按行业和产品归口，把同类的关系密切的企业组织在一起。在成立专业公司的基础上，按产品组织专业生产线，或以产品为中心组织有关企业，从原料到成品的一条龙协作，并把这种协作关系固定下来。在成立专业公司的时候，一定要注意发挥下面的积极性，不要一搞专业公司就收厂，给生产带来影响。当前，要作好调查研究，算算细账，作些对比，然后从实际出发，按照经济规律办事，既积极又稳妥地进行改组工作。

3. 推行合同制。这是组织连续生产和扩大生产的重要措施。重庆特殊钢厂，去年围绕25800项合同组织生产，不仅全部完成当年所签订的合同，而且把前几年欠下的600多个合同全部扫清，被用户誉为“重合同，守信用”的企业。他们的经验值得学习。在工商之间，工厂与工厂之间，上下之间都要普遍推行合同制，把产、供、销和协作等方面的关系，通过合同的形式固定下来。合同签订后，必须遵守信用，严格执行。擅自违背和中断经济合同的，要追究经济责任，造成严重经济损失的，要提交经济法庭解决。

4. 扩大企业权力，给企业的自主权，实行权力到人，责任到人，使企业和职工负有直接的经济责任。市级各工业部门，不要统得过死，包揽太多，要把权力逐步下放给公司和企业，使企业在人、财、物、产、供、销和技术改造方面有更大的自主权，发挥企业和职工的积极性。省里决定全省先搞100个厂矿进行扩大企业权力试点，我们市有22个厂矿企业，要切实抓好这一工作。今后要逐步按《工业三十条》要求，实行“五定”“五保”，超产有奖。对企业办好办坏，赚钱赔钱，实行有奖有罚，赏罚分明。实行“五定”“五保”，要从现实条件出发，有什么条件就订什么条件，明确各自的责任，加强经济管理工作。有同志认为，现在搞“五定”“五保”，条件不具备，要等电力供应好了，原材料供应足了，才能搞，这种看法不妥当，如果搞“五定”不行，“两定、三定”也可以。不要求全，不要打满，不要卡死。我们应积极做好工作，创造条件，逐步搞好“五定”“五保”。

5. 贯彻按劳分配原则，扩大实行奖励和计件工资制的范围，恢复和改进一些单项奖。各厂矿企业都要实行计时工资加奖励的制度，有条件的可以推行计件工资，可以搞定包奖。奖励要以全面完成和超额完成国家生产建设计划为条件，实行按劳分配，超产有奖，多超多奖，少超少奖，不超不奖。当前在奖励问题上，要注意两种情况：一种是怕职工拿奖金多，不承认差别，搞平均分配，对那些生产技术好，贡献大的同志不敢多发奖金。这也是思想不解放的一种表现。另一种情况是，少数单位不看计划是否完成，不讲有无贡献，而是看某某单位发了多少奖金，他就比着干，照样发奖金，没有奖金就巧立名目从银行提取资金。有的把历年来积累的福利费也分掉了。这种作法是很错误的，要检查纠正。在实行奖励中，要加强政治思想工作，进行共产主义思想教育，开展社会主义劳动竞赛，把政治挂帅和物质鼓励结合起来。

七、大力精简机构，改变工作作风

为了实现党的工作重点的转移，迫切需要精简机构，改进工作方式和工作作风，克服官僚主义。这次会上，大家在这方面提了许多意见。我们现在的行政机构多，层次重叠，办事效率不高，很不适应形势发展的需要。必须采取措施，大力精简。要有步骤有计划地进行改革，慎重行事。对于现行机构，市委经过研究，认为先采取以下几条措施：

（一）坚决改变党政不分，以党代政的状况。在这次全会后，先把市革委办公会制度建立起来，有关政府工作和经济建设的问题，由市革委负责处理。在此基础上，经过调查研究，提出方案，逐步把市委、市革委机构分开。

（二）减少中间层次。我市现有机构，一般为四级，今后逐步改变不超过三级管理，以提高工作效率，适应经济发展的要求。

（三）精简临时办公室。现在临时办公室多，到处抽人，形成“五多”泛滥。今后除保留极少数必要的临时办公室外，一般只保留领导小组，负责管议事和协作关系。撤销临时办公室后，领导小组议定的工作，分别由职能部门去办理，以充分发挥职能部门的作用。

（四）改变因人设事。领导班子要精干，不搞或少搞照顾性的干部安排。对老弱病残和能力水平不适应的同志要妥善安置，其政治待遇和生活待遇不降低，努力做到人尽其才，各得其所。

（五）按经济规律办事，反对那种衙门式、关卡式的中间机构。专业公司的设置，要适应经济发展，有利生产、流通和销售分配，不要搞成变相的行政公司，要按照经济的办法，逐步把专业公司变成真正的经济组织，把产、供、销管起来。

（六）不强调上下对口。区县一级机关和有关单位，可以从自己的实际情况出发，设置机构，不强调业务对口，只要业务工作有部门、有人专管（或兼管）就行。市里有关部门也不要因为下面不按自己对口设置机构，而卡人家的经费或物资。

（七）减少“五多”。要严格控制会议，市里今年不分系统召开先代会，只以市的名义开一天大会，进行总结和发奖。其他会议，也要按照这个精神，大力精简。今后要尽力控制会议人数过多，会议仪式过繁，娱乐活动过分，伙食住宿标准补助过高。要尽量少开会，开短会，多到基层去解决问题。还要改变文件、表报、简报多的状况，这方面的工作，由市委办公厅负责清理，提出改进意见。

八、加强党的领导

实现全党工作重点的转移，是一场深刻的革命，涉及思想、组织、政策、体制以及工作方法、工作作风、习惯等各个方面。组织领导好这个转移，是一项艰巨复杂的任务，需要做大量的工作。因此，必须切实加强党的领导，这是能否顺利实现工作重点转移的根本保证。

要充分发扬民主，恢复党内生活的正常准则。在党委内部，要认真贯彻“大权独揽，小权分散，党委决定，各方去办”的原则。要实行集体领导，不能个人领导，不能个人说了算。要改变过去有些单位那种家长制的领导作风，要搞“群言堂”，不搞“一言堂”，充分发挥集体的智慧和力量。领导要善于倾听群众意见，不要怕听逆耳之言，要接受群众的监督和批评。要实行“从群众中来，到群众中去”“集中起来，坚持下去”的方针，真正做到在民主的基础上集中，在集中指导下的民主，健全民主集中制，使党内民主生活正常起来。

要分级分权分工到人，做到职责清楚，任务明确。现在我们的党政工作，在许多地方是“一锅煮”“一把抓”，没有明确的岗位责任制，办事效率很低。市委研究决定，今后各厂矿、企业、事业（包括科研、学校等）单位，党委书记都不兼行政职务，行政领导一般也不兼党委副书记职务，以便分职分权，集中精力，分别抓好生产业务工作和党务工作。有条件的单位，还要尽快健全总工程师、总会计师、农艺师的职称和机构，要建立岗位负责制，使他们有职有权，不要怕说“专家治厂”“业务挂帅”。

要不断增强党的团结。这些年来，由于林彪、“四人帮”分裂党，使党的肌体受到很大损伤。粉碎“四人帮”以后，经过两年多来揭批林彪、“四人帮”的罪行，不断增强了党的团结。但是，在有的领导班子内，同志之间许多积怨和疙瘩并未消除，心不齐，气不顺的情况还存在。在这样的单位，领导成员之间要多开展批评与自我批评，开展谈心活动，要从实现四个现代化的大局出发，消除积怨，加强团结，携起手来，共同战斗。还有个别地方，你一坨，我一坨，资产阶级派性残余和封建宗派残余还在继续作怪。在这样的单位，领导和群众的力量扭不到一起，处理问题往往从自己坨坨利益出发，安定团结受到影响，革命、生产、工作和政策都不能很好落实。粉碎“四人帮”已经两年多了，还这样搞，是绝对不能允许的，希望尽快改正过来。

要充实、加强各级领导班子。要把那些思想觉悟高，业务技术能力强，工作干劲大，群众威信高，年富力强的干部，提拔到各级领导岗位上来，充实加强各级领导班子。今后考核干部，不能光以工作态度好为标准，主要应看他在实现四个现代化中做了些什么工作，有哪些贡献，搞得好的就表扬、提升；搞得不好的要帮助、批评；几年搞不出成绩的，应当换下来。

要加强党对各项工作的领导。在搞好工、农业生产的同时，还要抓好财贸工作，组织好市场供应，更好地为城市生产和人民生活服务。要加强文教工作，不断提高教学质量，办好重点大、中、小学，努力为国家培养科学技术人才。要加强政法、民兵、人防和城市管理等工作，以保证正常的工作秩序、生产秩序和社会秩序，进一步巩固无产阶级专政。要加强党对工会、共青团和妇女工作的领导，充分发挥他们在实现四个现代化中的积极作用。

要改变领导作风。这次全会以后，首先要做到以下几点：(1)今后报纸、会议登照片，发消息，印材料，尽量不登领导个人的特写镜头、不用职衔称呼；(2)开会要尽量少发或不发用个人的讲话稿，如果事关重大，可以集体讨论后，用组织名义行文；(3)负责同志到下属各单位去时，不准贴标语，不准组织群众迎送或用公款请客；(4)对工业、农业新产品、残次处理品，不能自己削价自用；(5)不要组织和参加人数众多的无效的大检查团、大参观团，办事要讲实效。(6)参加市委中心学习组的同志，都要定期参加学习和考试，认真学习马列主义和毛主席著作，学习业务技术和文化科学知识，尽快使自己成为组织领导生产的内行，适应党的工作重点的转移。

春节前，我们在成都开会，议了我市形势，除上面讲的八个问题外，可能会引起不安定的还有物价问题、待业人员的安置问题、讲民主自由与服从法制的问题。这些问题，都需要我们上下一致，做好工作，正确加以引导，巩固和发展我市大好形势。

同志们，实现全党工作重点的转移，摆在我们面前的任务是艰巨的，繁重的，困难问题也是很多的。有许多新的工作规律需要我们去探索，有许多新的问题需要我们去解决。我们靠什么武器去夺取新的胜利？要靠马列主义和毛泽东思想，要高举毛主席的伟大旗帜，沿着党中央提出的“安定团结，稳定局势，解放思想，鼓足干劲，加速社会主义现代化建设”的路线，去夺取新长征的伟大胜利。

中共重庆市委办公厅

1979年2月12日[①]

---

① 此为市委办公厅的印发时间，比讲话时间略晚。

丁长河同志在市委第四届六次全委（扩大）会议结束时的讲话

（1980年4月7日）

同志们：

市委第四届六次全委〔扩大〕会议，从4月3日起，开了5天，今天就要结束了。这次会上，传达、学习了党的十一届五中全会文件和省委第三届三次全委〔扩大〕会议文件，开展了认真的讨论。大家一致表示，拥护华国锋、邓小平、李先念、陈云同志在五中全会上的重要讲话，拥护五中全会通过的各项重要决议，拥护党中央为加强和改善党的领导，保持党的路线、方针、政策的长期性、连续性，调整、充实、加强党中央领导机构而做出的重大决策。到会的许多同志，都以自己的亲身经历，摆事实，谈体会，深切认识到，这些重大决定，对于恢复和发展党的优良传统和作风，促进我国的四个现代化建设，都具有重大的现实意义和深远的历史意义。

五中全会提出了集体领导和集体接班的原则，这是党中央高瞻远瞩所做出的长治久安的战略决策。交、接班的问题，是关系到我们党和国家前途、命运的大事。现在举国上下，党内党外，国内国外都十分关心我们党的路线的长期连续性，关心党的领导的长期稳定性。五中全会在组织上采取的一系列重大措施，成立新的书记处，加强了党中央的核心领导。书记处通过集体形式接班，这就妥善地解决了党的领导新旧交替的问题，使我们党的事业不断继承和发展下去，使我们的国家能够长期安定。这在国际共产主义运动史上，的确是一个创举，是一个高瞻远瞩、长治久安的战略决策。它充分体现了我们党人才辈出、后继有人，我们党所领导的社会主义建设和共产主义事业日益兴旺发达，意义十分重大。

五中全会为少奇同志平反，是全党全国的大事，深得党心民心。讨论中，大家认为，少奇同志的冤案，是全党最大的冤案。这次全会根据反复核实的材料，做出了为少奇同志平反的决议，恢复了他作为伟大的马克思主义者和无产阶级革命家、党和国家主要领导人之一的名誉，是非常必要的，是完全正确的。少奇同志的冤案株连全国。过去由于错误地认为党内存在一个以刘少奇为首的资产阶级司令部，不仅打击了刘少奇同志一个人，而且打击全国上上下下一大片。许多老革命、老干部被打成"黑线人物""走资派"；许多基层单位的优秀干部和群众，被诬蔑为刘少奇的代理人、黑干将、黑爪牙，为少奇同志平反，解放了一大片，对建国十七年来的工作的估计，也有了重大的是非界限。同时表明，我们党是严肃认真，光明磊落，坚持实事求是，坚持毛泽东思想科学体系的马克思列宁主义革命党。

五中全会讨论的新党章草案，讨论、通过的党内政治生活的若干准则，对于加强党的思想建设，具有重大意义。特别是新党章草案，吸取了七大、八大党章中的好东西，清除了林彪、"四人帮"的流毒的影响，恢复了党的优良传统，并根据新的历史时期的新特点，增加了新的内容。如对坚持党的民主集中制作了比较完整的规定；对党员提出了更高的要求；对党的干部制度做出了一系列改革，包括废除干部实际上存在的终身制，等等。所有这些规定，对于彻底清除林彪、"四人帮"破坏党的建设的流毒和影响，恢复和发扬党的优良传统和作风，加强党的思想建设和组织建设，增强党的战斗力，都将产生巨大的作用。

总之，五中全会的意义是非常重大的，在国内外都产生了巨大影响。这种影响，随着时间的推移，还将充分地表现出来。

应当看到，我们这次会上，对五中全会文件的学习和领会还是初步的，会后还必须继续深入学习。不仅自己学,还要带动党委和下面的同志认真学好,并在实际工作中贯彻执行。在讨论中,大家认识到,当前摆在我们面前的一个重要任务,就是要在全市范围内,广泛深入地学习、宣传、贯彻执行五中全会精神,做到家喻户晓,使之成为推动各项工作的巨大动力。为此,应当把五中全会文件和省委扩大会议上的决议、报告,作为各级领导和干部学习的主要内容,作为党内政治生活的主要内容。同志们讲,要把五中全会文件的学习,同学习叶剑英同志国庆三十周年讲话和邓小平同志关于目前形势和任务的报告结合起来,以便全面地理解我们党三十年来的历史经验,以及党在新时期的路线、方针和政策。这些意见都很好。就按大家讨论的意见去办。

在组织党员干部学习的同时,还要组织群众学习五中全会公报,向群众宣传五中全会的重大意义,要针对群众中存在的各种思想认识问题,进行说服、教育和解释工作。同时防止一些别有用心的人乘机进行造谣诽谤。

学习和宣传五中全会精神文件,是一件严肃的政治任务。各级党委一定要十分重视,加强领导。学习不要停留在"学学文件表表态"上面,要和加强党委领导班子的建设紧密结合,和加强党组织的思想建设紧密结合,和当前的四个现代化建设紧密结合。扎扎实实地抓好几件事情,解决一批问题,真正把党内外群众的积极性进一步调动起来,为完成今年各项任务而努力奋斗。

围绕着贯彻五中全会精神,下面对我市当前工作讲几点意见:

一、精心培养和选拔优秀的中青年干部,认真把各级领导班子调整、充实好

加强和改善党的领导,当前一项迫切而严肃的任务是要选好接班人,调整充实好各级领导班子。中央领导同志多次强调这个问题,五中全会又为我们做出了榜样。现在的问题是,我们的各级党委特别是我们的老同志,是否真正感觉到了这个迫切性,是否真正把培养选拔接班人作为第一位的职责,并付诸行动。从全市来看,许多党委已开始积极行动起来了,但也还有一些单位,一些同志自觉性还不够高,存在着"慢慢来、等等看"的思想。有的讲:"革命自有后来人,我现在还能干,何必着急哩!"有的讲:"我们才从'四人帮'迫害下出来工作不久,现在又说我们老了要退到二线工作或者退休,让适合的年轻同志接替自己的岗位,难道老干部硬是不中用了吗?"还有的讲:"前几年提拔青年干部教训那么多,现在又要来选什么接班人。"这些认识显然都是不对的。我们理解,中央的决定和中央领导同志讲的培养选拔接班人是刻不容缓的战略任务,这完全不是说老干部已经无用、不能工作了。相反,正是看中老干部的作用,要我们老干部在还能工作的时候,抓紧把选拔培养接班人这件事办好。因为,革命是一个长期的斗争过程,在漫长的年月里,一代一代人总是要交班的,问题是交给什么人?在接班人问题上,"文化大革命"十年的教训,正说明了选什么样的接班人,是关系到整个国家、民族的前途和命运的头等大事。这次会上大家谈到,后来人当然有,问题在于来的什么人,任其"自来""自去",而不经过严格考察,精心培养,就不能保证把党的领导权交到能够坚定执行党的政治路线,经得起风险的可靠人手里,也确有可能落到林彪、"四人帮"的残余势力手中。小平同志一再给我们指出存在着这种危险性,要我们"忧党、忧国、忧民",做好选拔接班人的工作。如果在我们还有精力的时候不把这件事办好,等我们已经不能动弹了再办,就要贻误大事。再从我市各级领导班子的自然状况来看,大力培养选拔中青年干部也是刻不容缓的。那天会上,我讲了班子大、年纪老,专业知识欠缺的"大、老、粗"问题。这几天了解,我们各级领导班子,还有一个"一般高"的问题。即:在一个班子里面,在上下各级领导干部之间,年龄都差不多,县委五十来岁;区、社、大队也是四十七八岁上下,年龄一般大,一个班子没有形成老中青"三结合",如不及早选拔补充中、青年干部,将来大家老了一齐老,退休一起退休,像割韭菜一样,整个换茬,全部割光,这样就很难保持党的领导的延续性

和稳定性。所以，不仅在中央，在省、市，而且在下面各级，包括工厂、农村，培养选拔接班人都是刻不容缓的战略任务。

选拔好接班人，最重要的是要坚持党的任人唯贤的干部路线和德才兼备的干部政策。这项政策，在"文化大革命"中遭到了林彪、"四人帮"的破坏。叶副主席在国庆三十周年讲话中，提出了在新的历史时期选拔接班人的三条标准。我们一定要按这三条来衡量干部，选贤任能，把接班人选准选好。要警惕派性干扰，防止那些投机钻营、对党的路线心怀不满、坚持搞派性的人进入领导班子。对于现在仍在领导岗位上的这类不可信赖的人，要坚决采取组织措施，该调的调，该放的放。在"文化大革命"中犯过严重政治错误的人，没有经过相当时间考验的，在使用上要从严控制。对犯过一般错误的人，要进行具体分析，分清错误性质，如果只是认识上和执行上的问题，开始犯过一些错误，后来一直表现还好，从粉碎"四人帮"以后，特别是三中全会以来，从行动上表现拥护党的路线、方针、政策，有能力、有干劲、有成绩，还仍是较好的干部。对这个问题，宋任穷同志在中央组织部选拔中青年干部座谈会上有一个很细致的分析（讲话稿已下发），可以按照这个讲话的精神掌握。要克服"论资排辈"的错误思想，对优秀中青年干部，只要看准了，就要敢于拔尖，果断地提拔，不要怕"搁不平""压不住台"。"论资排辈"是一种落后的习惯势力，不克服这种思想，必然堵塞才路，埋没人才，助长靠资格吃饭，不求上进的习气。许多单位的经验证明，只要选准了，老干部就要坚决支持，老干部一支持，新的中、青年干部就会压得住台，也就可以搁得平，如果选得不准，就是老干部当选，也可能压不住台。因为人们服从的是真理，向往的是"四化"，并不认为白发年老就一定会比身强力壮的绝对要好。因此，选拔接班人不能搞"论资排辈"，也不能搞什么平衡。有时候照顾是需要考虑的，譬如讲五湖四海，照顾民族、妇女。你不照顾。完全以人数平均计算，他们当选的机会就可能受到限制。但这种照顾，不能作为第一位，它必须服从选拔干部的条件。第一是坚持干部标准，第二才是照顾。选拔中、青干部，也要防止"只看年龄，不看实际表现"的倾向。还要爬点"台阶"，注意考察干部在实践中经受的锻炼和考验。"坐电梯"不行，"爬台阶"每爬一步都要停很久也不行。应给小步快跑，有的也可以逾越一步，不是每级都非要当副职不可。

各级党委要把选拔中青干部，充实加强领导班子，作为经常的工作。特别是党的一、二把手要亲自抓这件大事，并认真抓好。这个问题，在上次市的组织工作会议上已经讲了。市委组织部《关于选拔优秀中青年干部，充实加强各级领导班子的意见》，市委也已经批转了，大家就按那个"意见"的具体要求去办。当前，各级党委要结合本系统、本地区、本单位的实际，制定出三年规划。特别是要有今年的要求。今年达到什么程度？首先做到各级领导班子中要有一定的中、青年干部，争取在老中青的比例上达到四、五、一。以后逐步达到三、五、二，二、五、三，看这样行不行？各区县结合这次召开人代会配备四个班子时，就要解决这个问题。其他各单位，在今年内也要见诸行动，有所变化。对已物色好的中、青年干部，一要压担子，放到实际工作中去锻炼；二要加强培训，办好各级各类学校、党校、技校、电大，在职学习提高；三要认真对他们负担的实际工作进行考核、监督。凡已具备提拔条件的，要按照"先进后安"的办法，成熟一个，提拔一个。"先进后安"符合当前的实际，交班接班也要有一个过程。当前主要是解决中青年干部进班子的问题，精干班子的问题留待以后逐步解决，有的同志认为，"先进后安"班子越来越大，人多嘴杂，认识难以统一，工作效率提不高。我们说"先进后安"，也不是"只进不安"，现在能安的也不安了，能精干的也不精干了。现在有的老同志可以退居二线当副职，把中、青干部放到第一线；有的可以安排当顾问；已经丧失工作能力的，就可以退职退休。要在做好思想工作的基础上，凡能安排的，要尽量安排。对退下来的老同志，在政治上要关心他们，在生活上要照顾他们，不能"人一走，茶就凉"。有的班子现在人数不少，但中、青干部该进的还是要进，班子大一点就暂时让它大一点。人多了,工作有难做的一面,但只要互相帮助,互相谅解,多做细致的思想工作,就可以把认识统一到党的路线、方针、政策上来,各级党委一定要下决心,争取在三五年内,做到年富力强的中、青年干部在各级领导班子中占多数,使领导班子年轻化,以适应"四化"建设的需要。

二、认真解决好历史遗留问题,巩固和发展安定团结的政治形势

1. 抓紧搞好揭批查的定性处理,做到善始善终。

我们党同"四人帮"反革命阴谋集团的斗争,是一场决定党和国家命运、前途的大决战。这场斗争持续的时间长,牵连的人多,情况比较复杂。经过两年多来的工作,已经基本上摧毁了他们的反革命政治势力,查清了同"四人帮"篡党夺权阴谋活动有牵连的人和事。目前根据中央"两案"审理领导小组提出的定性处理意见和全省清查工作定性处理会议精神,正在进行处理。

从会议反映的情况看,一个值得注意的问题是:有些帮派体系成员,至今立场没有转变过来。他们趁我们在定性处理上采取宽大政策的时候,误认为有机可乘,进行反扑,否认自己的错误和罪行。有的翘尾巴,有的不认账,找搞清查工作的同志纠缠,公开要领导给他"说清楚";有的散布"清查工作扩大化",说自己是"受某某人打击迫害的",编造材料,四处上访、告状;有的散布"党在'文化大革命'中犯了错误",说他是属于跟着"受骗上当的问题";有的在去年清理在押决犯中被释放出来后,把自己打扮得很正确,声称"你放了,就说明我正确""既然我正确,就是你错了",要领导补发他的全部工资,甚至长期不上班;还有的利用派性,继续暗中串联,进行翻案活动。这些动向。必须引起我们的严重注意。对于"四人帮"在组织上、思想上的残余,绝对不能低估。他们确实像潜水艇一样,一有波动就要浮到水面上来捣乱。对于搞翻案、翘尾巴的人,不能放任不管。必须在一定范围内发动群众,组织领导、群众、理论专案人员"三结合",对他们进行严肃的批评教育,驳倒他们的谬论;对于那些有错误、有罪恶又不接受教育,坚持不改,甚至反过来诬陷好人的,要加重处罚,直到判刑,是党员的直到开除党籍。清理在押未决犯中被释放出来的帮派成员,原单位应根据其错误或罪行的轻重程度,给予必要的行政处分或党内的纪律处分,不要放回来就不管了。这些人不属于冤假错案,不应当补发工资。他们家属子女和本人生活发生困难的,只能酌情补助。实践证明,凡是坚持按这样的原则对待的,那些人就比较规矩一点;否则,他就胡搅蛮缠,影响安定团结。

要做好定性处理工作,各级党委必须加强领导。当前在定性处理工作上,有的单位认为多一事不如少一事,对这些人想采取"大事化小,小事化了,不了了之"的态度来换取安定团结,对清查收尾工作不重视,怕再"搞错了",怕做思想工作,甚至怕清查对象报复,连材料都不敢整。这种精神状态是很错误的,必须尽快改变过来。当然,在有的单位,想对受查的人员"多划敌我矛盾、多给重处分",或想把矛盾外交,要求多关押、多判刑、多开除的情绪也有,也要注意教育、改正。总之,定性一定要准确,一定要按中央的方针政策办事,既要严肃,又要慎重,做到事实清楚,定性准确。要在时间紧,任务重的情况下,争取时间,在4月份内处理一批(具体要求区县和有关部委能先行一步,处理一两人,市里准备处理三至五人),摸索经验,然后全面展开,争取在6月份前把这个工作做好。对原来市里安排的几个人,大家还有什么材料和意见,也请在月内送来。我们争取在五、6月份解决这件事,抓紧把这些人处理了,有利于安定团结,促进"四化"建设。

2. 继续纠正冤假错案,落实党的政策。

落实政策的工作,去年我们花了很大的精力,集中了很大力量,做了许多工作。现在看,它对于巩固和发展安定团结,调动一切积极因素,促进"四化"建设的好影响,已逐渐显露出来,我们必须继续努力,把这项工作做下去。

当前落实政策工作的重点,首先要抓紧清理因

刘少奇同志的问题而受株连的案件，其中，尤其要尽快解决那些被判刑或者至今仍被关押着的人的问题。对于一些突出的案件，领导要亲自过问，及时讨论做出决定。时间拖长了，群众会有意见的。至于"文革"中的其他案件，也要继续抓紧落实。以上两类，争取在7月前搞完。还有"文革"前的历史老案，要作为日常工作去处理，处理时也只能先解决明显的冤案；如认为原来处理偏重，或者只是部分事实有出入的，抓不过来就要放一放。少数申诉人想急于解决的，要向他们宣传政策，做做思想工作。这样，把工作分别轻重缓急具体进行安排，才利于集中精力去处理当前急需解决的问题。

三、搞好党风党纪，保证"四化"建设

党的十一届五中全会要求我们，在贯彻执行《关于党内政治生活的若干准则》中，结合对党章修改草案的讨论，对全体党员进行一次深入的思想政治教育，搞好党风党纪，使全党能在党中央领导下，统一思想，统一行动，保证社会主义现代化建设的顺利进行。

我市党组织同全国、全省一样，在"文化大革命"期间遭到林彪、"四人帮"严重破坏，党的肌体受到创伤，党内思想混乱，组织涣散。粉碎"四人帮"后，党的优良传统开始恢复，党的状况有了很大变化，但存在的问题仍然不少，与"四化"建设要求很不适应。全市27万党员中，有相当一部分是"文化大革命"中入党的新党员。他们中多数是好的，但由于林彪、"四人帮"的毒害和影响，确实有一部分新党员不符合条件；有些过去长期合格的老党员，由于林彪、"四人帮"的毒害和影响，在认识处理一些问题时，也不那么坚持党的原则，按照党规党法办事了。这就需要进行一次整顿。

怎样进行整顿？按照中央的部署，今年主要是先对党员和干部进行一次普遍深入的思想政治教育。使党员懂得党的性质、党的指导思想、基本纲领和现阶段的基本任务，懂得党的组织原则、遵守党的纪律和维护党的团结统一的重要性，懂得党员的义务、权利和怎样做一个合格的共产党员，懂得党的理论联系实际，密切联系群众，批评与自我批评的优良传统和作风。提高党员的思想觉悟和政治水平，增强党的观念，加强组织纪律性，振奋革命精神，同心同德搞"四化"。教育的方法，主要是学习文件，联系实际，对照检查，开展批评与自我批评。以《关于党内政治生活的若干准则》和党章修改草案为基本教材，结合学习马列和毛泽东同志关于党的建设的著作，学习刘少奇同志的《论共产党员修养》《作一个好党员，建设一个好的党》，陈云同志的《共产党员标准》等著作。各级党委要逐步把整党问题摆到重要位置上来。今年内，要有组织、有领导、有计划地对全体党员的学习进行一次通盘部署安排。在职学习和集中轮训，要有计划的有组织进行，并健全党的组织生活，通过严格的组织生活，对党员进行经常性的教育。

这次全委扩大会上，许多同志发表意见，这次整顿党风党纪要着重解决以下三个问题。

一是要认真解决派性问题。"文化大革命"期间，林彪、"四人帮"煽动派性，使派性活动在党内合法化，对党造成了极大的危害，至今远远没有肃清。派性同无产阶级党性是根本不相容的，它是剥削阶级极端利己主义和封建行邦思想在党内的反映。派性问题不解决，党的路线、方针、政策就不能真正落实到基层；党内生活长期受派性毒素所侵蚀，党也会逐步变质，实现"四化"就没有可靠的保证。各级党委对于派性的严重危害性，要有一个清醒的估计，每个共产党员，都要从林彪、"四人帮"煽动派性，组织秘密集团，阴谋篡党夺权的反革命事件中吸取教训。当前，市里少数领导班子中仍有拉坨坨、结宗派，闹不团结的；也有在提干、提工资、处理历史遗留问题，甚至在分房子上分亲疏、讲宗派的；特别值得注意的是过去一些的派头头，有的毫无悔改之意，至今仍在个别串联，甚至威吓领导。对于坚持派性屡教不改的人，一定要按照〈……〉在省委扩大会议上指出的三条办法进行处理，即：一要严肃进行再教育；二要组织处理、包括调出他的势力范围和给予警告；三要撤销工作，或开除公职、留用察看或送劳教，开除党籍。

二是严格执行党的民主集中制，加强党委的集体领导。从我市情况看，在实行民主集中制这个问题上，有民主不够的问题，也有集中不够的问题。中央指出当前值得注意的是普遍存在着纪律松弛的现象，要特别强调一下集中。民主集中制，是既要有民主，又要有集中。一人说了算，“一言堂”，一边倒，不好，但又必须要有集中，少数服从多数，下级服从上级，全党服从中央，不能各取所需，自行其是，各搞一套。在健全党内的政治生活方面，还要坚持党委集体领导和分工负责相结合的制度。凡是属于全局性的重大问题，政策、方针、口号的具体化，党政国家班子的配备、任免，涉及人民群众的利益的增加和取消，生产建设中涉及工、农、兵、学、商几家在内的方案、决策等等，都应提请党委充分讨论，集中集体智慧，做出正确决定。然后分门别类，由分工负责的领导同志指导监督执行。工作过程中党委成员之间要互相通气、支持、谅解，充分合作。总之，没有民主不好办，没有集中也办不了事。我们要弄清民主与集中的辩证关系，坚决按照民主集中制的原则去办。这次会议后，从市到区、县各级党委，都要贯彻五中全会精神，按照《准则》规定，认真检查一下执行党的民主集中制这一根本制度的情况，总结和推广成功的经验，切实改进执行中的缺点和错误。当前主要是解决党委包得过多，不放手、不放心，发挥行政、群团部门作用不够的问题。希望市委委员、候补委员和到会的全体同志，在这方面创造经验，使我们党的民主生活进一步活跃，党的组织性、纪律性大大加强。

三是继续注意解决好干部特殊化的问题。干部在生活上搞特殊，是背离党的宗旨和群众意愿的，它严重影响我们党和群众的关系，影响群众搞“四化”的积极性和信心，还可能被别有用心的人所利用，制造混乱。我们的党是为人民谋利益的党，我们的干部是人民的勤务员，绝不应在生活作风上搞特殊化。现在全国人民都在专心致志搞“四化”，我们一个领导干部，那(哪)能离开社会主义四个现代化去搞个人家庭、生活的现代化呢?！我市为克服干部生活特殊化曾做过不少工作，有一定成绩，但问题并未完全解决，主要表现在：一是“农转非”问题，一些干部非法把自己在农村的亲属搞进城工作，把农业人口转为非农业人口；二是有的领导干部在住房问题上，多占多要，个别的甚至利用职权为自己住宅改建，提高标准；三是招工招生和子女工作安排上利用职权，走后门；四是不过组织生活，不遵守社会公德，等等。现在中央颁发了《准则》，省、市委也作过明确规定。只要各级党委继续抓紧做工作，这些问题是不难解决的。

四、一定要把经济工作抓紧

经济建设是全党的中心。我们贯彻五中全会精神，强调抓党的建设，决不可忽视工作着重点的转移，绝不能放松对经济工作的领导。我们的一切工作，都必须服从于、服务于“四化”建设这个中心，无论什么时候都必须把经济工作抓得很紧很紧，一刻也不能放松。我们今年一季度生产形势是很好的。工业总产值达到15.98亿元，完成年计划68亿的23.5％，超过了去年四季度的生产水平，比去年同期增长13.7％。市考核的80种主要工业产品产量，比去年同期增长的有钢、钢材、原煤、化肥、发电量、硫酸、烧碱、缝纫机、手表、皮革、棉纱、棉布、机制纸等63种。一季度工业生产有几个特点：一是轻纺工业增长幅度超过了重工业，轻纺产品大幅度上升，产值较去年同期增长22％，高于全市工业生产增长水平，超过了重工业增长8.7％的速度。二是集体所有制工业的增长幅度大于全民所有制工业增长幅度。一季度产值比去年同期增长32.8％。三是扩权企业生产增长幅度高于非扩权企业。四是外贸出口产品增加，产量上升。但是，当前工业生产中也存在一些困难和问题：一是部分轻纺工业原材料缺口较大，如棉花、牛皮、羊皮、木材、纤维板、玻璃、桐油等供需矛盾突出；二是天然气供应紧张；三是部分企业生产任务严重不足，如机械系统全年任务仅落实60％左右。军工企业一季度生产比去年同期下降33.5％；四是人身、设备事故虽比去年同期下降，但事故仍然较多。对于这些问题，我们必须足够重视。二季度是工业生产的黄金季节，要抓紧有利时机，广泛发动群众，深入开展增产节约运动，产值要求达到 18 亿～20 亿元，实现上半年“双过半”。为此，要认真抓好以下工作：一是广开门路，努力增加适销商品的生产，特别是夏令商品（如汗衫、背心、浅花布等）的生产，保证市场供应。并提高产品质量，增加花色品种，提出创优质、创名牌的名单，5 月份开展一次产品质量评比活动，评选出参加全国评比的优质产品，以推动产品质量的提高。二是对市属轻纺 39 个挖潜、革新、改造项目，要普遍进行一次检查。已竣工的项目，要尽快投产；在建项目，要切实解决存在的问题，加快施工进度，力争按期投产，发挥效益。三是狠抓能源和原材料的节约，搞好夏季防暑降温和安全工作。四是继续抓好调整工作，4 月份要把区县五小工业的调整方案定下来，其他行业的调整，应在二季度内拿出方案。军工生产民品没有落实的，要狠抓落实，并搞好协作配套工作。五是进一步抓好企业扩权试点工作。最重要的是要扎扎实实地搞好定、包、奖。这就必须按客观规律和经济规律办事，处理好国家、集体和个人三者利益的关系。同时，要研究新情况、新问题，总结试点经验。

农业生产，总的来看，当前春播进度较快。全市多数区、县，除高山地区外，在“清明”节（4 月 4 日）前基本完成了水稻播种任务；包谷播种、红苕殡种大部分地区也基本完成。质量一般比较好。今年水利设施蓄水量是近 20 多年来最多的一年，现在蓄水量 3.9 亿立方米，而去年同期只 1 亿多立方米，这就为水稻栽插提供了有利条件。但是应当看到，由于小春面积减少，部分地区苗稼不如去年，如果小春总产达不到去年水平，就必须由大春来弥补，今年的增产计划，更要靠大春增产来实现，任务是十分艰巨的。当前存在的问题，一是播种的进度和质量不平衡，有的地区玉米、红苕下种不到总任务数的 80%。有的包谷底肥不足，有的殡露天苕，不利于趋利避害，躲过伏旱。二是在 93.9 万亩冬囤水田中，现已出现黄浑的约 20 万亩，占 15%左右。据气象预报，4 月上、中旬雨量偏少，要做到满栽满插，还须作很大的努力。三是有的大生产队在分队时扯皮，反反复复，定不下来，或者分了以后一些问题解决的不好，影响生产。有的生产队把土和干田包产到了户，社员自留地和包产地加在一起超过了 15%的规定。对此，各区县要切实加强领导，采取有力措施，解决好当前农业生产遇到的一些问题。要立足于抗旱夺丰收，保证大春满栽满插，力争今年水稻生产有一个较大的突破；林、牧、副、渔和多种经营也要抓紧。同时搞好小春预分，安排好社员生活。当前蔬菜供应偏紧，要尽快安排大春菜的生产，加强在土蔬菜管理，以保证市场供应，对于生产规模、责任制以及有关农业政策方面的问题，必须坚决按照省委〔1979〕100 号文件规定办。现在春耕生产已经开始，生产规模要在现有基础上定下来，不要再动了。现在实行的各种形式的生产责任制，也要坚决稳定下来，加以巩固、提高，不要再变来变去。省委 100 号文件规定的农业政策，不能曲解，按文件规定的放权已经是“到底了”，划社员耕作的“三地”总面积也“到此为限”，对于出现的包产到户和社员自觉地加包产地超过 15%的，各区县要进行调查研究，弄清情况，提出妥善处理意见，但目前可以不去强制纠正，以免影响春耕生产。对于少数生产落后，收入水平很低，长期靠吃国家返销粮食过日子的后进队和穷生产队，可以试行减免征购，无特大灾害不再返销的办法，以生产队为基本单位包工包产到组，一定三年不变，当年超过部分大部分或全部留由生产队和分给社员，由自己安排，区县在当年不再抽补调剂，但生产队绝不能把土地按人头平均划分到户，提倡私有分田单干，谁种谁收，不管饥饱，叫人们自找出路。

财贸工作形势很好，现在市场繁荣，经济活跃。要认真安排好今年夏季市场，特别对供需缺口较大的品种，如前面讲到的汗衫、背心、浅花布等，要协助工业部门采取有效措施增加生产，并从市外积极组织货源，搞好市场供应。要做好生猪和鲜蛋等副食品的收购调运工作。今年生猪小旺季提前到来，专县的生猪大量涌到，由于冷藏设备不足，胀库问题严重。除了积极向省里反映请求采取措施外，市里食品部门要大力改进供应方法，增加售货网点，努力扩大推销。要加强银行信贷工作，省已同意给我市增加一千多万元的贷款指标，这对工业部门挖潜、革新、改造是一个支持，要把这笔资金用好。要继续抓好外贸工作，尽快把衔接的出口商品生产计划落实下去，并及时组织收购。财政收入一季度完成2.27亿元，占年计划的23.6%，比去年同期增长26.8%。二季度要再接再厉，狠抓增收节支，使财政收入比一季度有更大的增长。对行政事业单位实行财政包干的办法，也要进一步落实。

要切实加强对物价的管理。这个问题不仅是财贸部门，也涉及工业部门和其他部门。要坚决贯彻执行中央的物价工作方针和省委、省人民政府《关于加强市场物价管理的几项规定》以及全国商业局长座谈会精神，从安定团结的大局出发，保持物价的基本稳定。要进一步组织物价大检查，加强对议购议销价格的指导和管理，严肃物价纪律，坚决纠正和制止各种违法乱纪的现象。农业要遵守三条：(一)国家的粮油征购任务必须保证完成，其他一、二类农副产品必须按政策和合同规定完成交售任务，不得少交、不交而自行向市内外销售。(二)蔬菜，必须保证完成合同规定的交售任务，不得少交、不交而化整为零上市卖议价(自留地的蔬菜除外)。(三)城郊社队不能闻风卖地皮、盖房子，生产队自己也不能不经批准就乱占土地盖房。凡经过批准征用土地所收入的钱，也只能用于扩大再生产，通盘研究安排社员生产生活，不能作为当年收入予以分配，分光吃光。今后新建企业需要占郊区土地的，可考虑采取工农联合共同投资经营，生产队以土地作为入股办法解决。对工业提出四条：(一)今后不要每厂都设自销门市部，有的可以公司或局设立，有的可以厂店挂钩，委托商店经销、代销。(二)不能为了增加利润而改变一下装潢就提高销价。改变内销商品的包装、装潢，应从有利于保护商品、方便携带出发，不能借机提高售价。(三)工业自销产品，只限于超产部分商品选购后或工商协商允于留厂的部分，自销零售价格不能超过国家的规定或商业部门的同类产品零售价格。(四)各厂矿企业，不能不经批准对内部职工实行降价处理商品。对商业提出三条：(一)无论经售农副产品、工业品，都不得把计划内商品冒作议价商品出售。(二)出售的商品不能掺水掺杂，短尺少两，混等混级，变质失效。(三)出售议价商品，要尽可能分店、分柜经营，明码实价。对市场物价的审定权，由市和区、县物委纳总，各部门有关物价问题都应报物委审批或备查，不能自行其是。对于违反物价政策的部门、企业和个人，要本着今后从严的精神，根据其情节轻重、危害大小，给予批评教育、经济制裁(包括扣工资、停发奖金；蔬菜队不完成蔬菜交售任务而自行上市的减少口粮供应等)和纪律处分。对于模范遵守物价政策的单位和个人，要给予表扬、奖励。

在这里，还要讲一下生财有“道”的问题。企业从事生产和经营活动，必须服从党的政策和国家的法律、法令，坚持四项基本原则，经过劳动，增加社会财富，获取合理利润，不能离开社会主义之“义”，搞不义之财。现在少数企业单位为了多得利润，职工多得奖金，竟将平价购进的商品转作议价出售；个别工业部门产品稍微变个包装装潢，换个牌子，销价就马上提高；还有个别单位，没有经过批准登记，擅自印刷发行图书、刊物，高价出售，有的内容还有严重错误。议价本来规定了范围的，但现在什么都议价。比如一个单位的医务部门自行规定，开始挂号为1角，过了12点就要涨价，后半夜涨得更多。有个小学，也要开办一个“议价班”，吸收幼儿园大班的孩子缴费入学。有一个学校办秘书训练班，议价收学费每人100元。我们社会主义的工农商业不论国营集体和个体劳动者，都不许可为了自己多增盈利、多得奖金，就可以不讲等价交换，不讲按劳分配，不惜违法乱纪，不顾社会影响，不然怎么算得上社会主义。

有人讲：现在讲经济规律就是为了多捞点钱，如果是这样，那么这种规律斯大林早已指出是什么性质了。我们说，我们只能取“有义之财”，不能捞不义之财，这个“义”就是社会主义之“义”，决不能为了自己赚钱不管别人受害。听人说《望乡》这个电影在日本是不给青少年看的，而我们为了增加收人，却敞开放映。另外，还有生活方式和一些装束上的问题，有些在国外已被淘汰的了东西，我们有些人还把它当作宝贝拿来，大加欣赏。有个国营商店为了赚钱得奖金，竟然经销女人半裸体象〔像〕。其影响是很坏的。有的人不认为整洁、朴素、适用为好，而以装腔作态为美，要我们给做奇装异服，我们要不要充分供应呢？显然不能这样做。我们“生财”一定要遵守社会主义生活原则，遵守共产主义道德原则，无论是出售一件商品，上演一个文艺节目，放映一部影片，或举办一次展览，发表一篇作品，都要注意社会效果，都要考虑到能否有利于鼓励人们实现“四化”的信心，有利于增强人民内部团结，打击破坏“四化”的国内外敌人，不能赞美损人利己的剥削思想和腐朽生活方式，应该使人们从艺术形象中受到教育，增加人们的艺术享受。特别是要考虑到青少年由于无知，易于受骗，而不能只图赚钱，却让他们中毒也撒手不管啊！

最后，讲一下改进工作方法和转变领导作风的问题

今年2、3月，市里相继召开了先代会、组宣工作会、经济工作会、人代会和这次市委全委扩大会。通过这些会议，同志们对中央的路线、方针、政策都清楚了，对任务也明确了。现在的问题是要狠抓落实。这就关联到我们要进一步改进工作方法和转变领导作风的问题。就是说我们各级党委都要考虑，如何按照中央领导同志的指示，改进工作方法，转变领导作风，提高工作效率，特别精减领导机关的会议、文件，克服“五多”，使各级领导干部从过多的会议、文件中解脱出来，腾出时间深入基层调查研究，做到情况明、方向对、决心大，把我们各项工作搞得更好。

党的三中全会以来，我们一方面要看到形势大好，另一方面也要看到，随着党的工作着重点的转移，出现了许多新情况、新问题。譬如国民经济调整，是贯彻“八字方针”的关键，从一个企业内部究竟如何调整又是关键，哪些该上，哪些该下，哪些该发展，哪些该合并，哪些应革除，哪些应建立，都必须把情况弄清楚，做到心中有数。又如〈……〉讲的企业扩权之后经济领导机关如何跟上去，计划工作如何适应新情况，以及企业自有资金的使用和流向怎样比较合理，怎样解决好利润留成悬殊和苦乐不均的问题，如何发挥大城市作用和我们的优势。农村贯彻中央两个文件后出现了什么新情况、新问题，实行奖励制度和议价办法后效果如何，哪些应该肯定，哪些应该改进。再如在钱少事多的情况下，如何把有限的资金用得更好，使在刀刃上，不平均分配，不撒胡椒面，做到节约使用，讲究实效（但又不能该办的事不办，该用的钱不用），还有如何抓好计划生育，而又不蛮干出事，等等。以上说明，无论工业、农业、财贸还是文教、科研等各条战线，都有大量的新情况、新问题存在着。加之，我市今年各项工作非常繁重，经济建设任务十分艰巨。为了抓好经济建设这个中心，带动全盘工作，根据过去的经验，在领导分工、工作部署和工作方法上，都要有一个大的改进，做出全面、妥善的安排。从领导分工讲，各级党委多数同志要集中精力抓经济工作和业务建设，同时也要有负责同志挂帅，组成专门班子，抓好党的建设和落实政策等工作。人民来信来访工作也必须抓紧，不能放松。

鉴于春耕大忙季节已经到来，工、农、财等各方面的任务都很紧张。如前面讲的，为了使干部能够到第一线去，特别是负责同志能够到基层去，和干部、群众一起，加强对生产建设的领导，及时解决一切问题，我们考虑，从现在起，在今年上半年，全市各级都不要召开大型的、长时间的会议。必要的会议，要按照中央倡导的“开短会，说短话”的精神召开。有的会也可以到基层去召开。这样，就可以使市委、市府、各部委局和各级党委、政府的领导同志，都能有准备、有目的、有计划地下到基层去，到生产、建设、科研、教学和各项工作的第一线去，作深入的调查，掌握第一手材料，真正做到心中有数，加强工作的预见性，取得主动权。这是把我们重庆的工作做得更好的前提条件，是不是这样？请同志们认真考虑。

总之，在千头万绪的工作中，我们要扭住“四化”不放，努力发展生产，只有生产发展了，其他的

问题才能逐步得到解决。在各种各样的认识问题中，我们要分清本质与现象、主流与支流，把想法分出几堆堆，对好的就要支持、坚持，不好、不对的就要帮助、教育，再不能采取不表态或乱讲一气乱指挥了。

关于这次会议的传达问题。回去后，可以立即传达，也可以往后推移一些时间，可以单独开一次会，也可以和人代会、党代会合并，还可以和组宣、纪律检查、经济工作等会议合起来。学习方法，可以在职传达，分步骤进行学习，也可以由党校办轮训班一气呵成。总的要求是提高认识，统一思想，落实领导，解决问题。在工作步骤上，有些事今年要办完，如揭批查问题；有些事今年开个头，如干部“先进后安”问题；有些要突击抓，如整顿社会秩序、打击刑事犯罪活动；有些要作为经常性工作，如青少年教育、加强干部学习和组织生活等。不要“一刀切”“一个样”，既要坚决办，又要不拘一格，讲求实效。我们希望各级领导的工作方法和作风，都来一个改进，在了解新情况和解决新问题方面，创造出新的经验来，为“四化”做出更大贡献。

丁长河同志在市委四届九次全委（扩大）会议上的讲话

（1981年8月14日）

同志们：

这次市委扩大会已经开了八天，第一阶段就结束了。在这次会上，同志们进一步学习了六中全会《公报》《决议》、耀邦同志的重要讲话，听了启龙、大东同志在省委三届五次全委扩大会上关于六中全会精神的传达报告，分组进行了讨论，并有十六位同志作了大会发言，交流了学习的心得体会。这次会议，是一次传达贯彻六中全会精神的会议，也是一次采用“小集中”形式学习六中全会精神的学习班。会是开得好的，达到了预期的目的。

会议期间，大家冒着酷暑高温，认真学习。有些同志年老有病，仍然心情舒畅，精神饱满，专心听讲，深入思考，踊跃发言。同志们普遍反映六中全会开得很成功，概括起来有“两好”“两高”、一个“实事求是，恰如其分”，即：《决议》写得好，中央主要领导成员选得好；党中央的马列主义、毛泽东思想水平高，小平、剑英、陈云、先念等老一辈革命家的思想境界高；《决议》对毛主席、毛泽东思想历史地位的评价、对建国三十二年后成绩错误的估计，实事求是、恰如其分。六中全会圆满地回答了全党、全国人民普遍关心、渴望解决的重大原则问题，从政治、思想、理论和组织上进行了全面系统的拨乱反正，并指明了我们事业的前景和当前工作的重点，是马列主义、毛泽东思想在新的历史条件下的运用和发展，是我们党兴旺发达、坚强团结的标志。同志们说：“六中全会文件越学是非越清，越学方向越明，越学与党中央越亲，越学对社会主义建设事业信心越足。”一致表示：坚决拥护全会通过的《关于建国以来党的若干历史问题的决议》，坚决拥护全会决定的中央主要领导成员的改选和增选，热烈响应全会发出的伟大号召，一定要征服“十八盘”，登上“南天门”，到达“玉皇顶”。要继续发扬愚公移山的精神，战胜困难，扎扎实实搞好当前的生产和各项工作，努力完成今年国民经济计划和财政收入计划，为“四化”建设贡献力量。

这次学习的主要收获是：

（一）提高了对毛主席和毛泽东思想的历史地位评价的认识，增强了对毛泽东思想的坚定信念

如何看待毛主席和毛泽东思想的问题，前一段有两种倾向，一种是只看到毛主席晚年的严重错误，给国家和人民带来的不幸，因而全盘否定毛主席和毛泽东思想，这是极少数；另一种是全盘肯定毛主席的一切，对坚持“两个凡是”的实质弄不清楚，或从朴素的阶级感情出发，不想承认、不愿意听

到毛主席有严重错误。这两种思想倾向，显然都是错误的，是不符合马列主义、毛泽东思想原则的。学习了六中全会文件，大家认为《决议》对毛主席和毛泽东思想的评价是实事求是的，功过分明，合情合理，令人心悦诚服；毛主席虽然在晚年犯了严重错误，但就他一生来看，他的功绩远远大于过失，功绩是第一位的；错误是第二位的；大家对重申毛泽东思想是我们党的宝贵精神财富，它将长期指导我们的行动，感到十分满意。有位老工人（市委委员）说："我在旧社会生活了二三十年，亲身经历了两个社会，深深感到没有毛主席，就没有新中国。可是前一段时间，有人想全盘否定毛主席，有的文章言论损害毛主席的形象，当时我心里很急，想不通。毛主席他老人家虽然在'文化大革命'中犯了严重错误，但他一生为人民操劳，建立了丰功伟绩，在中国，没有第二个人能比得上他。现在《决议》对毛主席的公正评价，代表了我们工人的心愿，把我们的心里话都说到了。"一些跟随毛主席南征北战的老同志，都以自己亲身经历，畅谈了毛主席的伟大历史功绩和毛泽东思想在中国革命中的伟大指导作用。大家深有感触地说："《决议》对毛主席和毛泽东思想的评价不仅顺乎党心、民心，而且也是合乎历史事实的。肯定毛主席和毛泽东思想，就是肯定我们党和国家的历史。全盘否定毛主席的功绩，不承认毛泽东思想，那就是否定客观事实，也就否定了我们自己，从而就必然会搞乱人们的思想，涣散革命团结，后果将是不堪设想的。"

与此同时，大家也明确地认识到，如果不承认、不正视毛主席晚年特别是"文化大革命"中的严重错误，就不能严肃地总结经验，吸取教训；就不会很好接受实践是检验真理的唯一标准的理论；就不会弄清楚，即使是伟大领袖，他一旦离开了实事求是，离开了马列主义与中国革命实践相结合的原则，脱离实际，脱离群众，也同样会犯严重的错误。不正视，不正确对待毛主席晚年，特别是"文化大革命"中所犯的错误，要彻底纠正"左"的错误影响，也将十分困难，而且还有可能被坚持"两个凡是"观点的人当成附庸利用，铸成大错，这些都是丝毫不能含糊的。

通过学习，许多同志还谈道：过去对什么是毛泽东思想，毛泽东思想的主要内容、基本点以及如何坚持毛泽东思想等，并不都十分清楚，这次六中全会《决议》对毛泽东思想的科学体系进行了完整、准确的阐明，并把毛主席晚年所犯的错误同作为科学理论的毛泽东思想区别开来，这就使我们更加感到毛泽东思想是明确的、具体的、实在的，也是能够为我们大家所运用和掌握的，从而更坚定了对马列主义、毛泽东思想的信仰，坚定了高举毛泽东思想旗帜前进的信心。

（二）统一了对建国三十二年来历史基本估计的认识，初步总结了我们的基本经验教训

对于建国三十二年的历史，三十二年的基本估计，四个时期的基本总结，大家认为《决议》讲得很全面，很切合实际。通过学习，受到很大启发，澄清了一些模糊认识。

一是对建国三十二年，特别是"文化大革命"前的十年究竟成绩是主要的，还是错误是主要的，原来有不同的看法和议论。通过这次学习，取得了比较一致的认识。有的同志说，原来讲三十二年，特别是"文化大革命"前十年，总觉得成绩说不出好多，宣传社会主义优越性也理不直、气不壮。这次联系实际，认真学习《决议》，肯定三十二年来取得的十大成就，包括"文化大革命"前十年的成就，从而更加充满信心。不少同志列举本地区、部门在这十年中的发展情况，用具体事实和数据证明了三十二年和"文化大革命"前十年成绩确实是主要的，进一步体会到党领导我们走社会主义道路，从总的方面看，还是正确的。"文化大革命"前十年"左倾"错误有干扰，但没有达到支配全局的程度。就我们重庆市来说，这十年中经济文化建设的成就也是巨大的。1966 年与 1956 年相比，全市工业固定资产由 7.3 亿多元，增长到 24.6 亿多元，增长 2.4 倍；工业总产值由 11.9 亿元，增长到 26.7 亿多元，增长 1.2 倍。这十年中，我市大学毕业生达 3.7 万多人，中专毕业生 4.4 万多人。我市现有的工业物质技术基础，许多都是在这个时期建立起来的。同志们

说:既肯定这十年成绩是主要的,又不否认、缩小我们的错误,这就可以使我们正确地总结经验教训,团结一致,继续前进。

二是对我们已经建立起来的社会主义制度如何看。大家谈到,长期以来由于党在指导思想上的“左倾”,加上林彪、“四人帮”的捣乱破坏,使我们有的同志对什么是科学社会主义,什么是假社会主义都模糊不清了,不久前还有人散布我们现在搞的不是真正的社会主义,而是什么农业社会主义、封建社会主义,甚至鼓吹要回头补上资本主义这个历史阶段,这些显然是十分荒谬的。《决议》从理论和实践的结合上把社会主义问题讲明确了,对社会主义的基本特征、社会主义制度的优越性,以及三中全会以来逐步建立的、适合我国国情的建设社会主义的正确道路,都作了精辟的阐明,既否定了“左”的一套东西,又批驳了“右”的错误观点,划清了科学社会主义和假社会主义的界限。

三是进一步明确了我国社会主义社会当前的主要矛盾。大家认为,关于社会主义社会的主要矛盾问题,在党的“八大”会议中本来就已经解决了。“八大”会议指出,今后全党、全国人民的主要任务是集中力量发展社会生产力。可惜后来离开了“八大”精神,错误地提出了“以阶级斗争为纲”,以后又进一步发展,提出了“无产阶级专政下的继续革命”,并导致了“文化大革命”这样一场内乱,这是很沉痛的教训。《决议》继三中全会之后,进一步批判了“无产阶级专政下继续革命”的错误指导思想,正确指明了今后革命斗争的任务和方法。这是三十二年来的一条根本的经验,这个问题总结的好、解决的好,对我们党的事业具有非常重大的意义,许多同志还谈到,对三中全会作为建国以来我们党的历史上的伟大转折的认识,联系本单位和本人思想实际,畅谈了三中全会以来的巨大变化,总结了经验教训,更加坚定了贯彻执行三中全会以来党的路线、方针、政策的信心,也加强了与党中央保持政治上一致的思想基础,表示坚决服从党中央的领导,紧密地团结在党中央周围,搞好社会主义现代化的建设。

(三)认识到改选和增选中央主要领导成员的重大意义,更加信赖党中央

大家认为,这次中央领导核心的人事变动,意义非常重大:一是废除了实际存在的党的领袖职务的终身制;二是实行了集体领导、集体交接班,改变了权力过分集中的状况,解决了党管领袖的问题;三是破除了论资排辈,使领导班子逐步年轻化、专业化、知识化;四是通过民主选举,调整了不称职的,选上能胜任的,体现了“任人唯贤”的干部政策;五是体现了党对犯错误同志的政策,恢复了党的优良传统。这些都为全党带了个好头。大家说:新的中央领导核心,既有年富力强、德才兼备的〈……〉同志在第一线主持日常工作,又有德高望重、久经考验、经验丰富的剑英、小平、陈云、先念等老一辈革命家起主导作用,这样的坚强领导核心,对稳定局势,保证党的领导和党的路线、方针、政策的连续性,加强党的建设,都有不可估量的意义,“我们一千个放心”。

对华国锋同志的职务变动,前一段有的同志感到突然和费解。经过学习《决议》,听了耀邦同志在政治局会议上的讲话(中办发〔1981〕31号文件)和大东同志的传达报告,认识到华国锋同志从他的思想、意识、水平和作风,再做我们党中央的主席是不恰当的,在六中全会中变动他的职务,是完全应该的,解决这个问题的时机也是合适的,方法也是得当的,一致表示坚决拥护。

(四)决心团结起来向前看,一心一意搞“四化”

大家认为,六中全会指出,全党全国要团结起来向前看,一心一意搞“四化”,这是当前检验我们每一个党员、特别是领导干部党员的党性强不强、对六中全会抱什么态度的重要尺度。许多同志说,如果说过去团结没有搞得好,还情有可原的话,现在再不搞好团结,就不能再原谅了。因为《决议》对重大历史问题已经作了结论,是非已进一步分清,行动也有准则了,团结的基础条件也更加深厚了。特别是《决议》对“文化大革命”中的“三个绝大多数”,从中央领导成员到各级领导干部,从遭到过打击折磨的知识分子、劳动模范、爱国民主人士、爱国

华侨，到广大干部、群众，都作了肯定和表扬，还对“文化大革命”初期被卷入运动的大多数人作了实事求是的分析和评价。大家认为只要我们按照中央的这个政策思想去办，就一定能够把绝大多数人团结起来，调动各方面积极因素，同心同德搞好“四化”建设。

以上是我们这次会议学习《决议》的一些收获，下面就如何在全市进一步深入学习、宣传、贯彻六中全会精神，讲一些意见。

六中全会文件发表后，我市各级党委都很重视，立即组织广大干部、群众认真进行学习。培训了中层以上领导干部和宣传理论干部2500多人。参加省委扩大会议的各区县、大厂、大学的负责同志回来后，也陆续进行了传达、学习。由于指导思想明确，通过前一段的初学初议，大家初步了解了六中全会的主要内容和基本精神，大多数同志不同程度地分清了历史上重大问题的是非，提高了认识，取得了一定效果。但是，由于学习时间还不长，加之洪水灾害的影响，整个学习还不够深入，发展也不平衡。因此，还必须下大力气，把学习引向深入：

一、要进一步认识六中全会和《决议》的伟大意义。认识六中全会是继三中全会以后，我党历史上又一次具有重大意义的会议，是总结经验、团结前进的会议，是党和国家拨乱反正、继往开来的一个新的里程碑。全会通过的《关于建国以来党的若干历史问题的决议》，是一个具有划时代意义的伟大历史文献。各级党委要按照中央的指示和省委的部署，把学习、宣传、贯彻六中全会精神作为下半年的中心任务之一，认真抓紧抓好。〈……〉对这次学习《决议》的要求，总的有四句话，就是：“统一思想，加强团结，振奋精神，搞好生产。”各级领导同志都要根据这个要求，带头学习好、宣传好、贯彻好。要注意防止有的同志在学习中间，片面地求新不求深，把需要深刻理解、认真对待的问题，像听新闻一样听听就算了；要克服那种把学习宣传《决议》同生产、救灾对立起来的思想，切实把六中全会精神学习、贯彻好。

二、学习要紧紧抓住四个重点：这就是，充分认识毛泽东同志的历史地位和毛泽东思想作为党的指导思想的伟大意义；实事求是地评价建国三十二年来的成绩错误，是非功过，正确认识我们的基本经验教训；明确继续前进的方向，团结一致向前看，一心一意搞“四化”；充分认识改选和增选中央领导成员的重大意义。特别是在对待华国锋同志的问题上，前一段有些同志由于不了解实际情况，还有一些模糊的错误的认识，如对他的功过评价，对调整他职务的时机和方法，对他本人的外表现象与思想意识该怎么样认识，对这次改选、增选中央领导成员是事关我党我国长治久安的大事，以及对犯了错误的同志应该怎么样正确认识和处理的问题，等等，过去都或多或少有点不同的看法。这些都要通过认真传达和学习《胡耀邦同志在政治局会议上的发言》和鲁大东同志在省委扩大会上《关于六中全会精神传达提纲》，帮助干部、群众领会《决议》中关于华国锋同志功过问题的论断。事实证明，哪里的群众了解了事情的真相，哪里的模糊、错误认识就很快能够得到解决。但是，我们也要注意极少数别有用心的人造谣、诬蔑党中央的言论，予以有力的驳斥。对于证据确凿的反革命分子的破坏活动，必须坚决打击。

三、各级领导干部，特别是县以上领导干部，一定要联系自己的思想和工作实际，进一步清理“左”的思想影响，更加自觉地贯彻执行三中全会以来的路线、方针、政策。三中全会，是建国以来我们党的历史上具有深远意义的伟大转折。三中全会以来党中央制定的路线、方针、政策，经过实践证明是完全正确的。但是，我们有些同志过去却不都是这样看，有的在执行过程中稍遇问题，就心存疑虑，发出牢骚和埋怨之声。个别的甚至把我们纠正“左”的错误这段时间里面发生的问题，例如，有人搞投机倒把、贪污盗窃刑事犯罪，等等，不加区别地说这是放宽政策、搞活经济的结果，有些同志对那些搞无政府主义、破坏社会治安秩序、发生刑事犯罪，也说成是解放思想、发扬民主带来的，甚至认为六中全会是在“纠正”三中全会的路线，三中全会是“右”

了，等等，这些显然都是不对的。由此可见，我们一些同志思想上的"左"的"框框""套套"是多么根深蒂固，思想落后于形势多么严重！我们只有认真清理"左"的思想影响，打破这些老框框、老套套，才能正确认识三中全会的历史功绩和重大意义，才能自觉执行三中全会以来的路线、方针和政策。当然，我们在主要清理"左"的思想影响的时候，也要防止和纠正"右"的倾向。例如：说解放思想，就连坚持四项基本原则也认为是什么"框框"了；讲文艺学术中间的"双百"方针，就把党的领导也看作都是"横加干预"了；讲反对"高指标"，就连能够完成的任务也不痛快接受了，或者为了多留成，多得奖，就弄虚作假，忽视国家、集体和个人三兼顾的利益，认为指标压得越低越好。这些显然都是不对的。总之，我们一定要联系实际，认真学习《决议》，把自己的思想认识统一到《决议》上来，真正提高贯彻执行三中全会路线、方针、政策的自觉性。

四、充分运用各种形式，深入广泛地组织学习宣传，使六中全会精神家喻户晓，深入人心。要在初学初议的基础上，从8月份起转入专题学习，全面铺开。可以层层举办学习班，党校轮训，开扩大会以会代训，搞"小集中"，分批轮训党员，组织报告员、宣传员分专题系统地向群众宣讲。要充分运用报纸、广播、板报、文艺节目等宣传阵地，进行宣传，造成声势。具体作法按7月5日市委批转市委宣传部《学习宣传〈关于建国以来党的若干历史问题的决议〉的意见》和8月4日市委宣传部《学习宣传〈关于建国以来党的若干历史问题的决议〉的补充通知》去办。市委宣传部还编印了关于宣讲《决议》的讲话材料，可供各单位向工农群众口头宣讲时参考。学习中，各级党委要切实加强领导，保证学习质量，讲究实效，防止走过场。县以上领导干部"小集中"或小脱产学习班不应少于十天，其他干部，基层轮训不脱产党员的学习班，也应该这样的安排。整个学习、宣传过程，要与生产救灾和各项工作紧密结合起来，要求经过六中全会的传达贯彻，大大推动生产、救灾和各项工作的发展，推动社会主义精神文明的建设，夺取思想和生产的双丰收！

耀邦同志说："学习六中全会文件，千万不要放任下面评头品足，最重要的是把《决议》学好，真正促进安定团结，集中力量，搞好生产。"他还讲，"通过六中全会，历史上的问题已经解决，指导思想上的是非已经分清，中央和地方要集中精力抓经济工作。虽然困难很多，但潜力还是有的。"因此，我们通过学习《决议》，还要把我市的经济工作、党的工作议一议，有些想法和做法今下午还要讲一讲。

丁长河同志在市委四届九次全委（扩大）会议上的第二次讲话

（1981年8月14日）

同志们：

上午庆如同志宣读了小平、陈云同志关于干部问题的讲话，讲了对我市提拔年轻优秀干部的意见；刚才，汉卿同志又传达了省委最近召开的常委扩大会议关于救灾、生产工作的问题。这方面的工作，就按照他们讲的去做。现在，我着重讲两个问题：

一、认真抓好工农业生产和救灾工作，努力完成今年国家计划

六中全会公报指出：全会号召全党、全军、全国各族人民，高举马克思列宁主义、毛泽东思想的旗帜，更紧密地团结在党中央周围，继续发扬愚公移山的精神，下定决心，排除万难，为把我们的国家逐步建设成为现代化的、高度民主的、高度文明的社会主义强国而努力奋斗。我们全市的党员和广大

人民，都要积极响应号召，把《决议》学好，真正促进安定团结，集中力量，搞好工农业生产和各项工作。

今年以来，全市各级党组织认真贯彻执行了“经济上进一步调整、政治上实现进一步安定”的重大方针。各项工作是前进的、发展的。工业总产值和利润上交计划虽然完成不够理想，但经济结构初步有了改善，重工业在调整服务方向和产品结构方面做了大量工作，开始扭转了大幅度下降的被动局面。军工企业生产民品的步伐加快。基本建设，缩短了战线，压缩了投资。这两年安排的一批挖、革、改项目，这些项目的建成投产，对改变我市工业结构，加快工业发展，将起积极作用。

市郊农村，今年小春粮食总产量，在面积减少的情况下，仍保持了去年水平，大春作物虽然遭受洪水等自然灾害，但仍然可望丰收。蔬菜生产，基本保证了市场供应。多种经营有所发展，油菜、茶叶等经济作物获得丰收，生猪持续发展。社队企业上半年完成总产值1.2亿元，比去年同期增长17%。社队集体收入和社员家庭副业收入也将有所增加。

财贸方面，继续发展多种经济成分，多种经营形式，多种流通渠道，减少流通环节，市场繁荣，购销两旺，商品供应增加，货币回笼好，物价基本稳定，人民生活安定。上半年，商业纯购进8.18亿元，比去年同期增长9.8%；纯销售8.9亿元，比去年同期增长6.4%。小春征购任务超额完成。货币回笼创我市历史同期最好水平。上半年，全市财政收入完成4.278亿元，占省下达任务的41.7%，比去年同期低11.3%。

当前我市经济工作的主要问题是，工业生产和财政收入欠账较多，企业整顿工作抓得不紧、不力，有些企业盈利减少，亏损增加。这应当引起重视，采取有效措施解决。虽然上半年工业生产和财政收入，时间过半，任务没有过半，但按过去多年来“上四下六”的情况看，只要努力，完成全年计划还是有希望的。那种到现在还认为今年计划“左”了的思想，显然不完全符合实际。

今年下半年全市经济工作任务很繁重。各级领导干部要把精力放到研究经济问题上来，认真讨论如何把经济工作搞上去。要尽快动员广大干部、群众，振奋革命精神，深入开展增产节约运动，实现增产增收，努力做到受灾少减产，无灾的要增产，应当学习二轻局受灾后“三个不少”的指导思想，千方百计地做到“7月欠账三季补，四季超产保全年”。尽可能使今年全市的工业生产和财政收入不低于去年同口径的实际水平，并且通过努力，争取完成全年的国家计划。三季度能源供应可能比过去条件好，各工矿企业要抓住时机，力争在三季度内多完成一些任务。农业生产，目前雨水气候都较好，要千方百计夺取全面丰收。对受灾的社队，可以适当调整包产指标，让包产社员有产可超，通过努力仍然有奖可得；对重灾社队，也可划地到户，抢种一季，谁种谁收；特别困难的，可以到明年小春收获为止。对受灾特重的厂矿企业，经过计算实在完不成原订计划的，经过上级主管部门核实、批准，也应适当调整计划指标，使企业和职工经过努力能够完成计划，按规定提取企业基金和发放奖金。财贸方面，要认真做好工作，迎接秋后旺季市场的到来，积极收购和大力推销地方工业产品和农副产品，搞好城乡物资交流，充分发挥重庆这个贸易中心的作用。工商部门要联合起来，走出去推销产品，占领市场，为我市地方工业产品打开销路。对于一些适销对路的季节性商品，对那些灾后恢复生产的工厂的产品，商业部门在微利的情况下，要积极收购，做到淡储旺销，起好蓄水池的作用。对于增加商品库存所需的资金，银行要积极安排贷款。对外地采购中的回扣、分成，国务院已明令取消，各单位都要认真贯彻。本地产品与外地产品比较，如果质价基本相平的，就应采购本地产品，这个问题，商业部门、二级站要专门讨论，做出安排。其他各行各业都要为发展工农业生产，把经济工作搞上去，做出应有的贡献。

为了保证下半年各项经济任务的完成，必须认真抓好以下工作：

(一)领导与群众相结合，总结抗洪救灾的经验，开展“受灾以后怎么办”的讨论。

在这次抗洪救灾中，各级党组织和广大干部、党员，经受了一次严峻的考验，做了大量工作，取得了抗洪救灾第一战役的胜利。许多干部、党员在抗洪抢险中，日夜奋战在第一线，带领群众与洪水搏斗，密切了干部与群众之间患难与共的关系，大大恢复了我们党在群众中的威望；发扬了共产主义协作精神，一方受灾，八方支援，使许多困难问题及时得到了解决，充分显示了社会主义制度的优越性；领导作风和工作作风有很大转变，深入实际，调查研究，及时发现和解决受灾群众生产、生活中的困难问题，调动了群众积极性；社会主义精神文明有了很大发扬，广大干部和群众在抗洪救灾中，不讲条件，不计报酬，忘我劳动，共产主义风格大大发扬。总之，这次抗洪救灾的宝贵经验，需要认真加以总结，并把它运用到今后各项工作中去。这次会后，要求全市工农业生产以及其他各部门、各单位，不论是受灾的还是未受灾的，都要发动干部、群众，积极开展“受灾以后怎么办”的讨论，进一步振奋革命精神，使每个单位、每个同志都明确自己的奋斗目标，努力完成各项生产工作任务。要大力表彰好人好事和英雄模范人物，深入开展立功创模活动。省委已决定在 9 月 15 日召开抗洪救灾庆功大会。市里也要召开抗洪救灾夺丰收的表彰大会。要动员广大群众，用实际行动迎接大会的召开。当前，要把救灾工作的重点放在全面恢复生产、安排重建家园方面。特别是住房的建设，要坚持自力更生，贯彻两个“千方百计”的方针。目前，尚未恢复生产的，要采取措施，迅速恢复生产；已经部分恢复生产的，要迅速全面恢复生产，力争达到灾前的水平。银行、物资等有关部门，对恢复生产、重建家园所需的资金和物资，要优先安排供应。救灾资金、物资，要用在刀口上，不准浪费和挪用。因受灾需要新建和易地重建的房屋，一是要抓紧制订和落实规划方案，二是要集中力量打歼灭战，加快建设的进度。恢复居民和职工住宅，要从经济适用着眼，不要过分追求形式和搞高标准的建筑。对施工队伍的安排，可按谁的造价低、质量好、进度快，就交给谁干的办法。受灾重的区县和单位，都要组织两套班子，一套抓救灾工作，一套抓面上的工作，做到救灾和面上工作两不误。

（二）狠抓企业整顿，大力推行经济责任制。

整顿企业，这是贯彻党的“八字方针”的一个重要方面。三中全会以来，我市工商企业经过初步整顿，企业管理工作和经营管理水平有所提高，并出现了一批办得比较好的企业。实践说明，企业整顿不整顿，效果大不一样。但是，就全市来说，企业管理落后，经营不善，浪费严重，经济效果差的情况还相当普遍；有些企业的领导班子还有不少的问题。有的因领导班子不团结，个人为争个人的权，而不是争挑重担，在那里无休止地扯皮，没完没了，议而不决，决而不行，使生产工作陷于停滞，甚至下降。也有些扩权试点企业，前一段经济效果比较显著，但现在浮财拣得差不多了，对下功夫去挖掘潜力不够，把希望寄托在上下分成比例的改变上，或者用多摊销成本的办法来保持企业和职工的利益。这种想法是不对的。对这些企业的整顿工作要抓紧。要想增加收入，首先要从整顿本企业的工作入手，从提高经营管理水平上做文章。

企业整顿抓什么？国家经委最近召开的企业整顿座谈会提了六条：第一，认真整顿、建设好企业的领导班子，这是整顿企业的关键。第二，建立健全经济责任制，搞好按劳分配。第三，切实整顿企业的基础工作，推行全面经济核算、全面质量管理。第四，加强政治思想工作，搞好职工队伍的建设。第五，加强民主管理，充分调动广大职工当家作主的积极性，切实保障职工的民主权利。第六，认真整顿财经纪律。同时还提出了整顿企业的六条标准。结合我们的实际情况，当前整顿企业要着重抓好整顿领导班子和建立健全经济责任制、贯彻按劳分配这些方面。以推行经济责任制作为突破口，推动企业经营管理的改善和企业领导班子的整顿、建设。今年下半年，我们一定要大力把扩权试点企业和领导班子问题多的企业的整顿工作抓好。

为什么有些企业过去对责任制贯彻得不好，有的说在嘴上，写在纸上，挂在墙上，流于形式？问题的症结就是没有把责任制、考核制、奖惩制结合起来，没有把明确的生产（工作）责任制同按劳分配，即奖赔、升降级紧密结合起来。企业管理上吃大锅饭，经营好坏一个样；分配上搞平均主义，干好干坏一个样。这两年我市推行经济责任制已经有了一个良好的开端。有的企业生产条件没有什么变化，只是实行了经济责任制，贯彻了按劳分配，面貌就很快改观，生产增长，质量提高，消耗下降，利润增加，劳动纪律好，出勤率高，各项指标都有较大进步。实践证明，这是调动企业和广大职工积极性、医懒治穷的良方。

关于推行经济责任制的形式，我市各行业探索了一些联产计酬、联利计酬或联产计奖、联利计奖的办法，如行业包干、上交利润包干、亏损包干、小指标记分奖、浮动工资、提成工资、计件工资、超额计件工资或超额计件奖等等，都可以采用。各行业、各企业要从实际出发，选择最适合自己特点的工资、奖金形式。推行经济责任制，要抓好两个环节：一是处理好企业和国家的经济关系，用包干办法解决统得过死和吃大锅饭的问题，给企业必要的经营管理自主权；二是处理好企业内部的分配关系，用计件或超额计件工资逐步取代计时工资加奖金的办法，克服平均主义，使职工的收入与劳动成果紧密挂钩，从切身经济利益上关心生产发展和经济效果。要像农村实行责任制一样，责任越明确越好，办法越简便越好，利益越直接越好。从前段时间来看，我市各行业、各企业推行经济责任制的步伐不快，推行的面比较小。主要是我们有的同志思想还不够解放，态度不够坚决，怕包，怕冒尖了将来又要挨起。也有的怕麻烦，怕负责任，因循守旧，对新的办法不学习，不调查，习惯于老一套吃大锅饭的作法，对推行经济责任制、联产计酬不积极。有的同志总觉得随大流日子好过，认为企业中的问题改起来很难。对此，我们要切实地采取措施，大造舆论，形成声势，并责成我们的职能机构和领导班子认真做好推行经济责任制、按劳分配的准备工作，抓紧试点，总结经验，积极地推行。

各部委局、各区县都要有领导同志和专门的力量来抓。要尽快抓紧制订出分期分批整顿企业、落实经济责任制的规划，然后由领导班子分工、分片进行包干。总之，要积极而又稳妥地一个一个地去进行整顿，推行经济责任制，联产计酬，联产计奖。

关于农村生产责任制问题，省委已专门开会做了研究，区县已开会作了传达。我们要继续贯彻中央75号文件和省委11号文件精神，要把加强和完善责任制作为农村工作的重点，抓紧抓好。当前农村责任制，形式多种多样，具体做法也不完全一样。只要是有利于发展生产、增加收入、增加商品生产，群众又满意的责任制都是好的，应当承认，并加以完善和提高。在落实明年责任制过程中，要注意把蔬菜生产和多种经营的责任制认真落实好，要根据生产项目的多样性、生产周期性和商品的特殊性，采取多种多样的承包办法和责任制形式。适合于集体经营的项目，如果园、茶园等，要建立和巩固专业队、组；适合于社员个人经营的要继续鼓励和扶持个人经营，如养鸡户、养鸡人等。在实行包产到户、包干到户的地方，社员要求自愿联合起来，发展种植业、养殖业，经营工副业，这是一个好的苗头，要因势利导，组织联合经营。

（三）继续抓好调整和有利于调整的改革工作，进一步搞好扩大企业自主权的试点。

我们的经济调整任务相当艰巨和繁重。总的要求是，通过调整和改革，在稳定经济的基础上，逐步实现经济结构合理化，管理体制合理化，企业组织合理化，走上一条发展经济的新路子。当前，首先要继续抓好发展日用消费品的生产，加大轻纺工业的比重。同时改变重工业的服务方向，改变重工业的产品结构，使整个工业在调整中前进，而不是消极地退和降。

关于大力发展日用消费品的生产，市里已规划的以30大类、63种产品为重点的轻纺工业，要抓紧抓好，迅速研究制定措施，使规划落实。有些工厂企业，产品无销路，人多事少，长期依靠国家补贴生存，对这些须进一步讨论，研究做出决定，具体落实转、并、停、联的方案，不要久拖不决。有的要搞好联合和专业化协作，这种联合和专业化协作，可以从下而上自找对象联合，也可以由上级分配对象挂钩联合协作，不允许从本位主义出发争权争利，争执不休，影响调整和改革。

要注意发挥我市重工业企业多的优势，扭转重工业生产下降的局面。我市重工业（包括军工企业）的固定资产，占全市工业固定资产的80%以上，技术装备较好，技术水平较高，这是我们的一大优势。但是，由于前几年对重工业的服务方向和产品结构的调整，工作做得不够，以致生产大幅度下降，不少企业处于停产、半停产状态。今年上半年轻工业的增长弥补不了重工业的减产。这种情况说明了重工业加速调整的必要性和紧迫性。我们要总结这个经验教训。在大力发展轻纺工业的同时，把重工业的调整和生产工作搞好。冶金和机械工业要进一步转到为农业、轻纺工业提供材料和技术装备，搞好技术服务，同时努力增加出口产品的生产。军工企业要大力发展民品生产，特别是要发挥设备和技术好的优势，积极试制和生产精密设备出口。市计委、经委，国防工办等部门要共同研究，把军工、机械、电子仪表、农机四大系统的机械工业组织起来，通盘考虑，像抓轻工拳头产品一样，发展一批国内外市场需要而又有发展前途的拳头机械产品，以一批骨干厂为依托，对生产发展、专业化协作和改组、联合进行统筹规划，狠狠抓它几年，一定能够做出显著成绩。现在，全市各方面的同志，对工业的调整、改组工作都有不少好意见、好主张，特别是对全市机械工业的调整都作了一些调查，可以开几次大的讨论会，让大家把意见讲出来，集思广益，共同做好工业的调整、改组工作。能源工业、材料工业和建材工业，是调整加强的重点，要进一步发展。要尽快地把重工业生产大幅度下降的局面扭转过来，争取稳定回升，并为明年的生产发展做好准备。

要继续搞好有利于调整的改革工作。我市扩权试点工作，已由点到面，逐步铺开，试点的任务很繁重，我们一定要认真抓好这项工作。扩大企业自主权试点，代表了前进的方向，我们要不断总结摸索经验，为全面改革创造条件。各部委局、各区县，要在三季度内，对扩权试点工作认真进行一次检查，切实解决存在的问题，使扩权试点工作深入一步。试点要讲求经济效果。要把权、责、利统一起来，要始终着眼于发展生产，搞好经营管理，立足于内部整顿工作。不要把精力过多地用在为上下争利而争吵不休。

市郊农村，要根据中央提出的“决不放松粮食生产，积极开展多种经营”的方针，搞好农业经济结构的调整，逐步把市郊农村建设为城市服务的现代化的副食品基地。做到农、林、牧、副、渔全面发展，农工商综合经营。要抓好林业的发展，无论城市和农村都要把植树造林和城市绿化认真抓起来，经过几年的努力，改变林业的落后状况。发展多种经营，是我市农业经济调整的又一重要任务。近郊区，远郊区县，山区、深丘和平坝都要提出自己的主攻方面和发展要求，要注意发挥已经具备一定生产能力的骨干品种的优势。要保持政策的稳定性和连续性，对已经实行的奖励政策，鼓励社员发展家庭副业的政策以及粮经挂钩的政策，都要保持相对的稳定。要搞好社队企业的调整工作，使之健康发展。发展以种植业、养殖业为基础的加工业，发展为农业生产，为人民生活，为小集镇建设，为外贸出口服务的生产性行业和生活服务性行业，特别是要发展传统的劳动密集型行业。

城乡都要坚持计划生产、计划生育两兼顾。对那些用种种借口或办法冲击计划生育的人，要作深入细致的思想工作，并通过必要的措施加以纠正制止；对那些公开抵制计划生育甚至进行破坏的人要严肃处理。对计划生育工作有成绩的工作人员和坚持晚婚，保证一对夫妇只生一个孩子的同志，要进行表扬和奖励。

（四）大力开展增产节约，实现增产增收节支。

在当前国家和我省、我市经济比较困难、财政存在赤字的情况下，我们要有主人翁责任感，千方百计开展增产节约活动，增加生产，厉行节约，开源节流，多完成一些生产任务，多上交一些财政收入，为党分忧，为国分忧，承担困难，做出我们自己应有的贡献。

增加生产，发展生产，是克服困难，增加财政收入的根本出路所在。要采取各种措施，广开生产门路。凡是市场需要的产品，有原材料，有生产能力的，要开足马力多增产。各工业部门和工厂企业，要继续搞好市场调节，积极承揽任务，组织原材料，推销产品，搞好供产销的平衡和衔接工作。当前，要大力增产灾区人民群众所需要的生产、生活资料，以帮助灾区人民群众恢复生产，重建家园。要狠抓提高产品质量的工作，生产出物美价廉的产品，是最大最好的增产和节约。前段时间的质量检查评比，有些产品的质量不但没有上升，反而下降了，这要引起我们的严重注意。最近，工商部门联合调查组到宜宾、乐山地区调查，这两个地区对我市工业产品的质量提出了不少意见，反映我市的产品质量不够稳定，如收音机、电度表；铝锅光洁度质量不好；涤棉布色牢度差；还有布伞打开后合不拢。反映我市产品花色品种单调、品种不齐全，花布的花型〔形〕有些不受农村欢迎。小包装色泽不美观，影响销售；外包装不结实，在运输中破损比较严重，影响了商业部门的销售和他们应该得到的利润。商业部门还反映，经营外地产品就赚钱，经营本市的一些工业品赚钱少，甚至发生亏损。这些都影响了商业经销我市地方产品的积极性。因此，我们要把提高产品质量的工作放在重要位置来抓，使我市产品质量在短期内有一个大的提高。

在狠抓增产的同时，要厉行节约，堵塞浪费，改善经营管理，提高经济效果。许多企业由于经营管理不善，浪费严重，上交利润减少，亏损增加。今年上半年，我市工业企业上交利润仅完成9219万元，比去年同期下降39.05%；365户全民所有制独立核算工业企业，到6月底，已有亏损户107户，比去年同期的75户增加32户，增加42.7%；亏损额达3443万元，比去年同期的1696万元增加103%。因此，我们要狠抓扭亏增盈的工作。下半年，要重点抓好上交财政收入多的大户、重点户，同时，要限期把亏损企业的亏损金额降低下来，直至扭亏为盈。要把经济措施和行政措施结合起来，切实做好扭亏增盈工作。

要深入开展财经纪律检查。目前，财政资金的“跑、冒、滴、漏”相当严重，这不仅影响财政收支平衡和经济调整的顺利进行，而且也不利于端正党风，严肃党纪，健全社会主义法制。从前段贯彻财政部税务总局关于清查偷漏欠税的通告情况来看，问题是不少的。各部门、各单位都要认真贯彻国务院和省委、省政府的通知，在全市深入开展以“十不准”为主要内容的财经纪律检查。对于自查出来的违反财经纪律的问题，主要是总结经验教训，建立健全各种制度，自觉加以改正；但经济处理必须斗硬，该交的收入必须如数上交；违反规定的开支必须如数退回，不准搞“下不为例”，不了了之。对于自查以后，经过重点检查出的问题，要严肃处理。有些企业，无视上级规定，随意增加提留，私分产品，有的用国家、集体的资金为少数人或个人谋福利，搞所谓“福利产品”，自立规矩，搞名目繁多的补贴，甚至弄虚作假，贪污，行贿受贿，这些问题要认真加以解决。

二、加强党的建设，改善党的领导

今年下半年的任务是很繁重的。要完成这些任务，必须继续认真贯彻六中全会精神，加强党的建设，改善党的领导。

（一）抓紧提拔培养优秀中青年干部，充实加强各级领导班子。

这是党中央在新的历史时期做出的一项重大战略决策，是领导班子建设的头等大事。六中全会结束后，中央紧接着召集各省、市、自治区党委一、二把手开了三天会，专门讨论、研究这个问题。小平、陈云等中央领导同志都作了重要讲话。中央召开这样的会来讨论年轻干部的问题，说明中央是很重视的。这个问题，市委准备还要召开专门会议讨论。今天，市委确定由庆如同志先给大家传达的目的，就是希望大家，特别是我们的书记、副书记和各个部门的一、二把手都要重视这个问题，要有紧迫感。如果我们现在还不清醒、不重视这个问题，五年、十年以后就很难设想。从我市情况看，正如陈云同志所指出的，从三中全会到现在，培养提拔中青年干部虽然做了若干工作，但总的说来，因为认识不够一致，许多思想认识问题没有很好解决，工作进展起来很不顺当，思想上也不很自觉，上级催一次，我们进一步，外面有点风，我们就停下来看一看。现在六中全会已经召开了，对这件事，我们的同志都要想通。要从党的事业出发，不能口头上表示坚决拥护，行动上却拖拖拉拉，这件事党委的主要负责同志一定要亲自抓。从现在起就抓紧。要坚决破除“论资排辈”的思想障碍。“论资排辈”，有些是从年资上看问题，也有些发展到齐步前进，要提就一起提，这是影响我们工作的重要方面。我们一定要解放思想，深入基层，要求专门机关同群众路线相结合，广泛发现人才。只有把这项工作做好了，我们的事业才会后继有人，各项工作才能生气勃勃，不断前进。

（二）认真调整和整顿领导班子。

各级党委要遵照党的六中全会精神，按照“三位一体”的要求，继续调整各级领导班子，并对少数问题多的领导班子进行整顿。当前有些领导班子中的问题是：有的思想路线不端正，不能正确处理全局和局部的关系，不能正确处理国家、集体和个人三者的关系；有的支部讨论作了决定，来对付上级领导机关；有的采取扩大成本等手段，截留国家财政收入；有的在党委内部不坚持民主集中制的原则，不认真贯彻党委内部的集体领导和分工负责制，习惯于个人说了算，不尊重集体领导，或者撂挑子，不担起自己应负的责任；也有的对党的三中全会以来的方针政策不那么接受，个别的还在那里搞派性，拉圪圪，或者为个人争名争利，闹不团结。也还有领导班子的成员党风不正，脱离群众；也有的班子大，做事的人少，工作抓不起来。所以一定要想办法积极地稳妥地搞好“三位一体”，调整和整顿领导班子。办法是首先组织党委成员认真学习党的六中全会精神，联系思想实际，开展批评与自我批评，端正思想路线，真正做到在政治上同中央保持一致。其次，要结合党代会、人代会和基层职代会的召开，以及采取其他有效措施，积极地有步骤地实现各级领导人员的革命化、年轻化、知识化、专业化，逐步地、稳妥地调整好各级领导班子。对问题多、特别是扩权单位的领导班子，要尽快进行调查，摸清摸准情况，由上级党委派人逐个进行整顿。对个别问题多，革命意志严重衰退，工作极不负责，造成损失，甚至长期闹不团结的干部，经教育不改的，要坚决调离，在他们经过学习，认识改正了错误以后，另行分配适当工作。班子里还存在“三种人”的，要一级一级负责审查，并按中央的指示进行处理。然后向上级写报告。

（三）坚决贯彻执行《准则》，搞好党风。

要严格组织生活，按照《准则》的规定，自觉地对照检查自己的思想、工作和作风，并自觉地欢迎群众的批评和帮助，接受群众的监督，提倡党员、干部为群众做好事。最近，沙州县、北京市为群众办多少件好事，食、衣、住、行、医、托儿所、幼儿园等等，都很具体。一年办几件什么事，要逐项落实，比如北京每月一次清洁卫生日，咱们也可以这样做，要划片负责，以密切党群之间的关系。总之，绝不能损害群众利益，损害群众利益不得人心。县级以上单位党委成员，要坚持每季度、至少半年过一次民主生活，力求每次解决一、两个实际问题。在党的生活会上，要互相交心谈心，有问题摆到桌面上来，开展批评与自我批评，原则的问题，要争论搞明确，具体的问题要互相帮助、互相谦让，提高认识，加强团结。组织生活的记录，要按规定上报。要在广大党员中，继续深入开展“献身四化，争作贡献”的活动，当前要把抗洪救灾，恢复生产，重建家园作为开展这一活动的重要内容。

（四）发扬社会主义民主，推行和完善党委领导下的厂长负责制和党委领导下的职工代表大会制度。

关于党委领导下的职工代表大会制度，是提高职工群众主人翁责任感，发挥广大职工参与管理企业的民主权利，办好社会主义企业的基本组织形式，是改革企业的领导制度的重要组成部分。各级党委要把这项工作作为一件大事来抓。经过前一段的工作，我市多数企业单位，已有了职代会的组织形式，但是很不完善。要按中共中央、国务院关于转发《国营工业企业职工代表大会暂行条例》的通知的要求，认真调查研究，总结经验，搞好试点，逐步推广，真正把职代会的制度完善起来，充分发挥广大职工当家作主，民主管理企业的作用。

为了发扬社会主义民主，在今年下半年的适当时间，我市还要召开一次人代会，有关部门从现在起就要做好准备工作，以保证会议适时召开。

（五）党委要加强对青少年工作的领导，大力开展精神文明的教育。

建设社会主义现代化强国，不仅需要高度的物质文明，而且需要高度的精神文明。建设高度的精神文明，这是一项具有战略意义的大事。全体党员、特别是党员领导干部要以身作则，带头建设社会主义精神文明。要紧紧围绕党的六中全会精神，开展“五讲四美”活动，并把这一活动同各行各业的生产、工作和学习，同加强政治思想工作，建立各种规章制度结合起来，向广大群众、特别是青少年广泛深入地进行热爱党、热爱祖国、热爱社会主义制度的教育，自觉坚持四项基本原则，树立共产主义的道德、理想和人生观，努力完成各项工作和生产任务，为祖国的社会主义现代化建设艰苦奋斗。要在广大群众和青少年中进行社会主义法制教育，树立法制观念，前次市里开了政法会议，研究要搞好综合治理，这一工作还要抓紧进行。同时，要继续整顿好社会治安，广泛发动群众，配合公、检、法专政机关，打击现行反革命分子和各种刑事犯罪分子，以保障社会主义经济建设的顺利进行和人民群众生命财产的安全。

同志们！今年下半年摆在我们面前的任务是繁重的。只要我们全市广大党员、干部认真贯彻六中全会精神，高举马列主义、毛泽东思想的伟大旗帜，更加紧密地团结在党中央周围，坚持四项基本原则，继续发扬党的艰苦奋斗的优良传统，同心同德搞“四化”，我们就一定能够完成面临的各项工作任务，在建设高度民主、高度文明的社会主义现代化强国的伟大事业中做出新的贡献。

于汉卿同志在市委四届十次全委（扩大）会议上的讲话

（1982年2月5日）

同志们：

最近中央召开的省、市、区党委第一书记座谈会议和省委召开的三届六次全委扩大会议，非常重要，非常及时。通过传达学习，大家的思想认识有很大提高，明确了经济工作的指导思想和中央重申的几条重大方针，这对于搞好物质文明建设和精神文明建设具有重要的意义。我们要认真学习，深刻领会，坚决贯彻执行。现在，就我市当前的形势和任务讲几点意见：

一、关于1981年工作的估计

过去的一年，我们全党的工作取得了新的进展，各行各业、各条战线都做出了新的贡献。国民经济继续好转，政治局面更加安定。在经济建设上，我们不仅战胜了严重的自然灾害，生产有相当幅度的上升，财政状况也有很大的改善；更重要的是，我们党在社会主义经济建设问题上，理出了一套稳妥的方针，使我们的经济开始走上了稳妥发展的轨道。在政治上，进一步保持和发展了安定团结的局面。整个形势一年比一年好，党的威信正在不断地回升。我们重庆，同全省、全国一样，形势也是好的。在贯彻执行经济调整、政治安定的重大方针中，各条战线的工作是不断前进的，不断发展的。主要表现在：

工交生产，在能源供应紧张、特大洪水灾害影响、重工企业任务严重不足和部分工业原材料短缺的情况下，广大职工经受住了严峻的考验，不气馁，不怕难，英勇奋战，使工交生产取得了较好成绩。

特别是去年8月以来，落实各项经济责任制，工业生产大幅度上升，一月超过一月，比预料的要好。我市去年工业总产值达到71.53亿元，比历史最高水平的1980年增长4.16%。经过调整，经济结构有所改善，轻纺工业继续保持了较快的发展速度，比上年增长12.5%，重工业逐步扭转了生产大幅度下降的局面，并开始有回升。军工产值比上年增长20.63%，其中民品产值增长63.1%。62种主要工业产品产量除汽车外都完成了年计划，日用消费品有较大幅度的增长。产品质量大多数稳定提高，能源消耗比上年降低2.7%。交通运输，较好地完成了客货运输任务。

基本建设，经过调整压缩，战线过长的问题正在逐步解决，投资使用方向逐步趋向合理，重点工程和技术改造项目的进度加快。去年，全市完成基建投资3.34亿元，完成年计划91.66%，已全部和部分竣工投产的项目290个。工交系统完成挖革改项目197项。职工住宅竣工面积84.9万平方米。

市郊农村，粮食产量达到30.92亿斤，比上年增产2亿多斤；油菜籽达25.7万担，增长38.6%；茶叶5.37万担，增长24%；蚕茧接近10万担，有所增加；生猪稳定增长。社队企业总产值接近3亿元，比上年增长14%。农工商联合企业的产值、利润等经济指标有较大的提高。

商业，市场繁荣，购销两旺，人民生活有所改善。去年，商业纯购进总值23.68亿元，比上年增长6.3%；商业纯销售总值23.56亿元，增长6.1%；社会商品零售额19.72亿元，增长10%。

财政收入，去年完成9.09亿元，比上年下降5.65%，按同口径比，增长4.41%，其中工商税收完成6.4亿元，超额完成年计划3.51%，比上年增长7.38%。

思想战线上，广泛开展了坚持四项基本原则的教育，认真贯彻了党的六中全会精神，狠抓了《关于建国以来党的若干历史问题的决议》的学习和宣传，使广大干部和群众在政治上同党中央更加保持一致。通过贯彻中央召开的思想战线问题座谈会精神，克服思想领导的涣散软弱状况，开展了批评与自我批评，揭露和批判了资产阶级自由化倾向和各种错误思想倾向，加强了思想政治工作，广泛开展了"五讲""四美"活动和立功创模活动。在抗洪抢险和生产建设中，涌现出了一大批先进集体和英雄模范人物。他们舍己为公，全心全意为人民服务、大干"四化"建设的英雄事迹，使广大人民群众受到了生动的共产主义思想教育。在社会治安上，狠抓综合治理，整顿治安和交通秩序，打击各种刑事犯罪分子的破坏活动，社会治安逐步好转。

一年来的新进展、新成绩，得来不易。这是我们全市共产党员和人民群众在党中央和省委的领导下，同心同德，积极努力工作的结果。

但是，检查一年来的工作也有一些经验教训需要很好总结和吸取。如去年初，对调整方针理解不全面，对调整与保持一定发展速度的关系处理不够好，对纠"左"和"批高"指标有误解，一度产生了消极松劲情绪，造成去年工业生产前松后紧的现象。对工业调整改组联合工作和企业整顿工作抓得不够紧，在积极发展轻纺工业的同时，对发挥我市重工业的优势重视不够，缺乏有效措施。在经济政策上，去年初由于各种原因没有及时把行业的包干责任制定下来，产生了观望、等待情绪和怕政策变的思想。对抓流通环节，开拓市场，千方百计打开地方工业产品的销路重视不够。对搞好城市蔬菜供应和加强物价管理，严格制止乱涨价和变相涨价的措施不够有力。这些问题，在我们今年工作中需要引起注意和认真研究解决。

二、1982年的工作任务

1982年是我们党在指导思想上完成拨乱反正的历史任务以后的第一个年头，也是实现"六五"计划很重要的一年。我们的奋斗目标是：坚定不移地贯彻执行三中全会以来党的路线和中央重申的经济建设的大政方针，搞好社会主义经济建设和精神文明建设，使各方面的工作达到一个新的水平，迎接党的十二大的召开。在经济建设上，要努力争取一个扎扎实实、没有“水分”的一定的发展速度，经济效果有一个大的提高。工业总产值达到75亿元，实现“保四争五”，其中轻工业产值增长10%，重工业产值增长2%。农业总产值达到8.2亿元，增长5%。粮食产量达到31亿～32亿斤，争取增长3%。多种经营和工副业生产要有较大的发展，社员收入有较多的增加。蔬菜生产和供应有一个比较明显的好转。商业购销业务要有一个新的发展，特别是要积极发展对外贸易，力争今年外贸产品收购总值有较大幅度的增长。全市财政收入达到9.58亿元，力争突破10亿元，增长5%～9%。安置城镇待业人员5万人。在政治上，要认真抓好精神文明建设，努力争取社会治安，社会风尚和我们的党风有一个决定性的好转。

要继续把轻纺工业放在重要位置来抓，坚持实行“六优先”的原则，进一步加快发展速度。要重点抓好30大类、64种消费品的生产。努力发展棉、麻、毛、丝绸、化纤等纺织、印染、服装工业；猪、牛、羊皮等制革工业；饮料、糖果、糕点、罐头、酿造等食品工业；日用玻璃、印铁、彩印等包装装潢工业；香脂、香料、化装用品等日用化学工业；钟表、摩托车、自行车、缝纫机、洗衣机、电视机、电表、电风扇、童车等机电耐用消费品；文化保健用品、旅游产品和民用建筑材料等，使这些产品的数量有一个大的提高，力争有一批产品成为我省和全国的名牌产品。同时要抓好小商品和中小农具的生产，迅速扭转这些产品脱销、断档的情况。

重工业要继续调整产品结构和服务方向，扩大服务领域，为农业、轻纺工业和国民经济各部门的技术改造和节约能源提供先进的技术设备，为人民生活和市场服务，努力扩大外贸出口，使重工业在调整中前进。今年在制造纺织印染设备、食品工业设备、制冷设备、交通机械、锅炉制造等方面要有一个大的突破和发展。要广开门路，搞活生产。大力发展新产品，增加技术储备。对已规划的49类118个机电产品，各有关部门和单位要具体研究落实。军工企业除了保证完成军品生产外，要大力搞好民品生产，力争今年有一个大的增长。

要狠抓能源的生产和节约。要加强技术管理和财务管理工作，严格责任制度。要求今年产品质量有一个大的提高，可比产品成本降低2%。一是搞好开发工作，力争多生产一些煤炭、电力和天然气。煤炭工业要继续调整采掘比例，抓紧开拓延伸工程，积极抓紧小煤窑的整顿改造工作。要抓紧石𥔲〔壕〕矿井的建设投产和重庆电厂的扩建工程。二是搞好能源的节约和合理使用。要把节约能源作为一件大事来抓。全市要求节煤3%，节电2%，节气5%，节油3%，节水5%。三是要抓紧装表计量，今年“五一”前，水、电、气表要全部装完，计量收费。四是建立健全能源管理机构，形成能发挥实效的厂部、车间、班组三级节能网。耗能重点企业要有一位生产副厂长或总工程师抓节能工作。

基本建设要进一步加强施工现场管理，提高工程质量，降低工程造价，缩短工期，特别要加快技术改造项目的施工进度，限期按质按量完成，尽快发挥投资效果。同时，努力把建筑业搞活。今年要认真做好建筑行业劳务出口工作。

交通运输，要千方百计完成今年的运输计划，适应工农业生产发展的需要，同时要提高服务质量，减少货损。

市郊农村，要认真贯彻中央〔1982〕1号文件，抓好农业生产责任制的总结、完善和稳定工作，争取今年农业获得更大丰收。当前要特别注意解决实行“双包”和“联产到劳”责任制中出现的新问题。要坚持农业社会主义集体化的道路，坚持土地等基本生产资料公有制长期不变，坚持集体经济生产责任制长期不变。要执行因地制宜分类指导的原则，宜统则统，宜分则分，适合个人分散劳动的生产项目可以到劳、到户，需要协作的生产项目可实行专业承包或联产到组。要积极做好工作，改变一部分基层组织涣散，甚至瘫痪、半瘫痪的状态，把社队领导班子整顿好。要认真做好农村经济体制改革的试点工作。

商业工作，要积极疏通和开辟流通渠道，搞好城乡物资交流，大力支援工农业生产，安排好市场，保证人民生活必需品的供应。国营商业和供销合作社要充分利用现有经营机构，打破地区封锁，按照经济规律组织商品流通，大力开展地方工农业产品的收购和推销工作。要逐步建立综合性的交易所，定期举办各种展销会、交易会。要保持按计划收购，计划调拨商品这个主渠道的畅通，继续发展多种经济成分，多种流通渠道，多种经营形式，减少流通环节，多方设法沟通经济的横向联系。

文教卫生、科学技术、体育等都要有一个新的发展和提高。要坚持不懈地抓好计划生育，严格控制人口的增长。

为了实现今年的奋斗目标，要认真做好以下工作：

（一）要坚定不移地贯彻执行经济建设的大政方针。

根据中央重申的经济建设的几条大政方针，我们在经济工作的指导思想上，要解决好以下几点：一是紧紧抓住提高经济效益这个中心环节。这是政府工作报告中提的“十大方针”的中心思想，是经济建设的核心。提高经济效益，不仅工交战线要抓，基建、财贸、农业、科技等各条战线也要抓；二是坚持计划经济为主，市场调节为辅，坚持按国家计划办事，不得冲击、削弱计划经济。在保证完成国家计划、合同计划的前提下，发挥市场调节的辅助作用，努力把经济搞活。只有做到统而不死，活而不乱，才能把经济搞得更好、更有效益；三是牢固树立国家观念和全局观念，坚持“三兼顾”的原则，进一步贯彻执行行之有效的经济政策；四是把学科学、用科学提到整个工作的议事日程上来，坚持执行“发展经济必须依靠科学技术、科技工作必须为经济建设服务”的方针。

（二）继续抓好调整工作，改善经济结构、产品结构和组织结构，搞好工业的改组、联合，逐步转到社会化大生产上来。

在调整中，我们要重点抓好这样几点：一是按拳头产品、名牌产品进行改组联合，组建企业性公司、总厂。办法是：长线产品与短线产品联合，劣质产品与优质产品联合，无发展前途的产品与有发展前途的产品联合，使优者得到发展，劣者得到改编，保证短线产品和优质产品的迅速发展。二是进一步搞好关停并转工作，对那些长期亏损、产品无销路、能源消耗高、今后无发展前途的企业，要坚决并转一批，转产轻纺工业。三是有计划有步骤地把铸造、锻造、热处理、电镀等工艺中心建立起来。四是继续搞好机械工业的调整工作，迅速改变机械工业任务严重不足的被动局面。

（三）继续搞好扩大企业自主权的试点工作，进一步完善各种形式的经济责任制。

我市扩大企业自主权试点工作已有三年多时间了，我们要认真总结经验，研究解决出现的新情况、新问题，使扩权试点工作进一步深入发展。要进一步搞好一轻、电子仪表两个行业和钟表公司、印制三厂、重庆百货商店等工商企业“以税代利、自负盈亏”的试点工作。原来按十二条扩权的企业，要继续实行全额利润分成的办法。少数企业确因任务严重不足等客观因素的影响，实行全额利润分成有困难的，经主管局和财政部门批准，可改为盈亏包干。原来按十四条扩权的企业，可根据企业的不同情况，采取“基数包干，增长分成”，或“基数包干，增长分档分成”等办法。对少数微利企业，可实行“基数包干，超收留用，短收自负”或“盈亏包干”等办法。对亏损企业，实行“定额补贴，超亏不补，减亏留用或分成”或、“亏损递减包干，减亏留用或分成”的办法。对少数全民所有制小厂，继续实行“以税代利，自负盈亏”的办法。对于生产小商品，盈利在20万元以下的小型国营企业，领导班子较好，管理有一定基础，生产销售比较稳定的，可以参照集体所有制企业的征税办法和省委〔1979〕85号文件的规定，选择几个企业进行试点。巴县在继续推行清远县经验的同时，要学习推行广汉县的经验。

纺织等局今年可试行全行业“全额利润分成”或“全额利润分档分成”的办法。实行一定三年不变。以前三年的平均利润为基数，测算出全行业与国家分配的比例，制定出高档、低档利润的留成率，实现高档利润时，增加一定留成的比例，如经营管理不善，利润达不到高档水平时，则按低档比例留成，最低直至只保福利基金。实行有升有降，有利于调动行业和企业增产增收的积极性。

冶金、建材、公用、一商等工商各局，继续实行“上缴利润、基数包干，增长分成”的办法。当前，要迅速研究落实各局的包干基数和分成办法，并要层层包干到企业、车间、班组，使职工心中有数，做到一年早知道。

在按行业和企业实行层层包干，处理好国家同行业、企业的经济利益，解决行业、企业经营好坏一个样的问题的同时，要认真贯彻按劳分配的原则，处理好企业和职工的经济利益，解决干多干少一个样的问题，改变吃大锅饭的弊端。已经实行计件、超定额计件、小集体计件、浮动工资的企业，要总结经验，解决存在问题。修改和制订先进合理的定额和计件单价，加强企业管理，使之健康地向前发展。其他企业，要进一步改进奖励制度，克服平均主义，实行计分计奖、超定额计件奖、定包奖、节约奖等形式，正确执行奖励制度，控制奖金的发放，严禁滥发奖金和实物。

（四）以提高经济效益为目的，有计划有步骤地、点面结合地、分期分批地对现有企业进行全面整顿。前几年，我们对企业进行了初步整顿工作，取得了一定的效果。但是，企业管理混乱，经济效果差的状况还未从根本上改变，存在的问题不少。今年我们要集中主要精力，狠抓企业整顿，对企业工作进行综合治理，包括整顿领导班子、职工队伍、管理制度、劳动纪律、财经纪律、党的作风和加强思想政治工作等一系列的工作，使企业走上发展国民经济的新路子。

各部委局、各区县要根据当前围绕提高经济效益的五项整顿工作和“三建”“六好”目标，制定一个适合本部门特点的全面整顿规划，对不同类别和不同水平的企业，规定不同的要求和整顿步骤，实行分类指导。所有企业都要结合自己的具体情况，制订本企业的整顿规划。全市今年要重点搞好对国计民生影响大的33个重点企业和2个企业公司的整顿工作，各区县也要确定一、两个重点企业为整顿试点，组织蹲点调查组，去进行整顿，以点带面。面上企业的整顿，也必须抓紧。主要是抓好思想教育，整顿队伍，整顿班子，整顿基础工作，加强定员定额管理。要依靠现有班子和职工群众进行整顿工作。

（五）积极运用推广新技术，搞好企业的技术改造。

对现有企业进行技术改造是国家经济建设的重大决策，我们对此要有充分的认识，进一步统一思想，把技术改造放在经济工作的重要议事日程上来抓。只有搞好现有企业的技术改造，才能使经济保持一定的发展速度，不断增加新的生产能力，不断提高技术水平，做到投资省、见效快、收益大。当前，技术改造要着重抓好更新设备、改进工艺、产品换代，修整危险厂房，在提高产品质量、增加品种、节约能源和原材料、搞好综合利用的基础上，争取更好的经济效益。要从落后的技术逐步转移到先进的技术，用先进的设备逐步取代落后的设备。进行技术改造，要同经济调整、工业改组和企业整顿结合起来，统筹安排，全面规划。各行各业、各厂矿企业要根据自己的情况，制订技术改造规划和方案，分期分批组织实施。从全市讲，要重点搞好节能和轻纺工业的技术改造。要把各种渠道的资金汇集起来，集中用于技术改造，争取每年办成几件事。今年全市要重点抓好几个轻纺工厂的技术改造，树立样板厂。在目前资金不多的情况下，绝大多数企业只能增添或更新个别关键设备，改进工艺，发动群众提合理化建议，开展技术革新活动。在科研攻关方面，对我市经济发展将起重要作用的64个项目，要组织生产、科研、设计部门和大专院校的力量联合攻关，按期实现，尽快投产见效。

（六）要按照中央〔1981〕47号文件精神，把学先进、学大庆、学上海的风气发动起来，掀起比先进、学先进、赶先进、帮后进、创造"六好"企业的社会主义劳动竞赛的热潮。定期进行检查评比,大力表彰先进企业和先进模范人物,使立功创模活动不断深入发展,以推动企业整顿和生产建设工作。

三、加强社会主义精神文明建设

耀邦同志说,1982 年要使我们的社会主义建设取得更大的进展,就要一手抓物质文明的建设,一手抓精神文明的建设,使这两方面都取得比较令人满意的成就。因此,我们在努力建设物质文明的同时,把精神文明的建设当作一项长远的宏大的战略任务来抓。当前应做好以下几件事:

第一,要牢牢掌握思想教育的中心环节,努力争取社会风尚、社会治安和我们的党风有一个决定性的好转。我们在思想战线上的一个根本任务,就是要使我们党的奋斗目标和正确路线,真正成为赢得广大人心的社会思想、社会意识、社会舆论,真正成为广大党员、干部和人民的坚定信念和自觉行动。为此,要进行四项基本原则的教育;社会主义,共产主义理想、前途和道德品质教育;全心全意为人民服务的教育和振奋精神、艰苦奋斗,一心一意干"四化"的教育等。当前要着重全局观念、计划观念和国家、集体、个人利益三兼顾的教育。在党委统一领导下,组织和运用各种宣传力量,宣传工具和宣传阵地,开展生动活泼的宣传教育工作,使建设社会主义精神文明做到家喻户晓,深入人心。各行各业、各单位都要根据自己的情况,提出学先进、树新风的要求,提倡和树立职工道德。工厂要文明生产,建筑业要文明施工,商业要文明经商,服务业要礼貌待客,医院要有良好的医德,学校要有良好的校风,等等。在人与人的关系上,逐步形成互相尊重、互相关心、团结互助、谦虚礼貌的良好社会风尚。

第二,把"五讲""四美"活动深入开展下去。"五讲""四美"是社会主义精神文明建设的一件大事,在做法上要从一件件具体事情上做起。1982年,我们要抓住三个重点,一个突破口。三个重点是:(一)搞好环境卫生,解决一个"脏"字,着重抓闹市区、旅游区、车站、码头、机场、影剧院等公共场所,做到整齐、清洁、美观;(二)整顿交通秩序、公共秩序,做到文明行车,安全礼让。在体育场(馆)、影剧院和其他公共场所不起哄,不打闹,人人做文明观众;(三)提高服务质量,解决一个"差"字。抓好城市的"文明窗口",发挥营业员、服务员、驾乘人员、医务人员等在树立文明礼貌新风中的作用,做到说话和气,礼貌待人,优质服务。要以清洁卫生为突破口,狠抓环境的净化、绿化、美化。当前要提倡婚事新办,搞好计划生育。开展"五讲""四美"活动,党政机关首先是市级机关要带头,起模范作用。

第三,加强党的纪律检查部门和政法部门的工作。当前,党风不正,除了政治思想严重不纯外,在经济领域里的不正之风和违法乱纪活动相当严重。其主要表现:一是投机倒把活动上升;二是违反财经纪律,截留上交利润,偷漏税款;三是巧立名目,滥发奖金和各种津贴;四是搞"关系户"、走后门、吃回扣、行贿受贿、贪污盗窃、请客送礼、大吃大喝、挥霍浪费等歪风邪气严重。在这些方面,党的纪检部门要敢抓敢管敢斗,绝不能容忍迁就,特别是对那些与领导机关和负责干部有牵连的经济上的重大犯罪案件,要从严、从重处理。

政法部门的工作,要继续贯彻执行中央〔1981〕21 号、〔1982〕5 号文件精神,狠抓社会治安的综合治理和各项措施的落实。对违法青少年要加强帮助、教育,落实帮教措施,促使他们向好的方面转化。对严重危害社会治安的犯罪分子,要及时予以打击。打击的重点是杀人犯、抢劫犯、强奸犯、爆炸犯、纵火犯和其他严重现行犯罪分子。同时,还要打击反革命分子、"四人帮"残余势力的破坏活动,打击贪污盗窃投机倒把、走私贩私等经济犯罪活动。

第四,改革管理体制,精简机构,提高工作效率。坚决改变部门林立,机构臃肿,层次繁多,互相扯皮,人浮于事,副职虚职过多,工作效率低,官僚主义严重的情况,以便有效地领导现代化建设工作。今年要抓调查研究,搞好核编工作,提出改革方案。在未全面改革机构之前，对一些明显不合理的机构，而认识又比较一致的，该裁减的就裁减，该合并的就合并。从现在起，不再增加行政机构和临时办公室，继续冻结行政总编制。

第五，要切实整顿城镇和农村的基层组织，加强基层党的政治思想工作。当前我市各级班子中较普遍地存在涣散软弱的状况，一部分班子贯彻执行党的路线、方针、政策很不得力，少数班子问题比较多，形不成核心，缺乏战斗力。党员队伍中，有一部分不那么合格，有的思想不对头，对党的路线、方针、政策怀疑，动摇，甚至抵触；有的精神不振，大干“四化”的劲头不足；有的个人主义突出，事事向“钱”看，忘记了共产主义的远大理想；有的作风不正，利用职权搞特殊化；有的组织纪律松弛，自由化倾向严重；有的不信马列信鬼神，不信革命信天命。少数党员甚至违法乱纪，投机倒把，贪污盗窃，行贿受贿，腐化堕落。这些情况说明，切实整顿基层党组织确实非常必要，十分迫切。

整顿基层党组织要同企业整顿密切结合起来，把整顿基层党组织作为整顿企业的一项重要内容。整顿要着重思想教育，普遍进行一次党性、党风、党纪的教育和检查评比活动，检查评比的重点放在十一届三中全会以来的表现。对个别错误严重，影响坏的人，应按照党章规定严肃处理。在加强对党员教育的同时，广泛深入开展“献四化，争作贡献”的活动，创先进党支部，争当优秀党员。要严格党的组织生活，认真开展批评和自我批评，增强党的战斗力。领导干部要按照陈云同志“要讲真理，不要讲面子”的讲话精神，开展积极的思想斗争，克服涣散软弱的状态。整顿基层党组织，既要解决党员中合格不合格的问题，更要重点整顿好领导班子。务必把领导班子建设成为坚决执行党的路线和政策，坚持四项基本原则，思想好，党风正，党纪严，团结好，适应“四化”要求的坚强领导核心。少数领导班子问题多的单位，不要等待整顿时再来解决，上级党委要组织力量，摸清情况，按照“四化”方针把领导班子调整好，以利当前工作。

要加强农村基层党组织的建设，要把支部班子搞精干，党风搞端正，落实管党措施，严格党员的管理教育，认真解决存在的问题，以适应实行责任制以后农村出现的新形势。

第六，要重视发展教育、科学、文化、卫生、体育事业，提高全体人民的科学文化水平。教育部门要认真贯彻德、智、体几方面都得到发展的教育方针，坚持面向全体，努力提高教育质量，小学教育要解决学生负担过重的问题，注意保护学生的身心健康。积极进行中等教育结构的改革，继续发展职业教育，大力发展业余教育。文艺要进一步贯彻“双百”方针，繁荣社会主义文艺创作。广泛开展有益的文化娱乐、体育活动，用社会主义思想占领文化阵地，丰富人民的文化生活。要厉行计划生育，提倡晚婚晚育，奖励一对夫妇只生一个孩子，对限制两胎和多胎生育的办法要继续贯彻执行。今年要把全市人口自然增长率控制在12‰，力争达到10‰以内。

要实现1982年的奋斗目标，把国民经济搞上去，把精神文明搞上去，最根本问题在于端正党风，改善和加强党的领导。搞好党风。是全党的大事，要从全党动手，从领导做起，首先从我们市委常委做起，从部、委、办和区、县、局的党委、党组做起，从主要领导干部做起，严以律己，做出样子，一级抓一级，一层带一层。当前各级党委要进一步学习和贯彻中央〔1981〕43号文件精神，开展批评和自我批评，解决好以下几个问题：一、要端正对待党的路线、方针、政策的态度；二、要摆正个人与党、个人与群众的关系；三、要正确执行党的财经政策和财经纪律；四、要严格执行外事政策，严肃外事纪律；五、要振奋精神，提高责任心，反对官僚主义。每一个共产党员都要增强党性，端正党风，以自己的模范行动，为争取党风有一个决定性的好转而斗争。

为了把各项工作落到实处，必须改进领导作风，解决会议多、文件多、表报多等“五多”的问题。要大力精简会议，可开可不开的会坚决不开，部门能开的会，不要用党政名义开，不能动不动就指定下面的负责同志来开会，开会不应要无关的部门和人员参加，改变“陪会”的作法。要精简文件报告，凡是已开会贯彻了的精神，一般就不要再发文件，已发了文件的，也可不再开会，照抄照转不解决任何实际问题的文件坚决不发。简报要精简，要提高质量，有的可以不办。对上级下去检查工作，不要对等接待，不要层层陪同，不要过多地牵扯党政负责同志的精力。市委常委全年应有三个月以上时间下去搞调查研究；市委各部、委、办、局，各区、县委的负责同志，也应有更多的时间深入基层，狠抓各项工作的落实。各级领导同志都应该经常联系一个点，蹲下去解剖麻雀，抓典型带一般；或者检查一片地区，考察带有普遍性的问题，指导面上工作的健康发展。

中共重庆市委办公厅

1982 年 2 月 11 日①

王谦同志在市委四届十次全委扩大会议上的讲话

（1982 年 2 月 8 日）

同志们：

市委四届十次全委扩大会议从 2 日开始，今天就要结束了。会上传达、学习和讨论了谭启龙同志在省委三届六次全委扩大会议上传达的关于中央召开的省、市、区党委第一书记座谈会议的精神和鲁大东同志在省委三届六次全委扩大会上的讲话。于汉卿同志就我市去年工作的估计和今年的工作任务作了报告。市委草拟的 1982 年主要工作安排意见，到会同志作了认真讨论，全委会已经原则上通过，待修改后即发下去。

这次会议气氛比较活跃，讨论是认真的。通过对中央文件的学习讨论，大家明确了方向，提高了认识，信心有所增强。大家表示，在今后工作中，要继续学习和贯彻中央座谈会精神和省委全委扩大会精神，认真搞好社会主义物质文明和精神文明的建设。总的讲，我们这个会是开得好的。下面，我讲几点意见：

一、振奋精神，全面超额完成今年国民经济计划，使各方面的工作有一个新的进展

先念同志在春节团拜会讲话中指出，1982 年要成为大长志气的一年，奋发图强的一年，积极进取的一年，取得更大成就的一年。我们一定要响应中央领导同志的号召，奋发努力地工作，定叫今年胜过去年。在经济建设上，力争实现较高的经济效益和较高的发展速度；在政治上，实现党风、社会风尚、社会治安三个方面决定性的好转。

重庆的地位和作用都比较重要，工作做得好与坏关系很大。重庆既不是沿海城市，也不完全是内地城市，地处两江汇合处，既具有沿海城市的某些特点，又具有内地城市的特点，当然也具有沿海城市和内地城市的局限性。重庆的工业基础比较好，门类比较齐全，是综合性的工业城市。据了解，五十年代，重庆在全国八大城市中，主要经济指标居五六位，近十多年来，由于多方面原因，发展比较缓慢。据十五个中心城市经济指标的统计，重庆多数经济指标，退到中下水平的位置了。原来一些工业比较少、基础比较差的城市都赶了上来，有些方面甚至超过了我们。例如，重庆原来的工业基础和武汉、沈阳、广州等城市相差不了多少，现在这三个城市的工业总产值都超过了或者接近 100 亿元。显然我们比较后进了。但是，如果充分利用现有工业基础，在这次调整中，调整得比较好，技术改革、搞得比较好，那就可能有一个突破，或者有一个较快的发展速度，重庆市就可能更好地起到中心城市的作用。因此我们既要立足于当前，又要考虑到长远，在实际工作中既要做好今年的工作，千方百计地全面超额完成今年的国家计划，同时要做些力所能及的工作，为今后的发展打下坚实的基础。

① 此为市委办公厅的印发时间，此讲话时间略晚。

做好今年工作的有利条件很多，无论在政治方面、经济方面都比去年好。在政治方面，通过对六中全会文件的学习和贯彻，对重大的历史是非和现行政策的认识上达到了前所未有的一致。这种在新的基础上的统一，必将引导我们达到新的胜利；在经济上，经过五届四次人大的召开，〈……〉，总结了建国以来经济建设中正反两个方面的经验教训。这就使得我国国民经济，必将逐步地走上健康发展的道路，我国经济发展的潜力，将会得到充分的发挥；党的政策从来没有像现在这样深入人心，亿万人的社会主义积极性调动起来了，这是不可战胜的力量。全国如此，我们重庆也是这样，无论政治思想和物质条件，也都比去年好。经过几年调整，我市的经济结构、产品结构都有所改善，重工业任务严重不足的问题也有所好转，企业管理、技术改造、科研等各方面的工作都有新的发展和提高，能源供应紧张的情况也有所好转。只要我们充分利用这些有利条件，团结广大干部和群众，鼓足干劲，做好工作，就一定能够克服前进道路上的各种困难，夺取今年新的更大的胜利。

经过这次全会，我们学习、讨论了中央领导同志的重要讲话和中央最近的重要指示，大政方针明确了，朝什么方向努力，路子什么走法都比较清楚了，只要我们大家在今后工作中，都按照中央指示去办，扎扎实实地工作，我们在建设两个文明方面就会取得新的进展。

二、正确理解和贯彻执行经济建设的大政方针

陈云同志在省市区第一书记座谈会上，对当前经济工作中的一些实质性问题，很有针对性地阐述了经济工作中的几条大政方针。陈云同志提出的问题，非常重要，非常及时。我们一定要在方针政策问题上同中央保持一致，绝不能各取所需。现在，我们有的同志，在说话、做事方面，有很大的盲目性，看问题有时比较片面，不是从全局着眼，瞻前顾后地来对待问题，而是打小算盘，不顾国家的利益，只考虑本部门、本单位和群众眼前的利益，就必然导致说话办事同整体利益、长远利益相违背。正由于这种情况，在处理消费与积累的关系上，只考虑吃饭，不考虑建设。这虽然还不是什么主要倾向，但就目前已经存在的情况看，问题还是不少的。如在“三兼顾”问题上，不光是工人争奖金，我们有的领导也争奖金，不顾国家的财政收入；在农村，有所谓“只要农民富，不要三兼顾”的说法，在实行农业生产责任制和因地制宜种植以后，似乎可以不要计划了，可以自由种植了，或者认为社队干部无事可干了，集体经济也不发展了；在允许工厂、农村可以按规定自销一部分产品和商业实行多渠道进货以后，似乎可以不要计划收购，计划调拨了，等等。这些情况说明，陈云同志的讲话是非常重要的、及时的。我们的同志，大概都赞成和拥护四项基本原则吧？坚持四项基本原则，不是空洞的口号和信条，而是指导我们行动的方针。因此，坚持四项基本原则，也要体现在经济建设的方针政策上来。如果讲四项基本原则和自己的工作捏不到一块，就是“两张皮”。坚持四项基本原则很重要的一条，就是要体现在计划经济上，不执行计划经济，还有什么社会主义方向？所以是坚持计划经济，还是搞自由化？这是坚不坚持四项基本原则的一个重大原则问题。我们在认识和处理计划经济与市场调节关系的时候，必须分清主次。这二者的关系，不是平行、并列的，更不能颠倒。它们的关系是主从关系，或者叫主辅关系。社会主义经济，必须以计划为主，国家建设必须是全国一盘棋，必须按计划办事。一切部门和单位都要增强国家观念、政策观念和计划观念，坚决纠正和克服经济领域中的某些自由化倾向。

在强调以计划经济为主之后，有的同志的思想又偏在另一方面去了，产生了另外一种看法，认为既然强调以经济计划为主，只要按计划办事就行了，不要再搞市场调节了，甚至认为“市场调节是错误的”。在农村，劳动生产致富的口号也认为可以不提了。还有的同志认为，政策是不是又要变了。这是一种误解，是前些年我们经济工作中“左”的错误的返照。这些说法和认识，也值得我们重视。有

这些想法和顾虑的同志，应很好地学习和领会中央的指导思想和现行的具体政策方针，要使自己的思想同中央的方针政策相适应，不然会犯更大的错误。耀邦同志指出：我们的国家现在是处在一个由乱到治、由穷到富，大变化、大发展的重要历史时期。在这个重要历史时期，我们的同志一定要坚持辩证唯物主义的思想路线，努力克服片面性，正确地理解和贯彻执行党的方针政策。坚持执行经济建设的大政方针，与按客观经济规律办事是完全一致的，不要把这二者对立起来。在实际工作中，我们要研究和正确处理计划经济与市场调节的关系，在坚持计划经济的前提下，充分发挥市场调节的辅助作用，把经济搞活。这样才能把经济搞得更好，更有效益。我们的方针仍然是，在国家计划指导下，继续重视和发挥市场调节的作用，继续鼓励支持国营企业和集体所有制企业在完成国家计划、合同计划之后，按照市场的需要，来组织和发展生产。在发展经济中，要十分重视发展集体所有制企业，把集体企业当成"亲儿子"看待，给设备，给贷款，给投资，帮技术，派干部，培训工人，使集体所有制企业有一个大的发展。同时，在政策规定范围内，也要发展个体经济，我们希望在这方面有一个大的突破，不然待业青年都塞进国营企业，经济效益怎么提高？我们的区委，要着重搞好这件事。总之，凡是有利于促进生产发展的政策，不要轻易变动；而且今后在条件许可的情况下，对需要鼓励发展的产品和行业，还要继续放宽政策。

在农村，还要大胆提倡劳动致富。在实行农业生产责任制特别是"双包"责任制后，不是不要发展集体经济了，而是要积极地开发门路，更好地发展集体经济，发展得越多越好，越快越好。要很好地运用党的政策，充分调动集体和个体两个积极性，全面发展农村经济。

三、要进一步贯彻经济调整、政治安定的方针

中央领导同志讲，在经济工作中稳定经济，在政治上实现进一步安定，仍然是我们工作的头等重要问题。1980 年 12 月中央工作会所确定的方针，中央常委九位同志在中央工作会议上的讲话，在 1982 年里仍然要作为指导方针继续贯彻下去。

我市的经济调整，前几年做了大量工作，取得了一定成绩。但是和全国大中城市比较，我们的调整工作进展还比较缓慢，经济效果也不算很好。调整工作进展缓慢的原因是多方面的。从我们的指导思想和工作上来看：一是对调整方针的重要性、必要性认识不足；二是本位主义思想、小生产者的习惯势力的影响；三是体制问题，条块分割。因此，该调整的调整不了，该并的并不了，该转的转不了，该归口的归不了，该联合的联合不起来。有的企业长期亏损，也不愿从全局出发进行调整；有的企业近期无任务，远期又无方向产品，宁肯长期饿肚子，也不愿划出来转产轻纺工业；有些长线产品截不短，有些短线产品又拉不长，各行其是，重复生产，重复建厂，盲目发展的现象都还存在。这些情况说明，不破除部门所有制，不打破条块分割的状况，要执行调整方针、调整任务，是很难很难的。我们一定要站在国家的立场上，从全局利益出发，来贯彻执行调整的方针，单位的、部门的局部利益，要服从全局的、国家的利益；眼前利益要服从长远利益。各行各业，各部门、各单位都要服从全市经济调整的需要，做到该上的上，该下的下；该停的停，该发展的发展；该并的并，该联合的联合，该归口的归口，加快调整的步伐。今年我们要继续抓好调整工作，做出显著成绩来。这是关系重庆能不能发展快一点，以至于今后它的地位的至关重要的一个问题。这方面如果大家扭不到一股劲，重庆的优势就发挥不出来，中心城市的作用就会慢慢减弱。因此，我们要通过调整、改组、联合，逐步把全市工业组织起来，更好地发挥现有工业的经济效益。

关于经济体制改革，扩大企业自主权的工作，我们市搞得早，试点的面也较大，要继续把这项工作做好，为将来进行全面经济体制改革积累经验。现在，我们在强调统一计划的时候，不能产生一种错觉，似乎经济体制改革、扩大企业自主权的试点工作可以不搞了，对行之有效的经济政策也不认真

坚持执行了。这种看法是有害的。我们现在有一个重要任务，就是要认真总结前几年体制改革试点的经验，提出和解决出现的新问题，使之健康地、深入地发展。在总结经验中，要科学地分析和论证坚持“三兼顾”原则，正确处理好国家、集体和个人三者利益，充分调动行业、企业和职工群众积极性，发挥企业经济效益，实现增产增收的经验。在保证国家多得的前提下，实现兼顾企业利益和职工生活的改善。

关于企业整顿和提高经济效益的问题，中央〔1982〕2号文件规定得很清楚了，于汉卿同志也讲了，今年我们要集中主要精力来做好这项工作，抓出成绩来。

四、认真贯彻执行以技术改造作为扩大再生产主要手段的方针

国务院最近做出决定，要求各地区各部门对现有企业有重点、有步骤地进行技术改造。改变过去以新建企业作为扩大再生产的主要手段的作法，实行以技术改造作为扩大再生产的主要手段的方针，中央的这个方针是很正确的，这是争取全国财政经济状况根本好转，促进现有企业的现代化，把整个国民经济逐步转移到新的技术基础上来，发展我国经济的一项战略措施。

重庆是一个老的工业城市，存在着厂房老、设备老、工艺老等几个老的问题，特别是设备老化，技术陈旧，工艺落后，计量测试条件差，产品落后的状况相当严重。如重钢还在使用张之洞时代的设备。全市纺织系统的布机属于解放前和四五十年代的占70%以上，生产不出高档产品来。过去我们采取把大厂淘汰的设备给小厂，小厂淘汰的设备给街道工厂，街道工厂淘汰的设备给社队企业。这种办法，在一定时期是可以的，现在不能再这样办了，这样不仅技术不能进步，产品不能提高，而且要大量浪费能源和原材料。

我们重庆的技术改造任务特别繁重。全市各行各业都有个技术改造的问题，而且技术改造包含了多方面的内容。鉴于企业设备老化问题比较突出，当前要把某些部门的设备更新放在重要位置，特别是要重点把节能和轻纺工业的设备更新搞好。各个行业和各个企业都要根据自己的实际情况，制订技术改造规划，发动群众和技术人员讨论，经过多方案的比较和经济论证形成方案，经主管部门批准，有计划有步骤地实现。技术改造要以提高经济效益为目标，重视发展适用技术，认真进行经济技术评价，防止不做调查研究，不讲经济效果，盲目上马的偏向。从市里来讲，首先要抓好重点产品和重点企业的技术改造，然后按行业改造。今年要集中财力、物力和人力，重点搞好几个轻纺工厂的技术改造搞出个样子来。

抓好技术改造，不仅可以为发展轻纺工业打下牢固的物质技术基础，有利于加快轻纺工业的发展速度，有利于节约能源，有利于提高经济效果，而且能够带动重工业调整，促进重工业特别是机械行业内部结构的合理化。如果不抓紧现有企业的技术改造，机械工业等部门“吃不饱”的问题就难以解决。抓设备更新，就能够把机械工业发展起来，并通过机械工业把冶金工业和其他有关的重工业部门带动起来。这样重工业特别是机械行业也就能够由主要为基本建设服务改变为主要为老企业的技术改造服务；由主要为自我服务，改变为更多更好地为农业、轻纺工业、能源、交通以及商业、服务业和外贸等部门服务。这样重工业内部结构就可以逐步适应整个国民经济健康发展的需要。

重工业部门，特别是机械工业部门，要认真贯彻调整方针，切实转变服务方向，改变产品结构，为各行各业的技术改造服务，优先为节能和轻纺工业提供先进的技术装备，为节能和为轻纺工业的发展提供比较先进的设备。现在，有的同志对这个问题还认识不足，把为轻纺工业服务、为发展日用消费品服务看成是临时措施，是解决吃饭问题，是解决调整期间任务不足的问题，总想等调整一过，还是生产自己原来那个老产品，因而不积极调整，不积极改革产品结构，这是一种“打短工”的思想，是不合时宜的思想。如不认真解决好这个问题，不仅现在被动，将来还会造成更大的被动。我们一定要把

思想转变过来，牢固树立全心全意为各行各业技术改造服务的思想，解决了这个问题，我们的重工业特别是机械行业就有出路了。

五、市郊农村（包括四县）要贯彻为城市服务的方针

城市周围的近郊区和四个县，和其他的县有不同的特点和不同的要求，它要围绕城市的需要和发展来做文章，也就是要面向城市、为城市服务中来发展郊区包括四个县的农业，城市是农副产品和工业原料的销售市场，这也是发展郊区农业的强大物质基础。如果不充分利用城市的有利条件，离开了城市的需要，郊区和四个县的农业就搞不好，也是发展不快的。我市四个县农民集体收入只有一百元，这和重庆这样一个大市不相称。因此，我们的郊区和四县一定要贯彻为城市服务的方针，把郊区和四县建设成为城市服务的副食基地和一部分原材料供应基地。要按照这个要求，因地制宜地制订郊区和四县的农业发展长期规划，调整农业的结构和作物布局。同时全市各行各业都要大力支援农业、帮助郊区和四县实现建设农业的规划。把农村丰富的自然资源、人力资源和城市的先进技术结合起来，就能很快变成物质财富，加快农业发展速度。

当前要认真贯彻中央1号文件，抓好农业生产责任制的总结、完善、稳定工作。我市建立健全农业生产责任制，由于各级党组织重视和努力，总的讲，发展是正常的、健康的。但也存在这样那样的问题，如有乱砍林木，损毁集体财产和生产资料等现象；有的对军烈属的生产、生活照顾不够好，有一部分社队基层领导班子处于涣散甚至陷于瘫痪、半瘫痪状态。这些问题，要通过贯彻中央〔1982〕1号文件精神，在责任制的总结、完善、稳定过程中一一加以解决。中央1号文件对农业责任制作了高度的评价，指出它是适合我国农村的经济状况的，给农村经济和社会发展带来了广阔的前景。对各级党组织在这方面的工作也给以充分的肯定。我们在总结、完善、稳定农业生产责任制中，要因地制宜，实事求是，尊重群众意愿，力求避免片面性，防止“一刀切”。不能一说建立责任制，就是包产到户最先进，也不要把什么都包给个人，连一家一户不便于管理使用的生产设施和集体财产也统统拆散，以为只有这样才能调动社员的积极性；在提倡统一经营的时候，又不管群众的思想觉悟和生产条件，不管是否有利于生产发展都要统起来，以为统得多才是社会主义。这些都是不正确的。中央的方针是在坚持社会主义集体化道路，土地等基本生产资料公有制长期不变，集体经济要建立生产责任制长期不变的原则下来总结、完善、稳定。应当明确，市郊农村现行的责任制形式都是社会主义性质的，只要群众不要求改变，就不要变动。除少数社队以外，基本上都应当稳定下来。只有稳定下来才能做好完善工作，完善工作做好了才能更好稳定。各级领导干部要深入基层、调查研究，向实践学习、向群众学习，和群众一道解决责任制中存在的一些问题，切实把工作做好。

要在粮食稳定增长的基础上，努力提高单位面积产量。要大力发展多种经营。过去我们把主要精力放在400万亩耕地上，这在一定时期内是正确的，但对大面积的山林、荒坡、草地、塘堰、溪河没有得到充分的利用那是不对的，就是现在已经投产的一些经济作物的单产还很低，经济效益不高，如柑桔600多万株，结果树不到300万株，株产15斤左右；投产茶园亩产只110斤，但是高产的达到700斤；蚕茧每张平均只有50多斤；养鱼水面9万亩，亩产只100斤，山区还有很多林副产品和土特产远远没有得到开发和利用。所以，我们要打开思路，放宽视野，充分利用我们良好的气候条件和丰富的自然资源，把劳力充分利用和组织起来，广开生产门路，大力发展种植业、养殖业、服务业、加工业，组织专业组、专业户，把农村能工巧匠组织起来，采用个体、集体、联办等多种形式，发挥集体和个人两个积极性，向生产的深度和广度进军。

要在国家的计划指导下，积极发展工副业和社队企业。发展那种加工有原料、产品有市场、经济有效益的生产，如农副产品加工业、编织业、刺绣业、食品工业、建筑材料、小型采矿业、服务业等都

可以大力发展。

要继续搞好蔬菜的生产和供应工作。蔬菜是城市人民每天不可缺少的副食品，蔬菜供应的好坏，菜价的高低，直接关系着城市人民的经济生活。蔬菜社队要坚持以菜为主，领导精力、劳力调配、资金使用、物资供应，都要从有利于蔬菜生产出发。国家征地和农业用地要严加控制，凡是非占用菜地不可的，一定要补上，以保证有足够的蔬菜种植面积。国家菜地的蔬菜，要坚持交售给国家。在未完成计划和合同以前，一律不准私自上集市贸易，否则要严加追究，并实行经济制裁。蔬菜社队要为城市人民提供品种多、质量好的优质菜，这也是郊区农民的一项十分光荣的任务。经营部门要改进经营管理，尽量少烂菜。农商两家共同努力，尽快改变蔬菜供应时多时少和菜缺价高的问题。

根据省委的布置，市委决定在巴县进行农业经济体制改革的试点工作。由于这项工作政策性强，牵涉面宽，除市委和县委加强领导外，各部门要密切配合，积极支持、帮助，把试点工作搞好。

六、关心群众生活，为人民群众办十件事

去年市委曾提出为城市人民群众办十件事。经过一年的努力，大部分已实现。如住宅开工修建150万平方米，竣工85.4万平方米，大修翻修市房10万平方米。新建扩建了人民路、新华路、和平路及南坪至四公里的公路，集资新建改建公路21条，24公里多，整修了一些便道。新增、改造一批公共汽车、行船和囤船，建成了载人架空索道。新增供水能力2万吨。新建、改建了较场口、储奇门等8个小游园。城市植树410万株，新增公共绿化地3.4万平方米。新建、改建和维修公共厕所85个，新建垃圾站30个，完成“三废”治理工程87项。新增了一批商业服务网点和几家浴室。安置了6.1万多名待业人员。改建了5万多平方米的中小学校舍和实验室，新建教职工宿舍5000平方米。新建和恢复了几十个文化站、电影院。扩建、改建精神病院5个、职业病院1个，增加精神病床600张、妇产科病床200张、肿瘤病床40张，厂矿医院有条件的都实行了对外开放。

去年我们虽然做了一些工作．取得了一定成绩。但在人民生活和城市建设方面欠账还很多，迫切需要解决的问题仍然不少。我们要在发展生产的基础上，积极做好工作，逐步加以解决。

今年我们本着量力而行，尽力而为的精神，要继续抓好人民群众生活方面的十件事情：

一、住宅建设。要求开工面积不少于150万平方米，竣工面积达到85万平方米，大修翻修市房10万平方米。

二、改善交通条件。抓好三路、一桥、两个滑坡的建设和治理，新建朝天门码头的公共电梯。新辟观音桥至五里店的电车路。新增公共汽车、电车100辆。

三、改善供水条件。动工新建黄桷渡水厂，争取三年建成，增加供水量10万吨。

四、改善环境卫生条件。新建垃圾综合处理场一座，增加清洁车40辆。组织有关工厂企业搞好嘉陵江下段的污水废水净化处理。发动群众经常搞好环境卫生和室内卫生，机关单位要坚持清洁日制度。

五、继续抓好绿化美化城市的工作。继续改造江北城、海棠溪等公园4个，新建大坪、石桥铺等小游园6个，新辟人行道绿带20公里。

六、搞好市场、市容、交通秩序和社会治安。

七、继续抓好商业服务网点建设。今后凡在城区新建房屋，要按规定建设一定数量的商业服务网点。把摆摊设点的批准权放给市、区的有关部门要支持。

八、做好待业人员安置工作。1981年来，全市尚有待业人员6万人，加上今年将毕业而不能升学的中学生4.7万人，共有待业人员10万余人。今年要大力发展各种类型的集体经济，并适当发展个体经济，安置待业人员5万人。同时，建立市待业人员培训中心，开展对待业人员就业前的技术培训工作。

九、继续改建一批中小学校舍，新建教职工宿

舍1.5万平方米。新建改建南桐、东溪、红岩等电影院和一些农村文化站。积极解决好妇科、儿科看病、住院难的问题。要搞好饮水、饮食、冷饮的卫生工作，预防传染病。抓好农村合作医疗，赤脚医生的调整巩固工作。

十、抓好蔬菜生产和供应工作，力争今年有一个明显的好转。

另外，要大力抓好计划生育工作。去年，我市人口出生率回升较大，无计划生育率高，计划生育率降低，个别地方甚至失去了控制。这个问题要引起严重注意，要积极做好工作，坚决完成今年的人口计划。

上述这些事，要狠抓落实，定期检查督促，务必按期完成和办好。

七、努力使党风有一个决定性的好转

党风问题是关系到我们党的生死存亡的大问题。搞好党风，是一件十分重要的事。今年内，我们要实现社会治安、社会风尚和党风三个方面决定性的好转，党风是关键。只有党风正，才能民风正；只有民风正，才能民气振，也才能同心同德，搞好“四化”建设。

党的十一届三中全会以来，我市在端正党风方面做了许多工作，取得了很大成绩。现在党的优良传统正在恢复，党的威信正在提高，党群关系正在改善。绝大多数党员、干部都是忠心耿耿，为党为民，严以律己，廉洁奉公，不谋私利，积极为党工作的。但是，应该看到，由于“十年内乱”林彪、“四人帮”的严重破坏，由于资产阶级和其他剥削阶级思想的侵蚀和影响，资产阶级个人主义、自由主义、无政府主义思潮泛滥，我市党风还没有根本好转，在有些单位，不正之风还很严重。铺张浪费，请客送礼，拉关系，走后门者有之；违反财经纪律，利用职权，谋取私利，行贿受贿，侵占国家和集体利益者有之；打着代表群众利益的旗号，不讲革命精神，不顾国家、集体利益，大挖社会主义墙脚者有之；对国家财产、群众疾苦漠不关心，对党的工作采取极不负责的官僚主义态度者有之；违反党的政治纪律，背离党的路线、方针、政策者有之，等等。

〈……〉。市委已责成市纪委对这一案件进行彻底清查和严肃处理。涉及哪一级就清到哪一级，涉及什么干部就清到什么干部。对外开放，对内放宽，主要是指经济政策，党风决不能开放，党纪决不能开放。

最近，中央向全党发出《紧急通知》，要求对走私贩私，贪污受贿，把大量国家财产窃为己有等严重违法犯罪行为，严肃处理。对这个严重毁坏党的威信，关系我党生死存亡的重大问题，一定要抓住不放，雷厉风行地加以解决。越是涉及大人物、大机关的案件，越要从严处理。对那些情节严重的犯罪干部，首先是占据重要职位的犯罪干部，必须依法制裁。同时也要对近两年来某些因为处理不下去而没有严肃处理的经济上的重大犯罪案件，加以清理和处理。我们要坚决贯彻中央《紧急通知》的精神，整顿党风，抓紧违纪案件的检查处理工作。为此：(1)各级党委要加强对党员、干部进行党性、党纪、党风，遵纪守法，发扬党的优良传统作风的教育。使广大党员干部深刻认识走私贩私、贪污受贿、把大量国家财产窃为己有等违法犯罪行为的危害性，自觉抵制资产阶级思想的侵蚀。同时要大力表彰那些廉洁奉公，维护财经纪律，敢于同违法犯罪行为作斗争的好人好事。(2)对党员特别是负责干部的走私贩私、贪污受贿、把大量国家财产窃为己有等违法犯罪行为，要从严从快处理。对包庇、纵容或干扰的，要追究责任。(3)县以上领导机关要把检查经济领域中的违法乱纪行为，作为机关整顿的一个重要内容，带头搞好。在机关整顿中，要坚决克服官僚主义和不正之风。特别是市级机关要起表率作用。(4)县以上党委要选择几起重大案件进行公开处理，大造舆论，震慑坏人，教育党员、干部。

中央决定，先从国家机关和中央机关开始进行精简机构的工作，我们要进行一些调查研究，为今年后半年或明年上半年的精简机构作好思想准备和组织准备工作。

现在，党中央制定了正确的路线、方针、政策，有全党必须遵循的《准则》，中央的决心很大，关键问题是我们的工作和行动。我们各级领导同志要力戒空谈，要扎扎实实地做好几件端正党风、严肃党纪的实事，使人民群众亲眼看到我们党对端正党风有信心和决心。我坚信，只要我们抓到实处，一抓到底，1982 年我们的党风就会有一个决定性的好转，我市各项工作就会取得更大的胜利。

中共重庆市委办公厅

1982 年 2 月 10 日[①]

抓好经济体制综合改革　全面开创重庆工作的新局面

——在市委四届第十一次全委（扩大）会议上的讲话

（1983 年 2 月 23 日）

王　谦

讲四个问题：一是 1982 年工作的回顾和 1983 年的形势任务；二是进行体制改革促进经济发展；三是加强改革中的思想政治工作；四是领导班子的建设问题。

一、1982 年工作的回顾和 1983 年的形势任务

1982 年，我们党和国家有两件大事载入了史册：一件是党的十二大，另一件是五届人大五次会议。这两次大会，为我国社会主义现代化建设制定了正确的纲领，公布了建党以来最好的党章和建国以来最好的宪法，这就为我们开创社会主义建设的新局面指明了前进的方向，确定了战略目标、步骤和措施。全国的政治形势和经济形势都比预计的要好得多。重庆市同全国全省一样，在物质文明和精神文明建设、民主法制建设、党的建设等方面都有很大的进步。进一步发展了安定团结、生动活泼的政治局面。国民经济在调整、整顿和改革中稳步前进，欣欣向荣。

1982 年，我们在工业战线，注意抓经济效益与速度的统一。积极调整产业结构、产品结构和企业的组织结构。对 46 个重点企业开展了全面整顿，推行各种形式的经济责任制，有重点的加强技术改造，从而提高了经济效益，加快了工业的发展速度。1982 年，全市工业总产值完成 77 亿元，比上年增长 9%。产品质量有所提高，品种也有增加。市属工业企业实现利润增长 0.29%，可比产品成本降低 0.76%，全员劳动生产率提高 5.53%。交通运输分别提前 10 天到 30 天完成了全年客货运输计划，基本保证了工农业生产和人民生活的需要。基本建设进度加缺，质量和竣工率也有所提高。

在农业方面，推行了多种联产承包责任制，农民的生产经营积极性空前高涨，农副业和多种经营全面发展，全市农业总产值可达 12 亿元左右，比上年增长 8.4%。粮食生产达 37.2 亿斤（其中集体产量 34.6 亿斤），比上年增加 3.3 亿斤，增长 10.5%。多种经营和社队企业也有较大发展。

财贸推行“三多一少”和城乡通开的新体制，疏通流通渠道，调整批发网点，发展工商、农商、商商之间的联合经营，城乡市场呈现出十分活跃的景象，商业购销都比上年有所增长。我市与外地经济协作项目增多，已经与 23 个省、市、自治区签订了 310 项经济协作合同。外贸收购总值比上年增长 16%，创历史最好水平。全市财政收入完成 9.75 亿元，比上年增长 6.83%，扭转了连续三年完不成财政任务的局面。

---

① 此为市委办公厅的印发时间，此讲话时间略晚。

去年全市安排劳动就业 5 万人，到年底尚有待业人员 4.5 万人，其中 3 万多人已安排了各种临时性工作，长期以来的就业问题，基本得到解决。人民生活有所改善。中小学教职工、医务人员、运动员以及行政机关、事业单位职工大多数升了一级，少数还升了两级。农村社员的收入，平均增加了 30 元。

1982 年，政法、文教、卫生、科技等各条战线的工作，也都取得了新的成绩。经过打击经济领域和其他领域的犯罪行为的斗争，广泛开展“五讲四美”“文明礼貌月”活动，社会治安、社会风气亦有好转。计划生育工作有所加强，基本上控制住了出生率大幅度回升的势头。

去年，在思想建设和组织建设方面，也做了大量工作。党风有所好转，党的战斗力有所提高，党群关系有了改善。

回顾去年的工作，成绩是显著的。但还存在着不可忽视的问题。一是思想不解放，习惯于按老框框、老作风办事，因循守旧，不注意研究新情况、总结新经验、解决新问题。二是经济效益仍然很差。1978 年到 1982 年的五年里，工业总产值增长了 22 亿元，但财政收入却下降了 1300 万元。去年产品计划成本降低 1%（后来有一个协议是降低 2%），而实际只下降 0.76%；市属全民所有制企业实现利润增长很少，上交利润还下降了 1.85%；市考核的 60 项工业产品原材料、燃料、动力消耗指标，近 1/3 的产品消耗指标比上年是上升的；市属全民所有制企业产成品资金占用较上年上升 13.7%，上升幅度很大；百元产值利税率较上年减少了 1.57 元。形成这种情况，有客观的不可比的因素，但经营管理不善是主要的，是不能回避的。产品落后，品种陈旧，经济责任制不健全，领导思想保守，是值得我们十分重视的严重问题。其他方面，诸如：蔬菜供应和部分副食品的供应情况时好时坏，教育质量比较差，社会治安和市容脏乱差的问题还没有根本好转。所有这些问题，需要我们在新的一年中，认真加以改进，争取做出新成就、新贡献，给我们的伟大事业增添新的光彩。

1983 年，是党的十二大提出全面开创现代化建设新局面的头一年，是实施新宪法、为国家的长治久安而奋斗的头一年，也是实现第六个五年计划极为关键的一年。从重庆来说，又是中央和省委决定进行综合体制改革试点的头一年。在这一年里，我们要沿着改革的方向前进，促进经济的全面发展。在 1983 年，应围绕着“改革要贯穿四个现代化的整个过程，要搞四个现代化就必须进行一系列的改革”这个指导思想来观察问题，探索问题，总结经济，部署工作。因此，遵照中央关于“思想要解放一点，改革要大胆一点，工作要扎实一点”的精神，结合我市实际情况，要突出地抓好两个重点：一个是坚决按照中央〔1983〕7 号文件的要求，从实际出发，全面而系统的，坚决而有秩序地时行综合体制改革；二是把体制改革中激发出来的各方面的积极性组织到发展经济的实际工作中去，进一步搞好国民经济的调整和企业整顿，全面提高经济效益，做到改革、生产双丰收。

第一，一切工作必须和中央对重庆经济体制改革的要求相适应。中央指出，搞好重庆的改革试点，“对于进一步搞活和开发我国西南的经济，探索军工生产和民用生产相结合的新路子，以及如何组织好以大城市为中心的经济区都具有重要意义。”因此，我们的经济建设，工农业生产，商业外贸，金融信贷，科学技术各方面都必须在原来的计划安排的基础上进行新的规划和布置。就工业生产而言，也必须从以往的单纯追求产值、速度，转变为重视产品质量、品种，重视经济效益，生产价廉物美、具有竞争能力、能打出去占领市场的产品来。这样重庆才能逐步成为一个真正的经济中心。为此就必须加强企业的经营管理，建立行之有效的各种经济责任制，依靠科学技术来发展生产，并在此基础上取得比较好的速度。而要达到这样的目的，决定的一条是在企业的整顿中和领导机构的改革中能发现和引用一大批年富力强、具有专长、胸怀大略、勇于创新的中青年干部到领导岗位上来。否则即一事无成，我们就辜负了中央和省委的期望。

为此，在工业生产上，要抓得很紧。1 月份，工业生产总产值完成6.17亿元，虽比去年同期增长了11.8%，问题是像重庆这样的城市要逐步做到比较均衡的生产，避免时高时低。如果在这方面有所前进，重庆经济中心的作用也就较好地表现出来了。要做到这一点，企业内部需要做许多方面的工作，而市里的各级领导机构也要做许多工作。比如，生产调度、产销矛盾、综合平衡等问题，都要坚决采取措施，及时加以解决。决不能因机构改革和领导班子的调整，使生产受到影响和损失，也不能因矛盾和纠纷得不到解决而遭受损失。这方面，机构改革后的市经委担负着重大的责任。

要继续把整顿企业的工作做好。去年首批企业的整顿工作已将近一年，尚未验收合格的企业要进行补课，使之达到整顿的要求。其他还未整顿的企业，今年要采取全面展开、重点帮助、上下结合、同步整顿、分类指导、逐个验收的办法普遍进行。各部门、各区县、各单位都要加强领导，制定规划，尽快开展工作，不要等待观望。整顿和改革的目的是一致的，要在改革中进行整顿，在整顿中进行改革，结合起来进行工作。从市到各个公司，都必须切实加强领导，及时研究解决整顿改革中的问题。市里着重抓好一批大中型骨干企业。各局、各公司和区县要抓好所属其他企业。组织、劳动、财政、税收、工会等市级综合部门也要按中央〔1982〕2号文件的要求把分管的那部分工作做好，保证质量，达到单项验收合格。

要继续加强全面质量管理，下决心把新产品的开发和老产品的更新换代工作做好。今年1月份工业生产情况是好的，但是有相当一部分轻纺工业品积压。这说明买方市场逐步形成后，消费者给我们的工业生产提出了更高的要求，特别是轻纺工业面临严峻的考验，如果不能尽快适应新的情况，极大地提高产品对市场的适应能力，我市工业品的销售市场就会日益狭窄。各级领导必须看到这种危险性。轻纺工业不能打开局面，根本原因在于有相当一部分产品质量较差，品种单调，花色陈旧，款式不新，因此不能适销对路。正因为这样，去年10月市委工作会议上，我们提出把今年定为“新产品开发年”，所有生产企业都要在今年拿出几项像样的新产品投入市场，更好地满足人民群众的需要。各主管局、公司，各企业要在作好市场调查和预测的基础上，进行产品排队，制定规划，分期分批组织实施。在这方面，科技部门要积极参加，精心组织，通力协作，力争把这场硬仗打好。

发展工业生产必须依靠科学技术的进步。〈……〉多次指出，今后二十年，要实现工农业产值翻两番，用老办法搞，根本不可能。必须主要依靠技术进步，依靠对老企业进行技术改造。重庆是一个老工业城市，不少企业设备陈旧，工艺落后，因而质量不高，经济效益很低。这种状况，迫切需要改变。根本出路，就在于把主要力量用到设备更新和技术改造上来。最近国家经委对推进技术进步，提出做好12项工作，即：积极采用国际标准，力争到1985年基础标准、通用方法标准等都要采用国际标准；组织好技术攻关，把国内攻关项目和技术引进相衔接；大力开发新产品；积极引进新技术，引进技术用到技术改造上，增强自力更生的能力；推广应用新技术，做好“四个转移”，即从实验室转移到工厂，从沿海转移到内地，从军工转移到民用，从国外转移到国内；努力提高产品和工程质量，通过评审国家优质产品，带动各部门，逐步扩大产品质量鉴定工作，适当扩大颁发工业产品生产许可证的工作，以带动部门编制淘汰落后产品的生产和使用计划；提高节能技术，节能技术改造要抓住重点，对老旧严重的设备，如锅炉、汽车、风机、水泵等十项量大、面广、耗能高的设备有计划地更新换代；积极推广电子计算机的应用；组建行业的技术开发中心，任务是推动本行业的技术进步；开展技术转让，技术咨询，加强技术情报工作；开展群众性合理化建议和技术革新活动；加强职工培训和科技队伍的建设。这12项工作，要在市经委的统筹安排和领导下，根据各行业和企业的实际情况制订规划，有步骤有重点的进行技术改造。我们投资有限，要集中资金和人力，搞好一项后再搞一项，讲究实效，避免浪费。

要抓好能源和交通运输。今年计划安排的能

源供应有缺口，特别是天然气供应紧张，必须坚持开发和节约并重的方针，把立足点放在能源的节约上，不能心存侥幸，指望国家增加供应。交通运输紧张，已经严重影响到我市工业生产和产品推销。要十分重视这个问题，并结合这次体制综合改革，开展调查研究，积极采取措施，千方百计地改善设备条件，做好组织工作，使我市的交通运输，能够担负起与经济中心城市相适应的繁重任务。

第二，在农村工作方面，要稳定和完善农业生产责任制，狠抓多种经营，全面发展。随着各项农村政策和联产承包责任制的推行，农业生产和农村情况有了很大的变化。现在农业生产正处在一种转化的过程，要善于引导，使之向着现代化的方向发展。小平同志在最后一次谈话中指出，要继续采取正确政策，狠抓全面发展。同时指出，政策调动人的积极性在一定的生产条件下是有限度的，当然现在还差得很远，思想解放得还不够。实现农业翻番，只靠政策是不够的，还要靠科学，只靠粮食也是不行的，还要靠多种经营，全面发展。发展农业的文章很多，我们还没有破题。按照小平同志讲的这个精神，我们的农村工作和农业生产，面临着极其艰巨的任务。在提高农作物的单产，发展多种经营，改进耕作栽培方法，解决农村能源，保护生态环境等方面都还要做许多工作。现在中央已制定了明确的政策，只要能够贯彻执行，就一定会有一个新的局面出现。重庆的农业生产是比较落后的，我们要按照中央〔1983〕1号文件的精神，充分利用城市科学技术力量强的优势，加快近郊和各县农业技术的改造，改善农业生产条件，是完全可能的。这里提出一个问题，即在新的条件下，市、县的各级党委和政府部门怎么样来实现对农业的领导问题。把多年来采取的“春种夏锄、秋收冬藏、具体干与〔预〕”的领导方法，变成为依靠政策和科学技术及经济手段来引导集体农民发展生产，这是一种新的课题。要总结经验，逐步完善，逐步形成一种全新的格式和方法是全体农村工作同志们的一项巨大的职责。

第三，活跃商品流通，发挥贸易中心作用。现在城乡社会主义商品生产有很大发展，物畅其流对促进商品生产极为重要。在坚持“计划经济为主、市场调节为辅”的方针下，沟通城乡市场十分必要。因此，调整购销政策，改革商业体制，放手发展合作商业，适当发展个体商业，实现以国营商业为主导，多种商业经济形式并存，打破城乡分割和地区封锁，广开流通渠道是一项重要任务。为了适应这种形势，商业工作者要解放思想，破除统购包销和独家经营的模式，按照中央的政策，疏通流通渠道。重庆的轻纺产品，60％是销在省内的。因此，在体制改革中，要积极搞好与省内的商商联合，扩大商品销售。同时，积极开辟省外和国际市场，做到货畅其流，物尽其用，充分发挥商业促进生产、引导生产、保障供应、繁荣经济的作用。这种作用，也就是重庆成为经济中心的一个重要的方面。为了搞好这方面的工作，还必须搞好市内的工商联合、农商联合和商商联合，特别要着重把工商联合问题解决好，以便统一组织全市的生产和流通，迅速打开地方产品的销路。

第四，加强城市建设和管理，以适应经济建设和社会发展的需要。重庆作为长江上游的经济中心和对外贸易的港口，随着经济的发展，和国内外的交往将日益增多。在这种情况下，搞好城市建设和管理，就具有特别重要的意义。今后本着“一要吃饭，二要建设”的方针，要采取国家投资和各方面自己动手兴办的办法，做好城市建设、改造和管理工作，提高城市的综合功能。1983年内，我们要继续为群众办几件好事，做好住宅新建和维修，修建道路桥梁，增加自来水供应，改进环境卫生等。

1983年要大力抓好政法、教育、文化、卫生、计划生育、社会治安以及精神文明的建设。

二、进行体制改革，促进经济发展

今年是改革年，中心任务是改革。目前，全国各条战线上正在涌现出一股改革的潮流。这一股历史潮流，其势不可阻挡。市委和全体共产党员、干部、工人、农民、知识分子坚决拥护党中央确定的改革方针和部署，决心站在改革的前列，把各项工作推向前进。

要搞好四个现代化,必须进行一系列的改革,没有改革,就不可能实现四个现代化。改革要贯穿四个现代化的整个过程,这是我们党领导“四化”建设的一个极为重要的指导思想。我们要抓住改革这个中心环节,推动全市的工作,把改革放在突出地位,当作头等大事来抓。

改革是关系我们事业全局成败的问题。一定要有足够的认识,充分的精神准备和清醒的紧迫感。从领导到群众,从党内到党外,都要认清这个问题。我们回顾一下,从十一届三中全会到十二大,党中央领导全党从指导思想上胜利地完成了拨乱反正的历史任务,不到四年时间,迎来了新的大好局面。如果说拨乱反正为现代化建设奠定了前提条件,那么,改革也就是破旧创新,必然为夺取现代化建设的胜利提供可靠的保证。列宁说过:“一切民族都将走到社会主义,这是不可避免的,但是一切民族的走法都不完全一样……每个民族都会有自己的特点。”过去我们在经济管理体制上受了外国模式的某些影响,实践证明它是不适合我国的国情的。因此,如果不进行改革,实现“四化”建设的目标就有落空的危险。我们的任务是:改革过去那些不成功的、有害的模式,建设有中国特色的社会主义,根据我国生产力发展的要求,摸索和创造出与之相适应的生产关系的具体形式。近几年来,在农业生产责任制的启发下,在工商业方面通过改革落后的经营管理方式,探索和总结出了以承包为中心的,国家、集体、个人三者利益相结合的,职工福利和劳动成果相联系的经营责任制。这是适合我国国情、符合科学社会主义原理的。我们只有从理论上、实践上弄懂弄通科学社会主义原理,深刻认识现行经济管理体制的弊病,才能进一步增强改革的自觉性和紧迫性。

从重庆来讲,进行全面改革,对于开创重庆工作的新局面,充分发挥中心城市的作用,关系非常重大。过去重庆发展缓慢的重要原因之一,就是受到不合理的经济管理体制的严重束缚。现在,党中央、国务院批准在重庆进行经济体制综合改革试点,并发了7号文件。党中央、国务院的批语指出:“在重庆这样的大城市进行经济体制综合改革的试点,是中共中央、国务院对当前我国正在进行的各项改革工作中的一项重要决策。”“经济体制综合改革是各种经济关系适应生产力进一步发展需要的多方面的调整,必须从实际出发,从经济发展的客观规律出发,充分走群众路线,注意经济效益,找出最佳的改革方案,有领导、有计划、有步骤、有秩序地进行,务必把试点工作搞好。”这是党中央、国务院对重庆的巨大关怀和支持,是全市人民的一件大事。因此努力把改革搞好,把生产建设搞上去是一项既艰巨而又十分光荣的任务。

我们要遵循党中央提出的改革总方针,从实际出发,进行全面而系统的,坚决而有秩序的改革。所谓全面改,就是说,不仅工业、农业、商业、交通运输业、基本建设要改革,科技、文教、卫生、政法等各条战线、各个单位都有改革的任务。这里,只有改革的侧重点不同,没有要不要改革的问题。大规模的改革,是一件很复杂的事情,需要深思熟虑,实事求是,积极稳妥地进行。凡是看准了的,而又有条件改的,要立即改;一时看不清楚,而又拿不准的,要积极调查研究,先进行试点。既不要犹豫观望、等待不办,也不能一哄而起、一刀切。这样就可能保证不会来回折腾和产生混乱。

当前,我们要把机构改革和经济体制改革结合起来进行,作为推动生产建设和各项工作的强大动力。机构改革是整个体制改革的一部分。机构改革要服从经济体制改革的要求,有利于促进国民经济的发展,有利于发挥经济中心城市的作用,有利于简化管理层次,实行党政企合理分工,有利于加强社会主义物质文明和精神文明的建设。通过改革,解决机构臃肿,层次重叠,干部老化,效率很低的问题,达到调整加强各级领导核心,精简机构,缩减人员,克服官僚主义,提高工作效能的目的。市级机关机构改革,已作了较长时间的酝酿准备,中央在批转《关于在重庆市进行经济体制综合改革试点的意见》中对机构的设置作了原则规定,我们要抓紧完成机构改革的任务。这样有利于搞好改革和生产建设工作。

经济方面的改革，主要是改掉落后的经营管理方式。先进的社会主义公有制，还必须用先进的方式去经营，才能保证社会主义经济充满活力。改革经济管理体制的基本原则是：以社会主义国营经济为主导，发展多种经济形式和多种经营方式；以计划经济为主，市场调节为辅，大的方面管住，小的方面放开，积极发挥物价、税收、信贷等经济杠杆作用；打破地区、部门、城乡分割的状态，建立以大中城市为中心的，城乡结合、条块结合的经济管理体制；处理好国家、集体和劳动者个人的关系，建立和完善以各种承包为中心的、三者利益结合的、职工福利和劳动成果相联系的经营责任制，克服统收统支、端铁饭碗、吃大锅饭和平均主义的弊病，进一步把宏观经济管好，把微观经济搞活。当前，经济体制改革工作要抓些什么？前两天，市委常委（扩大）会议专门找有关部门讨论了初步方案，确定重点抓好以下几点：

1. 大力推行经济责任制，解决国家和企业之间、企业和职工之间的两个“大锅饭”问题。小平同志最近指出：“农村、城市都要允许一部分人先富起来，劳动致富是正当的。一部分人先富起来，一部分地区先富裕起来的办法是好的，是大家都拥护的新办法。新办法比老办法好。承包大户也行，我赞成。现在放得还不够。”要加快利改税的步伐，并把利改税和经营承包责任制结合起来。

在处理国家和企业的关系上：一是推行首钢“上交利润递增包干，超收留用”的办法，已确定在重庆特殊钢厂进行试点，可再选择三至四户企业实行这种办法。二是年利润在50万元以上的大中型国营企业全面推行征收所得税，税后利润合理分配的制度，其中有条件的直接实行国家征税、资金付费、盈亏自理。实行税利并存的企业，在征收所得税后，利润分配要实行多种形式的承包责任制，以调动积极性。三是年利润在50万元以下的小型国营企业，实行国家征税、自负盈亏的办法，按国营企业八级超额累进税率征收所得税，税后利润留给企业。其中有一些小型国营企业，可实行国家所有，集体和个人承包、租赁等经营办法。四是原来实行国家征税、自负盈亏的“老五户”和“四户小型国营工业企业”以及一轻、电子仪表两个行业，仍继续执行，原办法中不够合理的部分，要进一步调整和完善。五是属于政策性亏损的企业，实行亏损包干，节亏留用或节亏分成。对于微利企业，实行微利包干，超收留用，亏损自负。六是四县和南桐、双桥两个远郊区的国营工业企业利润分配仍按原办法执行，40％上交，60％留企业。

在处理企业和职工之间的关系上，要搞好企业内部的经济责任制。今年要普遍推行企业工资总额与实现的净产值、上交税利挂钩的浮动工资奖励制度，即以企业实现的净产值和上交税利来测算出企业提取工资总额的比例，随着生产经营的好坏而浮动，上不封顶，下不保尾，实行多劳多得，少劳少得，不劳不得。要根据工矿企业的不同情况，积极推行浮动工资、计件工资、集体计件和超额计件工资，也可推行集体和个人承包、租赁等责任制形式。总之，要从实际出发，搞多种形式的经济责任制，不搞一个模式。在保证国家收入稳定增长的前提下，企业内部实行哪种责任制形式最合适，由企业和职工民主讨论决定，让企业和职工有选择责任制形式的自主权，有关主管部门不要随意干预。要允许那些经营管理搞得好、贡献大的企业先富起来，允许那些技术好、劳动积极、贡献大的工程技术人员和职工先富起来。对那些经营管理不善，经济效益下降，未完成国家计划的企业和不积极劳动的职工个人，不能保证其基本工资，更不能发放奖金。严格实行奖勤罚懒的制度，坚决打破铁饭碗。农业、商业和其他部门都要继续做好工作，稳定和完善经济责任制。经过这次会议讨论，把实行经济责任制的办法定下来之后，要迅速落实到基层单位和群众中去。

2. 加快流通领域的改革，建立多种经济形式，多种流通渠道，多种经营形式和少环节的、开放式的流通体制。经济中心，首先是贸易中心，流通不畅，就会阻碍生产发展。要改革商业批发机构，根据商品分工、城乡通开的要求，按照经济流向，调整和设置批发机构，实行站司合一，独立核算，一套机构，两块牌子。原则上市管批发，区管零售，批发集中，零售搞活。供销社体制改革，要按照合作商业性质，加强群众性、民主性、灵活性，逐步办成产供销结合，农工商综合经营的联合体，起供销、加工、储存、运输、技术等综合服务中心的作用。要放宽购销政策，疏通农副产品进城和工业品下乡的渠道。在保证国家计划的前提下，对三类农副产品和完成统购、派购后的一、二类农副产品，除棉花、木材、麝香外，可以多渠道经营，允许基层供销社和货栈出县、出市、出省推销，长途贩运。允许生产者、购销专业户和个体行商长途运销。可以零售，也可以批售。为使我市逐步成为长江上游的贸易中心，要广泛开拓工业品市场和农副产品市场，形成销售网络，重庆工业品贸易中心和农副土特产品贸易中心，并建立小商品市场和农副产品贸易市场。

改革外贸体制，建立健全重庆口岸，开辟重庆到港澳的直达航线，发展对外经济贸易关系。

改革物资管理体制，减少物资供应环节，按照经济区划和物资的合理流向，建立物资供应网络，就地就近组织物资供应，提高物资流通的社会经济效益。

3. 积极搞好企业调整改组，进一步发展多种形式的经济联合。按专业化协作和经济合理的原则，结合部属、省属企业下放，调整、充实、完善现有公司、总厂的管理体制。根据企业生产发展和经济联系的不同情况，分别组织不同形式的公司、联合体和按产品组织一条龙的生产协作，有的还可组织行业协会，来协调它们的经济活动。总之，要从实际出发，搞多样化的公司和经济联合体，不搞一个模式。同时，要大力发展跨行业、跨地区的多种形式的工工联合、工商联合、工农联合和商商联合，逐步形成以重庆为依托的经济网络。通过联合，尽可能地把重庆及其周围地区的工业、商业、农业特别是三线建设的工厂搞活，扬长避短，充分发挥其优势。

4. 大力发展集体经济，适当发展个体经济。耀邦同志在十二大报告中指出："由于我国生产力发展水平总的说来还比较低，又很不平衡，在很长时期内，需要多种经济形式的同时并存"。"城镇手工业、工业、建筑业、运输业、商业和服务业，现在都不应当也不可能由国营经济包办，有相当部分应当由集体举办"。发展城镇集体所有制经济是一项长期的方针，也是开创重庆新局面的一项战略任务。要清除"左"的影响，放宽政策，为发展集体经济创造条件。对待集体经济要同国营经济一样，政治上一视同仁，经济上合理待遇，不能歧视、限制和打击。组织和发展集体经济，要坚持群众自愿、互助合作、自力更生的原则，实行"民办"或"民办公助"，由参加人员自筹资金和生产资料，国家给以适当扶持。集体所有制企业的财产和产品，归劳动群众集体所有，同企业以外的经济单位的经济活动，要坚持等价交换的原则。国家保护集体企业的财产所有权和经营管理自主权，任何部门和个人都不得侵犯，或巧立名目进行平调。要适当调整城镇集体企业所得税的税率和上缴合作事业基金的比例，减轻集体企业的负担。要在继续贯彻执行省政府〔1979〕85号文件的基础上，再适当放宽对集体经济的政策。各有关部门要认真做好工作，力争今年使集体经济有一个大的发展。

个体经济是公有制经济的必要的有益的补充，要适当发展。要动员组织城镇待业青年和有经营能力的社会闲散人员从事手工业、修理业、运输业、房屋修缮业、城乡贩运业、服务业、饮食业、商业等生产经营活动，特别是对当前发展缓慢的手工业、修理业、服务业，要重点发展和扶持。对废旧物资回收和旅馆业，要区别不同情况，适当放宽。要清除不准农民"弃农经商"的影响，发展农村个体商业和服务业，允许农民个人或合伙进行长途贩运。工商部门要加强对个体工商户的管理，保护合法经营，制止非法行为，使之更好地为社会主义建设和人民生活服务。

为了搞好改革工作，还需要在我们领导思想、作风和领导方法上来一个大的变革，使之和改革的要求相适应。当前，影响改革、影响"四化"建设的障碍是什么？最大的障碍就是现行的政治、经济体制在许多方面不适应和经营管理方式落后。在政治生活和经济生活中，障碍各方面积极性发挥和束缚生产力发展的官僚主义、文牍主义、机构重叠、人浮于事、领导多头、互相扯皮、吃“大锅饭”、端“铁饭碗”以及城乡分割、条块分割等等问题，都是思想领域和政治经济体制方面存在的弊端，必须进行全面系统的改革。这场改革深刻地触及人们的活动方式、生活方式和思想方式。因此，各级领导干部要提高思想认识，跟上形势的发展，跟上改革的步伐。如果我们原有的那套老思想、老框框、老作风不改掉，就会自觉不自觉地成为障碍和阻力，如不改变就会被改革的潮流所淘汰。这个问题要引起高度重视，切不可等闲视之。

我们要抓好学习，继续解放思想。用党中央关于改革的一系列指示和方针政策来统一认识，端正思想路线。要改进工作作风和领导方法，克服文来文去，会来会去，互相踢皮球，办事效率低的状况，提倡走出去，到现场解决问题。不要什么会都要领导同志到场、讲话，不要什么事情都要请示汇报，领导点头才办。要充分发挥各级、各部门的作用。凡是分管领导同志能定的事情，就不要提到会议上去讨论；凡属部门能办的事情，就不要请示上一级领导，要独立负责，大胆工作。今后，党内召开的一些会议，不设主席台，除会议主持人和报告人外，出席会议的领导同志要同与会同志坐在一起。各部门和人民团体召开的一些重要会议，必要时由党政主管领导参加，其他领导同志一般不参加。今后各种业务会议，书记一般不到会讲话。总之，要让领导同志从一些不必要参加的会议当中解脱出来，腾出更多的时间深入基层，调查研究，帮助下面解决问题。要走群众路线，尊重群众的首创精神，不要束缚群众的手脚。改革的办法要从群众中来。要善于总结群众中的新经验，细心扶持有利改革的新事物，为改革工作的顺利进行开拓道路。

三、加强改革中的思想政治工作

党中央关于“搞四化必须进行改革”的指导思想，正在变成广大党员、干部和群众的自觉行动。改革工作，正在向前发展。

改革是一场极其深刻的革命。在这场巨大的变革面前，广大干部、群众是积极拥护的。但是如同任何重大变革一样，由于来势迅猛，总有一些人感到不适应，总有一些人的认识跟不上形势，因而有些同志对改革缺乏足够的思想准备和紧迫感，这是不奇怪的。有的同志由于受“左”的影响或者旧思想、旧做法和旧习惯没有完全清除，因而对改革不那么理解，忧心忡忡，疑虑害怕也是必然的。从下面的说法可以得到证明。如说，搞个体户经营是不是“越轨”？层层承包是不是“倒退”？农民搞长途贩运是不是资本主义？落实知识分子政策是不是“过头”？等等。有这些疑虑的同志不懂得，我们不能以形式上的“大”和“公”，来衡量是前进或是倒退。社会主义革命的根本目的在于解放生产力。衡量各项改革对或不对的标准是：是否有利于建设具有中国特色的社会主义，是否有利于国民经济的发展，是否有利于人民生活的改善。凡是符合这些的，毫无疑义是正确的。

有的同志对改革的态度，喜欢强调“态度要坚决，步子要稳妥，工作要做细”。这样讲，一般说是正确的。但是，我们经常遇到，有一些同志片面强调其中的一句话，即“步子要稳妥”。结果是为求“稳妥”，而把中央已有明确指示，群众又有迫切要求的事，都还要等一等。致使问题久拖不决。这种该断不断，该办不办，贻误时机的思想作风，实际是一种官僚主义的表现。求“稳”，成为满足于现状，不图创新，不思改革，不求进取的借口；求“稳”，成为左顾右盼，不敢起步，会妨碍改革，甚至走向改革的对立面。回顾农业改革所走过的路程，为什么有的同志总是步履艰难，跟不上形势的发展呢？恐怕与这种求“稳”的思想作怪有关。逆改革潮流而成为“顶门杠”是不好的。要站在改革的前列领导改革，促进改革。

上述的几种思想，归纳起来，叫作三怕：一怕右，二怕乱，三怕失。怕右，就是担心改革会走偏方向，脱离社会主义轨道，这反映了“左”的思想还没有彻底肃清。怕乱，就是怕出乱子要承担责任，因而裹足不前，以某些旧“章程”“条条”为准绳，不敢越雷池半步。怕失．就是怕失去既得利益，吃不成“大锅饭”，端不成“铁饭碗”，坐不成“铁椅子”。其实，过去的某些框框、套套，有的是极“左”的产物，必须坚决摒弃，有的是受外国模式的影响，早已被实践证明是不可取的；有的即使当时是可行的，但历史在前进，情况在发展，已不适用于今天了。改革的总目标，是走自己的道路，建设具有中国特色的社会主义。这就不可能有现成的模式。所以，必须从实际出发，把那些不够完善、不够健全的方面完善起来，把那些实践已经证明成为羁绊我们手脚的陈规革除，把那些行之有效促进社会主义生产力发展的创造加以推广，这就是我们在改革中必须进行的工作。当然，在改革中，也可能在某些方面犯错误。我们要有这种思想准备。犯了错误也不可怕，只要我们敢于坚持正确的，纠正错误的，那末〔么〕，错误也会变成前进的力量。耀邦同志在报告中讲到过去几年在改革问题，特别是在农业生产责任上，一些同志顶着不办，摇摆不定，掉在群众后面的情况时，说我只是轻轻地点一下。这是对我们的爱护和鞭策，也是对我们的忠告。在改革问题上，我们不要再像过去那样忸怩作态，甚至自觉不自觉地成为阻力。应该吸取过去的教训，进一步清理“左”的思想和一切过时的框框、套套，把国家和整体的利益摆在第一位，自觉地总结自己的历史经验，分清三中全会以前或者“文化大革命”以前，本部门的业务指导思想和规章制度，哪些是正确的，哪些是不对的，哪些过去是对的，但现在情况变了，已经变得陈旧而不适用了。从而端正自己的指导思想，当改革的促进派。

需要指出的是，在这样一场巨大的变革面前，人们议论纷纷，看法不一，出现了不同的认识是很自然的。关键在于各级党的组织和领导干部要保持清醒的头脑，加强思想政治工作。耀邦同志指出，党的思想政治工作的根本目的是提高人们对世界的认识和改造能力，整个改革过程中各级都应当把加强思想政治工作列入党委的重要议程，尽可能摆脱日常事务，集中足够的时间和精力，采取得力的措施来加强，这也应当是党的建设中的一项重要改革。当前思想政治工作中的一项重要任务，就是要使全体党员和全体职工，使整个工人阶级，受到一次社会主义制度优越性和社会主义经济的经营管理方式的生动教育，认清改革同实现共产主义远大目标的关系。动员和组织广大干部和群众站在改革的前列，支持改革，参加改革，领导改革。一切思想政治工作部门都要为改革鸣锣开道，大造改革舆论，并且组织干部、群众认真学习党的改革方针和有关文件，充分发挥思想政治工作在改革中的重要作用。

四、领导班子的建设问题

进行各方面的改革，开创社会主义现代化建设的新局面，关键是要有一个好的、能适应“四化”的领导班子。在新的历史时期，没有文化科学知识是难于胜任领导工作的。不实现领导班子的年轻化、知识化，不可能有现代化建设的胜利。因此，在机构改革和经济体制改革中，按照精干的原则和“干部四化”的方针，调整配备好各级领导班子，实现新老干部的合作交替，不仅是关系党的事业兴衰的战略大计，而且是保证各方面改革工作健康发展的紧迫要求。三中全会以来，适应全党工作重点转移，我们在选拔具有较高文化科学知识的优秀中青年干部方面，做了不少工作。但是年龄偏大、知识不足，仍是全市各级领导班子存在的突出问题，与开创新局面的要求极不适应。在机构改革和全面开展的企业整顿中，要有成效地解决这个问题，下决心把这个步子迈开。从市委起，全市各级领导班子在年轻化、知识化方面，要有大的突破。要大胆选拔一大批德才兼备、年富力强、有科学文化知识、敢于创新的同志，到各级领导班子中来。经过机构改革，领导班子中具有高中以上文化程度的不少于1/2，其中具有大专文化程度的不少于1/3。大中型厂矿企业、科研、文教、卫生这些知识分子比较集中的单位，领导班子经过整顿和调整，具有高中以上文化程度的一般应达到60%或70%以上。各级领导班子的平均年龄，争取下降5岁左右。选拔优秀中青年干部,实质上就是选拔经过实际斗争考验的中青年知识分子,其中包括自学成才的工农干部。在注意革命化的前提下,对于领导经验和文化程度二者,要着重强调后者。这当然不是只看文凭,只看年轻,还要注意看干部在政治上是不是坚定地和党中央保持一致。“文化大革命”中的“三种人”,以及反对三中全会路线的人,有严重违法乱纪行为的人,一个也不能提拔,已经在领导班子的,要坚决清除出去。还要注意看干部有没有创新精神,能不能打开局面,唯唯诺诺、无所作为的人,是不适宜担任领导工作的。

按照“干部四化”方针,调整配备领导班子,要有一个很大的决心。对领导班子结构进行重大改革,必然会遇到各种阻力,受到论资排辈等习惯势力和对知识分子的“左”的偏见的干扰。这里有一个是冲破阻力或在阻力面前却步的问题。对此,我们必须从党性出发,出以公心,坚持干部只能适应党的事业的需要,决不能拿党的事业去迁就个别人。要解放思想,打消各种顾虑,敢于大胆起用一代新人,敢于触及调整领导班子中遇到的各种矛盾。由于职数限制和改变结构的要求,一部分还不到离休、退休年龄的同志可能要从领导岗位上退出来。对这部分同志,要区别不同情况妥善安排,凡是能工作的,都要安排他们做适当的工作,要满腔热情地帮助那些有一定领导经验、年纪较轻,但缺少科学文化知识的同志,下决心给时间,让他们补上文化这一课。

调整领导班子,要充分依靠老干部。实现新老干部的合作与交替,老干部负有第一位的责任。这不仅是要能够自觉服从革命需要和组织安排,而且要出以公心,荐贤举能,选准选好接班人,热情扶持那些资望和经验不及自己的年轻同志上来,支持他们工作,搞好传、帮、带。年轻干部要虚心向老同志学习,同老同志密切合作,尽快取得领导经验。只能比老干部多出力,而不能同老干部比待遇、讲享受。在调整领导班子时,要十分注意新老干部之间、工农干部与知识分子干部之间的团结合作问题。人员选配要得当,思想工作要做细,使新组建的班子一开始就形成坚强的力量。要加强老干部工作,对退居二、三线的老同志,在政治上要充分尊重,生活上要妥善照顾,要组织他们从事力所能及的工作,继续发挥他们的作用。

近几年来,由于全体同志的努力,我们的党风有了明显的好转,纪检工作也取得了很大的成绩。但是,在新形势下,抓执政党的党风,应该把维护党的政治纪律放在首位。我们强调同党中央在政治上保持一致,当前就要在改革问题上保持一致。党的纪检工作,就是要做改革的卫护者。由于改革是一场深刻的革命,触及各自的利害得失,每一个党员党性强不强,党风正不正,都将在改革中受到考验。实践证明,党风正的地方,改革就比较顺利,改到那里,那里的党风就有明显的好转;反之,党风不正的地方,就会影响改革,阻碍改革。因此,党的纪检工作要保证和卫护各方面改革工作的顺利进行。要对一切沿着社会主义方向进行的改革,积极保护、支持。对一切阻碍改革的错误言行,坚决制止。对少数蓄意利用改革搞不正之风、违法乱纪的人,要加强监督检查,及时严肃处理。

当前我市改革的形势很好,广大干部和群众的积极性很高。在这种情况下,领导干部越是要保持清醒的头脑,把主要精力放在抓调查研究、典型示范、分类指导上,并随时注意和分析改革中出现的思想、动向,做到胸怀全局,心中有数。只要我们扎扎实实地进行工作,我们就一定能够取得改革工作的重大胜利!

廖伯康同志在中共重庆市五届三次全委（扩大）会议结束时的讲话

（1984年7月29日）

同志们：

市委五届三次全委（扩大）会议，开了七天，今天就要结束了。下面我讲三个问题：一是对会议的估计；二是对当前形势任务的看法；三是下半年的几项主要工作。

一、对会议的估计

在中央和省委整党指导小组的帮助下，经到会同志的共同努力，市委这次全委（扩大）会开得很好，进一步明确了整党和经济工作的指导思想，认清了当前的形势和任务，这对于我们搞好整党，推进改革，搞活经济，全面完成今年的国民经济计划，具有重大的意义和影响。这次会议，应该成为做好今年各项工作的一个转折点和新起点。

这次会议分两个阶段进行，前三天时间主要是讨论市委常委整党集体对照检查和个人对照检查；后四天着重讨论经济问题，部署今年下半年的工作。经过阅读文件，大会发言，小组讨论，大家交流了思想，提高了认识，认为这次会议是一次帮助市委整党，开展批评和自我批评，发扬党的优良传统和作风的会议；是进一步解放思想，振奋精神，抓好整党整改工作，奋力开创新局面，大鼓干劲的动员会。

会议期间，大家对市委常委集体和个人的整党对照检查，进行了热烈的讨论，开展了认真的批评，提出了许多宝贵的意见。对今后如何搞好整改，改进市委的领导工作；如何进一步解放思想，坚持改革，放宽政策，搞活经济，都提了许多好的意见和建议。同志们认为，市委常委的集体对照检查，态度是严肃的、认真的，对三中全会以来我市工作的成绩和存在问题的估价是实事求是的，表示基本同意。同时希望市委对于大家的意见和已经找出的问题，在下一步整改中认真加以解决，进一步扩大整党成果，市委常委整党对照检查，已根据同志们的意见作了修改，今天上午全委会议已经通过。常委个人检查，大家对有的常委意见少些，对有的常委意见多些，对个别常委的意见还提得相当尖锐。常委同志在整党中对自己的缺点和问题，还将作进一步的认识，修改自己的检查，做到边整边改。希望同志们继续提出批评意见，对我们进行监督和帮助。

会上，李成文、周春山、黄治、潘椿、于承永同志的讲话。对各条战线的工作做了安排，希望大家结合自己的实际情况，贯彻执行。

二、对当前形势任务的认识

党的十一届三中全会以来，农村改革取得了巨大的成功，把亿万农民的积极性调动起来了，过去长时间使人发愁的农业基础的问题，现在真正找到了解决的办法。在农村改革的推动下，现在城市的改革正在兴起，我国的工农业生产和整个国民经济出现了全面稳定、协调增长的大好形势。

全国的形势如此，应该怎样来认识和估计重庆的形势呢？我市工农业生产的形势也是好的，上半年工业总产值的增长为11.4%，虽然还略低于全国0.2%，略低于全省0.3%，但也不要小看11.4%这个数字，日本在“经济起飞”期间，它的年增长率也就是11%左右。上半年我市工业能够增长11.4%，应该说成绩不小。今年上半年工业生产，是月月创造历史同期的新水平，6月份突破10亿大关，更是刷新了我们自己过去的全部记录。

按照国家统计局和国家经委在报上公布的数字，在预算内国营工业企业实现利润和产品税金，我们是高于全国的，全国比去年同期增加13.1%，我们是增加13.54%。就是在上交财政的利税，预算内国营工业也是高于全国的，全国增加9.4%，我们增加10.85%，从以上几个方面来看，应是成绩不小，这是应该充分肯定的，也是实事求是的。我们看形势，一要看形势好的事实表现，二要看推动形势发展的基本因素，三要看形势发展的前景。从这三方面加以分析，我市上半年的形势是好的，是一个上升的形势，发展的形势，这一点应该充分加以肯定。

但同时还要看到第二点。我们同先进地区比，在我们前进的路上出现了新的差距。我们正面临着各种各样的挑战和考验。首先是我们的工业产值还略低于全国，就全市而言而不是预算内的国营工业而言，我们实现的利润、上交利润都低于全国，尤其是财政收入差距更大。这一状况和我们所处的地位是不相称的，和形势发展的要求是不相适应的。再从改革的形势看，去年我市是全国唯一进行经济体制综合改革的大城市，今年的情况就大不相同了。第一，沿海14个港口城市实行对外开放，其中包括有上海、天津、广州这些大城市。第二，经国务院批准进行经济体制综合改革的试点城市由原来的3个(沙市、常州、重庆)增加到7个，包括武汉、沈阳、大连、南京这四个大城市也进行经济体制综合改革了。第三，各省和自治区确定进行经济体制综合改革的城市到6月份已经有35个，现在还在继续增加。从面上看，不仅大、中城市在搞改革，许多小城市也在争着搞改革。当前的城市改革，可以说是出现了在社会主义航道上“千帆竞发，百舸争流”的新形势。

在这种新的形势面前，怎样来回答这一挑战呢？这就要认真分析上半年我们出现新的差距的原因何在？上半年工业生产的进度和效益不够理想是有其客观原因的，但就我们自己的主观来检查，第一是思想不够解放，改革的措施抓得不狠，抓得不够落实。生产要上去，经济效益要上去，归根到底要靠调动企业的积极性和职工的积极性。靠什么来调动这两个积极性呢？靠改革。上半年，我们的许多改革措施，尤其是企业改革的小配套这一措施，尚未在多数企业中落实下去。第二是在经济管理工作上，在产、供、销再生产循环过程中碰到的一些矛盾和困难我们帮助解决得不够快、不够好、不够落实。这些就是我们所面临的形势。从这一形势出发，下半年我们的工作任务应当确定为三条：

(1)整党工作坚持高标准；

(2)加快改革步伐，落实改革措施；

(3)经济工作要创造出新的效益。

尽管我们面临的任务很繁重，存在的困难和问题也不少，但完成任务的有利条件也是很多的。我们有信心把工作搞上去。重庆作为中央第一个批准进行经济体制综合改革的大城市，我们整党刚搞完对照检查，我们所制定的改革方案和措施在所有落实的单位和贯彻得好的地方都产生了很好的效益，全市广大干部和群众的积极性是高涨的。只要我们向广大干部和群众讲明形势和任务，落实各项改革的措施和政策，就一定能把积极性充分调动起来，克服前进中的困难，完成和超额完成今年的国民经济计划。

我们应当看到，如果我们在今年下半年不能把经济增长和效益提到一个新的高度，我们上何以对中央？下何以对1300万父老？如果我们今后不能在改革和提高经济效益上打开局面，又用什么来证明我们在思想上、政治上是同党中央保持一致的；用什么来证明我们的整党是成功的。这对全市各级党组织，对我们在座的每个同志，都是一场严峻的考验。

在这次市委扩大会议后，从市委常委到全市各级党委、各级党组织都要紧张地动员起来，下定决心，集中力量，全力以赴，一定要把整党、改革和经济工作这三件大事抓好，一定要使这次会议成为全市工作开创新局面的一个转折点，一定要在下半年把我市的经济效益抓上去。

三、下半年的几项主要工作

(一)整党工作要坚持高标准

第一期整党工作的情况和开展第二期整党工

作的意见,李成文同志所作的发言,我是完全赞成的。第一期整党的经验可供第二期整党借鉴。现对第二期整党要着重解决的几个问题谈点意见。第二期整党除按中央规定的方针任务方法步骤执行外,是否着重解决这四个方面的问题。一是解决端正各项业务工作的指导思想;二是解决好整顿党风,加强纪律;三是解决好彻底否定"文化大革命",彻底清除派性;四是解决好清理"三种人"和建设好第三梯队。

1. 从清除"左"的影响入手,端正业务工作的指导方针,使各项业务工作服从于、服务于党的总任务、总目标。

端正业务方针,要解决好两个问题:一是要提高议大事、懂全局、管本行的自觉性,处理好自己这个局部和全局之间的关系。全局不懂,大事不清,部门的业务方针也难以把握。在整党中,要从肃清"左"的影响入手,自觉地把我们的业务工作,服从于、服务于我们党的总任务、总目标,只有从这个全局出发,才不会只看见眼皮底下的部门利益而丢掉了全局的社会效益,才不会因小利而扯大皮。在政治上和中央保持一致的核心问题,就是按照中央的路线、方针、政策来端正本地区、本部门的业务方针和指导思想,使之符合党的总路线、总目标的要求。二是要以改革为指导思想,作为整党统一思想的一个重要内容。我们现在的体制,是几十年在实践中逐步形成的,也是配套成龙的。几十年来,我们在这样的集中管理的体制下工作了多年,大家都习以为常,形成了习惯。现在进行改革,要打破这一常规,在认识上有不同的看法是难以完全避免的。只要我们从实际出发,把改革搞好,取得成效,就会很快统一认识的。对部分同志暂时跟不上形势所反映出的思想,要作具体分析,不要笼统地轻率地批评为反对改革。也不要轻率地给搞改革的同志冠以"改革者""改革派""改革家"的称号。对待改革中的不同认识、不同意见,根据民主集中制的原则允许保留,允许争论。

当然也要看到,改革涉及权力和利益的调整,阻力是会有的。阻力来自哪里?万里同志说过:现在阻力主要在我们党内,因为我们是执政党。应该说这种阻力主要是思想认识方面的问题,在整党中要把这方面的问题解决好。

2. 整顿作风,加强纪律

整顿作风,按照中央的要求重点抓两条:一条是纠正利用职权和工作条件谋取私利的歪风,一条是纠正对党对人民不负责任的官僚主义作风。耀邦同志曾给薄一波同志和王鹤寿同志写信说"从现在情况看,大家对以权谋私、经济犯罪的危害,看得比较清楚,但是,对官僚主义的危害,认识很不够;还没有引起普遍重视。大的官僚主义问题还没有突破"。一般地说,人们对以权谋私、经济犯罪,因为是中饱私囊,容易引起义愤,而对严重官僚主义所造成的损失和危害,因为损公而未肥私,就不那么义愤。在这次整党中,对于本部门、本单位发生的由于官僚主义造成巨大损失的案件,必须进行系统的检查和清理,对于那些负有直接领导责任的严重官僚主义者,必须严肃处理,不可姑息庇护,让他们检讨几句了事或者调换个单位,还继续保持其"禄位"。

整顿作风,要抓住大案、要案,认真处理。中央领导同志最近指出:"整党期间发现的一切重大案件,都必须分别由中央、省、地、县四级查明处理好,不能沿袭过去的恶习,层层照转,不了了之。"这个指示非常重要,我们要认真贯彻落实。

为了切实克服官僚主义,认真改进领导方法和领导作风,采取以下十条措施:

(1)为了提高办事效率,继续坚持对请示报告十五天内不答复即视为同意的制度;

(2)继续坚持市长公开电话和每周通过报纸答复的制度(在重庆日报上开辟"市长公开电话一周");

(3)继续推行现场办公会,把抓大事和改进作风结合起来;

(4)严格会议审批制度。凡召开全市性的会议,由市委常委会或政府常务会集体讨论决定。凡需区、县委正副书记、正副区、县长参加的会议,由市的分管领导提出意见,经市委、市府批准,由市委、市府办公厅通知。各部门召开的带全市性的业务会议，也按规定审批，凡不符合这个规定的，负责同志可以拒绝出席会议；

(5)市委要带头精简会议，深入实际，实行常委值班制度。常委每月要有1/4的时间深入基层，调查研究；

(6)常委和市级部、委、办的负责同志，都要建立自己的工作联系点，经常深入实际，指导工作；

(7)坚持半年一次民主生活制度，开展批评与自我批评；

(8)每年至少召开一次代表性人物的座谈会，广泛听取对市委工作的意见；

(9)常委应抽出时间走街串巷，体察民情，了解疾苦；

(10)常委和各区县委、各部门对重要的人民来信来访，要亲自动手处理一批，一抓到底，认真解决。

(二)加快改革步伐，落实各项改革措施

1. 牢牢掌握住党在新时期的指导思想

〈前略〉

胡耀邦同志最近指出：全面改革，破旧创新，努力开创现代化建设的新局面，是全党总的指导思想。中央负责同志指出：三中全会以后，我们做了大量工作，总的指导思想是拨乱反正。我们现在总的指导思想应该是全面改革，破旧创新。如果说1983年以前的几年，我们是吃拨乱反正的饭，那么1983年以后，我们主要是吃改革的饭了。千万不要把改革放在次要的位置上或者当作组织领导的方式方法问题，必须作为我们工作的总的指导思想。中央领导同志把改革提到党在新时期总的指导思想的高度，这是我们各级党委要认真学习，深刻领会的。

小平同志曾经很尖锐地指出：如果现在再不进行改革，我们的现代化事业和社会主义事业就会被葬送。万里同志最近也讲：老体制非改不可，老体制不改，“四化”就没有希望，老体制的弊端一是，统得过多，管得过死，经济没有搞活，而是搞“死”了；二是，吃“大锅饭”搞平均主义，不是奖勤罚懒，而是把一些人养懒了；三是，由于有了上面两条，生产发展不快，经济效益不好，国家没有富起来，人民没有富起来，而是搞“穷”了。概括起来，就是死、懒、穷三个字。要使我们的经济振兴起来，必须把死、懒、穷交成活、勤、富。〈……〉。对外开放也是改革。改革已经成为全党全国的中心任务，成为全党总的指导思想。脱离开这个总的指导思想，我们的工作就会迷失方向，就会犯错误。

2. 当前改革工作的重点抓什么？

耀邦同志指出：现在国际国内的形势对我们国家的改革都是有利的，如果在这个时候我们不抓紧改革，还畏首畏尾，胆小怕事，不敢负责，贻误时机，那就要犯极大的错误。耀邦同志还指出：现在改革的重点要放在城市。〈……〉。重庆作为试点城市，更应该加快城市改革的步伐。

怎么加快我市改革工作的步伐？第一，要狠抓各种改革措施的落实，通过落实改革措施来加快改革步伐；第二，要在抓落实中去创新，要在抓落实的基础上去探索新的改革路子和新的改革办法。

今年下半年，要集中力量抓已有改革方案的落实，一定要把已经决定的各项改革措施落实到基层，这是下半年最主要的工作。把改革抓落实，这是一件很不简单的事情，工作量很大，任务很艰巨。最近检查发现，企业内部经济责任制落实得好的，只有30%左右，还有不少单位没有很好落实，有少数单位根本还没有动起来。制订方案只是改革的第一步，要落实到基层，还有大量的具体矛盾和实际问题要解决，还有大量的思想工作和组织工作要做。下半年要集中力量，狠抓改革方案和改革措施的落实。改革搞得好不好，下半年就要在落实上下功夫，在出效益上见成果。

在抓落实上，要注意几个问题：

第一，市里已经发出的关于扩大企业自主权、关于扩大县的经济管理权、关于人才合理流动、关于放活科技单位、关于智力开发等六个暂行规定，都要狠抓落实。中央主管部门最近发出关于流通体制的改革方案和其他改革方案，我们也都要狠抓落实。特别要注意把小配套改革的落实工作抓紧抓好。注意解决小配套当中的矛盾和实际问题。比如，在企业扩权，实行厂长负责制的新情况下，企业党委工作怎么抓？怎么适应新的形势？这是一个很大的问题；还有，推行厂长负责制，如何把厂长选好、选准，起用有干劲的明白人当家，这也是很细致的工作，都是需要上级主管部门深入下去帮助解决的；又比如在给企业扩权以后，公司工作怎么办？这也是一个需要解决的问题。对公司要采取积极慎重进行调整的方针，不搞一刀切，要在充分调查研究的基础上，对公司一个一个地进行研究，能够办成经济实体，办成企业性公司的，就向企业性公司发展；能向行业管理方面过渡的，就向加强行业管理过渡；有的公司需要调整的，就进行调整；需要撤销的就撤销。总之要积极慎重地把公司调整好。

第二，要狠抓两种典型。市级各部门、各区县，都要深入下去，把那些改革搞得好、经济效益高、工作效率高的先进典型的好经验及时总结起来，加以推广。另一种，对那些对改革无动于衷，按兵不动，工作硬是打不开局面，效益长时间上不去的落后典型，也要抓住深入解剖，能够帮助促上去的，还是帮字当头，热心帮助。如果领导班子中有人挡路，硬是顶着不改，顶着不办的，或者是无所作为，硬是打不开局面的，就下决心调整领导班子，起用有干劲的能人来当家。

第三，要全党抓改革，各级领导层层抓改革。今后制订新的改革方案，要采取自下而上和自上而下相结合的办法，坚持从实际出发，坚持走群众路线。比如，计划体制进一步改革的方案，就由市计委拿出来；工业体制改革的方案，就由市经委拿出来；区、县进一步改革的方案就由农委和各区、县拿出来。总之，各部门、各行各业进一步改革的方案都要由本部门、本地区、本单位拿出来，由市里来审定，定案之后，也要由本部门、本地区、本单位自己去抓落实。这样更有利于从实际出发，也更有利于贯彻落实。市体改委当然可以提出方案，但更主要的是抓好各种改革方案的统筹协调和检查督促，在检查督促当中进行指导，抓好典型，总结经验。

（三）经济工作要创造出新的效益

今年是建国三十五周年，也是国家对我市实行计划单列的第一年。下半年是一场硬仗，必须下大功夫，坚决把经济效益抓上去。首先要抓好八、九两个月，争取下半年的主动权，同时以优异的成绩向建国三十五周年献礼。

下半年这场硬仗怎么打？

第一，是领导决心问题。从市委常委到各级党委都要把决心下够，把决心下死。如果指挥员动动摇摇，不把决心下死，这个硬仗是没有办法打的。大家都听了重钢、巴县和其他单位的发言，重钢上半年尽管碰到一大堆困难，但他们今年实现利润还要破1亿大关。巴县的乡镇企业已经领先了，他们下半年还要大上，我看他们都是有根据的。特殊钢厂的情况也是如此，他们在生产上也碰到一大堆困难，下半年的减利因素就有900万；但是通过改革调动车间和职工的积极性，把各种增利因素挖出来，下半年的增利因素就有1600万。最近还摸了一些单位，增产增收的潜力是很大的。从大的形势看，下半年秋收后更是旺季，全国经济搞得更活，这就是很有利的好形势。各级党委、各级干部一定要把决心下死，要打一场大硬仗，坚决把下半年的经济效益抓上去。

第二，是领导的责任问题。对各级领导干部要严格实行完成产值计划和财政计划包干责任制，要实行重奖重罚。办法是一级抓一级。市委、市府抓市级各有关部、委、办大口和区、县，今年已经决定完成的工农业总产值和财政收入计划任务，都必须坚决完成。这两大计划指标上半年已经给市级各大口、各局和各区县分配下去了，有的抓得很认真，有的在思想上还动动摇摇，还想调减。今天说清楚，计划已经定下来，没有价钱讲了。各大口、各区、县都必须按下达的计划包干完成这两项任务。对完成任务好的，部长、委、办主任、区县委书记、区、县长由市委、市府发给一次性奖金。对于那些工作不努力，失职者，从扣发奖金到减发工资一直到就地免职。对那些造成工作失误，失了街亭的人难道就不该处分和处理吗？市委、市府这样办，也希望各部委局也照此办理，一级一级抓下去，实行重奖重罚。

第三，最重要的是要靠抓好企业改革的小配套来把下半年的经济效益搞上去。这是能不能把下半年的经济工作搞上去很关键的一着棋。现在有些管经济工作的主管机关和综合部门对这个问题还没有引起高度的重视，对小配套的落实抓得不紧，抓得不狠，这是上半年许多企业经济效益上不去的一个重要原因。我市和外地的经验已经证明：小配套是当前条件下的一项大改革，落实小配套可以解决大问题，落实小配套可以抓出大效益。这个问题我想多讲几句。

城市改革的核心问题是搞活企业。企业是创造商品的价值和使用价值的基本单位，企业是创造财政收入的活水源头。老体制的一个根本弊端，就是不承认社会主义企业是相对独立的商品生产者和经营者。一方面对企业统得太死，企业没有自主权，难以独立负责地搞好生产和经营；另一方面在经济责任上又对企业放得太松，企业可以躺在国家身上吃“大锅饭”，职工可以躺在企业身上吃“大锅饭”。这是我们许多企业、特别是国营企业经济效益低的根本原因，是企业经济效益低的病根所在。小配套改革恰恰是针对老体制的这个根本弊端开刀的，是针对企业经济效益低这个病根开刀的。可以说，小配套改革，是医治企业效益低的一个法宝。

企业小配套改革的基本内容，一、是使企业对国家承担起明确的、严格的经济责任。今年四季度要搞利改税的第二步，就会使这种责任更加明确和更加严格，同时也明确承认和保证企业在纳税后有合理的留利。二、是经济管理部门（包括主管部门和综合部门）实行简政放权，给企业以必要的自主权，使企业能够独立负责地进行经营管理，能够有条件去承担起它担负的经济责任。这里面包括逐步实行厂长负责制，使厂长（经理）承担起经济责任，并有权进行管理。三是在企业内部实行经济承包责任制，同经济效益挂钩，奖金不封顶，逗硬实行按劳分配，把差距拉开，贡献大的人能够多劳多得。把小配套落实了，就能够打破两个“大锅饭”，有利于调动企业的积极性，有利于调动职工的积极性。最近了解，凡是小配套落实得好的企业，两个积极性很快就调动起来了，经济效益很快就上去了。大家都听了重钢的发言，重钢经济效益五、6月能够突破千万元大关，除其他原因外，小配套起了重要作用。还有像造纸公司、热水瓶厂等单位，也是靠落实小配套，近几个月经济效益也是大幅度上升，不是百分之几十的增加，而是成倍增长。热水瓶厂把奖金差距拉开后，工人最高的一个月拿到100元奖金，怕耽误工效，上厕所都是小跑步。造纸公司有几句话，叫作“配套改革，班子调整，奖金拉开，效益倍增”，造纸公司下面有4个工厂这几个月硬是做到了利润翻番。相反，有的单位没有落实小配套，虽然产品也有销路，工人的干劲没有调动起来，企业的劲头也不大，经济效益增长的幅度就很小。王谦同志看了两个小厂，厂长连国务院和重庆市“扩权十条”都不知道，这首先是他们的问题，但是他们的上级就没有责任吗，就不该检查吗？

所以，下半年要把效益突上去，一定要紧紧抓住小配套不放，要用小配套打破两个“大锅饭”，要用小配套来调动两个积极性。据不完全的调查统计，现在小配套改革落实得好的企业，只有30%左右，有不少企业还落实得不好，有的企业还没有落实。下半年全市都要狠抓小配套的落实工作，一定要通过小配套来把经济效益促上去。

小配套改革的落实工作谁来抓？一是靠主管部门抓。二是靠各个综合部门抓。计划、财政、税务、银行、物价、劳动、人事、公安、工商行政管理等各综合部门也要动员起来，狠抓小配套的落实。这些综合部门是把口子的，你们不开绿灯，你们不帮一把，小配套就难以顺利落实。今天给各综合部门提一条改革的要求，就是不要坐在机关等下面的企业单位上门来找你们，各综合部门通通都要主动下企业单位去，要主动帮助企业落实小配套。我看银行和人事部门最近在这方面做得比较好，银行主动搞了几条有利于放活企业资金管理的规定，人事部门在组织人才合理流动上做了不少工作，正在落实500多名科技人员的合理流动问题。政法公安部门对落实小配套也要积极支持。有的厂长讲，我逗硬搞责任制，奖勤罚懒，有人要拉我下河吃水，政法公安部门管不管？政法部门已经在研究这个问题，起草了一个支持企业搞责任制的意见。综合部门很重要，希望综合部门都动员起来，狠抓小配套的落实。

第四，要狠抓盈利大户和亏损户，对盈利大户要抓好两条：第一，要从各方面去保证盈利大户多增产、多销售、多盈利。这个工作由市经委、计委、财办、财政、物资、税务、银行等有关部门抽调干部，由黄冶同志负责，专门研究如何及时解决盈利大户顺利进行再生产的外部条件问题。第二，要认真帮助盈利大户加强企业内部的管理，及时总结推广他们的好经验，帮助解决存在的问题。这个工作由各主管部自行负责。只要盈利大户突上去了，全市下半年的效益就有了保证。对亏损户要层层签订扭亏责任状，领导班子不行的，要坚决调整，有的亏损企业可实行选贤任能，承包经营，租赁经营。对亏损户要一户一户地抓落实。对盈利企业中的亏损产品，要把扭亏的经济指标分解落实到车间班组，实行承包责任制。对扭亏工作要本着重奖重罚的原则与职工的奖罚紧密结合。

各综合部门要千方百计为企业多增产、增收开绿灯，不要死守什么条条、框框，只要是有利于企业提高经济效益的措施，都要坚决支持，只有企业增产增收了，国家的利益才能更好地得到保证。

第五，要狠抓流通。下半年是市场销售的旺季，商业部门要千方百计为地方工业品打开销路。要解决好两个问题：一是商业部门要利用各种渠道、各种方式打出去推销地方产品，要到广大农村去开拓市场，要打出市外省外去开拓市场，要尽量减少积压和削价处理的损失。二是要进一步把工商矛盾解决好，本着平等互利的原则，继续发展各种形式的工商联营。工商两家要捆起来打出去，不能互相拆台，互相抵消经济效益。

第六，把乡镇企业的发展放在一个重要的战略位置上来。重庆经济发展的战略模式，现在还在研究当中，其中一个提法是："抓住两头，搞活中间。"中间就是市属的工交、财贸、基建等企业，是我们的经济发展的主体，只有搞活后才能使本市经济得到发展。但经济的大发展还得靠两翼，这两翼一头是实力雄厚、潜力很大的军工企业，一头是量大面广的区县企业，尤其是星罗棋布的乡镇企业，只有这两翼发展了，重庆的经济才能起飞。

最近，我到巴县和九龙坡区看了一些乡镇企业，同区县的同志一起议了发展乡镇企业的意见。

1. 要充分认识发展乡镇企业的战略地位。

搞活农村经济有三个带有决定意义的政策，一是联产承包责任制；二是发展重点户专业户；三是发展乡镇企业。目的都是为了使农村的生产力得到新的解放。乡镇企业是农村经济发展到一定阶段的必然产物，在许多地区现在已经成了农村经济的重要支柱。重庆现有乡镇企业3.3万多个，务工社员40余万人。它们许多产品在全市地方产品中占有相当的比重，如原煤占24%，砖占66%，瓦占99%，皮鞋占30%，铁制农具占84%，茶叶占50%，生丝占29%。1979年以来，乡镇企业向国家上交的税金已相当于同期农业税的98%。乡镇企业的发展对农业也作了有力的支援。1979年以来，乡镇企业提供的支农资金为同期地方财政对农业投资的2.68倍。这说明乡镇企业已成为我市一支重要的经济力量，是富民的重要途径，是安排农村富余劳力的重要门路。

2. 要有一个发展乡镇企业的战略目标。

在19个区县中，乡镇企业独占鳌头的是巴县。巴县是三年三大步，五年翻两番，合川县也是三下江南，三年跨了三大步，他们都决心以去年为基数两年内再翻一番。据市社队企业局测算，可能在两年内翻番的还有綦江、江津、大足、铜梁、永川、璧山等6个县，有可能在三年内翻一番的，有长寿、江北县、江北区、沙坪坝、九龙坡、南岸、北碚、双桥等区县；还有几个区县自己可以测算一下，要用多长时间也可以翻一番。社队企业局还测算，全市可以在不到三年的时间内翻上一番，因为那些产值较大的区县都能在两年内翻上一番。

这次会议是今年全市经济工作的转折点，也是乡镇企业（包括各区的街道工业）进入全面大发展阶段的新起点。

3. 乡镇企业发展的具体路子

(1)首先是调动三个方面的积极性，一是广大群众的积极性，二是各个部门的积极性，三是领导班子的积极性。胡启立同志到了山东烟台，引用了江苏群众对乡镇企业的几句顺口溜，其中有句话很发人深省："社员群众热爱它，基层干部喜欢它，城乡建设需要它，各行各业支持它，希望上级领导正确对待它。"上级领导在哪里？我看就是我们在座的诸君。现在各区县都是新组建的班子。科研讲成果，经济讲效益，为官讲政绩，在本届任期内，对富民升位究竟可以作几件什么事，要雄心勃勃，敢作敢为，下决心把乡镇企业抓上去。

(2)发展乡镇企业的资金从哪里来？现在各区县采取的"带资入股，保息分红"的办法就是集资的好办法。把群众手中的游散资金集中起来用于发展生产，使群众既得利息又分红，还有工资收入，一经发动，就出现滚雪球的形势，蛋生鸡，鸡又生蛋。一个电镀厂的固定资产，靠农民自己的力量，四年之内翻了124番，这是我自己目睹的事实。现在全市农村储蓄的存款有2.387亿元，再加上农民手中的现款，这方面的潜力是很大的。

(3)关键是人才、技术、产品。

三中全会后，经过几年的改革，农村中生产力的各种要素十分活跃。因为劳力、资金、技术正从以往那种封闭状态中解脱出来。尤其是市带县后，城乡拉通才起步不久，城市的人才和技术与农村的土地、劳力、资金相结合，使农村呈现出空前活跃的局面。城乡交流从单纯的商品交换，转向资金、技术、人才、信息等多方面的交流。另方面广大农村也拥有大量人才，巴县就拥有高初中毕业生32万多人，这是农村两个文明建设的生力军。另外，城市各厂矿应积极研究有哪些产品和部件或工艺可以扩散到农村，这是一项投资省、见效快、一举两得的大好事情。

以上谈的，既是今后的工作，也是当前要把经济迅速搞上去的一个重要方面，积少成多，在21个区县共同努力下，必然会对全市的产值和效益做出重要的贡献。

(四)几个政策性的问题

市委已经定了一条原则，不管你今年超产增收多少，今后仍然要保证你应得的利益，今后决不采取"鞭打快牛"的政策。不仅不"鞭打快牛"，还要给快牛多吃点"精料"。要使一些地区和单位先富起来，大家还担心利改税的第二步，保不住已有的利益。这个问题市委也研究了，我们在利改税第二步的具体做法上，要运用试点城市的机动权，把这个问题解决好，使市里已定下来的措施继续有效。财、税部门也正在仔细研究这个问题。财政局对区、县已经研究出了以下六条政策措施：

1. 从现在的"定收定支，收支挂钩，超收分成"改为实行"收入按固定比例分成"的办法。

2. 各区、县的收入、支出基数，均以1983年数字为准。计算的口径和办法，均按财政部核定我市的口径和办法办理。

3. 各区、县的收支基数由市和各区、县核对确定以后，按各区、县支出基数占其收入基数的比例，作为各区县的总额分成比例。

4. 对收不抵支的双桥区和潼南县，收入全留区县。并按1983年支出基数大于收入基数的差额实行定额补贴。

5. 实行新体制后，市只对区县下达收入考核指标，支出由区、县自主安排。多收多支，少收少支，自求平衡。

6. 为了鼓励区县积极扶持发展乡镇企业，对乡镇企业生产、收入增长速度快的地区，实行某种奖励办法。

对于市属企业和市级主管部门，也决定了几条政策：

第一，对企业应得的经济利益，市里一定予以保证。今年市里已经决定的放宽政策的各项规定，都要严格兑现。决不失信于民，决不失信于企业。

第二，企业也不能任意侵占国家应得的收入。这个工作以审计局为主，有关部门配合，要认真检查落实。

第三，在完成13亿财政收入的条件下，由市里拨款，对市级企业主管局和有关部门，另行发给奖金，超额完成任务的，就多发奖金。

第四，市决定对工业企业实行从成本降低额中提15%作为企业节约成本奖。

第五，全年的工商税收要争取突破10.1亿，力争达到10.2亿。由于近年来税务部门干部增加较多，为了解决他们的办公条件和宿舍等方面的困难，全年工商税收入在计划之上，10亿以内的，市级超收部分，可给予超收金额的3%的资金，对超过10亿以上的，可给予相当于超收金额的5%的资金，用于税务部门修建办公用房、职工宿舍和一定额度的职工奖金，这笔费用由市财政局在市级财政收入超收部分中拨给。对各区、县的工商税超收，由各区县自订奖励办法。

最后，工作多，任务重，各级党委和政府要统筹安排，全面部署。以整党、改革为动力，以经济建设为中心，坚持两个文明建设一起抓。要学会“弹钢琴”，抓住中心任务，带动各项工作前进。党政要明确分工，各司其职，各负其责。要充分发挥各级组织和各部门的作用，一级抓一级，严格责任制，保证各项工作的落实。

当前形势很好，又喜人又逼人，我们面临的改革任务和经济建设任务都很繁重。1984年只有五个月了，我们应紧紧抓住这五个月的宝贵时间，解放思想，实事求是，勇于改革，扎实工作，既加快城乡改革的步伐，也要加快两个文明建设的速度。从时间来看，好比足球比赛，球已过了中场，到了禁区，各个部门和企业再不能只是传球、盘球，只在那里空谈议论。现在要抓住有限的时机，选准角度，临门一脚破门出效益，取得改革、经济建设和精神文明的新胜利。

王谦同志在中共重庆市五届四次全委（扩大）会议结束时的讲话

（1984年10月30日）[①]

市委五届四次全委（扩大）会开了五天，今天就要结束了。这次全委扩大会，是一次传达党的十二届三中全会精神，学习三中全会《决定》的会议。在五天时间里，同志们集中精力，全神贯注地认真学习领会文件精神，感到思想认识都有很大提高，为贯彻执行三中全会精神打下了良好的基础。但是，学习还是初步的，不能说已经完全掌握和领会了。正如耀邦同志所指出的，改革的理论和重大决策，一下子难以消化好。所以，我们还要继续深入学习，加深理解，把文件精神消化好。只有在学习的基础上进行调查研究，把情况弄清楚，实事求是地总结我市经济体制改革的经验教训，才能领导好今后的经济体制改革工作，正确地执行《决定》。

在学习讨论中，有些同志要求作一次辅导性的报告。我认为，还是共同学习，互相启发吧。为什么呢？因为我们大家都一样，都在学习消化的过程之中。经过这几天学习、讨论，同志们是互相得到了启示的。我也得到不少启示，原来忽视了的问题，别的同志提出来，使我更明确了；原来理解不甚深刻的问题，听了别的同志发言，使我认识深刻了；甚至我原来理解有错误的地方，别的同志正确的认识纠正了我原来的认识。我想，同志们也会有类似情况。我讲这个情况是为了说明这样一个问题：我们这次传达学习只是初步的，要全面掌握《决定》的精神实质，需要在今后贯彻执行中继续学习、消化，在实践中加深理解，不断提高认识。只有经过这样反复学习，逐步提高的过程，才能正确地执行这个《决定》，才能开创社会主义现代化建设的新局面，

① 本讲话系根据录音整理。

使我们重庆更好地发挥城市的中心作用，这是我讲的第一点。

在学习讨论中，到会同志一致认为，三中全会《决定》是一个具有深远意义的纲领性文件。改革是一股滚滚向前的历史潮流，十二届三中全会制定的全面改革的蓝图，必将加快我市改革的步伐，推动以城市为重点的整个经济体制改革。

三中全会《决定》才公布九天，但它已经在国内外引起了极大的反响。随着这个《决定》的实施，对于我国的社会主义现代化建设和对整个世界的影响，将会被越来越多的人所认识。目前世界上对《决定》议论纷纷，我根据外电的报道，摘录一些供同志们学习时参考，提高我们对《决定》的认识，增强实现《决定》的信心。外电讲中国“即将进行的改革将是重要的、大胆的、甚至是令人惊异的”“它标志着一个共产党大国迈出了最大胆的一步”，还有的讲，“是中国经济领域进行的一场影响最深远的改革”“是一次全面的大改革”“中国走的是一条新的道路”。说“《决定》是最大胆、最深远的改革措施”“是推动中国的经济繁荣，改善民生的重大变革，必然获得全民族的支持”。说“这场改革的政治成果，对于未来将是具有决定意义的”。并讲中国的改革是“具有重要政治意义的改革，是今后的经济宪章”“中国经济改革的重要性无论怎么说都不会过分”。“通过的《决定》备受世界各国政治经济界和理论界的瞩目”“通过这项《决定》会扩大和加速这个(改革)过程，会指引中国沿着一条别的任何社会主义国家都没有提出过的实现现代化的道路走下去”“中国实行经济改革和对外开放，引起了世界的瞩目，这不仅是直接关系中国经济增长的问题，对于世界贸易和世界经济也不无影响”“三中全会不仅在中国引起人们的注意，而且也引起世界的兴趣，全会要求的改革，摆脱了死板的教条，超出了经济范围，因而不仅是经济改革，也是社会和政治改革，中国建设具有中国特色的社会主义，在世界社会主义进程中具有国际意义”“中国这样的经济改革，同匈牙利等其他社会主义国家的改革不能相比，中国的更为深刻，将会引起重大的质的变化”“《决定》的基本思想完全是新的，一切使人认为，社会主义中国现代化的新阶段正在来临”“中国老一辈无产阶级革命家健在，则是进行改革甚为有利的政治因素”。“有效率的中国将是可怕的竞争者”，并说“中国将成为世界粮食市场的台风眼”。

上面所摘录的外国人对三中全会的评论，目的是请大家对照一下，我们对三中全会的认识够不够，如果不够，就要不断地学习，特别是在实践中提高认识，以期在贯彻执行《决定》中，避免再出现过去对十一届三中全会以后曾经出现过的那些认识不足的情况。我们如果能做到这一点，那么，我们就可能在今后重庆的全局上紧紧沿着十二届三中全会的任务和要求，推进我们的工作。我们现在应该努力做到这一点。

《决定》共十章，主要解决经济体制改革的问题。由于我们的改革是在坚持社会主义制度的前提下，改革生产关系和上层建筑中不适应生产力发展的一系列互相联系的环节和方面，所以涉及的问题是多方面的。有政策问题，也有理论问题，有经济体制的问题，也有涉及党和政府的领导机构、领导方法、工作方法、机构设置，以及经过改革会引起人们的精神状态变化的问题。所以这个改革是全面的改革，是十分复杂的。正由于这样，所以我们改革的总要求是按照马克思主义的基本原理同中国的实际相结合，建设有中国特色的社会主义，并在贯彻“对内搞活经济，对外实行开放”的方针上设计我们的改革蓝图的。正因为改革是复杂的，所以改革的许多方面是需要同步的，但步骤上可以有先有后。执行这次《决定》的方案要在总体上加以考虑的。《决定》规定的方针、原则，都是经过长时间的酝酿研究的，具体执行将分别轻重缓急和难易，有先有后，逐步进行。

《决定》的第一章总结了十一届三中全会以来农村和城市改革的经验，以及考虑到正在世界范围兴起的新技术革命对我国经济发展的机遇和挑战，这使我们感到改革的迫切和需要。同时，《决定》也总结了十一届三中全会之后，在党中央的正确领导下，完成了拨乱反正，使得我国的经济持续增长，财政状况有很大好转，政治上安定团结。人民生活有所提高，全党和全国各族人民对社会主义现代化的信心增强，这就具备了加快经济体制改革的条件。所以我认为，十二届三中全会是我国历史上，也是我国社会主义建设历史上出现的又一次伟大的转折，它的光辉将和十一届三中全会一样，照耀着我们社会主义祖国前进的道路。它的意义，历史将会给予比我们现在能够估计到的更高的评价。再过五年、十年，到二十世纪，再回过来看十二届三中全会，那就会有更高的评价。

《决定》的第二章提出经过改革要建立一种什么样的社会主义经济体制问题。第二章总结了我们建国以后的经验，指出社会主义的优越性没有得到应有的发挥，其重要的原因之一就是在经济体制上形成了一种同社会生产力发展要求不相适应的僵化的模式。因而，使本来应该生机盎然的社会主义经济在很大程度上失去了活力。针对这种情况，所以提出要经过改革建立一种充满生机的社会主义经济体制。这种经济体制的建立，是按照党历来要求的把马克思主义基本原理同中国实际结合的原则，按照正确对待外国经验的原则，进一步解放思想，走自己的路，建立具有中国特色的、充满生机和活力的经济体制，以此来促进社会生产力的发展。这就是这次改革的基本任务。《决定》指出，这种改革是在党和政府的领导下，有计划，有步骤，有秩序地进行的，是社会主义制度的自我完善和发展。过去有人认为，改革就是要使中国退回到新民主主义，只是羞羞答答地不这么讲；也有人把我们现在的多种经济形式和建国初期的“五种经济成分”等同起来；也有人认为，改革就是改变了中国的社会主义性质；还有人说，改革是违背了马克思主义的基本原理等等。这些说法都是错误的。所以中央这样地指出问题是十分重要的。

《决定》的第三章指出，增强企业的活力，特别是增强全民所有制的大、中型企业的活力是以城市为重点进行改革的中心环节。为什么这样讲呢？这是因为：第一，城市企业的生产和经营的积极性、主动性、创造性能否充分发挥，就是说城市企业是否具有强大的活力，对于我国的经济全局和国家财政状况的根本好转，对于实现到本世纪末工农业年总产值翻两番的奋斗目标都是一个关键问题。第二，企业没有活力，这是因为过去那种僵化模式对企业的束缚太多，管得太死。因此，针对这种情况，在体制改革中，要解决企业的自主权问题，要确立劳动者在企业中的主人翁地位。这两个条件都具备了，企业才有活力。只有一个，企业就没有活力。为了解决这两个问题，在理论上确定了所有权和经营权“可以适当分开”的原则（指全民所有制企业）。目前，世界上有些社会主义国家都在探索和解决这个“可以适当分开”的问题。要解决这些问题，《决定》确定了企业在服从国家计划和管理的前提下的自主权，使企业真正成为相对独立的经济实体，成为自主经营、自负盈亏的社会主义商品生产者和经营者，具有自我改造和自我发展的能力，成为具有一定权利和义务的法人。这样的确定，既在全体上保证了整个国民经济的统一性，又在局部上保证了各个企业生产经营的多样性、灵活性和进取性，有利于巩固和完善社会主义的全民所有制。《决定》还指出，企业活力的源泉是脑力劳动者和体力劳动者的积极性、智慧和创造力。所以在改革中，必须正确地解决职工和企业的关系，使职工真正能做到是企业的主人，真正当家作主，使劳动者真正以主人翁的姿态进行工作，关注企业的效益，使他们的工作和荣誉、物质利益联系起来。这一章篇幅并不大，但非常重要。因为在整个经济体制改革中，增强企业活力是中心环节。在复杂的改革中，掌握了这环，就可以把整个改革的纲提起来。所以这一章的最后一段讲，确立国家和企业、企业和职工两方面的正确关系，是以城市为重点的整个经济体制改革的本质内容和基本要求。抓住了这一环，整个宏观改革才能提起来，然后在计划体制，价格体系，国家机构管理经济的职能和劳动工资制度等方面都要进行配套改革。我们今年以来进行了改革的小配套，当时，我们意识到，今后还有一个大配套的问题，《决定》就是大配套。当然，这里也指出了这些改革要根据国民经济各个环节，各个相关联的内在联系和主客观条件成熟程度，分别轻重缓急和难易，有先有后，逐步进行争取用五年左右的时间基本实现。五年时间基本上实现了，就差不多到1990年了。1990年在我们国家的发展中又是一个重要的阶段，就是原来讲的前十年后十年。

从第四章后，分别对计划体制，价格问题，政企职责分开、政府机构管理经济的职能，建立多种形式的经济责任制、按劳分配，多种经济形式和扩大对国际国内的技术交流，还有造就一支社会主义经济管理的干部队伍，还有党的领导、政府的领导讲了许多重大的问题，这些不一一地讲了。我只简要讲一讲：

改革计划体制方面，我感到在理论上有许多新的观点，在计划工作的内容和方法上也有许多新的东西。比方说，讲到社会主义的计划体制应该是统一性和灵活性相结合，过去没有这个提法；也讲到在很长的历史时期内，我们的国民经济计划，总体来说，还只能是粗线条的和有弹性的。这和过去的说法不一样。我们现在的计划有几千个指标，苏联有一万个指标，越搞越细，越搞越多，包括国家计委也不知道那些指标是啥，我们计委也不知道我们表上的指标都是些啥。所以提出是有弹性的、粗线条的，就总体来说是这样的。《决定》也提到，只能通过计划的综合平衡和经济手段的调节，做到大的方面管住管好，小的方面放开放活，保证重大比例关系比较适当。不是所有的，是重大的。同时也提到国民经济大体按比例协调发展。也提到计划工作的重点转到中期和长期计划上来，简化年度计划和方法，充分重视经济信息和预测，提高计划的科学性。这些我感到都是重大变化。《决定》有这么几句话我感到很重要。这就是：明确了社会主义计划经济必须自觉依据和运用价值规律，这是在《决定》上明确定下来的。《决定》也明确了社会主义计划经济是在公有制基础上的有计划的商品经济。并且指出，商品经济的充分发展，是社会主义经济发展的不可逾越的阶段，指出是实现我国经济现代化的必要条件。同时也指出，即使是社会主义的商品经济，它的广泛发展，也会产生某种盲目性。所以，必须有计划地指导、调节和行政管理，在社会主义条件下是能够做到这一点的。发展商品经济可能带来盲目性，要指导、要协调，也要有行政管理。所以，消极性及盲目性不难解决。为了区别社会主义的商品经济和资本主义的商品经济，《决定》中指出，在商品经济和价值规律问题上，社会主义经济和资本主义经济的区别，有那么一个“不在于”(即：不在于商品经济是否存在和价值规律是否发挥作用)，和几个“在于”(在于所有制不同……)。根据我们的历史经验和这些年的实践，在《决定》中，把计划体制改革的基本点，概括为四个层次。所以改革后的计划体制，就与我们现行的计划体制有很大的不同。这种不同，归结起来的概括说法，就是有步骤地适当缩小指令性计划的范围。这个范围究竟有多大，现在方案还没有拿出来。但原则定了，就是适当地扩大指导性计划的范围，缩小指令性计划的范围。缩小和扩大的原则，就是对关系国计民生的重要产品中需要由国家调拨分配的部分，对关系全局的重大经济活动，实行指令性计划。对其他大量的产品和经济活动，根据不同的情况，分别实行指导性计划，或者完全由市场调节。根据这个《决定》，对计划体制进行改革，改革后的计划体制，有许多内容方法和作法都不同。

《决定》中讲到价格体系的改革，价格体系关系到国民经济全局，它涉及千家万户。所以，对价格体系的改革要持十分慎重的态度。重大的改革，我们必须和中央整个步骤相一致。大概在这个《决定》公布前后，有些城市对价格问题有不少反映，也有些地方引起一些波动。总理讲，关于价格体系的改革，是整个经济体制改革成败的关键。所以，这个问题要谨慎。什么时候搞，搞什么，都要由中央统一安排。逐步地实施。因为调整价格体系和价格，不那么简单，要通过许多的计算。所以我们要看中央的部署。我们不要抢先。各个区、县要十分重视这个问题，不要说《决定》上讲了要调整价格。要听中央的招呼，按中央的统一部署办。当然有些小商品的调价职权就在我们这儿，我们就可以调。大的调整，价格体系的调整，一定要听中央的招呼，切不要轻举妄动。因为价格体系改革，不单纯是价格问题。改革的同时，对税收制度、财政制度，财政体制、金融体制都要相应的改革。所以《决定》指出，越是要搞活经济，越要重视宏观调节，越要善于在及时掌握经济动态的基础上综合运用价格、税收、信贷等经济杠杆，以利于调节社会供应总量和需求总量、积累和消费的重大比例关系，调节财力、物力和人力的流向，调节整个产业结构和生产力的布局，调节供求关系，这些是很复杂的问题。所以，我感到价格的调整和改革，还有经济杠杆的运用，对我们来说是一个新的课题。我们在整个经济体制改革中，特别是价格体制改革中，要从实践中很好地总结，学会运用经济杠杆。严格讲，过去我们搞经济工作就是生产、生产，有时候也讲价格。特别是这两年有些产品滞销，也要讲经济杠杆，但是运用很不熟练。我感到，正确地运用经济杠杆，使我们成为一个合格的经济工作者，要补这一课。在我们综合经济部门中，更要强调这方面的学习。对于其他同志，包括我在内，都要认真学习。过去，我们顶多是这样：要发展那个产品，就减税、减利，只懂这个。光有这个不行的。我们的银行、财政、税收、商业，搞价格的同志，也都需要很好地学习。

第六章讲了政企职责分开，正确发挥政府机构管理经济的职能。同时也提到城市的中心作用问题。《决定》首先肯定了领导和组织经济建设，是国家机构的一项基本职能。肯定这点是很重要的。这就否定那种好像社会主义制度下的政府机构，根本不应该领导和组织经济建设的说法。过去管得太多了，太死了，但不能不管。我们的社会主义，是以全民所有制为主导的，政府组织经济建设这个职能不能没有。现在讲改革，解决什么问题，就是解决国家机构，特别是政府部门究竟怎么样来组织和领导经济建设，来适应国民经济和社会发展的要求。就是为了解决这个问题，不是取消国家机构的管理职能。过去的问题是政企职责不分。由于职责不分，所以政府机构揽了很多不应该管的事，应该管的事又没有管起来。要解决这个问题，就要根据我们的历史，特别是建国以来的历史，还有别的国家的经验，来看看怎样改。《决定》对政府机构管理经济的职能规定了八条，政府机构在今后组织经济，管理经济的时候，就是要按《决定》上的八条执行。在实行政企职责分开以后，《决定》中强调，要发挥城市的中心作用。提出要逐步形成以城市，特别是以大中城市为依托的、不同规模的、开放式、网络型的经济区。〈……〉。再一点就是现在通过的这个《决定》，在三中全会发的讨论稿上，讲城市时还有那么一句话，就是城市管理经济的功能和城市政府管理经济的职能，后来删掉了，但基本内容没变。《决定》中规定了政府机构管理经济的八条职能，这个既是中央的，也是各级政府和城市的。同时也提出城市政府应该做好的几项工作，也是八条。这八条也可以说就是城市经济功能。我们是做城市工作的，应该在政企分开的原则下，把政府机构管理经济的八条职能和城市政府应该发挥的八条功能都应该做好。这两个八条要相互结合起来。两个八条总的精神是一致的，都是要政企分开。但是在改革以后的体制下，对我们来说也有许多新的课题，需要我们进行深入的探索和总结我们现在已有的经验，不然，两个八条执行不好，会产生一些问题。因为我们现在管企业不是一把抓，一级抓一级地抓下去的，对政府八条运用不那么熟练，理解不那么很好的时候，又怕违反企业的自主权，那就要出问题了。过去是一把抓，现在好像是什么都不能抓了。在工作内容、方法上，要探索一些新的路子，也要总结一些新的经验。这样，才能正确地纠正过去单纯地依靠行政手段管理企业的老框框，才能有一个新的局面。

《决定》指出了，政企职责分开，简政放权，是社会主义上层建筑的一次深刻改造。这个改革，会影响一系列问题，比如在组织机构、组织设施上、思想作风上，工作方法上，都必须有一系列的适应性的一套作法。这个改革，即“两个八条”，远远超过去年进行机构改革的范围和意义。去年我市的机构改革，上头决定，设几个局，每个局有几个局长，给你多少编制。现在的改革不单是这样。你这个局怎样管？现在大家都说已把权放下去了。是不是都放下去了？还要打个问号。国家体改委有个同志讲，我不相信你们都把权放给企业了。他到一些地方去看，权都没放下去。也许我们这里搞小配套，权放得好一些。我看还是需要检查，总结的。从这方面来讲，我感到政企分开、简政放权，这样一个上层建筑的改革，还需要进行很系统的研究和论证。不要匆匆忙忙，匆匆忙忙只能简单化。我们的办公厅、研究室也好，还是公司也好，机构设置究竟怎样好，才符合《决定》精神，都需要很好研究。

《决定》第七、第八、第九条、第十条我就不讲了。小平同志特别强调第九条，就是尊重知识、尊重人才。耀邦同志找我谈话时说，要放手启用一大批中青年人才，特别是青年人才，这就不是一般的大学生，是有专业知识的中青年，要有开创性、有知识，有干劲的人才。不这样的话，就不能开创新局面。提拔一批中青年，特别是青年，有开创性的青年干部，工作才能搞上去。这是工作能否上得去的关键。这方面我们还要解放思想，我给耀邦同志说，我们这方面还做得很不够。去年机构改革，在局一级提了一批，40 岁以上，50 岁以下，有专业知识的人才，大部分还是好的，有开创性的，有少部分看来还不适宜做官。他也许是一个很专的人才，或者是某一个方面很好的人才，但当局长就不那么合适。所以，我们还要解放思想，在不太长的时间里，比方说在今年底或明年一季度能够提拔启用一批有专业知识、有领导能力、能够开创新局面的干部，特别是 30 岁到 40 岁的。我们去年提的局长里大概还没有 40 岁以下的。这样一个措施，我感到也是我们贯彻执行三中全会《决定》的一个重要条件。

以上是我讲的第二个问题。

下面讲一下贯彻三中全会《决定》的问题。三中全会一共有两个《决定》，一个是经济体制改革的决定，一个是明年 9 月召开党代表会议的决定。传达三中全会的《决定》，最主要是把关于经济体制改革的决定传达好、学习好，特别在现在更要强调学习好。要求各单位，在这次会议以后，都要召开一定规模的传达会议。规模多大，由你们自己决定。在传达会议上，主要是组织大家认真学习《决定》，真正做到时间集中，精力集中，系统地、深入地对文件进行学习、理解、认识。我有个经验，这样重要的《决定》，第一个是理解，不要拦腰一口，抓上一句就泛泛议论，泛泛讲你那个实际，那不行，要出偏差的。主要是把文件的内容、精神理解好。首先要学懂。不懂就是不懂，提出来，总有懂的人，或者懂得比较好的人。实在有不懂的，也可以向市里提出来，我们搞理论的同志也可以作解释。学懂才能提高认识，才能掌握文件精神。要做到经过文件的学习尽量把一些糊涂的认识，似是而非的问题加以解决。然后从实际出发，实事求是地开展改革工作。对我们市来说，就是要在学习的基础上，把去年以来，特别是今年下半年以来小配套改革的经验，作一次系统的认真总结，把各种类型的改革经验总结起来。总结中要加以分析，只要方向是正确的，就让他搞下去，不要求大家都一致。比如经济责任制，经验不同，条件不同，这种不同的作法应该允许。它在发展中会自己改进的。不要说某单位的经验最好，把它当作一个框框来框所有的企业。过去我们吃这方面的亏太多了。把我们的经验总结起来，加以研究，这对执行《决定》是有好处的，我们现在应该充分地使用我们已有的经验，运用得好，至少我们执行《决定》就有了基础。当然，在总结中要提出新的问题，也要解决新的问题。所以《决定》中有关全局的问题，如计划体制，物价，要依据中央的统一部署来进行，过去我们在工资问题、用人问题、计划、物资问题上，都有一些经验，要把这些经验总结起来，然后考虑我们执行《决定》的整个方案。做了这些工作以后，中央统一部署时，我们开展工作就比较顺利了。

现在，我们有一批单位在进行整党。有的同志问，整党和传达《决定》是什么关系。其实，这个问题《决定》上写得很明白。我认为传达学习《决定》和整党总的精神是一致的。改革工作要和整党密切结合起来，以整党促进经济，以经济检验整党。所以，在改革的同时，要加强对整党的领导，确实保证整党不走过场。这是《决定》第十章讲的。至于在具体安排上，都要先有一段时间传达和学习《决定》，至少用十天时间进行初步的传达学习。《决定》学好了，就会推动整党，特别是那些即将开展对照检查的单位，更要这样。至于现在还没有开始整党的单位，也要进行传达和学习。传达学习方法，可以先用一定规模的会议形式进行传达，然后采取整党学习文件的办法，脱离工作，集中一段时间，进行进一步的学习。

以上讲的，可以算作我学习《决定》的一些理解，仅供同志们参考。

当前改革的形势很好，重庆的形势也很好。我们要在学好《决定》，总结好前两年改革实践经验的基础上，沿着三中全会《决定》指出的方向，把重庆的经济体制改革做好，促进重庆经济更快地发展，为四个现代化做出更大的贡献。

最后，祝同志们工作顺利，身体健康！

廖伯康同志在市委五届五次全委会上的讲话

（1985年3月14日）

刚才王谦同志宣布了省委批准的本届市委常委调整后的人员组成情况。并对他在重庆三年多的工作作了非常中肯的、实事求是的概括和总结，同时对今后的工作作了重要的指示。王谦同志对过去工作的总结和今后工作的指示，对我们都会长期受益。我既是原来的常委，调整后又继续留任，我代表本届常委调整前和调整后的班子对王谦同志的讲话表示衷心感谢！

1981年10月，王谦同志受中央委派，来重庆主持工作。当时重庆的形势正在向前发展，在拨乱反正上，面临着十分繁重的任务。十一届三中全会后，在真理标准问题的讨论、纠正冤假错案、推行农业生产责任制、贯彻工业调整方针、清除“文革”影响等方面，市委一度未能跟上中央的步伐，落后于全国的形势。三年多来，王谦同志团结常委一班人，依靠在渝工作多年的老同志，带领广大干部和群众，在理顺政治关系，实现安定团结上；在理顺党内关系，实现新老合作交替上；在理顺经济关系，坚决贯彻中央〔1983〕7号文件精神，探索城市体改路子，振兴重庆经济上；在理顺工作关系，实行党政分工、政企分开上，都进行了卓有成效的工作。工农业生产、财政收入打破了较长时间徘徊不前的沉闷局面，重庆经济潜力开始发挥出来，出现了三年增长的好势头。整个重庆的形势发生了重大的、带有转折性的变化。这个转折的实质，就是进一步把重庆的工作统一到十一届三中全会以来党的方针、政策上来，为重庆的改革、开放、腾飞、起用一代新人奠定了一定的基础，铺平了道路。这几年重庆工作的变化，改革的突破，经济建设的发展，全市人民都是有目共睹的，中央和省委也是了解并且作了充分肯定的。重庆工作这些转折性的变化，首先是中央方针政策的正确、省委的领导、全市广大干部群众的努力。同时也是市委常委班子中各位老同志在王谦同志带领下，共同努力工作的结果。在这里我代表市委常委调整后的新班子，向王谦同志和原常委班子中荐贤让贤的老同志表示敬意和感谢！

市常委这次班子的调整，中央极为关怀，省委非常重视。自始至终是在王谦同志主持下进行的。去年王谦同志在北京参加党的十二届三中全会期间，耀邦同志听取了王谦同志意见。杨汝岱同志也表示赞同。去年10月，聂荣贵同志又专程来渝广泛听取意见，直接进行考察。在谁上谁下的问题上，王谦同志还分别找了20多个同志交换意见；今年初，王谦同志和我又去省委当面作了汇报。经省委常委讨论，2月17日正式批准了调整后的市委常委班子。市委常委原有16人，调整出6人，新进3人，调整后的常委共13人，比原来减少19.3%。年龄形成梯形结构：60岁左右的2人；55岁左右的

6人;46岁以下的5人,平均年龄下降5岁多,最年轻的33岁。文化程度有大幅度提高,其中大学文化10人,占77%。市委常委新人的增加,年龄和文化结构的改善,都是老同志荐贤让贤选贤的结果,今后新班子的工作,还要继续依靠老同志的支持和帮助;我们每一个常委同志都不要辜负老同志的一片厚望。

王谦同志和一些老常委虽然从市的领导班子中退下来了,但是王谦同志还要在渝住一些时间。在这段时间里,他仍然要指导和帮助我们的工作,从常委中退出来的同志都继续留在各个重要部门,担负主要领导职务,从实际工作上支持和帮助常委进行工作。在这里我向大家传达省委的一个决定:市委常委提出,经省委讨论决定,为了进一步调整、组建好市顾委、市人大、市政协及市级各部、委、办的领导班子,搞好新老交替和工作衔接,在重庆市委领导班子调整后,王谦同志在渝期间,受省委委托,帮助重庆市委作好调整市级几大家领导班子、市级各部、委、办领导班子以及文联的领导班子的工作,还要参加这次四省五方协调会议重庆主席方的领导工作,并对全市工作进行指导。

王谦同志虽然一段时间内还可以继续指导我们的工作,但王谦同志留下的担子,不是我能完全挑起来的。因此,在分工上,把汉卿同志调回市委,以加强市委的工作,和其他几个书记一起共同来挑这个担子。

从我一个人的年龄、知识和经验来看,要我来挑起这副重担确是困难的。去年,在整党对照检查中,我说过:我现在用的是少先队的时刻准备着!时刻准备由更年轻的同志、更适合的同志来接替我的工作。这在今天来说,就更是如此了。从这个角度来看,我又带有过渡性质。上也是为了下。当然,即便是过渡性质,我也绝不会作看守型的过渡,而要竭尽全力拼搏,作开拓型的过渡。我的一生,基本上是在重庆度过的。青年得志,中年挨整,老年拼命。看来,这个拼命三郎还得当下去,兢兢业业,勤勤恳恳,认真负责,努力把工作干好。在实践面前、群众面前,我始终是个学徒,是一个花甲之年的老学徒。

王谦同志和一些老常委虽然不在常委班子里了,但从新班子来说,是非常需要他们的帮助、支持和指导的,只有这样,才能使重庆工作已经出现的好局面、好势头延续下去,并且蒸蒸日上,发扬光大,使重庆市的工作有一个新的更大幅度的变化。新班子在年龄、文化结构上,虽然有优势的一面;但从政治经验,从工作实践来看,又有不足的一面。当前我们面临的任务十分艰巨,1300多万人的大市,经济工作十分繁杂,而我们的欠账又是那么多,因此,我们新班子一定要兢兢业业,勇于承担重担,勇于求实创新,敢于实事求是,敢于在实事求是上创新。但是我们的经验不足,这是新班子,新成员,包括我在内,带共同性的问题。那么应该怎么办呢?一是要勇于实践。二是要非常虚心向群众学习,向所有的老同志学习。只要能做到这两点,就能弥补我们的不足。为此,我们新班子一定要和衷共济,同心协力地进行工作,认真贯彻执行十二大的路线、方针、政策,贯彻两个三中全会的精神。新班子必须作为志同道合之士,结合在与中央保持高度一致的基础上,努力拼搏,勤奋工作,发扬民主,集思广益,充分发挥集体智慧的作用。只有如此,才能为振兴重庆的经济,为重庆今后的腾飞,做出我们应有的贡献,才能不辜负中央和省委的信托,不辜负老同志对我们的期望。

下面我把书记和常委的分工谈一下:

廖伯康同志主持市委全面工作,兼管统战、体制改革和市委研究室工作。

于汉卿同志分管区县、政法、工会、市委办公厅、军工和三线调整工作。

萧秧同志主持政府全面工作及计划、经济工作,兼管体制改革、外办、外经委、城市管理和基本建设。

李成文同志分管组织、干部、编制、纪检、信访和落实政策工作。

周春山同志学习期间暂不分工。

黄冶同志主管政府常务工作,协助萧秧同志管全市经济工作(包括计划、生产、流通、分配)和政府办公厅工作。

徐广生同志主管民兵工作。

刘文权同志主管精神文明工作及宣传、文教、党校、社科所工作。

秦玉琴同志主管组织、干部、编制及妇联工作。

刘志忠同志主管经委、工交政治部和技改工作。

孙同川同志主管科技工作。

肖祖修同志主管农村工作（包括农业、乡镇企业、蔬菜生产等工作）和计划生育工作。

刘鹏同志主管共青团工作。

（常委分工为主，书记分工主要是按战线来划分）

关于 1985 年的工作，从去年 12 月到今年 2 月，市委已多次开会作了部署。总的指导思想是，对内要更大胆地搞活，对外要更大胆地开放。总的任务是，以经济建设为中心，搞好改革、开放、整党和经济工作。

下面谈谈今年的几项主要工作：

一、整党工作

全市第二期开展整党的有 140 个单位，加上第一期整党单位 115 个，共 255 个单位，大多数是县团级单位，整党的面大，又是关键层次。这期整党，是在党的十二届三中全会决定付诸实施，城市经济体制改革进入一个新阶段的时候进行的。整党工作的好坏，是关系到改革成败的关键。因此，要积极做好工作，尽快打开第二期整党的新局面。整党中，要始终贯彻一个最重要的指导思想，就是整党必须促进改革、保证改革。要把整党同改革紧密结合起来。党风不正、纪律不严，改革就搞不好。要通过整党，提高党员素质，正党风、促改革、促开放，为改革排除障碍和干扰，为改革创造良好的政治条件和社会环境，促进和保证改革的健康发展，这是检验第二期整党工作是否取得成功和成效大小的一个最主要的标准。也是检验第一期整党成果是否得到巩固和发展的一个最主要的标准。

为了搞好整党工作，除完成整党的四项任务，认真清理"左"的影响，深入进行彻底否定"文化大革命"，核查"三种人"，加强领导班子和第三梯队的建设等项工作外，当前最紧迫最重要的就是通过整党要纠正新的不正之风，同时要纠正不讲党性、不讲纪律的现象和统一对改革的认识。

对大好形势下出现的新的不正之风，我们一定要有足够的认识和高度的警惕。当前我市新的不正之风主要有这样一些：党政机关和党政干部经商、办企业，倒买倒卖国家紧缺物资；违反政策乱涨物价；巧立名目，滥发钱物；挥霍公款公物，请客送礼；滥发礼品券、服装和有奖销售；行贿受贿；假公济私，挖国家财政，坑害群众利益；弄虚作假，搞形式主义；经营、贩卖不健康的小报，等等。

这些不正之风的特点：一是来势猛，像瘟疫一样，蔓延相当快；二是有不少歪风是一些领导机关和党员干部带头刮的；三是大多数打着"搞活""改革"的旗号，有很大的欺骗性；四是直接涉及小团体和个人的利益，面宽量大，纠正的难度较大；五是置中央的三令五申于不顾，有令不行，有禁不止。如果不坚决地迅速地刹住这种新的不正之风，改革就很难顺利进行下去，而且还会毁掉一批党员和干部。

第二期整党的单位，必须把刹住新的不正之风作为打开整党工作局面的突破口，并且把纠正新的不正之风，增强广大党员的党性和纪律性作为这期整党的突出重点，由此带动和促进其他各项整党工作的深入开展。第一期整党的各个单位，也必须将此作为巩固和发展整党成果的关键环节。都要无例外地做到：经济体制改革要坚定不移地推行，新的不正之风要坚决纠正。

增强党性，加强纪律，是这次整党的又一项重要任务，是执行党的政策的重要政治保证。有些人把遵守党纪、政纪同搞活经济对立起来，为种种歪风寻找借口，这是非常错误的。我们一定要切实纠正不讲党性、不讲纪律的现象。毛泽东同志在解放战争时期曾经说过一句名言："加强纪律性，革命无不胜。"今天我们同样可以说："加强纪律性，革命无不胜。"前几天，小平同志在全国科技工作座谈会议上指出，要教育全国人民做到有理想、有道德、有文化、有纪律。这四条里面，理想和纪律特别重要。一靠理想二靠纪律才能团结起来。因此，要向人民群众进行有理想、守纪律的教育，尤其是要抓好青年的教育，把有理想、有纪律时刻记在心里，我们要有为崇高理想献身的精神。

关于整党工作，3月下旬要召开一次全市整党工作会，贯彻中央和省委召开的第二期整党工作会议精神。

二、改革工作

小平同志讲的建设具有中国特色的社会主义，就是要走改革、开放的道路。耀邦同志提出，中国的“四化”，一靠改革，二靠开放。〈……〉，改革要坚定不移，谨慎从事，务求必胜，走一步，看一步，避免大的失误和曲折。我市的改革工作，从扩大企业自主权开始，基本上是沿着这样一条路子走过来的：从五个转变中带来了五个变化，(1)由传统的僵化模式向有活力的社会主义经济体制转变；(2)由指令性产品经济向有计划的商品经济转变；(3)由按纵向控制为主向以横向联系为主转变；(4)由封闭型向开放型转变；(5)由条块对城市经济的分割控制向以大城市为中心的辐射式的商品经济网络转变。这五个转变又有了良好的开端，开始出现了五个大的变化：(1)企业这个经济细胞真正开始活跃起来了；(2)城乡商品经济呈现了繁荣兴旺的景象；(3)城市又从封闭中苏醒过来，实行对内搞活，对外开放，中心城市的作用正在开始发挥；(4)工农业生产持续增长，开始走上了持续、协调发展的轨道；(5)人民群众开始从改革中得到了实惠，生活水平有所改善和提高。

今年是以城市为重点的经济体制改革，关键性的一年，我市今年的改革工作，要在广度和深度上有一个大的发展，继续发挥试点城市的作用。关于当前的改革工作，全国第二次体改工作会议正在武汉召开，将要做出新的部署。我们在改革中，要围绕搞活企业、搞活流通、搞活城市，有计划、有步骤地搞好计划体制、价格体系、人事劳动工资制度、流通体制、金融体制、城市建设管理体制、教育和科技体制等方面的改革，再进一步完善小配套改革的基础上，走向中配套、大配套改革，增强企业的活力，发挥中心城市的作用。

要更大胆地实行对外开放，进一步搞活国内和国外的经济技术贸易和商品交流。要围绕传统工业的改造和新兴工业的发展，加快技术引进的步伐。同时，要把扩大外贸出口放在重要位置来抓，努力开创对外经济的新局面。

三、经济工作

根据近几年的经济发展情况，市委提出了1987年工农业总产值达到204亿元，提前三年翻一番；到1995年达到408亿元，提前五年翻两番。同时，不仅在数量上翻番，而且在质量上、经济效益上要有更大的提高，实现同步增长。

今年全市工农业总产值计划167亿元，其中工业总产值计划127亿元，农业总产值计划40亿元，财政收入计划14.5亿元。

从现在看来，今年1、2月份，全市工业生产和财政收入完成较好，1、2月工业总产值比去年同期增长22.3%，财政收入增长25%。

今年要大抓产业结构和产品结构的调整。农业方面，搞好农业生产结构的调整，是农村第二步改革的核心问题，要在提高粮食单产，保证粮食稳定增长的前提下，大抓经济作物和多种经营，提高林、牧、副、渔在农业生产中的比重，走贸、工、农的道路，按照国内外市场的需要来安排生产、加工和销售，促进农村商品经济有更大的发展。乡镇企业和区、县经济要有一个更大的发展和开发，同时要扩大区、县的管理权限(市委正在起草文件，不久即可下发)，发挥区、县一级在组织生产和流通中的作用。

工业方面，要抓好产业结构和产品结构的调整，大力发展名牌、优质产品、新产品和市场紧缺的产品，扩大拳头产品的批量。目前，我们多数工业产品销路很好，市场需要量很大，但批量小，供不应求。因此，要以现有企业为基础，以重点产品为龙头，把零部件扩散到区、县工业，乡镇工业和街道工业，迅速把批量生产搞上去。要实行城乡通开，形成城乡经济一体化。4月上旬，全市将要召开产品扩散、技术转让、人才交流大会，推动产品扩散、技术转让、人才交流工作有一个新的大发展。

要狠抓技术改造工作。今年全市要努力完成技改投资8亿元，比去年增加近3亿元。要对技改项目实行投资包干责任制，重罚重奖，提高技改的投资效益。力争在五年内，把我市一大批企业用现代化技术设备装备起来。

要发挥军工企业的优势，大力发展民品生产，加快摩托车、重型汽车、微型汽车、火车皮、内河船舶等重点民品生产的步伐，努力把军工建成军民结合型的企业。

要加强城市建设和城市管理工作，狠抓城市基础设施的建设，加快老城区的改造和新城区的综合开发工作，认真解决行路难、住宿难、通讯难和脏、乱、差的治理问题。改造、开发园林风景区，美化城市环境。要在近期内，快速、优质地建成一批重点工程、城市基础设施工程，要加快住宅建设。

四、调整领导班子工作

进一步调整好各级领导班子是搞好各项工作的重要条件。根据中央和省委的指示，这次市委常委班子，按照“四化”的要求，作了较大幅度的调整。市纪律检查委员会的领导成员也作了调整，市顾问委员会、市人大、市政协的领导班子也要按照中央和省委的文件规定进行调整。最近省委在川委发〔1985〕5号文件中规定：“重庆市顾委、人大、政协正副主任（主席）常委年龄原则上也应在六十五周岁以下，少数同志经省委批准，可以放宽到七十周岁以下。”我们将按此精神对这几个班子进行调整。

除了几大家的班子要按照有关规定进行调整外，市级部委、办、局的领导班子也要按照“四化”的要求进行调整。在这个问题上，市委组织部带了一个好头。他们坚决贯彻“四化”方针，大胆起用新人，对部级领导班子作了大幅度调整，实现了新老干部合作和交替。市委组织部原有五名部长，他们比较开明，年过60岁的同志主动要求退下来，有三位年龄未满60岁的同志也主动让位。在调整后的新班子中，只留一名55岁的同志。新任的三个部长，都是大学文化，年龄都在42岁以下，四位部长平均年龄44.3岁（最小的38岁），比原班子平均年龄下降12.5岁。原正副部长中，没有一个具有大专以上文化程度，现四名正副部长中，就有三名是大学本科毕业，另一名是解放前的高中毕业生，现在实际上也达到了大专文化。今后各级领导班子的调整都可以参照市委组织部的作法，采取群众推荐、民主选举、领导审批的办法，实行任期目标责任制。

市级机关领导班子的调整采取成熟一个调整一个的办法，多数单位要争取在3月底以前搞完。4月份要把人大、政协的班子定下来，为5月召开的市人大会、政协会作好组织准备。

五、关于今年几个会议和大的活动

（1）精心准备四省五方会议。4月23日至27日，四省五方会议在重庆召开，重庆担任主席。这次会议必须开得有特色，有分量，使四省五方的经济技术协做出现兴旺发达的新局面。因此，会议的主题、开法，向四省五方的通报，给中央的报告，都要精心搞好。同时还要在重庆建四省五方协作大厦、设计好四省五方会标等工作。

要借四省五方会议召开的机会，促进我市市容市貌的改善。要对市容市貌来一次大整顿，改变贵（物价上涨）、脏、挤（交通挤）的现象。

（2）5月召开市人代会和政协会，这两个会有个补选和改选问题，比平时的例会任务要重一些。5月份全国第三次中心城市讨论会也要在重庆召开。

（3）6月召开全市发展战略讨论会。

（4）今年有几件大的活动。一是反法西斯胜利四十周年纪念；二是抗日战争胜利四十周年；三是毛主席来渝进行重庆谈判四十周年；四是四川省党组织在重庆建立六十周年。

在这些纪念活动中，将有一批中外知名人士和原南方局的一些老同志来渝参加。最近就将有美国“重访中国团”来渝参观访问。其中约有 1/3 的人过去曾在重庆住过。我们一定要组织安排好这些活动。

同志们，今年是城市经济体制改革关键性的一年。全国的改革开放，经济振兴都出现了百舸争流，百花争艳的新形势，对我们重庆市来说，既是一个严峻的挑战，又是一个大发展的机遇，步子慢了就要落后。因此摆在我们面前的任务是十分繁重而艰巨的，工作千头万绪。怎么抓？我们的指导思想是，以整党为动力，以改革为重点，以经济工作为中心，对外进一步开放，对内进一步搞活。这就要求我们各级领导和广大干部和衷共济，团结战斗，勇于进取，锐意改革，奋力拼搏，勤奋工作，努力使我市各项工作进入全国先进行列，为提前三年实现工农业总产值翻番而努力奋斗！

廖伯康同志在市委五届六次全委（扩大）会议结束时的讲话

（1985 年 7 月 20 日）

今天大会发言，每人只讲 20 分钟，用尽量少的时间，讲出最主要的内容。市级各部门的 18 位负责同志讲了话，是高效率、快节奏的一天。我的总结也只讲 20 分钟。以后开会，都像今天这样开法，要限定发言时间，发言人要下功夫，浓缩、提炼发言内容。开会也要现代化，这是第一点。

第二点，关于理想和纪律。理想是我们的精神支柱，一个国家、一个社会，没有理想是不行的，理想要和我们长远的奋斗目标相结合。理想还要和我们的现实斗争相结合；理想还要和我们搞好本职工作相结合；纪律是理想的保证，一个社会、一个党，没有纪律也是不行的；纪律要和我们加强党性，要和我们刹不正之风相结合。

第三点，在当前的紧缩政策之下，我们的各项工作怎么办？首先，各个单位、各个方面必须顾全大局、服从大局，要从大局出发来考虑我们的问题。有时候，从小局、从本单位出发看是有道理的，但是从大局考虑却是没有道理的。这时，小道理必须服从大道理。其次，各项工作都要进行排队，要分轻重缓急。比方说，这个门就只有这么大，我们这么多人，排横队齐步走的结果是大家都进不了门；只有排成纵队，循序而入，大家才都可以升堂入室了。因此在当前情况下，要分清轻重缓急，不能一齐上，而要循序上。这就要请市政府、请各个综合部门把横队变成纵队，这就叫宏观指导。这里，还要指出，在钱财、人才都很紧张的情况下，浪费也很多。正像胡启立同志讲的那样，钱少浪费大，才少积压多。希望引起同志们的注意。第三，各单位要根据自己的实际情况，在明确了指导思想之后，要制定出下半年的工作目标。一是目标、二是措施、三是实施的方法和步骤。第四，为了使这些目标、措施、步骤能够落实，在你这个单位里面要改进哪些工作作风。

第四点，传达贯彻这次扩大会议的情况，要求市的各个口、各区、县在 8 月中旬向市委作一个书面的简报。既要把情况说清楚，又要写得简明扼要。请各口、各区、县抓一下这次传达贯彻的质量问题，一要抓住重点，二要结合本单位的实际。今天在座的领导干部多是高文化。应该能够听要点记重点呀！我们提倡开这样的会，讲话的人谈要点，听的人记重点，不要什么都靠发文件，不是要消灭“文山”吗！开会要采取勤奋的态度，学文件要勤奋，听人家讲话、记自己的要点要勤奋，联系自己的思想，联系本单位实际要勤奋。这几个勤奋都做到了，传达贯彻肯定是高质量的。

市委五届六次全委会历时五天，胜利地完成了原来确定的议题。现在宣布胜利闭幕。

廖伯康同志关于全国党代表会议精神的传达报告

——1985 年 10 月 5 日在市委五届七次全委（扩大）会议上

同志们：

这次参加全国党代表会议重庆的两名代表是我和孙同川同志，关于传达的问题，我们在北京和返渝途中作了研究，由我先作一个较全面的传达，孙同川同志再讲他的体会。

在党的十二大和十三大之间，中央决定召开党的全国代表会议，在党代会前召开十二届四中全会，在党代会后召开五中全会。这三个会议通过了制定“七五”计划的建议，局部调整和增选了中央领导机构成员，顺利解决了关系党和国家全局的两项重大问题。这两件大事的决定和中央常委各同志在会上的讲话，意义极为重大深远，受到了国内外的普遍重视，对正在从事改革和“四化”建设的全党和全国人民是有力的鼓舞和巨大的动员力量。

五中全会后，中央又开了一天半的有中央各部委和各省市负责人参加的座谈会。××、启立、依林和宋平同志又着重讲了当前的经济工作问题。

一次党的全国代表会议，两次中央全会，一个座谈会，内容十分丰富。现在大体按小平同志在全国党代会讲话的几个问题为纲，分为六个部分传达。

一、会议情况

这次党的全国代表会议，是在国内政治、经济和改革的形势都很好的情况下召开的。在中央政治局常委的领导下，书记处为开好这次会议做了充分的准备。

会议由中央政治局召开，政治局常委主持，没另设主席团。鉴于党的十二大已经废除了党代会代表的常任制，出席党的全国代表会议的代表，是根据十二届三中全会《关于召开党的全国代表会议的决定》和中央《关于党的全国代表会议代表名额分配和产生办法的通知》产生的。中央三个委员会成员以外的代表，是各单位经过走群众路线，逐个进行了考察，报请中央组织部审查确定的。

大会设立秘书处，胡启立同志为秘书长，乔石、田纪云，王兆国、周克玉同志为副秘书长。

出席、列席四中全会的同志有 674 人，出席全国党代会的代表有 992 人。代表们以高度的政治责任心和严肃认真的态度参加了会议，使会议开得很成功。

中央关于“七五”计划的《建议》，是在中央政治局、书记处的集体领导下，由耀邦、××同志亲自主持，经过大约一年的酝酿讨论、广泛征求意见和多次反复修改才形成的。文件的具体起草工作是从今年 4 月初开始的。耀邦同志、××同志和中央其他领导同志，多次同起草组的同志一道反复讨论，讲了很多重要意见。经中央书记处几次讨论、修改，到 7 月 12 日形成第五次草稿，决定在更加广泛的范围内征求意见：一是把稿子印发给在北京的中委、中顾委、中纪委全体成员征求意见；二是在北京组织中央党政军各部门的负责同志和经济理论界、科技界的专家，还有部分省、市和大企业的负责人，集中讨论了一个星期；三是把稿子发到各省、市、自治区征求意见。全国直接参加第五稿讨论的有 1000 多人，大家讨论热烈，提出了许多很好的意见。据此对第五稿作了比较大的修改，形成第六稿；中央政治局于 8 月 20 日召开扩大会议讨论，原则通过，同时也提出了一些重要的修改意见，再修改，形成第七稿；经十二届四中全会讨论、修改后，形成第八稿，提交全国党代会审议。在全国党代会上经过认真的审查、讨论，又作了若干修改，最后形成第十稿，一致通过，这也是“十榜定案”。国务院就要根据这个文件确定的指导方针、政策、原则，来制定“七五”计划，在明年 4 月提交全国人代会审议。

《建议》是一个很好的文件，既是从实际出发的，又有理论、政策概括的高度。它把八十年代后五年我国的改革和经济发展怎么搞，物质文明和社会主义精神文明建设怎么结合进行，宏观控制与微观搞活怎么协调，都根据历史的经验特别是近几年搞改革和建设的新鲜经验，从指导方针到基本措施都做出了很明确的规定。

我们参加这次全国党代会的代表最深刻的一条体会，就是进一步认识到我们的党中央是认真实行民主集中制，实行集体领导，实行群众路线的。这次全国党代会通过的中共中央关于制定“七五”计划的《建议》，正是党中央发扬民主，充分重视各个方面的意见，实行正确集中的结果。比如在第五稿中，关于我国东部、中部、西部三个经济地带的分析和经济发展的布局，就没有提中部和西部的优势，更没有提中心城市，只是强调东靠西移。许多同志（包括我们重庆的同志）在讨论中对这一条都提出了很鲜明的、不同的修改意见。中央采纳了不同的意见，最后党代会通过的文件，对我国经济发展的战略布局方针问题就提得比较科学、比较准确。它强调了发挥东、中、西三部各自的优势和联合；还特别强调要逐步建立以大城市为中心的、不同层次、规模不等、各有特色的经济区网络。这样写就符合实际，大家就一致赞成。也感到很受教育，怎样正确实行民主集中制，把领导的经验、智慧同群众的经验、智慧结合起来，党中央给我们做出了很好的榜样。我们各级党委、各级党员负责干部学习全国党代表会议的文件精神，首先就要学习党的这种民主作风和群众路线的优良传统。

这次全国党代会的另一件大事，就是关于中央三个委员会部分成员的调整。从今年 2 月开始，中央就部署了部分调整中委、中顾委、中纪委成员的工作。中央常委决定，成立了由耀邦同志主持的七人人事安排小组（成员有仲勋、任穷、秋里、一波、鹤寿、乔石同志），负责日常工作。在这个小组的指导下，各地、各部门进行了大量、细致的准备工作。到 7 月上旬形成了三个委员会成员进、退、留的初步方案，又提到政治局和政治局常委几次研究讨论，才把名单定下来。有关政治局成员的进退，是由政治局常委经过全面的考虑研究后拍板定下来的。这次“三委”的调整幅度较大，仅中委进退的幅度就达 18%左右。参加党代会的同志一致赞成中央带头加快干部新老交替的工作，在革命化的前提下进一步实现各级领导机构年轻化、知识化，这样，不仅使党的首脑机关能更好地适应我们党面临的愈来愈繁重的改革和建设任务的需要，而且为带头执行十二大党章第三十七条关于党的各级领导干部职务都不是终身制的规定做出了榜样。这件事对我们党今后的长治久安具有极其重大的意义，全党全国上下都很关心，在国际上也引起广泛的关注，反应是很好的。

我们党是经历了长期革命斗争，并且领导着我们这样一个大国的党。这次调整中委时，必须保留极少数在国内外有巨大威望和影响，在中央领导核心起决策作用的老同志，也要在中央领导机构中，保留个别继续主持某项全国性工作的老同志。这是革命事业的需要，是符合党和人民根本利益的，也是全体到会代表的共同要求。在酝酿三个委员会成员局部调整的过程中，许多老同志主动要求退出中委、中顾委、中纪委，确实起了模范带头作用。特别是几位长期在中央领导层工作，深受全党和全国人民爱戴的老一辈革命家，半个世纪来，对党和人民事业忠心耿耿，立下了历史功绩，今天又为废除实际上存在的领导职务终身制，推进干部制度的改革，立下了新的功绩。这些老同志在这次全国党代表会议上是很受大家尊敬的，也将更加受到全党、全国人民的崇敬和爱戴。

二、关于形势问题

正确估计当前的经济形势，是拟定经济和社会发展计划的依据。关于我国当前的经济形势，可以用三句话来说明：第一句话，争取我国财政经济状况好转的任务已经基本实现；第二句话，国民经济开始出现持续、稳定、协调发展的新局面，展现了良性循环的前景；第三句话，巩固和发展了安定团结、生动活泼的政治局面，开辟了建国以来经济发展生机最旺盛的新时期。这就是全国党代会对我国当前形势的根本估计。为了说明这个根本的估计，“七五”计划建议中把1985年和1980年的情况从五个方面进行了对比。首先，农业摆脱了困难的境地，达到了粮食自给，棉花自给有余；其次，能源生产打破了停滞不前的局面，出现了持续增长的好势头；第三，轻工业增长很快，轻重工业比例趋于协调，国内市场出现了建国以来少有的繁荣景象；第四，财政收入扭转了下降的趋势，持续增长，收支趋于平衡；第五，城乡人民生活有了较大幅度的提高，将开始由温饱型逐步转向小康型。

总之，这几年的情况确实是一年比一年好。

经济、政治形势好，并不等于就不存在什么问题和困难。当前我们在经济生活中也确实还存在着不少问题。如农业这个基础还比较脆弱，部分地区农民的温饱问题还有待解决；能源、交通、通讯、原材料还相当紧张；智力开发和人才培养还很不适应经济建设的需要；经济工作中还存在着经济效益提高不快、生产技术进步缓慢、产业结构和产品结构不合理，经营管理水平低，在总揽宏观和搞活微观两方面的本领都亟需提高。以上是属于基本性的问题。此外，还有一些临时性的问题，这就是：去冬今春以来，工业生产增长速度过快，固定资产投资规模，信贷资金和消费基金增长过猛，部分商品价格上涨过多，国家外汇储备下降，经济生活中出现了某些新的不稳定因素，等等。所以我们一定要保持清醒的头脑，既要把有利因素看透，也要高度重视存在的问题。

(一)固定资产投资规模过大的问题

××同志在省市座谈会上讲，这是经济问题中的一个带关键性的问题，这是可能使已经出现的好形势重新遭到破坏的一个最严重的问题。

××同志作为“历史的教训”提出来：建设规模是否安排合理，是否同国力相适应，是经济能否稳定的一个重要界限。这是社会主义经济建设长期实践所证明的一条客观规律。我国建国以来几次经济上的大折腾，都是同固定资产投资规模的过度膨胀分不开的。总理对固定资产投资规模过大所造成的恶果列举了八大“罪状”：

第一，投入多，产出少，工期长，效益低。基本建设摊子铺得过大，超过了资金和物资供应的可能，必然拖长建设周期，降低国民经济的整体效益。

第二，严重影响重点建设和产业结构调整。基本建设摊子过大，资金、材料跟不上，各地都去保自己的项目而挤重点建设，形成了计划外项目挤计划内项目，一般项目挤重点项目。

第三，妨碍技术进步。热衷于铺新摊子，必然不能把注意力集中在技术进步和技术改造上。这样下去，极不利于在经济建设上贯彻“从外延为主转到内涵为主”的方针。

第四，破坏信贷收支平衡，带动物价上涨。据人民银行分析，去年由于投资规模扩大而增加的现金支出近100亿元，占全年增发货币量的38%。票子多发了，信用膨胀，物价就会上涨。

第五，大量进口原材料，扩大外贸收支逆差。我国的外汇有限，本来主要应该用在引进先进技术和关键设备上，但基建规模一大，加上消费基金增长过猛，使国内需求膨胀，超过了国内物资供应的可能，就不得不把有限的外汇大量用于进口原材料、组装件和其他消费品。照此下去，我们实行对外开放的政策就难以为继。没有外汇，就没法开放。

第六，削弱企业的活力。许多地方为了多上项目，除了盯着银行要贷款外，主要是以各种名目向企业乱集资、乱摊派。这样下去，许多企业特别是大中型骨干企业就会陷于缺乏自我发展和自我改造能力的困境。

第七，助长各种不正之风。百废俱兴，投资需求膨胀，人为地造成物资的短缺和卖方市场。提高产品质量，改善服务态度，都会成为空谈。走后门，拉关系，请客送礼，行贿受贿，弄虚作假，也是与此分不开的。

第八，造成积累率过高和消费需求膨胀。根据我国多年的经验，积累率以不超过30％为宜。去年因投资规模膨胀过多，积累率又升高到31.2％，预计今年还会继续上升。积累率过高，将引起积累和消费比例关系再次失调，影响整个国民经济的协调发展。

列举了上述八大“罪状”之后，总理非常尖锐地指出：总之，集中到一点，固定资产投资规模特别是基本建设投资规模过大，就会引起经济生活的全面紧张，甚至大起大落，使改革无法进行，被迫再次进行大的调整，造成巨大的损失。

中央决定控制基本建设规模的方针能否变成我们的自觉行动，采取的各项措施能否认真落实，关键是我们首先要把认识统一起来。有哪些问题需要统一呢？

一是不能“百废俱兴，全面大上”。现在，各个地方、各个部门的积极性很高，都想多搞一些建设，多上一些项目，使本地区、本部门发展得快一些，这种心情和愿望是可以理解的。但是必须看到，我国的底子还是比较薄，如果什么都要大上，国力肯定承受不住。

二是不能“你长我不长，只能切你，不能切我”。总理讲，这是强调本地区、本部门特殊，不积极压缩基本建设战线的又一借口。近一个时期以来投资规模过大，不是个别地区、个别部门的问题，而是带普遍性、全局性的问题，只是程度不同而已。今年1至8月，有20多个省市自治区的银行贷款投资超过了国家计划控制指标，其中有11个地区超过70％以上。这种情况说明，控制投资规模是各地区和各部门共同的任务，应当忍痛下刀，我们不主张一刀切，但要切一刀，切到哪里，就要看具体情况。

所以我们在思想上、行动上必须坚决地与党中央保持一致。把多搞基建的劲头转到搞活大中企业，提高效益，多出口创汇这方面来，这样就会逼着我们走出一条新路子来。

(二)关于工业增长速度过快的问题

小平同志最近接见外宾，在谈到我国工业发展速度太快时说：“听起来可喜，但有不健康因素。”为什么呢？小平同志在党代会上讲，速度过高，带来的问题不少，对改革和社会风气也有不利影响，还是稳妥一点好。××同志说，为什么会有当前这样的高速度：①基建规模过大，②消费基金过多，③一年国家以几十亿外汇进口原材料。没有这几条，你的速度怎么会高呢？如果没有这几条，完全是靠自己挖潜力，那样的速度当然是越高越好。因此中央提出，要解决经济发展超高速度的问题。

(三)消费基金增长过猛、信贷规模较大的问题

从全国来看，消费基金的增长有所控制，但增长幅度仍然较大，预计明年消费基金仍将有较多的增长。中央提出，要控制社会总需求，在控制固定资产投资的同时，必须控制消费基金的过快增长，控制信贷规模。

(四)关于粮食问题

陈云同志在党代会上讲，10亿人口吃饭穿衣，是我国一大经济问题，也是一大政治问题。“无粮则乱”，这件事不能小看就是了。由于今年全国自然灾害比较严重，加之在农村产业结构调整中，粮田有所减少，有些农民想多种赚钱的经济作物，影响了粮食产量。从目前看，由于国家手里还掌握着1800亿斤粮食储备，挖二三百亿斤库存，也还有1500多亿斤，问题不大。但从全国经济发展和改善人民生活的要求来看，还是要坚决继续贯彻“决不放松粮食生产，积极开展多种经营”的方针。

我市农村产业结构调整，要使粮食产量稳定在1984年农业人均占粮1050斤的前提下进行，决不能忽视粮食生产。在这样的前提下，因地制宜、分类指导，建立起蔬菜、禽蛋、牛奶、水产和粮食、经济作物商品生产基地，由传统的小农经济结构向“城郊型”产业结构发展。

（五）物价问题

这是目前群众最关心、最敏感的问题。现在有不少单位和企业，不是依靠提高经济效益，通过合法手段去盈利，而是靠以次充好，弄虚作假，靠乱涨价搞钱，严重地败坏党风，破坏改革的声誉，必须坚决刹住此风。国务院要求把今年物价上升幅度控制在 9% 左右，各地要围绕这个目标认真做好工作。

国务院决定，今年后几个月就全国范围来说，一般不再出台新的提价措施，明年也不准备采取大的价格改革行动，要把物价稳定下来。对已下放的价格管理权限要进行检查，不够完善的要进一步完善。要把物价检查和税收、财务、外汇检查以及清理信贷结合起来搞。要注意安排好第四季度及明年春节的市场供应，特别要注意抓好肉、蛋、蔬菜等副食品的供应。国营商业要积极搞好调剂工作，平抑物价。尤其是对群众的“菜篮子”更要密切关注，这是有关社会安定，人心稳定的大问题。国营商业部门必须切实承担起稳定蔬菜市场供应和价格的任务，各有关部门必须高度重视，共同把蔬菜问题解决好。

三、把改革放在各项工作的首位

（一）正确认识和处理好改革与经济建设的关系，改革与各项工作的关系

第一，要坚持把改革放在各项工作的首位。

今后五年，是我们国家经济体制进行全面改革的关键的五年，是争取基本上奠定具有中国特色的、充满生机和活力的社会主义经济体制的基础的五年；今后五年也是我国经济建设的关键时期。在“七五”计划中，怎么处理改革和建设的关系，这就是要解决的头一个大政策原则问题。

制定“七五”计划的基本原则的头一条已经确定，把改革放在各项工作的首位。这是因为只有通过改革，才能把经济运转关系理顺，才能保证我国的经济在今后十年、二十年以至更长时期内的持续发展。小平同志讲话中用的是“全面改革”这样的提法。改革引起了经济生活、社会生活、工作方式和精神状态的一系列深刻变化，触及各个方面。因此，各项工作都有一个改革的问题。正是从这个意义上讲，改革是压倒一切的任务。

我市是综合体制改革的试点城市，把改革放在各项工作的首位，有着特别重要的意义。市委常委在全国党代会后已经作了研究，市委由我市府由萧秧同志负责重点抓改革。各级党政一把手都要着力抓改革。

第二，建设的安排要有利于改革的进行。

为了保证改革的顺利进行，必须尽可能地避免经济生活的紧张和紊乱，要为改革创造良好的经济环境。去年下半年以来出现的“四个失控”，从根本上讲，就是经济增长脱离了改革的进展程度所导致的。所以，建设的规模和速度的安排，要宽松一点，要留有余地，以利于改革的顺利进行。

（二）要抓好改革的重点

当前经济体制改革的重点，就是中央在“七五”计划建设中指出的，抓好三个方面，围绕这三个方面搞好五个改革（计划、价格、财政、金融和劳动工资），实现两个统一（国家、集体、个人利益的统一；经济发展速度、比例、效益的统一），这就是当前经济体制改革的重点。建立新型的社会主义经济体制着重要抓好的、相互联系的三个方面是：第一，进一步增强企业特别是全民所有制大中型企业的活力，使它们真正成为相对独立的，自主经营、自负盈亏的社会主义商品生产者和经营者；第二，进一步发展社会主义的有计划的商品市场，逐步完善市场体系；第三，国家对企业的管理逐步由直接控制为主转向间接控制为主，主要运用经济手段和法律手段，并采取必要的行政手段，来控制和调节经济运行。

1. 搞活企业是以城市为重点的整个经济体制改革的中心环节。当前，企业的活力还远远不够，有相当大的一部分企业还没有真正活起来。特别是搞活大中型企业是极为重要的。要继续从外部和内部两方面来增强企业活力：

(1)政府各级部门要进一步简政放权。把应该赋予企业的经营管理权真正放给企业。

(2)要减轻企业的负担。对经营管理好、贡献大、留利低的大中型企业要逐步减免调节税。制止对企业的不合理摊派。

(3)要制定鼓励和支持企业发展横向联系的政策,特别要支持企业发展以名、优、新产品为核心的企业群体。

(4)逐步给各类企业创造比较平等的竞争环境,公平税负和统一成本管理,使各类企业都能在同一起跑线上竞争。

(5)积极开展多种经营方式的试点,在小型国营工业企业试行承包和租赁经营。

(6)采取适当办法,加大企业的市场竞争压力,促使企业对自己的经营状况承担责任,真正做到自主经营,自负盈亏。

(7)进一步完善企业领导体制,理顺厂长、党委、职代会三者的工作关系,以提高企业领导班子的整体效率。

(8)进一步搞好企业内部各种形式的经济责任制。当前,特别要研究如何搞好降低原燃材料消耗的经济责任制。

(9)要以提高质量,提高效益为中心,全面加强企业管理,推行现代化管理方法,真正把企业的各项工作,转到以提高效益为中心的轨道上来。

2. 完善社会主义的有计划的商品市场体系,充分发挥竞争机制优胜劣汰的作用。

没有一个比较完善的市场体系,企业就不可能真正地活起来。随着市场体系的逐步完善,指令性计划的范围将会逐步缩小,市场的力量将会对条块的分割封锁产生一股强大的冲击波,最终冲破这种分割。

因此,我们一定要坚持市委在五届六次全委(扩大)会上提出的"在五个层次上实行开放"的方针,通过继续扩大消费品市场,完善生产资料市场,发展技术市场,建立资金市场和促进劳动力的合理流动,加强市内各部门之间、各企业之间、城乡之间,以及本市同其他地区之间的经济联系。

在建立新的市场体系中,国营商业部门和物资部门,既要敢于冲破老体制的弊端的束缚,敢于放手搞市场经营,敢于参加市场竞争,又要起好社会主义国营商业在市场体系中的主导作用。市委上次扩大会关于国营商业不能只图本单位赚钱,要执行"双重任务"(兼顾社会效益和单位效益)和"两个保护"(保护消费者和生产者的利益)的提法是符合中央的精神的,必须继续坚持下去。如果国营商业只顾自己赚钱,不承担执行国家政策的责任,不在市场体系中起主导作用,那就会改变国营商业的性质。从市场的反映看,国营商业起主导作用和不起主导作用,那是大不一样的。这次国庆市场上,猪肉的供应很丰富,价格又稳定,其中一个重要原因就是,国营食品单位起好了主导作用。希望蔬菜部门加上农业部门配合,尽快把蔬菜市场稳定下来。

3. 国家对企业的管理着重以间接控制为主,是理顺经济关系的重要措施。

过去,我国经济长期跳不出"一管就死,一放就乱"的圈子,其根本原因就是,国家对企业的管理是以直接控制的方式来进行的。中央在"七五"计划建设中,总结了以往的经验教训,提出今后国家的企业管理要以间接控制为主,抓住了问题的要害。这样做的结果,既有利于微观搞活,又有利于宏观控制。

计划体制改革是实现向间接控制为主转变的关键。综合运用经济杠杆是对经济实行间接控制的重要手段,各经济综合部门要认真研究综合运用经济杠杆的方法,密切配合,尽快改变目前经济杠杆僵化、软化和相互抵消力量的被动局面。必须十分重视经济立法和经济司法工作,根据我市的实际需要,制定必要的管理条例和规定,使各种经济活动逐步做到有章可循。

(三)正确处理好改革中的几个关系

1. 正确处理好微观搞活与宏观控制的关系。

实践表明,宏观上的管住管好与微观上的放开搞活,两者缺一不可。微观上的放开搞活是改革,宏观上的管住管好也是改革，而且是对经济全局起决定作用的改革。

目前，我国经济正处在由旧的经济模式向新的经济模式的转换过程之中。在这个过程中不可避免地要出现旧模式、老办法和新模式、新办法同时并存、相互掺杂的复杂局面。这不仅在客观上要求微观经济活动一定要在有效的宏观控制下来进行，同时，也增加了搞好宏观控制的困难。我们强调加强宏观控制，绝不是意味着要原封不动地使用过去的老办法，走统管的老路子，而是要探索一条在新形势下有利于微观搞活的宏观控制的新路子。

2. 正确处理好破和立的关系。

改革必须破除阻碍经济发展的旧体制，但这不是改革的目的。改革的目的是要建立促进经济发展的新体制。只破不立，就会使经济体制在某些环节上出现空档，发生失控的现象。在今后的改革中，要力求先立后破或破立同步，根据管理控制的水平，决定放开搞活的程度。

3. 正确处理好各项改革的同步配套关系。

改革是一项十分艰巨复杂的社会系统工程。每推进一项改革，其他各项改革必须紧紧跟上，与之同步配套。这样，改革才能成功。因此，各部门、各单位要主动互相配合，同步配套推进改革。

4. 正确处理好局部利益和全局利益，当前利益和长远利益的关系。

在改革中，无论是部门、单位或个人，都要加强全局观念、政策观念、法制观念。从根本上说，改革一定会促进生产力的发展，给群众带来实际上的利益，但也不能要求每项改革都能立竿见影地给每个人带来好处，要教育广大干部群众懂得这个道理。

(四)在改革中要尽快实现几个转变

1. 从热衷于铺新摊子转变为重点增强现有企业特别是国营大中型企业的活力。

2. 政府各专业经济管理部门要实现管理职能的转变，从只管直属企业转变为管全行业，实行城乡拉通管理。

3. 控制社会总需求，使卖方市场转变为供求平衡、供略大于求的买方市场。当前，卖方市场的出现，对于改革和经济建设都是十分不利的。它使部分企业又处在“皇帝的女儿不愁嫁”的地位上。因此，坚决控制社会总需求，尽快把卖方市场转变为供略大于求的买方市场，这是促进企业加强内部管理，保证改革顺利进行的重要条件之一。

4. 要从供给型财政转变为经营管理型财政。就是要在宏观控制下，把搞活经济放在第一位。在当前，要着重通过调整财政收支总规模和收支结构，对社会经济活动进行调节，加强预算外资金的管理，对预算外资金的投资方向加以正确的引导。

5. 银行要从无风险经营转变为有风险经营。今后，政府部门要监督和支持银行认真执行国家的金融政策，并保证它们的合法权益不受侵犯，同时，银行要在正确执行国家的金融政策的前提下，承担起相应的责任和风险。

(五)继续做好市带县工作，开创城乡大联合的新局面

重庆计划单列以后，中央看重庆改革的效果如何，其中很重要的一条，要看市带县带得怎么样。因此，市带县的工作决不能等闲视之，要坚定不移地贯彻“城乡大联合，城乡共发展”的方针，争取在城乡大联合方面有新的突破。

首先，要认识区和县在重庆经济发展中的巨大作用，要采取有效措施增强区和县的活力。其次，要让我市的12个县充分认识城市的作用，要让县来开发城市，要使各县明白，只有依靠中心城市，为城市服务，才能富裕。同时，也要使城市明白，只有依靠农村，联合农村，才能使自己得到发展。第三，开放性是城市商品经济的本性，是反映城市经济发展规律的本质特征。我们提出五个层次的开放，其中第一个层次的开放就包括市内城乡之间的开放。如果这第一个层次的开放都搞不好，那就搞不好其他四个层次的开放。重庆是长江上游最大的中心城市，中央希望重庆在开发西南经济中发挥应有的作用。市带县，就是一个样板，如果连县都带不好，重庆还有什么吸引力？因此，市级各部门和各县都

要把进一步搞好市带县工作,开创城乡大联合的新局面摆到一个非常重要的位置上来考虑。

还有科技改革、教育改革和文化领域的改革,在"七五"期间都要突上去,要为新的科技、教育、文化体制奠定新的基础。

四、关于"七五"计划建议的基本原则和方针

(一)中央关于"七五"计划建议是全党集体智慧的结晶,是我国计划工作改革的新开端

这个《建议》同历来关于五年计划的建议不同,它没有像过去那样罗列一大堆数字指标,而是着重讲"七五"计划的指导原则和方针政策。这是改革我国计划工作的新尝试。这样来制定五年计划,它将有利于我们把注意力集中在研究经济工作的大矛盾上面,解决经济建设中的关键问题。《建议》确实把我国30多年搞计划工作的经验教训总结起来了,提到了理论高度,它回答了我们现实生活中的许多重大问题,特别是在改革和建设的关系上,在宏观控制和微观搞活的关系上,在物质文明和社会主义精神文明的关系上,《建议》都阐述得很科学、很透彻。

(二)关于"七五"期间经济工作的四条基本指导原则

第一条,就是坚持把改革放在首位。××同志对起草组的同志说:"从一定意义上讲,'七五'计划是一个改革的计划。"《建议》"是对十二届三中全会关于经济体制改革决定的具体化"。

第二条,坚持社会总需求和总供给的基本平衡。在这里提出了一个中心问题,这就是合理控制固定资产总规模。这个问题前面已经讲了它的重要性了,把正确解决这个问题作为一条大的指导原则,很有必要。

第三条,坚持把提高产品质量和经济效益放到突出的位置上来,正确处理好质量和数量、效益和速度的关系。在我国企业的产品成本中,物化劳动占了80%,工人工资只占17%。而在一些发达国家里,企业的产品成本中,物化劳动只占30%～40%,工人的工资却占到了40%～50%,这说明它的劳动生产率高,工人劳动创造的新价值很大。我们只要真正把我们企业里的物化劳动降下来,效益就可以提高一大步,改善职工生活和加速"四化"建设的资金也就有了来源。

第四条,坚持在推进物质文明建设的同时,大力加强社会主义精神文明建设。把加强精神文明建设写进《建议》里,并把它作为基本指导原则,强调"七五"计划应是物质文明和精神文明同时并进的计划,这是一个创举,是建设具有中国特色的社会主义的需要。我们的工作实践也说明,加强精神文明建设,坚持两个文明一起抓,既是坚持社会主义方向的需要,也是经济持续稳定发展的根本保证。这个问题在后面还要讲。

(三)关于"七五"期间主要的奋斗目标

××同志把它概括为三条任务:一是为改革创造良好的经济环境和社会环境,使改革顺利展开,基本上奠定新的经济体制的基础;二是加强重点建设,为九十年代经济振兴准备必要的后续能力;三是使人民生活继续有改善。三条任务中,第一条是最重要的。为了保证改革的顺利进行《建议》提出的经济指标并不高,它既是积极的,也是留有余地的。这就要求我们在"七五"期间的工作,在指导思想上实现两个转变,一是从单纯地追求经济发展的高速度转变到着重抓好改革上来;二是从注重铺新摊子,忽视现有企业的管理和改造,转变到抓管理求效益上来。

(四)关于经济建设的战略布局和主要方针

《建议》提出了一个重要的观点,就是我国人民的消费结构正在发生着巨大的变化,人民消费的变化引起市场变化,市场变化就会引起产品结构产业结构的调整,对我们的经济发展提出了新的更高的要求。社会主义的生产目的就是最大限度地满足人民不断增长的物质文化的需要。因此,《建议》提出了在经济建设的战略布局上要考虑的三个问题。首先就是产业结构调整。这次调整与前几次的调

整,在性质上和程度上都有显著的不同。这次调整不是以往那种失调后的被动的调整,而是为了适应国民经济现代化的要求,适应人民消费水平的提高和消费结构的变化所进行的积极的发展性的调整。第二就是建设重点的转移,由铺新摊子转到现有企业进行技术改造和改建扩建上来。第三就是正确处理地区经济布局和发挥中心城市作用的问题。

从战略布局要考虑的三个问题引出了六条具体方针。这里我着重讲讲第一条和第四条。

第一条方针,首先突出了农业的发展,仍然是我国整个国民经济发展的重要基础,强调必须充分重视农业的战略地位,必须十分重视粮食生产,并提出了发展乡镇企业是振兴我国经济的必由之路。这些都是非常重要的战略思想,都是从我国有八亿农民这个实际出发提出来的。"无粮不稳、无商不活、无工不富"的思想应该得到全面的贯彻。在大城市,除了"无粮则乱"那一条,还要加上"无菜则乱"这一条。蔬菜副食品占城市人民饮食支出的50%左右,菜少价高,群众要骂娘。"无菜则乱"的思想也应该在我们做城市工作的同志们,特别是商业部门和农业部门的同志们的头脑里扎根下来。

第四条方针,把第三产业的发展提到了重要的位置,并指出这是形成新经济格局的战略措施。过去,由于"重生产""轻流通""轻服务",第三产业不断萎缩,全国第三产业在三大产业中所占的比重不断下降,1957年为30.2%,1970年降为25.2%,1980年进一步下降到20.8%。这种情况,既不利于生产也不便于人民生活。"六五"期间,第三产业开始复苏,比重由1980年的20.8%上升到22.1%。第三产业的产值由910亿元增加到1502亿元,增加了592亿元。但和外国比,我国第三产业在三大产业中所占的比重不仅大大低于美国、西德,也低于印度、印尼的45%和35%的水平。所以,加快第三产业的发展,是现代经济发展的要求。在我们重庆,由于欠账太大,发展第三产业的问题就更加迫切了。

(五)关于对外经济贸易和技术交流

实现"七五"规划的一个关键环节,就是要增加出口,提高创汇能力。没有创汇能力就很难维持利用外资和引进技术。这方面,我市在近两年有很大的进步,今年1至8月外贸出口额达5000多万美元,比去年同期增长50%以上。但要看到,我们的起点低、基础差、创汇和用汇的矛盾还很大。

根据国家经贸部的统计,1至7月,全国出口只完成132.57亿美元,比去年同期下降了2.47%。预计全年出口额只能完成255亿美元,完不成原来预定的全年计划的270亿美元。因此,大力加强出口创汇不仅是外贸部门的事,而是所有部门的共同任务。

五、关于领导机构成员新老交替的问题

耀邦同志一再强调,这次会议的两个议题,重点是解决人事问题。

(一)加快干部新老交替的必要性

中央为什么决定在这个时候对三个委员会的成员作局部调整呢?是因为:我们党当前面临的任务十分繁重,而今后几年的奋斗,对于实现党在新时期的总任务、总目标,具有决定性的意义。只有实现干部年轻化,才能更好地肩负起开创社会主义新局面的历史重任,确保党的路线、方针、政策的连续性和稳定性。同时,趁老一辈革命家健在,不失时机地加快党的中央领导核心年轻化的进程,是党和国家的根本利益所在,也是关系全局的迫切问题。党中央,特别是小平同志和政治局其他几位常委,清楚地看到了继续推进各级领导机构年轻化、知识化的迫切性,看到了中央带头加快干部新老交替进程的必要性。因为,中委、候补中委的平均年龄已上升到62岁,其中65岁以上的占38%,50岁以下的只有30人即不到1/10;具有大专文化程度的才占1/3。如再过两年,随着年龄的增长,调整面还会进一步扩大,还是调整为宜。这一次实际上把一大步分为两小步来走,这样更为稳妥。另一方面,在十二大后,特别是去年4月以来,已有一批比较优秀的年轻干部担任了中央党、政、军各部门和

省、自治区、直辖市的主要领导职务。从他们当中，完全有条件增选一些合适的人进入中委，与此同时，部分老同志退出中委。这样做是适当的，也是非常必要的。

(二)新老交替的战略意义

小平同志早就注意到保证政策的连续性，必须解决干部接班的问题。1979年他就说过，“这个问题解决不了，我们见不了马克思。老同志在，问题比较好解决，如果我们不在了问题还没有解决，就要天下大乱。你们不要以为中国乱不起来。”近六年来，中央为解决干部年轻化问题采取了一系列决策。1980年，提出干部“革命化、年轻化、知识化、专业化”的方针。1981年6月，十一届六中全会通过决议，废除干部职务终身制，正式把培养第三代接班人的原则确定下来。1982年起，开始调整各级领导班子。同年9月举行十二大，产生了新的中央委员会，在十二届一中全会上把当时51岁的启立同志和45岁的建秀同志选为中央书记处成员。1983年，正式提出建立各级领导班子的后备队伍，即“第三梯队”。同年6月，全面改组国务院，54岁的李鹏当了副总理。此后，一批40岁～55岁的中年干部出任部长、副部长，或成为省级党政部门的负责人。到1984年底，全国已有8万多名年轻干部进入县以上各级领导班子。

组织路线是保证政治路线贯彻落实的。中国的稳定，四个现代化的实现，要有正确的组织路线来保证，要有真正坚持四项基本原则和党性强的人来接班才能保证。怎样实现领导成员正常的新老交替，保证党和国家的长治久安，这既是国际共产主义运动所一直探索的一个重要理论问题，又是无产阶级政党和社会主义国家一直面临的一个实践问题。在这个问题上，国际共运史上有过令人痛心的悲剧和教训。有鉴于此，毛泽东同志在六十年代初期提出了接班人问题，不幸的是，由于他晚年的错误，不但没有解决好这个问题，反而被野心家、阴谋家钻了空子，给我们留下了沉痛的教训。对于如何解决这个至关重要的问题，我们党运用马克思主义的基本原理，科学地总结了国际共产主义运动和我国革命的正反两方面的经验，特别是党的十一届三中全会以来领导班子建设的新鲜经验，提出了新老交替的战略决策。这次中央领导机构成员进一步实现的新老交替，是具有战略意义的大事。

(三)老同志的高风亮节值得尊敬

这次会议能够顺利实现中央领导机构的新老交替，首先是归功于中央政策的正确，也要归功于我们久经考验的老同志们的支持。例如请求不再担任中央委员的叶剑英、邓颖超、徐向前、聂荣臻、王震等德高望重的老革命家。他们在会议召开之前就纷纷写信给中央，更多的同志在会上会下提出退出领导岗位的请求，表示愿以实际行动拥护中央的这一重大决策，让年富力强的同志来挑重担。三封请退信写得非常好，情真意切，无私忘我，胸怀坦荡，感人肺腑，充分体现了老同志们的崇高精神境界。胡耀邦同志在《开幕词》说：“现在一批老同志退出来，他们在废除领导职务终身制，建立中央领导干部退休制度，推进中央领导成员年轻化这件有历史意义的大事当中，起了模范作用，对党作了新的贡献。”小平同志说：“一批老同志以实际行动，带头废除领导职务终身制，推进干部制度的改革，这件事在党的历史上值得大书特书。”这是中央对全体老同志的莫大鼓励和期望。

耀邦同志最近在中央书记、中央人事安排小组和部分老同志座谈会上再三强调，对退下来的老同志一定要照顾好，并向机关行政人员提出要求：要走“冷门”，不要只走“热门”。中央对退下来的老同志是非常关怀的。对这些老同志的贡献，党和人民是永远不会忘记的。我市各级党组织，一定要根据中央的要求，对已退和将要退下来的老同志从各方面照顾好。

(四)党对新进班子的干部寄予着厚望

新干部要奋力开创新局面，创造第一流的工作。在这次会议上，中央领导同志对新干部都提出了殷切的希望。小平同志说：“中青年干部接班，最重要的是接老同志坚持革命斗争方向的英勇精神的班，”并说，“不只是年轻，有业务知识，就能解决问题，还要有好的作风。”；陈云同志“希望新进各级领导班子的中青年干部，要注意学会按照民主集中制的原则办事，”“重大问题的决定，必须经过集体的充分讨论，以便减少失误，少走弯路，把事情办得更好。”从实际情况看，这几年新提拔的干部表现好的是绝大多数，但也有个别的新干部摆官架子，要特权，甚至以权谋私，引起群众不满。这是应当引起注意，认真加以解决的。

这里要强调一点，废除干部职务终身制，不仅是针对老干部而言，应该是针对全体领导干部、包括新进班子的年轻干部在内。各级党委要加强对干部经常性的考核，对严重违反党的干部政策，不符德才标准提拔的干部，发现一个，纠正一个；对任何一个领导干部在一个地方或单位工作一年、两年、三年或更长的时间，仍然无所建树，面貌依旧，过去曾说过“无功即是过”，要按失职处理，决不能平平庸庸，稳坐“铁交椅”，耽误党的事业和社会主义的进程。只有打破只能上不能下的铁交椅，真正取消干部职务终身制，大批有为的人才才能源源不断地涌现出来，那些不称职的人才没有藏身之处，而这恰恰是我们事业兴旺发达的希望所在。

要创造第一流的工作，必须有优良的作风。“七五”期间，随着经济体制改革的深入发展，人们的经济生活、社会生活和精神生活都将随之发生变化。我们长期所习惯的一套东西，有些将被革除，我们所不熟悉或不认识的新事物层出不穷。这就需要我们解放思想，切实改进干部作风，勤奋学习，运用马列主义的基本原理去分析新东西，认识新事物，大胆地探索和创新。为什么小平同志在讲话的最后“提出一个新的要求”，就是要学习马克思主义理论。这是对全党各级干部提出的。当前，摆在我们面前很重要的一项任务是学习，首先是要学习马列主义，掌握它的思想方法，而不是死背教条。这样才能做到理论联系实际，指导实际，保证各项工作顺利向前推进。

（五）干部队伍要保持梯队结构

要努力把“第三梯队”建设好，建立正规的后备干部制度。在这次会上，薄一波、陈云等同志都谈到，今后就是以梯队的形式解决新老交替问题。干部队伍保持梯队的结构，可以使党的事业后继有人，代代相传。

为了推进领导班子的“四化”建设，今年以来，我市又一次对市级部委办局的领导班子进行了较大幅度的调整，121个单位中，应调整领导班子的87个，到9月底止，已调整46个。调整后领导班子的平均年龄由54.5岁下降到48.4岁，大专以上文化程度由36.8%上升到56.8%；区县领导班子微调后，大专以上文化程度由52.6%上升到56%；新进班子的18名干部平均年龄为37.8岁；大中型骨干企业领导班子平均年龄由47.8岁下降到43.2岁，大专以上文化程度由51.7%上升到82.9%。说明已取得了一定的成效。但是，由于前一时期各级党委的主要精力和工作力量都放在机构改革、人事安排上，因此对第三梯队的建设工作从总的方面来说，还只是开了个头。

建设第三梯队的实质是解决接班人问题。今后，一方面要继续开阔视野，扩大“扫描区”，眼睛不能只盯在少数人身上，要从各行各业中发现各种人才，不拘一格起用人才，敢于“拔英才于微末之中”；另一方面，要把已列入第三梯队的干部的培养和使用更好地衔接起来。

选拔第三梯队，要特别注意三个问题；

第一，必须坚持德才兼备的方针。要高度重视思想、政治素质，“才”，是要“德”来统帅才能够充分发挥作用的。思想素质、政治素质不好的人，不宜选拔。第二，既要看文凭，更要看重实际水平，要着重从工作的实绩来考察。第三，要坚持走群众路线，依靠群体伯乐来推选良才。群众是最了解干部的，要用民主评议、民主推选等多种方式，加上组织考察，领导审查的办法，来发现人才，把人才选准，把第三梯队选拔好，培养好。

六、抓紧社会主义精神文明建设

这次全国党代表会议，把社会主义精神文明建设放在一个非常突出的地位而加以强调，并提出明年中央召开的六中全会将专门就这个问题做出决定。现在我结合自己的认识，归纳三个问题进行传达：

(一)必须在思想上纠正轻视精神文明建设的现象

中央领导同志这样提出问题，说明这个问题已经到了非解决不可的时候了。第一，指出现在抓精神文明建设效果还不够理想。邓小平同志说："主要是全党没有认真重视。"第二，指出忽视精神文明建设的后果和危害。邓小平同志讲："这几年生产是上去了，但是资本主义和封建主义的流毒还没有减少到可能的最低限度，甚至解放后绝迹已久的一些坏事也在复活。我们再不下大的决心迅速改变这种情况，社会主义的优越性，怎么能全面地发挥出来？我们又怎么能充分有效地教育我们的人民和后代？不加强精神文明建设，物质文明建设也要受破坏，走弯路。光靠物质条件，我们的革命和建设都不可能胜利。"陈云同志讲："忽视社会主义精神文明，我们的整个事业就可能偏离马克思主义，偏离社会主义道路。"

中央领导同志的这些重要指示，完全符合我市的客观实际。这些年来，我市各级党组织在抓精神文明建设方面，确实做了不少工作，取得了不少成绩。但是精神文明建设，比起物质文明建设，始终存在着一条腿短，一条腿长的问题。物质文明建设成绩显著，精神文明建设相比之下差距很大，欠账很多。我市党风和社会风气解决得不够好都和这有关。主要是我们对两个文明建设缺乏全面辩证地理解，认为物质文明建设是"硬任务"，非抓不可；精神文明建设是"软任务"，可抓可不抓，或者没有像物质文明那样抓得有力。今后我们一定要坚持两个文明一起抓，为建设具有中国特色的社会主义做出贡献。

(二)当前的精神文明建设，首先要着眼于党风和社会风气的根本好转

这个问题是中央领导同志根据新形势下改革、开放、搞活所出现的新情况、新问题而提出来的。对外开放，引进国外先进技术和经营管理经验，为我国社会主义建设所用，是完全正确的，必须坚持。但同时要看到，对外开放，不可避免地会有资本主义腐朽思想和作风的侵入，这对我们社会主义事业，是直接的危害。特别是"一切向钱看"的资本主义腐朽思想，现在已经渗透到各个领域，有的已发展到相当严重的程度，给党的事业造成很大的危害。前一时期，冒牌商品像瘟疫一样在一些地方扩散；许多机关、部队、学校、团体，打着改革的旗号，用国家的资金、外汇，大搞经商活动，为小团体谋取私利；为了捞钱，有人不惜贪赃枉法，行贿受贿，敲诈勒索，甚至铤而走险；为了赚钱，一些单位和部门，不考虑精神产品的社会效果，大量出版格调低下，内容不健康的小报和书刊，甚至倒卖和放映淫秽录像。总之，在我们党内出现过这样一股歪风：用资本主义价值观念看待改革，认为改革的目的就是为了赚钱；见利忘义，唯钱是图，忘记了社会主义和共产主义理想，丢掉了为人民服务的宗旨。

因此抓党风的好转，仍是全党的一件大事：一是各级党组织要重视，要负起责任来，今后如果哪个单位，哪个地区的歪风邪气大量存在，而又长期未得到纠正，就要追究哪个单位，哪个地区的党委、纪委的责任。不采取这样的措施，不严肃党纪、政纪，党风和社会风气是很难根本好转的。二是各级领导干部，特别是高级干部要重视，要真正身体力行，做出榜样。三是老党员、老干部要重视，包括退居二线和离休、退休的同志在内，都要以身作则。关心党风党纪，发挥监督作用，没有退居二线和离休、退休的问题，只要是党员，活着就永远处在第一线。

(三)要大力加强思想政治工作和加强政工队伍的建设

这是建设社会主义精神文明的重要保证。五十年代人们的精神状态是好的，但那是封闭的状态。现在对外开放，对内搞活，资本主义的东西进来了，封建主义的沉渣泛起了。这就要闯出一条新

路子,不能回到封闭状态。既要开放,又要搞活,还要把人们的精神状态搞好,这就给思想政治工作提出了新课题。

第一,思想政治工作的主要任务。(1)进行形势、任务与党的路线、方针、政策的教育,动员群众为实现党在当前的任务而斗争。今后凡是重大问题都要和群众见面,涉及群众切身利益的事情都要交给群众讨论。胡启立同志说,这好比乘车,在急转弯时,售票员就要事先告诉乘客,要大家注意,否则,乘客就要骂娘。过去工资改革、物价调整,没有事先给群众做工作,群众感到突然,当然就不满意了,甚至好事也会变成坏事。这不是政策上的问题,而是工作中执行的问题。党政干部要亲自动手,亲自动口,联系实际,直接向群众做宣传工作,正如列宁所指出:"哪里有群众,就一定到哪里去工作。"北京市委根据目前大专院校所出现的新情况、新问题,为了加强对大专院校的思想政治工作,决定从现在起在人民大礼堂每个星期讲一次政治课,时间三个月,讲课人由中央有关部门负责同志分别担任。(2)进行坚持四项基本原则的教育;进行有理想、有道德、有文化、有纪律和法制的教育;进行爱国主义和国际主义的教育,抵制和反对资本主义、封建主义腐朽思想的侵蚀,抵制和反对金钱至上、个人至上思想的影响;思想文化界要多出好的精神产品。思想文化教育卫生部门都要以社会效益为一切活动的唯一准则。资产阶级自由化的宣传,也就是资本主义道路的宣传,一定要坚决反对。(3)进一步健全社会主义法制,对于一切严重破坏社会主义经济秩序和社会秩序、危害人民利益的犯罪分子,必须绳之以法,对于一切严重败坏社会风气的丑恶现象,必须予以制止和取缔。

第二,思想政治工作教育的重点。"四有"和法制教育的重点是领导干部和党员。凡是领导干部和党员都要以身作则,言行一致,"从我做起"。身教重于言教。要求群众做到的,自己首先做到;要求群众不做的,自己首先不做。实践证明:有理想的讲理想,守纪律的讲纪律,有牺牲精神的人讲牺牲精神,最有说服力和感染力。"其身正,不令而行;其身不正,虽令不行",古人的这句话,确实蕴含着真理,也包含着高明的领导艺术。

第三,思想政治工作的基本方针。必须始终坚持以疏导即说服教育为主的方针,不能重犯过去那种"大批判开路""横扫一切"等一切"左"的错误。思想政治工作要做到启发诱导,就要以理服人,与人为善,满腔热情,冷冰冰的说教是无法感人的。进行思想教育还要和引导青年进行自我教育相结合。关键的一条,是领导干部和政工干部要主动深入到群众中,特别是青年中间去,用平等商量的态度,用谈心、讨论、宣讲等多种方式,扎扎实实地做好思想疏导工作。

第四,思想政治工作的基本方法。要改进思想政治工作,创造新方法,以适应新形势的要求,具有光荣传统、行之有效的经验和方法要继承和发展,那种讲空话、套话,生硬说教等老办法要改进。要提倡形象化教育,通过真人实物,给人以真实、生动、形象的感觉,达到鼓舞教育的目的;要把思想政治工作渗透到八小时以外,把健康丰富的思想内容寓于各种文化、娱乐活动之中,使群众在业余时间也能受到积极的、有益的教育,培养高尚的情操,得到精神上的享受。

第五,思想政治工作的队伍。要按照干部"四化"要求尽快调整充实政工干部队伍,采取多种形式全面提高政工干部的素质,对他们政治上爱护,生活上关心,工资奖金、生活福利、分房等问题,要与同级的其他干部"一视同仁",以稳定和建设一支能适应新形势要求的政工干部队伍。加强政治思想工作是全党的任务,不能只靠做政治工作的同志来抓。同时还要强调把政治思想工作贯穿到各项工作中去。

最后,加强党对思想政治工作的领导。胡启立同志讲,从这次全国党代表会议开始,中央书记处要转向侧重抓思想政治工作。前几年,侧重抓经济建设和体制改革是必要的。因为那时这些工作还未走上轨道。我们要把党风、社会风气在两年内搞出成绩，迎接党的十三大召开。今后市委和政府要有一个大的分工，改革和建设中的若干具体措施，主要由政府去抓，市委则侧重抓思想政治工作，抓精神文明建设，抓党风和社会风气的根本好转，抓各级班子的配备与建设，抓提高人们的思想觉悟和认识能力，以加速推动我市社会主义物质文明建设的顺利发展。

同志们：

从党的十一届三中全会以来，到现在只经过一个“六五”计划短短几年的时间，在党中央的领导下，我们的党和我们的国家发生了多么巨大的变化！从拨乱反正，收拾“十年动乱”后的烂摊子，到实现全国的安定团结；从正本清源，端正我们党实事求是的思想路线，到社会主义建设新时期的全面创新开拓；从端正组织路线，调整各级领导班子，到有计划地逐步实现各级领导干部的新老合作交替；从农村的改革到城市的改革，我们的党和国家在这短短的五六年中，经历了错综复杂的矛盾和变化，终于一步一步地胜利走过来了。在经济上我们已经开创了建国以来经济形势最好，发展生机最旺盛的新时期；在政治上我们已经形成了建国以来持续时间最久，并且还将继续下去的安定团结的新局面。尽管在我们前进的道路上还有不少困难，但是，改革的道路已经开通，建设的方向已经指明，各级领导力量的建设已经顺利开展，在前进道路上可能出现的问题和隐伏的危险已经引起重视并正在克服，全党锐意改革的势头已经形成。在历史发展的这种新形势下，摆在我们各级党委面前的任务，就是要：团结奋斗，再展宏图。这八个大字高屋建瓴，催人奋进，集中概括了这次会议的精神和我们面临的重大任务，具有极大的号召力。在中央和省委的领导下，我们要脚踏实地，埋头苦干，把重庆的综合改革试点搞得更好，把重庆的经济建设和社会主义精神文明建设搞得更好，为党和人民做出新的更大的贡献！

孙同川同志在中共重庆市委五届七次全委（扩大）会上的发言

伯康同志的传达已经很全面了，我完全同意。在这里我谈几点参加这次党的全国代表会议和十二届五中全会的感想和体会。这次会议进一步实现了中央领导机构成员新老交替合作，一致通过了《中共中央关于制定国民经济和社会发展第七个五年计划的建议》。耀邦同志的开幕词、×××同志关于制定“七五”计划的建议的说明，邓小平同志和陈云同志的重要讲话，李先念同志的闭幕词，集中地表达了全党和全国人民的共同心愿和意志。这次会议开得非常圆满，非常成功，的确是一次“团结奋斗，再展宏图”的大会，受同志们委托，我参加这次党的全国代表会议，受到一次深刻的教育。

为了使党的机构保持旺盛的活力和保证党的路线、方针、政策的连续性，进一步实现中央领导机构成员的新老交替和合作，64 位老同志胸怀坦荡，无私忘我，从党和人民的长远利益出发，主动要求退出中央委员会。并按照公道正派，光明正大的优良传统，统筹兼顾、全面安排和坚持德才兼备，任人唯贤的原则，增选和调整了三个中央委员会、中央书记处和中央政治局，整个调整工作，体现了在革命化前提下实现年轻化、知识化、专业化。新增选的中央委员会成员 64 人中，中央、国家机关部长、主任等 11 人，省(市、区)委书记 10 人，军队负责人 13 人，其他职务 30 人。女同志 3 人，少数民族 5 人。平均年龄 50.1 岁，50 岁以下的 29 人，占 43.3%。大专文化程度的 49 人，占 76.6%。抗日战争时期入党的 6 人，占 9.5%，解放战争入党的 16 人，占 25.4%。另外，从十二届候补中委中增选中委27人,其中中央国家机关14人,省(市、区)11人,军队2人,50岁以下的5人。正如邓小平同志指出的:“这次三个委员会的进退,工作做得很好,特别是中央委员会的年轻化,前进了一大步。”这次增选的中央委员,新上任的部长、省委书记,都比较年轻,一般50多岁,有的才40出头。50岁以下的正部长、省委书记现有8人。如电子工业部部长李铁映48岁,国家安全部长贾春国47岁,辽宁省委书记李贵鲜47岁,山东省长李昌安49岁,广西省委书记陈辉光46岁,最年轻的省委书记胡锦涛只有42岁。

这次新进中央委员会年纪最大的64岁,他是吴蔚然同志,是北京医学院名誉院长,是知名人士。60岁以上的只有4人。年纪最小的40以下的有3人,团中央第一书记宋德福39岁,西藏常委兼文化局长丹增39岁,内蒙(古自治)区党委宣传部长刘云山38岁。还是有很多40多岁的同志,担任了部和省市的副职,如河南省委副书记赵地46岁,福建省副省长陈明义44岁,辽宁省委副书记、沈阳市委书记李长春41岁,武汉市长吴官正46岁,上海市委副书记吴邦国43岁,天津市副市长张立品46岁。

在十二届五中全会上,根据新的形势和任务的需要,并按照进一步实现中央领导机构的成员新老交替的原则,对中央政治局和书记处的成员也进行了局部调整。候选人名单是中央政治局常委提出的,经中央政治局反复酝酿讨论过的。大家认为这是一个最好的名单,体现了梯队结构。新进政治局和书记处的同志都是比较优秀的、经过一定考验的、年富力强的。五中全会增选了田纪云、乔石、李鹏、吴学谦、姚依林同志为政治局委员,增选和调整后的中央政治局由22位同志组成。他们是:政治局委员、常委胡耀邦、邓小平、李先念、陈云等;委员(按姓氏笔画为序):万里、习仲勋、方毅、田纪云、乔石、李鹏、杨尚昆、杨得志、吴学谦、余秋里、胡乔木、胡启立、姚依林、倪志福、彭真;候补委员:秦基伟、陈慕华。新进政治局年纪最大的是吴学谦同志,63岁,最小的胡启立同志55岁,李鹏56岁,都是大学文化程度。这些新鲜血液进入政治局,使政治局平均年龄从74岁降低到69岁。退出政治局的老同志,平均年龄78岁,在十二届五中全会上,习仲勋、谷牧、姚依林同志请求不再担任中央书记处书记。调整增选的中央书记处由十一位同志组成,68岁以上的老同志有5人,最大的是余秋里同志70岁,50岁以下的有2位,郝建秀和王兆国同志。新的书记处排列也参差了一下,排列为:总书记胡耀邦,书记:胡启立、万里、余秋里、乔石、田纪云、李鹏、陈丕显、邓力群、郝建秀、王兆国。把启立同志排在书记的最前面,田纪云、李鹏,也排在较前面,体现了培养年轻同志。

增选政治局成员时,中央考虑还是很全面的,坚持选比较优秀的,经过一定考验的,年富力强的。还考虑了单数和双数的问题,进5个,退出10个,数量减少问题,各方面工作的代表问题,少数民族的代表问题。根据现在情况和条件,考虑到政治局是党的领导核心,虽然年轻的有一批,但现在还不够成熟,看一两年再说,十三大再考虑。另外,书记处不设候补书记,这也是中央反复考虑过的。

中国共产党全国代表会议通过的《中共中央关于制定国民经济和社会发展第七个五年计划的建议》,是一个非常好的文件。它概述了“七五”期间我国经济工作的指导思想和奋斗目标、经济和社会发展的战略方针和主要政策措施,经济体制改革的设想和实施步骤。这些指导思想、发展战略、方针政策和改革的设想,是根据我国的实际情况和对国际形势的分析提出的,是我国社会主义建设,特别是十一届三中全会以来建设经验的总结,是十二届三中全会关于经济体制改革的决定的具体化。这个《建议》一共搞了八稿,在十二届四中全会上又进行了修改,最后经党的全国代表会议讨论修改后正式通过的,是在中央书记处和国务院主持下,经过一年多来的反复酝酿、讨论、集中了大家的智慧制定出来的。第七稿和最后通过的《建议》,就有六十多处进行了修改。通过“七五”计划建议的学习,对我国当前的经济形势和今后发展趋势，对党关于经济工作的指导思想和方针、政策、措施，都能有一个概括的了解。这对于我们搞好自己的工作，特别是经济战线的同志搞好自己的工作，很重要的。

这次党代表会议，开得生动活泼，朝气蓬勃，别开生面，非常成功，是按照十一届三中全会精神，恢复和发扬了党的实事求是和民主集中制的优良传统，贯彻了开放改革的精神。在小组讨论会上，大家都畅所欲言，讨论非常热烈，各个代表小组都发了多期简报，大会共计发了121期简报。各位代表对于当前经济形势的估计，对于我国“七五”计划建议的方针、政策、指导思想和奋斗目标，对于经济体制改革都发表了很多宝贵的意见，有的被最后通过的《建议》所采纳。很多代表对农业问题和粮食问题都非常关心，过去“无工不富”“无商不活”讲得较多，现在还要注意“无农不稳”“无粮则乱”。陈云同志的讲话代表了大家的心愿。陈云同志指出：10亿人口的吃饭穿衣，是我国一大经济问题，也是一大政治问题。

这次党代表会议，这么多老同志退下来，反映出他们一心为党、为人民、为共产主义的伟大事业献身的高尚风格。他们带头执行废除领导职务终身制的规定，积极促进新老交替的模范行动，在全党起到了表率作用。这次中央领导机构能够进一步实现新老交替，是因为党中央，特别是政治局常委清楚地看到了继续推进各级领导机构年轻化、知识化的迫切性，看到了中央带头加快干部新老交替进程的必要性，看到了全党人才茁壮成长，为遴选新的中央领导机构成员提供的可能性。所以根据党章规定，适时地决定召开党的全国代表会议，及时完成了这个具有历史意义的任务。中央领导同志在提出增选中央政治局和书记处候选名单时讲：现在这样的政治局和书记处，完全能够领导这样一个有10亿人口大国的执政党。

这次党的全国代表会议是一个团结的大会，开得很成功。由于大家思想和意见比较一致，会期根据大家的意见比原定缩短了两天。在会上，很多代表都坚持注意了维护党的团结和统一，团结大多数，包括犯过这样或那样错误的同志。在讨论中顾委候选人时，两位同志在“文革”中犯了这样那样的错误，大家还是按照中央的精神，注意看他们的全部历史，看到他们历史上的功与过，还是选举他们进了中顾委。无论在这次党的全国代表会议增选、调整3个中央委员会，还是在十二届五中全会增选、调整中央政治局和中央书记处，绝大多数候选人都是以98%以上的选票当选，中央委员、候补中央委员各有2人得全票，中纪委31个候选人中有11人得全票。在933人参加选举中，中委中有一人低于900票，中纪委没有，中顾委只有5人低于900票，其中有2人只得了750票和757票。从这里也可看出，充分体现了选举人的意志。

同志们：这次受大家的委托，参加了党的全国代表大会，又被选入中央委员会，这是党和同志们对我的期望和鞭策。从我的政治思想水平和工作能力来看，还远远不能适应这个要求的，在座的比我强的同志很多，都是我的老师。我一定虚心向大家学习，努力学习马克思主义的基本理论，学习专业知识和管理知识，提高自己的政治思想水平和工作能力，为山城的社会主义建设，为山城的精神文明建设，为山城的经济体制改革和开放，努力工作，贡献自己的一分力量。

萧秧同志在中共重庆市委五届七次全委（扩大）会议上的发言

这次市委扩大会议期间，同志们认真学习了党的三个会议的文件，伯康同志已有很全面、具体的传达，现在我就怎样贯彻全国党代会精神和最近一段时期的工作谈一些意见。

全国党代会文件的内容很丰富，怎样学好这些文件呢？我认为要掌握这么几点：首先要抓住纲，抓住指导思想，全面理解文件精神。重点一个是小平同志讲的那几条，关于形势和改革、关于“七五”计划建议、关于精神文明建设、关于新老干部交替和理论学习；一个就是“七五”计划建议的说明。指导思想，方针政策，都是属于全面性、全局性的东西，对全局有了深刻的了解，就可以把工作做得更好些。

第二是正确认识当前的经济形势。看经济形势有个标准，一是看重大比例关系是否协调；一是看发展速度是否以提高效益为中心，是否能持续、稳定向前发展。抓住了这两点就抓住了要点，〈……〉。

第三明确“七五”期间的任务。概括起来三条，一是为经济体制改革创造良好的经济环境和社会环境；二是要加强重点建设和技术改造、智力开发，在物质方面为九十年代的大发展准备必要的后续力量；三是要使人民生活继续有所改善。

第四把改革放在首位。经济体制全面改革要抓住三点，一是增强全民所有制大、中企业的活力；二是进一步完善市场体系；三是建立健全间接控制体系。

第五在工作上抓住两个关键。“七五”期间任务很重，要为改革创造好的环境，又要为今后的发展准备力量，还要改善人民的生活，矛盾很多。解决这些矛盾的关键是两个，一是大力提高企业的经济效益；二是积极增强出口创汇的能力。

第六坚持两个文明一起抓。我们在任何时候都要坚定地、旗帜鲜明地坚持四项基本原则，反对和抵制资本主义和封建主义腐朽思想的侵蚀，反对和抵制资产阶级自由化。我们要进一步健全社会主义法制，对破坏社会主义经济、破坏无产阶级政权、侵犯群众的利益的行为，就要严格实行法制，绳之以法。要切实加强和改进思想政治工作。

以上就是我对中央文件精神的理解。现在我结合重庆的实际讲几个问题。

一、关于我市的经济形势

当前，我们的形势是好的。就全国来说经济形势是好的，政治形势是安定团结的。重庆形势怎么样呢？重庆形势也是好的。

第一，结束了财政收入停滞不前的局面，出现了经济效益不断增长的好势头。“六五”计划这五年，特别是进行经济体制综合改革后，经济效益提高更为显著。经济体制综合改革之前的四年（即1979至1982年）合计，市财政收入仅净增7800多万元，平均年净增仅1900多万元；而综合改革的头两年（即1983和1984两年），市财政收入即净增1.97多亿元，为前四年净增总数的2.6倍；今年上半年市财政收入又净增1.99多亿元，比前两年净增的总额还多一些。重庆给国家上交的财政收入也增多了，1984年是重庆正式实行计划单列的第一年，重庆上交给中央和省的财政收入达8.27多亿元。比1983年净增1.02亿元。今年可能要上交近10亿元。财政收入的增长，是经济效益的综合反映。以1984年与1982年比较，全民独立核算工业企业固定资产产值率，全国平均提高3.2%，重庆提高6.2%；产值利税率，全国平均下降3%，重庆提高2.7%；资金利税率，全国平均上升

0.7%，重庆上升 1.3%；职工人平提供税利，全国平均增长 14.6%，重庆增长 30.6%；全员劳动生产率，全国平均提高 16%，重庆提高 24.5%，都高于全国平均增长水平。当然，我们也要清醒地看到，我市多数经济效益指标过去都低于全国先进水平，差距大，潜力也大。我市要赶上全国大城市经济效益的先进水平，还要经过好几年的艰苦努力，现在的增长只是一个良好的开端。

第二，经济持续发展的能力开始增强。我们两年经济情况的好转并不是暂时的，为以后的经济发展创造了条件，所以经济持续发展的能力，在这个时期是开始增强了。重庆是一个老工业城市，许多企业厂房破旧，设备陈旧，工艺落后，产品老化，缺少后劲，缺少竞争能力，这是制约重庆经济发展的一个大问题。实行计划单列后，重庆的技改资金有了多渠道的来源，1984 年全市全民所有制企事业技术更新改造投资完成 5.2 亿多元，比 1983 年增长 26%。我市全民所有制工业的固定资产净值率（净值占原值的比例），1979 年曾下降到 66.6%，1984 年已上升到 68.9%。在国家计委和国家经委的支持下，1984 年我市还利用计划单列的扩权外汇、技改外汇和自有外汇，在轻纺、化工、机械、仪表、电子、医药、建材等行业引进技术 197 项，共用汇 1.4 亿多美元。这批引进技改项目对我市工业的技术进步和产品升级换代具有重要作用，全部建成投产后，每年可增加产值 15 亿元左右，增加税收 4 亿元左右。

重庆经济还有一个很大的后劲，就是军工企业的潜力在军民结合中已开始发挥出来。全市军工企业的民品产值 1984 年已超过军品产值，并已开发出摩托车、重型汽车、微型汽车、火车皮、自行车等一批支柱民品，有的已形成较大批量。如摩托车的年产量达 50 多万辆，占全国产量的一半以上。在三线调整中，近两年还有一批技术密集程度很高的军工企事业单位要迁到重庆来，更有利于进一步实现军民结合，更有利于重庆在产业结构、产品结构上进行调整，在技术结构、拳头产品系列上进一步配套成龙，形成新的产品优势、技术优势和经济优势。这个潜力是不可低估的。

第三，商品流通中心的作用正在加强。过去，由于旧的流通体制的束缚，重庆作为商品中心的流通功能受到限制。现在通过初步的改革，重庆的商品流通渠道可以自主通向全国，仅市一商业局系统的商品集聚面和销售面就已扩大到 20 多个省、市的上千家工商企业；外省、市已有近 500 家工商企业来重庆设点经商。最近在重庆举办的四省（区）五方首届商品交易会，成交额达 2.5 亿多元，其中重庆产品成交额达 1.5 亿多元，这是前所未有的。1983 年重庆外贸第一次开展自营出口业务，出口创汇就达 2840 多万美元，产品销往 30 多个国家和地区；1984 年自营出口创汇 6280 多万美元，为上年的 2.2 倍，还不包括军工和自找口岸出口的部分；今年 1 至 9 月已出口创汇 6800 多万美元，超过去年全年出口额，年出口额在 100 万美元以上的商品今年可达到 20 多个。重庆产品已销往 70 多个国家和地区。

第四，农业生产大幅度上升，农业产业结构已着手调整。不能因为今年粮食有点减产，蔬菜供应有些偏紧，就看不见农村的大好形势。从总体上来说，它不是长期的，是暂时的。今年粮食可能减产 8 亿到 10 亿斤，但总产量还是 100 亿出头。在“六五”计划期间，重庆粮食年总产量由 89 亿斤上升到 113 亿多斤，农业总产值由 25.4 亿多元上升到 37.2 亿多元。特别是乡镇企业有了显著的发展，1980 年我市乡镇企业产值只有 5.1 亿多元，利税只有 7300 多万元；1984 年乡镇企业产值已上升到 16.3 亿多元，利税也上升到 1.6 亿多元。与此同时，市郊农村为城市提供猪肉等副食品和轻工业原材料，以及为城市大工业配套和提供出口商品的能力，也都正在逐步增强。

第五，城市基础设施的欠账已开始着手补偿。过去，重庆城市基础设施的欠账很多，这两年来已安排了牛角沱立交道及二隧道、川黔公路重庆段改造、嘉陵江石门公路桥、江北民用一级机场、引进一万门程控电话、工业品贸易中心等基础设施工程。牛角沱立交道已经完工,其他正在加紧施工或施工准备工作。这些工程完成后,市政建设的欠账将有一定的补偿。

第六,城乡人民的生活水平有了相当的提高。在1981到1984年这四年期间,全市安置了34万多人就业,新建住宅1948万多平方米,待业和住房紧张的状况有所缓解。全市农村人平纯收入,1983年为295.48元,1984年上升到329.55元,增长11.5%。全市职工家庭人均收入,1980年为393.44元,1984年上升到579.85元,比1980年增长47%,扣除同期内物价上涨因素,仍增长34%。总体来说,人民收入的增长超过了物价的上涨,实际收入是增加的。

上述事实说明,重庆经济的振兴局面已开始出现。

今年一开始碰到了全国性的"四个紧缩",在加强宏观控制的过程中,出现了不少新的矛盾和问题。根据中央总的政策精神,结合重庆的实际,市委及时提出了"改革当头,紧中求活,活中求好"的指导方针,正确处理大局和小局、宏观和微观、紧和活、数量和质量的辩证统一关系,避免了一些波折,调动了经营者和生产者的积极性,我市的经济工作经受住了一次新的考验。今年头八个月,工业总产值已完成88.6亿多元,比去年同期增长22.15%。农村粮食略有减产,但农业总产值和农民收入将仍有增长。乡镇企业已完成产值15.3亿多元,比去年同期增长80.7%。城乡储蓄存款余额17.48亿多元。比去年同期增加15.4%;货币回笼4800多万元,比去年同期多回笼1500多万元。市财政收入到9月底止已完成12.45亿多元,比去年同期增长33.85%。

我们的经济形势比较好,有无问题呢?伯康同志在传达中反复强调,看形势要看主体,也要看支流;要看成绩也要看问题。我认为有这样一些问题:

第一,我市经济效益的增长很大程度上还是在"两低一高"(即技术水平低、管理水平低、消耗高)的相对落后水平上的增长,主要是在一个有较大的投入的情况下增长的,是属于一种规模效益和规模增长。当然,规模增长并不是在经济领域里绝对应排斥的一种方法。如果是在一种高的技术水平、高的管理水平和低的消耗这样一个条件下的规模增长,而又被社会所承认,那就是一个比较好的增长。我们恰恰相反,是在技术水平和管理水平都比较低、消耗较高的情况下增长的,这不能持久。靠这种低水平的增长不可能实现现代化。我们要毫不迟疑地把经济工作的重点放在质的方面,放在管理方面,逐步把我们的技术水平和管理水平提高。

第二,我们的企业素质比较差。一是适应市场变化的能力低,产品质量差,更新换代和开发缓慢;二是精神领域还存在相当多的问题。

第三,今年粮食减产主要是自然灾害的影响,但也有我们工作上的问题,这要求我们实事求是地加以总结和改进。现在不注意,明年粮食再减产,问题就大了。

第四,城市基础设施虽然有所改善,但要从根本上解决问题还差得很远。比如水的问题、交通的问题,好了一些,但短期内很难从根本上或者说比较彻底地解决。

第五,在宏观管理和微观搞活相结合的问题上还没有摸索出一条行之有效的路子来。通过改革,要使企业成为相对独立的、灵活经营的、有自我改造自我发展能力的企业。一方面从宏观上要为其创造条件;另一方面要从宏观上通过间接管理,限制企业某些不利于全局的因素。对这个问题我们仅仅在摸索,还没有得到解决。

今冬明春,在经济工作上还有几点要注意的:(1)在财政收入上,今年任务原是13.4亿元,最近中央又追加了1.3亿,共14.7亿元,现在已完成12.4亿元,还差2亿多,全年完成15亿元问题不大。但我们不能麻痹,要继续作好工作,确保国家下达的财政收入任务和追加任务的完成。该收的钱一个不能少,特别是那些胡来的,要毫不客气。

但是要给企业留有适当的余地，要给企业有相当的、相对的自我发展能力。要根据中央的规定，对企业该减的一定要减，不能把该减的也收起来了。(2)资金问题。对银行回笼货币工作要积极支持，做好归还银行贷款工作，现在全市还贷1.05亿元，今年还要努力还几千万元。另一方面银行也要在总的控制下，支持生产、支持流通，为工商企业提供必要的资金，做好旺季的生产和供应，争取多回笼一些货币。(3)及时做好明年农业生产安排。农委提了一个意见，要求小春面积恢复到1984年水平上，油菜种植面积还可扩大些，请各区县要认真抓一下。

二、关于经济体制的全面改革

××同志讲的是经济体制的全面改革。我觉得有个观点要搞清楚，我们的经济体制改革是以城市为重点，××同志讲要为改革创造一个社会环境，这就有个经济体制改革和整个城市体制改革的关系。我们的改革，既包括经济，也包括教育、科技，还有城市管理，这是我们城市改革的特点。经济体制改革是整个城市改革的中心，整个城市改革又是从经济体制改革入手。搞好了经济体制改革才能带动社会各方面的改革，搞好了各方面的改革才能保证经济体制改革的顺利实现。

(一)要从企业外部和内部两个方面采取得力措施，进一步增强企业活力。

这几年我们在微观搞活上做了大量的工作，取得了显著的成绩，要进一步巩固、发展。当前的问题是要抓好宏观改革，在宏观上作文章。××同志讲，我们所面临的任务是在进一步完善微观经济活动机制的同时，要从宏观上加强对经济活动的间接控制，也就是说要发挥经济杠杆的调剂作用，完善经济立法和经济监督。加强宏观间接控制也是改革的重要内容，它比之微观搞活，比之直接控制更为复杂、更为困难，我们也更缺少经验。但只有把这个问题解决了，企业才能真正活起来。

宏观改革要抓好几条：第一，宏观要创造条件，使企业(也包括区县，包括教育、科技和公用事业单位)自身要有发展能力。这个问题归根到底就是要回到我们改革的基本任务上来，发挥人民群众、干部各个方面的积极性和创造性，加速实现社会主义现代化。

第二，宏观上要对企业的发展方向和规模进行引导。特别在当前要严格控制基本建设规模的条件下，更要加强这方面的工作。谁来进行引导呢？这就是宏观管理机构的任务，这种引导又不能采取简单的直接控制办法，必须采取间接引导办法，比如有的企业留利多了，又不允许多发奖金，又不能把他的钱收回来，这就要采取措施引导到技术改造、发展生产上去。

第三，从宏观上要促使企业集中精力搞企业效益。××同志讲了，“七五”期间生产建设要抓好两个关键：一个是效益、一个是出口。宏观管理就要引导企业集中精力搞效益，而不是乱铺摊子；集中精力抓出口，虽然出口不是指所有的企业，但相当多的企业有这个任务。

第四，从宏观上要处理好国家、集体、个人之间的分配。各种分配的规定，要有利于企业多为国家创造财富，要有利于按劳分配。当前首要的问题是保证全民的利益，走共同富裕的道路。某些人、少数人先富起来，多分配一点，也是为了实现大家富起来这个最终目的。各种宏观控制手段(税收、价格、信贷、投资分配)，都必须首先保证全民的利益。

第五，在宏观上要处理好破和立的关系。耀邦同志在几次会上阐述破和立的观点是十分科学的。在改革过程中，废掉一个东西，就同时要立出一个东西，不要这个东西还未立，那个东西就破了，这是不行的。

企业内部改革，现在就按国务院《关于增强国营大中型企业活力若干问题的暂行规定》办，不要走板。企业内部的领导制度，找一个适当的时间，把厂长负责制认真总结一下，找出一个更加完善的办法来。现在企业内部分配办法形式很多，有职工工资总额与上缴利税挂钩，有运输业的与营运收入挂钩，建筑业的与百元产值挂钩等等，这些办法都有待进一步探索。企业内部分配很复杂，试行某些办法可以，但不要把某一个办法绝对化，作为普遍规律一下铺开。各行各业、各个单位都要认真研究这个问题。技术改造是企业的长期任务，企图短期内改变是办不到的，何况技术进步是一个无止境的东西。但是在管理上却有相当多的文章可以做。总的一句话，企业内部改革，要围绕提高企业内部经济效益，多为国家做贡献这个重点来进行。

（二）逐步完善社会主义市场体系。

我市市场的开放取得了很大的成绩，但是究竟怎样继续开放，市场开放又怎样和价格的控制联系起来，需要很好研究。

市场开放不仅涉及消费品市场，还有生产资料市场、金融市场、建筑市场都要开放。金融市场比较复杂，能不能先在银行之间搞横向联系。明后年在总的控制下搞一点科学技术基金、教育基金、公共事业基金、社会保险基金等等看来是必要的。财政局要认真研究这方面的问题。建筑市场可以实行招标投标，可以议标，投资包干。房屋商品化要作好准备，进行试点。

要严格物价管理。一是保护消费者的利益，二是要迫使企业眼睛向内，降低消耗，提高质量，降低成本，走内涵的道路，不能盯在物价上作文章，发涨价财。“价格效益”实质上是无效益。

蔬菜问题伯康同志已经讲了，我在这里一是向同志们作检讨，二是保证立即抓。还有副食品问题，农村的同志请你们注意，明年的生猪千万不能减少，商业部门要积极发挥主渠道作用，履行国营商业双重任务，既要积极参与市场调剂，又要稳定市场、平抑物价，保护生产者和消费者的利益。

（三）对企业的管理要在间接控制上下功夫。

从政府本身讲，主要是先要进行认真的研究。如局怎么办，我的意见是要强化专业局，要成为行业管理局，要把直接干预企业的管理权放给企业，拔出腿来抓宏观管理，进行间接控制。前面提出的一大套宏观管理问题，谁来办，首先就是由局来办，其次是各部委。

（四）切实抓紧城市建设和城市管理体制的改革。

当前我市在城市的建设和管理上有两个突出的矛盾：一是城市管理的运转机制不畅，城市的交通、卫生、市场、治安和城建管理还没有真正做到经常化、制度化、群众化。检查一下好一阵，检查过后又放松。二是城市各项基础设施长期欠账。现在搞活经济，城市开放，城市的经济活动人流大量增加，陈旧、薄弱的城市基础设施承受不住，矛盾更加突出。如自来水供水流量加大，水管陈旧，承受不了，不断发生管道爆裂；下水道也多次发生爆炸，甚至造成严重伤亡事故；行路难、乘车难、住宿难、住房难、打电话难，给人民生活造成困难，成为制约我市经济和文化发展的严重障碍。尤其是市交通堵塞，已成为越来越严重的爆炸性问题。1950 年全市只有 3307 台机动车辆。今年 8 月份已经增加到 44457 台，增加了 12.3 倍。车辆增加 12 倍多，道路只增加 1 倍多，矛盾很大。

因此要加强统一领导，采取有力措施，从政策上、规划上、决策上和力量组织上，做到“统筹规划，全面安排，分级负责，分清缓急，分段实施”；要改革目前城市管理上存在条块分割、机构重叠、职责不清、信息不灵、管理脱节、法规不健全等弊端。市政府为了尽快解决城市气化，鼓励各区安了不少天然气管道，听说这不算数要通通收。要区里干，是市政府决定的。要收回，是天然气公司某领导说的。你一个人怎么能跑去把市政府决定的事否定了，这太不像话。我们电信局邮政局任意把电话、电报停了，这是渎职，后来启立同志说了要追究法律责任。两江沿岸搞得很乱，建委，规划局都干什么去了，对土地收租金兴趣大，但对如何去管、去创业却没有人研究。有个县银行，审计局去审计，他不接受，还说只听什么银行的，这还得了。（伯康同志插话：耀邦同志给中纪委提出，今冬明春抓 100 个大案、要案，就是县级以上严重违纪的要抓 100 件。如果有同志要出风头、出个名也可以以身试法。我们要查出一个,严处一个,决不手软)。

三、我市制定“七五”计划的几个问题

关于我市“七五”期间的计划安排,伯康同志对总的指导思想和要求已讲得很清楚,我现在讲几个具体问题。

(一)要抓好重点项目的建设。“七五”期间,国家安排重庆的固定资产投资是55.75亿元,其中技术改造是34亿元,基本建设是21亿元。这个数字比“六五”期间有很大的增长。1986年,我市固定资产投资是7.5亿,其中技改项目是4.2亿,基建项目是3.3亿。“七五”期间固定资产投资的重点项目是32项,其中技术改造是19项,基本建设是13项,1986年开工或续建是13项。这些重点项目的实现,对改变重庆经济和城市面貌将发生重大作用。根据这个安排,第一,对国家已安排的重点我们要按时、按质、按量完成;第二,抓好技术改造;第三,抓好出口,在“七五”期间要争取有10%的产品打出去。今年如果完成出口1亿美元,大约占整个生产的3.7%。我们能把出口提高到总产值的10%,这不仅仅是增加外汇收入,还能使这部分产品经受国际市场的检验,使这部分产品的技术水平大体接近世界水平,从而带动整个生产水平的提高。

(二)大力发展第三产业。第三产业包括教育、科技、银行、服务、金融、商业流通等。1984年我市第三产业的就业人数占社会总就业人数的15%,产值占18%,这个比重是不高的,比例是不协调的。所以,怎样发展第三产业是个值得重视的问题。第一是加强城市基础设施建设;第二是发展为城市对外交流服务的各种服务行业;第三是发展城市旅游,争取在“七五”期间初步形成服务网点系列。到“七五”末期,全市从事第三产业的劳动力占全部在业人员的比重要达到30%左右,第三产业在国民生产总产值中的比重要达到1/4。

(三)加强农业基础,促进我市农村经济全面发展。关于这个问题汉卿同志在不久前召开的农村工作会上作过全面的部署,就按汉卿同志的讲话执行。这里再重复一句,不要忽视粮食生产。

(四)其他方面的问题,市计委提了个制定我市“七五”计划的初步设想,请同志们审查、讨论。

四、关于社会主义精神文明建设问题

我们要坚持两个文明一起抓。现在我们的精神文明建设和物质文明建设不相称,用伯康同志的话说,就是一条腿长,一条腿短。我们的建设从它的性质来讲是社会主义建设,是有中国特色的社会主义建设,离不开社会主义这几个字。社会主义的根本点是什么,在政治上要坚持四项基本原则,在所有制上要坚持公有制为主体,在思想体系上是共产主义思想体系,在组织上要坚持民主集中制。这就是基本点,我们要把这个基本点同工作紧密联系起来。

(一)要进行理想目标教育。我们正处在一个变革时期,经济建设上,发展有计划的商品经济,要承认等价交换,承认价值法则,承认千差万别。我们反对一切向钱看,但在现实生活中,许多东西又是用钱核算的,这是一种矛盾。我们思想工作的复杂性就在这里。因此,要把我们的工作同实现最终目标联系起来,既要注意现行政策和共产主义思想体系的某些区别,又要认识现行政策是实现共产主义理想的实际步骤,深入进行理想目标教育。

(二)要不断地向群众进行形势教育。社会上一些人,由于对形势认识不清楚,看不到主流,只看到一些支〔枝〕节,因而产生一些过急行为。这就要求我们要把全局性的问题不断地向群众讲清楚,引导大家识大体、顾全局,把认识统一到党代会的精神上来,团结奋斗,再展宏图。

(三)要端正业务指导思想,讲求职业道德,深入开展“五讲四美三热爱”活动。搞好“三优一学”(优良服务、优良秩序、优美环境,学习雷锋),继续治理“脏、乱、差”,贯彻市容卫生“三不准”(不准随地吐痰、不准丢瓜皮果屑,不准乱搭乱建),普遍推广文明用语十个字(即“请、您好、谢谢、对不起、再

见”），深入开展“三文明”活动（做文明市民，创文明单位，建文明山城）。通过这些活动，树立新的社会风气，培养新的精神风貌。

（四）加强法制教育。法律是我们在生活、生产、交流、交往中共同遵守的准则。现在有很多人不懂法，过去都是领导说了算，以为只要请示领导就行了。这是许多人犯法而不知法的重要原因。小平同志说，要进行马列主义教育，我看要从一、二、三教起，要从社会发展史教起，进行历史唯物论和辩证唯物论的教育。法制教育也是如此，要教育人们知道国家有些什么法，了解其中的内容，然后教育人们自觉地遵守。对各种违法犯罪、破坏社会治安的分子，要坚决打击，决不允许他们为所欲为，逍遥法外。

（五）抓好精神产品生产部门的思想政治工作。从事精神产品生产的部门，就是文学艺术、新闻出版、广播电视等各项文化事业单位。这些部门一定要坚持四项基本原则，使精神产品能够对建设两个文明起促进作用。对那些违背四项基本原则的东西，比如淫秽录像、低级下流刊物等毒害人们思想，损害青少年心灵健康的东西要坚决取缔和禁止，要加强对生产精神产品部门的领导。同时，还要尽可能地增加文化设施和体育活动场所，丰富人们的精神生活，增强人们的体质。

“七五”时期将是我们物质文明建设和精神文明建设显著变化的时期，是我们大显身手的时期，只要大家团结奋斗，我们的目标一定能够达到。

廖伯康同志在市委五届八次全委（扩大）会议上的讲话

（1986年10月11日）

同志们：

这次全委扩大会议的主题，是认真学习和领会中央六中全会通过的《关于社会主义精神文明建设指导方针的决议》。按照《决议》中关于社会主义建设总体布局的精神，会议实际分为三段。第一段是学习《决议》；第二段是五位部门领导同志分别就精神文明建设、体制改革、经济建设作了发言；现在是第三段，由五位书记讲自己的认识和对当前工作的意见。我是作为第一个发言，其他四位书记明天还要讲。我今天讲四个问题。

一、我对学习《决议》的认识；

二、把全面配套改革推进到新旧体制主次易位的新阶段；

三、从宏观上把握住经济发展的主动权；

四、振奋精神，多办实事，为民造福。

关于对《决议》的传达贯彻意见，放在明天结束时来讲。

在这里我先宣布市委和市顾委班子中的一些调整变动。省委8月29日批准：“李成文同志任中共重庆市顾问委员会副主任，免去其中共重庆市委副书记、常委和市纪委书记职务；大足县委书记邓中文同志任中共重庆市委委员、常委。”成文同志本人因已年满60周岁，请求退出现职岗位，省委研究同意他的要求，并作了新的任命。3年多来，成文同志在分管的整党、纪检、组织、编制、落实政策等工作方面，做了大量工作，取得的成绩是有目共睹的。市委研究，成文同志担任市顾委副主任后，受市委的委托，仍继续把整党工作抓到底，直到这项工作胜利完成。1983年8月，市五次党代会选举产生市顾委委员31人。3年多来，部分委员辞职离休、异地安置和病逝。去年7月，曾做过增补。10月5日下午，举行了市委全委会议，到会全体委员在酝酿讨论的基础上，选举了市委组织部原副部长、原四川维尼纶厂党委书记胡治源同志和四川兵工局原局长、党委书记姚金山同志为市顾委委员。

下面我分别来谈四个问题：

一、我对学习《决议》的认识

六中全会决议的内容非常丰富，要全面准确地吃透文件精神，不是一次会议的短短几天时间所能完全做到的。当前，必须集中精力把《决议》本身学好，只有在对《决议》本身的精神有了正确的认识和了解后，才有可能在实际工作中贯彻执行。这次学习，我是采取小学学课文的方式，逐章逐段地学。今天也按小学生的方式，把文件中有哪些新意，有哪些发展，有哪些长期有争论而在这次做出了新的结论，有哪些过去模糊不清的观点，决议作了新的科学的解释。按照八个部分的顺序我整理了一下，一共列出了29条，目的是给大家学习起一个提示作用。

（一）社会主义精神文明建设的战略地位

1. 从社会主义现代化建设总体布局的高度正确认识社会主义精神文明建设的战略地位。《决议》第一次提出我国社会主义现代化建设的总体布局是：一个中心、两个改革、三个坚定不移和两个互相。即：以经济建设为中心，坚定不移地进行经济体制改革，坚定不移地进行政治体制改革，坚定不移地加强精神文明建设，并且使这三个方面互相配合，互相促进。这是在党的正式文件中，进一步鲜明地确定了社会主义精神文明建设的战略地位。从而使我们认识到，社会主义精神文明建设不仅仅是推进社会主义现代化建设的一个战略措施和手段，而且它本身就是社会主义现代化建设的内容、目的，是社会主义现代化建设的内在要求。我们建设现代化，如果忽视了精神文明建设这个内容和目的，就不能认为是在建设社会主义的现代化。

2. 以马克思主义为指导的社会主义精神文明是社会主义社会的重要特征。过去，讲社会主义的特征，往往强调剥削制度的消灭和生产资料的公有、按劳分配、人民民主专政等等，这些无疑都是正确的。但还不足以完全概括社会主义的特征，社会主义还必须有一个特征，就是以马克思主义为指导的社会主义精神文明。如果不在思想上牢固地树立这样一个观点，就会使我们对社会主义的理解陷入片面性，从而使我们的工作产生失误，甚至会走上畸形发展的邪路。在以往的实践中，封建意识，小生产观念，以及资本主义的腐朽思想，对我们的政治生活、经济生活、文化生活，及其整个社会生活所带来的危害，已经充分证明了这一点。所以，《决议》中做出的不搞好精神文明建设，就会贻误全局的论断，是十分正确和中肯的。

3.《决议》对两个文明建设的关系，发展了十二大报告中提出的观点。十二大报告中提出："物质文明的建设是社会主义精神文明建设不可缺少的基础。社会主义精神文明对物质文明的建设不但起巨大的推动作用，而且保证它的正确的发展方向。两种文明建设，互为条件，又互为目的。"《决议》在此基础上进一步指出："在社会主义时期，物质文明为精神文明的发展提供物质条件和实践经验，精神文明又为物质文明的发展提供精神动力和智力支持，为它的正确发展方向提供有力的思想保证。"把这两段论述对照一下，我们可以看到，十二大报告中说的"基础"，在《决议》中被具体化为"物质条件"和"实践经验"；十二大报告中说的"推动作用"，在《决议》中被具体化为"精神动力"和"智力支持"；十二大报告中说的"保证"，在《决议》中具体化为"思想保证"。我认为《决议》中"智力支持"和"思想保证"的新提法，很值得重视。"精神动力"加上"智力支持"把精神文明建设对物质文明建设的推动作用表达完整了，体现了精神文明建设的两个方面。《决议》提"思想保证"，更加明确，因为笼统地提"保证"，容易让人误解为可以提供一切保证。过去，由于对精神的作用强调过了头，用精神代替一切，结果适得其反，造成人们对精神作用的轻视。事实上，精神不是万能的，精神文明建设不能给物质文明建设提供一切必须的保证，但能够提供"思想保证”。弄清楚这一点，对我们把握两个文明建设之间的关系是非常重要的。

4. 全面改革和对外开放，极大地促进了精神文明建设。《决议》提出的这个观点，使一个长期争论而没有统一认识的问题有了明确的结论。过去，一些同志认为改革和对外开放，不免带来一些消极的东西，打开窗户会飞进来一些苍蝇、蚊子；但却忽视了改革和对外开放对精神文明建设所产生的积极作用，更没有认识到改革和对外开放是精神文明建设的动力和巨大促进。关于改革和对外开放对精神文明建设的影响，尽管现在改革还在进行中，但是它给精神文明建设带来的好处已经显示出来了。发展商品经济，打破“大锅饭”，使很多懒人变勤了；广大职工的生活节奏和工作节奏加快了；时间观念和效率观念显著地加强了；开拓、创新和竞争的气氛活跃起来了；改革和对外开放带来了马克思主义理论研究的繁荣。近年来，学术界针对改革中产生的新观点、新问题和当代世界的新变化，运用马克思主义的立场、观点和方法，提出了一系列有创见的新理论。改革和对外开放，促进了科学文化的发展、民主法制的健全；改革和对外开放，使那些在我国人民中长期存在并产生着消极影响的封建意识、小生产观念正在受到有力的冲击。所有这些都表明改革、开放对精神文明建设的巨大促进作用。

5. 改革对精神文明建设提出了新的更高的要求。这个新的更高的要求，就是《决议》提出的精神文明建设要形成有利于社会主义现代化建设和全面改革的舆论力量、价值观念、文化条件和社会环境，有力地抵制资本主义和封建主义的腐朽思想，防止种种迷失方向的危险，振奋起全国各族人民的巨大热情和创造精神，用几代人的努力建设起社会主义现代化强国。能不能够使我们的精神文明建设满足上述要求，《决议》里说：“这是一个历史性的重大考验。”

6.《决议》中第一次提出了社会主义精神文明建设的基本指导方针，即它必须是推动社会主义现代化建设的精神文明建设，必须是促进全面改革和实行对外开放的精神文明建设，必须是坚持四项基本原则的精神文明建设。这个指导方针虽然只有短短的三句话，但它却科学地规定了精神文明建设同社会主义现代化建设的关系，精神文明建设同全面改革、对外开放的关系，以及精神文明建设本身的社会主义性质。所以，我们在建设精神文明的过程中，只要牢牢地把握住了这个指导方针，也就把握住了精神文明建设的方向。

(二)社会主义精神文明建设的根本任务

7. 培育有理想、有道德、有文化、有纪律的社会主义公民，提高整个中华民族的思想道德素质和科学文化素质，是社会主义精神文明建设的根本任务。这个根本任务有三个特点：

着眼于全民族。只有当整个中华民族的政治素质和文化素质都大大提高了的时候，中华民族才能摆脱贫困和落后，屹立于世界民族之林。这就要求我们把精神文明建设作为亿万人民群众的事业，使精神文明建设的任务带有广泛性。

把提高人的素质作为主要目标。人的素质是历史的产物，又给历史以巨大的影响。人是一切社会活动的主体。社会活动的成效大小，成败如何，除了要受到社会环境、历史条件等客观因素的约束外，主要取决于人的作用。因此，提高全体公民的素质，是我们在社会主义精神文明建设中应具有的明确的指导思想和战略考虑。人的素质的提高，是一个复杂的、长期积累和渐进的过程。我们要把提高人的素质作为精神文明建设的长期战略任务，一代一代地坚持不懈地抓下去。

带有普遍的适用性。《决议》指出，要适应社会主义现代化建设的需要，培育“四有”公民。这是一个新的提法。过去的习惯提法是培育“四有”新人。这容易产生比较狭隘的理解，似乎培育“四有”新人的主要对象是年轻人。现在明确提出培育社会主义的“四有”公民，这就对社会成员普遍适用，是对每一个公民的要求，体现了根本任务带有普遍性的特点。

8. 明确提出了精神文明建设的内容是思想道德建设和教育科学文化建设两个方面，并且指出，精神文明建设渗透在整个物质文明建设之中，体现在经济、政治、文化、社会生活的各个方面。《决议》把精神文明建设的内容概括为思想道德建设和教育科学文化建设两个方面，这就较十二大提出的精神文明建设的内容是思想建设和文化建设这两个方面，更加具体、更加全面和丰富，这是对十二大的发展。

在这里，《决议》提出了一个非常重要的观点，就是社会主义精神文明必须渗透到整个物质文明建设之中，必须体现在经济、政治、文化、社会生活的各个方面。因此，精神文明建设就不仅仅是意识形态领域、思想文化部门的任务，不仅仅是思想政治工作部门的任务，而且是各行各业、全党全军、全体劳动者和爱国者共同的长期任务。

9. 加强精神文明建设，必须牢记历史教训，正确处理社会主义社会的各种矛盾，坚持用教育和疏导的方法去解决思想性质的问题。我国社会现阶段的主要矛盾是人民日益增长的物质文化需要同落后的社会生产之间的矛盾，阶级斗争在一定范围内仍将长期存在，但已经不是主要矛盾，我国社会存在的矛盾(注意，不仅是思想领域)大多数不具有阶级斗争性质。精神文明建设，应坚持一切着眼于建设，把注意力集中在四个方面：一集中于团结人民，充分发挥人民的积极性和创造性；二集中于满足人民的文化和精神需要上来；三集中于加强思想道德建设和教育科学文化建设上来；四集中于促进社会生产力的发展上来。

10. 强调对外开放作为一项不可动摇的基本国策，不仅适用于物质文明建设，同样适用于精神文明建设。这是对长期争论而做出的新的结论。从我国和世界的历史来看，任何国家要发达起来，都不能拒绝接受国外的先进科学文化。我国旧民主主义革命就是同西方资产阶级民主革命的影响分不开的，而新民主主义革命又是同俄国10月革命的影响和马克思主义科学思想的传入分不开。十一届三中全会以来，实行对外开放，不但加快了我国物质文明建设的步伐，在人们的观念上，使我们开阔了眼界，打破了封闭、保守、狭隘的小生产观念，这些都是对外开放的精神成果。资本主义制度作为人类历史发展的一个历史阶段，经历了几百年的时间，不仅在物质文明建设上，而且在精神文明建设方面，思想、文化、艺术等方面都留下了不少可供人类共享的财富。随着改革和开放的深入发展，不同民族、不同国家之间的思想文化交流已成为必然。当然，在这种交流中，我们必须在鉴别和选择中吸取有益的东西。我们应有这样的信念：以马克思主义为指导，批判继承历史传统，而又充分体现时代精神，立足本国而又面向世界的这样一种高度发达的社会主义精神文明，它在与外来交互作用中，一定能不断丰富和发展自己。

(三)用共同理想动员和团结全国各族人民

11. 建设有中国特色的社会主义，把我国建设成为高度文明、高度民主的社会主义现代化国家，这就是现阶段我国各族人民的共同理想。把这样的目标确定为各族人民现阶段的共同理想，才能克服过去长期造成的狭隘观点，团结一切可以团结的力量，使之成为我国全体人民的共同理想，并为实现这个共同理想而奋斗。我国各族人民的共同理想如何才能落到实处？这就要同各行各业、各个地方、各个具体的发展目标和建设任务结合起来，同各自的岗位职责和人生追求结合起来。有了这四个结合，共同理想就能落到实处。

12. 最高理想与共同理想。我们党的最高理想是建立各尽所能、按需分配的共产主义社会。共产党员要把最高理想同现阶段的奋斗目标结合起来。共产党员是人民中的一员，现阶段全国人民的共同理想，当然也是党在现阶段的奋斗目标。这样，我们党的理想就成了两个层次的辩证统一，即最高理想与现阶段奋斗目标的辩证统一。忽视党的最高理想，我们就会迷失方向；忽视现阶段的奋斗目标，我们就会犯脱离实际的错误。过去，我们用党的最高理想来代替现阶段的奋斗目标，事实告诉我们，我们党的理想在任何阶段都是最高理想与现阶段奋斗目标的辩证统一，新民主主义革命时期是如此，社会主义时期也是如此。正像《决议》指出的："党的最高理想是共产主义，而建设有中国特色的社会主义，则是实现这个理想的必经阶段。在这个阶段，对每一个共产党员来说，为党的最高理想奋斗，就是为建设有中国特色的社会主义奋斗。如果对现实的斗争不忠诚，不热情，那就是有意无意地背离党的最高理想。"唯其如此，我们党才能把自己的理想与人民群众的利益统一起来。

13. 理想根植于对未来的规律性认识，因此它必须是科学的。非科学的理想只能是幻想，只能是空想。怎样才能把理想建立在科学的基础之上？

第一，要善于运用我们建设和改革的现实成就和群众的切身经验，进行生动的理想教育。我们要用群众看得见，感受得到或者亲自参加干过的建设和改革成就来鼓舞群众，使他们真正感到有中国特色的社会主义是值得追求的，从而坚定全体人民进行社会主义现代化建设的信念和自觉性。

第二，要深入理解马克思主义世界观和社会发展规律。

第三，要深入理解我们民族的光辉历史和革命传统，特别是近百年来我们民族的深重灾难和反帝反封建的英勇斗争。要使全体人民知道，中华民族是有悠久历史和文化的伟大民族，在古代文明史上曾长期处于世界的前列。近百年来，无数先烈、仁人志士前赴后继，赴汤蹈火，就是为了中国富强，为了实现我们今天提出的理想。

第四，要深入理解当代世界的进步、矛盾和人类的前途。当代世界，科学技术正在以前所未有的速度发展。对我们，这既是机会，也是挑战。抓住了机会，在挑战中崛起，就会创造奇迹，像《决议》指出的那样，到下世纪中叶进入世界发达国家之列。

通过以上这些提高来达到三个"自"，即自尊心，自信心和自豪感，把理想建立在科学基础之上。

（四）树立和发扬社会主义的道德风尚

14. 不同的社会和不同的历史阶段有不同的道德规范。什么是道德？道德就是调整人们之间以及个人和社会之间关系的行为规范的总和，也就是人们的行为规则、行为准则。它依靠社会舆论、人们的信念、传统习惯和人的自觉性来调整人们之间以及个人和社会之间的关系。道德具有时代性和历史阶段性，不同的社会和不同的历史阶段有不同的道德规范。那么，什么是社会主义的道德规范呢？《决议》明确指出，社会主义道德的基本要求是"五爱"，即爱祖国、爱人民、爱劳动、爱科学、爱社会主义。"五爱"体现在社会生活的各个方面，对于建设社会主义人际之间的新型关系，形成良好的社会风尚，加速社会主义现代化建设具有重要的意义。

15. 道德是经济基础的反映。《决议》中提出建设社会主义道德风尚的具体目标，我们把它概括为"两个发展""两个发扬"。"两个发展"：一是发展社会主义商品经济的竞争；二是发展多种经济成分，在共同富裕的目标下鼓励一部分人先富裕起来，肯定人们在分配上的合理差别。《决议》鲜明地提出："决不能把平均主义当作我们的社会主义道德准则。"这是多年来的一个模糊不清的观点，至今依然在影响着我们。"两个发扬"：一是发扬国家利益、集体利益、个人利益相结合的社会主义集体主义精神；二是发扬顾全大局，诚实守信，互相友爱和扶贫济困的精神。

对道德的要求是有层次的，《决议》对我们社会先进分子的道德规范提出了高层次的要求，为了人民的利益和幸福，为了共产主义理想，应该站在时代潮流前面，奋力开拓，公而忘私，勇于献身，必要时不惜牺牲自己的生命。这就把对共产党员、干部和先进分子的要求同群众性、广泛性的要求结合起来了，既鼓励先进，又照顾多数，这样的社会主义道德就能够连结和引导不同觉悟程度的人们一起向上，形成凝聚亿万人民的强大精神力量。《决议》从实际出发，实事求是地、有区别地提出了分层次的建设社会主义道德风尚的目标，这是我们党总结历史经验，贯彻实事求是的思想路线的又一重大成果。《决议》关于道德准则，不仅提出我们提倡什么，要求身体力行做到什么，而且鲜明地提出我们反对什么。社会主义道德所要反对的是一切损人利己、损公肥私、金钱至上、以权谋私、欺诈勒索的思想和行为。这样就把议论了多年的社会主义道德标准从抽象到具体化了。

16. 怎样建设社会主义道德，《决议》着重提出了三个方面的要求：

一是职业道德建设是社会主义道德建设的重要环节。首先是党政干部要带头树立起良好的职业道德，公正廉洁、忠诚积极、为民服务，反对官僚主义、弄虚作假、以权谋私；同时要在各行各业中加强职业道德建设，这项工作我市正在进行。今年以来，我市在市级机关党风大检查的基础上，全市开展了“讲职业道德、尽职业责任、守职业纪律”的教育，现在我们决定再加上职业技术培训，从“三职”教育发展为“四职”教育，我们要坚持不懈地把这一工作抓下去，抓出实效。

二是社会公德建设中要大力发展社会主义人道主义精神。人道主义并不是资产阶级独有的，社会主义社会也应当有自己的人道主义。社会主义人道主义的本质是要真正做到尊重人，关心人，重视人的价值。在现实生活中，特别要重视关心社会上的七种人，即保护儿童，尊重妇女，尊重老人，尊敬军烈属和荣誉军人，关心帮助鳏寡孤独和残疾人。在这里，我想着重强调一下搞好残疾人的社会保障工作和发展残疾人福利事业的问题。残疾人福利事业是社会保障的一个组成部分，是社会主义精神文明建设的重要内容，是全社会的事业。重庆现有十万以上的残疾人，他们因身体残疾，在就业、教育、升学、生活、婚姻、康复等方面需要得到社会多方面的关怀、支持和帮助。发展残疾人的社会保障事业，不仅关系到残疾人本身，而且关系到他们的家属。这项工作搞好了，不仅体现了党和政府对残疾人的关怀，体现了社会主义人道主义精神，体现了社会主义制度的优越性，而且既能充分调动残疾人的积极性，又解除他们的亲人的后顾之忧，这是为社会排忧解难的大好事。当前，我市发展残疾人福利事业，首要的任务是筹集资金。希望大家重视这项工作，热情地向残疾人慷慨解囊，这是我们义不容辞的责任和义务。

三是移风易俗，努力形成适应现代生产力发展和社会进步要求的文明、健康、科学的生活方式，克服社会风俗习惯中还存在的落后、愚昧、腐朽的东西。现在婚嫁丧葬中的陈规陋习有所抬头，而且有一些是我们基层的干部带头这样干的，这就成为另一个方向的“移风易俗”了。

17. 社会主义道德作为人类文明中道德发展的新境界，它必然要批判地继承人类历史上一切优良传统，并同各种腐朽的思想道德作斗争。历代劳动人民培养起来的道德品质，如勤劳、朴素、勇敢、正直、友爱、互助等美德，是人类宝贵的精神财富，是社会主义道德继承的主要内容。但是，我们还要看到，封建道德的消极因素在我国影响很深，至今还残存着的宗法观念，特权思想，专制作风，拉帮结伙，男尊女卑等封建余毒，以及资本主义的腐朽思想，还在时时侵蚀着人们的思想，影响着人们的行动，对改革、开放和发展商品经济阻碍极大。因此，我们要努力消除封建社会遗留下来的封建意识、小生产观念、旧的习惯势力，树立和发扬同社会主义经济基础相适应的社会主义道德风尚，以促进改革、开放，大力发展商品经济。

（五）加强社会主义民主、法制、纪律的教育

18. 高度民主是社会主义的伟大目标之一。也是社会主义精神文明在国家和社会生活中的重要体现。这次全会不仅第一次提出了上述观点，而且还高度概括和总结了五条：(1)没有民主就没有

社会主义现代化;(2)民主要制度化、法律化;(3)党必须在宪法和法律的范围内活动;(4)切实推行政治生活民主化,经济管理民主化,社会生活民主化;(5)改革和完善党和国家的领导制度。社会主义法制保障人民的合法权利和利益,没有社会主义法制就不可能有真正的民主。同样,没有纪律约束的民主也不是真正的民主。只有加强社会主义民主、法制、纪律的教育,才能建立起人与人之间的平等关系和个人与社会主义之间的正确关系,从而保证党和国家政治生活、经济生活、文化生活和整个社会生活健康地、和谐地发展。

19.《决议》对西方资产阶级提出的民主、自由、平等、博爱的观念,第一次作了科学的分析。在人类历史上,新兴资产阶级和劳动人民为了反对封建专制制度,在“天赋人权”的旗帜下响亮地喊出了民主、自由、平等、博爱的口号。毫无疑问,在资产阶级革命时期,这样的旗帜和口号是革命的、进步的,对于人类精神的解放和推动历史进步起了巨大作用。那么,今天怎样看待民主、自由、平等、博爱的口号呢?无产阶级和人民群众还能不能继续使用这些口号呢?在这个问题上,过去是一个禁区,是一个十分敏感的问题。现在,在党中央的决议中第一次正式提出这个问题,并加以科学解释,这是一个重大突破。

20.明确提出了要坚决反对资产阶级自由化。对资产阶级自由化,一要坚决反对,二不要扩大化,界限划在哪里?划在“否定社会主义制度,主张资本主义制度”。在这个问题上,我们一定要总结过去的经验教训,注意防止扩大化。学术和理论即使是政治问题也可以讨论。不要把一些人的模糊不清的认识都看作资产阶级自由化而乱反一通,更不要把改革和开放的探索与资产阶级自由化混为一谈,界限就划在“一否定二主张上”。

21.健全法制和加强纪律是实现社会主义民主的保证。民主和法制、纪律不可分割。社会主义的法制和纪律是社会主义民主的保证,它保障人民的合法权益和利益,调节人们之间的关系,规范和约束人们的行动,制裁和打击各种危害社会的不法行为。因此,要继续坚持人民民主专政,在法纪面前人人平等,绝不允许有任何超越法律和纪律的特殊人物,绝不允许不受约束的绝对权力,这应当成为我国政治生活和社会生活中不可动摇的准则。

民主化要体现在社会的各方面,主要是三个方面,即政治生活民主化,经济管理民主化,社会生活民主化。加强社会主义民主与法制的建设,根本问题是教育人,而且要从小学开始,把理想、道德、文明礼貌和民主、法制、纪律教育联系起来进行。

(六)普及和提高教育科学文化

22.教育科学文化既是物质文明建设的重要条件,也是精神文明建设的重要条件。教育和科学如果得不到应有的发展,不但精神文明建设上不去,经济建设也将没有后劲,这是世界各国正面、反面的历史经验所证明了的一条真理。懂得这个道理并不难,但在实际工作中却往往被忽视,因而直到现在,教育、科学、文化仍然是我们最薄弱的环节。原因是多方面的,其中一个重要原因是不愿把精力、资金、物资用在周期长、见效慢的科学教育文化事业上来。当前,我市教育、科学、文化战线欠账多、底子薄,这些事业的确是在很艰难的情况下勉强在那里运转和发展,这是很值得各级党委和政府认真研究解决的一个重要问题。

23.如何抓好教育科学文化事业呢?《决议》明确指出,国家要从政策上、资金上保证这些事业的发展,并且鼓励社会各方面的力量支持这些事业。《决议》还指出,各地都要制定文化事业发展的具体规划,并像完成经济建设任务一样,确保完成文化建设任务。这是一个新的提法和新的要求,任务不分硬软、不分长短了,也就是说都是硬任务,都是当务之急。

对教育、科学、文化工作者,《决议》提出提高两个素质,即思想道德素质和业务素质。这比过去所提的更具体、更全面了。就社会而言,把尊重知识、尊重人才作为有待进一步解决的重大课题。要把知识分子地位的真正提高、作用的充分发挥，以及与工农群众的亲密团结和共同奋斗，作为现代化建设取得成功的可靠保证。

（七）马克思主义在精神文明建设中的指导作用

24. 坚持马克思主义对精神文明建设的指导作用，前提是要用正确的态度来对待马克思主义。什么是正确的态度呢？这就是既要坚持马克思主义，又要发展马克思主义，把坚持与发展都统一在实践之中。因此，离开实践的观点、发展的观点、创造的观点，就谈不上坚持马克思主义。之所以要坚持马克思主义，就是因为马克思主义是社会主义精神文明建设的根本，我们的理想建设、道德建设、文化建设、民主法制观念建设都离不开马克思主义指导和马克思主义的理论建设，但是我们这里坚持的是马克思主义的根本，不是把马克思主义偶像化，当作教条，不加思索地囫囵吞枣，更不是盲目地照搬马克思经典著作中的只言片语，躺在马克思主义经典著作上去生活。而是从实际出发，研究新情况，解决新问题，总结新经验，指导社会主义现代化建设，指导精神文明建设。我们所要建设的精神文明，必须是推动改革和开放，坚持四项基本原则的社会主义精神文明，而不是其他。

25. 要使马克思主义起指导作用，不仅要坚持，而且要发展。《决议》指出："马克思主义是在历史和科学的前进中不断丰富和发展的科学，它并没有结束真理，而是在实践中不断地开辟认识真理的道路。"马克思主义不是一成不变的、凝固的东西。马克思主义是创造性的理论，是活的理论，是发展的科学，是开放的体系。真理的发展是无限的，马克思主义生命之树之所以常青，就在于它不断地吸收新的知识成果来充实自己，发展自己。

《决议》明确指出："只有从实际出发，以实践作为检验真理的唯一标准，勇于突破那些已被实践证明是不正确的或不适合变化了的情况的结论，而不是用僵化观念来裁判生活，马克思主义才能随着生活前进并指导生活前进。"我们说马克思主义是真理，是指马克思主义运用唯物辩证法，剖析资本主义，揭示了资本主义必然灭亡，共产主义一定胜利的人类社会历史发展规律。但不等于说马克思、恩格斯等杰出的无产阶级领袖人物所说的话"句句是真理"，他们对具体问题的论断是否正确，检验的标准只能是社会的实践。只有坚持实践是检验真理的唯一标准，在马克思主义这个广阔的领域里，才能有所创新、有所突破，给马克思主义增添新的活力，丰富和发展马克思主义。

26. 怎样发挥马克思主义对精神文明建设的指导作用。要根据不同的问题采取不同的方法：(1)在决策问题时，应建立在更加民主和科学的基础上；(2)在政策和计划的决定时，要遵守民主集中制的原则，集中必须以民主为基础，以民主为前提。多谋才能善断。多谋是民主，善断是集中；(3)在学术和艺术问题上，要遵守宪法规定的原则，实行学术自由，创作自由，批评和反批评自由。总之，议论纷纷的时代是欣欣向荣的表现，而鸦雀无声只能使社会停滞不前。

27. 怎样才能做到对马克思主义既坚持又发展呢？对干部来说，这就要求带头认真学习。一带头，二认真，三学习。对群众来说，就需要做到三个结合，今后在群众中进行教育时尤其要如此。一要把马克思主义基本原理同党的路线方针政策和形势教育结合起来；二是同各种历史文化科学知识的学习结合起来；三是同群众的思想状况结合起来。只有这样才能使学习不脱离实际；不脱离实际，才不脱离群众，才能做到坚持。

（八）党组织和党员在精神文明建设中的责任

28. 各级党组织和广大党员在精神文明建设中的责任，一是加强自身的精神文明建设，特别是搞好党风；二是以模范行动和艰苦工作，组织和推动全社会的精神文明建设。一个好的党风，对于精神文明建设起着极其重大的作用。党风正，民风淳。好的党风，是我们党引导、影响和推动社会主义精神文明建设的最直接的榜样力量。我们要按照中央关于端正党风"一要坚决、二要持久"的方针，把建设一个好的党风与组织和推动全社会精神文明建设结合起来，长期地抓下去。新时期党员和干部怎样起模范作用呢？《决议》从五个方面提出要求起到模范作用。《决议》要求共产党员首先是领导干部，“做努力工作、好学上进的模范，做不尚空谈、多干实事的模范，做坚持改革、勇于开拓的模范，做维护群众利益、带领群众勤劳致富的模范，做遵纪守法、同不正之风和犯罪行为作斗争的模范。”这是在改革、开放和发展社会主义商品经济的历史条件下，党对每一个共产党员提出的新的要求。党员生活扎根于群众之中，既是群众中的一员，又是群众中的中坚力量。群众通过党员的一言一行观察党；党员发挥模范作用又可以影响广大群众。从这个意义上讲，党员首先是领导干部的模范表率作用，是两个文明建设能否搞上去的关键。

29. 坚持两个文明一起抓，是全党面临的新课题。应该看到，要真正做到两个文明一起抓，我们在思想认识上、工作方法和工作作风上，都还存在许多尚待解决的问题，确实需要花很大的力气去探索规律，统一认识，研究政策，制定措施。

首先，两个文明一起抓，是我们党领导亿万人民群众共同进行的开创性事业，因此，我们一定要相信群众，依靠群众，尊重群众的首创精神。领导干部要经常到群众中去，同群众一起商量解决人们普遍关心的思想问题和实际问题，在解决这些问题和矛盾中去实现领导。其次，精神文明建设，包括思想道德建设和教育科学文化建设两个方面，要渗透在整个物质文明建设之中，体现在经济、政治、文化、社会生活的各个方面。两个文明建设一起抓，是各条战线和一切部门的长期、共同的任务。无论从事哪方面工作的干部，都应有各自的具体目标和任务，都要把教育人的工作抓好。第三，我们社会主义物质文明建设的发展，已经为精神文明建设提供了较好的技术、物质条件。充分利用好这些条件，使精神文明建设通过群众喜闻乐见的多种形式广泛进入人们的实际生活，已经成为可能，这就要求我们从政策上、资金上提供保证，使教育、科技、文艺、新闻出版、广播影视、卫生、体育、文物、图书馆、博物馆在现实的基础和条件下有更大的发展，并鼓励社会各方面支持这些事业，把精神文明的建设转到全方位领导上来。

二、把全面配套改革推进到新旧体制主次易位的新阶段

关于经济体制改革问题，罗平同志在发言中作了很好的论述。今天我采取“虚说”的方式，着重谈几个观点。

目前，我国的城市改革已经发展到了新旧体制从相持阶段到主次易位阶段。在这个阶段里，各种思想、各种观点、各种矛盾、旧体制的弊端、新体制的因素、经济问题、政治问题、社会问题，都集中地显露出来。这既增加了改革的难度，又使我们更加深刻地认识到改革的迫切性，并且也为进一步推进改革提供了机会。我们和沈阳、武汉、广州等许多大中城市正在抓住机会，选择方向，积极行动，形成了一个交错突破、百舸争流的局面。面对这种局面，我们作为全国第一个进行经济体制综合改革试点的大城市，更应勇敢地探索前进，继续发挥试点城市在全国改革试点中的探路作用，为促进全国新旧体制主次换位做出新的贡献。根据新形势的要求，我们现阶段改革的指导思想仍然是：更新观念、深化改革、全面配套、主次换位。这个指导思想在今年上半年就提出来了。这里再一次强调，目的是希望同志们把自己的认识进一步统一到这个指导思想上来。我们一定要以更新观念为先导，增强干部和群众的改革意识，进一步拓展我市改革的深度和广度，把经济体制内部的改革配起套来，把政治体制改革与经济体制改革配起套来，促使新旧体制尽快实现主次换位。为此，我们在思想认识上，还应该着重明确和注意以下五个问题：

（一）改革是时代的主旋律，各个部门都必须抓住这个主旋律，把改革放在自己工作的首位。

我们党和全国人民在现阶段的总任务，是建设高度物质文明和高度精神文明的现代化国家。实

现这个目标，必须坚定不移地改革原有的僵化体制，否则就会落空。建国三十多年来所走过的道路和正在进行的实践都明白无误地证明了这点。因此，改革关系到国家民族的未来，是国家的大事、民族的大事，也是我们党的大事，是我们这个时代的主旋律。正如十二届六中全会决议所指出的："改革是社会主义制度的自我完善和发展。它的全面展开，是近几年我国形势发生巨大变化的一个重要标志。"我们每一个区县、部门和单位，都要按照中央的要求，"把改革放在一切工作的首位"；每一个同志都要把自己的精力和聪明才智更多地用到改革上来。不论什么人，也不论有什么理由，都不能忽视改革，放松改革。否则，他就会成为新时期雄壮交响乐中一个变了音、走了调的音符！就没有同中央保持政治上的高度一致，就有愧于党和人民的共同事业。

（二）开动脑筋，解放思想，大胆探索。

建设有中国特色的社会主义，是一项前无古人的伟大壮举，改革、开放既是对生产力的大解放，对每一个人来说，又是一次思想上的大解放。古往今来，从没有一个囿于古训的人、唯上级领导言论是从的人、唯书本上已有的现成结论是从的人、不敢冲破旧的条条框框束缚的人，能够开拓新的道路，创造新的生活。因此，我们要深化改革，首先就要敢于思考、敢于探索、敢于创新、敢于冲破各种过了时的思想框框。只要符合中央指出的改革方向和基本原则，我们就应该无所顾忌去探索。改革无禁区，凡是不适应社会主义商品经济发展的，不利于建设有中国特色的社会主义现代化的事物，统统都在改革之列。鲁迅先生曾经高度赞扬过第一个吃螃蟹的人，在改革的时代，我们更需要千千万万这样的人。要知道，没有创新，我们的国家就会缺乏生机，就永远只有古老的历史而没有青春的活力。有的改革设想，改革措施，尽管不太完善，在试验中也可能出现失误，但都是正常的事。自然科学试验可以允许失败几百次、上千次，为什么就不能容忍社会科学试验出现一点失误呢？当然，在改革中，我们应该尽可能地避免和最大限度地减少失误，特别是在决策时，一定要经过周密、民主的科学论证。只要我们把大胆探索、周密思考与扎扎实实的工作结合起来，就一定能够顺利地推进改革。

（三）勇于实践、投身改革、不当改革的旁观者。

改革不能只是停留在理论研究和方案设计上，还要勇于实践，没有实践就无所谓改革。首先，我们提出的改革设想、改革方案和目标模式，都必须拿到实践中去接受检验，才能最终判定哪些方面是正确的，哪些方面需要修正和完善，只有这样才能找到一条改革的可行之路。改革的方案和措施无论制定得多么好，也只有经过实践才能实现其价值。过去，我们曾经设计了一些比较好的方案，但却迟迟不能付诸实施，结果其他兄弟城市拿过去干起来了，取得了很大成效。为什么我们总是对自己设计的东西顾虑重重，人家反而无所顾忌呢？这就说明我们这里有的人只是看改革、评改革，有的身居领导岗位而不下功夫去抓改革、勇于投身改革的实践。我们是在大有希望的年代搞改革，又是在并不理想的环境中搞改革。不要一有困难就退缩、埋怨，要把精力放在创造条件、改善环境、理顺关系、协调矛盾上。平平安安，什么都不敢碰，那就只能不改不革了，那还要我们这些人来做什么呢？因此，当前改革工作的一个重点，就是要缩短从方案设计到付诸实践、施工的时间周期，使之早出成果、早收效益。改革不仅要加快步伐，而且要上"批量"，上"规模"，我们不仅要"试点"，还要"试面"，看准了的，经过实践检验过的，为什么不在更大的面上来推行呢？这就是我对重庆的横向联系、横向联合的进展不满意的原因。小打小闹不可能有大突破，比如企业改革，只在有限的几个企业搞，偶然性太大，而且出不了多少效益，只有大胆推开，大面积的搞，才能取得大的突破，也才能尽快地实现新旧体制主次换位。

（四）要认真处理好改革与经济工作的关系。

我们每一个同志，特别是领导同志都要认真处理好改革与经济工作的关系。搞经济工作的同志一定要认识到，经济工作绝不能走老路，在旧体制下无论怎样折腾，经济腾飞都没有希望。唯一的出路是依靠改革，紧紧抓住改革不放，才能带来经济建设的大发展。那种认为改革是务虚，经济工作才是务实，甚至把改革作为一种负担，认为改革冲击了经济工作，妨碍了经济工作的思想是非常糊涂的，必须纠正过来。今后，在全市的任何一个部门或单位，都决不允许存在“求人搞改革”的极不正常现象，改革本来是你自己的事，何求之有？要使改革成为我们每一个同志的自觉行动。

搞改革的同志，也要树立起改革的目的是发展生产力、推动经济建设的思想，决不能为改革而改革。只有经济持续稳定发展，改革才有一个宽松的环境，才可能顺利进行。因此，我们研究设计的每一个改革方案，推行的每一项改革措施，都要从重庆的实际出发，同当前经济工作和经济发展的战略目标结合起来，都要有利于调动经营者和劳动者的积极性，有利于增强企业活力，有利于搞活经济。总之，搞经济工作的同志和搞改革工作的同志，一定要同心同德，齐心协力，共同把经济工作和改革工作的担子挑起来，把我市的经济工作和全面配套改革搞得更好。

（五）要从工作上的协调一致来保证改革的全面配套。

市委、市府根据新形势的要求，提出了一个全面配套改革的设想，这个设想目前已经逐步开始实施。全市各部门的工作协调一致，是全面配套改革的客观要求和重要保证。各区县，各部门，各单位，都要在市委、市府的统一领导下，协调行动、密切配合、互相促进。不能你改我不改，互相牵扯，增大内耗，一定要避免“绿灯红灯一起亮”的情况。互不协调，有思想认识上的原因，更重要的原因是政出多门。这里要再次强调，就重庆而言，在整体上向党中央和省委负责的是重庆市委，向国务院和省政府负责的是市人民政府。今后任何条条来的政策、规定和措施，凡是涉及面较宽、影响较大的都要立即请示、汇报并在市委、市府的统一部署下贯彻执行。这要作为一个原则确定下来。在改革中，经济生活出现一些摩擦和空档虽然是难于完全避免的，但是只要我们的工作做得细致，各方面的工作配合协调得好，就可以最大限度地减轻摩擦和减少空档。因此，全面配套改革离开了工作上的协调一致，是难于顺利进行的。下面，我想就经济体制改革与政治体制改革交叉的那一部分问题讲几点意见。

把经济体制改革具体分解一下，可以分为三个机制的联调联动。一是彻底改造微观机制，即搞活企业；二是完善市场机制作用；三是转变政府宏观管理机制。第三个问题既属经济体制，也属政治体制。这是两者重叠的部分，今天我就补充谈谈这部分。

当前，我国的改革正在由经济领域扩展到政治领域，由过去单项改革为主发展到全面配套改革的新阶段。围绕着经济建设这个中心，坚定不移地进行经济体制改革，坚定不移地进行政治体制改革，坚定不移地加强精神文明建设，并使之互相配合和促进，这是建设具有中国特色的社会主义的伟大实践，是一场深刻的革命，它必将在我国的历史上产生深远的影响。怎样自觉地迎接和推进这场历史性的大变改，这是我们共产党人必须用自己的实践来做出回答的重大历史课题。

（一）政治体制改革的提出，使我们又面临着一次新的思想大解放。

历史唯物主义告诉我们，人类社会总是在物质力量和精神力量的交互作用中，在有限和无限的矛盾运动中，不断变革前进的。封建社会如此，资本主义社会如此，社会主义社会也不例外。恩格斯早就指出：“‘社会主义社会’不是一种一成不变的东西，而应当和任何其他社会制度一样，把它看成是经常变化和改革的社会。”当代社会主义革命和建设的实践也证明，社会主义是在广大人民群众创造性的实践中不断得到丰富、不断求得发展的运动。它在胜利中增添了力量，在失误中获得了教训。而且，从一定的意义上说，没有挫折和失误，就没有新的发展和完善。“十年内乱”造成了巨大的灾难，正因为这场灾难，才使我们清醒地反思过去，下决心革除政治生活和经济生活中的种种弊端，才使我们国家和民族踏上了新的征程，所以，我们不能用僵化的观念来裁判生活。那种把社会主义社会看作一成不变的固定模式的观念，恰恰是不符合马克思主义的。

现在我们强调解放思想，就是要在坚持四项基本原则的基础上，从形而上学的观念中解放出来，如实地把社会主义社会看成是一种“经常变化和改革的社会”。这样，我们研究政治体制改革，探索政治体制改革，就不会感到突然，就不会感到不适应，而会把它作为一种符合社会发展规律的创造性实践，勇敢地肩负起这个历史的重任。

政治体制改革作为建设具有中国特色的社会主义的极其重要的组成部分，它又是我国经济发展，经济体制改革深入、全面展开提出的具体要求。上层建筑总是要同经济基础相适应的。十一届三中全会以来，农村改革取得了巨大的成功，城市经济体制改革也全面展开，城乡生产力都有了很大的发展，经济基础发生了明显的变化，并将继续发生更大的变化。这就要求上层建筑，包括政治体制也必须发生相应的变化，以适应新的经济基础。更何况，即使是在原有经济基础的状况下，我们的政治体制也暴露出许多不相适应的地方。所以，小平同志谈得非常恳切，只搞经济体制改革，不搞政治体制改革，经济体制改革搞不通！

政治体制改革的提出，使我们面临着又一次新的思想大解放。任何社会历史的大变革，总是以思想的解放为先导的。中国“五四”运动的历史功绩证明了这一点，以党的十一届三中全会为标志的思想解放，对拨乱反正，振兴中华所起的先导作用，也证明了这一点。同时，我国改革的实践还表明，思想解放的广度和深度，总是同改革的广度和深度紧密相关的。为了把全面改革推向前进，解放思想就不能只停留在经济领域，它必然要涉及社会生活的各个领域。它所要解决的问题，不仅是要彻底清除残留在社会主义肌体中的封建余毒，冲破小生产狭隘思想的束缚，抵制资产阶级腐朽思想的影响，而且涉及对传统的社会主义模式和若干传统的理论观点的突破。如果说前几年伴随着拨乱反正的思想解放在很大程度上带有正本清源的性质，那么当前的全面改革所要求的思想解放就更具有开拓性、创造性。它要求参加改革实践的人们不是靠“刀与火”的考验来显示对革命的忠诚，而是要靠对客观规律的科学认识来探索各行各业的全面改革之路。唯其如此，知识的力量，科学的力量，就应当受到人们更大的关切和尊重。

解放思想需要创造一个安定、融洽、和谐、民主、宽松的社会环境和活跃的气氛。尤其是政治体制，因为过去长时间受“左”的干扰，政治问题实际上成了人们不能独立思考的“禁区”，现在我们就更需要鼓励人们大胆探索，勇于创新，进行深入的调查，扎实的研究，充分的论证。

由于政治体制改革是很复杂的工作，又没有现成的模式可循，所以政治体制改革既要以解放思想为前提，又要采取“审慎从事、循序渐进”的方针，有领导、有计划、有步骤地进行。

怎样对待政治体制改革？可不可以概括为八个字：“积极慎重、循序渐进。”积极，就是要深刻认识政治体制改革的必然性、紧迫性，思想要解放，态度要积极，方向要坚定。慎重，就是要认真调查研究，思考要周密，步子要稳妥。看准了的和时机成熟了的，先搞；看不准的，要加强研究；时机不成熟的，要先创造条件。循序渐进，就是要按事物的内在联系和发展规律，一步一步，由此及彼，不能急于求成。实践已经证明，最先达到目标的人，并不是那种随意超越阶段，拔苗助长的人。只有那些坚持科学态度，按照客观规律办事的人，才能更快地达到自己的目标。

（二）政治体制改革，必须彻底根治权力过分集中这个总病根。

小平同志早已指出，我国原有经济体制和政治体制诸多弊端的总病根，就是权力过分集中。这种弊端的形成，既同我们过去长期认为社会主义必须实行高度管理密切相关，也有我国历史上长期封建中央集权的惯性影响。如何正确地、深刻地认识这个问题，对于我们能否坚定不移地进行经济体制和政治体制改革是至关重要的。

过去我们对于权力过分集中造成的弊端和危害，长期没有觉悟，不以为病，反以为优，甚至竭力加以维护。实践证明，我国过去权力过分集中的体制，在政治上不利于发扬民主，在经济上不利于发展生产力，使社会主义制度的优越性没有能得到充分的体现。

要根治权力过分集中这个总病根，政治体制改革涉及的方面很广泛，当前要着重考虑的有四项内容：一是党政分工；二是下放权力；三是精简机构；四是提高效率和效益。我在这里着重讲一讲下放权力，解决“头重脚轻”的问题。

“头重”，是比喻权力过分集中；“脚轻”，是比喻基层没有必需的权力。那么，“脚”在哪里？也就是说，下放权力应该放给谁。积30年的经验来看，一只脚在企业，一只脚在区县。

在原有的高度集权的体制下，企业只是行政机关的附属物，企业进行独立的再生产循环所必须具有的责、权被收走了，在这种体制下，市场的作用被否定了，企业间的横向联系被切断了。各种生产要素的分配权力都集中在上级行政机关，有了问题不是找市场而是找市长；单个企业的“独立循环”，企业之间的“相互循环”，整个社会经济的大循环都受到严重的制约；作为现代社会经济细胞的企业的功能和机制，受到了严重的压抑，社会经济活动出现了“细胞不活，整体僵化；企业不活，全局呆滞”的局面。这是长期以来在经济工作上，投入多、产出少、浪费大、效益低的主要根源。在城市经济体制改革的过程中，我们对搞活企业，还权给企业的认识在深化，各级政府和主管部门都采取了一系列措施，可以说问题正在逐步解决中。

但是对另一只“脚”为什么在区县？给区县放权要放到什么程度？3年来，我们多次讲放权于区县，但人们的认识还不很一致，对这个问题还没有引起足够的重视。所以，今天还要重申。区县是我国战略全局中一个很重要的基本单位，是国家政权中的一级地方政权。党的方针和国家法令的贯彻执行，地方各种矛盾的发生和解决，都较多地集中在区县。从全国来说，区县是多种微观经济活动中的第一个宏观管理层次；在该辖区中，区县又是决策的综合领导机构，具有解决宏观和微观关系的职能。尤其是在商品经济条件下，县作为城市与农村的结合部，不仅是提供农副产品和工业原料的巨大基地，而且是工业产品的广阔市场，直接影响到经济全局的发展。因此，必须赋予区县以统筹经济和总揽全局的能力，这是区县所处的地位和作用决定的。

在综合改革试点的3年中，市委、市府在扩大区县总揽经济全局的能力方向，不断地作了多种尝试。3年发了4个文件，作了33条规定，今年又在合川、巴县、永川、长寿4个县和市中区、北碚区进行全面改革的试点。凡是在市的范围内能够下放给区县的管理权，决策权，都坚决下放。每一次放权，都是对旧体制的冲击，都在一定程度上增强了区县的权力和能力。实践证明，像重庆这样一个拥有9区12县、1400万人口的大城市，什么事都由市里直接一管到底，不仅是不科学的，也是不可能的。把办事权力放到直接发生矛盾和解决矛盾的地方，比把权力搁置在远离矛盾而又不直接解决矛盾的上级机关好。区县是全市经济、政治、文化的基础，不能设想，区县不主动，市里就能主动起来。

目前至少有两个问题值得我们注意，怎样使区县拥有能够协调当地经济运转、城镇建设、城乡管理、文化教育等经济、社会发展的综合管理权力，即具有总揽全局的能力。这方面至今没有根本突破；市里放给区县的权力，如何得到切实保障，不再出现一方面市委、市府放权，一方面部门又明里暗里收权，也就是前面所说的那种“绿灯红灯一起亮”的情况。征求了一些部门和部分区县同志的意见，在给区县扩权这个问题上，要注意以下六点：

1. 给区县扩权要力求配套，责、权、利一起放，使区县既有压力，又有动力，也有权力。

2. 给区县扩权包括两个大的方面，一是决策权，二是执行(管理)权。在区县管理范围内，只要与市里的统一政策不相冲突，或无碍大局，区县应有决定拍板的权力；市里带全局性的政策措施在其辖区内，一般来说执行管理权应在区县。

3. 市级有关部门都要根据市委、市府给区县扩权的原则规定，制定本部门的具体的放权措施，并认真贯彻，不能时放时收、明放暗收。

4. 纠正区县政令的权力统一在市政府。要保护区县委和区县政府的决定在它们管辖范围内的权威性。

5. 既要考虑区县的共性，又要考虑不同区县的特殊性。必要时，应该为某些区县规定一些特殊的政策。

6. 扩权后的区县决不是分散的21个板块，而是富有生机和活力的21个开放的战略单元；扩权不能削弱全市总揽全局的能力，而要促进全市经济、科技、社会的协调发展，促进全市经济的早日腾飞。这是一条总的原则。

(三)加强社会主义民主政治建设，是政治体制改革的一项主要任务。

社会主义社会应该是高度民主的社会。我国社会主义发展中的一个主要历史教训，就是没有切实建设民主政治。在一个比较长的时间，强调党的领导往往意味着包揽一切，党政不分，以党代政。这不仅不利于调动人民群众的积极性，不利于国家机关独立负责的行使职权，也削弱了党的自身建设，降低了党的领导作用。因此，改善党的领导，加强社会主义民主建设，应该是我国政治体制改革的一项重要任务。

众所周知，我国今天的社会主义社会，是从昨天的半殖民地半封建社会脱胎而来的；昨天的半殖民地半封建社会，与前天的封建社会又有着血缘关系。就是说，我们是从两千多年前的旧中国拖着一条长长的封建主义辫子直接进入社会主义社会的。“旧中国留给我们的，封建专制传统比较多，民主法治传统比较少。”我国的社会主义民主建设任务还相当艰巨。在我国的政治生活中，家长制作风、特权思想、重权轻法、缺乏民主习惯等等，都有其漫长的历史渊源。过去30多年，由于种种原因，我们没有去剪封建主义的辫子，却忙于割资本主义尾巴，结果使我们造成众多失误，遭受了“文革”的灾难，痛定思痛，在政治体制改革中，我们要坚定不移地清除政治生活中的封建影响，大力加强社会主义民主建设，真正做到博听众音、广纳群言、依靠专家、依靠群众，努力实现政治民主化，这是充分调动人民积极性的必由之路，是保证改革和建设成功的必由之路。社会主义物质文明和精神文明建设，归根到底都要靠发扬社会主义民主来保证和支持。

改善党的领导，“必须明确划分党和国家机关的职权。党是国家政权的核心，但它和国家政权不是一个东西。党的任务是对国家机关的工作进行‘总的领导’，而不是过分频繁的干涉。”这里所说的“总的领导”，即是我们通常所说的思想、政治、组织领导。

改善党的领导，就纵向而言，要解决“头重脚轻”、层层放权的问题，就横向而言，要解决党委包揽一切，恰当分权的问题。党必须保证和支持同级人大、政府、司法、检察机关依法独立行使自己的职权。同时还要用制度来解决政出多门的问题。

三、从宏观上把握住经济发展的主动权

从1983年经济体制综合改革试点以来，我市经济发展总的来讲是健康的、正常的，取得了很大的成绩，收到了明显的效果。但是，我市近年来的工业生产，出现了两个“意想不到”和两个“相当吃力”，需要引起我们的高度重视。去年在四个紧缩中，工业产值上半年增长20.6%，全年增长15.48%，财政收入增长22.4%，这是第一个意想不到。今年一开始，生产急转直下，1月比1月下降，1至3月比去年同期下降7.2%，其中2月份下降高达12.9%，这是第二个意想不到。同时，又出现两个“相当吃力”。一是今年扭转生产滑坡相当

吃力，大家都知道，我们确实费了九牛二虎之力。二是当前工业产品销售相当吃力，真是虎年费牛劲。这两个“意想不到”和两个“相当吃力”，说明了什么呢？除了今年电力紧张、原材料短缺和市场变化大等客观因素外，从主观上给我们什么启示，我们应该采取什么对策，所有的经济部门、综合部门都应加以思索。其中一个重要原因是我们在宏观管理上预见性不够，没有把握住经济发展的主动权。在新形势下，一些同志还习惯于按老习惯、老办法就事论事来组织和指挥生产，只注重当前生产而忽视动态预测和战略规划，只对企业作一般性的分析和工作布置，而对全局和统筹协调考虑不够。这样，预见性当然不强，在工作中不可避免地会产生行为短期化。怎样才能从宏观上把握住经济发展的主动权呢？

1. 必须加强战略研究，明确重庆经济发展的战略思路。最近，李昌同志带领了中国地区开发咨询研究中心的九位同志到重庆，听了改革和经济建设的汇报后，提出重庆对改革的思路很清楚，对经济建设发展的思路不明确，这一估计是符合我们实际的。的确，我们对重庆的经济、技术、社会发展战略的思路还未形成，本来，对整个国民经济实行事前的、有意识的、符合规律的管理，是社会主义的巨大优势。科学的、符合实际的经济发展战略是这种优势的集中反映。发展战略把战略目标、战略重点、经济布局及重大方针政策确定下来后，就为政府采取各种调节手段和管理方法进行宏观调控提供了基本依据，使我们有可能掌握经济发展的主动权。因此，加强经济发展战略的研究，明确我市经济发展的战略思路，现在是应当提到我市的重要议事日程的时候了！

李昌等9位同志提出的一个重要观点，就是重庆经济工作围绕“老工业基地”这个问题来做文章。他们认为：从战略发展的角度看，上海、北京、天津、沈阳等发展大工业的潜力都不及重庆。重庆，作为一个有悠久历史的工业基地，是很有发展前途的。技术雄厚，工业门类齐全，资源丰富，水陆交通方便，市场广阔等等，这些都是重庆这个工业基地的显著特点。为了尽快改变我市目前这种经济发展战略思路不清的状况，市委常委会研究决定，由政府主持，市级各部门年底前先在内部作几次研究，形成一个集各家之长的稿子。明年一季度在市内组织专家和各部门领导一起进行市内论证。争取上半年邀请国内专家来一次定稿论证，拿出一个十五年左右的战略发展方案。当然这个规划是经济、科技、社会（包括文化、精神文明）战略发展规划，这件事涉及各个部门，因此，不但要有市的总体战略，而且也要有分方面的战略。各部门都不要等，先把自己这部分搞起来。此外，重庆正在修地方志，对待市志的修订也应像战略发展规划那样来看待，既从历史、又从现状来了解我市。制定战略规划，在指导思想上有这样四个认识需要统一：

（1）需不需要搞一个全市性的发展战略？城市是一个有机的整体，从事城市的经济工作，处理各种问题，采取头痛医头、脚痛医脚的办法是难以见效的。瞻前顾后，全局在胸，才能下好每一步棋。如何才能做到全局在胸，取得主动？这就需要我们进行重庆全市的经济、技术、社会发展战略研究。首先，要研究发展方向与发展目标，以及达到这一目标的战略措施。尤其要弄清各个主要方面的内在运转机制和外部制约条件，使城市做到自觉地而非盲目地、协调而非紊乱地、健康而非畸形地发展。因此，我们要增强战略意识和宏观决策意识；特别是领导干部必须具有战略意识，从全局观点出发，才能指导实践，才能正确处理各项具体矛盾，理顺各项关系。

（2）要深刻了解微观，才能把握住宏观的主动权。从宏观上看，城市经济是一个复杂的有机整体。但这个宏观不是抽象的空洞的，它是由众多的微观和经济细胞以及多种经济因素所引起的纷繁复杂的经济行为，表现为一个动态发展的整体。从宏观上把握城市经济的主动权，就是要正确地指导城市微观经济活动，使微观活动与宏观要求很好地结合起来。因此，我们必须深入实际，了解各种微观活动。这是一项基础工作，离开了对微观的深刻了解，认识全局就成了一句空话，指导也只能是无的放矢。我们部、委、局有的领导同志一直坐机关，未在基层挑过担子，远离实际，不了解基层，又不倾听基层意见，在那里盲目指挥，这种宏观管理比放手不管所造成的危害还要大。要防止重蹈覆辙，就必须把宏观管理建立在对基层、对企业、对微观经济活动的深刻了解的基础上，这样才能真正提高预见性，掌握主动权。

(3)要把大力发展横向经济联系作为重庆经济发展战略的重要组成部分。建立广泛的横向经济联系，冲破小生产封闭的模式，是商品经济的重要特征。我们当前体制的一大弊端是条块分割。要打破条块分割，需要找到一个物质力量，这个物质力量就是发展企业的、地区的经济上的横向联系、横向联合、跨地区、跨行业的企业集团。这有助于促进重庆工业改组、城乡结合，有利于搞活城市、搞活流通，充分发挥重庆中心城市的作用。因此，我们要用大力发展横向经济联合的观点、开放的观点来构想我们的战略思路。

(4)战略发展是动态的，年度计划是滚动的，要认真开展跨年度经济发展研究工作，做到长期经济发展研究与年度经济对策研究相结合。要使战略规划真正成为指导实际的规划，就应和年度经济对策相结合，不能“规划、规划，墙上挂挂”“规划、规划，成了空话”。经济发展是一个连续的、渐进的过程，它不因年度的更替而发生根本性的跳跃式的变化。要把握经济发展的主动权，就要在宏观战略思想和战略目标的指导下，对经济发展的趋势进行连续的研究，根据各个阶段经济发展的主客观实际和出现的新矛盾、新问题，适时地采取对策，趋利避害，促进经济的健康发展，防止经济发展的大起大落。最近，市里决定由李长春同志和刘志忠同志牵头，成立今冬明春工业生产的对策研究小组，对经济工作进行跨年度研究，这是增强我们对经济工作发展的预见性，加强宏观控制，掌握经济发展主动权的一个重要措施。希望有关部门也相应地作好对策研究。

2. 要从宏观上把握重庆经济建设的主动权，还要明确重庆的宏观在哪里。为什么在一些同志的思想上“宏观”不起来？就是耀邦同志提出的，在整党中作为业务指导思想来端正的“议大事，懂全局，管本行”还没有在思想上扎下根来。三句话丢掉前两句，就只剩下一个“管本行”。只想到本行就容易变成本位，这样是管不好本行工作的。重庆的宏观在哪里？重庆的宏观不在解放碑，不在市中区9平方公里的土地上，而在2.23万平方公里的9区12县，在包括农村1074万人口在内的1400万人口上。城乡一体，才是重庆的“宏观”。这还是小而言之。实际上这是重庆自己的宏观，真正的宏观是要从全国来看西南，来看重庆，这才是从宏观的角度来考察和研究问题。我们且先不谈全国，也不谈西南，只就重庆自己而言。由于我们过去在指导思想上，对城市与农村、工业和农业两张皮的问题没有根本解决；“城市工业”“农村农业”的旧格局没有完全打破；城乡分割、互相封闭的状况还没有根本改变。这不仅制约了农村经济的发展，也制约着城市经济的发展。因此，我们在观念上一定要树立起大城市、大农村、大工业、大农业、大流通，一句话：大经济的观念。谈了多年的现代化，什么是现代化？大经济的观念才是现代化。用这样的观念来认识重庆经济的宏观，才能把握重庆经济的全局。

这里，我想扼要地谈谈关于发展乡镇企业的问题。3年来，在市的重要会议上，我几乎都要谈乡镇企业。要实现乡镇企业的大发展，在思想上有个再认识的问题。“发展乡镇企业是振兴农村经济的必由之路”，世界承认我国农村第一个经济奇迹叫联产承包责任制，现在又认为，第二个奇迹是乡镇企业的崛起。我们要从中国农村实现工业化、城镇化的高度，从中国整个经济腾飞的高度，来认识乡镇企业大发展的问题。实践已经证明，并且还将继续证明，没有乡镇企业的大发展，就没有发达的农业和兴旺的副业。没有乡镇企业的大发展，城市工业就不可能实现持续稳定的发展。没有乡镇企业的大发展，城乡联合就没有坚实的基础。可以这样说，我市乡镇企业兴旺之日，就是城乡携手、共同繁荣之时。乡镇企业发达的江苏省，去年乡镇企业产值达447亿元，超过农业产值，也超过江苏全省城市大工业产值。成都市的农业人口比我们少一半，而他们乡镇企业的产值去年就达到31亿元，比我们多5亿元。我市率先实现亿元乡的沙坪坝石桥乡，乡镇企业产值占全乡农副工产值的80%，农民人平收入791元，为全市农村人平收入的一倍。从它们那里，可以看到我市农村光明灿烂的未来。

乡镇企业的大发展离不开市里各部门、各事企业单位的大力支持。各单位应该把扶持乡镇企业当做自己分内之事，而不能视作“额外任务”。我市乡镇企业起步晚，底子薄，基础差，现在还处于从起步到起跑的阶段，需要大家的帮助和扶持。最近市里组织城市科技和管理人员支援乡镇企业，各单位报名踊跃，积极性很高，这说明大家对乡镇企业的认识有了较大的提高。我们还请市工会会同市劳动局和农委一起，把40万退休职工中身体与技术都比较好的技术工人组织到区县去，首先是远郊各县，实行技术支农。帮助他们把乡镇企业大大推动一下。各区县也不要坐等支援，应该主动到市里来搬兵、求援、请老师。只是叫穷，又按兵不动，这是不行的。有些人只会一个办法，只有向市里要的本事，靠市财政来支撑，这不是长久之计。首先市里没有这个实力，目前的财政体制也无法支持。为什么不想法自己造血，依靠城市的技术，依靠城市的市场，从服务城市来富裕农村呢？就城市而言，今后我们还要采取产品扩散、技术转让、信息交流、横向联合等多形式、多途径帮助乡镇企业发展，掀起一个全社会、各部门都来支持乡镇企业大发展的热潮。从乡镇企业管理体制上讲，目前重点是要改变基层党委、政府对乡镇企业管得过多、过死，使企业没有多少经营权、管理权。要知道对乡镇企业只能比国营企业更宽、更活，而决不是相反。

乡镇企业当前的另一个问题就是要把企业素质上升到一个新台阶，产品的质量上升到一个新水平，这样效益才能提高到一个新水平。企业素质和产品质量是效益提高的前提条件。乡镇企业要敢于和善于使用城市及其他先进地区的技术和管理经验来发展自己，并在发展中提高自己。各区县要把培养乡镇企业管理干部与技术干部作为自己的重要任务来抓。各县领导要由精通农业转变为既精通农业又精通工业，由只熟悉生产转变为既熟悉生产又熟悉流通，努力造就一代乡镇企业管理干部和技术干部，从根本上提高乡镇企业的素质和效益，使其在日益激烈的竞争中立于不败之地。

随着乡镇企业的进一步发展，乡镇企业与城市工业越来越密切，为了适应形势需要，在行政管理体制上要作必要的改进。今后乡镇企业在管理机构上实行双重领导，由经委和农委共管。常委已讨论宋度明任经委副主任兼乡镇企业局长，以便能指挥调动工业各局，来加强和改进市对乡镇企业的领导。

3. 必须牢固地树立社会化大流通观念。当前，我市工业产成品资金积压9亿多元，商业库存中冷背呆滞商品占一定比例。工商胀库，商品不能进入消费领域实现其价值，这已经成为制约我市当前经济发展的一个急待解决的严重问题。这一现象的实质是什么？从经济运行的机制来看是流通不畅，从思想上来看是缺乏社会化大流通的思想。因此，重新认识流通在经济工作中的地位和作用，在当前就显得特别必要。

我国的经济是社会主义的商品经济。商品经济必须重商，重视流通。封建的自然经济采取“抑商”政策，小生产的传统历来是“重农轻商”，产品经济派生出“重产轻销”。这在商品经济不发达的情况下是很自然的事。现在不同了，在商品经济条件下，没有畅通无阻的流通是无法进行社会化大生产的。发展社会化大生产，必须充分发挥经济中心城市的流通功能，这应该成为我们制定城市发展战略的一个重要基点。

首先，对于一个中心城市来说，如果仅仅把自己的注意力放在工业生产上，即使生产发展了，充其量也只是一个工业中心，而不能成为地区的经济中心。

其次，只有通过流通中心作用的发挥，城市生产的目的才能实现。生产是为了销售，只有流通才能使商品流转到它实现其使用价值的地方，来实现其价值，城市生产才可能得到补偿和积累，才有条件扩大再生产。

第三，城市经济的发展速度和效益状况，取决于通过市场获得生产要素的能力。

第四，流通凭借其强大的聚集力与辐射能力，把城乡各地区、各行各业纳入社会主义统一市场的轨道，把千百万个城乡商品生产者吸引到中心城市，通过不断扩大商品交换的规模，把自己的触角延伸到一切领域，把国民经济的各种力量吸引到中心城市经济的发展中来，逐步形成以城市，特别是大、中城市为依托的、不同规模的、开放式、网络型的经济区。流通的这一功能是其他任何功能所不能取代的。

应当肯定，几年来我市流通体制改革是卓有成效的。但也应看到，我们的改革尚未完全动摇旧流通体制的根基。因此，流通不畅，不适应发展经济和繁荣市场的要求，仍然是个突出的问题。解决这个问题，要着重抓好以下三个方面的工作：

一是要积极探索有重庆特色的新型商业组织形式。新型商业的组织形式是一种跨地区、跨行业、跨所有制界限的，以发展横向联合和批发为主业的、自主灵活经营的一种新的商业组织形式。兴办新型商业组织是流通体制改革深化和发展的必然趋势。我们要在平等互利的原则下大力发展工商、商商、农工商、贸工商等多种形式的联合。这种联合不仅必须具备联合体形式的外壳，而且要实行生产要素或经营要素的结合，使联合的各方互为依存，利益均沾，风险共担。逐步形成和建立一批大型的跨地区的工商企业集团、农商企业集团，以大型国营批发企业为骨干的批发企业集团，以大型国营零售商店为依托的零售企业集团和大型工业企业集团的销售系统，使我市的流通渠道“布全川、通云贵、达广西、遍全国”，形成纵横交错，四通八达的流通网络，真正做到货畅其流。

二是要大力推进工商联合。近年来，工商企业间的横向联合得到迅速发展，形成一个不可逆转的趋势。工业商业各有短长，商业需要工业提供货源，工业需要商业庞大的销售网络和各种经营设施。工商联合就能互为补充，扬长避短，各种生产经营要素就能实现最优组合。更重要的是，工商联合是形成重庆流通优势战略的基础。请大家注意一个重要观点：随着商品经济的发展，市场竞争的形式和规模不断变化，过去那种分散的千百家工商企业之间在市场上的自由角逐，开始变为中心城市之间、地区之间和企业集团或群体之间的激烈较量。工商联合，就能把分散的、孤立的企业劣势转化为集中的、综合的工商整体优势，形成地区优势，从而在参与竞争中立于不败之地。

三是要主动出击，开拓农村和西南地区市场。流通离不开市场，市场是流通的舞台和载体。搞商品经济，谁占领市场，谁就能赢得经济效益。奋力开拓市场，既是推动工业生产的现实要求，也是实现我市经济发展战略的迫切需要。所以，树立市场观念，积极研究市场，开拓市场，应该成为所有企业和经济主管部门、经济综合部门共同遵循的一个基本指导思想。这就是前几个月我反复强调的强化销售意识。开拓市场，必须选准目标，我们的市场主要在农村，在西南地区。农村是工业品的广阔天地，需要我们去组织、去开拓。当前流通不畅的主要表现，就是工业品下乡难，到农村难，到边远山区难，到少数民族地区难。我们有的工商企业害了“短视病”，眼睛只盯着城市市场，看不到广大农村、边远山区和少数民族地区市场潜在的巨大购买力。一方面城市批发部门的仓库里“沉睡”着不少工业品，另一方面农村市场又很难买到这些东西。城市积压、农村脱销的情况比较严重，希望全市工商企业都要克服“重城市、轻农村”的思想，疏通工业品下乡渠道，安排好农村市场。在开拓市场上，我们的主观努力够不够？为什么重庆的产品下不了农村，而远隔几千里的浙江和绵阳联合却可以开拓农村市场？我们从外地进了一些滞销产品，为什么不实行进货销售责任制，谁来负这个经济责任？外贸的同志，外经贸委主任都当“包袱客”“货郎当”，到欧洲、到德国去推销重庆积压的兔毛和其他产品，卖了800万美元回来。我们其他同志为什么不能沿街叫卖，沿省叫卖，送货上门呢？这方面，尤其要重视四省五方这个广阔的市场。历史上重庆就是西南地区的物资集散地，商品交流频繁。今天我们更要加强经济协作，充分利用地缘近、交通便、运输半径短、流向合理、生活习惯相近以及历史上多少年来经济交往的传统等有利条件，扩大云贵川桂市场。这既是我们开展经济协作的义务，也是发展重庆经济的迫切需要。

当前，制约搞活流通、扩大流通的因素很多，急需我们去研究解决。要研究解决市场设施跟不上，严重影响城市流通功能发挥作用的问题。特别是价格、税收、信贷等经济杠杆如何发挥作用，与流通过程关系最为密切，更应加强联系，加强研究，要把综合运用经济杠杆的重点放在流通领域，为搞活流通服务；通过搞活流通，来调节经济的运行，导向企业的行为。

四、全市干部首先是领导干部要振奋精神、多办实事、为民造福

我们的各级干部是党的事业的骨干力量，肩负着党和人民的重托。我市的各项工作能否卓有成效，改革能否取得成功，首先取决于我们的干部，特别是领导干部。领导干部的重要任务之一，是正确决策。决策要从经验决策上升为科学决策。决策民主化是决策科学化的前提。把民主化引进决策过程中，这是我们建国30多年的曲折经历中付出了痛苦的、巨大的代价才获得的真理性认识。党和政府要实行有效的领导，关键在于要建设一支高素质的干部队伍。特别是在我市全面配套改革这样一个大的改革行动中，如果没有一大批具有开拓精神的干实事的干部队伍，就很有可能出现“马失前蹄”的危险。因此，抓领导班子建设，提高干部队伍的素质，抓干部的精神面貌，抓干部多办实事造福人民的实际行动，是我市当前一项紧迫的任务。

应该看到，我市干部队伍总的状况是好的。几年来，我市在改革和各项工作中所取得的成绩，是和广大干部的努力分不开的，但是，也应该看到，在以往的工作中，部分干部身上表现出来的、随着形势的发展暴露出若干不适应的新问题，主要有以下五个方面：

第一，对决策执行不力。3年来，市委的一些重大决策，经过了实践的检验，证明是正确的，如（1）“两外齐开放，两线共发展，两翼齐起飞，两改出效益”；（2）城乡大联合，城乡一体化，城乡共发展的指导思想；（3）进行全方位、多层次开放，重点抓好一片一线（五省六方与长江沿岸中心城市经济协调），发挥长江上游中心城市的作用；（4）改革、开放、腾飞，起用一代新人；（5）还权于企业，放权于区县，增强区县总揽经济社会全局的能力；（6）整党中提出的“疏肝理气，统一思想，活血化瘀，加强团结”；（7）领导就是引导，领导就是表率，领导就是服务，包括今天提出来的从宏观上把握经济发展的主动权，更新观念、深化改革，搞好两个大配套，实现新旧体制主次换位。像这样的重要决策和指导思想大约有20来个。这些决策，多数是执行得比较好的，但也确有一些决策迟迟未能落到实处。这当中大抵有两个方面的原因：一是由于有的部门、有的同志对上级的决策暂时不理解，于是无动于衷，拖着不办。这就是干部的素质问题，同样的决定为什么其他都贯彻了，有的部门、有的地区迟迟不动，这要追查一下原因。二是苦于拿不出切实可行的具体措施，茫茫然不知所措，结果是不仅打不开本单位、本部门的局面，而且影响了全局。这也是干部素质问题。办法无它，全靠自己努力。

第二，民主意识不强。这方面突出的表现是刚愎自用，自以为是。自己拿不出办法，又不到群众中去请教被自己领导的部门和群众，集思广益，坚决依靠群众来打开局面。不依靠群众的干部，即使

本来是能干的干部也会成为无能的干部。这首先是精神状态问题,这样的人不是官气就是暮气。在振兴中华,振兴重庆中,我们要响亮地提出:打倒官气,打倒暮气!这就是我们的态度!

第三,不善于统筹全局。市委早就提出,各级领导都要“议大事、懂本行、学会统筹全局的真本领”。可以说,这是新时期对干部提出的一个基本要求。当前,我国的社会政治经济生活正在发生着一系列深刻变化,新情况、新问题不断涌现,千变万化,错综复杂。在这种情况下,不善于统筹全局,手中就没有主动权,没有主动权事实上也就丧失了相当一部分领导权。

第四,缺乏创新精神。我国正处在一个改革的时代、创新的时代。对于我们的干部来说,最可贵的就是创新精神,而恰恰在这一点上,可以说是我们干部队伍中一个比较薄弱的环节。我们有那么一些干部,守成有余,创新不足。究其原因,主要是“不求有功,但求无过”的消极思想在作怪。这里要再次重申过去多次强调过的一个观点:“无功就是过”。虚度光阴,不求进取,开拓不了局面,就是过错。就不应长期留在领导岗位上,贻误大局。我们不能把社会主义的大业,让一些人在那里休闲养老。有些干部确实有一个照顾问题,但如果把社会主义事业都作为人情去照顾,这是不允许的。照顾只能在不影响社会主义事业不停地向前推进这一前提之下进行。

第五,工作浮在表面。前不久,我曾提出:“劲往内使,眼往外看,人往下走”,这要成为我们各级干部的基本工作方法。到矛盾最多、困难最大、群众最需要的地方去实现领导,这是对每一个领导者的基本要求。当前,有一种值得引起重视的不良现象——清谈风。有的干部对许多事情的必要性、紧迫性谈得头头是道,但谈完了就搁在一边,仅此而已,并不扎扎实实地去做,实实在在的工作,即使抓一抓,也是做些表面文章,并不是当真的、干实的、取得实实在在的成效。比清谈更糟糕的是讲怪话、发牢骚,这已不是清谈而是“浑谈”或“昏谈”;似乎道理全在他那里,就是不亲自去解决一两个问题。“清谈”“浑谈”都是坐而论道,夸夸其谈,危害极大,误事害人。还有一种风就是丢下机关正事不管,凡是能沾上一点边的、甚至沾不上边的事,便到全国各地满天飞。走时既不向上级报告,也不带任何任务,回来当然也没有东西可以传达贯彻,这种人不是“坐而谈”,而是“起而行”,行遍名城胜地,就是不产生效益。谁批准他这样干,是他自己批准自己,在处长、局长、主任中我们都发现有这样的人。如果是一两个当然用不着在这里讲,问题是现在有蔓延之势。像这样的“起而行”,还是少一点好,从性质来说,这就是不正之风的一种表现。总之,不管任何干部都要把自己置于组织和群众的监督之中。今年底就应对局和区县领导进行一次民主评议。作为领导干部,没有监督,没有约束,没有一点压力,也没有责任可言,确实是很危险的。“干部不干,办公不办,不干不办,要你这个官何用?”这并不是多余的话。之所以今天要重复,就是因为在今天还没有完全解决这个问题。对广大现职干部来说,要在其位,谋其政,要留得政绩在人间。要振奋精神,多干实事,造福人民。我们现在强调要搞经济改革、政治改革,对每个干部来说,还再加一个自身的改革,给自己不断注入新的活力,要根据时代的需要来塑造自己。我们对干部的考察特别要注重实绩。不是说干部要能上能下么?谁上谁下,我看只能是一个标准,能者上前!只要通过对政绩,对所作的工作实绩考察,“南郭先生”就越来越混不下去了。下一步研究国家机关干部制度改革,就是要从效益和效率这“两效”来考察干部,来确定何去何从。1977年的教育改革,小平同志用了一个“考”字就改变了整个局面,真是“一字定乾坤”。为什么对干部的任免升降不采用“考”的办法呢?领导机关要考,群众要查,要用政绩和实实在在的工作来评,这就是“实践是检验真理”的唯一标准在干部制度中的应用。

关于中青年干部的培养问题,我们的观点是百战出将军,不到战场是不能成为真正的将军的。要把机关一批没有在基层受过锻炼的优秀中青年干部放到基层第一线去锻炼，培养他们独挡一面的能力，积累主持全面工作的经验。然后再从基层把实践证明了的优秀人才提拔到更高一级的领导岗位上来。领导干部是综合型的人才，技术干部担任领导工作有一个适应过程，这个过程就是积累综合性的经验。因此，只能在实干当中才能自己积累，任何人都不能越俎代庖为你积累经验。不振奋精神，不多干实事，就什么也谈不上。我们的宗旨是为人民服务，为人民造福。应该说，改革和“四化”建设搞好了，就是最大的为人民造福。但这是一个较长的历史过程。在这个过程中，切不可忽视多为群众办一些实实在在的、看得见摸得着的、群众能切身受到实惠的好事。重庆市“七五”计划的总纲，金烈已作了报告，明年人代大会还要具体讨论。各个部门都要根据这个总纲研究一下，在“七五”期间究竟给人民群众办几件大事，每年又具体办些什么事，要具体规划，要狠抓落实兑现。现在一些部门已经开会作了具体研究，如建委口，他们在改善交通、增供自来水、改造旧城、开发新区都作了研究。这个问题如果抓得好，可以起到鼓舞群众、动员群众、团结群众同心同德搞改革、搞“四化”建设的作用。各部门一定要充分重视。

最近，我有一个想法，给常委谈后，大家也都赞成。现在也给大家报告一下：

1987 年 3 月 31 日是蒋介石通过军阀首次大规模屠杀共产党人和革命人民六十周年，四川第一任省委书记杨闇公也是那一次牺牲的。我们要在闇公烈士的家乡潼南和浮图关各树一个铜像。

1989 年，是重庆得名八百周年，是重庆解放四十周年，在这双重喜庆的日子里，希望各部门认认真真地考虑一下，可以为人民群众做几件什么好事。我在这里谈三件事情：

一是把歌乐山烈士陵园建成为全市和全国进行精神文明教育的一大胜地。具体说：1.为每一烈士塑一座像；2.为烈士诗抄刻碑林，形成壮观的现代碑林和烈士塑像群；3.把整个歌乐山和烈士陵园连成一体。使它既是一个进行革命传统教育的生动课堂，又是一个风景优美的瞻仰圣地。具体办法，发动社会群策群力，组织一个领导小组来抓协调工作。请叶毓山为组长，建工学院推一个副组长，成立一个艺术委员会，进行总体设计与雕塑把关。

二是准备在市中区沿江两岸修建沿江公园，既是交通大道又是园林，也是基础设施的一个组成部分。一届不行用两届的努力给群众办件大的好事。重庆有山城之美，又有江城之美、立体之美，山峦起伏，两江环绕。大自然给了我们这样一块与众不同的地方，我们怎样去塑造它呢？现在是只能远观不能近看，只能晚上观夜景，不能在白天观光，垃圾堆、抗战棚到处可见，一片破败景象。因此，能不能立下一个宏图大愿，建立沿江大道、沿江公园，利用本市山石与石工的优势，发动全市各单位群策群力共襄胜举。必要性是无问题，可能性问题就需要论证了。天津做到了，乐山做到了，重庆能不能做到。今天只是提出问题，待充分论证后再决定。由市建委和市政协各成立一个组进行双论证。

三是在市貌市容上花两三年时间，力争有一个明显的变化。白墙、绿树、红瓦、蓝天。首先是市中区，然后是近郊区，要搞好沿街门面装修，店铺名称及招牌都要换成名家手笔。

用三年时间办成这样三件事情，不知道大家赞不赞成？今天就算是动员吧！园林绿化要作大事来抓，绿化用地只准增加不准减少。园林绿化也是精神文明建设的一个组成部分。

总之，希望全市广大干部振奋精神，以自己优良的工作作风，卓越的工作成效，振奋精神，多干实事，造福人民。让我们用实际行动和优异的成绩来迎接我们党的十三大的召开吧！

中共重庆市委办公厅

1986 年 12 月 2 日①

① 此为市委办公厅的印发时间，此讲话时间略晚。

第二编

重要文件

中共重庆市委批转市委统战部《关于加强我市侨务工作的意见》

（1978年7月18日）

各区、县委，县级以上厂矿企事业单位党委，市级各部、委、办、局党组（党委）：

市委同意市委统战部《关于加强我市侨务工作的意见》，现转发给你们，请参照执行。

中共重庆市委

1978年7月18日

关于加强我市侨务工作的意见

市委：

为了贯彻省侨务工作会议精神，经市委批准，市革委会于5月22、23日召开了侨务工作会议，参加会议的有市属部、委、局，区、县有关负责同志89人。

与会同志学习了毛主席、周总理对侨务工作的指示和中央〔1978〕3号文件、省委〔1978〕21号文件和中央领导同志在全国侨务工作会议上的重要讲话，联系实际，揭发批判了"四人帮"干扰破坏党的侨务政策的罪行，讨论了今后我市如何做好侨务工作问题。大家一致认为，这次会议开得很好，是一次重新学习政策的会，拨乱反正的会，感到很受教育，很受鼓舞。对作好侨务工作，提高了认识，明确了任务，增强了信心。

会议认为，我市侨务工作也和全国全省一样，在毛主席革命路线指引下，在省、市委和各级党委领导下，各有关单位做了不少工作，取得了一定成绩。实践证明，毛主席、周总理和党中央制定批准的一系列侨务工作方针政策是完全正确的，毛主席的革命路线在我市侨务工作中始终占主导地位。〈……〉。中央和省侨务工作会议以后，在市委的关怀下，各级党组织在贯彻落实党的侨务政策方面做了不少工作，但还存在不少问题。现在不少侨眷、归侨和有外籍亲属的中国公民还心有余悸，不敢与国外亲属通信，不敢接受外汇和邮包，不敢会见海外回来的亲友，怕以后追查"海外关系"，再受冲击。有的因政策没有落实，政治上得不到信任，悲观失望，思想消沉，不安心工作，要求离境。这些问题如果不认真加以解决，党的侨务政策就不能落实，不利于调动归侨、侨眷的社会主义积极性，不利于巩固、扩大爱国统一战线与国际反霸统一战线。

为了认真贯彻落实中央〔1978〕3号文件和省侨务工作会议精神，加强我市侨务工作，经与会同志讨论，提出如下意见：

一、要在党的十一大路线指引下，传达贯彻好中央〔1978〕3号文件和省委〔1978〕21号文件，在"一批两整顿"中，深入揭批"四人帮"在侨务工作上散布的反动谬论和罪行，特别是他们散布的流毒最深、危害最大的所谓"海外关系"的种种谬论，要集中火力批深批透，把被他们颠倒了的路线是非、政策是非、思想是非、理论是非颠倒过来，拨乱反正。要广泛宣传党的侨务政策，讲华侨形成的历史，正确看待华侨和侨眷的特点，要使广大干部和群众，懂得侨务政策，懂得侨务工作方面的知识。要注意做好对基层单位和街道的宣传，组织广大干部和群众，学习《人民日报》1978年1月4日《必须重视侨务工作》的社论和廖承志同志《批判"四人帮"所谓"海外关系"问题的反动谬论》的文章，使广大干部和群众都知道侨务政策，大家动手，把这项工作做好。

二、要认真落实党的侨务政策，继续贯彻执行毛主席关于"保护华侨利益，扶助回国华侨"的指示，按照"统筹兼顾，全面安排"的方针，对归侨、侨眷采取一视同仁，不得歧视，根据特点，适当照顾的政策。各区、县和市属有关部门，要对过去侨务政策执行情况，认真进行一次检查，对在"文化大革命”中因所谓“海外关系”问题而受审查和被抄家、没收或冻结侨汇，扣减了工资的人，应在党委领导下尽快地复查，按照党的政策，做出正确的结论，妥善处理，所有诬蔑不实之词应予推倒，有关档案材料应予剔除销毁，处分错了的一律纠正。对有错误的人要实事求是的认定，不能因“海外关系”而加重处理。对归侨、侨眷入党入团和提干因受“海外关系”影响的，应按照中共中央组织部关于侨眷、归侨入党提干等若干问题的通知精神处理。要克服那种怕负政治责任而敷衍了事的现象，认真落实党的政策，同时也要教育归侨、侨眷正确对待这些问题。

三、要做好侨汇工作，努力增加侨汇收入。侨汇是归侨、侨眷的合法收入，要认真贯彻执行国务院有关保护侨汇的政策，任何单位和个人不得侵犯。要大力宣传侨汇政策，对被查抄还未清退的侨汇户，市、区、县查抄办公室要抓紧进行清理退还。有这种问题的单位和地区的党组织，要认真重视这项工作，密切配合查抄办公室尽快处理完毕。

四、对归侨、侨眷申请出境和华侨、港澳台同胞、外籍华人回来会见亲友以及有关安置归侨等项工作，都应切实按照中央和省委有关规定贯彻执行。归侨、侨眷申请出境，凡符合政策规定的，应该从宽掌握，予以批准，有关单位不得无理限制拖延。对外籍人在我国的亲属，要给予对待侨眷一样的关怀和照顾。对归侨职工夫妇长期分居两地的，应予照顾，有关部门要尽量帮助他们调到一起。归侨、侨眷中某些工程技术人员安排不当的，应适当加以整顿，充分发挥他们的技术专长。

最近，中央把我市列为开放城市，随着旅游事业的开展，华侨、港澳台同胞、外籍华人来渝探亲的将会增多，我们应积极配合有关单位做好接待工作。同时，对归侨、侨眷和外籍华人的亲属要加强政治思想教育，提高社会主义觉悟，帮助他们做好接待工作，使回来探亲旅行的人感到祖国温暖、可亲可爱。

五、加强党对侨务工作的领导，建立侨务工作机构，增强干部力量。侨务工作是党的一项重要工作，这项工作政治性强，牵涉面广，影响面大。要搞好侨务工作，光靠侨务部门是不行的，必须全党重视，各方协作。各级党委都要加强对这项工作的领导，要把它列入党的议事日程，落实机构，落实人员。我市侨务工作，在市委统一领导下，由市委统战部代管，建立市革委侨务处，编制四人，具体负责这项工作。市属各大口、各区、县、大专院校，以及归侨、侨眷、港澳同胞、外籍华人亲属较多的单位，党委要有负责同志兼管侨务工作，并在党委办公室（有统战部的在统战部内）指定一名干部搞具体工作。“文化大革命”前，市中区、沙坪坝区、南岸区、北碚区人委都有一名管理宗教、华侨、民族工作的专职干部，现在应予恢复。搞好这项工作，要下功夫，进行调查研究，摸清归侨、侨眷、港澳台同胞和外籍华人亲属各类人数和基本情况，做到胸中有数。对于存在的问题，要按照党的政策抓紧解决好。特别是对那些典型的、有代表性的事例，要认真处理，推动全面贯彻落实党的侨务政策。要注意发现培养归侨、侨眷中的先进模范人物，收集他们的先进事迹，表彰好人好事，为向省推荐出席全国侨务会议的人选作好准备。

当前，全国形势一派大好。华主席在五届人大政府工作报告中，提出了新时期的总任务，以华主席为首的党中央，率领全国各族人民向社会主义现代化强国这一伟大目标全面进军的新长征开始了。全国更加安定团结，国民经济正在出现新的跃进。与会同志决心根据这次会议精神，在市委领导下，把我市侨务工作做得更好，认真贯彻党的侨务政策，调动归侨、侨眷、港澳台同胞和外籍华人亲属的社会主义积极性，为实现新时期的总任务贡献力量。

以上意见如无不当，请市委批转各区、县及市属有关单位贯彻执行。

中共重庆市委统战部

1978年6月27日

重庆市革命委员会批转市农办《关于1979年我市农业生产发展的意见》

（1978年11月16日）

各区、县革委会，各公社革委会：

市革委同意市农办《关于1979年我市农业生产发展的意见》，现转发给你们，请认真研究执行。

四川省重庆市革命委员会

1978年11月16日

关于1979年我市农业生产发展的意见

在华主席“抓纲治国”伟大战略决策指引下，今年市郊农村，以“一批两整顿”为中心，联系实际，广泛开展揭批“四人帮”的第三战役，认真贯彻党在农村的各项经济政策，深入开展农业学大寨群众运动，大搞农田基本建设，因地制宜改革耕作制度，发挥自然优势，趋利避害，积极推广农业生产先进技术措施，促进了农业的发展。尽管今年干旱持续时间长，受旱面积大，全市粮食总产量预计仍可达到26.5亿斤，比1977年净增2.8亿斤，增长一成以上。其中小春粮食4.7亿斤，增长57%；早、中稻增产；包谷产量超过历史最高水平；油菜籽达到1300多万斤，比去年增长45%。9月底生猪圈存195万多头，比去年同期增长25%。茶叶、蚕茧均比去年有较大增长。社、队企业也有较大发展。跨“纲要”，超千斤的社、队比去年增多。全市预计有8个县属区（去年1个）、90个公社（去年34个）的粮食亩产跨“纲要”、超千斤。6个郊区跨“纲要”，有的超千斤。

1979年，是建国30周年大庆的一年，是“抓纲治国”大见成效的一年。遵照华主席关于“思想再解放一点，胆子再大一点，办法再多一点，步子再快一点”的指示，我们必须千方百计加快我市农业生产的步伐。首先要进一步开展揭批“四人帮”的斗争，拨乱反正，按客观规律办事，落实党的政策，狠抓经营管理，大干实干，使我市农业生产有一个大的发展，为加速实现四个现代化做出贡献。明年计划全市粮食总产量达到29亿斤，要求每亩增产粮食100斤，力争实现全市粮食亩产过“纲要”。其中小春粮食总产达到6亿斤，包谷5.5亿斤，红苕4.5亿斤，水稻（由于走旱路面积缩小20万亩）13亿斤。在发展粮食生产的同时，林、牧、副、渔也要有一个较大发展。蔬菜生产，要提高产量和品种质量，做到均衡上市，进一步搞好市场供应。

实现上述计划，有利条件很多。首先，有华主席为首的党中央的正确领导，在粉碎“四人帮”后，毛主席的革命路线和党的各项方针政策，得到进一步贯彻落实，中央〔1978〕37号和42号文件正在深入贯彻，社队的自主权增多了，瞎指挥和“一平二调”的现象减少了，按劳分配的政策得到贯彻执行，广大干部、社员群众大干社会主义的积极性进一步调动起来。第二，我市农业生产条件有了一定的改变，科学种田水平有了提高，良种面积扩大，施肥水平增加。第三，一批高产社、队的出现，为加速发展我市农业生产提供了行之有效的经验。第四，有各行各业对农业的大力支援。但是也应看到，要完成这个计划，任务是十分艰巨的，必须按客观规律办事，采取有力措施，保证完成。

一、充分发动群众，认真总结今年农业生产经验，把明年增产计划落实到实处。今年我市农业增产，是在战胜各种自然灾害的情况下取得的。各地一定要认真进行总结，把一些好经验运用到明年生产上去。要充分发动群众制定明年生产计划，把计划变为群众的实际行动，真正落到实处。

在发动群众制定计划中，各级领导要逐社逐队地帮助他们订出增产计划，做到胸中有数，抓好重点。今年亩产已过千斤的社队,明年要继续跨大步。亩产已过“纲要”的社队,明年要争取过千斤或接近千斤。现在亩产只有六七百斤的,明年要争取过“纲要”。现在亩产只有四五百斤的,明年要有一个较大幅度的增长。特别是对增产潜力大,发展比较缓慢的后进社队,要积极做好转化工作,争取步子跨得大一些。各地都要加强对提供商品粮多的区、社的领导,对那些领导班子强、干劲大、粮食商品率高、步子跨得快的公社,要给以重点扶持,使其产量有一个大的突破。

二、突出重点,抓好关键措施。实现明年粮食大幅度增产,必须立足抗灾夺丰收。在生产措施上,要突出抓好“两改”“两杂”“一提高”。即大力改造冬水田、低产田和改革耕作制度,积极推广杂交玉米、杂交水稻,努力提高单位面积产量。

我市水稻面积较大(占总耕地的60%),但水稻产量增长的速度却很慢。田的泥质一般比土好,反而出现田不如土的产量高。据调查,我市田内粮食亩产要比土低200斤左右。主要是复种指数低,冬水田面积大,冷、烂、毒、串“四害”严重。因此,要把“两改”作为重点,认真抓好。今年新放的几十万亩冬水田,一定要做好深沟排水,保证小春高产。今冬明春要把改造低产田作为一个大战役来打。全市计划今冬明春改造低产田40万亩,并力争超额完成。要做到“三沟”配套,成片治理,为建成“三田”(即“千斤田”“双纲田”“吨粮田”)打好基础。改造冬水田、低产田,要与改制结合。对无水源保证的田,要坚持走旱路;对水利条件较好或人多地少的社、队,要因地制宜,努力扩大麦玉稻等三熟制的种植面积。明年要在变低产田为高产田上有一个大的突破。

大力推广“两杂”良种,猛攻水稻,狠抓玉米,夺取高产。杂交水稻,经过两年来的示范推广,证明优势大,产量高。今年种植16万亩,一般亩产七八百斤,比常规稻每亩增产二三百斤。有的社队,亩产达到千斤以上。但也有少数平坝浅丘地区的社队,由于没有掌握杂交水稻的生产规律,加上今年高温的影响,增产效果不太显著。这些地区要采取积极的态度,认真总结经验,掌握生产规律,加快我市杂交水稻的推广工作。计划明年全市种植杂交水稻40万亩,其中一季晚稻和双季稻15万亩到20万亩。要求杂交中稻平均亩产达到800斤以上,杂交晚稻平均亩产达到400斤以上。常规水稻面积大,增产潜力大,要采取措施,提高单位面积产量。

杂交玉米,增产显著,应积极普及。要大力推广小麦带状种植,为玉米高产创造条件。要改进栽培技术,提倡育苗移栽和大窝种植。明年计划全市种杂交玉米60万亩,力争达到70万亩,比今年扩大35万亩到45万亩,要求亩产比常规玉米增加100斤以上。其余100万亩玉米,要求每亩单产比上年提高50斤。

要充分发挥四级农科组织的作用,搞好种子选育和提纯复壮工作。要建立种子场、队,作到有领导、有基地、有队伍。四级农科组织要把重点放在种子工作上,以种子革命为中心带动科学种田。各个社、队要因地制宜,选定两三个高产良种作当家种子,搞好提纯复壮,切实解决和克服种子多、杂、乱的问题。各地要认真贯彻省、市革委关于建立健全种子工作体系的决定,把良种繁育体系尽快建立健全起来,以加速实现良种的“四化一供”,为高速度发展农业提供更好的条件。

良种还要有良法。培育壮秧、壮苗,是增产的一项重要措施。水稻,各地必须早作准备,培肥秧田,稀播谷种,培育片子秧和分蘖秧。杂交水稻要推广两段育秧法。要继续推广蒸气育秧和无土育秧。红苕,要普遍推广“早栽、厚土、堆堆苕,良种、底肥、高温窖”抗旱高产一条龙的经验。明年计划全市种植红苕140万亩,要求每亩净增70斤,总产净增1亿斤左右。推广苕尖越冬作种,不仅可以节约种薯,而且还有复壮和防止品种退化的作用,一定要总结经验,提高苕尖越冬成活率。为了提高红苕产量,薄土和高坡土,要积极推广传厢、聚土种植的经验。

“三分种、七分管”。各项作物要做到适时早管,合理追肥。特别是新品种的推广和改革耕作制度,更需要按照作物的生长特点,用科学态度,及时搞好田间管理。

要认真搞好植保工作，切实贯彻“预防为主，综合防治”的方针，每个社队都要有专业植保人员，对病虫害及时进行预测预报。要积极开展生物防治和药物防治相结合的办法，提高防治效果，避免或减少病虫害造成的损失。

农林科研单位要根据我市农业生产发展的要求，加强科学研究工作，为提高科学种田水平，实现农业现代化做出应有贡献。

“肥料是植物的粮食”。要发动群众，广辟肥源，从多种途径解决肥料不足的问题。要改进施肥办法，提高科学用肥水平。要狠抓以养猪为中心的“养、种、积、造、还、管、用”的积肥造肥工作。要大力推广稿秆还田，大种绿肥，积极发展红浮萍等。要大搞石骨子、土杂肥、褐煤等加上适量氮、磷肥和人畜粪，堆沤“三合肥”。在推广稿秆还田中，要认真解决好社员的燃料和烧煤费用增高等问题。有小煤窑的社、队，要降低煤价，有条件的社、队也可适当补助社员的部分烧煤费用。积造自然肥，要采取专业队和群众运动相结合的办法。要落实投肥任务和投肥政策。积极推广“以人定量，限期完成，按质定等，合理付酬”的经验。同时，要抓好化肥生产，特别要大力发展磷肥生产。凡有硫铁矿资源的地方，都要积极开发使用。要认真做到合理施肥和科学用肥，大力提倡改水粪为干肥，改重施肥为重施底肥，改化肥单施为与有机肥混合施用，改化肥表施为球肥深施和根外追肥。这些施肥技术，既能提高肥效，又能降低生产成本，各地一定要认真推广。

三、认真贯彻“以粮为纲，全面发展”的方针，大力发展多种经营。多种经营和社队企业，是人民公社的两个翅膀，在大力抓好粮食生产的同时，要切实抓好多种经营和社队企业，克服“单打一”的思想。目前，有些社、队出现增产不增收、分配不兑现的情况，由生产管理方面的问题，但主要还是这些社、队多种经营发展不好，社队企业抓得很差造成的。各地一定要按照省委〔1978〕9号、66号文件精神，大力发展多种经营，认真抓好蚕桑、茶叶、水果的生产。要积极发展集体副业和社员家庭副业，增加集体和社员个人收入。要坚持把农、牧、林三者放在同等地位，做到以农促牧，以牧促农，在狠抓大养生猪的同时，要大养牛、羊、兔、鸡、鸭、鹅等，以草换肉。大力发展林业生产关系到涵养水源，保持水土，调节气候，满足用材需要和增加社员收入的重要问题，一定要认真抓好。要坚决贯彻执行国务院森林保护条例，对现有林地和“四旁”树木要加强管理。没有绿化的荒山和“四旁”，要发动群众，搞好植树造林。国营农、林、牧场，要遵照华主席“农场潜力很大一定要把国营农场办好”的指示，坚持一业为主，多种经营。既要为城市提供更多的副食品，又要做好良种和先进技术的示范和推广工作。

四、认真贯彻党在农村中的各项政策，进一步调动广大干部、群众大干农业的社会主义积极性。今年以来，由于各级党委，认真贯彻党在农村的各项经济政策，取得了很大成效。中央〔1978〕37号、42号文件的下发，是华主席为首的党中央落实新时期总任务的重大决策，是减轻农民不合理负担，改进领导作风，进一步调动社员群众社会主义积极性采取的有力措施，要认真贯彻执行。要贯彻按劳分配，多劳多得的原则，正确处理好国家、集体、个人三者的关系，坚持“三定”逗硬，奖惩兑现。目前。部分社队由于生产费用过大等多种原因所造成的增产不增收，分配不兑现的问题，一定要认真解决。结合今年的决算分配，各地要对劳动管理、财务管理和计划管理认真进行一次检查总结。通过决算分配，要使经营管理工作有一个大的提高。实行“定额管理、定额记工”，是当前农村人民公社贯彻按劳分配原则的较好形式，各地要认真总结经验，积极推广。

要大力贯彻对增产大、贡献多、工作成效显著的集体和个人实行奖励的制度。具体奖励办法，由市农办提出方案报市革委批准后下发。

五、改进作风，加强对农业的领导。农业生产能不能高速度发展，关键在于领导。各级革委会必须在党的一元化领导下，把农业放在首位，加强领导，认真抓好。各区、县革委会，要根据中央有关指示和省委的部署，加快建设大寨式县、社、队的步伐。要加强各级领导班子的建设，特别要注意抓好后进队的转化工作。在领导方法上，既要抓好学大寨的先进典型，又要注意抓好后进队的工作。据调查，全市约有15%～20%的社、队，生产发展十分缓慢，山河依旧，集体收入水平很低。这些社队之所以上不去，大都是由于领导班子存在着“软、懒、散”的问题，也有部分是属于经济基础薄弱。各地要根据实际情况，对症下药，认真解决好后进社队的问题，让这些社、队很快赶上来。

各级领导要从思想上、工作上、作风上有一个大的转变。要深入实际，大搞调查研究，按照经济规律办事，实行民主办社，尊重生产队的自主权。进行大的技术改革和采取大的生产措施，要从实际出发，不要“一刀切”。各级领导一定要坚持参加集体生产劳动，带头学习科学种田知识，认真种好试验田，摸索和掌握客观规律，取得正确指挥生产的主动权，以适应农业生产高速度发展的需要。

四川省重庆市革命委员会农村工作办公室

1978年10月19日

1979年纪律检查工作总结及1980年工作要点[①]

1979年全市党的纪律检查工作，在党的十一届三中全会精神的指引下，根据中央纪委、省纪委和市委的要求，围绕全党的工作中心，着重抓了处理历史遗留问题、落实党的干部政策和协助各级党委搞好党风两件大事，同时，加强自身建设，建立健全全市党的纪律检查机构。由于各级党委重视，加强领导，处理历史遗留问题，纠正冤假错案的工作，已基本完成；党风有了明显的好转；全市党的纪律检查机构建立了78%(13个区县全部建立)。被林彪、“四人帮”长期破坏了的党的纪律检查工作，已逐步恢复起来，在各级党委的领导下，作了大量工作，并取得了一定的成绩。

〈中略〉

正确处理历史遗留问题，落实党的干部政策的工作，最根本的是要坚持实事求是的原则。

首先，要提高认识，解放思想。解放思想的过程，就是不断批判和肃清林彪、“四人帮”极“左”路线的流毒，克服宁“左”勿右的错误倾向的过程。开初，我们对改正错划右派的疑虑较多，思想比较僵化，怕说是为右派翻案，怕否定反右派运动，怕犯右的错误今后脱不了手，因此，曾想看一看，等一等，找一个框框，或者明确改正比例数字，以便把稳行事。经过认真学习中央的有关文件和领导同志的讲话，看到中央机关根据实事求是的原则，错划多少就改正多少的消息报导，消除了疑虑，特别是经过党的十一届三中全会精神的传达学习和“实践是检验真理的唯一标准”的讨论，比较好地解决了两个“凡是”的束缚和“宁左勿右”的影响，去掉了一些精神上的包袱，思想进一步得到了解放。〈中略〉。实践证明：思想不解放，实事求是不能兑现，党的政策不能落实。

其次，要正确区分两类不同性质矛盾和党内是非界限，认真执行党的政策。〈中略〉，我们在实事求是地弄清主要事实的基础上，抓住定性的问题，认真从政策上把关。在方法上不搞繁琐哲学，不算流水账。如原有的材料，用政策衡量是一般的是非问题，思想认识问题，就不再去复查，改正过来就行了，把复查的重点放在涉及定性的那些大是大非问题，这样，既防止了抓住一些枝节问题扭住不改，又防止一风吹。使处理历史遗留问题取得了较好较快的效果。

第三，要坚持原则，认真做好思想教育工作。

① 本文标题为编者重新拟定。

在处理历史遗留问题工作中，有极少数申诉的同志，由于受林彪、"四人帮"的毒害，把错误说成正确，把重大问题说成一般问题，或者在工作安排上、工资待遇等问题上提出一些过高的不合理的要求，个别的甚至无理取闹，干扰落实政策的步伐。对待这些人，我们始终坚持原则，在重大问题上，要分清是非。不允许在落实政策中再把是非颠倒，必须按照当时的历史条件和政策去妥善处理。要坚持做思想教育工作，教育他们顾大局，识大体，向前看，把思想和精力集中到"四化"建设上；对无理纠缠的，进行严肃批评，使他们端正态度，实是求是地对待自己的问题。只有这样，才能正确地落实党的政策。否则，一味迁就，重大问题是非不分，反而会贻误工作，伤害群众的积极性，影响安定团结。

在大力抓好落实党的政策，处理好历史遗留问题的同时，我们从年初宣传贯彻中央纪委第一次全体会议精神开始，突出地重点地抓了整顿党风的问题。在3次（4月、6月、10月各一次）全市性的纪检工作会议上，都以讨论搞好党风为重点，特别是6月召开的会议，传达学习中央纪委几位领导同志的讲话，在全市范围内引起了很大的震动，其后各级党委都把学习《关于党内政治生活的若干准则》和搞好党风作为党的建设的重要问题采抓，伴随着经济建设发展和一些规章制度的建立，党内不正之风有了很大好转。有些方面的问题已基本解决（如大学招生、知青回城）；有些风气有了一定转变（如党内民主风气）；有的行为得到遏制和约束（如特殊化）。当然，党风的建设，还是长期的任务，有些方面和有的单位的问题还比较严重，还需要我们今后继续努力。

整顿党风，是广大党员、群众的迫切要求，中央纪委第一次全体会议提出搞好党风的号召，得到了党内外广大群众的拥护。我们在传达贯彻中央、省纪委会议精神时，联系实际，解决了见惯不惊，信心不足，心有余悸等思想问题。但对怎样整顿党风，有的同志要求过急，认为党风方面的问题不搞运动整不透。经过一段时间的工作实践，特别是对于纪检工作方针的学习讨论，使大家认识到：（一）党风建设是我们党的建设中的一个带根本性的任务，对林彪、"四人帮"破坏党风党纪的严重性和搞好党风的艰巨性都不能低估；（二）党风中存在的问题是林彪、"四人帮"全面进行破坏（包括政治战线、思想战线、经济战线）造成的恶果，解决这些问题也要从各方面着手，目前政治、经济形势的根本好转，也为搞好党风创造了条件；（三）解决党内不正之风要紧密围绕党的工作中心，保证和服务"四化"建设，既要认真抓紧，又不能操之过急，要结合"四化"建设进行，不要搞一阵风，不搞形式主义。根据这些认识，我们在解决党风问题上的主要作法是：

1. 重在教育。党风中的问题，大量的是思想认识问题，当重在教育。我们首先认真组织中央、省纪委会议精神的传达贯彻，提高思想，形成舆论。同时，与组织部门一道，重点抓了各级领导干部的学习和民主生活，大多数县级以上单位党委都在民主生活会上认真学习了《关于党内政治生活的若干准则》和中央纪委负责同志的讲话，联系实际，开展了批评与自我批评。大渡口区委、市工商局党组等单位为了认真学习和执行《准则》，在召开常委和党组民主生活会前，召开了中层以上党员干部会议，广泛听取对领导的批评，有准备有目的开好民主生活会。同时，采取学文件，上党课，办党训班等各种形式，普遍地对党员进行了一次《准则》教育，进一步肃清林彪、"四人帮"破坏党规党法的流毒，《准则》的精神，在党内政治生活中发生了重大的影响。通过《准则》教育，明确了什么是对的，什么是错的，什么允许做，什么不允许做，活跃了党内的政治生活，加强了党员的组织纪律性。

2. 约法三章。过去由于林彪、"四人帮"的长期破坏，党内的法规被搞乱了。要整顿党风，必须抓立法（包括重申过去的有些规定），真正做到有规可循，犯规必究。这里，关键的问题是各级领导干部要模范带头，以身作则，做出榜样，大家跟着学，就会带出好的风气。市委常委按照《准则》的精神，在民主生活的基础上，针对问题，做出了市委，市革委领导干部关于防止特殊化的六条规定，在重庆日报上发表，公诸于众，接受群众的监督，在全市产生了好的影响。市一商业局党组学习《准则》，联系实际，做出了改进思想和工作作风的八条决议，经转发后，各级领导班子相继建立一些搞好党风，防止特殊化方面的规章制度。如江陵厂党委在学习《准则》，提高认识的基础上，制定了搞好党风的"十个坚持、十个做到"(即:坚持实践第一的观点，做到思想大解放；坚持民主集中制，做到集体领导和个人分工负责相结合；坚持老实态度，做到言行一致表里如一；坚持批评与自我批评，做到言者无罪，闻者足戒；坚持群众路线，做到深入实际，搞好调查研究；坚持以生产为中心，做到一心搞"四化"；坚持做后进职工的转化工作，做到正确对待犯错误的同志；坚持树立为人民服务的思想，做到不当特殊党员、不搞特权；坚持机关为基层服务，做到切实转变作风；坚持执行党的纪律，做到赏罚严明的措施，在去年招工、安排新工人的工种、评定工资中，坚持按规定办，杜绝了在这方面的不正之风，受到全厂职工群众的称赞，纷纷反映说:党委这样办，我们心里非常高兴，现在老实人不吃亏了，干起生产来劲头也大得多了。

3. 严明党纪。在整顿党风中，重在教育要与严肃党的纪律相结合，对那些性质恶劣，情节严重，影响很坏，或者屡教不改的，必须给予适当的纪律处分。去年以来，各级纪委加强了信访和违纪案件的检查工作，经常对来信来访(1979 年 1 至 10 月各级纪委收到来信 18069 件，处理转办了 15637 件，接待来访 4228 人次)中反映的问题和调查了解的情况，研究党风党纪中的倾向性问题，从中选择重大典型案件进行检查处理，并采取出简报、发通报等各种形式，及时教育党员，引以为戒。〈中略〉。通过检查处理，严明党纪，伸张正气，打击邪气，维护党规党法，对保证社会主义现代化建设的顺利进行起了积极作用。

此外，在自身建设上，我们主要抓了各级纪检机构的建立和干部的配备与训练。全市应建立纪检机构 315 个，已建立 250 个；已配专职纪检干部 378 人。财贸、工交系统开办了两期训练班，培训了 250 余名纪检干部。在各级党委的领导下，绝大多数纪检干部都兢兢业业，认真负责，坚持原则，克服困难，在恢复和开展纪律检查工作中是做出了一定的成绩。但是，由于我们抓得不力，目前还有 65 个单位的纪检机构没有建立，还有一部分干部没有配备，未达到中央纪委和省委在年底前对纪检机构全部建立、干部配齐的要求。

总的来说，1979 年纪律检查工作是有成绩的。这些成绩的取得，主要是市委和各级党委的重视和加强领导的结果。从我们工作来检查，还存在不少的问题，对纪律检查工作的基本任务和方针的贯彻执行还抓得不够有力，对基层纪委的工作指导帮助不够，工作作风不够深入，这些问题都有待在 1980 年的工作中加以克服和改进。

关于 1980 年的工作，我们考虑，总的指导思想是:继续遵照党的十一届三中全会精神，坚持四项基本原则，紧密围绕党的工作中心，协助各级党委进一步搞好党风，严肃党纪，保证国民经济"调整、改革、整顿、提高"方针的贯彻执行。

1. 认真调查研究党的工作着重点转移后纪检工作上出现的新情况、新问题。"四化"建设是当前压倒一切的政治任务，是全党工作的中心。纪检工作应集中主要精力为"四化"建设服务，把注意力转移到经济建设中发生的党风党纪问题。因此，我们要进一步改进工作作风和思想作风，深入基层，加强对党的工作重点转移后出现的新情况、新问题的调查研究，并组织各级纪委干部开展讨论，提高认识，制定规划，提出措施，探索和积累围绕"四化"开展纪检工作的经验，使 1980 年党的纪检工作有一个新的发展。

2. 加强对党员的纪律教育。

纪律检查工作要贯彻教育为主、预防为主的方针，要下决心抓好对党员的党风党纪教育，特别是要教育各级领导干部遵纪守法，以身作则，模范带头。教育工作应同组、宣部门和党校配合，结合上党课，过民主生活，办党训班去进行。目前，有些党员(包括少数领导干部)组织纪律性较差，他们对党和国家的一些政策规定，置若罔闻，只强调民主，不强调集中，只强调自由，不强调纪律，只强调个人利益,不强调国家和集体的利益。应针对这些问题,联系实际,进行一次纪律教育。通过教育,使所有党员都懂得遵守党的纪律的极端重要性,提高遵守纪律的自觉性,不断增强党性锻炼,不断增强组织观念、政策观念、法纪观念,恢复和发扬党的优良传统和作风,保证党在新时期的路线、方针、政策的贯彻执行。

3. 加强对重大典型案件的检查处理。当前,有的党组织和领导干部,对待党员、干部的违纪行为,采取容忍,迁就的态度,甚至多方为他说情、开脱。这种倾向,应该引起注意。一定要排除各种干扰,认真加强对违纪案件的检查处理。要着重抓阻碍国民经济调整方针的贯彻和违犯财经纪律的;抓严重的官僚主义,失职渎职,使国家财产受到重大损失的;抓压制民主,打击报复,破坏民主与法制的;抓长期闹派性,坚持不改,破坏团结的等,对这些方面的案件检查后,要严肃处理。在检查中注意调查研究,倾听各方面的意见,克服困难,提高办案效率。

4. 继续抓好处理历史遗留问题。1980 年处理这方面的工作,总的精神,按中央批准中央组织部《关于文化大革命前一些案件处理意见的请示报告》(即中组部 1979 年 33 号文件)办理。对错划右派的改正,"反右倾"错案的纠正和"四清"运动中错案的复查没有办完的继续抓紧,在短时间内全部搞完,最迟不能超过第一季度。落实党的干部政策,处理历史遗留问题,从数量上看不大了,但遗留下来的,情况都较为复杂,需要认真分析研究,多方进行工作,才能得到适当处理,对这项工作不能掉以轻心,还要加强领导,组织一定的力量,抓紧办好,做到善始善终。其余的一些老案,按照个别问题个别处理原则,按照当时的历史条件和党的政策规定,列入日常工作范围,实事求是地妥善予以解决。

5. 培训纪律检查干部,加强自身建设。目前全市纪律检查干部新手多,业务不熟,迫切需要学习提高。打算由市纪委举办训练班,分期分批对各级纪检干部进行培训。通过培训,提高他们的政策水平和业务能力。凡是未建立起来的纪检机构和未配齐的干部,必须在短期内建立和配备起来,以适应新时期加强党的纪律检查工作的需要。

加强党的领导,是搞好纪律检查工作的根本保证。各级纪委要主动向党委请示报告工作,反映情况,在党委的领导下,配合有关部门,把 1980 年的工作做好。

以上报告当否,请指示。

中共重庆市委关于认真学习贯彻邓小平同志《关于目前的形势和任务的报告》的通知

(1980 年 2 月 20 日)

各区、县委,市委各部、委、办,市级各局党委(党组),市属以上厂矿、企事业单位党委(总支):

中央已经以中发〔1980〕8 号文件转发了邓小平同志关于目前的形势和任务的报告。这是一个非常重要的切合时宜的报告。当我们刚进入八十年代,这个报告就根据党中央的方针,有针对性地回答了当前党的工作的许多重大迫切问题,分析了进入八十年代的国内形势,提出了全党和全国人民在八十年代的三件大事和实现"四化"的四个前提,强调了坚持和改善党的领导的重要性。这不仅是我们当前各项工作的重要依据,而且具有长远的指导意义。各级党委从春节前后开始,要向全体党员和各民主党派、党外工作人员、各单位职工、各大专院校师生进行传达,并认真组织学习讨论。

各单位在组织学习中,要着重抓好以下几点:一、要集中进行一次形势教育,认清当前的大好形势，振奋革命精神，坚定搞好“四化”的信心；二、要坚定不移地贯彻三中全会制定的政治路线，要有紧迫感，真正集中精力、千方百计地搞好经济建设，要厉行增产节约，广开生产门路，夺取今年农业丰收和工业大幅度的增长；三、要进行安定团结的教育，安定团结是搞经济建设的根本保证，要增强各方面的团结，努力消除一切不利于安定团结的因素；四、要坚持四项基本原则，排除“左”右干扰，坚决克服极端个人主义、无政府主义和资产阶级自由化倾向；五、要发扬艰苦奋斗的创业精神，正确地贯彻按劳分配原则，克服特殊化、官僚主义、铺张浪费和一切歪门邪道等不正之风；六、要教育干部努力学政治、学业务、学技术、学管理。精通本行工作，使自己成为坚持社会主义道路的、具有专业知识和能力的又红又专的干部；七、要坚持和改善党的领导，加强组织性纪律性，充分发挥党员的模范带头作用和支部的战斗堡垒作用，提高党的战斗力，坚决服从党中央的统一领导。在具体安排上，可以以 2 个月左右的时间，在传达和全面领会报告的精神实质的基础上，根据本单位和各类干部、群众的实际情况，参照以上重点，抓住其中的几个，深入进行学习讨论，以便切实解决一批认识问题和实际问题。

各级党委要把这项学习当作大事来抓。要按先党内后党外，先领导干部后一般干部。有计划有领导地组织传达，并组织好学习讨论。各级领导干部首先要带头学好，联系思想实际和工作实际认真进行讨论研究，把小平同志报告的精神真正落到实处。有条件的地区和单位，可组织党员和干部，特别是领导干部轮流进行短期脱产学习。各级党委在这一时期召开的各种会议，党校、干校和各种训练班都要安排一段时间学习这个报告，各级党委的领导同志要联系本单位的实际进行辅导，以加深干部和群众对邓小平同志报告的理解。重庆日报和广播电台要根据报告精神，撰写一批评论和文章，有计划地加以刊登和播送。各单位的宣传工具也要广泛深入地进行宣传，把报告的精神作为推动各项工作的动力。

各单位应尽快地对这一学习做出具体安排，并将学习情况和各方面的思想反映及时报告市委。这一学习告一段落后，干部理论学习仍按原有计划，转入经济理论的学习。

重庆市人民政府关于促进经济联合的暂行办法

（1980 年 8 月 10 日）

各区、县革委，市府各部门，市属以上厂矿企事业单位：

根据国民经济“调整、改革、整顿、提高”的方针，去年以来，我市开始组织工业企业联合经营，收到了初步成效。不同行业、不同地区、不同所有制的企业，通过经济上的联合，在自愿互利的基础上组织起来，扬长避短，发挥各自的优势，迅速形成新的生产能力，增加轻纺和外贸出口等短线产品的生产，从而加快了经济调整的步伐，推动了按照专业化和协作的原则改组工业，促进了现有工业的挖潜、革新、改造和农村社队企业的发展，并为安置城乡社会劳动力开辟了新的门路。初步匡算，已达成协议的联营项目全部投产后，每年可增加产值 1.7 亿元以上，节省投资 2000 多万元，并可陆续安置 1 万多人就业。目前经济联合已有多种形式，并已开始跨出地区界限。

组织联合经营是一项新的工作，需要继续解放思想，在实践中不断总结经验。根据国务院关于推动经济联合的暂行规定和我们前一段的实践，现对促进经济联合的有关问题提出以下暂行办法：

一、发展经济联合的方向和重点。为了促进国民经济的调整，当前发展经济联合的重点是充分利用现有基础，组织各方面的力量，加强短线产品，特别是大力发展轻纺和外贸产品的生产，要求做到以下四点：

1. 建立和发展原材料基地，特别是农副产品原料供应基地，逐步推进原料产地与加工单位之间的联合经营，保证工业生产需要的原料有稳定的来源，培植和发展优良原料品种，从而提高工业的产品质量，增加品种，提高原料产地的收入水平。当前重点是要解决好纺织行业需要的苎麻、羊毛、蚕茧等原料基地；轻工外贸产品需要的烟叶、油脂、蔬菜、水果、造纸纤维原料、皮张、大麦以及香精、香料等原料基地。

各种由国家统一收购和分配的原材料，必须首先保证完成国家下达的计划调拨任务，超过部分，经过协商，可以由加工企业与原料产区联合经营，组织就地加工，分享产品或盈利；也可以由加工企业返还一部分利润或产品。

2. 按产品组织加工工业内部的联合，实行专业化协作生产，组织各种产品零部件、协作件的联合生产，重点解决好钟表、缝纫机、家用电器（电视机、收音机、电风扇、电表、洗衣机、空调器、电冰箱等）、汽车等产品和包装装潢的生产协作配套关系，使这类产品向高质量、大批量、低消耗、多品种、专业化生产的方向发展。

3. 组织生产与销售部门的联合，发展部门之间、地区之间的横向经济联系，增加流通渠道，减少流通环节，扩大产品销售市场。通过工业与商业联合，工业与外贸联合，工业与物资部门联合以及参加跨省公司等多种办法，增加面向全国的产品和外贸出口产品的生产。

4. 发展有利于生产，有利于经济发展的其他方面的经济联合。如生产单位与科研单位、大专院校、设计部门、交通运输、建设单位、服务行业、旅游企业等单位间的经济联合。

二、联合经营必须坚持自愿、互利、平等、协商的原则，一定要从生产发展的需要出发，本着各方自愿，平等互利的精神，坚持互谅互让，充分协商，一般应由下而上与自上而下相结合，以自下而上为主，由易到难，循序渐进，逐步发展。不能用行政命令强行组织，也不要一哄而起，盲目发展。

三、联合的各方一定要根据自身的具体情况，从实际出发，采取适当的形式，如联合经营、合资经营、供销联合、补偿贸易、来料加工、定点协作等，不能硬套一种模式。组织经济联合，不受行业、地区、所有制和隶属关系的限制，但不能改变联合各方的所有制、隶属关系和财务关系。参加联合的各方原有的收入解缴关系，同银行的债权、债务关系，不能改变，如需改变时，应征得财政和银行部门的同意。

我市军工企业较多，在举办联合企业时，要发展多种形式的军民联合，发挥军工企业的优势，促进轻纺工业发展，增产轻工市场和外贸出口产品。

四、全民所有制企业和集体所有制企业（包括社队企业、街道工业、二轻集体、新办大集体等）之间组织的合资经营的经济性质应为“国社合营”。“国社合营”企业是我国现阶段的一种社会主义公有制经济组织。联合的各方要有长期共同办好合营企业的信念，在财务关系上要划清两种所有制的界限，不要搞集体向全民过渡，不能平调集体所有制的资财，也不能侵占全民所有制的资产。

五、举办联合企业需要的土地、厂房、设备、资金等，由联合的各方共同筹集，也可以吸收多方面的资金组成股份公司。可以使用国家投资、技措费用、企业基金、集体积累，也可以按国家政策规定向银行贷款和向企业或财政借款。

六、联合经营企业的管理，应根据经济联合的程度，由参加联合的各方共同确定。在联合企业内部，由联合的各方组织联合管理委员会或小组，共同对联合企业实行民主管理和科学管理，协商处置涉及各方利益的重大问题，并委派企业的经理或厂长。经理或厂长负责执行管理委员会的决议，并根据任务繁简，本着精简、效能的原则，设置职能部门，组织统一的生产指挥系统。

联合企业内部自产自用原料的供应，不再经过商业、供销、物资等中间环节，实行直拨自供。国家分配的原料，目前仍按联合双方的隶属关系，根据经济合理的原则，有的直达供应；有的由商业、供销、物资企业就地就近组织供应。在保证完成国家下达的计划任务前提下，超计划的产品和自己组织原材料生产的产品，有的可以由商业、物资部门收购，有的可以按国家政策自销。

区县组织的联合企业，产、供、销业务的归口由区县人民政府自行确定。以市属为主，与区县、公社属企业组织的联合企业，其产、供、销业务由市属企业的主管公司、局实行归口管理；党、政、群、人、财、物关系，按双方协商的办法管理，各种计划、统计（包括生产、技术、劳工、财务等）纳入联合企业主管方的渠道。统计资料，联合的各方可以上报其主管部门，但对国家统计部门的正式报表，则只能由主管部门一方上报，以免重复。市属企业与市外企业联合的计划、统计问题，应根据具体情况协商解决。

七、联合经营企业的利润分配要兼顾各方面的经济利益。首先要保证国家税收和利润上交任务的完成，履行对国家的义务，不得挤占国家的财政收入。企业在上交工商税、固定资产税、农业税等各种税收，并按规定提取集体福利基金和职工奖励基金后，所剩得的利润应按联营各方提供的条件，包括资金、原料、技术、劳力、场地、设备、设施等股份的多少，共同协商一个恰当的比例进行分配。各方所得利润上交部分按国家有关政策规定执行。企业发展基金（包括偿还贷款本息）可按预商比例由各方解决，若企业发生亏损，其亏损金额也应由联合的各方按协商的比例分担。农村社队参加与全民或城镇集体的经济联合组织，其社队所得部分，按社队企业享受国家减免税收的优待。

八、联营企业的劳动工资、福利待遇，要严格按照国家有关政策规定办事。新进人员要符合招工条件，并按现行政策处理好全民、集体和务工社员的工资劳保福利等待遇问题。

城镇集体所有制职工参加联合企业工作，除粮食供应和家属福利外，其他工资福利与全民职工同工同酬、同等待遇，一视同仁。

农村社员参加联营企业工作，按参加社队企业对待，不转粮食和户口关系；工资支付根据按劳分配的原则，按双方协商的办法（或按平均工资，或按实际工资，或按毛利分配等）统一结算，然后由农方按社队企业分配水平支付；劳动保护与工方企业职工享受同等待遇；劳动保险按社队企业的规定办理。

九、不同所有制实行联合经营的企业，在人员安排上，尽量使一种所有制的工人在一个车间或一个分厂进行劳动，或者采取其他形式，便于加强管理。在一些生产工艺较为复杂的企业里亦应按工种、工序、生产班次等，区分不同所有制的人员，尽量避免不同所有制职工混合生产。

在全民所有制企业和农村社队联合经营中，若农方人员不是吃商品粮的人员，全民企业方只提供设备、技术、资金，不派全民职工参加生产，如需派出对口临时帮助管理和技术的人员，他们在厂工作期间的工资费用由联营企业支付给对口帮助的企业。

十、发展联合经营企业，应充分利用现有基础进行填补配套和技术改造，挖掘增产潜力。首先要尽量利用现有任务不足的企业的设备、厂房、人员和空地，组织联合经营，尽量不建或少建厂房，尽量不占或少占农用土地。新占农用土地要按征地审批手续报批。

十一、经济联合单位需要进行基本建设时，应按基本建设程序报经审批，并应符合城市规划布局和环境保护的要求。

十二、经济联合的各方，原有协作关系不得擅自中断；要转变原有产品方向，须经上级归口部门同意；在履行联合协议的条件下，可以与联合企业以外的其他企业发生业务关系。组织在专业化协作联合体内的企业，都应当实行独立的经济核算，不能吃“大锅饭”。

十三、联合经营的各方协商达成的协议，经有关领导机关批准同意后生效，并受国家法律保护；拥有的资金、设备、物资等，任何人、任何单位不得平调。各方都须严格按协议办事，任何一方违反协议都要承担相应的经济责任和法律责任。不履行协议或合同，以及执行中发生的纠纷，由主管部门调解。调解无效的，提交法院裁决。任何一方要求修改协议或退出联合经营企业，必须在半年或一年前提出，经该联合经营单位的批准机关认可，并应承担由此产生的经济损失。

十四、关于联合经营企业的审批程序和权限。区县以下企业举办联合经营，由区县人民政府确定审批部门。联营企业要新上产品必须征得市有关主管部门（如产品归口局、环境保护局、卫生局等）的同意，并报市计委备案。市属各局内部企业之间的联合经营，由各局审批，并报市计委、经委备案。其中属于涉及企业扩权的联合经营，需报市政府审批。市属企业同区县企业或社队企业的联合经营，由市级主管局和区县联合报市计委审批。市级各部门之间的联合经营企业，由市计委审批，其中大中型联合企业，由市计委转报市人民政府审批。市属企业与省内其他地、市、州联合经营企业，由市计委与所在地、市、州的有关部门共同审批，并报市人民政府备案，其中大中型联合企业由市计委转报市人民政府审批。参加跨省的联合企业，在省没有明文规定前，一律报市政府审批。

十五、发展经济联合是我们国家的重要政策，各级政府要加强领导，不断总结经验，及时研究和解决联合经营中的有关政策、制度和办法等问题。计划部门要加强综合平衡和计划指导，工交、基建、农业、财贸和业务主管局要加强部门和行业规划，工商行政管理部门要加强监督管理，财政、税务、银行、劳动等部门要研究制订促进经济联合的政策和办法，支持各种形式的经济联合健康地向前发展。

重庆市人民政府

1980 年 8 月 10 日

重庆市人民政府关于放宽政策，搞活工业生产的暂行规定

（1980 年 11 月 19 日市府第一次全体会议通过）

遵照党的十一届三中全会精神，我市认真贯彻执行“调整、改革、整顿、提高”的方针和各项经济政策，进行扩大企业自主权的试点，开展市场调节，在生产、流通、分配领域进行了一些初步改革，开始把企业和经济工作搞活了。现在，地区之间、企业之间开展竞争的势头越来越猛，搞活经济的办法越来越多。为了进一步解放思想，放宽政策，搞活经济，提高我市工业产品的竞争能力，发挥重庆经济中心的作用，特作如下规定。

一、扩大企业自主权，尊重企业相对独立的商品生产者的地位。企业实行“以税代利、独立核算、自负盈亏”。在国家计划指导下，企业拥有产、供、销、人、财、物等方面的自主权，任何地方、部门和单位不得把企业作为自己的附属物，任意加以干预。企业在保证完成国家计划的条件下，有权按照市场需要安排生产计划和承担协作任务。企业之间签订的经济合同和协议，应受到国家法律的保护。对侵犯企业自主权的行为，企业有权抵制和上诉。同时，经过试点，逐步实行职工代表大会领导下的厂长负责制。

二、加强市场预测，掌握市场需求变化动态，为企业确定生产计划目标和经营决策提供依据。（一）组织市场调查组，由领导干部带队，分赴有关地区进行市场调查，以疏通经济渠道，加强协作。这种调查，市每年至少进行两次。（二）在北京、上海、广州、福州、武汉、昆明、贵阳、西安等地设立经济联络组，负责经济联系，交流经济情报，搞好经济协作。这项工作由市计委牵头，有关经济部门和企业派人参加。（三）市每季召开一次市场动态分析会，由计划、工业、商业、物资、物价、财税、银行等有关部门参加，分析市场情况，研究需求变化，加强产销衔接，适应竞争需要。（四）企业要建立健全市场调查机构，抽调占管理人员 5%以上的懂得经营业务的人员，经常进行市场预测，搜集经济情报，加强

推销工作。（五）成立经济情报研究所，逐步形成经济情报中心。

三、提高产品质量，增加花色品种，大力发展新产品。要认真推行全面质量管理，加强技术基础工作，搞好全员培训，创造更多的优质品、名牌货，占领市场。要严格质量标准，加强质量检验和监督工作。每个企业都要建立科研所（室、组），抽调占职工总数3%～5%左右的技术干部和技术工人，加强新产品的研究、设计和试制工作，搞好产品更新换代，适应市场变化的需要，增产更多更好的适销对路的新产品。企业、科研单位和大专院校，要加强技术联合，共同发展新产品。对有创造发明和重要技术成果的单位和人员的经济利益，要给予保障。

四、组织多种形式的经济联合，搞好专业化生产协作。要以拳头产品和成套设备为重点，按专业化协作的原则，组织各种产品、零部件、协作件的联合生产；发展加工工业同农业原料基地的联合；组织军工与民用企业的联合，生产单位与科研单位、大专院校的联合，工业与商业企业的联合以及交通运输的联合。要把多种形式的经济联合同国民经济的调整结合起来，军工企业的民品生产应纳入市的计划，由市综合平衡。要打破地区、行业、所有制和隶属关系的界限，坚持自愿、互利、平等、协商和经济合理的原则，加快联合经营和专业化协作的步伐，使更多的工业产品特别是轻工产品向大批量、高质量、低消耗、多品种方向发展，增强竞争能力。

五、进一步扩大企业自销产品的权力。企业在保证完成国家下达的计划任务和供货合同的前提下，对于超产的产品、自己组织原材料生产的产品、利用“三废”生产的产品、试制的新产品、外转内销的产品，均有权自销；也可以由商业选购、经销、代销。企业有权本着择优、竞争、联合的原则，打破地区和行业的限制，销售自己的产品和择优购买生产所需的材料设备。工业、物资部门和工业企业可以在本市和其他地区设立产品销售门市部或专柜，举办展销会、交易会，宣传和推销我市的地方产品。

六、坚持薄利多销的原则，适当调整部分工业品的价格。在保持物价基本稳定和不影响国家财政收入的前提下，企业可以根据市场供求变化情况，自行降低产品价格，实行薄利多销。（一）对一些优质低价的畅销产品，原则上不提价，以增强竞争能力。（二）比同类产品价格偏高影响销售的，可以适当降价，把降价的实惠给广大消费者。（三）没有统一价格的商品，可以按照优质优价、按质论价、薄利多销、有利竞争的原则实行浮动价格。三类小商品，可以在20%的幅度以内实行浮动价。对一些滞销商品，为了打开销路，减少积压，价格也可以向下浮动，但浮动幅度应由工商双方协商确定。（四）对价格过低造成工业亏损、商业无利，而市场又急需的个别缺俏商品，在政策允许的范围内，经市物价部门批准，可适当提高价格。（五）新产品试销价格，由企业参照同类产品的市场价格自行确定。（六）行业内部苦乐不均如属于价格不合理造成的，在国家未进行调价之前，可实行行业内部调拨价。

七、根据国家政策规定，发挥税收的经济杠杆作用，支持生产的发展。对新产品，按照规定实行定期免税，到期仍无利或只有微利的，可继续免税一年。企业性公司内部各厂之间的部分协作配套产品，报经批准后，可实行成品一次纳税。对市场需要而目前又有亏损的个别产品，适当给予减税或免税的照顾。对利用“三废”生产的产品，应区别情况，给予一至三年的免税照顾。

八、生产资料尽量实行内部调拨，减少不合理的中间环节。国家计划分配的物资，应按照合理的流向，实行直达供货，尽量组织就近就地供应；本市地产地销的生产资料，能够内部调拨的就内部调拨，能够定点直供的就定点直供。计划分配的原材料，要优先供应那些产品质量好、成本低、消耗少、竞争力强的企业。总之，物资供应部门要切实为生产服务，为基层服务。

九、合理调整工商利润分配，调动工商双方生产和推销地方产品的积极性。对某些出厂价格不合理，造成工商利润悬殊的产品，可由市物价部门组织工商双方协商，适当进行调整。凡商业利大、工业亏损的产品，商业让利，适当提高出厂价格；凡工业利大、商业无利的产品，工业让利，适当降低出厂价格，从而使工商双方利益分配趋向合理。

十、采取灵活多样的经销方式，大力疏通流通渠道。发展工业同商业、外贸、物资、农业部门的联合经营、联合推销，扩大产品销路。对一些大宗商品，可采取先送货后付款、分期付款、定期结算，扩大回扣和奖励推销单位等办法，鼓励扩大销售。本市基层商店可以不经过商业批发部门，直接到生产单位进货，把减少流通费用的利益给推销单位。时令性、季节性的商品，凡按计划和合同生产的，商业部门应按计划和合同收购；没有衔接好产销计划、合同和超产的，可由商业储备，工业负担储备费用或适当降低出厂价，也可由工业储备，银行贷给储备资金。银行对工商企业在推销商品中所采取的“提前发货，延期收款”的办法，应在流动资金上给予支持。

重庆市人民政府

1980 年 11 月 19 日

重庆市人民政府关于放宽政策，搞活商品流通的暂行规定

（1980 年 11 月 19 日市府第一次全体会议通过）

党的十一届三中全会以来，我市对商业体制和一些经济政策，进行了初步的改革和调整，取得了明显的效果。为了坚决贯彻执行中央关于解放思想，放宽政策，搞活经济的方针，进一步搞活商品流通，发挥重庆贸易中心的作用，更好地为工农业生产服务，为人民生活服务，特作如下规定。

一、进一步扩大商业企业的经营管理自主权。开展扩权试点的商业企业，在国家计划指导下，有权编制经济计划；有权决定经营方式，实行择优进货；有权在规定范围内灵活决定价格；有权提留和使用企业发展基金、集体福利基金和职工奖励基金；有权制订切实可行的奖惩办法；有权通过考试择优录取职工。企业拥有的自主权，任何地区和部门都不得任意干预。对一切侵犯自主权的作法，企业有权抵制和上诉。同时，经过试点，逐步实行职工代表大会领导下的经理负责制。

二、大力扶持和兴办各种类型的集体商业。积极发展各种类型的集体商业，允许企业、事业、机关、学校及街道的待业人员自愿组合、自筹资金举办集体商业。允许有技术、经营专长的退休退职职工合伙办店。集体商业企业一律实行自负盈亏。有关部门在货源安排、物资供应、税收、贷款等方面，根据可能给予必要的照顾。

集体商业，可以经营群众日常生活需要的商品和从事服务性的劳动。对集体商业的营业用粮、植物油和生产用布，粮食、商业部门应根据货源情况和实际需要，供应上与全民所有制企业一视同仁。

集体商业不分城镇和农村，由现行合作商店九级超额累进税率，改为按集体手工业八级超额累进税率计征所得税；煤炭、蔬菜、饮食、服务、修理行业，计征所得税后仍有困难的，可给予适当减税或免税照顾。集体商业企业免交人防费和城建费。

尊重集体商业企业的自主权。在国家政策、法令许可的范围内，有权决定自己的经营管理方式、收益分配办法和工资福利待遇。搞得好的集体企业，其工资福利可以高于全民所有制企业。集体企业的领导班子，由职工大会民主选举产生，并定期进行改选。允许集体商业择优招工，允许职工自愿离职。集体商业企业有权决定对职工的奖惩；对个别严重违反纪律、屡教不改的，经全体职工讨论同意，报请上级主管部门批准，可予辞退。集体商业职工的退休待遇，可根据企业的经济负担能力，自行确定。集体商业的正当权益，应受到国家法律的保护。

三、适当发展个体商业。城镇待业人员以及有技术专长、有经营能力的退休退职人员，可以申请从事法律许可的、不剥削他人的个体经营，经区、县工商行政管理部门审查批准，即可营业。

个体工商户可以一个人经营，可以夫妻两人或全家经营；有技术专长的，可以带一两名徒弟。允许个体工商户按指定地区摆摊设点；下乡赶场，走街串巷，流动服务；前面设店，后面设坊；并允许申请注册商标。

对个体工商户实行五自方针，即：自筹资金，自筹设备，自组货源，自找销路，自负盈亏。个体工商户所需的原料与货源，有关部门应作适当安排。为了稳定物价，对于从事饮食业的个体户，粮食部门实行凭证、凭票、定点供应，大米、面粉、面条供应可不限量。

个体商业可按手工业八级超额累进税率交纳所得税。

四、改进商品购销形式。粮食、油料在完成国家统购任务后，由粮油部门开展议购议销。饮食行业和以粮油作原料的食品加工行业，可以在集市上收购粮油加工成品出售（不包括酿酒）。省外一些地区由供销社或商业企业议价经营的食用油料和小杂粮，我市供销、商业企业可以议价购进，供应市场需要。

二类农副产品收购，除生猪、蔬菜按照现行办法执行外，其余品种以1977年至1979年三年平均收购实绩的80%～90%作为计划收购任务，今年开始执行，到1983年不变。

棉布、棉纱和收布票的针纺织品，仍按中央和省的规定，实行统购统销。省管计划商品，按省下达计划执行。省统一平衡的商品，由工商双方按照省的规定，协商确定收购和自销比例。其余商品一律实行商业选购，工业自销。

五、进一步疏通商品流通渠道。打破地区封锁和部门分割，取消各种不必要的限制。除计划供应商品外，允许批发与批发之间、批发与零售之间、地区与地区之间，实行自由购销，择优进货。所有批发机构，都可以直接向生产部门和外地采购商品、直接供应零售单位和向外地推销商品。地产地销的工业品，凡是适宜于厂店直接挂钩的，可由零售商店直接到工厂进货。零售企业可以向外地选购商品，自组货源有多余的可以批发调剂。批发和零售企业在搞好主营商品的前提下，也可以适当兼营一些相近的商品。三类农副产品特别是鲜活商品，要广泛组织店队挂钩，产销直接见面。允许基层供销社组织农副土特产品进城直接销售。允许集体商业和个体商贩、农村社队和社员从事农副产品（棉花除外）的长途贩运活动。

允许工厂、农工商联合企业和农村社队，按照政策规定，出售自己的产品。

六、努力扩大物资交流。认真办好信托贸易公司。要以“四代”（代购、代销、代供、代运）为主，适当开展自营业务，积极推销地方工业产品。市内外、省内外的工厂、社队和商业企业，都可以在这里陈列货样，进行购销活动。

进一步搞好货栈贸易。要坚持“四代”为主，自营为辅，独立核算，自负盈亏。

继续搞好农副产品市场，并逐步发展一批专业性的批发市场，如牛羊禽蛋批发市场，小水产、小水果、小杂品、小土产批发市场，还可建立花鸟虫鱼市场、旧货市场、修补服务市场等。城市农副产品市场的建设，要照顾消费习惯，有利商品购销；要纳入城市建设规划，由各区统筹安排，分期分批落实。

市级工商各局、人民银行、各公司、站，要设立必要的机构，配备一定的力量，逐步建立起经济情报网，调查了解市场动态，沟通全国各大中城市的行情，分析商品需求变化，搞好市场预测工作。

七、积极推进多种形式的经济联合。积极发展工商之间、农商之间、地区之间、国营与集体之间以及商业内部的联合。

工商双方可以联合举办商品展销；可以联合调查、预测市场情况，共同制定商品生产和推销计划，建立比较长期的、稳定的供销关系；还可以用生产发展基金合资办厂、办店，发展市场适销商品。

供销社和农村生产队之间，实行农副产品多种形式的联营，并建立联营管理委员会作为权力机构，共同决定联营中的重大问题。为了推动农商联合，必须改革农副产品经营体制，把基层供销社为区、县商业公司代购改为自主经营。

商业内部，批发与批发之间，批发与零售之间，零售与零售之间，国营与集体之间，也要开展联合采购、联合推销、联合加工等多种形式的联合。

要利用重庆吞吐调剂、集散作用大，加工、冷冻设备较好的有利条件，发展同省内外地区之间的联合经营，由产地提供原料，重庆负责加工、储存和调拨销售，实行利润返还；出口商品所得外汇，与原料产地实行分成。我市和外地的工业品、副食名特产品，也可以互相协作，设点展销，联合经营，利润分成。

联合体对外不能搞垄断，对内要维护企业自主权。无论哪种形式的联合，都要坚持自愿互利，兼顾各方面的利益；坚持独立核算，自负盈亏；坚持所有制不变，隶属关系不变。

八、切实改善企业管理。国营商业和集体商业要划小核算单位，适当分散经营，一般可按基层门市部建立核算单位，自负盈亏。人民银行和供货单位要按核算单位开立户头，供应资金和货源。

商业企业要普遍推行定额到组、到人，超额给奖，多超多奖的办法。有条件计件的，可实行计件工资制。对派出的流动服务人员，或分散经营的摊点，可采取“大包干”的形式，任务到人，定额上交，超额自得。

一切批发、零售企业，必须坚决禁止商品搭配和转嫁损失的错误做法，违反的要追究经济责任。

九、放宽对几种价格的管理权限。在实行厂店挂钩、站店挂钩，减少环节，直接进货的情况下，进货价格可以双方协商，在出厂价和批发价之间或调拨价与批发价之间浮动，使购销双方都从减少环节中得到好处。

工厂或批发部门为了推销商品，打开销路，经工商协商，出厂价或批发价可以向下浮动。工厂自销的产品，应与商业按合同销售的同类产品，价格一致。

冷背残次商品(不包括销小存大部分)，企业有权削价处理。

三类工业品的零售价格，允许零售企业在规定的批零差率幅度内向下浮动。

农副产品议购议销价格，经营单位要本着购得进，销得出，有赔有赚，统算微利的原则，在规定的总的进销差率内，由企业自定。

饮食、糖果、糕点企业生产和加工的名特产品，实行优质优价。饮食、糕点行业市只管综合毛利率，服务业市只规定最高收费标准和等级差率，分类毛利率和分级收费标准，由区、县公司确定，具体品种、项目的价格由基层单位自定。

十、扩大银行的业务范围。流动资金贷款和中短期设备贷款的发放范围，要扩大到全民和集体的饮食、服务、修理加工、校办工厂、仓储运输、货栈、旅游、文化科研、公用事业等行业。

开办城镇个体户贷款。凡经工商行政管理部门批准的个体户，资金有困难的，可以向银行贷款。

市人民银行信托公司，本着由小到大，由简到繁，因势利导，稳步发展的原则，逐步开办信托业务。

重庆市人民政府
1980 年 11 月 19 日

重庆市人民政府关于加强城市规划、建设和管理的暂行规定

（1980年12月1日）

为了适应四个现代化的需要，有计划、有步骤地把我市建设成为清洁优美的现代化工业城市，以促进经济、文化和科学技术的发展，为城市人民创造良好的生活环境和工作条件，根据中央书记处对北京市工作方针的四条建议和全国城市规划工作会议精神，特作如下规定：

一、抓紧编制城市规划。城市规划是一定时期内城市发展的计划和蓝图。要抓紧我市城市总体规划的编制工作，争取尽早上报国务院审批。城市总体规划的主要任务是确定城市的性质、发展方针和规模，安排城市用地功能分区和各项建设的总体布局，布置城市道路和交通运输系统，选定规划定额指标，制订规划实施步骤和措施。在搞好总体规划编制的同时，要做出五年内的近期规划。我市观音桥、南坪、大坪至石桥铺、大渡口是城市近期建设的重点地区，要相应作好这几个小区的建设规划，以便组织实施。为使城市工业布局更加合理，落实国民经济的长远规划，使经济、文化协调发展，给城市规划提供充分依据，要根据我市发展国民经济的任务和协作关系，由市计委牵头，各有关部门协同，搞好区域经济调查，制订区域经济规划，以便合理地分布生产力，发挥重庆的经济中心作用。

二、严格按照城市规划进行建设。城市规划是建设城市和管理城市的依据，城市中的各项建设，必须按照城市规划进行。我市的城市性质，要根据我市的自然地理环境、历史条件、资源特点，经过反复讨论，逐步加以明确。城市规划发展的方针是：严格控制市区（面积73平方公里、人口145万）的规模，合理发展北碚、长寿、綦江、巴县等卫星城市，适当建设远郊小城镇。城市规划的基本原则是：大、中型工业企业的新建、扩建原则上放到卫星城和远郊小城镇；市中区主要是加强维护、合理利用、适当调整、逐步改造，一般不再进入新单位、迁入新户口，严格禁止见缝插针新建和扩建房屋、厂房、店堂、学校，应挤出土地扩大绿化面积和拓宽交通道路，并逐步将一些污染环境和不宜放在市中区的企事业单位迁移出去；对地处城市两江上游、上风向和居民区内的污染严重的工业企业，应抓紧污染治理，有的要逐步合并、转产、限产或搬迁；城市街道不准再发展污染环境、噪音大、运输量大的工业，应逐步转到生活服务和旅游事业服务等方面来，并保留必要的手工业；凡是危害居民健康、影响群众生活环境安定的街道企业，应尽快停办或转产。上述方针和原则，在城市总体规划未批准实施之前，应作为我市建设城市和管理城市的依据，各部门、各单位都要认真贯彻执行。为使经济建设计划与城市规划紧密衔接，今后，凡需在我市新建和扩建的一切工程项目，无论工业、民用，无论部属、省属、市属、区（县）属或公社、街道所有，无论中央投资、地方投资、企业投资或利用外资，都要服从城市规划的要求；凡在市区、近郊的选址、用地和单位院内、院外的新建房屋、扩展加工场地，都必须经过城市规划部门核准发证方可破土施工，各项设施应有统一安排，按照规划进行建设。无规划部门批准文件，任何个人与单位都不能自行其是，干了再说。如几方意见不一致时，则应提交市建委议处或报市政府决定。凡原驻本市的单位机构撤停或外迁时，其土地、房产应交市房管部门统一安排（用代管、收买、上收、经租办法），自己不得自行决定转移或出卖。

三、积极实行城市建设用地的综合开发。城市建设用地实行综合开发，是按照城市规划的要求，对城市建设用地统一办理征用、拆迁、安置，进行勘测、设计、土地平整和道路、给水、排水、供电、供气、

通讯等“基础结构”工程的建设，条件许可时，扩大到地面部分的开发，统一建设小区的成片住宅和相应配套的公共建筑，承包企事业单位场地内部的公用设施和通用厂房等建设，使城市纳入按规划进行配套建设的轨道，逐步实现“新建小区，统一规划；资金材料，纳入计划；地下地上，综合开发”。凡需新使用土地的企事业单位、机关、学校、部队都应事先按规定交纳开发费，领取土地使用证明，不再直接找社队或其他机关商谈租、征地事宜。市成立综合开发公司，作为经政府批准的一个经济组织，按企业化管理，实行经济核算，自负盈亏，业务归市建委指导，以便进行城市的统一建设。今后，凡是新建小区、卫星城镇和旧城成片改造地区，都要实行综合开发，并根据其任务大小，建立相应的地区综合开发分支机构，在各所在地人民政府和市综合开发公司双重指导下（以市开发公司为主）开展具体工作。

四、建立和健全城市规划、建设和管理的法规。为了保证城市规划和建设的实施，要在国家有关法律的指导下，制订城市的地方法规。在《中华人民共和国城市规划法》尚未批准颁发之前，可根据（草案）精神，制订我市《城市规划实施暂行办法》，公布执行。在城市建设和管理方面，凡国家已有法令的，我市要制订实施细则和具体办法；国家尚无法令的，我市要制订地方法规。过去我市已制订和颁布的法规，要重申有效。要逐步建立、修订和完善城市建筑管理、市政管理、环境保护管理、环境卫生管理、园林绿化管理等几个主要方面的地方法规，严格依法治城。根据“有法必依，执法必严，违法必究”和“在法律面前人人平等”的原则，任何单位和个人都要严格遵守，不能超越法律、自行其是。城市规划、建设和管理部门，要秉公执法，不得明知故犯；各级政府部门和企事业单位，要支持管理部门执法。通过各个方面的共同努力，来搞好城市的管理工作。

五、加快城市建设步伐，尽快改变城市面貌。城市是一个地区的政治、经济、文化中心，要加快城市建设步伐，通过城市这一统一体，来协调和推动工业、交通运输业、建筑业、商业服务行业、文化教育等各项事业的发展。为了迅速改变我市城市面貌，要着眼长远，立足当前，通过调整城市布局，治理污染，改造环境，补还城市建设的缺口、欠账，逐步实现三年小变，五年中变，十至十五年大变。1983年以前，着手城市布局调整，控制环境污染，改善卫生状况，加强市政设施的维修，适当还欠补缺；1985年以前，使城市环境污染有明显好转，卫生面貌有显著改变，城市住宅、交通、供水等有一定改善；1990年至1995年以前，使城市布局基本合理，环境污染基本清除，清洁卫生，山清水秀，人民生活安定方便。由于我市绿化基础差、水平低，直接影响城市的面貌。在城市建设中，要狠抓城市绿化，根据山城特点，充分利用地理优势，重点搞好街头和两江沿岸绿化，普遍开展群众植树和单位绿化，实行种、管并举，讲究艺术，美化城市。

六、加快住宅建设速度。为改善住房紧张的状况，要充分挖掘潜力，通过国家投资、地方投资、银行贷款、企业自筹、私人建房、自建公助、公建民助、旧房改造和建商品房屋出售等多种途径，来逐步解决职工的住房问题。在住宅建设中，要坚持国家补助、地方自筹与企业自筹相结合，以企业自筹建房为主；改造旧城与征地新建住宅相结合，以征地新建为主；旧房维修改造与新建结合，以新建为主；建商品住宅出售与统建统分住宅相结合，力争每年新建住宅规模保持在80万至100万平方米。到1985年，努力使我市人平居住面积达到4平方米以上。

七、管好用好城市建设维护资金。我市城市建设维护费（城市三项费用和工商利润留成），按照中央和省的规定，应集中用于城市市政设施、公用企事业、住宅、园林绿化和中、小学校舍修缮补贴。重点是抓好原有设施的维修和保养，使其充分发挥效能。在保证城市维修的前提下，根据量力而行的原则，适当安排一些城市急需的市政设施、城市公用和城市住宅的新建工程。中央三令五申，要坚决纠正和防止挤、占城市维护费的错误倾向，严格控制，专款专用，不得挪用。鉴于我市城市建设欠账太多，缺口太大，城市现有居住、道路、供水、交通、绿化等水平都低于全国同类城市的情况，当前尤其要加强检查、督促，管好、用好现有资金，充分发挥资金的效益，以便尽快偿还一些欠账。同时，也要考虑开辟新的城市建设资金来源。今后市的机动财力，应大部分用于市政建设、生活服务和文教卫生等公共事业。

八、加强政府对城市规划、建设和管理工作的领导。城市规划、建设和管理工作，关系到城市的全局和长远发展，是城市各级政府的一项主要工作任务。市、区各级政府部门，都要把城市工作作为主要任务，列入议事日程。市长、区长要亲自抓城市规划、建设和管理，并有一名副市长、副区长具体负责抓这项工作。各县政府也要分工有领导同志管理县镇建设工作。街道办事处应把工作重点转到城市管理工作上来，集中精力管好城市。各部门、各单位都要关心、支持城市规划、建设和管理工作，把它作为自己分内之事，认真抓好。同时，要建立健全管理机构，按市、区、街道三级进行管理，各负其责。市一级，主要负责组织全市总体规划的编制和规划的实施管理，统一管理城市范围内的建设用地和项目选点、市政公用设施的维护和建设，执行国家颁布的有关城市规划、建设和管理的法律、法令、条例及规定，制订本市的实施细则和管理制度，负责处理重大违章事件。区一级，主要负责管理本辖区范围的规划实施、市政设施及公用工程维修和建设，执行国家、省、市的各项法令、规定、制度，处理本地区的违章事件。街道一级，主要是宣传有关政府法令，做到“四管四不准”，即：管城市规划，不准乱搭乱建；管市政设施，不准乱挖乱占；管公共绿化，不准乱砍乱伐；管环境卫生，不准污染环境。要加强和充实市、区（县）城市规划、建设和管理机构，配备必要的人员，编制从各级政府部门调剂解决。为了加强城市规划、建设和管理的领导，要成立城市建设委员会，由市政府和市建委各一位主要负责同志担任委员会正副主任，市级有关部门的领导参加。委员会定期召开全体会议，研究确定有关城市规划、建设和管理的重大原则问题的决策和建议。委员会不另组建办公机构，其日常行政事务工作，由市建委机关负责办理。

重庆市人民政府

1980 年 12 月 1 日

中共重庆市委关于认真学习贯彻党的十一届六中全会精神的决定

（1981 年 8 月 14 日中国共产党重庆市第四届第九次全委扩大会议通过）

中共重庆市委第四届第九次全委（扩大）会议，认真传达、学习了党的十一届六中全会《公报》《决议》，胡耀邦同志的重要讲话和省委三届五次全委扩大会议精神。一致认为，党的六中全会是我党历史上又一次具有重大意义的会议；是顺乎党心、军心、民心，恢复和发扬党的优良传统，总结经验，团结前进的会议；是继党的三中全会以来，在党的指导思想上完成了拨乱反正的历史任务，继往开来的一个新的里程碑。它将永远载入党的光辉史册。

会议坚决拥护党的十一届六中全会通过的《关于建国以来党的若干历史问题的决议》。一致认为：《决议》运用马克思主义的辩证唯物论和历史唯物论，实事求是地总结了建国三十二年我党的基本经验和教训，科学地阐明了毛泽东同志的历史地位和毛泽东思想的长期指导作用，进一步指明了适合我国国情的社会主义现代化建设的正确道路，是闪耀着马列主义光辉的历史文献，是全党、全军、全国人民团结一致的政治基础和思想基础，是我们行动的指南，对于我们分清是非，统一思想，吸取经验教训，团结一致向前看，一心一意搞“四化”，必将起到巨大的推动作用。

会议坚决拥护中央主要领导成员的改选和增

选。一致认为,这是关系到党和国家前途命运的重大选择。六中全会改选和增选的中央主要领导成员,既有德高望重的老一辈无产阶级革命家,又有具有高度领导才能的年富力强的同志,这对于加强中央在马克思主义基础上的集体领导和团结一致,保证三中全会以来党的正确路线和方针政策的实现,将起决定性的作用。这次会议的成功,标志着我们党更加团结,更加坚强,更加成熟,我们的事业更加兴旺发达,我们对党和国家前途充满了信心。

六中全会《公报》《决议》的发表,受到我市广大党员和人民的热烈拥护,干部、群众以饱满的政治热情,积极学习《决议》,出现了新的气象。在六中全会精神鼓舞下,各条战线生气勃勃,特别是经受住了洪水的严峻考验,战胜了百年不遇的水灾。全市人民正以顽强的革命精神,自力更生,恢复生产,重建家园。大家认为,只要深入学习、贯彻六中全会精神,我们就一定能够取得生产、救灾和各项工作的新胜利。

为了在全市党员、干部和群众中,认真传达、学习、贯彻好党的十一届六中全会精神,特作如下决定:

一、认真学习和宣传《决议》。这是全党下半年的中心任务之一,也是思想政治工作的主要任务。各级党组织必须加强领导,有计划地把学习引向深入。在学习中,要紧紧抓住四个要点,即:充分认识毛泽东同志的历史地位和毛泽东思想作为我们党的指导思想的伟大意义;实事求是地评价建国三十二年的是非功过,正确认识我们的基本经验教训;明确继续前进的方向;团结一致向前看,一心一意搞"四化";充分认识改选和增选中央主要领导成员的重大意义。通过学习,统一认识,增强团结,振奋精神,搞好生产、救灾和各项工作。

要重点抓好各级领导干部、特别是县以上领导干部的学习。县以上党委,要通过以会代训、党校轮训、办学习班、"小集中"等形式,分批轮训领导干部。在职干部和基层党员,也要分期分批地组织学习。同时培训好报告员、宣讲员,有步骤、有重点地结合思想实际,向广大群众进行宣讲。要在党委的统一领导下,组织工会、共青团、妇联、贫协、科协、文联等各方面的力量,搞好《决议》的学习和宣传。报刊、广播、文艺和出版单位,都要按照中央和省委的部署,有计划地、系统地宣传六中全会精神,做到家喻户晓,深入人心。

在学习中,要着重正面教育,充分发扬民主,敞开思想,畅所欲言。对待历史问题,要贯彻宜粗不宜细的方针,引导大家明确历史问题已经解决,指导思想上的是非已经分清,决不能再去纠缠历史细节,层层追究责任,更不要对本地区、本单位的具体历史是非去进行群众性的争论。对于不同认识,要进行同志式的平等讨论。对于错误思想,要采取疏导的办法,耐心细致地做工作,通过摆事实、讲道理求得解决。共产党员在学习中有不同意见,允许保留,但必须服从《决议》,绝不允许在群众中散布违背和反对《决议》的言论。要自觉地联系思想和工作实际,总结经验教训,进一步清理"左"的影响和防止右的倾向,提高马列主义、毛泽东思想的水平,更加坚定地贯彻执行三中全会以来的路线、方针、政策,不断研究解决社会主义发展中的新情况和新问题。同时,要密切注意社会政治动向,警惕极少数"四人帮"帮派骨干的残余和别有用心的人进行捣乱破坏,对于他们诬蔑、攻击党中央的言论,必须给予有力驳斥和揭露。对于反革命分子和刑事犯罪分子的破坏活动,必须坚决打击。

二、振奋革命精神,抓好生产、救灾,努力完成今年国家计划。在六中全会精神推动下,集中主要精力搞好工农业生产和各项工作,搞好抗洪救灾,是关系到全市国计民生、安定团结的大事,是摆在各级党组织面前的一项非常艰巨而繁重的任务。

为了完成下半年经济工作任务,全市工农业生产和财贸、科技以及其他各部、各单位,要发动干部、群众,积极开展"受灾以后怎么办?"的讨论,认真落实党中央和省委对我省、我市抗洪救灾的重要指示,进一步振奋革命精神,努力增产节约,夺回受灾损失,做到受灾单位少减产或不减产,无灾单位要增产,7月欠账三季补,四季超产保全年,使全市的工农业生产和财政收入,都不低于去年的实际水平。要继续深入贯彻“调整、改革、整顿、提高”的八字方针，狠抓整顿工作，大力推行经济责任制，大搞定、包、奖，明确责任，采取联产计酬等形式，调动企业和职工积极性，挖掘企业潜力，提高经济效果。要进一步搞好扩大企业自主权的试点，特别是以税代利、自负盈亏的企业和行业，要不断总结经验，为全面改革创造条件。

生产、救灾工作，要继续发扬不怕疲劳、连续作战的精神救灾与重建家园，都要坚持自力更生的方针，首先依靠本身的基础和群众力量，千方百计恢复生产。要调查研究，从实际出发，适当放宽政策，充分调动干部、群众生产自救的积极性。其他部门也要继续发扬共产主义大协作精神，一方困难，八方支援，做到无灾帮有灾，轻灾帮重灾，大厂帮小厂，全民帮集体。并要大力表彰抗灾夺丰收斗争中的好人好事和英雄模范人物，推动社会主义精神文明的建设。

三、加强和改善党的领导。各级党委要用六中全会的精神，联系思想实际，搞好自身的建设。要坚持民主集中制的原则，加强集体领导，开展批评与自我批评，进一步端正思想路线，做到在政治上与党中央保持一致。要按照“三位一体”的要求，调接和整顿好领导班子。抓紧提拔培养德才兼备的中青年干部，有计划、有步骤地把他们提拔到各级领导班子中来，同时安排好老干部，逐步实现各级领导班子革命化、知识化、专业化、年轻化。对那些同“四化”建设不相适应、问题较多的领导班子，要下决心整顿。要在实行党委领导下的厂长负责制的同时，建立和健全党委领导下的职工代表大会制，发扬职工群众主人翁的责任感，保障职工群众当家作主管理企业的民主权利。要坚决贯彻执行《准则》，严格党的组织生活，反对不正之风，搞好党风、党纪。要在广大党员中继续深入开展“献身四化，争作贡献”的活动，提倡党员干部为群众做好事，密切党群关系。

市委全委扩大会议要求，全市广大共产党员、共青团员、全体干部和广大群众，认真贯彻六中全会精神，高举马列主义、毛泽东思想的伟大旗帜，更加紧密地团结在党中央周围，坚持四项基本原则，继续发扬党的艰苦奋斗的优良传统，同心同德搞“四化”，为建设高度民主，高度文明的社会主义现代化强国，做出应有的贡献。

重庆市人民政府贯彻国务院《关于重庆市城市总体规划的批复》的决定

（1983年11月23日）

各区、县人民政府，市府各部门，各大专院校，各驻渝部队，县级以上企事业单位：

今年6月，国务院对重庆市城市总体规划作了批复，原则同意我市城市总体规划提出的城市性质、规模和用地布局，并对城市规划、建设和管理中的许多重大问题作了明确批示。这是我市城市建设史上的一件大事，对于推动我市经济体制综合改革试点工作，加强城市各项建设事业，充分发挥中心城市的作用，促进长江上游经济和社会发展，逐步将我市建成具有高度物质文明和精神文明的社会主义现代化城市，具有非常深远的意义。现将国务院《关于重庆市城市总体规划的批复》印发给你们，并作如下决定，请认真贯彻执行。

一、认真学习、宣传、贯彻国务院《批复》精神

国务院的《批复》，针对重庆城市的特点和城市建设中存在的问题，概括了城市规划和建设必须遵循的方针、原则，指明了重庆城市的地位、作用和发展方向，是建设新山城的纲领和行动指南。各级人民政府，各部门，各单位都要传达、学习和讨论国务院《批复》，各新闻宣传单位，要采取多种形式，广为

宣传。当前，宣传国务院《批复》的工作应与正在进行的经济体制综合改革工作结合起来，通过宣传，加深对国务院《批复》重大意义的认识，增强改革体制，振兴经济，发挥中心城市作用的历史使命感，使广大干部，群众对建设好管理好城市满怀热情，对山城的美好未来充满信心。把全市人民动员起来，认真执行城市总体规划，开创城市建设的新局面。

二、实施总体规划，充分发挥总体规划的综合指导作用

城市规划是城市在一定时期内发展的计划，是对城市内工业、交通、邮电、通信、商业、文化、教育、卫生、科研、住宅、市政、园林，公安、人防等各项建设的综合部署，是建设城市和管理城市的依据。我市城市总体规划既经国务院批准，就具有法律效力，一切建设项目，无论其隶属关系和建设性质如何，都必须服从城市规划的安排，任何单位和个人都不得擅自改变和违反。

城市是一个有机整体，城市总体规划也就是一个城市的整体规划。城市中各项建设，必须从实际出发，统筹兼顾，全面安排，合理布置。一定要从总体规划的原则，从全局利益的高度，妥善处理好近期与远期、局部与整体、条条与块块的关系，把经济效益、环境效益、社会效益统一起来，使城市建设做到有秩序地科学地健康发展。计划部门和各业务系统，在拟定国民经济和社会发展计划时，要及时与城市规划部门联系，共同研究，相互配合，切实把计划与规划衔接起来。城市规划所批准的建设项目要纳入计划，分年分期，逐步实施。市属各区区长要把规划、建设、管理好城市作为自己的主要职责，各县人民政府也要有领导同志分工抓城市的规划、建设和管理工作。市城乡建设管理委员会、市规划局应将组织实施城市总体规划作为中心工作来抓，理直气壮，克尽职责，充分发挥规划管理部门的综合职能作用。要尽快开展新区开发和旧城集中成片改造地区的详细规划工作，以及结合区域规划开展城镇体系规划，制定规划实施办法和建筑管理，土地征用等法规，在城市总体规划指导下，把我市建设好管理好。

三、严格控制城市规模，加强小城镇建设

控制大城市规模，合理发展中等城市，积极建设小城市，这是我国城市发展的基本方针。重庆属特大城市，更应严格控制。

首先是控制市区 14 个片区的人口规模，要加强计划生育工作，减少人口的自然增长率和机械增长率。除小型补经配套工业项目和少数必须放在市区内的工业项目外，新建大中型工业项目应尽可能建在卫星城镇，使之成为带动周围农村工业发展的骨干。今后的工业建设，要做到大城市与卫星城镇统一布局，严重控制市区的进一步膨胀。对此，市计委、市经委、市城乡委、市规划局、市环保局、市公安局、市人事局、市劳动局务必统一思想，共同把关。控制规模的重点是市中区。总体规划对市中区的职能作了明确规定，凡与这些职能无关的单位，一律不得在市中区新建和扩建，已经建在市中区的，要积极创造条件，逐步迁出。要加强公共建筑和城市基础设施的补缺配套建设，加速南坪、观音桥、石桥铺重点片区的开发建设，使其为控制市中区规模提供有利条件。

在控制人口规模的同时，要控制市区的用地规模，认真执行“十分珍惜每寸土地，合理利用每寸土地”的国策。市区内的现有企业，要在不增加或少增加用地的前提下，加强技术改造，发展生产能力，提高经济效益。必需征地的项目，要严格执行保护永久性蔬菜基地的有关规定，妥善安排被征地单位农民的生产和生活。

加强小城镇建设，积极发展小城市，是控制大城市规模的关键措施之一。我市有两万多平方公里的郊县地区，小城市和小城镇星罗棋布，为合理分布生产力提供了充分的选择余地，新进入重庆地区的大、中型工业项目，可选在资源、地理、交通、协作条件好的小城镇定点建厂。城市现有工业，应按

专业化协作和联合经营的形式，把一些产品有计划地向小城镇扩散。小城镇在进行生产建设的同时，要搞好生活福利和市政建设，从道路、水电供应、教育文化事业、环境卫生等基础设施入手，并有计划有步骤地把重庆周围有条件的县城建设成卫星城镇。要帮助小城镇培训规划、管理人员，1985年以前，基本完成各个小城镇的初步规划编制工作，并结合城市经济管理体制改革和经济区规划，做好我市郊区和12个县的城镇体系规划，促进城乡经济的发展。

四、采取有力措施，搞好环境保护

城市各项建设要树立为群众服务，保护生态平衡的基本观点。发展生产，提高经济效益符合人民的根本愿望，改善环境，防止污染，同样关系到群众的切身利益。重庆是全国煤烟型污染最重的城市，二氧化硫、酸雨、颗粒物污染非常突出。重庆又地处长江上游，江河污染，维系着中下游亿万群众的用水安全。因此，各部门必须深刻领会《批复》中对保护环境批示的重大意义，以《批复》统一我们的认识，指导我们的行动。

保护城市环境，首先要有合理的工业布局。城市居民区的上游和上风方向，不再新建对水源和大气有污染的工业项目，城市主要水源上游现有的化学、制药、造纸和其他有大量废水的工业，要密切结合技术改造，采取切实有效的治理措施，否则，不得进行扩建。一切新老企业，都要认真贯彻国家环境保护法，严格执行“三同时”和“谁污染谁治理”的规定，污染严重而又不能有效治理的工厂应采取转产、停产、合并、迁厂、限制规模、限期治理的强制措施。为改善城市大气质量，应逐步调整产品，搞好消烟除尘，推广集中供热，加强民用气化的步伐。市环保局应提出保护长江、嘉陵江水资源的具体方案，纳入计划，逐步实施。

要切实保护市辖范围和城市近郊的森林资源，扎扎实实地开展全民义务植树活动，开拓绿地面积，提高绿化覆盖率，把一切单位空地，宜林荒坡，悬岩陡坎尽快绿化起来。园林绿化要结合山城的特点，搞好垂直绿化、街头绿化，大力发展小游园、小花坛、小绿带。要新建、扩建和恢复一批公园，加强文物、古迹和风景保护区的建设和管理。搞好环卫设施建设和环境卫生管理工作，使市容保持清洁、卫生。

五、重视防洪工作，确保城市安全

我市城市沿长江、嘉陵江两岸分散布局，涨水迅猛，历史上曾数次发生特大洪灾，应引起各部门足够重视。重要工程，必须按百年一遇的水位频率高程进行设计。常年洪水位以下，不再修建永久性建筑，常年洪水位以下的道路、桥梁，应加紧改建。城建部门要加强管理，严禁向江河弃渣倒土，行洪河床上修筑任何工程构筑物，都必须经有关部门审查同意。河心沙洲和副漕，是天然的汛期行洪通道，没有科学试验和论证，不得填筑。

六、加强城市建设的统一管理

当前，我市的违章占地，农村非法租赁和变相买卖土地的情况非常严重，乱拆、乱建、乱堆、乱占的现象较为普遍，有法不依，执法不严，成为实施城市规划的障碍。市规划局和各区县城建局，应适当充实规划、管理队伍，健全分级管理的体制，认真处理违章建筑。各部门都要配合城建管理部门搞好这一工作，顾全大局，克服本位主义，服从管理，提高实施城市规划的自觉性。

在住宅区建设中，要重视道路、绿化、供电、地下管网、环卫，以及文化、邮电、教育、卫生、商业服务网点、居委会、青少年活动场地等城市基础设施和公共建筑的配套建设，并做到先地下后地上，有步骤地开发和施工。今后，综合开发区和旧城集中成片改造区，有条件的要实行统一征地，统一拆迁，统一投资，统一委托设计，统一委托施工，统一分配出售的办法。经过改革和实践，在全市逐步实现住宅区建设“六统一”。为了控制旧城和开发区规模，由市规划局对进入综合开发和成片改造区的建设单位进行审查,并发定点通知书。

各级人民政府,各部门,各单位,要动员广大人民群众,按照“人民城市人民建,人民城市人民管”的方针,为实现总体规划提出的各项宏伟目标做出贡献。

附件:

1. 国务院《关于重庆市城市总体规划的批复》

2. 四川省人民政府转发国务院关于重庆市城市总体规划的批复的通知

重庆市人民政府

1983 年 11 月 23 日

四川省人民政府转发国务院关于重庆市城市总体规划的批复的通知

(1983 年 6 月 14 日)

重庆市人民政府:

现将国务院《关于重庆市城市总体规划的批复》转发给你们。请组织施行。

1983 年 6 月 14 日

国务院关于重庆市城市总体规划的批复

〔1983〕国函字 116 号

四川省人民政府:

你省川府发〔1982〕173 号《关于呈请审批重庆市城市总体规划的报告》阅悉。国务院原则同意重庆市的总体规划。

重庆市是我国的重要工业城市,是长江上游的经济中心、水陆交通枢纽和对外贸易港口。要切实按照规划把城市建设好、管理好、在实现国民经济振兴的伟大事业中,充分发挥中心城市的作用,促进长江上游经济和社会的发展。

要采取有效措施控制重庆市区的人口规模,到本世纪末,市中人口要控制在 170 万人以内。市区内的现有企业,要在不增加或减少增加用地的前提下,加强技术改造,提高经济效益,走内涵发展的道路。工业技术改造要和城市规划和环境治理相结合。新建大中型工业项目不要放在市区内,要有计划地发展外围的小城镇。在进行城镇生产建设的同时要搞好生活福利和市政设施的建设,为人民生活创造良好的条件。

要珍惜和合理使用土地,市区和外围的小城镇在保证生产、生活的要求下,根据实际情况,可采用不同的用地标准。结合地形特点充分利用一切不宜建设的空地和荒坡陡坎大力进行绿化。

要采取切实有效措施,搞好城市环境保护。现有工业要结合调整和技术改造治理污染,新建和扩建的企业都要贯彻“三同时”的原则,逐步改善城市大气质量,保护长江水资源不被污染。

重庆市位于长江两岸,要认真加强防洪措施。防洪标准按百年一遇洪水设计,保障人民生命财产的安全。

城市对外交通是保证重庆市对外贸易口岸和中心城市功能的重要条件,要切实规划好、建设好。

重庆市行政区划扩大 8 县 1 区后,应结合城市经济管理体制改革和以重庆市为中心的经济区规划,抓紧做好整个辖区的城镇系统规划,合理布置生产力,促进城乡经济发展。

近期各项建设应主要根据地方财力,注重实效,有计划地进行。要加强城市建设的管理工作,逐步把重庆市建设成为具有高度物质文明和精神文明的社会主义现代化城市。

国务院

1983 年 6 月 6 日

重庆市人民政府批转市财政局《关于区县财政体制问题的报告》

(1984年2月28日)

各区县人民政府,市政府各部门:

市政府同意市财政局《关于区县财政体制问题的报告》,现转发给你们,请按照执行。

重庆市人民政府

1984年2月28日

关于区县财政体制问题的报告

市政府:

我市自1984年起实行计划单列,财政部对我市的财政体制,在核实收支基数的基础上定为"收入总额分成",市收入留成比例定为37%。市财政体制确定后,市对各区县的财政体制也要相应改变。经我们几次与区县财政局进行研究,同时考虑到我市的财政状况,现提出区县财政体制的具体办法如下:

一、市对区县的财政体制,1984年仍然实行"收支挂钩,超收分成"体制;从1985年起,在中央对市的财政体制没有大的变动的情况下,各区县均以上年实际收入数为基数,实行增收分成。

二、超(增)收分成比例,拟在财政部核定我市收入留成37%的基础上,考虑市管县的要求及各区县的具体情况,将二十一个区县分成三类,分别定出不同的超(增)收分成比例:

1. 以市中、江北、沙坪坝、九龙坡、南岸、北碚等六个区为一类。这类在原来省对市实行超收分成45%时,区得25%,市得20%,即在市分成的45%中,区占55.56%。现在中央给市收入留成比例为37%,因此,按区在市留成的37%中占55.56%计算,比例应为20.56%,为便于结算,这六个区的超(增)收分成比例拟定为21%。

2. 以巴县、綦江、江北、长寿、合川、江津、永川县和南桐、大渡口、双桥区为一类。在这一类区县中,重庆市原辖四县的超收分成比例,市是按省给市的分成比例45%全部留给县的;合川、江津、永川三个县,在省给永川地区超收分成65%时,其超收分成比例是50%,为地区分成65%中的76.92%;南桐等三个区,原留成比例和前述六个区一样。如果按照原来这些县和区所得超收分成占市和地区的分成中的份额换算,则其现在的超收分成比例应分别为37%、28.46%、20.56%。我们考虑到这些县、区支农任务大,机动财力不多,或者收入总额较小,因此拟将中央给市的37%全部给区县,即超(增)收分成比例均定为37%。

3. 再一类是潼南、大足、荣昌、璧山和铜梁五县,原在省给永川地区超收分成65%时,他们的分成比例是63%,即占地区分成65%中的96.92%(1983年市、地合并后已改为65%全留)。但考虑到这些县比较贫困,各方面欠账大,机动财力极少,市管县一定时期内应作为重点扶持的对象。因此拟将其超(增)收分成比例定为50%,即对这些县,不仅中央给市的37%全给县,并由市另给补贴13%,以充分调动这些县培养财源的积极性。

三、年度收入预算核定后,在执行过程中,如因新的政策措施对区县收入增减影响较大时,我们意见是:凡中央和省出台的因素,中央和省认账的,市对区县也认账(该拿的照拿,该补的照补);市委、市政府决定出台的,凡对区县收入影响较大的,由市进行增减变化的调整。

四、区县的支出预算经市核定后,如在执行过程中中央追加给市的支出预算中属于区县应有的部分,市也同样追加给区县;重大灾害救济和新安排的复员转业军人以及工资调整等增加的支出,由市统一解决；基本建设、挖革改投资等由市根据国民经济计划统一安排。

五、对收大于支的区县，以其支出占收入的比重确定其收入留解的比例；对核给的支出大于核给的收入的区县，由市拨补其差额。

六、财政体制和年度收支预算确定以后，各区县要精打细算，制定切实可行的增收节支计划，努力发展生产，提高经济效益，增加收入，在确保完成国家财政任务的前提下，使各区县的财力一年比一年增加，生产建设事业一年比一年发展。安排支出要统筹兼顾、量力而行，厉行节约，留有余地，不准打赤字，负责做到全年收支自求平衡。

区县的支出，除专案经费外，结余均留区县。

七、以上体制在中央对市的体制没有大的变动的情况下，暂定三年，到下一个“五年计划”的第一年即1986年底止。

以上意见如属可行，请批转各区县政府和市府各委、办，并报财政部和四川省财政厅备查。

重庆市财政局

1984年1月14日

中共重庆市委、重庆市人民政府关于扩大县的经济管理权限的规定

（1984年6月10日）[①]

我市在经济体制综合改革中，实行市地合并，扩大了市领导县的范围。为了搞好市带县的工作，充分发挥县在组织生产、流通中的作用，加速城乡经济发展，现就扩大县的经济管理权限问题，做出如下规定：

一、计划管理方面

县作为一级计划单位，在国家和省市的统一计划指导下，有权统筹安排全县的生产建设、流通和各项社会事业的发展计划。市下达各项指令性计划，要先同县协商；计划下达后，市和县都必须严格执行。对于工业生产计划中，由市统一调拨的产品，市必须相应地安排原材料；其他产品，市的有关部门也应帮助安排好产供销平衡。县除了严格执行市下达的指令性计划外，其他计划，可参照市下达的指导性计划，结合本县实际情况自行安排，报市有关部门备案。

二、固定资产投资方面

全民所有制自筹资金基本建设项目，县在市下达的投资规模控制指标和规定的使用方向内，有权审批和安排住宅建设项目以及投资额在100万元以内的城市建设、商业、文教、工业交通等建设项目。全民所有制单位同集体所有制单位联合办企业，其投资额只计算全民所有制投资部分。集体所有制单位自筹资金基本建设规模和项目，由县自行决定，报市有关部门备案。

县属全民所有制企业技术改造项目、自筹资金项目由县审批；银行贷款项目，金额在50万元以内的，由县审批立项，贷款由市银行平衡安排。

县在审批基本建设和技术改造项目时，对国务院规定当前要控制的26种产品扩大生产能力的项目，不能自行审批，应按规定上报；对建设中和投产后需要市安排原燃材料、生产协作和平衡产销的工业建设项目，应征得市有关部门同意。

三、物资分配方面

县生产建设所需物资，统配部分由市计委分配到县。一般不戴帽下达，由县统筹安排；部管物资由各主管局统一安排。除计划分配的物资外，县有权跨地区进行调剂串换，或自行采购，县的有关部

---

① 本规定以中共重庆市委文件下发。

门可与供货单位签订合同，直达供应，直接结算。

四、经济技术协作方面

县有权跨地区对外进行各种形式的经济技术协作，有权利用县内各种资金跨地区进行投资，也可接受外地的投资，市的有关部门也积极给以支持，不能干预，其中涉及全市经济综合平衡或要求市提供某些条件的协作项目，应征得市有关部门的同意。

五、对外贸易方面

在统一对外、联合对外的前提下，扩大县的外贸权力。县经过市有关部门批准，可以邀请外商或出国考察，可以参与同外商谈判，市有关部门应予以协助，并帮助办理手续。

外贸收购、调拨计划，市管的计划品种，市外贸部门和县都应按市下达的计划执行。超计划部分和计划外品种，县可以自找口岸，委托外贸部门代理出口，盈亏由县自负。

在利用外资、引进技术方面，不需要市解决外汇和人民币配套资金、不要求市平衡产供销的50万美元以内的引进项目由县审批，报市有关部门备案。

六、劳动管理方面

县属全民所有制企事业单位，在保证不降低劳动生产率的前提下，除新增固定工必须报市审批外，其他用工可在市下达的年末职工人数计划指标内由县自行核定；所有自然减员指标，由县统筹安排。县内新成立集体所有制单位由县审批，报市归口部门备案。

七、税收方面

县除了按照重府〔1984〕77号文件，行使税收减免权外，为鼓励利用外地资金，对县办企业与外地合资新办的工业企业，可参照对乡镇企业的办法：除按规定交纳工商税外，其实现的利润，可先归还外地投资和银行设备贷款，再征工商所得税。

八、物价管理方面

县管的生产资料，其价格可按牌价上下浮动。向上浮动超过20%幅度的由县审定。

为保护生产者和消费者的利益，对议购议销产品，县可核定最高限价和最低保护价进行协调控制。蔬菜购销价由县根据实际情况自行决定。

九、管理机构设置方面

市的各个部门不得对县硬性规定上下对口设置管理机构。县的经济管理机构的设置和分工，由县根据自己的情况确定。

十、为了充分发挥各县因地制宜地发展经济的积极性，从1985年起，市对县实行财政、粮食和主要农副产品收购包干的办法。各县和市的有关部门，从现在起，都应积极为“三大包干”的实施拟订办法，做好准备。

十一、各县即可按上述规定执行，南桐矿区、北碚区、双桥区在经济管理权限上视同县，也可按本规定办理。

各县在行使上述权力时，要尊重和保障企业的自主权，以利于搞活企业。市的各有关部门要积极支持各县行使上述权力，市委、市府以及市的各部门，凡过去规定与本规定不符的，均以本规定为准。

1984年6月10日

重庆市人民政府办公厅转发四川省高教局关于贯彻教育部《关于对“文革”前部分大学生落实政策补发毕业证书的通知》的通知

（1984年7月28日）

各区县人民政府，市政府各部门：

现将省高教局关于贯彻教育部《关于对“文革”前部分大学生落实政策补发毕业证书的通知》转发给你们，请遵照执行。

重庆市人民政府办公厅

1984年7月28日

关于贯彻教育部《关于对“文革”前部分大学生落实政策补发毕业证书的通知》的通知

川高教政发〔1984〕52号

本省各高等学校、中等专业学校：

现将教育部〔1984〕教学字031号文件转去，请遵照执行。为了贯彻好文件精神，结合我省具体情况，提出以下意见：

一、对“文化大革命”前，因政治思想原因错误处理，现已复查改正的学生；因公经组织决定抽调参加工作，或经动员参军的学生，补发毕业证书。关系这些人当前提升工资、评定职称等问题，因此，各校要指定专人进行清查，凡符合文件规定，该补发毕业证书而没有补发的，要抓紧办理，不要贻误时机；对已经补发证书的，如不符合“按本人原同届补发证书”规定的，也要改正过来。

二、对解放前夕，个别学校有少数学生，在共产党的领导下，积极参加革命斗争，因当时革命斗争需要，经中共地下党组织决定，并通知离校参加革命工作，他们的学历问题，作为特殊情况，可参照教育部〔1984〕教学字031号文件精神办理，但在办理时，必须查有实据。

三、1961、1962年贯彻调整国民经济方针，停办，撤销的市、地办的专科学校，在办学时期因政治问题错处理的学生和参军的学生，补发毕业证书的问题，由有关地、市、州审定后，可委托有关学校或教育行政部门办理；撤销、停办的中等技术专业学校的学生由主管部门或委托有关学校办理。

四、凡不符合文件规定范围的，均不得套用和补发毕业证书。1961、1962年因学校调整、安置回家支农和安排工作的学生，各种原因退学的学生，因成绩不好，学习跟不上而停学安置工作的学生等，均不属这次补发毕业证书的范围。请各校和有关单位在执行中认真审查，严格把关。

附：教育部〔1984〕教学字031号《关于对“文革”前部分大学生落实政策补发毕业证书的通知》

四川省高等教育局

1984年7月7日

关于对“文革”前部分大学生落实政策补发毕业证书的通知

〔1984〕教学字031号

各省、自治区、直辖市高教（教育）厅（局），国务院有关部委教育司（局），各高等学校：

十一届三中全会以来，党中央认真地纠正“文化大革命”中及其以前的“左”倾错误，拨乱反正，解决了一系列重大问题，改正了大批冤假错案，妥善处理了许多遗留问题，落实了党的政策，使我们的国家在经济上政治上出现了很好的形势。

在上述大好形势下，各高等学校认真解决学生中的遗留问题，落实了党的政策，对反右和其他时期因思想政治原因，错误处理的学生，经过复查改正，问题基本上得到解决，有的补发了毕业证书，有的发了肄业证书，对于“文革”前因公抽调高等学校在校生和动员参军的学生，也补发了毕业证书和肄业证书。

前一个时期，各系统陆续开始对职工进行工资调整，由于涉及学历条件，引起一些学生纷纷要求学校补发毕业证书，这种情况的出现，给学校带来了新的问题，各院校在掌握上宽严不一，较难处理。

经与中央有关部门研究，考虑到历史情况，为进一步落实党的知识分子政策，尽快地妥善解决问题，对属于“文化大革命”前，因思想政治原因错误处理，现已复查改正的学生；因公经组织决定抽调参加工作或经动员参军的学生，均按本人原同届补发毕业证书。在此之前已发过肄业证书的，可予换发毕业证书。此规定仅限于解决上述几种学生的学历问题，其他方面不得套用。

上述规定适用于中等专业学校。

中华人民共和国教育部

1984年6月20日

中共重庆市委关于转发市顾问委员会工作安排意见的通知

（1984年8月10日）

各区、县委，市委各部、委，市级各部、委、局党组（党委）：

市顾问委员会根据市委今年下半年的工作要求，结合自己的特点，提出了今后工作意见。这些意见，对于退居二线的老同志怎样开展工作，如何发挥作用，都有指导意义。现转发给你们参照执行。

中共重庆市委

1984年8月10日

中共重庆市顾问委员会工作安排意见

市委：

市顾问委员会成立将近一年来，为起到市委政治上的助手和参谋作用，进行了摸索和努力，做了一些工作。现在，市顾委会整党的学习文件阶段和对照检查阶段已基本结束，进入了整改阶段。根据市委对下半年工作的要求和顾委会工作“宜少不宜多，宜虚不宜实”的原则，市顾委会今后一段时期的工作，拟作如下安排：

一、积极协助市委搞好整党。根据耀邦同志关于顾问委员会在整党中要“大力担负宣讲、检查、督促、验收的任务”的指示精神，市顾委会在集中进行整党的基础上，各委员除了回到原工作单位继续完成中央整党决定规定的整党任务外，将有部分委员担任几个大口的整党工作联络组组长和联络员，这是当前顾委会当好市委政治上的助手和参谋的重要任务。担负这一工作的委员，一定要认真了解情况，掌握动向，听取意见，向市委反映情况，提出建议，努力把工作搞好。

二、关心清理“三种人”和第三梯队的建设。清理“三种人”是纯洁组织的关键问题，也是整党是否成功的重要标志。除了受市委委托参与这一工作的委员要认真搞好这一工作外，所有委员都要关心这一工作，主动地提供自己知道的有关情况，提出意见，协助市委坚决而又慎重地把“三种人”清理出来。与此同时，还要关心第三梯队的建设。这项工作，是同清理“三种人”紧密相关的，如果不把“三种人”及其军师清理出来，就有可能被误选入第三梯队，将给党的事业造成极大的损失。市顾委的主要责任就是积极拥护、支持第二梯队，同时尽可能发现、荐举接班人，协助市委建立好第三梯队。我们退居二线的老同志，应该在这方面很好发挥参谋作用。

三、参加并积极支持经济体制综合改革。整党要促进改革、促进经济建设和其他各项工作。当前，加快经济体制改革步伐具有十分迫切的意义。市顾委会除有一位负责同志直接地、全力以赴地抓好这一工作外，各委员都要积极学习有关经济体制改革的方针、政策。为了了解当前我市经济体制改革的进展情况和问题，加深对经济体制改革的认识，可采取“走出去、请进来”的办法，作些调查研究，组织一些小型报告会。拟于近期请市体改委的负责同志给市顾委委员作一次有关经济体制改革问题的报告。并积极进行宣传动员工作，推动经济体制改革工作的进一步开展。

四、进行一些专题调查研究。围绕两个文明建设，在力所能及的范围内，对原来熟悉的工作，确定题目，进行调查研究，是顾委会的经常工作之一。根据市顾委会现有力量和可能，拟从今年下半年开始，分批组织一些委员，有选择地到一些单位进行一些专题调查，如：1. 关于充分发挥知识分子的作用问题；2. 离休、退休老干部发挥“余热”的经验和调研员开展工作的经验和问题；3. 中、小学教育改革问题；4. 市带县的经验和问题等。通过调查研究，对一些重大问题进行探讨，并积极反映情况，提出建议，供市委和有关部门参考。

五、多做些社会工作。市顾委委员对市级各部门开展的各种社会活动要积极参与和支持。各委员可根据自己的爱好和特长，在力所能及的范围内，参加一些社会实际工作，如老年体育协会、老年高等教育工作者协会，家庭教育研究会，以及其他对青少年进行传统教育的活动。

六、撰写革命回忆录。市顾委委员除应邀参加一些有关地区征集党史的会议外，可根据个人的经历，撰写回忆录和革命斗争史。写好后交市委党史办公室，供他们选编革命回忆录。

七、定期召开座谈会和学习会。今后市顾委委员列席原工作单位党委（党组）会议，不要每会必到、到会必讲，以利新班子大胆地、独立负责地进行工作；委员们的生活、供给和党组织关系不变，仍在原单位。市顾委会在一定时期以召开座谈会、学习会等形式，让委员们畅所欲言，谈意见，提建议，对上对下的意见都可以提，言者无罪。对大家反映的问题和意见，由市顾委会办公室整理分别向市委和有关部门反映。

八、继续完成市顾委会办事机构的组建工作。目前，市顾委会办公室工作人员较少，开展工作较为困难。请市委组织部尽快按市委定的编制配齐，并建立市顾委会机关党支部，直属市级机关党委领导。为了及时反映情况和意见，拟办一个不定期的《情况反映》。进一步完善工作制度，不断改进工作，更好地完成各项任务。

以上意见，如无不当，请批转有关单位执行。

中共重庆市顾问委员会

1984 年 7 月 28 日

重庆市人民政府关于改革建筑业和基本建设管理体制若干问题的决定

（1984 年 11 月 14 日）

根据六届全国人大二次会议通过的《政府工作报告》和国务院《关于改革建筑业和基本建设管理体制若干问题的暂行规定》的精神，现对改革我市建筑业和基本建设管理体制的若干问题决定如下：

一、全面推行建设项目投资包干责任制

为了克服基本建设敞口花钱、吃“大锅饭”的弊病，实现缩短工期、降低造价、提高工程质量和投资效益的目的，建筑业必须全面推行以“五包”（即包投资、包工期、包质量、包主要材料用量、包形成综

合生产能力)“五保”(即保证建设资金、保证设备材料配套供应、保证建设外部条件、保证生产定员配备、保证试车原燃材料供应)为基本内容的建设项目投资包干责任制。投资包干形式,根据不同情况,可分别采取:建设单位或工程承包公司对项目主管部门包干;施工单位对建设单位、工程承包公司或项目主管部门包干;下级主管部门对上级主管部门包干,并都要通过招标投标的形式,与施工单位签订有明确经济和法律责任的包干协议。为此,应积极组建各类工程承包公司和开发公司,以取代现有用行政手段组建的各种“现场指挥部”“现场领导小组”等组织形式。工程承包公司和开发公司都是具有法人地位、自主经营、自负盈亏的相对独立的经济实体,经过招标投标而中标或接受项目主管部门(或建设单位)的委托,对项目建设实行全过程的总承包或部分承包。

二、大力推行工程招标承包制

为了鼓励竞争,防止垄断,开放建筑市场,改革用单纯行政手段分配建设任务的老办法,必须大力推行以招标承包为核心的多种形式的经济责任制。我市已经公布的《重庆市建筑安装工程招标、投标试行办法》及其修改补充办法,其基本原则是正确的,应认真执行。

凡列入固定资产投资计划的建设项目(包括按固定资产投资办法管理的项目),除某些不适宜于招标的特殊工程外,从勘察设计到施工,都必须进行招标、投标。

凡经过有关主管部门批准,并持有营业执照的勘察设计单位、建筑安装企业、工程承包公司、综合开发公司,不论是全民还是集体单位,不论来自哪个地区、哪个部门,都可按核定的级别参加我市相应工程的投标。对外地区来我市参加投标的单位,要提供方便,不得制造困难。我市的勘察设计、施工单位以及承包公司、开发公司,也要积极创造条件,到市外、省外、国外参加竞争。

三、改革建筑材料供应方式和设备供应办法

为使建筑业具有独立经营的必要条件,更好地推行建筑项目投资包干和招标承包制,必须改变建筑材料随投资走,供应环节多,层层设库,余缺不能调剂,施工单位经常处于停工待料的被动局面,改革材料和设备订货程序,实行由物资部门直接将材料供应给承包施工单位,逐步推行包工包料。目前情况下,对国家统配材料实行以下供应办法:

国家和省确定的在渝重点建设项目,属于国家和省配套承包供应的项目,所属材料,按国家和省的协议,统一组织配套承包供应;非配套承包供应的国家、省在渝重点建设项目和一般项目,可以实行划拨指标,由市物资部门就地、就近代订、代供。

市属重点建设项目,所属材料由市物资部门按施工预算和工程进度要求,负责配套承包供应给施工单位,并承担经济责任。

市属一般建设项目,所属材料由市物资部门按当年万元平均水平组织供应。属于市建工局所属建筑安装施工企业承建的市属一般项目,将材料指标划拨给建工局统筹安排。建工局有权参加订货。在划拨的指标范围内50%实行直达供货。

城市维护和建设所属建筑材料,由市计委按当年国家和市分配材料的万元水平,市属项目将指标切块划给市城乡建委统筹安排并参加订货,区、县属项目切块给各区县。

在当前国家物资供应紧缺的情况下,要采取多渠道解决建筑材料问题。除计划部门每年要安排一定额度外汇进口材料外,要鼓励工厂在完成国家计划后增产一部分材料,直接进入建材市场,实行浮动价格。凡计划分配不足的材料,允许建设、物资、施工部门进行市场调节,价格实行高进高出,价差进入工程预算成本。

固定资产投资所需成套设备,由市机械设备成套部门和机电设备供应部门负责,统一组织供应,推行设备承包经济责任制。对全市固定资产投资所需成套设备,可以实行联合承包,也可以单独承

包。承包的内容，可按发包单位委托的设备清单的预算总价包干，也可实行设备招标承包制。计委、经委、科委和有关主管局（公司），要积极创造条件，实行设备成套供应单位与科研设计单位、制造工厂联合，从工艺设计到安装调试实行总承包，不断提高设备成套技术水平和经济效益。

四、改革建设资金的管理办法，实行投资有偿使用原则和统一流动资金制度

凡属国家投资和市的地方投资项目，从 1985 年起，一律改财政拨款为银行贷款，实行建设资金有偿使用。国家和市财政部门将投资包干协议规定的总金额分年度拨给建设银行，由总承包单位根据工程进度，按实际需要向建设银行贷款建设，在不超过投资总额的前提下，贷款可以不受年度的限制。

基建备料资金管理，实行统一流动资金制度。建筑企业实行包工包料体制后，对其承包的计划内基建项目，所需备料资金由建设银行给予贷款，利息计入成本。

工程价款实行竣工后一次结算。建筑企业在办理结算前，在建工程所需工程进度款，由建设银行给予周转贷款。在规定工期内的贷款，利息计入工程成本，由于工期提前而少付的利息，归建筑企业留用；由于企业的原因延误工期而多付的利息，由建筑企业负担。

对更改资金和企业自有资金安排的建设项目，资金管理按现行办法办理。

城市维护资金安排的市政、公用、住宅、园林等公用设施的建设项目，按城市维护资金管理办法办理。

国家和地方财政投资建设的非生产性项目，投资不能回收或只能收回部分投资的项目，是否实行拨款改贷款，由计委在下达计划时会同财政局和有关主管局商定，但在建设期中，对承包施工单位，备料和工程用款仍按贷款处理。

所有建设项目，凡是实行投资包干和招标承包制所节约的投资，均按国家计委、城乡建设部、劳动人事部、中国人民建设银行联合文件（计基〔1984〕2008）《基本建设项目投资包干责任制办法》的有关规定执行。

建设银行要积极参与生产性建设项目和大、中型公用工程的可行性研究工作，对建设项目的经济效益和投资回收年限、偿还能力提出意见，供领导机关决策；对盲目建设、重复建设等项目，有权拒绝贷款。

建设银行要积极筹措建设资金，大力支持重要工程和城市开发建设事业的发展。

五、积极开展城市综合开发建设，推行住宅商品化

城市新区建设和旧城改造，要服从城市总体规划和建设经济中心城市的要求，实行成片或成线的综合开发和集中改造，把城市各项基础设施和相应的配套设施，在综合开发和集中改造区内一次建设起来，较快地改变城市面貌，提高城市的综合效益。

要千方百计地加快我市综合开发建设的速度。除现已建立的市房屋开发建设公司外，还可以组建各种不同形式的开发公司。各区、县和各工业主管局也可以根据实际建设任务的需要，组建综合性的或专业的工程承包公司，承担相应的工程总承包任务。这类公司由工商行政管理部门审查核发执照。

各开发公司在城市总体规划指导下，实行统一规划设计、统一土地开发、统一配套建设。为扶持各开发公司开展正常的经营活动，建设银行应给予流动资金贷款，计划、物资部门应拨给一定数量周转材料。根据国家规定，各开发公司免交三年所得税。

为了保证城市总体规划的实施，今后所有建设项目都必须纳入城市综合开发和旧城成片改造，统一规划，配套建设。在城市规划范围内，原则上不再批准零星建设，不准搞见缝插针建房。有关城市新区综合开发和旧城集中改造的规划及实施办法，由规划部门另行制订。

过去不准一些部门在市中区建房的禁令，从现在起撤销。为了吸引建设资金，加快市中区旧城改

造，在市中区建房应实行优惠政策。在近几年内，改造好嘉陵新村、望龙门白象街等小片区，并确定把两路口至七星岗这条街作为改造重点，以建标准较高的公共建筑为主。对在这一条街参加投资的建设单位，政府决定采取优惠措施，以保证建设单位得房的比例。

为有计划地偿还城市基础设施的欠账，今后所有城镇房屋建设工程都要收取城市综合配套费。关于综合配套内容、收费标准、收取办法等，市政府将另行发文，做出具体规定。收取城市综合配套费办法实施后，现在收取的有关单项配套费一律取消。

要加快商品住宅建设步伐。市和各区、县都应该搞，财政、银行应在资金上予以扶持。市里每年至少应安排1000万元周转资金用来建周转房。要鼓励私人购房，根据不同情况采取全价出售、补贴出售和按成本租金出租的办法。房屋出售价格要统一制订原则，特殊的高级建筑要单独制订，经市政府批准后执行。属于补贴出售的住宅，按1984年7月16日重府发〔1984〕160号文批准的办法实行。

各类商品房屋和市周转用房的建设不占自筹基建指标，建设规模由计划部门进行管理和控制。

六、改革勘察设计，全面推行技术经济承包责任制

勘察设计是基本建设的重要环节，建设项目能否采用先进技术成果，节约投资，缩短工期，取得显著的经济效益，勘察设计起着关键性的作用。因而，必须开放勘察设计市场，实行招标投标，开展竞争。

所有勘察设计单位，都要把按人头拨给事业费的办法改为按承担任务收取勘察设计费，实行企业化经营，独立核算，自负盈亏。〈下略〉。

勘察设计单位承担任务一律要签订承包合同。要在优先保证国家、省、市重点建设项目设计任务的前提下，打破行业和地区界限，面向整个社会，向社会化方向发展。要积极开展设计投标竞争，择优选定勘察设计单位。凡是经过上级主管部门审查，取得了设计证书的全民、集体设计单位，都可参加投标竞争。全市在今年内应选择几个项目，进行设计招标、投标的试点。

勘察设计单位内部要全面推行技术经济承包责任制，实行分项目、分专业、分组承包（小组可以自由结合）。设计人员的收入要与贡献大小挂钩，其奖金的发放，按建筑业的方法，上不封顶，下不保底，免征奖金税。对有重要贡献的设计人员，要给予特殊奖励或浮动升级，对设计质量差，或延误设计进度的应扣减设计费；对因设计质量低劣造成重大质量事故的，应承担相应的经济责任；对因设计质量事故造成重大工程事故的主要负责人，还应追究法律责任。

允许社会上有专长的人员开办集体性质的设计事务所，经过设计资格审查，确定承担工程设计任务的范围，制订合理的经济政策和必要的管理办法，做到既鼓励竞争、繁荣设计，又加强管理、活而不乱。

七、改革建设项目审批程序，实行建设项目统一征用土地

建设项目审批程序的改革，主要是下放审批权限，精简层次，简化手续，提高工作效率。同时实施建设用地由政府统一征用的办法，以方便建设单位用地和制止征地中的不正之风。今后，所有建设工程的定点、设计方案审查和核发建设工程许可证，除重要项目必须召开联合办公会议由有关部门共同审批外，一般项目原则上只由规划、环保、消防三家签章承担责任，其他部门不再一一签章。同时，对固定资产投资计划审批、建设项目扩初设计审批、建设工程征用土地审批等，分别适当下放一部分权力给各区县或主管局，具体方案，由市计委、城乡建委分别制定。

建设征用土地工作，从现在起，由市、区县人民政府成立征地办公室，负责统一办理征地、搬迁、安置等事宜。建设项目的位置选择、用地指标和用地范围，有城市规划主管部门负责确定。征地审批权

限按市政府有关文件精神办理。

实行政府统一征地后，用地单位不再与被征地单位直接商议征地，征地费用由征地办公室包干使用，用地单位只需按征地费用总额的一定比例缴纳管理费。

八、进一步推行全面承包经济责任制，把建筑业内部的改革引向深入

对领导干部层层建立《责任状》，按责、权、利统一的原则，使国家、企业的利益和各级领导干部自身的利益结合起来。

全面推行市建筑一公司栋号全面承包、成本票核算的经验，建立纵向的经济责任制体系，把施工第一线人员自身的经济利益和最终产品的综合经济效益紧密结合起来。

围绕施工第一线，建立联岗、联职、联责的横向经济责任制体系，全面加强基础管理工作，把二、三线人员自身的经济利益和施工第一线的经营管理效果结合起来。

全面实行工期奖罚，以合同工期为标准，提前或推迟一天，奖罚承包额的万分之二。

普遍实行百元产值工资含量包干，含量全部进入成本。坚持“产值是含量的指标，利润是奖金的基础”的原则，实行“双控”，上不封顶，下不保基本工资，拉开分配档次，克服平均主义，进一步解决吃“大锅饭”的弊病。

建立技术经济责任制。让“包”字进入技术开发领域，推动新技术开发，引进和推广新技术、新工艺，并认真抓好人才培养，重点培训栋号长和作业队长，提高技术业务水平。

改革单一的用工形式，实行固定工、合同工、临时工相结合的用工制度。逐步增加合同工、临时工的比重。除少数特殊工种外，今后全民所有制建筑企业原则上不再新增固定工人。

建立全民建筑企业、集体建筑企业、农村建筑队伍相结合的建筑队伍组织体系。在平等互利的基础上，发展全民企业与城乡集体企业的联营，鼓励农村建筑队伍进城投标竞争，承包施工任务。

九、改革工程质量监督办法，加强工程质量管理

实行政府对工程质量的监督，是质量管理工作的一项重要改革。针对我市工程质量事故多，没有专门质量监督机构的情况，决定成立市和区县两级建筑工程质量监督站，隶属市和区县城乡建设管理部门直接领导，接受建设单位的委托，对建筑工程进行质量检验和监督。质量监督机构属事业性质，按企业化进行管理，收取一定的检测和管理费用。质量监督的具体办法由市城乡建委拟订。

十、尽快改变建筑业的技术落后状况

我市建筑业的技术装备和施工技术水平，都处于比较落后的状况，不适应经济建设发展的需要，这种状况必须尽快改变。

各勘测、设计、施工单位的生产发展基金应主要用于购置技术装备，迅速提高承担大型、高层、高标准建筑的能力。施工单位当前应集中解决土石方、基础工程和垂直运输的施工机械化，在市中区施工的工程要尽快实现供应商品砼，做到文明施工。勘测设计单位要积极采用先进的科技成果，逐步改善设计手段，努力提高设计质量和设计效率。

建筑装饰的施工质量水平低，是我市突出的薄弱环节。要大力培训一批适应现代建筑装修的技术工种，尽量采用新材料、新技术、新工艺，把建筑装修质量提高到一个新水平。

鉴于我市城乡建设系统技术人才缺乏、技术力量薄弱的情况，必须加速人才培养。为此，每年可以在城市维护费中安排一定资金，用于智力开发。

十一、改革城市维护建设资金的管理

现行城市维护和建设资金计划的管理办法，不符合“简政放权”的精神，不利于提高工作效率。从明年起，按责、权结合，职责分明的原则，对城市维护和建设资金进行分级管理。其中，属于各区县的正常维护经费，由各区县安排使用；属于市的正常维护经费，由市城乡建委编制计划，下达执行；属于

基建和技措项目的投资，以城乡建委为主编制计划，会同市计委下达执行。市财政局对城市维护和建设资金的使用按计划进行监督。

以上决定，各单位应认真执行。过去市政府或有关部门发布的办法、规定，与本决定有矛盾的，以本决定为准。在执行中，要加强调查研究，注意总结经验，进一步解放思想，继续探索，把建筑业和基本建设管理体制的改革继续推向前进。

重庆市人民政府

1984 年 11 月 14 日

国务院关于批准唐山等市为“较大的市”的通知

（1984 年 12 月 15 日）

各省、自治区、直辖市人民政府，国务院各部委、各直属机构：

《地方各级人民代表大会和地方各级人民政府组织法》第二十七条规定：“省、自治区的人民政府所在地的市和经国务院批准的较大的市的人民代表大会常务委员会，可以拟订本市需要的地方性法规草案，提请省、自治区的人民代表大会常务委员会审议制定，并报全国人民代表大会常务委员会和国务院备案。”

据此，国务院现在批准唐山市、大同市、包头市、大连市、鞍山市、抚顺市、吉林市、齐齐哈尔市、青岛市、无锡市、淮南市、洛阳市、重庆市等十三个市为“较大的市”。这些市的人民代表大会常务委员会依法可以拟订本市需要的地方性法规草案。

中华人民共和国国务院

1984 年 12 月 15 日

中共重庆市委、重庆市人民政府关于增强区县总揽经济全局能力若干问题的决定

（1986 年 3 月 28 日）

为了加快区县经济发展，自 1983 年以来，市委、市府先后发出了〔1983〕37 号、〔1984〕25 号和〔1985〕20 号文件。总的来看，贯彻执行是好的。表现在区县组织经济的能力增强了，农村商品经济发展步伐加快了，城乡经济开始进入协调、健康发展的轨道。但是，随着以城市为重点的经济体制改革的全面开展，对县级经济管理提出了更高的要求。为了进一步增强区县总揽经济全局的能力，加快区县经济发展步伐，现就有关问题做出以下决定：

一、充分认识区县经济的重要地位和作用

我市辖 21 个区县，幅员有 2.2 万平方公里，农村人口达 1074 万，占全市总人口的 77%；1985 年农村社会总产值占全市社会总产值的 30.46%；农业总产值占全市工农业总产值的 23.35%，区县财政收入接近全市财政收入的一半；农副产品和以农副产品为原料的加工品出口创汇的收入占全市创汇总额的一半以上；县的社会商品零售额也占全市商品零售总额的一半左右；城市需要的农副产品全部或相当部分由区县提供。区县经济在我市国民经济

中占有非常重要的地位，区县经济的发展，必然加速我市经济的腾飞。我们一定要按照市委提出的“城乡大联合、城乡共发展”的指导思想，本着“工农并举、城乡一体、统筹规划、协调发展”的原则，进一步给区县放权、让利，促进区县经济更快地发展。

二、改进和完善计划管理体制

区县是一级计划单位，在国家和省市的统一计划指导下，有权统筹安排本区县的生产、建设和各项社会事业的发展计划。要加强和改善宏观控制，逐步缩小指令性计划，扩大指导性计划和市场调剂范围。市在下达各项指令性计划前，要征求区县的意见，下达后区县必须严格执行；市下达给区县的指导性计划，区县在执行中，可以根据实际情况的变化，加以适当调整，同时报市计委及有关部门备案；不纳入市计划管理的经济活动，区县可以自行安排。能源交通基金超收返还由市掌握安排的资金中，以25%用以发展地方电力建设，主要安排区县小水电、小火电及电网建设。市在安排新建扩建项目中，经过充分论证，在项目建设条件、效益基本相同的情况下，要优先安排给集体、农村办，或由城乡联办、国营集体联办。

三、搞好城乡建设规划和实施工作

城乡建设工作要坚持统一规划，分区实施的原则。市城乡建设管理部门主要管好城市规划、宏观管理、制定政策和监督检查工作；县按照批准的总体规划，负责组织除国家和市的重点建设项目以外的区域建设实施工作；城市建设详规经市府批准后，分区组织实施的工作，先在九龙坡区进行试点。属区县收的城市综合配套费，由各区县安排相应支出；各县公用事业附加费全部返还给县，用以发展市政公用基础设施；属县的城市维护建设税80%返还给各县，用于城镇的维护建设，20%由市统一掌握调剂，用于各县。

四、继续完善和改进财政管理体制

去年实行核定收支、总额分成的办法，调动了区县发展经济、组织财政收入的积极性，效果是好的，要稳定下来，并逐步加以完善和改进。今年，市对潼南、大足县和双桥区的财政补贴政策不变；对财政比较困难的璧山、荣昌两县实行收入全留；其余区县分成比例不作变动。对在县的市属以上企业税收的减免，除政策性规定以外的，要与县协商，采取变通办法处理。今年中央、省规定的政策性新增支出部分，对潼南、大足、璧山、荣昌县和双桥区，在市财力允许的条件下，给以适当补助，其余县也要采取灵活变通的办法加以适当解决。要用好用活各种扶持农业生产的资金，确定合理的分配比例，把大头留给区县。要继续建立和完善乡级财政，加强对乡级财政的管理和指导，以充分发挥乡级政府组织经济的能力。

五、积极建立外贸生产基地，提高农产品创汇能力

要充分利用我市农村自然经济优势，积极建立外贸出口基地。经贸部门要在外资、技术、设备等的引进方面给以帮助和扶持。基地建设和产品的交售都要用合同的形式固定起来。基地生产外贸产品多的时候，外贸部门要按合同收购，组织销售；紧缺产品要优先安排外贸的需要。要制定合理的保护价格，以维护生产者的利益和促进商品基地的稳定发展。对出口商品的生产企业或供货单位，以1985年出口创汇的实绩为基数，在基数内每实现出口创汇1美元奖励人民币3分，超基数出口每创汇1美元奖励1角钱，一定三年不变，计入外贸成本，奖给生产企业或供货单位，作为企业税后留利。企业的此项留利大部分应用于发展生产和原料基地建设，小部分可用于增大工资奖金，增发的这部分奖金不超过一个月工资的，免征奖金税。

六、改革信用社体制，搞好农村信贷服务

要尊重农村信用社的经营自主权，把信用社办成真正的群众性合作金融组织。对信用社不得下达指令性转存款指标，存款准备金的比例要分地区

适当降低。信用社要多方筹集资金，搞活存贷业务，在交足准备金后，可以多存多贷，可以横向融通。信贷资金的使用要坚持主要用于支持农业生产的发展，对乡镇企业也要给以积极支持。

七、改善交通管理，加强公路建设

市公安部门应根据渝委〔1985〕20号文件的要求，首先在长寿、綦江县建立交通监理机构，以方便车辆过户，入籍审验和驾驶员技术考核等工作。要按分级管理的原则，管好公路。将市管的县道全部下放给县管理，年公里成本和投资渠道保持不变。并选择一两个县试点，将养护国、省干道公路的市属养护段的党的关系下放给县。

八、要有计划地组织城市生产力向农村扩散

城市国营、集体企业要逐步把一部分配套产品分离出来，通过专业化协作、联办，有偿转让等形式向区县扩散。今后新建的工业企业，除少数必须放在市区内的，应尽可能地建在区县。市计委、经委以及各工业部门都要按城乡拉通的原则进行规划，制定实施方案，使城市、农村工业都协调发展。各工业企业特别是省市属企业要起好示范、带动作用，认真搞好厂社关系和地区关系，根据条件和可能就近安排产品扩散、技术转让、劳力使用和原材料基地的建立，积极而有效地推动当地农村经济发展。为了尽快改变我市后进地区的经济状况，应由市经委负责组织市属厂矿企业，实行定点帮助，争取在近期见到成效。

九、加快小城镇的建设

搞好小城镇的建设，对于发展农村商品生产，沟通城乡物资交流，繁荣城乡经济具有重要作用。要采取积极措施，加快小城镇的建设步伐。小城镇建设资金主要依靠发展当地经济来筹集。属镇的城市维护建设税主要用于小城镇的建设。为了增强对城市工业的吸引力，对市的12个试点小城镇基建投资（不包括大、中型国营工业企业）暂免征建筑税。在小城镇内纳税有困难的新办集体企业，税收上要适当给以减免照顾。小城镇建设要有计划有步骤地进行，严禁乱占土地，注意环境保护，防止污染。

十、加强和改善对区县工作的领导

市委，市府要切实加强对区县工作的领导，要有一位负责同志分管农村工作，市级综合部门也要有一位负责同志分管区县工作，把市带县工作和区县经济发展纳入议事日程。市农委是市委、市府主管农村工作的机构，要加强其职能作用，负责调查研究和制定农村发展的政策、决定，参与审定有关农村经济发展的重点项目，召开区县委、政府负责同志和市级有关部门参加的会议。财政支农资金和重要的农用物资由市财政局、计划部门和农委协商，共同分配。

加强和改善对区县工作的领导，必须改进工作作风和工作方法，多干实事，少说空话。要经常到农村了解新情况，总结新经验，每年都能切实地帮助区县解决几个实际问题。要尊重区县组织经济的自主权。区县委、政府做出的规定，市级各部门不得随意干预，如有不同意见，应先与区县协商，意见不能统一时，再向市委、市府报告，按市委、市府的最后决定执行。

巴县、合川、永川属全省的农村经济体制改革试点县，省委、省政府有关试点县的规定都要执行。对今后要出台的改革措施，先在试点县进行探索试验。其他区县要求试行其中一些政策规定的，经批准后，也可试行。

市的各部门、各区县都要维护党的政策的严肃性，提高执行政策的自觉性，不能各行其是。凡是市委、市府的决定都要认真执行，执行中有困难的要发挥主动精神克服困难，情况发生变化，需要变通执行的也要请示报告。

农村经济的稳定发展，对我市经济的全面发展至关重要。市委、市府希望各部门要加强对区县工作的指导和帮助，城乡配合，多部门协同，奋发努力，促进区县经济全面振兴，夺取我市经济发展的新胜利。

中共重庆市委、重庆市人民政府关于发展区县工业若干问题的意见

（1986年3月28日）

（一）

我市实行市带县新体制以来，在“城乡大联合，城乡共发展”的方针指导下，市级各部门和各区县对城乡工业一体化协调发展做了很多工作，城乡企业之间的经济技术协作日益密切，城市工业开始向区县扩散，尤其是以乡镇企业为标志的农村工业迅速崛起，加快了区县工业的发展步伐。1985年区县工业总产值比1982年增长60%，其中乡镇工业增长1.7倍。涌现出巴县、石桥乡等一些发展较快的县乡，创造了一批具有地方特色的优质名牌产品。发展的势头很好，但还没有起飞，我们要坚定不移，扎扎实实，大干几年，开创城乡工业协调发展的新局面。

积极发展区县工业，特别是农村工业，对于改变城乡产业布局，密切城乡关系，加快小城镇建设，发展农村商品经济，促进城市工业进步，有着重要的意义。无工不富，城市要把县带好带富，就要把城市工业的优势与区县的潜在优势结合起来，本着“城乡协作，合理规划，积极扶持，正确引导，加强管理，搞好服务”的原则，把区县工业搞上去。

区县工业发展的重点要放在农村，要调动城镇、乡村办工业的积极性，积极扶持生产队、联户和家庭办企业。要根据市场的需要，立足当地资源，因地制宜，扬长避短，确定好发展方向，找准支柱产业，尽快把优势发挥出来。近期发展的重点是：开发地方能源矿产资源，积极发展农副产品加工业、食品工业、饲料工业、建筑和建材业，以及为城市重点产品配套的工业，大力增强出口创汇能力。

（二）

目前，我市区县工业尚处于起步阶段，市级各部门要认真执行有关的扶持政策，积极做好协调服务工作。

1. 积极推动城乡企业发展横向经济联合协作。充分利用城市工业的技术、资金、信息、设备和区县的资源、劳力、场地等优势，以大工业带小工业，城市工业带乡镇工业，实行企业之间多渠道、多层次、多形式的经济技术联合协作，这是城乡工业一体化协调发展的主要形式，也是加快区县工业发展的重要途径。市经委和市农委要把这件事切实抓好，加强宏观指导工作。推动企业联合，要坚持企业自愿平等互利的原则，有目标地发展成布局合理的联合企业群体。市级各部门、各行业和各区县都要打破城乡、部门的分割，做好组织、协调、牵线、搭桥的工作，促进城乡企业联合。要有步骤地组织城市部分工业向区县扩散，城市中从事农副产品加工的工业，应逐步向区县农村转移。今后适宜在市郊区县发展的工业不要在城市布点；要选择一批名、优、特和重点产品，优先向区县发展联合协作；要进一步开展城乡之间新技术和科研成果的转让活动，有计划地在市郊区县建立一批联合协作的工业原料基地。

政策上扶持城乡联合。市属国营工业向本市区县全民，集体企业（不包括厂办大集体）扩散产品、转让技术，信贷上应积极支持。扩散方在不减少上交财政任务的前提下，从联合项目中税前分得年利润额在30万元以内的全部留给企业，作为企业生产发展基金。区、县的全民、集体企业按专业化协作，为城市工业配套生产的零部件或中间产

品，属增值税范围的，征收增值税；属产品税范围的，可给予一定的减免税照顾。

2. 支持区县搞好工业技术改造。市级各有关部门要派技术力量下乡，开展技术咨询、联合攻关、培训人员等服务，帮助区县搞好技术改造。在重点抓好大中型企业技术改造的同时，要兼顾区县属小型企业和集体企业。今后用于区县工业的技术改造资金，在国家下达我市的技术改造银行贷款规模中应占 15%～20%的比例。市经委区县工业局、市乡镇企业局和银行要搞好调查研究，作好规划安排。要优先扶持有出口任务的企业、地方名特优产品、适销对路的短线产品和骨干企业搞好技术改造。

城乡集体工业企业（二轻集体工业企业除外）经区县经委或科委立项，进行科学研究、技术开发和新产品试制，所产生的不构成固定资产的费用，购置样品、样机和一般测试仪器的费用可以进入成本；为开发研制新产品、新技术所必需的单台价值在 5 万元以下的测试仪器、试验装置、试制用关键设备的购置费，数额小的可以摊入当年成本，数额较大的允许企业分 3 至 5 年摊入产品成本。二轻集体工业的新技术开发基金，不实行此种办法，而是按销售收入的 1%提取，计入生产成本。要专款专用，主要用于本企业开发新技术、新工艺、新材料和更新产品。

区县国营工业应建立技术改造专用资金，实行有偿周转使用。资金来源，一是区县国营工业集中的 30%折旧金和新增提的折旧金；二是区县财政每年安排的周转金。

二轻、街道集体工业企业，有承受能力的，综合折旧率可在 1985 年的基础上再提高 0.5%。

3. 多方筹集生产资金，建立扶助基金制度。对区县工业生产所需的流动资金，银行部门要统筹兼顾，适当增加。城乡集体企业要采取多种形式筹集生产资金，可以组织职工集资入股，经过人民银行批准，可以发行债券，吸收社会资金。年终支付给职工个人入股的股息，按人民银行一年定期储蓄存款利率支付的，可作为费用在税前列支，超过部分在税后的盈余中列支。发还股息和分红应不超过股金总额的 18%。

要根据条件，量力而行，逐步把市和区、县乡镇企业扶助基金制度建立起来。扶助基金来源：地方财政预算内“支援农村生产支出”中安排一部分；乡镇企业税收增长中返还一部分；区、县还可从乡、村两级企业税后利润提取 1%；乡、村两级企业固定资产折旧费统筹借用 5%～10%；从乡镇企业收取的管理费中拿出 20%。这项基金的管理使用由乡镇企业局和财政部门共同研究。要设置专项科目，专户存放，实行有偿扶持，周转使用，到期收回，不得挪用。

4. 税收上继续扶持城乡集体企业。省政府川府发〔1985〕210 号文件，对过去决定的若干税收政策作了一些调整，市政府已另行文。

为扶持中、小农具和小商品生产，对微利的企业要给予减免税照顾。

乡镇企业产品被评为市优质产品的（烟、酒、糖，手表除外），报经批准，可给予一定时期（半年或一年）或一定数额的减免产品税、增值税照顾。

城乡集体企业利用废水、废气、废渣作主要原料生产的产品所实现的利润，可免征所得税五年，但须独立核算盈亏。

城乡集体企业的计税工资标准和奖金税计算标准，按照兼顾国家、集体、个人三者利益的原则，既要从宏观上控制消费基金的过速增长，又要有利于搞好企业内部的分配，调动职工的积极性。从 1986 年起，本着以效益为基础，区别不同行业和地区，试行有层次、有幅度的计税工资办法。

5. 努力解决原燃材料困难。区县工业生产需要的原燃材料，市级各有关部门要积极支持，帮助区县搞活物资流通，搞好市场调节。中、小农具用材戴帽下达，各区县应在市安排的农业及农机统配钢材，乡镇、二轻局分配的边角材以及本地回收留用的废钢铁中，优先落实到生产企业，各级都不准挪用，保证农业生产之急需。区县工业技术改造的“三材”，应按规定比例随同投资落实到项目上。市和区、县、乡镇、二轻主管部门的供销公司，对本部门企业生产所需的钢材，可以进行品种串换，但必须遵守国家物价政策规定。有关部门对区县电力、石油的供应，要统筹兼顾，帮助区县抓好节约能源工作，积极支持地方发展小水电、小火电。

（三）

区县工业经济是全市经济的重要组成部分，市级主管部门要根据市的经济发展战略设想和总体规划，结合各区县不同的情况，实行分类指导，帮助区县制定发展规划，明确发展方向，逐步调整好产业结构、产品结构，做到协调发展。要按照城乡拉通的原则，在不改变所有制、隶属关系和财政渠道的条件下，加强对区县工业的行业管理。要切实抓好企业管理工作，引导企业眼睛向内，放在挖潜、革新和改造上来，努力提高产品质量，降低原燃材料消耗，增强产品竞争能力，提高企业的经济效益。区县国营工业、乡镇、二轻和街道集体工业企业，要进一步完善经营责任制，整顿和加强财务管理，正确处理好积累与分配的关系。企业每年实现的利润必须按规定比例留足生产发展资金。

面对城乡工业一体化协调发展的新形势，市级各主管部门要在思想认识、工作指导和作风上有一个大的转变，从单纯抓直属工业转变到城乡工业一起抓，要有领导同志分管，充实力量，真心实意为发展区县工业搞好服务。市经委要把这项工作抓起来，抓紧抓好。各区县要正确处理好农业与工业的关系，基础要抓牢，工业要发展。要注意投资方向，加强市场预测，搞好可行性论证，重视人才培训，强化环境保护，少占用耕地，减轻企业负担，增强企业活力。城乡共同努力，振兴区县工业。

重庆市人民代表大会常务委员会关于拟订地方性法规草案程序的规定

（1986年6月8日市十届人大常委会第十八次会议原则通过）

第一章　总　则

第一条　根据《中华人民共和国地方各级人民代表大会和地方各级人民政府组织法》和《四川省人民代表大会常务委员会关于制定和颁布地方性法规程序的暂行规定》，结合我市实际情况制定本规定。

第二条　地方性法规草案是由市人民代表大会常务委员会（以下简称市人大常委会）通过，报请省人民代表大会常务委员会（以下简称人大常委会）审议制定，并在我市实施的规范性文件。

第三条　拟订的地方性法规草案不能同宪法、法律、行政法规和本省地方性法规相抵触，并且必须切合本市的实际情况，做到立而必行，以保证地方性法规的严肃性。

第四条　在拟订地方性法规草案过程中，从起草到审议都要加强调查研究，对必要性和可行性进行论证，并广泛征求各有关方面和人民群众的意见。

第五条　地方性法规草案范围是：

（一）根据国家法律、行政法规和本省地方性法规拟订的本市需要的地方性法规草案；

（二）关系本市物质文明和精神文明建设以及全市人民切身利益的重大问题，国家和省尚未立法，而本市又迫切需要立法的，可以拟订地方性法规草案。

第二章　地方性法规草案的提出、立案和起草

第六条　市人大常委会主任会议、市人民政府、市中级人民法院、市人民检察院以及市人大常委会组成人员的1/5以上，均可提出拟订地方性法

规草案的方案。是否立案,由主任会议决定。

第七条　地方性法规草案的起草,根据本规定第五条所列范围,各种不同的内容,分别由市人大常委会各有关工作机构、市人民政府及其所属各有关部门、市人民法院、市人民检察院和其他有关单位承担。

第三章　地方性法规草案的审议

第八条　提请市人大常委会审议的地方性法规草案,先由常委会的有关工作委员会初审,经法制工作委员会研究提出意见。会同向常委会的主任会议提出。

第九条　市人大常委会主任会议根据工作委员会的报告对地方性法规草案进行复审。条件成熟的,提交市人大常委会审议。条件尚未成熟或需要作重大修改的,做出暂不提交常委会审议的决定或交由起草机关修改后再按第八条和本条的规定办理。

第十条　主任会议确定提交常委会审议的地方性法规草案应连同说明,在常委会审议前一个月分送常委会组成人员审阅和准备意见。

第十一条　地方性法规草案经市人大常委会审议后,可以在本次会议付诸表决,也可以根据审议提出的意见和建议在会后研究修改,提交以后的例会再行审议,是否付诸表决,根据常委会组成人员的过半数意见办理。

第十二条　地方性法规草案经市人大常委会审议通过后,连同说明报请省人大常委会审议制定。

第四章　附　则

第十三条　市人大常委会提请省人大常委会制定的地方性法规,如需修改、补充和废止,由市人大常委会提请省人大常委会决定。

第十四条　本规定自市人大常委会通过之日起执行。

中共重庆市委关于1986年工作总结和1987年工作的初步意见给中共四川省委的报告

(1987年1月14日)①

省委:

(一)

1986年,是我市人民在中央和省委的正确领导下,坚持以经济建设为中心,坚持改革开放,两个文明建设一起抓,奋力拼搏,战胜重重困难,全面发展的一年。一年来,在经济工作、经济体制改革和精神文明建设等方面,都取得了新的进展。

一、经济建设保持了稳定发展的势头

工业生产,去年一开始我市就面临着电力紧张,资金紧缺、原材料不足的严重困难,一季度生产急剧下降。面对这一严峻情况,市委当机立断,采取果断措施,组织全市干部职工日夜奋战,堵住了“滑坡”,6月份,工业产值上升幅度为十大城市第一位。通过艰苦努力,全年工业总产值达到138.1亿元,比上年增长4.7%,其中轻工业增长8.3%,重工业增长1.7%。虽然没有完成年初预期指标,但这是在1985年超高速发展的基础上,在客观物质条件十分困难的情况下获得的增长。

农业生产,在大灾之年夺得了全面丰收。去年,我们认真贯彻中央一号文件精神,对农村工作抓得早、抓得准、抓得紧、抓得实。特别是在我市农村先后六次大面积遭受到狂风、暴雨、冰雹和虫灾

① 本文标题系编者重新拟定,原标题为《中共重庆市委1986年工作总结和1987年工作的初步意见》。

袭击的情况下，市委精心组织全市人民自力更生，团结抗灾，战胜了百年难遇的自然灾害，实现了全面丰收。农业总产值达到36.6亿元，比上年增长6%，农民纯收入人均达到406元，比上年增长10.9%。粮食总产量达到110亿斤，增长6.3%，油、糖、果、茶等均获得了大幅度增产。乡镇企业总产值达到35亿元，增长31%。

财贸工作进一步发展，城乡市场更加活跃。全年社会商品零售总额达58.7亿元，比上年增长12.1%。国营商业积极发挥主渠道作用，猪肉、蔬菜等主要副食品供应好于去年，对稳定市场和物价起了重要作用。外贸工作形势喜人。全市外贸出口提前四个月完成国家计划，全年出口创汇1.5亿美元，比上年增长43.7%。财政收入达到17.2亿元，比上年增长1.01%。

二、经济体制改革有了新的发展

去年，我市的经济体制改革，在中央"巩固、消化、补充、改善"八字方针指引下，坚持正确方向，进行多方面的探索，取得了新的进展。

我们根据中央的要求，认真总结三年来综合体制改革的经验，从试点城市的实际出发，年初提出了"消化、完善、配套、发展"的方针。7月，提出了"更新观念，深化改革，全面配套，加快新旧体制主次换位"的基本指导思想。8月，按照"国家调控市场，市场导向企业"的构想，提出了城市全面配套改革的建议，并制定了我市全面配套改革的总体方案，与此同时，对政治体制改革与精神文明建设作了一些宏观思考，得到中央领导同志的认可。

我市的改革，围绕搞活企业这个中心环节，在实践中不断深化、发展。一是进行所有权与经营权相分离的多种形式的试点，坚定不移地全面推行厂长(经理)负责制。在19户大中型企业进行了资产经营责任制试点，在20家小型工业企业试行了租赁制，同时，还进行了股份制经济试点，以及把少数微利或亏损的小型商业企业拍卖给私人经营的试点。二是横向经济联合取得了重大的进展。全市现已签订跨地区的联合协作项目470项，落实了233项，市内联合协作也发展很快。横向联合中，一批企业群体化集团陆续出现，有力地冲击着旧的经济管理体制。三是以开发资金市场为重点，继续完善和发展社会主义市场体系。建立了短期资金拆借市场和债券市场，已与全国14个省、市的43个城市开展了银行同业拆供业务，发展了多种形式的金融组织，9月建立了钢材市场。

农村的改革，市委本着增强区县总揽经济全局的权力和能力的指导思想，在1984、1985年已经下放了23条权限的基础上，去年，市委和市政府又做出了向区县放权的10条规定，并在6个区县进行了综合体制改革试点，增强了区县总揽经济全局的权力和能力。

三、社会主义精神文明建设取得了较好成绩

1986年，我市的精神文明建设从端正党风入手，广泛开展"四职"教育，工作比较扎实，收到了明显的效果。

端正党风工作有新的进展，初步形成了全党抓党风的局面。3月初，市委召开了市级机关干部大会，贯彻中央"八千人大会"精神，并用3个多月时间，在局以上单位开展了以"端正党风，整顿纪律、提高效率、服务基层"为主要内容的党风大检查。市委建立了每周一次的端正党风工作汇报会的例会制度，由廖伯康同志亲自主持，掌握情况，研究政策，指导全市端正党风工作健康顺利地开展，基本上刹住了争相购买小汽车、出国问题上违反外事纪律、用公款请客送礼、党政干部经商办企业和以权谋私等不正之风，使机关作风有了明显好转，振奋了干部精神，提高了工作效率。

"四职"教育广泛开展，纠正带行业特点的不正之风初见成效。为了把端正党风、促进社会风气好转的工作引向深入，6月，市委提出在全市广泛开展尽职业责任、讲职业道德、守职业纪律的"三职"教育。以后又增加了学职业技能的内容，发展为"四职"教育。市和各部门都建立了工作班子，主要领导亲自抓，各行各业、条条块块互相配合，齐抓共

管。教育活动以窗口行业为重点，以解决与群众生活密切相关的问题为突破口，狠抓整改，抓实事，求实效，解决了一批久拖未决的行业不正之风，得到广大群众的拥护，促进了端正党风工作的深入，推动了社会风气的好转。

组织广大干部学习社会主义商品经济理论，增强改革意识。7月，廖伯康同志在6000名县团以上干部大会上作了动员，市里组织编写了60多万字的学习辅导材料，为部、委、办、局和区县、大型企事业单位的中心学习组组织了八次辅导报告。通过学习，使广大干部进一步树立了社会主义商品经济观念，增强了改革的信心。

我们还在全市范围内开展了普法教育，对局以上干部分期进行了轮训，参加普法学习的干部、群众已超过100万人。

第三期城乡基层整党工作健康发展。全市817个乡镇级机关和9860个村级支部，大部分搞完了党员登记和组织处理，预计春节前后可以基本结束。同时，处理了一、二期整党中的遗留问题，继续抓了核查"三种人"工作，巩固和发展了整党成果。

10月，市委对党的十二届六中全会精神进行了认真的学习、传达、贯彻，有关情况已向省委作了书面汇报。

去年，我们工作中的主要问题是：工业生产增长速度没有达到预定的目标，经济效益不够好，财政收入增长较低，而支出增加较多，一度产销脱节，产品积压，影响了地方工业的发展。改革方面，存在着措施不配套和落实不够好的问题，微观机制尚未得到根本改造，企业仍然受到过多的束缚，精神文明建设还有待于在实际工作中进一步落实指导方针；精神文明基础设施建设欠账太多的问题，仍然比较突出；"四职"教育如何巩固发展，做到经常化、制度化，还要做大量的工作。

（二）

1987年，我们工作的指导思想是，以经济建设为中心，坚持改革开放，坚持四项基本原则，坚持两个文明建设一起抓，团结一致，艰苦奋斗，大力发展生产，提高经济效益，继续改善人民生活，以优异成绩，迎接党的十三大召开。

经济工作，以提高效益为中心，进一步增强企业活力，进一步搞活流通，速度、效益、水平、后劲一起抓，搞好产业结构和产品结构的调整，实现生产、财政、创汇三个增长。工农业总产值力争达到192亿元，增长7%。其中工业总产值145.5亿元，增长7.5%，农业总产值37.5亿元，增长3.5%。财政收入18.9亿元，增长4%。社会商品零售总额66亿元，增长12%。外贸出口创汇1.7亿美元，增长17%。粮食总产量达到114亿斤，增加4亿斤。乡镇企业产值实现45亿元，增长28%。农村人平纯收入增加40元。要完成上述任务，我们还有很多困难，希望省委、省政府在政策、能源、物资上给予帮助和支持。

今年我市的改革，要继续围绕搞活企业这个中心环节，按照所有权与经营权分离的原则，积极探索多种经营方式和所有制形式的途径。同时为搞活企业创造外部条件，初步形成生产资料市场和资金市场，相应地改革计划投资体制、外资体制、流通体制和劳动工资体制，提高政府对经济运行的间接调控能力，使企业逐步在平等竞争的条件下，真正实现自主经营、自负盈亏。要加快城市建设管理体制的配套改革，调动各方面的积极性，努力改善城市基础设施，加强城市综合功能。农村改革的重点是，进一步完善双层经营责任制，大力发展家庭经济；搞活农村流通融通，促进各种生产要素的合理流动，继续完善市带县体制，增强区县总揽经济全局的能力。

精神文明建设，今年重点抓好以下工作：第一，从实际出发，制定出全市精神文明建设的"七五"规划。我市精神文明基础设施欠账太多，今年要尽可能地集中一部分资金，着手兴建几个基础项目，办成几件群众最关心，对生产生活影响大的实事。第二，把"四职"教育进一步推向深入，围绕"为人民服务，对人民负责"这个核心，普遍制定出各行各业简明易懂的职业道德规范，并把"四职"教育与共同理

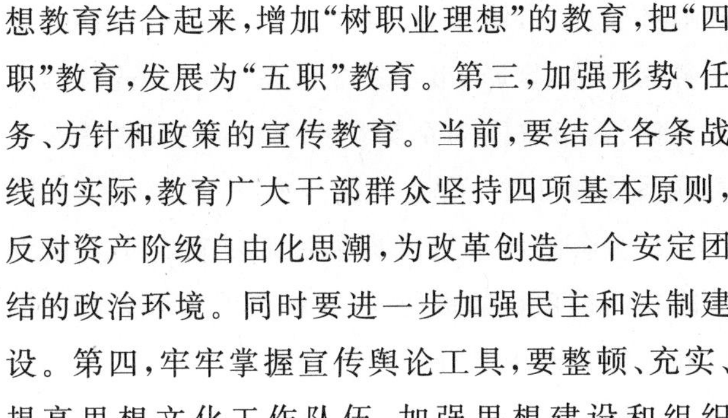

想教育结合起来，增加“树职业理想”的教育，把“四职”教育，发展为“五职”教育。第三，加强形势、任务、方针和政策的宣传教育。当前，要结合各条战线的实际，教育广大干部群众坚持四项基本原则，反对资产阶级自由化思潮，为改革创造一个安定团结的政治环境。同时要进一步加强民主和法制建设。第四，牢牢掌握宣传舆论工具，要整顿、充实、提高思想文化工作队伍，加强思想建设和组织建设。

整党工作，按照中央和省委的部署，继续抓好村级整党，认真解决遗留问题，做好总结工作，全面完成整党任务。

以上报告当否，请指示。

中共重庆市委

1987年1月14日

重庆市人民政府关于建立全市改革项目责任制的意见

（1987年7月21日）

市委：

小平同志最近指出：“改革开放不仅要坚持，而且要加快。”市委领导同志最近也着重强调，要建立改革的项目责任制，各单位、各部门都要把改革放在自己工作的首位，不停顿地把改革推向前进，使全市的改革更加扎实，更有生气，更加富有成效。

建立全市改革项目责任制，健全改革的指导系统，这对于促进各级管经济工作的同志都来抓改革，加强各级领导的改革责任感，调动各部门、各区县的改革积极性，更好地把全市改革推向前进，对于促进改革同“双增双节”，改革同经济发展和各项事业发展紧密结合，更好地推进我市的社会主义建设，都有重要的作用。为了使改革项目责任制真正收到实效，不致流于形式，我们建议成立全市体制改革领导小组，建立重大改革项目的指导小组和各部门、各区县改革的责任制，从三个层次上落实改革责任制，并相应地明确各自的职责任务，建立必要的制度。具体意见如下：

一、成立市体制改革领导小组，加强对全市改革的统一规划和领导

改革是一项复杂的社会系统工程，又涉及各方面的权力和利益的重新调整。在经济体制改革已经全面展开、政治体制改革已经提上日程的情况下，只有做到统一规划，切实加强领导，才能保证改革的顺利进行。参照国务院成立经济体制改革研讨小组和党中央国务院成立政治体制改革办公室的作法，建议我市成立市体制改革领导小组，对我市经济体制改革和政治体制改革加强集中领导、统一规划和协调，提高改革决策的权威性和效率。

市体制改革领导小组是受市委、市政府委托成立的组织协调全市体制改革工作的领导组织。其主要职责是：(1)对党中央、国务院决定的重大改革任务，结合我市实际情况，研究具体的贯彻实施意见；(2)确定全市年度的或阶段性的改革的滚动计划；(3)审定全市重大改革项目的实施方案；(4)对改革中遇到的全市性重大问题进行综合协调。

市体制改革领导小组由廖伯康同志任组长，于汉卿、萧秧同志任副组长，黄冶、孙同川、滕久明、赵维清、王竹为成员。市体改委既是市委、市政府领导体制改革的职能部门，又是市体制改革领导小组的办公室，由孙同川同志分管。

二、建立重大改革项目指导小组，强化改革项目责任制

对一些重大的、不是一个部门能完成、需要多部门协调配合的改革项目，分项目成立指导小组。项目指导小组根据改革进展的需要建立。

各项目指导小组的职责是：负责某一重大改革项目的全过程工作，从项目的调查研究，到方案的设计，到试点、推广实施，信息反馈及经常性的检查督促，一包到底，保证改革任务的完成。

各项目指导小组由与本项目有主要直接关系的市级部、委、办、局负责同志组成。各项目指导小组在市体制改革领导小组领导下开展工作，向市体制改革领导小组负责和汇报工作。

项目指导小组要健全工作制度。各项目指导小组要制订工作计划，包括该项目改革的思路、方法、步骤及分阶段要达到的目标；要建立定期的会议汇报制度；要有挂靠在牵头单位的专门的工作班子或工作人员。

除已经建立的金融体制改革、住房制度改革、钢材市场、工资改革、港口下放等五个指导小组要健全组织制度，继续进行工作外，根据我市改革的实际需要，需要调整或新成立以下四个小组：

（1）机构改革指导小组。组长于汉卿，副组长黄冶、秦玉琴。成员单位：市委办公厅、市政府办公厅、市体改委、市人事局、市编委，市委组织部为牵头负责单位，并指定专人负责联系处理日常工作。

（2）工业企业体制改革指导小组。组长刘志中，副组长崔连胜、罗平。成员单位：市经委、市委工交政治部、市体改委、市总工会、市财政局、市税务局、市劳动局，市经委为牵头负责单位，并指定专人负责联系处理日常工作。

（3）计划、投资体制改革指导小组。组长金烈，副组长扬永恩。成员单位：市经委、市城乡建委、市体改委、市财政局、市人民银行、市建设银行、市工商银行、市物资局，市计委为牵头负责单位，并指定专人负责联系处理日常工作。

（4）区县综合体制改革指导小组。组长萧秧，副组长王正德、邓中文。成员单位：市委办公厅、市政府办公厅、市体改委、市计委、市经委、市财办、市税务局、市民政局、市乡镇企业局、市人民银行、市农业银行，市农委为牵头负责单位，并指定专人负责联系处理日常工作。

以上各指导小组成员单位都要确定一名负责同志作为该项目的责任人，并将名单送牵头负责单位和市体制改革领导小组办公室。

三、健全各部门、各区县改革责任制，搞好各部门、各区县的改革

建立健全各部门、各区县的改革项目责任制，是建立健全全市改革项目责任制的基础和重要环节。各部门、各区县都要把改革放在自己工作的首位，由主要负责同志负责改革工作。各部门、各区县的各项改革任务，应确定负责人和负责单位，建立起责任制度。各区县也可仿照市里的办法，建立重大改革项目指导小组，保证改革任务的完成。

各部门和各区县凡没有体改工作机构的，都要成立体改工作机构。如系研究部门承担体改工作的，可适当充实力量（在本部门和区县的总编制内调剂），并增挂体改办的牌子，以利开展工作。

各部门、各区县要根据全国和市的改革部署，结合自己的实际，制订出本部门、本地区的改革工作计划，并上报市体制改革领导小组。改革计划包括改革的主要内容、改革目标、实施步骤、进度要求、工作方法、改革项目负责人和负责单位等。为保证全市改革的统一协调，和避免政出多门，各行其是，各部门、各区县的重大改革项目和重大政策须先经市体制改革领导小组办公室综合平衡和协调，然后报市体制改革领导小组批准实施。

重庆市人民政府

1987年7月21日

重庆市人大常委会关于《重庆市行政诉讼暂行规定》的说明

重庆市人大常委会副主任兼法制工作委员会主任　贾昌

主任、副主任、各位委员：

我受重庆市人大常委会的委托，现就制定《重庆市行政诉讼暂行规定》(以下简称《规定》)的有关问题作如下说明：

一、关于制定《规定》的必要性

党的十一届三中全会以来，随着我国社会主义法制的不断完善，国家的行政管理活动也逐步纳入了法制轨道。已有100多个法律、行政法规和国务院批准的各部委颁布施行的规章明文规定当事人不服行政机关的行政处罚或者行政处理决定，可以向人民法院提起诉讼。这对维护行政管理秩序，保护公民、法人的合法权益，具有重要意义。为适应行政审判工作的需要，我市两级法院从去年12月以来，陆续建立起行政审判庭，积极开展行政审判业务。由于国家在行政诉讼方面尚未立法，法院只能参照"民事诉讼法(试行)"审理行政案件。行政诉讼有许多不同于民事诉讼的特点，民事诉讼的一些原则和程序不完全适用于行政诉讼。为解决这一问题，市法院对行政诉讼程序作了一些内部规定，以使行政审判活动有所遵循。但是法院的内部规定效力较低，且不易为群众所知晓，因此市人大常委会认为必须从立法上来解决这个问题。在国家尚未立法之前，运用地方立法权制定行政诉讼暂行规定，既可以解决行政审判工作的急需，又可以为国家立法提供经验，是十分必要的。

二、关于行政案件的范围

《规定》第三条规定：从"人民法院依照法律、行政法规和地方性法规的规定，受理当事人不服行政机关的行政处罚或者行政处理决定依法向人民法院提起诉讼的行政案件。"从这一规定可以看出，行政诉讼案件的构成应当符合以下条件：1. 必须是法律、行政法规和地方性法规明文规定由人民法院受理的，法律、法规未作规定的则不能受理。2. 必须是对行政机关的处理不服的。对行政机关的处理，有的法律叫"处罚"，如治安管理处罚条例，有的叫"处理"，如土地管理法。无论是行政处罚还是行政处理，只要是法律、法规规定由人民法院受理的，都应当受理。3. 必须是经过法律或法规规定的行政程序以后提起的。对于可以向人民法院起诉的行政案件，在起诉前是否要经过上一级行政机关复议，目前的法律规定很不统一。一种情况是，不必经上一级行政机关复议，就可以直接向人民法院起诉，如食品卫生法、草原法、森林法等；另一种情况是，必须经上一级行政机关复议，对上一级行政机关复议后的裁决仍然不服的，才可以向人民法院起诉，如治安管理处罚条例、税收管理暂行条例等。

三、关于审级和诉讼时效

起诉到法院的行政案件，是经过了一级或者两级行政机关处理的。法院在有关行政机关处理的基础上审理行政案件，不同于一般民事案件，因此在程序上应该简便一些。如果同民事诉讼一样搞两审终审，有的案子就会经过两裁两审，环节过多必然影响行政机关和人民法院的办事效率。《规定》参照最高人民法院审理治安行政案件的暂行规定，对行政案件的审理，作了一审加复核的规定，即"当事人如果不服人民法院的判决或者裁定，可以向上一级人民法院申请复核一次"。

《规定》对诉讼时效的规定是：起诉应在收到行政机关的行政处罚或者行政处理决定之日起15日内，申请复核应在收到判决书或者裁定书之日起5日内，申诉应在收到判决书或者裁定书之后一年内，超过上述时限，即视为放弃诉讼，人民法院不再受理，但是法律另有规定的除外。

由于法制建设的加强，人民法院审判制度逐步健全，法律常识在人民群众中日益普及，加之行政案件不同于刑事案件，因此，有必要对申诉做出时效规定，以避免缠讼，若干年后又翻陈年老账。

四、关于不调解原则和附带民事诉讼

民事诉讼实行着重调解原则，但行政诉讼不同于民事诉讼，不适用调解原则。这是因为行政案件和民事案件所争执的内容不同。民事案件是以公民和法人的民事权益为争执内容的案件，这些民事权益是当事人享有的，可以自由处分，行政案件则是以行政机关行使行政权是否适当为争执内容的案件。行政权是国家法律赋予行政机关的，行政机关自己不能随意处分的，因而对因行使行政权引起的纠纷是不可调解的。

我国《宪法》第四十一条规定："由于国家机关和国家工作人员侵犯公民权利而受损失的人，有依照法律规定取得赔偿的权利。"《宪法》的这一规定，是追索行政案件损害赔偿的重要法律依据。因此，法院在审理行政案件中，不仅可以撤销、变更行政机关不适当的行政处罚或行政处理决定，而且应当受理原告提出的要求赔偿损失的附带民事诉讼。

各位委员，《重庆市行政诉讼暂行规定》是重庆市人大常委会今年初委托重庆市中级人民法院起草的。市法院在本院《关于审理行政案件若干问题试行意见》的基础上，参考了北京、上海、武汉、大连等地人民法院关于审理行政案件的暂行办法或试行意见，参考了英、美、南斯拉夫、苏联等国的有关资料，写出《规定》（草案）。在起草过程中，广泛征求了各方面的意见，特别是征求了西南政法法院和市法学会的专家、教授的意见。经过反复论证，八易其稿。今年6月上旬，重庆市人大常委会第二十五次会议对《规定》（草案）进行了审议，提了不少修改意见。会后，市人大法工委再次向有关方面征求意见，根据委员们在审议中提出的意见和有关方面的意见，又一次作了修改。7月下旬，市人大常委会第二十六次会议对《规定》（修改草案）进行了审议，又作了一些修改。委员们认为现在这个《规定》是比较成熟和可行的。因此，于7月24日的全体会议上一致通过。

现将《规定》作为地方性法规报请省人大常委会批准。

以上说明，请予审议。

重庆市人大常委会关于公布施行《重庆市行政诉讼暂行规定》的通知

（1987年9月12日）

市中级人民法院：

《重庆市行政诉讼暂行规定》已由四川省第六届人民代表大会常务委员会第二十七次会议于1987年9月4日批准，并经市人大常委会公布。现将该暂行规定全文印发给你们，请在行政审判工作中遵照执行。

重庆市人民代表大会常务委员会

1987年9月12日

重庆市行政诉讼暂行规定

（1987年7月24日重庆市第十届人民代表大会常务委员会第二十六次会议通过，1987年9月4日四川省第六届人民代表大会常务委员会第二十七次会议批准）

第一章　任务和基本原则

第一条　为保证人民法院正确、及时地审理行

政案件，制止行政违法行为，维护行政管理秩序，保护公民、法人的合法权益，根据《中华人民共和国宪法》和有关法律的规定，结合本市行政审判工作的实际，制定本规定。

第二条　凡在本市范围内进行的行政诉讼，均适用本规定。

第三条　人民法院依照法律、行政法规和地方性法规的规定，受理当事人不服行政机关的行政处罚或者行政处理决定依法向人民法院提起诉讼的行政案件。

第四条　人民法院审理行政案件必须以事实为根据，以法律为准绳；对于诉讼当事人在适用法律上一律平等；保障诉讼当事人平等地行使诉讼权利。

第五条　行政诉讼当事人双方都有向人民法院提供证据的义务。

人民法院有权向有关单位和个人收集，调取证据，有关单位和个人不得拒绝。

第六条　做出行政处罚或者行政处理决定的行政机关只能在法律规定的范围内处分自己的诉讼权利。

第七条　人民法院审理行政案件不适用调解原则。

第八条　人民检察院有权对人民法院的行政审判活动实行法律监督。

第二章　管辖

第九条　行政案件由最先做出行政处罚或者行政处理决定的行政机关所在地基层人民法院管辖。

第十条　下列行政案件由中级人民法院管辖。

(一)涉外行政案件；

(二)市级行政机关最先做出行政处罚或者行政处理决定的行政案件；

(三)在本市范围内有重大影响的行政案件。

第十一条　中级人民法院有权审判基层人民法院管辖的行政案件，也可以将自己管辖的行政案件交基层人民法院审判。

基层人民法院对它所管辖的行政案件，认为需要由中级人民法院审判的，可以报请中级人民法院审判。

第三章　审判组织

第十二条　人民法院审理行政案件实行合议制；案情简单的，可以由审判员一人独任审判。

重审和再审的行政案件，应当另行组成合议庭。

第十三条　重大、疑难行政案件的处理，由人民法院院长提交审判委员会讨论决定。审判委员会的决定，合议庭应当执行。

第四章　诉讼参加人

第十四条　行政诉讼的原告是自然人，法人。

第十五条　行政诉讼的被告是做出行政处罚或者行政处理决定的行政机关。

第十六条　因行政案件的处理结果与其有法律上的利害关系的第三人，可以申请参加诉讼或者由人民法院通知其参加诉讼。

第十七条　当事人有下列诉讼权利和义务：

(一)当事人有权委托代理人，申请回避，提供证据，进行辩论，申请复核，申请执行；

(二)原告可以放弃或者变更诉讼请求，被告可以反驳诉讼请求；

(三)当事人必须依法行使诉讼权利，遵守诉讼秩序，履行发生法律效力的判决和裁定。

第十八条　两名以上不服行政机关的同一行政处罚或者行政处理决定的当事人，或者治安行政案件中的被处罚人和被侵害人都不服公安机关的同一裁决，均有权向人民法院提起诉讼，共同居于原告地位。对其中没有起诉的不能追加为原告。

第十九条　原告因行政机关的行政管理行为遭受损失的，在提起行政诉讼的同时，可以附带提起民事诉讼。

第五章　诉讼时效和审理期限

第二十条　法律未规定诉讼时效的，原告必须在收到行政机关的行政处罚或者行政处理决定之日起15日内向人民法院提起诉讼。

第二十一条　原告在法定起诉期限内已将起诉状交到邮局或有关单位，但因转到有管辖权的人民法院超过起诉期限的，原告提交起诉状的日期应视为向人民法院起诉的日期。

第二十二条　人民法院审理行政案件，应当在受理后二个月内做出裁判；案情复杂、期限届满不能审结的行政案件，可以经本院院长批准延长一个月。但是法律另有规定的除外。

第六章　审判程序

第二十三条　起诉应符合以下条件：

(一)有行政机关的行政处罚或者行政处理决定；

(二)原告是与案件有直接利害关系的自然人、法人；

(三) 明确的被告、具体的诉讼请求和事实根据；

(四) 于人民法院受理和受诉人民法院管辖。

第二十四条　起诉应当向人民法院递交起诉状及副本。起诉状内容有欠缺的，受诉人民法院可以退回原告限期补正。

第二十五条　人民法院对于下列起诉应分别情况，予以处理；

(一)不属于人民法院受理的行政争议，告知原告向有关行政机关申请解决；

(二)超过起诉期限才向人民法院起诉的，告知原告不予受理；

(三)因行政机关非行政管理行为引起的纠纷，告知原告向有关机关申请解决；

(四)应当由行政机关处理后人民法院才受理的行政案件，未经行政机关处理而直接向人民法院起诉的，告知原告由行政机关先行处理；

(五)行政案件当事人对已经发生法律效力的判决或者裁定又起诉的，告知原告按申诉处理。

第二十六条　凡符合本规定受理条件的，应当在5日内立案；不符合本规定受理条件的，应当在5日内通知原告不予受理，并说明理由。

第二十七条　人民法院应当在立案后5日内将起诉状副本发送被告；被告应当在收到副本后10日内提出答辩状及副本。但是，治安行政案件除外。

第二十八条　行政案件不得因原告提起诉讼而停止执行原行政处罚或者行政处理决定，但是下列情况除外：

(一)法律另有规定的；

(二)行政机关自动停止执行的；

(三)人民法院认为应当停止执行的。

第二十九条　人民法院对行政案件经过审理，按照下列情形分别处理：

(一)原行政处罚或者行政处理决定认定的事实清楚，证据充分，适用法律正确的，裁判予以维持；

(二)原行政处罚或者行政处理决定认定的事实清楚，但是适用法律有误或者处理失当的，裁判予以变更；

(三)原行政处罚或者行政处理决定认定的事实不清，证据不足，适用法律确有错误或者超越权限做出行政处罚、行政处理决定的，裁判予以撤销。

前款第(二)项，法律另有规定的除外。

第三十条　有下列情形之一的，人民法院应当裁定终结诉讼：

(一)原告死亡；

(二)人民法院裁判前，原告自行撤诉的；

(三)行政机关自行撤销所做出的行政处罚或者行政处理决定的；

(四)其他应当终结诉讼的。

前款第(一)项，法律另有规定的除外；因此项而终结诉讼的，原行政处罚或者行政处理决定由行政机关再行复议。

第三十一条　人民法院宣告判决或者裁定，必须告知当事人有申请复核的权利、申请复核的期限和复核的人民法院。

第三十二条　当事人如果不服人民法院的判决或者裁定，可以向上一级人民法院申请复核一次。

第三十三条　申请复核人应在收到判决书或者裁定书之日起 5 日内通过原审人民法院提交复核申请书及副本。

第三十四条　复核申请书的内容应包括当事人的姓名、法人的名称及其法定代表人的姓名；原审人民法院名称、案件的编号和案由；申请复核的请求和理由。

第三十五条　复核人民法院对原审人民法院的判决或者裁定所认定的事实和适用法律经过全面复查，认为原判决或者裁定正确的，应通知驳回复核申请；原判决或者裁定确属错误的，应裁定撤销。

第三十六条　人民法院复核行政案件，应当在收到复核申请书后一个月内将复核结果告知当事人。

第三十七条　人民法院将复核结果通知当事人前，申请人可以撤回复核申请。

第三十八条　当事人、法定代理人对已经发生法律效力的判决或者裁定，认为确有错误的，在收到判决书或者裁定书之后一年内可以向人民法院提出申诉。在申诉期间不停止原判决、裁定的执行。

第三十九条　人民法院对当事人的申诉经过复查，认为原判决或者裁定正确，申诉无理的，应当通知驳回，原判决或者裁定确有错误的，由院长提交审判委员会讨论决定。

第四十条　人民法院再审的行政案件，审理期限为一个月。

第四十一条　人民法院对再审的行政案件所做出的判决或者裁定，当事人不得再次申请复核。

第七章　其他规定

第四十二条　人民法院受理行政案件，由原告预交案件受理费。原告无正当理由拒不交纳案件受理费的，不予立案。

第四十三条　本规定未加规定的行政诉讼程序，按《中华人民共和国民事诉讼法(试行)》的有关规定办理。

第八章　附　则

第四十四条　本规定由重庆市人民代表大会常务委员会负责解释。

第四十五条　本规定自颁布之日起生效。

重庆市人大常委会关于提请批准《重庆市城市环境卫生管理办法》的报告

(1987 年 9 月 19 日)

《重庆市城市环境卫生管理办法》于 1987 年 9 月 18 日经重庆市十届人大常委会第二十七次会议审议通过，制定为地方性法规，现报请审批。

重庆市人民代表大会常务委员会

1987 年 9 月 19 日

附：1.《重庆市城市环境卫生管理办法》

2. 关于提请批准《重庆市城市环境卫生管理办法》的说明〈略〉

重庆市城市环境卫生管理办法

第一章　总则

第一条　为了加强城市环境卫生管理，保护人民身体健康，建设优美、清洁、文明的社会主义现代化城市，根据国家有关法律、法规，结合我市实际，制定本办法。

第二条　本办法适用于市辖各区、县城的城区范围。

第三条　各级人民政府要加强对城市环境卫生工作的领导，把环境卫生事业纳入城镇建设规划和经济、社会发展计划。

第四条　城市环境卫生管理实行市、区（县）、街道（镇）三级管理。

重庆市城市建设局是全市城市环境卫生工作的主管部门。

各区、县人民政府的环境卫生管理部门和街道办事处（镇人民政府）管理本行政区域内的环境卫生工作。

政府的规划、环境保护、卫生、工商行政管理、公安及其他有关部门应密切配合，共同搞好环境卫生管理工作。

第五条　城市环境卫生工作实行划片分工、各负其责，专业队伍清扫与群众清扫相结合，义务服务与有偿服务相结合的原则。

第二章　环境卫生规定

第六条　任何单位、个人都应严格遵守下列规定：

（一）不准随地吐痰、便溺；

（二）不准乱丢烟蒂、果皮、纸屑等废弃物；

（三）不准乱倒垃圾、渣土、粪便和乱扔动物尸体；

（四）不准乱倒污水或将室内污水冲到街面；

（五）不准在非指定路段或场地冲洗车辆；

（六）不准在城市道路上筛选、堆存、晾晒煤灰、杂骨、禽毛等物品；

（七）不准在城区内养犬（军、警犬和科研犬除外）；

（八）不准城市居民在城区内饲养家禽家畜；

（九）不准在出殡途中抛撒纸花或燃放鞭炮；

（十）不准在公共厕所乱刻乱划、乱倒杂物。

第七条　车场（库）的进出路面应用水泥或沥青铺筑；车辆应经常清洗干净；车内废弃物不得扫、抛街面；装卸货物应做到车走场地净；运输散体、流体、有毒、有害物质的车辆，应采取防护措施，不得沿途飞扬、洒漏。

第八条　一切单位、公共场所、生产经营场地和居民区都应经常保持环境整洁。

第三章　清扫与保洁

第九条　城市清扫保法实行划片分工责任制。

（一）城市主、支干道，由环境卫生专业队伍清扫保洁。

（二）人行道、街坊道路、小巷和住宅周围空地等，由街道办事处（镇人民政府）组织清扫保洁。

（三）农贸市场、商业摊区市场和夜市，由所在地的工商行政管理部门组织设置垃圾收集容器和清扫保洁。

（四）专用道路、停车场由管理单位清扫保洁。

（五）街心花园、小游园、绿点（带）由园林部门或权属单位清扫保洁。

（六）机关、团体、部队、学校、企事业单位和居民区应按街道办事处（镇人民政府）划分的卫生责任区，承担清扫保洁义务。

（七）城市港口、码头、机场、车站，按划定区域，由各该单位清扫保洁。

第十条　施工单位应严格按照文明施工的规定组织生产作业，并到所在街道办事处（镇人民政府）签订工地环境卫生保证书。

第十一条　无清扫清运手段的单位和个人，可委托环境卫生管理部门清扫清运，并支付劳务费。

由街道办事处（镇人民政府）组织力量清扫保洁的，所在单位和住户应按规定交付清洁费。

第四章　垃圾、粪便的清运与管理

第十二条　生活垃圾应在指定的垃圾站（桶）倾倒。环境卫生部门对垃圾站（桶）应配备专人管理，做到日集日清。清运垃圾的车辆应加盖封闭，其作业通道应保持畅通，任何单位和个人都不得阻塞。

第十三条　在生产经营过程中产生的垃圾和建筑施工中的弃土（含个人建房弃土）应由产生单

位(个人)自行送往指定的垃圾场倾倒,并交付场地管理费;自行清运有困难的,可委托环境卫生部门清运,并交付代运费。

第十四条　含有病毒、病菌、放射性或其他有毒、有害、易燃、易爆的物质,必须由产生单位进行无害化处理后,才能在指定地点倾倒和排放。

第十五条　城市生活垃圾倾倒场和垃圾处理场应设专人管理,对垃圾应及时进行有效处理,不得污染环境。

第十六条　公共厕所由环境卫生部门定期清掏。其他厕所由产权单位定期清掏,清掏有困难的,可委托环境卫生部门清淘,交付清掏费。

第十七条　城市居民倒粪罐应倒入厕所倒罐处或运粪车内。

运粪车清运粪便应在早、晚进行。运粪时要加盖封闭,不得洒漏。作业完后清运者应将场地打扫干净。

第十八条　城市厕所粪便应经化粪池或沼气池处理后排放,未经处理的,由环境卫生管理部门督促其权属单位限期治理。

第五章　环境卫生设施建设和管理

第十九条　环境卫生设施的建设,应纳入城镇规划,并与新区开发和旧城改造配套进行。

第二十条　经规划部门批准定点建设的环境卫生设施,任何单位和个人都不得以任何借口改变设计或阻挠施工。

各级环境卫生管理部门,应检查、督促建设单位和有关部门完善环境卫生设施的配套建设。

第二十一条　车站、码头、公园、体育场(馆)、影剧院、宾(旅)馆以及大型餐厅、商场、茶馆、舞厅等人流集中的公共场所,都应按国家规定的标准自行设置公共厕所、垃圾收集容器等环境卫生设施,对群众开放并配备专人管理;未设置的应限期设置;期满仍未设置的,应缴纳环境卫生设施费,由环境卫生管理部门用于城市环境卫生设施建设。

第二十二条　区(县)环境卫生管理部门,对辖区内的公共厕所和单位厕所,应分别建档建卡和编号,并负责检查,督促厕所的保洁、维修等管理工作。

第二十三条　在繁华地区和旅游地区投资兴建设施条件好的厕所,经环境卫生主管部门批准可实行有偿使用。

第二十四条　各级环境卫生部门应加强公共环境卫生设施的维护和管理,保护其完好。

城市公共环境卫生设施,任何单位和个人不得损坏、拆除占用和改作他用。

损坏公共环境卫生设施应予赔偿。

因建设需要拆除的,应经环境卫生主管部门批准,由拆建单位先建后拆或按规划建设要求办理。

第六章　奖励与处罚

第二十五条　各级人民政府或环境卫生主管部门对认真执行本办法、维护城市环境卫生做出显著成绩的单位和个人,应给予表扬或奖励。

第二十六条　对违反本办法的单位或个人,应进行批评教育,令其改正,并视情节处以警告、罚款。

对个人可处以 0.5 元至 100 元的罚款;对单位可处以 10 元至 1000 元的罚款。

凡违反本办法两则以上者可数则并处。

第二十七条　单位或个人不服处罚者,可在接到处罚决定书起 7 日内,向上一级环境卫生管理部门申请复议;对复议决定仍不服的,可在接到复议决定书起 15 日内各人民法院起诉;期满不申请复议或者不起诉又不执行处罚决定的,环境卫生管理部门可申请人民法院强制执行。

第二十八条　环境卫生工作人员因玩忽职守,不按时清扫保洁、清运垃圾、粪便造成垃圾堆积、粪便满溢污染环境卫生的,视情节给予行政处分。

第二十九条　对偷盗、破坏环境卫生设施,无理刁难、阻挠环境卫生管理工作,侮辱、殴打环境卫生工作人员等行为,违反《中华人民共和国治安管理处罚条例》的,由公安机关处罚;触犯刑律的,由司法机关依法追究刑事责任。

第七章 附 则

第三十条 重庆市城市建设局根据本办法撰写处罚和收费的具体规定，报经市人民政府批准后施行。

第三十一条 各区（县）对城区范围外的建制镇、独立工矿区、风景名胜区的环境卫生可参照本法执行。

第三十二条 本办法由重庆市城市建设局解释。

第三十三条 本办法自1988年2月1日起施行。

重庆市人民政府1981年5月26日颁布的《重庆市环境卫生管理暂行办法》同时废止。

重庆市人民政府关于深化国营商业体制改革的意见

（1987年11月3日）

各区县人民政府，市级有关部门：

国务院《批转国家体改委、商业部、财政部关于深化国营商业体制和供销合作社体制改革意见的通知》即国发〔1987〕55号文件下达后，市政府已发了《关于深化我市农村供销杜体制改革的意见》。为了推进我市商业体制改革，全面落实国发〔1987〕55号文件精神，现结合我市实际情况提出以下贯彻意见：

一、深化国营大中型企业经营机制改革

1. 强化经理（厂长）负责制。经理是企业的法定代表人，对企业的人、财、物和产、供、销全面负责。要巩固和完善经理任期目标责任制，强化经理的责任、权力和利益，正确处理行政与党委、职代会的关系，建立起以经理为首的企业决策系统，实行决策的科学化和民主化。在经理的人选上，要结合承包经营，逐步引入竞争机制，选择部分企业采取公开招标招聘的办法，重新确定企业经营者。要联系政绩和企业经济效益，加重对经理的奖惩，企业完成和超额完成承包任务，经理（厂长）的年收入可以高于职工收入。

同时，要改革企业内部干部、人事制度，有步骤地实行干部招聘制和职工劳动组合制，增进内在活力。

2. 改进企业内部核算管理体制。要进一步划小核算单位，改现有的两级核算为公司、经营部（分公司）、商品组（班组）三级核算，实行层层核算，环环核算，健全内部核算体系。要明确划分各级、各部门的责任和权力，实行分级分权管理，做到各司其职，各负其责。

3. 推行承包经营责任制。承包包括企业向国家承包和企业内部承包两个方面。企业对国家承包要坚持“包死基数、确保上交、增收多留、欠收自补”的原则，并结合商业的特点实行多种承包形式，具体工作按照市政府重府发〔1987〕159号文件执行。企业内部，要把对国家承包的主要指标层层分解，落实到部门、车间、班组以至个人，确保承包任务的完成。

4. 逐步建立适合企业特点的、与经济效益相联系的工资分配办法。要扩大分配中弹性工资的比重，把职工奖金、浮动工资以及基本工资的一部分与承包任务挂钩浮动。建立企业内部两级分配体系，适当拉开部门、班组之间的分配差距。按不同部门、工种的特点，对职工采取多种形式的奖励分配办法，同时要把工作、服务质量纳入奖惩考核内容，严格执行。

5. 选择几个大中型商业企业进行租赁制和股份制的试点。租赁制试点单位主要采取集体（全

员）租赁形式，选举产生企业管理机构，同企业主管部门签订租赁合同。目前，租赁制应限制在中型零售商业企业和商办工厂的范围内试行，股份制主要在一些横向联合的企业和企业集团中试行。

二、在国营小型商业企业实行以租赁为主的多种改革形式

1. 继续贯彻重府发〔1986〕286 号文件精神，在国营商业小企业全面推行租赁制，实行政企分开，进一步改善经营机制。已经实行租赁经营的企业，要继续巩固提高。实行国家所有，集体经营的饮食服务企业，要积极推行租赁经营；副食、工业品企业要创造条件，逐步改为租赁经营。暂时搞不起租赁的企业，可先采取大包干的承包经营形式。租赁承包期限可以适当长一些。

2. 国营商业小企业的经理，原则上应通过公开招标确定。招聘小企业经理应以本店职工为主，也可以扩大范围在系统内招聘，但都要公开招标，择优中标，并注意应聘者的经营管理水平和群众基础。经营者应交纳一定数额的风险保证金。要加强小企业经理的责权利。经济效益好的企业，经营者的年收入可适当高于本企业职工。

3. 搞好小企业职工安排和劳动分配。商业小企业不论实行何种改革形式，原则上职工就店安排。职工不愿留店的，允许其自谋职业，经营者不愿安排的个别职工，由企业主管部门与企业经营者协商妥善解决，如交主管公司或总店安排，应由原所在小企业拨付基本工资。注意处理好经营者与职工的关系，可以通过劳动协议等办法，规定双方的义务和权益。进一步搞活小企业的工资分配，分别实行提成工资，联销计酬以及其他分配形式。

4. 加强对小企业的管理。商业主管部门要转轨变型，进一步理顺同小企业的关系，既要搞好指导、协调和监督，也要加强政治思想工作。当前，要引导企业克服经营短期化行为。除了要合理确定租赁企业的租赁费和大包干企业的利润上交定额外，还要合理规定企业的积累和分配比例，使小企业的留利尽可能较多地用于扩大生产和经营。职工的分配与经济效益应同比例增减，并搞好工资奖金的淡旺季调剂。针对商业实际，要解决好有问题商品的损失，对小企业改革后出现的新问题，由企业和经营者负责，主管部门要制定相应的管理办法。

5. 稳定和调整有关政策。对小型租赁企业，在 1987 至 1988 年两年内免征奖金税，具体办法由财税部门会同商业部门制定执行。对饮食服务小企业，仍按八级累进税率征税，其中超过 15%或 20%部分，由财税部门集中返还主管公司，用于对小企业的改造和重点扶持。为了促进小企业的稳定发展，百货、副食行业的区县主管公司经过协商，也可从小企业留利中适当统筹。

三、加快商业批发企业改革

1. 推进工商联合。工商联合要实行多种形式，既可以组建工商联营公司，实行利益均沾，风险共担；也可采取合同订购的办法，工厂按合同生产，商业按合同收购和销售；还可以实行代销的办法。同时，批发企业要稳步发展同外地工厂的联合。要根据工商联合发展的要求，不断调整企业经营机构，建立新的内部管理体制。

2. 发展多种批发方式，建立稳定的销售网络。商业批发企业要积极发展跨地区的商商联合，可以直接在外地设分号，建立销售机构；与区、县批发企业组织联合批发。当前，重要搞好与西南地区各县的商业公司以及供销社的关系并建立直接的批发网络，大力开拓农村市场，扩大重庆工业品的占有率。要逐步改革以供货会、展销会为主的批发形式，今后应以稳定的销售网络开展批发，保证批发经营的稳定增长。

3. 试建批发集团公司。今年要选择一至二个市级批发公司试点，建立与产业紧密联系的，跨行业、跨部门的商社型的批发集团公司。批发集团公司内部实行两级核算制和两级经理制，在加强专业化改组和经营的基础上，发挥集团综合优势。集团公司作为新型的商业批发企业，要成为众多工厂的

经销商，并在推销地方产品和组织商品流通、安排市场方面发挥更大的作用。

四、加强对商业体制改革的领导

深化商业流通体制改革，是整个经济体制改革的重要组成部分。各区县政府和市级商业主管部门要加强领导，精心指导，并按照国务院国发〔1987〕55号文件和市的贯彻意见，制定各项改革实施方案，组织各级商业企业和有关单位认真落实。各级领导要改进工作作风，深入企业，深入实际，研究和解决商业改革中存在的问题。市和区县的财政、税务、银行、物价、劳动、工商行政管理等部门要密切配合，不断完善改革的配套措施。为了进一步深化商业改革，各级还要勇于探索，不断总结经验，把商业企业搞活，把商品流通搞活，保持城乡市场的繁荣稳定，推动我市经济稳定地向前发展。

重庆市人民政府

1987年11月3日